Europarecht
– Examenskurs für Rechtsreferendare –

D1701831

Europarecht

– Examenskurs für Rechtsreferendare –

von

Prof. Dr. Michael Ahlt

Richter am Bundesgerichtshof a. D.
Honorarprofessor an der Rheinisch-Westfälischen
Technischen Hochschule Aachen

und

Dr. Daniel Dittert

Rechtsreferent am Gerichtshof
der Europäischen Union

4., neu bearbeitete Auflage

Verlag C. H. Beck München 2011

Verlag C. H. Beck im Internet:
beck.de

ISBN 978 3 406 59650 6

© 2011 Verlag C. H. Beck oHG
Wilhelmstraße 9, 80801 München
Druck: Nomos Verlagsgesellschaft
In den Lissen 12, 76547 Sinzheim

Satz: Uhl + Massopust GmbH, Aalen

Gedruckt auf säurefreiem, alterungsbeständigem Papier
(hergestellt aus chlorfrei gebleichtem Zellstoff)

Vorwort zur 4. Auflage

Seit dem Erscheinen der ersten Auflage dieses Buches vor fast 20 Jahren hat sich die Bedeutung des Europarechts grundlegend gewandelt. Mag es sich ursprünglich um ein exotisches Nischenfach gehandelt haben, so hat sich das Europarecht im Lauf der Zeit zu einem bedeutenden Rechtsgebiet entwickelt, das aus der juristischen Ausbildung und Praxis nicht mehr wegzudenken ist.

Die vorliegende, vollständig überarbeitete Neuauflage trägt den bedeutsamen Veränderungen Rechnung, die sich aus dem Inkrafttreten des Vertrags von Lissabon am 1. 12. 2009 für die Europäische Union ergeben haben. Außerdem werden einige jüngere Entwicklungen in der Rechtsprechung und der Dogmatik des Europarechts berücksichtigt. Einzelnen Teilbereichen des Europarechts räumen wir entsprechend ihrer gewachsenen Bedeutung für Wissenschaft und Praxis deutlich größeren Raum ein, als dies noch in den Vorauflagen der Fall war. Dabei handelt es sich u. a. um die Unionsbürgerschaft, die Unionsgrundrechte (z. B. Charta der Grundrechte der Europäischen Union), das Verbot der Diskriminierung aufgrund bestimmter persönlicher Eigenschaften und das Wettbewerbsrecht (Letzteres wurde um die Grundzüge des EU-Kartellrechts und der europäischen Fusionskontrolle ergänzt); auch einen Überblick über den „Raum der Freiheit, der Sicherheit und des Rechts" haben wir eingefügt. Sofern nichts anderes vermerkt ist, sind Rechtsprechung und Gesetzgebung bis zum 31. Oktober 2010 berücksichtigt.

Trotz seines deutlich gestiegenen Umfangs soll dieses Buch auch weiterhin in erster Linie eine kompakte Arbeitsunterlage für Studenten und Rechtsreferendare sein, die sich – sei es im Pflichtfach oder im Wahlfach – in das Europarecht einarbeiten wollen. Es kann aber auch Praktikern als Nachschlagewerk zu den Grundzügen des Europarechts von Nutzen sein.

Beide Autoren sind bzw. waren längere Zeit als Rechtsreferenten am Gerichtshof der Europäischen Union in Luxemburg tätig: Michael Ahlt mehr als sechs Jahre im Kabinett des deutschen Richters bzw. der deutschen Richterin am EuGH und Daniel Dittert, der noch als Student mit der zweiten Auflage dieses Buches gearbeitet hat, seit über sieben Jahren im Kabinett der deutschen Generalanwältin am EuGH. In diesem Buch kommt allein die persönliche Rechtsauffassung der Autoren zum Ausdruck.

Unser herzlicher Dank gilt unseren Familien, insbesondere Monika und Stefano, für ihre Unterstützung und Geduld während der umfangreichen Arbeiten an dieser Neuauflage.

Augsburg/Luxemburg im Dezember 2010

Michael Ahlt   Daniel Dittert

Inhaltsverzeichnis

Literaturverzeichnis

Arndt/Fischer	Europarecht, 10. Aufl. (2010)
Borchardt	Die rechtlichen Grundlagen der Europäischen Union, 4. Aufl. (2010)
Callies/Ruffert	EUV/EGV, Kommentar, 3. Aufl. (2007)
Dauses	Dauses (Hrsg.), Handbuch des EU-Wirtschaftsrechts (Stand: 26. Ergänzungslieferung 2010)
Fischer	Europarecht, 2. Aufl. (2008)
Geiger	Geiger, Grundgesetz und Völkerrecht mit Europarecht, 5. Aufl. (2010)
Geiger/Khan/Kotzur	EUV/AEUV, Kommentar, 5. Aufl. (2010)
Grabitz	Grabitz/Hilf/Nettesheim (Hrsg.), Das Recht der Europäischen Union, Kommentar (Stand: 41. Ergänzungslieferung 2010, teils 40. Ergänzungslieferung 2009)
Hakenberg	Europarecht, 5. Aufl. (2010)
Hakenberg/Stix-Hackl	Handbuch zum Verfahren vor dem Europäischen Gerichtshof, 3. Aufl. (2005)
Haratsch	Haratsch/Koenig/Pechstein, Europarecht, 7. Aufl. (2010)
Herdegen	Europarecht, 12. Aufl. (2010)
Hobe	Europarecht, 5. Aufl. (2010)
Hummer	Hummer/Simma/Vedder/Emmert, Europarecht in Fällen, 4. Aufl. (2005)
Ipsen	Völkerrecht, 5. Aufl. (2004)
Lenaerts/Arts/Maselis	Procedural Law of the European Union, 2. Aufl. (2006)
Lenaerts/Van Nuffel	Constitutional Law of the European Union, 2. Aufl. (2005)
Lenz	Lenz/Borchardt (Hrsg.), EU-Verträge, 5. Aufl. (2010)
Nomos	Europarecht Textausgabe, 20. Aufl. (2010)
Oppermann	Oppermann/Classen/Nettesheim, Europarecht, 4. Aufl. (2009)
Pechstein	Pechstein, EU-/EG-Prozessrecht, 3. Aufl. (2007)
RMG	Rengeling/Middeke/Gellermann, Rechtsschutz in der Europäischen Union, 2. Aufl. (2003)
Schroeder	Grundkurs Europarecht, 1. Aufl. (2009)
Schwarze	Schwarze/Becker/Hatje/Schoo (Hrsg.), EU-Kommentar, 2. Aufl. (2009)
Schweitzer	Schweitzer, Staatsrecht III, 10. Aufl. (2010)
Schweitzer/Hummer/ Obwexer	Europarecht – Das Recht der Europäischen Union (2007)
Streinz	Europarecht, 8. Aufl. (2008)
Streinz EUV/EGV	EUV/EGV, Kommentar, 1. Aufl. (2003)
Streinz/Ohler/Herrmann	Der Vertrag von Lissabon zur Reform der EU, 2. Aufl. (2008)
Von Danwitz	Europäisches Verwaltungsrecht (2008)
Von der Groeben	Von der Groeben/Schwarze, EU-/EG-Vertrag, Kommentar, 6. Aufl. (2003)
Zacker/Wernicke	Examinatorium Europarecht, 3. Aufl. (2004)

Abkürzungsverzeichnis

a. A. . . . . anderer Ansicht
aaO . . . . am angegebenen Ort
ABl. . . . . Amtsblatt der EU
AEUV . . . . Vertrag über die Arbeitsweise der Europäischen Union
a. F. . . . . alte(r) Fassung
AG . . . . Aktiengesellschaft
AGG . . . . Allgemeines Gleichbehandlungsgesetz
AKP . . . . Afrika/Karibik/Pazifik
APS . . . . Allgemeines Präferenzsystem für Entwicklungsländer
AufenthG . . . . . . Aufenthaltsgesetz

BAföG . . . . Bundesausbildungsförderungsgesetz
BB . . . . Betriebs-Berater
BFH . . . . Bundesfinanzhof
BGBl. . . . . Bundesgesetzblatt
BIP . . . . Bruttoinlandsprodukt
BLE . . . . Bundesanstalt für Landwirtschaft und Ernährung
BRAO . . . . Bundesrechtsanwaltsordnung

COREPER . . . . . Comité des représentants permanents des États membres

DB . . . . Der Betrieb
DVBl. . . . . Deutsches Verwaltungsblatt

EAdR . . . . Europäischer Ausschuss der Regionen
EAG . . . . Europäische Atomgemeinschaft („Euratom")
ECU . . . . European Currency Unit (Europäische Währungseinheit)
EEA . . . . Einheitliche Europäische Akte
EFTA . . . . European Free Trade Association (Europäische Freihandelsassoziation)
EG(en) . . . . Europäische Gemeinschaft(en)
EGKS . . . . Europäische Gemeinschaft für Kohle und Stahl („Montanunion")
EGKSV . . . . Vertrag zur Gründung der EGKS
EGBGB . . . . Einführungsgesetz zum BGB
EGMR . . . . Europäischer Gerichtshof für Menschenrechte
EGV . . . . Vertrag zur Gründung der Europäischen Gemeinschaft
EMRK . . . . Europäische Menschenrechtskonvention
EP . . . . Europäisches Parlament
EPZ . . . . Europäische Politische Zusammenarbeit
ESZB . . . . Europäisches System der Zentralbanken
EU . . . . Europäische Union
EuG . . . . Gericht der Europäischen Union (ehemals: Gericht erster Instanz)
EuGH . . . . Gerichtshof der Europäischen Union („Europäischer Gerichtshof")
EuGHE . . . . Entscheidungen des Europäischen Gerichtshofs (= Slg.)
EuGRZ . . . . Europäische Grundrechte-Zeitschrift
EuGVÜ . . . . Europäisches Gerichtsstands- und Vollstreckungsübereinkommen
EuGVVO . . . . . . Europäische Gerichtsstands- und Vollstreckungs-Verordnung („Brüssel I-Verordnung")
EuR . . . . Europarecht (Zeitschrift)
Euratom . . . . Europäische Atomgemeinschaft
EUV . . . . Vertrag über die Europäische Union
EuZBBG . . . . Gesetz über die Zusammenarbeit von Bundesregierung und Deutschem Bundestag in Angelegenheiten der Europäischen Union
EUZBLG . . . . . . Gesetz über die Zusammenarbeit von Bund und Ländern in Angelegenheiten der Europäischen Union
EuZW . . . . Europäische Zeitschrift für Wirtschaftsrecht
EVV . . . . Vertrag über eine Verfassung für Europa („Europäischer Verfassungsvertrag")
EVV-E . . . . Entwurf des Vertrags über eine Verfassung für Europa
EWF . . . . Europäischer Währungsfonds
EWG . . . . Europäische Wirtschaftsgemeinschaft

EWGV . . . . Vertrag zur Gründung der EWG
EWI . . . . Europäisches Währungsinstitut
EWS . . . . Europäisches Währungssystem – oder: Europäisches Wirtschafts- u. Steuerrecht
                      (Zeitschrift)
EWSA . . . . Europäischer Wirtschafts- und Sozialausschuss
EWR . . . . Europäischer Wirtschaftsraum
EZB . . . . Europäische Zentralbank

GA . . . . Generalanwalt
GASP . . . . Gemeinsame Außen- und Sicherheitspolitik
GATS . . . . General Agreement on Trade in Services
GATT . . . . General Agreement on Tariffs and Trade
GeschO . . . . Geschäftsordnung
GHP . . . . Gemeinsame Handelspolitik
GRUR . . . . Gewerblicher Rechtsschutz und Urheberrecht
GWB . . . . Gesetz gegen Wettbewerbsbeschränkungen
GZT . . . . Gemeinsamer Zolltarif

FreizügG/EU . . . . Gesetz über die allgemeine Freizügigkeit von Unionsbürgern (Freizügigkeitsgesetz/EU)

HABM . . . . Harmonisierungsamt für den Binnenmarkt (Marken, Muster und Modelle)
h.M. . . . . herrschende Meinung

IntVG . . . . Integrationsverantwortungsgesetz
IPR . . . . Internationales Privatrecht
IRG . . . . Gesetz über die internationale Rechtshilfe in Strafsachen
IZPR . . . . Internationales Zivilprozessrecht

Jura . . . . Juristische Ausbildung
JuS . . . . Juristische Schulung
JZ . . . . Juristenzeitung

KN . . . . Kombinierte Nomenklatur
KSZE . . . . Konferenz für Sicherheit und Zusammenarbeit in Europa

LPartG . . . . Gesetz über die Eingetragene Lebenspartnerschaft

MS . . . . Mitgliedstaat(en)
m.w.N. . . . . mit weiteren Nachweisen

n.F. . . . . neue(r) Fassung
NJW . . . . Neue Juristische Wochenschrift
NVwZ . . . . Neue Zeitschrift für Verwaltungsrecht

OECD . . . . Organisation for Economic Co-operation and Development
OEEC . . . . Organisation for European Economic Co-operation
OSZE . . . . Organisation für Sicherheit und Zusammenarbeit in Europa

PJZS . . . . Polizeiliche und Justizielle Zusammenarbeit in Strafsachen

RdA . . . . Recht der Arbeit
Rn. . . . . Randnummer(n)
RIW . . . . Recht der internationalen Wirtschaft/Außenwirtschaftsdienst
RL(en) . . . . Richtlinie(n)
Rs. . . . . Rechtssache

s. . . . . siehe

TRIPS . . . . Agreement on Trade-Related Aspects of Intellectual Property Rights
TzBfG . . . . Gesetz über Teilzeitarbeit und befristete Arbeitsverträge

UAbs. . . . . Unterabsatz

vgl. . . . . vergleiche
VO(en) . . . . Verordnung(en)

VerfO/EuGH ... Verfahrensordnung des Gerichtshofs der Europäischen Union
VerfO/EuG ..... Verfahrensordnung des Gerichts der Europäischen Union

WEU .... Westeuropäische Union
WRP .... Wirtschaft in Recht und Praxis
WTO .... World Trade Organization (Welthandelsorganisation)
WVRK .... Wiener Übereinkommen über das Recht der Verträge (Wiener Vertragsrechtskonvention)
WWU .... Wirtschafts- und Währungsunion

ZBJI .... Zusammenarbeit in den Bereichen Justiz und Inneres
ZK .... Zollkodex
ZRG .... Zeitschrift für Unternehmens- und Gesellschaftsrecht
ZZP .... Zeitschrift für Zivilprozess

1. Teil: Grundlagen

1. Kapitel: Einleitung

A. Der Begriff Europarecht

Der Begriff Europarecht wird in weitem und engem Sinne gebraucht. Unter **Europarecht im weiten Sinne** versteht man das Recht aller europäischen internationalen Organisationen (s. u. E.). Gegenstand des vorliegenden Buches ist dagegen nur das **Europarecht im engen Sinne**, welches das Recht der Europäischen Union umfasst.

Innerhalb des Europarechts im engen Sinne wurde lange Zeit zwischen **Unionsrecht** und **Gemeinschaftsrecht** unterschieden, wobei die Bezeichnung Gemeinschaftsrecht wiederum als Oberbegriff für das Recht der Europäischen Gemeinschaft (EG, ehemals Europäische Wirtschaftsgemeinschaft – EWG), der Europäischen Atomgemeinschaft (EAG, Euratom) und der inzwischen aufgelösten Europäischen Gemeinschaft für Kohle und Stahl (EGKS, Montanunion) gebraucht wurde. Inhaltlich stand der Begriff Unionsrecht für ein vergleichsweise geringes Integrationsniveau, die sog. intergouvernementale Zusammenarbeit der Mitgliedstaaten, wohingegen mit dem Begriff Gemeinschaftsrecht der besondere supranationale Charakter der europäischen Einigung verbunden wurde.

Seit dem Inkrafttreten des **Vertrags von Lissabon** am 1. 12. 2009 ist die Unterscheidung zwischen Unionsrecht und Gemeinschaftsrecht obsolet. Da die Europäische Gemeinschaft (EG) als wichtigste der drei ehemaligen Gemeinschaften nunmehr in der Europäischen Union (EU) aufgegangen ist, wird nur noch von Unionsrecht und nicht mehr von Gemeinschaftsrecht gesprochen, wobei allerdings das Unionsrecht post-Lissabon die supranationalen Eigenschaften des früheren Gemeinschaftsrechts (insbesondere Vorrang und unmittelbare Anwendbarkeit seiner wichtigsten Bestimmungen) übernommen hat. Nur in der Gemeinsamen Außen- und Sicherheitspolitik gibt es noch Abstriche am supranationalen Charakter.

B. Besonderheiten des Europarechts und praktische Hinweise

I. Besonderheiten

Zunächst ist zu beachten, dass Europarecht zwar in Deutschland anwendbares Recht, aber nicht deutsches Recht ist. Das Europarecht fließt aus einer **autonomen Rechtsquelle** (EuGHE, 11/70, 1970, 1125 – Internationale Handelsgesellschaft, Rn. 3). Es kommt aus Brüssel und Straßburg, nicht aus Berlin. Es gilt nicht nur in Deutschland, sondern in gleicher Weise und mit gleichem Inhalt auch in allen anderen 26 Mitgliedstaaten. Der Jurist in Deutschland – aber auch sein Kollege in Polen oder Frankreich – muss also neben seinem ihm vertrauten nationalen Recht eine weitere Rechtsordnung beachten und anwenden, die ähnlichen, aber nicht völlig identischen Grundregeln gehorcht. Folgende Besonderheiten verursachen typischerweise Schwierigkeiten:

- Die **Terminologie** im Europarecht deckt sich oft nicht mit der gewohnten deutschen Begrifflichkeit. Europarecht entsteht in 23 Amtssprachen. Beim Entwurf der verschiedenen Sprachfassungen (z. B. einer Richtlinie) soll ein europaweit möglichst einheitlicher Regelungsinhalt erreicht werden. Europarechtliche Begriffe können daher nicht mit allen in den 27 Rechtsordnungen der Mitgliedstaaten verwendeten und teilweise voneinander abweichenden Begrifflichkeiten abgeglichen werden. Z. B. sind die europarechtlichen Begriffe des Arbeitnehmers und der öffentlichen Sicherheit und Ordnung von den im deutschen Recht verwendeten, formell gleich lautenden Begriffen zu unterscheiden (s. u. S. 77).
- Das Europarecht verwendet andere **Regelungstechniken**. Z. B. haben Richtlinien keine Entsprechung im deutschen Recht. Außerdem sind sie mit in Deutschland ungewohnten Begründungserwägungen (Präambel) versehen und meist in Artikel, nicht in Paragrafen unterteilt. Bei Änderungen von Rechtsakten bietet der Unionsgesetzgeber oft keine amtlich konsolidierte Fassung an.

● **Methodik** und **Rechtskultur** sind nicht vollständig identisch. Z. B. wird im Europarecht wegen der Schwierigkeiten bei der wörtlichen Auslegung (unterschiedliche Sprachfassungen) und historischen Auslegung (lückenhafte Veröffentlichung der Vorarbeiten zu den Gründungsverträgen) öfter auf teleologische Argumente zurückgegriffen als im deutschen Recht (s. u. S. 76). Darüber hinaus dürfte der Rechtsprechung des EuGH im Europarecht in der Praxis eine stärkere Bindungswirkung zukommen als der Rechtsprechung deutscher Obergerichte im nationalen Recht.

Weitere Schwierigkeiten entstehen dadurch, dass das Europarecht eine **junge,** noch nicht vollständig gefestigte Rechtsordnung ist, die sich darüber hinaus dauernd **weiterentwickelt.** Im Europarecht fehlt z. B. derzeit ein kodifiziertes allgemeines Verwaltungsverfahrensrecht; lange Zeit gab es auch keinen geschriebenen, verbindlichen Grundrechtekatalog. Außerdem ist es in wenigen anderen Rechtsgebieten so schwierig, mit der rasanten Rechtsentwicklung Schritt zu halten. Nicht nur abgeleitete Rechtsakte (Richtlinien, Verordnungen), sondern auch die Grundverträge ändern sich durch Beitritte und Änderungsverträge häufig.

Schließlich verlangt die Arbeit im Europarecht die Bereitschaft, sich in **anspruchsvolle Sachgebiete** in einem **international geprägten Kontext** einzuarbeiten. Viele Gebiete, mit denen sich das Europarecht befasst, wie z. B. das Außenhandelsrecht, das Wettbewerbsrecht (Kartellrecht, Fusionskontrolle, staatliche Beihilfen), das Recht des geistigen Eigentums oder die indirekten Steuern, setzen einiges an wirtschaftlichem Grundverständnis und Interesse voraus. Es stellen sich außerdem immer wieder Fragen, für deren Beantwortung Grundkenntnisse im Völkerrecht, im IPR und in der Rechtsvergleichung hilfreich sind. Außerdem existieren das Europarecht und die dazu gehörige Fachliteratur nicht nur in deutscher Sprache, so dass Fremdsprachenkenntnisse sowie ein Grundverständnis für das Rechtsdenken in anderen Ländern und Rechtskreisen von Nutzen sind.

II. Auffinden von europarechtlichem Material

Die Organe und Einrichtungen der EU sind allesamt im Internet vertreten. Eine Vielzahl von Informationen über ihre Tätigkeit sind heutzutage über das **Internet-Portal der Europäischen Union** auffindbar (http://europa.eu).

Rechtsakte der EU werden im **Amtsblatt** („ABl.") veröffentlicht, das mit Inkrafttreten des Vertrags von Nizza am 1. 2. 2003 in „Amtsblatt der Europäischen Union" umbenannt wurde. Es ist in einen Teil L (für „législation") und einen Teil C (für „communications") untergliedert. Teil L enthält die nach Art. 297 AEUV veröffentlichungsbedürftigen Rechtsakte sowie einige als solche gekennzeichnete, nicht veröffentlichungsbedürftige Rechtsakte. Teil C enthält z. B. Rechtsetzungsvorschläge der Kommission, schriftliche Anfragen von Parlamentariern, Stellungnahmen des Wirtschafts- und Sozialausschusses und andere unverbindliche Akte und Bekanntmachungen. Das Amtsblatt ist über die im Internet zu findende **Datenbank EUR-Lex** frei verfügbar (www.eur-lex.europa.eu). EUR-Lex eröffnet außerdem über ein Sachregister und eine Suchmaschine freien Zugang zu den Rechtsakten des Sekundärrechts (teilweise sogar in konsolidierter Fassung) und zu Rechtsetzungsvorschlägen, die aktuell diskutiert werden. Amtliche Dokumente können auch über die Vertretungen der Kommission in Berlin und München oder über sog. Europäische Dokumentationszentren, die in einigen Universitätsbibliotheken angesiedelt sind, bezogen werden. Obwohl sich in der Sammlung **Sartorius II** viele für die Ausbildung wichtige Rechtsakte finden, ist im Europarecht wegen der Schnelllebigkeit der Materie ein großes Maß an Eigeninitiative erforderlich, um sich auf dem Laufenden zu halten.

Die Rechtsprechung der Unionsgerichte wird in der **amtlichen Sammlung** („Slg.") in drei Teilen veröffentlicht. Teil I enthält die Urteile und Beschlüsse des Europäischen Gerichtshofs (EuGH), Teil II die des Gerichts (EuG) und der Sonderteil FP die Rechtsprechung zum europäischen Beamtenrecht. Rechtssachen des EuGH haben ein mit C (für „Cour") beginnendes Aktenzeichen, während die des EuG mit T (für „Tribunal") und jene des Gerichts für den Öffentlichen Dienst mit F (für „fonction publique") gekennzeichnet sind. Aktuelle Urteile und Beschlüsse sowie die Schlussanträge der Generalanwälte sind ferner im Volltext auf der – auch sonst sehr nützlichen – Internetseite des Gerichtshofs (www.curia.europa.eu) erhältlich und in den meisten Fällen überdies in EUR-Lex abrufbar. Seit kurzem ist dort auch die gesamte Rechtsprechung der letzten fast sechzig Jahre über ein nach Aktenzeichen geordnetes Register zugänglich. Die Sammlung „Europarecht in Fällen" (Hummer/Vedder, 4. Aufl., Baden-Baden 2005) enthält zahlreiche für Ausbildung und Praxis unerlässliche Urteile der Unionsgerichte in Auszügen.

Die wichtigsten juristischen Fachzeitschriften in deutscher Sprache sind die Europäische Zeitschrift für Wirtschaftsrecht (EuZW), Europarecht (EuR), Europäisches Wirtschafts- und Steuerrecht (EWS), die

Europäische Grundrechte-Zeitschrift (EuGRZ), das Recht der Internationalen Wirtschaft (RIW) und die Zeitschrift für Europarechtliche Studien (ZEuS). Auf Englisch erscheinen z. B. die Common Market Law Review, das European Law Journal, die European Law Review und das German Law Journal, auf Französisch die Cahiers de droit européen, das Journal de droit européen, die Revue des affaires européennes, die Revue du marché commun et de l'Union européenne, die Revue du marché unique européen und die Revue trimestrielle de droit européen.

Wer das politische und juristische Geschehen auf europäischer Ebene genau verfolgen will, kann das täglich erscheinende Bulletin der Nachrichtenagentur Agence Europe abonnieren. Wöchentlich erscheint in englischer Sprache die vom Economist herausgegebene European Voice.

C. Historischer Überblick über die Entwicklung der europäischen Einigung

In historischer Sicht ist zu unterscheiden zwischen einerseits der Geschichte der **Vertiefung der Integration**, d. h. den politischen, juristischen und ökonomischen Fortschritten bei der Schaffung einer immer engeren Union der beteiligten Mitgliedstaaten und Völker Europas, und andererseits der Geschichte der verschiedenen **geografischen Erweiterungen** der Europäischen Gemeinschaften bzw. der Europäischen Union.

I. Die schrittweise Vertiefung der Integration Europas im Rahmen der EU

Historisch gesehen vollzog sich die Vertiefung der Integration Europas in mehreren Etappen (anschaulich dazu die einleitenden Passagen des Lissabon-Urteils des Bundesverfassungsgerichts, BVerfGE 123, 267 = NJW 2009, 2267).

1. Die Entwicklung nach dem zweiten Weltkrieg: Friedenssicherung durch wirtschaftliche Integration

Mit Ende des zweiten Weltkriegs gewann in Europa die Idee eines Zusammenschlusses zu den „Vereinigten Staaten von Europa" (Winston Churchill in seiner Zürcher Rede vom 19. 9. 1946) an Schubkraft. In seiner berühmten Erklärung vom 9. 5. 1950 präsentierte der französische Außenminister Robert Schuman einen Plan für die Vergemeinschaftung der deutschen und französischen Kohle- und Stahlproduktion unter dem Dach einer auch anderen Staaten offen stehenden Organisation. Auf der Grundlage dieses Plans wurde durch den Vertrag von Paris vom 18. 4. 1951 die **Europäische Gemeinschaft für Kohle und Stahl (EGKS, „Montanunion")** gegründet. Dieser Vertrag wurde allerdings nur für eine Dauer von 50 Jahren geschlossen und ist mit Ablauf des 22. 7. 2002 außer Kraft treten (vgl. Art. 97 EGKSV). Erster Präsident der „Hohen Behörde" der EGKS war der Franzose Jean Monnet. Die Gründung einer Europäischen Verteidigungsgemeinschaft und einer Europäischen Politischen Gemeinschaft scheiterte hingegen 1954 am Widerstand der französischen Nationalversammlung.

Nach der Außenministerkonferenz von Messina im Juni 1955 wurde vom belgischen Außenminister Paul-Henri Spaak im März 1956 ein Bericht zur wirtschaftlichen Gesamtintegration Europas vorgelegt. Dieser war Grundlage für weitere Verhandlungen, die am 25. 3. 1957 mit der Unterzeichnung der sog. Römischen Verträge durch sechs europäische Staaten (D, F, I, B, L, NL) abgeschlossen wurden. Durch sie wurden die **Europäische Wirtschaftsgemeinschaft** (EWG) und die **Europäische Atomgemeinschaft** (EAG, „Euratom", Sartorius II Nr. 200) gegründet. Erster Präsident der gemeinsamen Kommission dieser beiden Gemeinschaften war der Deutsche Walter Hallstein.

1965 wurden die bis dahin noch getrennt bestehenden Organe Rat (bzw. Besonderer Ministerrat im EGKS-Vertrag) und Kommission (bzw. Hohe Behörde im EGKS-Vertrag) im sog. Fusionsvertrag (Vertrag von Brüssel) zusammengeschlossen. Seit 1970 wird der Haushalt der Gemeinschaft bzw. Union nicht mehr direkt durch Beiträge der Mitgliedstaaten, sondern durch ein System sog. Eigenmittel finanziert (vgl. dazu Art. 311 AEUV, Eigenmittelbeschluss und Eigenmittelverordnung Sartorius II, Nr. 225 und Nr. 225 a). 1979 wurde das Europäische Währungssystem (EWS) als Vorläufer der Währungsunion eingeführt. Im gleichen Jahr wurde das Europäische Parlament erstmals direkt gewählt (Sartorius II, Nr. 262).

2. Die Einheitliche Europäische Akte: Aufbruch in den Europäischen Binnenmarkt

Die **Einheitliche Europäische Akte** vom 17./28. 2. 1986 (EEA) ist der erste große Änderungsvertrag zu den Gründungsverträgen. Durch sie wurden dem Europäischen Parlament mehr Mitwirkungsbefugnisse beim der Rechtsetzung zugestanden (sog. Verfahren der Zusammenarbeit). Erstmals wurde auch die Errichtung einer Europäischen Union als Ziel formuliert (Art. 1 Abs. 1 EEA). Neben Kompetenzerweiterungen in den Bereichen des wirtschaftlichen und sozialen Zusammenhalts (jetzt Art. 174 ff. AEUV), Forschung und technologische Entwicklung (jetzt Art. 179 ff. AEUV) und Umwelt (jetzt Art. 191 ff. AEUV) enthielt die EEA vor allem die neue Harmonisierungs-Rechtsgrundlage des Art. 100 a EWGV (später Art. 95 EGV und jetzt Art. 114 AEUV). Mit Hilfe dieser Kompetenznorm, die im Rat eine Beschlussfassung mit qualifizierter Mehrheit ermöglichte, sollte das nunmehr vertraglich festgeschriebene Ziel der Errichtung des Binnenmarkts bis zum 1. 1. 1993 verwirklicht werden (Art. 7 a EWGV, später Art. 14 EGV und jetzt Art. 26 AEUV). Auf der Grundlage eines sog. Weißbuchs der Kommission (Maßnahmenkatalog von fast 300 Harmonisierungsmaßnahmen) ist dies mit Ausnahme weniger Bereiche (z. B. weiterhin kaum Harmonisierung der direkten Steuern) auch gelungen.

Neben den genannten Änderungen des EWG-Vertrags wurde die Europäische Politische Zusammenarbeit EPZ (Vorläuferin der heutigen Gemeinsamen Außen- und Sicherheitspolitik GASP, s. sogleich) außerhalb des Gemeinschaftsrechts, aber in derselben „einheitlichen" Urkunde (deshalb: EEA) vertraglich verankert.

3. Der Vertrag von Maastricht: Grundsteinlegung für die Wirtschafts- und Währungsunion

Mit dem **Vertrag über die Europäische Union** (EU-Vertrag, Vertrag von Maastricht) wurde am 7. 2. 1992 in Maastricht der zweite große Änderungsvertrag unterzeichnet, der mit seinem Inkrafttreten am 1. 11. 1993 grundlegende Reformen in Richtung auf eine „immer engere Union der Völker Europas" (Präambel) verwirklicht hat.

Zum einen wurde mit diesem Vertrag die **Europäische Union** gegründet (jetzt Art. 1 EUV). Die Europäische Union wurde damals noch als nicht rechtsfähiger Verbund der drei bereits bestehenden Gemeinschaften E(W)G, EGKS und Euratom (sog. erste Säule) mit zwei neuen institutionalisierten Formen der Zusammenarbeit der Regierungen der Mitgliedstaaten (sog. zweite und dritte Säule) konzipiert. Bei letzteren beiden Formen der „intergouvernementalen Zusammenarbeit" handelte es sich zum einen um die **Gemeinsame Außen- und Sicherheitspolitik** (GASP, zweite Säule) und zum anderen um die **Zusammenarbeit in den Bereichen Justiz und Inneres** (ZBJI, dritte Säule). Die drei Säulen wurden durch das sog. „einheitliche Dach", nämlich eine Präambel, gemeinsame Bestimmungen und Schlussbestimmungen miteinander verbunden.

Außerdem änderte der EU-Vertrag in seinen Titeln II bis IV die Verträge der drei Europäischen Gemeinschaften zum Teil ganz erheblich: Die EWG wurde aufgrund weiterer Ausdehnung ihrer Kompetenzen auf nichtwirtschaftliche Aufgaben **in EG umbenannt**. Stufenweise sollte eine **Wirtschafts- und Währungsunion** errichtet werden (jetzt Art. 119 ff. AEUV). Am 1. 1. 1999 begann auf der Grundlage dieser Vorschriften die dritte und letzte Stufe der Währungsunion mit der Einführung des Euro als gemeinsamer Währung in zunächst 11 Mitgliedstaaten und der unwiderruflichen Festlegung der Wechselkurse zwischen ihnen. Die Euro-Banknoten und -münzen kamen am 1. 1. 2002 in Umlauf. Heute ist der Euro für 16 der 27 Mitgliedstaaten die gemeinsame Währung, ab 1. 1. 2011 kommt Estland als 17. Mitgliedstaat hinzu. Überdies führte der Vertrag von Maastricht mit den heutigen Art. 20 ff. AEUV die **Unionsbürgerschaft** ein (s. u. S. 186 ff.). Der Katalog der Politiken der Gemeinschaft wurde um die Bereiche Kultur (jetzt Art. 167 AEUV), Gesundheitswesen (Art. 168 AEUV), Verbraucherschutz (Art. 169 AEUV), Transeuropäische Netze (Art. 170 ff. AEUV), Industriepolitik (Art. 157 AEUV) und Entwicklungszusammenarbeit (Art. 208 ff. AEUV) **erweitert**. In diesen Bereichen erhielt die Gemeinschaft aber oft nur begrenzte Koordinierungskompetenzen. In institutioneller Hinsicht wurden durch ein neues Rechtsetzungsverfahren, das sog. **Verfahren der Mitentscheidung** (Art. 251 EGV, heute abgelöst durch das *ordentliche Gesetzgebungsverfahren*, Art. 294 AEUV), die Rechte des Europäischen Parlaments erheblich gestärkt. Zur Stärkung des Einflusses regionaler und lokaler Gebietskörperschaften wurde ein Europäischer **Ausschuss der Regionen** (EAdR) errichtet (Art. 305 ff. AEUV), der beratende Funktionen hat. Das **Subsidiaritätsprinzip,** das früher bereits im Vertrag angedeutet worden war, wurde als grundlegendes Prinzip der Gemeinschaft an prominenter Stelle in Art. 3 b Abs. 2 EGV (jetzt Art. 5 Abs. 3 EUV) verankert.

4. Der Vertrag von Amsterdam: das Projekt eines Raums der Freiheit, der Sicherheit und des Rechts

Der dritte große Änderungsvertrag ist der **Vertrag von Amsterdam,** der am 2. 10. 1997 unterzeichnet wurde und am 1. 5. 1999 in Kraft trat. Dieser Vertrag sollte ursprünglich vor allem wichtige institutionelle Fragen wie z. B. die Stimmengewichtung im Ministerrat oder die Zahl der Kommissionsmitglieder regeln. Im „Protokoll über die Organe im Hinblick auf eine Erweiterung der Europäischen Union" verschoben die Mitgliedstaaten die Lösung dieser politisch brisanten Probleme dann jedoch im Wesentlichen auf die nächste Regierungskonferenz, die später zum Vertrag von Nizza führte (s. sogleich). Der

Amsterdamer Vertrag behielt im Großen und Ganzen die Grundstruktur der Union und der drei Gemeinschaften bei, änderte jedoch den EU-Vertrag und den EG-Vertrag insbesondere in den Bereichen freier Personenverkehr, Justiz und Inneres in wichtigen Punkten. Außerdem wurden die Verträge durch Streichung hinfällig gewordener Vorschriften vereinfacht. Schließlich fand eine vollständige Umnummerierung der Vorschriften statt, die anfangs zu einigen Umstellungsschwierigkeiten geführt hat. Die wesentlichen sachlichen Änderungen können wie folgt zusammengefasst werden:

a) Die **Grundsätze,** auf denen die Union beruht, nämlich Freiheit, Demokratie, Grundrechte und Rechtsstaatlichkeit, wurden stärker hervorgehoben (vgl. insbesondere Art. 6 und 7 EUV).

b) Es wurden **neue Rechtsgrundlagen** für die Bekämpfung von Diskriminierungen aus Gründen des Geschlechts, der Rasse, der ethnischen Herkunft, der Religion oder der Weltanschauung, einer Behinderung, des Alters oder der sexuellen Ausrichtung (heute Art. 19 AEUV), für den Datenschutz (heute Art. 16 AEUV) und für mehr Transparenz (heute Art. 15 AEUV) geschaffen.

c) Es wurde ein neuer Titel zur Beschäftigungspolitik in den EG-Vertrag aufgenommen, das sog. Abkommen über die Sozialpolitik wurde in den EG-Vertrag integriert, die Stellung des Umweltschutzes wurde insbesondere durch die Hervorhebung des Prinzips der nachhaltigen Entwicklung gestärkt (heute Art. 3 Abs. 3 EUV und Art. 11, 114, 191, 192 AEUV), und in den Bereichen Gesundheitsschutz und Verbraucherschutz wurden ebenfalls Verbesserungen erzielt (heute Art. 168, 169 AEUV).

d) In den Bereichen freier Personenverkehr, Justiz und Inneres erfolgten unter dem Motto der Schaffung eines „**Raums der Freiheit, der Sicherheit und des Rechts**" die umfangreichsten Änderungen:

- Wichtige Bereiche der dritten Säule des EU-Vertrags (vormalige ZBJI) wurden in den EG-Vertrag übernommen und damit „vergemeinschaftet" (Säulenwechsel). Als Folge entstand im EG-Vertrag der neue Titel IV „Visa, Asyl, Einwanderung und andere Politiken betreffend den freien Personenverkehr" (Art. 61 bis 69 EGV, heute Art. 67 ff. AEUV). Die dritte Säule des EU-Vertrags betraf fortan nur noch die „Polizeiliche und justizielle Zusammenarbeit in Strafsachen" (PJZS, Art. 29 bis 42 EUV a. F.).

- Der neue Titel IV des EG-Vertrags unterschied sich jedoch während einer Übergangszeit, die bis zum Vertrag von Lissabon andauerte, durch mehrere Sondervorschriften v. a. beim Rechtsetzungsverfahren (paralleles Vorschlagsrecht der Mitgliedstaaten, Grundsatz der Einstimmigkeit im Rat, bloße Anhörung des Parlaments, Art. 67 Abs. 1 EGV) und im Bereich des Rechtsschutzes (Art. 68 EGV) vom restlichen Gemeinschaftsrecht. Titel IV stellte gewissermaßen „Gemeinschaftsrecht zweiter Klasse" dar.

- Dagegen wurde in der dritten Säule des EU-Vertrags – also in der PJZS – im Vergleich zur zweiten Säule (GASP) die Rechtsetzung v. a. durch das Instrument des Rahmenbeschlusses etwas effizienter gestaltet (Art. 34 EUV a. F.) und der Rechtsschutz leicht verbessert (Art. 35 EUV a. F.). Innerhalb des EU-Vertrags wurde die dritte Säule fortan der Bereich, in dem die intergouvernementale Zusammenarbeit der Mitgliedstaaten am stärksten institutionalisiert war.

- Parallel dazu wurde der sog. Schengen-Besitzstand in die Verträge integriert. In Schengen war 1990 eine Gruppe von Mitgliedstaaten – Großbritannien und Irland nahmen z. B. nicht teil – außerhalb des Gemeinschaftsrechts durch einfache völkerrechtliche Verträge übereingekommen, die Kontrollen an den Binnengrenzen des Schengen-Raums abzuschaffen und im Gegenzug die Kontrollen an den Außengrenzen zu verstärken. Außerdem waren Begleitmaßnahmen zur Stärkung der inneren Sicherheit ergriffen worden (z. B. die Errichtung eines grenzüberschreitenden EDV-gestützten Schengen-Informationssystems „SIS"). Durch ein Protokoll zum EU-Vertrag (Sartorius II, Nr. 280 b) bezog der Amsterdamer Vertrag diesen Gesamtkomplex von Vorschriften als eine Form der verstärkten Zusammenarbeit in den Rahmen der EU ein. Gemäß Art. 2 jenes Protokolls hat der Rat durch zwei Beschlüsse vom 20. 5. 1999 (ABl. 1999 L 176) zum einen den Umfang des Schengen-Besitzstands definiert (der Besitzstand ist veröffentlicht in ABl. 2000, L 239) und zum anderen diesen Besitzstand den verschiedenen Rechtsgrundlagen im Titel IV des EG-Vertrags bzw. in der dritten Säule des EU-Vertrags zugeordnet.

e) Auf dem Gebiet der **Außenbeziehungen** konnten sich die Mitgliedstaaten nicht auf eine Ausdehnung der ausschließlichen Zuständigkeit der Gemeinschaft für die gemeinsame Handelspolitik einigen. Im Bereich der zweiten Säule des EU-Vertrags (GASP) wurde die Beschlussfassung des Rates durch Einführung der sog. konstruktiven Stimmenthaltung (Art. 23 Abs. 1 EUV a. F.) und von Beschlüssen mit qualifizierter Mehrheit in bestimmten Fällen (Art. 23 Abs. 2 EUV a. F.) erleichtert (heute Art. 31 EUV). Außerdem wurde die Funktion eines Hohen Vertreters für die GASP geschaffen (heute Art. 18 EUV). Zum ersten Hohen Vertreter wurde der Spanier Javier Solana ernannt. Schließlich wurden die vertraglichen Grundlagen für eine künftige gemeinsame Verteidigungspolitik und die Integration der Westeuropäischen Union in die EU geschaffen sowie die sog. Petersberger Aufgaben in die GASP einbezogen (heute Art. 42 EUV).

f) In **institutioneller Hinsicht** konnten die Funktionsweise des Mitentscheidungsverfahrens entscheidend verbessert (Art. 251 EGV) und der Anwendungsbereich dieses Verfahrens ausgedehnt werden. Das ältere Verfahren der Zusammenarbeit (Art. 252 EGV) fand fortan fast nur noch im Bereich der Wirtschafts- und Währungsunion Anwendung und wurde mit Inkrafttreten des Vertrags von Lissabon gänzlich abgeschafft. Außerdem erhielt das Europäische Parlament mehr Rechte bezüglich der Ernennung des Kommissionspräsidenten und der Kommissionsmitglieder (Art. 214 Abs. 2 EGV).

g) Um das Veto einzelner Mitgliedstaaten in bestimmten Angelegenheiten zu umgehen, eröffnete der Amsterdamer Vertrag erstmals die Möglichkeit einer sog. **verstärkten Zusammenarbeit** zwischen den Mitgliedstaaten, die dies wünschen (heute Art. 20 ff. EUV, 326 ff. AEUV). Dadurch sollte verhindert werden, dass Integrationsfortschritte auf bestimmten Sachgebieten durch einzelne Mitgliedstaaten blockiert würden. Das immer häufiger auftretende Spannungsverhältnis zwischen der Vertiefung der Integration einerseits und der Erweiterung der Union andererseits sollte auf diese Weise entschärft werden. Die Voraussetzungen für die Konstituierung einer solche Avantgarde waren jedoch so strikt, dass von dieser Möglichkeit in der Praxis lange Zeit kein Gebrauch gemacht wurde.

h) Die Rolle des **Gerichtshofs** in den Bereichen freier Personenverkehr, Justiz und Inneres wurde gestärkt (Art. 35, 40, 46 lit. b, c und d EUV a. F. und Art. 68 EGV). Dennoch blieb das Rechtsschutzsystem in diesen grundrechtsrelevanten Bereichen noch lückenhaft.

i) Die Bedeutung des **Subsidiaritätsprinzips** wurde durch die Beifügung eines Protokolls mit verbindlichen Leitlinien konsolidiert und die Unterrichtungs- und Beteiligungsrechte der nationalen Parlamente durch das Protokoll über die Rolle der nationalen Parlamente in der Europäischen Union gestärkt.

5. Der Vertrag von Nizza: Institutionelle Reformen im Hinblick auf die Erweiterung der Union

Der Vertrag von Nizza wurde am 26. 2. 2001 unterzeichnet. Da die irische Bevölkerung seiner Ratifizierung nur im zweiten Anlauf zugestimmt hat, konnte er erst am 1. 2. 2003 in Kraft treten. Der Vertrag sollte den mit dem Vertrag von Amsterdam begonnenen Prozess der Vorbereitung der Organe der EU auf die Wahrnehmung ihrer Aufgaben in einer erweiterten Union vollenden (Präambel). Die Änderungen des EU- und EG-Vertrags betrafen deshalb fast ausschließlich institutionelle Fragen. Hauptthemen der Verhandlungen im Vorfeld der abschließenden Gipfelkonferenz Anfang Dezember 2000 in Nizza waren die Zusammensetzung der Kommission, die Stimmengewichtung im Rat, die Ausdehnung des Anwendungsbereichs der Beschlussfassung des Rates mit qualifizierter Mehrheit und die Regeln über die verstärkte Zusammenarbeit zwischen einer beschränkten Anzahl von Mitgliedstaaten. Die Neuerungen des Vertrags von Nizza waren das Ergebnis äußerst schwieriger und zäher Verhandlungen. Gemessen an der vielerseits geäußerten Hoffnung, die Erweiterung der EU möge nicht auf Kosten einer Vertiefung der Integration gehen, blieben die Ergebnisse hinter den Erwartungen zurück; sie lassen sich wie folgt zusammenfassen:

a) Die **Kommission** setzte sich fortan – ab 1. 1. 2005 – aus je einem Kommissar pro Mitgliedstaat zusammen (Art. 213 EGV); die fünf großen Mitgliedstaaten (D, F, GB, I, SP) verloren damit „ihren" bisherigen zweiten Kommissar. Längerfristiges Ziel ist es seit dem Vertrag von Nizza, die Kommission zu verkleinern, so dass sie letztlich weniger Kommissare umfasst, als die EU Mitgliedstaaten zählt (vgl. dazu unten S. 39). Innerhalb der Kommission wurde die Rolle des Präsidenten deutlich gestärkt.

b) Der Anwendungsbereich der **Beschlussfassung mit qualifizierter Mehrheit** im Rat wurde erweitert (z. B. auf die Ernennung des Generalsekretärs des Rates/Hoher Vertreter für die GASP, heute Art. 18 EUV). Überdies wurde eine komplizierte Neugewichtung der Stimmen der Mitgliedstaaten vorgenommen; fortan hatten die Mitgliedstaaten je nach Größe zwischen 3 und 29 Stimmen, zuvor waren es traditionell nur 2 bis 10 Stimmen gewesen. Für die Beitrittskandidaten wurden ebenfalls bereits Stimmenzahlen festgelegt. Außerdem musste neben der qualifizierten Mehrheit der so gewichteten Stimmen die Mehrheit der Mitgliedstaaten zustimmen (ein Anliegen der kleineren Staaten). Schließlich konnte ein Mitgliedstaat beantragen, dass überprüft wird, ob die Mitgliedstaaten, die die qualifizierte Mehrheit bilden, mindestens 62 % der Gesamtbevölkerung der Union repräsentieren (ein Anliegen der deutschen Verhandlungsdelegation), vgl. zum Ganzen Art. 205 EGV i. d. F. d. Vertrags von Nizza.

c) Die Gesamtzahl der Abgeordneten im **Europäischen Parlament** wurde auf 732 begrenzt (Art. 189 Abs. 2 EGV; nach dem Beitritt Bulgariens und Rumäniens wuchs diese Höchstzahl auf 736). Die Mehrzahl der Mitgliedstaaten musste damit auf Parlamentssitze verzichten, um Platz für die Abgeordneten aus den Beitrittsländern zu schaffen. Die Stellung des Parlaments vor dem Europäischen Gerichtshof wurde gestärkt, und die Rechtsgrundlagen für das Statut der Abgeordneten und der politischen Parteien auf europäischer Ebene wurden verbessert.

d) Mit dem Ziel der Entlastung des EuGH wurde das **Rechtsschutzsystem** und insbesondere die Organisation der Unionsgerichtsbarkeit in einigen wichtigen Punkten geändert, wobei auch Rechtsgrundlagen für spätere schrittweise Reformen außerhalb einer schwerfälligen Regierungskonferenz geschaffen wurden (vgl. zum Ganzen insbesondere die heutigen Art. 257 und 262 AEUV sowie Art. 20 Abs. 5 der EuGH-Satzung).

e) Die Anforderungen an eine **verstärkte Zusammenarbeit** zwischen einer begrenzten Zahl von Mitgliedstaaten wurden herabgesenkt, so dass Integrationsfortschritte auf bestimmten Sachgebieten fortan unter erleichterten Voraussetzungen möglich wurden. Dennoch kam der Mechanismus der verstärkten Zusammenarbeit in der Praxis erst 2010 erstmals zur Anwendung.

6. Die Konventsmethode: ein Versuch, mehr Bürgernähe zu erreichen

Das ursprüngliche dänische Nein zum Vertrag von Maastricht und das ursprüngliche irische Nein zum Vertrag von Nizza machten deutlich, dass man die EU ihren Bürgern näher bringen musste. Die schwierige Kompromissfindung und die relativ bescheidenen Integrationsfortschritte in Nizza (insbesondere im Vergleich zur Einheitlichen Europäischen Akte sowie zu den Verträgen von Maastricht und Amsterdam) weckten überdies den Wunsch nach einer Abkehr vom klassischen Muster der Regierungskonferenzen. Die sog. **Konventsmethode** erschien vielen als ein geeignetes Mittel, Transparenz, demokratische Legitimation und Bürgernähe zu verbessern. Diese Methode zeichnet sich dadurch aus, dass Integrationsfortschritte nicht allein hinter verschlossenen Türen von Staats- und Regierungschefs und Diplomaten nach dem Einstimmigkeitsprinzip ausgehandelt werden, sondern vorab in einer öffentlichen und transparenten Debatte von einer mehrheitlich aus Parlamentariern bestehenden Versammlung (Konvent) nach der Methode des Konsenses erörtert und ausgearbeitet werden.

a) Der Grundrechtekonvent und die Charta der Grundrechte der EU. Schon 1999 hatte der Europäische Rat von Köln beschlossen, eine Grundrechtecharta auszuarbeiten, um die bestehenden Gemeinschaftsgrundrechte für alle Rechtsunterworfenen sichtbarer zu machen. Ein Konvent unter Vorsitz des ehemaligen deutschen Bundespräsidenten Roman Herzog arbeitete mit umfassender Beteiligung aller interessierten Kreise die **Charta der Grundrechte der EU** aus, die dann im Dezember 2000 anlässlich des Gipfels von Nizza vom Europäischen Parlament, dem Rat und der Kommission feierlich verkündet wurde, aber zunächst keine Rechtsverbindlichkeit hatte (Näheres zur Charta der Grundrechte s. u. S. 267 ff.).

b) Der Europäische Konvent: Entwurf einer Verfassung für Europa. Nach der erfolgreichen Arbeit des Grundrechtekonvents wurde, ebenfalls in Nizza, eine Erklärung zur Zukunft der Union angenommen, mit der eine „eingehendere und breiter angelegte Debatte" über die Zukunft der Union eingeleitet werden sollte. Aufbauend darauf verabschiedete der Europäische Rat dann im Dezember 2001 unter belgischer Präsidentschaft die **Erklärung von Laeken zur Zukunft der Europäischen Union.**

In inhaltlicher Hinsicht stellt diese Erklärung von Laeken fest, dass die Union demokratischer, transparenter und effizienter werden muss. Dazu wirft sie eine Reihe gezielter Fragen auf, die in vier Gruppen zusammengefasst sind. Die erste Gruppe enthält Fragen zu einer transparenteren Ordnung der Zuständigkeitsverteilung. Die zweite Gruppe „Vereinfachung der Instrumente der Union" problematisiert, ob die Instrumente (v. a. Rechtsakte) der Union nicht besser definiert und ihre Zahl verringert werden soll. In der dritten Gruppe „Mehr Demokratie, Transparenz und Effizienz in der Europäischen Union" sind grundlegende institutionelle Fragen zusammengefasst. Die vierte Gruppe enthält unter der Überschrift „Der Weg zu einer Verfassung für die europäischen Bürger" Fragen zur Vereinfachung und Neufassung der Verträge, dem Status der Charta der Grundrechte, dem Beitritt der EU zur Europäischen Menschenrechtskonvention (EMRK) und schließlich zur Notwendigkeit, einen Verfassungstext anzunehmen. Damit wurden erstmals praktisch alle Grundsatzfragen zur Fortentwicklung des europäischen Einigungsprozesses aufgeworfen, was bisher stets vermieden worden war.

In formeller Hinsicht bestimmte die Erklärung, dass die aufgeworfenen Fragen von einem zweiten Konvent, dem sog. „**Europäischen Konvent**" (Konvent zur Zukunft Europas, Verfassungskonvent), geprüft werden sollten, der Antwortvorschläge erarbeiten sollte. Die Beratungen des Europäischen Konvents begannen im Februar 2002. Neben seinem Vorsitzenden (Valéry Giscard d'Estaing) und dessen beiden Stellvertretern (Giuliano Amato, Jean-Luc Dehaene) gehörten dem Konvent 15 Vertreter der Staats- und Regierungschefs der damaligen Mitgliedstaaten, 30 Mitglieder der nationalen Parlamente, 16 Mitglieder des Europäischen Parlaments und zwei Vertreter der Kommission an. Die Beitrittskandidaten waren ebenfalls durch je einen Vertreter ihrer Regierung und zwei Mitglieder ihres nationalen Parlaments repräsentiert. Die Sitzungen des Europäischen Konvents waren öffentlich.

Die Arbeiten des Europäischen Konvents endeten im Juni 2003 mit der Übergabe des Entwurfs eines „Vertrags über eine Verfassung für Europa" (Verfassungsvertrag) an die Staats- und Regierungschefs.

c) Ob die Konventsmethode ein Patentrezept für mehr Bürgernähe ist, mag angesichts des späteren Scheiterns des Verfassungsvertrags bezweifelt werden. Immerhin trägt sie aber dazu bei, dass die Vorarbeiten zu wichtigen Integrationsfortschritten in einem transparenten Verfahren zustande kommen und sich das Verhandeln hinter verschlossenen Türen im Rahmen von Regierungskonferenzen auf ein Mindestmaß beschränkt. Der Vertrag von Lissabon (vgl. dazu sogleich unten) sieht jedenfalls vor, dass **künftige Vertragsänderungen** im Regelfall nach der Konventsmethode vorzubereiten sind (Art. 48 Abs. 3 EUV). Laut BVerfG ist dies „verfassungsrechtlich unbedenklich", solange die Konventsarbeiten für die Mitgliedstaaten rechtlich unverbindlich sind (BVerfGE 123, 267 = NJW 2009, 2267 – Lissabon, Absatz-Nr. 308).

7. Vom gescheiterten Verfassungsvertrag zum Vertrag von Lissabon: Reformen ohne Symbolik

Der Entwurf des Europäischen Konvents war, wie bereits erwähnt, die Grundlage für den „Vertrag über eine Verfassung für Europa" (Verfassungsvertrag), der am 29.10. 2004 in Rom unterzeichnet wurde. Abgesehen von einer leicht veränderten Nummerierung des Vertragswerks und punktuellen Abweichungen im institutionellen Teil (insbesondere Verschärfung der Anforderungen an die doppelt qualifizierte Mehrheit im Rat, vgl. Art. I-24 EVV-E einerseits und Art. I-25 EVV andererseits; außerdem längere Übergangsfristen für diese doppelt qualifizierte Mehrheit sowie für die Verkleinerung der Kommission) enthielt der Verfassungsvertrag keine wesentlichen Änderungen gegenüber dem Konventsentwurf.

Es würde den Rahmen dieser Darstellung sprengen, alle Details des Verfassungsvertrags im Einzelnen zu erörtern oder auch nur aufzuzählen. Die folgenden Ausführungen beschränken sich demzufolge auf einen groben Überblick über die wichtigsten Elemente:

Äußerlich ersetzte der Verfassungsvertrag, wie schon der Konventsentwurf, die bestehenden Verträge durch ein neues, einheitliches (allerdings sehr umfangreiches) Dokument, das die Rechtsform eines völkerrechtlichen Vertrags hatte und in vier Teile gegliedert war: Der erste Teil stellte gewissermaßen den Kern der Verfassung dar; er legte die grundlegenden Ziele und Werte der Union fest, enthielt allgemeine Bestimmungen über die Organe der EU und ihre Funktionsweise sowie eine klarere Abgrenzung der Zuständigkeiten zwischen der Union und ihren Mitgliedstaaten. Der zweite Teil übernahm die Charta der Grundrechte der EU in das Primärrecht, um ihr verbindliche Rechtswirkungen zu verleihen. Der dritte Teil kodifizierte im Wesentlichen die verbleibenden Detailbestimmungen aus den bisherigen Verträgen, nicht zuletzt jene über den Binnenmarkt und die diversen Gemeinschaftspolitiken. Der vierte Teil schließlich enthielt Übergangs- und Schlussbestimmungen.

Inhaltlich hob der Verfassungsvertrag die Werte und Ziele der EU besonders hervor, ging aber ansonsten vom Grundsatz der Wahrung des *acquis communautaire* (einschließlich der verschiedenen Gemeinschaftspolitiken) aus und vermied Rückschritte hinter das bislang erzielte Integrationsniveau. Ganz im Gegenteil sah er erhebliche Verbesserungen im institutionellen Bereich vor, insbesondere eine effizientere Entscheidungsstruktur (z.B. Verschmelzung von EG und EU, Prinzip der doppelten Mehrheit im Rat, Doppelrolle des neu zu schaffenden Europäischen Außenministers als Vizepräsident der Kommission und Vorsitzender des Rates für Auswärtige Angelegenheiten) sowie eine Systematisierung und Hierarchisierung der von den Organen zu erlassenden Rechtsakte. Im selben Lichte ist zu sehen, dass der EU Rechtspersönlichkeit verliehen und ihre Säulenstruktur abgeschafft werden sollte. Die Rolle des Europäischen Parlaments und der nationalen Parlamente im Entscheidungsfindungsprozess sollte gestärkt werden.

Darüber hinaus wies der Verfassungsvertrag einige Elemente auf, die sich unter dem Oberbegriff der **verfassungs- oder staatsähnlichen Symbolik** zusammenfassen lassen, etwa Regelungen über die Flagge, die Hymne und den Leitspruch der Union sowie den Europatag (Art. I-8 EVV). Zu dieser Symbolik gehörte auch, dass die wichtigsten Rechtsakte der EU fortan als „Europäisches Gesetz" und „Europäisches Rahmengesetz" bezeichnet werden sollten (Art. I-33 EVV) und das Amt eines Außenministers der Union (Art. I-28 EVV) vorgesehen war.

Wenngleich der Verfassungsvertrag von zahlreichen Mitgliedstaaten ratifiziert wurde, so etwa aufgrund von Volksabstimmungen in Spanien und Luxemburg, gelang es letztlich nicht, dieses Regelwerk in allen Mitgliedstaaten den Bürgern hinreichend nahe zu bringen. Die deutliche Ablehnung des Verfassungsvertrags bei den beiden Volksabstimmungen in den Niederlanden und in Frankreich im Frühsommer

2005 führte letztlich dazu, dass die Staats- und Regierungschefs der Mitgliedstaaten das Projekt der Europäischen Verfassung nach einer ca. zweijährigen „Reflexionsphase" nicht mehr weiter verfolgten. So wurden zwar in der Berliner Erklärung vom März 2007 zum 50-jährigen Bestehen der Römischen Verträge die gemeinsamen europäischen Werte und Ziele betont, das Verfassungskonzept wurde jedoch nicht mehr erwähnt und schon wenig später, im Juni 2007, beim Europäischen Rat von Brüssel aufgegeben. Statt dessen wurde eine neue Regierungskonferenz einberufen, die den Auftrag erhielt, einen schlichten „Reformvertrag" auszuarbeiten, der die bestehenden Verträge nur punktuell ändern sollte, ohne sie durch ein komplett neues Regelwerk zu ersetzen. Bemerkenswert war in diesem Zusammenhang, dass bereits bei Einberufung der Regierungskonferenz durch den Europäischen Rat höchst detaillierte Vorgaben für den künftigen Vertrag gemacht wurden und dessen Inhalt weitestgehend feststand.

Dieser Reformvertrag, offiziell **Vertrag von Lissabon** genannt, wurde schließlich am 13.12. 2007 unterzeichnet. Entsprechend dem Auftrag der Regierungskonferenz 2007 entspricht der Vertrag von Lissabon inhaltlich weitgehend dem gescheiterten Verfassungsvertrag, allerdings verzichtet er auf die Bezeichnung „Verfassung" und vermeidet auch sonst eine verfassungs- oder staatsähnliche Symbolik. Im Folgenden werden die wichtigsten Unterschiede und Gemeinsamkeiten von Verfassungsvertrag und Vertrag von Lissabon überblicksartig dargestellt (vgl. zum Ganzen auch Streinz/Ohler/Herrmann, Der Vertrag von Lissabon zur Reform der EU):

	Verfassungsvertrag	Vertrag von Lissabon
Regelungstechnik	• Aufhebung der bisherigen Verträge und Zusammenfassung in einem neuen, einheitlichen Dokument mit vier Teilen	• Reiner Änderungsvertrag zum bisherigen EU-Vertrag und EG-Vertrag, kein einheitliches Dokument als Endprodukt • EGV wird in „Vertrag über die Arbeitsweise der Europäischen Union" (AEUV) umbenannt • Im EUV sind grundlegende Regeln sowie die GASP enthalten, im AEUV das „Kleingedruckte"
	• Beibehaltung des *acquis communautaire*	• Beibehaltung des *acquis communautaire*, allerdings potenzielle Schwächung des Wettbewerbsgedankens durch ersatzlose Streichung von Art. 3 Abs. 1 g) EGV
	• Komplett neue Nummerierung der Vertragsbestimmungen	• Umnummerierung der bestehenden Vertragsbestimmungen
Verfassungs- bzw. staatsähnliche Symbolik	**Ja** • Flagge, Hymne, Leitspruch, Europatag (Art. I-8 EVV) • Gesetze und Rahmengesetze mit klarer Systematik und Hierarchisierung	**Nein** • Kein Pendant zu Art. I-8 EVV • Keine Gesetze, sondern weiterhin nur Verordnungen und Richtlinien, keine klare Hierarchisierung der Rechtsakte (aber Verwendung der Begriffe „Gesetzgeber" und „Gesetzgebungsverfahren")
	• Schaffung der Funktion eines Außenministers der Union	• Weiterhin nur „Hoher Vertreter"
Grundrechte	• Rechtsverbindlichkeit der Charta der Grundrechte, die gut sichtbar an prominenter Stelle als Teil II in den Verfassungsvertrag integriert wird • Beitritt der EU zur EMRK	• Rechtsverbindlichkeit der Charta der Grundrechte, aber keine Aufnahme in die Vertragstexte, sondern nur Verweis auf die Charta • „Opt-out" für GB und PL • Beitritt der EU zur EMRK
Vorrang des Unionsrechts	• Ausdrückliche Bestimmung in Art. I-6 EVV	• Keine ausdrückliche Bestimmung, nur Verweis auf die Rechtsprechung des EuGH in einer Erklärung Nr. 17, mit beigefügtem Gutachten des Juristischen Dienstes des Rates

	Verfassungsvertrag	Vertrag von Lissabon
Struktur der EU	• EU hat Rechtspersönlichkeit (Art. 47 EUV, Art. 335 AEUV) • Abschaffung der Drei-Säulen-Struktur; Verschmelzung von EG und EU (EU wird Rechtsnachfolgerin der bisherigen EG); daneben aber weiterhin separate EAG (Euratom) • Vollständige Vergemeinschaftung der bisherigen dritten Säule (Strafrecht), wenn auch im Vertrag von Lissabon mit besonderen Schutzmechanismen für die Mitgliedstaaten (Art. 67–89 AEUV) • Hingegen weiterhin starke intergouvernementale Elemente in der Gemeinsamen Außen- und Sicherheitspolitik (GASP) • Erstmals Austrittsrecht für Mitgliedstaaten (Art. 50 EUV)	
Ziele und Werte	• Stärkere Hervorhebung der gemeinsamen Ziele und Werte, mehr ausdrücklich niedergelegte Grundwerte als bisher (z. B. Menschenwürde, Pluralismus, Schutz v. Minderheiten, nationale Identität, lokale Selbstverwaltung) (Art. 2, 3, 4 Abs. 2 EUV) • Hervorhebung von repräsentativer Demokratie und Transparenz; Einführung einer europäischen Bürgerinitiative (Art. 10, 11 EUV)	
Kompetenzen	• Bessere Systematisierung der Kompetenzen der EU (ausschließliche Kompetenzen, geteilte Kompetenzen, Unterstützungs-/Koordinierungs-/Ergänzungsmaßnahmen) • Stärkung des Subsidiaritätsprinzips • Stärkung der Rolle der nationalen Parlamente: Subsidiaritätsrüge und Subsidiaritätsklage (vgl. Subsidiaritätsprotokoll)	
Organe der EU und effizientere Entscheidungsmechanismen	• Europäischer Rat erhält den Rang eines Organs mit einem auf 2 ½ Jahre gewählten Präsidenten; seine Handlungen werden justiziabel • „Hoher Vertreter" mit Doppelrolle als Vorsitzender des Rats für Auswärtige Angelegenheiten und als Vizepräsident der Kommission (EUV-Lissabon verzichtet auf Bezeichnung „Außenminister") • Qualifizierte Mehrheit im Rat nach dem Grundsatz der „doppelt qualifizierten Mehrheit", wenngleich im Vertrag von Lissabon verschärfte Anforderungen und späterer Anwendungsbeginn (erst ab 1. 11. 2014, Übergangsvorschriften bis 2017). • Stärkung des EP: Ausdehnung des Mitentscheidungsverfahrens (nunmehr „ordentliches Gesetzgebungsverfahren"), gleichberechtigte Mitentscheidung des Parlaments beim Haushalt • Kommission: „Wahl" des Kommissionspräsidenten durch das EP unter Berücksichtigung der Ergebnisse der Wahlen zum EP; Möglichkeit der Abkehr von der Regel 1 Kommissar pro Mitgliedstaat durch gleichberechtigte Rotation ab 2014 (allerdings fehlt derzeit politischer Wille dazu). • EuGH: Ausdehnung der Rechtsprechungskompetenzen auf die Charta der Grundrechte und den gesamten Raum der Freiheit, der Sicherheit und des Rechts, Erweiterung der Klageberechtigung von natürl./jurist. Personen (Art. 263 Abs. 4 AEUV) • EAdR wird hinsichtlich der Klageberechtigung teilprivilegiert. • EZB wird vollwertiges Organ der EU. • Vereinfachtes Vertragsänderungsverfahren (Art. 48 Abs. 7 EUV) und Brückenklauseln für einige punktuelle Vertragsänderungen	
Einige neue Politikbereiche, Kompetenzen, Aufgaben, etc.	• Schaffung europäischer Titel zum Schutz des geistigen Eigentums • Möglichkeit der Schaffung einer europäischen Staatsanwaltschaft • Energie • Tourismus • Sport • Katastrophenschutz • Raumfahrt • Verwaltungszusammenarbeit • Humanitäre Hilfe • Solidaritätsklausel für Terroranschläge und Naturkatastrophen bzw. von Menschen verursachte Katastrophen (Art. 222 AEUV)	

Auch das **Inkrafttreten des Vertrags von Lissabon** war lange Zeit ungewiss, nachdem sich die irische Bevölkerung in einer ersten Volksabstimmung gegen seine Ratifizierung ausgesprochen hatte, die Präsidenten Polens und Tschechiens die Unterzeichnung der Ratifizierungsurkunden hintertrieben und in Deutschland beim Bundesverfassungsgericht ein aufwändiges Verfahren mit dem Ziel der verfassungsrechtlichen Überprüfung des deutschen Zustimmungsgesetzes anhängig war. Schließlich wurde aber im Sommer und Herbst 2009 der Durchbruch erzielt: Das BVerfG billigte mit Urteil vom 30. 6. 2009 (BVerfGE 123, 267 = NJW 2009, 2267; vgl. dazu unten S. 21 und S. 72 ff.) den Vertrag und machte die deutsche Ratifizierung lediglich von einigen Nachbesserungen bei den innerstaatlichen Begleitgesetzen abhängig, die im September 2009 vorgenommen wurden (insbesondere: das neue Integrationsverantwortungsgesetz IntVG). Irland ratifizierte den Vertrag von Lissabon nach einem zweiten, nunmehr zustimmenden Referendum. Schließlich gaben auch die Präsidenten Polens und Tschechiens ihren Widerstand gegen die Ratifizierung durch ihre jeweiligen Mitgliedstaaten auf, so dass der Vertrag von Lissabon letztlich am 1. 12. 2009 in Kraft treten konnte.

II. Die geografischen Erweiterungen der Europäischen Gemeinschaften und der Union

Die **sechs Gründungsstaaten** des EGKS-Vertrags und der beiden Römischen Verträge waren Belgien, die Niederlande, Luxemburg (die sog. BENELUX-Staaten), Deutschland, Frankreich und Italien. Großbritannien war zu jenem Zeitpunkt an einer Mitgliedschaft nicht interessiert und prophezeite ein Scheitern des ehrgeizigen Integrationsprojekts.

Von 1961 an bemühte sich Großbritannien zusammen mit Irland und Dänemark dann doch um die Aufnahme, die der französische Präsident de Gaulle jedoch zweimal durch sein Veto verhinderte. Deshalb traten diese drei Staaten erst 1973 nach schwierigen Verhandlungen bei. 1981 wurde durch Beitrittsabkommen Griechenland in die Gemeinschaft aufgenommen. 1986 traten Spanien und Portugal bei, 1995 Österreich, Schweden und Finnland. Ihre größte **Erweiterung** erlebte die EU am 1. 5. 2004, als insgesamt 10 neue Mitgliedstaaten aufgenommen wurden (Polen, Ungarn, tschechische Republik, Slowakei, Slowenien, Estland, Lettland, Litauen, Malta und Zypern). Zuletzt kamen am 1. 1. 2007 Rumänien und Bulgarien hinzu.

Die **deutsche Wiedervereinigung** vom 3. 10. 1990 hat formell nicht zu einer Erweiterung der Gemeinschaft bzw. Union geführt, weil sich lediglich das Territorium eines ihrer Mitgliedstaaten ausdehnte. Es waren jedoch einige wichtige „technische" Änderungen (z. B. Erhöhung der Zahl der deutschen Mitglieder des Europäischen Parlaments) vorzunehmen.

Gemäß Art. 49 EUV kann jeder „europäische" Staat, der die Grundsätze der Freiheit, der Demokratie, der Achtung der Menschenrechte und Grundfreiheiten sowie der Rechtsstaatlichkeit (Art. 2 EUV) achtet und sich für ihre Förderung einsetzt, seinen **Beitritt zur Union** beantragen. Neben den genannten geografischen und politischen Kriterien muss ein Beitrittskandidat auch wirtschaftliche Mindestanforderungen erfüllen. Häufig werden diese Anforderungen zusammenfassend als **Kopenhagener Kriterien** bezeichnet, auf die sich der Europäische Rat bereits im Jahr 1993 mit Blick auf die bevorstehende Osterweiterung der EU geeinigt hatte. Aus Art. 46 lit. e) EUV a. F. ließ sich schon bislang der Schluss ziehen, dass der Gerichtshof die Einhaltung der Voraussetzungen des Art. 49 EUV überprüfen kann; Gleiches kann man seit Inkrafttreten des Vertrags von Lissabon aus Art. 19 EUV und einem Umkehrschluss zu Art. 275 AEUV ableiten.

Die Verhandlungen über den Beitritt eines neuen Mitgliedstaats können mehrere Jahre dauern und umfassen zahlreiche Themenbereiche („Kapitel"), in denen die einzelnen Politikbereiche abgearbeitet werden. Grundsätzlich gilt dabei, dass ein Beitrittskandidat sich verpflichten muss, den gesamten gemeinschaftlichen Besitzstand, sog. *acquis communautaire*, zu übernehmen. Allerdings werden in aller Regel Übergangsfristen vereinbart, in beschränktem Umfang können im Beitrittsvertrag auch punktuelle Abweichungen vom *acquis* vereinbart werden, um besondere Belange des Beitrittskandidaten zu berücksichtigen. Beim Beitritt Bulgariens und Rumäniens wurde überdies erstmals ein Mechanismus des „Monitoring" durch die Kommission vereinbart, der es zum einen erlaubt hätte, den Beitrittstermin um ein Jahr hinauszuschieben, und zum anderen auch nach dem Beitritt während einer Anfangsphase „geeignete Maßnahmen" ermöglichte; diese Maßnahmen konnten bis zur Suspendierung bestimmter Mitgliedschaftsrechte der beiden neuen Mitgliedstaaten gehen und auch die Kürzung von Zahlungen aus EU-Fonds umfassen, sofern bei der Anpassung an den *acquis communautaire*, etwa bei der Reform des nationalen Justizapparats, der Korruptionsbekämpfung und der Verwaltung von EU-Subventionen, nicht ausreichende Fortschritte erzielt wurden.

Seit 2005 laufen Beitrittsverhandlungen mit der Türkei und Kroatien, seit 2010 mit Island; ferner haben Mazedonien und Serbien ihren Beitritt zur EU beantragt, allerdings haben die Beitrittsverhandlungen noch nicht begonnen. Auch andere Balkanstaaten sowie die Ukraine könnten auf mittlere Frist in die EU aufgenommen werden. Beitrittsanträge der Schweiz, Liechtensteins und Norwegens ruhen derzeit.

Bislang war umstritten, ob ein Mitgliedstaat das Recht hatte, in Anwendung allgemeiner völkerrechtlicher Grundsätze, wie sie sich etwa dem Wiener Übereinkommen über das Recht der Verträge (Art. 54, 56, 62 WVRK, Sartorius II Nr. 320) entnehmen lassen, aus der Union auszutreten. Der Vertrag von Lissabon sieht nun erstmals ausdrücklich ein solches **Austrittsrecht** vor (Art. 50 EUV) und übernimmt damit eine Bestimmung, die schon der gescheiterte Verfassungsvertrag enthielt (Art. I-60 EVV). Ziel dieser Regelung ist es, einen etwaigen einseitigen Austritt in geordnete Bahnen zu lenken und die Einzelheiten in einem Austrittsvertrag zu regeln; im Zweifel enden aber die Rechte und Pflichten des austrittswilligen Mitgliedstaats zwei Jahre nach der Mitteilung seiner Austrittsabsicht, auch wenn kein Austrittsvertrag geschlossen wurde. Mit dem Austrittsrecht wird zum einen die Souveränität der Mitgliedstaaten dokumentiert, zum anderen wird das rechtliche Schicksal von Union und Mitgliedstaaten voneinander getrennt und die Union als Staatenverbund verselbständigt (vgl. Streinz/Ohler/Herrmann, Der Vertrag von Lissabon zur Reform der EU, S. 38). Art. 50 EUV ist als Spezialregelung zu den oben genannten allgemeinen völkerrechtlichen Grundsätzen anzusehen, so dass Letztere verdrängt sind und nicht mehr zur Anwendung kommen können. Ob hingegen ein Mitgliedstaat auch gegen seinen Willen aus der Union ausgeschlossen werden kann, ist in den Verträgen auch weiterhin nicht geregelt (Ausnahme: Suspendierung von Mitgliedschaftsrechten nach Art. 7 Abs. 3 EUV); die Zulässigkeit und die Modalitäten eines solchen **Ausschlusses aus der EU** – etwa in Form der kollektiv ausgesprochenen Kündigung der bestehenden Vertragsbeziehungen – müssten somit nach allgemeinem Völkervertragsrecht beurteilt werden.

Chronologische Übersicht

9. Mai 1950	Erklärung des französischen Außenministers Schuman
18. April 1951	Unterzeichnung des EGKS-Vertrags in Paris durch D, F, I, NL, B, L (in Kraft am 23. 7. 1952)
25. März 1957	Unterzeichnung der EWG- und EAG-Verträge in Rom durch D, F, I, NL, B, L (in Kraft am 1. 1. 1958)
31. Dezember 1970	System der Eigenmittel ersetzt Finanzierung der Gemeinschaft durch direkte Beiträge der Mitgliedstaaten
1. Januar 1973	Beitritt GB, DK, IRL.
13. März 1979	Einführung des Europäischen Währungssystems EWS
7.–10. Juni 1979	Erste Direktwahl zum Europäischen Parlament
1. Januar 1981	Beitritt GR
14. Juni 1985	Weißbuch der Kommission zur Errichtung des Binnenmarkts
1. Januar 1986	Beitritt SP, P
17./28. Februar 1986	Unterzeichnung der Einheitlichen Europäischen Akte (in Kraft seit 1. 7. 1987)
7. Februar 1992	Unterzeichnung des Vertrags von Maastricht (in Kraft seit 1. November 1993)
1. Januar 1993	Vollendung des Binnenmarkts
1. Januar 1995	Beitritt S, FIN, A
2. Oktober 1997	Unterzeichnung des Vertrags von Amsterdam (in Kraft seit 1. 5. 1999)
31. März 1998	Aufnahme von Beitrittsverhandlungen mit Polen, Estland, Ungarn, Slowenien, der Tschechischen Republik und Zypern
1. Januar 1999	Beginn der dritten Stufe der Währungsunion mit Einführung des Euro als gemeinsamer Währung und unwiderruflicher Festlegung der Wechselkurse
13. Oktober 1999	Aufnahme von Beitrittsverhandlungen mit Rumänien, Bulgarien, der Slowakei, Lettland, Litauen und Malta
7. Dezember 2000	Feierliche Verkündung der Charta der Grundrechte der EU
26. Februar 2001	Unterzeichnung des Vertrags von Nizza (in Kraft seit 1. 2. 2003)
1. Januar 2002	Einführung der Euro-Banknoten und -münzen
Februar 2002	Beginn der Arbeiten des Verfassungskonvents („Europäischer Konvent")
22. Juli 2002	Auslaufen des EGKS-Vertrags und Überführung der EGKS-Materien in den EGV
12. Dezember 2002	Abschluss der Beitrittsverhandlungen mit Polen, Estland, Ungarn, Slowenien, der Tschechischen Republik, Zypern, der Slowakei, Lettland, Litauen und Malta
16. April 2003	Unterzeichnung der Beitrittsverträge mit den Erweiterungsstaaten
Juni 2003	Abschluss der Arbeiten des Verfassungskonvents
1. Mai 2004	Beitritt PL, H, CZ, SK, SL, EST, LT, LV, CY, MT
29. Oktober 2004	Unterzeichnung des Vertrags über eine Verfassung für Europa

1. Januar 2007	Beitritt Rumäniens und Bulgariens
25. März 2007	Berliner Erklärung zum 50-jährigen Bestehen der Römischen Verträge
13. Dezember 2007	Unterzeichnung des Vertrags von Lissabon
1. Dezember 2009	Inkrafttreten des Vertrags von Lissabon

D. Aufbau und Strukturmerkmale der Europäischen Union

Durch den Vertrag von Lissabon haben sich Aufbau und Struktur der Europäischen Union grundlegend gewandelt. Zum besseren Verständnis der heutigen Situation und der erfolgten Veränderungen empfiehlt sich ein Vergleich der Rechtslage vor und nach den Lissabonner Reformen.

I. Der Aufbau der EU bis zum Vertrag von Lissabon: Tempelkonstruktion mit drei Säulen

Ursprünglich basierte der Europäische Einigungsprozess auf den **drei Europäischen Gemeinschaften** (Europäische Gemeinschaft für Kohle und Stahl [EGKS], Europäische Wirtschaftsgemeinschaft [EWG] und Europäische Atomgemeinschaft [EAG]), die jeweils auf einem gesonderten Gründungsvertrag beruhten und nur in der Praxis durch gemeinsame Organe verbunden waren. Mit der Einheitlichen Europäischen Akte (EEA) wurde ihnen die Europäische Politische Zusammenarbeit (EPZ) als Embryo einer gemeinsamen Außenpolitik zur Seite gestellt.

Durch den Vertrag von Maastricht wurde dann die **Europäische Union** (EU) ins Leben gerufen, die sich bis zum Inkrafttreten des Vertrags von Lissabon durch eine sog. **Tempelkonstruktion** auszeichnete. Unter dem gemeinsamen Dach des EU-Vertrags, in dem einige gemeinsame Bestimmungen grundlegender Art enthalten waren (insbesondere die Grundsätze und Werte, auf denen die EU auch heute noch beruht, sowie einheitliche Vorschriften über Beitritt und Vertragsänderung), waren **drei Säulen** (Pfeiler) vereint.

- Der ersten Säule wurden die bereits bestehenden **drei Europäischen Gemeinschaften** (EG, EAG/Euratom und EGKS) zugeordnet, die fortan gemeinsam die „Grundlage der Europäischen Union" bildeten (Art. A Abs. 3 bzw. Art. 1 Abs. 3 EUV a. F.) und innerhalb der Union den höchsten Integrationsstand aufwiesen. Die zugehörigen Vertragsbestimmungen befanden sich nicht im EUV, sondern weiterhin in den Gründungsverträgen der jeweiligen Gemeinschaft, also im EGV, EGKSV und EAGV. Mit Außerkrafttreten des EGKSV (zum Ablauf des 22. 7. 2002) fiel die EGKS als eigenständige Gemeinschaft weg, und ihre Tätigkeitsbereiche wurden von der EG absorbiert.
- In der zweiten Säule waren die neuen Bestimmungen über die **Gemeinsame Außen- und Sicherheitspolitik** enthalten (GASP, zunächst Art. J EUV und später Art. 11 ff. EUV a. F.), die an die bisherige EPZ anknüpften und sie ausbauten.
- Die dritte Säule richtete zunächst eine **Zusammenarbeit in den Bereichen Justiz und Inneres** (ZBJI, Art. K EUV a. F.) ein. Nachdem aber der Vertrag von Amsterdam große Teile dieses Politikbereichs in die erste Säule überführt hatte (Art. 61–69 EGV), schrumpfte diese dritte Säule auf einen Restbereich zusammen, der sich auf die **Polizeiliche und Justizielle Zusammenarbeit in Strafsachen** beschränkte (PJZS, Art. 29 ff. EUV a. F.).

Aufbau von Gemeinschaften und Union vor dem Vertrag von Lissabon

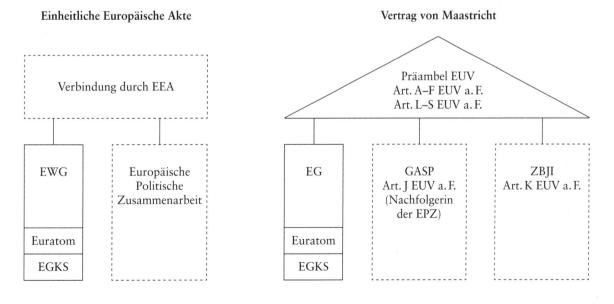

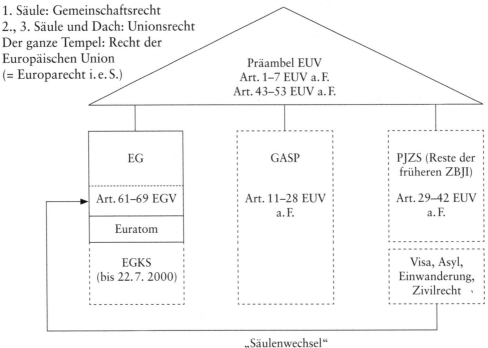

Im Rahmen der ersten Säule, dem klassischen Gemeinschaftsrecht, hatte die EU **supranationale Eigenschaften**; die dort verorteten Politikbereiche waren „vergemeinschaftet". Hingegen hatten die Politikbereiche in der zweiten und dritten Säule den Charakter einer bloßen **intergouvernementalen Zusammenarbeit**. Allerdings führte bereits der Vertrag von Amsterdam einige supranationale Elemente in die dritte Säule (PJZS) ein, namentlich den Rahmenbeschluss als ein der Richtlinie nachgebildetes Instrument zur Rechtsangleichung (Art. 34 Abs. 2 lit. b EUV a. F.), sowie begrenzte Rechtsprechungszuständigkeiten des EuGH (Art. 35 EUV a. F.).

Die obenstehende Skizze gibt einen vereinfachten Überblick über den damaligen Aufbau der Europäischen Gemeinschaften und Union nach der Einheitlichen Europäischen Akte, dem Maastrichter Vertrag sowie den Verträgen von Amsterdam und Nizza.

II. Der Aufbau der EU seit dem Vertrag von Lissabon: Abschaffung der Säulenstruktur

Der Vertrag von Lissabon hat sich – wie schon sein Vorläufer, der Verfassungsvertrag – die **Vereinfachung der Struktur der EU** und eine Steigerung der **Effizienz ihrer Entscheidungsabläufe** zum Ziel gesetzt. Zu diesem Zweck hat er die bisherige Drei-Säulen-Struktur und damit auch die Unterscheidung zwischen Europäischer Gemeinschaft (EG) und Europäischer Union (EU) aufgehoben. Die EG wurde mit der EU **verschmolzen**, wobei der EU nunmehr auch ausdrücklich Rechtsfähigkeit zuerkannt wurde (Art. 47 EUV, Art. 335 AEUV). Die EU trat an die Stelle der EG, deren Rechtsnachfolgerin sie nun ist (Art. 1 Abs. 3 Satz 3 EUV).

Zwar bleiben formell – anders als dies ursprünglich im Rahmen des Verfassungsvertrags geplant war – auch weiterhin zwei voneinander getrennte und rechtlich **gleichrangige Verträge** bestehen, namentlich der **Vertrag über die Europäische Union** (EU-Vertrag, EUV) und der **Vertrag über die Arbeitsweise der Europäischen Union** (AEUV). Allerdings unterscheiden sie sich in ihrer Funktion und ergänzen sich gegenseitig: Der EUV enthält v. a. die Grundwerte und Ziele der Union, Bestimmungen über das auswärtige Handeln der Union sowie Bestimmungen über Beitritt, Austritt und Vertragsänderung. Hingegen findet sich im AEUV, dem ehemaligen EG-Vertrag, das „Kleingedruckte"; insbesondere enthält der AEUV die Detailbestimmungen über den Binnenmarkt und die vergemeinschafteten Politiken der Union sowie über das Funktionieren ihrer Organe einschließlich der anzuwendenden Verfahren.

Für das Europarecht bringt die **Verschmelzung von EG und EU** eine bedeutsame terminologische und konzeptionelle Neuerung mit sich: Seit dem Inkrafttreten des Vertrags von Lissabon wird nur noch von **Unionsrecht**, von **Unionsorganen** und von **Rechtsakten der Union** gesprochen, wobei allerdings dem (neuen) Unionsrecht fortan alle Eigenschaften innewohnen, die bislang allein mit dem Gemeinschaftsrecht assoziiert wurden: supranationaler Charakter, unmittelbare Wirkung, Vorrang vor nationalem Recht und volle Justiziabilität vor den Unionsgerichten. Allein für die GASP wird es auch künftig weitgehend beim intergouvernementalen Charakter und bei der fehlenden Justiziabilität bleiben (Art. 24 Abs. 1 UAbs. 2 EUV, Art. 275 AEUV).

Indes ist weder im Verfassungsvertrag noch im Vertrag von Lissabon vorgesehen, die Verschmelzung von EG und EU auch auf die **Europäische Atomgemeinschaft (Euratom)** zu erstrecken. Der EAG-Vertrag bleibt somit vorerst in seiner bisherigen Form erhalten, und die EAG besteht mit eigener Rechtspersönlichkeit neben der EU fort. Dies dürfte sich insbesondere daraus erklären, dass man keinen Konsens über die Zukunft der Atompolitik in Europa erzielen konnte und deshalb den *status quo* nicht antasten wollte. Insgesamt ist die EAG zu unbedeutend, als dass man sie als eigenständige „Säule" innerhalb des EU-Gebildes bezeichnen müsste. Treffender dürfte es sein, sie als Anhängsel der aus dem Vertrag von Lissabon hervorgegangenen, „neuen" EU anzusehen, mit der sie über gemeinsame Institutionen verbunden ist.

III. Der supranationale Charakter der EU

Die Europäische Union ist zwar kein (Bundes-)Staat – dazu fehlt ihr insbesondere die sog. Allzuständigkeit bzw. „Kompetenz-Kompetenz" –, aber doch deutlich mehr als eine klassische internationale Organisation. Mit ihr ist eine zwischenstaatliche Einrichtung *sui generis* entstanden, für die sich in Anlehnung an das Maastricht-Urteil des Bundesverfassungsgerichts der Begriff **Staatenverbund** eingebürgert hat. Eine befriedigendere Definition der Union ist bisher nicht gelungen (vgl. auch Dörr, NJW 1995, 3162).

Im Lissabon-Urteil spricht das BVerfG teils von einem Staatenverbund, teils von einer **Vertragsunion souveräner Staaten** (BVerfGE 123, 267 = NJW 2009, 2267, Absatz-Nr. 249), was aber nichts anderes als ein Synonym für Staatenverbund ist, wobei allerdings mit dem Begriff „Vertragsunion" der völkerrechtliche Ursprung der EU und mit dem Adjektiv „souverän" die fortdauernde Eigenständigkeit der Mitgliedstaaten stärker hervorgehoben wird als mit dem kompakteren Begriff „Staatenverbund".

1. Die allgemeinen Strukturmerkmale der EU

Die wichtigsten Strukturmerkmale der Europäischen Union, die sie – wie schon zuvor die drei Europäischen Gemeinschaften – als **supranationale Einrichtung** auszeichnen, können wie folgt zusammengefasst werden (zu den Besonderheiten im Rahmen der GASP vgl. die Ausführungen im Anschluss an diesen Abschnitt, S. 16):

a) Die EU hat eigene **Rechtspersönlichkeit** und kann deshalb z. B. im eigenen Namen völkerrechtliche Verträge schließen (Art. 47 EUV). Außerdem besitzt sie unionsintern in jedem Mitgliedstaat die weitestgehende Rechts- und Geschäftsfähigkeit, die juristischen Personen nach dessen Rechtsvorschriften zuerkannt ist (Art. 335 AEUV).

b) Die Verträge, auf denen die EU beruht, sind **auf unbegrenzte Zeit** geschlossen (Art. 53 EUV, Art. 356 AEUV, Art. 208 EAGV). Mit der Anerkennung eines Austrittsrechts der Mitgliedstaaten (Art. 50 EUV) wird zudem das rechtliche Schicksal von Union und Mitgliedstaaten voneinander getrennt und die Union als Staatenverbund **verselbständigt** (vgl. Streinz/Ohler/Herrmann, Der Vertrag von Lissabon zur Reform der EU, S. 38).

c) Die EU besitzt wie keine andere internationale Organisation von den Mitgliedstaaten weitgehend **unabhängige Organe.** Zwar werden bestimmte Personalentscheidungen (insbesondere die Ernennung von Richtern und Generalanwälten am EuGH) weiterhin von den Mitgliedstaaten selbst vorgenommen; die so benannten Persönlichkeiten sind jedoch (mit Ausnahme der Mitglieder des Europäischen Rates und des Rates) weisungsunabhängig und nur dem Wohl der Union verpflichtet. Die ebenfalls weisungsunabhängigen Mitglieder des Europäischen Parlaments werden seit 1979 sogar direkt von den Unionsbürgerinnen und Unionsbürgern gewählt.

d) Die Unionsorgane sind mit **echten Hoheitsrechten** in den drei klassischen Bereichen Rechtsetzung, Verwaltung und Rechtsprechung ausgestattet und können autonom Rechte und Pflichten sowohl für die Mitgliedstaaten als auch für Private begründen. Im Gegensatz zu gewöhnlichen internationalen Organisationen kann durch **Mehrheitsabstimmung** im Rat bindendes Recht gegen den Willen eines Mitgliedstaats gesetzt werden, d. h. Mitgliedstaaten können überstimmt werden. Die Unionsorgane haben ferner **direkte Durchgriffsrechte** gegen die Mitgliedstaaten und sogar gegen Private, denen Verpflichtungen und Sanktionen – z. B. Geldbußen – auferlegt werden können. Die **Gerichtsbarkeit** der Unionsgerichte ist **zwingend** und bedarf keiner gesonderten Unterwerfungserklärung der Mitgliedstaaten (Art. 344 AEUV).

e) Die Bindung der Mitgliedstaaten an das Unionsrecht ist stärker als die an gewöhnliches Völkervertragsrecht. **Vorbehalte** zugunsten der innerstaatlichen Rechtsetzung sind grundsätzlich nicht möglich.
Auch der **Einwand der Reziprozität (Gegenseitigkeit) ist unzulässig**, d.h. bei der Erfüllung ihrer unionsrechtlichen Verpflichtungen können sich die Mitgliedstaaten nicht auf die Nichteinhaltung des Unionsrechts durch andere Mitgliedstaaten berufen. Die **Mechanismen der Rechtsdurchsetzung** (z.B. Vertragsverletzungsverfahren mit Zwangsgeld, Art. 258–260 AEUV; s.u. S. 153 ff.) sind für internationale
Verhältnisse außergewöhnlich effektiv ausgestaltet.

f) Die EU ist eine mit einem umfassenden Rechtsschutzsystem ausgestattete **Union des Rechts** („**Rechts-
gemeinschaft**"). Mit ihr wurde eine **Rechtsordnung eigener Art** ins Leben gerufen (EuGHE, 26/62,
1963, 1 – van Gend & Loos; EuGHE, 6/64, 1964, 1141 – Costa/ENEL), die aus einer **autonomen
Rechtsquelle** fließt (EuGHE, 11/70, 1970, 1125 – Internationale Handelsgesellschaft, Rn. 3). Das
Unionsrecht wirkt deutlich stärker als gewöhnliches Völkerrecht auf die nationale Rechtsordnung ein.
Nicht nur Mitgliedstaaten, sondern auch Einzelne können sich vor nationalen Gerichten und vor den
Unionsgerichten in zahlreichen Fällen direkt auf das Unionsrecht berufen (**unmittelbare Anwendbar-
keit**, s.u. S. 56 ff.). Unionsrecht setzt sich gegenüber entgegenstehendem nationalem Recht durch (**Vor-
rang des Unionsrechts**, s.u. S. 65 ff.).

2. Die Besonderheiten der Gemeinsamen Außen- und Sicherheitspolitik (GASP)

In der Gemeinsamen Außen- und Sicherheitspolitik (GASP) bestehen allerdings einige Besonderheiten,
aus denen folgt, dass – beschränkt auf diesen Politikbereich – ein supranationaler Charakter der Union
allenfalls in abgeschwächter Form vorhanden ist. Als Relikt der ehemaligen zweiten Säule der EU sind
nämlich der GASP auch nach den Lissabonner Reformen weitgehend ihre **intergouvernementalen Eigenschaften** erhalten geblieben. Anders als bei den „vergemeinschafteten" Politikbereichen im AEUV
und im EAGV handelt es sich bei der GASP nach wie vor im Wesentlichen um eine Zusammenarbeit
der Mitgliedstaaten (besonders deutlich insoweit Art. 25 lit. c und 32 EUV), mag diese auch innerhalb
des institutionellen Rahmens der EU stattfinden. Auch das BVerfG geht im Lissabon-Urteil davon aus,
dass die GASP weiterhin nicht dem supranationalen Recht unterfällt (BVerfGE 123, 267 = NJW 2009,
2267 Absatz-Nr. 390).

Hauptentscheidungsorgane in der GASP sind der Europäische Rat und der (Minister-)Rat, die mit weisungsabhängigen Vertretern der Mitgliedstaaten besetzt sind. Sie treffen ihre Entscheidungen im Regelfall einstimmig (Art. 24 Abs. 1, 31 EUV), so dass – anders als in den sonstigen Politikbereichen – kein
Mitgliedstaat gegen seinen Willen gebunden werden kann. Wenngleich die GASP in Gestalt des Hohen
Vertreters (Art. 18 EUV) ein Gesicht und eine Führungspersönlichkeit (umgangssprachlich: „Außenminister") bekommen hat, ist und bleibt in diesem Politikbereich die Rolle derjenigen Unionsorgane, die
einen stärkeren supranationalen Charakter aufweisen, vergleichsweise unterentwickelt. Insbesondere
hat der Hohe Vertreter kein Initiativmonopol (Art. 30 Abs. 1 EUV), das Parlament wird lediglich „unterrichtet" und „gehört" (Art. 36 EUV), und die Gerichtsbarkeit der Unionsgerichte ist weitestgehend
ausgeschlossen (vgl. Art. 24 Abs. 1 EUV, 275 AEUV), insbesondere kann das GASP-Recht nicht Gegenstand von Vertragsverletzungsverfahren (Art. 258–260 AEUV) und Vorabentscheidungsverfahren
(Art. 267 AEUV) sein.

Ob das im Rahmen der GASP geschaffene Recht nur die Mitgliedstaaten bindet oder ihm auch **unmittelbare Wirkung** und/oder **Vorrang** vor dem nationalen Recht zukommt, ist noch nicht restlos geklärt,
da der Gerichtshof dazu mangels Rechtsprechungszuständigkeit noch nicht Stellung nehmen konnte
(vgl. unten S. 121).

Trotz ihrer noch im Wesentlichen intergouvernementalen Prägung darf nicht verkannt werden, dass die
GASP einen deutlichen **Integrationsfortschritt** gegenüber dem klassischen Völkerrecht darstellt:

- Die Außen- und Sicherheitspolitik wird als „**gemeinsame Politik**" ausgestaltet, die sich an gemeinsamen Grundsätzen und Wertvorstellungen ausrichtet (Art. 3 Abs. 5, 21 EUV), auf gemeinsamen strategischen Interessen,
  Grundsätzen und Zielen beruht (Art. 21, 22 EUV) sowie auf eine immer stärkere Konvergenz zwischen den Mitgliedstaaten abzielt (Art. 24 Abs. 2 EUV).
- Die GASP erlegt den Mitgliedstaaten **Loyalitäts- und Solidaritätspflichten** auf (Art. 24 Abs. 3 EUV) und hält sie
  zu einem koordinierten Auftreten auf der internationalen Ebene an (Art. 32, 34 EUV), mag auch die Disziplin
  bei der praktischen Umsetzung bisweilen sehr zu wünschen übrig lassen.
- Die primärrechtlichen Vorgaben und die Beschlüsse der Unionsorgane auf dem Gebiet der GASP sind für die
  Mitgliedstaaten **verbindlich**, es sei denn, ein Mitgliedstaat übt konstruktive Enthaltung (Art. 31 Abs. 1 UAbs. 2
  EUV). Daraus dürfte zumindest eine **Pflicht zur unionsrechtskonformen Auslegung** und Anwendung nationalen
  Rechts folgen (in diesem Sinne EuGHE, C-105/03, 2005, I-5285 – Pupino, zur ehemaligen dritten Säule).

● Auf der institutionellen Ebene wurden v. a. durch den Vertrag von Lissabon die Grundlagen für eine effizientere und stärker koordinierte Ausgestaltung der GASP geschaffen, wobei dem **Hohen Vertreter** der Union für Außen- und Sicherheitspolitik (Art. 18, 22 Abs. 2, 27 Abs. 1 und 2, 30 Abs. 1 EUV) und dem neu zu schaffenden **Europäischen Auswärtigen Dienst** (Art. 27 Abs. 3 EUV) besondere Bedeutung zukommt.

3. Das Verhältnis zwischen der GASP und den übrigen Politikbereichen: Unberührtheitsgebot

Das Verhältnis zwischen der GASP und den übrigen (im AEUV vergemeinschafteten) Politiken der EU regelt **Art. 40 EUV**. Danach lässt die Durchführung der GASP die Verfahren und die Befugnisse unberührt, die im AEUV für die anderen Politikbereiche vorgesehen sind. Umgekehrt lässt die Durchführung der vergemeinschafteten Politiken der EU die im Rahmen der GASP bestehenden Verfahren und Befugnisse der Organe unberührt. Dies bedeutet letztlich, dass beide Bereiche gleichberechtigt nebeneinander stehen und in jedem Einzelfall sorgsam voneinander abgegrenzt werden müssen. Keiner von ihnen darf auf den anderen „übergreifen" (sog. **Unberührtheitsgebot**). Die Kontrolle der Einhaltung von Art. 40 EUV ist deshalb auch einer von zwei Ausnahmefällen, in denen dem EuGH im Zusammenhang mit der GASP eine Rechtsprechungszuständigkeit zusteht (Art. 275 Abs. 2 AEUV).

Hinweis zur Vertiefung: Vor dem Inkrafttreten des Vertrags von Lissabon war der ehemaligen zweiten und dritten Säule der EU gegenüber den vergemeinschafteten Politiken in der ersten Säule eine untergeordnete Rolle zugewiesen; sie „ergänzten" nur die damaligen Gemeinschaften, auf denen die Union „beruhte" (Art. 1 Abs. 3 EUV a. F.). Bei allen Handlungen im Bereich der zweiten und dritten Säule musste deshalb auf die Wahrung des gemeinschaftlichen Besitzstandes (*acquis communautaire*) geachtet werden (vgl. Art. 2 Abs. 1, 5. Gedankenstrich, sowie Art. 3 Abs. 1 und Art. 47 EUV a. F.). Eine solche Unterordnung der intergouvernementalen GASP unter den Rest der EU-Politiken besteht seit dem Vertrag von Lissabon nicht mehr; vielmehr kommt es durch das Amt des Hohen Vertreters zu einer personellen und institutionellen Verschränkung, die inhaltlich durch die in Art. 21, 22 EUV normierten gemeinsamen Ziele und Grundsätze für das auswärtige Handeln der Union ergänzt wird.

E. Andere Organisationen in Europa

Neben der Europäischen Union existieren eine Reihe weiterer Organisationen auf europäischer Ebene:

● 1948 als OEEC gegründet, fördert die **Organisation für wirtschaftliche Zusammenarbeit und Entwicklung** (nunmehr **OECD**, www.oecd.org) in Paris das Wirtschaftswachstum in ihren Mitgliedstaaten und den Entwicklungsländern (Art. 1 OECD-Abkommen, Sartorius II Nr. 70). Ihr gehören neben den entwickelten europäischen Staaten auch z. B. die USA, Australien, Kanada und Japan an.
● Durch den sog. Brüsseler Vertrag vom 17. 3. 1948 (Sartorius II Nr. 100) und das Brüsseler Protokoll vom 23. 10. 1954 schlossen sich einige europäische Staaten zur **Westeuropäischen Union** (WEU) zusammen. In ihr wirkten zuletzt 28 europäische Staaten mit unterschiedlichem Status mit (Mitgliedstaaten, assoziierte Mitglieder, Beobachter und assoziierte Partner). Seit 1999 ist die WEU ein Auslaufmodell. Ihre Aufgaben wurden schrittweise von der EU übernommen, die sich im Rahmen ihrer Gemeinsamen Außen- und Sicherheitspolitik (GASP) zum Ziel setzt, eine eigene Gemeinsame Sicherheits- und Verteidigungspolitik aufzubauen (Art. 42 EUV). Durch die Einfügung der Beistandsklausel in Art. 42 Abs. 7 EUV hat der Vertrag von Lissabon die WEU endgültig obsolet gemacht. Am 31. 3. 2010 wurde demzufolge die endgültige Auflösung der WEU mitgeteilt. Bis Ende Juni 2011 soll die Organisation abgewickelt sein.
● Am 5. 5. 1949 erfolgte die Gründung des **Europarats** mit Sitz in Straßburg (Satzung in Sartorius II Nr. 110, www.coe.int). Zu seinen bedeutendsten Errungenschaften gehört die am 4. 11. 1950 in Rom unterzeichnete **Europäische Konvention zum Schutze der Menschenrechte und Grundfreiheiten** (EMRK, Sartorius II Nr. 130). Wichtigstes Organ im Rahmen der EMRK ist der ebenfalls in Straßburg ansässige **Europäische Gerichtshof für Menschenrechte** (EGMR). Jede natürliche oder juristische Person, die sich in ihren aus dieser Konvention folgenden Grundrechten verletzt fühlt, kann nach Ausschöpfung des innerstaatlichen Rechtswegs den EGMR anrufen. Das Verfahren vor dem Menschenrechtsgerichtshof wurde durch das Protokoll Nr. 11 zur EMRK erheblich verbessert. Mitglieder des Europarats und damit auch der EMRK sind alle westeuropäischen Staaten und fast alle osteuropäischen Staaten einschließlich Russlands (derzeit 47 Mitgliedstaaten). Mit dem Inkrafttreten des 14. Zusatzprotokolls hat der Europarat die EMRK für einen Beitritt seitens der EU geöffnet (bislang konnten ihr nur Staaten angehören). Die EU hat ihrerseits im Vertrag von Lissabon mit Art. 6 Abs. 2 EUV die verbindliche politische Zielvorgabe und zugleich die Rechtsgrundlage für ihren Bei-

tritt zur EMRK eingeführt („Die Union tritt … bei."); an einer solchen Rechtsgrundlage fehlte es bislang (EuGHE 1996, I-1763 = Hummer, S. 211 – Gutachten 2/94).

- Die **Europäische Freihandelsassoziation (EFTA**, www.efta.int) mit Sitz in Genf wurde am 4. 1. 1960 von mehreren europäischen Staaten gegründet, die nicht Mitglieder der damaligen EWG waren (EFTA-Vertrag, Sartorius II Nr. 300). In der Zwischenzeit sind die meisten damaligen EFTA-Mitglieder der EG bzw. EU beigetreten (Dänemark, Vereinigtes Königreich, Portugal, Schweden, Finnland, Österreich). Die vier verbleibenden Mitglieder sind die Schweiz, Liechtenstein, Island und Norwegen. Die drei Letzteren sind mit der EU durch das Abkommen über den Europäischen Wirtschaftsraum (EWR) verbunden (vgl. Streit NJW 1994, 555), während die Schweiz sieben bilaterale Abkommen mit der EU abgeschlossen hat, u. a. über den Warenhandel und die Freizügigkeit von Personen, die am 1. 1. 2002 in Kraft traten. Als assoziierte Mitglieder sind überdies Island, Norwegen und die Schweiz in den Schengen-Raum einbezogen (freier Personenverkehr ohne Kontrollen an den Binnengrenzen, gemeinsame Standards für Kontrollen an den Außengrenzen). Sollte sich künftig ein EU-Mitgliedstaat dazu entschließen, aus der Union auszutreten (Art. 50 EUV), so könnte eine EFTA-Mitgliedschaft für ihn eine Auffanglösung darstellen.

- Der **Europäische Wirtschaftsraum (EWR)** umfasst alle Mitgliedstaaten der EU zuzüglich der drei EFTA-Staaten Island, Liechtenstein und Norwegen. Durch das EWR-Abkommen (Sartorius II Nr. 310), das seit 1. 1. 1994 in Kraft ist, werden die Zölle innerhalb des EWR abgeschafft und die meisten primär- und sekundärrechtlichen Regeln über den EU-Binnenmarkt (mit Ausnahme der Landwirtschaft) auf die drei teilnehmenden EFTA-Staaten ausgedehnt; insbesondere gibt es Grundfreiheiten und Wettbewerbsregeln, die denen der EU nachgebildet sind. Damit geht der EWR über eine klassische Freihandelszone deutlich hinaus und kommt einem Binnenmarkt jedenfalls sehr nahe. In institutioneller Sicht gibt es zwar gemeinsame Ausschüsse und Räte, aber keine gemeinsamen supranationalen Organe (vgl. dazu EuGHE 1991, I-6079 = Hummer S. 572 ff. – Gutachten 1/91). Für ihren Teil haben sich aber die drei EFTA-Staaten im EWR mit einer Überwachungsbehörde (EFTA Surveillance Authority, Brüssel, www.eftasurv.int) und einem Gerichtshof (Luxemburg, www.eftacourt.int) zwei Organe gegeben, die in Ansätzen mit der Kommission und dem EuGH vergleichbar sind. Im Kartellrecht und in der Fusionskontrolle agiert die Europäische Kommission überdies häufig als „beliehene" Behörde für den gesamten EWR.

- Die **Konferenz für Sicherheit und Zusammenarbeit in Europa (KSZE)** wurde 1973 unter der Beteiligung von 35 Staaten einschließlich der USA und der UdSSR eröffnet und führte 1975 zu der Schlussakte von Helsinki. In Folgekonferenzen wurden Leitlinien zur Abrüstung und zum Schutz der Menschenrechte erarbeitet. Ihre Arbeit gliederte sich in drei sog. Körbe: Friedenssicherung, wirtschaftliche Zusammenarbeit und Menschenrechte. 1994 erfolgte eine grundlegende Reform, im Zuge derer die KSZE, ohne jedoch den Status einer rechtsfähigen internationalen Organisation zu erhalten, in **Organisation für Sicherheit und Zusammenarbeit in Europa** (OSZE) umbenannt wurde (www.osce.org).

- Die **Europäische Weltraumorganisation** (European Space Agency – **ESA**, www.esa.int) mit Sitz in Paris ist eine 1975 gegründete internationale Organisation mit 18 Mitgliedstaaten (u. a. Deutschland), die sich die Entwicklung, Förderung und Koordinierung der europäischen Raumfahrt zum Ziel gesetzt hat. Sie bezeichnet sich selbst als „Europas Tor zum Weltraum" und setzt ein gemeinsames europäisches Weltraumprogramm um, das auch Forschungstätigkeiten einschließt. Zu ihren wichtigsten Errungenschaften zählt die Ariane-Rakete. Gegenüber der EU ist ESA unabhängig, jedoch besteht ein Rahmenabkommen, nach dem die EU im Zusammenhang mit ihrer eigenen Raumfahrtpolitik ESA mit Raumfahrtprojekten beauftragen kann (vgl. auch Art. 189 AEUV). Im Unterschied zur EU arbeitet die ESA nach dem Prinzip des „juste retour": Bei der Erteilung von Aufträgen an die europäische Wirtschaft und an Forschungseinrichtungen wird darauf geachtet, dass es zu einem Rückfluss von Mitteln in die Mitgliedstaaten kommt, der ungefähr der Höhe ihrer finanziellen Beiträge entspricht.

- **Eurocontrol** (European Organisation for the Safety of Air Navigation, www.eurocontrol.int) mit Hauptsitz in Brüssel ist eine internationale Organisation zur Koordinierung der Luftverkehrskontrolle in Europa. Das Gründungsübereinkommen wurde 1960 geschlossen und trat 1963 in Kraft; in der Zwischenzeit ist es mehrfach überarbeitet worden. Zu den Mitgliedern von Eurocontrol zählen heute außer Estland und Lettland alle EU-Mitgliedstaaten sowie zahlreiche weitere europäische Staaten. Auch eine Vollmitgliedschaft der EU selbst ist geplant; derzeit findet bereits eine enge Zusammenarbeit statt, u. a. um die Schaffung des von der Kommission geplanten Einheitlichen Europäischen Luftraums („Single European Sky") zu befördern.

2. Kapitel: Die Hauptakteure in der Europäischen Union

An der Schaffung, der Umsetzung, dem Vollzug und der Durchsetzung von Unionsrecht sind im Prinzip drei Gruppen von Akteuren beteiligt: Die Unionsbürger, die Organe und Behörden der Mitgliedstaaten sowie die Unionsorgane.

Die **Unionsbürger** nehmen auf verschiedenen Wegen an diesem Prozess teil. Auf mitgliedstaatlicher Ebene bestimmen sie durch Referenden oder vermittelt über ihre nationalen und ggf. regionalen Parlamente, ob der betreffende Mitgliedstaat eine Änderung der Grundverträge ratifiziert und damit einen weiteren Integrationsschritt mitträgt. Auf Unionsebene nehmen sie primär über die Wahlen zum Europäischen Parlament Einfluss auf die Rechtsetzung. Mit dem Vertrag von Lissabon wurde außerdem erstmals formell anerkannt, dass die Organe der EU einen offenen, transparenten und regelmäßigen Dialog mit der Zivilgesellschaft und repräsentativen Verbänden pflegen und umfangreiche Anhörungen der Betroffenen durchführen (Art. 11 Abs. 1–3 EUV). Ferner hat der Vertrag von Lissabon eine **europäische Bürgerinitiative** eingeführt, die es den Unionsbürgern erlaubt, die Kommission zu einer Rechtsetzungsinitiative aufzufordern; dazu bedarf es einer Mindestzahl von einer Million Antragstellern aus einer „erheblichen Anzahl" von Mitgliedstaaten (Art. 11 Abs. 4 EUV, Art. 24 Abs. 1 AEUV; vgl. auch den Vorschlag der Kommission für eine Verordnung über die Europäische Bürgerinitiative, KOM[2010] 119 endg., wo als „erhebliche Anzahl" ein Drittel der Mitgliedstaaten definiert wird). Was schließlich die Durchsetzung des Unionsrechts anbelangt, so ist die Rolle der Unionsbürger und der in der Union tätigen Unternehmen ebenfalls nicht zu unterschätzen: Vor nationalen Behörden und Gerichten, wie auch vor den Unionsgerichten, können (und sollen) sie sich auf das Unionsrecht berufen und ihre daraus fließenden Rechte geltend machen.

Eine erhebliche Bedeutung bei der Willensbildung in Europa kommt den **Organen und Behörden der Mitgliedstaaten** zu. Durch sie bestimmen die Mitgliedstaaten als „Verfassungsgeber" den Inhalt der Verträge, nehmen über den Europäischen Rat die wesentlichen politischen Weichenstellungen vor und spielen, vermittelt durch den (Minister-)Rat, eine maßgebliche Rolle beim Erlass von abgeleitetem Recht. Die legislative Umsetzung, der verwaltungsmäßige Vollzug und die gerichtliche Durchsetzung von Unionsrecht kommt im Regelfall ebenfalls nationalen Stellen zu; der Vertrag von Lissabon bestätigt und unterstreicht dieses Prinzip der **dezentralen Rechtsdurchsetzung**, indem er es – stärker als bisher – auch in primärrechtlichen Bestimmungen zum Ausdruck bringt (vgl. Art. 4 Abs. 3, 19 Abs. 1 UAbs. 2, 24 Abs. 3, 29 S. 2 EUV und Art. 291 Abs. 1 AEUV).

Sowohl die Unionsbürger als auch die Mitgliedstaaten wirken auf die Willensbildung der **Unionsorgane** ein, denen es insbesondere obliegt, die Verträge in der täglichen Praxis auszulegen und anzuwenden sowie auf der Grundlage dieser Verträge Sekundärrecht zu erlassen.

Da die Beteiligungsrechte der Unionsbürger unten im Zusammenhang mit der Unionsbürgerschaft dargestellt werden (s. u. S. 186), beschränkt sich die folgende Darstellung auf die Rolle der Organe und Behörden der Mitgliedstaaten (A) sowie auf jene der Organe der Union (B).

A. Die Organe und Behörden der Mitgliedstaaten

I. Die Mitgliedstaaten als „Verfassungsgeber"

1. Die Mitgliedstaaten sind die **Herren der Verträge** und bestimmen den Inhalt des Primärrechts. Teilweise werden sie deshalb auch als „Verfassungsgeber" der EU bezeichnet. Da allein die Mitgliedstaaten bestimmen, in welchem Umfang Aufgaben und Zuständigkeiten auf die Union übertragen werden, liegt die sog. „Kompetenz-Kompetenz" bei ihnen. Änderungen der vertraglichen Grundlagen der EU (ursprünglich z. B. die Römischen Verträge, heute insbesondere EUV und AEUV) bedürfen der Zustimmung aller Mitgliedstaaten und im Regelfall auch der Ratifizierung durch sie.

a) Grundsätzlich findet bei Vertragsänderungen das sog. **ordentliche Änderungsverfahren** Anwendung (Art. 48 Abs. 1 Satz 1 i. V. m. Abs. 2–5 EUV). Im Regelfall bedeutet dies, dass ein Konvent (s. o. S. 7f.) die geplanten Änderungen vorberät und im Konsensverfahren eine Empfehlung annimmt. Von der Befassung eines Konvents kann allerdings – mit Zustimmung des EP – abgesehen werden, wenn seine Einberufung aufgrund des Umfangs der geplanten Änderungen nicht gerechtfertigt ist.

Formell beschlossen werden die geplanten Änderungen stets von einer Konferenz der Vertreter der Regierungen der Mitgliedstaaten, die an die etwaige Empfehlung eines Konvents *nicht* gebunden sind. Ihren oft dramatischen Abschluss finden die Arbeiten von Regierungskonferenzen in Gipfeltreffen der Staats- und Regierungschefs anlässlich einer Zusammenkunft des Europäischen Rates, bei der die letzten strittigen Fragen im Konsens gelöst werden müssen. In Kraft treten können die beschlossenen Vertragsänderungen erst, wenn sie von allen beteiligten Mitgliedstaaten gemäß ihren jeweiligen verfassungsrechtlichen Vorschriften ratifiziert sind (Art. 48 Abs. 4 EUV). In einigen Mitgliedstaaten, namentlich in Irland, Dänemark und Frankreich, werden zu diesem Zweck bisweilen Referenden abgehalten. In Deutschland müssen Bundestag und Bundesrat zustimmen (s. sogleich).

Sollen nur Vorschriften über die internen Politikbereiche im dritten Teil des AEUV modifiziert werden (z. B. Binnenmarkt, Umwelt, Raum der Freiheit, der Sicherheit und des Rechts, nicht aber Außenhandel!), ohne dass der Union neue Zuständigkeiten übertragen werden, so kann der Europäische Rat die Änderungen ohne Einberufung einer Regierungskonferenz im **vereinfachten Änderungsverfahren** einstimmig beschließen (Art. 48 Abs. 6 EUV). Auch hier ist die Zustimmung aller Mitgliedstaaten im Einklang mit ihren verfassungsrechtlichen Vorschriften erforderlich, was einem Ratifizierungsvorbehalt gleich kommt.

b) Einem Ratifizierungsvorbehalt unterliegt ferner die **Aufnahme neuer Mitglieder in die Union** (Art. 49 EUV), ebenso die **Annahme bestimmter Rechtsakte mit verfassungsrechtlicher Dimension** (Art. 42 Abs. 2 UAbs. 1 EUV; Art. 25, 218 Abs. 8 UAbs. 2 a. E., 223 Abs. 1, 262 und 311 AEUV).

c) Bestimmte **punktuelle Eingriffe in das Primärrecht** können auch ohne Ratifizierung der Mitgliedstaaten durch einfachen Beschluss des Europäischen Rates oder des Rates vorgenommen werden. Dabei geht es aber nicht um eine Veränderung der Zuständigkeiten der EU, sondern nur um eine „Normalisierung" der Entscheidungsabläufe dergestalt, dass entweder ein Übergang vom besonderen zum ordentlichen Gesetzgebungsverfahren stattfindet oder eine Abkehr vom Einstimmigkeitszwang im Rat zugunsten der qualifizierten Mehrheit. Zu diesem Zweck sind in den Verträgen sog. **Brückenklauseln** („**Passerellen**") vorgesehen, und zwar je nach Fall mit Nuancen im Verfahren: Im *allgemeinen Brückenverfahren* (Art. 48 Abs. 7 EUV), das eine Variante des vereinfachten Vertragsänderungsverfahrens darstellt, beschließt der Europäische Rat einstimmig nach Zustimmung des Europäischen Parlaments; die nationalen Parlamente haben ein Vetorecht. Einige *spezielle Brückenklauseln* lassen hingegen einen einstimmigen Beschluss des Rates genügen, ohne Vetorecht des EP oder der nationalen Parlamente (Art. 31 Abs. 3 EUV, Art. 81 Abs. 3 UAbs. 2, Art. 153 Abs. 2 UAbs. 4, Art. 192 Abs. 2 UAbs. 2, Art. 312 Abs. 2 UAbs. 2, Art. 333 AEUV). Stets stellt das Einstimmigkeitserfordernis sicher, dass kein Mitgliedstaat überstimmt werden kann.

2. Aus nationaler Perspektive müssen die Mitgliedstaaten beim Abschluss neuer Verträge und bei der Änderung des Inhalts der bestehenden Verträge die **Vorgaben ihres nationalen Verfassungsrechts** beachten. In Deutschland ist in erster Linie der 1992 eingeführte Europaartikel (Art. 23 GG) einschlägig, aber auch das Demokratieprinzip, wie es in Art. 20 GG und in Art. 38 Abs. 1 GG zum Ausdruck kommt.

a) In **formeller** Hinsicht sind Art. 23 Abs. 1 Sätze 2 und 3 GG zu beachten, die insoweit Art. 59 Abs. 2 Satz 1 GG als *lex specialis* vorgehen dürften (str.). Art. 23 Abs. 1 Satz 2 GG fordert als Voraussetzung für die Übertragung von Hoheitsrechten ein einfaches Bundesgesetz, das der Zustimmung des Bundesrates bedarf. Art. 23 Abs. 1 Satz 3 GG fordert dagegen ein verfassungsänderndes Gesetz gemäß Art. 79 Abs. 2 GG – also Zweidrittelmehrheit in Bundestag und Bundesrat – für die Begründung der EU, die Änderung ihrer vertraglichen Grundlagen und vergleichbare Regelungen, durch die das Grundgesetz seinem Inhalt nach geändert wird oder solche Änderungen ermöglicht werden. Jede Übertragung von Hoheitsrechten berührt an sich bereits die Verfassung. Mithin dürfte der Anwendungsbereich von Satz 2 nicht sehr groß sein. Damit er nicht völlig leer läuft, wird teilweise gefordert, Satz 3 restriktiv auszulegen. Aber auch nach dieser Ansicht dürfte eine rechtssichere Abgrenzung zwischen den Anwendungsbereichen der beiden Abstimmungsverfahren schwierig bleiben.

b) Die **materiellen** Schranken der Mitwirkung Deutschlands an der europäischen Integration sind in Anlehnung an die Rechtsprechung des Bundesverfassungsgerichts in Art. 23 Abs. 1 GG fixiert. In erster Linie ist über den Verweis in Satz 3 die **Ewigkeitsgarantie** des Art. 79 Abs. 3 GG als äußerste Schranke zu beachten. Daneben darf sich die Bundesrepublik gemäß Art. 23 Abs. 1 Satz 1 GG nur an einer Europäischen Union beteiligen, die „demokratischen, rechtsstaatlichen sozialen und föderativen Grundsätzen und dem Grundsatz der Subsidiarität verpflichtet ist und einen diesem Grundgesetz im wesentlichen vergleichbaren Grundrechtsschutz gewährleistet". Die sich aus den Grundrechten und dem Demokratieprinzip ergebenden Vorgaben sind vom Bundesverfassungsgericht im teilweise kontrovers diskutierten Maastricht-Urteil (BVerfGE 89, 155 = NJW 1993, 3047 = Hummer, S. 114) behandelt und jüngst im nicht weniger umstrittenen Lissabon-Urteil (BVerfGE 123, 267 = NJW 2009, 2267) vertieft worden. Dort hat das BVerfG auch klargestellt, dass das Grundgesetz die **Teilnahme Deutschlands an einem europäischen Bundesstaat** *nicht* gestatten würde (vgl. dazu sogleich).

c) Auf einfachgesetzlicher Ebene werden diese verfassungsrechtlichen Anforderungen in Deutschland seit 2009 durch ein sog. **Integrationsverantwortungsgesetz** (IntVG) ergänzt, das als Reaktion auf das Lissabon-Urteil des Bundesverfassungsgerichts (BVerfGE 123, 267= BVerfG NJW 2009, 2267) verabschiedet wurde und der Kontrolle von Bundestag und Bundesrat über bedeutsame künftige Integrationsfortschritte besonderes Gewicht verleiht. Das IntVG sieht insbesondere vor, dass der deutsche Vertreter im Rat oder im Europäischen Rat bestimmten Beschlüssen, etwa der Änderung von EUV und AEUV im vereinfachten Verfahren (§ 2 IntVG; ähnlich § 3 IntVG), der Inanspruchnahme der sog. Brückenklauseln (§ 4 IntVG; ähnlich § 5 IntVG) und der Anwendung der Vertragsergänzungsklausel des Art. 352 AEUV (§ 8 IntVG) nur zustimmen oder sich bei der Beschlussfassung enthalten darf, wenn zuvor ein Zustimmungsgesetz im Sinne von Art. 23 Abs. 1 GG in Kraft getreten ist (im Fall von § 3 Abs. 3 und § 5 IntVG genügen einfache parlamentarische Zustimmungsbeschlüsse). Damit wird eine „dynamische Vertragsentwicklung" seitens der Bundesrepublik Deutschland innerstaatlich an die gleichen oder an ähnliche Voraussetzungen geknüpft wie klassische Vertragsänderungen. Ohne vorherige parlamentarische Zustimmung muss Deutschland in den genannten Fällen auf EU-Ebene mit „Nein" stimmen, was aufgrund des Einstimmigkeitszwangs zur Folge hat, dass das jeweilige Vorhaben nicht verwirklicht werden kann.

d) Das Ineinandergreifen der verschiedenen innerstaatlichen Anforderungen an die Gestaltung der europäischen Einigung wurde zuletzt mit dem bereits erwähnten **Lissabon-Urteil** des Bundesverfassungsgerichts (BVerfGE 123, 267 = BVerfG 2009, 2267) besonders anschaulich. Dieses Urteil hat gravierende Konsequenzen für die künftige Teilnahme Deutschlands am europäischen Integrationsprozess. Aus dem mehr als 140 Seiten langen und über 400 Randnummern starken, über weite Strecken lehrbuchartigen Richterspruch (vgl. dazu den „Leitfaden" von Schübel-Pfister/Kaiser, JuS 2009, 768) sind v. a. folgende zentralen Punkte hervorzuheben:

- Bundestag und Bundesrat werden ermahnt, ihre **Integrationsverantwortung** stärker wahrzunehmen, insbesondere dort, wo aus Sicht des BVerfG das künftige Integrationsprogramm nicht hinreichend vorhersehbar ist und Integrationsfortschritte im Wege der „dynamischen Vertragsentwicklung" vorgenommen werden sollen (z. B. Kompetenzausweitung der EU, Aufgabe des Einstimmigkeitsprinzips im Rat auf einzelnen Sachgebieten); verfahrensrechtliche Grundlage dafür ist, wie erwähnt, das IntVG.
- Wie schon zuvor im Maastricht-Urteil zum Ausdruck kam, versteht sich das BVerfG auch weiterhin erstens als Wahrer des in Deutschland unabdingbaren Standards beim **Grundrechtsschutz** und zweitens als Wächter über die **Einhaltung der Kompetenzen** der EU (Stichwort: ausbrechender Rechtsakt, *Ultra-vires*-Handeln). Neu hinzugekommen ist mit dem Lissabon-Urteil drittens, dass das BVerfG auch über die **Wahrung der deutschen Verfassungsidentität** im europäischen Einigungsprozess wachen will (vgl. zum Ganzen unten S. 72 ff.).
- In einem umstrittenen *obiter dictum* erklärt das BVerfG, dass Deutschland die **Teilnahme an einem europäischen Bundesstaat** von Verfassungs wegen verwehrt ist: „*Das Grundgesetz ermächtigt die für Deutschland handelnden Organe nicht, durch einen Eintritt in einen Bundesstaat das Selbstbestimmungsrecht des Deutschen Volkes in Gestalt der völkerrechtlichen Souveränität Deutschlands aufzugeben. Dieser Schritt wäre wegen der mit ihm verbundenen unwiderruflichen Souveränitätsübertragung auf ein neues Legitimationssubjekt allein dem unmittelbar erklärten Willen des Deutschen Volkes vorbehalten.*" Die Gründung eines europäischen Bundesstaats bedürfte also von deutscher Seite des verfassungsgebenden Verfahrens nach Art. 146 GG (vgl. Lissabon-Urteil, Absatz-Nrn. 228, 263).

Für sein Lissabon-Urteil hat das BVerfG neben einiger Zustimmung auch herbe Kritik geerntet. Das Gericht sei „über das Ziel hinausgeschossen" (Calliess, ZEuS 2009, 560 [581 f.]). Sein Urteil sei Ausdruck einer „verordneten Demokratie" und zeuge von einer tiefen Skepsis gegenüber den gewählten Volksvertretungen, und zwar gegenüber dem Europäischen Parlament ebenso wie gegenüber dem Deutschen Bundestag (Schwarze, EuR 2010, 108 ff.). Manche erinnern das BVerfG an seine eigene Integrationsverantwortung (Hector, ZEuS 2009, 599 [610 ff.]).

3. Neben ihrer nationalen Verfassungsordnung müssen die Mitgliedstaaten – die gleichzeitig alle Mitglieder des Europarats sind – die **Europäische Konvention zum Schutze der Menschenrechte und Grundfreiheiten** (EMRK) beachten (s. o. S. 17). Zwar ist die Union selbst derzeit noch nicht Vertragspartei der EMRK, die EU-Mitgliedstaaten sind aber für die Einhaltung der EMRK auch im Rahmen des Handelns der EU-Organe verantwortlich (zu den Einzelheiten vgl. unten S. 271).

4. Strittig ist, inwieweit die Mitgliedstaaten über ihr Verfassungsrecht und die EMRK hinaus an die formellen Vorgaben des Art. 48 EUV gebunden sind und ob sich generell aus dem Unionsrecht formelle oder materielle Schranken für künftige Vertragsänderungen ergeben können (vgl. Koenig/Pechstein EuR 1998, 130).

Klausurhinweis: Die formellen und materiellen Vorgaben für die Beteiligung Deutschlands an der europäischen Integration und insbesondere die diesbezügliche Rechtsprechung des Bundesverfassungsgerichts sind ein beliebtes Prüfungsthema, das sich gut mit verfassungsprozessrechtlichen Fragen (Verfassungsbeschwerde, abstrakte und konkrete Normenkontrolle, Organstreit, Bund-Länder-Streit) kombinieren lässt (vgl. dazu unten S. 67 ff.).

II. Mitwirkung der Mitgliedstaaten an der Willensbildung der EU

1. Die Regierungen der Mitgliedstaaten

a) Einige wichtige Rechtsakte, insbesondere bestimmte Personalentscheidungen, sind nach den Verträgen den Regierungen der Mitgliedstaaten vorbehalten (vgl. z. B. Art. 99, 253 Abs. 1, 254 Abs. 2, 341 AEUV). Sie werden außerhalb des eigentlichen institutionellen Systems, grundsätzlich ohne Einschaltung der Unionsorgane, unmittelbar durch die Vertreter der Regierungen der Mitgliedstaaten getroffen. Normalerweise werden solche Beschlüsse anlässlich von Sitzungen des Rates oder des Europäischen Rates gefasst, wobei die anwesenden Regierungsvertreter aber nicht als Ratsmitglieder, sondern als die „im Rat vereinigten Vertreter der Mitgliedstaaten" („mit anderem Hut") handeln. Damit sind ihre Beschlüsse insbesondere einer Kontrolle durch das Europäische Parlament oder den Gerichtshof entzogen.

b) Die grundlegenden Weichenstellungen für die Arbeit der Unionsorgane nimmt der Europäische Rat vor, die meisten Rechtsakte in der Union (z. B. Verordnungen, Richtlinien) werden vom (Minister-)Rat entweder allein oder unter Beteiligung des Europäischen Parlaments beschlossen. Da der Europäische Rat aus den Staats- und Regierungschefs und der Rat aus weisungsabhängigen Ministern besteht, haben die Regierungen der Mitgliedstaaten in der Praxis maßgeblichen Einfluss auf die Unionsgesetzgebung, mehr noch, als etwa die deutschen Landesregierungen über den Bundesrat auf die Bundesgesetzgebung Einfluss nehmen können. Darüber hinaus bereiten Beamte der Regierungen der Mitgliedstaaten die Ratsbeschlüsse in zahllosen Arbeitsgruppen und Ausschüssen vor und überwachen die Kommission beim Erlass von Durchführungsvorschriften. Entgegen weit verbreiteter Ansicht kommt damit wohl nicht (bzw. nicht in erster Linie) den Beamten der Union, sondern den Beamten der Ministerien der Mitgliedstaaten die Schlüsselrolle bei der Rechtsetzung in Brüssel zu.

2. Die Parlamente der Mitgliedstaaten

a) Die Rolle der nationalen Parlamente aus der Sicht des Unionsrechts. Die nationalen Parlamente haben zwar formell kein Mitentscheidungsrecht bei der Setzung abgeleiteten Unionsrechts (z. B. Verordnungen, Richtlinien). Sie verleihen jedoch dem Handeln der Union – insbesondere den Beschlüssen des Europäischen Rates und des (Minister-)Rates – einen Teil ihrer **demokratischen Legitimation** (vgl. auch Art. 10 Abs. 2 UAbs. 2 EUV) und können in der Praxis auf die Willensbildung in Brüssel über ihren Einfluss auf das dem jeweiligen Parlament verantwortliche Ratsmitglied einwirken.

Der **Vertrag von Lissabon** hebt nun einige weitere Befugnisse der nationalen Parlamente an prominenter Stelle in Art. 12 EUV zusammenfassend hervor. Danach tragen die nationalen Parlamente „aktiv zur guten Arbeitsweise der Union bei", indem sie

- von den Unionsorganen unterrichtet werden, insbesondere über Entwürfe für Gesetzgebungsakte (Art. 12 lit. a EUV i.V.m. Protokoll über die Rechte der nationalen Parlamente),
- für die Einhaltung des Subsidiaritätsgrundsatzes sorgen (Art. 12 lit. b i.V.m. Art. 5 Abs. 3 EUV und Subsidiaritätsprotokoll),
- im Raum der Freiheit, der Sicherheit und des Rechts besondere Mitwirkungsrechte ausüben (Art. 12 lit. c EUV i.V.m. Art. 69, 70, 85, 88 AEUV),
- sich an Vertragsänderungsverfahren beteiligen (Art. 12 lit. d EUV, vgl. außerdem insbesondere Art. 48 Abs. 2 Satz 3, Abs. 3 und Abs. 7 UAbs. 3 EUV),
- über Anträge auf Beitritt zur Union unterrichtet werden (Art. 12 lit. e i.V.m. Art. 49 EUV) und
- sich an der interparlamentarischen Zusammenarbeit beteiligen (Art. 12 lit. f EUV i.V.m. Protokoll über die Rolle der nationalen Parlamente).

Um die Ausübung solcher Mitwirkungs- und Kontrollrechte der nationalen Parlamente zu erleichtern, schreibt das **Protokoll über die Rolle der nationalen Parlamente** in der Europäischen Union den Unionsorganen Unterrichtungspflichten und Wartezeiten bei der Rechtsetzung vor. Außerdem wurde die bereits früher bestehende Zusammenarbeit der Unionsorgane mit der Konferenz der Europaausschüsse der nationalen Parlamente (COSAC) formalisiert.

Eine ganz erhebliche Aufwertung und Stärkung erfuhr die Rolle der nationalen Parlamente zudem im neuen Protokoll über die Anwendung der Grundsätze der Subsidiarität und der Verhältnismäßigkeit („**Subsidiaritätsprotokoll**") in der seit den Lissabonner Reformen geltenden Fassung, insbesondere durch das Recht, Subsidiaritätsrügen und Subsidiaritätsklagen zu erheben (zu den Einzelheiten dieser beiden Instrumente vgl. unten S. 89).

b) Die Rolle von Bundestag und Bundesrat nach innerstaatlichem Recht. Auf mitgliedstaatlicher Ebene kommt in Deutschland Bundestag und Bundesrat eine wesentliche Rolle bei der Mitgestaltung der Europäischen Integration zu (Art. 23 Abs. 2, 50 GG). Diese Rolle ist zum einen im **Demokratieprinzip**, zum anderen im **Bundesstaatsprinzip** der deutschen Verfassungsordnung begründet (Art. 20, 38 GG). In der Praxis können die Mitwirkungsrechte des Bundestags auf dessen Europaausschuss delegiert werden (Art. 45 GG), jene des Bundesrats auf dessen Europakammer (Art. 52 Abs. 3a GG).

Art. 23 Abs. 2 GG sieht die **umfassende und frühestmögliche Unterrichtung** von Bundestag und Bundesrat vor (vgl. auch § 4 Abs. 1 EUZBBG und § 2 Abs. 1 EUZBLG).

Dem **Bundestag** gibt die Bundesregierung außerdem stets **Gelegenheit zur Stellungnahme** und „berücksichtigt" dessen Stellungnahme bei den Verhandlungen im Rat (Art. 23 Abs. 3 GG). Nach § 9 Abs. 2 des EUZBBG muss die Bundesregierung diese Stellungnahme ihren Verhandlungen sogar „zugrunde legen", wobei die Bedeutung des unterschiedlichen Wortlauts nicht klar ist. Eine allgemeine rechtliche Bindung des deutschen Ratsmitglieds an das Votum des Bundestags ist jedenfalls nicht anzunehmen; sie würde den Verhandlungsspielraum Deutschlands im Rat übermäßig einschränken. Nur bei besonders bedeutsamen Beschlüssen im Europäischen Rat oder im Rat, die in ihren Auswirkungen einer Vertragsänderung entsprechen oder ihr zumindest nahe kommen, sieht das Integrationsverantwortungsgesetz (IntVG) seit 2009 **innerstaatliche Parlamentsvorbehalte** vor; diese betreffen das vereinfachte oder besondere Vertragsänderungsverfahren, die Inanspruchnahme sog. Brückenklauseln und die Anwendung der Vertragsergänzungsklausel des Art. 352 AEUV (vgl. dazu auch S. 21, 34 und 84f.). Im Umkehrschluss ist anzunehmen, dass das deutsche Recht in anderen Fällen keine solchen Parlamentsvorbehalte kennt.

In § 9 IntVG ist ferner vorgesehen, dass der Bundestag den deutschen Vertreter im Rat anweisen kann, den **Notbremsemechanismus** auszulösen, mit dem eine Beschlussfassung mit qualifizierter Mehrheit in einzelnen Rechtsgebieten ausnahmsweise aufgeschoben und der Europäische Rat als Schiedsrichter angerufen werden kann (s. u. S. 33 f.).

Die **Mitwirkungsrechte des Bundesrats** ergeben sich aus Art. 23 Abs. 4–6 GG i.V. m. EUZBLG und IntVG (vgl. dazu im Einzelnen den folgenden Abschnitt über die Rolle der deutschen Länder).

III. Die Rolle der deutschen Länder

1. Die Berücksichtigung der Belange der Länder in den Europäischen Verträgen

Nach den Grundverträgen erlässt die Europäische Union zahlreiche Rechtsakte mit Auswirkungen auf Bereiche, die nach nationalem Recht in die Zuständigkeit dezentraler Gebietskörperschaften fallen, d.h. in Deutschland in die Zuständigkeit der Länder und Kommunen (z.B. Rundfunk, Gesundheit, Bildung, Kultur, Umwelt, Soziales, Daseinsvorsorge). Bei vielen Politiken der Union sind regionale Unterschiede zu berücksichtigen (vgl. z.B. Art. 39 Abs. 2 lit. a, 46 lit. d, 96 Abs. 2, 87 Abs. 3 lit. c AEUV). Bestimmten Regionen gewährt die Union gezielt Beihilfen, namentlich aus den Strukturfonds (Art. 175, 176 AEUV). Außerdem sollen in der EU Entscheidungen „möglichst bürgernah" getroffen werden (Art. 1 Abs. 2 EUV). Vielfach wurde deshalb unter dem Schlagwort **Europa der Regionen** eine größere Beteiligung der dezentralen Gebietskörperschaften an den Entscheidungen der Union gefordert.

Diese Forderungen, die nicht zuletzt von den deutschen Ländern mit Nachdruck erhoben wurden, haben sich in den letzten Jahrzehnten in diversen Vertragsreformen niedergeschlagen:

- Ausdrücklich achtet die Union nunmehr die nationale **Identität der Mitgliedstaaten**, die in ihren grundlegenden politischen und verfassungsmäßigen Strukturen einschließlich der **regionalen und lokalen Selbstverwaltung** zum Ausdruck kommt (Art. 4 Abs. 2 EUV, neu gefasst durch den Vertrag von Lissabon; vgl. außerdem den 6. Erwägungsgrund des EUV).

- Bei der Anwendung des **Subsidiaritätsprinzips** ist zu prüfen, ob das mit einem Unionsvorhaben verfolgte Ziel von den Mitgliedstaaten weder auf zentraler noch auf regionaler oder lokaler Ebene ausreichend verwirklicht werden kann (Art. 5 Abs. 3 EUV und Art. 2 Satz 2 des Subsidiaritätsprotokolls).
- Der Wortlaut des Art. 16 Abs. 2 EUV wurde so gefasst, dass er die **Entsendung von Landesministern in den Rat** gestattet, soweit diese innerstaatlich befugt sind, für den betreffenden Mitgliedstaat verbindlich zu handeln (Rechtslage seit dem Vertrag von Maastricht; vgl. dazu Art. 23 Abs. 6 GG).
- Es wurde ein **Ausschuss der Regionen** mit beratender Funktion eingerichtet (Vertrag von Maastricht, vgl. Art. 13 Abs. 4 EUV, Art. 300 Abs. 3, 305 ff. AEUV), der inzwischen auch eigene Klagerechte erhalten hat (Art. 263 Abs. 2 AEUV und Art. 8 Abs. 2 des Subsidiaritätsprotokolls in der Fassung des Vertrags von Lissabon).

Unabhängig von ihren jeweiligen Verfassungsstrukturen treffen jedoch alle Mitgliedstaaten in der EU die gleichen Rechte und Pflichten (vgl. auch Art. 4 Abs. 2 EUV), und etwaige Verletzungen des Unionsrechts durch die Länder oder die Kommunen sind immer dem betreffenden Mitgliedstaat zuzurechnen (etwa bei Vertragsverletzungsverfahren, Staatshaftungsansprüchen oder Defizitverfahren im Rahmen der Wirtschafts- und Währungsunion). In diesem Sinne gilt also auch weiterhin die Aussage, dass das Unionsrecht – wie schon vor ihm das klassische Völkerrecht – „länderblind" sei. Außerdem haben die Länder und Kommunen kein eigenes privilegiertes Klagerecht nach Art. 263 Abs. 2 AEUV, sondern müssen wie andere juristische Personen auch die strengeren Voraussetzungen des Abs. 4 erfüllen.

2. Die innerstaatlichen Mitwirkungsrechte der Länder in Angelegenheiten der Europäischen Union

Auf nationaler Ebene gilt, dass die deutschen Länder durch den **Bundesrat** in Angelegenheiten der Europäischen Union mitwirken (Art. 50 GG). Im Gegenzug für ihre Zustimmung zu Integrationsfortschritten haben sich die Länder seit dem Maastrichter Vertrag äußerst weitgehende Mitwirkungsrechte in EU-Angelegenheiten erkämpft, die sich heute aus einer Zusammenschau der Art. 23 Abs. 2–6 GG i.V.m. EUZBLG und IntVG ergeben. Sowohl auf die föderale Balance zwischen Bund und Ländern als auch auf die Gewaltenteilung zwischen Exekutive und Legislative haben diese Rechte erhebliche Auswirkungen (vgl. Nessler, EuR 1994, 216).

a) Aus Art. 23 Abs. 1 Satz 3 und 79 Abs. 2 GG ergibt sich, dass der Bundesrat Änderungen der vertraglichen Grundlagen der EU mit einer Mehrheit von zwei Dritteln der Stimmen zustimmen muss. Über diese **Vetomöglichkeit** gelingt es den Ländern bei praktisch jeder Vertragsänderung, neue und weitreichende Zugeständnisse des Bundes, aber indirekt auch der anderen Mitgliedstaaten zu erzielen.

b) In den laufenden Angelegenheiten der EU sieht Art. 23 Abs. 2 Satz 2 GG generell eine „umfassende" **Unterrichtung** des Bundesrats durch die Bundesregierung vor, also auch in Fällen, in denen Länderinteressen nicht berührt sind. An der **Willensbildung des Bundes** in Angelegenheiten der Europäischen Union ist der Bundesrat hingegen nur zu beteiligen, soweit er an einer entsprechenden innerstaatlichen Maßnahme mitzuwirken hätte oder soweit die Länder innerstaatlich zuständig wären (Art. 23 Abs. 4 GG), wofür gestufte **Mitwirkungsrechte des Bundesrates** vorgesehen sind (Art. 23 Abs. 4 und 5 GG): Je stärker die Länder in ihren Belangen betroffen sind, desto weitreichender sind ihre Mitwirkungsmöglichkeiten, die ihnen über den Bundesrat eingeräumt werden. So hat der Bund gemäß Art. 23 Abs. 5 Satz 1 GG die Stellungnahme des Bundesrats schon dann zu „berücksichtigen", wenn die Interessen der Länder bloß „berührt" sind. Nach Art. 23 Abs. 5 Satz 2 GG muss der Bund die Auffassung des Bundesrats sogar „maßgeblich berücksichtigen", wenn bei einem Vorhaben im Schwerpunkt Gesetzgebungsbefugnisse der Länder, die Einrichtung ihrer Behörden oder ihre Verwaltungsverfahren betroffen sind. Das bedeutet, dass bei einem Dissens zwischen Regierung und Bundesrat beide in erneuten Beratungen zunächst versuchen müssen, Einvernehmen zu erzielen. Scheitert dies, setzt sich die Auffassung des Bundesrats durch, falls er sie mit zwei Dritteln seiner Stimmen (nicht der Länder!) bestätigt (§ 5 Abs. 2 EUZBLG). Dabei ist jedoch einerseits die gesamtstaatliche Verantwortung des Bundes zu wahren und andererseits die Zustimmung der Bundesregierung erforderlich, falls Ausgabenerhöhungen oder Einnahmeverminderungen für den Bund auf dem Spiel stehen (Art. 23 Abs. 5 Satz 2, 2. HS und Satz 3 GG).

c) Darüber hinaus werden die Länder gemäß Art. 23 Abs. 6 GG auch an der **Wahrnehmung** der Rechte Deutschlands auf EU-Ebene beteiligt: Falls im Schwerpunkt ausschließliche Gesetzgebungsbefugnisse der Länder betroffen sind, „soll" die Verhandlungsführung für Deutschland (z.B. im Rat der Europäischen Union) auf einen Vertreter der Länder übertragen werden (s. auch § 6 Abs. 2 EUZBLG). Die Wahrnehmung der Rechte erfolgt unter Beteiligung und in Abstimmung mit der Bundesregierung; dabei ist die gesamtstaatliche Verantwortung des Bundes zu wahren.

Merke: Anders als der vierte und fünfte Absatz von Art. 23 GG regelt der sechste Absatz nicht die interne Willensbildung zur Festlegung der Position Deutschlands im Rat, sondern die tatsächliche Ausübung der Rechte Deutschlands nach außen.

d) Seit 2009 kann der Bundesrat schließlich in seiner Eigenschaft als „zweite Parlamentskammer" die bereits erwähnten Rechte der **Subsidiaritätsrüge** und der **Subsidiaritätsklage** ausüben (s. unten S. 89), die mit dem Vertrag von Lissabon eingeführt wurden (Art. 23 Abs. 1a GG und §§ 11, 12 IntVG i. V. m. Art. 6, 7 und 8 des Subsidiaritätsprotokolls). Tatsächlich war der Bundesrat die erste nationale Parlamentskammer überhaupt in der EU, die eine Subsidiaritätsrüge erhoben hat (Ratsdok. 8209/10 vom 31. 3. 2010, betr. die Initiative mehrerer Mitgliedstaaten für eine Europäische Schutzanordnung im Rahmen der strafrechtlichen Zusammenarbeit).

e) In Angelegenheiten, die in die ausschließliche Gesetzgebungszuständigkeit der Länder fallen, hat sich der Bund überdies in § 7 EUZBLG verpflichtet, auf Verlangen des Bundesrates von den **Klagerechten und Stellungnahmerechten Deutschlands** vor den Unionsgerichten Gebrauch zu machen. Zu beachten ist, dass letztere Regelung nicht auf Subsidiaritätsfragen beschränkt ist.

f) In § 9 Abs. 2 IntVG ist schließlich vorgesehen, dass der Bundesrat bei Berührung von Länderinteressen den deutschen Vertreter im Rat anweisen kann, den **Notbremsemechanismus** auszulösen, mit dem eine Beschlussfassung mit qualifizierter Mehrheit in bestimmten Rechtsgebieten aufgeschoben und der Europäische Rat als Schiedsrichter angerufen werden kann (s. u. S. 33 f.)

Klausurhinweis: Die Länderbeteiligung in Angelegenheiten der Europäischen Union ist ein beliebtes Prüfungsthema, bei dem vor allem saubere Arbeit am Wortlaut des Grundgesetzes und der Ausführungsgesetze sowie ein Grundverständnis für Probleme der Bundesstaatlichkeit und der Gewaltenteilung in Angelegenheiten der EU gefragt sein dürften.

IV. Umsetzung und Vollzug des Unionsrechts, gerichtlicher Rechtsschutz

Die **normative Umsetzung** und der **verwaltungsmäßige Vollzug** des Unionsrechts obliegt in den meisten Fällen den Mitgliedstaaten (vgl. unten S. 107 ff.; vgl. auch Art. 291 Abs. 1 AEUV). Richtlinien (s. u. S. 51) sind für jeden Mitgliedstaat hinsichtlich des zu erreichenden Ziels verbindlich, überlassen jedoch den innerstaatlichen Stellen die Wahl der Form und Mittel der Umsetzung in nationales Recht (Art. 288 Abs. 3 AEUV). Die u. a. im Bereich der gemeinsamen Agrarpolitik erlassenen Verordnungen (Art. 288 Abs. 2 AEUV) werden von den Behörden der Mitgliedstaaten vollzogen, in Deutschland vorwiegend von Länderbehörden. Eine solche **dezentrale Umsetzung** des Unionsrechts schafft größere Bürgernähe, trägt aber auch praktischen Notwendigkeiten Rechnung: Zentrale Unionsbehörden wären mit dem systematischen verwaltungsmäßigen Vollzug des Unionsrechts schnell überfordert.

Die **gerichtliche Durchsetzung** der sich aus dem Unionsrecht ergebenden Rechte und Pflichten erfolgt ebenfalls in erster Linie vor nationalen Gerichten. Im Gegensatz zum System der „Federal Courts" in den Vereinigten Staaten von Amerika gibt es in Europa keine dezentralen „Unionsgerichte", die als in den Mitgliedstaaten angesiedelte Organe der Union z. B. für europarechtliche Streitigkeiten zwischen Privaten zuständig wären (die Europäische Patentgerichtsbarkeit, deren Schaffung momentan vorbereitet wird, wäre insoweit eine Premiere). Soweit europarechtliche Streitigkeiten nicht ausdrücklich dem Gerichtshof der Europäischen Union zugewiesen sind, fallen sie daher in die Zuständigkeit der deutschen Gerichte nach Maßgabe des deutschen Gerichtsorganisations- und Verfahrensrechts (Art. 274 AEUV). Das Unionsrecht verpflichtet die Mitgliedstaaten in diesem Zusammenhang ausdrücklich, **die erforderlichen Rechtsbehelfe zu schaffen,** damit ein wirksamer Rechtsschutz in den vom Unionsrecht erfassten Bereichen gewährleistet ist (Art. 19 Abs. 1 UAbs. 2 EUV i. d. F. d. Vertrags von Lissabon). Falls im nationalen Rechtsstreit europarechtliche Zweifelsfragen auftauchen, kann das befasste Gericht dem EuGH Fragen zur **Vorabentscheidung** vorlegen, bevor es nach deren Beantwortung den Prozess eigenverantwortlich zu Ende führt; in bestimmten Fällen ist es zu einer solchen Vorlage sogar verpflichtet (Art. 267 AEUV, s. u. S. 133 ff.).

B. Die Unionsorgane

I. Allgemeines

Die grundlegenden Bestimmungen über die Organe, Hilfsorgane („beratende Einrichtungen") und Nebeneinrichtungen der Europäischen Union finden sich im Titel III des EU-Vertrags. Gemäß Art. 13 Abs. 1 EUV hat die EU **sieben Organe** (bisweilen auch Hauptorgane genannt; in der englischen und französischen Sprache wird der weitaus präzisere Begriff *institutions* benutzt):

– Europäisches Parlament (EP),
– Europäischer Rat,

- Rat der Europäischen Union (umgangessprachlich auch „Ministerrat" genannt),
- Europäische Kommission,
- Gerichtshof der Europäischen Union (bestehend aus EuGH, EuG und etwaigen Fachgerichten),
- Europäische Zentralbank (EZB) und
- Europäischer Rechnungshof.

Zwei dieser Einrichtungen, namentlich der Europäische Rat und die EZB, wurden erst durch den Vertrag von Lissabon zu vollwertigen Organen aufgewertet. Nur diese sieben Institutionen sind gemeint, wenn in den Verträgen von Organen die Rede ist (z. B. in Art. 265 Abs. 1 AEUV). Der Europäische Wirtschafts- und Sozialausschuss (EWSA) und der Europäische Ausschuss der Regionen (EAdR) sind hingegen lediglich **Hilfsorgane** mit beratender Funktion (Art. 13 Abs. 4 EUV, Art. 300 Abs. 1 AEUV). **Nebeneinrichtungen** stellen die Europäische Investitionsbank (EIB) und das Europäische System der Zentralbanken (ESZB) dar.

Die Einzelheiten über die Arbeitsweise der EU-Organe ergeben sich aus dem Vertrag über die Arbeitsweise der Europäischen Union (AEUV). Jedes Organ kann bei der Erfüllung der Aufgaben der Union nur **nach Maßgabe** der ihm in den Verträgen **zugewiesenen Befugnisse** und unter Beachtung der Verfahren, Bedingungen und Ziele handeln, die in den Verträgen festgelegt sind (Art. 13 Abs. 2 Satz 1 EUV). In dieser Regel kommt neben rechtsstaatlichen Erwägungen der für das Unionsrecht prägende Grundsatz der begrenzten Einzelermächtigung zum Ausdruck.

Die Organe sind untereinander zu **loyaler Zusammenarbeit** verpflichtet (Art. 13 Abs. 2 Satz 2 EUV). Außerdem gilt im Verhältnis der Organe zueinander das **Prinzip des institutionellen Gleichgewichts.** Damit ist nicht das für Staaten geltende Prinzip der Trennung der drei Gewalten Legislative, Exekutive und Judikative gemeint. Vielmehr geht es beim Prinzip des institutionellen Gleichgewichts um die Wahrung der Zuständigkeitsverteilung unter den Organen entsprechend den Verträgen:

Die Wahrung des institutionellen Gleichgewichts gebietet es, dass jedes Organ seine Befugnisse unter Beachtung der Befugnisse der anderen Organe ausübt. Sie verlangt auch, dass eventuelle Verstöße gegen diesen Grundsatz geahndet werden können (EuGHE, C-70/88, 1990, I-2041 – Tschernobyl, Rn. 22).

Als Ausfluss des Prinzips des institutionellen Gleichgewichts

- dürfen Organe ihre vertraglich festgelegten Befugnisse nicht ohne Weiteres auf andere Stellen übertragen (vgl. EuGHE, 9/56, 1957, 11 – Meroni; vgl. nunmehr auch Art. 290 AEUV);
- muss jedes Organ bei der Rechtsetzung die vertraglich festgelegten Befugnisse anderer Organe respektieren; ein ohne die vorgeschriebene Beteiligung des Europäischen Parlaments beschlossener Rechtsakt ist deshalb rechtswidrig und wird vom EuGH für nichtig erklärt (vgl. EuGHE, 138/79, 1980, 3333 = Hummer, S. 251 – Roquette);
- muss jedes Organ grundsätzlich ohne Einflussnahme der Mitgliedstaaten oder anderer Organe seine Arbeitsweise und interne Organisation autonom bestimmen können.

Außerdem werden auch die Beziehungen zwischen den Mitgliedstaaten und den Organen vom **Grundsatz der loyalen Zusammenarbeit** geprägt, wie er in Art. 4 Abs. 3 EUV zum Ausdruck kommt. Nach diesem Prinzip, das bisweilen auch mit dem Schlagwort der „**Unionstreue**" umschrieben wird, müssen die Mitgliedstaaten neben ihrer Vertragserfüllungspflicht i. e. S. bestimmte sich aus Treu und Glauben ergebende Nebenpflichten (z. B. Auskunftspflichten, Mitwirkungspflichten bei Untersuchungen; vgl. auch Art. 337 AEUV) und Unterlassungspflichten beachten. Über den Wortlaut des Art. 4 Abs. 3 EUV hinaus dürften dieselben Pflichten zur loyalen Zusammenarbeit auch im Verhältnis der Mitgliedstaaten zueinander gelten.

Klausurhinweis: Aufgrund seines weiten Anwendungsbereichs kommt der Grundsatz der loyalen Zusammenarbeit (ähnlich wie die Generalklausel des § 242 BGB im deutschen Zivilrecht) in den verschiedensten Fallkonstellationen als Auffangnorm in Betracht bzw. ist bei der Auslegung der Vertragsbestimmungen zu beachten.

Der **Sitz** der verschiedenen Einrichtungen wurde im Amsterdamer Vertrag erstmals auf primärrechtlicher Ebene durch ein besonderes Protokoll bestimmt (Sartorius II, Nr. 214). Der Rat hat seinen Sitz in Brüssel, tagt jedoch im April, Juni und Oktober in Luxemburg. Ihren Sitz in Brüssel haben auch die Kommission, der Wirtschafts- und Sozialausschuss und der Ausschuss der Regionen. Der Gerichtshof, der Rechnungshof und die Europäische Investitionsbank befinden sich in Luxemburg. Das Europäische Parlament hat seinen Sitz in Straßburg und tritt dort zu seinen monatlichen Plenarsitzungen zusammen; zusätzliche Plenarsitzungen und die Ausschusssitzungen finden aber in Brüssel statt. Das Generalsekretariat des Parlaments befindet sich in Luxemburg. Die Europäische Zentralbank hat ihren Sitz in Frankfurt a. M., das Europäische Polizeiamt (Europol) in Den Haag.

Von diesen politisch motivierten Vorgaben zu ihren Tagungs- und Arbeitsorten dürfen die Organe und Einrichtungen der EU, wie sich v. a. am Beispiel des Parlaments gezeigt hat, nicht eigenmächtig abweichen (EuGHE, 230/81, 1983, 255 – Luxemburg/Parlament; EuGHE, 108/83, 1984, 1945 – Luxemburg/Parlament).

II. Der Europäische Rat

Der Europäische Rat (www.european-council.europa.eu) trifft die politischen Grundsatzentscheidungen und bestimmt den von der Union einzuschlagenden Kurs. Er ist aus den seit 1961 stattfindenden politischen Gipfelkonferenzen der Staats- und Regierungschefs hervorgegangen. Durch den Maastrichter Vertrag wurde der Europäische Rat in das System der Verträge integriert (Art. 4 EUV a. F.), hatte aber zunächst auch weiterhin eher den Charakter einer politischen Konferenz der Mitgliedstaaten als den eines echten Gemeinschafts- oder Unionsorgans. Erst mit dem Inkrafttreten des Vertrags von Lissabon wurde der Europäische Rat formell zu einem Organ der Union aufgewertet und voll in deren institutionellen Rahmen eingebunden (Art. 13 Abs. 1 EUV).

Klausurhinweis: Der Europäische Rat darf nicht mit dem Rat der Europäischen Union ("Ministerrat", s. u. S. 28 ff.) oder mit dem Straßburger Europarat (s. o. S. 17) verwechselt werden.

1. Zusammensetzung

Im Europäischen Rat kommen unter dem Vorsitz seines gewählten Präsidenten die Staats- und Regierungschefs der Mitgliedstaaten und der Präsident der Kommission zusammen (Art. 15 Abs. 2 EUV). Der Europäische Rat tagt in der Regel zweimal pro Halbjahr (Art. 15 Abs. 3 EUV). Seit dem Inkrafttreten des Vertrags von Lissabon nimmt außerdem der Hohe Vertreter der Union für Außen- und Sicherheitspolitik an den Arbeiten des Europäischen Rates teil, ist aber selbst nicht Mitglied dieses Gremiums und damit nicht stimmberechtigt. Die frühere Praxis, wonach sich die Staats- und Regierungschefs regelmäßig durch ihre Außenminister und ein weiteres Mitglied der Kommission "unterstützen" ließen (Art. 4 Abs. 2 EUV a. F.), wurde aufgegeben. Statt dessen kann nunmehr je ein Fachminister sowie ein Kommissionsmitglied hinzugezogen werden, "wenn es die Tagesordnung erfordert" (Art. 15 Abs. 3 Satz 2 EUV).

Der Vertrag von Lissabon hat als eigenständiges politisches Amt die Position eines **Präsidenten des Europäischen Rates** ins Leben gerufen. Dieser Präsident – in der Praxis wird es sich wohl stets um einen "Elder Statesman" aus dem Kreis der ehemaligen Staats- und Regierungschefs handeln – darf kein einzelstaatliches Amt ausüben und wird vom Europäischen Rat mit qualifizierter Mehrheit auf zweieinhalb Jahre gewählt. Er hat insbesondere die Aufgabe, die Arbeiten des Europäischen Rates zu leiten sowie – neben dem Hohen Vertreter für die GASP – die Außenvertretung der Union wahrzunehmen (Art. 15 Abs. 5 und 6 EUV-Lissabon). Auf diese Weise soll die Effizienz der Arbeiten der Staats- und Regierungschefs gesteigert und der politischen Führung der Union ein Gesicht gegeben werden. Integrationsskeptische Kreise erhoffen sich von dem neuen Amt außerdem die Schaffung eines Gegengewichts zur Kommission und eine stärker intergouvernementale Prägung der EU. Zu befürchten ist, dass das Nebeneinander eines gewählten Präsidenten des Europäischen Rates mit dem Präsidenten der Kommission und dem Hohen Vertreter für die GASP in der Praxis einiges Potenzial für Kompetenzkonflikte und Verwirrungen in der öffentlichen Darstellung bergen wird. Nach den Vertragsbestimmungen ist jedenfalls der Präsident des Europäischen Rates gehalten, mit dem Präsidenten der Kommission zusammenzuarbeiten und seine außenpolitischen Befugnisse "unbeschadet der Befugnisse des Hohen Vertreters" wahrzunehmen (Art. 15 Abs. 6 UAbs. 1 lit. b und UAbs. 2 EUV) sowie seine Tätigkeit unter Beachtung des Grundsatzes der loyalen Zusammenarbeit der Organe auszuüben (Art. 13 Abs. 2 Satz 2 EUV). Zum ersten ständigen Präsidenten des Europäischen Rates wurde im Dezember 2009 der Belgier Herman Van Rompuy gewählt.

2. Aufgaben und Befugnisse

Der Europäische Rat entscheidet *de facto* über Wohl und Wehe der europäischen Integration. Gemäß Art. 15 Abs. 1 Satz 1 EUV gibt er der Union die für ihre Entwicklung erforderlichen Impulse und legt die allgemeinen politischen Zielvorstellungen und Prioritäten für diese Entwicklung fest.

War der Europäische Rat ursprünglich eine "nur" politisch wirkende Einrichtung, so hat er inzwischen auch direkten rechtlichen Einfluss auf die in den Verträgen niedergelegten Entscheidungsprozesse erlangt. Seit dem Amsterdamer Vertrag fasst er nämlich bisweilen selbst **bindende Beschlüsse**, mit denen er unmittelbar auf die Rechte und Pflichten anderer Akteure einwirkt.

Beispiel: Im Bereich der GASP beschließt der Europäische Rat allgemeine Leitlinien und gemeinsame Strategien (z.B. gegenüber Russland), die den Rat der Europäischen Union („Ministerrat") binden, vgl. Art. 22 Abs. 1, 26 Abs. 1 EUV.

Vor allem obliegt es aber dem Europäischen Rat seit dem Vertrag von Lissabon, bestimmte **Beschlüsse von verfassungsrechtlicher Bedeutung** zu treffen, beispielsweise im sog. vereinfachten Vertragsänderungsverfahren, wo er statt einer Regierungskonferenz handelt (Art. 48 Abs. 6 und 7 EUV), und in Bezug auf die Zusammensetzung des Parlaments und der Kommission (Art. 14 Abs. 2 UAbs. 2 und 17 Abs. 5 EUV). Ferner wurden dem Europäischen Rat bestimmte **politisch bedeutsame Entscheidungen** übertragen, die bislang dem Rat in der Zusammensetzung der Staats- und Regierungschefs oblagen (Art. 7 Abs. 2 EUV), sowie die Verantwortung für wichtige **Personalentscheidungen** (Art. 17 Abs. 7, 18 Abs. 1 EUV, Art. 283 Abs. 2 AEUV). Außerdem wurde seine – auch bisher schon *de facto* bestehende – **Schiedsrichterfunktion** in politisch sensiblen Fragen formalisiert (z.B. Art. 48 Abs. 2, 82 Abs. 3, 83 Abs. 3 AEUV). Gleichzeitig stellt der Vertrag von Lissabon aber auch klar, dass der Europäische Rat selbst **nicht gesetzgeberisch** tätig wird (Art. 15 Abs. 1 Satz 2 i.V.m. Art. 14 Abs. 1 Satz 1 und Art. 16 Abs. 1. Satz 1 EUV; zur Definition des Gesetzgebungsakts vgl. Art. 289 Abs. 3 AEUV); die Unionsgesetzgebung bleibt dem Europäischen Parlament und dem Rat vorbehalten.

Mit der Aufwertung des Europäischen Rates zu einem vollwertigen Unionsorgan und seiner Befugnis zur Beschlussfassung geht einher, dass seine Handlungen **justiziabel** geworden sind und nunmehr der Kontrolle durch den Gerichtshof unterliegen (Art. 263 Abs. 1 und 267 Abs. 1 Buchst. b AEUV; vgl. aber die Ausnahme im Bereich der GASP: Art. 275 AEUV). Eine **politische Verantwortlichkeit** des Europäischen Rates gegenüber dem Europäischen Parlament ist derzeit nicht vorgesehen, lediglich eine Berichtspflicht besteht (Art. 15 Abs. 6 lit. d EUV).

3. Beschlussfassung

Entsprechend seinen Ursprüngen als politische Gipfelkonferenz hatte der Europäische Rat lange Zeit keine eigene Geschäftsordnung. Beschlüsse wurden hinter verschlossenen Türen nach dem Konsensprinzip getroffen und normalerweise in Form von sog. „**Schlussfolgerungen der Präsidentschaft**" der Öffentlichkeit bekannt gemacht.

Der Vertrag von Lissabon sieht vor, dass der Europäische Rat sich – im Einklang mit seiner neuen Rolle als echtes Organ der EU – eine Geschäftsordnung gibt (Art. 235 Abs. 3 AEUV). Zwar bleibt es in politischen Fragen grundsätzlich beim **Konsensprinzip** (Art. 15 Abs. 4 EUV), bei der Beschlussfassung über verbindliche Rechtsakte bedarf es jedoch der formellen Einstimmigkeit, in einigen Ausnahmefällen kann es sogar zu einer Beschlussfassung mit qualifizierter Mehrheit kommen. Stimmberechtigt sind nur die Staats- und Regierungschefs, nicht hingegen der Präsident des Europäischen Rates der Präsident der Kommission (Art. 235 Abs. 1 AEUV) und auch nicht der Hohe Vertreter.

Beispiel: In der GASP legt der Europäische Rat einstimmig die strategischen Interessen und Ziele der EU fest (Art. 22 Abs. 1, 26 Abs. 1 EUV). Ferner entscheidet der Europäische Rat mit qualifizierter Mehrheit über die Festlegung der verschiedenen Formationen des Rates der Europäischen Union („Ministerrat") und über deren Vorsitz (Art. 236 AEUV). In Verfahrensfragen wird er, entsprechend den allgemeinen Gepflogenheiten der EU-Organe, sogar mit einfacher Mehrheit entscheiden (Art. 235 Abs. 3 AEUV).

4. Tagungsort

Vor allem wegen des immer größeren logistischen Aufwands bei Tagungen des Europäischen Rates (Sicherheitsvorkehrungen, Übersetzungs- und Dolmetscherarbeiten) werden inzwischen alle seine formellen Treffen in Brüssel abgehalten (vgl. dazu die Erklärung Nr. 22 zum Vertrag von Nizza), wo man auf den Verwaltungsapparat des Rates zurückgreifen kann. Informelle Treffen können aber auch weiterhin an anderen Orten stattfinden, namentlich in dem Mitgliedstaat, der turnusgemäß die Ratspräsidentschaft (im Ministerrat) innehat.

III. Der Rat der Europäischen Union

In der Praxis ist auch weiterhin der **Rat der Europäischen Union** (www.consilium.europa.eu) das wichtigste Entscheidungs- und Beschlussorgan der EU. Er setzt sich aus weisungsabhängigen Vertretern der Mitgliedstaaten zusammen. Zusammensetzung und Arbeitsweise sind in Art. 16 EUV und Art. 237–243 AEUV sowie in der Geschäftsordnung geregelt, die sich der Rat selbst gibt (GeschO-Rat, Sartorius II Nr. 237).

Vom Rat der Europäischen Union (oder schlicht: Rat, umgangssprachlich bisweilen auch „Ministerrat") sind abzugrenzen:

– der **Europarat** in Straßburg (vgl. oben S. 17);
– der **Europäische Rat** (vgl. soeben, S. 27);
– die **im Rat vereinigten Vertreter der Mitgliedstaaten:** Die den Rat zusammensetzenden Regierungsmitglieder tagen bei dieser Gelegenheit nicht als Organ der Union, sondern bilden eine Konferenz von Staatenvertretern. In ihr werden sog. uneigentliche Ratsbeschlüsse gefasst, bei denen es sich nur dann um Unionsrecht i.w.S. handelt, wenn sie im Vertrag vorgesehen sind, wie z.B. die Ernennung der Mitglieder des Gerichtshofs (Art. 19 Abs. 2 EUV). Ansonsten handelt es sich um Beschlüsse rein völkerrechtlicher Natur.

1. Zusammensetzung und Vorsitz

Der Rat besteht gemäß Art. 16 Abs. 2 EUV aus **je einem Vertreter jedes Mitgliedstaats auf Ministerebene,** der befugt ist, für die Regierung des Mitgliedstaats verbindlich zu handeln und abzustimmen. Zu den möglichen Ratsmitgliedern zählen neben Ministern (in Deutschland normalerweise: Bundesministern) gewohnheitsrechtlich auch die deutschen Staatssekretäre. Nach der auf den Maastrichter Vertrag zurückgehenden Fassung von Art. 16 Abs. 2 EUV (ehemals Art. 203 EGV) – „auf Ministerebene" – kann Deutschland allerdings auch einen Landesminister zu den Ratssitzungen entsenden, etwa wenn Kultur-, Rundfunk- oder Bildungsfragen zu erörtern sind. Art. 23 Abs. 6 GG und § 6 Abs. 2 EUZBLG regeln die innerstaatliche Frage, wer entsandt werden soll (s. o. S. 24). Ein abwesendes Mitglied des Rates kann sich vom Ständigen Vertreter seines Staates bei der EU vertreten lassen (Art. 4 GeschO-Rat), dieser besitzt jedoch kein Stimmrecht. Eine Stimmrechtsübertragung ist nur an andere Mitglieder des Rates zulässig (Art. 239 AEUV und Art. 11 Abs. 3 GeschO-Rat).

In personeller Hinsicht hat der Rat keine ständigen Mitglieder, sondern tagt **in wechselnder Zusammensetzung** (Art. 16 Abs. 6 EUV). Derzeit gibt es zehn verschiedene Formationen (vgl. GeschO-Rat Anhang I). Wichtig sind z.B. der Rat „Allgemeine Angelegenheiten", in dem die Außen- bzw. Europaminister ressortübergreifende Fragen behandeln, oder der „ECOFIN-Rat" (Wirtschafts- und Finanzminister). Die Wirtschafts- und Finanzminister derjenigen Mitgliedstaaten, die bereits den Euro als Gemeinschaftswährung eingeführt haben, treffen sich überdies informell in einer sog. „Euro-Gruppe" (allerdings ohne förmliche Entscheidungsbefugnisse), welche im Vertrag von Lissabon nunmehr auch ausdrücklich Anerkennung gefunden hat (vgl. Art. 137 AEUV mit Protokoll Nr. 14).

Nach den Verträgen konnten früher einige besonders bedeutende Beschlüsse vom Rat in der Zusammensetzung der Staats- und Regierungschefs getroffen werden (z.B. die Benennung des Kommissionspräsidenten gemäß Art. 214 Abs. 2 EGV; vgl. ferner Art. 7 Abs. 1 EUV a.F., Art. 11 Abs. 2, 121 Abs. 2 und 3 EGV). In dem Maße, in dem die Staats- und Regierungschefs im Europäischen Rat eigene Entscheidungsbefugnisse erlangten, wurden diese Sonderregelungen überflüssig; mit Inkrafttreten des Vertrags von Lissabon sind sie vollends verschwunden, was im Sinne einer klaren Trennung der Aufgabenbereiche der Staats- und Regierungschefs einerseits und der Minister andererseits zu begrüßen ist.

Der **Vorsitz** im Rat wurde in der Vergangenheit von den Mitgliedstaaten nacheinander für je sechs Monate in einer gemäß Art. 203 Abs. 2 EGV festgelegten Reihenfolge wahrgenommen. Der jeweilige Vertreter des den Vorsitz einnehmenden Mitgliedstaats leitete auch die Sitzungen des COREPER und der vorgelagerten Arbeitsgruppen. Im Land des Vorsitz führenden Mitgliedstaats fanden traditionell auch informelle Treffen des Rates und des Europäischen Rates statt.

Der Vertrag von Lissabon brachte wichtige Neuerungen in Bezug auf den Ratsvorsitz: Zum einen hat sich der **Vorsitz des Rates „Auswärtige Angelegenheiten"** verselbständigt; er wird nunmehr vom Hohen Vertreter für die GASP wahrgenommen (Art. 18 Abs. 3 EUV; vgl. unten S. 43). Zum anderen wurde, was die übrigen Formationen des Rates anbelangt, ein neues System der gleichberechtigten Rotation unter den Mitgliedstaaten eingeführt (Art. 16 Abs. 9 EUV), dessen Einzelheiten durch Beschluss des Europäischen Rates festgelegt werden. In der Erklärung Nr. 9 zum Vertrag von Lissabon haben die Mitgliedstaaten die Grundzüge dieses neuen Systems vorgezeichnet; es entspricht dem System, das auch schon der gescheiterte Verfassungsvertrag vorgesehen hatte. Danach soll für jeweils **18 Monate** eine Gruppe von drei Mitgliedstaaten mit dem Ratsvorsitz betraut werden und für diesen Zeitraum ein gemeinsames Arbeitsprogramm ausarbeiten. Die jeweilige **„Troika"** ist unter Berücksichtigung der Verschiedenheit der Mitgliedstaaten und des geografischen Gleichgewichts zusammenzusetzen. Jedes Mitglied der Troika soll jeweils für sechs Monate den Ratsvorsitz übernehmen und dabei von den anderen beiden Mitgliedern unterstützt werden; möglich ist aber auch, dass die Mitglieder der jeweiligen

Troika sich untereinander auf ein anderes System einigen, etwa, dass jeder der drei Mitgliedstaaten für die Dauer von 18 Monaten den Vorsitz in bestimmten Ratsformationen wahrnimmt. Auf diese Weise soll ein Beitrag zu mehr Effizienz und Kontinuität in der Ratsarbeit geleistet werden. Ob dies gelingt und der Rat hierdurch auf Kosten der Kommission an Einfluss gewinnt, bleibt abzuwarten (vgl. zum Ganzen die Beschlüsse des Europäischen Rates und des Rates vom 1. 12. 2009, ABl. L 315 S. 50 und L 322 S. 28).

2. Aufgaben und Befugnisse

Die Aufgaben und Befugnisse des Rates sind in Art. 16 Abs. 1 EUV allgemein beschrieben und in einer Vielzahl von über die Verträge verstreuten Einzelvorschriften näher ausgeführt:

a) Wie der Europäische Rat, so ist auch der Rat („Ministerrat") in begrenztem Umfang dazu ermächtigt, Eingriffe in das **Primärrecht** vorzunehmen (Art. 153 Abs. 2 UAbs. 4, 252 Abs. 1 S. 2, 281 Abs. 2 AEUV) und Entscheidungen von verfassungsrechtlicher Tragweite zu treffen (Art. 7 Abs. 1, 20 Abs. 2 EUV, Art. 140 Abs. 2 AEUV). Einige Beschlüsse dieser Art bedürfen der Ratifizierung durch die Mitgliedstaaten (Art. 223 Abs. 1, 311 Abs. 3 AEUV). In Deutschland gelten hinsichtlich mancher dieser Beschlüsse innerstaatliche Parlamentsvorbehalte (§ 3 Abs. 2 und § 6 IntVG).

b) Der Rat ist das **Hauptrechtssetzungsorgan** der Union. Im Bereich der Gesetzgebung teilt er diese Zuständigkeit heute mit dem Parlament (Art. 16 Abs. 1 EUV; wichtige Anwendungsfälle sind etwa Art. 43 Abs. 2, 114 und 352 AEUV). Hingegen erlässt er zahlreiche Rechtsakte, die im Rang unterhalb der Gesetzgebung anzusiedeln sind, in der Regel weiterhin allein (z.B. Art. 43 Abs. 3 AEUV), ebenso wie ihm allein – bzw. dem Europäischen Rat – die Beschlussfassung in der intergouvernemental geprägten GASP obliegt (Art. 24 Abs. 1 UAbs. 2 und 26 Abs. 2 EUV). An dieser Grundtendenz hat sich auch mit Inkrafttreten des Vertrags von Lissabon nichts Wesentliches geändert.

Der Erlass von delegierten Rechtsakten und Durchführungsvorschriften auf Unionsebene ist allerdings gemäß Art. 290 Abs. 1 sowie Art. 291 Abs. 2 und 3 AEUV grundsätzlich der Kommission vorbehalten, wobei Parlament und Rat aber bestimmte Modalitäten für die Ausübung dieser Befugnis festlegen können (s. u. zum sog. Kommitologiebeschluss S. 97).

Bei der Rechtsetzung hat der Rat einen weiten **Beurteilungs- und Ermessensspielraum**. Er darf jedoch nur Recht setzen, soweit er hierzu durch eine spezielle Norm ermächtigt ist (Prinzip der begrenzten Einzelermächtigung, s. u. S. 81 f.). Grundsätzlich kann der Rat nur auf **Vorschlag der Kommission** rechtsetzend tätig werden; dieses Prinzip behält auch der Vertrag von Lissabon bei (Art. 17 Abs. 2 EUV-Lissabon). Die Abweichung von einem Kommissionsvorschlag bedarf prinzipiell der Einstimmigkeit (Art. 293 Abs. 1 AEUV). In der intergouvernementalen GASP besteht allerdings ein paralleles Initiativrecht jedes Mitgliedstaats (Art. 30 EUV). Ein ähnliches Initiativrecht der Mitgliedstaaten besteht außerdem in der polizeilichen Zusammenarbeit und in der justiziellen Zusammenarbeit in Strafsachen (Art. 76 lit. b AEUV); dort stellt es ein Relikt aus der Zeit dar, als jene Politikbereiche in der ehemaligen dritten Säule der EU intergouvernemental organisiert waren; heute kann es aber nur von einem Viertel der Mitgliedstaaten gemeinsam ausgeübt werden.

c) Im **Haushaltsbereich** ist mit dem Inkrafttreten des Vertrags von Lissabon die traditionelle Vormachtstellung des Rates beendet worden. Nunmehr teilt sich der Rat die Haushaltsbefugnisse mit dem Parlament (Art. 16 Abs. 1 EUV). Der Haushaltsplan der EU wird seither gemäß Art. 314 AEUV von Parlament und Rat gemeinsam und völlig gleichberechtigt in einem besonderen Gesetzgebungsverfahren beschlossen, das dem Mitentscheidungsverfahren nachgebildet ist.

d) Zu den Aufgaben des Rates gehört „die **Festlegung der Politik**" der Union (sofern nicht Grundsatzentscheidungen vom Europäischen Rat getroffen werden) und die Koordinierung der mitgliedstaatlichen Politiken nach Maßgabe der Verträge (Art. 16 Abs. 1 Satz 2 EUV). Insbesondere **koordiniert** der Rat **die Wirtschaftspolitik** der Mitgliedstaaten (Art. 121 Abs. 1 AEUV). Die Befugnisse des Rates in diesem Bereich sind durch den Maastrichter Vertrag deutlich erweitert worden (vgl. z.B. Art. 126 Abs. 8 und 9 AEUV).

e) Im Bereich der **Außenbeziehungen** schließt der Rat vorbehaltlich einzelner Zuständigkeiten der Kommission die völkerrechtlichen Verträge der Union (zu den Einzelheiten vgl. unten S. 97 ff.).

f) Der Rat **bestimmt die Zusammensetzung** des Rechnungshofs (Art. 286 Abs. 2 AEUV), des Wirtschafts- und Sozialausschusses (Art. 302 AEUV), des Ausschusses der Regionen (Art. 305 Abs. 2 AEUV) und der Fachgerichte (Art. 257 Abs. 4 Satz 2 AEUV), nicht jedoch von EuGH und EuG.

g) Kontrollrechte des Rates gegenüber der Kommission ergeben sich aus der Befugnis, dem Parlament die Entlastung der Kommission zur Ausführung des Haushaltsplans zu empfehlen (Art. 319 AEUV). Die

Befugnis zur Genehmigung der Verfahrensordnung des EuGH, des EuG und der Fachgerichte (Art. 253 Abs. 6, 254 Abs. 5, 257 Abs. 5 AEUV) eröffnet dem Rat die Möglichkeit, die Organisation und Arbeitsweise der Unionsgerichte nicht unerheblich zu beeinflussen.

3. Arbeitsweise

Zur Vorbereitung der Ratssitzungen wurde auf der Grundlage von Art. 16 Abs. 7 EUV, Art. 240 Abs. 1 AEUV ein **Ausschuss der Ständigen Vertreter** (AStV) geschaffen, für den die französische Abkürzung COREPER gebräuchlich ist und der in zwei Formationen zusammentritt: Im COREPER I kommen die Stellvertreter der Ständigen Vertreter der Mitgliedstaaten bei der EU zusammen, die im Wesentlichen für technische Fragen zuständig sind. Im COREPER II kommen die Ständigen Vertreter (Botschafter) selbst zusammen und behandeln Fragen von politischer und allgemeiner Bedeutung. Beide Formationen greifen wiederum auf die Vorarbeiten von zahlreichen, jeweils aus Beamten der Mitgliedstaaten zusammengesetzten spezialisierten Arbeitsgruppen zurück. Die **Vorbereitung der Ratssitzungen** in den Arbeitsgruppen und im COREPER I und II soll dazu dienen, bereits frühzeitig Einvernehmen über die meisten zu behandelnden Fragen herzustellen und, soweit dies unmöglich ist, die Entscheidung im Rat bezüglich der verbleibenden Fragen durch Hintergrundarbeit zu erleichtern.

Der Rat wird von seinem Vorsitzenden aus eigenem Entschluss, auf Antrag eines der Ratsmitglieder oder auf Antrag der Kommission zu den **Sitzungen** einberufen. Der Vorsitz stellt für jede Sitzung eine vorläufige Tagesordnung auf. In Teil A dieser Tagesordnung werden die Punkte aufgenommen, über die bereits in COREPER I und II Einvernehmen erzielt wurde und die der Rat deswegen ohne Aussprache annehmen kann. Im Teil B werden die noch zu diskutierenden Punkte aufgezählt. Falls Stellungnahmen während der Sitzung dennoch zu einer Aussprache über einen A-Punkt führen oder falls eine Aussprache ausdrücklich beantragt wird, wird der Punkt abgesetzt und erscheint auf einer späteren Sitzung als B-Punkt. Der Rat setzt die endgültige Tagesordnung zu Beginn jeder Sitzung fest. Für die Aufnahme neuer Punkte ist Einstimmigkeit erforderlich. Übt der Rat Gesetzgebungsbefugnisse aus, so tagt er öffentlich, andernfalls sind die Ratssitzungen nicht öffentlich (Art. 16 Abs. 8 EUV, 15 Abs. 2 AEUV; vgl. auch Art. 7–9 GeschO-Rat). In der Regel stimmen die Ratsmitglieder persönlich und mündlich ab, ausnahmsweise ist auch eine Beschlussfassung im schriftlichen Verfahren möglich (Art. 11, 12 GeschO-Rat).

Sowohl zu den Sitzungen der vorbereitenden Arbeitsgruppen und des COREPER als auch zu den eigentlichen Ratssitzungen ist die Kommission eingeladen (Art. 5 Abs. 2 GeschO-Rat); ihren Vertretern kann das Wort erteilt werden, sie sind jedoch – ebenso wie der Hohe Vertreter für die GASP – nicht stimmberechtigt.

In verwaltungsmäßiger Hinsicht wird der Rat von einem Generalsekretariat mit einem juristischen Dienst unterstützt (Art. 240 Abs. 2 AEUV und Art. 23 GeschO-Rat).

4. Beschlussfassung

Der Rat kann mit einfacher Mehrheit, mit qualifizierter Mehrheit oder einstimmig entscheiden. Welche Mehrheitserfordernisse für die Beschlussfassung im Rat gelten, ergibt sich aus der jeweiligen Rechtsgrundlage in Verbindung mit den in Art. 16 Abs. 3–5 EUV und Art. 238 AEUV enthaltenen Abstimmungsregeln.

a) Qualifizierte Mehrheit. Soweit in den Verträgen nichts anderes festgelegt ist, beschließt der Rat mit qualifizierter Mehrheit (Art. 16 Abs. 3 EUV). Diese neue Grundregel gilt seit dem Vertrag von Lissabon. Mit ihr wurde eine Entwicklung nachvollzogen, die bereits mit der Einheitlichen Europäischen Akte von 1986 begonnen und seither mit jeder Vertragsänderung neue Politikbereiche für qualifizierte Mehrheitsentscheidungen geöffnet hatte. So werden etwa bei der wichtigen Binnenmarktgesetzgebung und in der Landwirtschaftspolitik Beschlüsse schon seit langem mit qualifizierter Mehrheit gefasst (Art. 43, 114 AEUV). Jüngst wurden auch z. B. der Raum der Freiheit, der Sicherheit und des Rechts (Art. 77 ff. AEUV) und die Kulturpolitik (Art. 167 Abs. 5 AEUV) in den Anwendungsbereich der qualifizierten Mehrheitsregel einbezogen.

aa) Das alte System der qualifizierten Mehrheit (gültig bis 31. 10. 2014). Wird mit qualifizierter Mehrheit beschlossen, so gilt bis 31. 10. 2014 übergangsweise noch folgende Regelung (Art. 16 Abs. 5 EUV i. V. m. Art. 3 Abs. 3 des Protokolls über die Übergangsbestimmungen), die auf den **Vertrag von Nizza** zurückgeht:

Jedem Mitgliedstaat steht eine bestimmte Anzahl von Stimmen zu, die mindestens 3 und höchstens 29 beträgt. Die Stimmengewichtung richtet sich grundsätzlich nach der Bevölkerungszahl, ist aber dergestalt korrigiert, dass kleineren Mitgliedstaaten im Verhältnis ein größeres Gewicht zukommt. Seit dem

1.1. 2007 (Beitritt Bulgariens und Rumäniens) ist für die qualifizierte Mehrheit eine Mindeststimmenzahl von 255 aus 345 Stimmen erforderlich, was beinahe einer Dreiviertelmehrheit entspricht (73,9 %); die Sperrminorität beträgt demgemäß 91 Stimmen. Falls ein Beschluss (ausnahmsweise) nicht auf Vorschlag der Kommission zu fassen ist, müssen zudem zwei Drittel der Mitgliedstaaten zugestimmt haben (d.h. derzeit 18); andernfalls genügt, dass die Ja-Stimmen die Mehrheit der Mitgliedstaaten repräsentieren (d.h. derzeit 14). Gemäß einer ursprünglich auf Drängen Deutschlands aufgenommenen Klausel kann ein Mitglied des Rates darüber hinaus beantragen, dass überprüft wird, ob die Mitgliedstaaten, die die qualifizierte Mehrheit bilden, mindestens 62 % der Gesamtbevölkerung der Union repräsentieren (Art. 3 Abs. 3 UAbs. 4 des Übergangsprotokolls; zu den jeweils anwendbaren Bevölkerungszahlen vgl. GeschO-Rat Anhang III Art. 1); dadurch kann Deutschland als bevölkerungsreichster Mitgliedstaat leichter als andere EU-Partner das Zustandekommen von Beschlüssen des Rates verhindern.

bb) Das neue System der doppelt qualifizierten Mehrheit (gültig ab 1.11. 2014). Zu einer grundlegenden Änderung der Bestimmungen über die qualifizierte Mehrheit führt ab 1.11. 2014 der **Vertrag von Lissabon**. Die Gewichtung der Stimmen der Mitgliedstaaten wird abgeschafft; fortan kommt das Prinzip „one state, one vote" zur Anwendung, das aber seinerseits durch ein Bevölkerungskriterium ergänzt wird. So gilt künftig gemäß Art. 16 Abs. 4 EUV als qualifizierte Mehrheit eine Mehrheit von mindestens 55 % der Mitglieder des Rates, sofern die von ihnen vertretenen Mitgliedstaaten mindestens 65 % der Bevölkerung der Union ausmachen. Hinter einer solchen Mehrheit müssen zudem mindestens 15 Mitgliedstaaten stehen, eine Sperrminorität muss im Gegenzug von wenigstens vier Mitgliedstaaten getragen werden. Beschließt der Rat (ausnahmsweise) nicht auf Vorschlag der Kommission oder des Hohen Vertreters für die GASP, so gelten – wie schon bisher üblich – verschärfte Anforderungen: Die Mehrheit der Mitgliedstaaten muss dann mindestens 72 % (statt 55 %) betragen, während es bei der Schwelle von 65 % der Bevölkerung bleibt (Art. 238 Abs. 2 AEUV).

Diese Neuregelung orientiert sich am **Grundsatz der doppelten Mehrheit** der Mitgliedstaaten und der Bevölkerung der EU, welcher bereits seit geraumer Zeit auch öffentlich diskutiert worden war. Allerdings wird die doppelte Mehrheit hier nicht in ihrer Reinform (Mehrheit der Mitgliedstaaten und Mehrheit der Bevölkerung) eingeführt, sondern in einer vergleichsweise komplexen Ausgestaltung: Es bedarf einer **doppelt qualifizierten Mehrheit** der Staaten und der von ihnen repräsentierten Bevölkerung (55 % der Mitgliedstaaten, deren Zahl mindestens 15 betragen muss, und zusätzlich mindestens 65 % der Bevölkerung, also nahezu zwei Drittel). Die gleichzeitig aufgestellte Hürde von vier Mitgliedstaaten für die Bildung einer Sperrminorität dürfte hingegen in der Praxis nur selten ins Gewicht fallen, da kaum Koalitionen von weniger als vier Mitgliedstaaten denkbar sind, die dennoch gut ein Drittel der Bevölkerung der EU auf die Waage bringen und damit verhindern können, dass das 65 %-Bevölkerungskriterium erfüllt wird; am ehesten wird es durch die Vier-Staaten-Regel wohl einzelnen großen Mitgliedstaaten erschwert, Beschlüsse vorwiegend kleiner Mitgliedstaaten zu blockieren.

Mit der in Lissabon beschlossenen Regelung zur doppelt qualifizierten Mehrheit wurde eine entsprechende Bestimmung des gescheiterten Verfassungsvertrags unverändert übernommen (Art. I-25 EVV), allerdings wurde der Beginn ihrer Anwendung – insbesondere auf Druck Polens – auf den 1.11. 2014 verschoben; zusätzlich kann in einer Übergangsphase bis zum 31.3. 2017 noch jeder Mitgliedstaat beantragen, dass für eine konkrete Abstimmung zum alten System zurückgekehrt wird, wie es sich aus dem Vertrag von Nizza ergab (Art. 16 Abs. 5 EUV-Lissabon und Art. 3 Abs. 2 des Protokolls Nr. 36 über die Übergangsbestimmungen).

Ob die viel beschworene Vereinfachung und Effizienzsteigerung der Beschlussfassung im Rat durch die Lissabonner Neuregelung erreicht werden kann, bleibt abzuwarten. Der Umstand etwa, dass eine qualifizierte Mehrheit künftig 65 % der Bevölkerung der EU und 15 Mitgliedstaaten repräsentieren muss, dürfte im Vergleich zum bisherigen System nach dem Vertrag von Nizza (62 % und 14 Mitgliedstaaten) kaum eine Erleichterung darstellen. Der Konvententwurf für den Verfassungsvertrag sah ein deutlich einfacheres System vor (Art. I-24 EVV-E: einfache Mehrheit der Mitgliedstaaten und mindestens drei Fünftel, d.h. 60 %, der Bevölkerung der Union). Unbestreitbar wird aber die Legitimität der Beschlüsse des Rates v.a. durch die ausdrückliche Anknüpfung an 65 % der Bevölkerung der EU gestärkt.

Stimmenthaltungen sind bei Abstimmung mit qualifizierter Mehrheit nicht vorgesehen (Art. 238 Abs. 4 AEUV *e contrario*). Dies schließt zwar nicht aus, dass sich ein Ratsmitglied gleichwohl der Stimme enthält, seine Enthaltung wirkt sich aber nicht anders als eine Nein-Stimme aus.

cc) Kompromissformeln zur Wahrung wichtiger nationaler Interessen. Die Beschlussfassung im Rat mit qualifizierter Mehrheit stellt einen Eckpfeiler der **Gemeinschaftsmethode** dar und ist für die Handlungsfähigkeit der Union sowie für die Erzielung von Integrationsfortschritten von entscheidender Bedeutung. Dennoch – oder vielleicht gerade deswegen – kam es in der Geschichte der europäischen Einigung verschiedentlich zu Spannungen, als einzelne Mitgliedstaaten befürchteten, im Rat in für sie sensiblen Angelegenheiten überstimmt zu werden. In politischen Kompromissen wurde daraufhin versucht, bestimmte Härten des Mehrheitsprinzips abzumildern.

So kamen die Mitgliedstaaten in dem von Frankreich 1966 durch seine vorübergehende „Politik des leeren Stuhls" durchgesetzten **Luxemburger Kompromiss** überein, sich im Rat um einstimmige Beschlüsse zu bemühen, falls sehr wichtige Interessen einzelner Mitgliedstaaten berührt werden. Dieser Kompromiss wird unterschiedlich qualifiziert: als Vertragsänderung, Gemeinschaftsgewohnheitsrecht, uneigentlicher Ratsbeschluss, bloße Absichtserklärung, „gentlemen's agreement" oder Protokoll über eine Nichteinigung. Vorzugswürdig erscheint es, den Kompromiss als politisches „gentlemen's agreement" anzusehen.

Im ähnlich zu qualifizierenden **Kompromiss von Ioannina** (ABl. 1994 C 105, S. 1) kamen die Mitgliedstaaten 1994 auf britisches Drängen hin überein, sich um eine qualifizierte Mehrheit von 65 Stimmen (statt der nach dem damaligen System erforderlichen 62 Stimmen) zu bemühen, falls ein Mitgliedstaat dies wegen der Berührung wichtiger Interessen wünscht.

Auch im Zusammenhang mit dem **Vertrag von Lissabon** haben sich die Mitgliedstaaten darauf verständigt, unter bestimmten Umständen einer Minderheit im Rat entgegenzukommen, selbst wenn diese unterhalb der Schwelle für eine Sperrminorität bleibt. Eine solche Minderheit muss zunächst (in der Übergangszeit vom 1. 11. 2014 bis zum 31. 3. 2017) drei Vierteln der Bevölkerung oder der Mitgliedstaaten entsprechen, die für die Bildung einer Sperrminorität erforderlich sind; ab 1. 4. 2017 genügen sogar Ratsmitglieder, die 55 % der für die Bildung einer Sperrminorität erforderlichen Bevölkerung bzw. Mitgliedstaaten repräsentieren. Lehnt eine derartige Minderheit im Rat eine Beschlussfassung mit qualifizierter Mehrheit ab, so wird weiter diskutiert und versucht, innerhalb angemessener Zeit eine zufrieden stellende Lösung zu finden sowie eine breitere Entscheidungsgrundlage zu ermöglichen (vgl. Erklärung Nr. 7 zum Vertrag von Lissabon). Mit diesem Kompromiss wird eine Regelung wieder aufgegriffen, auf die man sich bereits im Zusammenhang mit dem Verfassungsvertrag geeinigt hatte; im Unterschied zur dortigen Regelung gilt der **Kompromiss von Lissabon** aber nicht nur für eine Übergangszeit, sondern kann dauerhaft Anwendung finden. Der Form nach wurde er in einen Ratsbeschluss gekleidet (ABl. 2009, L 314, S. 73), dessen Rechtsgrundlage allerdings unklar ist; wahrscheinlich kann er als Beschluss zur Geschäftsordnung des Rates qualifiziert werden. Ungewiss ist auch, ob neben dem Kompromiss von Lissabon, der eine Fortentwicklung des Kompromisses von Ioannina darstellt, noch auf den alten Kompromiss von Luxemburg zurückgegriffen werden kann, so dass ein Mitgliedstaat unter Berufung auf wichtige nationale Interessen sogar Einstimmigkeit einfordern könnte. Das mit dem Vertrag von Lissabon verfolgte Ziel einer effizienteren und transparenteren Entscheidungsfindung spricht dafür, den Luxemburger Kompromiss endgültig als obsolet anzusehen. Dies gilt umso mehr, als im Primärrecht für die soziale Sicherheit der Wanderarbeitnehmer und die Zusammenarbeit in Strafsachen Sonderregelungen geschaffen wurden, die es einem Mitgliedstaat ermöglichen, vor Abstimmungen mit qualifizierter Mehrheit „die Notbremse zu ziehen" (vgl. dazu sogleich); daraus kann im Umkehrschluss gefolgert werden, dass in allen anderen Bereichen, in denen die qualifizierte Mehrheit vorgeschrieben ist, eine solche Möglichkeit nicht mehr bestehen soll (aA Borchardt Rn. 302).

Klausurhinweis: Das Problem der Kompromisse von Luxemburg, Ioannina oder Lissabon sollte in der Fallbearbeitung lediglich dann aufgegriffen werden, wenn sich im Aufgabentext ein Hinweis darauf findet (z.B. ein Mitgliedstaat beruft sich auf wichtige nationale Interessen). Sofern die Suche nach einer einvernehmlichen Lösung oder nach einer breiteren Mehrheit für einen geplanten EU-Rechtsakt trotz intensiver Bemühungen der Ratspräsidentschaft keine Früchte trägt, steht es dem Rat frei, mit der für Geschäftsordnungsfragen ausreichenden einfachen Mehrheit (Art. 240 Abs. 3 AEUV) die Endabstimmung einzuleiten und den betreffenden Rechtsakt mit der normalen qualifizierten Mehrheit gemäß Art. 16 Abs. 3–5 EUV anzunehmen, selbst wenn dies gegen den erbitterten Widerstand einzelner Mitgliedstaaten geschieht.

dd) Der Notbremsemechanismus. Im neu vergemeinschafteten Bereich der polizeilichen und justiziellen Zusammenarbeit in Strafsachen ist zwar das Einstimmigkeitserfordernis mit dem Vertrag von Lissabon entfallen. Allerdings wurde der Übergang zur qualifizierten Mehrheit durch einen neuartigen Mechanismus abgefedert, der dem Schutz nationaler Interessen in diesen politisch besonders sensiblen Bereichen dienen soll: Jeder Mitgliedstaat kann dort vor einer Mehrheitsabstimmung im Rat „die **Notbremse** ziehen" und den Europäischen Rat gleichsam als Schiedsrichter anrufen (in Deutschland kann der Bundestag und ggf. der Bundesrat dies gemäß § 9 IntVG erzwingen). In diesem Fall wird das ordentliche Gesetzgebungsverfahren ausgesetzt, und der Europäische Rat versucht eine einvernehmliche

Lösung zu finden. Wird kein Einvernehmen erzielt, so kann der betreffende Mitgliedstaat für sich eine Art „Opt-out" in Anspruch nehmen, während die verbleibenden Befürworter des Gesetzgebungsakts den Weg der verstärkten Zusammenarbeit beschreiten können (Art. 82 Abs. 3, 83 Abs. 3 und 87 Abs. 3 AEUV). Ähnliches gilt bei Maßnahmen zur Regelung der sozialen Sicherheit von Wanderarbeitnehmern (Art. 48 Abs. 2 AEUV).

Klausurhinweis: Anders als die Kompromisse von Luxemburg, Ioannina und Lissabon ist die Regelung über die „Notbremse" in verbindlichen primärrechtlichen Bestimmungen enthalten. In der Praxis steht es einem Mitgliedstaat frei, sich in einem ersten Schritt auf den Kompromiss von Lissabon zu berufen, um gleichsam die Hürden für eine Abstimmung mit qualifizierter Mehrheit zu erhöhen. Droht der betreffende Mitgliedstaat dennoch überstimmt zu werden, kann er in einem zweiten Schritt den Notbremsemechanismus in Gang setzen, sofern dieser anwendbar ist.

b) Einfache Mehrheit. Nur in wenigen Ausnahmefällen genügt für die Beschlussfassung im Rat die **einfache Mehrheit**, d.h. die Mehrheit der Mitglieder des Rates (Art. 238 Abs. 1 AEUV). Dabei handelt es sich im Wesentlichen um Geschäftsordnungs- und Verfahrensfragen sowie um Fragen der internen Organisation des Rates (vgl. Art. 31 Abs. 5 EUV; Art. 240 Abs. 2 und 3, Art. 241 und 242 AEUV).

c) Einstimmigkeit. Für einige als besonders sensibel angesehene Politikbereiche halten die Verträge auch weiterhin am **Einstimmigkeitsprinzip** fest, insbesondere auf dem Gebiet der Steuern (vgl. Art. 113, 114 Abs. 2, 115, 192 Abs. 2 AEUV), der sozialen Sicherheit (Art. 153 Abs. 2 UAbs. 3 AEUV), des Diskriminierungsschutzes für Unionsbürger (Art. 19 AEUV) und bei der Anwendung der sog. Vertragsergänzungsklausel oder Flexibilitätsklausel (Art. 352 AEUV). In der intergouvernemental geprägten Gemeinsamen Außen- und Sicherheitspolitik stellt die einstimmige Beschlussfassung sogar noch den Regelfall dar (Art. 24 Abs. 1 UAbs. 2, 31 EUV).

Ist Einstimmigkeit vorgeschrieben, so steht die **Stimmenthaltung** eines Mitglieds des Rates dem Zustandekommen eines Beschlusses nicht entgegen (Art. 238 Abs. 4 AEUV). Dagegen kann bei Abwesenheit eines nicht vertretenen Mitglieds kein einstimmiger Beschluss gefasst werden. Dies führte in den 1960er Jahren zu einer Blockade im Rat, als Frankreich für geraume Zeit seine bereits erwähnte „Politik des leeren Stuhls" betrieb.

Der Vertrag von Lissabon sieht verschiedene sog. **Brückenklauseln** („**Passerellen**") vor, die es erlauben, vom Einstimmigkeitsprinzip im Rat zur Beschlussfassung mit qualifizierter Mehrheit überzugehen, sofern keine militärischen oder verteidigungspolitischen Bezüge bestehen. Im Bereich der GASP (Art. 31 Abs. 3, 4 EUV) und bei der mehrjährigen Finanzplanung der EU (Art. 312 Abs. 2 UAbs. 2 AEUV) genügt hierfür ein einstimmiger Beschluss des Europäischen Rates. In allen anderen Fällen muss gemäß Art. 48 Abs. 7 UAbs. 1, 3 und 4 EUV das vereinfachte Vertragsänderungsverfahren durchlaufen werden, wobei zusätzlich zum einstimmigen Beschluss des Europäischen Rates die Zustimmung des Europäischen Parlaments einzuholen ist und jedem nationalen Parlament ein Vetorecht eingeräumt wird.

Für Deutschland stellen § 4 Abs. 1 und § 5 IntVG die Aktivierung jeglicher Brückenklauseln unter einen innerstaatlichen Parlamentsvorbehalt, d.h. eine Zustimmung oder Enthaltung des deutschen Vertreters im Europäischen Rat ist an ein vorheriges positives Votum des Bundestags und ggf. des Bundesrats geknüpft. Im Fall der Brückenklausel des Art. 48 Abs. 7 EUV ist sogar ein vorheriges Zustimmungsgesetz im Sinne von Art. 23 Abs. 1 GG erforderlich, was zur Folge hat, dass vor dem Übergang vom Einstimmigkeitsprinzip zur qualifizierten Mehrheit das gleiche innerstaatliche Verfahren durchlaufen werden muss wie bei der Ratifizierung eines Änderungsvertrags zum EUV oder AEUV. Ohne eine solche vorherige parlamentarische Zustimmung muss der deutsche Vertreter im Europäischen Rat mit „Nein" stimmen, was zwangsläufig ein Scheitern der Anwendung der Brückenklausel zur Folge hätte.

IV. Das Europäische Parlament

1. Zusammensetzung

Das Europäische Parlament (www.europarl.europa.eu) setzt sich aus „**Vertretern der Unionsbürgerinnen und Unionsbürger**" zusammen. Diese Beschreibung, die auf den Vertrag von Lissabon zurückgeht und die bisherige Formulierung „Vertreter der Völker der in der Gemeinschaft zusammengeschlossenen Staaten" (Art. 189 EGV) ablöst, ist Ausdruck der unmittelbaren demokratischen Legitimation der Union (vgl. auch Art. 10 Abs. 2 EUV) und unterstreicht den integrierenden Charakter des EP als genuin supranationalem Organ. Schon bisher verstand sich das Parlament aber als Vertretung der gesamten Bevölkerung der Europäischen Union, was in der Praxis dazu führte, dass Abgeordnete aus allen Mitgliedstaaten an allen Debatten und Abstimmungen teilnahmen, auch wenn ihre jeweiligen Heimatländer an dem jeweiligen Politikbereich nicht beteiligt waren (z. B. Währungsunion).

Die **Zahl der Abgeordneten** des EP darf 750 nicht überschreiten. Allerdings hat Italien im Rahmen der Lissabonner Regierungskonferenz erreicht, dass dabei der Sitz des Parlamentspräsidenten nicht mitgerechnet wird, so dass das EP in Wahrheit insgesamt 751 Mitglieder zählen kann. Die Sitzverteilung auf die Mitgliedstaaten ergibt sich nicht mehr aus dem Vertrag selbst, sondern wird in einem einstimmigen Beschluss des Europäischen Rates auf Initiative und mit Zustimmung des EP geregelt, so dass eine Anpassung an veränderte Bevölkerungszahlen leichter möglich ist. Art. 14 Abs. 2 EUV gibt hierfür lediglich vor, dass die Verteilung **degressiv proportional** zur Bevölkerungsstärke der Mitgliedstaaten sein muss, wobei jeder Mitgliedstaat mindestens 6 und höchstens 96 Sitze erhält. Für künftige Erweiterungen der EU bedeutet dies, dass die derzeitigen Mitgliedstaaten zugunsten des oder der neuen Mitgliedstaaten auf Parlamentssitze verzichten müssen, es sei denn, die jeweilige Beitrittsakte weicht von den festgelegten Zahlen ab. Gemäß der Erklärung Nr. 4 zum Lissabonner Vertrag soll der 751. Sitz Italien zugeschlagen werden.

Die Europawahl 2009 wurde allerdings noch vor Inkrafttreten des Vertrags von Lissabon durchgeführt. Auf sie fand somit die Rechtslage nach dem Vertrag von Nizza Anwendung. Deshalb zählt das 2009 gewählte Parlament 736 Abgeordnete, davon stammen 99 aus Deutschland.

Ab 2014 dürften Deutschland 96 der 751 Mandate zustehen, also die größtmögliche Zahl (vgl. dazu auch die Entschließung des EP, ABl. 2008, C 227E, S. 132). Obwohl die deutschen Abgeordneten damit weiterhin die stärkste Gruppe stellen, ist die deutsche Bevölkerung – wie die aller anderen bevölkerungsreichen Mitgliedstaaten – aufgrund der degressiv proportionalen Sitzverteilung unterrepräsentiert (kritisch dazu Peuker, ZEuS 2008, 453, 460 ff.). Der **Grundsatz der Wahlrechtsgleichheit** ist aber nach h. M. dennoch nicht verletzt, weil die EU kein Bundesstaat, sondern ein Staatenverbund ist (BVerfG NJW 1995, 2216). Auch bei US-amerikanischen Präsidentschafts- und Kongresswahlen haben übrigens die Stimmen der Bürger aus verschiedenen Gliedstaaten der USA nicht notwendigerweise das exakt gleiche Gewicht.

2. Wahlen

Ursprünglich wurden die Abgeordneten von ihren nationalen Parlamenten aus deren Mitte ernannt. Erst seit 1979 werden sie von den Unionsbürgern in **allgemeiner, unmittelbarer, freier und geheimer Wahl** gewählt (Art. 14 Abs. 3 EUV; Art. 39 Abs. 2 der Charta der Grundrechte der EU). Jede Legislaturperiode dauert **fünf Jahre**. Unionsbürger haben im Mitgliedstaat ihres Wohnsitzes das aktive und passive Wahlrecht zum EP, auch wenn sie nicht die Staatsangehörigkeit dieses Mitgliedstaats besitzen (Art. 20 Abs. 2 lit. b AEUV).

Die Europawahlen werden (noch) nach den nationalen Wahlrechten der jeweiligen Mitgliedstaaten durchgeführt, denen aber inzwischen einige Grundprinzipien gemeinsam sind, insbesondere das **Verhältniswahlrecht** (allerdings mit Unterschieden im Detail). Außerdem haben die Mitgliedstaaten den Grundsatz der Gleichbehandlung der Unionsbürger zu beachten (EuGHE, C-145/04, 2006, I-7917 – Spanien/Vereinigtes Königreich, Rn. 78; C-300/04, 2006, I-8055 – Eman und Sevinger, Rn. 61) und die Vorgaben der EMRK einzuhalten (EGMRE, 1999-I, Beschw.-Nr. 254833/94 = NJW 1999, 3107 – Matthews). Zur Festlegung eines unionsweit einheitlichen Wahlverfahrens gemäß Art. 223 Abs. 1 AEUV ist es bislang trotz dahin gehender Bemühungen des Parlaments nicht gekommen.

Immerhin trat aber mit den Europawahlen 2009 ein **Abgeordnetenstatut** in Kraft, in dem die Bedingungen für die Wahrnehmung der Aufgaben der Mitglieder des EP einschließlich ihrer Bezüge, ihrer Krankenversicherung und ihrer Altersversorgung erstmals einheitlich geregelt sind (Art. 223 Abs. 2 AEUV; vgl. Beschluss 2005/684, ABl. 2005, L 262, S. 1). Seit 2004 existiert auch die Verordnung Nr. 2004/2003 über die Regelungen für **politische Parteien** auf europäischer Ebene und ihre Finanzierung (ABl. 2003, L 297, S. 3; vgl. auch Art. 10 Abs. 4 EUV, Art. 224 AEUV).

3. Aufgaben und Befugnisse

Die Aufgaben und Befugnisse des Europäischen Parlaments sind im Zuge diverser Vertragsänderungen beständig ausgeweitet worden. Es nimmt den symbolträchtigen ersten Platz in der Rangordnung der Organe der Union ein, noch vor dem Europäischen Rat (Art. 13 Abs. 1 EUV). Durch den Vertrag von Lissabon wurde seine Rolle weiter aufgewertet.

Gleichwohl sind die Aufgaben und Befugnisse des EP mit den umfassenden Legislativfunktionen eines nationalen Parlaments (noch) nicht zu vergleichen. Deswegen wird der EU bisweilen der Vorwurf gemacht, sie leide unter einem sog. **demokratischen Defizit.** Dazu ist jedoch zu bemerken, dass die demokratische Legitimation in der Union durch **zwei sich gegenseitig ergänzende Legitimationsstränge** sichergestellt wird: zum einen durch das direkt gewählte Europäische Parlament und zum anderen durch die Rückkoppelung der Ratsentscheidungen an die nationalen Parlamente (in diesem Sinne auch Art. 10 Abs. 2 AEUV). Wer mehr Entscheidungsbefugnisse für das Europäische Parlament fordert, muss sich darüber im Klaren sein, dass damit automatisch eine Schwächung des Rates und mittelbar auch der nationalen Regierungen und Parlamente einhergeht (vgl. BVerfGE 89, 155 = Hummer, S. 127 Rn. 43); dem hat das Bundesverfassungsgericht in seinem Urteil zum Vertrag von Lissabon jüngst Grenzen gesetzt (BVerfGE 123, 267 = NJW 2009, 2267, insbesondere Absatz-Nr. 277 ff.).

Im Wesentlichen lassen sich einerseits Kontrollbefugnisse des Parlaments und andererseits abgestufte Mitwirkungsbefugnisse beim Zustandekommen von Rechtsakten des Unionsrechts unterscheiden.

a) Kontrollbefugnisse. Im institutionellen Gefüge der EU ist heute die **politische Kontrolle** durch das Parlament ein nicht zu unterschätzender Faktor (vgl. auch Art. 14 Abs. 1 Satz 2 EUV).

aa) Die weitestgehende Kontrolle übt das Parlament gegenüber der **Kommission** aus. So wird der Kommissionspräsident vom Parlament gewählt; die neu ernannte Kommission muss sich als Kollegium einem Zustimmungsvotum des Parlaments stellen und ist als Kollegium dem Parlament verantwortlich (Art. 14 Abs. 1 S. 3 und Art. 17 Abs. 7 und 8 EUV). Im Alltagsgeschäft hat das Parlament ferner gemäß Art. 230 Abs. 2 AEUV ein Fragerecht gegenüber der Kommission. Nach Art. 233 AEUV muss die Kommission dem Parlament einen jährlichen Gesamtbericht zur Erörterung vorlegen; Informationspflichten in der GASP ergeben sich außerdem aus Art. 36 EUV. Darüber hinaus ist das Parlament jedes Jahr aufgerufen, über die Entlastung der Kommission zur Ausführung des Haushaltsplans abzustimmen (Art. 319 AEUV). Schließlich steht dem Parlament das Recht zu, der Kommission (als Kollegium) gemäß Art. 234 AEUV das Misstrauen auszusprechen und sie dadurch abzusetzen (**Misstrauensvotum**).

Hinweis zur Vertiefung: Bislang gab es noch kein erfolgreiches Misstrauensvotum. Ein Misstrauensantrag gegen die von Jacques Santer geführte Kommission scheiterte im EP, die Kommission trat jedoch wenig später 1999 kollektiv zurück, nachdem ein Expertengremium Anzeichen für Missmanagement und Vetternwirtschaft festgestellt hatte. Einem Mitglied jener Kommission, der französischen Kommissarin Édith Cresson, bescheinigte dies auch der Gerichtshof (EuGHE, C-432/04, 2006, I-6387 – Kommission/Cresson) in einem Verfahren nach Art. 245 Abs. 2 AEUV (ehemals Art. 213 Abs. 2 EGV).

bb) Gegenüber dem **Europäischen Rat** und dem **Rat** besitzt das Parlament kein primärrechtlich garantiertes Fragerecht. Der Europäische Rat berichtet dem Parlament jedoch regelmäßig über seine Arbeit und die Fortschritte der Union (Art. 15 Abs. 5 lit. d EUV). Der Rat hat sich seinerseits in einer Selbstverpflichtung bereit erklärt, Anfragen des Parlaments zu beantworten (sog. Stuttgarter Erklärung von 1983). In der Wirtschaftspolitik kommt Art. 121 Abs. 5 AEUV einem primärrechtlichen Fragerecht nahe.

cc) Durch den Maastrichter Vertrag hinzu gekommen ist die Befugnis des EP, **Untersuchungsausschüsse** zur Untersuchung behaupteter Verstöße gegen das Unionsrecht bzw. von Missständen bei dessen Anwendung einzusetzen (Art. 226 AEUV).

dd) Das **Petitionsrecht** der Unionsbürger und aller natürlichen und juristischen Personen mit Wohnsitz oder Sitz in der Union gemäß Art. 24 Abs. 2, 227 AEUV trägt dazu bei, dass das Parlament über Missstände frühzeitig informiert wird und seine Kontrollbefugnisse in wirksamer Weise ausüben kann.

Außerdem wählt das Parlament gemäß Art. 228 AEUV den **Europäischen Bürgerbeauftragten** (*Ombudsman*), der befugt ist, Beschwerden über Missstände bei der Tätigkeit der Organe, Einrichtungen und sonstigen Stellen der Union entgegenzunehmen. Für die Kontrolle der Tätigkeit der Unionsgerichte „in Ausübung ihrer Rechtsprechungsbefugnisse" ist er jedoch unzuständig. Beschwerdeberechtigt sind alle natürlichen oder juristischen Personen mit Wohnsitz oder satzungsmäßigem Sitz in der Union (also auch Angehörige von Drittstaaten). Der Bürgerbeauftragte führt aufgrund einer solchen Beschwerde oder von Amts wegen (*Offizialprinzip*) und soweit er dies für gerechtfertigt hält (*Opportunitätsprinzip*) eine Untersuchung durch. Daraus folgt, dass auch nicht beschwerdeberechtigte Personen (z.B. weil sie Drittstaatler und außerhalb der Union ansässig sind) den Bürgerbeauftragten auf Tatsachen aufmerksam machen können, die ihn dazu veranlassen, eine Untersuchung durchzuführen. Falls der Bürgerbeauftragte einen Missstand feststellt, befasst er das betreffende Organ. Dieses ist zur loyalen Zusammenarbeit mit dem Bürgerbeauftragten verpflichtet und verfügt über die Möglichkeit, innerhalb von drei Monaten zu den Vorwürfen Stellung zu nehmen. Anschließend legt der Bürgerbeauftragte dem Parlament und dem betreffenden Organ einen Bericht vor. Neben solchen, zu spezifischen Missständen ergehenden Berichten legt er dem Parlament jährlich einen Gesamtbericht seiner Untersuchungen vor. Die

Tätigkeit des Bürgerbeauftragten hat maßgeblich dazu beigetragen, dass die Kommission z. B. Eingaben von Bürgern und Unternehmen heute größeres Gewicht beimisst als früher.

Zu beachten ist, dass die Beschwerde zum Bürgerbeauftragten keine Unterbrechung der Fristen für gerichtliche Rechtsbehelfe bewirkt. Für die Erhebung der Beschwerde selbst hat das Parlament aber gemäß Art. 228 Abs. 4 AEUV eine Frist von zwei Jahren festgesetzt (ABl. 1994, L 113, S. 15).

Klausurhinweis: Die formlosen Rechtsbehelfe der Petition an das Parlament und der Beschwerde an den Bürgerbeauftragten sowie ihr Verhältnis zum gerichtlichen Rechtsschutz eignen sich gut für Zusatzfragen in Examensarbeiten oder mündlichen Prüfungen.

ee) Im Zusammenhang mit seinen Kontrollrechten ist es auch zu sehen, dass das Parlament zu den **privilegiert Klageberechtigten** nach Art. 263 AEUV gehört. Zur Wahrung des institutionellen Gleichgewichts hatte ihm bereits der Vertrag von Maastricht (der insoweit die Rechtsprechung des EuGH kodifizierte, vgl. EuGHE, C-70/88, 1990, I-2041 = Hummer, S. 261 – Tschernobyl) ausdrücklich ein Klagerecht im damaligen Art. 173 Abs. 3 EGV a. F. eingeräumt, bei dem es allerdings seinerzeit noch auf die Wahrung seiner eigenen Rechte beschränkt war. Seit dem Vertrag von Nizza besitzt das Parlament ein unbeschränktes Klagerecht nach Art. 263 Abs. 2 AEUV (damals Art. 230 Abs. 2 EGV); zusätzlich wurde ihm das wichtige Recht eingeräumt, Gutachten des Gerichtshofs über die Vereinbarkeit geplanter völkerrechtlicher Abkommen mit den Verträgen einzuholen (Art. 218 Abs. 11 AEUV).

b) Mitwirkungsrechte bei der Rechtsetzung und in Haushaltsfragen. Die Mitwirkungsrechte des Parlaments bei der Rechtsetzung und in Haushaltsfragen sind im Laufe der Jahre stetig ausgebaut worden. Den vorläufigen Schlusspunkt dieser Entwicklung bildet der Vertrag von Lissabon, der festlegt, dass das Parlament gemeinsam mit dem Rat als Gesetzgeber tätig wird und gemeinsam mit ihm die Haushaltsbefugnisse ausübt (Art. 14 Abs. 1 und 16 Abs. 1 EUV).

Als Ausdruck eines demokratischen Defizits der EU wird es freilich häufig empfunden, dass das Parlament in der Unionsgesetzgebung nach wie vor **kein eigenes Initiativrecht** hat (Ausnahme: einheitliches Verfahren für die Europawahlen und Abgeordnetenstatut, Art. 223 Abs. 4 und 5 AEUV), sondern nur über Initiativen der Kommission beraten und entscheiden kann. Gemäß Art. 225 AEUV darf das Parlament jedoch die Kommission zur Unterbreitung von Vorschlägen über Unionsrechtsakte auffordern. Dass die Kommission künftig solchen Aufforderungen nachkommt, hat das Parlament zu einer (allerdings rein politischen) Forderung erhoben, mit der es seine Zustimmung zur Person des Kommissionspräsidenten oder zur Kommission als Kollegium verknüpfen kann.

Im Einzelnen richten sich aber die Mitwirkungsbefugnisse des Parlaments nach der jeweiligen Rechtsgrundlage und sind von höchst unterschiedlicher Reichweite (vgl. auch unten S. 91 ff.).

aa) Im Rahmen der Rechtsetzung ist heute das **ordentliche Gesetzgebungsverfahren** (Art. 294 AEUV) von herausragender Bedeutung (s. u. S. 91), in dem das Parlament zusammen mit dem Rat gleichberechtigter Unionsgesetzgeber ist. Durch Änderungsanträge kann es inhaltlich wesentlichen Einfluss auf die Gestaltung des jeweiligen Gesetzgebungsakts nehmen, und ohne seine abschließende Zustimmung kann der Rechtsakt nicht erlassen werden. Das ordentliche Gesetzgebungsverfahren ist aus dem bisherigen Verfahren der **Mitentscheidung** (Art. 251 EGV) hervorgegangen, das mit dem Maastrichter Vertrag eingeführt und im Amsterdamer Vertrag verbessert worden war. Durch seine neue Bezeichnung als ordentliches Gesetzgebungsverfahren, die auf den gescheiterten Verfassungsvertrag zurückgeht (Art. I-34 Abs. 1 EVV), erfuhr das Verfahren nun auch symbolisch nochmals eine Aufwertung.

Die meisten Harmonisierungsrechtsakte, allen voran jene nach Art. 114 AEUV, werden im ordentlichen Gesetzgebungsverfahren erlassen. Durch den Vertrag von Lissabon wurden die Mitentscheidungsbefugnisse des Parlaments auf weitere wichtige Politikbereiche ausgedehnt, insbesondere auf die Landwirtschaftspolitik (Art. 43 Abs. 2 AEUV) und die gemeinsame Handelspolitik (Art. 207 Abs. 2 AEUV, allerdings mit Ausnahme der Außenhandelsabkommen, vgl. Art. 207 Abs. 4 AEUV).

bb) Der („bloßen") **Zustimmung** des Parlaments (im Sinne eines Vetorechts ohne Möglichkeit von inhaltlichen Änderungsanträgen) bedürfen manche Gesetzgebungsakte, die vom Rat in besonderen Gesetzgebungsverfahren erlassen werden (z. B. der Diskriminierungsschutz für Unionsbürger, Art. 19 Abs. 1 AEUV). Gleiches gilt für besonders sensible Beschlüsse im Bereich des Strafrechts (Art. 82 Abs. 2 lit. d, 83 Abs. 3 UAbs. 3, 86 Abs. 1 AEUV) und für den Rückgriff auf die sog. Vertragsergänzungsklausel (Art. 352 AEUV). Rechtsakte mit verfassungsrechtlicher Dimension, wie z. B. der Beitritt eines neuen Mitgliedstaats (Art. 49 EUV), der Austrittsvertrag mit einem die EU verlassenden Mitgliedstaat (Art. 50 Abs. 2 EUV), sowie bestimmte internationale Abkommen, insbesondere Assoziierungsabkommen (Art. 218 Abs. 6 lit. a AEUV), bedürfen ebenfalls der Zustimmung des Parlaments. Dagegen ist die Vertragsänderung gemäß Art. 48 EUV als solche grundsätzlich nicht an eine Zustimmung des Parlaments geknüpft; allerdings kann ohne Zustimmung des Parlaments nicht auf die Einberufung eines Konvents verzichtet werden oder im vereinfachten Vertragsänderungsverfahren der Übergang von der Einstimmigkeit zur qualifizierten Mehrheit im Rat beschlossen werden (Art. 48 Abs. 3 UAbs. 2 und Abs. 7 UAbs. 4 EUV).

cc) Eine sehr starke Beteiligung des Parlaments findet im **Haushaltsverfahren** statt, wo das Parlament gemeinsam mit dem Rat als Haushaltsgesetzgeber („Haushaltsbehörde") fungiert (Art. 314 AEUV). Seit dem Inkrafttreten des Vertrags von Lissabon entscheidet das Parlament in Haushaltsfragen völlig gleichberechtigt mit dem Rat. Die frühere Unterscheidung zwischen obligatorischen und nicht obligatorischen Ausgaben, die je nach Sachlage unterschiedlich weit reichende Mitwirkungsrechte des Parlaments zur Folge hatte, ist entfallen.

Traditionell nutzt das Parlament seine Befugnisse in Haushaltsfragen, um sich auch inhaltliche Mitsprache auf Sachgebieten zu erstreiten, in denen Rechtsakte (noch) nicht seiner Zustimmung bedürfen. So verhielt es sich beispielsweise jüngst bei der Gründung des Europäischen Auswärtigen Dienstes.

dd) Im Gegensatz zum ordentlichen Gesetzgebungsverfahren und zum Zustimmungsverfahren, in denen das Parlament über weitreichende Mitentscheidungsrechte verfügt, sehen einige wenige Vertragsbestimmungen auch weiterhin nur die **Anhörung** des Parlaments vor. In der Regel handelt es sich um Bereiche, die die Mitgliedstaaten als politisch sensibel ansehen und in denen sie zumeist mit Integrationsfortschritten zögern. Wichtige Beispiele sind die Unionsbürgerschaft (Art. 21 Abs. 3, 22, 23, 77 Abs. 3 AEUV), das Familienrecht (Art. 81 Abs. 3 AEUV), das Steuerrecht (Art. 113, 115, 192 Abs. 2 lit. a, 194 Abs. 3 AEUV) und kurioserweise auch das Wettbewerbsrecht (Art. 103, 109 AEUV).

Die Anhörung des Parlaments stellt – wenn und weil obligatorisch – eine **wesentliche Verfahrensvorschrift** dar, deren Nichtbeachtung die Rechtswidrigkeit des jeweiligen Rechtsakts und seine Nichtigerklärung zur Folge hat (vgl. EuGHE, 138/79, 1980, 3333 = Hummer, S. 251 – Roquette).

Beim Abschluss von Handelsabkommen war nach früherer Rechtslage (Art. 133 Abs. 3 i.V.m. 300 Abs. 3 UAbs. 1 EGV) noch nicht einmal die Anhörung des EP obligatorisch; der Rat führte aber in der Praxis eine sog. fakultative Anhörung durch. Seit Inkrafttreten des Vertrags von Lissabon dürfte sich aus Art. 218 Abs. 6 lit. a AEUV ein Vetorecht des Parlaments ergeben, was aber aufgrund des unklaren Verhältnisses zu Art. 207 Abs. 3 und 4 AEUV nicht unstreitig ist (vgl. Streinz/Ohler/Herrmann, Der Vertrag von Lissabon zur Reform der EU, S. 130; vgl. unten S. 104).

ee) In der intergouvernemental geprägten Außen- und Sicherheitspolitik und in der Sicherheits- und Verteidigungspolitik der EU sind die Mitwirkungsrechte des Parlaments seit jeher sehr unterentwickelt. Dort ist lediglich vorgesehen, dass der Hohe Vertreter für die GASP das Parlament zu den wichtigsten Aspekten und den grundlegenden Weichenstellungen jener Politikbereiche regelmäßig „hört"; außerdem wird das Parlament über die Entwicklung der Politik auf diesen Gebieten „unterrichtet" (Art. 36 EUV). Selbst wenn der Hohe Vertreter darauf zu achten hat, dass die Auffassungen des Parlaments „gebührend berücksichtigt werden", ist die parlamentarische Beteiligung hier deutlich weniger weitgehend als im klassischen Anhörungsverfahren, wird doch die Volksvertretung nicht zu jedem wichtigen Beschluss im Voraus angehört (Ausnahme: Schaffung des Europäischen Auswärtigen Dienstes, Art. 27 Abs. 3 EUV).

ff) In der Praxis äußert sich das Parlament auch zu Themen und Bereichen, für die es keine in den Verträgen niedergelegte Befugnis hat. So verabschiedete das Parlament etwa einen symbolischen Grundrechtekatalog oder verurteilte Menschenrechtsverletzungen in verschiedenen Drittstaaten. Da solche politischen Äußerungen nicht darauf abzielen, Rechtswirkungen zu erzeugen, kann argumentiert werden, dass für sie der Grundsatz der begrenzten Einzelermächtigung nicht gelte.

4. Interne Organisation und Beschlussfassung

Wie jedes Unionsorgan besitzt auch das Parlament die Befugnis zur Regelung seiner eigenen inneren Angelegenheiten. Zu diesem Zweck hat es sich auf der Grundlage von Art. 232 AEUV eine Geschäftsordnung gegeben (Sartorius II, Nr. 260), die folgende **Einrichtungen** vorsieht:

- Ein **Präsidium**, bestehend aus einem Präsidenten, 14 Vizepräsidenten und fünf Quästoren (Art. 14 Abs. 4 EUV i.V.m. Art. 12–29 GeschO-EP), das jeweils für zweieinhalb Jahre, d.h. für die Hälfte einer Legislaturperiode, gewählt wird (Art. 17 GeschO-EP).
- **Fraktionen** (Art. 30 ff. GeschO-EP) von mindestens 25 Mitgliedern aus mindestens einem Viertel der Mitgliedstaaten, die eine politische Zusammengehörigkeit aufweisen; das 2009 gewählte Parlament zählt 7 Fraktionen.

– 20 ständige **Ausschüsse,** die vom Parlament entsprechend der Fraktionsstärke und Länderproporz für bestimmte Sachbereiche eingesetzt werden (Art. 183 ff. GeschO-EP).
– Ein **Generalsekretariat,** bestehend aus Generalsekretär und Sekretariat (Art. 207 GeschO-EP); der Verwaltungsunterbau des Parlaments umfasst ca. 5000 Bedienstete.

Entsprechend seiner Rolle als Vertretung der Unionsbürgerinnen und Unionsbürger, als politische Kontrollinstanz und als Ko-Gesetzgeber der EU **tagt** das Europäische Parlament **öffentlich** (Art. 15 Abs. 2 AEUV).

Das Parlament ist **beschlussfähig,** wenn ein Drittel seiner Mitglieder im Plenarsaal anwesend ist oder, falls weniger Abgeordnete anwesend sind, wenn der Präsident die Beschlussunfähigkeit nicht festgestellt hat. Grundsätzlich kann er die Beschlussunfähigkeit nur auf Antrag feststellen, es sei denn, dass weniger als 40 Abgeordnete anwesend sind (Art. 155 GeschO-EP).

Das Parlament beschließt gemäß Art. 231 AEUV grundsätzlich mit der (absoluten) **Mehrheit der abgegebenen Stimmen.** Viele wichtige Entscheidungen bedürfen jedoch der Beschlussfassung mit der **Mehrheit der Mitglieder des Parlaments** (vergleichbar der sog. „Kanzlermehrheit" nach Art. 63 Abs. 2 S. 1 GG). Dazu zählen im Rahmen des ordentlichen Gesetzgebungsverfahrens (vgl. S. 92 ff.) die Ablehnung oder Änderung des Standpunkts des Rates in der zweiten Lesung (Art. 294 Abs. 7 AEUV), die Zustimmung zu Beitrittsverträgen gemäß Art. 49 EUV und die Verabschiedung der eigenen Geschäftsordnung (Art. 232 AEUV). Einer **doppelt qualifizierten Mehrheit** (zwei Drittel der abgegebenen Stimmen und Mehrheit der Mitglieder) bedarf ein Misstrauensvotum gegen die Kommission gemäß Art. 17 Abs. 8 EUV, Art. 234 AEUV.

V. Die Europäische Kommission

Eine herausragende Rolle im System der Verträge spielt seit jeher die Kommission (www.ec.europa.eu) als zentrale Verwaltungsbehörde der EU. Seit dem Vertrag von Lissabon lautet ihre offizielle Bezeichnung nicht mehr „Kommission der Europäischen Gemeinschaften", sondern „Europäische Kommission".

1. Zusammensetzung

Die Mitglieder der Kommission (sog. Kommissare) sind **weisungsunabhängig** und nur dem Wohl der Union, nicht ihrem jeweiligen Herkunftsstaat verpflichtet. Sie müssen volle Gewähr für ihre Unabhängigkeit bieten und werden aufgrund ihrer allgemeinen Befähigung ausgewählt. Der Vertrag von Lissabon hat den Einsatz für Europa als weiteres Eignungskriterium hinzugefügt (vgl. zum Ganzen Art. 17 Abs. 3 EUV).

Ursprünglich galt die Regel, dass jeder Mitgliedstaat einen Kommissar stellte, die großen Mitgliedstaaten (D, F, GB, I, E) sogar je zwei. Dieses System stieß jedoch mit dem sprunghaften Anstieg der Zahl der Mitgliedstaaten im Zuge der Osterweiterung 2004/2007 an seine Grenzen. Um einer dauerhaften Beeinträchtigung der Arbeitsfähigkeit der Kommission entgegenzuwirken, wurde bereits im Vertrag von Nizza die **schrittweise Verkleinerung der Kommission** vereinbart. Seit dem 1.1.2005 ist in der Kommission deshalb nur noch ein Kommissar pro Mitgliedstaat vertreten, die großen Mitgliedstaaten haben „ihren" zweiten Kommissarsposten verloren. Das Erreichen der Zahl von 27 Mitgliedstaaten (Beitritt Bulgariens und Rumäniens zum 1.1.2007) sollte überdies laut Vertrag von Nizza ab Ende 2009 zu einem Herabsinken der Zahl der Kommissare unter die Zahl der Mitgliedstaaten führen.

Allerdings war die Aussicht, in der Kommission nicht mehr vertreten zu sein, für zahlreiche Mitgliedstaaten nur schwer zu ertragen. Im Vertrag von Lissabon (Ende 2007) wurde deshalb die Reform der Kommission verlangsamt und beschlossen, die Abkehr vom Prinzip „one State, one Commissioner" auf den 1.11.2014 zu verschieben. Ab diesem Zeitpunkt soll die Zahl der Kommissare **zwei Dritteln der Zahl der Mitgliedstaaten** entsprechen (bei 27 Mitgliedstaaten also 18 Kommissare).

Die Schwierigkeiten mit der Ratifizierung des Vertrags von Lissabon führten schließlich dazu, dass die Verkleinerung der Kommission bis auf Weiteres gänzlich aufgegeben wurde. Als Zugeständnis v. a. an Irland wurde der politische Beschluss gefasst, dass auch künftig jeder Mitgliedstaat „seinen" Kommissar stellen darf. Rechtlich ist dies möglich, weil die Verkleinerung der Kommission ab 2014 nur wirksam wird, sofern nicht der Europäische Rat einstimmig etwas anderes beschließt (Art. 17 Abs. 5 EUV).

Falls die Mitgliedstaaten sich doch noch dazu durchringen sollten, die im Primärrecht vorgesehene Verkleinerung der Kommission ins Werk zu setzen, wäre als Grundlage für die Auswahl der Kommissare ein **System der strikt gleichberechtigten Rotation** unter den Mitgliedstaaten einzuführen, bei dem das demografische und geografische Spektrum der Gesamtheit der Mitgliedstaaten zum Ausdruck kommt (Art. 17 Abs. 5 EUV, Art. 244 AEUV). In einer Erklärung zu Art. 17 EUV wird außerdem betont, dass die Kommission enge Verbindungen zu allen Mitgliedstaaten unterhalten und sicherstellen sollte, dass sie die politischen, sozialen und wirtschaftlichen Gegebenheiten aller Mitgliedstaaten berücksichtigt, gleichviel, ob diese ein Kommissionsmitglied stellen oder nicht.

Der Vertrag von Lissabon sieht außerdem vor, dass der **Hohe Vertreter der Union für Außen- und Sicherheitspolitik** neben seiner Rolle als Vorsitzender des Rates für Auswärtige Angelegenheiten auch einer der Vizepräsidenten der Kommission ist (Art. 18 Abs. 3 und 4 EUV). Dadurch soll eine bessere Koordinierung und Kohärenz des auswärtigen Handelns der EU erreicht werden. Gleichzeitig kommt es aber zu einer noch nie dagewesenen personellen Verschränkung zweier wichtiger Organe der EU (Rat und Kommission). Es bleibt abzuwarten, wie sich dies mittel- und langfristig auf das institutionelle Gleichgewicht und auf die jeweilige Machtstellung von Kommission und Rat auswirken wird. Schon bei den Vorarbeiten zur Einrichtung des Europäischen Auswärtigen Dienstes, der dem Hohen Vertreter untersteht (Art. 27 Abs. 3 EUV), begann das Tauziehen.

2. Ernennung

Die Mitglieder der Kommission werden für eine Amtszeit von fünf Jahren vom Europäischen Rat **ernannt** (Art. 17 Abs. 3 EUV). Mit den Verträgen von Maastricht, Amsterdam, Nizza und Lissabon wurden die Mitwirkungsrechte des Europäischen Parlaments im Vorfeld dieser Ernennung schrittweise ausgebaut und auch dem Präsidenten der Kommission eine gewisse Mitsprache bei der Auswahl der Kommissare eingeräumt (vgl. zum Ganzen Art. 17 Abs. 7 EUV):

In einem ersten Schritt schlägt der Europäische Rat dem Parlament mit qualifizierter Mehrheit einen **Kandidaten für das Amt des Kommissionspräsidenten** vor. Seit dem Vertrag von Lissabon hat er dabei das Ergebnis der vorangegangenen Europawahlen zu berücksichtigen. Der designierte Kommissionspräsident bedarf seinerseits der Zustimmung des Parlaments, die seit dem Vertrag von Lissabon die Form einer Wahl annimmt. Angesichts der Berücksichtigung der Kräfteverhältnisse im Parlament und der formellen Wahl durch die Abgeordneten ist die Bestimmung des Kommissionspräsidenten deutlich politischer geworden, der Einfluss des Parlaments hat weiter zugenommen.

In einem zweiten Schritt benennt der Rat mit qualifizierter Mehrheit im Einvernehmen mit dem gewählten Kommissionspräsidenten die **übrigen Mitglieder der Kommission.** Die Formulierung „im Einvernehmen" deutet auf ein Vetorecht des designierten Präsidenten hin, dessen praktische Bedeutung sich allerdings relativiert, wenn man bedenkt, dass die Kommissare auch weiterhin auf der Grundlage der Vorschläge der Mitgliedstaaten ausgewählt werden.

Schließlich stellen sich der Präsident, der Hohe Vertreter für die GASP und die anderen designierten Mitglieder als Kollegium einem **Zustimmungsvotum des Parlaments.** Einzelne Mitglieder können somit nicht abgelehnt werden; traditionell werden aber die designierten Kommissare nach amerikanischem Vorbild in öffentlichen Anhörungen einzeln vor dem Parlament befragt, was bereits zweimal (2004 und Anfang 2010) zum Rückzug von Kandidaten geführt hat. Das Verfahren wird durch die förmliche Ernennung der Kommission abgeschlossen, die der Europäische Rat mit qualifizierter Mehrheit vornimmt.

3. Interne Organisation

Die Verträge von Amsterdam, Nizza und Lissabon haben die **Rolle des Kommissionspräsidenten** erheblich gestärkt. Übte die Kommission schon bislang nach Art. 217 Abs. 1 EGV ihre Tätigkeit unter seiner politischen Führung aus, so erhält der Präsident durch den Vertrag von Lissabon zudem eine Art Richtlinienkompetenz: Er legt die **Leitlinien** fest, nach denen die Kommission ihre Aufgaben ausübt. Außerdem entscheidet der Präsident über die interne Organisation der Kommission, wozu auch die Zuweisung der einzelnen Ressorts an die Kommissare zählt. Ferner ernennt der Präsident die Vizepräsidenten (außer dem Hohen Vertreter, der kraft Amtes Vizepräsident ist) und kann Kommissare zum Rücktritt zwingen (vgl. zum Ganzen Art. 17 Abs. 6 EUV).

Die Entscheidungen der Kommission werden durch einen **Behördenunterbau** vorbereitet, der in mehrere – mit Ministerien vergleichbare – Generaldirektionen unterteilt ist (z.B. die Generaldirektion Wettbewerb). Jedem Kommissionsmitglied untersteht mindestens eine Generaldirektion. Daneben sind dem Präsidenten unterstehende Dienststellen wie das Generalsekretariat und der Juristische Dienst vorhanden.

Darüber hinaus hat die Union in den letzten Jahren eine Vielzahl von selbständigen Verwaltungseinrichtungen gegründet (häufig auch **Agenturen** genannt), die teils koordinierend und informierend wirken (so etwa die Europäische Umweltagentur EEA in Kopenhagen), teils der Kommission zuarbeiten (so etwa die europäische Arzneimittelagentur EMEA in London) und in bestimmten Fällen sogar eigene Exekutivbefugnisse ausüben (so etwa das Harmonisierungsamt für den Binnenmarkt HABM in Alicante und die Europäische Chemikalienagentur ECHA in Helsinki).

4. Aufgaben und Befugnisse

Wenngleich aufgrund der besonderen Rechtsnatur und Strukturen der EU nicht von einer Gewaltenteilung nach klassischem Muster gesprochen werden kann, sind die Aufgaben der Kommission doch am ehesten denen der Exekutive zuzuordnen: Die Kommission bereitet die Rechtsetzung der Union vor und sorgt je nach Sachlage selbst für die Umsetzung des Unionsrechts oder überwacht die Mitgliedstaaten dabei. Insgesamt kommt der Kommission aber innerhalb des Institutionengefüges der Union eine weitaus größere Bedeutung zu, als dies für klassische Exekutiveinrichtungen normalerweise der Fall ist. Gemeinhin wird die Kommission als **Hüterin des Unionsrechts**, als **Vertreterin des Unionsinteresses** und häufig auch als **Motor der Integration** bezeichnet. Es bleibt abzuwarten, ob durch den Vertrag von Lissabon ihre politische Bedeutung angesichts der neuen Funktion eines Präsidenten des Europäischen Rates und der Übertragung des Ratsvorsitzes für 18 Monate auf eine Troika von Mitgliedstaaten in nennenswerter Weise geschmälert werden wird (vgl. oben).

Im Einzelnen ergeben sich die Aufgaben und Befugnisse der Kommission aus zahlreichen Vorschriften in den Verträgen, auf die in der Zentralnorm des Art. 17 Abs. 1 und 2 EUV pauschal verwiesen wird.

a) Der Rolle der Kommission als „Motor der Integration" entspricht zunächst das ihr in den Verträgen fast ausschließlich zustehende **Initiativrecht** beim Erlass von Rechtsakten; so enthalten die meisten Rechtsgrundlagen für den Erlass von Sekundärrecht die Formulierung „auf Vorschlag der Kommission" oder verweisen auf Verfahren, in denen allein die Kommission die Vorschläge unterbreitet (vgl. auch Art. 17 Abs. 2 EUV). Dadurch soll sichergestellt werden, dass sich die von den Unionsorganen zu erlassenden Sekundärrechtsakte am Unionsinteresse und nicht an nationalen Interessen oder an Partikularinteressen orientieren. Kehrseite dieses **Initiativmonopols** der Kommission ist es, dass weder der Rat noch das Europäische Parlament aus eigenem Antrieb Rechtsetzungsverfahren in Gang setzen können. Gemäß Art. 225 und 241 AEUV können aber Parlament und Rat die Kommission jeweils zur Vorlage von Vorschlägen auffordern; hinzu kommt mit Inkrafttreten des Vertrags von Lissabon ein Recht der Unionsbürger, die Kommission im Wege der Bürgerinitiative zur Unterbreitung von Vorschlägen für Rechtsakte aufzufordern (Art. 11 Abs. 4 EUV).

Die Befugnis, ihren ursprünglichen Vorschlag bis zur Beschlussfassung des Rates zu ändern (Art. 293 Abs. 2 AEUV), gibt der Kommission die Möglichkeit, das Rechtsetzungsverfahren in allen Stadien maßgeblich zu beeinflussen. Auch dort, wo die Kommission kein Vorschlagsrecht hat, kann sie Empfehlungen und Stellungnahmen abgeben (Art. 292 Satz 3 AEUV). Weitere wichtige Vorschlags- und Mitwirkungsbefugnisse der Kommission finden sich im Haushaltsrecht (Vorlage des Haushaltsentwurfs, Art. 314 Abs. 2 AEUV), beim Vertragsänderungsverfahren (Art. 48 Abs. 2, 6 EUV) und im Rahmen der gemeinsamen Handelspolitik (Art. 207 Abs. 3 AEUV).

Anders als im klassischen Unionsrecht verfügt die Kommission – in der Gestalt des Hohen Vertreters – in der intergouvernemental geprägten **GASP** über kein Initiativmonopol; vielmehr können hier Initiativen für eine Beschlussfassung im Rat auch von einem Mitgliedstaat ausgehen (Art. 30 Abs. 1 EUV). Im Strafrecht, das erst durch den Vertrag von Lissabon „vergemeinschaftet" wurde, besteht ebenfalls noch kein Initiativmonopol der Kommission (Art. 76 AEUV).

In seinem Kern wurde aber das Initiativmonopol der Kommission bislang in keiner Regierungskonferenz angetastet und bleibt auch im Vertrag von Lissabon erhalten (Art. 17 Abs. 2 EUV).

b) In seltenen Fällen verfügt die Kommission kraft Primärrechts über eigenständige **Entscheidungs- und Rechtsetzungsbefugnisse**, so insbesondere im Wettbewerbsrecht (z.B. Entscheidungsbefugnisse im Beihilfenbereich gemäß Art. 108 AEUV und die Befugnis gemäß Art. 106 Abs. 3 AEUV, Liberalisierungsrichtlinien zu erlassen); vgl. außerdem zur Freizügigkeit der Wanderarbeitnehmer Art. 45 Abs. 3 lit. d AEUV.

c) Darüber hinaus übt die Kommission in erheblichem Umfang **delegierte Rechtsetzungsbefugnisse** aus (Art. 290 AEUV) und erlässt **Durchführungsbestimmungen** zu den vom Rat oder von Parlament und Rat beschlossenen Rechtsakten (Art. 291 Abs. 2 AEUV). Nur höchst ausnahmsweise kann sich der Rat den Erlass von Durchführungsvorschriften selbst vorbehalten (vgl. zum Ganzen unten S. 96 f.).

d) Obwohl die **verwaltungsmäßige Durchführung** des Unionsrechts grundsätzlich Sache der Mitgliedstaaten ist (Art. 291 Abs. 1 AEUV), handelt die Kommission in einigen wenigen Bereichen, in denen ein unionsunmittelbarer Vollzug vorgesehen ist (z. B. im Wettbewerbsrecht), als echte Verwaltungsbehörde (vgl. dazu unten S. 107).

e) Die Kommission kontrolliert ferner als **Hüterin des Unionsrechts** die Einhaltung der Unionsrechtsordnung durch die Mitgliedstaaten, durch die anderen Unionsorgane sowie durch natürliche und juristische Personen (Art. 17 Abs. 1 Satz 3 EUV). Insbesondere verfolgt sie Verletzungen des Unionsrechts durch die Mitgliedstaaten im Vertragsverletzungsverfahren (Art. 258–260 AEUV) und bringt sie notfalls vor den Gerichtshof. Auch an Vorabentscheidungsverfahren vor dem EuGH ist sie in ihrer Eigenschaft als **Vertreterin des Unionsinteresses** regelmäßig beteiligt (Art. 23 der EuGH-Satzung). Verstöße natürlicher und juristischer Personen des Privatrechts gegen das Wettbewerbsrecht kann sie gegebenenfalls durch Geldbußen ahnden. Damit die Kommission ihre Funktion sinnvoll ausüben kann, treffen die Mitgliedstaaten Kooperations- und Unterrichtungspflichten (Art. 4 Abs. 3 EUV, Art. 337 AEUV).

f) Schließlich nimmt die Kommission die **Vertretung der Union** nach innen und außen wahr (Art. 17 Abs. 1 Satz 6 EUV). Insbesondere repräsentiert sie die Union beim Abschluss von Rechtsgeschäften und vor den nationalen Gerichten (Art. 335 Satz 2 AEUV). Mit dem Inkrafttreten des Vertrags von Lissabon wurde allerdings ihre Zuständigkeit zur Außenvertretung der Union geschmälert, da die Verträge nunmehr teils dem Präsidenten des Europäischen Rates (Art. 15 Abs. 6 EUV), teils dem Hohen Vertreter für die GASP (Art. 27 Abs. 2 EUV) eigene Befugnisse zuweisen, deren genaue Abgrenzung im Einzelfall schwierig ist. Speziell für Vertragsverhandlungen mit Drittstaaten obliegt es deshalb jetzt dem Rat, in jedem Einzelfall den Verhandlungsführer zu benennen (Art. 218 Abs. 3 AEUV; vgl. dazu unten S. 103).

5. Arbeitsweise und Beschlussfassung

Die Beschlüsse der Kommission werden zunächst in den Generaldirektionen (oder in Ausnahmefällen auch in selbständigen Agenturen) fachlich **vorbereitet** und dem Kollegium vom zuständigen Kommissar vorgeschlagen. Außerdem hat die Kommission zur Vorbereitung solcher Vorschläge eine große Zahl von Ausschüssen eingesetzt, in denen Vertreter der Mitgliedstaaten sowie Fachleute der Kommission mitwirken. Zur Beratung über die Vorschläge ihrer Mitglieder und Beschlussfassung wird die Kommission durch ihren Präsidenten einmal wöchentlich zu einer **nicht öffentlichen Sitzung** einberufen. Ihre Beratungen sind vertraulich (Art. 5, 9 GeschO-KOM, Sartorius II, Nr. 235).

Gemäß Art. 7 GeschO-KOM ist für das Zustandekommen eines wirksamen Beschlusses die Anwesenheit der Mehrheit der Mitglieder der Kommission erforderlich. Abwesende Kommissare können bezüglich der **Beschlussfassung** nicht vertreten werden. Die Kommission fasst ihre Beschlüsse mit der Mehrheit ihrer Mitglieder (Art. 250 AEUV).

Eine Abstimmung ist nicht nur in **gemeinschaftlicher Sitzung**, sondern auch im sog. **schriftlichen Verfahren** möglich (vgl. zum Ganzen Art. 4 GeschO-KOM).

Bei ihrer Arbeit muss die Kommission den Grundsatz der kollegialen Verantwortlichkeit beachten (sog. **Kollegialitätsprinzip**, vgl. auch Art. 1 GeschO-KOM). Alle Entscheidungen sind gemeinsam zu erarbeiten und zu treffen; die politische Verantwortung für die getroffenen Entscheidungen muss das Kollegium gemeinsam tragen.

Sofern der Grundsatz der kollektiven Verantwortlichkeit gewahrt bleibt, kann die Kommission aber im sog. **Ermächtigungsverfahren** („Habilitation") einzelne Mitglieder beauftragen, in ihrem Namen Maßnahmen der Geschäftsführung und Verwaltung zu treffen (Art. 13 Abs. 1 GeschO-KOM). Sie kann auch einzelne Mitglieder beauftragen, im Einvernehmen mit dem Präsidenten den Wortlaut eines Beschlusses, dessen wesentlichen Inhalt sie bereits in ihren Beratungen festgelegt hat, endgültig anzunehmen (Art. 13 Abs. 2 GeschO-KOM). Im Hinblick auf die zweite Variante hat der EuGH gefordert, dass die Kommission kollektiv und in Kenntnis des Wortlauts den Tenor und die Begründung einer an die betroffenen Unternehmen gerichteten Entscheidung in Wettbewerbssachen beschließen muss (EuGHE, C-132/92 P, 1994, I-2555 – PVC-Kartell). Bei der Entscheidung, ein Vertragsverletzungsverfahren gegen einen Mitgliedstaat einzuleiten (Art. 258 AEUV), soll es jedoch genügen, dass sich die Mitglieder über den Inhalt der Entscheidung einig sind, deren Wortlaut dann nachträglich durch das beauftragte Mitglied festgelegt werden kann (EuGHE, C-191/95, 1998, I-5449 – Kommission/Deutschland).

Im Wege der **Delegation** kann die Erledigung von Angelegenheiten der Geschäftsführung und Verwaltung auch auf den zuständigen Generaldirektor oder Dienststellenleiter übertragen und auf einen Direktor oder Referatsleiter weiterdelegiert werden (Art. 13 Abs. 3, 4; Art. 14, 15 GeschO-KOM).

Ein **Kodex für gute Verwaltungspraxis** (Anhang zur GeschO-KOM) fasst einige allgemeine Grundsätze zusammen, die die Bediensteten der Kommission in den Beziehungen zur Öffentlichkeit einzuhalten haben, etwa die Grundsätze der Rechtmäßigkeit, der Gleichbehandlung, der Objektivität und Unparteilichkeit sowie die Kohärenz des Verwaltungshandelns. Eine Rechtsbehelfsbelehrung hat die Kommission nach diesem Kodex jedoch nur zu erteilen, „soweit das Gemeinschaftsrecht dies vorsieht", was – im Gegensatz zum deutschen Verwaltungsrecht – in der Regel nicht der Fall ist (EuGHE, C-163/07 P, 2007, I-10125 – Diy-Mar Insaat Sanayi ve Ticaret Ltd Sirketi/KOM, Rn. 41).

VI. Der Hohe Vertreter der Union für Außen- und Sicherheitspolitik

„Hoher Vertreter" ist seit dem Vertrag von Amsterdam (Art. 18 Abs. 3 EUV a. F.) die Bezeichnung des wichtigsten Repräsentanten der EU in auswärtigen Angelegenheiten. Die im gescheiterten Verfassungsvertrag gewählte Bezeichnung „Außenminister der Union" (Art. I-28 EVV), mit der sich dieses Amt weitaus treffender beschreiben ließe, wurde im Vertrag von Lissabon nicht beibehalten, sondern fiel den Bemühungen um eine Vermeidung staatlicher bzw. staatsähnlicher Symbolik zum Opfer.

Anders als es die vergleichsweise technokratische Funktionsbezeichnung vermuten lassen könnte, wurde die Rolle des „Hohen Vertreters der Union für Außen- und Sicherheitspolitik" durch den Vertrag von Lissabon ganz erheblich aufgewertet. Der Hohe Vertreter hat nunmehr eigene, ihm kraft Vertrags verliehene Befugnisse, die sehr weitreichend sind. Er nimmt eine bislang noch nie dagewesene **Doppelfunktion** wahr, ist er doch zugleich Mitglied (Vizepräsident) der Kommission und Vorsitzender des Rates für Auswärtige Angelegenheiten (Art. 18 Abs. 3 und 4 EUV). Umgangssprachlich spricht man deswegen auch von einer „Person mit zwei Hüten" oder vom „Doppelhutprinzip". Erst in der Institutionenpraxis dürfte sich mittelfristig zeigen, ob der Hohe Vertreter – und die mit seinem Amt einhergehende Verschränkung der Institutionen Kommission und Rat – ein stärker supranationales Element in die GASP hineinträgt oder ob es bei der klassisch intergouvernementalen Ausrichtung dieses Politikbereichs bleibt.

Wenngleich der Hohe Vertreter im Rat kein Stimmrecht hat, kommt ihm im Entscheidungsfindungsprozess der EU angesichts seiner Rolle als **Vorsitzender des Rates für Auswärtige Angelegenheiten** eine entscheidende Bedeutung zu. Zudem übernimmt der Hohe Vertreter die Funktionen, die bisher der Kommission im Rahmen der GASP zukamen, insbesondere hat er ein **Initiativrecht** (Art. 30 Abs. 1 EUV). Aufgrund des intergouvernementalen Charakters der GASP steht ihm aber kein Initiativmonopol zu. An den Arbeiten des Europäischen Rates nimmt der Hohe Vertreter ebenfalls teil (Art. 15 Abs. 2 Satz 2 EUV).

Im Einzelnen ist es **Aufgabe des Hohen Vertreters**, die GASP – im Einklang mit den primärrechtlichen Zielen und Grundsätzen für das auswärtige Handeln der Union (Art. 21 EUV) – zu leiten und sie im Auftrag des Rates durchzuführen (Art. 18 Abs. 2, Art. 27 Abs. 1 EUV). Über den Bereich der GASP hinaus hat er für die **Kohärenz des auswärtigen Handelns** der Union zu sorgen und zu diesem Zweck innerhalb der Kommission die verschiedenen Ressorts zu koordinieren, deren Aufgabenbereiche die Außenbeziehungen berühren (Art. 18 Abs. 4 EUV; dies sind insbesondere Außenhandel und Entwicklungshilfe). Außerdem obliegt ihm die **Außenvertretung der Union**, soweit sie nicht der Präsident des Europäischen Rates auf höchster Ebene wahrnimmt (Art. 27 Abs. 2, Art. 15 Abs. 1 UAbs. 2 EUV). Liegt ein Teilbereich des auswärtigen Handelns vor, der nicht zur GASP gehört (z.B. Außenhandel, Entwicklungshilfe), so obliegt die Außenvertretung zwar formell der Kommission als Ganzer (Art. 17 Abs. 1 Satz 6 EUV), aufgrund seiner internen Koordinierungszuständigkeit übt jedoch der Hohe Vertreter auch hier maßgeblichen Einfluss aus.

Unterstützt wird der Hohe Vertreter von einem **Europäischen Auswärtigen Dienst**, der sich aus Beamten des Rates, der Kommission und der nationalen auswärtigen Dienste zusammensetzt (Art. 27 Abs. 3 EUV). Anlässlich der Errichtung dieses Dienstes ist der Richtungsstreit zwischen einer stärker supranationalen Ausrichtung der GASP (mit größerer Nähe zur Kommission) und einer klassisch intergouvernementalen Ausrichtung (mit größerer Nähe zum Rat) zum ersten Mal voll entbrannt.

Die **Ernennung** des Hohen Vertreters erfolgt durch Beschluss des Europäischen Rates mit qualifizierter Mehrheit (Art. 18 Abs. 1 EUV). Im Übrigen ähnelt das Verfahren demjenigen für die Auswahl der Kommissare: Insbesondere hat auch hier der Kommissionspräsident ein Mitspracherecht, und der Hohe Vertreter stellt sich zusammen mit allen anderen Kommissionsmitgliedern dem Zustimmungsvotum des Parlaments (Art. 17 Abs. 7 UAbs. 3 EUV). Bei einem **Misstrauensvotum** des Parlaments gegen die Kommission verliert der Hohe Vertreter allerdings nur sein Amt als Vizepräsident der Kommission, nicht hingegen sein Amt im Rahmen der GASP (Art. 17 Abs. 8 EUV).

Als erste übernahm nach Inkrafttreten des Vertrags von Lissabon Ende 2009 die Britin Catherine Ashton das Amt des Hohen Vertreters. Vor ihr hatte es 10 Jahre lang (1999–2009) der Spanier Javier

Solana inne gehabt, allerdings noch nach der Rechtslage vor dem Vertrag von Lissabon, d. h. allein als Beamter des Rates im Rang eines Generalsekretärs, ohne Doppelfunktion und ohne wesentliche eigene Kompetenzen.

VII. Der Gerichtshof der Europäischen Union

1. Allgemeines

Der Gerichtshof der Europäischen Union (www.curia.europa.eu) vereint unter dem Dach einer einheitlichen Institution (vgl. Art. 13 Abs. 1 EUV) drei verschiedene Rechtsprechungsinstanzen: den Gerichtshof (EuGH), das Gericht (EuG) und etwaige Fachgerichte (Art. 19 Abs. 1 EUV). Diese Unionsgerichte üben ihre Aufgaben und Befugnisse nach Maßgabe

- der Verträge (Art. 19 EUV, Art. 251–281 AEUV),
- der Satzung des Gerichtshofs (den Verträgen als Protokoll beigefügt, vgl. Sartorius II, Nr. 245) und
- ihrer jeweiligen Verfahrensordnung (zu EuGH und EuG vgl. Sartorius II, Nrn. 250 und 252) aus.

Zu den jeweiligen Zuständigkeiten der drei Rechtsprechungsinstanzen vgl. unten S. 119 ff. und S. 125 ff. Gegen erstinstanzliche Entscheidungen des EuG ist ein auf Rechtsfragen beschränktes Rechtsmittel zum EuGH zulässig (Art. 256 Abs. 1 AEUV), für Entscheidungen der Fachgerichte fungiert das EuG als Rechtsmittelinstanz (Art. 256 Abs. 2 und 257 Abs. 3 AEUV). In verwaltungstechnischer Hinsicht sind alle drei Gerichtsbarkeiten unter einem Dach in Luxemburg zusammengefasst und nehmen Hilfsdienste wie die Bibliothek oder die Übersetzungsabteilung gemeinsam in Anspruch. Soweit nichts anderes bestimmt ist, finden die den EuGH betreffenden Bestimmungen der Verträge und der Satzung auch auf das EuG und die Fachgerichte Anwendung (Art. 254 Abs. 6 und 257 Abs. 6 AEUV).

2. Zusammensetzung und Aufbau der Unionsgerichte

Der **Gerichtshof** (EuGH) besteht aus *einem* Richter je Mitgliedstaat und aus acht Generalanwälten (Art. 19 Abs. 1 UAbs. 1 EUV). Die Richter des EuGH wählen aus ihrer Mitte für jeweils drei Jahre den Präsidenten (Art. 253 Abs. 3 AEUV). Der Gerichtshof ernennt außerdem seinen Kanzler („Greffier", Art. 253 Abs. 5 AEUV), dessen Aufgabe es ist, den äußeren Ablauf der Verfahren zu überwachen und die Gerichtsorganisation zu verwalten.

Das **Gericht** (EuG) besteht aus *mindestens einem* Richter je Mitgliedstaat (Art. 19 Abs. 2 UAbs. 2 EUV); derzeit zählt es 27 Richter. Wie der EuGH, so wählt auch das EuG aus seiner Mitte seinen Präsidenten und ernennt seinen Kanzler.

Die Richter und Generalanwälte am EuGH sowie die Richter am EuG werden von den im Rat vereinigten Vertretern der Mitgliedstaaten – also nicht vom Rat – im gegenseitigen Einvernehmen **auf sechs Jahre ernannt**. Seit Inkrafttreten des Vertrags von Lissabon gilt, dass vor der Ernennung die Stellungnahme eines Expertengremiums zur Eignung der Bewerber einzuholen ist; die Auswahl der Kandidaten obliegt aber weiterhin ausschließlich den Mitgliedstaaten (Art. 19 Abs. 2 EUV, Art. 253–255 AEUV). Innerstaatlich ist vorgesehen, dass die Benennung der deutschen Bewerber von der Bundesregierung im Einvernehmen mit dem Richterwahlausschuss vorgenommen wird, was dem Bundestag und den Landesregierungen ein Mitspracherecht sichert (§ 1 Abs. 3 RiWG).

EuGH und EuG entscheiden im Normalfall als **Kammern** mit drei oder fünf Richtern, in besonders bedeutsamen oder komplexen Fällen auch als Große Kammer (13 Richter). Die Große Kammer ist außerdem zwingend zu befassen, wenn ein Mitgliedstaat oder ein Unionsorgan dies beantragt (Art. 16 Abs. 3 der Satzung). Das Plenum kommt – abgesehen von einigen seltenen Ausnahmefällen (Art. 16 Abs. 4 und 5 der Satzung) – in der Praxis nicht mehr zum Einsatz. Die Möglichkeit einer Übertragung von besonders einfach gelagerten Fällen auf den Einzelrichter besteht nur beim EuG (Art. 14 § 1 VerfO-EuG), nicht jedoch beim EuGH.

Als erstes **Fachgericht** wurde 2005 das Gericht für den öffentlichen Dienst der Europäischen Union ins Leben gerufen. Es ist ausschließlich für beamtenrechtliche Streitigkeiten zwischen der Union und ihren Bediensteten zuständig (Art. 270 AEUV). Seine sieben Richter werden vom Rat einstimmig ernannt (Art. 257 Abs. 4 S. 2 AEUV), wobei in geografischer Hinsicht und bezüglich der einzelstaatlichen Rechtsordnungen auf eine ausgewogene Zusammensetzung geachtet wird; die Bewerber werden zuvor von einem Expertengremium begutachtet (Art. 3 des Anhangs zur Satzung des Gerichtshofs). Ob in näherer Zukunft weitere Fachgerichte geschaffen werden, bleibt abzuwarten. Denkbar ist die Errichtung eines Fachgerichts für markenrechtliche Streitigkeiten betreffend die Verwaltung der Gemeinschaftsmarke durch das Harmonisierungsamt für den Binnenmarkt in Alicante. Unwahrscheinlich ist die ebenfalls immer wieder diskutierte Gründung eines Gerichts für Wettbewerbssachen (Kartellrecht,

Fusionskontrolle, Beihilfen), weil es sich dabei um eine der Kernkompetenzen von EuGH und EuG handelt. Bei der europäischen Patentgerichtsbarkeit, deren Schaffung momentan ebenfalls vorbereitet wird, soll es sich um kein Fachgericht im Sinne von Art. 257 AEUV handeln, sondern um eine internationale Gerichtsbarkeit sui generis, an der auch Drittstaaten (z. B. Schweiz, Türkei) beteiligt sind und die nur über ein besonderes Vorabentscheidungsverfahren in das System der Unionsgerichtsbarkeit eingebunden wird (vgl. dazu auch das Gutachtenverfahren 1/09 vor dem EuGH).

3. Aufgaben und Befugnisse

Nach der Zentralnorm des Art. 19 Abs. 1 EUV sichern die Unionsgerichte die **Wahrung „des Rechts"** (was auch ungeschriebene allgemeine Rechtsgrundsätze einschließt) bei der Auslegung und Anwendung der Verträge.

Das heißt jedoch nicht, dass die Unionsgerichte für alle denkbaren europarechtlichen Streitigkeiten zuständig sind. Vielmehr ist ihre Zuständigkeit im **Unionsrecht** durch die zur Verfügung stehenden Verfahrensarten begrenzt. Klageverfahren für unionsrechtliche Streitigkeiten zwischen Privaten oder zwischen Privaten und nationalen Behörden sind z. B. nicht vorgesehen und damit den nationalen Gerichten vorbehalten (die jedoch dem EuGH gemäß Art. 267 AEUV Fragen zur Vorabentscheidung vorlegen können).

Durch den **Vertrag von Lissabon** haben die Unionsgerichte neue Befugnisse erlangt (vgl. dazu unten S. 120 f.). Im Einzelnen sind die Zuständigkeiten der Unionsgerichte und die jeweiligen Verfahrensarten in Teil 2 über das Rechtsschutzsystem dargestellt.

4. Die Rolle des Generalanwalts

Die Generalanwälte haben die Aufgabe, den EuGH zu „unterstützen" (Art. 19 Abs. 2 EUV, Art. 252 AEUV). Wie die Richter sind sie Mitglieder des Gerichtshofs, üben jedoch die Funktion von unabhängigen Rechtsgutachtern aus: Ihre Aufgabe ist es, dem Gerichtshof in völliger Unparteilichkeit und Unabhängigkeit **„begründete Schlussanträge"** zu unterbreiten; dabei handelt es sich um umfassende Rechtsgutachten, die in einen – unverbindlichen – Entscheidungsvorschlag münden. Außerdem wird der Generalanwalt nach der Satzung und der Verfahrensordnung in zahlreichen Fällen zu Verfahrensproblemen und zu materiellrechtlichen Fragen angehört (z. B. Art. 104 § 3, 104a, 104b und 108 § 2 VerfO-EuGH). An den Urteilsberatungen nimmt der Generalanwalt aber nicht teil.

Der Generalanwalt darf nicht mit einem Staatsanwalt und auch nicht mit einem Vertreter des öffentlichen Interesses verwechselt werden. Seine Funktion ist im Wesentlichen der des früheren französischen „commissaire du gouvernement" (seit 2009: „rapporteur public") nachgebildet, aber auch aus einigen anderen Rechtsordnungen bekannt. Im Unionsrecht kommt ihr besondere Bedeutung zu, weil der EuGH europarechtliche Fragen häufig als erste und letzte Instanz verbindlich entscheiden muss (so insbesondere bei Streitigkeiten zwischen den Organen, bei Vertragsverletzungsverfahren und im Vorabentscheidungsverfahren). Dabei muss er nicht selten mit unbestimmten Rechtsbegriffen arbeiten und auf allgemeine Rechtsgrundsätze zurückgreifen. Auf der Suche nach einer tragbaren Lösung für inzwischen 27 Mitgliedstaaten mit höchst unterschiedlichen Rechtssystemen und -traditionen ist die vorherige Einschaltung eines unabhängigen Gutachters von nicht zu unterschätzendem Wert. In diesem Zusammenhang übernimmt der Generalanwalt die **Rolle eines Vordenkers**, wodurch schon oft neue Entwicklungen in der EuGH-Rechtsprechung und darüber hinaus angestoßen wurden (vgl. etwa Schlussanträge von GA Jacobs zur Klageberechtigung, EuGHE, C-50/00 P, 2002, I-6677 – Unión de Pequeños Agricultores/Rat und den neuen Art. 263 Abs. 4 AEUV). Durch die **Veröffentlichung der Schlussanträge** des Generalanwalts wird außerdem die europarechtliche Debatte in der Rechtswissenschaft und der Fachöffentlichkeit bereichert (vgl. etwa Schlussanträge von GA Lenz zur horizontalen Wirkung von Richtlinien, EuGHE, C-91/92, 1994, I-3325 – Faccini Dori). Für das **Verständnis von Urteilen** des EuGH kann die ergänzende Lektüre der Schlussanträge oft wertvolle Hinweise liefern. Schließlich muss die Rolle des Generalanwalts auch vor dem Hintergrund betrachtet werden, dass öffentliche **Sondervoten** der EuGH-Richter nicht zulässig sind, um die Autorität der Rechtsprechung dieser supranationalen Gerichtsbarkeit nicht zu untergraben (kein Richter soll in einem Sondervotum Partei für seinen Herkunftsmitgliedstaat ergreifen können).

Gemäß **Art. 20 Abs. 5 der Satzung** kann seit 2003 von Schlussanträgen des Generalanwalts abgesehen werden, wenn sich in einem Verfahren keine neue Rechtsfrage stellt; dadurch soll es den zahlenmäßig relativ schwach vertretenen Generalanwälten ermöglicht werden, ihre knappen Ressourcen denjenigen Fällen zu widmen, in denen sie – entsprechend ihrer Rolle als Vordenker des Gerichtshofs – einen Beitrag zur Fortentwicklung des Unionsrechts und zur europarechtlichen Debatte leisten können.

Die fünf „großen" Mitgliedstaaten (D, F, GB, I, E) stellen traditionell je einen Generalanwalt am EuGH; die verbleibenden drei Posten werden im Rotationsverfahren in alfabetischer Reihenfolge auf die „kleineren" Mitgliedstaaten verteilt. Anlässlich der Regierungskonferenz zum Vertrag von Lissabon haben die Mitgliedstaaten dem Gerichtshof ihre Bereitschaft signalisiert, auf dessen Antrag hin (Art. 252 Abs. 1 Satz 1 AEUV) einer Erhöhung der Zahl der Generalanwälte von 8 auf 11 zuzustimmen; gemäß einer Erklärung zum Vertrag von Lissabon soll einer der zusätzlichen Generalanwälte Polen zustehen (das damit auch institutionell den Rang eines großen Mitgliedstaats erhielte), die anderen beiden Posten sollen in das Rotationsverfahren einbezogen werden und den kleineren Mitgliedstaaten zufallen. Bislang hat der EuGH allerdings noch keinen Antrag auf Ernennung zusätzlicher Generalanwälte gestellt.

Den Richtern des EuG sind keine ständigen Generalanwälte zur Seite gestellt, doch kann dort ein Richter jeweils „ad hoc" zum Generalanwalt bestellt werden (Art. 49 der Satzung), wovon allerdings seit geraumer Zeit nicht mehr Gebrauch gemacht wurde. Bei den Fachgerichten ist die Funktion des Generalanwalts nicht vorgesehen. Der Verzicht auf Generalanwälte rechtfertigt sich sowohl beim EuG als auch bei den Fachgerichten mit der Kontrolle durch den EuGH im Rechtsmittel- bzw. Überprüfungsverfahren.

VIII. Der Rechnungshof

Der Rechnungshof (Art. 285–287 AEUV, www.eca.europa.eu) besteht aus einem Staatsangehörigen je Mitgliedstaat. Seine Mitglieder werden vom Rat nach Anhörung des EP mit qualifizierter Mehrheit ernannt und üben ihre Tätigkeit in voller Unabhängigkeit zum allgemeinen Wohl der Union aus. Die Aufgabe des Rechnungshofs besteht in der Überprüfung der Rechnung über alle Einnahmen und Ausgaben der Union auf Rechtmäßigkeit und Ordnungsmäßigkeit; außerdem überzeugt sich der Rechnungshof von der Wirtschaftlichkeit der Haushaltsführung. Seine Berichte hat der Rechnungshof immer wieder auch zum Anlass genommen, öffentlich auf Missstände in bestimmten Unionspolitiken hinzuweisen. Gemäß Art. 263 Abs. 3 AEUV hat der Rechnungshof die Möglichkeit, beim Gerichtshof Klage zur Wahrung seiner Rechte zu erheben, beispielsweise, wenn ihm Informationen vorenthalten werden.

IX. Die beratenden Einrichtungen

Gemäß Art. 13 Abs. 4 EUV, Art. 300 AEUV werden Parlament, Rat und Kommission von einem Wirtschafts- und Sozialausschuss sowie einem Ausschuss der Regionen mit beratender Aufgabe unterstützt.

1. Der Europäische Wirtschafts- und Sozialausschuss

Der Europäische Wirtschafts- und Sozialausschuss (EWSA, www.eesc.europa.eu) besteht aus höchstens 350 Vertretern der verschiedenen Gruppen des wirtschaftlichen und sozialen Lebens, die vom Rat mit qualifizierter Mehrheit auf Vorschlag der Mitgliedstaaten für fünf Jahre ernannt werden (Art. 300 Abs. 2, 302 AEUV). Die 24 deutschen Mitglieder des Ausschusses stammen traditionell vor allem aus den Arbeitgeber- und Arbeitnehmerverbänden. Der EWSA hat ein Präsidium, bildet Fachgruppen und bestimmt eigenständig über seine Geschäftsordnung (Art. 303 AEUV).

Parlament, Rat und Kommission hören den EWSA in den vom Vertrag vorgesehenen Fällen an (z. B. in der Landwirtschaftspolitik, bei der Binnenmarktgesetzgebung und in der Sozialpolitik; vgl. Art. 43 Abs. 2, 113, 114 Abs. 1, 153 Abs. 2 AEUV). Er kann aber auch von sich aus Stellungnahmen abgeben (Art. 304 AEUV). Seine Stellungnahmen haben keine Bindungswirkung.

2. Der Europäische Ausschuss der Regionen

Der Europäische Ausschuss der Regionen (EAdR, www.cor.europa.eu) setzt sich aus höchstens 350 Vertretern der regionalen und lokalen Gebietskörperschaften zusammen, die dort entweder ein auf Wahlen beruhendes Mandat haben oder gegenüber einer gewählten Versammlung politisch verantwortlich sind (Art. 303 Abs. 3, 305 AEUV). Die Mitglieder des EAdR und eine gleiche Anzahl von Stellvertretern werden vom Rat mit qualifizierter Mehrheit auf Vorschlag der Mitgliedstaaten für fünf Jahre ernannt. In der Praxis bedeutet das, dass der jeweilige Mitgliedstaat bestimmt, wie er die ihm zustehenden Posten verteilt. Unter den 24 deutschen Vertretern finden sich hauptsächlich Ministerpräsidenten sowie Minister und Staatssekretäre der Länder, während den Kommunen nur drei Sitze überlassen wurden. Wie der EWSA verfügt der EAdR über ein Präsidium und Fachkommissionen. Seit dem Amsterdamer Vertrag besitzt er die volle Geschäftsordnungsautonomie (Art. 306 AEUV).

Gemäß Art. 307 AEUV muss der EAdR von Parlament, Rat oder Kommission in den im Vertrag vorgesehenen Fällen angehört werden (z. B. in den Bereichen Soziales, Bildung, Kultur, Gesundheit, Strukturfonds und Umwelt: Art. 153 Abs. 2, 165 Abs. 4, 166 Abs. 4, 167 Abs. 5, 168 Abs. 4, 177 und 192 AEUV). In allen anderen Fällen kann er angehört werden, insbesondere in solchen, die die grenzüberschreitende Zusammenarbeit betreffen. Er kann auch von sich aus Stellungnahmen abgeben. Wie die Stellungnahmen des EWSA haben auch die des EAdR keine Verbindlichkeit.

Durch den Vertrag von Lissabon wurde der EAdR – auch im Vergleich zum EWSA – deutlich aufgewertet. So verfügt der EAdR nun erstmals über ein eigenes Klagerecht zur Wahrung seiner Rechte und rückt damit in den Kreis der teilprivilegiert Klageberechtigten auf (Art. 263 Abs. 3 AEUV). Außerdem verleiht Art. 8 Abs. 2 des Subsidiaritätsprotokolls (Protokoll Nr. 2 über die Anwendung der Grundsätze der Subsidiarität und der Verhältnismäßigkeit) dem EAdR das Recht, bei Verstößen gegen das Subsidiaritätsprinzip die Nichtigkeitsklage nach Art. 263 AEUV zu erheben; diese **Subsidiaritätsklage** steht dem EAdR in Bezug auf alle Gesetzgebungsakte offen, für deren Erlass seine Anhörung vorgeschrieben ist.

X. Nebeneinrichtungen

1. Die Europäische Zentralbank und das Europäische System der Zentralbanken

Im Rahmen der Währungspolitik der Union, die in ihrer heutigen Form auf den Vertrag von Maastricht zurückgeht, wurde eine Europäische Zentralbank (EZB) und ein Europäisches System der Zentralbanken (ESZB) errichtet.

Die **EZB** (www.ecb.europa.eu) hat Rechtspersönlichkeit und ist allein befugt, die Ausgabe des Euro zu genehmigen (Art. 282 Abs. 3 Satz 1 u. 2 AEUV). Ihre Beschlussorgane sind das EZB-Direktorium und der EZB-Rat. Die sechs Mitglieder des EZB-Direktoriums (Präsident, Vizepräsident und vier weitere Mitglieder) werden vom Europäischen Rat mit qualifizierter Mehrheit nach Anhörung des Parlaments und des EZB-Rates für ein einmaliges Mandat von acht Jahren ernannt (Art. 283 AEUV). Der EZB-Rat besteht seinerseits aus den Mitgliedern des EZB-Direktoriums und den Präsidenten der nationalen Zentralbanken.

Das **ESZB** hat keine Rechtspersönlichkeit. Es besteht aus der EZB und den nationalen Zentralbanken, also in Deutschland der Bundesbank, und wird von den Beschlussorganen der EZB – EZB-Rat und Direktorium – geleitet (Art. 282 Abs. 1 und 2 AEUV). Vorrangiges Ziel des ESZB ist die **Preisstabilität**, die nicht mit Wechselkursstabilität verwechselt werden darf (Art. 127 Abs. 1, 282 Abs. 2 Satz 2 AEUV).

Gemäß Art. 130 AEUV dürfen weder die EZB noch die nationalen Zentralbanken Weisungen von anderen Stellen einholen oder entgegennehmen. Das Grundprinzip der **Zentralbankunabhängigkeit** ist damit in der EU nicht nur auf „einfachgesetzlicher", sondern auf „verfassungsrechtlicher" Ebene (Änderung nur durch eine von allen Mitgliedstaaten mitgetragene Vertragsänderung) festgeschrieben (vgl. für die EZB auch Art. 282 Abs. 3 Satz 3 u. 4 AEUV).

Aus Art. 284 Abs. 3 AEUV ergeben sich allerdings **Berichtspflichten** der EZB gegenüber dem Europäischen Parlament, dem Rat und der Kommission. Die parlamentarische Kontrolle der EZB ist dabei stärker als in Deutschland, aber schwächer als z. B. in den USA ausgebildet.

2. Die Europäische Investitionsbank

Die in Art. 308, 309 AEUV geregelte Europäische Investitionsbank (EIB, www.eib.europa.eu) besteht bereits seit dem Inkrafttreten des EWG-Vertrags. Sie besitzt Rechtspersönlichkeit. Ihre Aufgaben liegen vor allem in der Förderung der Entwicklung zurückgebliebener Gebiete, auch außerhalb der Union. Die EIB erleichtert die Finanzierung von Investitionsvorhaben und -programmen des öffentlichen und privaten Sektors, die im europäischen Interesse liegen, durch Darlehen und Bürgschaften, die sie ohne Erwerbszweck vergibt. Dabei kann die Förderung durch die EIB auch in Verbindung mit der Unterstützung aus den Strukturfonds und anderen Finanzierungsinstrumenten der Union gewährt werden. Auf diese Weise können etwa die Politiken der Union auf den Gebieten Umwelt, Forschung, Energie, Verkehr und Entwicklungshilfe flankiert sowie kleine und mittelständische Unternehmen unterstützt werden.

3. Weitere Einrichtungen

Die Union hat kraft ihrer Organisationsgewalt weitere Einrichtungen mit z. T. wichtigen Hilfsfunktionen geschaffen. Beispiele sind das Harmonisierungsamt für den Binnenmarkt (HABM), das Europäische Amt für Betrugsbekämpfung (OLAF), die Europäische Umweltagentur (EEA), die Europäische Beobachtungsstelle für Drogen und Drogensucht, das Amt für Lebensmittelsicherheit (EFSA), die Europäische Chemikalienagentur (ECHA) und die Europäische Grundrechteagentur (FRA). Im Rahmen der polizeilichen und justiziellen Zusammenarbeit in Strafsachen sind z. B. Europol als Koordinierungsstelle der nationalen Polizeibehörden und Eurojust als Koordinierungsstelle der nationalen Justiz- und Strafverfolgungsbehörden eingerichtet worden; der Vertrag von Lissabon hat mit Art. 86 AEUV zudem die Rechtsgrundlage für eine europäische Staatsanwaltschaft geschaffen. Rechtliche Probleme können sich jeweils im Hinblick auf die Kontrolle dieser Einrichtungen und auf Haftungsfragen ergeben. Dass ihre Handlungen der Rechtsprechung der Unionsgerichtsbarkeit unterliegen, ist seit den Lissabonner Reformen durch die Neufassung von Art. 263 Abs. 1 und Art. 267 Abs. 1 lit. b AEUV geklärt.

3. Kapitel: Rechtsquellen des Unionsrechts

Der Vertrag von Lissabon hat die seit dem Vertrag von Maastricht bestehende und durch die Verträge von Amsterdam und Nizza weiterentwickelte Drei-Säulen-Struktur von Union und Gemeinschaften aufgehoben. Es existiert nur noch die Europäischen Union, die mit eigener Rechtspersönlichkeit ausgestattet ist (Art. 47 EUV) und die Rechtsnachfolgerin der Europäischen Gemeinschaft ist (Art. 1 Abs. 3 EUV; vgl. zum Ganzen oben S. 14).

Zu unterscheiden ist deshalb nicht mehr zwischen Unionsrecht und Gemeinschaftsrecht, sondern nur noch zwischen **primärem** und **sekundärem Unionsrecht**. Das primäre Unionsrecht bildet die „Verfassung" der Union. Das sekundäre Unionsrecht wird von den Organen der Union als abgeleitetes Recht geschaffen. Hierfür enthält das primäre Unionsrecht die kompetenz- und verfahrensrechtlichen Grundlagen. Von **tertiärem Unionsrecht** kann gesprochen werden, wenn ein EU-Organ – zumeist die Kommission – aufgrund von sekundärrechtlichen Bestimmungen (in der Regel sog. Grundverordnungen) Ergänzungs- oder Durchführungsbestimmungen erlässt.

A. Primäres Unionsrecht

Das primäre Unionsrecht steht an der Spitze der unionsrechtlichen Normenhierarchie. Es ist Prüfungsmaßstab für die Rechtmäßigkeit von Sekundärrecht; Letzteres muss im Lichte des Primärrechts ausgelegt werden (EuGHE, C-305/05, 2007, I-5305 – Ordre des barreaux, Rn. 28). Unterschieden werden das geschriebene und das ungeschriebene Unionsprimärrecht.

1. Geschriebenes Unionsprimärrecht

a) Bestandteil des primären Unionsrechts sind zunächst die **Gründungsverträge** der EWG und der EAG. Der früher zum Unionsprimärrecht gehörende EGKS-Vertrag lief am 22. 7. 2002 aus. Die Europäische Atomgemeinschaft ist ausgegliedert und besteht als unabhängige internationale Organisation weiter, die mit der EU lediglich institutionell verbunden ist.

Gleichgestellt mit den Gründungsverträgen sind die **Abänderungs- und Ergänzungsverträge** (Art. 48 EUV), sowie die **Verträge über den Beitritt neuer Mitglieder** (Art. 49 EUV). Den Status von Unionsprimärrecht haben auch die den Grundverträgen beigefügten **Anhänge** und **Protokolle** (Art. 51 EUV) wie z.B. das Protokoll Nr. 2 über die Anwendung der Grundsätze der Subsidiarität und der Verhältnismäßigkeit. Heute setzt sich das geschriebene Unionsprimärrecht im Kern aus den beiden Verträgen EUV und AEUV sowie aus der Charta der Grundrechte der EU zusammen, die rechtlich gleichrangig sind (Art. 1 Abs. 3 Satz 2 EUV, Art. 6 Abs. 1 EUV, Art. 1 Abs. 2 Satz 2 AEUV). Daneben besteht auch der EAG-Vertrag weiter.

b) Anlässlich der verschiedenen Regierungskonferenzen zur Änderung der Verträge haben die Mitgliedstaaten als Konferenz **Erklärungen** angenommen oder Erklärungen, die einzelne Regierungen abgegeben hatten, zur Kenntnis genommen, wobei diese Erklärungen dann der Schlussakte der jeweiligen Regierungskonferenz beigefügt wurden (z.B. Erklärung Nr. 1 zur Schlussakte des Vertrags von Amsterdam zur Abschaffung der Todesstrafe, Erklärung Nr. 17 zur Schlussakte des Vertrags von Lissabon zum Vorrang des Unionsrechts). Im Gegensatz zu Protokollen sind solche Erklärungen nicht rechtsverbindlich. Falls sie von allen Mitgliedstaaten angenommen wurden, werden sie aber vom Gerichtshof bei der Auslegung der Verträge berücksichtigt.

c) Zum geschriebenen primären Unionsrecht gehören außerdem primärrechtsändernde Beschlüsse des Rates, die in den Verträgen vorgesehen sind. Sie erlauben „Verfassungsänderungen" außerhalb seltener und schwerfälliger Regierungskonferenzen (vgl. Art. 48 Abs. 7 EUV, sog. allgemeines Brückenverfahren).

Beachte: Der Gerichtshof kann das von den Mitgliedstaaten geschaffene geschriebene Primärrecht nur auslegen, **nicht aber seine Rechtmäßigkeit in Frage stellen.** Nach Art. 263 und 267 AEUV darf der Gerichtshof nur die Gültigkeit der Handlungen der Organe, d.h. des Sekundärrechts, überprüfen (vgl. z.B. EuGHE, 31/86, 1988, 2285 = Hummer, S. 348 – LAISA).

2. Ungeschriebenes Unionsprimärrecht

a) Die Unionsrechtsordnung ist eine immer noch im Aufbau befindliche und damit notwendigerweise in vielen Punkten unvollständige Rechtsordnung. Bis heute besitzt das Unionsrecht z.B. kein kodifiziertes allgemeines Verwaltungsrecht, auch war bis zum Inkrafttreten des Vertrags von Lissabon kein verbindlicher Grundrechtekatalog vorhanden. Die immer wieder auftretenden Lücken hat der Gerichtshof, soweit im konkreten Fall erforderlich, durch die Entwicklung sog. **allgemeiner Rechtsgrundsätze** (Französisch: *principes généraux du droit*, Englisch: *general principles of law*) geschlossen.

Sie dienen der Lösung von Problemen im Unionsrecht, die in ähnlicher Weise auch in den Rechtsordnungen der Mitgliedstaaten auftauchen. Der Gerichtshof gewinnt die allgemeinen Rechtsgrundsätze deshalb aus einer **wertenden Rechtsvergleichung** der Verfassungen und Gesetze der Mitgliedstaaten (vgl. dazu GA' Kokott, Schlussanträge in EuGH, Rs. C-550/07 P – Akzo, Rn. 94 ff.), sowie aus den von diesen geschlossenen völkerrechtlichen Verträgen, wobei namentlich die EMRK zu berücksichtigen ist.

Diese **Methode der Rechtsfindung** wird von den Verträgen in Art. 19 Abs. 1 EUV (Wahrung „des Rechts", nicht nur Wahrung der Verträge) und Art. 340 Abs. 2 AEUV vorausgesetzt und gebilligt. Im Bereich der Grundrechte hat Art. 6 Abs. 3 EUV die Rechtsprechung des EuGH bekräftigt.

Vom Gerichtshof sind daher ursprünglich in den Verträgen nicht enthaltene Grundrechte Einzelner (z.B. Eigentumsschutz, Berufsfreiheit, vgl. unten S. 266), sowie rechtsstaatliche bzw. verwaltungsrechtliche Grundsätze wie der Verhältnismäßigkeitsgrundsatz, der Grundsatz des Vertrauensschutzes, aber auch Regeln über die Rücknahme bestandskräftiger Beschlüsse der Kommission (vgl. unten S. 107 f.), unter Rückgriff auf eine wertende Rechtsvergleichung herausgearbeitet worden.

b) **Gewohnheitsrecht** hat im Unionsrecht im Gegensatz zu den allgemeinen Rechtsgrundsätzen keine große praktische Bedeutung. Als Beispiel wird im deutschen Schrifttum manchmal der Umstand genannt, dass im Rahmen von Art. 16 Abs. 2 EUV auch Staatssekretäre, unabhängig von ihrer innerstaatlichen Rechtsstellung, gewohnheitsrechtlich als Regierungsmitglieder angesehen und in den Rat entsandt werden können.

B. Sekundäres Unionsrecht

Unter sekundärem Unionsrecht sind die **von den Organen der Union geschaffenen Rechtsakte** zu verstehen. Diese müssen wenigstens mittelbar auf einer speziellen Ermächtigungsnorm des primären Unionsrechts beruhen (Prinzip der begrenzten Einzelermächtigung, vgl. unten S. 81 f.). Unterschieden werden die

- von der **Union geschlossenen völkerrechtlichen Verträge** (internationale Übereinkünfte),
- die in Art. 288 AEUV aufgezählten **typischen Handlungsformen** (Verordnungen, Richtlinien, Beschlüsse, Stellungnahmen und Empfehlungen) und
- sonstige, nicht ausdrücklich in den Verträgen vorgesehene Handlungsformen (**atypische Rechtsakte**).

1. Von der Union geschlossene internationale Übereinkünfte

Wichtige Rechtsgrundlagen für **völkerrechtliche Verträge** (auch internationale Übereinkünfte oder Abkommen genannt), die die Union mit Drittstaaten oder internationalen Organisationen schließt, finden sich in Art. 207 Abs. 1 und Art. 216 Abs. 1 AEUV. Das Verfahren richtet sich nach Art. 218 AEUV. Die Bestimmungen solcher völkerrechtlicher Verträge bilden, sobald sie in Kraft treten, automatisch einen integralen („integrierenden") Bestandteil der Unionsrechtsordnung (EuGHE, 181/73, 1974, 449 = Hummer, S. 400 – Haegeman).

Nach überwiegender Ansicht stellen sie als Akte von Organen, die einer Rechtsgrundlage im Vertrag bedürfen, sekundäres und nicht primäres Unionsrecht dar. Sie stehen also im **Rang unter dem primären Unionsrecht**. Dies folgt auch aus Art. 218 Abs. 11 AEUV, wonach bei Unvereinbarkeit eines geplanten Übereinkommens mit dem Vertrag dieses – vorbehaltlich einer Vertragsänderung – nicht abgeschlossen werden darf. Die geschlossenen Übereinkünfte **gehen jedoch dem übrigen sekundären Unionsrecht vor,** was sich aus Art. 216 Abs. 2 AEUV ergibt (sie binden die Unionsorgane beim Erlass sonstiger Rechtsakte).

Das **übrige sekundäre Unionsrecht ist grundsätzlich gleichrangig.** Bei Kollisionen gilt somit die *Lex-posterior-* und die *Lex-specialis-*Regel. Insbesondere besteht keine Hierarchie zwischen Gesetzgebungsakten und Rechtsakten ohne Gesetzgebungscharakter. Vielmehr ist mit der Bezeichnung „Gesetzgebungsakt" das Verfahren angesprochen, in dem der Rechtsakt erlassen ist (Art. 289 Abs. 3 AEUV). Eine Ausnahme gilt, soweit die Kommission nach Art. 290 Abs. 1 AEUV delegierte Rechtsakte erlässt oder nach Art. 291 Abs. 2 AEUV Durchführungsrechtsakte angenommen werden: Dieses **tertiäre Unions-recht** muss mit der sekundärrechtlichen Ermächtigungsgrundlage übereinstimmen und darf auch nicht gegen sonstiges Sekundärrecht verstoßen. Eine Gegenausnahme: Delegierte Rechtsakte können gemäß Art. 290 Abs. 1 AEUV unwesentliche Vorschriften des ermächtigenden Gesetzgebungsaktes ändern (vgl. dazu unten S. 96).

Das Verhältnis von völkerrechtlichen Verträgen, die die **Mitgliedstaaten** außerhalb des Unionsrechts **untereinander oder mit Dritten** geschlossen haben, zum Unionsrecht richtet sich nach **Art. 351 AEUV** und den Regeln des Völkervertragsrechts, wie sie sich aus dem Völkergewohnheitsrecht ergeben und im Wiener Vertragsrechtsübereinkommen kodifiziert sind.

2. Verordnungen

Die **Verordnung** (Art. 288 Abs. 2 AEUV) hat **allgemeine Geltung**, im Sinne von unmittelbarer Wirkung (vgl unten S. 56 ff.). Verordnungen sind – im materiellen Sinne – die „Gesetze" der Union und treffen grundsätzlich eine abstrakt-generelle Regelung. Damit unterscheiden sie sich von den Beschlüssen ge-mäß Art. 288 Abs. 4 AEUV, die zumeist einen konkreten Einzelfall regeln. Die Abgrenzung erfolgt ähn-lich wie im deutschen Recht zwischen Rechtsverordnung (abstrakt-generelle Norm) und Verwaltungs-akt (konkret-individuelle Regelung).

b) Die Verordnung ist außerdem **in allen ihren Teilen verbindlich**. Dies unterscheidet sie einerseits von der Richtlinie (Art. 288 Abs. 3 AEUV), die nur hinsichtlich ihrer Ziele verbindlich ist, und andererseits von den gänzlich unverbindlichen Empfehlungen und Stellungnahmen (Art. 288 Abs. 5 AEUV).

c) Darüber hinaus gilt die Verordnung **unmittelbar**. Sie bedarf weder eines innerstaatlichen Transfor-mationsakts, noch einer Bekanntgabe nach nationalem Recht (EuGHE, 20/72, 1972, 1055 – Cobelex, Rn. 12 ff.; EuGHE, 34/73, 1973, 981 – Variola, Rn. 10, 11).

3. Richtlinien

a) Die **Richtlinie** (Art. 288 Abs. 3 AEUV) ist für jeden Mitgliedstaat, an den sie gerichtet wird, hinsicht-lich des zu erreichenden **Zieles verbindlich**, überlässt den innerstaatlichen Stellen jedoch die **Wahl der Form und der Mittel**. Die Richtlinie ist ein Instrument der mittelbaren oder zweistufigen Rechtsetzung, durch das die Mitgliedstaaten verpflichtet werden, innerhalb einer in der Richtlinie festgelegten Frist durch den Erlass innerstaatlicher Rechtsvorschriften ein vom Unionsgesetzgeber vorgegebenes Ziel zu verwirklichen. Sie werden v. a. bei der **Rechtsangleichung** und **Koordinierung** nationaler Vorschriften eingesetzt. In diesen Fällen soll unter Wahrung der Eigenheiten der nationalen Rechtsordnungen ein möglichst großes Maß an Rechtseinheit erreicht werden. Richtlinien haben keine Entsprechung im na-tionalen Recht. Eine entfernte Ähnlichkeit mag mit der Rahmengesetzgebung nach Art. 75 GG beste-hen. In Praxis und Klausur spielen sie eine herausragende Rolle.

Hinweis zur Vertiefung: Im Bereich der Sozialpolitik besteht für den Unionsgesetzgeber die Möglichkeit, sog. **Rah-menvereinbarungen** der Sozialpartner (europäische Dachorganisationen der Arbeitgeberverbände und Gewerk-schaften) mittels einer Richtlinie für verbindlich zu erklären (Art. 155 AEUV; der dort verwendete Begriff des „Be-schlusses" ist im untechnischen Sinne zu verstehen). Von dieser gesetzgeberischen Möglichkeit ist bereits mehrfach Gebrauch gemacht worden (vgl. Rahmenvereinbarungen über befristete Arbeitsverträge, zur Teilzeitarbeit und zum Elternurlaub). Durch die Verbindlicherklärung seitens des Unionsgesetzgebers werden die Klauseln der Rahmenver-einbarungen zu vollwertigen Richtlinienbestimmungen, auf die die allgemeinen Regeln hinsichtlich Umsetzung, Aus-legung, unmittelbarer Wirksamkeit u.s.w. Anwendung finden (EuGHE, C-268/06, 2008, I-2483 – Impact, Rn. 58).

b) Obwohl sich die Art der Umsetzung einer Richtlinie grundsätzlich nach nationalem Recht richtet, muss ihre **vollständige** und **richtige** Umsetzung gewährleistet sein. Die Umsetzung einer Richtlinie in innerstaatliches Recht verlangt nicht notwendigerweise, dass ihre Bestimmungen förmlich und wört-lich in einer besonderen Gesetzesvorschrift wiedergegeben werden. Das Bestehen entsprechender all-gemeiner verfassungs- oder verwaltungsrechtlicher Grundsätze kann in besonderen Fällen sogar jedes Tätigwerden des nationalen Gesetzgebers überflüssig machen (EuGHE, 29/84, 1985, 1661 – Deutsches Krankenpflegepersonal). Es muss jedoch immer die vollständige Anwendung der Richtlinie gewährleis-tet sein. Die Rechtslage muss so bestimmt, klar und transparent sein, dass der Einzelne erkennen kann, welche Rechte und Pflichten er hat (EuGHE, C-361/88, 1991, I-2567 = Hummer, S. 170 – TA-Luft, Rn. 24; EuGH, C-456/08, Urt. v. 28. 1. 2010 – Kommission/Irland, Rn. 61).

Die folgenden Maßnahmen stellen deshalb z. B. keine ordnungsgemäße Umsetzung dar:

- Erlass eines **unklaren** nationalen Gesetzes;
- bloße **richtlinienkonforme Anwendung** eines nicht richtlinienkonformen Gesetzes durch die Verwal-tung und Gerichte;

- eine bloße **Verwaltungspraxis,** welche die Verwaltung naturgemäß beliebig ändern kann (EuGHE, 102/79, 1980, 1473 = Hummer, S. 173 – Kommission/Belgien);
- ein einfaches **Rundschreiben** der Verwaltung (EuGHE, 239/85, 1986, 3645 – Kommission/Belgien);
- Umsetzung durch **normkonkretisierende Verwaltungsvorschriften** (im konkreten Fall die TA-Luft), wenn der Mitgliedstaat nicht nachweisen kann, dass die Durchführung der Richtlinie mit unbestreitbarer Verbindlichkeit und mit der Konkretheit, Bestimmtheit und Klarheit erfolgt ist, die notwendig sind, um dem Erfordernis der Rechtssicherheit zu genügen (EuGHE, C-361/88, 1991, I-2567 = Hummer, S. 170 – TA-Luft);
- ein allgemeiner **Verweis** des innerstaatlichen Gesetzes auf die Bestimmungen der Richtlinie und **auf den Grundsatz des Vorrangs des Unionsrechts** (EuGHE, C-96/95, 1997, I-1653 – Kommission/ Deutschland);
- der Hinweis, die in der Richtlinie geregelten Sachverhalte oder Tätigkeiten kämen (derzeit) im betroffenen Mitgliedstaat nicht vor (z.B. EuGHE, C-343/08, Urt. v. 14.1.2010 – Kommission/Tschechien).

c) Außerdem muss die Richtlinie **rechtzeitig,** also vor Verstreichen der Umsetzungsfrist, umgesetzt werden:

- Ein Mitgliedstaat kann sich dabei weder auf **praktische Schwierigkeiten** bei der Umsetzung (z.B. wenn das Parlament oder das zuständige Bundesland die Verabschiedung eines entsprechenden Gesetzes ablehnen oder verzögern), noch auf entgegenstehende **Bestimmungen seines innerstaatlichen Rechts** berufen, auch wenn diese Verfassungsrang haben. Falls die Umsetzungsfrist zu kurz bemessen ist, muss sich der Mitgliedstaat auf Unionsebene um eine Verlängerung bemühen. Manche Richtlinien jüngeren Datums, insbesondere im Bereich des Arbeitsrechts, sehen solche Verlängerungsmöglichkeiten ausdrücklich vor.
- Ebenso wenig kann ein Mitgliedstaat die Nichtumsetzung damit rechtfertigen, dass einen **anderen Mitgliedstaat der gleiche Vorwurf** trifft. Im Gegensatz zum Völkerrecht spielt der Grundsatz der Gegenseitigkeit (Reziprozität) von Rechten und Pflichten im Unionsrecht keine Rolle. Es gilt der Grundsatz „keine Gleichheit im Unrecht".
- Die Tatsache, dass sich der Einzelne bei nicht rechtzeitig erfolgter Umsetzung einer Richtlinie gegenüber dem Mitgliedstaat vor Gericht **direkt auf die Richtlinie berufen** kann (s. unten S. 57ff.), stellt nur eine Mindestgarantie dar. Diese Garantie kann keinem Mitgliedstaat als Rechtfertigung dafür dienen, dass er es versäumt hat, rechtzeitig Durchführungsmaßnahmen zu ergreifen (EuGHE, 102/79, 1980, 1473 = Hummer, S. 173 – Betriebserlaubnis für Kfz).

Die unrichtige und/oder verspätete Umsetzung einer Richtlinie stellt einen Verstoß gegen Art. 288 Abs. 3 AEUV i.V.m. Art. 4 Abs. 3 EUV und damit eine **Vertragsverletzung** i.S.v. Art. 258, 259, 260 Abs. 1 AEUV dar (s. unten S. 153ff.).

d) **Vor Verstreichen der in der Richtlinie festgesetzten Frist** sind die Mitgliedstaaten nicht verpflichtet, Umsetzungsmaßnahmen zu erlassen. Dennoch ergeben sich aus Art. 288 Abs. 3 AEUV i.V.m. Art. 4 Abs. 3 EUV gewisse **Vorwirkungen der Richtlinie** (vgl. auch Ehricke, ZIP 2001, 1311ff.): Schon während der Umsetzungsfrist müssen die Mitgliedstaaten Maßnahmen unterlassen, die geeignet sind, die Verwirklichung des Richtlinienziels ernsthaft zu gefährden (sog. **Frustrationsverbot**). Allerdings muss bei der Prüfung, ob ein Mitgliedstaat gegen Art. 288 Abs. 3 AEUV und 4 Abs. 3 EUV verstoßen hat, die ihm zustehende Befugnis in Betracht gezogen werden, vorläufige Vorschriften zu erlassen oder die betreffende Richtlinie schrittweise durchzuführen (EuGHE, C-129/96, 1997, I-7411 = Hummer S. 196 – Inter-Environnement Wallonie). Der Mitgliedstaat darf aber nicht während der Umsetzungsfrist einen ohnehin schon mit den Zielen der Richtlinie unvereinbaren innerstaatlichen Rechtszustand noch weiter verschlechtern (EuGHE, C-144/04, 2005, I-9981 – Mangold, Rn. 65ff.). Das Frustrationsverbot gilt für alle staatlichen Stellen einschließlich der Gerichte (EuGHE, C-212/04, 2006, I-6057 – Adeneler, Rn. 122f.).

Klausurhinweis: Die Wirkungen von Richtlinien in der nationalen Rechtsordnung (Pflicht zur richtlinienkonformen Auslegung, unmittelbare Wirkung) und der Rechtsschutz bei nicht ordnungsgemäß umgesetzten Richtlinien (Vertragsverletzungsverfahren, Schadenersatzanspruch, unionsrechtliche Vorgaben für das nationale Verfahrensrecht) werden unten jeweils ausführlich besprochen. Dennoch sollen bereits hier die wichtigsten Prüfungsschritte für den in Praxis und Klausur häufig auftauchenden Fall einer nicht (vollständig) oder unrichtig umgesetzten Richtlinie angesprochen werden. Folgende Möglichkeiten sind zumindest gedanklich zu prüfen:

- Die Kommission oder andere Mitgliedstaaten können vor dem Gerichtshof ein **Vertragsverletzungsverfahren** nach Art. 258, 259 AEUV gegen den betreffenden Mitgliedstaat einleiten (vgl. unten S. 153ff.).
- Die innerstaatlichen Gerichte müssen in nationalen Streitigkeiten mit unionsrechtlichem Bezug die einschlägigen nationalen Vorschriften – auch wenn diese nicht zur Umsetzung der Richtlinie erlassen worden sind – **richtlinienkonform auslegen,** damit möglichst doch das von der Richtlinie vorgeschriebene Ziel erreicht werden kann (EuGHE, 14/83, 1984, 1891 = Hummer, S. 339 – von Colson und Kamann; EuGHE, C-106/89, 1990, I-4135 =

Hummer, S. 29 – Marleasing). Dies kann sich – im Gegensatz zur unmittelbaren Wirkung (dazu sogleich) – auch zulasten Einzelner auswirken. Die Grenzen einer solchen Auslegung ziehen allgemeine Rechtsgrundsätze und der klare Wortlaut des nationalen Gesetzes (vgl. unten S. 78).

● Bei nicht erfolgter Umsetzung oder bei Unvereinbarkeit der nationalen Bestimmungen mit der Richtlinie kann die Richtlinie nach Ablauf der Umsetzungsfrist **unmittelbare Wirkung** in dem Sinne haben, dass sich der Einzelne direkt auf sie oder auf Teile ihrer Bestimmungen **gegenüber dem Staat** berufen kann (EuGHE, 8/81, 1982, 53 = Hummer, S. 12 – Becker). Entgegenstehendes nationales Recht darf dann nicht angewendet werden. Die unmittelbare Wirkung von Richtlinien gilt aber nicht zulasten Einzelner. Weder der Staat, z. B. in Strafverfahren (EuGHE, 80/86, 1987, 3969 = Hummer, S. 41 – Kolpinhuis Nijmegen), noch ein Einzelner, z. B. in Zivilprozessen (EuGHE, 152/84, 1986, 723 = Hummer, S. 21 – Marshall I), können sich deshalb **gegenüber einer Privatperson** auf die unmittelbare Wirkung einer Richtlinie berufen (vgl. unten S. 60).

● Wenn eine Richtlinie nicht ordnungsgemäß oder verspätet umgesetzt wird, kann der Einzelne gegen den Staat unter bestimmten Voraussetzungen einen sich aus dem Unionsrecht ergebenden **Staatshaftungsanspruch** auf Schadensersatz haben (EuGHE, 6/90, 1991, I-5357 = Hummer, S. 188 – Francovich, vgl. unten S. 113 ff.).

● Bei der **Anwendung von Normen des nationalen Verwaltungsverfahrens- oder Prozessrechts** (z. B. Regeln über die Bestandskraft und Rücknahme von Verwaltungsakten, Gerichtszuständigkeiten, Klagefristen, Beweislastregeln), die für die Durchsetzung von sich aus Richtlinien ergebenden Rechten Einzelner von Bedeutung sind, müssen zwei Vorgaben des Unionsrechts beachtet werden (vgl. z. B. EuGHE, C-312/93, 1995, I-4599 = Hummer, S. 229 – Peterbroek): Erstens dürfen die anwendbaren Regeln des nationalen Verfahrensrechts in Fällen mit Unionsbezug nicht weniger günstig sein als in Fällen, in denen über gleichartige, aber rein nationale Rechtsstreitigkeiten entschieden wird (**Grundsatz der Äquivalenz** oder **Gleichwertigkeit**). Zweitens darf die Anwendung des nationalen Verfahrensrechts die Durchsetzung der durch eine Richtlinie gewährten Rechte nicht praktisch unmöglich machen oder übermäßig erschweren (**Grundsatz der Effektivität**) (vgl. unten S. 108 f.).

e) Als die polizeiliche und justizielle Zusammenarbeit in Strafsachen noch nicht vergemeinschaftet war, sondern eine eigenständige dritte Säule in der EU darstellte, sah das Unionsrecht dort als besondere Handlungsform den **Rahmenbeschluss** vor (Art. 34 Abs. 2 lit. b EUV i.d.F.d. Vertrags von Amsterdam). Dieser ähnelte in seiner Zielsetzung und Wirkungsweise der Richtlinie, insbesondere diente auch er der Angleichung nationalen Rechts. Der Grundsatz der konformen Auslegung wurde auf Rahmenbeschlüsse übertragen (EuGHE, C-105/03, 2005, I-5285 – Pupino). Wesentlicher Unterschied zur Richtlinie war jedoch der ausdrückliche Ausschluss jeglicher unmittelbarer Wirkung. Nach der Vergemeinschaftung dieses Rechtsgebiets durch den Vertrag von Lissabon (Art. 82–89 AEUV) wurde die Handlungsform des Rahmenbeschlusses ersatzlos abgeschafft; heute können auch im Strafrecht Richtlinien erlassen werden. Nach altem Recht erlassene Rahmenbeschlüsse (z. B. der Rahmenbeschluss über den Europäischen Haftbefehl) bleiben aber weiter gültig; für sie gelten noch während einer fünfjährigen Übergangszeit die gemäß Art. 35 EUV a. F. beschränkten Rechtsprechungskompetenzen des EuGH (vgl. unten S. 120, 151).

4. Beschlüsse

Beschlüsse (Art. 288 Abs. 4 AEUV) dienen grundsätzlich der **Regelung eines Einzelfalls.** Im Gegensatz zur Richtlinie und zur Empfehlung oder Stellungnahme sind sie **in allen ihren Teilen verbindlich.** Ist ein Beschluss an einen Einzelnen oder an mehrere Adressaten gerichtet, so ist er nur für diese verbindlich.

Ein Beschluss, der sich an einen Einzelnen richtet, ist mit einem nationalen Verwaltungsakt vergleichbar (z. B. Bußgeldentscheidung im Kartellrecht). Beschlüsse gegenüber den Mitgliedstaaten (z. B. Rückforderungsanordnung in Beihilfefällen) regeln zwar auch einen Einzelfall. Oft bedürfen sie aber einer Umsetzung im nationalen Recht.

Unabhängig von der gewählten Bezeichnung stellen an Einzelne gerichtete ungekennzeichnete Rechtsakte Beschlüsse i.S.v. Art. 288 Abs. 4 AEUV dar, falls sie bezwecken, Rechtswirkungen zu erzeugen. Es kommt also auf den Inhalt, nicht auf die äußere Form an. Selbst hinter einem schlichten Verwaltungsschreiben kann sich ein Beschluss verbergen.

Hinweis zur Vertiefung: Vor dem Inkrafttreten des Vertrags von Lissabon wurde in der deutschen Version der Verträge zwischen **Entscheidungen** (Art. 249 Abs. 4 EGV) und sonstigen **Beschlüssen** der Gemeinschafts- bzw. Unionsorgane (z. B. im Rahmen der GASP) unterschieden. In den meisten anderen Sprachfassungen war aber seit jeher eine einheitliche Terminologie verwendet worden (z. B. Französisch: *décisions*, Englisch: *decisions*). Dem hat sich nunmehr auch die deutsche Sprachfassung angepasst. In der Sache bestand ohnehin kein grundlegender Unterschied zwischen Entscheidungen und Beschlüssen.

5. Empfehlungen und Stellungnahmen

Empfehlungen und Stellungnahmen (Art. 288 Abs. 5 AEUV) sind **unverbindlich** und können daher grundsätzlich weder für ihre Empfänger noch für Dritte Rechte oder Pflichten begründen. Dennoch gibt es Situationen, in denen sie **mittelbar Rechtswirkungen** erzeugen. Hat z. B. ein Mitgliedstaat sein nationales Recht entsprechend einer Empfehlung gestaltet, sind die innerstaatlichen Gerichte verpflichtet, diese Empfehlung bei der Entscheidung des anhängigen Rechtsstreits zu berücksichtigen, insbesondere wenn die Empfehlung geeignet ist, Aufschluss über die Auslegung innerstaatlicher oder unionsrechtlicher Bestimmungen zu geben (EuGHE, C-322/88, 1989, 4407 = Hummer, S. 257 – Grimaldi).

Empfehlungen und Stellungnahmen sind letztlich nur zwei Ausdrücke für den immer größer werdenden Korpus des sog. „soft law" im Unionsrecht. Dazu gehören die zahlreichen Mitteilungen, Bekanntmachungen und Leitlinien, in denen die Kommission u. a. im Bereich des Wettbewerbsrechts ihre gegenwärtige und künftige Verwaltungspraxis darstellt. Selbst wenn solche Dokumente nicht rechtsverbindlich sind, tragen sie doch zur Rechtssicherheit bei, indem sie das Verwaltungshandeln vorhersehbar machen. Überdies kann es zu einer **Selbstbindung der Verwaltung** kommen (EuGHE, C-382/99, 2002, I-5163 – Niederlande/Kommission, Rn. 24; EuG, T-114/02, 2002, II-1279 – BaByLiss, Rn. 143).

6. Atypische Unionsrechtsakte

Art. 288 AEUV gilt nur für die Organe der EU. Schon aus diesem Grund stellen Rechtsakte der Einrichtungen und sonstigen Stellen der EU, wie z. B. von Europol, streng genommen keine Beschlüsse i. S. dieser Vorschrift dar. Aber auch Parlament, Rat und Kommission sind nicht auf die Handlungsformen des Art. 288 AEUV beschränkt. Sie können z. B. Entschließungen oder Programme annehmen. Zumeist wird dies aber in Gestalt von förmlichen Beschlüssen geschehen. Auch ist die frühere Vielfalt nunmehr durch Art. 296 Abs. 3 AEUV begrenzt, wonach EP und Rat keinen nicht vorgesehenen Rechtsakt annehmen, wenn sie mit dem Entwurf eines Gesetzgebungsaktes befasst sind.

7. Rechtsakte im Bereich der Gemeinsamen Außen- und Sicherheitspolitik (GASP)

Die Union verfügt im Rahmen der GASP seit dem Vertrag von Lissabon nicht mehr über eigenständige Handlungsformen. Vielmehr ist Handlungsform der **Beschluss**. Art. 25, 26 EUV nennen zwar die früheren Handlungsformen, nämlich die allgemeinen Leitlinien, den gemeinsamen Standpunkt, die gemeinsame Aktion und der Sache nach auch die gemeinsame Strategie. Damit wird jedoch nur der Inhalt des jeweils zu erlassenden Beschlusses beschrieben. Es ist davon auszugehen, dass **die im Rahmen der GASP erlassenen Beschlüsse** wie die übrigen Beschlüsse der Union gemäß Art. 288 Abs. 4 AEUV **in allen ihren Teilen verbindlich** sind. Dem steht nicht entgegen, dass jeder Mitgliedstaat die Bindung für sich unterlaufen kann, in dem er sich nach Art. 31 Abs. 1 UAbs. 2 EUV der Stimme enthält und die dort genannte Erklärung abgibt (**konstruktive Enthaltung**).

Ob Beschlüsse im Rahmen der GASP nur die Mitgliedstaaten binden oder ihnen auch **unmittelbare Wirkung** und/oder **Vorrang** vor dem nationalen Recht zukommt, ist noch nicht restlos geklärt, da der Gerichtshof dazu mangels Rechtsprechungszuständigkeit noch nicht Stellung nehmen konnte.

- Zwar sind die primärrechtlichen Bestimmungen der GASP und die in ihrem Rahmen erlassenen Rechtsakte angesichts des intergouvernementalen Charakters dieses Rechtsgebiets traditionell nicht auf **unmittelbare Wirkungen** ausgelegt. Doch schließt dies nicht aus, dass sich bestimmte im Rahmen der GASP gefasste Beschlüsse einmal (ausnahmsweise) direkt zugunsten oder zulasten von Einzelnen auswirken und damit unmittelbare Wirkung entfalten können (z. B. Beschluss zur Aufstellung einer Liste mit Terrorismusverdächtigen: dieser berührt unmittelbar die Persönlichkeitsrechte der Betroffenen, werden doch ihre Namen mit schweren Straftaten in Verbindung gebracht). Eine solche Möglichkeit unmittelbarer Wirkungen setzt nunmehr jedenfalls Art. 275 Abs. 2 AEUV voraus, der für derartige Fälle Einzelnen ausnahmsweise ein Klagerecht einräumt (aA BVerfGE 123, 267 = NJW 2009, 2267 – Lissabon, Absatz-Nr. 342, ohne sich allerdings mit den Terroristenfällen und Art. 275 Abs. 2 AEUV auseinanderzusetzen).
- Was den **Vorrang** vor nationalem Recht anbelangt, so nimmt die Erklärung zum Vorrang des Unionsrechts (Erklärung Nr. 17 zum Vertrag von Lissabon) die Bestimmungen der GASP jedenfalls nicht ausdrücklich aus. Auf jeden Fall folgt aus der Verbindlichkeit der Beschlüsse im Rahmen der GASP eine **Pflicht zur unionsrechtskonformen Auslegung** und Anwendung nationalen Rechts (in diesem Sinne EuGHE, C-105/03, 2005, I-5285 – Pupino, zur ehemaligen dritten Säule).

Die Erklärungen Nr. 13 und 14 zum Vertrag von Lissabon, wonach die Bestimmungen über die GASP die Kompetenzen der Mitgliedstaaten auf dem Gebiet der Außen- und Sicherheitspolitik unberührt lassen, stellen lediglich klar, dass die Union durch die Lissabonner Reformen keine neuen oder gar ausschließlichen Zuständigkeiten auf außen- und sicherheitspolitischem Gebiet erlangt hat. Nicht jedoch schließen sie eine – sicher nur vereinzelt anzunehmende – unmittelbare Wirkung sowie eine Pflicht zur GASP-konformen Auslegung und Anwendung nationalen Rechts aus, sofern die Union im Rahmen ihrer bestehenden Kompetenzen auf außen- und sicherheitspolitischem Gebiet handelt (aA Streinz/Ohler/Hermann, S. 119 f.).

Abgesehen von Beschlüssen kann die Union im Bereich der GASP auch **völkerrechtliche Übereinkünfte** mit Drittstaaten oder internationalen Organisationen schließen (Art. 37 EUV, vgl. unten S. 97 ff.).

C. Atypische Instrumente

Das Unionsrecht enthält keine systematische und abschließende Zusammenstellung aller Instrumente, die von den EU-Organen oder Mitgliedstaaten im Rahmen von oder jedenfalls im Zusammenhang mit der Union benutzt werden. Folgende atypische Instrumente verdienen es, erwähnt zu werden:

- **Interinstitutionelle Vereinbarungen** werden zwischen Parlament, Rat und Kommission zur Erleichterung der Anwendung der institutionellen Vorschriften der Verträge geschlossen (z. B. Rahmenvereinbarung über die Beziehungen zwischen dem Europäischen Parlament und der Europäischen Kommission, ABl. 2010, L 304, S. 47; Interinstitutionelle Vereinbarung „Bessere Rechtsetzung", ABl. 2003, C 321, S. 1).
- Die **Schlussfolgerungen und Entschließungen des Europäischen Rates** haben zwar eher politischen als rechtlichen Charakter. In der Praxis entscheiden sie jedoch oft über Wohl und Wehe der europäischen Integration und über das Schicksal von laufenden Rechtsetzungsvorhaben. Sie sind die politisch wichtigsten Dokumente im Bereich der europäischen Integration, da in ihnen der jeweilige politische Wille der Mitgliedstaaten zum Fortgang des Integrationsprozesses zum Ausdruck kommt.
- Die **Entschließungen und Schlussfolgerungen des Rates** sind zwar ebenfalls nicht rechtlich bindend, können aber nach der Rechtsprechung für die Auslegung von Rechtsakten von Belang sein. Das Gleiche gilt für die in die Protokolle oder Schlussfolgerungen des Rates aufgenommenen Erklärungen der Mitgliedstaaten.
- **Völkerrechtliche Verträge der Mitgliedstaaten untereinander** können mit den Verträgen nur in losem Zusammenhang stehen (z. B. das ursprüngliche Schengen-Abkommen und das EuGVÜ). Solche Verträge fungieren aber gegebenenfalls als Vorläufer von späterem Unionsrecht, wenn sich zunächst nicht alle Mitgliedstaaten beteiligen wollen oder die Zuständigkeit der Union für die geregelten Sachgebiete strittig ist.
- Grundsätzlich völkerrechtlicher Natur sind auch die **Beschlüsse der im Rat vereinigten Vertreter der Mitgliedstaaten**. In einigen Vorschriften sehen die Verträge jedoch ausdrücklich das Handeln der Regierungen der Mitgliedstaaten vor (z. B. Art. 253 Abs. 1 AEUV); insoweit handelt es sich dann technisch um Unionsrechtsakte, die aber der Kontrolle durch Parlament und Gerichtshof entzogen sind.

4. Kapitel: Die innerstaatliche Wirkung des Unionsrechts und seine Auslegung

A. Unmittelbare Wirkung

Das Unionsrecht gilt nicht nur im Verhältnis zwischen der Union und den Mitgliedstaaten, sondern kann auch unmittelbar gegenüber den Bürgern Anwendung finden, und zwar im Verhältnis Einzelner/Union, Einzelner/Mitgliedstaat sowie Einzelner/Einzelner. Man spricht dann vom Durchgriff oder der unmittelbaren Wirkung, Anwendbarkeit oder Geltung des Unionsrechts, wobei die Begriffe weitgehend synonym verwendet werden (vgl. Jarras DVBl. 1995, 954). In der Literatur wird jedoch z.T. betont, dass dem Begriff „unmittelbare Geltung" eine weitergehende Bedeutung zukomme: Er besage, dass das sekundäre Unionsrecht innerstaatlich ohne Umsetzung durch die Mitgliedstaaten (= unmittelbar) gelte. Dieser Unterscheidung folgen die amtlichen Texte jedoch nicht, was etwa daraus ersichtlich ist, dass dort in der französischen und englischen Fassung für den deutschen Begriff „unmittelbare Geltung" in der Regel die Begriffe *applicabilité directe* bzw. *direct applicability* verwendet werden (z.B. EuGHE, 106/77, 1978, 629 = Hummer, S. 36 – Simmenthal, Rn. 14).

Bei der Frage, ob eine Norm unmittelbar anwendbar ist, kommt es auf ihren Adressaten (Union, Mitgliedstaat oder Einzelner) und ihren durch Auslegung zu bestimmenden Inhalt (hinreichende Genauigkeit oder bloßer Rechtsetzungsauftrag) an. Hingegen ist es keine Voraussetzung unmittelbarer Wirkung, dass die betreffende Norm dem Einzelnen *ausdrücklich* Rechte einräumt.

Hinweis: Unabhängig von der Frage, ob eine unionsrechtliche Norm unmittelbar anwendbar ist, entfaltet sie auf jeden Fall (auch) **mittelbar Wirkungen** für das nationale Recht: Der innerstaatliche Gesetzgeber ist stets verpflichtet, die nationale Rechtsordnung an das Unionsrecht anzupassen, und das nationale Recht ist unionsrechtskonform auszulegen (vgl. dazu unten S. 77). Das Unionsrecht setzt also verbindliche Maßstäbe für die Ausgestaltung, Auslegung und Anwendung des innerstaatlichen Rechts.

I. Die unmittelbare Wirkung des primären Unionsrechts

Eindeutig ist die unmittelbare Anwendbarkeit der kartellrechtlichen Ge- und Verbote in Art. 101 und 102 AEUV, da sie sich ausdrücklich an Unternehmen richten und deren Rechtsverhältnisse in bestimmter Weise regeln.

Aber auch solche Vorschriften, die sich ihrem Wortlaut nach nur an die Mitgliedstaaten richten (vgl. z.B. Art. 30, 34, 35 AEUV), können – insbesondere im Verhältnis Einzelner/Mitgliedstaat – unmittelbare Wirkung haben. Enthält eine Norm eine eindeutige Verpflichtung des Mitgliedstaats (z.B. nicht aus Gründen der Staatsangehörigkeit zu diskriminieren), kann sich der Einzelne auf diese Verpflichtung, die den Mitgliedstaat an sich nur im Verhältnis zur Union trifft, berufen und ein entsprechendes Individualrecht (nämlich nicht aus Gründen der Staatsangehörigkeit diskriminiert zu werden) geltend machen.

Um unmittelbare Wirkung zu entfalten, müssen unionsrechtliche Vorschriften folgende, sich weitgehend überschneidende Voraussetzungen erfüllen (vgl. EuGHE, 26/62, 1963, 1 = Hummer, S. 32 – van Gend & Loos, Rn. 12; EuGHE, 44/84, 1986, 29 – Hurd, Rn. 47; Streinz Rn. 407 ff.): Die Vorschrift muss

– rechtlich vollkommen sein, d.h. ohne jede weitere Konkretisierung anwendbar,
– sie muss unbedingt sein,
– sie muss in einer Handlungs- oder Unterlassungspflicht für die Mitgliedstaaten bestehen, die keiner im Ermessen stehenden Ausführungshandlung der Unionsorgane oder der Mitgliedstaaten bedarf.

Diese Voraussetzungen lassen sich dahingehend zusammenfassen, dass die Bestimmungen **unbedingt und hinreichend genau** sein müssen (vgl. auch unten II.2. zur unmittelbaren Wirkung von Richtlinien). In Anlehnung an die völkerrechtliche Terminologie wird bisweilen auch ausgeführt, die betreffende Bestimmung müsse *self-executing* sein. Der EuGH hat zahlreiche Vertragsvorschriften, insbesondere das allgemeine Diskriminierungsverbot und alle Grundfreiheiten des Binnenmarkts (z.B. Art. 18 Abs. 1, 21 Abs. 1, 30, 34, 35, 45, 49, 56 und 63 AEUV), für unmittelbar anwendbar erklärt.

Beispiele: Ein Mitgliedstaat erlässt ein Gesetz, wonach auf bestimmte Waren aus anderen Mitgliedstaaten Einfuhrzoll zu bezahlen ist. Damit verstößt er gegen seine klare Pflicht aus Art. 30 AEUV, innerhalb des Binnenmarkts keine Zölle zu erheben. Der einzelne Importeur kann sich gegenüber diesem Mitgliedstaat auf dessen – gegenüber der Union bestehende – Pflicht aus Art. 30 AEUV berufen und vor den nationalen Gerichten sein (individuelles) Recht (vgl. Classen, VerwArchiv 88 [1997], 645) durchsetzen, den Zoll nicht zahlen zu müssen. Das nationale Gesetz kommt wegen Vorrangs des Unionsrechts nicht zur Anwendung. Auch Art. 34 AEUV enthält ein klares Verbot: Die Mitgliedstaaten dürfen keine mengenmäßigen Einfuhrbeschränkungen oder Maßnahmen, die wie diese wirken, erlassen. Zwar kann zu erörtern sein, ob eine bestimmte staatliche Regelung, die den freien Warenverkehr beschränkt, nach der Cassis-Rechtsprechung oder nach Art. 36 AEUV gerechtfertigt ist (vgl. unten S. 204). Der Mitgliedstaat kann dies jedoch nicht nach freiem Ermessen beurteilen. Vielmehr steht unter gerichtlicher Kontrolle, ob die staatliche Maßnahme gerechtfertigt ist oder nicht. Art. 34 AEUV entspricht damit den Kriterien des EuGH für eine unmittelbare Wirkung. Die Vorschrift begründet ein Recht des Einzelnen, das die nationalen Gerichte zu wahren haben; diese müssen eine staatliche Vorschrift unangewendet lassen, die gegen das Verbot des Art. 34 AEUV verstößt.

Art. 45 Abs. 3 lit. d AEUV ist hingegen eine bedingte Vorschrift: Das dort geregelte Verbleiberecht der Wanderarbeitnehmer setzt eine Verordnung der Kommission voraus und ist folglich nicht unmittelbar anwendbar. Ebenso wenig ist Art. 107 Abs. 3 AEUV unmittelbar anwendbar: Die Vorschrift räumt der Kommission bei der Beurteilung der Frage, ob eine Beihilfe mit dem Binnenmarkt vereinbar ist, einen weiten Beurteilungsspielraum ein. Der Beihilfeempfänger bzw. sein Konkurrent kann daher vor dem Beschluss der Kommission nicht geltend machen, dass die Beihilfe mit dem Binnenmarkt (un)vereinbar sei (EuGHE, 78/76, 1977, 595 – Steinike und Weinlig, Rn. 9 f.; vgl. auch unten S. 329).

Die staatlichen Behörden und Gerichte haben die unmittelbar wirkenden Vorschriften des Unionsrechts **von Amts wegen** anzuwenden. Entgegenstehendes nationales Recht kommt nicht zur Anwendung. Seine Rechte aus den Grundfreiheiten kann der Einzelne jedenfalls gegenüber dem Staat und gegenüber staatlichen Vorschriften, auch wenn diese von Privaten geltend gemacht werden (vgl. unten S. 211 f., 222), durchsetzen. Inwieweit unionsrechtliche Vorschriften darüber hinaus horizontale Direktwirkung entfalten, also im Rechtsverhältnis zwischen Privaten (z. B. zwischen Arbeitnehmer und Arbeitgeber) unmittelbar zur Anwendung kommen können, ist nicht vollständig geklärt (vgl. unten S. 192 f., 221 f.). Unstreitig ist hingegen, dass der Einzelne seine Rechte aus Art. 157 AEUV (gleiches Entgelt für Männer und Frauen bei gleicher oder gleichwertiger Arbeit) unabhängig davon mit Erfolg geltend machen kann, ob ihm ein öffentlicher oder privater Arbeitgeber gegenüber steht.

II. Die unmittelbare Wirkung des sekundären Unionsrechts

1. Verordnungen

Dass Verordnungen unmittelbare Wirkung entfalten können, ergibt sich aus Art. 288 Abs. 2 AEUV. Danach hat die Verordnung **allgemeine Geltung**. Sie ist in allen ihren Teilen verbindlich und gilt (= wirkt) unmittelbar (Französisch: *directement applicable*; Englisch: *directly applicable*) in jedem Mitgliedstaat. Damit eine Verordnungsbestimmung im konkreten Fall unmittelbar anwendbar ist, muss sie jedoch, wie jede gesetzliche Vorschrift, hinreichend klar und eindeutig sein. Nicht unmittelbar anwendbar ist eine Grundverordnung, die erst der Konkretisierung durch Ausführungsvorschriften bedarf. Verordnungen können unmittelbar Privatrechtsverhältnisse regeln und Einzelnen sowohl Ge- als auch Verbote auferlegen.

2. Richtlinien

Richtlinien sind vom nationalen Gesetzgeber erst noch in nationales Recht umzusetzen. Dies ergibt sich aus Art. 288 Abs. 3 AEUV, Art. 4 Abs. 3 EUV (allgemeine Loyalitätspflicht) sowie einer Bestimmung am Ende jeder Richtlinie, die außerdem die Umsetzungsfrist vorgibt. Richtlinien sind daher regelmäßig nicht unmittelbar anwendbar. Vielmehr trifft dies erst für den nationalen Umsetzungsakt zu. Dennoch hat der EuGH Richtlinien in Ausnahmefällen unmittelbare Wirkung zuerkannt. Der Einzelne kann sich zu seinen Gunsten gegenüber dem Staat unmittelbar auf (eine) Bestimmung(en) einer Richtlinie berufen, wenn folgende Voraussetzungen vorliegen:

– Die Richtlinie wurde innerhalb der Umsetzungsfrist nicht oder nur unzulänglich in innerstaatliches Recht umgesetzt.
– Die einschlägigen („berufenen") Bestimmungen der Richtlinie sind inhaltlich unbedingt und hinreichend genau.

(EuGHE, 8/81, 1982, 53 = Hummer S. 12 – Becker, Rn. 25)

a) Die Begründung der unmittelbaren Wirkung von Richtlinienbestimmungen. Die Möglichkeit der unmittelbaren Wirkung von Richtlinienbestimmungen hat der EuGH wie folgt begründet (EuGHE, a. a. O. – Becker, Rn. 19–25):

Aus der unmittelbaren Geltung (= i. S. v. Anwendbarkeit) von Verordnungen nach Art. 288 Abs. 2 AEUV folgt nicht, dass Richtlinien (oder Beschlüsse) niemals ähnliche Wirkungen erzeugen könnten. **Richtlinien sind** gegenüber den Mitgliedstaaten hinsichtlich des zu erreichenden Ziels **verbindlich** (Art. 288 Abs. 3 AEUV). Mit dieser verbindlichen Wirkung von Richtlinien wäre es unvereinbar, grundsätzlich auszuschließen, dass sich betroffene Personen zu ihren Gunsten auf die Verpflichtung berufen können, die die Richtlinie einem Mitgliedstaat auferlegt. Die Rechte der von der Richtlinie begünstigten Einzelnen sind zu schützen (**Rechtsschutzgedanke**). Verstößt ein Mitgliedstaat gegen seine Umsetzungspflicht (Art. 288 Abs. 3 AEUV, Art. 4 Abs. 3 EUV), kann er diesen Vertragsverstoß und damit sein eigenes treuwidriges Verhalten dem Einzelnen nicht entgegenhalten (**Verbot widersprüchlichen Verhaltens;** *Estoppel*-Prinzip). Daraus folgt, dass sich umgekehrt der Einzelne auf unbedingte und hinreichend klare Bestimmungen der Richtlinie zu seinen Gunsten berufen kann. Dadurch wird der Vertragsverstoß des Mitgliedstaats angemessen sanktioniert (**Sanktionsgedanke**). Überdies wäre die praktische Wirksamkeit (***effet utile***) einer Richtlinie beeinträchtigt, wenn es ein Mitgliedstaat in der Hand hätte, den Eintritt der mit der Richtlinie beabsichtigten Rechtswirkung zu vereiteln oder zu verzögern.

Der BFH ist dieser Rechtsprechung des EuGH zunächst nicht gefolgt (BFH, Hummer, S. 16 – Kloppenburg II): Ein Vergleich der Absätze 2 und 3 des Art. 288 AEUV ergebe, dass eine Richtlinie, im Gegensatz zu einer Verordnung, keine unmittelbare Wirkung haben könne. Dieses Urteil ist jedoch vom BVerfG aufgehoben worden (BVerfG NJW 1988, 1459 = Hummer, S. 18 – Kloppenburg). Das BVerfG wertete die Rechtsprechung des EuGH zur unmittelbaren Wirkung von Richtlinien als legitime Rechtsfortbildung.

b) Die Voraussetzungen der unmittelbaren Wirkung im Einzelnen. Im Einzelnen lassen sich die Voraussetzungen der unmittelbaren Wirkung von Richtlinienbestimmungen wie folgt beschreiben:

aa) Fehlende ordnungsgemäße Umsetzung. Unmittelbare Wirkung kann eine Richtlinie erst haben, wenn die Umsetzungsfrist abgelaufen ist. Denn vor diesem Zeitpunkt muss der Mitgliedstaat das Richtlinienziel noch nicht erreicht haben. Ist die Umsetzung erfolgt, kommt es darauf an, ob die Richtlinie in vollem Umfang ordnungsgemäß umgesetzt ist. Bleibt der Umsetzungsakt hinter bestimmten Vorgaben der Richtlinie zurück, so kann die Richtlinie insoweit unmittelbar wirken. Ist die Richtlinie nicht (vollständig) umgesetzt, so ist es möglich und auch die Regel, dass nach Ablauf der Frist Teile einer Richtlinie unmittelbar, andere Bestimmungen jedoch nicht unmittelbar wirken. Die Voraussetzungen der unmittelbaren Wirkung brauchen daher nicht für alle Richtlinienbestimmungen vorzuliegen. Doch muss die jeweils unmittelbar anzuwendende Bestimmung in sich vollständig sein; sie muss geeignet sein, gesondert angewendet zu werden.

bb) Unbedingtheit und hinreichende Genauigkeit. Die Richtlinienbestimmung, auf die sich der Einzelne beruft, muss **inhaltlich unbedingt und hinreichend genau** sein (EuGHE, 8/81, 1982, 53 = Hummer S. 12 – Becker, Rn. 25; EuGHE, C-268/06, 2008, I-2483 – Impact, Rn. 57). Nur dann kann die in Frage stehende Bestimmung als „self-executing" angesehen werden und lässt sich unmittelbar anwenden. Der EuGH prüft die beiden Voraussetzungen oft zusammen, ohne sie klar voneinander abzugrenzen.

Eine Richtlinienbestimmung ist **hinreichend genau**, so dass sich der Einzelne auf sie berufen und der Richter sie anwenden kann, wenn sie unzweideutig eine Verpflichtung (des Mitgliedstaats) begründet, z. B. das Verbot, einen Arbeitnehmer wegen des Geschlechts zu diskriminieren (vgl. EuGHE, 152/84, 1986, 723 = Hummer, S. 21 – Marshall, Rn. 52, zur RL 76/207, inzwischen ersetzt durch RL 2006/54).

Eine Richtlinienbestimmung ist **inhaltlich unbedingt,** wenn sie eine Verpflichtung begründet, die an keine Bedingung geknüpft ist und die zu ihrer Wirksamkeit oder Erfüllung keiner weiteren Maßnahme der Unionsorgane oder der Mitgliedstaaten bedarf (EuGHE, C-236/92, 1994, I-483 = EuZW 1994, 282 – Abfall-RL, Rn. 9). Bedingt ist eine Bestimmung hingegen, wenn sie den Mitgliedstaaten hinsichtlich der Konkretisierung der Verpflichtung einen großen Gestaltungsspielraum überlässt. Bei der Durchführung von unionsrechtlichen Diskriminierungsverboten haben die Mitgliedstaaten generell keinen solchen Spielraum (EuGH, a.a.O – Marshall; EuGHE, C-268/06, 2008, I-2483 – Impact, Rn. 59 ff.). Demgegenüber liegt bei der Abfall-RL ein solcher Spielraum vor, da diese eben keine konkrete Maßnahme oder Methode der Abfallbeseitigung vorschreibt (vgl. EuGH a.a.O. – Abfall-RL, Rn. 14). Der nationale Richter müsste erst aus der Richtlinie eine bestimmte Norm entwickeln, wobei er mehrere richtlinienkonforme Möglichkeiten hätte. Dies aber ist dem Gesetzgeber vorbehalten. Der Richter würde in dessen Gestaltungsspielraum eingreifen und somit das Prinzip der Gewaltenteilung verletzen, wenn er selbst die Richtlinienbestimmung mit Leben erfüllte.

Nach dem Francovich-Urteil (EuGHE, C-6/90, 1991, I-5357 = Hummer, S. 188) ist eine Richtlinienregelung dann unbedingt und hinreichend genau, wenn sie den berechtigten Personenkreis (z. B. alle

Arbeitnehmer), den Inhalt des (mindestens) zu gewährenden Rechts und die Person des Verpflichteten festlegt (es ging um den Anspruch der Arbeitnehmer auf Insolvenzgeld, vgl. §§ 183 ff. SGB III). Aus dem Urteil ergibt sich auch, dass nicht jeder Gestaltungsspielraum der Mitgliedstaaten eine Bestimmung zwangsläufig als bedingt erscheinen lässt. Vielmehr reicht es aus, dass sich der jeweiligen Richtlinienbestimmung entnehmen lässt, welchen Mindestschutz sie zugunsten des Einzelnen bezweckt (EuGHE, C-397/01 bis C-403/01, 2004, I-8825 – Pfeiffer, Rn. 105). Auch kann sich ein säumiger Mitgliedstaat, wenn die Richtlinie ein eindeutiges Regel-Ausnahme-Verhältnis vorsieht, nicht darauf berufen, er hätte bei Umsetzung der Richtlinie die Ausnahme gewählt (EuGH, a. a. O. – Francovich, Rn. 17, 21).

c) **Die Spielarten der unmittelbaren Wirkung von Richtlinien.** Gedanklich lassen sich verschiedene Spielarten der unmittelbaren Wirkung von Richtlinienbestimmungen unterschieden, von denen manche anerkannt sind, andere hingegen entweder umstritten sind oder sogar rundweg abgelehnt werden.

aa) Positive und negative unmittelbare Wirkung. Beruft sich ein Einzelner unmittelbar auf eine Richtlinienbestimmung, so macht er im Regelfall ein subjektives Recht gegenüber dem Staat geltend, er versucht also einen Individualanspruch direkt aus der Richtlinie herzuleiten (sog. **positive unmittelbare Wirkung** oder Ersetzungsberufbarkeit, Französisch: *effet de substitution*).

Beispiele: (1) Eine Kreditvermittlerin beantragt beim zuständigen deutschen Finanzamt unter Berufung auf eine Bestimmung der Sechsten Mehrwertsteuerrichtlinie (heute RL 2006/112/EG) die Anerkennung der Mehrwertsteuerfreiheit ihrer Umsätze aus Kreditvermittlung (EuGHE, 8/81, 1982, 53 = Hummer, S. 42 – Becker; die Bundesrepublik Deutschland hatte die Sechste Mehrwertsteuerrichtlinie nicht fristgerecht umgesetzt). (2) Eine Österreicherin, die in den öffentlichen Schulen des Landes Baden-Württemberg als Lehrerin arbeitet, begehrt von ihrem Dienstherrn die Anerkennung ihrer in Österreich absolvierten Berufsausbildung, mit dem Ziel einer Eingruppierung in eine höhere Gehaltsstufe; zu diesem Zweck beruft sie sich auf die RL 2005/36, ehemals RL 89/48 (EuGHE, C-102/02, 2004, I-5405 – Beutenmüller). (3) Ein befristet beschäftigter Angestellter im öffentlichen Dienst beansprucht, gestützt auf § 4 Abs. 1 der Rahmenvereinbarung über befristete Arbeitsverträge (RL 1999/70/EG), Schadensersatz wegen missbräuchlicher Befristung, ferner Umwandlung seines befristeten Beschäftigungsverhältnisses in ein unbefristetes (nach EuGHE, C-268/06, 2008, I-2483 – Impact). (4) Der Anwohner einer verkehrsreichen Straße in München verlangt vom Freistaat Bayern unter Berufung auf die sog. Feinstaubrichtlinie (Richtlinie 96/62/EG) die Aufstellung eines Aktionsplans zur Luftreinhaltung (EuGHE, C-237/07, 2008, I-6221 – Janecek).

Dass die jeweilige Richtlinienbestimmung dem Einzelnen ein **subjektives Recht** vermittelt, ist jedoch **keine Voraussetzung ihrer unmittelbaren Wirkung** (Calliess/Ruffert, Art. 249 EGV, Rn. 94 ff.). Insbesondere ist nicht die deutsche Schutznormtheorie anzuwenden. Es ist deshalb auch denkbar, dass sich der Einzelne auf eine Richtlinienbestimmung nur insoweit stützt, als er die Nichtanwendung einer richtlinienwidrigen Vorschrift nationalen Rechts erwirken möchte (sog. **negative unmittelbare Wirkung** oder Ausschlussberufbarkeit, Französisch: *effet d'exclusion*; GA Léger in EuGHE, C-287/98, 2000, I-6917 – Linster, Schlussanträge Rn. 57 f.). Die Richtlinie wird dann sozusagen unter Berufung auf ihren *objektiven Rechtsgehalt* zur *Rechtmäßigkeitskontrolle* nationaler Rechtsakte herangezogen. Rechtswidrig und wegen des Vorrangs des Unionsrechts nicht anwendbar ist die nationale Norm, wenn der Mitgliedstaat mit ihr seinen Gestaltungsspielraum überschritten hat, der ihm nach der Richtlinienbestimmung zukommt (vgl. Scherzberg Jura 1993, 225 [229]; EuGHE, C-287/98, 2000, I-6917 – Linster, Rn. 32).

Beispiel (EuGHE, a. a. O. – Linster): In Luxemburg wird ein Gesetz erlassen, das den Bau einer neuen Autobahn vorsieht (Planung durch Gesetz). Ein Eigentümer wehrt sich gegen die Enteignung seines Grundstücks zum Zwecke des Baus dieser Autobahn. Er bringt vor, es sei keine Umweltverträglichkeitsprüfung nach der UVP-Richtlinie (RL 85/337/EWG) durchgeführt worden. Das nationale Gericht hat Zweifel, ob der Grundstückseigentümer sich gegenüber den nationalen Behörden auf die UVP-Richtlinie berufen kann, weil es diese wegen des großen Ermessensspielraums, den sie den Mitgliedstaaten bei der Umsetzung einräume, für bedingt und damit für nicht unmittelbar wirksam hält. Der um Vorabentscheidung ersuchte EuGH führt aus, dass der nationale Richter prüfen kann, ob die zuständigen nationalen Behörden bei der Planung der Autobahn im Rahmen des Gestaltungsspielraums geblieben sind, den ihnen die UVP-Richtlinie zugestanden hat. Ist dieser Spielraum überschritten, wie z. B. dann, wenn in richtlinienwidriger Weise überhaupt keine UVP durchgeführt wurde, so ist das Gesetz über den Bau der Autobahn rechtswidrig und bleibt unangewendet.

Beide Spielarten der unmittelbaren Richtlinienwirkung – die positive und die negative – hat der EuGH bereits im Urteil Becker anerkannt (EuGHE, 8/81, 1982, 53 = Hummer, S. 42 – Becker, Rn. 25): Danach kann sich der Einzelne „gegenüber allen innerstaatlichen, nicht richtlinienkonformen Vorschriften" auf inhaltlich unbedingte und hinreichend genaue Bestimmungen einer Richtlinie berufen (negative unmittelbare Wirkung); und er kann sich auf diese Richtlinienbestimmungen „auch berufen, soweit diese Rechte festlegen, die dem Staat gegenüber geltend gemacht werden können" (positive unmittelbare Wirkung).

bb) Vertikale und horizontale unmittelbare Wirkung. Findet eine Richtlinienbestimmung im Verhältnis des Einzelnen zum Staat unmittelbar Anwendung, so spricht man von unmittelbarer Wirkung im vertikalen Rechtsverhältnis (**vertikale Direktwirkung**). Stehen hingegen unmittelbare Richtlinienwirkungen im Verhältnis zwischen Privaten zur Debatte, so handelt es sich um einen Fall der unmittelbaren Wirkung im horizontalen Rechtsverhältnis (**horizontale Direktwirkung**). Während die Rechtsprechung und die ganz h. M. heute anerkennen, dass Richtlinienbestimmungen eine vertikale Direktwirkung entfalten können, wird die horizontale Direktwirkung weitgehend abgelehnt. Im Einzelnen gilt Folgendes:

- *Vertikale Direktwirkung von Richtlinien zugunsten des Einzelnen:*
  Eine Richtlinie ist gemäß Art. 288 Abs. 3 AEUV nur für den Staat, an den sie gerichtet ist, verbindlich. Daher kann sich der Einzelne grundsätzlich nur dem Staat gegenüber auf die unmittelbare Wirkung (vertikale Direktwirkung) einer Richtlinienbestimmung berufen. Dies ist z. B. der Fall, wenn ein privater Arbeitgeber gegen eine strafrechtliche Verfolgung einwendet, die strafbewehrte Vorschrift, gegen die er verstoßen habe (z. B. Nachtarbeitsverbot für Frauen), verstoße ihrerseits gegen unmittelbar wirkendes Unionsrecht (z. B. Art. 14 der RL 2006/54, wonach jede Diskriminierung wegen des Geschlechts bei den Beschäftigungsbedingungen verboten ist; vgl. EuGHE, C-345/89, 1991, I-4047 = Hummer S. 344 – Stoeckel).
  Der Begriff **Staat** ist in diesem Zusammenhang weit zu verstehen. Er umfasst nicht nur den **Bund**, sondern auch die **Länder**, die **Gemeinden** sowie alle anderen **juristischen Personen des öffentlichen Rechts**, selbst wenn sie keinen Einfluss darauf hatten, dass die Richtlinie nicht umgesetzt wurde. Auch gegenüber dem privatrechtlich handelnden Staat gilt die unmittelbare Wirkung einer Richtlinie. Dies ist eindeutig der Fall, wenn der Staat mit Mitteln des Verwaltungsprivatrechts öffentliche Aufgaben wahrnimmt (z. B. städtisches Wasserwerk), aber wohl auch bei privatrechtlichen Hilfsgeschäften und erwerbswirtschaftlicher Betätigung des Staates. Denn würde man rein fiskalische Tätigkeiten ausschließen, wäre eine Richtlinie in einem Mitgliedstaat anwendbar, in einem anderen nicht, je nachdem, ob der Staat nach den nationalen Vorschriften hoheitlich oder fiskalisch handelt (vgl. Jarras NJW 1991, 2265, 2667). Der Staat darf aber aus der Nichtumsetzung der Richtlinie keinen Nutzen ziehen. Deshalb dürfen seine Arbeitnehmer sich ihm gegenüber auf Richtlinienbestimmungen berufen, auch wenn das Arbeitsverhältnis privatrechtlicher Natur ist (EuGHE, 152/84, 1986, 723 = Hummer, S. 21 – Marshall). Ein **privates Unternehmen** ist als staatliche Stelle anzusehen, wenn es unabhängig von seiner Rechtsform unter staatlicher Aufsicht eine Dienstleistung im öffentlichen Interesse zu erbringen hat und hierzu mit besonderen Rechten (z. B. einem Monopol) ausgestattet ist, die über das hinausgehen, was für die Beziehungen zwischen Privatpersonen gilt (EuGHE, C-188/89, 1990, I-3313 – Foster, Rn. 20; EuGHE, C-343/98, 2000, I-6659 – Collino u. Chiappero, Rn. 23). Im Gegenzug kann „Einzelner" auch einmal eine öffentlich-rechtliche Körperschaft sein: So kann sich ggf. eine Gemeinde gegenüber dem Bund auf eine Richtlinienbestimmung berufen (EuGHE, 231/87, 1989, 3233 – Carpaneto Piacentino, Rn. 33).

- *Keine umgekehrt vertikale Direktwirkung von Richtlinien zulasten des Einzelnen:*
  Der Staat kann sich gegenüber dem Einzelnen grundsätzlich nicht auf die unmittelbare Wirkung einer Richtlinie berufen (EuGHE, 80/86, 1987, 3969 = Hummer, S. 41 – Kolpinghuis). Ein Bürger kann also z. B. nicht bestraft werden, wenn er gegen eine nicht umgesetzte Richtlinienbestimmung verstößt. Denn Art. 288 Abs. 3 AEUV bindet den Staat, nicht den Einzelnen. Der EuGH drückt dies wie folgt aus:
  Eine Richtlinie kann nicht selbst Verpflichtungen für einen Einzelnen begründen, so dass ihm gegenüber eine Berufung auf die Richtlinie als solche nicht möglich ist
  (st. Rspr., EuGHE, C-387/02, 2005, I-3565 = EuZW 2005, 369 – Berlusconi, Rn. 73).
  Richtlinien haben daher **keine umgekehrt vertikale Direktwirkung**. Gleichwohl können die **objektiven Zielvorgaben** einer Richtlinie – selbst die Zielvorgaben einer noch nicht umgesetzten Richtlinie – im Verwaltungsverfahren nachteilige Wirkungen für den Einzelnen haben, sofern nicht unmittelbar aus der Richtlinie Verpflichtungen des Einzelnen hergeleitet werden. Dies verdeutlicht das folgende Beispiel zur Umweltverträglichkeitsprüfung nach der Richtlinie 85/337/EWG (UVP-RL):

  Beispiel: Der EuGH hat in einem Vertragsverletzungsverfahren gegen Deutschland entschieden, dass die Behörden bei der Genehmigung des Kraftwerks Großkrotzenburg die rein verfahrensrechtlichen Vorschriften der UVP-RL hätten anwenden müssen, die damals noch nicht ins nationale Recht umgesetzt waren. Auf die Frage, ob dies trotz einer daraus folgenden Belastung des privaten Betreibers zulässig war, ist er nicht eingegangen. Er hat jedoch klargestellt, dass die Verpflichtung, die UVP-RL zu berücksichtigen, nichts zu tun habe mit der Möglichkeit des Einzelnen, sich gegenüber dem Staat unmittelbar auf unbedingte und genaue, nicht umgesetzte Richtlinienbestimmungen zu berufen (vgl. EuGHE, C-431/92, 1995, I-2189 = Hummer, S. 30 – Großkrotzenburg, Rn. 26; im selben Sinne EuGHE, C-127/02, 2004, I-7405 – Waddenzee, Rn. 70, zur Habitatrichtlinie).

● *Keine horizontale Direktwirkung von Richtlinien:*
Aus dem gleichen Grund, aus dem die umgekehrt vertikale Direktwirkung von Richtlinien abgelehnt wird, kann sich ein Einzelner auch gegenüber einem anderen Privaten grundsätzlich nicht auf eine Richtlinienbestimmung berufen (EuGHE, 153/84, 1986, 723 = Hummer, S. 21 – Marshall; EuGHE, C-106/89, 1990, I-4135 = Hummer, S. 58 – Marleasing; EuGHE, C-91/92, 1994, I-3325 = Hummer, S. 61 – Faccini Dori; EuGH, C-555/07, Urt. v. 19. 1. 2010, NJW 2010, 427 – Kücükdeveci, Rn. 46): *Eine Richtlinie kann nicht selbst Verpflichtungen für einen Einzelnen begründen, so dass ihm gegenüber eine Berufung auf die Richtlinie als solche nicht möglich ist.* Richtlinien haben also grundsätzlich **keine horizontale Direktwirkung** (aA GA Lenz, Schlussanträge in der Rs. Faccini Dori). Ansonsten würde der Unterschied zwischen Verordnung und Richtlinie vollständig verwischt werden. Ein solches Ergebnis ließe sich auch nicht mit dem Grundsatz von Treu und Glauben und dem Sanktionsgedanken begründen, aus denen die unmittelbare Wirkung von Richtlinien dem Staat gegenüber abgeleitet wird. Vielmehr gilt die unmittelbare Wirkung von Richtlinien immer nur im Verhältnis des Bürgers zum Staat (vertikal) und auch dann nur zugunsten des Bürgers. Allerdings ist das nationale Recht, soweit dies nach seinem Wortlaut möglich ist, richtlinienkonform auszulegen. Denn die Mitgliedstaaten und auch deren Gerichte sind gemäß Art. 4 Abs. 3 EUV, Art. 288 Abs. 3 AEUV verpflichtet, das nationale Recht so auszulegen, dass das Ziel der Richtlinie auch ohne konkreten Umsetzungsakt erreicht wird (vgl. EuGHE, a. a. O. – Faccini Dori, Rn. 26; EuGHE, a. a. O. – Kücükdeveci, Rn. 47, 48).

d) Grenzfälle. Die Grenze zwischen vertikaler Direktwirkung, umgekehrt vertikaler Direktwirkung und horizontaler Direktwirkung von Richtlinien ist nicht immer leicht zu ziehen. Dies zeigen die folgenden Fallkonstellationen, die in den letzten Jahren – ausgehend von neueren Urteilen des EuGH – mehr oder weniger kontrovers diskutiert wurden.

● *Dreiecksverhältnis Einzelner/Staat/Einzelner:*
Anerkannt ist zunächst, dass Richtlinien sich im Dreiecksverhältnis Einzelner/Staat/Einzelner zugunsten eines Privaten und damit mittelbar zulasten des anderen Privaten auswirken können.

Beispiele: (1) Im Rahmen einer öffentlichen Bauausschreibung beruft sich ein Bieter gegenüber der ausschreibenden Behörde mit Erfolg auf eine Richtlinienbestimmung, deren unmittelbare Wirkung zur Nichtanwendung einer nationalen Vorschrift führt, weshalb ein Konkurrent den schon erteilten Zuschlag wieder verliert (vgl. EuGHE, 103/88, 1989, 1839 – Fratelli Costanzo). Dem Konkurrenten wird also (mittelbar) die ihn belastende Richtlinienbestimmung entgegengehalten. (2) Ähnlich erging es Frau Glißmann, die im öffentlichen Dienst der Stadt Bremen stand und nach dem Bremer Gleichstellungsgesetz von der Stadt zu befördern gewesen wäre. Herr Kalanke machte jedoch im Prozess gegen die Stadt Bremen (Frau Glißmann war Streitverkündete) mit Erfolg geltend, dass das Bremer Gesetz wegen Verstoßes gegen Art. 2 Abs. 1 und Abs. 4 a. F. der GleichberechtigungsRL 76/207 (heute: RL 2006/54) unanwendbar und seine abgelehnte Bewerbung deswegen neu zu verbescheiden sei (vgl. EuGHE, C-450/93, 1995, I-3051 – Kalanke). Im Gegenzug brachte dies Frau Glißmann (zunächst) um die Beförderung (vgl. BAG NJW 1996, 2529, das die Frage der mittelbaren Drittbelastung jedoch nicht problematisiert). (3) Eine Naturschutzvereinigung klagt gegen eine behördliche Genehmigung, mit der einer niederländischen Fischereigenossenschaft die Herzmuschelfischerei im Wattenmeer erlaubt werden soll. Der um Vorabentscheidung ersuchte EuGH führt aus, das nationale Gericht habe gemäß Art. 6 Abs. 3 der Habitatrichtlinie (RL 92/43/EWG) zu prüfen, ob die zuständige Behörde sich bei der Erteilung der Genehmigung in den europarechtlich gezogenen Grenzen ihres Ermessens gehalten hat. Die Richtlinienbestimmung ist auch dann heranzuziehen, wenn sie nicht fristgemäß in nationales Recht umgesetzt wurde (EuGHE, C-127/02, 2004, I-7405 – Waddenzee).

Man ist sich heute weitgehend einig, dass der Dritte die Belastung als Reflex des Rechts des Begünstigten, sich auf die (im Verhältnis zum Staat) unmittelbar anwendbare Richtlinienbestimmung berufen zu können, hinnehmen muss (vgl. auch EuGH, C-201/02, 2004, I-723 = NVwZ 2004, 593 – Wells, Rn. 57; EuGHE, C-152/07, 2008, I-5959 = EuZW 2008, 611 – Arcor).

● *Negative unmittelbare Wirkung in horizontalen Rechtsverhältnissen?*
Höchst umstritten ist hingegen, ob eine Richtlinie im horizontalen Rechtsverhältnis, also in einem zivilrechtlichen Rechtsstreit zwischen Privaten, eine negative unmittelbare Wirkung entfalten kann (vgl. dazu Herrmann, EuZW 2006, 69 f.).

Beispiel: Die **Richtlinie 98/34/EG** (ehemals Richtlinie 83/189/EWG) verpflichtet die Mitgliedstaaten, technische Vorschriften für Waren vor ihrer Annahme der Kommission mitzuteilen (zu notifizieren), damit diese und die anderen Mitgliedstaaten die Vorschriften vorweg auf etwaige Verstöße gegen Art. 34 AEUV prüfen können. Die belgische Firma CIA Security vertrieb Alarmgeräte, die nicht den belgischen Vorschriften entsprachen. Diese aber waren ihrerseits entgegen der Richtlinie nicht notifiziert (die unterbliebene Notifizierung bedeutete wohlgemerkt nicht, dass die belgischen Vorschriften tatsächlich gegen Art. 34 AEUV verstießen; dies blieb vielmehr offen). Im Unterlassungsrechtsstreit einer Konkurrentin gegen CIA entschied der um Vorabentscheidung ersuchte EuGH (Art. 267 AEUV), dass der Verstoß Belgiens gegen seine Mitteilungspflicht zur Unanwendbarkeit der belgischen Vorschrift führe, weshalb diese der Firma CIA auch nicht von ihrer (privaten) Konkurrentin entgegengehalten werden könne (EuGHE, C-194/94, 1996, I-2201 = Hummer, S. 71 – CIA). Dieses Ergebnis kann man damit begründen, dass die Konkurrentin mit ihrer Unterlassungsklage nicht so sehr eigene Rechte wahrnimmt, sondern ähnlich wie eine staatliche Stelle die **Beachtung einer staatlichen Verbotsnorm** durchsetzen will. Dann aber muss sie sich auch die Einwendungen entgegenhalten lassen, auf die sich CIA gegenüber dem Staat berufen kann. Darin kann keine horizontale Direktwirkung der Richtlinie gesehen werden. Werden technische Vorschriften entgegen der Richtlinie nicht mitgeteilt, so stellt dies einen Verfahrensfehler dar, der zur Unanwendbarkeit der technischen Vorschrift führt, soweit sie den *Vertrieb* eines diesen Vorschriften nicht konformen Produkts behindern. Nicht aber ist jede *Verwendung* des Produkts (z.B. um Autofahrer auf Alkohol zu testen) rechtswidrig (vgl. EuGHE, C-226/97, 1998, I-3711 = Hummer S. 71 – Lemmens; der Autofahrer hat im Gegensatz zu CIA und Unilever [folgender Fall] kein schützenswertes Interesse daran, dass nicht gegen die RL verstoßen wird).

Beispiel: Unilever Italia lieferte Central Food Olivenöl in Flaschen zum Weiterverkauf in Italien. Central Food lehnte die Bezahlung ab und verlangte Nacherfüllung, weil die Flaschen nicht entsprechend den italienischen Vorschriften etikettiert und somit fehlerhaft seien. Unilever aber klagte den Kaufpreis ein und berief sich mit Erfolg vor dem EuGH darauf, die italienischen Vorschriften zur Etikettierung kämen nicht zur Anwendung, weil sie zwar notifiziert, aber entgegen der **Richtlinie 98/34/EG** (ehemals Richtlinie 83/189/EWG) zu früh vom nationalen Parlament angenommen worden seien (EuGHE, C-443/98, 2000, I-6659 – Unilever, vgl. dazu auch Gundel, EuZW 2001, 143). Der EuGH hat im Urteil Unilever seine Faccini-Dori-Rechtsprechung, wonach eine Richtlinie keine horizontale Direktwirkung hat, ausdrücklich aufrechterhalten.

Denkbar ist es, die beiden Urteile CIA Security und Unilever allein mit den spezifischen Besonderheiten der Richtlinie 98/34/EG zu begründen, die weder Rechte noch Pflichten Einzelner schafft, sondern lediglich Verfahrensvorschriften im Verhältnis Mitgliedstaat/Kommission enthält und somit auch nicht wie sonstige Richtlinien umzusetzen ist. Die beiden Urteile können aber auch dahingehend verstanden werden, dass der EuGH in ihnen die **negative unmittelbare Wirkung** von Richtlinien (s.o. S. 59) in horizontalen Rechtsverhältnissen anerkannt habe. Mit der vom EuGH geprägten Formel, eine Richtlinie könne nicht selbst Verpflichtungen für einen Einzelnen begründen, ließe sich dies durchaus vereinbaren: Aus der Richtlinie 98/34/EG als solcher folgt hier nämlich keine Verpflichtung, sondern lediglich die Unanwendbarkeit einer bestimmten nationalen Norm. Ein allgemeiner Trend zur Annahme einer negativen unmittelbaren Richtlinienwirkung zwischen Privaten ist aber bislang in der EuGH-Rechtsprechung nicht feststellbar.

Klausurhinweis: In Prüfungsarbeiten sind Sie auf der sicheren Seite, wenn Sie sich – ggf. nach kurzer Erörterung der Problematik – gegen eine horizontale Direktwirkung von Richtlinien, auch in der Spielart der negativen unmittelbaren Wirkung, entscheiden.

- *Positive unmittelbare Wirkung in horizontalen Rechtsverhältnissen?*
Eine Herleitung subjektiver Ansprüche aus Richtlinien ist nach ganz h.M. zwischen Privaten ausgeschlossen: Es gibt keine positive unmittelbare Wirkung von Richtlinien in horizontalen Rechtsverhältnissen.
Furore hat diesbezüglich ein Urteil des EuGH zur **Altersdiskriminierung** gemacht (EuGHE, C-144/04, 2005, I-9981 = NJW 2005, 3695 – **Mangold**). Es soll nach Ansicht einiger Kommentatoren eine kopernikanische Wende in der Rechtsprechung des EuGH eingeleitet haben. Eine Richtlinie – hier die Antidiskriminierungs-RL 2000/78/EG (ABl. 2000, L 303, S. 16; Näheres zu dieser RL unten S. 296 ff.) – soll nunmehr auch eine positive unmittelbare Wirkung zwischen Privaten haben können (vgl. Herdegen § 9 Rn. 50; Gas EuZW 2005, 737; Thüsing ZIP 2005, 2150).

Hintergrund zum Fall Mangold: Der Münchner RA Helm hatte mit Herrn Mangold im Jahre 2003 einen bis zum 28.2. 2004 befristeten Arbeitsvertrag abgeschlossen. Die Vertragsparteien stützten die Befristung ausdrücklich auf § 14 Abs. 3 Satz 1 und 4 TzBfG a.F. Danach durfte bis zum 31.12. 2006 das Arbeitsverhältnis mit einem Arbeitnehmer, der wenigstens 52 Jahre alt war, ohne jeden sachlichen Grund befristet werden. Herr Mangold erhob eine Befristungskontrollklage (§ 17 TzBfG). Der um Vorabentscheidung ersuchte EuGH kam zu dem Ergebnis, dass eine Vorschrift wie § 14 Abs. 3 Satz 4 TzBfG a.F. eine nicht gerechtfertigte Ungleichbehandlung wegen des Alters darstelle, der Art. 6 der RL 2000/78 entgegenstehe. Er fügte hinzu, es obliege dem nationalen Gericht, „die volle Wirksamkeit des allgemeinen Verbotes der Diskriminierung wegen des Alters zu gewährleisten, indem es jede entgegenstehende Bestimmung des nationalen Rechts unangewendet lässt, auch wenn die Frist für die Umsetzung der Richtlinie noch nicht abgelaufen ist" (EuGH, a.a.O. – Mangold, Rn. 78 und Tenor).

Auf den ersten Blick scheint es in der Tat so, als sei der EuGH im Fall Mangold von der horizontalen Direktwirkung einer Richtlinie im Rechtsverhältnis zwischen Privaten ausgegangen. Die Nichtanwendung der Befristungsmöglichkeit des § 14 Abs. 3 Satz 4 TzBfG a. F. wäre dann zwar in erster Linie einer negativen Richtlinienwirkung geschuldet (Ausschluss der Anwendung einer europarechtswidrigen nationalen Befristungsmöglichkeit im TzBfG); im Ergebnis käme sie aber einer positiven unmittelbaren Wirkung zwischen Privaten schon sehr nahe, würde doch die Berufung auf die Richtlinie zur Unwirksamkeit der Befristung des Arbeitsverhältnisses führen, was insbesondere mit einem Anspruch auf Weiterbeschäftigung einher ginge.

Bei näherer Betrachtung hat der EuGH die Unanwendbarkeit europarechtswidrigen nationalen Rechts jedoch gar nicht aus der Richtlinie 2000/78 hergeleitet. Vielmehr begründete er die Unanwendbarkeit einer Vorschrift wie § 14 Abs. 3 TzBfG mit deren Verstoß gegen das Verbot der Altersdiskriminierung *als allgemeinem Grundsatz des Unionsrechts.* Dieser Grundsatz sei in der RL 2000/78 lediglich konkretisiert, was der EuGH in einem nachfolgenden Urteil nochmals ausdrücklich klargestellt hat (EuGH, C-555/07, Urt. v. 19. 1. 2010, NJW 2010, 427 – Kücükdeveci, Rn. 20, 21; vgl. dazu auch unten S. 297).

Freilich muss, damit der (konkretisierte) Grundsatz des Verbots der Altersdiskriminierung angewandt werden kann, die Diskriminierung im Anwendungsbereich des Unionsrechts erfolgen (vgl. EuGHE, C-427/06, 2008, I-7245 = NJW 2008, 3417 – Bartsch). Dieser Anwendungsbereich war im Fall Mangold aber eröffnet: § 14 Abs. 3 TzBfG ist im Zuge der Umsetzung der RL 1999/70 über befristete Arbeitsverträge geändert worden.

Der EuGH ist wegen seiner Mangold-Rechtsprechung scharf kritisiert worden. Der dabei erhobene **Vorwurf der unzulässigen Rechtsfortbildung** (es wurde sogar der Begriff „**ausbrechender Rechtsakt**" verwendet) betrifft zum einen die soeben erörterte vermeintliche Bejahung einer horizontalen Direktwirkung von Richtlinien, zum anderen wird geltend gemacht, der EuGH habe das Verbot der Altersdiskriminierung als allgemeinen Rechtsgrundsatz frei erfunden. Zuzugeben ist den Kritikern, dass der EuGH über den Umweg des allgemeinen Rechtsgrundsatzes, der durch die RL 2000/78 lediglich konkretisiert werde, im Ergebnis sehr nah an eine unmittelbare Wirkung von Richtlinien zwischen Privaten herankommt (vgl. Mörsdorf NJW 2010, 1046). Hingegen trifft es nicht zu, dass der allgemeine Rechtsgrundsatz des Verbots der Altersdiskriminierung frei erfunden sei: Er war bereits in Art. 21 Abs. 1 der – seinerzeit noch unverbindlichen – Charta der Grundrechte der EU enthalten und war somit schon zur Zeit des Mangold-Urteils Ausdruck einer gemeinsamen Überzeugung der Mitgliedstaaten. Bedauerlich ist freilich, dass weder der EuGH noch der Generalanwalt im Fall Mangold auf diese Chartabestimmung Bezug nahm. Das BVerfG hat inzwischen bestätigt, dass der EuGH mit dem Mangold-Urteil seine Kompetenzen nicht überschritten und somit keinen ausbrechenden Rechtsakt erlassen hat (EuZW 2010, 828 – „Honeywell").

e) Geltendmachung der unmittelbaren Wirkung. Der EuGH spricht i. d. R. davon, dass sich der Einzelne gegenüber dem Staat auf die unmittelbare Wirkung einer Richtlinienbestimmung **berufen** könne. Dies ist jedoch nicht so zu verstehen, dass dem Einzelnen lediglich eine Art Einrede zustünde, die er notwendigerweise selbst geltend machen müsste. Vielmehr haben die nationalen Behörden (EuGHE, 103/88, 1989, 1839 = Hummer, S. 24 – Fratelli Costanzo) und Gerichte eine unmittelbar wirkende Richtlinienbestimmung, die den Einzelnen begünstigt, **von Amts wegen anzuwenden.** Dies fordert das Legalitätsprinzip.

3. Beschlüsse

Beschlüsse (Art. 288 Abs. 4 AEUV) haben für ihre Adressaten unmittelbare Wirkung. Sie können nicht nur begünstigend, sondern auch belastend wirken, indem sie Anträge des Einzelnen ablehnen oder ihm Gebote, Verbote, ja sogar Sanktionen (z. B. kartellrechtliche Geldbußen, Zwangsgelder) auferlegen.

An Mitgliedstaaten gerichtete Beschlüsse können für Einzelne unter denselben Voraussetzungen wie Richtlinien unmittelbare Wirkung haben. Der Einzelne kann sich also zu seinen Gunsten auf einen Beschluss (früher: Entscheidung) berufen, wenn dieser dem Mitgliedstaat eine klare und eindeutige Verpflichtung auferlegt, die von keiner Bedingung abhängig ist und dem Mitgliedstaat auch kein Ermessen einräumt (EuGHE, 9/70, 1970, 825 = Hummer, S. 7 – Leberpfennig; vgl. auch EuGH, C-156/91, 1992, I-5567 = NJW 1993, 315 – Hansa Fleisch).

Zu beachten ist ferner, dass auch Personen, die nicht Adressaten eines Beschlusses sind, von diesem unmittelbar und individuell betroffen sein können. So können sich beispielsweise Beschlüsse, welche die Kommission als europäische Wettbewerbsbehörde in kartellrechtlichen oder fusionskontrollrechtlichen Verfahren erlässt, auch auf die Marktstellung anderer Unternehmen, insbesondere der Konkurrenten der Entscheidungsadressaten, auswirken. Ebenso wirkt sich die an einen Mitgliedstaat ergehende Anordnung der Kommission, eine rechtswidrige staatliche Beihilfe zurückzufordern, unmittelbar und individuell auf die Interessenlage des Beihilfenempfängers aus. Ficht das unmittelbar und individuell betroffene Unternehmen (Konkurrent oder Beihilfenbegünstigter) solche Beschlüsse nicht fristgerecht vor dem EuG an, so werden sie ihm gegenüber bestandskräftig (Art. 263 Abs. 4, 6 AEUV; vgl. unten S. 137).

4. Völkerrechtliche Verträge

Auch die von der Union mit Drittländern oder internationalen Organisationen geschlossenen völkerrechtlichen Verträge (vgl. Art. 218 AEUV) können unmittelbar anwendbar sein (EuGHE, 104/81, 1982, 3641 = Hummer, S. 396 – Kupferberg I; EuGHE, 12/86, 1987, 3719 – Rn. 14 = Hummer, S. 376 – Demirel). Sie bilden mit ihrem völkerrechtlichen Inkrafttreten einen integralen („integrierenden" = wesentlichen) Bestandteil des Unionsrechts. Sie sind daher, was ihre unmittelbare Wirkung betrifft, grundsätzlich so zu behandeln wie anderes Unionsrecht auch. Die betreffenden völkerrechtlichen Bestimmungen müssen mithin unter Berücksichtigung ihres Wortlauts und nach Sinn und Zweck des Abkommens eine klare und eindeutige Verpflichtung enthalten, deren Erfüllung oder Wirkungen nicht vom Erlass eines weiteren Rechtsakts abhängen. Die Norm muss somit – nach völkerrechtlicher Terminologie – *self-executing* sein. Durch sie können Einzelne nicht nur berechtigt, sondern auch verpflichtet werden.

Allerdings ist bei der Prüfung der Frage, ob eine völkerrechtliche Norm unbedingt und hinreichend genau ist, eben wegen ihrer originären völkerrechtlichen Natur, im Vergleich zum sonstigen Unionsrecht ein engerer Maßstab anzulegen. Die unmittelbare Anwendbarkeit der Bestimmungen des GATT 1947 wurde wegen ihrer großen Flexibilität (und damit Bedingtheit) vom EuGH verneint (vgl. EuGHE, C-280/93, 1994, I-4973 Rn. 103 ff. = Hummer, S. 85 – Bananenmarktordnung). Auch dem GATT 1994 versagt der EuGH, wie den übrigen WTO-Übereinkommen (vgl. dazu unten S. 169), die unmittelbare Wirkung (vgl. EuGHE, C-307/99, 2001, I-3159 = EuZW 2001, 529 – OGT Fruchthandelsgesellschaft). Selbst die Empfehlungen und Entscheidungen des Streitbeilegungsgremiums der WTO haben keine unmittelbare Wirkung in der EU (EuGHE, C-93/02 P, 2003, I-10497 – Biret; EuGHE, C-377/02, 2005, I-1465 – Van Parys).

Folgende Gründe sprechen gegen die Annahme einer unmittelbaren Wirkung von WTO-Recht: Erstens hat der Rat in seinem Genehmigungsbeschluss vom 22.12.1994 (ABl. 1994, L 336, S. 1), mit dem er den Beitritt der EG zur WTO vollzog, die unmittelbare Wirkung der WTO-Übereinkommen ausgeschlossen. Zweitens lehnen auch die wichtigsten Handelspartner der EU, insbesondere die USA, die unmittelbare Wirkung der Abkommen ab, was bei deren Auslegung zu berücksichtigen ist. Drittens ist die WTO ihrer Natur nach auf Verhandlungslösungen angelegt. Der Verhandlungsspielraum der Union gegenüber ihren Handelspartnern zur Konfliktlösung soll nicht durch die Annahme einer unmittelbaren Wirkung von WTO-Regelungen eingeschränkt werden.

Nach der Rechtsprechung des EuGH kann jedoch eine WTO-Bestimmung in zwei Ausnahmefällen unmittelbar anwendbar sein, und zwar wenn eine unionsrechtliche Vorschrift ausdrücklich auf sie verweist (EuGHE, 70/87, 1989, 1781 = Hummer, S. 407 – Fediol) oder die Union eine WTO-Verpflichtung durch einen besonderen Rechtsakt umgesetzt hat (EuGHE, C-69/89, 1991, I-2069 = Hummer, S. 408 – Nakjima).

Beispiel (nach EuGHE, C-89/99, 2001, I-5851 = EuZW 2001, 657 – Schieving-Nijstad):

Die Schieving OHG ist Inhaberin der Dienstleistungsmarke Route 66 für Gaststätten- und Cateringdienstleistungen. Sie erwirkt eine einstweilige Verfügung auf Unterlassung gegen einen Cafébesitzer, der sein Café unter dem Zeichen Route 66 betreibt (§ 14 Abs. 2 Nr. 2, Abs. 3 Nr. 3, Abs. 5 Markengesetz, §§ 935, 936 ZPO). Einen Monat nach Erlass beantragt der Cafébesitzer die Aufhebung der einstweiligen Verfügung, weil die OHG keine Hauptsacheklage erhoben habe. Dies ist jedoch nach § 926 ZPO kein Grund, die einstweilige Verfügung aufzuheben. Vielmehr wäre dem Verfügungskläger zunächst eine Frist zur Klageerhebung zu setzen (die Vollziehungsfrist nach § 929 Abs. 2, § 936 ZPO muss natürlich gewahrt sein!). Der Verfügungsbeklagte beruft sich aber auf Art. 50 Abs. 6 TRIPS, wonach einstweilige Verfügungen, die im Rahmen von Rechtsstreitigkeiten über die Verletzung eines Rechts des geistigen Eigentums ergangen sind, spätestens nach 20 Werktagen oder 31 Kalendertagen aufzuheben sind, wenn keine Hauptsacheklage erhoben worden ist. § 926 ZPO kann wegen seines klaren Wortlauts nicht im Einklang mit Art. 50 TRIPS ausgelegt werden. Auch ist das TRIPS, wie die übrigen WTO-Übereinkommen, nicht unmittelbar anwendbar. Damit ist der Antrag auf Aufhebung der einstweiligen Verfügung zurückzuweisen. Der deutsche Gesetzgeber muss jedoch § 926 ZPO an Art. 50 TRIPS anpassen, was bisher unterblieben ist.

In den meisten Fällen, bei denen die (fehlende) unmittelbare Wirkung der WTO-Abkommen eine Rolle spielt, geht es jedoch um die Frage, ob sich der Einzelne oder ein Mitgliedstaat auf die unmittelbare Anwendbarkeit dieser Abkommen berufen können, um sekundäres Unionsrecht (z. B. die Bananenmarktordnung) zu Fall zu bringen. Auch dies lehnt der EuGH ab (EuGHE, C-377/02, 2005, I-1465 – Van Parys).

B. Verhältnis des Unionsrechts zum nationalen Recht

Wegen der unmittelbaren Wirkung des Unionsrechts kann eine Kollision mit anderslautendem nationalem Recht entstehen. Bei der Lösung der sich dann stellenden Frage, welches Recht im konkreten Fall anzuwenden ist, ist zu unterscheiden, ob die Antwort aus der Sicht des Unionsrechts oder aus der des deutschen Rechts erfolgen soll. Gemeinsamer Ausgangspunkt ist jedoch für den EuGH (EuGHE, 6/64, 1964, 1251 = Hummer, S. 33 – Costa/ENEL) wie auch für das BVerfG (BVerfGE 37, 271 = Hummer, S. 45 Rn. 19 ff. – Solange I) die Eigenständigkeit des Unionsrechts und seine besondere Rechtsnatur.

I. Die Eigenständigkeit des Unionsrechts und seine Rechtsnatur

Die Mitgliedstaaten haben auf die Europäische Union Hoheitsrechte übertragen. In Deutschland geschah dies ursprünglich gemäß Art. 24 Abs. 1 GG. Anlässlich des Vertrags von Maastricht wurde der jetzige Art. 23 (der „Europaartikel") in das GG eingefügt, der *lex specialis* zu Art. 24 und 32 GG ist. Mit der Übertragung der Hoheitsrechte ist eine von der Staatsgewalt der Mitgliedstaaten deutlich geschiedene **supranationale öffentliche Gewalt** entstanden. Als supranational wird eine Staatenverbindung charakterisiert, die auch gegen den Willen einzelner Mitglieder Rechtsakte mit unmittelbarer Geltung in den Mitgliedstaaten erlassen kann. Die Gründungsverträge stellen gewissermaßen die „**Verfassungsurkunde**" der Union dar (EuGHE, 294/83, 1986, 1339 = Hummer, S. 255 – Les Verts, Rn. 23; EuGH, C-402/05 P u. a., 2008, I-6351 – Kadi u. a., Rn. 281). Gleichwohl ist die EU kein Staat, auch kein Bundesstaat. Der **Union fehlt die Kompetenz-Kompetenz.** Deshalb gilt nicht der Satz: „Bundesrecht bricht Landesrecht." Vielmehr ist die EU eine im Prozess fortschreitender Integration stehende Staatengemeinschaft eigener Art, die – aus deutscher Sicht – eine zwischenstaatliche Einrichtung i. S. v. Art. 24 Abs. 1 GG darstellt. Das BVerfG charakterisiert die Union seit seinem Maastricht-Urteil vom 12. 10. 1993 (BVerfGE 89, 155 = NJW 1993, 3047 = Hummer, S. 64, Absatz-Nr. 51) als **Staatenverbund** (= Vertragsunion souveräner Staaten).

Die Rechtsakte der Union brauchen von den Mitgliedstaaten weder bestätigt (ratifiziert) zu werden, noch können sie von ihnen aufgehoben werden. Vielmehr bildet das **Unionsrecht** eine eigenständige Rechtsordnung, die aus einer autonomen Rechtsquelle fließt (EuGHE, 26/62, 1963, 1 – van Gend & Loos, Rn. 10; EuGHE, 6/64, 1964, 1141 – Costa/ENEL, Rn. 8; EuGHE, 11/70, 1970, 1125 – Internationale Handelsgesellschaft, Rn. 3). Es ist **nicht Bestandteil des nationalen Rechts**, aber wegen seiner unmittelbaren Wirkung **Bestandteil des innerstaatlich geltenden Rechts.** Für Bürger, Behörden und Gerichte bestehen somit zwei Rechtsordnungen nebeneinander.

Das **Unionsrecht** ist **kein Völkerrecht** (mehr), auch wenn die Gründungsverträge in ihrem Ursprung völkerrechtliche Verträge sind, **sondern Recht *sui generis*.** Deshalb ist die Vorrangfrage nicht nach den herkömmlichen Regeln über den Rang zwischen Völker- und nationalem Recht zu entscheiden. Vielmehr ist eine eigenständige europarechtliche Lösung zu erarbeiten.

In Ausnahmefällen wird die Vorrangfrage vom deutschen Recht anders als vom Unionsrecht beantwortet. Auch ist die Begründung für den regelmäßigen Vorrang des Unionsrechts teilweise unterschiedlich. Es ist daher stets darauf zu achten, ob die Vorrangfrage nach der Aufgabenstellung aus der Sicht des Unionsrechts oder aus der Sicht des deutschen Rechts gelöst werden soll.

Merke: Kollidiert deutsches Recht mit einer nicht unmittelbar wirkenden Norm des Unionsrechts, entsteht die Vorrangfrage nicht. Vielmehr kommt das Unionsrecht mangels unmittelbarer Wirkung nicht zur Anwendung. Ausnahmsweise kann es aber auch in diesen Fällen zur Verdrängung des nationalen Rechts kommen (vgl. oben S. 59, negative unmittelbare Wirkung). Auf jeden Fall besteht unabhängig vom Bestehen oder Nichtbestehen einer unmittelbaren Wirkung die Pflicht zur unionsrechtskonformen Auslegung und Anwendung nationalen Rechts.

II. Die Vorrangfrage aus der Sicht des Unionsrechts

Ist in der Klausur eine Entscheidung des EuGH zu fertigen, kommt es allein auf die Sicht des Unionsrechts zur Vorrangfrage an. Diese Sicht aber ist eindeutig: **Dem Unionsrecht kann keine wie immer geartete innerstaatliche Rechtsvorschrift vorgehen** (EuGHE, 6/64, 1964, 1251 = Hummer, S. 33 – Costa/ENEL). Im Urteil Internationale Handelsgesellschaft (EuGHE, 11/70, 1970, 1125 = Hummer, S. 35) hat der EuGH darüber hinaus entschieden, dass das Unionsrecht auch den Verfassungsnormen der Mitgliedstaaten vorgehe, seien es nun Grundrechte oder Strukturprinzipien der Verfassung (vgl. auch EuGH, C-409/06, Urt. v. 8. 9. 2010 – Winner Wetten, Rn. 61). Die Gültigkeit eines unionsrechtlichen Rechtsakts könne nur an höherrangigem Unionsrecht, nicht jedoch an nationalem Recht gemessen werden. Dieses könne seine Geltung (Anwendbarkeit) in den Mitgliedstaaten nicht hindern.

Der **Grundsatz des Vorrangs des Unionsrechts** wird zwar in den Verträgen nicht ausdrücklich erwähnt (eine solche Regelung war nur im gescheiterten Verfassungsvertrag vorgesehen, vgl. Art. I-6 EVV). Er ist jedoch **der Unionsrechtsordnung immanent**. Von der Regierungskonferenz zum Vertrag von Lissabon wurde der Vorrang in Form einer Erklärung zu den Verträgen bekräftigt (**Erklärung Nr. 17 zum Vorrang**), in der ausdrücklich auch auf die Rechtsprechung des EuGH verwiesen wird.

Der EuGH begründet den Vorrang des Unionsrechts mit der **Eigenständigkeit** der unionsrechtlichen Rechtsordnung sowie der **Notwendigkeit der einheitlichen Geltung** des Unionsrechts in allen Mitgliedstaaten. Würde das Unionsrecht nicht einheitlich gelten, wäre ihm sein Charakter als Unionsrecht aberkannt. Rechtsgrundlage und **Funktionsfähigkeit der Union** wären in Frage gestellt. Denn die Union ist **im Wesentlichen eine Rechtsgemeinschaft**. Wäre das von ihr gesetzte Recht nicht einheitlich anwendbar, so wäre ihr die Grundlage entzogen. Es käme zu Diskriminierungen, wenn in einem Mitgliedstaat eine den Bürger belastende oder begünstigende unionsrechtliche Vorschrift gelten würde, im anderen nicht. Die Verwirklichung der Ziele des Art. 4 Abs. 3 EUV wäre gefährdet. Der Vorrang des Unionsrechts wird von Art. 288 Abs. 2 AEUV bestätigt, der eine Verordnung vorbehaltlos in allen Mitgliedstaaten für verbindlich erklärt.

Klausurhinweis: Typisch für Klausuren in diesem Zusammenhang ist, dass ein Einzelner in einem Verfahren vor dem EuGH (Art. 263, 267 AEUV) geltend macht, eine Verordnung oder ein Beschluss der EU sei deshalb nichtig, weil dieser Rechtsakt gegen ein Grundrecht des Grundgesetzes verstoße. Aus der Sicht des Unionsrechts kann ein unionsrechtlicher Rechtsakt aus diesem Grund weder nichtig noch unanwendbar sein. Doch ist zu prüfen, ob der Rechtsakt gegen ein *unionsrechtliches* Grundrecht verstößt. Der Vortrag des Betroffenen ist dahingehend umzudeuten. Auf die im Nachfolgenden dargestellte Solange-Rechtsprechung des BVerfG kommt es nicht an. Nur insofern ist sie in der Klausur überhaupt zu erwähnen.

Aus dem Grundsatz des Vorrangs des Unionsrechts folgt, dass alle innerstaatlichen Stellen gehalten sind,

*für die volle Wirksamkeit des Unionsrechts Sorge zu tragen, indem sie erforderlichenfalls jede – auch spätere – entgegenstehende Bestimmung des nationalen Rechts **aus eigener Entscheidungsbefugnis unangewendet lassen**, und zwar ohne dass sie die vorherige Beseitigung dieser Bestimmung auf gesetzgeberischem Wege oder durch irgendein anderes verfassungsrechtliches Verfahren beantragen oder abwarten müssten.*

(EuGHE, 106/77, 1978, 629 = Hummer, S. 36 – Simmenthal II, Rn. 24; EuGHE, C-387/02 u. a., 2005, I-3565 – Berlusconi u. a., Rn. 72; EuGH, C-188/10 u. C-189/10, Urt. v. 22. 6. 2010 – Melki u. Abdeli, Rn. 43)

Diese Pflicht trifft innerstaatliche **Gerichte** wie auch die **Verwaltung** auf allen Ebenen

(EuGHE, 103/88, 1989, 1839 = Hummer S. 757 – Fratelli Costanzo Rn. 29 ff.; EuGH, C-341/08, Urt. v. 12. 1. 2010 – Petersen, Rn. 80).

Die **Wirkung des Vorrangs** sieht der EuGH darin, dass jede nationale Stelle (Behörde, Richter) staatliche Normen unangewendet lässt, denen im konkreten Fall eine unionsrechtliche Regelung entgegensteht. Der EuGH geht somit von einem **Anwendungsvorrang** und **nicht** von einem **Geltungsvorrang** des Unionsrechts aus. Die entgegenstehende nationale Vorschrift ist nicht nichtig (es gilt *nicht* der Grundsatz „Unionsrecht bricht nationales Recht"), sondern lediglich im konkreten Einzelfall unanwendbar (vgl. etwa EuGH, C-409/06, Urt. v. 8. 9. 2010 – Winner Wetten, Rn. 53). Der Unterschied zwischen Anwendungs- und Geltungsvorrang wirkt sich dann praktisch aus, wenn der konkrete Fall keinen Bezug zum Unionsrecht hat und dieses deswegen nicht zur Anwendung kommt. So stehen etwa die Grundfreiheiten des Binnenmarkts, die einen grenzüberschreitenden Bezug voraussetzen, der Anwendung einer nationalen Norm nicht entgegen, wenn es sich um einen rein innerstaatlichen Sachverhalt handelt (vgl. die Fälle der Inländerdiskriminierung, S. 285 f.). Wäre die nationale Norm hingegen nichtig, so könnte sie auch in rein innerstaatlichen Fällen nicht angewandt werden.

Nicht zu verwechseln ist der durch die Rangordnung bedingte Anwendungsvorrang des Unionsrechts mit dem Anwendungsvorrang, welcher der spezielleren Norm vor der allgemeinen Norm zukommt. Danach ist zunächst das speziellere (einfache) Gesetz anzuwenden, bevor auf das allgemeinere (höherrangige) Gesetz oder gar die Verfassung zurückgegriffen wird (vgl. Schmalz, Methodenlehre, S. 46). Dieser **Spezialitätsgrundsatz** gilt auch im Unionsrecht und auch im Verhältnis zwischen nationalem Recht und Unionsrecht. Normalerweise ist das nationale Recht spezieller als das Unionsrecht. Dies gilt insbesondere gegenüber dem Primärrecht. Andererseits ist z. B. die EuGVVO spezieller als die ZPO.

III. Die Vorrangfrage aus der Sicht des deutschen Rechts

1. Allgemeines

a) Vorrangigkeit eines Vorabentscheidungsersuchens. Bevor ein deutsches Gericht die Vorrangfrage entscheidet, hat es zu prüfen, ob nach Art. 267 AEUV eine Vorlage an den EuGH veranlasst ist. Diese kann zum einen zu dem Zweck erfolgen, durch den EuGH klären zu lassen, ob das Unionsrecht überhaupt in der Weise auszulegen ist, dass das einschlägige deutsche Recht mit ihm unvereinbar ist. Zum anderen stellt sich die Vorrangfrage dann nicht mehr, wenn das einschlägige sekundäre Unionsrecht wegen Verstoßes gegen höherrangiges Unionsrecht, insbesondere gegen Unionsgrundrechte, ungültig ist. Hierüber kann aber nur der EuGH entscheiden (EuGH, C-188/10 u. C-189/10, Urt. v. 22. 6. 2010 – Melki u. Abdeli, Rn. 54–56; vgl. auch unten S. 141).

b) Bedeutung von Art. 23, 24 Abs. 1 und Art. 59 Abs. 2 Satz 1 GG. Verbleibt es nach einer etwaigen Vorlage gemäß Art. 267 AEUV bei einem Widerspruch zwischen Unions- und nationalem Recht, so ist zunächst von folgenden Überlegungen auszugehen:

Das Unionsrecht stellt eine eigenständige Rechtsordnung dar, deren unmittelbar wirkende Vorschriften innerstaatlich anzuwenden sind. Dies gilt für das sekundäre wie das primäre Unionsrecht.

Der **Europäischen Union**, die eine zwischenstaatliche Einrichtung – einen Staatenverbund – darstellt, sind durch die Gesetze zu den Verträgen und den nachfolgenden Änderungsverträgen (Maastricht, Amsterdam, Lissabon) gemäß Art. 23 Abs. 1 GG (früher Art. 24 Abs. 1 GG) **Hoheitsrechte übertragen** worden. Der Begriff „übertragen" in Art. 23 Abs. 1, Art. 24 Abs. 1 GG ist freilich nicht wörtlich zu nehmen. Insbesondere liegt keine Zession vor. Vielmehr öffnet Art. 23 Abs. 1 GG die nationale Rechtsordnung derart, dass der ausschließliche Herrschaftsanspruch der Bundesrepublik in ihrem Hoheitsbereich zurückgenommen und der unmittelbaren Geltung und Anwendbarkeit eines Rechts aus anderer Quelle Raum gelassen, diese also geduldet wird (BVerfGE 37, 271 [280] = Hummer, S. 45 Absatz-Nr. 22 – Solange I).

Schon bei Art. 24 Abs. 1 GG a. F. bestand Einigkeit, dass diese Vorschrift den Bund nicht zur schrankenlosen Übertragung von Hoheitsrechten ermächtigte. Vielmehr ist das Grundgefüge der Verfassung zu wahren. Die seinerzeit in Art. 24 Abs. 1 GG a. F. hineininterpretierten **Schranken der Übertragung von Hoheitsrechten** sind nunmehr im Wesentlichen in Art. 23 Abs. 1 GG normiert. Zulässig ist die Übertragung von Hoheitsrechten nur dann, wenn die Union die in Art. 23 Abs. 1 Satz 1 GG normierten Anforderungen erfüllt und entsprechend Satz 3 die Schranken des Art. 79 Abs. 3 GG („Ewigkeitsgarantie") gewahrt werden.

Die Gesetze zu den Verträgen sind aber auch **Vertragsgesetze** (Zustimmungsgesetze) i. S. v. Art. 59 Abs. 2 Satz 1 GG. Als solche **erteilen** sie den **Rechtsanwendungsbefehl** für die Geltung des primären Unionsrechts im Hoheitsbereich der Bundesrepublik Deutschland (BVerfGE 52, 187 – „Vielleicht"). Das Unionsrecht gilt somit in Deutschland allein wegen des Rechtsanwendungsbefehls des Zustimmungsgesetzes (vgl. BVerfGE 89, 155 = NJW 1993, 3047 [3052] = Hummer, S. 64 – Maastricht, Absatz-Nr. 55). Unionsrecht, das vom Zustimmungsgesetz nicht gedeckt ist, weil Deutschland nicht zugestimmt hat oder nicht zustimmen durfte, ist in Deutschland nicht anwendbar und kann somit auch nicht Vorrang vor deutschem Recht haben. Dies ist der Ansatzpunkt für die vom BVerfG beanspruchte Kontrolle über die Anwendbarkeit (nicht: Gültigkeit) von Unionsrecht in Deutschland (vgl. BVerfGE 123, 267 = NJW 2009, 2267 – Lissabon, Absatz-Nr. 343).

c) Fallgruppen. Es sind folgende Fallgruppen zu unterscheiden, die jeweils einer unterschiedlichen Erörterung bedürfen:

– Primäres oder sekundäres Unionsrecht steht im Widerspruch zu einem einfachen Gesetz.
– Eine Verordnung steht im Widerspruch zu einem Grundrecht des Grundgesetzes.
– Eine Richtlinie steht im Widerspruch zu einem Grundrecht des Grundgesetzes.
– Die Union überschreitet ihre Kompetenzen.
– Die Union verletzt die Verfassungsidentität der Bundesrepublik Deutschland.
– Primäres Unionsrecht steht im Widerspruch zum Grundgesetz.

2. Vorrang des Unionsrechts vor einem einfachen Gesetz

Verstößt eine Norm des einfachen Rechts gegen unmittelbar geltendes primäres oder sekundäres Unionsrecht, kommt dem Unionsrecht der Anwendungsvorrang zu. Dies hat das BVerfG bereits in der Verfassungsbeschwerde Lütticke am 9. 6. 1971 entschieden (BVerfGE 31, 145 = Hummer, S. 42). Eine ausführliche dogmatische Begründung folgte freilich erst im Beschluss vom 8. 4. 1987 zum Justizkonflikt zwischen EuGH und BFH (BVerfGE 75, 223 = Hummer, S. 18 – Kloppenburg, Absatz-Nr. 49). Danach kommt primärem wie sekundärem Unionsrecht für den Fall eines Widerspruchs zu innerstaatlichem Gesetzesrecht auch vor deutschen Gerichten der Anwendungsvorrang zu. Dieser **Anwendungsvorrang** gegenüber späterem wie früherem nationalem Gesetzesrecht beruht auf einer **ungeschriebenen** (Rang-/Kollissions-) **Norm des primären Unionsrechts,** der das jeweilige Zustimmungsgesetz zu den Verträgen nach Art. 59 Abs. 2 GG i.V.m. Art. 23 Abs. 1 GG (früher Art. 24 Abs. 1 GG) den innerstaatlichen Rechtsanwendungsbefehl erteilt. Eine solche Vorrangregelung ist nach Art. 23 Abs. 1 GG (früher Art. 24 Abs. 1 GG) zulässig. Die deutschen Gerichte haben daher im Fall eines Widerspruchs der beiden Rechtsordnungen nicht das deutsche Gesetz, sondern die unionsrechtliche Bestimmung anzuwenden. Ein Verwerfungsmonopol des BVerfG nach Art. 100 Abs. 1 GG besteht nicht. Vielmehr ist jedes Instanzgericht befugt und verpflichtet, das deutsche Gesetz im Fall eines Widerspruchs zum Unionsrecht unangewendet zu lassen (ebenso EuGHE, 106/77, 1978, 629 = Hummer, S. 36 – Simmenthal II; EuGH, C-555/07, Urt. v. 19. 1. 2010, NJW 2010, 427 – Kücükdeveci).

Dem Unionsrecht kommt hierbei freilich nur ein **Anwendungsvorrang, kein Geltungsvorrang** zu. Das deutsche Gesetz wird also nur im konkreten Fall nicht angewendet. Es ist nicht nichtig. Liegt ein rein innerstaatlicher Sachverhalt vor, auf den das Unionsrecht nicht anzuwenden ist, verbleibt es bei der Anwendung des nationalen Rechts.

Klausurhinweis: In der Klausur ist der Vorrang des Unionsrechts vor einem einfachen Gesetz unter kurzem Hinweis auf die Rechtsprechung des BVerfG in aller Regel ohne weitere Problematisierung zu bejahen. Etwas anderes gilt nur, wenn die Vorrangfrage im Text der Klausur ausdrücklich angesprochen ist. Auf die im Folgenden darzustellende Solange-Rechtsprechung des BVerfG ist aber auch dann nicht einzugehen, allenfalls kann deren fehlende Einschlägigkeit kurz festgestellt werden. Merke auch: Ist ein Gesetz wegen eines Verstoßes gegen das Unionsrecht unanwendbar, ist es i.S.v. Art. 100 Abs. 1 Satz 1 GG *nicht entscheidungserheblich* (BVerfGE 85, 191 [203 ff.] = EuZW 1992, 320 = Hummer, S. 62 – Nachtarbeitsverbot für Frauen).

Hinweis zur Vertiefung: Zu beachten ist, dass den **im IPR bedeutsamen Staatsverträgen** kein dem Unionsrecht entsprechender Vorrang vor den einfachen Bundesgesetzen oder gar dem Grundgesetz einzuräumen ist. Vielmehr gelten insoweit die allgemeinen Regeln zum Verhältnis zwischen Völkerrecht und deutschem Recht. Staatsverträge haben daher nach ihrer Übernahme in innerstaatliches Recht (Art. 59 Abs. 2 Satz 1 GG) den Rang eines einfachen Bundesgesetzes. Art. 25 GG ist nicht einschlägig, soweit ein Staatsvertrag nicht – ausnahmsweise – allgemeine Regeln des Völkerrechts enthält. Spätere Bundesgesetze gehen daher den staatsvertraglichen Regelungen vor (*Lex-posterior*-Regel). Doch stellt Art. 3 Nr. 2 EGBGB klar, dass Staatsverträge als *leges speciales* Vorrang vor einfachen Bundesgesetzen haben. Über Art. 3 Nr. 2 EGBGB kann aber kein Vorrang der Staatsverträge vor späterem noch speziellerem autonomem Kollisionsrecht konstruiert werden. Einen solchen Vorrang könnte nur das Grundgesetz, nicht aber das EGBGB anordnen. Rechtsakten der Union räumt das Grundgesetz, vermittelt durch Art. 23 Abs. 1 GG, einen solchen Vorrang ein.

3. Vorrang von EU-Verordnungen vor den Grundrechten des Grundgesetzes

a) Anforderungen des Art. 23 Abs. 1 GG. Art. 23 Abs. 1 GG stellt an die Europäische Union die Anforderung, einen dem Grundgesetz im Wesentlichen vergleichbaren Grundrechtsschutz zu gewährleisten. Dem genügt, wie das BVerfG in seinem Solange II-Beschluss (BVerfGE 73, 339 = Hummer, S. 52) festgestellt hat, die Europäische Union (vgl. auch BVerfGE 102, 147 = NJW 2000, 3124 – Bananenmarkt). Dies bedeutet nicht, dass die Union in ihrer Rechtsetzung und Rechtskontrolle die Feininterpretation der deutschen Grundrechte beachten müsste. Vielmehr setzt sich gegenüber den deutschen Grundrechten auch eine solche Verordnung durch, die dieser Feininterpretation nicht entspricht. Bei der Vollziehung solchen Unionsrechts ist die deutsche öffentliche Gewalt wegen Art. 23 Abs. 1 GG von der in Art. 1 Abs. 3 GG angeordneten Grundrechtsbindung freigestellt, soweit der zwingende Normbefehl des europäischen Normgebers reicht (vgl. Tomuschat EuR 1990, 340 [342 ff.]).

b) Rechtsprechung des BVerfG. Das BVerfG hat den Vorrang von EU-Verordnungen gegenüber den Grundrechten des Grundgesetzes in seinem Solange II-Beschluss auf **verfahrensrechtlicher Ebene** gelöst. Daran hat das Maastricht-Urteil (BVerfGE 89, 155 = NJW 1993, 3047 = Hummer, S. 64) nichts geändert, was das BVerfG im Bananenmarkt-Beschluss (BVerfGE 102, 147 = NJW 2000, 3124) klargestellt hat. Die Chronik der Entscheidungen:

aa) Das BVerfG hatte zunächst eine Verfassungsbeschwerde gemäß Art. 93 Abs. 1 Nr. 4 a GG, die unmittelbar gegen eine Verordnung gerichtet war, als unzulässig verworfen (BVerfGE 22, 293 = Hummer, S. 44). Denn nach § 90 BVerfGG könnten nur Akte der staatlichen deutschen, an das Grundgesetz gebundenen öffentlichen Gewalt angefochten werden. Hierzu gehörten Rechtsakte der Union nicht. Vielmehr gehörten diese einer eigenständigen Rechtsordnung an. Daran ändere auch die Mitwirkung der deutschen Staatsgewalt bei der Setzung dieser Rechtsakte nichts. Diese später (BVerfGE 58, 1 = Hummer, S. 49 – Eurocontrol I) bestätigte Rechtsprechung hat das BVerfG im Maastricht-Urteil (BVerfGE 89, 155) allerdings ausdrücklich aufgegeben. Seither sieht es seine Aufgabe darin, den **Grundrechtsschutz in Deutschland** auch gegenüber einer fremden öffentlichen Gewalt zu gewährleisten. Dies gelte nicht nur gegenüber der Union, sondern auch gegenüber anderen supranationalen Organisationen i. S. v. Art. 24 GG, wie z. B. dem Europäischen Patentamt (BVerfG NJW 2001, 2705).

bb) Im **Solange I-Beschluss** vom 29. 5. 1974 (BVerfGE 37, 271 = Hummer, S. 45) hat das BVerfG jedoch im Verfahren nach Art. 100 Abs. 1 GG die Vorlage einer Verordnung für zulässig erklärt, die das VG Frankfurt a. M. für unanwendbar hielt, weil sie gegen Grundrechte des Grundgesetzes verstoße. Zuvor hatte der EuGH die Gültigkeit der Verordnung in Verfahren nach Art. 267 AEUV (seinerzeit Art. 177 EWGV) bestätigt. Die Zulässigkeit der Vorlage nach Art. 100 Abs. 1 GG begründete das BVerfG wie folgt:

Zum einen könnten zwar gemäß Art. 100 Abs. 1 GG nur förmliche Gesetze vorgelegt werden. Da aber im Unionsrecht die Unterscheidung zwischen förmlichem Gesetz und Verordnung nicht existiere, habe jede unionsrechtliche Verordnung als Gesetz i. S. v. Art. 100 Abs. 1 GG zu gelten.

Zum anderen könnten zwar nur deutsche Gesetze vorgelegt werden. Wenn aber eine deutsche Behörde oder ein Gericht eine Verordnung anwende, komme es zur Ausübung deutscher Staatsgewalt. Hierbei seien die deutschen Behörden und Gerichte auch an deutsches Verfassungsrecht gebunden. Diese Grundrechtsbindung lasse sich im Verfahren nach Art. 100 Abs. 1 GG überprüfen. Die Konzentrierung dieser Überprüfung beim BVerfG sei nach dem Grundgedanken des Art. 100 Abs. 1 GG, wonach nicht jedes Gericht sich über den Willen des Gesetzgebers hinwegsetzen können solle, geboten. Wegen der Eigenständigkeit des Unionsrechts könne das BVerfG nicht über die Gültigkeit oder Ungültigkeit sekundären Unionsrechts entscheiden. Dies sei vielmehr Sache des EuGH. Das BVerfG könne lediglich zum Ergebnis kommen, dass eine Vorschrift von den deutschen Behörden oder Gerichten nicht angewendet werden dürfe, soweit sie mit den deutschen Grundrechten kollidiere. Insoweit setze sich die Grundrechtsgarantie des Grundgesetzes durch. Doch sei vor einer Entscheidung des BVerfG eine solche des EuGH nach Art. 267 AEUV zu erholen.

Der Union sind nach Art. 23 Abs. 1 GG (Art. 24 Abs. 1 GG a. F.) Hoheitsrechte übertragen worden. Sie kann infolgedessen Recht setzen, das unmittelbar in Deutschland gilt und jedenfalls in der Lage ist, den Wesensgehalt der deutschen Grundrechte zu beeinträchtigen. Auch ist es nach Art. 23 Abs. 1 GG zulässig, den innerstaatlichen Rechtsschutz gegen Rechtsakte der Union entfallen zu lassen. Dann aber muss auf Unionsebene ein Grundrechtsschutz gewährleistet sein, der nach Inhalt und Wirksamkeit im Wesentlichen dem Schutz entspricht, der nach dem Grundgesetz unabdingbar ist.

Im Zeitpunkt des Solange I-Beschlusses (1974) sah das BVerfG den erforderlichen Grundrechtsschutz auf Unionsebene noch nicht als gewährleistet an. Dies begründete es insbesondere damit, dass die Union noch keinen kodifizierten Grundrechtekatalog besitze. Die grundrechtsfreundliche Rechtsprechung des EuGH reiche nicht aus. Es entschied deshalb wie folgt:

Solange der Integrationsprozess der Gemeinschaft nicht soweit fortgeschritten ist, dass das Gemeinschaftsrecht einen von einem Parlament beschlossenen und in Geltung stehenden formulierten Katalog von Grundrechten enthält, der dem Grundrechtekatalog des Grundgesetzes adäquat ist, ist nach Einholung der in Art. 177 EWGV (jetzt Art. 267 AEUV) geforderten Entscheidung des EuGH die Vorlage eines Gerichts der Bundesrepublik Deutschland an das Bundesverfassungsgericht im Normenkontrollverfahren zulässig und geboten, wenn das Gericht die für es entscheidungserhebliche Vorschrift des Gemeinschaftsrechts in der vom EuGH gegebenen Auslegung für unanwendbar hält, weil und soweit sie mit den Grundrechten des Grundgesetzes kollidiert.

Nach dem Solange I-Beschluss waren daher Vorlagen an das BVerfG nach Art. 100 Abs. 1 GG sowie Urteilsverfassungsbeschwerden zulässig, die geltend machten, eine vom innerstaatlichen Gericht angewendete Verordnung sei wegen Verstoßes gegen die deutschen Grundrechte (teilweise) unanwendbar. Bei der konkreten Normenkontrolle war vor den Vorlagen an das BVerfG vom vorlegenden Gericht eine Entscheidung des EuGH nach Art. 267 AEUV über die Gültigkeit der Verordnung (bzw. des Beschlusses) der EU einzuholen.

cc) Im sog. **Vielleicht-Beschluss** vom 25. 7. 1979 (BVerfGE 52, 187 = Hummer, S. 94) hat das BVerfG offen gelassen, ob es an seiner Rechtsprechung aus dem Solange I-Beschluss künftig festhalten würde.

dd) Schließlich hat es im **Solange II-Beschluss** vom 22. 10. 1986 (BVerfGE 73, 339 = Hummer, S. 52) seine **Rechtsprechung** zur Zulässigkeit **geändert**. Die im Solange I-Beschluss für zulässig erachteten konkreten **Normenkontrollanträge** und **Urteilsverfassungsbeschwerden** hält es seither für **unzulässig**.

Im Grundsatz bekräftigte es zunächst seine bisherige Rechtsprechung zu Art. 24 Abs. 1 GG. Aufgrund dieser Bestimmung könne zwar gegen Rechtsakte der Union, die in Grundrechte eingriffen, der nach Maßgabe des Grundgesetzes bestehende Rechtsschutz entfallen. Dann müsse aber auf Unionsebene ein Grundrechtsschutz bestehen, der im Wesentlichen dem gleichkomme, der nach dem Grundgesetz unabdingbar sei. Diese Voraussetzungen sieht das BVerfG jedoch nunmehr als erfüllt an:

Nach Auffassung des erkennenden Senats ist mittlerweile im Hoheitsbereich der Gemeinschaft ein Maß an Grundrechtsschutz erwachsen, der nach Konzeption, Inhalt und Wirkungsweise dem Grundrechtsstandard des Grundgesetzes im Wesentlichen gleich zu achten ist.

Für ausschlaggebend hält das BVerfG die Rechtsprechung des EuGH zum unionsrechtlichen Grundrechtsschutz. Die vom Parlament, dem Rat und der Kommission verabschiedete Erklärung vom 5. 4. 1977 zur Beachtung der Grundrechte (ABl. 1977, C 103, S. 1) sei durch die Bezugnahme auf die Verfassungen der Mitgliedstaaten und insbesondere die EMRK ein hinreichendes parlamentarisches Bekenntnis zu einem in Geltung stehenden Grundrechtekatalog.

Seine Rechtsprechung hat das BVerfG in der etwas unübersichtlichen **Solange II-Formel** zusammengefasst. Diese hat im Wesentlichen folgenden Inhalt:

Das BVerfG wird sekundäres Unionsrecht nicht mehr an den Grundrechten messen, *solange*

– die Union, insbesondere der EuGH, den Schutz der Grundrechte *generell gewährleistet* und
– dieser Schutz dem vom Grundgesetz als unabdingbar gebotenen Grundrechtsschutz *im Wesentlichen gleich zu achten ist* sowie den *Wesensgehalt* der Grundrechte generell verbürgt.

Urteilsverfassungsbeschwerden und konkrete Normenkontrollanträge, die auf eine Überprüfung sekundären Unionsrechts anhand der Grundrechte des GG abzielen, sind somit unzulässig. Die Unzulässigkeit ergibt sich allerdings nicht daraus, dass es sich bei EU-Verordnungen nicht um deutsche Gesetze handelt. Insoweit verbleibt es bei der Solange I-Rechtsprechung. **Das BVerfG übt** vielmehr lediglich seine an sich bestehende **Gerichtsbarkeit über sekundäres Unionsrecht nicht** mehr aus. Das BVerfG hat damit die Frage des Vorrangs nicht materiell-, sondern verfahrensrechtlich gelöst.

ee) Für die deutschen Instanzgerichte ergibt sich somit folgende Situation: Sie dürfen eine EU-Verordnung nicht mit dem Argument unangewendet lassen, sie verstoße gegen Unionsgrundrechte (EuGHE, 314/85, 1987, 4199 = Hummer, S. 261 – Foto Frost; vgl. unten, S. 141). Vielmehr haben sie gemäß Art. 267 AEUV eine Entscheidung des EuGH herbeizuführen, dem das Verwerfungsmonopol zukommt. Ist das deutsche Gericht auch nach einer Entscheidung des EuGH der Überzeugung, die betreffende Verordnung verletze Grundrechte des Grundgesetzes, so hat es die Verordnung gleichwohl anzuwenden. Denn es besitzt, wenn man nicht ohnehin vom Vorrang des sekundären Unionsrechts vor den deutschen Grundrechten ausgeht, keine Kompetenz, die Unanwendbarkeit der Verordnung wegen Verstoßes gegen die deutschen Grundrechte festzustellen. Vielmehr läge eine solche Kompetenz allein beim BVerfG. Dies ergibt sich aus dem Grundgedanken des Art. 100 Abs. 1 GG, wonach sich die Instanzgerichte nicht über den Willen des Gesetzgebers hinwegsetzen dürfen (BVerfGE 37, 271 – Solange I). Das BVerfG übt jedoch keine Gerichtsbarkeit aus, solange die Union und insbesondere der EuGH die Grundrechte generell schützen. Etwaige „Ausreißer" (Fehlurteile) im Einzelfall sind unerheblich. Nur wenn der EuGH beispielsweise das Eigentum nicht mehr generell schützen oder ganz allgemein kein rechtliches Gehör gewähren würde, wären Vorlagen nach Art. 100 Abs. 1 GG oder Urteilsverfassungsbeschwerden wieder zulässig.

ff) Die Rechtsprechung des BVerfG wurde insbesondere von Scholz (NJW 1990, 941) kritisiert, der eine Rückkehr zu Solange I und/oder einen präventiven Rechtsschutz gegen das Abstimmungsverhalten des deutschen Vertreters im Rat beim Zustandekommen sekundären Rechts fordert (ein „Solange III" tue Not). Überwiegend ist jedoch der Solange II-Beschluss begrüßt worden (Everling EuR 1990, 195; Tomuschat EuR 1990, 340).

gg) Im **Maastricht-Urteil** vom 12. 10. 1993 nimmt das BVerfG ausdrücklich auf seinen Solange II-Beschluss Bezug und führt aus (BVerfGE 89, 155 = NJW 1993, 3047 [3048]; Hummer, S. 64 Absatz-Nr. 13):

Das BVerfG gewährleistet durch seine Zuständigkeit, dass ein wirksamer Schutz der Grundrechte für die Einwohner Deutschlands auch gegenüber der Hoheitsgewalt der Gemeinschaften generell sichergestellt und dieser dem vom Grundgesetz als unabdingbar gebotenen Grundrechtsschutz im Wesentlichen gleich zu achten ist, zumal den Wesensgehalt der Grundrechte generell verbürgt. Das BVerfG sichert so diesen Wesensgehalt auch gegenüber der Hoheitsgewalt der Gemeinschaft ... Allerdings übt das BVerfG seine Gerichtsbarkeit über die Anwendbarkeit von abgeleitetem Gemeinschaftsrecht in Deutschland in einem „Kooperationsverhältnis" zum EuGH aus, in dem der EuGH den Grundrechtsschutz in jedem Einzelfall für das gesamte Gebiet der … Gemeischaften garantiert und das BVerfG sich deshalb auf eine generelle Gewährleistung des unabdingbaren Grundrechtsstandards beschränken kann.

Diese Formulierungen wurden z. T. so verstanden, dass das BVerfG damit wieder von seiner Solange II-Rechtsprechung abrücke und nunmehr in jedem Einzelfall prüfen wolle, ob ein Verstoß gegen Grundrechte des GG vorliege (vgl. Tietge JuS 1994, 197; Tomuschat EuGRZ 1993, 489; Lenz EuZW 1999, 311). Diesem Missverständnis unterlag auch das VG Frankfurt a. M. (EuZW 1997, 182 = Hummer, S. 91), das dem BVerfG nach Art. 100 Abs. 1 GG im Wesentlichen die Frage vorlegte, ob die Anwendung bestimmter Vorschriften der EG-Bananenmarktordnung in Deutschland mit Art. 23 Abs. 1, Art. 14 Abs. 1, Art. 12 Abs. 1 und Art. 3 Abs. 1 GG vereinbar sei. Das BVerfG (BVerfGE 102, 147 = NJW 2000, 3124 – Bananenmarkt) stellte jedoch klar, dass es im Maastricht-Urteil nicht von seiner Solange II-Rechtsprechung abgewichen sei, und entschied:

Verfassungsbeschwerden und Vorlagen von Gerichten, die eine Verletzung von Grundrechten des GG durch sekundäres Gemeinschaftsrecht geltend machen, sind von vornherein unzulässig, wenn ihre Begründung nicht darlegt, dass die europäische Rechtsentwicklung einschließlich der Rechtsprechung des EuGH nach Ergehen der Solange II-Entscheidung unter den erforderlichen Grundrechtsstandard abgesunken sei.

Deshalb muss die Begründung eines Normenkontrollantrags im Einzelnen darlegen, dass der jeweils als unabdingbar gebotene Grundrechtsschutz generell nicht gewährleistet ist. Dies erfordert eine Gegenüberstellung des Grundrechtsschutzes auf nationaler und auf Gemeinschaftsebene in der Art und Weise, wie das BVerfG sie in der Solange II-Entscheidung geleistet hat.

Weiter hat das BVerfG klargestellt, dass nach Art. 23 Abs. 1 GG der Grundrechtsschutz im nationalen und im Unionsrecht nicht identisch sein muss. Lediglich die Grundlinien müssten übereinstimmen. Dies bedeutet aber auch, dass der Grundrechtsschutz auf Unionsebene hinter dem deutschen zurückbleiben darf. Da es weiter zu keiner Einzelfallprüfung kommt, ist die **Reservezuständigkeit,** die sich das BVerfG vorbehalten hat, jedenfalls bislang rein **theoretischer Natur** geblieben (vgl. Nicolaysen/Nowak NJW 2001, 1234; Limbach NJW 2001, 2913).

4. Nationaler Grundrechtsschutz gegenüber Richtlinien

Nach dem Solange II- und dem Bananenmarkt-Beschluss, die zu Verordnungen ergangen sind, misst das BVerfG sekundäres Unionsrecht nicht mehr an den Grundrechten. Auch Richtlinien gehören zum sekundären Unionsrecht. Doch liegen die Verhältnisse bei einer Richtlinie anders als bei einer Verordnung: Selbst eine unmittelbar wirkende Richtlinie belastet den Einzelnen regelmäßig nicht (vgl. oben, S. 60 f.); sie greift daher nicht in seine Grundrechte ein. Dies geschieht vielmehr erst durch das nationale Umsetzungsgesetz. Fraglich ist, ob und inwieweit ein verfassungsrechtlicher Schutz gegen solche Umsetzungsgesetze gegeben ist und ob der Einzelne bereits präventiv den Erlass der Richtlinie verhindern kann.

a) Rechtsschutz gegenüber dem Umsetzungsgesetz. Hier sind zwei Fälle zu unterscheiden:

aa) Die Richtlinie lässt dem deutschen Gesetzgeber einen Spielraum, innerhalb dessen er die Richtlinie ohne Verstoß gegen deutsche Grundrechte umsetzen kann. Diesen Spielraum muss der Gesetzgeber zu einer verfassungskonformen, grundrechtsschonenden Umsetzung nutzen. Ansonsten ist das Umsetzungsgesetz nichtig. Normenkontrollanträge (Art. 100 Abs. 1 GG) sind ebenso zulässig wie (Gesetzes- oder Urteils-) Verfassungsbeschwerden. Die Solange II-Rechtsprechung ist nicht einschlägig.

Beispiel (BVerfG NJW 2010, 833 – Vorratsdatenspeicherung): Das deutsche Telekommunikationsgesetz (TKG) regelte in § 113a, dass Telekommunikationsdiensteanbieter verpflichtet seien, die Verkehrsdaten von Telefondiensten (also: wer hat wann mit wem wie lange Kontakt gehabt – wohlgemerkt nicht die Inhalte der Kommunikation oder der ausgetauschten Daten) vorsorglich und anlasslos zu speichern. Diese Daten sollten nach § 113b TKG u. a. für die Strafverfolgung (§ 100g StPO), die Gefahrenabwehr und nachrichtendienstliche Zwecke abrufbar sein. Hintergrund ist die Richtlinie 2006/24/EG (ABl. 2006, L 105, S. 54), die zu einer solchen **Vorratsdatenspeicherung** für einen Zeitraum von mindestens sechs Monaten und höchstens zwei Jahren verpflichtet. Das BVerfG hat das deutsche Umsetzungsgesetz wegen Verstoßes gegen das Telekommunikationsgeheimnis (Art. 10 Abs. 1 GG) für verfassungswidrig und nichtig erklärt. Zwar sei die Vorratsdatenspeicherung „nicht von vornherein schlechthin verfassungswidrig", ihre konkrete Ausgestaltung durch das deutsche Gesetz sei aber unverhältnismäßig, gewährleiste keine hinreichende Datensicherheit und keine genügende Begrenzung der Verwendungszwecke. Damit hat das BVerfG nur das deutsche Umsetzungsgesetz beanstandet, nicht hingegen die dahinter stehende Richtlinie. Die Richtlinie als solche wurde vom EuGH bislang nur auf die Wahl der richtigen Rechtsgrundlage hin untersucht (EuGHE, C-301/06, 2009, I-593 – Irland/EP und Rat); mit der Frage der Vereinbarkeit der Richtlinie mit Unionsgrundrechten war der Gerichtshof noch nicht befasst.

Beispiel (BVerfGE 113, 273 = NJW 2005, 2289, 2291 – Europäischer Haftbefehl): Der Rahmenbeschluss des Rates 2002/584/JI über den **Europäischen Haftbefehl** (Sartorius II Nr. 163), gestützt auf Art. 31, 34 Abs. 2 lit. b EUV i. d. F. d. Vertrags von Amsterdam, ist im Rahmen der damaligen dritten Säule der EU – intergouvernemental – ergangen. Das BVerfG hat das deutsche Umsetzungsgesetz für nichtig erklärt, weil es gegen Art. 16 Abs. 2 GG und Art. 19 Abs. 4 GG verstoße. Der deutsche Gesetzgeber habe den Umsetzungsspielraum des Rahmenbeschlusses nicht ausgenutzt (vgl. Mitsch JA 2006, 448).

bb) Die Richtlinie lässt keinen Umsetzungsspielraum bzw. eine richtlinienkonforme Umsetzung ist nur unter Verstoß gegen ein deutsches Grundrecht möglich. Soweit eine nach Unionsrecht zulässige Richtlinie ergangen ist, ist der deutsche Gesetzgeber innerhalb der Schranken des Art. 23 Abs. 1 GG von der in Art. 1 Abs. 3 GG statuierten Grundrechtsbindung freigestellt (Tomuschat (EuR 1990, 340 [344]; ähnlich Everling EuR 1990, 195 [212]; aA wohl Scholz NJW 1990, 941). Das Umsetzungsgesetz ist daher trotz eines etwaigen Grundrechtsverstoßes nicht nichtig. Das BVerfG prüft einen solchen Grundrechtsverstoß nicht (BVerfGE 118, 79 [95 ff.] = NVwZ 2007, 937 – Emissionshandel). Denn nach der Solange II-Rechtsprechung kontrolliert das BVerfG sekundäres Unionsrecht nicht auf seine Vereinbarkeit mit den Grundrechten. Dies muss zwangsläufig auch für ein nationales Gesetz gelten, das das Unionsrecht richtlinienkonform nur unter Verstoß gegen ein deutsches Grundrecht umsetzen konnte (dasselbe gilt auch für innerstaatliche Rechtsvorschriften, die zur Ergänzung von EU-Verordnungen ergangen sind: BVerfG, 2 BvR 871/04, Beschl. v. 29. 4. 2010 – Milchquoten).

Ein nationales Gericht, das die Richtlinie und deshalb das nationale Gesetz für grundrechtswidrig hält, hat zunächst eine Vorabentscheidung des EuGH nach Art. 267 AEUV zur Gültigkeit der Richtlinie (Prüfungsmaßstab: Unionsgrundrechte) einzuholen (EuGH, C-188/10 u. C-189/10, Urt. v. 22. 6. 2010 – Melki u. Abdeli, Rn. 56; vgl. auch BVerfG NJW 2001, 1267 – Praktische Ärztin). Erklärt der EuGH die Richtlinie für ungültig, steht einer Vorlage des Umsetzungsgesetzes nach Art. 100 Abs. 1 GG (Prüfungsmaßstab: Grundrechte des GG) die Solange II-Rechtsprechung nicht mehr im Wege.

b) Kein präventiver Rechtsschutz Einzelner. Verfassungsbeschwerden Einzelner gegen das Abstimmungsverhalten des Bundes im Rat über das Zustandekommen einer Richtlinie sind unzulässig. Denn der Einzelne wird erst durch das Umsetzungsgesetz beschwert (BVerfG NJW 1990, 974 = Hummer, S. 110 – Tabak-RL). Nach Tomuschat (EuR 1990, 340 [346]) ist außerdem der deutsche Vertreter im Rat in den Schranken des Art. 23 Abs. 1 GG von der Grundrechtsbindung des Art. 1 Abs. 3 GG freigestellt.

5. Unanwendbarkeit von Unionsrecht wegen Kompetenzüberschreitung oder Identitätsverletzung durch die Unionsorgane

Das Konfliktpotenzial zwischen Unionsrecht und nationalem Verfassungsrecht beschränkt sich nicht auf die soeben dargestellte Grundrechteproblematik. Vielmehr können Handlungen der EU-Organe aus nationaler Sicht auch darauf hinterfragt werden, ob die EU-Organe die Grenzen der ihnen eingeräumten Hoheitsrechte überschritten haben (sog. ausbrechende Rechtsakte, *Ultra-vires*-Handeln) und ob sie die Verfassungsidentität eines Mitgliedstaats beeinträchtigen.

In seinem **Lissabon-Urteil** begreift das BVerfG die Europäische Union „als Vertragsunion souveräner Staaten" (BVerfGE 123, 267 = NJW 2009, 2267, Absatz-Nr. 241). Ihr könnten Hoheitsrechte nach Art. 23 GG übertragen werden. Doch dürfe die Souveränität Deutschlands nicht durch einen Eintritt in einen Bundesstaat aufgegeben werden. Es sei auch einer schleichenden Entstaatlichung infolge einer dynamischen Entwicklung des Unionsrechts entgegenzuwirken. Den deutschen Verfassungsorganen obliege eine dauerhafte **Integrationsverantwortung:** Es sei dafür Sorge zu tragen, dass sowohl das politische System Deutschlands als auch das der EU demokratischen Grundsätzen i. S. d. Art. 20 Abs. 1 und 2 i. V. m. Art. 79 Abs. 3 GG entspreche. Bei **ersichtlichen Kompetenzüberschreitungen** durch die EU und zur Wahrung des unantastbaren **Kerngehalts der** (deutschen) **Verfassungsidentität** müsse daher eine **Kontrolle durch das BVerfG** möglich sein. Das BVerfG unterscheidet insoweit die *Ultra-vires*-Kontrolle und die Identitätskontrolle (vgl. auch Art. 4 Abs. 2 Satz 1 EUV). In beiden Fällen kann das BVerfG das betreffende Unionsrecht gegebenenfalls für in Deutschland unanwendbar erklären.

a) Im Rahmen der *Ultra-vires*-Kontrolle prüft das BVerfG, ob die Union bei der Inanspruchnahme ihrer Zuständigkeiten das **Prinzip der begrenzten Einzelermächtigung** und den **Subsidiaritätsgrundsatz** eingehalten hat. Anlass für eine solche Kontrolle könnte auch ein Urteil des EuGH geben, in dem er nicht Unionsrecht auslegt oder fortbildet, sondern (kompetenzüberschreitend) neu „erfindet", wie dies etwa von seinem Alcan-Urteil (EuGHE, C-24/95, 1997, I-1591 = Hummer, S. 924) behauptet wurde (so Scholz DÖV 1998, 261) und jüngst mit Blick auf zwei neuere Urteile zur Altersdiskriminierung (EuGHE, C-144/04, 2005, I-9981 – Mangold; EuGH, Urt. v. 19. 1. 2010, NJW 2010, 427 – Kücükdeveci) diskutiert wurde. Zur Frage einer etwaigen Kompetenzüberschreitung (= **ausbrechender Rechtsakt)**

hat das BVerfG bereits in seinem Maastricht-Urteil (BVerfGE 89, 155 [188] = Hummer, S. 64, Absatz-Nr. 49, vgl. auch BVerfG NJW 1988, 1459 = Hummer, S. 49 – Kloppenburg, Absatz-Nr. 46) seine Prüfungskompetenz bejaht und diese nunmehr im Lissabon-Urteil bekräftigt.

Dabei muss man sich vergegenwärtigen, dass nach der Rechtsprechung des BVerfG **Geltungsgrund des Unionsrechts** in Deutschland allein das deutsche **Zustimmungsgesetz** zu den Verträgen ist, das den innerstaatlichen Rechtsanwendungsbefehl erteilt. Dieser kann nur im Rahmen der deutschen Verfassung erteilt werden. Das deutsche Zustimmungsgesetz ist die alleinige Brücke, über die Unionsrecht rechtsverbindlich nach Deutschland fließt; was diese Brücke nicht trägt, gewinnt in Deutschland keine Rechtsverbindlichkeit (vgl. Kirchhof, Berichterstatter beim Maastricht-Urteil, DRiZ 1995, 253 [259]). Nach Art. 23 Abs. 1 GG muss aber das beabsichtigte Integrationsprogramm hinreichend bestimmbar festgelegt sein. Dies ist nach Meinung des BVerfG zwar grundsätzlich der Fall. Die Union dürfe jedoch aus dem Integrationsprogramm der Verträge, so wie dieses dem deutschen Zustimmungsgesetz zugrunde liege, nicht ausbrechen. Ob die Union ausbreche (Erlass kompetenzwidrigen Rechts; Billigung solcher Kompetenzüberschreitungen durch den EuGH; Überschreitung der Grenzen richterlicher Rechtsfortbildung durch den EuGH im Sinne einer rechtsetzenden Tätigkeit), bleibe unter verfassungsgerichtlicher Kontrolle.

Inzwischen hat das BVerfG klargestellt, dass die *Ultra-vires-*Kontrolle **europarechtsfreundlich** auszuüben ist. Zwar behält sich das BVerfG hier weiterhin eine Prüfungskompetenz in jedem Einzelfall vor; anders als im Grundrechtsbereich (*Solange-*Rechtsprechung) verzichtet es also nicht generell auf die Ausübung seiner Kontrollbefugnisse. Gleichwohl soll sich die Annahme ausbrechender Rechtsakte auf Fälle **ersichtlicher Kompetenzverstöße** seitens der EU-Organe beschränken (BVerfGE 123, 267 = NJW 2009, 2267 – Lissabon, Absatz-Nrn. 240 und 339). Darunter sind Fälle zu verstehen, in denen der in Frage stehende Kompetenzverstoß **hinreichend qualifiziert** ist, d. h. das kompetenzwidrige Handeln der Unionsgewalt ist **offensichtlich**, und der angegriffene Akt fällt im Kompetenzgefüge der Union im Hinblick auf das Prinzip der begrenzten Einzelermächtigung **erheblich ins Gewicht**. Gleichzeitig räumt das BVerfG dem EuGH einen „Anspruch auf Fehlertoleranz" ein (BVerfG EuZW 2010, 828 – Honeywell, Absatz-Nrn. 58 ff.).

Merke: Mit dem Begriff des ausbrechenden Rechtsakts bzw. des Ultra-vires-Handelns sind nicht Rechtsakte gemeint, die „schlicht" rechtswidrig sind, etwa weil sie gegen Unionsgrundrechte verstoßen. Zwar hat die Union natürlich keine Kompetenz, rechtswidrige Akte zu setzen, doch sind mit ausbrechenden Rechtsakten nur sachliche Kompetenzüberschreitungen gemeint, die auch nicht in die Verfassungsidentität eingreifen und somit nicht der Identitätskontrolle unterliegen (vgl. dazu sogleich).

b) Im Rahmen der **Identitätskontrolle prüft** das BVerfG, **ob der unantastbare Kerngehalt der Verfassungsidentität des Grundgesetzes** gewahrt ist oder ob infolge des Handelns europäischer Organe die in Art. 23 Abs. 1 Satz 3 i. V. m. Art. 79 Abs. 3 GG für unantastbar erklärten Grundsätze der Art. 1 und 20 GG verletzt werden. Diese Prüfungskompetenz beruhe auf dem Grundgesetz und folge dem Grundsatz der Europarechtsfreundlichkeit. Sie widerspreche deshalb nicht dem Grundsatz der loyalen Zusammenarbeit (Art. 4 Abs. 3 EUV). Nur durch diese Prüfungskompetenz könnten die von Art. 4 Abs. 2 Satz 1 EUV anerkannten politischen und verfassungsmäßigen Strukturen souveräner Mitgliedstaaten bei fortschreitender Integration gewahrt werden. Insoweit gingen die verfassungs- und die unionsrechtliche Gewährleistung der nationalen Verfassungsidentität Hand in Hand. Es werde sichergestellt, dass der Anwendungsvorgang des Unionsrechts nur kraft und im Rahmen der fortbestehenden verfassungsrechtlichen Ermächtigung gelte (BVerfG, a. a. O. – Lissabon, Absatz-Nr. 240).

Allerdings fasst das BVerfG im Lissabon-Urteil den Kernbereich der Verfassungsidentität denkbar weit. Er geht womöglich über den Kerngehalt des Art. 23 Abs. 1 Satz 3 GG i. V. m. Art. 79 Abs. 3 GG hinaus und dürfte auch sehr viel weiter reichen als das, was die Union nach Art. 4 Abs. 2 Satz 2 EUV zu achten hat. Nach Ansicht des BVerfG muss den Mitgliedstaaten ein ausreichender Raum bleiben, um ihre wirtschaftlichen, kulturellen und sozialen Lebensverhältnisse politisch zu gestalten; dazu gehören u. a.

- die Staatsbürgerschaft,
- „das zivile und militärische Gewaltmonopol",
- „Einnahmen und Ausgaben einschließlich der Kreditaufnahme" (fiskalische, auch sozialpolitisch motivierte Grundentscheidungen),
- „die für die Grundrechtsverwirklichung maßgeblichen Eingriffstatbestände" sowie
- „kulturelle Fragen wie die Verfügung über die Sprache, die Gestaltung der Familien- und Bildungsverhältnisse, die Ordnung der Meinungs-, Presse und Versammlungsfreiheit oder der Umgang mit dem religiösen oder weltanschaulichen Bekenntnis"

(BVerfGE 123, 267 = NJW 2009, 2267 – Lissabon, Absatz-Nr. 249 ff.).

Klausurhinweis: Bei der Fallbearbeitung sind die Probleme um etwaige Grundrechtsverletzungen (Solange-Rechtsprechung), die Kompetenzüberschreitungen sowie die Identitätskontrolle auseinanderzuhalten. Das BVerfG spricht nur im ersten Fall von einem Kooperationsverhältnis mit dem EuGH und überlässt ihm weitgehend die Letztentscheidung. Bei der Kompetenzüberschreitung und der Identitätskontrolle reklamiert es anscheinend die Letztentscheidung in jedem Einzelfall für sich. Demgegenüber hält die Literatur z.T. den EuGH für allein zuständig, nicht nur über die – unionsrechtliche – Gültigkeit, sondern damit auch über die – verfassungsrechtliche – Anwendbarkeit des Unionsrechts in Deutschland zu entscheiden. Unstreitig ist, dass kompetenz- und identitätswidriges Unionsrecht nicht anwendbar ist. Streitig ist, ob hierüber in Bezug auf Deutschland der EuGH oder das BVerfG letztverbindlich entscheidet.

c) Die **Fachgerichte** haben hinsichtlich der Frage der Anwendbarkeit von Unionsrecht lediglich eine **Prüfungskompetenz,** aber **keine Verwerfungskompetenz.** Diese kommt vielmehr allein dem BVerfG zu, was sich aus dem Rechtsgedanken des Art. 100 Abs. 1 GG (Achtung des Unionsgesetzgebers) ergibt (vgl. BVerfGE 123, 267 = NJW 2009, 2267 – Lissabon, Absatz-Nr. 241; im selben Sinne BVerfGE 37, 271 [284] – Solange I zum Grundrechtsschutz). Das BVerfG erwägt im Lissabon-Urteil (a.a.O. Absatz-Nr. 241) einerseits, dass der Gesetzgeber zur Absicherung der Verpflichtung deutscher Organe, kompetenzüberschreitende oder identitätsverletzende Unionsrechtsakte im Einzelfall in Deutschland unangewendet zu lassen, ein auf die *Ultra-vires-* und die Identitätskontrolle zugeschnittenes verfassungsgerichtliches Verfahren schaffen könne. Andererseits ist es jedoch der Meinung, dass auch die bisherigen Verfahrensvorschriften (wohl in analoger Anwendung) ausreichten.

Ein deutsches Fachgericht dürfte nach dieser Rechtsprechung des BVerfG daher wie folgt vorzugehen haben: Hält es sekundäres Unionsrecht – unionsrechtlich – für ungültig und – verfassungsrechtlich – für unanwendbar, hat es zunächst gemäß Art. 267 AEUV eine **Vorabentscheidung des EuGH einzuholen.**

Eine Vorlagepflicht an den EuGH gilt auch für das BVerfG selbst (angedeutet wird dies u.a. in BVerfG NJW 2010, 833 – Vorratsdatenspeicherung, Absatz-Nr. 182; vgl. auch BVerfG EuZW 2010, 828 – Honeywell, Absatz-Nr. 60).

Bestätigt der EuGH die Gültigkeit des Rechtsakts, **ist das nationale Gericht** nach Art. 267 AEUV **hieran gebunden.** Doch ist nunmehr nach Ansicht des BVerfG **zu prüfen, ob diese Bindung aus Gründen des deutschen Verfassungsrechts** (Art. 23 Abs. 1 GG i.V. mit dem Zustimmungsgesetz: kein Rechtsanwendungsbefehl) **entfällt.** Hierüber aber kann nur das BVerfG entscheiden, weshalb das Fachgericht die Frage dem BVerfG entsprechend Art. 100 Abs. 1 GG vorzulegen hat. Im Rahmen von **Urteilsverfassungsbeschwerden** wäre zu argumentieren, das angefochtene Urteil verletze, indem es den kompetenzüberschreitenden oder identitätsverletzenden Rechtsakt anwende, die Grundrechte des Beschwerdeführers aus Art. 2 Abs. 1 i.V.m. Art. 20 Abs. 3 GG. Sofern das **Umsetzungsgesetz zu einer Richtlinie** Einzelnen unmittelbar Ge- oder Verbote auferlegt, die keiner weiteren Konkretisierung bedürfen, kann auch gegen dieses Gesetz Verfassungsbeschwerde mit der Rüge der Kompetenzwidrigkeit der zugrunde liegenden EU-Richtlinie erhoben werden (BVerfG NJW 2010, 833 – Vorratsdatenspeicherung, Absatz-Nr. 182).

Die Ausübung dieser **Reservezuständigkeit** und damit die Gefahr eines Konflikts zwischen BVerfG und EuGH erscheinen, anders als beim Grundrechtsschutz, **bei der Kompetenzfrage und der Identitätskontrolle nicht** als **nur theoretische Möglichkeit.** Allerdings hat das BVerfG bereits mehrfach Kompetenzüberschreitungen verneint (vgl. BVerfG NJW 2000, 2015 – Alcan; NJW 2001, 2323 – Urheberrecht; EuZW 2010, 828 – Honeywell).

d) Die Rechtsprechung des BVerfG wird in der Literatur z.T. heftig kritisiert: Die unterschiedliche Behandlung des Grundrechtsschutzes und der Kompetenz- bzw. Identitätsfrage sei nicht einzusehen. Der EuGH ist nach Art. 19 EUV und Art. 263, 267 AEUV zuständig zu prüfen, ob die Unionsorgane ihre Kompetenzen eingehalten haben oder nicht. Diese Zuständigkeit des EuGH ist nach dem in Art. 344 AEUV zum Ausdruck kommenden Rechtsgedanken ausschließlich, da sich die Mitgliedstaaten dort verpflichtet haben, Streitigkeiten über die Auslegung oder Anwendung der Verträge nicht anders als darin vorgesehen zu regeln. Der EuGH besitzt daher insoweit ein Rechtsprechungsmonopol, was grundsätzlich die Verbindlichkeit seiner Entscheidungen und damit auch seiner etwaigen „Fehlurteile" einschließt. Dies folgt nicht nur aus dem Unionsrecht. Vielmehr ist die letztinstanzliche Kontrolle über die Gültigkeit und Auslegung des Unionsrechts gemäß Art. 23 Abs. 1, 79 Abs. 3 GG i.V.m. der Präambel des GG auf den EuGH übertragen (vgl. Meessen NJW 1994, 549 [553]). Über die Frage, ob die Union ihre Kompetenz überschritten hat, entscheidet somit letztverbindlich – auch nach deutschem Verfassungsrecht – der EuGH, nicht das BVerfG (vgl. Hirsch NJW 1996, 2457; Nicolaysen/Nowak NJW 2001, 1233). Dies kann nicht dadurch unterlaufen werden, dass das BVerfG über das deutsche

Zustimmungsgesetz überprüft, ob der EuGH seinerseits seine Kompetenzen eingehalten hat. Die EU ist eine Rechtsgemeinschaft. Daraus ergibt sich zwingend die Notwendigkeit einer Rechtsprechungsgemeinschaft, um die Rechtsgemeinschaft nicht durch unterschiedliche Auslegung und Anwendung des gemeinsamen Rechts zu untergraben (Lenz ZRP 2010, 22).

Eine **Reservezuständigkeit des BVerfG** ist lediglich zum Schutz der nach Art. 79 Abs. 3 i.V.m. Art. 23 Abs. 1 Satz 3 GG unübertragbaren Hoheitsrechte, des Kerns des Grundgesetzes, zu bejahen. Dabei ist aber – wie beim Grundrechtsschutz – ein Eingreifen des BVerfG nicht im Einzelfall, sondern nur in dem theoretischen Fall zu befürworten, dass sich der EuGH mit seiner Rechtsprechung zu den Kompetenzgrundlagen oder zum Grundrechtsschutz offensichtlich, anhaltend und schwerwiegend außerhalb der Unionsrechtsordnung befände. Dann käme auch Art. 79 Abs. 3 GG zum Tragen (vgl. Hirsch NJW 1996, 2457 [2466]; Nicolaysen/Nowak NJW 2001, 1233 [1237]; Limbach NJW 2001, 2913 [2917]).

6. Unanwendbarkeit primären Unionsrechts wegen Verstoßes gegen das Grundgesetz

Widerspricht primäres Unionsrecht dem Grundgesetz, kann seine Unanwendbarkeit vor dem BVerfG gerügt werden (Kirchhof JZ 1989, 453). Sowohl das Maastricht-Urteil (BVerfGE 89, 155 = NJW 1993, 3047, Hummer S. 64) als auch das Lissabon-Urteil (BVerfGE 123, 267 = NJW 2009, 2267) des Bundesverfassungsgerichts beruhte auf Verfassungsbeschwerden gegen das Zustimmungsgesetz zu den Verträgen. Als zulässig erwiesen sich dabei die Beschwerden, mit denen auf der Grundlage von Art. 38 Abs. 1 GG (Wahlrecht zum Bundestag) die Verletzung des Demokratieprinzips, ein Verlust der Staatlichkeit Deutschlands und eine Verletzung des Subsidiaritätsprinzips gerügt wurde.

Prüfungsgegenstand ist allerdings nicht das primäre Unionsrecht, sondern das jeweilige Zustimmungsgesetz. Denn das Zustimmungsgesetz erteilt, wie bereits erwähnt, den Rechtsanwendungsbefehl für das primäre Unionsrecht in Deutschland. Die Unanwendbarkeit primären Unionsrechts aus Gründen entgegenstehenden Verfassungsrechts ist nicht denkbar, ohne dass das Zustimmungsgesetz (teilweise) mit dem GG unvereinbar wäre (BVerfGE 52, 187 – Vielleicht). Geht es um einen Grundrechtsverstoß des sekundären Unionsrechts, kann die Solange-Rechtsprechung (s. u. S. 69 ff.) nicht dadurch umgangen werden, dass das BVerfG (hilfsweise) aufgefordert wird zu prüfen, ob das Zustimmungsgesetz insoweit nichtig ist, als es – mittelbar – den Rechtsanwendungsbefehl für das grundrechtswidrige sekundäre Unionsrecht erteilt (so aber das VG Frankfurt a. M. bei Vorlage der Bananenmarktordnung, vgl. BVerfGE 102, 147 = NJW 2000, 3124 – vor Absatz-Nr. 53).

Prüfungsmaßstab sind Art. 23 Abs. 1, 20, 38 Abs. 1 und 79 Abs. 3 GG. Im Maastricht- wie im Lissabon-Urteil hat das BVerfG insbesondere die Einhaltung des Demokratieprinzips geprüft und bejaht. In der Sache dürfte nicht zu erwarten sein, dass das BVerfG auf Vorlagen nach Art. 100 Abs. 1 GG oder Urteilsverfassungsbeschwerden das Zustimmungsgesetz jemals für nichtig erklären wird. Vielmehr wird es dieses im Lichte von Art. 23 GG (verfassungs-)konform auslegen. Hierbei sieht es sich offenbar nicht an Entscheidungen des EuGH gebunden, in denen dieser dem Unionsrecht eine bestimmte Auslegung gegeben hat. Vielmehr dürfte es anderslautende Entscheidungen des EuGH gegebenenfalls als *ultra vires* oder identitätsverletzend ansehen (vgl. BVerfGE 123, 267 = NJW 2009, 2267 – Lissabon, Absatz-Nr. 361, wo das BVerfG im Bereich des Strafrechts Art. 83 Abs. 2 AEUV eng auslegt, weil ansonsten das Zustimmungsgesetz nicht mehr verfassungskonform wäre).

C. Die Auslegung des Unionsrechts

I. Allgemeines

Die Auslegung des Unionsrechts obliegt dem EuGH (Art. 19 EUV, Art. 267 AEUV). Die nationalen Gerichte haben aber ebenfalls Unionsrecht auszulegen und anzuwenden. Sie müssen daher die vom EuGH entwickelten unionsrechtlichen Auslegungsmethoden kennen und berücksichtigen (vgl. BVerfG NJW 2001, 1267 – Praktische Ärztin).

Der EuGH bedient sich der **wörtlichen, systematischen und teleologischen Auslegung**, wobei die genannten Methoden ineinander übergreifend angewendet werden. Die **historische Methode** hat für den Bereich der Verträge schon deshalb keine Bedeutung, weil die Vorarbeiten zu diesen nicht veröffentlicht sind. Anderes gilt im Bereich des sekundären Unionsrechts. Dort kann neben den Begründungserwägungen auch auf die Entstehungsgeschichte (Vorschlag der Kommission, Stellungnahmen anderer Organe) zurückgegriffen werden (vgl. etwa EuGHE, C-199/08, 2009, I-8295 – Eschig, Rn. 58).

Auf **völkerrechtliche Auslegungsregeln** (vgl. Art. 31 ff. WVRK Sartorius II Nr. 320) ist nicht unmittelbar zurückzugreifen, weil das Unionsrecht als autonome Rechtsordnung eigenen Grundsätzen folgt. Unanwendbar ist insbesondere die völkerrechtliche Regel, nach der Bestimmungen, die eine Beschränkung der staatlichen Souveränität beinhalten, möglichst eng auszulegen sind. Hat jedoch die Union völkerrechtliche Verträge mit Drittstaaten abgeschlossen, greifen für deren Auslegung völkerrechtliche Grundsätze ein (z.B. EuGH, C-386/08, Urt. v. 25.2. 2010, EuZW 2010, 264 – Brita, Rn. 39 ff.; vgl. auch unten V.).

Dem EuGH steht entsprechend abendländischer Rechtstradition auch die Methode der **Rechtsfortbildung** zur Verfügung (vgl. BVerfGE 75, 223 = Hummer, S. 18– Kloppenburg, Rn. 48). Zu Vertragsänderungen ist der Gerichtshof freilich nicht befugt. Doch ist die Grenze zwischen einer solchen Kompetenzüberschreitung und einer noch zulässigen Rechtsfortbildung (= Lückenfüllung) nur in der Theorie scharf zu ziehen.

II. Die wörtliche Auslegung

Auszugehen ist stets vom Wortlaut einer Norm. Allerdings ergibt sich hier bereits die Schwierigkeit, dass der Wortlaut des Primärrechts und von Gesetzgebungsakten der EU in allen **23 Amtssprachen** gleich verbindlich ist (für das Primärrecht vgl. Art. 55 EUV, für Gesetzgebungsakte vgl. Verordnung Nr. 1, ABl. 1958, Nr. 17, S. 358, i. d. F. von 2007). Deswegen sind die verschiedenen Sprachfassungen miteinander zu vergleichen. Eine in der deutschen Fassung des Textes eindeutige Regelung kann sich nach einem Vergleich mit den übrigen Fassungen als mehrdeutig herausstellen. Widersprechen sich die einzelnen Fassungen, so verlangt das Erfordernis der einheitlichen Auslegung des Unionsrechts, dass die fragliche Bestimmung anhand der allgemeinen Systematik und ihres Zwecks ausgelegt wird. Dabei kann gegebenenfalls die Fassung herangezogen werden, die den Einzelnen am wenigsten belastet, wenn sie genügt, das von der Regelung angestrebte Ziel zu erreichen (EuGHE, C-72/95, 1996, I-5403 – Kraaijeveld, Rn. 28; EuGHE, 29/69, 1969, 419 = Hummer, S. 415 – Stauder, Rn. 4).

Beachte: Beschlüsse in Einzelfällen, die sich an einen konkreten Adressaten richten (z.B. kartellrechtliche Entscheidungen der Kommission), sind hingegen nur in der jeweiligen Verfahrenssprache verbindlich. Gleiches gilt für Urteile der Unionsgerichte.

III. Die systematische Auslegung

Die Bedeutung einer Norm ergibt sich weiter aus ihrem systematischen Zusammenhang. Die einzelnen Rechtsnormen sind zu einem sinnvollen Ganzen zu verknüpfen. Hierzu gehört auch, dass das sekundäre Unionsrecht möglichst so auszulegen ist, dass es nicht im Widerspruch zu primärem Unionsrecht einschließlich der allgemeinen Rechtsgrundsätze und der Unionsgrundrechte steht (EuGHE, C-314/89, 1991, I-1647 – Rauh, Rn. 17; EuGHE, C-305/05, 2007, I-5305 – Ordre des barreaux, Rn. 28; EuGHE, C-402/07, 2009, I-10923 – Sturgeon, Rn. 47, 48). Ferner ist das Sekundärrecht im Einklang mit den völkerrechtlichen Verpflichtungen der Union und dem Völkergewohnheitsrecht auszulegen (EuGHE, C-447/05, 2007, I-2049 – Thomson, Rn. 30; EuGH, C-386/08, Urt. v. 25.2. 2010, EuZW 2010, 264 – Brita, Rn. 39–41). Außerdem gilt auch im Unionsrecht, dass Ausnahmen eng auszulegen sind (EuGHE, C-346/08, Urt. v. 22. 4. 2010 – Kommission/Vereinigtes Königreich, Rn. 39), dass das Spezialgesetz das allgemeinere Gesetz verdrängt (*lex specialis derogat legi generali*) und dass jüngere Gesetze älteren vorgehen (*lex posterior derogat legi priori*).

IV. Die teleologische Auslegung

Bei der teleologischen Auslegung wird auf Sinn und Zweck der unionsrechtlichen Regelungen abgestellt. Von besonderer Bedeutung sind in diesem Zusammenhang die **Erwägungsgründe** in der **Präambel** des jeweiligen Rechtsakts.

Das Unionsrecht ist so auszulegen, dass ihm eine möglichst große **Effizienz (praktische Wirksamkeit,** *effet utile*) zukommt und die Funktionsfähigkeit der Union gesichert ist. Die Berücksichtigung der Vertragsziele führt zu einer dynamischen, integrationsfreundlichen Auslegung. Das Abstellen des EuGH auf den Effektivitätsgrundsatz (*effet utile*) wird oft kritisiert, ist aber auch vom BVerfG anerkannt worden (BVerfGE 123, 267 = NJW 2009, 2267 – Lissabon, Absatz-Nr. 237). Besagte Auslegungsmethode entspricht traditioneller Interpretation völkerrechtlicher Integrationsverträge. Danach ist ein Vertrag so auszulegen, dass sein Gestaltungsziel und sein Regelungszweck bestmöglich erreicht werden: *Ut res magis valeat quam pereat* (vgl. Ipsen, Völkerrecht, § 11 Rn. 16). Deshalb können z.B. gleichlautende Vorschriften der Verträge und des EWR-Abkommens unterschiedlich auszulegen sein, weil im EWR-Abkommen kein Binnenmarkt und keine Wirtschafts- und Währungsunion angestrebt werden (EuGHE, Gutachten 1/91, 1991, I-6079 = Hummer, S. 432, Rn. 14 ff.). Allerdings genügen die Vertragsziele nicht, um Aufgaben und Befugnisse der EU zu erweitern. Vielmehr gilt das Prinzip der begrenzten Einzelermächtigung. Doch sind die Normen, die der EU Aufgaben und Befugnisse zuweisen, mit Blick auf die Vertragsziele auszulegen (vgl. BVerfGE 89, 155 = Hummer, S. 64 – Maastricht, Rn. 98).

V. Besonderheiten bei der Auslegung der vom Unionsrecht verwendeten Begriffe

Die in einer Vorschrift des Unionsrechts verwendeten Begriffe sind i.d.R. **autonom und einheitlich auszulegen**. Die Begriffe sind unionsrechtlicher Natur. Dies folgt aus den Erfordernissen des Gleichheitsgrundsatzes und der einheitlichen Anwendung des Unionsrechts in den Mitgliedstaaten. Das Unionsrecht wäre seiner praktischen Wirksamkeit (*effet utile*) beraubt, wenn es in den einzelnen Mitgliedstaaten unterschiedlich angewendet würde. Die unionsrechtliche (autonome, einheitliche) Bedeutung der Begriffe ist ausgehend vom Wortlaut unter Berücksichtigung des Regelungszusammenhangs (systematische Auslegung) und der mit der betreffenden Regelung verfolgten Zielsetzung (teleologische Auslegung) zu ermitteln (vgl. EuGHE, C-287/98, 2000, I-6917 – Linster, Rn. 43). Der Begriff Arbeitnehmer hat daher in Art. 45 AEUV eine andere Bedeutung als im deutschen Recht (vgl. unten S. 216) und kann sogar innerhalb des Unionsrechts je nach geregelter Materie unterschiedlich zu verstehen sein (EuGHE, C-85/96, 1998, I-2691 – Martínez Sala, Rn. 31).

Trotz der autonomen Auslegung des Unionsrechts können dessen Begriffe aber durchaus denen des deutschen Rechts entsprechen. Dies gilt umso mehr, als die unionsrechtliche Wortbedeutung auch vor dem Hintergrund der mitgliedstaatlichen Regelungen zu sehen ist. Bei der Fallbearbeitung kann daher die Definition des deutschen Begriffs in vielen Fällen als Ausgangspunkt weiterhelfen. So entspricht die Definition des in Verordnungen im Agrarbereich oft verwendeten Begriffs der höheren Gewalt weitgehend der des deutschen Rechts (vgl. EuGHE, 266/84, 1986, 149 – Denkavit France, Rn. 27; Baumbach/Hopt HGB § 346 Rn. 40).

Zu einer einheitlichen Auslegung der verwendeten Begriffe kommt es nur dann nicht, wenn eine Vorschrift des Unionsrechts für die Erläuterung ihres Sinns auf das Recht der Mitgliedstaaten verweist. Dies geschieht in aller Regel ausdrücklich. Die Verweisung kann aber – ausnahmsweise – auch stillschweigend erfolgen (vgl. EuGHE, 327/82, 1984, 107 – Ekro; diese EuGH-Entscheidung lag bereits einer Examensklausur zugrunde, wobei sich der Hinweis im Aufgabentext auf eine mögliche stillschweigende Verweisung auf nationales Recht darauf beschränkte, dass sich die Kommission, die die fragliche Verordnung erlassen hatte, mit deren unterschiedlicher Anwendung in den Mitgliedstaaten einverstanden zeigte).

D. Die Pflicht zur unionsrechtskonformen Auslegung des nationalen Rechts

Das nationale Recht ist unionsrechtskonform auszulegen (EuGHE, 157/86, 1988, 673 – Murphy, Rn. 11; EuGHE, C-208/05, 2007, I-181 – ITC, Rn. 68). Insoweit kann man von einer **mittelbaren Wirkung des Unionsrechts** im nationalen Rechtsraum sprechen, die vermittelt über eine Norm des innerstaatlichen Rechts eintritt. Die unionsrechtskonforme Auslegung kann zugunsten oder zulasten des Einzelnen ausgehen, und zwar sowohl im vertikalen Rechtsverhältnis (zwischen dem Einzelnen und dem Staat) als auch im horizontalen Rechtsverhältnis (zwischen Privaten).

I. Allgemeines

Die Pflicht zur unionsrechtskonformen Auslegung ist **der Unionsrechtsordnung immanent** (EuGHE, C-397/01 bis C-403/01, 2004, I-8825 – Pfeiffer, Rn. 114; EuGHE, C-268/06, 2008, I-2483 – Impact, Rn. 99). Sie ist Ausdruck des Vorrangs des Unionsrechts und trifft sowohl die Judikative als auch die Exekutive auf allen Ebenen. Herzuleiten ist diese Pflicht aus der jeweiligen Bestimmung des Unionsrechts i.V.m. der **Loyalitätspflicht** gegenüber der EU (Art. 4 Abs. 3 EUV).

Das nationale Recht ist **im Einklang mit sämtlichem Unionsrecht auszulegen**, in dessen Anwendungsbereich der jeweilige Sachverhalt fällt. Dazu gehören die Unionsgrundrechte, die allgemeinen Rechtsgrundsätze des Unionsrechts und die Grundfreiheiten des Binnenmarkts ebenso wie die Bestimmungen des Sekundärrechts in Verordnungen, Richtlinien oder Beschlüssen von EU-Organen.

Die unionsrechtskonforme Auslegung und die verfassungskonforme Auslegung des deutschen Rechts ähneln sich. Beide setzen voraus, dass die einfache bzw. nationale Rechtsnorm auslegungsfähig ist.

Beide Male hat die konforme Auslegung Vorrang vor der Nichtigerklärung der einfachen Norm bzw. der unmittelbaren Anwendung der höherrangigen Norm (hier: der Norm des Unionsrechts).

II. Die Pflicht zur richtlinienkonformen Auslegung

Häufig wird die unionsrechtskonforme Auslegung des nationalen Rechts in der Variante der **richtlinienkonformen Auslegung** diskutiert. Richtlinienkonforme Auslegung bedeutet, das nationale Recht im Einklang mit den Zielvorgaben einer Richtlinie der EU auszulegen. Die Pflicht hierzu folgt für alle staatlichen Stellen aus Art. 288 Abs. 3 AEUV (Umsetzungspflicht) und Art. 4 Abs. 3 EUV (allgemeine Loyalitätspflicht) sowie aus der Richtlinie selbst (diese enthält regelmäßig am Ende einen Artikel, wonach die Mitgliedstaaten die Richtlinie bis zu einem bestimmten Datum umzusetzen haben).

1. Die Pflicht der nationalen Gerichte zur richtlinienkonformen Auslegung versteht der EuGH denkbar weit:

*Das nationale Gericht hat das innerstaatliche Recht **so weit wie möglich** anhand des Wortlauts und des Zwecks der Richtlinie auszulegen, um das mit ihr angestrebte Ergebnis zu erreichen und auf diese Weise Art. 288 Abs. 3 AEUV nachzukommen. Es muss **unter Berücksichtigung des gesamten nationalen Rechts alles tun, was in seiner Zuständigkeit liegt**, um die volle Wirksamkeit der Richtlinie zu gewährleisten* (EuGHE, C-397/01 bis C-403/01, 2004, I-8825 – Pfeiffer, Rn. 113, 115, 118; EuGHE, C-268/06, 2008, I-2483 – Impact, Rn. 98, 101).

Beispiel (nach EuGHE, 14/83, 1984, 1891 = Hummer, S. 459 – von Colson und Kamann): Frau von Colson bewarb sich 1982 als Sozialarbeiterin in einer JVA. Sie wurde mit der Begründung abgewiesen, die Betreuung der untergebrachten männlichen Gefangenen müsse durch männliche Sozialarbeiter erfolgen. Frau von Colson wurde also beim Zugang zur Beschäftigung wegen ihres Geschlechts diskriminiert. Dies war bereits 1984 durch § 611a BGB verboten. Im Fall des Verstoßes des Arbeitgebers hiergegen hatte dieser dem Stellenbewerber den Vertrauensschaden zu ersetzen. Bei Frau von Colson waren dies Fahrtkosten zum Vorstellungsgespräch in Höhe von 7,20 DM. Eine solche Beschränkung des Schadensersatzes auf das negative Interesse steht mit dem Unionsrecht nicht im Einklang. Denn aus Art. 18 der RL 2006/54 (ehemals Art. 6 der RL 76/207) folgt, dass die Mitgliedstaaten nicht nur Diskriminierungen aufgrund des Geschlechts zu verbieten haben, sondern auch Vorschriften zu erlassen haben, nach denen Verstöße des Arbeitgebers gegen das Diskriminierungsverbot in abschreckender Weise sanktioniert werden. Die Richtlinie war daher ersichtlich nicht ordnungsgemäß umgesetzt, da die Verpflichtung zum bloßen Fahrtkostenersatz keine abschreckende Wirkung hat. Das BAG hat, um das Ziel der Richtlinie zu erreichen, § 823 Abs. 1 BGB dahin ausgelegt, dass eine geschlechtsspezifische Diskriminierung eines Stellenbewerbers in der Regel eine erhebliche Persönlichkeitsverletzung darstelle, die nach § 823 Abs. 1 BGB zu einem Schmerzensgeldanspruch führe (BAG NJW 1990, 65; 1996, 2529 – Kalanke).

2. Aus unionsrechtlicher Sicht liegen die **Grenzen der Pflicht zur richtlinienkonformen Auslegung** in den allgemeinen Rechtsgrundsätzen, insbesondere den Grundsätzen der Rechtssicherheit und des Rückwirkungsverbots. Auch darf die unionsrechtliche Pflicht zur richtlinienkonformen Auslegung nicht als Grundlage für eine Auslegung des nationalen Rechts *contra legem* dienen (EuGHE, C-105/03, 2005, I-5285 – Pupino, Rn. 45, 47; EuGHE, C-268/06, 2008, I-2483 – Impact, Rn. 100).

Innerhalb dieser Grenzen sind aber die im nationalen Recht zur Verfügung stehenden **Auslegungsmethoden und -spielräume voll auszuschöpfen** (EuGHE, 14/83, 1984, 1891 = Hummer, S. 459 – von Colson und Kamann, Rn. 28 a. E.; EuGHE, C-208/05, 2007, I-181 – ITC, Rn. 68). Dazu gehört in Deutschland auch eine teleologische Reduktion von Vorschriften entgegen ihrem Wortlaut sowie das Institut der Rechtsfortbildung. Der Wortlaut einer Vorschrift bildet also dann keine absolute Grenze der richtlinienkonformen Auslegung, wenn seine Überschreitung methodisch möglich ist (im Strafrecht gelten freilich Besonderheiten, die aus dem Grundsatz *nulla poena sine lege* und dem strengen strafrechtlichen Bestimmtheitsgebot folgen).

Beispiel: Zu Recht hat der BGH § 439 Abs. 4 BGB beim Verbrauchsgüterkauf im Wege der Rechtsfortbildung teleologisch dahingehend reduziert, dass die in der genannten Vorschrift in Bezug genommenen Bestimmungen über den Rücktritt nicht zu einem Anspruch des Verkäufers gegen den Käufer auf Nutzungsersatz führen. Nur dadurch war das Gesetz mit Art. 3 der Richtlinie 1999/44/EG zum Verbrauchsgüterkauf in Einklang zu bringen (vgl. BGH NJW 2009, 427, im Anschluss an EuGHE, C-404/06, 2008, I-2685 – Quelle; dazu Herrmann/Michl JuS 2009, 1065, 1068; Herresthal NJW 2008, 2475). Inzwischen schreibt § 474 Abs. 2 BGB vor, beim Verbrauchsgüterkauf § 439 Abs. 4 BGB mit der Maßgabe anzuwenden, dass Nutzungen nicht herauszugeben oder durch ihren Wert zu ersetzen sind; damit entspricht nunmehr auch der Gesetzeswortlaut der Richtlinie. Für Kaufverträge unter Unternehmern bleibt es aber beim Nutzungsersatz.

3. Besteht ein nationales Umsetzungsgesetz zu einer Richtlinie, so ist zuallererst dieses Gesetz anzuwenden und dabei richtlinienkonform auszulegen. Die Pflicht zur richtlinienkonformen Auslegung ergibt sich hier unstreitig schon daraus, dass der nationale Gesetzgeber mit dem Erlass der nationalen Normen die Vorgaben der Richtlinie umsetzen wollte. Diese Pflicht trifft im Rahmen ihrer Zuständigkeit (EuGHE, C-129/96, 1997, I-7411= Hummer, S. 196 – Inter-Environnement Wallonie, Rn. 40) alle nationalen Organe, also die Gerichte ebenso wie die Verwaltung. Die Judikative ist im Rahmen der nationalen Rechtsordnung zur Auslegung der Gesetze zuständig. Sie hat daher nach Art. 288 Abs. 3 AEUV, Art. 4 Abs. 3 EUV dafür zu sorgen, dass die Ziele der Richtlinie durch eine entsprechende Auslegung des nationalen Rechts erreicht werden. Die Pflicht zur richtlinienkonformen Auslegung besteht **ab dem Inkrafttreten der nationalen Umsetzungsbestimmungen**, gegebenenfalls also bereits vor Ablauf der Umsetzungsfrist. Dies ergibt sich aus dem Willen des nationalen Gesetzgebers, der die Umsetzungsfrist eben nicht ausschöpfen wollte.

Ist die **Richtlinie nicht (ordnungsgemäß) umgesetzt,** so muss das Gericht (auch die Verwaltung) mit Ablauf der Umsetzungsfrist das gesamte nationale Recht – gleichviel, ob es vor oder nach der Richtlinie erlassen ist – so auslegen, dass möglichst das mit der Richtlinie verfolgte Ziel erreicht wird. Die **Pflicht zur richtlinienkonformen Auslegung** setzt in einem solchen Fall **nicht vor Ablauf der Umsetzungsfrist** ein (EuGHE, C-212/04, 2006, I-6057 – Adeneler, Rn. 114, 115; aA GA' Kokott, Schlussanträge Rn. 42–54; vgl. Auer NJW 2007, 1106). Zwar besteht schon während der Umsetzungsfrist ein **Frustrationsverbot** (EuGHE, C-129/96, 1997, I-7411= Hummer, S. 196 – Inter-Environnement Wallonie, vgl. oben S. 52). Doch kann eine Vereitelung des Richtlinienziels oder ein Verstoß gegen die Richtlinie nicht allein darin gesehen werden, dass ein Mitgliedstaat die ihm eingeräumte Umsetzungsfrist ausschöpft; vielmehr liegt ein europarechtswidriger Zustand erst vor, wenn die Umsetzungsfrist abgelaufen ist. Zu welchem Zeitpunkt innerhalb der eingeräumten Frist die Umsetzung erfolgt, entscheidet der nationale Gesetzgeber. Wären die Gerichte bereits ab Erlass der Richtlinie gezwungen, eine richtlinienkonforme Auslegung vorzunehmen, so würden sie womöglich gegen das nationale Gewaltenteilungsprinzip verstoßen. Dies schließt freilich nicht aus, dass bei Bezugnahme auf Generalklauseln und unbestimmte Rechtsbegriffe des innerstaatlichen Rechts schon vor Ablauf der Umsetzungsfrist die Wertungen einer EU-Richtlinie Berücksichtigung finden.

Beispiel: Zu Recht hat der BGH (NJW 1998, 2208) die vergleichende Werbung – entgegen seiner bisherigen Rechtsprechung – zu einem Zeitpunkt für zulässig nach § 1 UWG a. F. gehalten, zu dem die Frist für die Umsetzung der Richtlinie 97/55/EG, nach der vergleichende Werbung zulässig sein sollte, noch nicht abgelaufen war. Er hat nämlich die Richtlinie lediglich zum Anlass genommen, die vergleichende Werbung nicht mehr als sittenwidrig i. S. v. § 1 UWG a. F. anzusehen, da sich angesichts der Wertvorgaben des Unionsgesetzgebers die Verkehrsanschauung geändert hatte. Zur heutigen Rechtslage vgl. § 6 UWG n. F.

4. Im Unterschied zur unmittelbaren Anwendung der Richtlinie (vgl. dazu unten S. 60 ff.) kann die richtlinienkonforme Auslegung im Ergebnis dazu führen, dass der Einzelne belastet wird (EuGHE, C-321/05, 2007, I-5795 – Kofoed, Rn. 45). Denn diese Belastung ergibt sich nicht unmittelbar aus der Richtlinie, sondern vermittelt über das nationale Gesetz. Allerdings kann sich der Staat gegenüber dem Einzelnen aus Gründen des unionsrechtlichen Vertrauensschutzes nicht auf eine Richtlinienbestimmung berufen, die er noch nicht umgesetzt hat (EuGHE, C-184/04, 2006, I-3039 – Kaupunki, Rn. 28). Dies gilt erst recht, wenn dadurch einer nationalen Norm *contra legem* eine Auslegung geben würde, die entgegen dem bisherigen Verständnis der Norm zu einer strafrechtlichen Verfolgung eines Einzelnen führen würde (vgl. EuGHE, C-168/95, 1996, I-4705 – Arcaro, Rn. 42).

Abschließendes Beispiel (nach EuGHE, C-45/96, 1998, I-1199 = NJW 1998, 1295 – Dietzinger): Der Bauunternehmer Dietzinger erhält von der HypoVereinsbank einen Kontokorrentkredit. Sein Sohn Edgar übernimmt die selbstschuldnerische Bürgschaft bis zum Höchstbetrag von 100 000 €. Die Bürgschaftserklärung wird in der Wohnung des Vaters einem Bankangestellten gegenüber abgegeben. Die Bank kündigt den Kredit und klagt gegen den Sohn aus der Bürgschaft 100 000 € ein. Dieser widerruft seine auf den Abschluss der Bürgschaft gerichtete Willenserklärung. Er macht geltend, niemals über sein Widerrufsrecht belehrt worden zu sein.

Ein Widerrufsrecht könnte sich aus § 312 Abs. 1 Nr. 1 BGB (früher HaustürwiderrufsG) ergeben. Die Widerrufsfrist wäre mangels Belehrung noch nicht abgelaufen (§ 355 BGB). Zweifelhaft ist, ob § 312 BGB anwendbar ist. Edgar ist zwar offensichtlich Verbraucher (§ 13 BGB), die Bank Unternehmerin (§ 14 BGB; §§ 13, 14 BGB dienen der Umsetzung verschiedener Richtlinien, was bei der Auslegung zu berücksichtigen ist). Fraglich aber ist, ob die Bürgschaft ein entgeltlicher Vertrag im Sinne von § 312 Abs. 1 BGB ist oder ob dessen Anwendung ausgeschlossen ist, weil es sich bei der Bürgschaft um einen einseitig verpflichtenden Vertrag handelt. §§ 312, 355 BGB dienen u. a. der Umsetzung der RL 85/577/EWG betreffend den Verbraucherschutz im Falle von außerhalb von Geschäftsräumen geschlossenen Verträgen (ABl. 1985, L 372, S. 31). Die RL gilt nach ihrem Art. 1 für Verträge zwischen einem Gewerbetreibenden, der Waren liefert oder Dienstleistungen erbringt, und einem Verbraucher. RL und §§ 312, 355 BGB regeln den gleichen Sachverhalt. Die deutschen Vorschriften sind daher möglichst richtlinienkonform, also im Lichte von Wortlaut und Zweck der Richtlinie auszulegen. Eine solche Auslegung scheitert, was die Bürgschaft betrifft, nach Ansicht des BGH nicht am klaren Wortlaut von § 312 Abs. 1 BGB. Vielmehr könnte, wenn die Bürg-schaft unter die RL fallen sollte, § 312 Abs. 1 BGB entsprechend ausgelegt werden. (Würde eine RL-konforme Aus-legung scheitern, wäre zu prüfen, ob die RL unmittelbar anwendbar wäre. Dies wäre nicht der Fall, weil eine un-mittelbare Wirkung zwischen Privaten [HypoVereinsbank, anders bei Sparkassen!] ausgeschlossen ist. Eine Vorlage an den EuGH wäre dann nicht mehr entscheidungserheblich.)

Unklar ist aber auch, ob die Bürgschaft in den sachlichen Anwendungsbereich der RL fällt. Auf Vorlage des BGH entschied der EuGH, dass die Bürgschaft grundsätzlich unter die RL falle, da die Gewährung eines Kredits eine Dienstleistung darstelle (was eine Dienstleistung ist, beurteilt sich nicht nach § 611 BGB, sondern ist entsprechend der RL jede Leistung eines Unternehmers an einen Verbraucher, die keine Warenlieferung darstellt). Nach Meinung des EuGH ist es unerheblich, dass die Gegenleistung für die Kreditgewährung nicht vom Bürgen, sondern vom Hauptschuldner gezahlt wird. Grundsätzlich falle daher die Bürgschaft unter die RL. Doch schütze die RL nur die Verbraucher. Wegen der Akzessorietät der Bürgschaft müsse auch der Hauptschuldner ein Verbraucher sein, der sich in einer Haustürsituation verpflichtet habe. In den Geltungsbereich der RL falle somit nicht die Bürgschaft für einen Geschäftskredit. Diese Auslegung ist vom Schutzzweck der RL her gesehen angreifbar: Der Verbraucher, der für einen Geschäftskredit bürgt, ist genauso schutzwürdig wie der Verbraucher, der für einen Verbraucherkredit bürgt. In einer neueren Entscheidung hat der BGH diesem Argument Rechnung getragen und den Schutz des § 312 BGB über den Anwendungsbereich der RL hinaus auf Geschäftskredite ausgedehnt (BGH NJW 2006, 845). Damit ist es insoweit zu einer sog. überschießenden Umsetzung der RL gekommen (vgl. Palandt/Sprau BGB 69. Aufl. vor § 1 BGB Rn. 40). Daran war der BGH durch die RL nicht gehindert. Insoweit ist die RL nämlich nicht abschlie-ßend, sondern erlaubt in ihrem Art. 8 ausdrücklich den Mitgliedstaaten, und damit auch den Gerichten bei der Auslegung der nationalen Gesetze, die Verbraucher weitergehend zu schützen. Aus unionsrechtlicher Sicht braucht zwar der überschießende Teil nicht richtlinienkonform ausgelegt zu werden. Doch folgt dies regelmäßig aus dem Willen des deutschen Gesetzgebers, beide Teile gleich zu behandeln. Die sog. gespaltene Auslegung ist daher abzu-lehnen (BGH NJW 2002, 1881; vgl. auch Palandt/Sprau vor § 1 Rn. 44 mit weiteren Beispielen).

5. Kapitel: Die Rechtsetzung

A. Überblick über die wichtigsten Beschlussverfahren in der Europäischen Union

Die Römischen Verträge (insbesondere der **EWG-Vertrag**) waren ursprünglich gekennzeichnet durch

- ein **Entscheidungsmonopol** der Mitgliedstaaten über das **Primärrecht** – also die „Verfassung" der damaligen Gemeinschaft – und die wichtigsten **Ernennungen**,
- ein **Vorschlagsmonopol** der Kommission bei der Setzung von Sekundärrecht und ein **Verhandlungsmonopol** der Kommission im Hinblick auf die wirtschaftlichen Außenbeziehungen,
- ein **Beschlussfassungsmonopol des Rates** im Bereich der sekundärrechtlichen **Gesetzgebung** und der **Außenbeziehungen**; dabei hatte der Rat meist einstimmig zu entscheiden; sowie
- eine bloßes **Anhörungsrecht des Europäischen Parlaments**.

Seither wurde erstens die **Rolle des Parlaments** schrittweise ausgebaut, und zwar

- in Haushaltsfragen durch diverse Reformen, insbesondere jene von 1970 und 1975 sowie durch den Vertrag von Lissabon (heute Art. 314 AEUV),
- im Gesetzgebungsbereich: Einführung des Verfahrens der Zusammenarbeit (Art. 252 EGV, heute obsolet) durch die Einheitliche Europäische Akte und des Verfahrens der Mitentscheidung (Art. 251 EGV, heute: ordentliches Gesetzgebungsverfahren, Art. 294 AEUV) durch den Vertrag von Maastricht,
- im Bereich der Verfassungsänderung und der Außenbeziehungen: Einführung eines Zustimmungserfordernisses des Parlaments für Beitrittsabkommen (Art. 49 EUV) sowie für wichtige völkerrechtliche Abkommen (Art. 300 Abs. 3 UAbs. 2 EGV, heute Art. 218 AEUV) und
- im Bereich der Ernennungen (Mitwirkung des Parlaments bei der Ernennung der Kommission (Art. 214 Abs. 2 EGV, heute Art. 17 Abs. 7 EUV).

Zweitens wurde für eine große Zahl von Rechtsakten die **Beschlussfassung im Rat mit qualifizierter Mehrheit** eingeführt (z. B. Landwirtschaft, Art. 43 AEUV; Binnenmarkt, Art. 114 i. V. m. 294 AEUV). Eine einstimmige Beschlussfassung des Rates ist aber weiterhin in einigen politisch sensiblen Bereichen (vgl. z. B. Art. 113, 352 AEUV) sowie im intergouvernemental ausgestalteten Politikbereich der GASP notwendig (vgl. auch oben S. 16, 34). Auch in Bezug auf die Schaffung eines „Raums der Freiheit, der Sicherheit und des Rechts" (ehemals intergouvernementale Zusammenarbeit in den Bereichen Justiz und Inneres) war anfangs zumeist Einstimmigkeit erforderlich; doch hat hier seit dem Vertrag von Amsterdam ein Trend zu mehr Mehrheitsentscheidungen eingesetzt, der mit dem Vertrag von Lissabon seinen vorläufigen Höhepunkt fand.

Drittens wurden durch den **EU-Vertrag** (Vertrag von Maastricht) **neue Verfahren** von verfassungsrechtlicher Dimension eingeführt (Vertragsänderung, Art. 48 EUV; Beitritt, Art. 49 EUV; Sanktionsverfahren, Art. 7 EUV).

Viertens stellte sich heraus, dass Integrationsfortschritte in einer immer größer und heterogener werdenden Union nicht mehr notwendigerweise stets von allen Mitgliedstaaten mitgetragen würden. Deshalb begann sich in einigen Politikbereichen ein „**Europa der zwei Geschwindigkeiten**" zu entwickeln, wofür nunmehr in Form der **verstärkten Zusammenarbeit** verfahrensmäßige Vorkehrungen getroffen wurden (vgl. dazu unten S. 90).

Es würde den Rahmen des vorliegenden Buches sprengen, die verschiedenen derzeit geltenden Beschlussverfahren im Detail vorzustellen. Statt dessen sollen nachfolgend exemplarisch die besonders praxisrelevanten **Verfahren zum Erlass von abgeleitetem Unionsrecht** und die **Verfahren zum Abschluss völkerrechtlicher Abkommen** besprochen werden.

B. Erlass von abgeleitetem Unionsrecht

I. Rechtsetzungsbefugnisse

1. Prinzip der begrenzten Einzelermächtigung

Im Gegensatz zu Staaten besitzt die Europäische Union keine grundsätzliche Allzuständigkeit oder Kompetenz-Kompetenz. Sie entscheidet also nicht selbst über ihre Zuständigkeit und kann insbesondere nicht neue Zuständigkeiten an sich ziehen. Vielmehr bedarf jeder verbindliche Rechtsakt der

Union einer Rechtsgrundlage. Dies ergibt sich aus der Struktur der Union, die eben kein souveräner Staat mit grundsätzlich unbegrenzter Rechtsetzungsgewalt ist, sowie nunmehr ausdrücklich aus Art. 5 Abs. 1 und 2 EUV, der auf den Vertrag von Maastricht zurückgeht und im Vertrag von Lissabon präzisiert wurde (vgl. außerdem Art. 7 AEUV). Zuvor wurde dieses **Prinzip der begrenzten Einzelermächtigung** aus Art. 3, 7 Abs. 1, Art. 202, 211 und Art. 249 Abs. 1 EGV, abgeleitet, wonach Parlament, Rat und Kommission nur „nach Maßgabe dieses Vertrages" Recht setzen dürfen (nun Art. 13 Abs. 2 Satz 1 EUV). Zu beachten ist, dass Art. 288 Abs. 1 AEUV keine Ermächtigungsgrundlage ist; vielmehr setzt diese Bestimmung eine solche voraus. Art. 5 EUV liegt die Annahme zugrunde, dass die einzelstaatliche Zuständigkeit die Regel und die Zuständigkeit der Union die Ausnahme darstellt. Ist die Union nach keiner speziellen Norm zuständig, so liegt die Zuständigkeit bei den Mitgliedstaaten (Art. 4 Abs. 1 und 5 Abs. 2 Satz 2 EUV).

Jede **Rechtsgrundlage** in den Verträgen (z. B. Art. 19, 115, 352 AEUV) hat im Wesentlichen zwei Funktionen. Zum einen bestimmt sie die Zuständigkeit der Union in Abgrenzung zu der der Mitgliedstaaten (**vertikale Kompetenzabgrenzung** bzw. Festlegung der **Verbandskompetenz**). Wenn die Verbandskompetenz der Union feststeht, schreibt die Rechtsgrundlage zweitens verbindlich vor, welcher Rechtsakt (z. B. Verordnung, Richtlinie oder völkerrechtlicher Vertrag) nach welchem Verfahren erlassen werden kann (**horizontale Kompetenzabgrenzung** bzw. Festlegung der **Befugnisse der Unionsorgane**).

Von erheblicher praktischer und institutioneller, ja „verfassungsrechtlicher" Bedeutung ist deshalb die **Wahl der richtigen Rechtsgrundlage** für einen Unionsrechtsakt (EuGHE, Gutachten 2/00, 2001, I-9713, Rn. 5; Gutachten 1/08, 2009, I-11129, Rn. 110). Sie hängt nach ständiger Rechtsprechung nicht von der subjektiven Auffassung der Verfasser eines Rechtsakts ab, sondern muss sich auf **objektive, gerichtlich nachprüfbare Umstände** stützen, zu denen insbesondere **Ziel und Inhalt** des Rechtsakts gehören (EuGHE, C-300/89, 1991, I-2867 = Hummer, S. 243 – Titandioxid-RL). Ergibt die Prüfung eines Unionsrechtsakts, dass er zwei Zielsetzungen verfolgt oder zwei Komponenten hat, und lässt sich eine davon als wesentliche oder überwiegende ausmachen, während die andere nur von untergeordneter Bedeutung ist, so ist der Rechtsakt nur auf die Rechtsgrundlage zu stützen, die die wesentliche oder überwiegende Zielsetzung oder Komponente erfordert (**Schwerpunktbetrachtung**; EuGHE, C-281/01, 2002, I-12049 – Energy Star, Rn. 34).

Nur höchst ausnahmsweise kann ein Rechtsakt auf eine **doppelte Rechtsgrundlage** gestützt werden, und zwar wenn

– eine Rechtsgrundlage allein nicht ausreichen würde, weil sie nicht alle in dem Rechtsakt enthaltenen Maßnahmen zulässt (vgl. etwa das System der europäischen Fusionskontrolle gemäß Verordnung Nr. 139/2004, das sich neben Art. 103 AEUV auch auf Art. 352 AEUV stützt), oder
– mit dem Rechtsakt gleichzeitig mehrere Ziele verfolgt werden, die untrennbar miteinander verbunden sind, ohne dass das eine im Verhältnis zum anderen zweitrangig ist oder mittelbaren Charakter hat (vgl. EuGHE, C-94/03, 2006, I-1 – Rotterdamer Übereinkommen; EuGHE, C-178/03, 2006, I-107 – Gefährliche Chemikalien).

Wird eine doppelte Rechtsgrundlage gewählt, so muss sichergestellt sein, dass die in den beiden Vorschriften vorgesehenen Verfahren kombinierbar sind. Ansonsten ist angesichts des Demokratieprinzips diejenige Rechtsgrundlage und dasjenige Verfahren zu wählen, das dem Europäischen Parlament die größtmögliche Mitsprache sichert (in diesem Sinne auch EuGHE, C-300/89, 1991, I-2857 = Hummer S. 243 – Titandioxid, Rn. 20 ff.; GA' Kokott in EuGHE, C-178/03, 2006, I-107 – Gefährliche Chemikalien, Schlussanträge Rn. 64).

Haben die Organe einen Rechtsakt gesetzt, obwohl eine Kompetenz der Union nicht besteht, so ist dieser Akt im Rahmen einer Klage nach Art. 263 AEUV vom EuGH bzw. EuG für nichtig oder im Vorabentscheidungsverfahren nach Art. 267 AEUV vom EuGH für ungültig zu erklären. Bei einer offensichtlichen Kompetenzüberschreitung kann – allerdings nur höchst ausnahmsweise – auch ein Nicht-Akt vorliegen. Das BVerfG prüft ebenfalls – vermittelt über eine Kontrolle der Zustimmungsgesetze zu den Verträgen – ob die Rechtsakte der Union im Rahmen ihrer Zuständigkeiten ergangen sind. Ist dies nicht der Fall, sollen diese Rechtsakte in Deutschland unanwendbar sein (vgl. näher oben S. 72 ff.). Hat umgekehrt ein Mitgliedstaat ein Gesetz auf einem Gebiet erlassen, auf dem allein die Union zuständig ist, setzt sich das Unionsrecht wegen seines Anwendungsvorrangs durch.

Beachte: Vor allem in Deutschland wird hin und wieder die Forderung erhoben, ein eigenständiges europäisches „Kompetenzgericht" zu schaffen, welches darüber wachen soll, dass die Union die ihr eingeräumten Befugnisse nicht überschreitet. Hinter dieser Idee steht eine gewisse Skepsis hinsichtlich der Bereitschaft des – vermeintlich zu „integrationsfreudigen" – EuGH, Unionsrechtsakte wegen Kompetenzüberschreitung aufzuheben. Der gegenüber dem EuGH erhobene Vorwurf ist allerdings noch nie überzeugend untermauert worden. Überdies ist die Frage erlaubt, wie sich ausgerechnet die Schaffung eines neuen Gremiums mit der häufig ebenfalls erhobenen Forderung nach einer Vereinfachung der institutionellen Architektur Europas vertragen soll. Jedenfalls wurde die Idee eines Kompetenzgerichts bislang noch von keiner Regierungskonferenz aufgegriffen und findet sich auch im Vertrag von Lissabon nicht wieder.

Auf nationaler Ebene beansprucht das BVerfG die Rolle eines Kompetenzgerichts, indem es sich das Recht vorbehält, „ausbrechende Rechtsakte" der EU in Deutschland für unanwendbar zu erklären (sog. „*Ultra-vires*-Kontrolle", vgl. dazu oben S. 72 ff.).

2. Kompetenzzuweisung

a) Allgemeines. Die Kompetenzen der Union ergeben sich hauptsächlich aus den zahlreichen über die Verträge verstreuten **Rechtsgrundlagen.** Im Gegensatz zum Grundgesetz enthielten die Verträge ursprünglich keine zusammenfassende Auflistung der Gemeinschafts- bzw. Unionskompetenzen; mit dem Vertrag von Lissabon hat ein solcher **Kompetenzkatalog** erstmals an prominenter Stelle in Art. 3–6 AEUV Eingang gefunden.

In den Rechtsgrundlagen sind die Kompetenzen der Union teils über zu regelnde Sachbereiche (materielle Methode; z.B. Art. 48 AEUV), teils über zu erreichende Ziele (funktionelle Methode; z.B. Art. 114, 115, 352 AEUV) und teils sowohl über Sachbereiche als auch Ziele definiert (z.B. Art. 151, 153 AEUV). Deutsche Juristen, die aus dem Grundgesetz die materielle Kompetenzzuweisungsmethode gewohnt sind, finden die flexiblere funktionelle Methode oft gewöhnungsbedürftig.

Auch in den Fällen, in denen die Verbandskompetenz der Union unzweifelhaft ist, haben die Organe den zu erlassenden Rechtsakt auf die jeweils zutreffende Rechtsgrundlage zu stützen. Diese ist im Rechtsakt anzugeben (Art. 296 Abs. 2 AEUV). Die Wahl einer falschen Ermächtigungsnorm kann im Rahmen einer Klage nach Art. 263 AEUV oder einer Vorabentscheidung nach Art. 267 AEUV dazu führen, dass der EuGH den betreffenden Rechtsakt für nichtig bzw. ungültig erklärt; dazu kommt es jedoch nur, wenn nach der zutreffenden Rechtsgrundlage andere Verfahrensregeln gegolten hätten (vgl. unten S. 168 f.).

b) Explizite Kompetenzzuweisung. In den allermeisten Fällen beruht das Tätigwerden der Union auf einer ausdrücklichen, geschriebenen Rechtsgrundlage in den Verträgen. Zu den wichtigsten Kompetenzzuweisungsnormen zählt Art. 114 AEUV, wonach die Union Maßnahmen der Rechtsangleichung erlassen kann, die dazu dienen, den europäischen Binnenmarkt zu verwirklichen und sein Funktionieren zu gewährleisten (Art. 26 AEUV). Eine große Zahl von für die europäische Integration bedeutsamen Rechtsakten wurde auf diese Ermächtigungsnorm gestützt. Im seinen beiden Urteilen zum Tabakwerbeverbot hat der EuGH präzisiert, dass Art. 114 AEUV (ehemals Art. 95 EGV bzw. Art. 100a EWGV) dem Unionsgesetzgeber keine allgemeine Kompetenz zur Regulierung des Binnenmarkts überträgt und dass alle auf der Grundlage dieser Bestimmung erlassenen Maßnahmen speziell zum Ziel haben müssen, die Voraussetzungen für die Errichtung und das Funktionieren des Binnenmarkts zu verbessern (EuGHE, C-376/98, 2000, I-8419 – Tabakwerbeverbot I, und C-380/03, 2006, I-11573 – Tabakwerbeverbot II, s. u. S. 306 ff.).

c) Implied powers. Die zahlreichen geschriebenen Ermächtigungsnormen werden ergänzt durch ungeschriebene **ergänzende Zuständigkeiten** und **Befugnisse kraft Sachzusammenhangs.** Nach der aus dem Völkerrecht entlehnten Lehre von den „**implied powers**" sind nämlich die geschriebenen ausdrücklichen Kompetenznormen so auszulegen, dass die Union auch über Zuständigkeiten und Befugnisse bezüglich notwendigerweise mitzuregelnder Tatbestände verfügt. Aus der Befugnis der Kommission im Sozialbereich, „in enger Verbindung mit den Mitgliedstaaten durch Untersuchungen, Stellungnahmen und die Durchführung von Konsultationen" tätig zu werden (Art. 156 Abs. 2 AEUV), folgt z.B. nach der Rechtsprechung des EuGH eine Befugnis der Kommission, die Mitgliedstaaten zur Mitteilung der unerlässlichen Informationen und zur Teilnahme an Konsultationsverfahren zu verpflichten (EuGHE, 281/85, 1987, 3203 = Hummer, S. 209 – Einwanderungspolitik). Ferner durfte die Union (Gemeinschaft) laut EuGH auch schon vor Inkrafttreten des Vertrags von Lissabon punktuelle Maßnahmen zur Harmonisierung des Strafrechts der Mitgliedstaaten ergreifen, wenn diese erforderlich waren, um die volle Wirksamkeit der von ihr erlassenen Rechtsnormen zu gewährleisten (EuGHE, C-176/03, 2005, I-7879 – Umweltstrafrecht; EuGHE, C-440/05, 2007, I-9097 – Meeresverschmutzung); vgl. dazu nunmehr die ausdrückliche Ermächtigungsgrundlage in Art. 83 Abs. 2 AEUV.

Beachte: Die Lehre von den „implied powers" führt nicht zu einer Erweiterung der Verbandskompetenzen der Union in neue Sachbereiche hinein, sondern „nur" zu einer Erweiterung des Instrumentariums der Union in Bereichen, in denen sie zum Erlass bestimmter Maßnahmen bereits zuständig ist.

Einen speziellen Anwendungsfall der Lehre von den „implied powers" stellte bislang die Ableitung ungeschriebener **Vertragsschlusskompetenzen** der EG in ihren Beziehungen zu Drittländern und internationalen Organisationen dar. Seit dem Vertrag von Lissabon enthalten allerdings Art. 216 Abs. 1 AEUV und Art. 3 Abs. 2 AEUV neue, geschriebene Regeln über die Außenkompetenzen der EU, in denen die Implied-powers-Doktrin für den Bereich des auswärtigen Handelns kodifiziert ist. Ein Rückgriff auf ungeschriebene Zuständigkeiten dürfte deshalb in den Außenbeziehungen weitgehend entbehrlich geworden sein (s. u. S. 99 f.).

d) Art. 352 Abs. 1 AEUV. Neben den geschriebenen Ermächtigungsgrundlagen und den sie abrundenden „implied powers" kennt das Unionsrecht als subsidiäre Ermächtigungsgrundlage noch die **Vertragsergänzungsklausel** (oder **Flexibilitätsklausel**) des Art. 352 AEUV (ehemals Art. 235 EGWV bzw. Art. 308 EGV). Zweck dieser Norm ist es, für solche Maßnahmen, die zwar nicht ausdrücklich in den Verträgen vorgesehen sind, die aber Konsequenz oder Voraussetzung für die Verwirklichung eines der Vertragsziele sind, die erforderliche Ermächtigung bereitzustellen. Im Gegensatz zu den „implied powers" wird hier die Kompetenz der Union nicht aus einer existierenden Ermächtigungsgrundlage, sondern aus den Vertragszielen abgeleitet.

Inhaltlich können auf der Grundlage von Art. 352 AEUV Verordnungen, Richtlinien, Beschlüsse und alle anderen verbindlichen oder unverbindlichen Rechtsakte erlassen werden. Organisationsakte zur Schaffung von rechtsfähigen Einrichtungen, wie z. B. des Europäischen Zentrums für Berufsbildung, wurden ebenso auf die Vertragsergänzungsklausel gestützt wie die Verordnung zur Schaffung der Gemeinschaftsmarke oder die Fusionskontrollverordnung. Außerdem war die Vorschrift in der Vergangenheit im Bereich der den Binnenmarkt flankierenden Politiken von Bedeutung (z. B. Umweltschutz, Verbraucherschutzpolitik, Bildungspolitik, Soziales), für die aber in der Zwischenzeit eigenständige Rechtsgrundlagen geschaffen wurden. Bis vor kurzem musste bezüglich der in Art. 3 Abs. 1 lit. u) EG genannten Politikbereiche Energie, Katastrophenschutz und Fremdenverkehr noch auf die Vertragsergänzungsklausel zurückgegriffen werden; mit dem Vertrag von Lissabon wurden aber auch für diese Tätigkeitsbereiche speziellere Ermächtigungsnormen in die Verträge aufgenommen (Art. 194–196 AEUV).

Die Anwendung von Art. 352 AEUV ist **materiell** an **fünf Voraussetzungen** geknüpft. Werden diese Voraussetzungen eingehalten, so führt ein auf die Vertragsergänzungsklausel gestütztes Tätigwerden der Union zu keiner Durchbrechung des Grundsatzes der begrenzten Einzelermächtigung, sondern hält sich im Rahmen der von den Mitgliedstaaten übertragenen Hoheitsrechte:

(1) Die zur Setzung des in Aussicht genommenen Rechtsakts erforderlichen Befugnisse müssen an anderer Stelle in den Verträgen fehlen. Art. 352 AEUV ist also gegenüber allen anderen Ermächtigungsnormen – auch gegenüber den „implied powers" – **subsidiär.** Diese Subsidiarität bewirkt, dass der Rat einen Rechtsakt nicht gleichzeitig auf Art. 308 EG und eine spezielle Ermächtigungsgrundlage stützen darf, die den Rechtsakt in seiner Gesamtheit alleine tragen würde. Zur Rechtswidrigkeit des Rechtsakts führt dies jedoch nur, wenn sich die unzutreffende zusätzliche Heranziehung des Art. 352 AEUV auf den Inhalt des Rechtsaktes ausgewirkt haben kann; dies ist insbesondere dann der Fall, wenn die in den beiden Rechtsgrundlagen vorgesehenen Verfahren nicht übereinstimmen, weil z. B. einmal Einstimmigkeit und einmal qualifizierte Mehrheit im Rat vorgeschrieben ist.

(2) Der auf Art. 352 AEUV gestützte Rechtsakt hat außerdem im Rahmen der **in den Verträgen festgelegten Politikbereiche** zu ergehen, d. h. in einem der in Art. 3 EUV bzw. Art. 3–6 AEUV aufgezählten Tätigkeitsbereiche; eine bloße Bezugnahme auf die Präambeln der Verträge ist nicht ausreichend (EuGHE, Gutachten 2/94, 1996, I-1763 = Hummer S. 211 – EMRK). Die Union darf mit anderen Worten die Vertragsergänzungsklausel nicht dazu missbrauchen, sich gänzlich neue Tätigkeitsbereiche zu erschließen, die ihr von den Mitgliedstaaten bislang nicht überantwortet worden sind. Hier zeigt sich die im Einzelfall nicht immer einfach zu ziehende Grenze zwischen Vertragsergänzung und Vertragsänderung.

(3) Ferner muss der Rechtsakt zur **Verwirklichung eines Ziels der Verträge** mit Ausnahme der Ziele der Gemeinsamen Außen- und Sicherheitspolitik ergehen (Art. 352 Abs. 1 i. V. m. Abs. 4 AEUV). Damit kommt die Rechtsgrundlage des Art. 352 AEUV nur in den vergemeinschafteten Politikbereichen zur Anwendung, nicht hingegen dort, wo das Handeln der Union weiterhin intergouvernemental geprägt ist (im selben Sinne schon zur früheren Rechtslage EuGHE, C-402/05 P u. a., 2008, I-6351 – Kadi u. a., Rn. 195–204).

(4) Zur Verwirklichung des Ziels muss ein Tätigwerden der Union überdies **erforderlich** erscheinen. Das Tatbestandsmerkmal der Erforderlichkeit ist heute insbesondere im Lichte des Subsidiaritäts- und Verhältnismäßigkeitsprinzips (Art. 5 Abs. 3 und 4 EUV i. V. m. dem „Subsidiaritätsprotokoll") auszulegen.

(5) Gemäß Art. 352 Abs. 3 AEUV dürfen die auf die Vertragsergänzungsklausel gestützten Maßnahmen **keine Harmonisierungsverbote unterlaufen,** d. h. sie dürfen zu keiner Harmonisierung von Rechtsvorschriften der Mitgliedstaaten führen, wo die Verträge eine solche Rechtsangleichung ausschließen (vgl. im Allgemeinen Art. 2 Abs. 5 UAbs. 2 AEUV und im Besonderen Art. 149 Abs. 2, 167 Abs. 5, 168 Abs. 5 AEUV). Ganz allgemein darf der Rückgriff auf die Vertragsergänzungsklausel nicht zu einer Änderung des von den Verträgen geschaffenen

Systems führen, die dem Vertragsänderungsverfahren nach Art. 48 EUV vorbehalten ist (EuGHE, Gutachten 2/94, 1996, I-1763 = Hummer S. 211 – EMRK).

Nach dem Maastricht-Urteil des BVerfG (BVerfGE 89, 155 = Hummer, S. 115, Absatz-Nr. 99) darf die Vertragsergänzungsklausel nicht mehr großzügig gehandhabt werden, damit insbesondere der Unterschied zu einer Vertragsänderung nach Art. 48 EUV nicht verwischt wird. Ansonsten könnten entsprechende Rechtsakte der Union in der Bundesrepublik Deutschland wegen Kompetenzüberschreitung – nach Vorlage an das BVerfG entsprechend Art. 100 Abs. 1 GG – für unanwendbar erklärt werden werden (vgl. oben S. 72 ff.).

Wohl als Reaktion auf diese Aussagen des BVerfG hat sich auch der EuGH in seinem sog. EMRK-Gutachten (Gutachten 2/94, EuGHE 1996, I-1763 = Hummer S. 211 – EMRK) eine enge Auslegung der Vertragsergänzungsklausel zueigen gemacht. Er hat es abgelehnt, Art. 235 EWGV – eine Vorgängerregelung zu Art. 352 AEUV – als taugliche Rechtsgrundlage für einen Beitritt der damaligen Gemeinschaft zur Europäischen Menschenrechtskonvention (EMRK) anzuerkennen. Ausschlaggebend war in diesem Zusammenhang u. a., dass der Beitritt zur EMRK wegen der Begründung der Zuständigkeit des Europäischen Gerichtshofs für Menschenrechte (EGMR) eine wesentliche Änderung des bestehenden Systems des gerichtlichen Schutzes der Menschenrechte zur Folge gehabt hätte, die von verfassungsrechtlicher Dimension gewesen wäre und damit eine Vertragsänderung erfordert hätte. Der Vertrag von Lissabon schafft allerdings nunmehr eine ausdrückliche Rechtsgrundlage für den Beitritt der EU zur EMRK und formuliert diesen Beitritt überdies auch als verbindliches Ziel (Art. 6 Abs. 2 EUV).

Liegen die materiellrechtlichen Voraussetzungen für eine Anwendung des Art. 352 AEUV vor, so gilt folgendes **Verfahren**:

(1) Die Kommission unterbreitet dem Rat einen Vorschlag für einen Rechtsakt, den sie zugleich den nationalen Parlamenten zuleitet (Art. 352 Abs. 2 AEUV).
(2) Die nationalen Parlamente haben nach Maßgabe des Subsidiaritätsprotokolls die Möglichkeit, eine Subsidiaritätsrüge zu erheben (Art. 352 Abs. 2 AEUV i. V. m. Art. 5 Abs. 3 EUV).
(3) Das Europäische Parlament muss dem zu erlassenden Rechtsakt in der Form, in der der Rat ihn zu verabschieden gedenkt, zustimmen (Vetorecht des EP).
(4) Der Rat erlässt den Rechtsakt nach einstimmiger Beschlussfassung.

Das Einstimmigkeitserfordernis im Rat und die relativ strenge neuere Rechtsprechung des Gerichtshofs stellen sicher, dass Art. 352 AEUV weder zur Durchbrechung des Prinzips der begrenzten Einzelermächtigung noch zu verschleierten Vertragsänderungen missbraucht werden kann. Das mit dem Vertrag von Lissabon eingeführte Zustimmungserfordernis des Europäischen Parlaments verbessert außerdem die demokratische Legitimierung der im Rahmen der Vertragsergänzungsklausel erlassenen Vorschriften ganz erheblich.

Überdies verlangt in Deutschland seit 2009 § 8 des Integrationsverantwortungsgesetzes (IntVG), dass vor Anwendung der Vertragsergänzungsklausel dasselbe innerstaatliche Verfahren durchlaufen wird wie bei einer Änderung des EUV oder des AEUV, d. h. es bedarf eines Zustimmungsgesetzes im Sinne von Art. 23 Abs. 1 GG. Bevor ein solches Gesetz in Deutschland in Kraft getreten ist, darf der deutsche Vertreter im Rat einem Beschluss auf der Grundlage von Art. 352 AEUV nicht zustimmen oder sich enthalten, sondern muss die Beschlussfassung mit seinem Veto blockieren. Angesichts dieser hohen innerstaatlichen Hürde in Deutschland dürfte ein Rückgriff auf die Vertragsergänzungsklausel in Zukunft nur noch in besonderen Ausnahmefällen in Betracht kommen.

Die in § 8 IntVG aufgestellten innerstaatlichen Anforderungen gehen auf das Lissabon-Urteil des BVerfG zurück (BVerfGE 123, 267 = NJW 2009, 2267, Absatz-Nr. 328).

3. Kompetenzarten

Was die Abgrenzung ihrer Zuständigkeiten von jenen der Mitgliedstaaten anbelangt, so lassen sich drei Arten von Rechtssetzungsbefugnissen der Union unterscheiden: ausschließliche, geteilte und ergänzende Zuständigkeiten. Ursprünglich enthielten die Verträge keinerlei Definition dieser Begriffe. Art. 5 Abs. 2 EGV und 11 Abs. 1 lit. a EGV setzten aber zumindest die Kategorie der ausschließlichen Gemeinschaftszuständigkeit bereits voraus. Erst die Arbeiten des Europäischen Konvents, die in den Verfassungsvertrag mündeten und schließlich durch den Vertrag von Lissabon übernommen wurden, führten zu einer klareren Abgrenzung der Zuständigkeiten zwischen der Union und den Mitgliedstaaten sowie zu einer primärrechtlichen Definition der einzelnen Zuständigkeitsarten. Dabei orientierte man sich allerdings im Wesentlichen an der schon bislang herrschenden Rechtsauffassung und an der existierenden Rechtsprechung des EuGH (vgl. Calliess/Ruffert, Art. 5 EG, Rn. 20 ff., 35 ff.; Dittert, Die Ausschließlichen Kompetenzen der EG im System des EG-Vertrags, S. 36 ff.).

a) **Ausschließliche Zuständigkeiten** (Art. 2 Abs. 1 AEUV): Die Union verfügt über eine ausschließliche Zuständigkeit, wenn nur sie in einem bestimmten Bereich zum Erlass von Rechtsakten befugt ist. Die Mitgliedstaaten dürfen hier nur tätig werden, wenn sie von der Union dazu ermächtigt werden, oder um Rechtsakte der Union durchzuführen. Die ausschließlichen Kompetenzen stellen systematisch gesehen den Ausnahmefall dar und umfassen:

– die Zollunion (Art. 3 Abs. 1 lit. a und Art. 31 AEUV);
– die Festlegung der für das Funktionieren des Binnenmarkts erforderlichen Wettbewerbsregeln (Art. 3 Abs. 1 lit. b, Art. 101–110 AEUV);
– die Währungspolitik für die Mitgliedstaaten, deren Währung der Euro ist (Art. 3 Abs. 1 lit. c, Art. 127 ff. AEUV);
– die Erhaltung der biologischen Meeresschätze im Rahmen der gemeinsamen Fischereipolitik (Art. 3 Abs. 1 lit. d und Art. 38 ff. AEUV);
– die gemeinsame Handelspolitik (Art. 3 Abs. 1 lit. e und Art. 207 AEUV);
– den Abschluss internationaler Übereinkünfte (Art. 3 Abs. 2 AEUV),
      wenn er in einem internen Gesetzgebungsakt vorgesehen ist,
      wenn er für die Ausübung einer internen Zuständigkeit notwendig ist, oder
      soweit unionsrechtliche Regelungen durch Vertragsschlüsse der einzelnen Mitgliedstaaten beeinträchtigt oder in ihrer Tragweite verändert werden könnten.

Im Rahmen der ausschließlichen Kompetenzen ist die verstärkte Zusammenarbeit eines Teils der Mitgliedstaaten („Europa der zwei Geschwindigkeiten") unzulässig (Art. 20 Abs. 1 EUV). Ferner ist die Union in diesem Bereich nicht dem Grundsatz der Subsidiarität unterworfen (Art. 5 Abs. 3 EUV), wohl aber dem Grundsatz der Verhältnismäßigkeit (Art. 5 Abs. 4 EUV).

Hinweis zur Vertiefung: Nach einer bislang verbreiteten Auffassung konnte sich die Ausschließlichkeit einer Kompetenz der Gemeinschaft auch nachträglich aus der umfassenden Inanspruchnahme von ursprünglich konkurrierenden Zuständigkeiten ergeben (sog. „nachträgliche ausschließliche Kompetenzen"; vgl. dazu – ablehnend – Calliess/Ruffert, Art. 5 EG, Rn. 20 ff., 35 ff., und – zustimmend – Dittert, Die ausschließlichen Kompetenzen der Europäischen Gemeinschaft im System des EG-Vertrags, S. 68 ff., 125 ff.). Dem Konzept der nachträglichen Ausschließlichkeit liegt die Vorstellung zugrunde, dass sich auch nicht-ausschließliche Zuständigkeiten infolge ihrer Ausübung durch die EG punktuell in exklusive Kompetenzen verwandeln können (sog. „compétences exclusives par exercice" im Gegensatz zu den „compétences exclusives par nature"), und zwar immer dann, wenn der betreffende Bereich vollständig oder zumindest sehr weitgehend durch Gemeinschaftsgesetzgebung abgedeckt ist (sog. Gebietsbesetzung oder „preemption"; str.). Im Vertrag von Lissabon wurde das Konzept der nachträglichen Ausschließlichkeit allerdings verworfen: zum einen ist es in Art. 2 Abs. 1 AEUV und Art. 3 AEUV nicht genannt; zum anderen ist nunmehr ausdrücklich bestimmt, dass sich die Ausübung einer geteilten Zuständigkeit durch die Union nur auf die durch den entsprechenden Rechtsakt geregelten Elemente und nicht auf den gesamten Bereich erstreckt (vgl. Protokoll Nr. 25 über die Ausübung der geteilten Zuständigkeit).

b) Bei den **geteilten Zuständigkeiten** handelt es sich um den am häufigsten auftretenden Zuständigkeitstyp; diese Kategorie umfasst alle Zuständigkeiten der Union, die nicht dem Bereich der ausschließlichen oder der ergänzenden Kompetenzen zugeordnet sind (vgl. Art. 4 Abs. 1 AEUV). Im Normalfall nehmen die geteilten Zuständigkeiten die Form klassischer **konkurrierender Kompetenzen** an, d. h. die Mitgliedstaaten können gesetzgeberisch tätig bleiben, solange und soweit die Union nicht – wie es ihr nach den Verträgen zusteht – Rechtsnormen erlassen und somit ihre Zuständigkeit wahrgenommen hat. Ist hingegen die Union rechtsetzend tätig geworden, so dürfen die Mitgliedstaaten auf dem betreffenden Gebiet nur noch insoweit handeln, als dies nach dem jeweiligen Rechtsakt erlaubt oder zu seiner Umsetzung erforderlich ist. Der Vertrag von Lissabon stellt außerdem klar, dass die Mitgliedstaaten ihre Zuständigkeit erneut wahrnehmen dürfen, wenn die Union entschieden hat, ihre Zuständigkeit nicht mehr auszuüben (Art. 2 Abs. 2 AEUV). Unter die Kategorie der geteilten Zuständigkeiten im Sinne konkurrierender Kompetenzen fallen insbesondere folgende Bereiche:

• der Binnenmarkt (Art. 4 Abs. 2 lit. a AEUV),
• die Landwirtschaft (Art. 4 Abs. 2 lit. d AEUV),
• Umwelt und Verbraucherschutz (Art. 4 Abs. 2 lit. e und f AEUV) und
• der Raum der Freiheit, der Sicherheit und des Rechts (Art. 4 Abs. 2 lit. j AEUV).

Zu den geteilten Zuständigkeiten gehören aber auch Bereiche, in denen Union und Mitgliedstaaten nicht konkurrierend, sondern nebeneinander tätig werden können (**parallele Kompetenzen**). Dies trifft auf Forschung und Raumfahrt (Art. 4 Abs. 3 AEUV) sowie auf die Entwicklungszusammenarbeit und humanitäre Hilfe zu (Art. 4 Abs. 4 AEUV). Für das Kartellrecht gilt, dass die Union zwar in ausschließlicher Zuständigkeit die für das Funktionieren des Binnenmarkts erforderlichen Wettbewerbsregeln festlegt (Art. 3 Abs. 1 lit. b AEUV); parallel dazu können jedoch die nationalen Kartellbehörden auch ihr nationales Wettbewerbsrecht zur Anwendung bringen, sofern sie dabei die Vorgaben des Unionsrechts beachten (vgl. insbesondere Art. 3 der Verordnung Nr. 1/2003 und EuGHE, 14/68, 1969, 1 –

Walt Wilhelm; vgl. auch unten S. 314 und 318). Auch die Zuständigkeiten der Union in der Außen- und Verteidigungspolitik (Art. 2 Abs. 4 AEUV) lassen sich beim derzeitigen Stand systematisch am ehesten den geteilten Kompetenzen im Sinne von parallelen Kompetenzen zuordnen (vgl. aber die ausschließlichen Außenkompetenzen nach Art. 3 Abs. 2 AEUV).

Die Intensität der Rechtsetzungstätigkeit der Union im Bereich der geteilten Kompetenzen hängt von der Art der Maßnahmen ab, die in der einschlägigen Rechtsgrundlage vorgesehen sind. Bei der Ausübung einer geteilten Komptenz unterliegt die Union den Grundsätzen der Subsidiarität (Art. 5 Abs. 3 EUV) und der Verhältnismäßigkeit (Art. 5 Abs. 4 EUV).

c) Ergänzende Zuständigkeiten. Es handelt sich um Bereiche, in denen die Zuständigkeit der Union darauf beschränkt ist, die Maßnahmen der Mitgliedstaaten zu ergänzen, zu unterstützen oder zu koordinieren. Anders als im Bereich der geteilten Zuständigkeiten ist eine Harmonisierung des nationalen Rechts hier ausgeschlossen (Art. 2 Abs. 5 UAbs. 2 AEUV). Die Zuständigkeit der Union tritt nicht an die Stelle der Zuständigkeit der Mitgliedstaaten (Art. 2 Abs. 5 UAbs. 1 AEUV); ein Tätigwerden der Union schließt also ein gleichzeitiges Tätigwerden der Mitgliedstaaten nicht aus, sondern setzt es geradezu voraus. Unter die Kategorie der ergänzenden Zuständigkeiten fallen die Bereiche Gesundheit, Industrie, Kultur, Tourismus, allgemeine und berufliche Bildung sowie Jugend, Sport, Katastrophenschutz und Verwaltungszusammenarbeit (Art. 6 AEUV). Auch die Zuständigkeiten der Union zur Koordinierung der Wirtschafts- und Beschäftigungspolitik (Art. 2 Abs. 3 und Art. 5 AEUV) lassen sich beim gegenwärtigen Stand systematisch am ehesten dieser Kompetenzkategorie zuordnen. Selbstverständlich sind auch im Rahmen dieser Kompetenzkategorie die Grundsätze der Subsidiarität (Art. 5 Abs. 3 EUV) und der Verhältnismäßigkeit (Art. 5 Abs. 4 EUV) zu beachten.

d) Zuständigkeiten der Mitgliedstaaten. Alle der Union nicht übertragenen Zuständigkeiten verbleiben bei den Mitgliedstaaten. Was sich schon bislang zwingend aus dem Grundsatz der begrenzten Einzelermächtigung ergab, spricht der Vertrag von Lissabon nun auch ausdrücklich aus (Art. 4 Abs. 1 und 5 Abs. 2 S. 2 EUV). Im Einzelnen handelt es sich bei den Zuständigkeiten der Mitgliedstaaten um Bereiche

– die in den Verträgen überhaupt nicht angesprochen werden (und folglich nach dem Prinzip der begrenzten Einzelermächtigung gar nicht in die Zuständigkeit der Union fallen),
– in denen die Verträge die Zuständigkeit der Mitgliedstaaten ausdrücklich anerkennen oder
– in denen die Verträge die Zuständigkeit der Union ausdrücklich ausschließen bzw. ihr ein Tätigwerden untersagen (vgl. etwa die Harmonisierungsverbote, z.B. Art. 2 Abs. 5 UAbs. 2 AEUV).

Beachte: Politiker (und leider auch einige Juristen) beschweren sich regelmäßig darüber, dass „Brüssel" die Zuständigkeiten der Mitgliedstaaten bzw. der Länder nicht respektiere und fordern deshalb einen präziseren Kompetenzkatalog. In den meisten Fällen liegt das Problem jedoch nicht darin, dass die Union sich Rechtsetzungsbefugnisse anmaßt, die ihr nicht zustehen. Vielmehr entstehen Spannungen, weil die Mitgliedstaaten auch in den Bereichen, die ausschließlich oder weitestgehend in ihre Gesetzgebungszuständigkeit fallen (z.B. Organisation der Streitkräfte, Leistungen der Daseinsvorsorge), die in den Verträgen enthaltenen allgemeinen Grundsätze einhalten müssen (z.B. Verbot der Diskriminierung aus Gründen des Geschlechts oder der Staatsangehörigkeit; Verbot, mit dem Binnenmarkt unvereinbare Beihilfen zu gewähren). In solchen Fällen stellt das Unionsrecht (und zwar im Normalfall das Unionsprimärrecht, wie es sich aus den Verträgen ergibt) also nicht die *Regelungszuständigkeit* des Bundes, der Länder oder der Kommunen in Frage, sondern unionsrechtswidrige *Regelungsinhalte*. Auch ein präziserer Kompetenzkatalog würde daran nichts ändern.

4. Die Kompetenzausübungsregeln

Die Verträge nehmen nicht nur eine **Kompetenzabgrenzung** zwischen der Union und den Mitgliedstaaten vor, sondern legen auch einige Grundprinzipien fest, nach denen die Union ihre Zuständigkeiten in einer für die nationale, regionale und lokale Ebene möglichst schonenden Weise auszuüben hat (**Kompetenzausübungsregeln**). Dazu gehört neben der Pflicht zur Wahrung der nationalen Identität der Mitgliedstaaten (Art. 4 Abs. 2 EUV) und dem Grundsatz der loyalen Zusammenarbeit (Art. 4 Abs. 3 EUV) insbesondere das Subsidiaritätsprinzip und das Verhältnismäßigkeitsprinzip (Art. 5 Abs. 3 und 4 EUV) (vgl. BVerfGE 123, 267 = NJW 2009, 2267 – Lissabon, Absatz-Nr. 304).

a) Das Subsidiaritätsprinzip. Das Subsidiaritätsprinzip, das insbesondere auf Betreiben der deutschen Länder im EU-Vertrag (Vertrag von Maastricht) festgeschrieben wurde, ist in Art. 5 Abs. 3 EUV geregelt. Im Gegensatz zum Prinzip der begrenzten Einzelermächtigung, das die Kompetenzverteilung zwischen der Union und ihren Mitgliedstaaten regelt, ist das Subsidiaritätsprinzip eine **Kompetenzausübungsregel** für die Union (vgl. Art. 5 Abs. 1 Satz 1 EUV). In ihm kommt die politische Idee zum Ausdruck, dass Entscheidungen möglichst bürgernah zu treffen sind (vgl. Art. 1 Abs. 2 EUV); die größere Einheit soll keine Aufgabe übernehmen, die die jeweils kleinere Einheit zufriedenstellend lösen kann.

Für die Praxis ist bedeutsam, dass Art. 5 Abs. 3 EUV unanwendbar ist, wenn die Union im Bereich ihrer **ausschließlichen Kompetenzen** tätig wird. Denn dann kann sich die Subsidiaritätsfrage mangels eines Bestehens von Zuständigkeiten auf anderen Ebenen nicht stellen. Umstritten war lange Zeit insbesondere, ob die „Binnenmarktkompetenzen", die die Beseitigung von Hindernissen für den freien Verkehr von Waren, Personen, Dienstleistungen und Kapital regeln (Art. 46, 50, 52 Abs. 2, 53, 114 AEUV), in diesen Bereich der ausschließlichen Zuständigkeiten der Union fallen. Wäre dies der Fall, so müsste das Subsidiaritätsprinzip weitgehend leer laufen, da dann die Haupttätigkeit der Union in den Bereich ihrer ausschließlichen Kompetenzen fiele (vgl. auch Dittert, Die ausschließlichen Kompetenzen der Europäischen Gemeinschaft im System des EG-Vertrags, S. 113 ff., 143 ff.). Folgerichtig weist denn auch der Vertrag von Lissabon die Binnenmarktkompetenzen ausdrücklich dem Bereich der nicht ausschließlichen Zuständigkeiten zu (Art. 4 Abs. 2 lit. a AEUV). Insbesondere beim Erlass und bei der Änderung von Richtlinien nach Art. 114 AEUV findet daher das Subsidiaritätsprinzip Anwendung (so auch bislang schon die Rechtsprechung, vgl. EuGHE, C-491/01, 2002, I-11453 – BAT, Rn. 179, und EuGHE, C-58/08, Urt. v. 8. 6. 2010 – Vodafone, Rn. 75).

Das Subsidiaritätsprinzip erfordert eine **zweistufige Prüfung:**

– Die Ziele der in Betracht kommenden Maßnahme können nicht ausreichend von den Mitgliedstaaten erreicht werden; der Vertrag von Lissabon stellt klar, dass insoweit mitgliedstaatliche Maßnahmen auf zentraler, regionaler oder lokaler Ebene in Betracht kommen.
– Die Ziele können wegen ihres Umfangs oder ihrer Wirkung besser auf Unionsebene verwirklicht werden.

Nur wenn die Voraussetzungen beider Stufen vorliegen, darf die Union ihre Zuständigkeit ausüben. Das Vorliegen dieser Voraussetzungen ist in der Begründung des Rechtsakts gemäß Art. 296 Abs. 2 AEUV darzulegen. Der EuGH hat die Einhaltung des Subsidiaritätsprinzips und die diesbezügliche Begründung des jeweiligen Rechtsakts zu überprüfen, doch wird den jeweiligen Unionsorganen bei der inhaltlichen Beurteilung des Sachverhalts ein weiter Einschätzungsspielraum einzuräumen sein (vgl. auch die zurückhaltende Rechtsprechung des BVerfG zu ähnlichen Problemen im Bund-/Länderverhältnis in Art. 72 Abs. 2 GG, dazu von Borries EuR 1994, 263/292; im Maastricht-Urteil mahnt das BVerfG allerdings die Justiziabilität des Subsidiaritätsprinzips an).

b) Das Verhältnismäßigkeitsprinzip. Art. 5 Abs. 4 EUV (vgl. zusätzlich Art. 296 Abs. 1 AEUV) formuliert als zusätzliche Kompetenzausübungsregel den Grundsatz der **Verhältnismäßigkeit** für das Handeln der Union gegenüber den Mitgliedstaaten. Dies hat zum einen Auswirkungen auf die Art des zu erlassenden Rechtsakts: Soweit verschiedene Typen von Maßnahmen möglich sind, hat die Union diejenige zu wählen, die sich – bei gleicher Eignung zur Verwirklichung der Vertragsziele – schonender auf die Kompetenzen der Mitgliedstaaten auswirkt; insbesondere im Anwendungsbereich von Art. 114 AEUV wird also im Normalfall eine Richtlinie statt einer Verordnung zu wählen sein, ggf. kann sogar eine Empfehlung statt einer Richtlinie in Betracht kommen. Zum anderen hat sich die Union inhaltlich, d. h. hinsichtlich der Regelungsdichte, möglichst auf Grundsatzbestimmungen und die Festlegung von Mindeststandards zu beschränken, statt eine Totalharmonisierung der nationalen Rechtsvorschriften vorzunehmen.

Klausurhinweis: Der in Art. 5 Abs. 4 EUV niedergelegte kompetenzrechtliche Verhältnismäßigkeitsgrundsatz betrifft nach h. M. allein die Beziehungen zwischen der Union und den Mitgliedstaaten in dem soeben beschriebenen Sinne. Auch sonst – insbesondere im Verhältnis zum Bürger – müssen sich die Handlungen Unionsorgane selbstverständlich in den Grenzen der Verhältnismäßigkeit halten; Maßstab dafür ist aber nicht Art. 5 Abs. 4 EUV, sondern der Grundsatz der Verhältnismäßigkeit, wie er vom EuGH als allgemeiner (ungeschriebener) Rechtsgrundsatz des Unionsrechts in ständiger Rechtsprechung anerkannt wird (vgl. dazu unten S. 280).

c) Verfahrensgarantien zur Stärkung der Grundsätze der Subsidiarität und der Verhältnismäßigkeit. Das seit dem Amsterdamer Vertrag existierende Protokoll über die Anwendung der Grundsätze der Subsidiarität und der Verhältnismäßigkeit („**Subsidiaritätsprotokoll**") soll die Bedingungen für die Anwendung dieser beiden Grundsätze festlegen. Es verpflichtet die Kommission u. a., ihre Entwürfe für Rechtsvorschriften im Hinblick auf das Subsidiaritätsprinzip und den Verhältnismäßigkeitsgrundsatz **zu begründen** (Art. 5 des Subsidiaritätsprotokolls) und zuvor umfangreiche **Anhörungen durchzuführen** (Art. 2 des Subsidiaritätsprotokolls i. V. m. Art. 11 Abs. 2 und 3 EUV). Durch den Vertrag von Lissabon wurde das Subsidiaritätsprotokoll umfassend überarbeitet und neu gefasst, mit dem Ziel, ein wirksameres System zur Kontrolle der Einhaltung des Subsidiaritätsprinzips zu schaffen. Dazu wurden insbesondere neue Verfahrensgarantien eingeführt. So wird die Kommission verpflichtet, den nationalen Parlamenten ihre Entwürfe von Gesetzgebungsakten (Art. 289 Abs. 3 AEUV) **direkt zuzuleiten,** und es muss in der Regel eine **Frist von acht Wochen** abgewartet werden, bis ein Entwurf vom Rat auf dessen vorläufige Tagesordnung gesetzt wird (Art. 2 und 4 des Protokolls über die Rolle der nationalen Parlamente, Art. 4 des Subsidiaritätsprotokolls). Ferner wurden die neuartigen Mechanismen der **Subsidiaritätsrüge** und der **Subsidiaritätsklage** eingeführt.

aa) Die Subsidiaritätsrüge. Mit dem Instrument der **Subsidiaritätsrüge** (auch **Subsidiaritätsbeschwerde** genannt) wird eine Art Frühwarnsystem für etwaige Subsidiaritätsprobleme geschaffen. Den nationalen Parlamenten (auch einer von zwei Parlamentskammern) wird bereits im Vorfeld des Erlasses eines Gesetzgebungsakts der EU die Möglichkeit eingeräumt, diesen auf seine Vereinbarkeit mit dem Subsidiaritätsprinzip zu überprüfen und etwaige Subsidiaritätsverstöße zu rügen (Art. 6, 7 des Subsidiaritätsprotokolls). In Deutschland steht dieses Rügerecht sowohl dem Bundestag als auch dem Bundesrat zu (§ 11 IntVG).

Die von einem nationalen Parlament oder einer nationalen Parlamentskammer erhobene Subsidiaritätsrüge nimmt die Form einer **begründeten Stellungnahme** an und ist in jedem Fall vom Unionsgesetzgeber im Rahmen des Gesetzgebungsverfahrens zu „berücksichtigen" (Art. 7 Abs. 1 des Subsidiaritätsprotokolls).

Erreicht die Zahl der von nationalen Parlamenten erhobenen Subsidiaritätsrügen einen bestimmten Schwellenwert (qualifizierte Minderheit der nationalen Parlamente), so muss der Entwurf von seinem Verfasser – in der Regel der Kommission – überprüft werden, und ein Festhalten an dem Entwurf muss gesondert begründet werden (sog. „**gelbe Karte**", Art. 7 Abs. 2 des Subsidiaritätsprotokolls). Hat gar die Mehrheit der nationalen Parlamente bzw. Parlamentskammern Subsidiaritätsrügen gegen den Entwurf für einen Gesetzgebungsakt erhoben (sog. „**orange Karte**", Art. 7 Abs. 3 des Subsidiaritätsprotokolls) und hält die Kommission gleichwohl an ihm fest, so obliegt es dem Europäischen Parlament und dem Rat in der ersten Lesung des Gesetzgebungsverfahrens, die Subsidiaritätsfrage einer Prüfung zu unterziehen; das Gesetzgebungsverfahren kann dann unter erleichterten Voraussetzungen entweder vom Europäischen Parlament (mit einfacher Mehrheit) oder vom Rat (mit einer Mehrheit von 55 % seiner Mitglieder) durch die bloße Feststellung der Unvereinbarkeit mit dem Subsidiaritätsprinzip abgebrochen werden (sog. „**rote Karte**").

bb) Die Subsidiaritätsklage. Abgesehen von der Möglichkeit der Subsidiaritätsrüge hat jedes nationale Parlament (auch eine von zwei Parlamentskammern) nunmehr das Recht, beschlossene **Gesetzgebungsakte** der EU i. S. v. Art. 289 Abs. 3 AEUV vor dem EuGH mit der sog. **Subsidiaritätsklage** anzugreifen, wenn es der Meinung ist, dass das Subsidiaritätsprinzip verletzt ist (Art. 8 Abs. 1 des Subsidiaritätsprotokolls; vgl. dazu den neuen Art. 23 Abs. 1a GG i. V. m. § 12 IntVG). Verfahrensrechtlich ist die Subsidiaritätsklage eine **Nichtigkeitsklage** i. S. v. Art. 263 AEUV (s. u. S. 159 ff.), die in einer Art **Prozessstandschaft** vom betreffenden Mitgliedstaat im Namen seines nationalen Parlaments oder einer Kammer desselben erhoben wird.

Für Deutschland werden die Modalitäten der Erhebung der Subsidiaritätsklage in Art. 23 Abs. 1a GG und § 12 IntVG geregelt. Das Klagerecht steht sowohl dem Bundestag (verpflichtend auf Antrag eines Viertels seiner Mitglieder) als auch dem Bundesrat (nach Maßgabe von dessen Geschäftsordnung) zu. Der Bundestag bzw. der Bundesrat übernimmt selbst die Prozessführung vor dem EuGH (§ 12 Abs. 4 IntVG). Bei einer vom Bundestag erhobenen Subsidiaritätsklage sind etwaige Gegenauffassungen in der Klageschrift deutlich zu machen, sofern sie wiederum von mindestens einem Viertel der Mitglieder des Bundestags stammen (§ 12 Abs. 1 Satz 2 IntVG).

Lediglich deklaratorisch ist der Hinweis in Art. 8 Abs. 1 des Subsidiaritätsprotokolls, dass die Mitgliedstaaten auch im eigenen Namen Nichtigkeitsklagen erheben dürfen, mit denen eine Verletzung des Subsidiaritätsprinzips gerügt wird; dies war stets zulässig, auch vor dem Vertrag von Lissabon.

Neben Mitgliedstaaten und den nationalen Parlamenten steht die Erhebung der Subsidiaritätsklage auch dem **Ausschuss der Regionen** offen (Art. 8 Abs. 2 des Subsidiaritätsprotokolls).

Hinweis: Die neuen Instrumente der Subsidiaritätsrüge und der Subsidiaritätsklage sind für Prüfungsfragen geradezu prädestiniert. Es empfiehlt sich, die einschlägigen Vorschriften im Subsidiaritätsprotokoll sowie jene im Protokoll über die Rolle der nationalen Parlamente im Wortlaut nachzulesen. Die erste Subsidiaritätsrüge, die eine nationale Parlamentskammer in der EU erhoben hat, stammt übrigens vom deutschen Bundesrat (Ratsdok. 8209/10 vom 31. 3. 2010, betr. die Initiative mehrerer Mitgliedstaaten für eine Europäische Schutzanordnung im Rahmen der strafrechtlichen Zusammenarbeit).

5. Die verstärkte Zusammenarbeit

a) Bereits in den 1980er Jahren begann sich abzuzeichnen, dass sich in wichtigen Politikbereichen kaum noch Integrationsfortschritte unter Beteiligung aller Mitgliedstaaten erzielen ließen, weil nicht überall die politische Bereitschaft bestand, solche Schritte mitzutragen. So stellte sich beispielsweise das Vereinigte Königreich anfangs einer Ausweitung der Gemeinschaftskompetenzen auf dem Gebiet der Sozialpolitik entgegen. Mit einigen anderen Mitgliedstaaten sprach sich das Vereinigte Königreich auch vehement gegen die Einführung einer gemeinsamen Währung und gegen die Abschaffung der Personenkontrollen an den Binnengrenzen aus. Vor diesem Hintergrund wurde begonnen, die Grundlagen für ein „**Europa der zwei Geschwindigkeiten**" (oder „**Europa der variablen Geometrie**") zu schaffen.

b) Anfangs vereinbarten einzelne Mitgliedstaaten bestimmte Maßnahmen gänzlich außerhalb des institutionellen Rahmens der EU (so etwa die Abschaffung der Grenzkontrollen an den Binnengrenzen des sog. Schengen-Raumes). Mit dem Vertrag von Maastricht fanden erstmals Sonderbestimmungen in das Primärrecht der Union Eingang, die nicht für alle Mitgliedstaaten galten (einerseits das Protokoll über die Sozialpolitik als Vorläufer der heutigen Art. 151–156 AEUV – seinerzeit ohne Teilnahme Großbritanniens –, andererseits die vertraglichen Rechtsgrundlagen für die Einführung des Euro als gemeinsamer Währung mit bloßer Opt-in-Möglichkeit für Großbritannien und Dänemark).

c) Mit dem Vertrag von Amsterdam wurde schließlich ganz allgemein das Instrument der **verstärkten Zusammenarbeit** eingeführt, das es seither einer „Avantgarde" von Mitgliedstaaten ermöglicht, eine bestimmte Unionspolitik weiterzuentwickeln, insbesondere durch die Schaffung von Sekundärrecht (Art. 20 EUV, Art. 326–334 AEUV). Gleichzeitig wurden Garantien vorgesehen, die den gemeinschaftlichen Besitzstand (*acquis communautaire*) und den institutionellen Zusammenhalt der EU bewahren sollen.

Im Einzelnen unterliegt danach die verstärkte Zusammenarbeit folgenden Voraussetzungen:

- **Materielle Voraussetzungen:** Eine verstärkte Zusammenarbeit darf nur im Rahmen der nicht ausschließlichen Zuständigkeiten der Union verwirklicht werden. Sie muss darauf abzielen, die Ziele der Union zu fördern, ihre Interessen zu schützen und den Integrationsprozess zu stärken (Art. 20 Abs. 1 EUV). Dabei ist das Unionsrecht zu achten, und es darf nicht zu Handels- oder Wettbewerbsverzerrungen kommen (Art. 326 AEUV). Außerdem ist erforderlich, dass die angestrebten Ziele von der Union in ihrer Gesamtheit nicht innerhalb eines vertretbaren Zeitraums verwirklicht werden können (Art. 20 Abs. 2 EUV); die verstärkte Zusammenarbeit ist somit eine *ultima ratio*.
- **Formelle Voraussetzungen** (Art. 20 Abs. 2 EUV): An der verstärkten Zusammenarbeit müssen sich mindestens neun Mitgliedstaaten beteiligen. Die Einleitung des Verfahrens der verstärkten Zusammenarbeit bedarf der Genehmigung des Rates, der zu diesem Zweck mit qualifizierter Mehrheit und nach Zustimmung des Parlaments entscheidet (Art. 16 Abs. 3 EUV, Art. 329 Abs. 1 AEUV); lediglich im Bereich der GASP wird die Genehmigung einstimmig und ohne Parlamentsbeteiligung erteilt (Art. 329 Abs. 2 AEUV). Eine Sonderregelung gilt für einige Politikbereiche, in denen ein „Notbremsemechanismus" vorgesehen ist (Art. 82 Abs. 3, 83 Abs. 3 und 87 Abs. 3 AEUV): Dort gilt die Genehmigung zur verstärkten Zusammenarbeit als erteilt, wenn der als Schiedsrichter angerufene Europäische Rat kein Einvernehmen über ein bestimmtes Gesetzgebungsvorhaben erzielen kann.
- **Rechtsetzungsverfahren** (Art. 20 Abs. 3 EUV): Alle Mitgliedstaaten können an den Beratungen über den geplanten Rechtsakt teilnehmen, abstimmen dürfen jedoch nur die an der verstärkten Zusammenarbeit beteiligten Mitgliedstaaten, wobei die Erfordernisse für das Erreichen der qualifizierten Mehrheit entsprechend angepasst werden (Art. 330 AEUV). Im Übrigen gelten die allgemeinen Regeln, insbesondere hinsichtlich der Rechtsgrundlage und der Beschlussfassung (Vorschlag der Kommission, Gesetzgebungsverfahren etc.). Auch die Grundsätze der Subsidiarität und der Verhältnismäßigkeit (Art. 5 Abs. 3, 4 EUV) sind zu beachten.

Die erlassenen Rechtsakte binden nur die an der verstärkten Zusammenarbeit beteiligten Mitgliedstaaten und werden **nicht Teil des** *acquis communautaire*, der von neu beitretenden Mitgliedstaaten übernommen werden müsste (Art. 20 Abs. 4 EUV). Anders verhält es sich nur beim sog. Schengen-Besitzstand, der kraft Primärrechts zum *acquis communautaire* erklärt wurde (vgl. Art. 7 des Protokolls Nr. 19, sog. „Schengen-Protokoll").

Jedem nicht beteiligten Mitgliedstaat steht es frei, sich zu einem späteren Zeitpunkt der verstärkten Zusammenarbeit anzuschließen (**Offenheit der verstärkten Zusammenarbeit**, Art. 20 Abs. 3 EUV), wobei er freilich das bisher Beschlossene nicht mehr in Frage stellen kann. An der Weiterentwicklung einmal beschlossener Maßnahmen im Rahmen der verstärkten Zusammenarbeit können unbeteiligte Mitgliedstaaten grundsätzlich nur dann mitwirken, wenn sie sich auch den Ausgangsbeschlüssen anschließen

(EuGHE, C-77/05, 2007, I-11459 – Vereinigtes Königreich/Rat; EuGHE, C-137/05, 2007, I-11593 – Vereinigtes Königreich/Rat); auf diese Weise soll ein „Rosinenpicken" verhindert und die Kohärenz der im Rahmen der verstärkten Zusammenarbeit beschlossenen Maßnahmen erhalten werden.

Lange Zeit wurde die Möglichkeit der verstärkten Zusammenarbeit nicht genutzt. Teilweise wurden die verfahrensmäßigen Hürden als zu hoch angesehen, teilweise bestanden in politischer Hinsicht Skrupel im Hinblick auf einen Alleingang. Lediglich die Fortführung des in Schengen begonnenen Projekts eines Raums ohne Binnengrenzkontrollen wurde schon seit dem Vertrag von Amsterdam als verstärkte Zusammenarbeit betrieben, was allerdings nicht auf einen Beschluss nach Art. 20 EUV, sondern auf eine primärrechtliche Festlegung im Schengen-Protokoll zurückging. Der in Art. 20 EUV vorgesehene Mechanismus wurde erst 2010 erstmals genutzt (vgl. Genehmigungsbeschluss 2010/405/EU des Rates), um im Rahmen der justiziellen Zusammenarbeit in Zivilsachen die sog. „Rom III-Verordnung" auf den Weg zu bringen, die das auf Ehescheidungen und die Trennung von Ehepartnern anwendbare Recht regeln soll. Außerdem könnte in Zukunft ggf. ein Unionspatent als europäischer Titel des geistigen Eigentums im Wege der verstärkten Zusammenarbeit geschaffen werden.

II. Die Rechtsetzungsverfahren

1. Allgemeines

a) Weder im EUV noch im AEUV ist eine eindeutige **Normenhierarchie** festgelegt, d.h. eine Regelung des Rangverhältnisses zwischen „Verfassung", einfacher Gesetzgebung und Durchführungsvorschriften. Das liegt zum einen daran, dass es auf EU-Ebene keine klassische Gewaltenteilung gibt: Im Wesentlichen wird die Rechtsetzung vom Parlament, dem Rat und in gewissem Umfang auch von der Kommission ausgeübt, wohingegen Exekutivfunktionen vorwiegend von der Kommission und teilweise auch vom Rat wahrgenommen werden. Zum anderen ist die Form der Rechtsakte wenig aussagekräftig. Die in Art. 288 AEUV vorgesehenen Formen der Verordnung oder der Richtlinie können für den Erlass sowohl von echten „Gesetzen" (im materiellen Sinne) als auch von „Durchführungsvorschriften" genutzt werden.

Im Vertrag über eine Verfassung für Europa war zwar versucht worden, die Arten von Rechtsakten stärker zu kategorisieren und zu hierarchisieren (Art. I-33 bis I-36 EVV), jedoch wurde dieses Unterfangen nach dem Scheitern des Verfassungsvertrags im Vertrag von Lissabon nicht weiter betrieben. Immerhin hat aber der Vertrag von Lissabon die (im Verfassungsvertrag eingeführte) Unterscheidung zwischen **Gesetzgebungsakten, delegierten Rechtsakten** und **Durchführungsrechtsakten** (Art. 289 Abs. 3, 290 und 291 AEUV) beibehalten und auf diese Weise zumindest für ein klein wenig mehr Struktur gesorgt.

b) Wie ein Rechtsakt zustande kommt, richtet sich zuallererst nach der Rechtsgrundlage, auf die er gestützt ist. Für Sekundärrechtsakte, also solche, die unmittelbar auf die Verträge – zumeist auf den AEUV – gestützt sind, gilt folgendes **Grundschema:**

(1) das Vorschlagsrecht liegt bei der Kommission;
(2) dem Europäischen Parlament stehen Mitwirkungsrechte zu, die von der bloßen Anhörung bis zur gleichberechtigten Mitentscheidung reichen; die nationalen Parlamente werden – bei Gesetzgebungsakten – informiert und dürfen Subsidiaritätsrügen erheben;
(3) gegebenenfalls müssen beratende Einrichtungen wie der Wirtschafts- und Sozialausschuss oder der Ausschuss der Regionen angehört werden;
(4) der Rat beschließt über den Vorschlag je nach Rechtsgrundlage einstimmig oder mit qualifizierter Mehrheit.

Hauptrechtsetzungsorgan ist und bleibt der **Rat,** der je nach Sachlage allein oder zusammen mit dem Parlament entscheidet. Die Verträge betrauen nur ausnahmsweise die Kommission mit originären Rechtsetzungsbefugnissen (Art. 45 Abs. 3 lit. d und Art. 106 Abs. 3 AEUV; zu letzterer Vorschrift vgl. EuGHE, C-202/88, 1982, 2545 = Hummer, S. 891 – Telekommunikationsendgeräte). Als Gesetzgeber entscheidet der Rat in der Regel mit qualifizierter Mehrheit (z.B. in Art. 43 und 114 AEUV), in selteneren Fällen einstimmig (z.B. in Art. 352 Abs. 1 AEUV). Im Übrigen richtet sich die Beschlussfassung im Rat nach Art. 16 Abs. 3–5 EUV, Art. 238–240, 293 Abs. 1 AEUV und seiner Geschäftsordnung (s.o. S. 31 ff.).

Grundsätzlich verfügt die **Kommission** bei der Rechtsetzung der EU über das **alleinige Vorschlagsrecht** (auch **Initiativmonopol** genannt), d.h. jeder Unionsrechtsakt muss durch einen Kommissionsvorschlag vorbereitet werden. Ausnahmen gelten im Bereich des „Raums der Freiheit, der Sicherheit und des Rechts", für den der Vertrag von Lissabon ein paralleles Initiativrecht eines Viertels der Mitgliedstaaten geschaffen hat (Art. 76 lit. b AEUV), allerdings sachlich beschränkt auf die justizielle Zusammenarbeit in Strafsachen sowie auf die polizeiliche Zusammenarbeit. In der intergouvernemental geprägten GASP verfügt neben dem Hohen Vertreter jeder einzelne Mitgliedstaat über ein eigenes Initiativrecht (Art. 30 EUV).

Durch ihr weit reichendes Initiativmonopol entscheidet die Kommission maßgeblich mit darüber, ob, wann, in welcher Form und auf welcher Rechtsgrundlage die Union handelt. Allerdings können der Rat gemäß Art. 241 AEUV und das Parlament nach Art. 225 AEUV die Kommission auffordern, Vorschläge zu unterbreiten. Hinzu kommt seit dem Vertrag von Lissabon das Instrument der Bürgerinitiative, mit dem die Kommission auch von den Unionsbürgern zur Unterbreitung von Vorschlägen aufgefordert werden kann (Art. 11 Abs. 4 EUV). Ob die Kommission dann allerdings zu einem Vorschlag verpflichtet ist, ist strittig. Eine solche Pflicht kann sich gegebenenfalls aus Art. 13 Abs. 2 Satz 2 EUV ergeben, wobei aber der Kommission für die inhaltliche Ausgestaltung ihres Vorschlags ein Beurteilungsspielraum zugestanden werden muss.

Auch nach Vorlage ihres Vorschlags kann die Kommission das Rechtsetzungsverfahren weiter beeinflussen: Bis zur Beschlussfassung kann sie ihren Vorschlag jederzeit ändern (Art. 293 Abs. 2 AEUV) – in der Praxis geschieht dies häufig, um die Chancen für Kompromisse und damit für eine Verabschiedung ihres Vorschlags zu steigern – oder als *actus contrarius* auch zurückziehen. Außer im Vermittlungsverfahren im Rahmen des ordentlichen Gesetzgebungsverfahrens (Art. 294 Abs. 10–12 AEUV) kann der Rat einen Kommissionsvorschlag einschließlich der darin vorgeschlagenen Rechtsgrundlage nur einstimmig ändern (Art. 293 Abs. 1 AEUV); auf jeden Fall bleibt der Rat an die Identität des von der Kommission vorgeschlagenen Gegenstands gebunden und kann nicht etwa andere Gegenstände in seine Beschlussfassung mit einbeziehen.

2. Die Verfahren zum Erlass von Gesetzgebungsakten

Als **Gesetzgebungsakte** der Union werden Sekundärrechtsakte – Verordnungen, Richtlinien oder Beschlüsse – bezeichnet, die aufgrund einer primärrechtlichen Rechtsgrundlage in den Verträgen in einem Gesetzgebungsverfahren erlassen werden (Art. 289 Abs. 3 AEUV). Seit dem Vertrag von Lissabon sind zwei Kategorien von Gesetzgebungsverfahren zu unterschieden: das ordentliche Gesetzgebungsverfahren und die besonderen Gesetzgebungsverfahren (Art. 289 Abs. 1, 2 AEUV).

In beide Verfahren sind die nationalen Parlamente dergestalt eingebunden, dass sie über den jeweiligen Gesetzgebungsvorschlag informiert werden und das Recht haben, Verletzungen der Grundsätze der Subsidiarität und der Verhältnismäßigkeit zu rügen („Frühwarnsystem", vgl. das Protokoll über die Rolle der nationalen Parlamente und das Subsidiaritätsprotokoll).

Beachte: Für den Bereich der **GASP** schließt Art. 24 Abs. 1 UAbs. 2 Satz 2 EUV den Erlass von Gesetzgebungsakten ausdrücklich aus. Dies entspricht dem weitgehend intergouvernementalen Charakter der GASP.

a) Das ordentliche Gesetzgebungsverfahren. Das ordentliche Gesetzgebungsverfahren (Art. 289 Abs. 1, 294 AEUV) ist aus dem ehemaligen **Mitentscheidungsverfahren** (Kodezisionsverfahren, Art. 251 EGV) hervorgegangen. In seiner ursprünglichen Form wurde es durch den Vertrag von Maastricht eingeführt und ist im Laufe der Jahre, gemessen an seiner praktischen und politischen Bedeutung, zum wichtigsten Rechtsetzungsverfahren der Union avanciert. Die Umbenennung in „ordentliches Gesetzgebungsverfahren" durch den Vertrag von Lissabon hat diesen Bedeutungszuwachs auch äußerlich sichtbar gemacht und das Verfahren im Übrigen symbolisch aufgewertet, ohne dass damit aber wesentliche inhaltliche Änderungen einhergehen würden.

Im ordentlichen Gesetzgebungsverfahren teilen sich das Europäische Parlament und der Rat **gleichberechtigt die Rolle des Unionsgesetzgebers** (Art. 289 Abs. 1 AEUV, vgl. auch Art. 14 Abs. 1 und 16 Abs. 1 EUV), was auch dadurch zum Ausdruck kommt, dass der resultierende Rechtsakt (Verordnung, Richtlinie, Beschluss) von den Präsidenten beider Institutionen unterzeichnet wird und im Namen beider Institutionen („Richtlinie des Europäischen Parlaments und des Rates") ergeht. Von anderen Rechtsetzungsverfahren unterscheidet sich das ordentliche Gesetzgebungsverfahren vor allem dadurch, dass dem Parlament ein **echtes Vetorecht** zusteht und es auch inhaltlich durch **Änderungsanträge** auf den Rechtsakt Einfluss nehmen kann. Weiter ist das Verfahren dadurch gekennzeichnet, dass die Rolle der Kommission in gewissem Umfang geschwächt wird. Liegt nämlich ein gemeinsamer Entwurf des Vermittlungsausschusses vor (Art. 294 Abs. 10–12 AEUV), so wird der Grundsatz durchbrochen, dass der Rat nur einstimmig von einem Vorschlag der Kommission abweichen kann (Art. 293 Abs. 1 AEUV).

Der Rat entscheidet im ordentlichen Gesetzgebungsverfahren stets mit qualifizierter Mehrheit, das Parlament je nach Verfahrensschritt teils mit einfacher Mehrheit, teils mit der absoluten Mehrheit seiner Mitglieder.

Der Anwendungsbereich des ordentlichen Gesetzgebungsverfahrens wurde mit jeder Vertragsreform ausgeweitet, zuletzt wurde das Verfahren durch den Vertrag von Lissabon auf die politisch bedeutsamen Bereiche der Landwirtschaft und der gemeinsamen Handelspolitik erstreckt (Art. 43, 207 Abs. 2 AEUV), in denen das Parlament bislang keine Mitentscheidungsrechte hatte. Traditionell findet das ordentliche Gesetzgebungsverfahren außerdem z. B. in der Binnenmarktgesetzgebung (vgl. insbesondere Art. 114 AEUV) und in der Umweltgesetzgebung Anwendung (Art. 191 Abs. 1 AEUV).

Im Einzelnen läuft das ordentliche Gesetzgebungsverfahren wie folgt ab:

(1) **Vorschlag** der Kommission: Die Kommission unterbreitet ihren Vorschlag sowohl dem Parlament als auch dem Rat (Art. 294 Abs. 2 AEUV). Nur in besonderen Fällen kann ein Vorschlag auch von einer Gruppe von Mitgliedstaaten, von der EZB oder vom EuGH stammen (z. B. Art. 76 lit. b, 281 Abs. 2 i. V. m. 294 Abs. 15 AEUV). Der Gesetzgebungsvorschlag der Kommission wird gleichzeitig mit seiner Übermittlung an das Europäische Parlament und den Rat auch direkt den nationalen Parlamenten zugeleitet (Art. 2 des Protokolls über die Rolle der nationalen Parlamente), damit diese etwaige Subsidiaritätsrügen nach dem Subsidiaritätsprotokoll erheben können.

(2) **Erste Lesung im Parlament:** Das Parlament legt mit einfacher Mehrheit seinen Standpunkt fest, in dem es auch Änderungen vorschlagen kann (Art. 294 Abs. 3 AEUV).

(3) **Erste Lesung im Rat:** Der Rat kann

  (a) den Standpunkt des Parlaments einschließlich etwaiger darin enthaltener Abänderungen billigen, was dazu führt, dass der Rechtsakt in der Fassung des Standpunkts des Parlaments „erlassen ist" (Art. 294 Abs. 4 AEUV);

  (b) seinen eigenen, vom Parlament abweichenden Standpunkt festlegen und ihn dem Parlament mitteilen; in diesem Fall muss der Rat das Parlament in allen Einzelheiten über die Gründe für seinen Standpunkt unterrichten, und auch die Kommission nimmt in vollem Umfang gegenüber dem Parlament Stellung (Art. 294 Abs. 5 und 6 AEUV).

(4) **Zweite Lesung im Parlament:** Nach Übermittlung des Standpunkts des Rates hat das Parlament drei Monate Zeit, erneut Stellung zu nehmen.

  (a) Der Rechtsakt gilt als in der Fassung des Standpunkts des Rates erlassen, wenn das Parlament ihn ausdrücklich billigt oder bei Ablauf der Frist keinen Beschluss gefasst hat (Art. 294 Abs. 7 lit. a AEUV).

  (b) Das Verfahren endet, wenn der gemeinsame Standpunkt von der absoluten Mehrheit der Mitglieder des Parlaments (!) abgelehnt wird; der vorgeschlagene Rechtsakt gilt dann als nicht erlassen (Art. 294 Abs. 7 lit. b AEUV).

  (c) Falls das Parlament mit der absoluten Mehrheit seiner Mitglieder (!) Abänderungen am Standpunkt des Rates vorschlägt, wird die abgeänderte Fassung dem Rat und der Kommission zur Stellungnahme zugeleitet (Art. 294 Abs. 7 lit. c AEUV).

(5) **Zweite Lesung im Rat:** Der Rat entscheidet über die Abänderungen des Parlaments binnen drei Monaten nach ihrem Eingang mit qualifizierter Mehrheit; über Abänderungen, zu denen die Kommission eine ablehnende Stellungnahme abgegeben hat, beschließt er jedoch einstimmig (Art. 294 Abs. 8, 9 AEUV).

  (a) Der Rechtsakt gilt als erlassen, wenn der Rat alle Abänderungen des Parlaments billigt;

  (b) Ist dies nicht der Fall, wird binnen sechs Wochen der Vermittlungsausschuss angerufen.

(6) **Vermittlungsverfahren:** Der Vermittlungsausschuss besteht aus den Mitgliedern des Rates und ebenso vielen Mitgliedern des Parlaments (derzeit also 27+27=54), wird von der Kommission unterstützt und hat sechs Wochen Zeit, um einen **gemeinsamen Entwurf** auszuarbeiten (Art. 294 Abs. 10, 11 AEUV).

  (a) Wenn der Vermittlungsausschuss binnen dieser Frist keinen gemeinsamen Entwurf billigt, endet damit das Rechtsetzungsverfahren, und der betreffende Rechtsakt gilt als nicht erlassen (Art. 294 Abs. 12 AEUV).

  (b) Wenn der Ausschuss innerhalb dieser Frist einen gemeinsamen Entwurf billigt, wird dieser dem Rat und dem Parlament zur Genehmigung vorgelegt (Art. 294 Abs. 13 AEUV).

(7) **Abschluss des Verfahrens:** Der Rat und das Parlament haben sechs Wochen Zeit für die **Genehmigung** des Vermittlungsergebnisses, wobei das Parlament mit der absoluten Mehrheit der Stimmen (!) und der Rat mit qualifizierter Mehrheit entscheidet (Art. 294 Abs. 13 AEUV), gleichviel, ob vom ursprünglichen Vorschlag der Kommission abgewichen wird oder nicht (Art. 293 Abs. 1 AEUV).

  (a) Liegt eine der beiden Genehmigungen bei Ablauf der Frist nicht vor, endet das Verfahren mit der Ablehnung des Rechtsakts.

  (b) Wenn beide Institutionen den Entwurf genehmigen, wird der Rechtsakt in der vom Vermittlungsausschuss erarbeiteten Fassung erlassen.

Beachte: Wie sich aus Art. 294 Abs. 14 AEUV ergibt, können die Fristen im ordentlichen Gesetzgebungsverfahren um jeweils höchstens ein Drittel verlängert werden.

Schema: Ordentliches Gesetzgebungsverfahren (Art. 294 AEUV)

	Vorschlag der Kommission	→	Gleichzeitige Zuleitung an EP, Rat und nationale Parlamente

1. Lesung: Parlament — Standpunkt des Parlaments

1. Lesung: Rat — Rat beschließt

- mit qualifizierter Mehrheit seinen abweichenden Standpunkt
- Erlass des ursprünglichen Rechtsakts, falls das Parlament **keine Änderungen** vorgeschlagen hat
- Erlass des Rechtsakts unter Berücksichtigung der Änderungen des Parlaments

2. Lesung: Parlament — Parlament (innerhalb v. 3 Monaten)

- schlägt mit absoluter Mehrheit der Mitglieder **Abänderungen** vor
- **billigt** Standpunkt des Rates oder **äußert sich nicht** fristgemäß
- **lehnt** gemeinsamen Standpunkt mit **Mehrheit der Mitglieder ab**

- Stellungnahme der Kommission
- Rechtsakt erlassen
- Rechtsakt nicht angenommen

2. Lesung: Rat — Rat (innerhalb v. 3 Monaten)

- billigt nicht alle Abänderungen
- billigt **mit qual. Mehrheit** die von der Kommission **gebilligten** Änderungen
- billigt **einstimmig** die von der Kommission **abgelehnten** Änderungen

Vermittlungsverfahren — Einberufung des **Vermittlungsausschusses** (innerhalb v. 6 Wochen)

- Rechtsakt erlassen

- gemeinsamer Entwurf
- kein gemeinsamer Entwurf

Abschluss

- Rat (qual. Mehrheit) und Parlament (einfache Mehrheit) billigen Entwurf (innerhalb v. 6 Wochen)
- Rechtsakt nicht angenommen

b) Die besonderen Gesetzgebungsverfahren. Neben dem ordentlichen Gesetzgebungsverfahren bestehen weiterhin einige besondere Gesetzgebungsverfahren (Art. 289 Abs. 2 AEUV), die sich dadurch auszeichnen, dass entweder der Rat oder das Europäische Parlament allein unter Beteiligung des jeweils anderen Organs einen Gesetzgebungsakt erlässt.

Kommt ein besonderes Gesetzgebungsverfahren zur Anwendung, so sind die Mitwirkungsrechte des Parlaments an Gesetzgebungsakten des Rates weniger weitgehend als im ordentlichen Gesetzgebungsverfahren. In Betracht kommt zum einen das Zustimmungsverfahren und zum anderen das herkömmliche Anhörungsverfahren (Konsultationsverfahren). Das früher praktizierte Verfahren der Zusammenarbeit (Kooperationsverfahren, Art. 251 EGV) findet hingegen keine Anwendung mehr; durch die Einheitliche Europäische Akte eingeführt, war es schon mit dem Vertrag von Amsterdam weitgehend obsolet geworden und wurde durch den Vertrag von Lissabon gänzlich abgeschafft.

aa) Beim **Zustimmungsverfahren** hat das Parlament, ähnlich dem ordentlichen Gesetzgebungsverfahren, ein Vetorecht: Der Rat kann den betreffenden Rechtsakt nicht ohne die ausdrückliche Zustimmung des Parlaments erlassen. Bislang waren im Wesentlichen Beschlüsse von verfassungsrechtlicher Bedeutung (z.B. Art. 7, 49 EUV und Art. 11 Abs. 2, 214 Abs. 2 EG) Gegenstand des Zustimmungsverfahrens. Mit dem Vertrag von Lissabon wird es auf einige bedeutsame Rechtsgrundlagen für den Erlass von Sekundärrecht ausgedehnt (insbesondere Art. 19 Abs. 1, 86 Abs. 1 und 352 Abs. 1 AEUV). Im Gegensatz zum ordentlichen Gesetzgebungsverfahren kann das Parlament dem betreffenden Rechtsakt nur in seiner Gesamtheit zustimmen oder seine Zustimmung verweigern. Änderungsanträge sind nicht vorgesehen. Allenfalls informell hat das Parlament die Möglichkeit, auch inhaltlich Einfluss auf den Rechtsakt zu nehmen.

bb) Das **Anhörungsverfahren**, das seit den Römischen Verträgen existiert, ist die schwächste Form parlamentarischer Mitwirkung. Anders als das Zustimmungsverfahren sieht es lediglich eine Konsultation des Europäischen Parlaments ohne jegliche Mitentscheidungsrechte vor: Bevor der Rat den ihm von der Kommission übermittelten Vorschlag prüft, leitet er ihn entweder aufgrund der einschlägigen Ermächtigungsnorm *(oligatorische Konsultation)* oder freiwillig *(fakultative Konsultation)* dem Parlament zur Stellungnahme zu. Bei der vertraglich vorgeschriebenen Anhörung des Parlaments handelt es sich um eine wesentliche Formvorschrift i. S. von Art. 263 Abs. 2 AEUV (vgl. unten S. 168). Der Rat ist an die Stellungnahme des Parlaments nicht gebunden. Doch muss er das Parlament erneut anhören, wenn er später, ohne dessen Wünschen zu entsprechen, wesentliche Änderungen am Kommissionsvorschlag vornehmen möchte.

Das Anhörungsverfahren findet nach wie vor in besonders sensiblen Bereichen Anwendung, bei denen die Mitgliedstaaten nur eine beschränkte Rolle des Parlaments wünschen. Dabei handelt es sich im Wesentlichen um Bereiche, in denen immer noch Einstimmigkeit im Rat erforderlich ist (z.B. künftig noch Art. 113, 115 AEUV), aber auch um einen wichtigen Politikbereich, in dem eine qualifizierte Mehrheit im Rat vorgesehen ist: die Wettbewerbspolitik (Art. 103, 109 AEUV). Noch schwächer sind die Mitwirkungsrechte des Parlaments in der intergouvernemental ausgestalteten GASP (Art. 36 EUV), wo das Parlament lediglich allgemein „gehört" und „unterrichtet" wird (vgl. oben S. 16 und 38).

c) Der Übergang vom besonderen zum ordentlichen Gesetzgebungsverfahren. Der Vertrag von Lissabon sieht in Art. 48 Abs. 7 UAbs. 2–4 EUV eine sog. **Brückenklausel** („**Passerelle**") vor, die es erlaubt, im Wege des vereinfachten Vertragsänderungsverfahrens für eine bestimmte Materie vom besonderen zum ordentlichen Gesetzgebungsverfahren überzugehen. Eine solche Entscheidung trifft der Europäische Rat einstimmig mit Zustimmung des Europäischen Parlaments. Jedem nationalen Parlament wird zusätzlich ein Vetorecht eingeräumt. Für Deutschland bestimmt seit 2009 § 4 Abs. 1 des Integrationsverantwortungsgesetzes (IntVG), dass vor einer Zustimmung der Bundesrepublik ein Gesetz gemäß Art. 23 Abs. 1 GG in Kraft getreten sein muss, d. h. es muss dasselbe innerstaatliche Verfahren durchlaufen werden wie bei der Ratifizierung eines Änderungsvertrags zum EUV oder AEUV.

In der Sozialpolitik, in der Umweltpolitik und bei der verstärkten Zusammenarbeit gelten besondere Brückenklauseln (Art. 153 Abs. 2 UAbs. 4, 192 Abs. 2 UAbs. 2, 333 Abs. 2 AEUV), die für den Übergang vom besonderen zum ordentlichen Gesetzgebungsverfahren einen einstimmigen Ratsbeschluss genügen lassen. Auch für diese Fälle gilt allerdings in Deutschland ein innerstaatlicher Parlamentsvorbehalt: Ohne einen vorherigen Zustimmungsbeschluss des Bundestags und ggf. des Bundesrats muss der deutsche Vertreter einen solchen Integrationsfortschritt im Rat durch sein Veto blockieren (§ 6 IntVG).

3. Das Verfahren zum Erlass von delegierten Rechtsakten und Durchführungsvorschriften

Häufig ist der Erlass von Sekundärrechtsakten – also von Verordnungen, Richtlinien und Beschlüssen der Unionsorgane, die unmittelbar auf die Verträge gestützt sind – nicht ausreichend, um eine bestimmte Materie sinnvoll zu regeln. Es bedarf dann weiterer Rechtsakte, die im Rang unter den betreffenden Sekundärrechtsakten stehen (auch **Tertiärrecht** genannt). Zum einen kann die Änderung oder Ergänzung von Gesetzgebungsakten auf die Kommission delegiert werden (Art. 290 AEUV). Zum anderen kann der Kommission die Befugnis zum Erlass von Durchführungsrechtsakten eingeräumt werden, in denen sie einheitliche Bedingungen für die Anwendung von Unionsrecht vorsieht (Art. 291 AEUV).

a) Die Delegation von Rechtsetzungsbefugnissen auf die Kommission (Art. 290 AEUV). In bestimmten Fällen bedürfen Gesetzgebungsakte von Parlament und/oder Rat der Ergänzung oder Anpassung ihres Wortlauts. Sofern solche Ergänzungen und Anpassungen nur unwesentliche Teile einer Regelung betreffen, können sie auf die Kommission delegiert werden (Art. 290 Abs. 1 UAbs. 1 AEUV). Das ordentliche Gesetzgebungsverfahren eignet sich aufgrund seines politischen Charakters und seiner Schwerfälligkeit nicht für den Erlass solcher Maßnahmen, insbesondere dann, wenn sie technischer Natur sind, unter Zeitdruck erlassen werden müssen und/oder einer regelmäßigen Überarbeitung bedürfen.

Beispiele:

- Einige Gesetzgebungsakte der EU sehen vor, dass die Verwendung bestimmter Stoffe aufgrund ihrer Gefährlichkeit unionsweit verboten ist oder einer vorherigen Zulassung bedarf (z. B. Verordnung Nr. 2065/2003 über Raucharomen in Lebensmitteln, ABl. 2003, L 309, S. 1; Verordnung Nr. 1223/2009 über kosmetische Mittel, ABl. 2009, L 342, S. 59). Welche Substanzen genau betroffen sind und welchen Regeln sie jeweils unterworfen sind, ergibt sich aber häufig erst aus einer Reihe äußerst technischer Vorschriften in Verbindung mit Positiv- oder Negativlisten, die regelmäßig an den wirtschaftlichen und technischen Fortschritt angepasst werden sollen. Diese Aufgabe wird normalerweise der Kommission überantwortet, die hierzu delegierte Verordnungen oder Richtlinien erlässt.
- Die Kombinierte Nomenklatur (KN), nach der sich u. a. die zollrechtliche Tarifierung von Produkten nach dem Gemeinsamen Zolltarif (GZT) bestimmt, ist im Anhang zur Verordnung Nr. 2658/87 des Rates abgedruckt. Sie wird jährlich durch Verordnung der Kommission aktualisiert (vgl. dazu ausführlich unten S. 195 f.).

Für eine derartige Delegation von Rechtsetzungsbefugnissen auf die Kommission stellt Art. 290 Abs. 1 AEUV einige **rechtsstaatliche Grundvoraussetzungen** auf, die letztlich dem Demokratieprinzip (Art. 2, 10 Abs. 1 EUV) und dem Grundsatz des institutionellen Gleichgewichts entspringen; sie sind den aus dem deutschen Verfassungsrecht bekannten Anforderungen nicht unähnlich (vgl. Art. 80 Abs. 1 Satz 2 GG). So muss bereits der Unionsgesetzgeber (also Parlament, Rat oder beide gemeinsam) Ziele, Inhalt, Geltungsbereich und Dauer der Befugnisübertragung festlegen. Die Ermächtigung darf nur bestimmte (d. h. im Einzelnen aufgezählte), nicht wesentliche Vorschriften des Gesetzgebungsakts betreffen. Mit den wesentlichen Aspekte eines Bereichs muss sich der demokratisch legitimierte Unionsgesetzgeber selbst befassen und darf ihre Regelung nicht aus der Hand geben, indem er sie auf die Kommission delegiert.

Schließlich muss dem Unionsgesetzgeber eine Kontrolle über die von der Kommission erlassenen delegierten Rechtsakte verbleiben. Zu diesem Zweck können sich Parlament und Rat vorbehalten, die Befugnisübertragung auf die Kommission zu widerrufen (sog. **Revokationsrecht**, Art. 290 Abs. 2 lit. a AEUV), wobei das Widerrufsrecht auch jedem Gesetzgebungsorgan allein zusteht. Alternativ kann das Inkrafttreten des delegierten Rechtsakts der Kommission unter die aufschiebende Bedingung gestellt werden, dass das Parlament oder der Rat innerhalb einer bestimmten Frist keine Einwände erhebt (**Einspruchsrecht**, Art. 290 Abs. 2 lit. b AEUV).

b) Der Erlass von Durchführungsvorschriften für den verwaltungsmäßigen Vollzug von Unionsrecht (Art. 291 AEUV). Der verwaltungsmäßige Vollzug des Unionsrechts liegt in der Regel in der Zuständigkeit der Mitgliedstaaten, in Ausnahmefällen findet ein unionsunmittelbarer Vollzug statt (Art. 291 Abs. 1 AEUV, s. u. S. 107 f.). Gemäß dem Grundsatz der begrenzten Einzelermächtigung obliegt den Unionsorganen der Erlass eigener Durchführungsbestimmungen nur dann, wenn ihnen diese Aufgabe im Primärrecht oder im Sekundärrecht (Verordnung, Richtlinie) ausdrücklich übertragen wird. Dazu kommt es, wenn es einheitlicher Bedingungen für die Durchführung des jeweiligen Unionsrechtsakts bedarf (Art. 291 Abs. 2 AEUV).

Beispiele:

- Der Zollkodex, in dem ein für die EU einheitliches Zollrecht enthalten ist, wurde durch Verordnung des Rates erlassen (künftig: Verordnung des Parlaments und des Rates). Er wird ergänzt durch Detailvorschriften in einer Durchführungsverordnung der Kommission. Beide zusammen bilden die Grundlage für die Umsetzung des Zollrechts durch die nationalen Zollbehörden (zu Einzelheiten vgl. unten S. 195 f.).

● Im Rahmen der Unionspolitik des „wirtschaftlichen, sozialen und territorialen Zusammenhalts" werden jedes Jahr beträchtliche Summen an Fördermitteln aus den Strukturfonds der EU ausbezahlt. Ziele, Organisation und Funktionsweise der Strukturfonds sind in Gesetzgebungsakten der EU geregelt (Verordnungen von Parlament und Rat, Art. 177 und 178 AEUV). Bestimmte Detailregelungen zur Förderfähigkeit von Projekten, zur verwaltungsmäßigen Abwicklung der Zahlungen und zur Vermeidung von Unregelmäßigkeiten sind aber in Durchführungsverordnungen der Kommission gemäß Art. 291 Abs. 2 AEUV enthalten. Nach Maßgabe dieser Detailregelungen wählen dann die Behörden der Mitgliedstaaten vor Ort die zu fördernden Projekte aus, zahlen Gelder aus und überwachen deren zweckentsprechende Verwendung.

● In der Fusionskontrolle ist die Kommission selbst als europäische Wettbewerbsbehörde tätig. Es findet also ein unionsunmittelbarer Vollzug statt. Zur Regelung bestimmter Verfahrensdetails (z. B. Formblatt für die Anmeldung von Unternehmenszusammenschlüssen, Anhörung der Verfahrensbeteiligten) hat der Rat die Kommission in Art. 23 der Verordnung Nr. 139/2004 (Fusionskontrollverordnung) ermächtigt. Die Kommission hat zu diesem Zweck eine Durchführungsverordnung (Verordnung Nr. 802/2004) erlassen. Auf der Grundlage beider Verordnungen trifft die Kommission dann Einzelfallentscheidungen (Beschlüsse i. S. v. Art. 288 Abs. 4 AEUV).

In Sonderfällen, die entsprechend zu begründen sind, können Durchführungsbefugnisse auch einmal dem Rat vorbehalten werden; nur in der GASP ist die Ausübung von Durchführungsbefugnissen durch den Rat noch der Regelfall (Art. 291 Abs. 2 AEUV a. E.).

Wird der Erlass von Durchführungsbestimmungen der Kommission übertragen, können Parlament und Rat bestimmte Modalitäten für die Ausübung dieser Befugnisse festlegen (Art. 291 Abs. 3 AEUV). Um zu gewährleisten, dass die Durchführungsbestimmungen sich im Rahmen dessen halten, was der Basisrechtsakt ihr erlaubt, wird die Kommission beim gegenwärtigen Stand dazu verpflichtet, mit einem aus Vertretern der Mitgliedstaaten und einem Vertreter der Kommission zusammengesetzten Ausschuss nach einem bestimmten Verfahren zusammenzuarbeiten (sog. „**Komitologie**"). Derzeit gilt noch der nach altem Recht erlassene „Komitologiebeschluss" (Beschluss 1999/468 des Rates zur Festlegung der Modalitäten für die Ausübung der der Kommission übertragenen Durchführungsbefugnisse, ABl. 1999, L 184, S. 23; Sartorius II Nr. 236), der eine begrenzte Zahl von Ausschussverfahren und Ausschusstypen zur Auswahl stellt (Beratungsverfahren, Verwaltungsverfahren, Regelungsverfahren) und allgemeine Kriterien für die Wahl des jeweiligen Ausschussverfahrens festlegt. Die Befugnisse der Ausschüsse gehen von einem bloßen Anhörungsrecht bis hin zu inhaltlichen Mitspracherechten. Auch das Europäische Parlament wird gegebenenfalls eingebunden (Art. 8 des Komitologiebeschlusses). Außerdem sind umfangreiche Pflichten zur Unterrichtung des Parlaments und der Öffentlichkeit durch die Kommission vorgesehen. Geplant ist, den Komitologiebeschluss durch eine neue **Komitologieverordnung** zu ersetzen, die das Ausschussverfahren in reformierter und vereinfachter Form beibehält (vgl. Kommissionsvorschlag KOM[2010] 83 endg.).

Merke: Das vergleichsweise bürokratisch anmutende System der Ausschussverfahren erlaubt den Mitgliedstaaten und ggf. dem EP, die Kommission beim Erlass von Durchführungsvorschriften zu überwachen und den Sachverstand der nationalen Behörden einzubringen (vgl. auch Art. 291 Abs. 3 AEUV a. E.). Die Intensität der Kontrolle hängt vom jeweils einschlägigen Verfahren und letztlich von der jeweiligen Materie ab.

Klausurhinweis: Die beiden Arten von Tertiärrecht gemäß Art. 290 und 291 AEUV müssen sauber auseinandergehalten werden. Um **delegierte Rechtsakte** nach Art. 290 AEUV handelt es sich, wenn die Kommission aufgrund einer ausdrücklichen Ermächtigung in den Wortlaut eines Gesetzgebungsakts der EU eingreift, um diesen in nicht wesentlichen Punkten zu ergänzen oder anzupassen. **Durchführungsbestimmungen** im Sinne von Art. 291 Abs. 2 AEUV werden hingegen von der Kommission zur Sicherstellung einer einheitlichen Umsetzung von Unionsrechtsakten erlassen; sie gehen *nicht* mit einer Änderung des Basisrechtsakts (Verordnung des Rates oder des Parlaments und des Rates) einher. Vor dem Inkrafttreten des Vertrags von Lissabon bestand keine den Art. 290 und 291 AEUV entsprechende Unterscheidung, vielmehr sprachen Art. 202, 211 EGV allgemein von Durchführungsbefugnissen.

C. Abschluss völkerrechtlicher Verträge

I. Die Europäische Union als Völkerrechtssubjekt

Gemäß Art. 47 EUV besitzt die Europäische Union Rechtspersönlichkeit. Dass damit ihre völkerrechtliche Rechtspersönlichkeit gemeint ist, ergibt sich im Gegenschluss aus Art. 335 AEUV, der von der innerstaatlichen Rechts- und Geschäftsfähigkeit der Union in den Rechtsordnungen der Mitgliedstaaten handelt.

Die völkerrechtliche Rechtspersönlichkeit der Union wird im Übrigen in zahlreichen Bestimmungen vorausgesetzt, die Aussagen über die völkerrechtliche Handlungsfähigkeit der Union enthalten. So ist in den Verträgen mehrfach vom „Handeln der Union auf internationaler Ebene" die Rede (Art. 21 Abs. 1 und 23 Abs. 1 EUV, Art. 205 AEUV), es bestehen Regelungen über die Außenvertretung der Union (Art. 15 Abs. 6 UAbs. 2, Art. 27 Abs. 2 EUV; Art. 207 AEUV), und der Union wird die Befugnis eingeräumt, internationale Übereinkünfte zu schließen (Art. 216 AEUV; vgl. auch EuGHE, 22/70, 1971, 263 = Hummer, S. 508 – AETR, Rn. 13, 14).

Die Union kann somit Trägerin völkerrechtlicher Rechte und Pflichten sein.

Eine gesonderte Rechtspersönlichkeit der Europäischen Gemeinschaft besteht seit Inkrafttreten des Vertrags von Lissabon nicht mehr. Es kam zu einer Verschmelzung von Gemeinschaft und Union, wobei die Union die Rechtsnachfolge der Gemeinschaft antrat (Art. 1 Abs. 3 Satz 3 EUV).

Hinweis zur Vertiefung: Bis zum Vertrag von Lissabon war die Europäische Gemeinschaft Völkerrechtssubjekt (Art. 281 EGV). Ob seinerzeit zusätzlich auch der Europäischen Union Völkerrechtspersönlichkeit zukam, war hingegen umstritten. Der EU-Vertrag a. F. regelte die Frage nicht ausdrücklich. Art. 24 Abs. 6 EUV i. d. F. d. Vertrags von Nizza konnte aber dahingehend verstanden werden, dass auch die Union im völkerrechtlichen Verkehr über Rechtspersönlichkeit verfügte. So waren nämlich die im Rahmen der GASP geschlossenen Abkommen für „die Organe der Union" bindend; wenn aber die Union eigene Organe besaß, die internationale Übereinkünfte im Namen der Union schließen konnten und durch solche Übereinkünfte gebunden waren, dann war die Annahme einer Rechtspersönlichkeit der Union nur folgerichtig. Tatsächlich hat die EU schon vor dem Inkrafttreten des Vertrags von Lissabon in eigenem Namen völkerrechtliche Verträge geschlossen.

II. Vertragsschließungskompetenzen

1. Kompetenzzuweisung

a) Grundsatz der begrenzten Einzelermächtigung. Der Grundsatz der begrenzten Einzelermächtigung in Art. 5 Abs. 1 EUV gilt nicht nur für internes, sondern auch für völkerrechtliches Handeln der Union (EuGHE, Gutachten 2/94, 1996, I-1759 = Hummer, S. 211 – EMRK, Rn. 24) und somit auch für ihre Vertragsschließungskompetenzen. Die Union ist daher zum Abschluss internationaler Übereinkünfte nur insoweit zuständig, als ihr ausdrücklich (geschrieben, explizit) oder stillschweigend (ungeschrieben, implizit) Kompetenzen zuerkannt sind (vgl. nunmehr auch Art. 216 Abs. 1 AEUV). Art. 218 AEUV stellt als bloße Verfahrensvorschrift keine materielle Rechtsgrundlage zum Abschluss völkerrechtlicher Abkommen durch die Union dar, sondern setzt eine solche voraus.

Hinweis zur Terminologie: Die Begriffe „Übereinkunft" (vgl. etwa die Überschrift zu Titel V sowie Art. 216 und 218 AEUV), „Abkommen" (vgl. etwa Art. 207, 217 AEUV) oder „Vereinbarung" (Art. 219 AEUV) sind gleichbedeutend mit dem Ausdruck „völkerrechtlicher Vertrag". Für die einschlägigen Kompetenzen und Verfahren macht diese Wortwahl keinen Unterschied, denn der Begriff „Übereinkunft" bzw. seine Synonyme sind weit auszulegen und umfassen jede von Völkerrechtssubjekten eingegangene bindende Verpflichtung ungeachtet ihrer Form (EuGHE, Gutachten 1/75, 1975, 1355 = Hummer, S. 495 – Lokale Kosten). Sofern Sie aber aus Rechtsvorschriften der Verträge zitieren, sollten Sie sich an der dort jeweils verwendeten Begrifflichkeit orientieren.

b) Außenhandelskompetenz. Unter den geschriebenen Außenkompetenzen der Union nehmen die Bestimmungen über die **Gemeinsame Handelspolitik** einen zentralen Stellenwert ein. Gestützt auf Art. 207 AEUV kann die Union zum einen unilaterale handelspolitische Maßnahmen erlassen; dies geschieht im Normalfall im Wege der Verordnung (Beispiel: handelspolitische Schutzmaßnahmen wie etwa Antidumping-Zölle). Zum anderen kann sie aber auch Handelsabkommen mit Drittstaaten und internationalen Organisationen schließen (vgl. dazu im Einzelnen unten S. 351 ff.).

Der sachliche Anwendungsbereich der Gemeinsamen Handelspolitik ist weit zu verstehen (EuGHE 1979, 2871 = Hummer S. 489 – Gutachten 1/78, Internationales Naturkautschuk-Übereinkommen). Er beschränkt sich nicht auf die herkömmlichen Aspekte des Warenhandels, sondern ist entwicklungsoffen. Erfasst wird beispielsweise auch der Handel mit Dienstleistungen, die von in einem bestimmten Land niedergelassenen Dienstleistungserbringern unmittelbar an in einem anderen Land wohnende Empfänger erbracht werden, *ohne* dass es dabei zu einem Grenzübertritt durch natürliche Personen oder zu einer Auslandsniederlassung juristischer Personen kommt (EuGHE, Gutachten 1/94, 1994, I-5267 = Hummer S. 520 – WTO).

Dennoch konnten die ursprünglichen Befugnisse der damaligen Europäischen Gemeinschaft in der Gemeinsamen Handelspolitik mit der rasanten Entwicklung des Welthandelsrechts hin zu einem immer umfassenderen Gesamtsystem von Regeln über Dienstleistungen, den Schutz geistigen Eigentums (Patente, Warenzeichen, Urheberrecht), den Schutz von Investitionen und die Anwendung von Wettbewerbsregeln nicht Schritt halten. Dies zeigte sich insbesondere anlässlich der Gründung der WTO, als der EuGH in seinem WTO-Gutachten (a. a. O.) der Gemeinschaft für weite Teile des heutigen WTO-

Rechts die Zuständigkeit absprach; dies betraf zum einen den Handel mit Dienstleistungen, die mit einem Grenzübertritt natürlicher Personen oder mit einer Auslandsniederlassung juristischer Personen einher gehen, und zum anderen den Großteil der Handelsaspekte des geistigen Eigentums.

Erst mit dem **Vertrag von Lissabon** wurden auch der Handel mit Dienstleistungen und die Handelsaspekte des geistigen Eigentums dem klassischen Warenhandel vollständig gleichgestellt. Zusammen mit den ausländischen Direktinvestitionen sind sie nunmehr voll in den Anwendungsbereich der Gemeinsamen Handelspolitik einbezogen (Art. 207 Abs. 1 AEUV). Nur die Aushandlung und der Abschluss von internationalen Abkommen im Bereich des Verkehrs bleibt auch weiterhin aus der Gemeinsamen Handelspolitik ausgeklammert (Art. 207 Abs. 5 AEUV). Gleiches dürfte ferner für Abkommen auf dem Gebiet der Wettbewerbspolitik gelten (allerdings können dort gegebenenfalls Außenkompetenzen nach Art. 216 Abs. 1 Alt. 2 AEUV – „implied powers" – bestehen).

c) **Assoziierungskompetenz.** Die zweite zentrale Kompetenzzuweisungsnorm im Bereich der Außenbeziehungen ist Art. 217 AEUV, der der Union die Kompetenz zum Abschluss von **Assoziierungsabkommen** mit Drittstaaten oder internationalen Organisationen einräumt. Assoziierungsabkommen sind völkerrechtliche Verträge, durch die eine über eine bloße handelspolitische Zusammenarbeit hinausgehende enge Verbindung der Partner mit „gegenseitigen Rechten und Pflichten, gemeinsamem Vorgehen und besonderen Verfahren" hergestellt wird. Eine Assoziierung setzt also einen gewissen Grad der Institutionalisierung der laufenden Beziehungen mit einem Drittstaat oder einer internationalen Organisation voraus. Die zur Umsetzung und Weiterentwicklung der Assoziierung notwendigen Entscheidungen werden normalerweise einstimmig durch einen paritätisch mit Vertretern der Union (Mitglieder des Rates und der Kommission) und Vertretern des Assoziationspartners besetzten sog. Assoziationsrat getroffen.

Die Union (ehemals: Gemeinschaft) hat zahlreiche Assoziierungsabkommen geschlossen, die unterschiedlich ausgestaltet sind und unterschiedlichen Zielen dienen. Es werden traditionell drei Typen unterschieden. Eine sogenannte **Beitrittsassoziierung,** die den späteren Beitritt eines Drittstaats vorbereiten soll, wurde z. B. bereits 1964 mit der Türkei und in den 1990er Jahren mit den mittel- und osteuropäischen Beitrittskandidaten geschlossen. Eine sog. **Freihandelsassoziierung** besteht nach dem Abkommen über den Europäischen Wirtschaftsraum mit den EFTA-Staaten Norwegen, Island und Liechtenstein (nicht aber mit dem vierten EFTA-Mitglied Schweiz, mit dem lediglich bilaterale Freihandelsabkommen geschlossen wurden); sie dehnt den EU-Binnenmarkt einschließlich der Freizügigkeitsrechte auf diese Drittstaaten aus und verpflichtet sie im Gegenzug zur Übernahme eines großen Teils des gemeinschaftlichen Besitzstandes (vgl. dazu auch oben S. 18). Davon zu unterscheiden ist die **Entwicklungsassoziierung.** Hier ist hauptsächlich das im Jahr 2000 mit 77 AKP-Staaten (Afrika, Karibik, Pazifik) für einen Zeitraum von 20 Jahren geschlossene Abkommen von Cotonou zu nennen, das die Vorläufer-Abkommen von Lomé ersetzt.

Nach der Rechtsprechung des EuGH räumt Art. 217 AEUV (ehemals Art. 310 EGV) der Union die Zuständigkeit ein, alle Sachbereiche in die Assoziierung mit einzubeziehen, für die die Union intern eine Regelungskompetenz hat. Für das Gebiet der Arbeitnehmerfreizügigkeit hat der EuGH z. B. entschieden, dass die damalige EWG zuständig war, ein Assoziierungsabkommen mit der Türkei zu schließen, das u. a. die Freizügigkeit türkischer Arbeitnehmer in der Union zum Gegenstand hatte (EuGHE, 12/86, 1987, 3719 = Hummer, S. 501 – Demirel).

Beachte: Von der Assoziierung durch Abkommen nach Art. 217 AEUV ist die „konstitutionelle" Assoziierung der überseeischen Länder und Hoheitsgebiete der Mitgliedstaaten nach den Art. 198 ff. AEUV zu unterscheiden. Während es bei Art. 217 AEUV um besondere vertragliche Beziehungen zwischen der Union und unabhängigen Drittstaaten geht, regeln die Art. 198 ff. AEUV die Beziehungen der Union zu bestimmten, weiterhin von Dänemark, Frankreich, den Niederlanden und dem Vereinigten Königreich abhängigen Territorien.

d) **Andere spezifische Außenkompetenzen.** Mit der Einheitlichen Europäischen Akte, dem Vertrag von Maastricht und dem Vertrag von Nizza sind der Union weitere ausdrückliche Außenkompetenzen übertragen worden, so in den Bereichen GASP (Art. 37 EUV), Währungspolitik (Art. 219 AEUV), Forschung und Entwicklung (Art. 186 Abs. 2 AEUV), Umwelt (Art. 191 Abs. 4 AEUV), Entwicklungszusammenarbeit (Art. 209 Abs. 2 AEUV) sowie wirtschaftliche, finanzielle und technische Zusammenarbeit mit Drittländern (Art. 212 Abs. 3 AEUV). Durch den Vertrag von Lissabon erwarb die Union außerdem eine ausdrückliche Außenkompetenz im Bereich der humanitären Hilfe (Art. 214 AEUV).

e) **„Implied powers".** Die in den Verträgen vorgesehenen *spezifischen* Außenkompetenzen sind nicht abschließend. Gemäß Art. 216 Abs. 1 Alt. 2 AEUV kann die Union mit Drittländern oder internationalen Organisationen auch bei Fehlen einer spezifischen Rechtsgrundlage Übereinkommen schließen, und zwar, wenn sich das Abkommen zum einen **im Rahmen der Politik der Union** bewegt (Art. 3 EUV) und zum anderen

– zur **Verwirklichung eines der in den Verträgen festgelegten Ziele** erforderlich ist,
– **in einem verbindlichen Unionsrechtsakt vorgesehen** ist

oder

– **unionsrechtliche Vorschriften** („gemeinsame Vorschriften") im Fall eines Vertragsschlusses (durch die Mitgliedstaaten) **beeinträchtigt** werden könnten oder **deren Anwendungsbereich geändert** werden könnte.

Mit der Vorschrift des Art. 216 Abs. 1 AEUV hat der Vertrag von Lissabon die bisherige Rechtsprechung zu den ungeschriebenen Vertragsschlusskompetenzen der damaligen Gemeinschaft („implied powers") kodifiziert (vgl. dazu Streinz/Ohler/Herrmann, Der Vertrag von Lissabon zur Reform der EU, S. 112). Die aus Art. 216 Abs. 1 AEUV folgende Außenkompetenz ergänzt oder flankiert die inneren Zuständigkeiten der Union. Sie ist eine Art geschriebene Zuständigkeit kraft Sachzusammenhangs. Aus Art. 3 Abs. 2 AEUV folgt, dass sie in der Regel ausschließlicher Natur ist (vgl. S. 86 und 101).

Hintergrund: Schon vor Einführung des Art. 216 Abs. 1 AEUV waren die „implied powers" im Bereich der Außenbeziehungen in ständiger Rechtsprechung anerkannt. Leitentscheidung war das Urteil „AETR" des EuGH (EuGHE, 22/70, 1971, 263 Rz. 15/19 = Hummer, S. 508, eine lesenswerte Zusammenfassung dieser Rechtsprechung findet sich in EuGHE, Gutachten 1/03, 2006, I-1145, Rn. 114 ff.). Im Kern stand danach der damaligen Gemeinschaft, wenn sie in Hinblick auf ein bestimmtes Ziel über eine Binnenkompetenz verfügte, implizit auch die zur Erreichung dieses Ziels notwendige Außenkompetenz zu (Schluss von der bestehenden Innen- auf die mit ihr einhergehende Außenkompetenz).

Die bisherige Rechtsprechung zu den „implied powers" im Bereich der Außenbeziehungen kann für die Auslegung und Anwendung von Art. 216 Abs. 1 und Art. 3 Abs. 2 AEUV fruchtbar gemacht werden. Danach muss auf dem jeweiligen Sachgebiet nicht notwendigerweise bereits eine Innenkompetenz der Union in Anspruch genommen worden sein. Die Außenkompetenz kann vielmehr auch unabhängig von der Ausübung der nach innen bestehenden Befugnisse existieren (EuGHE, 3/76, 1976, 1279 = Hummer, S. 512 – Kramer, Biologische Schätze des Meeres; EuGHE, Gutachten 1/76, 1977, 741 = Hummer, S. 565 – Stilllegungsfonds für die Binnenschifffahrt). In den Gutachten zu einem Beschluss der OECD (EuGHE, Gutachten 2/92, 1995, I-521 = Hummer, S. 527) und zum WTO-Übereinkommen (EuGHE, Gutachten 1/94, 1994, I-5267 = Hummer, S. 520) hat der EuGH jedoch insoweit klargestellt, dass dies nur ausnahmsweise dann gilt, wenn die Eingehung völkerrechtlicher Verpflichtungen erforderlich ist, um Ziele der Verträge zu verwirklichen, die sich durch die Aufstellung interner gemeinsamer Regeln allein gar nicht erreichen lassen. Z. B. ließ sich in dem im Gutachten 1/76 behandelten Fall das Ziel der wirtschaftlichen Sanierung der Binnenschifffahrt auf Rhein und Mosel wegen der traditionellen Teilnahme von Schiffen aus der Schweiz nicht durch die Aufstellung von gemeinschaftsinternen Regeln erreichen.

f) Vertragsergänzungsklausel. Auch die Vertragsergänzungsklausel des Art. 352 Abs. 1 AEUV kann eine Ermächtigungsgrundlage der Union zum Vertragsschluss darstellen. Sie ist jedoch subsidiär – auch gegenüber Art. 216 Abs. 1 AEUV („implied powers") – und eng auszulegen. Für den Beitritt zur EMRK beispielsweise stellte die Norm keine ausreichende Ermächtigungsgrundlage dar (EuGHE, Gutachten 2/94, 1996, I-1759 = Hummer, S. 211 – EMRK, vgl. auch oben S. 84 f.), weshalb eine solche Rechtsgrundlage mit dem Vertrag von Lissabon ausdrücklich geschaffen werden musste (Art. 6 Abs. 2 EUV).

g) Rechtsfolgen eines Kompetenzverstoßes. Überschreitet die Union beim Abschluss eines internationalen Abkommens die ihr zustehenden Befugnisse, so berührt dies im Normalfall nicht dessen völkerrechtliche Wirksamkeit. Denn von der völkerrechtlichen Nichtigkeit des Abkommens wäre nach der herrschenden *Evidenztheorie* (vgl. Art. 46 WVRK – Sartorius II Nr. 320) nur dann auszugehen, wenn eine offensichtliche Verletzung wesentlicher Vorschriften des EUV oder des AEUV vorläge. Ungeachtet der völkerrechtlichen Wirksamkeit des Abkommens führt hingegen die Wahl der falschen Rechtsgrundlage oder das Fehlen einer hinreichenden Rechtsgrundlage für den Abschluss eines Abkommens zu dessen unionsinterner Rechtswidrigkeit. Der Beschluss des Rates zur Genehmigung eines Abkommens kann Gegenstand einer Nichtigkeitsklage nach Art. 263 AEUV oder einer Gültigkeitsüberprüfung nach Art. 267 AEUV sein.

Um spätere Rechtsunsicherheiten zu vermeiden, kann ein beabsichtigtes Abkommen vom EuGH im sog. **Gutachtenverfahren** nach Art. 218 Abs. 11 AEUV bereits vor seinem Abschluss auf seine Vereinbarkeit mit den Verträgen überprüft werden (vgl. unten S. 104 ff.).

2. Kompetenzarten

a) Ausschließliche Zuständigkeiten: Soweit die Union über eine ausschließliche Vertragsschlusskompetenz verfügt, haben die Mitgliedstaaten grundsätzlich ihre Zuständigkeit verloren, eigenständig Abkommen mit Drittstaaten oder internationalen Organisationen abzuschließen. In diesen Bereichen können die Mitgliedstaaten nur noch kraft einer besonderen Ermächtigung durch die zuständigen Unionsorgane völkerrechtliche Verpflichtungen eingehen (vgl. EuGHE, 41/76, 1976,1921 – Donckerwolke; EuGHE 174/84, 1986, 559 – Bulk Oil). Eine ausschließliche Zuständigkeit besteht im Hinblick auf:

– alle Materien der gemeinsamen Zoll- und Handelspolitik (Art. 207 Abs. 1 i.V.m. Art. 3 Abs. 1 lit. a, e AEUV),
– die für das Funktionieren des Binnenmarkts erforderlichen Wettbewerbsregeln (Art. 216 Abs. 1 i.V.m. Art. 3 Abs. 1 lit. b AEUV),
– den Abschluss von Assoziierungsabkommen nach Art. 217 AEUV (es liegt in der Natur der Sache, dass diese Abkommen nicht von einem Mitgliedstaat allein abgeschlossen werden),
– währungspolitische Abkommen für die Mitgliedstaaten, deren Währung der Euro ist (Art. 219 i.V.m. Art. 3 Abs. 1 lit. c AEUV) und
– den Erlass von Maßnahmen zur Erhaltung der biologischen Meeresschätze im Rahmen der gemeinsamen Fischereipolitik (Art. 216 Abs. 1 i.V.m. Art. 3 Abs. 1 lit. d AEUV, in Kodifizierung der ständigen Rechtsprechung, vgl. EuGHE, 804/79, 1981, 1045 = Hummer S. 218 – Seefischereierhaltungsmaßnahmen).

Außerdem hat die Union nach **Art. 3 Abs. 2 AEUV** (in Anlehnung an die bisherige Rechtsprechung) eine ausschließliche Zuständigkeit zum Abschluss internationaler Übereinkünfte,

– wenn sie in einem Gesetzgebungsakt der Union vorgesehen sind,
– wenn sie notwendig sind, damit die Union ihre interne Zuständigkeit ausüben kann, oder
– soweit die Übereinkunft gemeinsame Regeln beeinträchtigen oder deren Tragweite verändern könnte; insbesondere wenn die Union eine Materie intern abschließend oder jedenfalls weitestgehend geregelt hat, steht ihr im Außenverhältnis die ausschließliche Zuständigkeit zum Abschluss internationaler Übereinkommen zu. Denn einseitige völkerrechtliche Bindungen der Mitgliedstaaten könnten die Anwendung und Weiterentwicklung des Unionsrechts behindern, so dass nur noch die Union als völkerrechtlicher Vertragspartner in Frage kommt (vgl. auch EuGHE, Gutachten 1/03, 2006, I-1145 – Übereinkommen von Lugano, Rn. 124 ff.).

b) Geteilte Zuständigkeiten: In allen Bereichen, die nicht gemäß Art. 3 AEUV oder kraft Natur der Sache (vgl. die soeben erwähnte Assoziierungskompetenz) zu den ausschließlichen Kompetenzen gehören, besteht eine zwischen der Union und den Mitgliedstaaten geteilte Außenkompetenz.

Geteilte Kompetenzen liegen vor, wenn auf die in Art. 209 Abs. 2, 212 Abs. 3 und 214 Abs. 4 AEUV enthaltenen Unionszuständigkeiten für die internationale Zusammenarbeit in den Bereichen Entwicklungszusammenarbeit und humanitäre Hilfe zurückgegriffen wird. Denn jene Bestimmungen berühren ausdrücklich nicht die Zuständigkeit der Mitgliedstaaten, in internationalen Gremien zu verhandeln und internationale Abkommen zu schließen (vgl. auch Art. 2 Abs. 5 und Art. 4 Abs. 4 AEUV; s. auch oben S. 86 f.). Aus dem rein ergänzenden Charakter der Unionstätigkeit auf diesen Gebieten schließt der Gerichtshof auf das Bestehen **paralleler Außenkompetenzen** der Union und ihrer Mitgliedstaaten: Die Mitgliedstaaten dürfen weiterhin selbst Verpflichtungen gegenüber Drittstaaten eingehen, und zwar individuell, kollektiv oder sogar zusammen mit der Union, d.h. in Form von gemischten Abkommen (EuGHE, C-316/91, 1994, I-625 – Europäischer Entwicklungsfonds, Rn. 26 und 34).

Zu den geteilten Zuständigkeiten der Union (im Sinne von **konkurrierenden Zuständigkeiten**) gehört selbstverständlich auch jede aus Art. 352 Abs. 1 AEUV abgeleitete Außenkompetenz. Da hier die Handlungsbefugnis der Union nur über die Ziele und Politiken der Verträge definiert ist, kann von den Mitgliedstaaten nicht erwartet werden, den Abschluss aller denkbaren völkerrechtlichen Verträge zu unterlassen, die der Erreichung dieser Ziele dienen könnten.

Sofern die Voraussetzungen des Art. 3 Abs. 2 AEUV nicht vorliegen, sind die Mitgliedstaaten (noch) befugt, Abkommen mit dritten Staaten im fraglichen Bereich abzuschließen. Die Ausübung geteilter Kompetenzen durch die Mitgliedstaaten steht jedoch unter dem Vorbehalt des unionsfreundlichen Handelns (Art. 4 Abs. 3 EUV). Sobald die Union Vorbereitungen für den Abschluss eines Abkommens mit Drittstaaten trifft, gilt für die Mitgliedstaaten eine **Unterlassungspflicht** im Hinblick auf deren eigenes Tätigwerden auf internationaler Ebene, damit der Union die Erfüllung ihrer Aufgabe erleichtert und die Einheitlichkeit und Kohärenz ihrer völkerrechtlichen Vertretung nicht gefährdet wird (EuGHE, C-266/03, 2005, I-4805 – Kommission/Luxemburg, Rn. 57–60). Schließen die Mitgliedstaaten im Bereich der geteilten Außenkompetenzen Abkommen, so müssen sie durch eine entsprechende Gestaltung z.B. der Kündigungsklauseln dafür sorgen, dass effektives zukünftiges Handeln der Union nicht unmöglich gemacht wird (EuGHE, 3/76, 1976, 1279 = Hummer, S. 512 – Kramer). Dieser Pflicht bei Neuverträgen entspricht eine Anpassungspflicht der Mitgliedstaaten in Bezug auf ihre mit den Verträgen unvereinbaren Altverträge (Art. 351 Abs. 2 AEUV), während im Übrigen Altverträge vom Unionsrecht nicht berührt werden (Art. 351 Abs. 1 AEUV; vgl. zum Konflikt über die Auslegung dieser Vorschrift im Zusammenhang mit der Bananenmarktordnung BFH EuZW 1996, 126, und Stoll/Ress EWS 1996, 37).

Eine geteilte Zuständigkeit (im Sinne einer **konkurrierenden Zuständigkeit**) kann schließlich auch bei den Vertragsschließungskompetenzen gemäß Art. 216 Abs. 1 Alt. 2 AEUV („implied powers", ehemalige AETR-Rechtsprechung) anzunehmen sein, wenn die Union

– noch keinen Gesetzgebungsakt erlassen hat, in dem die Außenkompetenz ausdrücklich vorgesehen ist,
– auch ohne einen Vertragsschluss mit Drittstaaten ihre interne Zuständigkeit ausüben kann und
– noch keine „gemeinsamen Regeln" erlassen hat, die durch ein völkerrechtliches Handeln der Mitgliedstaaten beeinträchtigt oder in ihrer Tragweite verändert werden könnten

(ansonsten ist Art. 216 Abs. 1 Alt. 2 AEUV gemäß Art. 3 Abs. 2 AEUV eine **ausschließliche Zuständigkeit** zu entnehmen, s. o.).

3. Gemischte Abkommen

In der Praxis kommt es häufig vor, dass der Gegenstand eines Abkommens nur **teilweise in die** (ausschließliche oder geteilte) **Außenkompetenz der Union fällt** (z. B. seinerzeit das WTO-Abkommen, die UN-Seerechtskonvention und zahlreiche Assoziierungsabkommen). Ginge die Union die jeweiligen vertraglichen Bindungen allein ein, so würde sie ihre Befugnisse überschreiten, also „ultra vires" handeln. Deshalb werden in solchen Fällen sog. gemischte Abkommen *(mixed agreements)* geschlossen, an denen auf europäischer Seite sowohl die Union als auch ihre Mitgliedstaaten als Vertragsparteien beteiligt sind. Aus politischen und „psychologischen" Gründen werden Abkommen jedoch viel öfter als gemischte Abkommen geschlossen, als dies bei strikter Beachtung der Kompetenzverteilung eigentlich sein dürfte. Die Mitgliedstaaten wollen insbesondere im wirtschaftlichen Bereich nicht darauf verzichten, nach außen weiterhin als eigenständige Völkerrechtssubjekte aufzutreten. Diesem Bedürfnis hat jüngst auch das BVerfG in seinem Lissabon-Urteil Ausdruck verliehen (BVerfGE 123, 267 = NJW 2009, 2267, Absatz-Nr. 375).

Gemischte Abkommen müssen naturgemäß sowohl von der Union als auch von den Mitgliedstaaten ratifiziert werden. Vorbehaltlich einer anders lautenden Sonderregelung im jeweiligen Übereinkommen haften nach völkergewohnheitsrechtlichen Grundsätzen **im Außenverhältnis** die Union und die Mitgliedstaaten als Gesamtschuldner für die Erfüllung des gesamten Übereinkommens. **Im Innenverhältnis** obliegt dagegen die Verantwortung jeweils der nach der unionsrechtlichen Kompetenzordnung zuständigen Vertragspartei, also entweder der Union oder den Mitgliedstaaten.

Rechtlich und praktisch bereiten gemischte Abkommen erhebliche Schwierigkeiten. Selbst wenn – wie üblich – die Kommission als einheitliches Sprachrohr der Union und ihrer Mitgliedstaaten auftritt, wird die Verhandlungsposition der Union in internationalen Gremien (z. B. der WTO) erheblich geschwächt. Denn es entsteht ein erhöhter Koordinationsaufwand im Vorfeld und ein faktischer Zwang zur Einstimmigkeit (neben der Union müssen einer Vereinbarung stets alle Mitgliedstaaten zustimmen und sie ratifizieren). Überdies treten wegen der oft unsicheren Abgrenzung der Kompetenzen der Union und der Mitgliedstaaten Probleme z. B. bei der Aushandlung, Unterzeichnung oder Kündigung eines gemischten Abkommens auf. Auch bei der Formulierung von Vorbehalten, bei der Umsetzung bzw. Anwendung und bei Abstimmungen in vom Abkommen geschaffenen Organen (Stimmrechte!) ist laufend zu prüfen, wer im Innenverhältnis für welche Teile des Abkommens verantwortlich ist: die EU oder ihre Mitgliedstaaten (vgl. z. B. Schlussanträge GA' Kokott vom 26. 3. 2009, C-13/07 – Kommission/Rat, „Vietnam"). Weiter stellt sich die Frage, wie weit die Befugnis des Gerichtshofs zur Auslegung von gemischten Abkommen reicht (s. u. S. 136 f.).

Bei der Lösung der im Zusammenhang mit gemischten Abkommen auftretenden Probleme müssen nach der Rechtsprechung des EuGH die Unionsorgane und die Regierungen der Mitgliedstaaten im Einklang mit dem **Prinzip der Unionstreue** (Art. 4 Abs. 3 EUV) eng und loyal zusammenarbeiten (vgl. z. B. EuGHE, Gutachten 2/91, 1993, I-1061 = Hummer, S. 517 – ILO-Konvention; EuGHE, Gutachten 1/94, 1994, I-5267 – WTO, Rn. 108).

III. Unionsinternes Verfahren zum Abschluss eines völkerrechtlichen Vertrags

Art. 218 AEUV regelt das unionsinterne Verfahren zum Abschluss internationaler Übereinkünfte zwischen der Union und Drittstaaten bzw. internationalen Organisationen. Teilweise abweichende Verfahrensregeln gelten für Abkommen nach Art. 207 und 219 AEUV.

1. Vertragsverhandlungen

Im Bereich der GASP hat der Vertrag von Lissabon die Initiative für die Aufnahme von Vertragsverhandlungen mit Drittstaaten oder internationalen Organisationen dem Hohen Vertreter für die Außen- und Sicherheitspolitik überantwortet, ansonsten verbleibt das **Initiativrecht** – wie schon bislang – bei der Kommission (Art. 218 Abs. 3 AEUV). Das Initiativrecht wird dergestalt ausgeübt, dass der Hohe Vertreter (im Bereich der GASP) bzw. die Kommission (in den sonstigen Bereichen des auswärtigen Handelns) dem Rat **Empfehlungen** vorlegt. Der Rat erlässt auf diese Empfehlungen hin einen **Beschluss** über die Ermächtigung zur Aufnahme von Verhandlungen. Außerdem benennt er, je nach dem Gegenstand der geplanten Übereinkunft, den **Verhandlungsführer** oder den Leiter des Verhandlungsteams der Union. Dabei wird es sich im Bereich der GASP stets um den Hohen Vertreter bzw. ein Mitglied des Europäischen Auswärtigen Dienstes handeln (Art. 27 Abs. 2 und 3 EUV), wohingegen im Bereich der klassischen Gemeinschaftspolitiken entsprechend der bisherigen Praxis eher die Kommission mit der Verhandlungsführung beauftragt werden dürfte (für die Gemeinsame Handelspolitik ist dies gemäß Art. 207 Abs. 3 UAbs. 2 AEUV zwingend so vorgeschrieben); die Regelung des Art. 218 Abs. 3 AEUV lässt dem Rat hinreichend Flexibilität, um die notwendige Kohärenz zwischen der GASP und anderen Unionspolitiken mit auswärtigen Bezügen sicherzustellen. Außerdem kann der Rat die laufende Verhandlungsführung durch **Verhandlungsrichtlinien** (Art. 218 Abs. 2 AEUV) erheblich beeinflussen; in der Außenhandelspolitik überwacht er die Kommission zudem durch einen zu ihrer „Unterstützung" bestellten Sonderausschuss (Art. 207 Abs. 3 UAbs. 3 AEUV).

2. Unterzeichnung und Abschluss

Für die Unterzeichnung und den Abschluss eines völkerrechtlichen Übereinkommens ist nach Art. 218 Abs. 2 AEUV grundsätzlich der **Rat** zuständig; dasselbe dürfte auch für die Änderung, die Kündigung und den Rücktritt von völkerrechtlichen Verträgen gelten. Selbst Verwaltungsabkommen dürfen im Normalfall nicht von der Kommission geschlossen werden (EuGHE, C-327/91, 1994, I-3641 – Wettbewerbsabkommen EU-USA). Nur ausnahmsweise darf die Kommission selbst Abkommen schließen (dazu gehören nicht zuletzt z.B. Sitzstaatsabkommen in Bezug auf die Kommissionsdienststellen; vgl. außerdem Art. 7 des Protokolls über Vorrechte und Befreiungen – Sartorius II Nr. 212).

Im Rat erfolgt die Beschlussfassung auf **Vorschlag des Verhandlungsführers** und grundsätzlich **mit qualifizierter Mehrheit** (Art. 218 Abs. 8 AEUV bzw. für Handelsabkommen Art. 207 Abs. 4 AEUV). Der Rat beschließt jedoch ausnahmsweise **einstimmig**, falls

(a) das Abkommen einen Bereich betrifft, in dem zur **Annahme interner Vorschriften Einstimmigkeit** vorgesehen ist (in der GASP gemäß Art. 24, 31 EUV und in den Gemeinschaftspolitiken z.B. gemäß Art. 113, 115, 352 Abs. 1 AEUV), oder

(b) es sich um ein auf Art. 217 AEUV gestütztes **Assoziationsabkommen** handelt oder

(c) es sich um Handelsabkommen in bestimmten sensiblen Bereichen, z.B. Kultur und Soziales, handelt (Art. 207 Abs. 4 UAbs. 2, 3 AEUV); im Normalfall werden hingegen Handelsabkommen mit qualifizierter Mehrheit beschlossen (Art. 207 Abs. 4 UAbs. 1 AEUV).

Der Rat beschließt ferner über die Aussetzung der Anwendung einer Übereinkunft und die Festlegung von Standpunkten, die in einem durch ein Abkommen eingesetzten Gremium (z.B. Assoziationsrat oder WTO-Einrichtungen) von Unionsseite zu vertreten sind (Art. 218 Abs. 9 AEUV). Unklar ist, ob dabei dieselben Mehrheitserfordernisse im Rat gelten wie beim ursprünglichen Abschluss eines Abkommens. Dafür spricht, dass solche Handlungen in ihrer Tragweite dem Abschluss einer neuen Vereinbarung bzw. der Kündigung eines bestehenden Abkommens jedenfalls sehr nahe kommen können. Dagegen spricht hingegen die systematische Stellung von Abs. 9 hinter Abs. 8 und der Umstand, dass Ausnahmen von der allgemeinen Regel der qualifizierten Mehrheit (Art. 16 Abs. 3 EUV) eng auszulegen sind.

3. Beteiligung des Europäischen Parlaments

Die Reichweite der Beteiligungsrechte des Europäischen Parlaments beim Abschluss internationaler Übereinkünfte der Union ist je nach Sachgebiet höchst unterschiedlich:

a) Übereinkünfte, welche ausschließlich die intergouvernemental geprägte GASP betreffen, werden ohne jegliche Mitwirkung des Parlaments geschlossen (Art. 218 Abs. 6 UAbs. 2 AEUV).

b) Ansonsten lautet die Regel, dass das Parlament vor Abschluss eines Abkommens lediglich **angehört** wird (Art. 218 Abs. 6 UAbs. 2 lit. b AEUV). Nach dem Wortlaut dieser Verfahrensbestimmung muss die Anhörung erst vor Abschluss des Abkommens, nicht schon vor dessen Unterzeichnung stattfinden (a. A. Parlament). Auf jeden Fall wird aber das Parlament in allen Phasen des Vertragsschlussverfahrens umfassend und unverzüglich **unterrichtet** (Art. 218 Abs. 10 AEUV).

c) Ein **Vetorecht** des Parlaments besteht lediglich bei fünf abschließend aufgezählten Arten von internationalen Übereinkünften, die aufgrund ihrer besonderen Bedeutung oder ihrer Auswirkungen auf die unionsinternen Rechte des Parlaments seiner **Zustimmung** bedürfen (Art. 218 Abs. 6 UAbs. 2 lit. a AEUV):

- **Assoziierungsabkommen** (Art. 217 AEUV);
- Abkommen über den **Beitritt der Union zur EMRK** (Art. 6 Abs. 2 EUV);
- Abkommen, die durch Einführung von Zusammenarbeitsverfahren einen **besonderen institutionellen Rahmen** schaffen (z.B. einen einem Assoziationsrat ähnelnden „Rat" mit Entscheidungsbefugnissen, der paritätisch aus Vertretern der Union und der anderen Vertragspartei zusammengesetzt ist);
- Abkommen mit **erheblichen finanziellen Folgen** (vgl. zu diesem Begriff EuGHE, C-189/97, 1999, I-4741);
- Abkommen in Bereichen, für die das Parlament unionsintern als **(Ko-)Gesetzgeber** fungiert und somit ein Vetorecht besitzt, sei es im Wege des ordentlichen Gesetzgebungsverfahrens oder im Wege eines besonderen Gesetzgebungsverfahrens mit Erfordernis der Zustimmung des Parlaments.

Besonders durch die letztgenannte Fallgruppe, die in ihrer derzeitigen Ausgestaltung erst seit dem Vertrag von Lissabon existiert, wurden die Mitwirkungsrechte des EP im Bereich der Außenbeziehungen erheblich gestärkt. Sie dürften damit deutlich weiter gehen als die in den Außenbeziehungen bestehenden Rechte mancher nationalen Parlamente gegenüber ihren jeweiligen Regierungen.

Beispiel: Das 2010 abgeschlossene sog. SWIFT-Abkommen zwischen der EU und den USA (ABl. 2010, L 195, S. 5), in dem den US-amerikanischen Behörden unter bestimmten Bedingungen erlaubt wird, zur Terrorabwehr Daten über internationale Banküberweisungen („Zahlungsverkehrsdaten") von Unionsangehörigen abzufragen, ist auf Art. 87 Abs. 2 lit. a und Art. 88 Abs. 2 AEUV gestützt (hinzu käme richtigerweise noch Art. 216 Abs. 1 AEUV). Es bedurfte infolge der Lissabonner Reformen (Anwendbarkeit des ordentlichen Gesetzgebungsverfahrens für unionsinterne Maßnahmen auf dem Gebiet der polizeilichen Zusammenarbeit) der Zustimmung des EP. Dies hat dazu geführt, dass das EP dem Rat im Vorfeld auf der informellen Ebene inhaltliche Zugeständnisse abringen konnte.

d) Unklar ist, ob auch der Abschluss von **Außenhandelsabkommen** nunmehr der Zustimmung des Europäischen Parlaments bedarf. Art. 207 Abs. 3 und 4 AEUV, der als *lex specialis* den allgemeinen Regeln des Art. 218 AEUV vorgeht, erwähnt das Parlament nicht. Aus diesem Schweigen könnte geschlossen werden, dass es bei der bisherigen Rechtslage bleiben sollte, nach der im Außenhandelsbereich keine obligatorische Anhörung vorgesehen war (Art. 133 Abs. 3 EGV) und das Parlament lediglich fakultativ angehört wurde. Vorzugswürdig ist jedoch die Gegenauffassung, wonach Art. 207 AEUV nur in Bezug auf die Rolle der Kommission und die Beschlussfassung im Rat Sondervorschriften enthält, wohingegen es hinsichtlich der Mitwirkungsrechte des Parlaments bei den allgemeinen Regeln des Art. 218 Abs. 6 UAbs. 2 lit. a Ziff. v) AEUV verbleibt. Danach ist für Außenhandelsabkommen die Zustimmung des Parlaments einzuholen, weil es sich um einen Bereich handelt, in dem seit dem Vertrag von Lissabon unionsintern das ordentliche Gesetzgebungsverfahren Anwendung findet (Art. 207 Abs. 2 AEUV; vgl. zum Ganzen: Streinz/Ohler/Herrmann, Der Vertrag von Lissabon zur Reform der EU, S. 130).

4. Gutachten des Gerichtshofs

Nach Art. 218 Abs. 11 AEUV können der Rat, die Kommission, ein Mitgliedstaat und – seit Inkrafttreten des Vertrags von Nizza – auch das Europäische Parlament ein **Gutachten** des Gerichtshofs über die Vereinbarkeit eines **geplanten** Abkommens mit den Verträgen einholen. Dieses **Verfahren der präventiven Rechtmäßigkeitskontrolle** soll die Probleme verhindern, die sowohl auf unionsrechtlicher als auch auf völkerrechtlicher Ebene entstehen würden, wenn nach Abschluss einer internationalen Übereinkunft die Unionsrechtswidrigkeit des Abschlussaktes festgestellt würde. Nach der Rechtsprechung können in einem Gutachtenantrag deshalb auch solche Fragen gestellt werden, die die Zuständigkeitsverteilung zwischen der Union und den Mitgliedstaaten für den Abschluss des Abkommens (EuGHE, Gutachten 1/75, 1975, 1355 = Hummer, S. 495 – Lokale Kosten) oder sogar nur die Wahl der richtigen Rechtsgrundlage betreffen (vgl. EuGHE, Gutachten 2/00, 2001, I-9713 – Protokoll von Cartagena); vgl. auch Art. 107 § 2 VerfO-EuGH. Verneint der EuGH in seinem Gutachten die Vereinbarkeit mit dem Primärrecht, kann das Abkommen nur nach einer Änderung der Grundverträge (Art. 48 EUV) in Kraft treten.

An einem abschließenden **Beispielsfall** soll verdeutlicht werden, wie die Außenkompetenzen der Union, die Probleme gemischter Abkommen, das Verfahren zum Abschluss völkerrechtlicher Verträge und das Gutachtenverfahren in der Praxis zusammenspielen:

Beispielsfall (nach EuGHE, Gutachten 2/00, 2001, I-9713 – Protokoll von Cartagena): Auf einer internationalen Konferenz der Vereinten Nationen wird der Text eines **Protokolls über die biologische Sicherheit** („Protokoll") verabschiedet. Es steht im Zusammenhang mit dem 1992 auf dem Umweltgipfel in Rio de Janeiro von der damaligen Europäischen Gemeinschaft und ihren Mitgliedstaaten unterzeichneten Übereinkommen über die biologische Vielfalt. Das Protokoll bezweckt „die Sicherstellung eines angemessenen Schutzniveaus bei der sicheren Übertragung, Handhabung und Verwendung der durch moderne Biotechnologie hervorgebrachten lebenden veränderten Organismen, die nachteilige Auswirkungen auf die Erhaltung und nachhaltige Nutzung der biologischen Vielfalt haben können". Ein Schwerpunkt liegt auf Regeln zur sog. grenzüberschreitenden Verbringung von lebenden veränderten Organismen („LVOs"). Zu diesem Zweck werden im Protokoll verschiedene Kontrollverfahren geschaffen, insbesondere das vor Importen und Exporten durchzuführende „Verfahren der vorherigen Zustimmung nach Inkenntnissetzung".

Das Protokoll wird auf europäischer Seite als **gemischtes Abkommen** sowohl von der Europäischen Union als auch von EU-Mitgliedstaaten unterzeichnet. Im Vorfeld kommt es zu Meinungsverschiedenheiten über die richtige Rechtsgrundlage für die Beteiligung der Union an dem Protokoll: Während sich der Vorschlag der Kommission auf Art. 207 und 191 Abs. 4 AEUV stützt, nimmt der Rat den Beschluss über die **Unterzeichnung** des Protokolls durch die Union (wegen Art. 293 Abs. 1 AEUV einstimmig) allein auf der Grundlage von Art. 192 Abs. 1 AEUV an. Deswegen beantragt die Kommission vor der Unterbreitung ihres Vorschlags für einen Beschluss des Rates über den **Abschluss** des Protokolls durch die EU beim Gerichtshof gemäß Art. 218 Abs. 11 AEUV die Erstellung eines Gutachtens. In ihrem **Gutachtenantrag** fragt die Kommission im Wesentlichen,

(1) welches die geeignete Rechtsgrundlage für den Abschluss des Protokolls durch die Union ist und

(2) wie weit die den Mitgliedstaaten verbleibenden Zuständigkeiten auf den vom Protokoll erfassten Sachgebieten im Verhältnis zu den Zuständigkeiten der Union reichen.

In seinem Gutachten wird sich der Gerichtshof insbesondere mit folgenden Punkten auseinanderzusetzen haben:

(1) **Zur ersten Gutachtenfrage:**

(a) **Zulässigkeit:** Unstreitig ist sowohl das Bestehen der Verbandszuständigkeit der Union für den Abschluss des Protokolls als auch die Vereinbarkeit der materiellen Bestimmungen des Protokolls mit EUV und AEUV. Unsicherheiten bestehen jedoch über die Wahl der richtigen Rechtsgrundlage. Diese hat wegen des Prinzips der begrenzten Einzelermächtigung „verfassungsrechtliche Bedeutung". Die Heranziehung einer falschen Rechtsgrundlage könnte zur Rechtswidrigkeit des Abschlussaktes seitens der Union oder zu einem fehlerhaften Beschlussverfahren führen. Damit könnten sowohl auf Unionsebene als auch in der Völkerrechtsordnung Rechtsunsicherheiten entstehen, die durch das präventive Verfahren des Art. 218 Abs. 11 AEUV gerade verhindert werden sollen. Eine Gutachtenfrage zur Wahl der richtigen Rechtsgrundlage ist mithin zulässig. Sie kann sogar schon vor Einleitung der internationalen Vertragsverhandlungen gestellt werden (EuGHE, Gutachten 2/94, 1996, I-1759 = Hummer, S. 211 – EMRK).

(b) **Zur Sache** ist festzustellen, dass Art. 192 Abs. 1 i.V.m. Art. 216 Abs. 1 AEUV die richtige Rechtsgrundlage für den Abschluss des Protokolls durch die Union ist und dass diese Zuständigkeit zwischen den Mitgliedstaaten und der Union geteilt ist (Art. 4 Abs. 2 lit. e AEUV).

- Das Protokoll ist im Wesentlichen dem Bereich des Umweltschutzes und nicht dem der Handelspolitik zuzuordnen. Der Abschluss des Protokolls ist deshalb auf eine einheitliche Rechtsgrundlage im Bereich der Umweltpolitik zu stützen. Das Protokoll von Cartagena beruht auf dem 1992 in Rio de Janeiro vereinbarten Übereinkommen über die biologische Vielfalt, verfolgt das Ziel, ein angemessenes Schutzniveau bei der sicheren Übertragung, Handhabung und Verwendung von LVO sicherzustellen, und enthält mit dem Kontrollverfahren der vorherigen Zustimmung nach Inkenntnissetzung ein typisches Instrument präventiver Umweltpolitik. Legt man das Protokoll gemäß Art. 31 der Wiener Vertragsrechtskonvention nach seinem Zusammenhang, seiner Zielsetzung und seinem Inhalt aus, so stellt es sich als ein hauptsächlich im Bereich des Umweltschutzes geschlossener Vertrag dar, dessen Auswirkungen auf den Handel mit LVO als Nebenwirkungen gesehen werden müssen. Es handelt sich nicht um ein zur Förderung, Erleichterung oder Regelung des Handelsverkehrs bestimmtes Instrument. Der Zentralbegriff der grenzüberschreitenden Verbringung erfasst jede Form des zwischenstaatlichen Transports, unabhängig davon, ob mit ihm handelsbezogene Zwecke verfolgt werden. Das Protokoll erfasst auch die rechtswidrige und die unbeabsichtigte Verbringung sowie die Verbringung zu karitativen, wissenschaftlichen oder im öffentlichen Interesse stehenden Zwecken. Auch das Nebeneinander der Begriffe Verbringung, Handhabung und Verwendung der LVO zeigt, dass die Vertragsparteien jede Form des Umgangs und nicht nur den Handel mit LVO erfassen wollten.

- Die richtige Rechtsgrundlage im Bereich der Umweltpolitik ist die sich aus Art. 192 Abs. 1 i.V.m. Art. 216 Abs. 1 AEUV ergebende Kompetenz kraft Sachzusammenhangs („implied powers") zum Abschluss völkerrechtlicher Verträge zur Erreichung der in Art. 191 AEUV genannten Ziele. Die in Art. 191 Abs. 4 AEUV enthaltene engere Rechtsgrundlage ist hingegen nicht einschlägig, da das Protokoll von Cartagena über bloße internationale Zusammenarbeit im umweltpolitischen Bereich hinausgeht.

- Die sich aus Art. 192 Abs. 1 AEUV ergebende Zuständigkeit der Union zum Abschluss des Protokolls ist nicht ausschließlich, da die auf Unionsebene im Geltungsbereich des Protokolls durchgeführte Harmonisierung diesen Bereich bis jetzt nur ganz partiell abdeckt. Daher wird der Bereich der biologischen Sicherheit noch nicht vollständig von Unionsrechtsakten abgedeckt, die im Sinne von Art. 3 Abs. 2 AEUV (ehemalige AETR-Rechtsprechung) beeinträchtigt werden könnten, wenn die Mitgliedstaaten neben der Union im eigenen Namen am Verfahren zum Abschluss des Protokolls mitwirken würden. Damit bleibt es bei der geteilten Zuständigkeit nach Art. 4 Abs. 2 AEUV.

(2) **Zur zweiten Gutachtenfrage:** Da das *Bestehen* von geteilten Zuständigkeiten der Union und der Mitgliedstaaten im vorliegenden Fall feststeht, kann der *Umfang* dieser Zuständigkeiten als solcher keine Auswirkungen auf die Befugnis der Union zum Abschluss des Protokolls, oder allgemeiner betrachtet auf dessen materielle Rechtmäßigkeit oder formelle Ordnungsmäßigkeit im Hinblick auf den AEUV haben. Zwar trifft es zu, dass der Umfang der jeweiligen Zuständigkeiten der Union und der Mitgliedstaaten in den Bereichen, auf die sich das Protokoll erstreckt, im Innenverhältnis den Umfang ihrer jeweiligen Verantwortung für die Erfüllung der dem Protokoll zu entnehmenden Verpflichtungen bestimmt. Diese Erwägungen allein rechtfertigen jedoch nicht den Rückgriff auf das Gutachtenverfahren nach Art. 218 Abs. 11 AEUV, das nicht dazu dient, bloße Schwierigkeiten zu beheben, die mit der Durchführung eines geplanten gemischten Abkommens verbunden sind. Damit ist die zweite Gutachtenfrage unzulässig.

IV. Status der von der Union geschlossenen völkerrechtlichen Verträge

Die von der Union geschlossenen völkerrechtlichen Verträge bilden einen **integralen** (= vollwertigen, wesentlichen, früher auch: „integrierenden") **Bestandteil** der Rechtsordnung der Union (EuGHE, 181/73, 1974, 129 – Haegeman; EuGH, C-386/08 Urt. v. 25.2. 2010, EuZW 2010, 264 – Brita, Rn. 39). Als Rechtsakte eines Unionsorgans sind sie Teil des Sekundärrechts, binden aber sowohl die Unionsorgane als auch die Mitgliedstaaten (Art. 216 Abs. 2 AEUV) und genießen somit einen **Zwischenrang** zwischen dem Primärrecht und dem sonstigen Sekundärrecht (zur Frage der unmittelbaren Anwendbarkeit von Bestimmungen in völkerrechtlichen Verträgen und zur Frage, ob sie als Maßstab für die Rechtmäßigkeitskontrolle sonstigen Sekundärrechts dienen können, vgl. oben S. 64 und unten S. 169).

6. Kapitel: Der Vollzug des Unionsrechts

Aus dem Prinzip der begrenzten Einzelermächtigung (Art. 5 Abs. 1 EUV, Art. 291 Abs. 1 AEUV) folgt, dass die Mitgliedstaaten das Unionsrecht vollziehen (= anwenden), soweit für den Vollzug nicht ausnahmsweise eine Zuständigkeit der Union nach primärem oder sekundärem Unionsrecht gegeben ist. Liegt dieser Ausnahmefall vor, vollzieht also die Union ihr materielles Recht selbst, so spricht man vom **direkten Vollzug** (unionsunmittelbare Vollziehung, zentrale Verwaltung). Haben hingegen die Mitgliedstaaten das Unionsrecht auszuführen, spricht man vom **indirekten Vollzug** des Unionsrechts (Beispiel: Erlass eines nationalen Verwaltungsakts, gestützt auf eine Unionsverordnung). Nach Art. 197 AEUV kann die Union die Mitgliedstaaten zur Verbesserung der effektiven Durchführung des Unionsrechts u. a. durch den Austausch von Beamten und durch Weiterbildung unterstützen.

A. Der direkte Vollzug

I. Bereiche des direkten Vollzugs

Im direkten Vollzug steht der **unionsinterne Bereich,** zu dem z. B. die Personalangelegenheiten und die interne Organisation der europäischen Einrichtungen gehören (Kompetenzgrundlage: „implied powers", vgl. oben S. 83). Der **Haushalt der EU** nimmt eine Zwitterstellung ein: Er wird von der Kommission „zusammmen mit den Mitgliedstaaten" ausgeführt (Art. 317 Abs. 1 AEUV); Hintergrund ist, dass in die Auszahlung von Finanzmitteln aus dem EU-Budget bisweilen auch nationale Stellen einbezogen sind.

Von den **unionsexternen Angelegenheiten** steht im direkten Vollzug insbesondere die Beihilfenaufsicht (Art. 108 AEUV, Verordnung Nr. 659/1999, Sartorius II Nr. 173), die europäische Fusionskontrolle (Verordnung Nr. 139/2004, Sartorius II Nr. 170), die Verwaltung der Unionsfonds sowie die Wissenschafts- und Forschungsförderung. Im Kartellrecht ist die Verteilung der Verwaltungskompetenzen zwischen Kommission und nationalen Behörden in der Verordnung Nr. 1/2003 (Sartorius II Nr. 165) geregelt.

II. Regeln für den direkten Vollzug

Im Rahmen des direkten Vollzugs können die Unionsorgane, namentlich die Kommission, auch Beschlüsse (Art. 288 Abs. 3 AEUV) gegenüber Einzelnen erlassen.

Das geschriebene Unionsrecht enthält hierzu nur wenige Regeln. Nach Art. 296 Abs. 2 AEUV (vgl. auch Art. 41 Abs. 2 lit. c der Charta der Grundrechte) ist auch für Beschlüsse eine **Begründung** vorgeschrieben. Diese muss die tragenden Erwägungen enthalten, die zum Erlass des Beschlusses geführt haben, so dass der Einzelne die Erfolgsaussichten einer Klage beurteilen und der EuGH die Rechtmäßigkeit der Entscheidung kontrollieren kann (EuGHE, C-269/90, 1991, I-5469 = EuZW 1992, 90 – Technische Universität München, Rn. 26). Art. 297 Abs. 2 AEUV regelt den Beginn der **Wirksamkeit** und eine etwaige Veröffentlichung von Beschlüssen, Art. 299 AEUV ihre **Vollstreckung.**

Das sekundäre Unionsrecht enthält überdies allgemeine Regelungen zur **Sprachenfrage** (Verordnung Nr. 1, ABl. 1958, Nr. 17, S. 358) sowie einige Bestimmungen über Fristen, Daten und Termine (Verordnung Nr. 1182/71, ABl. 1971, L 124, S. 1). Spezielle Verfahrensregeln bestehen in den jeweiligen Sachgebieten, im Kartellrecht ist z. B. auf die Verordnung Nr. 1/2003 (Sartorius II Nr. 165), im Beihilferecht auf die Verordnung Nr. 659/1999 (ABl. Nr. L 83/1) und in der Fusionskontrolle auf die Verordnung Nr. 139/2004 zu verweisen (vgl. dazu die Ausführungen im 15. Kapitel).

Trotzdem bleiben im geschriebenen Verwaltungsverfahrensrecht erhebliche Lücken. Diese hat der Gerichtshof durch Heranziehung allgemeiner Rechtsgrundsätze (vgl. dazu unten S. 279 ff.) geschlossen. Danach hat sich die **Verwaltungstätigkeit der Union** insbesondere an folgenden Grundsätzen zu orientieren:

– Gesetzmäßigkeit der Verwaltung (Vorrang des Gesetzes; Vorbehalt des Gesetzes i. S. d. Vorbehalts einer vertraglichen Ermächtigung),

- Grundsatz der Verhältnismäßigkeit (vgl. etwa EuGHE, C-441/07 P, Urt. v. 29.6. 2010 – Alrosa, Rn. 36),
- Grundsatz der Rechtssicherheit und des Vertrauensschutzes (Entwicklung von Regeln über die Rücknahme rechtswidriger und den Widerruf rechtmäßiger Beschlüsse, vgl. EuGHE, 14/81, 1982, 749 = Hummer, S. 442 – Alpha Steel),
- Selbstbindung der Verwaltung (z. B. durch die zahlreichen Mitteilungen und Bekanntmachungen der Kommission im Bereich der Wettbewerbspolitik),
- Anspruch auf rechtliches Gehör (Art. 41 Abs. 2 lit. a der Charta der Grundrechte),
- Recht auf Akteneinsicht (Art. 41 Abs. 2 lit. b der Charta der Grundrechte),
- Schutz der Kommunikation zwischen einem Rechtsanwalt und seinem Mandanten, auch „Anwaltsgeheimnis" genannt (EuGHE, 155/79, 1982, 1575 – AM&S; vgl. jüngst EuGH, C-550/07 P, Urt. v. 14.9. 2010 – Akzo),
- „ne bis in idem" (Art. 50 der Charta der Grundrechte),
- Untersuchungsgrundsatz (vgl. EuGH, C-269/90, 1991, I-5469 – Technische Universität München).

Werden diese Grundsätze verletzt, ist der betreffende Beschluss im Rahmen einer Klage nach Art. 263 AEUV für nichtig zu erklären. Auch ein Vorabentscheidungsersuchen nach Art. 267 AEUV zur Überprüfung der Gültigkeit des Beschlusses kommt in Betracht, allerdings nur, soweit der Betroffene den Beschluss mangels Klageberechtigung nicht nach Art. 263 AEUV anfechten konnte (vgl. unten S. 137).

B. Der indirekte Vollzug

In der weitaus überwiegenden Zahl der Fälle vollziehen die Mitgliedstaaten das Unionsrecht. Hierzu sind sie wegen fehlender Kompetenz der Union nach Art. 4 Abs. 3 EUV, Art. 291 Abs. 1 AEUV auch verpflichtet. Ein Weisungsrecht der Unionsorgane besteht nicht. Ebenso wenig existiert ein allgemeines unionsrechtliches Verfahrens- und Prozessrecht, das von den nationalen Behörden und Gerichten angewendet werden könnte (str. ist, ob die Union überhaupt zuständig wäre, ein solches zu schaffen; vgl. auch Kahl NVwZ 1996, 865).

Zu unterscheiden ist der Vollzug unmittelbar anwendbaren Unionsrechts (insbes. Primärrecht, Verordnungen sowie unmittelbar wirkende Richtlinien und Beschlüsse) einerseits und nationalen Rechts, durch das Richtlinien umgesetzt sind, andererseits.

Welche nationalen **Behörden** für den Vollzug des Unionsrechts zuständig sind, bestimmt jeder Mitgliedstaat im Rahmen seiner Verfahrensautonomie selbst. In Deutschland kommen die Art. 83 ff. GG *analog* (Unionsrecht ist nicht Bundesrecht) zur Anwendung. Danach sind grundsätzlich die Länder zuständig. Allerdings kann der Bund nach Art. 87 Abs. 3 GG auch oberste Bundesbehörden errichten, was er z. B. durch Schaffung der Bundesanstalt für Landwirtschaft und Ernährung getan hat, die für den Vollzug der gemeinsamen Marktorganisationen (Art. 38–44 AEUV) zuständig ist. Die Länder sind dem Bund gegenüber nach dem Grundsatz der Bundestreue i. V. m. Art. 23 Abs. 1 GG zum Vollzug des Unionsrechts verpflichtet. Diese Verpflichtung ergibt sich aber auch aus dem Unionsrecht selbst. Denn dieses gilt in der Bundesrepublik auch als objektives Recht und ist deshalb von allen nationalen Stellen im Rahmen ihrer Zuständigkeit zu beachten. Handelt es sich um den Vollzug nationalen Rechts, das eine Richtlinie umsetzt, sind Art. 83 ff. GG unmittelbar anwendbar. Die Zuständigkeit von Bund und Ländern zur gesetzmäßigen Umsetzung von Richtlinien richtet sich nach Art. 70 ff. GG.

I. Die Verfahrensautonomie der Mitgliedstaaten in den Grenzen von Äquivalenz und Effektivität

In einigen Sachgebieten wie dem Zoll-, Agrar- und Umweltrecht existieren Verordnungen, die das von den nationalen Behörden anzuwendende Verfahren regeln. Grundlegendes wird dabei vom Unionsgesetzgeber in (Grund-)Verordnungen geregelt, hinzu kommen regelmäßig Durchführungsverordnungen der Kommission, in denen zum Teil detaillierte Vorgaben zum Zwecke einer einheitlichen Durchführung des Unionsrechts in den Mitgliedstaaten enthalten sind (Art. 291 Abs. 2 AEUV; vgl. dazu oben S. 96). Diesen unionsrechtlichen Vorgaben kommt nach den allgemeinen Grundsätzen Vorrang vor den nationalen Bestimmungen zu. Dies gilt z. B. für den Zollkodex (vgl. unten S. 195 f.), der vom deutschen Recht abweichende Vorschriften über Erlass, Gültigkeit und Rücknahme von Verwaltungsakten enthält.

Existieren solche unionsrechtlichen Vorgaben nicht oder regeln sie nicht alle Einzelheiten, gehen die staatlichen Behörden bei Durchführung des Unionsrechts nach den formellen und materiellen (z. B. Verjährung, Aufrechnung) Bestimmungen des nationalen Rechts vor. Es gilt der Grundsatz der **Verfahrens-autonomie der Mitgliedstaaten.** Dadurch könnte es allerdings im Ergebnis zu einer unterschiedlichen Anwendung des Unionsrechts in den Mitgliedstaaten kommen, weil diese etwa unterschiedliche Regelungen über die Rücknahme von Verwaltungsakten oder über die Verjährung von Erstattungsansprüchen des Einzelnen gegenüber dem Staat anwenden oder weil sich das Prozessrecht wesentlich unterscheidet. Es besteht daher ein **Spannungsverhältnis** zwischen der **Anwendung nationalen Verfahrensrechts** (Verwaltungs- und Gerichtsverfahrensrecht) und dem **Erfordernis der gleichmäßigen Anwendung des Unionsrechts** in allen Mitgliedstaaten. Der EuGH setzt deswegen beim indirekten Vollzug von Unionsrecht der Anwendung des innerstaatlichen Rechts Grenzen (st. Rspr. seit EuGHE, 33/76, 1976, 1989 – Rewe):

– Erstens dürfen beim Vollzug des Unionsrechts keine ungünstigeren nationalen Regelungen zur Anwendung kommen als bei vergleichbaren rein innerstaatlichen Sachverhalten (**Grundsatz der Äquivalenz** bzw. **Gleichwertigkeit**).
– Zweitens darf das nationale Verfahrensrecht die Verwirklichung des Unionsrechts nicht praktisch unmöglich machen oder übermäßig erschweren (**Grundsatz der Effektivität** bzw. **Effizienzgebot**). Die Interessen der Union an der Durchsetzung des Unionsrechts sind zu wahren.

Werden diese beiden Grenzen überschritten, ohne dass eine (vorrangig zu berücksichtigende) unionsrechtskonforme Auslegung der nationalen Verfahrensvorschriften möglich ist, hat das Unionsrecht Vorrang. Es sind dann insoweit die allgemeinen Rechtsgrundsätze des Unionsrechts und nicht die nationalen Verfahrensregeln anzuwenden.

Im Einzelnen ist hier vieles umstritten und ungeklärt (vgl. von Danwitz DVBl. 1998, 421; Schwarze NVwZ 2000, 242, 244 ff.; Steinbeiß-Winkelmann NJW 2010, 1234). Am anschaulichsten lassen sich die auftretenden Probleme am Beispiel der Rückforderung unionsrechtswidriger Beihilfen und unionsrechtswidriger Abgaben erläutern.

1. Die Rückforderung unionsrechtswidriger Beihilfen

Wird einem Unternehmen von einer deutschen staatlichen Stelle unter Verstoß gegen Unionsrecht eine **Beihilfe** gewährt, so kann es sich zum einen um eine Beihilfe handeln, die aus Unionsmitteln und nach Unionsrecht erfolgte. Die Verpflichtung der Bundesrepublik zur **Rückforderung** ergibt sich dann aus den einschlägigen sekundärrechtlichen Bestimmungen, etwa auf dem Gebiet des Landwirtschaftsrechts.

(EuGHE, 205/82, 1983, 2633 = Hummer S. 205 – Milchkontor; EuGHE, C-298/96, 1998, I-4767 Öhlmühle; EuGHE, C-158/06, 2007, I-5103 – ROM-projecten)

Es kann sich aber zum anderen auch um eine *staatliche* Beihilfe i. S. v. Art. 107 AEUV handeln, deren Unvereinbarkeit mit dem Binnenmarkt die Kommission gemäß Art. 108 Abs. 2 AEUV festgestellt und deren Rückforderung sie der Bundesrepublik Deutschland mittels Beschluss aufgegeben hat.

(EuGHE, C-24/95, 1997, I-1591 = Hummer, S. 727 – Alcan; dazu BVerwG EuZW 1998, 730; BVerfG EuZW 2000, 445. Beachte: Die Rückforderungsanordnung der Kommission wird immer an die Bundesrepublik gerichtet, auch wenn eine Landesbehörde oder Kommune die Beihilfe gewährt hat).

In beiden Fällen (rechtswidrige Beihilfe aus Unionsmitteln und rechtswidrige Beihilfe aus innerstaatlichen Mitteln) existieren kaum spezielle europarechtliche Verfahrensvorschriften über die Rückforderung der jeweils gewährten Beihilfen. Aufgrund des **Grundsatzes der Verfahrensautonomie** der Mitgliedstaaten haben daher die deutschen Behörden ihr nationales Verwaltungsverfahrensrecht anzuwenden (dies ist für staatliche Beihilfen in Art. 14 Abs. 3 der Verordnung Nr. 659/99 jetzt auch ausdrücklich so geregelt, vgl. unten S. 335). Für die Rücknahme des Bewilligungsbescheids einer nationalen Behörde kommt daher § 48 Abs. 1 Satz 1 VwVfG und für die Rückerstattung des Geldbetrags § 49 a Abs. 1 Satz 2 VwVfG in Betracht (es geht also um zwei voneinander zu trennende Verwaltungsakte).

Die Beihilfengewährung ist in beiden Fällen – unionsrechtswidrige Unionsbeihilfe und unionsrechtswidrige staatliche Beihilfe – **rechtswidrig** (§ 48 Abs. 1 VwVfG).

Nach § 48 Abs. 2–4 VwVfG darf allerdings ein rechtswidriger begünstigender Verwaltungsakt nicht zurückgenommen werden, soweit der Begünstigte auf den Bestand des Verwaltungsakts vertraut hat und sein Vertrauen unter Abwägung mit den öffentlichen Interessen an einer Rücknahme schutzwürdig ist (Vertrauensschutz); außerdem gilt eine Jahresfrist für die Rücknahme.

Der europarechtliche **Grundsatz der Effektivität** verlangt jedoch, dass die Beschränkungen der Rücknahmemöglichkeit im deutschen Verwaltungsverfahrensrecht (§ 48 Abs. 2–4 VwVfG) unionsrechtskonform gehandhabt werden, so dass die Rückforderung der Beihilfe nicht praktisch unmöglich gemacht oder übermäßig erschwert wird. Zwar kennt auch das Unionsrecht den **Grundsatz des Vertrauensschutzes**. Bei der Abwägung der Interessen nach § 48 Abs. 2 Satz 1 VwVfG (Rechtssicherheit, Vertrauensschutz, Rechtmäßigkeit der Verwaltung) sind allerdings die Unionsinteressen voll zu berücksichtigen.

Beispiel: In der Rs. Alcan (EuGHE, C-24/95, 1997, I-1591 = Hummer, S. 727 – Alcan) berief sich ein Unternehmen, das staatliche Subventionen erhalten hatte, gegenüber einem nationalen Beihilfenrückforderungsbescheid auf den durch § 48 VwVfG gewährten Vertrauensschutz. Nach Ansicht des BVerwG hätte § 48 VwVfG einer Rückforderung entgegengestanden. Auf Vorlage des BVerwG entschied der EuGH:

(a) Die Rückforderung einer rechtswidrigen staatlichen Beihilfe findet grundsätzlich nach Maßgabe des einschlägigen nationalen Rechts statt; jedoch darf dessen Anwendung die unionsrechtlich vorgeschriebene Rückforderung nicht praktisch unmöglich machen. Insbesondere muss bei der Anwendung einer Vorschrift, die die Rücknahme eines rechtswidrigen Verwaltungsakts von der Abwägung der verschiedenen widerstreitenden Interessen abhängig macht, das Interesse der Union in vollem Umfang berücksichtigt werden.

(b) Insoweit widerspricht es zwar nicht dem Unionsrecht, wenn das nationale Recht im Rahmen der Rückforderung das berechtigte Vertrauen und die Rechtssicherheit schützt. Ein beihilfebegünstigtes Unternehmen darf auf die Ordnungsmäßigkeit der Beihilfe jedoch grundsätzlich nur dann vertrauen, wenn diese unter Einhaltung des in Art. 108 AEUV vorgesehenen Verfahrens gewährt wurde. Einem sorgfältigen Gewerbetreibenden ist es nämlich regelmäßig möglich, sich zu vergewissern, dass dieses Verfahren eingehalten wurde.

(c) Die Rolle der nationalen Behörden bei staatlichen Beihilfen, die von der Kommission für mit dem Vertrag unvereinbar erklärt werden, beschränkt sich auf die Durchführung der Beschlüsse der Kommission. Deshalb ist der Empfänger einer rechtswidrig gewährten Beihilfe, sobald die Kommission einen Rückforderungsbeschluss erlassen hat, nicht mehr im Ungewissen. Dies gilt unabhängig davon, ob nationale Behörden die Ausschlussfrist verstreichen lassen, die im nationalen Recht für die Rücknahme des Beihilfebewilligungsbescheids vorgesehen ist.

(d) Daher ist die zuständige nationale Behörde unionsrechtlich verpflichtet, den Bewilligungsbescheid für eine rechtswidrig gewährte Beihilfe gemäß einem bestandskräftigen Rückforderungsbeschluss der Kommission selbst dann noch zurückzunehmen, wenn

   – sie die nach nationalem Recht im Interesse der Rechtssicherheit dafür bestehende Ausschlussfrist hat verstreichen lassen,
   – sie für dessen Rechtswidrigkeit in erheblichem Maße selbst verantwortlich ist, sofern der Begünstigte wegen Nichteinhaltung des in Art. 108 AEUV vorgesehenen Verfahrens kein berechtigtes Vertrauen in die Ordnungsmäßigkeit der Beihilfe haben konnte, und
   – die Rückforderung nach nationalem Recht wegen Wegfalls der Bereicherung mangels Bösgläubigkeit des Beihilfeempfängers ausgeschlossen wäre; ein solcher Wegfall ist bei staatlichen Beihilfen nämlich die Regel, weil diese Beihilfen im Allgemeinen Unternehmen gewährt werden, die sich in Schwierigkeiten befinden.

Der Grundsatz des Vertrauensschutzes greift also im Ergebnis nicht durch, weil jedenfalls von einem größeren Unternehmen erwartet werden kann, sich zu vergewissern, ob die nationale Behörde, die die Beihilfe gewährt hat, das Verfahren des Art. 108 Abs. 3 AEUV eingehalten hat. Vertretbar erscheint auch, § 48 Abs. 2 Satz 3 VwVfG unionsrechtskonform dahin auszulegen, dass ein Unternehmen, das sich nicht der Einhaltung des Verfahrens nach Art. 108 AEUV versichert, die Rechtswidrigkeit der Beihilfegewährung grob fahrlässig nicht kennt. Bei einem kleinen Unternehmen, das die Regelung des Art. 108 Abs. 3 AEUV nicht kennt, wäre hingegen der Vertrauensschutz stärker zu gewichten und könnte sich auch nach der Rechtsprechung des EuGH gegen das Unionsinteresse an der Vermeidung von Wettbewerbsverzerrungen möglicherweise durchsetzen.

Ist die Rücknahme rechtlich zulässig, ist die Behörde trotz § 48 Abs. 1 VwVfG (Ermessen) hierzu verpflichtet, wenn ihr die Rücknahme durch einen bestandskräftigen Beschluss der Kommission aufgegeben ist (vgl. BVerwG NJW 1993, 2764, 2766). Ansonsten würde die nationale Behörde gegen den Kommissionsbeschluss verstoßen. Ihr **Ermessen ist also auf Null reduziert.**

Die **Ausschlussfrist** des § 48 Abs. 4 VwVfG verstößt jedenfalls dann gegen das Effizienzgebot, wenn eine nationale Behörde, die durch die Kommissionsentscheidung Kenntnis von der Rechtswidrigkeit der Beihilfe hat, die Jahresfrist fahrlässig oder gar absichtlich verstreichen lässt. Ließe man in diesem Fall die Berufung des Unternehmens auf § 48 Abs. 4 VwVfG zu, wäre die Durchsetzung des Unionsrechts vom Willen der Behörde, die die Beihilfe ja ursprünglich gewähren wollte, abhängig und damit praktisch unmöglich.

Klausurhinweis: Das Unternehmen, dem eine **Einzelbeihilfe** gewährt worden ist, kann den Beschluss der Kommission an die Bundesrepublik über die Rechtswidrigkeit der Beihilfe und die Verpflichtung, diese zurückzufordern, nach Art. 263 Abs. 4 AEUV vor dem EuG anfechten, da es von diesem Beschluss unmittelbar und individuell betroffen ist (in der Regel wird es sogar namentlich genannt). Den nationalen Rückforderungsbescheid kann es hingegen nur vor dem nationalen Verwaltungsgericht anfechten. Dieses muss, wenn es den Beschluss für rechtswidrig hält, eine Gültigkeitsvorlage nach Art. 267 AEUV an den EuGH richten. Allerdings kann der EuGH den Beschluss der Kommission nicht mehr auf seine Gültigkeit überprüfen, wenn er bestandskräftig ist, das Unternehmen ihn also trotz vollständiger Kenntnis nicht innerhalb der Frist des Art. 263 Abs. 6 AEUV beim EuG angefochten hat (EuGHE, C-188/92, 1994, I-833 – Textilwerke Deggendorf, Rn. 13; im selben Sinne EuGH, C-239/99, 2001, I-1197 = EuZW 2001, 181 – Nachi Europe, Rn. 29). Eine Vorlage an den EuGH durch das natioale Verwaltungsgericht kommt dann nicht mehr in Betracht und wäre auch unzulässig. Hat die Kommission dagegen die Rückabwicklung einer allgemeinen **Beihilferegelung** angeordnet, wird die Klage kleinerer Unternehmen vor nationalen Gerichten hingegen regelmäßig Erfolg haben: Die Bestandskraft des Beschlusses, die gewährten Beihilfen zurückzufordern, steht einer Vorlage nach Art. 267 AEUV nicht entgegen, weil das Unternehmen den Beschluss mangels individuellen Betroffenseins nicht in zulässiger Weise vor dem EuG anfechten konnte; außerdem kann sein Vertrauen auf die Rechtmäßigkeit der Beihilfe schützenswert sein (EuGHE, C-310/99, 2002, I-2289 – Italien/Kommission, Rn. 103; EuGH, Rs. C-71/09 P – Comitato Venezia vuole vivere; vgl. auch unten S. 335).

2. Die Rückforderung unionsrechtswidriger Abgaben

Denkbar ist auch der umgekehrte Fall, in dem ein Bürger von den nationalen Behörden eine unter Verstoß gegen das Unionsrecht erhobene **Abgabe** zurückverlangt. Auch in diesem Fall richten sich die Einzelheiten der Rückzahlung nach nationalem Recht (Rücknahme eines belastenden Verwaltungsakts), wobei wiederum die Grundsätze der Äquivalenz und der Effektivität gelten.

a) Der Einzelne hat Anspruch auf die Erstattung von Abgaben, die von einer nationalen Behörde auf der Grundlage eines rechtswidrigen Unionsrechtsakts (z. B. einer Verordnung) erhoben wurden.

Beispiele: EuGHE, 26/74, 1976, 677 – Roquette; EuGHE, 130/79, 1980, 1887 – Express Dairy Foods; EuGHE, 66/80, 1981, 1191 – International Chemical Cooperation; EuGHE, C-212/94, 1996, I-389 – FMC; EuGHE, C-351/04, 2007, I-7723 – IKEA Wholesale, Rn. 67 f.

b) Ebenso hat der EuGH anerkannt, dass der Einzelne gegen nationale Stellen einen Anspruch auf die Erstattung von Abgaben hat, die von ihm auf der Grundlage von unionsrechtswidrigem nationalem Recht erhoben wurden.

Beispiele: Urteile EuGHE, 33/76, 1976, 1989 – Rewe; EuGHE, 74/76, 1977, 557 – Ianelli; EuGHE, 68/79, 1980, 501 = Hummer, S. 684 – Just; EuGHE, 232/81, 1983, 3595 – San Giorgio; EuGHE, C-188/95, 1997, I-6783 – Fantask; EuGHE, C-147/01, 2003, I-11365 – Weber's Wine World; EuGHE, C-30/02, 2004, I-6051 – Recheio-Cash & Carry.

Verlangt z. B. eine staatliche berufsausbildende Einrichtung von ihren ausländischen EU-Studenten Einschreibegebühren, die von inländischen Studenten nicht erhoben werden, so ist dies eine nach Art. 18 Abs. 1 AEUV verbotene Diskriminierung.

Hintergrund: Der Anwendungsbereich von Art. 18 AEUV ist zum einen eröffnet, weil die Studenten aus anderen Mitgliedstaaten von ihrem Freizügigkeitsrecht als Unionsbürger Gebrauch machen (Art. 21 Abs. 1 AEUV), zum anderen, weil es um den Zugang zur Berufsausbildung geht, der ebenfalls in den Anwendungsbereich des Vertrages fällt (vgl. EuGHE, 39/86, 1988, 3161 = Hummer, S. 564 – Lair und jetzt Art. 165, 166 AEUV). Sind die ausländischen Studenten gleichzeitig Wanderarbeitnehmer oder Kinder eines solchen, so sind als *leges speciales* Art. 45 Abs. 2 AEUV, Art. 7 Abs. 2 der Verordnung Nr. 1612/68 und Art. 12 der Verordnung Nr. 1612/68 einschlägig.

EU-Studenten brauchen daher wegen Vorrangs des Art. 18 Abs. 1 AEUV vor den die Zahlung anordnenden nationalen Vorschriften solche diskriminierenden Gebühren nicht zu begleichen. Bereits bezahlte Gebühren sind zu erstatten.

c) Gleichviel, ob die Abgabe aufgrund rechtswidrigen Unionsrechts oder aufgrund rechtswidrigen nationalen Rechts erhoben wurde, ist der Erstattungsanspruch gegenüber den innerstaatlichen Stellen im Rahmen der einschlägigen nationalen Rechtsvorschriften zu verfolgen. Dabei dürfen insbesondere **Ausschlussfristen** vorgesehen werden (st. Rspr.; vgl. z. B. EuGHE, C-231/96, 1998, I-4981 – Edis). Allerdings setzt das Unionsrecht dem nationalen Recht folgende Grenzen: Die anzuwendenden nationalen Rechtsvorschriften dürfen für den Einzelnen nicht ungünstiger sein als bei ähnlichen, rein innerstaatlichen Rückforderungsansprüchen (**Äquivalenzgebot**). Außerdem dürfen sie die Erstattung der ohne Rechtsgrund bezahlten Beträge nicht praktisch unmöglich machen oder übermäßig erschweren (**Effektivitätsgebot**). Nach deutschem Verwaltungsrecht ist daher – wohl in Übereinstimmung mit dem Unionsrecht – ein Erstattungsanspruch ausgeschlossen, wenn die Gebühren infolge eines zwar rechtswidrigen, aber bestandskräftigen Verwaltungsakts erhoben wurden. Der **Verwaltungsakt** hätte angefochten werden können und müssen. Andernfalls stellt er den Rechtsgrund für die Erhebung der Gebühren dar. Allerdings kommt bei offensichtlicher Rechtswidrigkeit ein Wiederaufgreifen des Verfahrens mit Rücknahme des Verwaltungsakts nach § 51 i. V. m. § 48 Abs. 1 S. 1 VwVfG (vgl. sogleich) sowie gegebenenfalls die Erhebung einer Amtshaftungsklage nach Art. 34 GG, § 839 BGB (vgl. BGH NJW 1991,

1168; NJW 2003, 1308) in Betracht. Das deutsche Recht macht daher, trotz seiner relativ kurzen Anfechtungsfrist, die Durchsetzung des Unionsrechts nicht praktisch unmöglich. Auch das Äquivalenzprinzip ist gewahrt.

3. Das Spannungsverhältnis zwischen Effektivität und Rechtssicherheit: Bestandskraft nationaler Verwaltungsakte und Wiederaufgreifen des Verfahrens

Eine unionsrechtliche Pflicht zur nochmaligen Überprüfung oder Rücknahme eines nicht angefochtenen, bestandskräftigen Verwaltungsakts gibt es nicht (EuGH, C-392/04 u. C-422/04, 2006, I-8559 = EuZW 2006, 696 – Arcor). In diesem Fall setzen sich die nationale Verfahrensautonomie, das Vertrauen auf die Rechtskraft und die Rechtssicherheit gegenüber dem Interesse an der richtigen Anwendung des Unionsrechts durch. Das Äquivalenzprinzip ist freilich zu wahren.

Anders verhält es sich dann, wenn der Betroffene den Verwaltungsakt angefochten, den Rechtsweg ausgeschöpft und das letztinstanzliche Gericht eine entscheidungserhebliche Frage des Unionsrechts unter Verstoß gegen Art. 267 AEUV nicht dem EuGH vorgelegt hat. In diesem Fall ist die nationale Behörde unter bestimmten Umständen verpflichtet, den bestandskräftigen unionsrechtswidrigen Verwaltungsakt erneut zu überprüfen und gegebenenfalls zurückzunehmen. Diesbezüglich hatte der EuGH in der Rechtssache Kühne & Heitz (EuGHE, C-453/00, 2004, I-837 = Hummer S. 39) zunächst folgende Grundsätze aufgestellt:

Es besteht nach Art. 4 Abs. 3 EUV (ehemals Art. 5 EWGV, Art. 10 EGV) eine unionsrechtliche **Pflicht, das Verfahren wieder aufzugreifen** (§ 51 VwVfG) und einen schon bestandskräftigen Verwaltungsakt zurückzunehmen, wenn

– die Verwaltungsbehörde nach nationalem Recht zur Rücknahme bestandskräftiger Verwaltungsentscheidungen befugt ist (dies ist in Deutschland gemäß § 48 VwVfG der Fall),
– die Bestandskraft infolge eines letztinstanzlichen Urteils eingetreten ist,
– dieses Urteil auf einer – wie sich später herausstellt (nachfolgendes EuGH-Urteil) – unrichtigen Auslegung des Unionsrechts beruht, ohne dass der EuGH angerufen wurde, obwohl die Voraussetzungen des Art. 267 Abs. 3 AEUV vorlagen, und
– der Betroffene sich unmittelbar nach Kenntniserlangung von dieser EuGH-Entscheidung an die Verwaltungsbehörde wandte.

In der späteren Entscheidung Kempter (EuGHE, C-2/06, 2008, I-411 = EuZW 2008, 148) hat der EuGH diese Voraussetzungen jedoch gelockert. Danach kommt es nunmehr allein darauf an, dass der Betroffene den **Rechtsweg ausgeschöpft** und das letztinstanzliche nationale Gericht entgegen Art. 267 Abs. 3 AEUV **keine Vorabentscheidung des EuGH eingeholt** hat. Allerdings muss die Verwaltungsbehörde nach nationalem Recht überhaupt befugt sein, bestandskräftige Verwaltungsentscheidungen zurückzunehmen. Außerdem kann der Mitgliedstaat eine angemessene Frist bestimmen (in Deutschland vgl. § 51 Abs. 3 VwVfG), in der der Betroffene den Antrag auf Überprüfung und Aufhebung des unionsrechtswidrigen Verwaltungsakts stellen muss (vgl. Kanitz/Wendel EuZW 2008, 231).

4. Die Anordnung der sofortigen Vollziehung von Verwaltungsakten

Für die **Aussetzung der Vollziehung eines Verwaltungsakts,** der auf einer Unionsverordnung beruht, hat der EuGH zur Wahrung der einheitlichen Anwendung des Unionsrechts strenge Regeln aufgestellt, die von den Verwaltungsgerichten anzuwenden sind (vgl. unten S. 142).

Umgekehrt kann auch einmal die **sofortige Vollziehung eines Verwaltungsakts,** der auf einer Unionsverordnung beruht, im Interesse der Union unbedingt geboten sein: Dies war etwa der Fall, als die Kommission im Rahmen der gemeinsamen Weinmarktordnung gegenüber den Mitgliedstaaten die Zwangsdestillation von 12 Mio. Hektolitern Tafelwein anordnete, wobei rund 70 000 Hektoliter auf deutsche Erzeuger entfielen. Diese legten gegen die deutschen Vollzugsbescheide Widerspruch ein. Der damit verbundene Suspensiveffekt (§ 80 Abs. 1 VwGO) hätte jedoch den Sinn der Unionsmaßnahme, eine bestimmte Menge Tafelwein zu einem bestimmten Zeitpunkt vom Markt zu nehmen, vereitelt (vgl. EuGHE, C-217/88, 1990, I-2879 = Hummer, S. 316 – Tafelwein). Um dem Effizienzgebot beim Vollzug des Unionsrechts zu genügen, hätten die deutschen Behörden und Gerichte § 80 Abs. 1 Nr. 4 und Abs. 5 VwGO unionsrechtskonform dahin auslegen müssen, dass die sofortige Vollziehung der Bescheide im öffentlichen Interesse liegt. Außerdem hätten sie sich wegen etwa auftauchender Schwierigkeiten nach Art. 4 Abs. 3 EUV mit der Kommission in Verbindung setzen müssen (vgl. EuGH, a. a. O., Rn. 33).

II. Die Bindung an Unionsgrundrechte und allgemeine Rechtsgrundsätze des Unionsrechts

Bei der Umsetzung von Unionsrecht sind die nationalen Behörden und Gerichte an die Unionsgrundrechte und an die allgemeinen Rechtsgrundsätze des Unionsrechts gebunden (vgl. dazu im Einzelnen unten S. 272 f. und 279; EuGHE, 201/85, 1986, 3477 – Klensch; Pernice NJW 1990, 2409 [2417]).

Haben die nationalen Behörden beim Vollzug von Unionsrecht **Ermessensentscheidungen** zu treffen, müssen sie überdies im Rahmen ihres Ermessens die deutschen Grundrechte und Rechtsstaatsprinzipien beachten (Art. 1 Abs. 3 GG, keine Freistellung durch Art. 23 Abs. 1 GG). Zu Konflikten zwischen unionsrechtlichem und nationalem Schutzstandard dürfte es dabei kaum kommen (vgl. dazu oben S. 68 ff.).

Auch beim **Vollzug von nationalem Recht, das eine Richtlinie umsetzt,** haben die innerstaatlichen Behörden und Gerichte nationales Recht anzuwenden. Dieses ist richtlinienkonform und somit im Einklang mit den Unionsgrundrechten und den allgemeinen Rechtsgrundsätzen des Unionsrechts auszulegen (EuGHE, C-305/05, 2007, I-5305 – Ordre des barreaux, Rn. 28).

Diskutiert wird in diesem Zusammenhang in neuester Zeit, ob die **Schutznormtheorie des deutschen Verwaltungsprozessrechts** unionsrechtlich Bestand haben kann. Keine Probleme tauchen auf, wenn der deutsche Gesetzgeber bei der Umsetzung einer Richtlinie dem Einzelnen ausdrücklich ein subjektives Recht eingeräumt hat; die Klagebefugnis nach § 42 Abs. 2 VwGO liegt dann vor. Ist dies jedoch nicht der Fall, so kann es zu Spannungen kommen, wenn die Richtlinie ihrerseits ein Klagerecht des Einzelnen bezweckt. Davon ist – im Gegensatz zur deutschen Schutznormtheorie – schon dann auszugehen, wenn die Richtlinie hinreichend präzise ist und der Einzelne von ihrer Nichtbeachtung nachteilig betroffen wäre. Die Zulässigkeitsvoraussetzungen für eine verwaltungsgerichtliche Klage sind dann im Einklang mit den unionsrechtlichen Vorgaben weit auszulegen (vgl. Art. 4 Abs. 3 EUV i.V.m. Art. 19 Abs. 1 UAbs. 2, wonach die Mitgliedstaaten die erforderlichen Rechtsbehelfe schaffen, damit ein wirksamer Rechtsschutz gewährleistet ist). Teilweise wird auch vertreten, die Klagebefugnis folge direkt aus der (unmittelbar anwendbaren) Richtlinienbestimmung. Der Einzelne sei zwar nicht Inhaber eines subjektiven Rechts. Er müsse es aber auch nicht sein. Vielmehr sei im Sinne von § 42 Abs. 2 VwGO gesetzlich (unionsrechtlich) etwas anderes bestimmt (vgl. Kopp/Schenke VwGO 16. Aufl. § 42 Rn. 152 ff.; Gärditz JuS 2009, 385, 389).

Beispiel (vereinfacht nach EuGHE, C-237/07, 2008, I-6221 – Janecek): Im Rahmen ihrer Umweltgesetzgebung hat die EU zur Verbesserung der Luftqualität Grenzwerte für sog. Feinstaub erlassen (Richtlinie 96/62/EG, sog. „Feinstaubrichtlinie"). Die Mitgliedstaaten werden verpflichtet, Aktionspläne zu erstellen, die im Fall eines Überschreitens der Grenzwerte kurzfristig zu ergreifende Maßnahmen vorsehen, um die Gefahr der Überschreitung zu verringern und ihre Dauer zu beschränken (Art. 7 Abs. 3 der RL). Herr J wohnt an einer verkehrsreichen Straße in München (sog. „Mittlerer Ring"), in der die Grenzwerte für Feinstaub häufig und deutlich überschritten werden. Daraufhin verklagt Herr J den Freistaat Bayern, gestützt auf § 47 Abs. 2 BImSchG, auf Aufstellung eines Aktionsplans zur Luftreinhaltung in der betroffenen Straße. Nach herkömmlichem deutschem Rechtsverständnis hat der Einzelne kein subjektives Recht auf Aufstellung eines solchen Aktionsplans („kein Recht auf Planung"). Der um Vorabentscheidung ersuchte EuGH entscheidet jedoch, dass aus Art. 7 Abs. 3 der Richtlinie ein solcher individueller Anspruch auf Aufstellung eines Aktionsplans folge (nicht jedoch ein Anspruch auf eine konkrete und besonders strenge inhaltliche Ausgestaltung des Plans, etwa dahingehend, dass die Grenzwerte überhaupt niemals überschritten werden).

III. Die Staatshaftung der Mitgliedstaaten für die Verletzung von Unionsrecht

Neben der Pflicht zur Beseitigung eines Unionsrechtsverstoßes (etwa durch Änderung einer unionsrechtswidrigen Bestimmung oder durch Rücknahme eines unionsrechtswidrigen Verwaltungsakts) sind die nationalen Stellen auch gehalten, dem Einzelnen den aus dem Unionsrechtsverstoß entstandenen Schaden zu ersetzen.

Im **Francovich**-Urteil (EuGHE, C-6/90, 1991, I-5357 = Hummer, S. 299), in dem es um die Ansprüche von Arbeitnehmern wegen Nichtumsetzung einer zu ihrem Schutz erlassenen Richtlinie ging, hat der EuGH erstmals entschieden, dass die Mitgliedstaaten den Einzelnen für Schäden aus der Verletzung von Unionsrecht haften. Die Herleitung dieses Staatshaftungsanspruchs und die Anspruchsvoraussetzungen hat der Gerichtshof dann im Urteil **Brasserie du Pêcheur** (EuGHE, C-46/93, 1996, I-1029 = Hummer, S. 283) präzisiert. Mittlerweile ist die Rechtsprechung in diesem Bereich gefestigt (vgl. aus neuerer Zeit etwa EuGHE, C-470/03, 2007, I-2749 – A.G.M.-COS.MET, Rn. 77 ff.).

Der **Staatshaftungsanspruch ist dem Unionsrecht immanent.** Der EuGH leitet ihn im Wege **richterlicher Rechtsfortbildung** aus den von ihm nach Art. 19 Abs. 1 EUV auszulegenden Verträgen und den folgenden Prinzipien ab: volle Wirksamkeit der Normen des Unionsrechts, effektiver Schutz der durch sie verliehenen Rechte und Mitwirkungspflicht der Mitgliedstaaten (Art. 4 Abs. 3 EUV). Weiter zieht er eine Parallele zu Art. 340 Abs. 2 AEUV und verweist auf die Tatsache, dass in vielen Mitgliedstaaten die Staatshaftung entscheidend von der Rechtsprechung entwickelt worden sei. Die Voraussetzungen für die Haftung der Mitgliedstaaten müssten im Wesentlichen der Haftung der Union entsprechen (vgl. dazu unten S. 176 ff.). Eine strengere Staatshaftung könne das Unionsrecht von den Mitgliedstaaten nicht fordern. Dementsprechend bleibt es auch dem nationalen Recht überlassen, ob neben die Haftung des Mitgliedstaats für Verstöße gegen das Unionsrecht zusätzlich noch eine persönliche Haftung des verantwortlichen Amtsträgers tritt (EuGHE, C-470/03, 2007, I-2749 – A.G.M.-COS.MET, Rn. 55 ff., 98 f.).

Das Prinzip der Staatshaftung für Verstöße eines Mitgliedstaats gegen das Unionsrecht gilt unabhängig davon, welches Organ durch sein Handeln oder Unterlassen den Verstoß begangen hat. Es macht also grundsätzlich keinen Unterschied, ob der schadensverursachende Verstoß der Exekutive, der Legislative oder der Judikative zuzurechnen ist und ob er in einem Handeln oder einem Unterlassen besteht (EuGHE, C-224/01, 2003, I-10239 – Köbler, Rn. 31 ff.). Auch ungerechtfertigte Produktwarnungen von Amtsträgern können beispielsweise eine Haftung des jeweiligen Mitgliedstaats auslösen, wenn diese Warnungen dem Mitgliedstaat nach den Umständen des Einzelfalls zuzurechnen sind (EuGHE, C-470/03, 2007, I-2749 – A.G.M.-COS.MET, Rn. 55 ff., 77 ff.).

Jeder Mitgliedstaat muss sicherstellen, dass dem Einzelnen der Schaden ersetzt wird, der ihm durch einen Verstoß gegen das Unionsrecht entstanden ist, gleichviel, welche staatliche Stelle diesen Verstoß begangen hat und welche Stelle nach dem Recht des betreffenden Mitgliedstaats diesen Schadensersatz grundsätzlich zu leisten hat (EuGHE, C-302/97, 1999, I-3099 – Konle). Dadurch soll der Rechtsschutz Einzelner in föderalen und dezentralen Rechtsordnungen garantiert werden.

Es gelten folgende **drei Haftungsvoraussetzungen:**

(1) die Rechtsnorm, gegen die verstoßen wurde, bezweckt, dem Einzelnen Rechte zu verleihen (z. B. Art. 34 AEUV);

(2) der Verstoß ist hinreichend qualifiziert;

(3) zwischen dem Verstoß und dem Schaden des Einzelnen besteht ein unmittelbarer Kausalzusammenhang.

Ein Verstoß gegen das Unionsrecht ist „hinreichend qualifiziert", wenn der Mitgliedstaat die Grenzen seines Handlungsermessens **offenkundig und erheblich überschritten** hat. Relevante Gesichtspunkte dabei sind:

– das Maß an Klarheit und Genauigkeit der verletzten Vorschrift,
– der Umfang des Ermessensspielraums, den die verletzte Vorschrift den zuständigen Stellen lässt,
– die Frage, ob der Verstoß absichtlich erfolgte und
– die Entschuldbarkeit oder Unentschuldbarkeit eines etwaigen Rechtsirrtums.

In der Praxis des EuGH hängt die Haftung entscheidend davon ab, ob der Mitgliedstaat auf dem Gebiet, auf dem er handelt, über ein **weites Handlungsermessen** verfügt oder nicht. Verfügt der Mitgliedstaat über ein solch weites Ermessen, spielen subjektive Aspekte wie die Entschuldbarkeit eines eventuellen Rechtsirrtums eine größere Rolle. In Fällen, in denen der Mitgliedstaat über kein weites Handlungsermessen verfügt (z. B. bezüglich des „Ob" und des Zeitpunkts der Umsetzung einer Richtlinie), kann dagegen bereits der bloße „objektive" Verstoß ausreichen, um die Haftung auszulösen (EuGHE, C-5/94, 1996, I-2604 = Hummer, S. 298 – Hedley Lomas).

Beispiel: Ein Verstoß gegen die Pflicht zur rechtzeitigen Umsetzung einer Richtlinie ist immer hinreichend qualifiziert, da der Mitgliedstaat insoweit über kein Ermessen verfügt. Hat ein Mitgliedstaat jedoch umgesetzt und ist die Umsetzung zwar unrichtig, aber nicht offensichtlich unvertretbar, liegt kein hinreichend qualifizierter Verstoß vor (vgl. EuGHE, C-392/93, 1996, I-1631 = Hummer, S. 306 – British Telecommunications).

Der Verstoß ist jedenfalls dann offenkundig und erheblich, wenn bereits ein **Urteil des EuGH** vorliegt, aus dem sich die Pflichtwidrigkeit des Verhaltens des Mitgliedstaats eindeutig ergibt. Ein solches Urteil ist aber nicht Haftungsvoraussetzung.

Verschulden ist keine eigenständige Anspruchsvoraussetzung, sondern eventuell vorliegende Verschuldensaspekte sind allein im Zusammenhang mit der Voraussetzung des „hinreichend qualifizierten Verstoßes" zu prüfen.

Folgt der Unionsrechtsverstoß aus einem **Akt der Judikative,** so ist unter Berücksichtigung der Besonderheit der richterlichen Funktion sowie der berechtigten Belange der Rechtssicherheit zu prüfen, ob dieser Verstoß offenkundig ist. Der Mitgliedstaat haftet für judikatives Unrecht nur in dem Ausnahmefall, dass das Gericht offenkundig gegen das geltende Unionsrecht verstoßen hat. Für einen qualifizierten Verstoß spricht u. a. eine etwaige Verletzung der Vorlagepflicht nach Art. 267 AEUV durch ein letztinstanzliches Gericht (EuGHE, C-224/01, 2003, I-10239 – Köbler, Rn. 51 ff.). Ein generelles Richterprivileg oder eine allgemeine Begrenzung der Haftung des Staates auf Fälle von Vorsatz und grober Fahrlässigkeit lässt der Gerichtshof hingegen nicht gelten (EuGHE, C-173/03, 2006, I-5177 – Traghetti del Mediterraneo). Grundsätzlich wird nur ein letztinstanzliches Urteil, das offenkundig gegen Unionsrecht verstößt, die Haftung des Mitgliedstaats auslösen können; bei Unionsrechtsverstößen in Urteilen unter Instanzen obliegt es zunächst dem Geschädigten, durch die Einlegung von Rechtsmitteln auf eine Korrektur hinzuwirken.

Liegen die Haftungsvoraussetzungen vor, hat der Einzelne einen **Anspruch auf Schadensersatz unmittelbar aus dem Unionsrecht**, selbst wenn das nationale Recht bei entsprechenden rein innerstaatlichen Sachverhalten keinen Anspruch gewährt. Auch in diesem Fall bleibt das nationale Recht jedoch zumindest ergänzend anwendbar, etwa hinsichtlich der Verjährung des Anspruchs und der Verfahrensmodalitäten für seine Geltendmachung. Dabei gelten die zwei oben genannten Vorgaben des **Äquivalenz**- und des **Effektivitätsgebots**: Die Haftung des Staates wegen Verletzung von Unionsrecht darf nicht hinter der Haftung wegen Verletzung von nationalem Recht zurückbleiben, und das nationale Recht darf die Haftung für die Verletzung von Unionsrecht nicht praktisch unmöglich machen oder übermäßig erschweren.

Der Umfang der Entschädigung muss **dem erlittenen Schaden angemessen** sein, so dass ein effektiver Schutz der Rechte des Einzelnen gewährleistet ist. Zum angemessenen Schadenersatz gehören auch der entgangene Gewinn und Zinsen. Der Geschädigte muss sich in angemessener Form um die Begrenzung des Schadensumfangs bemühen. Tut er dies nicht, kann der Anspruch im Einzelfall sogar ganz entfallen. Schadenersatzvorschriften, die den ersatzfähigen Schaden generell auf Schäden beschränken, die an bestimmten besonders geschützten Rechtsgütern (z. B. Eigentum) entstehen, sind, soweit sie den Ersatz des entgangenen Gewinns generell ausschließen, mit dem Effektivitätsgebot unvereinbar.

Beispiel: Dem Urteil „Brasserie de Pêcheur" liegt die Klage einer elsässischen Brauerei zugrunde, die gegen die Bundesrepublik Deutschland einen Staatshaftungsanspruch mit der Begründung geltend machte, aufgrund des Reinheitsgebots für Bier (vgl. EuGHE, 178/84, 1987, 1227 – Kommission/Deutschland = Hummer, S. 624) sei es ihr in den Jahren 1981–1987 unmöglich gewesen, Bier nach Deutschland zu exportieren. Der BGH legte dem EuGH die Frage vor, ob auch für diesen Fall legislativen Unrechts, für den nach deutschem Staatshaftungsrecht mangels Drittbezogenheit der verletzten Pflicht kein Anspruch nach Art. 34 GG i. V. m. § 839 BGB gegeben sei, ein Staatshaftungsanspruch nach Unionsrecht bestehe. Des Weiteren wollte der BGH wissen, ob ein solcher Anspruch dem Erfordernis des Verschuldens unterworfen werden könne.

Der EuGH führte aus, dass die Mitgliedstaaten in Ermangelung einer europarechtlichen Harmonisierung auf dem Gebiet der Lebensmittel, speziell dem des Bieres, über ein weites Ermessen für den Erlass der erforderlichen Vorschriften verfügten. Von einem hinreichend qualifizierten Verstoß könne nur gesprochen werden, wenn die Grenzen des gesetzgeberischen Ermessensspielraums offenkundig und erheblich überschritten würden. Insoweit seien die oben genannten vier Gesichtspunkte (Klarheit der verletzten Vorschrift, Umfang des Ermessensspielraums, Absichtlichkeit des Verstoßes und Entschuldbarkeit oder Unentschuldbarkeit eines etwaigen Rechtsirrtums) zu berücksichtigen.

Zwar verstoße Deutschland nicht gegen das Diskriminierungsverbot, wenn es die Haftung für legislatives Unrecht generell ausschließe. Es verstoße jedoch gegen das Effektivitätsgebot: Die Durchsetzung von Unionsrecht, die eine Haftung erfordere, werde unmöglich gemacht. Deshalb setze sich das Unionsrecht durch. Aus denselben Gründen könne ein Mitgliedstaat die Haftung nicht vom Vorliegen von Verschulden abhängig machen oder auf Schäden beschränken, die an bestimmten besonders geschützten Rechtsgütern (z. B. Eigentum) entstehen.

Obwohl die abschließende Bewertung des Falls dem BGH zu überlassen sei, lägen Umstände vor, nach denen ein hinreichend qualifizierter Verstoß wahrscheinlich sei, soweit die deutschen Vorschriften dem französischen Bier die Bezeichnung „Bier" versagten. Dieser Verstoß gegen Art. 30 EWGV (nunmehr Art. 34 AEUV) könne schwerlich nach der insoweit klaren Rechtsprechung des EuGH als entschuldbarer Rechtsirrtum gesehen werden. Das Verbot der Vermarktung von Bier mit Zusatzstoffen sei jedoch bis zum EuGH-Urteil von 1987 nicht offenkundig mit Art. 30 EWGV unvereinbar gewesen. Bezüglich dieses zweiten Aspekts liege deshalb kein hinreichend qualifizierter Verstoß vor. Da somit der Schaden auch durch einen nicht hinreichend qualifizierten Verstoß verursacht war, hat der BGH die Schadensersatzklage der Brauerei abgewiesen (BGH NJW 1997, 123).

Exkurs: Schadenersatzpflicht Privater bei Verstoß gegen das Unionsrecht

Inzwischen ist in der Rechtsprechung anerkannt, dass sich keineswegs nur Mitgliedstaaten für Verstöße gegen das Unionsrecht schadensersatzpflichtig machen können. Auch im Verhältnis zwischen Privaten sind Schadensersatzforderungen für unionsrechtswidriges Verhalten denkbar. Von nicht zu unterschätzender Bedeutung ist diese Möglichkeit im Hinblick auf die private Durchsetzung (sog. „private enforcement") der Wettbewerbsregeln des Binnenmarkts, insbesondere des Kartellverbots gemäß Art. 101 AEUV und des Verbots des Missbrauchs marktbeherrschender Stellungen gemäß Art. 102 AEUV.

Beispiel: In der Rs. **Courage** (EuGHE, C-453/99, 2001, I-6297) erhob im Vereinigten Königreich eine Brauerei gegen einen Schankwirt eine Zahlungsklage wegen unbezahlter Bierlieferungen. Der beklagte Schankwirt berief sich auf die Nichtigkeit des Bierlieferungsvertrags wegen Verstoßes gegen Art. 81 EGV (nunmehr Art. 101 AEUV) und forderte im Wege der Widerklage Schadenersatz. Auf Vorlage des Court of Appeal entschied der EuGH:

(1) Die volle Wirksamkeit des Art. 81 EGV (Art. 101 AEUV) und insbesondere die praktische Wirksamkeit des darin ausgesprochenen Kartellverbots wären beeinträchtigt, wenn nicht jedermann Ersatz des Schadens verlangen könnte, der ihm durch einen Vertrag, der den Wettbewerb beschränken oder verfälschen kann, oder durch ein entsprechendes Verhalten entstanden ist.

(2) Obwohl es mangels einer einschlägigen Unionsregelung grundsätzlich Sache des innerstaatlichen Rechts ist, die Modalitäten eines solchen Schadenersatzanspruchs festzulegen, steht Artikel 81 EGV (Art. 101 AEUV) einem Grundsatz des innerstaatlichen Rechts entgegen, nach dem eine Partei eines unter das Kartellverbot fallenden Vertrags allein deshalb keinen Ersatz des Schadens fordern kann, weil sie Partei dieses Vertrags ist.

(3) Das Unionsrecht verbietet jedoch nicht, dass das innerstaatliche Recht einer Partei, die eine erhebliche Verantwortung für die Wettbewerbsverzerrung trägt, das Recht verwehrt, von ihrem Vertragspartner Schadenersatz zu verlangen. Nach einem allgemein anerkannten Grundsatz darf ein Einzelner nämlich nicht aus seinem rechtswidrigen Verhalten Nutzen ziehen. In diesem Zusammenhang hat das zuständige nationale Gericht zu prüfen, ob die Vertragspartei, die den Schadenersatzanspruch geltend macht, der anderen Partei eindeutig unterlegen war, so dass ihre Freiheit, die Vertragsbedingungen auszuhandeln, und ihre Fähigkeit, insbesondere durch den rechtzeitigen Einsatz aller ihr zur Verfügung stehenden Rechtsschutzmöglichkeiten den Schadenseintritt zu verhindern oder den Schadensumfang zu begrenzen, ernsthaft beschränkt oder nicht vorhanden gewesen waren.

In der Rs. **Manfredi** u. a. (EuGHE, C-295/04 bis C-298/04, 2006, I-6619) hat der EuGH diese Rechtsprechung bestätigt und fortgeführt. In jenem Fall hatten sich italienische Verbraucher gegen Versicherungen gewandt und Schadensersatz wegen kartellrechtswidrig überhöhter Versicherungsprämien gefordert. Der EuGH erkannte für Recht, dass

(1) jedermann die Nichtigkeit eines nach Art. 81 EGV (nunmehr Art. 101 AEUV) verbotenen Kartells oder wettbewerbswidrigen Verhaltens geltend machen und Ersatz des ihm entstandenen Schadens verlangen kann, wenn zwischen diesem Schaden und dem Kartell oder dem wettbewerbswidrigen Verhalten ein ursächlicher Zusammenhang besteht;

(2) in Ermangelung einer einschlägigen Unionsregelung die Bestimmung der Einzelheiten für die Ausübung dieses Anspruchs Aufgabe des innerstaatlichen Rechts des jeweiligen Mitgliedstaats ist, wobei der Äquivalenz- und der Effektivitätsgrundsatz zu beachten sind; dies gilt insbesondere für

– die Anwendung des Begriffes „ursächlicher Zusammenhang",
– die Festlegung der Gerichtszuständigkeiten,
– die Bestimmung der Verjährungsfristen und
– die Kriterien für die Ermittlung des Umfangs des zu ersetzenden Schadens (z. B. exemplarischer Schadensersatz, Strafschadensersatz).

(3) Aus dem Effektivitätsgrundsatz folge zudem, dass ein Geschädigter nicht nur Ersatz des Vermögensschadens (*damnum emergens*), sondern auch des entgangenen Gewinns (*lucrum cessans*) sowie die Zahlung von Zinsen verlangen können muss.

C. Sanktionen für unionsrechtswidriges Verhalten

In bestimmten Fällen kann es erforderlich sein, Sanktionen für das unionsrechtswidrige Verhalten von Personen vorzusehen. Grundsätzlich sind für das Straf- und Strafverfahrensrecht die Mitgliedstaaten zuständig (EuGHE, 186/87, 1989, 195 – Cowan; EuGHE, C-176/03, 2005, I-7879 – Kommission/Rat, „Umweltstrafrecht", Rn. 47). Der Gerichtshof hat der Union jedoch wiederholt die Befugnis zugebilligt, in den von ihr erlassenen Rechtsakten (zumeist in Verordnungen) Sanktionen einzuführen, die ihrer Meinung nach erforderlich sind, um die volle Wirksamkeit einer sekundärrechtlichen Regelung zu gewährleisten, z. B. auf dem Gebiet der gemeinsamen Agrarpolitik. Diese Sanktionen können verschiedene Formen haben. So hat der EuGH beispielsweise die Rechtmäßigkeit von Maßnahmen anerkannt, durch die ein Wirtschaftsteilnehmer zur Erstattung eines zu Unrecht empfangenen Vorteils nebst Zinsen verpflichtet wurde oder seine Kaution in Höhe dieses Vorteils verlor. Im Wettbewerbsrecht (Kartellrecht, Fusionskontrolle) kann die Kommission empfindliche Geldbußen und Zwangsgelder verhängen (vgl. Art. 23 u. 24 der Verordnung Nr. 1/2003, Art. 14 u. 15 der Verordnung Nr. 139/2004, sowie unten S. 319).

Mit der Verhängung von Sanktionen, etwa gegen Wirtschaftsteilnehmer, die sich betrügerischer Handlungen schuldig gemacht haben, darf die Union aber auch die Mitgliedstaaten betrauen (EuGHE, C-240/90, 1992, I-5383 – Deutschland/Kommission, Rn. 12 f.). Diese Vorgehensweise ist der Regelfall.

Wenn das Unionsrecht keine besondere Sanktion für den Fall eines Verstoßes enthält und insoweit auf das nationale Recht angewiesen ist, sind die Mitgliedstaaten nach Art. 4 Abs. 3 EUV n. F. (ehemals Art. 10 EGV, Art. 5 EWGV) verpflichtet, alle geeigneten Maßnahmen zu treffen, um die Geltung und die Wirksamkeit des Unionsrechts zu gewährleisten. Zwar verbleibt den Mitgliedstaaten bei der Wahl der Sanktionen ein Ermessen. Sie haben jedoch darauf zu achten, dass die Verstöße gegen das Unionsrecht nach den gleichen materiellen und verfahrensmäßigen Bedingungen geahndet werden wie nach Art und Schwere vergleichbare Verstöße gegen nationales Recht (**Äquivalenzgebot**), wobei die Sanktion jedenfalls *wirksam, verhältnismäßig und abschreckend* sein muss (**Effektivitätsgebot** und **Verhältnismäßigkeitsgrundsatz**) (st. Rechtsprechung, z. B. EuGHE 68/88, 1989, 2965 – Kommission/Griechenland – „Mais", Rn. 23 f.; EuGHE, C-387/02 u. a., 2005, I-3565 – Berlusconi u. a., Rn. 65).

2. Teil: Das Rechtsschutzsystem

7. Kapitel: Grundlagen des Rechtsschutzsystems

A. Allgemeines

Nach der Rechtsprechung des Gerichtshofs ist die Europäische Union eine **Rechtsgemeinschaft (Union des Rechts)**, in der weder die Handlungen der Mitgliedstaaten, noch die der Unionsorgane der gerichtlichen Kontrolle darüber entzogen sind, ob sie im Einklang mit den Verträgen stehen, die die Verfassungsurkunde der EU bilden (EuGHE, 294/83, 1986, 1339 = Hummer, S. 255 – Les Verts, Rn. 23; EuGHE, C-402/05 P u. a., 2008, I-6351 – Kadi u. a., Rn. 281). Inzwischen bestimmt Art. 2 EUV auch ausdrücklich, dass die Europäische Union auf dem Grundsatz der **Rechtsstaatlichkeit** beruht.

Außerdem ergibt sich aus den gemeinsamen Verfassungstraditionen der Mitgliedstaaten (vgl. z. B. Art. 19 IV GG) sowie aus Art. 6 und 13 EMRK als allgemeiner Rechtsgrundsatz des Unionsrechts ein **Anspruch auf effektiven gerichtlichen Rechtsschutz** (EuGHE, 222/84, 1986, 1651 = Hummer, S. 440 – Johnston; EuGHE, C-432/05, 2007, I-2271 – Unibet, Rn. 37), der nunmehr auch in Art. 47 Abs. 1 der Charta der Grundrechte der EU Eingang gefunden hat.

Die Verträge haben deshalb ein **umfassendes Rechtsschutzsystem** geschaffen, in dem die Auslegung und Anwendung des Unionsrechts gleichermaßen den Unionsgerichten und den Gerichten der Mitgliedstaaten obliegt (EuGHE, 294/83, 1986, 1339 = Hummer, S. 255 – Les Verts, Rn. 23; EuGHE, C-50/00 P, 2002, I-6677 – Unión de Pequeños Agricultores/Rat, Rn. 40).

Die **Rechtsgrundlagen** dieses Rechtsschutzsystems sind Art. 19 EUV und Art. 251–281 AEUV. Im Einzelnen regeln Art. 19 EUV und Art. 251–257 AEUV die Gerichtsorganisation der Unionsgerichte und Art. 258–280 AEUV die zur Verfügung stehenden Verfahrensarten einschließlich des einstweiligen Rechtsschutzes. Einzelheiten zum Verfahren ergeben sich aus der Satzung des Gerichtshofs (Sartorius II Nr. 245) sowie aus den Verfahrensordnungen des Gerichtshofs (Sartorius II Nr. 250), des Gerichts (Sartorius II Nr. 252) und des Gerichts für den öffentlichen Dienst.

Von einem rein **staatlichen** Rechtsschutzsystem unterscheidet sich das Rechtsschutzsystem in der Europäischen Union insbesondere durch das Zusammenwirken von Gerichten, die verschiedenen Rechtssystemen, Rechtskulturen und Sprachräumen angehören. Vom **völkerrechtlichen** Rechtsschutz unterscheidet es sich durch das besondere Verhältnis zwischen Unionsrecht und nationalem Recht (unmittelbare Wirkung und Vorrang) und durch die starke Verknüpfung von nationalem und europäischem Rechtsschutz im Wege des Vorabentscheidungsverfahrens.

B. Zuständigkeitsverteilung zwischen Unionsgerichtsbarkeit und mitgliedstaatlichen Gerichten

I. Zuständigkeiten der Unionsgerichte EuGH und EuG

Gemäß **Art. 19 Abs. 1 UAbs. 1 EUV** kommt dem Gerichtshof der Europäischen Union (bestehend aus den Teilinstitutionen Gerichtshof, Gericht und den Fachgerichten) die Aufgabe zu, die Wahrung des Rechts bei der Auslegung und Anwendung der Verträge zu sichern.

EuGH und EuG sind ausschließlich dazu berufen, das Europarecht und nicht etwa nationales Recht auszulegen und anzuwenden. Die Gerichte der Mitgliedstaaten sind dagegen aufgerufen, beide Rechtsordnungen, also sowohl ihr nationales Recht als auch europäisches Recht anzuwenden.

EuGH und EuG werden nur **im Rahmen ihrer jeweiligen Zuständigkeiten** tätig. Die Grundnorm des Art. 19 Abs. 1 EUV darf deshalb nicht als Generalklausel missverstanden werden, die in allen europarechtlichen Streitigkeiten den Rechtsweg zu den Unionsgerichten eröffnen würde. Vielmehr enthalten die Verträge einen abschließenden **Katalog von zulässigen Verfahrensarten und Einzelzuständigkeiten der Unionsgerichte** (Prinzip der begrenzten Einzelermächtigung).

1. Rechtslage vor dem Inkrafttreten des Vertrags von Lissabon

Gemäß der Rechtslage vor dem Inkrafttreten des Vertrags von Lissabon kam den Unionsgerichten (seinerzeit noch Gemeinschaftsgerichte genannt) nur im Anwendungsbereich des **EG-Vertrags** (wie auch des EGKSV und des EAGV, ehemalige „erste Säule" der EU) eine umfassende Rechtsprechungskompetenz zu, vorausgesetzt, es wurde eine zulässige Verfahrensart gewählt. Hingegen waren im Bereich des damaligen **EU-Vertrags** die Kompetenzen der Unionsgerichte stark eingeschränkt, sowohl sachlich als auch im Hinblick auf die zur Verfügung stehenden Verfahrensarten. So enthielt Art. 46 EUV a. F. eine abschließende Aufzählung der Bereiche des Unionsrechts, in denen die Unionsgerichte überhaupt zuständig waren. Insbesondere für die intergouvernemental ausgestaltete Gemeinsame Außen- und Sicherheitspolitik (GASP, ehemalige „zweite Säule" der EU) fehlte es an jeglicher Zuständigkeit der Unionsgerichte. Was den Bereich der polizeilichen und justiziellen Zusammenarbeit in Strafsachen (PJZS, ehemalige „dritte Säule" der EU) anbelangt, so hatten sich deren intergouvernementale Elemente mit dem Vertrag von Amsterdam zwar abgeschwächt, jedoch bestanden auch hier gemäß Art. 46 lit. b EUV a. F. i. V. m. Art. 35 EUV a. F. noch deutlich eingeschränkte Rechtsprechungskompetenzen der Unionsgerichte: Einzelnen wurden dort keinerlei Klagemöglichkeiten einräumt, und auch das Vorabentscheidungsverfahren fand nur in einer erheblich abgeschwächten Ausprägung Anwendung, was zu einer bedenklichen Einschränkung des Individualrechtsschutzes im grundrechtsrelevanten Bereich des Strafrechts führte (s. u. S. 151 f.).

Sowohl im EG-Vertrag als auch im damaligen EU-Vertrag brachten ferner die Bestimmungen über den Raum der Freiheit, der Sicherheit und des Rechts jeweils eine Einschränkung der Rechtsprechungskompetenz des Gerichtshofs mit sich: Gemäß Art. 35 Abs. 5 EUV a. F. war der Gerichtshof nicht zuständig für die Überprüfung der Gültigkeit oder Verhältnismäßigkeit von Maßnahmen der Polizei oder anderer Strafverfolgungsbehörden eines Mitgliedstaats, ebenso wenig durfte er die Wahrnehmung der Zuständigkeiten der Mitgliedstaaten für die Aufrechterhaltung der öffentlichen Ordnung und den Schutz der inneren Sicherheit überprüfen. Gemäß Art. 68 Abs. 2 EGV war der Gerichtshof nicht für Entscheidungen über Maßnahmen oder Beschlüsse im Zusammenhang mit dem Wegfall der Binnengrenzkontrollen zuständig, die die Aufrechterhaltung der öffentlichen Ordnung und den Schutz der inneren Sicherheit betrafen.

2. Die Rechtslage seit dem Inkrafttreten des Vertrags von Lissabon

Durch den Vertrag von Lissabon kam es zwar zu keiner grundlegenden Veränderung der Zuständigkeiten der Unionsgerichte, gleichwohl sind ihnen in einigen wichtigen Punkten neue Befugnisse zugewachsen:

a) Aus Art. 6 Abs. 1 EUV folgt, dass sich die Zuständigkeit der Unionsgerichte nunmehr auf die **Charta der Grundrechte der EU** erstreckt, die den Rang von verbindlichem Primärrecht erhalten hat. Die Charta kann jetzt also vom Gerichtshof ausgelegt und als Maßstab für die Rechtmäßigkeitskontrolle von Rechtsakten der Unionsorgane herangezogen werden.

b) Ferner sind die **Handlungen des Europäischen Rates** erstmals justiziabel (Art. 263 Abs. 1 und 267 Abs. 1 Buchst. b AEUV, auf dem Gebiet der GASP allerdings nur sehr eingeschränkt: Art. 275 AEUV), die **Klageberechtigung für natürliche und juristische Personen** wurde ausgeweitet (Art. 263 Abs. 4 AEUV), und den nationalen Parlamenten sowie dem EAdR wurde eine **Subsidiaritätsklage** ermöglicht (Art. 8 des Subsidiaritätsprotokolls).

c) Überdies wurden die Rechtsprechungskompetenzen der Unionsgerichte vor allem im **Bereich der polizeilichen und justiziellen Zusammenarbeit in Strafsachen** deutlich ausgeweitet: Im Einklang mit der vollständigen Vergemeinschaftung dieses Politikbereichs wurden die normalen Zuständigkeiten von EuGH und EuG dorthin ausgedehnt, und die restriktive Ausnahmeregelung des Art. 35 EUV a. F. entfiel dementsprechend (allerdings mit einer fünfjährigen Übergangsfrist für altes Recht, insbesondere Rahmenbeschlüsse). Damit kam es zu einer deutlichen Stärkung des Rechtsschutzes Einzelner, denen nunmehr auch auf diesem Gebiet das gesamte Spektrum der Direktklagen zu den Unionsgerichten offen steht (Nichtigkeitsklage gemäß Art. 263 AEUV, Untätigkeitsklage gemäß Art. 265 AEUV und Schadensersatzklage gemäß Art. 268 AEUV); außerdem können nationale Gerichte fortan ohne Einschränkungen Vorabentscheidungsersuchen gemäß Art. 267 AEUV an den EuGH richten.

d) Hingegen bleibt es im Rahmen der polizeilichen und justiziellen Zusammenarbeit in Strafsachen gemäß **Art. 276 AEUV** beim Ausschluss der Zuständigkeit der Unionsgerichte für die Überprüfung der Gültigkeit oder Verhältnismäßigkeit von Maßnahmen der Polizei oder anderer Strafverfolgungsbehörden eines Mitgliedstaats und für die Überprüfung nationaler Maßnahmen zur **Aufrechterhaltung der öffentlichen Ordnung oder zum Schutz der inneren Sicherheit** (vgl. ergänzend Art. 72 AEUV).

Die Vorschrift des Art. 276 AEUV darf allerdings – anders als Art. 275 AEUV – nicht als „Bereichs-ausnahme" verstanden werden. Vielmehr ist Art. 276 AEUV als Ausnahme von den Zuständigkeiten der Unionsgerichte **eng auszulegen**, zumal es sich beim Polizei- und Strafrecht um eine äußerst grund-rechtssensible Materie handelt. Sicherlich wird man zwar Art. 276 AEUV dahingehend verstehen müs-sen, dass den Behörden der Mitgliedstaaten bei der Verfolgung und Verhinderung von Straftaten ein **weiter Ermessensspielraum** zukommt, sowohl hinsichtlich des innerstaatlich angestrebten Schutzni-veaus als auch hinsichtlich der dafür eingesetzten Mittel. Ein solcher Ermessensspielraum kann aber nicht grenzenlos sein. Im Anwendungsbereich des Unionsrechts sind und bleiben die Mitgliedstaaten bei der Ausübung ihrer Befugnisse zur Verfolgung und Verhinderung von Straftaten an die Unions-grundrechte und an rechtsstaatliche Prinzipien des Unionsrechts wie den Verhältnismäßigkeitsgrund-satz gebunden.

e) Was schließlich die **GASP** anbelangt, so bleibt diese auch nach dem Inkrafttreten des Vertrags von Lissabon weitgehend der Zuständigkeit der Unionsgerichte entzogen (Art. 24 Abs. 1 EUV n. F., Art. 275 Abs. 1 AEUV). Immerhin wird ihnen aber nunmehr in zwei Fällen ausdrücklich eine Zuständigkeit im Zusammenhang mit der GASP eingeräumt (Art. 275 Abs. 2 AEUV):

- Zum einen sind die Unionsgerichte für Klagen zuständig, mit denen geltend gemacht wird, eine Maßnahme sei fälschlicherweise im Rahmen der GASP erlassen worden, obwohl sie im Rahmen der vergemeinschafteten Politiken hätte ergehen müssen (Art. 40 EUV n. F.), oder umgekehrt; damit wird im Wesentlichen die Rechtsprechung kodifiziert, wonach der Gerichtshof schon bisher im Zu-sammenhang mit dem „**Unberührtheitsgebot**" (Art. 47 EUV a. F.) darauf achtet, dass Unionskom-petenzen nicht in den Bereich der intergouvernementalen Zusammenarbeit „abwandern" (EuGHE, C-170/96, 1998, I-2763 = Hummer S. 247 – Kommission/Rat, „Flughafentransit"; EuGH, C-91/05, 2008, I-3651 – Kommission/Rat, „Kleinwaffen").
- Zum anderen sind die Unionsgerichte fortan für **Nichtigkeitsklagen Einzelner** gemäß Art. 263 Abs. 4 AEUV zuständig, die sich gegen „Beschlüsse über restriktive Maßnahmen gegenüber natürlichen und juristischen Personen" richten. Zu denken ist dabei insbesondere an Maßnahmen zur Bekämpfung des internationalen Terrorismus, namentlich wenn die EU Resolutionen des Sicherheitsrats der Ver-einten Nationen durch Beschlüsse über gemeinsame Aktionen oder Standpunkte umsetzt und dabei z.B. Personen und Vereinigungen auf Listen von Terrorverdächtigen setzt (das mit einer solchen Lis-tung zumeist einhergehende Einfrieren von Vermögenswerten nach Art. 75 AEUV war ohnehin auch bislang schon gerichtlich überprüfbar).

II. Zuständigkeiten der Gerichte der Mitgliedstaaten

Den mitgliedstaatlichen Gerichten (in Deutschland also den deutschen Gerichten) kommt eine zent-rale Rolle innerhalb des Rechtsschutzsystems der Europäischen Union zu. Dies folgt zum einen aus der besonderen **Rechtsnatur** des Unionsrechts, das im Gegensatz zum Völkerrecht nicht nur den Mit-gliedstaaten, sondern auch Privaten Rechte verleihen und Pflichten auferlegen kann, und dessen Vor-schriften Vorrang vor entgegenstehendem nationalem Recht haben sowie unmittelbare Wirkung in den Rechtsordnungen der Mitgliedstaaten beanspruchen können. Zum anderen sehen die Verträge – jeden-falls bislang – **keine dezentralen Unionsgerichte** vor, denen als Organen der Europäischen Union die Anwendung des Unionsrechts in den Mitgliedstaaten übertragen wäre (vgl. aber nunmehr die Pläne zur Schaffung einer europäischen Patentgerichtsbarkeit mit dezentralen Instanzgerichten; vgl. auch das Sys-tem der *Federal Courts* in den USA).

Überdies kommt den mitgliedstaatlichen Gerichten die nicht zu unterschätzende Aufgabe zu, **effektiven gerichtlichen Rechtsschutz** in all jenen Fällen zu gewährleisten, in denen das Unionsrecht dem Einzelnen keinen direkten Zugang zu den Unionsgerichten gewährt, sondern allenfalls einen indirekten Zugang über das Vorabentscheidungsverfahren vorsieht (EuGHE, C-50/00 P, 2002, I-6677 – Unión de Peque-ños Agricultores/Rat, Rn. 39 ff.; ähnlich EuGHE, C-354/04 P u. C-355/04 P, 2007, I-1579 u. I-1657, Gestoras pro Amnistía/Rat und Segi/Rat, jeweils Rn. 56). So ist der nationale Richter verpflichtet, sein nationales Verfahrensrecht rechtsschutzfreundlich auszulegen, so dass der Einzelne die ihm kraft Europarechts zustehenden Rechtspositionen wirksam geltend machen kann. Dies kann dazu führen, dass etwa die Anforderungen an eine Feststellungsklage, insbesondere das Feststellungsinteresse (§§ 43 Abs. 1, 113 Abs. 1 Satz 4 VwGO), weniger restriktiv zu handhaben sind als sonst im nationalen Verfah-rensrecht üblich (vgl. dazu Dittert, EuR 2002, 708, 716 ff.). Ganz allgemein erlegt übrigens der Vertrag von Lissabon den Mitgliedstaaten (einschließlich ihrer Gerichte) nunmehr die ausdrückliche Verpflich-tung auf, **die erforderlichen Rechtsbehelfe zu schaffen**, damit ein wirksamer Rechtsschutz in den vom Unionsrecht erfassten Bereichen gewährleistet ist (Art. 19 Abs. 1 UAbs. 2 EUV).

Aus den durch die Verträge zugelassenen Verfahrensarten und den Grenzen der sachlichen Zuständigkeit der Unionsgerichte ergibt sich im Umkehrschluss die Reichweite der **Zuständigkeit der Gerichte der Mitgliedstaaten** für die Auslegung und Anwendung europarechtlicher Bestimmungen. Aus der Tatsache, dass in den Verträgen keine entsprechenden Verfahren vorgesehen sind, folgt insbesondere, dass die Unionsgerichte nicht direkt für die Anwendung oder Auslegung des Europarechts in Streitigkeiten **zwischen mitgliedstaatlichen Behörden und Privaten** oder **zwischen Privaten** zuständig sind. Nach der Rechtsprechung des Gerichtshofs sind deshalb die mitgliedstaatlichen Gerichte dazu aufgerufen, das Unionsrecht in solchen Streitigkeiten – sofern sie in ihre Zuständigkeit fallen – uneingeschränkt anzuwenden und die Rechte, die das Unionsrecht dem Einzelnen verleiht, zu schützen (EuGHE, 106/77, 1978, 629 = Hummer, S. 81 – Simmenthal). Auch die Regelung des Vorabentscheidungsverfahrens in Art. 267 AEUV zeigt, dass grundsätzlich zunächst die mitgliedstaatlichen Gerichte dazu aufgerufen sind, die sich aus dem Unionsrecht ergebenden Rechte Einzelner durchzusetzen. In Streitigkeiten mit unionsrechtlichem Bezug zwischen staatlichen Stellen und Privaten bzw. zwischen Privaten spielt die Unionsgerichtsbarkeit damit nur dann eine Rolle, wenn sie vom nationalen Gericht um Vorabentscheidung ersucht wird.

Klausurhinweis: In allen Streitigkeiten mit europarechtlichem Bezug, die nicht den Unionsgerichten ausdrücklich zugewiesen sind, sind die deutschen Gerichte nach Maßgabe des deutschen Rechts zuständig. Rechtsweg und Zuständigkeit richten sich nach den normalen Regeln (z. B. § 40 VwGO). Vorschriften des Unionsrechts können vor den Zivilgerichten ebenso wie vor den Verwaltungs-, Arbeits-, Sozial- und Finanzgerichten relevant werden. Deswegen eignet sich das Europarecht für Klausuren (insbesondere Zusatzfragen) in fast allen Prüfungsgebieten. Fälle vor deutschen Gerichten mit Europarechtsbezug lassen sich auch gut mit Fragen zum Vorabentscheidungsverfahren verbinden.

C. Der Rechtsschutz vor den Unionsgerichten im Überblick

Im Folgenden soll ein grober Überblick über den Rechtsschutz vor den Unionsgerichten EuGH und EuG gegeben werden. Das **Vorabentscheidungsverfahren** wird ausführlich im 8. Kapitel besprochen. Die **Direktklageverfahren** (Vertragsverletzungsverfahren, Nichtigkeitsklage, Schadenersatzklage und Untätigkeitsklage), die mit ihnen zusammenhängende **inzidente Normenkontrolle** sowie das **Rechtsmittelverfahren** werden im 9. Kapitel genauer vorgestellt.

I. Die wichtigsten Verfahrensarten

1. Das nicht nur zahlenmäßig bedeutsamste Verfahren ist das **Vorabentscheidungsverfahren nach Art. 267 AEUV.** Dieses dem deutschen Verfahren der konkreten Normenkontrolle ähnelnde Verfahren ist kein streitiges Klageverfahren, sondern ein Verfahren „von Gericht zu Gericht": Im Rahmen eines vor einem mitgliedstaatlichen Gericht anhängigen Rechtsstreits stellt sich ein unionsrechtliches Problem; das mitgliedstaatliche Gericht setzt normalerweise das Verfahren aus und legt dem EuGH die unionsrechtliche Frage zur Vorabentscheidung vor; der EuGH beantwortet die Frage in einem Vorabentscheidungsurteil (oder in einem Beschluss nach Art. 104 § 3 VerfO-EuGH); innerhalb des Ausgangsrechtsstreits stellt dieses Urteil (oder dieser Beschluss) des EuGH jedoch nur eine Zwischenetappe dar, da die endgültige Streitentscheidung dem vorlegenden Gericht vorbehalten ist. Das Vorabentscheidungsverfahren stellt die Verbindung zwischen dem Rechtsschutz vor den mitgliedstaatlichen Gerichten und vor den Unionsgerichten her. Hauptzielsetzung des Verfahrens ist die Wahrung der Einheit des Unionsrechts durch beim EuGH zentralisierte Auslegungs- und Gültigkeitsentscheidungen. Im Bereich der GASP findet das Vorabentscheidungsverfahren allerdings auch weiterhin keine Anwendung (Art. 24 Abs. 1 EUV, Art. 275 AEUV). Die Beschränkungen, die Art. 68 EGV a. F. und Art. 35 EUV a. F. für Vorabentscheidungsverfahren aus dem Bereich „Justiz und Inneres" enthielten, sind mit dem Vertrag von Lissabon entfallen (für bestehende Rechtsakte aus dem Bereich der PJZS gilt allerdings Art. 35 EUV a. F. während einer fünfjährigen Übergangsfrist fort).

2. Das **Vertragsverletzungsverfahren nach Art. 258–260 AEUV** ist ein mit einem Feststellungsurteil endendes Verfahren, das der Durchsetzung des Unionsrechts gegenüber widerstrebenden Mitgliedstaaten dient. Klageberechtigt sind die Kommission (Art. 258 AEUV) und die anderen Mitgliedstaaten (Art. 259 AEUV). Letztere ziehen jedoch aus gegenseitiger Rücksichtnahme nur ganz selten selbst vor den Gerichtshof. Ziel des Feststellungsurteils ist es, den Verstoß gegen das Unionsrecht für die Zukunft abzustellen (Art. 260 Abs. 1 AEUV). Bei beharrlich fortdauerndem Verstoß kann der Gerichtshof

nach einem erneuten Verfahren die Zahlung eines Pauschalbetrags oder eines Zwangsgelds anordnen (Art. 260 Abs. 2 AEUV).

Zu beachten ist, dass nach bisheriger Rechtslage das Vertragsverletzungsverfahren nur in der „ersten Säule" der EU Anwendung fand, also im Geltungsbereich des ehemaligen EG-Vertrags. Mit dem Vertrag von Lissabon wurde dieses Verfahren auch auf die PJZS ausgedehnt, weil die Beschränkungen für die Zuständigkeit des EuGH gemäß Art. 35 EUV a. F. und 46 EUV a. F. entfielen. Im Bereich der GASP findet das Vertragsverletzungsverfahren hingegen weiterhin keine Anwendung (Art. 24 Abs. 1 EUV, Art. 275 Abs. 1 AEUV].

3. Die **Nichtigkeitsklage nach Art. 263, 264 und 266 AEUV** ist eine fristgebundene Gestaltungsklage. Sie erfüllt die Funktionen einer verwaltungsrechtlichen Anfechtungsklage (wenn Einzelentscheidungen der Kommission, z. B. im Wettbewerbsrecht, angegriffen werden) und einer abstrakten Normenkontrollklage (wenn abstrakt-generelle Normen wie z. B. die Bananenmarktordnung angegriffen werden). Sie ist gegen verbindliche Rechtsakte eines Unionsorgans zu richten. Privilegiert klageberechtigt sind die Mitgliedstaaten, der Rat, das Parlament und die Kommission (Art. 263 Abs. 2 AEUV). Partiell privilegiert klageberechtigt sind der Rechnungshof, die EZB und der Ausschuss der Regionen, die nachweisen müssen, dass ihre Klage auf die Wahrung ihrer Rechte abzielt (Art. 263 Abs. 3 AEUV).

Natürliche und juristische Personen konnten bislang nur gegen „an sie ergangene Entscheidungen" klagen oder gegen Entscheidungen, die, „obwohl sie als Verordnung oder als eine an eine andere Person gerichtete Entscheidung ergangen sind, sie unmittelbar und individuell betreffen" (Art. 230 Abs. 4 EGV). Diese umstrittene Vorschrift verhinderte direkte Klagen Einzelner gegen echte Verordnungen oder Richtlinien. Der Vertrag von Lissabon hat nunmehr die Klageberechtigung natürlicher und juristischer Personen auf „Rechtsakte mit Verordnungscharakter" ausdehnt, „die sie unmittelbar betreffen und keine Durchführungsmaßnahmen nach sich ziehen" (Art. 263 Abs. 4 AEUV). Damit wird eine vielfach bemängelte Rechtsschutzlücke jedenfalls teilweise geschlossen (Einzelheiten s. u. S. 164 ff.).

Im Bereich der PJZS stand die Nichtigkeitsklage bislang nur den Mitgliedstaaten und der Kommission gegen bestimmte Rechtsakte des Rates offen (Art. 35 Abs. 6 EUV a. F.). Diese Beschränkungen sind mit Inkrafttreten des Vertrags von Lissabon entfallen, so dass fortan auch natürliche und juristische Personen nach Maßgabe von Art. 263 Abs. 4 AEUV auf diesem Gebiet klagen können. Für bestehende Rechtsakte aus dem Bereich der PJZS gilt Art. 35 Abs. 6 EU allerdings während einer fünfjährigen Übergangszeit fort (vgl. auch unten S. 151).

Im Bereich der GASP, in dem bislang die Nichtigkeitsklage keinerlei Anwendung fand, eröffnete der Vertrag von Lissabon erstmals zwei eng umgrenzte Direktklagemöglichkeiten, von denen eine speziell für natürliche und juristische Personen geschaffen ist (Art. 275 Abs. 2 AEUV).

4. Eine **Untätigkeitsklage nach Art. 265, 266 AEUV** wird erhoben, um festzustellen, dass ein Unionsorgan rechtswidrig untätig geblieben ist. Das Unionsrecht kennt dagegen keine Verpflichtungsklage: Die Handlungspflicht folgt aus Art. 266 AEUV und nicht direkt aus einem Urteil nach Art. 265 AEUV. Die Untätigkeitsklage ist subsidiär zur Nichtigkeitsklage: Hat ein Organ rechtswidrig gehandelt, ist eine Nichtigkeitsklage zu erheben. In der Praxis spielt die Untätigkeitsklage deshalb nur eine relativ untergeordnete Rolle.

Im Rahmen der GASP existiert keine Untätigkeitsklage (Art. 24 Abs. 1 EUV, Art. 275 AEUV). Im Bereich der PJZS wurde sie erst durch den Wegfall von Art. 35 EUV a. F. im Zuge des Inkrafttretens des Vertrags von Lissabon ermöglicht.

5. Mit der **Schadenersatzklage nach Art. 268 i. V. m. Art. 340 Abs. 2 und 3 AEUV** im Rahmen der außervertraglichen Haftung der Europäischen Union ist Schadenersatz nicht nur für bereits in anderen Verfahren für nichtig oder rechtswidrig befundene Handlungen einklagbar, sondern auch für Handlungen, die erst im Schadenersatzverfahren inzident für rechtswidrig befunden werden. Voraussetzungen für die Gewährung von Schadenersatz sind eine rechtswidrige Amtshandlung, ein Schaden und ein Ursachenzusammenhang zwischen der Amtshandlung und dem Schaden.

In der PJZS findet die Schadensersatzklage erst seit Inkrafttreten des Vertrags von Lissabon Anwendung. Hingegen wird in der GASP auch weiterhin keine Schadensersatzklage möglich sein (Art. 24 Abs. 1 EUV, Art. 275 AEUV).

6. Im **Gutachtenverfahren nach Art. 218 Abs. 11 AEUV** stellt der EuGH rechtsverbindlich fest, ob ein völkerrechtliches Abkommen, das die Europäische Union mit einem Drittstaat bzw. einer internationalen Organisation zu schließen beabsichtigt, mit den Verträgen vereinbar ist. Neuerdings kann ein solches Gutachten nicht mehr nur vom Rat, der Kommission oder einem Mitgliedstaat, sondern auch

vom Parlament eingeholt werden. Diese Präventivkontrolle durch den EuGH soll einerseits verhindern, dass die Union im völkerrechtlichen Außenverhältnis Verpflichtungen eingeht, für die im Innenverhältnis keine Kompetenzen bestehen; andererseits dient sie auch dem Schutz der Außenkompetenzen der Mitgliedstaaten. Verwandte Gutachtenverfahren sind im Euratom-Vertrag vorgesehen (Art. 103, 104, 105 EAGV).

7. Das **Rechtsmittelverfahren** vor dem EuGH gegen Urteile des EuG ist in Art. 256 Abs. 1 UAbs. 2 AEUV vorgesehen und in der Satzung sowie der Verfahrensordnung des EuGH näher ausgestaltet (Art. 56–61 der Satzung und Art. 110–123 VerfO-EuGH). Es ist auf Rechtsfragen beschränkt und hat grundsätzlich keine aufschiebende Wirkung.

Abweichend vom Normalfall fungiert nicht der EuGH, sondern das EuG als Rechtsmittelinstanz, wenn ein Rechtsstreit in erster Instanz von einem Fachgericht entschieden wurde; dies trifft derzeit nur auf beamtenrechtliche Streitigkeiten zu. Gegen eine Rechtsmittelentscheidung des EuG ist kein ordentlicher Rechtsbehelf mehr zulässig, vielmehr kann sie vom EuGH nur noch in Ausnahmefällen im Allgemeininteresse auf Antrag des Ersten Generalanwalts überprüft werden (sog. **Überprüfungsverfahren**), und zwar, wenn Einheit und Kohärenz des Unionsrechts ernsthaft gefährdet sind (vgl. zum Ganzen Art. 256 Abs. 2 AEUV). Abgesehen von Rechtsmittelentscheidungen sind auch Vorabentscheidungen des EuG (für den Fall, dass ihm künftig eine Vorabentscheidungskomptenz übertragen werden sollte) einem solchen Überprüfungsverfahren zugänglich (Art. 256 Abs. 3 AEUV).

8. Die Möglichkeit für den EuGH, in den bei ihm anhängigen Rechtssachen **einstweiligen Rechtsschutz** zu gewähren, ergibt sich aus Art. 278, 279 AEUV (Art. 39 der Satzung des EuGH). Weitere **akzessorische Verfahren** sind die Streithilfe (Art. 40 der Satzung), das Versäumnisverfahren (Art. 41 der Satzung), der Drittwiderspruch (Art. 42 der Satzung), die Urteilsauslegung (Art. 43 der Satzung) und die Wiederaufnahme des Verfahrens (Art. 44 der Satzung).

9. Zuständig sind die Unionsgerichte außerdem nach Art. 270 AEUV für dienstrechtliche Streitigkeiten, nach Art. 271 AEUV für bestimmte Streitigkeiten, die die Europäische Investitionsbank bzw. das Europäische System der Zentralbanken betreffen, nach Art. 272 AEUV für Entscheidungen aufgrund einer Schiedsklausel in einem von der Europäischen Union geschlossenen Vertrag (z. B. Lieferverträge für Büromaterial oder Verträge mit Dienstleistern im Zusammenhang mit der Durchführung der von der Union finanzierten Projekte) und nach Art. 273 AEUV für Streitigkeiten zwischen Mitgliedstaaten, die aufgrund eines Schiedsvertrags anhängig gemacht werden.

10. Eine begrenzte Zuständigkeit der Unionsgerichte besteht außerdem aufgrund einiger mit dem Unionsrecht zusammenhängender **völkerrechtlicher Verträge** zwischen den Mitgliedstaaten (z. B. EuGVÜ, soweit noch anwendbar; Europol-Konvention).

11. Bei der **inzidenten Normenkontrolle nach Art. 277 AEUV** handelt es sich nicht um ein eigenständiges (Klage-)Verfahren, sondern um eine Einrede bzw. Inzidentrüge, die im Rahmen anderer Verfahren geltend gemacht werden muss.

Schematische Übersicht über die wichtigsten Verfahrensarten

1. Vorabentscheidungsverfahren
   a) Normales Verfahren (Art. 267 AEUV)
   b) Modifiziertes Vorabentscheidungsverfahren (Art. 234 i. V. m. 68 Abs. 1, 2 EGV; vor Lissabon)
   c) Modifiziertes Vorabentscheidungsverfahren (Art. 234 EGV i. V. m. Art. 35 Abs. 1–5 EUV a. F.; vor Lissabon, fünfjährige Übergangsfrist)
   d) Vorabentscheidungsverfahren aufgrund völkerrechtlicher Verträge zwischen den Mitgliedstaaten (z. B. früher EuGVÜ, Europol)

2. Gutachtenverfahren
   a) Normales Verfahren (Art. 218 AEUV)
   b) Gutachtenverfahren im Euratom-Vertrag (Art. 103, 104, 105 EAGV)

3. Direktklageverfahren
   a) Klagen, die nur privilegierten Klageberechtigten offen stehen
      aa) Vertragsverletzungsverfahren der Kommission (Art. 258 und 260 AEUV)
      bb) Vertragsverletzungsverfahren eines Mitgliedstaats (Art. 259 und 260 AEUV)
      cc) Nichtigkeitsklage im Bereich der PJZS (Art. 35 Abs. 6 EU; vor Lissabon, fünfjährige Übergangszeit)
      dd) Streitentscheidungsverfahren im Bereich der PJZS (Art. 35 Abs. 7 EU; vor Lissabon, fünfjährige Übergangszeit)
   b) Klagen, die privilegierten und nicht privilegierten Klageberechtigten offen stehen
      aa) Nichtigkeitsklage (Art. 263, 264, 266 AEUV)

bb) Untätigkeitsklage (Art. 265, 266 AEUV)
cc) Schadenersatzklage (Art. 268, 340 Abs. 2–3 AEUV)
c) Beamtenklage (Art. 270 AEUV)
4. Rechtsmittel und Überprüfungsverfahren
a) Rechtsmittel (Art. 256 Abs. 1 UAbs. 2 und Abs. 2 UAbs. 1 AEUV)
b) Überprüfungsverfahren (Art. 256 Abs. 2 UAbs. 2 und Abs. 3 UAbs. 3 AEUV]
5. Akzessorische Verfahren
a) Einstweiliger Rechtsschutz (Art. 278, 279 AEUV; Art. 39 der Satzung)
b) Streithilfe (Art. 40 der Satzung)
c) Versäumnisverfahren (Art. 41 der Satzung)
d) Drittwiderspruch (Art. 42 der Satzung)
e) Urteilsauslegung (Art. 43 der Satzung)
f) Wiederaufnahme des Verfahrens (Art. 44 der Satzung)

II. Systematisierung der Funktionen der Unionsgerichtsbarkeit

Die Vielfalt der soeben dargestellten Verfahren zeigt, dass die Unionsgerichtsbarkeit im Ergebnis sehr unterschiedliche Funktionen ausübt, die z. B. in Deutschland von getrennten Gerichten (BVerfG, BGH, BAG, BVerwG, BFH etc.) wahrgenommen werden. Der EuGH ähnelt insoweit eher dem US-amerikanischen Supreme Court oder dem britischen Supreme Court (ehem. House of Lords), die als Verfassungsgerichte, aber auch als oberste Fachgerichte in allen Rechtsbereichen agieren. Zum besseren Verständnis der vielfältigen Funktionen der Unionsgerichte soll nachfolgend versucht werden, diese zumindest ansatzweise an Hand der aus der deutschen Rechtsordnung bekannten Kategorien zu systematisieren:

(1) Der EuGH übt die Funktion eines **Verfassungsgerichts** der Union aus. In dieser Funktion ist er u. a. zuständig für
- die meisten Klagen eines Organs gegen ein anderes Organ (Art. 263, 265 AEUV);
- die Klagen der Kommission, also eines Organs der Union, gegen einen Mitgliedstaat (Art. 258 AEUV);
- die meisten Klagen eines Mitgliedstaats gegen Organe der Union (Art. 263, 265 AEUV);
- Klagen eines Mitgliedstaats gegen einen anderen Mitgliedstaat (Art. 259, 273 AEUV);
- die Überprüfung der Rechtmäßigkeit von Sekundärrecht mit Gesetzgebungscharakter im Rahmen einer Gültigkeitsvorlage nach Art. 267 AEUV oder im Rahmen einer Nichtigkeitsklage nach Art. 263 AEUV;
- die Überprüfung der Vereinbarkeit nationalen Rechts mit höherrangigem Unionsrecht im Vertragsverletzungsverfahren nach Art. 258–260 AEUV und (indirekt) im Rahmen einer Auslegungsvorlage nach Art. 267 AEUV;
- Überprüfung der Vereinbarkeit eines geplanten völkerrechtlichen Abkommens mit den Verträgen nach Art. 218 Abs. 11 AEUV.

(2) Außerdem achtet der EuGH als **Oberstes Fachgericht** auf die Wahrung der Einheitlichkeit der Rechtsanwendung, auch in den durch Sekundärrecht harmonisierten, teilweise sehr technischen Sachgebieten. In dieser Funktion interpretiert er im Rahmen von Auslegungsvorlagen nach Art. 267 AEUV für alle mitgliedstaatlichen Gerichte verbindlich etwa Vorschriften im Verbraucherschutzrecht (z. B. Haustürwiderrufsrichtlinie, Produkthaftungsrichtlinie), im Arbeitsrecht (z. B. Betriebsübergangsrichtlinie, Gleichbehandlungsrichtlinien), im internationalen Zivilprozessrecht, im Umweltrecht oder im Mehrwertsteuerrecht.

(3) Als **Verwaltungsgericht** kontrolliert insbesondere das EuG – unter der Aufsicht des Rechtsmittelgerichts EuGH – die Rechtmäßigkeit des Verwaltungshandelns der EU-Exekutive und gewährt insoweit Individualrechtsschutz. Gemäß Art. 263 AEUV ist das EuG z. B. für Klagen von Mitgliedstaaten sowie natürlichen und juristischen Personen gegen Einzelentscheidungen von Kommission oder Rat in den Bereichen Wettbewerb, Anti-Dumping und staatliche Beihilfen zuständig. Eine weitere typisch „verwaltungsgerichtliche" Zuständigkeit ist die für Beamtenstreitigkeiten gemäß Art. 270 AEUV, für die 2005 sogar ein Fachgericht – das Gericht für den öffentlichen Dienst der EU – geschaffen wurde.

(4) Als **Zivilgericht** agiert das EuG im Amtshaftungsverfahren nach Art. 268, 340 Abs. 2–3 AEUV und wenn es auf Grund einer Schiedsklausel nach Art. 272 AEUV entscheidet.

(5) Schließlich entscheidet der EuGH als **Revisionsgericht**, wenn er Entscheidungen des EuG nach Art. 256 Abs. 1 UAbs. 2 AEUV auf Rechtsfehler überprüft. Dasselbe gilt für das EuG, wenn es Entscheidungen der ihm beigeordneten Fachgerichte überprüft, vgl. Art. 256 Abs. 2 UAbs. 1 i. V. m. Art. 257 Abs. 3 AEUV, wobei das EuG je nach der einschlägigen Regelung Berufungs- oder Revisionsgericht sein kann.

III. Zuständigkeitsverteilung innerhalb der Unionsgerichtsbarkeit

Vor Inkrafttreten des Vertrags von Nizza lag die Regelzuständigkeit für alle Verfahren einschließlich der Direktklagen beim EuGH. Art. 225 EG a. F. ermächtigte den Rat jedoch bereits, dem Gericht (damals „Gericht erster Instanz") die erstinstanzliche Zuständigkeit für bestimmte Gruppen von Verfahren mit Ausnahme des Vorabentscheidungsverfahrens zu übertragen. Eine solche beschränkte Übertragung wurde seinerzeit durch Ratsbeschluss vorgenommen. Auf jener Grundlage war das EuG lange Zeit für alle von natürlichen oder juristischen Personen erhobenen Direktklagen (Nichtigkeitsklagen, Untätigkeitsklagen, Schadensersatzklagen und Klagen aufgrund einer Schiedsklausel) sowie für Beamtensachen in erster Instanz zuständig. Der Gerichtshof blieb hingegen in erster und letzter Instanz zuständig für alle von den Mitgliedstaaten und Organen erhobenen Klagen, ferner waren ihm die Vorabentscheidungsverfahren vorbehalten.

Im Gefolge des Vertrags von Nizza haben sich 2004 bei der Zuständigkeitsverteilung innerhalb der Unionsgerichtsbarkeit wesentliche Veränderungen ergeben, die auch nach Inkrafttreten des Vertrags von Lissabon uneingeschränkt relevant geblieben sind. Sie sind Ausdruck einer allgemeinen Entwicklung, die den EuGH immer mehr zu einer Art Oberstem Gerichtshof der EU werden lässt, während das EuG im Wesentlichen die Aufgaben eines Allgemeinen Verwaltungsgerichts der EU übernimmt, dem seinerseits zu seiner Entlastung bestimmte Fachgerichte beigeordnet werden können.

In systematischer Hinsicht ist nunmehr zwischen der Zuständigkeit für Direktklagen und jener für das Vorabentscheidungsverfahren zu unterscheiden.

1. Die Zuständigkeit für Direktklagen

Nach Art. 225 Abs. 1 EG n. F. liegt die erstinstanzliche **Regelzuständigkeit für alle Direktklagen außer den Vertragsverletzungsverfahren** nunmehr beim EuG, während der EuGH für diese Verfahren nur noch als Rechtsmittelinstanz fungiert. Dies gilt namentlich für Nichtigkeits-, Untätigkeits- und Schadensersatzklagen sowie für Klagen aufgrund von Schiedsklauseln (Art. 263, 265, 268 und 272 AEUV). Als Ausnahme von dieser Regelzuständigkeit behält allerdings Art. 256 Abs. 1 AEUV i. V. m. Art. 51 der Satzung bestimmte Direktklagen weiterhin dem Gerichtshof in erster und letzter Instanz vor. Außerdem kann Fachgerichten die erstinstanzliche Zuständigkeit für bestimmte Klagen übertragen werden; vgl. Art. 256 Abs. 1 i. V. m. Art. 257 AEUV.

Berücksichtigt man dieses komplizierte Wechselspiel von Regeln und Ausnahmen, so lässt sich die derzeit geltende Zuständigkeitsverteilung für Direktklagen vereinfacht wie folgt zusammenfassen (zu den Einzelheiten vgl. den – höchst umständlich abgefassten – Art. 51 der Satzung i. d. F. von 2004):

(1) **Der EuGH** ist weiterhin in erster und letzter Instanz zuständig für solche Direktklagen, die man als Klagen von „verfassungsrechtlicher" Tragweite beschreiben kann; hierzu gehören insbesondere
  (a) alle Vertragsverletzungsverfahren (Art. 258–260 AEUV);
  (b) alle Nichtigkeits- oder Untätigkeitsklagen (Art. 263, 265 AEUV), die von Mitgliedstaaten oder Unionsorganen gegen das Parlament, den Rat oder gegen Parlament und Rat gemeinsam erhoben werden; häufig beziehen sich diese Klagen auf Rechtsakte mit „Gesetzgebungscharakter", dazu gehören nicht zuletzt die von Parlament und Rat gemeinsam im ordentlichen Gesetzgebungsverfahren (Art. 294 AEUV) beschlossenen Rechtsakte. Lediglich die drei in Art. 51 Abs. 1 lit. a 1.-3. Gedankenstrich der Satzung genannten Ausnahmefälle sind in die Zuständigkeit des EuG übergegangen; vgl. dazu unten (2);
  (c) alle Nichtigkeits- und Untätigkeitsklagen von Unionsorganen gegen die Kommission;
  (d) Nichtigkeits- und Untätigkeitsklagen eines Mitgliedstaats gegen die Kommission, sofern auf die Erweiterung einer verstärkten Zusammenarbeit bezogen (Art. 331 AEUV).

(2) **Das EuG** ist in erster Instanz insbesondere zuständig (und der EuGH fungiert als Rechtsmittelinstanz) für
  – alle von natürlichen oder juristischen Personen erhobenen Nichtigkeits- und Untätigkeitsklagen,
  – alle von Mitgliedstaaten erhobenen Nichtigkeits- oder Untätigkeitsklagen gegen andere Organe und Einrichtungen als Parlament und Rat (also insbesondere Klagen von Mitgliedstaaten gegen die Kommission und gegen die EZB, Ausnahme: Art. 331 AEUV),
  – die von Mitgliedstaaten erhobenen Nichtigkeits- oder Untätigkeitsklagen gegen das Parlament, den Rat oder gegen Parlament und Rat in den drei in Art. 51 Abs. 1 lit. a 1.-3. Gedankenstrich der Satzung genannten Ausnahmefällen,
  – alle Schadensersatzklagen (Art. 268 AEUV),
  – alle Klagen, die aufgrund von Schiedsklauseln anhängig gemacht werden (Art. 272 AEUV).

(3) Ist dem EuG für ein bestimmtes Sachgebiet ein spezialisiertes **Fachgericht** beigeordnet worden (seit 2005 ist dies für Direktklagen in Beamtensachen nach Art. 270 AEUV der Fall), so gilt – abweichend von (1) und (2) – folgende Zuständigkeitverteilung:
  – Das Fachgericht (in Beamtensachen: „Gericht für den öffentlichen Dienst der EU") ist erstinstanzlich zuständig,

– das EuG übernimmt die Aufgaben der Rechtsmittelinstanz und
– der EuGH wahrt die Rechtseinheit im Rahmen eines außerordentlichen Überprüfungsverfahrens (Art. 256 Abs. 2 AEUV).

2. Die Zuständigkeit für Vorabentscheidungsverfahren

Für **Vorabentscheidungsverfahren** bleibt es hingegen auch nach den Verträgen von Nizza und Lissabon bei der Regelzuständigkeit des EuGH. Zwar besteht nun gemäß Art. 256 Abs. 3 AEUV (zuvor Art. 225 Abs. 3 EGV) die Möglichkeit, dem EuG in besonderen in der Satzung festgelegten Sachgebieten die Zuständigkeit für Vorabentscheidungen zu übertragen. Ein konkreter Vorschlag zur Übertragung solcher Zuständigkeiten existiert allerdings bislang nicht und ist auch auf absehbare Zeit nicht zu erwarten. Denn das Vorabentscheidungsverfahren ist ein Kernelement der Zuständigkeiten des EuGH; seine – auch nur teilweise – Übertragung auf das EuG würde die Tür zu einer tiefgreifenden Veränderung des EuGH als Institution öffnen.

Denkbar erscheint eine Verlagerung der Vorabentscheidungszuständigkeit auf das EuG allenfalls auf besonders technischen Sachgebieten (z.B. Mehrwertsteuerrecht und Zollrecht), ferner auf Sachgebieten, für die Fachgerichte existieren. Die Orientierung an den den Fachgerichten übertragenen Sachgebieten hätte den Vorteil, die Zuständigkeiten für Rechtsmittelentscheidungen und für Vorabentscheidungen beim EuG zusammenzuführen, so wie dies auf allen anderen Rechtsgebieten beim EuGH geschieht.

Sollte es zu einer Übertragung von Vorabentscheidungszuständigkeiten auf das EuG kommen, kann das EuG jedenfalls solche Rechtssachen, welche eine Grundsatzentscheidung erfordern, die die Einheit und Kohärenz des Unionsrechts berühren könnte, zur Entscheidung an den EuGH verweisen (Art. 256 Abs. 3 UAbs. 2 AEUV). Außerdem sieht Art. 256 Abs. 3 UAbs. 3 AEUV ein außerordentliches Überprüfungsverfahren für Vorabentscheidungen des EuG vor, das analog zur Überprüfung der Rechtsmittelentscheidungen des EuG ausgestaltet ist (vgl. auch Art. 62 der Satzung).

IV. Verfahren und Urteil

Das Verfahren vor den Unionsgerichten ist in Art. 251 ff. AEUV, der EuGH-Satzung und den jeweiligen Verfahrensordnungen des EuGH, des EuG und des Gerichts für den öffentlichen Dienst geregelt. Die durch die Verträge von Nizza und Lissabon neu gefasste **Satzung** ist den Verträgen als Protokoll beigefügt. Mit Ausnahme ihres Titels I kann der Rat die Satzung auf Antrag des Gerichtshofs oder auf Vorschlag der Kommission im ordentlichen Gesetzgebungsverfahren ändern, also mit qualifizierter Mehrheit im Rat und Mitentscheidungsbefugnis des Parlaments (Art. 281 Abs. 2 AEUV).

Seine **Verfahrensordnung** gibt sich der EuGH selbst; dabei unterliegt er allerdings der politischen Kontrolle des Rates, dessen Zustimmung mit qualifizierter Mehrheit erforderlich ist (Art. 253 Abs. 6 AEUV i.V.m. Art. 16 Abs. 3 EUV). Die Verfahrensordnungen des EuG und der Fachgerichte bedürfen darüber hinaus des Einvernehmens mit dem Gerichtshof (Art. 254 Abs. 5 und 257 Abs. 5 AEUV). Inhaltlich ähneln sich die Verfahrensordnungen der Unionsgerichte. Der Einfachheit halber wird deshalb im Folgenden nur die Verfahrensordnung (VerfO) des EuGH und nur das Verfahren bei Direktklagen besprochen (s. zum Verfahren bei Vorabentscheidungsverfahren S. 135). Nach Satzung und VerfO gilt für alle direkten Klagen im Wesentlichen Folgendes:

Der EuGH entscheidet gemäß Art. 251 Abs. 1 AEUV in **Kammern** oder als Große Kammer und nur noch ausnahmsweise als Plenum (vgl. Art. 16 Abs. 4 und 5 der Satzung). In der mit 13 Richtern besetzten Großen Kammer führt der Präsident des Gerichtshofs den Vorsitz. Neben dem Präsidenten gehören ihr außerdem ständig die gewählten Präsidenten der Kammern mit fünf Richtern an (Art. 16 Abs. 2 der Satzung). Diese Regelung trägt zur Kontinuität der Rechtsprechung und zur Wahrung der Einheitlichkeit der Entscheidungspraxis innerhalb des EuGH bei, verschafft aber auch dem Präsidenten des EuGH und den Präsidenten der Kammern mit fünf Richtern einen stärkeren Einfluss auf Grundsatzentscheidungen als anderen Richtern.

Anders als beim EuG und beim Gericht für den öffentlichen Dienst besteht im Verfahren vor dem EuGH *keine* Möglichkeit, Fälle auf den **Einzelrichter** zu übertragen.

Natürliche und juristische Personen, nicht jedoch die Mitgliedstaaten und die Organe, müssen durch einen **Anwalt** vertreten sein, der in einem Mitgliedstaat zugelassen ist (Art. 19 der Satzung). Verfahrenssprache ist gemäß Art. 29 § 2 VerfO grundsätzlich die vom Kläger gewählte Sprache, die eine der 23 Amtssprachen der Union sein muss. Intern ist traditionell Französisch die Arbeitssprache des EuGH.

Das Verfahren gliedert sich in einen **schriftlichen** (Art. 20 Abs. 2 Satzung, Art. 37–44 a VerfO) und einen **mündlichen Verfahrensteil** (Art. 20 Abs. 4 Satzung, Art. 55 bis 62 VerfO). Von einer mündlichen Verhandlung kann jedoch abgesehen werden, wenn keine der Parteien sie mit hinreichender Begründung beantragt hat (Art. 44 a VerfO). Ist die Klage offensichtlich unzulässig, so kann der EuGH die Klage sofort nach deren Eingang durch begründeten Beschluss als unzulässig abweisen bzw. sich für unzuständig erklären (Art. 92 VerfO).

Das **schriftliche Verfahren** beginnt mit Einreichung der Klage. Die Klageschrift muss gemäß Art. 21 der Satzung und Art. 38 VerfO den Streitgegenstand (bei einer Nichtigkeitsklage also den angefochtenen Rechtsakt und den Umfang seiner Anfechtung), die Anträge und eine kurze Darstellung der Klagegründe (z.B. Darlegung eines der vier in Art. 263 Abs. 1 AEUV bezeichneten Nichtigkeitsgründe) enthalten. Der Beklagte hat die Klage innerhalb eines Monats zu beantworten (Art. 40 VerfO). Kläger und Beklagter können in einer weiteren Schriftsatzrunde replizieren (Art. 41 VerfO). Bedeutsam ist allerdings, dass neue Angriffs- und Verteidigungsmittel, die in der Klage bzw. Klagebeantwortung noch nicht enthalten waren, im Stadium der Replik bzw. Duplik nur noch ausnahmsweise geltend gemacht werden können (Art. 42 § 2 VerfO). Das Versäumnisverfahren ist in Art. 94 VerfO geregelt. Vorschriften über die Zulässigkeit der Streithilfe finden sich in Art. 40 der Satzung und Art. 93 VerfO. Der Beklagte kann gemäß Art. 91 VerfO mit gesondertem Schriftsatz die Einrede der Unzulässigkeit der Klage erheben; dann ist über die Zulässigkeit der Klage ggf. vorweg zu verhandeln und zu entscheiden, ohne dass zur Begründetheit Stellung genommen wird.

Die **mündliche Verhandlung** beginnt entgegen Art. 20 Abs. 4 der Satzung in der Praxis nicht mehr mit der Verlesung, sondern nur noch mit der Bezugnahme des Vorsitzenden auf den sog. Sitzungsbericht. Dieser ist vom Berichterstatter gefertigt und wird den Parteien bereits einige Wochen vor der mündlichen Verhandlung zugestellt; er legt den rechtlichen Rahmen des Rechtsstreits und eine Zusammenfassung des Vorbringens der Parteien dar. Es folgen Anhörung und Plädoyers der Parteien.

Im Regelfall entscheidet der Gerichtshof erst, nachdem der **Generalanwalt** in einer späteren Sitzung zu dem jeweiligen Fall ein begründetes Rechtsgutachten, die sog. Schlussanträge, abgegeben hat (Art. 252 AEUV). Letztere bilden den Schlusspunkt des mündlichen Verfahrens. Die Verfahrensbeteiligten haben kein Recht, zu den Schlussanträgen des Generalanwalts Stellung zu nehmen; der Gerichtshof kann lediglich – aus eigener Initiative oder auf Antrag eines Verfahrensbeteiligten – die mündliche Verhandlung wiedereröffnen (Art. 61 VerfO-EuGH). Ist der Gerichtshof der Auffassung, dass eine Rechtssache keine neuen Rechtsfragen aufwirft, so kann er von vornherein beschließen, dass ohne die Schlussanträge des Generalanwalts über die Sache entschieden wird; vor einem solchen Beschluss ist der zuständige Generalanwalt anzuhören (Art. 20 Abs. 5 der Satzung, der durch den Vertrag von Nizza neu eingefügt wurde). Dadurch wird ermöglicht, dass unkomplizierte Verfahren schneller entschieden werden und die Generalanwälte sich auf die Begutachtung neuer Rechtsfragen konzentrieren und so ihren Beitrag zur Fortentwicklung des Unionsrechts leisten können.

Auf Antrag des Klägers oder des Beklagten, der mit gesondertem Schriftsatz zu stellen ist, kann in besonders dringlichen Fällen ausnahmsweise ein **beschleunigtes Verfahren** durchgeführt werden (Art. 62a VerfO-EuGH, Art. 76a VerfO-EuG). So hat das EuG bereits über mehrere Klagen von Unternehmen gegen Fusionskontrollentscheidungen der Kommission im beschleunigten Verfahren geurteilt. Vor dem EuGH fand das beschleunigte Verfahren erst selten Anwendung, etwa auf die Klage der Kommission gegen den Rat hinsichtlich eines Defizitverfahrens im Rahmen der Währungsunion (EuGHE, C-27/04, 2004, I-6649 – Kommission/Rat „Stabilitätspakt"). Das beschleunigte Verfahren zeichnet sich dadurch aus, dass die betreffende Rechtssache mit Vorrang bearbeitet wird. Überdies wird im schriftlichen Verfahren in der Regel nur eine Runde Schriftsätze ausgetauscht, Replik und Duplik bedürfen der besonderen Genehmigung des Präsidenten. Der mündlichen Verhandlung, die besonders zeitnah anberaumt wird, kommt dementsprechend besondere Bedeutung zu. Der Generalanwalt stellt keine förmlichen Schlussanträge, sondern wird lediglich vom Gerichtshof angehört; nichts hindert den Generalanwalt jedoch daran, eine umfassende schriftliche Stellungnahme abzugeben, die klassischen Schlussanträgen inhaltlich in nichts nachsteht und auch veröffentlicht werden kann (so geschehen im bereits erwähnten Fall Stabilitätspakt).

Nach geheimer Beratung des Gerichts, an der der Generalanwalt nicht teilnimmt, wird in einer späteren öffentlichen Sitzung das **Urteil** verkündet. Ein Urteil des EuGH wird gemäß Art. 65 VerfO sofort rechtskräftig. Form und Inhalt des Urteils richten sich nach Art. 63 VerfO. Alle Urteile und die dazu gehörigen Schlussanträge des Generalanwalts sind mindestens in der Verfahrenssprache und auf Französisch im Internet veröffentlicht (www.curia.europa.eu). Die meisten Urteile werden darüber hinaus zusammen mit den Schlussanträgen in 22 Amtssprachen vollständig in der amtlichen Sammlung abgedruckt; dort sind ihnen auch nichtamtliche Leitsätze vorausgestellt. Der Sitzungsbericht wird seit 1994 nicht mehr veröffentlicht, um die amtliche Sammlung schneller erscheinen zu lassen. Das Urteil des Gerichtshofs beginnt mit dem Rubrum und legt nach der Überschrift „Urteil" die Entscheidungsgründe dar, ohne diese als solche ausdrücklich zu bezeichnen. Einen getrennten Tatbestand enthalten die Urteile nicht (mehr), doch wird der wesentliche Sachverhalt i. d. R. im Anschluss an Ausführungen zum rechtlichen Rahmen zusammengefasst. Danach werden Zulässigkeit und Begründetheit der Klage abgehandelt sowie die Kostenentscheidung kurz begründet. Wichtig und in der Klausur zu beachten ist, dass der Urteilstenor einschließlich Kostenentscheidung am Schluss des Urteils steht (vgl. § 63 VerfO letzter Gedankenstrich). Die Kostenentscheidung ergibt sich aus Art. 69 VerfO. Sie ergeht nur auf Antrag und betrifft die notwendigen Auslagen der Parteien, wobei allerdings für Rechtsanwaltshonorare keine Gebührenordnung existiert. Gerichtskosten fallen nicht an (Art. 72 VerfO).

D. Vorgaben des Unionsrechts für den Rechtsschutz vor den Gerichten der Mitgliedstaaten

I. Grundlagen

Wie oben bereits dargelegt, wird das Unionsrecht in erster Linie von den **Gerichten der Mitgliedstaaten** angewandt und durchgesetzt: Die Gerichte der Mitgliedstaaten sind zuständig für alle Streitigkeiten zwischen Privaten und mitgliedstaatlichen Stellen sowie zwischen Privaten, in denen es um die Durchsetzung europarechtlicher Bestimmungen geht.

Beispiele: Klage von Frau Kreil gegen die Bundesrepublik Deutschland wegen Verstoßes gegen die Gleichbehandlungsrichtlinie in der Bundeswehr; Schadenersatzklage eines Verbrauchers gegen ein marktbeherrschendes Unternehmen wegen Verstoßes gegen Art. 102 AEUV.

Das geschriebene Unionsrecht gibt jedoch normalerweise nur das Bestehen eines Rechts bzw. einer Pflicht vor (z. B. Grundfreiheit, Kartellverbot), nicht aber das „Wie" der Rechtsdurchsetzung vor Gericht. Art. 110 AEUV verbietet z. B. die Erhebung diskriminierender indirekter Steuern. Der Vertrag regelt jedoch nicht:

- welche Sekundäransprüche bei einem Verstoß gegen dieses Verbot entstehen (z. B. Erstattungsansprüche, Schadenersatz);
- welchen materiellen Voraussetzungen diese Sekundäransprüche unterliegen (z. B. Verschulden, Verjährung, Vertrauensschutz);
- welche Gerichte für die Durchsetzung dieser Ansprüche zuständig sind (Rechtsweg, sachliche und örtliche Zuständigkeit);
- welche prozessualen Regeln für die Rechtsdurchsetzung gelten (z. B. zur Verfügung stehende Klagen, Klagefristen, Klagebefugnis, Beweislastverteilung).

In Ermangelung von harmonisierten unionsrechtlichen Regeln gilt deshalb für den Rechtsschutz vor nationalen Gerichten der **Grundsatz der Verfahrensautonomie** der Mitgliedstaaten. Danach obliegt die Bestimmung der zuständigen Gerichte und die Ausgestaltung des Verfahrens den Mitgliedstaaten (EuGHE, 33/76, 1976, 1989 – Rewe, Rn. 5; EuGHE, C-268/06, 2008, I-2483 – Impact, Rn. 44).

Beachte: (1) Der Begriff „Verfahrensautonomie" ist missverständlich. Der Grundsatz der „Verfahrensautonomie" gilt nämlich – weit über die Zuständigkeits- und Verfahrensregeln hinaus – für den gesamten Bereich der Rechtsdurchsetzung, also auch für Regeln, die nach deutschem Rechtsverständnis nicht dem Prozessrecht, sondern dem materiellen Recht oder dem Verwaltungsverfahrensrecht angehören. Grundsätzlich ist daher nach deutschem Recht zu bestimmen, auf welcher Rechtsgrundlage z. B. Erstattungsansprüche bei rechtswidrig erhobenen Abgaben beruhen, ob Zinsen erstattet werden und wie diese Ansprüche verjähren.

(2) Der Grundsatz der Verfahrensautonomie kommt nur dann zur Anwendung, wenn keine europarechtlichen Sonderregeln existieren. Vereinzelt werden nämlich in Richtlinien und Verordnungen z. B. Rückforderungsansprüche (so im Zollkodex) oder Fragen der Beweislast (so in den Gleichbehandlungsrichtlinien) geregelt.

Die Tatsache, dass die Durchsetzung des Unionsrechts normalerweise nach Maßgabe der Rechtsordnungen der Mitgliedstaaten erfolgt, birgt zwei Gefahren: Erstens ist die **praktische Wirksamkeit** des Unionsrechts in Gefahr. Die unmittelbare Wirkung einer Vorschrift des Unionsrechts (z. B. Art. 34 AEUV) und ihr Vorrang vor entgegenstehenden Regeln des nationalen Rechts könnten leer laufen, falls das nationale „Verfahrensrecht" eine Durchsetzung des sich aus dem Unionsrecht ergebenden Anspruchs faktisch unmöglich macht oder übermäßig erschwert. Zur effektiven Durchsetzung des durch das Unionsrecht gewährten Anspruchs können z. B. die Zulässigkeitshürden für eine Klage vor nationalen Gerichten zu hoch, die Verjährungsfristen zu kurz, die Beweisregeln zu streng und das Vollstreckungsrecht zu nachsichtig sein. Zweitens ist die **Einheitlichkeit der Rechtsanwendung** in Gefahr. Wegen unterschiedlicher Durchsetzungsmechanismen in den verschiedenen Mitgliedstaaten könnten die vom Unionsrecht gewährten Rechte oder auferlegten Pflichten im Ergebnis mehr oder weniger „wert" sein. Unionsbürger hätten danach im Ergebnis mehr oder weniger Rechte, je nach dem, in welchem Mitgliedstaat sie die sich aus den Verträgen ergebenden, eigentlich einheitlichen Rechte geltend machen.

Nach der Rechtsprechung des Gerichtshofs folgt deshalb aus Art. 4 Abs. 3 EUV (ehemals Art. 10 EGV bzw. Art. 5 EWGV) und aus den Grundsätzen des Vorrangs und der unmittelbaren Wirkung des Unionsrechts, dass die Gerichte der Mitgliedstaaten dafür zu sorgen haben, dass das Unionsrecht **seine volle Wirksamkeit entfaltet.** Daraus hat der Gerichtshof in ständiger Rechtsprechung zwei **Schranken des Grundsatzes der Verfahrensautonomie** der Mitgliedstaaten abgeleitet (st. Rspr., vgl. etwa EuGHE, C-268/06, 2008, I-2483 – Impact, Rn. 44):

- nach dem **Äquivalenzgebot** (bzw. Grundsatz der Gleichwertigkeit), das ein Ausfluss des allgemeinen Diskriminierungsverbots ist, darf der Rechtsschutz bei der Durchsetzung unionsrechtlicher Ansprüche nicht ungünstiger ausgestaltet werden als der Rechtsschutz bei der Durchsetzung vergleichbaren innerstaatlichen Rechts;
- nach dem **Effektivitätsgebot** (bzw. Grundsatz der Effektivität) dürfen innerstaatliche Vorschriften die Durchsetzung der durch das Unionsrecht gewährten Rechte nicht praktisch unmöglich machen oder übermäßig erschweren.

In der Praxis bereitet die **Anwendung des Äquivalenzgebots** normalerweise wenig Schwierigkeiten. Probleme entstehen nur, falls vergleichbare Verfahrensregelungen für die Durchsetzung „innerstaatlicher" Rechte nicht existieren (z. B. bei der Ausweisung von Ausländern) oder falls eine Mehrzahl von ähnlichen Verfahrensvorschriften existiert, aus der die richtige Vergleichsvorschrift erst ausgewählt werden muss. In der italienischen Rs. Edis musste der Gerichtshof z. B. entscheiden, ob die Ausschlussfrist für die Rückforderung bestimmter unionsrechtswidriger Abgaben mit der allgemeinen Ausschlussfrist für die Geltendmachung von Ansprüchen aus ungerechtfertigter Bereicherung (10 Jahre) oder mit Sonderregeln für die Ausschlussfrist bei Steuerrückforderungsansprüchen (3 Jahre) zu vergleichen war. Der Gerichtshof entschied, dass sich der betreffende Mitgliedstaat auf die kürzere Frist berufen könne, wenn diese in gleicher Weise bei allen Klagen auf Erstattung von Abgaben unabhängig davon angewandt werde, ob sie auf das Unionsrecht oder auf das innerstaatliche Recht gestützt werden (EuGHE, C-231/96, 1998, I-4981 – Edis).

Die **Anwendung des Effektivitätsgebots** bereitet gewöhnlich die meisten Schwierigkeiten. Nach der Rechtsprechung ist insoweit jeder Fall, in dem sich die Frage stellt, ob eine nationale Verfahrensvorschrift die Anwendung des Unionsrechts unmöglich macht oder übermäßig erschwert, unter Berücksichtigung der Stellung dieser Vorschrift im gesamten Verfahren, des Verfahrensablaufs und der Besonderheiten des Verfahrens vor den verschiedenen nationalen Stellen zu prüfen. Dabei sind gegebenenfalls die Grundsätze zu berücksichtigen, die dem nationalen Rechtsschutzsystem zugrunde liegen, wie z. B. der Schutz der Verteidigungsrechte, der Grundsatz der Rechtssicherheit und der ordnungsgemäße Ablauf des Verfahrens (EuGHE, C-312/93, 1995, I-4599 = Hummer, S. 338 – Peterbroek, Rn. 14).

II. Verfahrensrechtliche Vorgaben für einen effektiven gerichtlichen Rechtsschutz

Entscheidend für die wirksame Durchsetzung der aus dem Unionsrecht fließenden Rechte des Einzelnen ist neben der materiellen Ausgestaltung des mitgliedstaatlichen Rechts auch ein Verfahrensrecht, das die Gewährung effektiven Rechtsschutzes ermöglicht.

1. Rechtsweggarantie: Anspruch auf Zugang zu Gericht

Die Gewährleistung effektiven Rechtsschutzes hängt wesentlich davon ab, dass Entscheidungen einer innerstaatlichen Behörde, durch die die Gewährleistung eines Rechts verweigert wird oder in die Rechte Einzelner eingegriffen wird, vor Gericht angefochten werden können. Dieses Erfordernis stellt einen allgemeinen Rechtsgrundsatz des Unionsrechts dar, der sich aus den gemeinsamen Verfassungstraditionen der Mitgliedstaaten ergibt und in den Art. 6 und 13 der EMRK sowie in Art. 47 der Charta der Grundrechte der EU verankert ist (EuGHE, 222/84, 1986, 1651 – Johnston; EuGHE, 222/86, 1987, 4097 – Heylens; EuGHE, C-354/04 P u. C-355/04 P, 2007, I-1579 u. I-1657, Gestoras pro Amnistía/Rat und

Segi/Rat, jeweils Rn. 51 und 56; EuGHE, C-432/05, 2007, I-2271 – Unibet, Rn. 37 ff.). Wie bereits erwähnt (s. o. S. 121), geht damit nicht zuletzt die Pflicht für den nationalen Richter einher, das innerstaatliche Verfahrensrecht und seine Zulässigkeitsvoraussetzungen rechtsschutzfreundlich auszulegen.

Flankierend zum Gebot des effektiven Rechtsschutzes verpflichtet Art. 19 Abs. 1 UAbs. 2 EUV die Mitgliedstaaten, die erforderlichen Rechtsbehelfe zu schaffen, damit ein wirksamer Rechtsschutz in den vom Unionsrecht erfassten Bereichen gewährleistet ist.

2. Begründungspflicht für Verwaltungsentscheidungen

Die Wirksamkeit gerichtlicher Rechtmäßigkeitskontrolle setzt voraus, dass das angerufene Gericht die Begründung der angefochtenen Entscheidung einer nationalen Stelle überprüfen kann. Die von einer negativen Entscheidung Betroffenen müssen außerdem in Kenntnis aller Umstände entscheiden können, ob es für sie von Nutzen ist, vor Gericht zu gehen. Bei Einschränkung einer Grundfreiheit ist die zuständige nationale Behörde deshalb verpflichtet, den Betroffenen die Begründung ihrer Entscheidung entweder in der Entscheidung selbst oder auf Anfrage später bekannt zu geben (EuGHE, 222/86, 1987, 4097 – Heylens); vgl. auch Art. 41 Abs. 2 lit. c der Charta der Grundrechte der EU.

3. Klagefristen, Bestandskraft, Verjährung

Soweit sie das Äquivalenzgebot beachten, sind mitgliedstaatliche Regeln über die Bestandskraft von Verwaltungsakten, die Verjährung von Ansprüchen, materielle Ausschlussfristen und Klagefristen normalerweise mit dem Grundsatz der Effektivität des Unionsrechts vereinbar, weil die Festsetzung angemessener Fristen für die Einlegung eines Rechtsbehelfs ein Anwendungsfall des auch im Unionsrecht geltenden Prinzips der Rechtssicherheit ist (st. Rspr., z. B. EuGHE, C-261/93, 1997, I-4025 – Palmisani). In der berühmten Rs. **Emmott** stellte der EuGH zwar zunächst den Grundsatz auf, dass sich ein säumiger Mitgliedstaat wegen der besonderen Rechtsnatur von Richtlinien bis zum Zeitpunkt der ordnungsgemäßen Umsetzung einer Richtlinie nicht auf die Verspätung einer Klage berufen kann, die ein Einzelner zum Schutz der ihm durch die Bestimmungen dieser Richtlinie verliehenen Rechte gegen ihn erhoben hat, und dass eine Klagefrist des nationalen Rechts erst zu diesem Zeitpunkt beginnen kann (EuGHE, C-208/90, 1991, I-4269 – Emmott). Der Anwendungsbereich des im Urteil Emmott aufgestellten Grundsatzes wurde in späteren Urteilen jedoch immer weiter eingeschränkt (vgl. z. B. EuGHE, C-338/91, 1993, I-5475 – Steenhorst-Neerings, EuGHE, C-188/95, 1997, I-6783 – Fantask). In der Rs. **Edis** entschied der Gerichtshof schließlich, dass ein Mitgliedstaat sich gegenüber Klagen auf Erstattung von Abgaben, die unter Verstoß gegen eine Richtlinie erhoben wurden, auf eine nationale Ausschlussfrist, die vom Zeitpunkt der Entrichtung der fraglichen Abgabe an läuft, berufen kann, selbst wenn die Richtlinie zu diesem Zeitpunkt noch nicht ordnungsgemäß in das nationale Recht umgesetzt worden war. Der in Emmott aufgestellte Grundsatz gilt nach dem Urteil Edis somit nur noch dann, wenn feststeht, dass das Verhalten der nationalen Behörden zusammen mit der streitigen Frist dazu geführt hat, dass dem Kläger jede Möglichkeit genommen wurde, seine Rechte vor den nationalen Gerichten geltend zu machen (EuGHE, C-231/96, 1998, I-4951 – Edis).

4. Anwendung des Unionsrechts von Amts wegen

Um die wirksame Durchsetzung des Europarechts zu gewährleisten, trifft den nationalen Richter grundsätzlich eine **Pflicht, Unionsrecht von Amts wegen anzuwenden**. Auch hat er nationales Recht von Amts wegen auf seine Vereinbarkeit mit zwingenden Vorschriften des Unionsrechts hin zu überprüfen; dabei ist es nicht erforderlich, dass eine der Parteien im Verfahren eine entsprechende Rüge der Unionsrechtswidrigkeit erhoben hat. Allerdings besteht für den nationalen Richter in einem Verfahren, das auf der Parteimaxime beruht, keine Pflicht, die Grenzen des Rechtsstreits und insbesondere den Streitgegenstand zu überschreiten, wie er von den Parteien an ihn herangetragen wurde.

Vgl. grundlegend EuGHE, C-430/93, 1995, I-4705 – Van Schijndel; EuGHE, C-312/93, 1995, I-4599 – Peterbroeck; EuGHE, C-126/97, 1999, I-3055 – Eco Swiss; EuGH, C-222/05 u. a., 2007, I-4233 – Van der Weerd.

In der spanischen Rs. **Océano Grupo** (EuGHE, C-267/98, 2000, I-4941) verklagten die Verkäufer einer Enzyklopädie in einem dem deutschen Mahnverfahren vergleichbaren summarischen Verfahren die Käufer auf Zahlung der Raten von Ratenkaufverträgen. Die Verträge enthielten eine Klausel, in der Barcelona als Gerichtsstand vereinbart worden war, wo keiner der Beklagten des Ausgangsverfahrens wohnte, wo sich aber der Sitz der Klägerinnen befand. Die Klagen wurden den Beklagten nicht zugestellt, da das vorlegende Gericht Zweifel an seiner Zuständigkeit hatte. Gerichtsstandsklauseln wie die, um die es in den bei ihm anhängigen Rechtsstreitigkeiten ging, waren in ständiger Rechtsprechung des spanischen Tribunal Supremo für missbräuchlich erklärt worden. Das vorlegende Gericht wollte jedoch wissen, ob die Richtlinie 93/13/EWG des Rates vom 5. 4. 1993 über missbräuchliche Klauseln in Verbraucherverträgen ihm erlaube, von Amts wegen zu prüfen, ob eine Klausel in einem ihm vorgelegten Vertrag missbräuchlich sei, wenn es über die Zulässigkeit einer Klage vor den ordentlichen Gerichten zu entscheiden habe.

Der Gerichtshof entschied, dass eine Gerichtsstandsklausel in einen Vertrag zwischen einem Verbraucher und einem Gewerbetreibenden, die nicht im Einzelnen ausgehandelt wurde, und die die ausschließliche Zuständigkeit dem Gericht zuweist, in dessen Bezirk der Gewerbetreibende seine Niederlassung hat, als missbräuchlich im Sinne des Artikels 3 der Richtlinie 93/13 anzusehen sei, da sie entgegen dem Gebot von Treu und Glauben zum Nachteil des Verbrauchers ein erhebliches und ungerechtfertiges Missverhältnis der vertraglichen Rechte und Pflichten der Vertragspartner verursache. Außerdem erfordere der Schutz, den die Richtlinie den Verbrauchern gewähre, dass das nationale Gericht von Amts wegen prüfen könne, ob eine Klausel des ihm vorgelegten Vertrages missbräuchlich sei, wenn es die Zulässigkeit einer bei den nationalen Gerichten eingereichten Klage prüfe. Das nationale Gericht müsse die vor oder nach dieser Richtlinie erlassenen nationalen Rechtsvorschriften bei ihrer Anwendung soweit wie möglich unter Berücksichtigung des Wortlauts und des Zwecks dieser Richtlinie auslegen. Das Erfordernis einer richtlinienkonformen Auslegung verlange insbesondere, dass das nationale Gericht der Auslegung den Vorzug gebe, die es ihm ermögliche, seine Zuständigkeit von Amts wegen zu verneinen, wenn diese durch eine missbräuchliche Klausel vereinbart worden sei.

5. Einstweiliger Rechtsschutz

Zur Effektivität des Rechtsschutzes gehört auch, dass der nationale Richter gegebenenfalls einstweilige Maßnahmen treffen kann.

In der Rs. **Factortame** (EuGHE, C-213/89, 1990, I-2433) konnte das englische House of Lords dem Antrag spanischer Fischer auf eine einstweilige Anordnung wegen Verletzung ihrer Grundfreiheit durch ein diskriminierendes britisches Gesetz nur deshalb nicht stattgeben, weil nach ehernen prozessrechtlichen Grundsätzen des Common Law gegen die Krone, d. h. gegen die britische Regierung, einstweilige Anordnungen nicht statthaft waren. Der Gerichtshof entschied, dass die englischen Gerichte ungeachtet dieser Bestimmung des nationalen Rechts nach dem Unionsrecht zum Erlass einer solchen einstweiligen Anordnung befugt seien. Die innerstaatlichen Gerichte haben entsprechend dem in Art. 4 Abs. 3 EUV (ehemals Art. 10 EGV, Art. 5 EWGV) ausgesprochenen Grundsatz der Mitwirkungspflicht den Rechtsschutz zu gewährleisten, der sich für die Einzelnen aus der unmittelbaren Wirkung des Unionsrechts ergibt. Mit den in der Natur des Unionsrechts liegenden Erfordernissen ist jede Bestimmung einer nationalen Rechtsordnung oder jede Gesetzgebungs-, Verwaltungs- oder Gerichtspraxis unvereinbar, die zu einer Abschwächung der Wirksamkeit des Unionsrechts führt. Folglich darf dem zuständigen Gericht nicht die Befugnis abgesprochen werden, alles Erforderliche zu tun, um diejenigen innerstaatlichen Rechtsvorschriften auszuschalten, die ein – wenn auch nur vorübergehendes – Hindernis für die volle Wirksamkeit der Unionsnormen bilden.

Nach deutschem Recht bestehen zwar zweifelsohne die gesetzlichen Vorgaben für die Gewährung vorläufigen Rechtsschutzes durch einstweilige Anordnungen (§ 123 VwGO) bzw. die Aussetzung der Vollziehung von Verwaltungsakten (§§ 80, 80a VwGO). Nichtsdestoweniger ist im Einzelfall stets darauf zu achten, dass das einschlägige Verfahrensrecht rechtsschutzfreundlich ausgelegt wird, soweit dies zur wirksamen Durchsetzung von aus dem Unionsrecht fließenden Ansprüchen erforderlich ist.

Die Gewährung einstweiligen Rechtsschutzes durch den nationalen Richter kommt nicht nur dann in Betracht, wenn nationales Recht im Widerspruch zum Unionsrecht steht und deshalb ein nicht wieder gut zu machender Schaden droht. Vielmehr ist auch der umgekehrte Fall denkbar, in dem die Anwendung einer nationalen Rechtsvorschrift ausgesetzt wird, die der Umsetzung eines Sekundärrechtsakts der Union dient, sofern ernsthafte Zweifel an der Rechtmäßigkeit dieses Unionsrechtsakts bestehen. Zu den unionsrechtlichen Vorgaben im Einzelnen vgl. unten (S. 141).

8. Kapitel: Das Vorabentscheidungsverfahren

A. Allgemeines

Das Vorabentscheidungsverfahren ist grundlegend in **Art. 267 AEUV** geregelt (vgl. außerdem **Art. 19 Abs. 3 lit. b EUV**) und gilt seit Inkrafttreten des Vertrags von Lissabon für das gesamte Unionsrecht mit Ausnahme der Gemeinsamen Außen- und Sicherheitspolitik (Art. 24 Abs. 1 EUV, Art. 275 AEUV). Die früher im Zusammenhang mit dem sog. „Raum der Freiheit, der Sicherheit und des Rechts" bestehenden Einschränkungen gemäß Art. 68 EGV und gemäß Art. 35 Abs. 1–5 EUV a.F. sind ersatzlos gestrichen worden (im Falle des Art. 35 EUV a.F. allerdings mit einer fünfjährigen Übergangsfrist für bestehende Unionsrechtsakte; vgl. Art. 10 des Protokolls Nr. 36, siehe unten S. 151).

Das Vorabentscheidungsverfahren ist kein Klageverfahren, sondern ein **Verfahren von Gericht zu Gericht**: Das nationale Gericht setzt einen bei ihm anhängigen Rechtsstreit (Ausgangsrechtsstreit) aus und stellt dem EuGH Fragen über die Auslegung und/oder Gültigkeit des Unionsrechts. Vor dem EuGH findet dann ein nichtstreitiges Verfahren statt, in dem es keine Parteien im prozessrechtlichen Sinn gibt. Die Parteien des Ausgangsrechtsstreits, die Mitgliedstaaten und die Kommission als Vertreterin des Unionsinteresses, ferner in bestimmten Fällen auch das Parlament und der Rat, haben jedoch das Recht, Erklärungen abzugeben (Art. 23 der Satzung). Am Ende dieses Verfahrens ergeht das Vorabentscheidungsurteil des EuGH. Innerhalb des Ausgangsrechtsstreits stellt dieses Urteil jedoch nur eine Zwischenentscheidung dar. Die endgültige Streitentscheidung ist dem vorlegenden Gericht vorbehalten. Art. 267 AEUV ähnelt insoweit der aus dem deutschen Verfassungsrecht bekannten konkreten Normenkontrolle gemäß Art. 100 Abs. 1 und 2 GG.

Die Hauptfunktion des Vorabentscheidungsverfahrens ist die **Wahrung der Einheit des Unionsrechts.** Wie bereits erläutert, spielen die nationalen Gerichte eine herausragende Rolle bei der Auslegung und Anwendung dieses Rechts. Dies folgt zum einen aus der Rechtsnatur des Unionsrechts, dessen Vorschriften Vorrang vor nationalem Recht haben, in zahlreichen Fällen unmittelbare Wirkung beanspruchen sowie Privaten Rechte verleihen und Pflichten auferlegen können. Zum anderen obliegt die verwaltungsmäßige Umsetzung des Unionsrechts fast vollständig mitgliedstaatlichen Stellen, so dass es häufig zu Rechtsstreitigkeiten zwischen Einzelnen und nationalen Behörden mit europarechtlichen Bezügen kommt. Gäbe es nicht die Möglichkeit, eine **einheitliche Auslegung** z.B. einer Richtlinie herbeizuführen, könnten die Vorteile der angestrebten Rechtsangleichung durch voneinander abweichende Auslegungen in den einzelnen Mitgliedstaaten zunichte gemacht werden. Die Einheit des Unionsrechts wäre in noch größerer Gefahr, wenn eine unionsrechtliche Norm **in Teilen der EU für ungültig** angesehen würde. Wenn z.B. nur ein Instanzgericht im Hafen eines Mitgliedstaats eine den Import von Bananen bestimmter Herkunft begrenzende Unionsvorschrift für ungültig hält und diese Vorschrift ohne vorherige Vorlage an den EuGH einfach nicht anwendet, kann dies zu einer Verlagerung der Handelsströme mit weit reichenden Konsequenzen führen.

Darüber hinaus dient das Vorabentscheidungsverfahren der **Sicherung des Rechtsschutzes Einzelner.** Diese können das nationale Gericht zu einer Vorlage veranlassen, indem sie z.B. geltend machen, ein nationaler Verwaltungsakt sei rechtswidrig, weil die ihm zugrunde liegende unionsrechtliche Verordnung ungültig sei (Rechtsschutz **gegen Handeln der Union**). Weiterhin können sie vorbringen, vorrangiges Unionsrecht sei so auszulegen, dass das einschlägige innerstaatliche Recht mit ihm unvereinbar und deswegen unanwendbar sei (Rechtsschutz **gegen Handeln der Mitgliedstaaten**). Auch im **Verhältnis zwischen Privaten** hängt schließlich der Ausgang eines Rechtsstreits nicht selten von der Gültigkeit und/oder der Auslegung des Unionsrechts ab, insbesondere weil das nationale Zivil-, Handels-, Gesellschafts- und Arbeitsrecht unionsrechtskonform auszulegen und anzuwenden ist.

Das Vorabentscheidungsverfahren ist nicht nur zahlenmäßig die **wichtigste Verfahrensart.** Fast alle bedeutenden Urteile des EuGH sind als Vorabentscheidungen ergangen (z.B. die Urteile in Van Gend & Loos, Costa/ENEL, Simmenthal, Francovich, Bosman, Kreil). Die zentrale Bedeutung dieses Verfahrens wird noch deutlicher, wenn man bedenkt, dass erst das Vorabentscheidungsverfahren es dem EuGH ermöglicht hat, zu den Grundproblemen des Unionsrechts (Vorrang, unmittelbare Wirkung) Stellung zu nehmen. Ohne das Vorabentscheidungsverfahren hätten die Gerichte der Mitgliedstaaten die Wirkung des Unionsrechts für ihren jeweiligen Mitgliedstaat autonom bestimmen müssen. Es ist offensichtlich, dass dann der europäische Einigungsprozess einen anderen Weg genommen hätte.

B. Verfahrensgegenstand

Die Vorlagefragen, zu deren Beantwortung der EuGH zuständig ist, ergeben sich aus Art. 267 Abs. 1 AEUV; danach entscheidet der EuGH im Wege der Vorabentscheidung

– über die Auslegung der Verträge und
– über die Gültigkeit und die Auslegung der Handlungen der Organe, Einrichtungen und der sonstigen Stellen der Union.

Keine Vorabentscheidungszuständigkeit hat der EuGH für die primärrechtlichen Bestimmungen über die GASP sowie für die auf Grundlage der GASP erlassenen Rechtsakte. Dies ergibt sich aus Art. 24 Abs. 1 EUV sowie Art. 275 AEUV.

I. Wesensmerkmale der Auslegungs- und der Gültigkeitsvorlage

1. Die Auslegungsvorlage

Der EuGH entscheidet nur über die Auslegung **unionsrechtlicher Bestimmungen**. Die **Anwendung** der so ausgelegten Bestimmungen auf den Einzelfall ist ebenso wie die **Auslegung und Anwendung nationalen Rechts** dem nationalen Gericht vorbehalten.

Die theoretisch klare **Abgrenzung zwischen Auslegung und Anwendung** kann jedoch in der Praxis schwierig sein. Außerdem muss der EuGH darauf achten, dass er das Unionsrecht so nah am konkreten Fall auslegt, dass das vorlegende nationale Gericht den Ausgangsfall auch tatsächlich entscheiden kann. Deshalb kann es manchmal zu Vorlagefragen und -antworten kommen, die in die Nähe der Rechtsanwendung geraten.

Beispiel: Im Ausgangsrechtsstreit geht es darum, ob ein bestimmtes Kunstwerk ein Gemälde oder einen Ziergenstand aus unedlem Metall i. S. der verschiedenen Positionen des Gemeinsamen Zolltarifs darstellt. Das nationale Gericht darf hierzu nur eine – abstrakt formulierte – Frage nach der Auslegung des Unionsrechts stellen. Seine Sache ist es dann, den Sachverhalt unter das vom EuGH ausgelegte Recht zu subsumieren. Es muss deswegen fragen, ob der Gemeinsame Zolltarif dahin auszulegen ist, dass ein Kunstwerk, das näher zu beschreibende Merkmale aufweist, ein Gemälde nach der Position 9701 oder einen Ziergegenstand nach der Position 8306 des Gemeinsamen Zolltarifs darstellt (vgl. EuGHE, C-231/89, 1990, I-4003 – Gmurzynska-Bscher).

Weiterhin geht es im nationalen Rechtsstreit häufig um die Frage, ob eine staatliche Norm mit dem Unionsrecht **unvereinbar** und deswegen **unanwendbar** ist. Im Rahmen von Art. 267 AEUV ist der EuGH – anders als im Vertragsverletzungsverfahren nach Art. 258 AEUV – nicht befugt, direkt über die Vereinbarkeit nationaler Rechtsvorschriften mit dem Unionsrecht zu entscheiden. Denn eine solche Unvereinbarkeitsentscheidung würde erstens die Auslegung nationalen Rechts und zweitens die Anwendung des Unionsrechts auf den konkreten Fall voraussetzen. Die Antwort des EuGH hat deshalb in der Weise zu erfolgen, dass das nationale Gericht selbst beurteilen kann, ob die einschlägige staatliche Vorschrift mit dem Unionsrecht vereinbar ist (EuGH, C-55/94, 1995, I-4165 – Gebhard, Rn. 19). Zu diesem Zweck hat das nationale Gericht eine Auslegungsfrage zu stellen, in der es die strittige nationale Norm tatbestandsmäßig umschreibt.

Beispiel: „Sind Art. 45 AEUV und Art. 49 AEUV dahin auszulegen, dass sie einer nationalen Regelung entgegenstehen, mit der ein Mitgliedstaat einem eigenen Staatsangehörigen, der Inhaber eines in einem anderen Mitgliedstaat erworbenen akademischen Grades ist, verbietet, diesen Grad in seinem Hoheitsgebiet ohne behördliche Genehmigung zu führen?" (vgl. EuGHE, C-19/92, 1993, I-1663 = EuZW 1993, 322 – Kraus). Hätte im Fall Kraus das vorlegende VG Stuttgart gefragt, ob § 2 Abs. 2 des Gesetzes über die Führung akademischer Grade wegen Verstoßes gegen Art. 45 und 49 AEUV (seinerzeit Art. 48 und 52 EWGV) unanwendbar sei, wäre der EuGH zur Beantwortung der Frage an sich nicht zuständig gewesen.

Beachte: In den Fällen, in denen ein Gericht eine an sich unstatthafte „Anwendungsfrage" oder „Unvereinbarkeitsfrage" stellt, wird das Vorabentscheidungsersuchen trotzdem nicht als unzulässig behandelt. Vielmehr arbeitet der Gerichtshof selbst eine zulässige Auslegungsfrage heraus und formuliert die Vorlagefrage dementsprechend um (s. u.). In der Klausur muss jedoch auf die korrekte Formulierung der Vorlagefrage geachtet werden.

2. Die Gültigkeitsvorlage

Der unionsrechtliche Begriff der **Gültigkeit** in Art. 267 Abs. 1 lit. b AEUV ist anders als im deutschen Recht mit dem der Rechtmäßigkeit in Art. 263 Abs. 1 AEUV deckungsgleich. Die Zuständigkeit des EuGH erstreckt sich somit auf sämtliche Ungültigkeitsgründe, die Handlungen der Union anhaften können (EuGHE, 21-24/72, 1972, 1219 = Hummer S. 554 – International Fruit Company, Rn. 5). Prüfungsmaßstab ist grundsätzlich das gesamte Unionsrecht, das in der Normenhierarchie höher steht als der zu prüfende Rechtsakt. Es besteht im Wesentlichen folgende Normenhierarchie:

- die **Verträge** einschließlich ihrer Anhänge, der ihnen gleichgestellten Protokolle (Art. 51 EUV), die Änderungsverträge sowie die **allgemeinen Rechtsgrundsätze** einschließlich der **Unionsgrundrechte** (wobei im Grundrechtsbereich der Charta der Grundrechte der EU, die mit dem Vertrag von Lissabon den Status von verbindlichem Primärrecht erlangt hat, besondere Bedeutung zukommt, vgl. Art. 6 Abs. 1 EUV; vgl. dazu EuGH, C-92/09, Urt. v. 9. 11. 2010 – Schecke, Rn. 45 f.);
- die **völkerrechtlichen Verträge**, an die die Union gebunden ist; doch müssen die völkerrechtlichen Normen nach ständiger Rechtsprechung *unmittelbar anwendbar* sein, um als Prüfungsmaßstab herangezogen werden zu können und ggf. die Ungültigkeit entgegenstehenden Unionsrechts zu bewirken (EuGHE, International Fruit Company, Rn. 19; EuGHE, C-377/02, 2005, I-1465 – Van Parys, Rn. 39 ff.; EuGHE, C-308/06, 2008, I-4057 – Intertanko);
- das **sekundäre Unionsrecht**, wobei Grundverordnungen des Rates den Ausführungsverordnungen oder Richtlinien der Kommission vorgehen und die Verordnung über dem auf ihrer Grundlage ergangenen Beschluss steht.

Bei der Prüfung der Rechtmäßigkeit können alle vier in Art. 263 Abs. 1 AEUV genannten **Ungültigkeitsgründe** berücksichtigt werden. Dabei ist jedoch zu beachten, dass der EuGH die Prüfung grundsätzlich auf die vom vorlegenden Gericht angeführten Ungültigkeitsgründe beschränkt. Denn dieses bestimmt, da es sich um ein Verfahren „von Gericht zu Gericht" handelt, mit seinen Fragen den Verfahrensgegenstand. Allerdings prüft der EuGH gelegentlich Ungültigkeitsgründe von Amts wegen, z. B. wenn die Rechtswidrigkeit der Maßnahme augenscheinlich ist (z. B. EuGHE, C-61/98, 1999, I-5003 – De Haan, Rn. 47). Eine differenzierte Rechtsprechung zur Frage, wann ein Gültigkeitsproblem von Amts wegen zu prüfen ist, hat sich noch nicht herausgebildet.

Klausurhinweis: In der Klausur sind im Vorlagebeschluss alle in Frage kommenden Ungültigkeitsgründe zu behandeln. Ist ein Entscheidungsentwurf des EuGH zu fertigen, sind Ungültigkeitsgründe, die im Vorlagebeschluss nicht bezeichnet sind, im Hilfsgutachten zu behandeln oder es ist zu begründen, warum der EuGH den betreffenden Ungültigkeitsgrund von Amts wegen prüfen sollte. Hierzu kann man anführen, dass der EuGH nach Art. 19 Abs. 1 EUV die Wahrung des Rechts sichern soll und deswegen nicht sehenden Auges die Anwendung eines rechtswidrigen Rechtsakts hinnehmen kann.

II. Zulässiger Vorlagegegenstand

1. Auslegung der Verträge

Nach Art. 267 Abs. 1 lit. a AEUV entscheidet der EuGH über die **Auslegung der Verträge.** Damit sind nicht nur EUV und AEUV gemeint, sondern das gesamte Primärrecht (s. o. S. 49), also z. B. auch die Änderungs- und Beitrittsverträge, Annexe und Protokolle (Art. 51 EUV), aber auch die allgemeinen Rechtsgrundsätze des Unionsrechts einschließlich der Unionsgrundrechte. Seit dem Inkrafttreten des Vertrags von Lissabon ist auch die **Charta der Grundrechte** der EU Teil des verbindlichen Primärrechts (Art. 6 Abs. 1 EUV), so dass ihre Bestimmungen Gegenstand von Auslegungsfragen an den EuGH sein können; zuvor hatte der EuGH die Charta lediglich sporadisch als eine von mehreren Erkenntnisquellen für die in der EU geltenden Grundrechtsstandards herangezogen. Lediglich die primärrechtlichen Bestimmungen des EUV über die GASP sind dem Vorabentscheidungsverfahren auch weiterhin entzogen (Art. 24 Abs. 1 EUV i. V. m. Art. 275 AEUV).

Unter Art. 267 Abs. 1 lit. a AEUV dürften überdies fallen: (a) die Vorschriften, die von den Mitgliedstaaten **gemäß ihren verfassungsrechtlichen Vorschriften** angenommen werden müssen (z. B. auf Art. 25, 311 AEUV gestützte Akte), und (b) Beschlüsse des Rates, die das **Primärrecht außerhalb einer Regierungskonferenz ändern** (vgl. z. B. Art. 281 Abs. 2 AEUV). Die Unterscheidung zwischen dem Anwendungsbereich von lit. a und lit. b ist wichtig, da unter lit. a fallende Rechtsakte vom Gerichtshof nicht auf ihre Gültigkeit hin überprüft werden können.

2. Auslegung und Gültigkeit der Handlungen der Organe

Gemäß Art. 267 Abs. 1 lit. b AEUV können die **Handlungen der Organe, Einrichtungen und sonstigen Stellen der Union** Gegenstand einer Vorlage sein. Organe im Sinne dieser Vorschrift sind nur die (Haupt-)Organe der Union, wie sie in Art. 13 Abs. 1 UAbs. 2 EUV abschließend aufgezählt sind; zu ihnen gehören seit Inkrafttreten des Vertrags von Lissabon auch der Europäische Rat und die EZB. Der Begriff Einrichtungen der Union umfasst u. a. die Nebenorgane wie Wirtschafts- und Sozialausschuss und Ausschuss der Regionen sowie die EIB. Unter sonstigen Stellen der Union sind insbesondere die immer zahlreicher werdenden Agenturen und dezentralen Behörden zu verstehen, die die EU ins Leben gerufen hat (z. B. Europol, Harmonisierungsamt für den Binnenmarkt HABM und Europäische Chemikalienagentur ECHA). Mit ihrer Einbeziehung hat der Vertrag von Lissabon klargestellt, dass die Delegation von administrativen Befugnissen zu keiner Verkürzung des Rechtsschutzes führt.

Art. 267 Abs. 1 lit. b AEUV ist denkbar weit zu verstehen. Nach der Rechtsprechung verleiht die Vorschrift dem EuGH die Befugnis, im Wege der Vorabentscheidung über die Gültigkeit und die Auslegung der Handlungen der Union *ohne jede Ausnahme* zu entscheiden (EuGHE, C-322/88, 1989, I-4407 – Grimaldi, Rn. 8).

a) Auslegung von Handlungen. Der Begriff „Handlungen" ist **weit** zu verstehen. Umfasst sind sämtliche Handlungen mit Ausnahme jener im Rahmen der GASP (Art. 24 Abs. 1 EUV i. V. m. Art. 275 AEUV). Es muss sich insbesondere nicht um eine in Art. 288 AEUV oder einer anderen Vorschrift der Verträge ausdrücklich vorgesehene Handlungsform handeln. Erfasst sind sogar **unverbindliche Stellungnahmen und Empfehlungen** (EuGHE, a. a. O. – Grimaldi; EuGH, C-415/07, 2009, I-2599 – Lodato), denn auch diese können für die Auslegung und Anwendung des nationalen Rechts von Bedeutung sein. Außerdem kommt es nicht darauf an, ob die betreffende Rechtshandlung unmittelbar wirksam ist oder einen Einzelnen unmittelbar und individuell i. S. v. Art. 263 Abs. 4 AEUV betrifft (EuGH, C-254/08, 2009, I-6995 – Futura Immobiliare, Rn. 34).

Selbst **Urteile** des EuGH oder des EuG sind nach dem Wortlaut von Art. 13 Abs. 1 UAbs. 2 EUV einer Auslegungsvorlage zugänglich. In diesem Sinne lässt der Gerichtshof z. B. sowohl eine Zweitvorlage zur Auslegung eines ersten Vorabentscheidungsurteils (z. B. EuGHE, 69/85, 1986, 947 – Wünsche) als auch eine Vorlage zur Auslegung eines Urteils in einem Vertragsverletzungsverfahren (EuGHE, 314/81, 1982, 4337 – Waterkeyn) zu. Teilweise wurde dagegen eingewandt, dass der eigentliche Vorlagegegenstand in solchen Fällen nicht das Urteil selbst, sondern die dem Urteil zugrunde liegenden Rechtsakte seien. Dieser Einwand geht jedoch insoweit fehl, als der Gerichtshof in einem ersten Vorabentscheidungsverfahren eine eigenständige Entscheidung über die zeitliche Wirkung seines Urteils treffen kann (s. u. S. 150), deren Reichweite dann zum Gegenstand einer Zweitvorlage gemacht werden kann.

Zu den Handlungen der Organe gehören auch **völkerrechtliche Verträge,** die die EU geschlossen hat. Sie bilden einen **integralen** (= vollwertigen, wesentlichen, früher auch: „integrierenden") **Bestandteil** der Rechtsordnung der Union (EuGHE, 181/73, 1974, 129 – Haegeman; EuGH, C-386/08 Urt. v. 25.2. 2010, EuZW 2010, 264 – Brita, Rn. 39). Die Auslegungsbefugnis des EuGH umfasst nicht nur die von der Union abgeschlossenen Abkommen selbst, sondern auch **Beschlüsse** eines durch ein solches Abkommen geschaffenen und mit dessen Durchführung betrauten **Organs** (EuGHE, C-192/89, 1990, I-3461 = Hummer S. 546 – Sevince). Der EuGH war auch zur Auslegung des **alten GATT** (= GATT 1947) berufen, das die Mitgliedstaaten 1947 zeitlich vor dem EWG-Vertrag abgeschlossen hatten. Es band die Union im Wege der „Funktionsnachfolge", weil sein Regelungsgegenstand nunmehr in deren Zuständigkeit fiel (Handelspolitik, Art. 206, 207 AEUV, EuGHE, 21-24/72, 1972, 1219 = Hummer, S. 554 – International Fruit Company). Für die Auslegung des **neuen GATT** (= GATT 1994), das Ende 1995 das alte GATT ersetzt hat, ist der EuGH schon deswegen zuständig, weil die Union (seinerzeit: EG) es im Rahmen ihrer Mitgliedschaft in der WTO mit abgeschlossen hat (vgl. unten S. 353 ff.).

Problematisch ist die Reichweite der Auslegungsbefugnis des EuGH bei sog. **gemischten Abkommen,** d. h. Abkommen, an denen sowohl die Mitgliedstaaten im eigenen Namen, als auch das Völkerrechtssubjekt EU als Vertragsparteien beteiligt sind (so z. B. das WTO-Abkommen). Fraglich ist dann, ob der EuGH auch solche Bestimmungen auslegen darf, in denen die Mitgliedstaaten im Rahmen ihrer eigenen Zuständigkeiten Verpflichtungen gegenüber Drittstaaten eingegangen sind (EuGHE, 12/86, 1987, 3719 = Hummer, S. 435 – Demirel).

Beispiel: Im Gutachten 1/94 (EuGHE 1994, I-5267 = Hummer S. 520) hat der EuGH u. a. entschieden, dass ein Teil des WTO-Abkommens, nämlich das Übereinkommen über handelsbezogene Aspekte des geistigen Eigentums (TRIPS) zum damaligen Zeitpunkt nicht in die ausschließliche Zuständigkeit der EG fiel (dies ist heute anders, vgl. **Art. 207 Abs. 1 AEUV**). Nach Inkrafttreten des Abkommens stellten mehrere mitgliedstaatliche Gerichte dem EuGH Auslegungsfragen bezüglich Art. 50 TRIPS, einer Regelung zum einstweiligen Rechtsschutz vor nationalen Gerichten im Anwendungsbereich von TRIPS. Der EuGH beantwortete diese Fragen auch in den Fällen, in denen im Ausgangsrechtsstreit ein Teilgebiet des Rechts des geistigen Eigentums betroffen war, auf dem die Union bis dahin noch nicht tätig geworden war und für das seinerzeit keine ausschließliche Unionskompetenz bestand (EuGHE, C-53/96, 1998, I-3603 – Hermès; EuGHE, C-300/98, 2000, I-11307 – Dior).

Gegen eine Auslegungskompetenz des EuGH in solchen Fällen spricht, dass der Gerichtshof hier eventuell die Norm in einem Kontext auslegt, in dem es bis jetzt keine ausgeübte Unionzuständigkeit gibt. **Dafür** spricht, dass (a) Art. 50 TRIPS auch in Bereichen Anwendung findet, in denen eine (ausschließliche) Unionskompetenz besteht, (b) die Abgrenzung zwischen den verschiedenen Zuständigkeitsbereichen im Einzelfall schwierig oder sogar unmöglich sein kann, (c) es Sache des nationalen Gerichts ist zu entscheiden, ob eine Auslegung eines von der Union geschlossenen Abkommens für den Ausgangsrechtsstreit entscheidungserheblich ist und (d) nicht auszuschließen ist, dass die Union für die Handlungen der Mitgliedstaaten im Anwendungsbereich des TRIPS völkerrechtlich mitverantwortlich ist.

b) Überprüfung der Gültigkeit der Handlungen der Organe. Im Grundsatz unterliegen dieselben Handlungen, die Gegenstand einer Auslegungsvorlage nach Art. 267 Abs. 1 lit. b AEUV sein können, auch der Gültigkeitsvorlage. Urteile des Gerichtshofs können jedoch nicht Gegenstand einer Gültigkeitsvorlage sein. Die Satzung des Gerichtshofs sieht (außerordentliche) Rechtsbehelfe nur in anderen Verfahrensarten vor. Das hindert ein mitgliedstaatliches Gericht jedoch nicht daran, den Gerichtshof in einer zweiten Auslegungsvorlage auf Gesichtspunkte hinzuweisen, die ihn zu einer Rechtsprechungsänderung bewegen könnten (EuGHE, 69/85, 1986, 947 = Hummer S. 376 – Wünsche).

Inwieweit von der Union geschlossene **internationale Abkommen** bei Verstoß gegen höherrangiges Recht (z.B. Unionsgrundrechte) Gegenstand einer Gültigkeitsvorlage sein können, ist umstritten. **Dagegen** wird eingewandt, dass ein Ungültigkeitsurteil die völkerrechtliche Haftung der Union auslösen würde und dass das in Art. 218 Abs. 11 AEUV vorgesehene Gutachtenverfahren die einzig zulässige Möglichkeit sei, die Vereinbarkeit eines Abkommens mit dem Unionsrecht zu überprüfen. **Für** die Zulässigkeit einer solchen Gültigkeitsvorlage spricht jedoch (a) der Wortlaut von Art. 267 Abs. 1 lit. b AEUV, der nicht zwischen Auslegung und Gültigkeitsüberprüfung unterscheidet, (b) die Tatsache, dass die Rechtswidrigkeit des Abschlusses eines solchen Abkommens auch im Wege der Nichtigkeitsklage geltend gemacht werden kann (EuGHE, C-327/91, 1994, I-3641 = Hummer S. 528 – Frankreich/Kommission – Wettbewerbsabkommen EU-USA) und (c) der Gedanke wirksamen Rechtsschutzes. Falls dieser zweiten, vorzugswürdigen Ansicht gefolgt wird, dürfte als Vorlagegegenstand nicht das Abkommen selbst zu sehen sein, sondern der Akt der Union, in dem diese nach außen ihren Willen zum Ausdruck bringt, durch das Abkommen völkerrechtlich gebunden zu sein (in diesem Sinne auch EuGHE, C-402/05 P u.a., 2008, I-6351 – Kadi u.a., Rn. 286).

Weitere praxis- und klausurrelevante Probleme ergeben sich aus dem **Spannungsverhältnis** zwischen der **fristgebundenen Nichtigkeitsklage** nach Art. 263 AEUV und der grundsätzlich **unbefristeten Gültigkeitsvorlage** nach Art. 267 AEUV. Nach der Rechtsprechung des Gerichtshofs kann eine Rechtshandlung, die ein Betroffener *zweifellos* gemäß Art. 263 AEUV hätte anfechten können, die er aber nicht oder nicht rechtzeitig angefochten hat – die also ihm gegenüber in Bestandskraft erwachsen ist –, nicht Gegenstand einer Gültigkeitsvorlage sein.

Beispiel: Ein Beihilfeempfänger kann sich im Verfahren gegen den nationalen Rückzahlungsbescheid vor den deutschen Gerichten nicht auf die Rechtswidrigkeit eines an Deutschland gerichteten Beihilfenrückforderungsbeschlusses der Kommission nach Art. 108 Abs. 2 AEUV berufen, wenn er über diesen Beschluss schriftlich in Kenntnis gesetzt wurde und eine Klage nach Art. 263 Abs. 4 AEUV vor dem EuG nicht oder nicht rechtzeitig erhoben hat (EuGHE, C-188/92, 1994, I-833 = Hummer S. 319 – TWD Textilwerke Deggendorf).

In solchen Fällen ist das nationale Gericht an die dem Betroffenen gegenüber bestandskräftig gewordene Entscheidung der Kommission gebunden; eine Gültigkeitsvorlage ist *unzulässig* (EuGHE, C-346/03, 2006, I-1875, Rn. 30 und 34 – Atzeni). Anders ist es, falls das Klagerecht des Betroffenen nach Art. 263 AEUV *nicht zweifelsfrei feststeht*. Daher kann dieser die Ungültigkeit eines Gesetzgebungsakts oder eines konkret-individuellen Rechtsakts, durch den er nicht unmittelbar und individuell i.S.v. Art. 263 Abs. 4 AEUV betroffen wird, auch außerhalb der Zweimonatsfrist des Art. 263 Abs. 6 AEUV vor den nationalen Gerichten (inzident!) geltend machen und versuchen, diese zu einer Gültigkeitsvorlage an den EuGH zu veranlassen. Da die Frage, welche Rechtsakte ein Betroffener mit der Nichtigkeitsklage anfechten kann, oft schwierig zu beantworten ist (s.u. S. 162ff.), sollte im Zweifelsfall die Gültigkeitsvorlage zugelassen werden (so auch zuletzt EuGHE, C-441/05, 2007, I-1993 – Roquette Frères; zur Vertiefung der Problematik vgl. die Schlussanträge von GA' Kokott in jener Rechtssache, Rn. 25ff.).

3. Von der Vorlage ausgeschlossene Gegenstände

Der EuGH ist naturgemäß nicht befugt, über die **Gültigkeit des primären Unionsrechts,** also der „Verfassung" der Union, zu befinden. Die Auslegung und Anwendung **nationalen Rechts** können ebenfalls nicht Gegenstand zulässiger Vorlagefragen sein. Dies ist bei deren Formulierung zu beachten (s.o.). Damit liegen auch die **völkerrechtlichen Verträge der Mitgliedstaaten** untereinander und mit Drittstaaten außerhalb der Vorabentscheidungszuständigkeit des EuGH. Beschlüsse der im Rat vereinigten Vertreter der Regierungen der Mitgliedstaaten, die als internationale Vereinbarungen anzusehen sind, sind aus demselben Grund vom Anwendungsbereich des Art. 267 AEUV ausgeschlossen. Selbst völkerrechtliche Verträge der Mitgliedstaaten, die auf Vorschriften der Verträge zurückgehen (z. B. ex-Art. 293 EGV), sind nicht automatisch der Gerichtsbarkeit des Gerichtshofs unterworfen, sondern nur, soweit ein besonderes Protokoll zum betreffenden Vertrag diese Gerichtsbarkeit vorsieht. So oblag in der Vergangenheit die Auslegung des EuGVÜ dem EuGH nicht nach den Vorläuferregelungen des Art. 267 AEUV, sondern nach dem sog. Luxemburger Protokoll. Die heute geltenden Nachfolgeregelungen zum EuGVÜ und zu verwandten Übereinkommen sind in Verordnungen enthalten, deren Rechtsgrundlage Art. 81 AEUV (Art. 65 EGV) ist. Für sie galt zunächst ein modifiziertes Vorabentscheidungsverfahren gemäß Art. 234 EGV i. V. m. Art. 68 EGV; seit dem Inkrafttreten des Vertrags von Lissabon finden die allgemeinen Regeln des Art. 267 AEUV auf sie Anwendung.

C. Vorlagerecht und Vorlagepflicht

I. Vorlageberechtigte Stellen

Gemäß Art. 267 AEUV können nur **Gerichte der Mitgliedstaaten** den EuGH um Vorabentscheidung ersuchen. Der Begriff Gericht ist **europarechtlicher Natur** und somit einheitlich auszulegen. Dadurch soll vermieden werden, dass wegen eines zu engen Gerichtsbegriffs in einem Mitgliedstaat ganze Wirtschaftszweige oder Gesellschaftsbereiche dieses Staates keinen Zugang zu einer einheitlichen Auslegung des Unionsrechts durch den Gerichtshof haben. Zur Beurteilung der Frage, ob die vorlegende Einrichtung Gerichtscharakter i. S. v. Art. 267 AEUV besitzt, stellt der Gerichtshof in ständiger Rechtsprechung auf eine **Reihe von Gesichtspunkten** ab, insbesondere die gesetzliche Grundlage der Einrichtung, ihren ständigen Charakter, ihre obligatorische Gerichtsbarkeit, ein streitiges Gerichtsverfahren, die Anwendung von Rechtsnormen durch die Einrichtung, sowie ihre Unabhängigkeit. Der Gerichtsbegriff ist jedoch ein „offener" Begriff (Typusbegriff), d. h. nicht alle diese Merkmale müssen in jedem Einzelfall in gleicher Ausprägung vorliegen. Die Gerichtsqualität wurde z. B. bejaht bezüglich der Vergabekammern nach §§ 104 ff. GWB (EuGHE, C-54/96, 1997, I-4961 = Hummer, S. 362 – Dorsch) und verneint bezüglich der französischen Rechtsanwaltskammer (EuGHE, C-138/80, 1980, 1975 – Borker). Typische Grenzfälle sind z. B. die Standesgerichte der freien Berufe (EuGHE, C-506/04, 2006, I-8613 – Wilson, Rn. 48 ff.) oder Streitschlichtungseinrichtungen im Arbeitsrecht der Mitgliedstaaten, ferner unabhängige Behörden wie z. B. Wettbewerbsbehörden (vgl. etwa EuGHE, C-53/03, 2005, I-4609 – Syfait). In der schriftlichen oder mündlichen Prüfung dürfte vor allem eine saubere Argumentation auf der Grundlage der vom EuGH aufgestellten Kriterien wichtig sein. Die Gerichtsqualität (im institutionellen Sinne) der staatlichen deutschen Gerichte ist in allen Fällen unproblematisch.

Die vorlegende Stelle muss jedoch, wenn sie vorlegen will, nicht nur Gerichtsqualität im institutionellen Sinne besitzen, sondern darüber hinaus auch **im konkreten Fall als rechtsprechendes Organ** und nicht etwa als Verwaltungsbehörde tätig sein. Ersteres ist nach der Rechtsprechung des EuGH auch in Verfahren des einstweiligen Rechtsschutzes der Fall (EuGHE, 107/76, 1977, 957 = Hummer S. 372 – Hoffmann-La Roche). Letzteres ist hingegen z. B. der Fall beim Erlass von Justizverwaltungsakten und bei der Tätigkeit des Registergerichts, solange noch kein Rechtsbehelf eingelegt ist (vgl. EuGH, C-111/94, 1995, I-3361 – Job Centre, Rn. 9 ff.), ebenso bei der Entscheidung des Familiengerichts über das Recht zur Namensbestimmung für ein Kind (EuGHE, C-96/04, 2006, I-3561 – Standesamt Stadt Niebüll). In Angelegenheiten der freiwilligen Gerichtsbarkeit und bei der Entscheidung über ein Prozesskostenhilfegesuch liegt – vor Einlegung der Beschwerde – keine rechtsprechende Tätigkeit vor (EuGH, C-210/06, 2008, I-9641 – Cartesio, Rn. 57–59).

Gerichte **von Drittstaaten** und echte internationale Gerichte (z. B. der Europäische Gerichtshof für Menschenrechte – EGMR) sind nicht vorlageberechtigt. Dem von den Niederlanden, Belgien und Luxemburg gemeinsam betriebenen Benelux-Gerichtshof hat jedoch der EuGH als Gericht mehrerer Mitgliedstaaten die Vorlage gestattet (EuGHE, C-337/95, 1997, I-6013 – Dior). **Schiedsgerichte** nach §§ 1025 ff. ZPO sind nicht vorlageberechtigt, da sie nicht der öffentlichen Gewalt eines Mitgliedstaats zuzuordnen sind (EuGHE, 102/81, 1982, 1095 = Hummer, S. 358 – Nordsee). **Verwaltungsbehörden** sind zur Vorlage nicht berechtigt, obwohl auch sie das Unionsrecht anzuwenden und dessen Vorrang vor nationalem Recht zu beachten haben (EuGHE, 103/88, 1989, 1839 = Hummer S. 757 – Fratelli Costanzo).

II. Vorlageermessen und Vorlagepflicht

1. Die grundlegende Unterscheidung zwischen letztinstanzlichen und anderen Gerichten

Grundsätzlich gilt gemäß Art. 267 Abs. 2 AEUV, dass nationale Gerichte **vorlegen können**, d. h. sie verfügen grundsätzlich über ein **Vorlageermessen**. Allerdings sieht Art. 267 Abs. 3 AEUV vor, dass Gerichte, deren Entscheidungen selbst nicht mehr mit Rechtsmitteln des innerstaatlichen Rechts angefochten werden können, **verpflichtet** sind, den Gerichtshof anzurufen. Diese **Vorlagepflicht letztinstanzlicher Gerichte** bezweckt die Sicherung der Einheit der Unionsrechtsordnung und des Rechtsschutzes Einzelner, indem sie die Entstehung einer dem Unionsrecht widersprechenden höchstrichterlichen Rechtsprechung in Teilen der Union zu verhindern sucht.

Fraglich war lange Zeit, ob Art. 267 Abs. 3 AEUV nur die obersten Gerichte meint, die an der Spitze der Gerichtshierarchie stehen und deren Entscheidungen generell nicht mehr anfechtbar sind (**abstrakte Betrachtungsweise**). In Deutschland sind dies die obersten Bundesgerichte; die Verfassungsbeschwerde wird allgemein nicht als Rechtsmittel i. S. v. Art. 267 Abs. 3 AEUV angesehen, weil mit ihr nicht die Verletzung von Unionsrecht, sondern ausschließlich die Verletzung von Grundrechten des Grundgesetzes geltend gemacht werden kann.

Das BVerfG selbst ist natürlich auch vorlagepflichtig, selbst wenn es bisher – im Gegensatz zu den Verfassungsgerichten anderer Mitgliedstaaten – noch nie vorgelegt hat. Spätestens wenn aber das BVerfG im Sinne seiner Maastricht- und Lissabon-Rechtsprechung (vgl. oben S. 72 ff.) einem Rechtsakt der Union als „ausbrechendem Rechtsakt" oder als „identitätsverletzendem Rechtsakt" die Anwendbarkeit in Deutschland versagen wollte, käme es wohl nicht umhin, zuvor den EuGH zu dessen Auslegung und Gültigkeit zu befragen (vgl. auch BVerfG EuZW 2010, 828 – Honeywell, Absatz-Nr. 60).

Nach der **konkreten Betrachtungsweise** kommt es darauf an, ob *im jeweiligen Einzelfall* Rechtsmittel gegen die Endentscheidung des befassten Gerichts eingelegt werden können.

Für die abstrakte Theorie spricht zwar, dass sie den EuGH von Verfahren geringerer Bedeutung entlastet. Herrschend ist jedoch die konkrete Theorie, da nur sie die Einheitlichkeit der Rechtsanwendung und den Schutz des Einzelnen umfassend sicherstellt. Ihr folgt auch der EuGH (EuGHE, C-99/00, 2002, I-4839 – Lyckeskog; EuGHE, C-495/03, 2005, I-8151 – Intermodal Transports, Rn. 30). Es kommt also darauf an, ob gegen die Entscheidung des betreffenden Gerichts noch ein Rechtsmittel zulässig ist, mit dem auch die Verletzung des Unionsrechts gerügt werden kann. Dies ist z. B. bei Revisionen nach § 137 VwGO oder § 545 ZPO der Fall, weil das Unionsrecht wie Bundesrecht im ganzen Bundesgebiet gilt. Hat das Berufungsgericht die Revision nicht zugelassen und ist somit lediglich die Nichtzulassungsbeschwerde nach § 133 VwGO oder § 544 ZPO statthaft, so hat das Berufungsgericht ebenfalls nicht letztinstanzlich entschieden. Vielmehr kann dann mit der Nichtzulassungsbeschwerde die Verletzung des Unionsrechts gerügt werden. Das Revisionsgericht hat der Beschwerde stattzugeben, wenn im Revisionsverfahren die Vorlage an den EuGH nach Art. 267 AEUV in Betracht kommt; die Sache hat dann grundsätzliche Bedeutung. Im Verwaltungsprozess kann aber auch das OVG gegebenenfalls letzte Instanz sein, und zwar dann, wenn es die Berufung gegen ein Urteil des VG nicht zulässt, wofür wiederum die Frage der grundsätzlichen Bedeutung gemäß § 124 Abs. 2 Nr. 3 VwGO ausschlaggebend sein kann (BVerfG, 2 BvR 2213/06, 25. 8. 2008, Absatz-Nr. 16). In der Arbeitsgerichtsbarkeit kann mit der Grundsatz- bzw. Divergenzbeschwerde nach § 72 a ArbGG die Verletzung von Unionsrecht gerade nicht gerügt werden; das LAG ist also letztinstanzliches Gericht, wenn es die Revision nicht zulässt (vgl. BVerfG EuZW 1997, 575). Selbst das Amtsgericht kann letzte Instanz sein, wenn die Berufungssumme nicht erreicht wird; es kann aber seiner Vorlagepflicht durch Zulassung der Berufung nach § 511 Abs. 2 Nr. 1 ZPO entgehen.

2. Die Grenzen der Vorlagepflicht letztinstanzlicher Gerichte: die CILFIT-Rechtsprechung

Nach Art. 267 Abs. 3 AEUV ist ein letztinstanzliches Gericht (i. S. der konkreten Betrachtungsweise) im Grundsatz immer zur Anrufung des EuGH verpflichtet, wenn in einem bei ihm schwebenden Verfahren eine Frage des Unionsrechts aufgeworfen wird. Die Vorlagepflicht ist somit die Regel, von der es jedoch nach der **CILFIT-Entscheidung** des EuGH (EuGHE, 283/81, 1982, 3415 = Hummer, S. 364; vgl. außerdem aus jüngerer Zeit EuGHE, C-495/03, 2005, I-8151 – Intermodal Transports) eine unechte und zwei echte Ausnahmen gibt:

- Die aufgeworfene Frage ist **nicht entscheidungserheblich** (Urteil CILFIT, Rn. 10). Die Beurteilung der Entscheidungserheblichkeit ist allein Sache des nationalen Gerichts und nicht der Parteien oder des EuGH (s. u.). Keine Vorlagepflicht besteht also, wenn die Antwort auf die Frage, wie auch immer sie ausfällt, keinerlei Einfluss auf die Entscheidung des Rechtsstreits haben kann. Dabei handelt es sich um eine unechte Ausnahme, die sich unmittelbar aus dem Wortlaut von Art. 267 AEUV – Zusammenspiel von Abs. 2 und 3 – ergibt.

- Die gestellte Frage ist bereits entschieden (Urteil CILFIT, Rn. 13–15). Es liegt eine **gesicherte Rechtsprechung** des EuGH zur aufgeworfenen Frage vor (sog. *acte éclairé*), gleichgültig in welcher Art von Verfahren (Nichtigkeitsklage, Vertragsverletzungsverfahren) das Rechtsproblem gelöst wurde. Die strittigen Fragen brauchen auch nicht völlig identisch zu sein. In CILFIT ist der Gerichtshof insoweit weiter gegangen als im zuvor maßgeblichen Urteil Da Costa (EuGHE, 28/62, 1963, 63 = Hummer, S. 368), in dem er noch die Entscheidung *der gleichen Frage* in einem früheren *Vorabentscheidungsverfahren* gefordert hatte. Von einer Vorlage kann natürlich nur unter der Voraussetzung abgesehen werden, dass das nationale Gericht der Rechtsprechung des EuGH folgt. Andererseits kann es aber die Vorlagefrage erneut stellen und den Gerichtshof ersuchen, seine Rechtsprechung zu erläutern oder zu überdenken.
- Schließlich entfällt die Pflicht zur Vorlage, wenn die zutreffende Auslegung des Unionsrechts derart **offenkundig** ist, dass **keinerlei Raum für vernünftige Zweifel** an der Entscheidung der gestellten Frage bleibt (Urteil CILFIT, Rn. 16–20). Diese Formel geht auf die früher im französischen Recht bestehende Lehre vom *acte clair* zurück. Wegen der Gefahr des Missbrauchs dieser Ausnahme hat der Gerichtshof jedoch strenge Anforderungen aufgestellt. Der Verzicht auf die Vorlage durch ein letztinstanzliches Gericht setzt die Überzeugung des nationalen Gerichts voraus, dass für die Gerichte der übrigen Mitgliedstaaten und den Gerichtshof selbst der gleiche Grad an Gewissheit besteht. Dabei sind die besonderen Auslegungsschwierigkeiten des Unionsrechts zu beachten, die in der autonomen Begriffsbildung und der Vielzahl gleichberechtigter sprachlicher Fassungen bestehen. Das nationale Gericht muss deshalb die betreffende unionsrechtliche Vorschrift in ihrem **Zusammenhang** und im Lichte des **gesamten Unionsrechts**, seiner **Ziele** und seines **Entwicklungsstandes** (dynamische Auslegung) betrachten und **alle** (derzeit 23) **Sprachfassungen** berücksichtigen.

Wird von den Parteien die **Ungültigkeit** sekundären Unionsrechts behauptet, braucht das nationale Gericht nicht vorzulegen, wenn es selbst keine Zweifel an dessen Gültigkeit hat; denn das Unionsrecht trägt die **Vermutung der Gültigkeit** in sich (EuGHE, 314/85, 1987, 4199 = Hummer, S. 370 – Foto Frost; EuGHE, C-344/04, 2006, I-403 – IATA und ELFAA, Rn. 28 f.).

In **Verfahren des einstweiligen Rechtsschutzes** besteht bei Auslegungsfragen auch für ein letztinstanzliches Gericht keine Vorlagepflicht, weil die Frage noch im Hauptsacheverfahren vorgelegt werden kann (EuGHE, 107/76, 1977, 957 = Hummer, S. 372 – Hoffmann-La Roche).

3. Das Vorlageermessen der Untergerichte und seine Grenzen

a) Vorlageermessen. Nach Art. 267 Abs. 2 AEUV sind **alle Gerichte** zur Vorlage zulässiger Fragen berechtigt. Wegen des Vorrangs und der unmittelbaren Wirkung des Unionsrechts kann damit jedes Amtsgericht eine Auslegung der in Frage stehenden Bestimmung durch den EuGH herbeiführen und auf dieser Grundlage auch einem formellen Bundesgesetz oder sogar einer Norm des Grundgesetzes die Anwendung versagen.

Bei der Ausübung des Vorlageermessens können vielfältige Gesichtspunkte eine Rolle spielen. In einem Rechtsstreit, dessen Ausgang hauptsächlich von der Lösung einer europarechtlichen Rechtsfrage abhängt, entspricht es der Prozessökonomie, dass bereits das erstinstanzliche Gericht den EuGH mit dieser Frage befasst, statt den Parteien die Lasten eines langwierigen Prozesses bis hin zum letztinstanzlichen, zur Vorlage verpflichteten Gericht aufzubürden. Eine frühzeitige Vorlage kann außerdem angezeigt sein, wenn das nationale Gericht von der Rechtsauffassung eines anderen nationalen Gerichts oder der Unionsgerichte abweichen will (in diesem Sinne Schlussanträge GA Ruiz-Jarabo Colomer, EuGHE, C-206/04 P, 2006, I-2717 – Mülhens, Rn. 58 ff., 71 ff.). Gelegentlich nutzen unterinstanzliche Gerichte die Möglichkeit des Vorabentscheidungsverfahrens auch in dem Bestreben, einer feststehenden Rechtsprechung ihrer jeweiligen Obergerichte auszuweichen (dies scheint etwa in den Fällen der „Schrottimmobilien" und des Urlaubsanspruchs eine Rolle gespielt zu haben, vgl. EuGHE, C-350/03, 2005, I-9215 – Schulte; EuGHE, C-229/04, 2005, I-9273 – Crailsheimer Volksbank; EuGHE, C-350/06 u. a., Urt. v. 20.1.2009 – Schultz-Hoff u. a.).

Wegen der überragenden Bedeutung des Vorabentscheidungsverfahrens für die Einheit des Unionrechts und den effektiven Rechtsschutz Einzelner muss eine Vorschrift des nationalen Rechts, die der Durchführung des in Art. 267 AEUV geregelten Verfahrens und der Ausübung des Vorlagerechts entgegensteht, unangewendet bleiben (EuGHE, C-312/93, 1995, I-4599 = Hummer, S. 338 – Peterbroek; C-173/09, Urt. v. 5.10.2010 – Elchinov, Rn. 25–27). Zwar steht Art. 267 AEUV innerstaatlichen Rechtsmitteln, die sich speziell gegen einen Vorlagebeschluss richten, grundsätzlich nicht entgegen (EuGHE, 146/73, 1974, 139 = Hummer, S. 368 – Rheinmühlen II). Das Recht zur Anrufung des EuGH darf jedoch auch ein Rechtsmittelgericht einem ihm untergeordneten Gericht nicht nehmen, wenn letzteres der Meinung ist, der betreffende Fall werfe eine unionsrechtliche Rechtsfrage auf, die eine Entscheidung des EuGH erfordert (EuGH, C-210/06, 2008, I-9641 – Cartesio, Rn. 93, 95). Mit anderen Worten darf das Rechtsmittelgericht sich mit seiner Einschätzung der Entscheidungserheblichkeit einer Vorlagefrage nicht an die Stelle des Ausgangsgerichts setzen, denn diese Beurteilung obliegt nach

Art. 267 AEUV allein dem vorlegenden Gericht. In Wahrheit reduziert sich also die Einflussmöglichkeit von Rechtsmittelgerichten im Hinblick auf Vorlagebeschlüsse an den EuGH auf die Korrektur von Form- und Verfahrensfehlern. Nur wenn das Rechtsmittel gegen den Vorlagebeschluss ausnahmsweise einen Devolutiveffekt dergestalt hätte, dass es den gesamten Rechtsstreit auf die Ebene des Rechtsmittelgerichts heben würde, könnte das Rechtsmittelgericht auch über die Vorlage an den EuGH neu befinden (EuGHE, C-525/06, 2009, I-2197 – De Nationale Loterij).

Nach deutschem Recht sind Aussetzungs- und Vorlagebeschluss ohnehin nicht anfechtbar (Thomas/ Putzo, vor § 239 ZPO Rn. 10). Hinzu kommt, dass ein Berufungsgericht entgegen § 565 Abs. 2 ZPO nicht an die Beurteilung unionsrechtlicher Fragen durch das Revisionsgericht gebunden ist, wenn dieses im Revisionsurteil die Sache an das Berufungsgericht gemäß § 565 Abs. 1 ZPO zurückverwiesen hat (EuGHE, 166/73, 1974, 33 – Rheinmühlen I; C-173/09, Urt. v. 5. 10. 2010 – Elchinov, Rn. 30).

Das vorlegende Gericht braucht während der Dauer des Vorlageverfahrens beim EuGH (derzeit ca. 17 Monate) den Rechtsstreit nicht unbedingt ruhen zu lassen, sondern kann etwa eine anderweitig erforderliche Beweisaufnahme durchführen.

b) Ausnahmsweise Vorlagepflicht der Instanzgerichte: die Foto-Frost-Entscheidung. Nach dem Foto-Frost-Urteil des EuGH (EuGHE, 314/85, 1987, 4199 = Hummer, S. 370) können selbst Untergerichte ausnahmsweise zur Vorlage verpflichtet sein. Dies ist dann der Fall, wenn sie sich über sekundäres Unionsrecht hinwegsetzen wollen, weil sie es für ungültig halten. Der EuGH beansprucht insoweit ein **Verwerfungsmonopol für Unionsrechtsakte.** Die Vorlagepflicht besteht selbst dann, wenn der EuGH bereits entsprechende Bestimmungen eines anderen, vergleichbaren Rechtsakts für ungültig erklärt hat (EuGHE, C-461/03, 2005, I-10513 – Gaston Schul; C-173/09, Urt. v. 5. 10. 2010 – Elchinov, Rn. 30).

Das Verwerfungsmonopol des EuGH und die daraus folgende Vorlagepflicht selbst nicht letztinstanzlicher Gerichte lässt sich zwar nicht aus dem Wortlaut, wohl aber aus Sinn und Zweck des Art. 267 AEUV herleiten. Die Bestimmung will die einheitliche Anwendung des Unionsrechts in allen Mitgliedstaaten sicherstellen. Dieses Erfordernis ist besonders wichtig, wenn es nicht nur um die Auslegung, sondern um die Gültigkeit von Unionsrecht geht (s. o. S. 133). Hinzu kommt das systematische Argument, dass die Unionsgerichte nach Art. 263 AEUV zur Aufhebung („Nichtigerklärung") von Handlungen der Organe ausschließlich zuständig sind. Aus der notwendigen Kohärenz des Rechtsschutzsystems folgt, dass im Rahmen von Art. 267 AEUV nichts anderes zu gelten hat. Außerdem ist der Gerichtshof am besten in der Lage, über die Gültigkeit von Handlungen der Organe zu entscheiden, da diese am Vorabentscheidungsverfahren beteiligt sind (vgl. Art. 23 der Satzung). Die Foto-Frost-Rechtsprechung (jüngst bestätigt durch EuGH, C-188/10 u. C-189/10, Urt. v. 22. 6. 2010 – Melki u. Abdeli, Rn. 54) mag als richterliche Rechtsfortbildung eingeordnet werden, wegen ihrer einleuchtenden Begründung ist sie aber nie ernsthaft angegriffen worden.

Hält hingegen der (nicht letztinstanzliche) nationale Richter den in Frage stehenden Unionsrechtsakt für gültig, so muss er kein Vorabentscheidungsverfahren einleiten (EuGH, C-555/07, Urt. v. 19. 1. 2010, NJW 2010, 427 – Kücükdeveci, Rn. 52–55). Aufgrund des Vorrangs des Unionsrechts ist er außerdem verpflichtet, dem jeweiligen Rechtsakt Geltung zu verschaffen sowie entgegenstehendes nationales Recht nötigenfalls unangewendet zu lassen, und zwar ohne vorherige Anrufung des nationalen Verfassungsgerichts (EuGHE, 106/77, 1978, 629 – Simmenthal, Rn. 21, 24; EuGHE, C-387/02 u.a. 2005, I-3565, Berlusconi, Rn. 72; EuGH, C-188/10 u. C-189/10, Urt. v. 22. 6. 2010 – Melki u. Abdeli, Rn. 43). Dies kommt einer – im deutschen Recht ansonsten unbekannten – Normverwerfungskompetenz der Fachgerichte zumindest sehr nahe. Aus der Sicht des deutschen Rechts lässt sich der Umstand, dass ein europarechtswidriges Gesetz keiner konkreten Normenkontrolle durch das BVerfG unterzogen werden muss, mit mangelnder Entscheidungserheblichkeit i. S. v. Art. 100 Abs. 1 GG begründen (BVerfGE 85, 191 [203 ff.] = EuZW 1992, 320 = Hummer, S. 62 – Nachtarbeitsverbot für Frauen; ebenso in Frankreich Cour de Cassation, Urt. Nr. 12132 v. 29. 6. 2010 – Melki u. Abdeli).

c) Die vorläufige Verwerfungskompetenz der nationalen Gerichte in Verfahren des einstweiligen Rechtsschutzes: Die Rechtsprechung Zuckerfabrik und Atlanta. Von der fehlenden Verwerfungskompetenz der nationalen Gerichte für Unionsrechtsakte gibt es im Bereich des **einstweiligen Rechtsschutzes** eine eng begrenzte Ausnahme (EuGHE, C-143/88, 1991, I-415 = Hummer, S. 329 – Zuckerfabrik; EuGHE, C-465/93, 1995, I-3761 = Hummer, S. 332 – Atlanta; im selben Sinne BVerfG, 2 BvR 2023/06 vom 19. 10. 2006 – Wettbüro, Rn. 13–15). Der unionsrechtlich gewährleistete Rechtsschutz umfasst das Recht der Bürger, die Rechtmäßigkeit von Unionsrechtsakten (z. B. einer im ordentlichen Gesetzgebungsverfahren beschlossenen Verordnung oder Richtlinie) vor dem nationalen Gericht inzident zu bestreiten und dieses zur Befassung des Gerichtshofs mit Vorlagefragen zu veranlassen (Beispiel: Die Verordnung über Roaming-Höchstpreise für Mobiltelefongespräche wird mit dem Argument angegriffen, sie verstoße gegen höherrangiges Recht und sei nicht auf eine hinreichende Rechtsgrundlage gestützt). Dieses Recht wäre gefährdet, wenn der Bürger so lange nicht in der Lage wäre, die Anordnung von Maßnahmen des einstweiligen Rechtsschutzes gegen auf rechtswidrigem Unionsrecht beruhende mitgliedstaatliche Rechtshandlungen zu verlangen (z. B. Aussetzung der Vollziehung, einstweilige Anordnung), bis der Gerichtshof entschieden hat, ob die gerügte Maßnahme gültig ist. Dabei muss bedacht werden, dass das Vorabentscheidungsersuchen zur Beurteilung der Gültigkeit, ebenso wie die Nichtigkeitsklage, eine Form der Kontrolle der Rechtmäßigkeit der Handlungen der Unionsorgane darstellt. Im Rahmen einer Nichtigkeitsklage geben Art. 278 und 279 AEUV dem Kläger das Recht, eine Aussetzung der Durchführung der angefochtenen Handlung oder die Anordnung einstweiliger Maßnahmen zu beantragen. Die Kohärenz des Systems des vorläufigen Rechtsschutzes verlangt somit, dass das nationale Gericht vergleichbare Maßnahmen ergreifen kann, wenn die Gültigkeit eines Unionsrechtsakts im nationalen Rechtsstreit gerügt wird.

Damit das mitgliedstaatliche Gericht jedoch nicht vorschnell und zum Schaden anderer Unionsbürger bzw. Wirtschaftsbeteiligter von der Ungültigkeit eines Unionsrechtsakts (z. B. einer Verordnung) ausgeht, darf es nur unter folgenden engen **Voraussetzungen** vorläufig von der Ungültigkeit des betreffenden Rechtsaktes ausgehen (vgl. die Urteile Zuckerfabrik und Atlanta, ferner Kopp/Schenke § 80 VwGO Rn. 164 und § 123 VwGO Rn. 16):

- Das nationale Gericht hat **erhebliche Zweifel** an der Gültigkeit, die es auch begründen muss;
- Es **legt** die Frage der Gültigkeit **unverzüglich dem EuGH vor**, sofern dieser mit der Frage noch nicht befasst ist.
- Die gewählte Rechtsschutzmaßnahme (Aussetzung der Vollziehung, einstweilige Anordnung usw.) ist **vorläufig** bis zur Entscheidung durch den Gerichtshof.
- Die Maßnahme ist **dringlich:** Dem Antragsteller droht ein schwerer und nicht wieder gut zu machender Schaden.
- Das Gericht **berücksichtigt das Interesse der Union** angemessen. Die Aussetzung darf dem Rechtsakt wenn möglich nicht jede praktische Wirksamkeit nehmen. Der Einzelne hat nötigenfalls eine Kaution zu stellen.
- Das Gericht **beachtet** bei Prüfung dieser Voraussetzungen die einschlägige **Rechtsprechung des EuGH und des EuG.**

4. Verstoß gegen die Vorlagepflicht

Legt ein nationales Gericht entgegen Art. 267 Abs. 3 AEUV oder der Foto-Frost-Rechtsprechung nicht vor, so ist der darin enthaltene Verstoß gegen das Unionsrecht von der Verletzung des nationalen Rechts zu unterscheiden und getrennt zu behandeln.

a) Verletzung des Unionsrechts. Die Nichtvorlage stellt einen Vertragsverstoß dar. Dieser Verstoß ist trotz der Unabhängigkeit der Gerichte dem jeweiligen Mitgliedstaat zuzurechnen. Gegen den betroffenen Mitgliedstaat kann deswegen ein **Vertragsverletzungsverfahren** nach Art. 258–260 AEUV eingeleitet werden. In der Praxis hat die Kommission bereits mehrere solche Verfahren eingeleitet, die allerdings vor Klageerhebung beigelegt wurden. Ohnehin stellt das Vertragsverletzungsverfahren keine effektive Sanktion für die Nichtvorlage dar, da es erst nach rechtskräftiger Entscheidung der Hauptsache eingreift.

Eine deutlich wirksamere Sanktion dürfte der **Staatshaftungsanspruch** des betroffenen Einzelnen gegen den Gerichtsstaat darstellen. Wie schon erwähnt, hat der EuGH einen europarechtlichen Staatshaftungsanspruch für judikatives Unrecht bereits im Grundsatz bejaht (EuGHE, C-224/01, 2003, I-10239 – Köbler, Rn. 51 ff.; vgl. oben S. 114 f.). Allerdings dürfte die bloße Nichtvorlage an den EuGH noch nicht die Staatshaftung auslösen, vielmehr muss die Verletzung der Vorlagepflicht mit einer auch inhaltlich offenkundig europarechtswidrigen Sachentscheidung einhergegangen sein.

b) Verletzung des deutschen Rechts. Der EuGH ist **gesetzlicher Richter** i. S. von Art. 101 Abs. 1 Satz 2 GG. Dies folgt aus seiner Gerichtsqualität und der in Art. 19 Abs. 3 lit. b) EUV i. V. m. Art. 267 AEUV festgelegten funktionellen Verschränkung seiner Gerichtsbarkeit mit der der deutschen Gerichte (BVerfGE 73, 339 [366] = Hummer, S. 98 – Solange II). Die Nichtvorlage ist somit ein Verfahrensfehler, den der Einzelne bei Urteilen letztinstanzlicher Gerichte (nur) durch eine Verfassungsbeschwerde gegen das betreffende Urteil gemäß Art. 93 Abs. 1 Nr. 4 a GG, Art. 101 Abs. 1 Satz 2 GG, rügen kann. Allerdings erfordert die Verletzung des Art. 101 Abs. 1 Satz 2 GG ein **willkürliches Verhalten** der Gerichte. Hieran hält das BVerfG auch im Falle einer europarechtswidrigen Nichtvorlage fest. Denn das BVerfG sieht sich angesichts seiner eigentlichen Aufgaben **nicht als oberstes Vorlagenkontrollgericht,** sondern überprüft nur, ob die Zuständigkeitsregel des Art. 267 AEUV in offensichtlich unhaltbarer Weise gehandhabt worden ist (BVerfGE 82, 159 [195] – Absatzfonds).

Den Begriff der **Willkür** hat das BVerfG unter Berücksichtigung der besonderen Bedeutung, der einer Verletzung des Art. 267 AEUV zukommt, wie folgt konkretisiert: Willkür liegt vor, wenn das letztinstanzliche Hauptsachegericht

- sich mit der Klärungsbedürftigkeit der unionsrechtlichen Aspekte seines Falles überhaupt nicht sinnvoll auseinandergesetzt hat (**grundsätzliche Verkennung der unionsrechtlichen Bezüge des Falls**),
- eine Vorlage nach Art. 267 Abs. 3 AEUV überhaupt nicht in Erwägung zieht, obwohl seiner eigenen Auffassung nach eine Frage des Unionsrechts entscheidungserheblich ist (**grundsätzliche Verkennung der Vorlagepflicht**),
- in seiner Entscheidung bewusst von der Rechtsprechung des EuGH abweicht (**bewusstes Abweichen vom EuGH ohne Vorlagebereitschaft**) oder
- den ihm bei **Unvollständigkeit der EuGH-Rechtsprechung** (d. h. zu einer entscheidungserheblichen unionsrechtlichen Frage liegt noch keine oder jedenfalls keine erschöpfende Antwort in der Rechtsprechung des EuGH vor) zukommenden Beurteilungsrahmen in unvertretbarer Weise überschritten hat; ein gewichtiger Anhaltspunkt für eine solche Überschreitung liegt vor, wenn **mögliche Gegenauffassungen** zu den entscheidungserheblichen Fragen des Unionsrechts gegenüber der vom Gericht vertretenen Meinung **eindeutig vorzuziehen sind**; anders verhält es sich, wenn eine **Fortentwicklung** der Rechtsprechung des EuGH **nicht nur als entfernte Möglichkeit** erscheint.

(st. Rspr., vgl. etwa BVerfG NJW 2010, 1268 [1 BvR 230/09] – Massenentlassungen, Absatz-Nr. 14 ff.)

Die einschränkende Rechtsprechung des BVerfG hat Kritik erfahren. Zwar treffe Deutschland keine Verpflichtung, die Nichtvorlage an den EuGH in jedem Einzelfall verfassungsrechtlich zu sanktionieren. Doch sei der EuGH und nicht das BVerfG berufen, zu beurteilen, welche Meinung eindeutig vorzuziehen und ob die entscheidungserhebliche Frage des Unionsrechts vom EuGH bereits erschöpfend entschieden sei (Glaesner, EuR 1990, 143, 150; vgl. außerdem Fastenrath NJW 2009, 272). Dennoch hält das BVerfG auch weiterhin im Wesentlichen an seinen Kriterien fest. Je nach Senat und je nach Gewichtung der o. g. Kriterien ergeben sich freilich sehr unterschiedliche Resultate.

Beispiele: So hat das BVerfG im Hinblick auf die Behandlung gleichgeschlechtlicher Partnerschaften im Beamtenrecht eine Verletzung des Rechts auf den gesetzlichen Richter durch das OVG NRW verneint (BVerfG NJW 2008, 2325 [2 BvR 1830/06]), weil es zum Zeitpunkt von dessen Entscheidung noch keine einschlägige EuGH-Rechtsprechung zur Gleichbehandlungsrichtlinie 2000/78 gegeben habe.

Mehr als einmal hat jedoch das BVerfG bereits unter Zugrundelegung der o. g. Kriterien den auf Art. 101 Abs. 1 Satz 2 GG gestützten Verfassungsbeschwerden gegen höchstrichterliche Entscheidungen wegen Verletzung der Vorlagepflicht an den EuGH stattgegeben (vgl. zuletzt die teilweise Aufhebung eines Urteils des BAG in BVerfG NJW 2010, 1268 [1 BvR 230/09] – Massenentlassungen).

In einem Fall aus dem Jahr 2001 strebte die beschwerdeführende Ärztin auf Grund einer Teilzeitqualifizierung in einer Allgemeinpraxis die Anerkennung als praktische Ärztin an. Das BVerfG entschied, dass das BVerwG (a) in unvertretbarer Weise das Problem der Kollision zwischen der Richtlinie 76/207/EWG (Gleichbehandlung von Mann und Frau im Beruf) und den Arztrichtlinien 86/457/EWG und 93/16/EWG ohne jede Auseinandersetzung mit der Rechtsprechung des EuGH beantwortet habe und (b) seine Vorlagepflicht grundsätzlich verkannt habe, insoweit es nicht in Betracht gezogen habe, dass der Grundsatz der Gleichbehandlung der Geschlechter zu den vom EuGH anerkannten ungeschriebenen unionsrechtlichen Grundrechten gehöre (BVerfG NJW 2001, 1267 [1 BvR 1036/99] – Praktische Ärztin).

Insgesamt kann die verfassungsgerichtliche Rechtsprechung zu Art. 101 Abs. 1 Satz 2 GG als Aufforderung an die deutschen Gerichte gesehen werden, dem EuGH vermehrt Fragen über die Auslegung bzw. Gültigkeit von Unionsrecht vorzulegen. Der Grundrechtsschutz liefe ins Leere, wenn das BVerfG mangels Zuständigkeit keine materielle Prüfung anhand der Grundrechte vornehmen kann und der EuGH mangels Vorabentscheidungsersuchens nicht die Möglichkeit erhält, sekundäres Unionsrecht anhand der für die Union entwickelten Grundrechtsverbürgungen zu überprüfen (BVerfG, a. a. O. – Praktische Ärztin, Absatz-Nr. 24).

c) Verletzung der EMRK. Denkbar ist es schließlich, die pflichtwidrige Nichtvorlage an den EuGH als Verletzung des Grundrechts auf ein faires Verfahren (Art. 6 Abs. 1 EMRK) anzusehen. Bisher hat der EGMR aber noch keine Verletzung der EMRK festgestellt (vgl. Kokott/Henze/Sobotta, JZ 2006, 633, 637).

D. Das Kooperationsverhältnis zwischen EuGH und Vorlagegericht

Das Vorabentscheidungsverfahren ist vom Gedanken der **Kooperation zwischen Gerichtshof und dem vorlegenden nationalen Gericht** geprägt. Der EuGH unterstützt das nationale Gericht bei der Auslegung und der Rechtmäßigkeitskontrolle von Unionsrecht, respektiert aber im Übrigen die Zuständigkeit des Vorlagegerichts für die Anwendung des Unionsrechts und die Auslegung und Anwendung des nationalen

Rechts. Anders als zwischen Gerichten desselben Rechtszuges, die über dieselben Rechtsfragen in einem Über-/Unterordnungsverhältnis (Subordination) entscheiden, ist das Verhältnis zwischen EuGH und Vorlagegericht deshalb in erster Linie als arbeitsteiliger Dialog zwischen Gleichberechtigten zu verstehen.

I. Rechte und Pflichten des Vorlagegerichts

1. Das Vorlagegericht ist Herr über das Ausgangsverfahren

Das Vorlagegericht allein ist zur Ermittlung und Feststellung des Sachverhalts zuständig. Ihm obliegt naturgemäß auch die Auslegung und Anwendung des nationalen Rechts, sowie die Anwendung des im Vorabentscheidungsurteil ausgelegten Unionsrechts auf den konkreten Fall. Der Gerichtshof hält sich bei der Beantwortung der Vorlagefragen an den vom nationalen Gericht definierten „tatsächlichen Rahmen" (Sachverhalt) und an dessen Ausführungen zum „rechtlichen Rahmen" (anwendbares nationales Recht), die er nicht auf ihre Richtigkeit hin überprüft (st. Rspr., z.B. EuGHE, C-482/01 u.a., 2004, I-5257, Orfanopoulos u. Oliveri, Rn. 42).

2. Das Vorlagegericht entscheidet über das „Ob" der Vorlage

Die Parteien des Ausgangsrechtsstreits können das mitgliedstaatliche Gericht nicht zwingen, vorzulegen. Umgekehrt kann dieses von Amts wegen vorlegen. In der Praxis werden jedoch viele Fragen auf Betreiben der Parteien des Ausgangsrechtsstreits vorgelegt. Der Gerichtshof kann auch nicht die **Rechtmäßigkeit** der Vorlageentscheidung nach Maßgabe des nationalen Rechts überprüfen. Ein Vorbringen der Parteien des Ausgangsrechtsstreits vor dem EuGH, die Vorlageentscheidung verstoße gegen nationales Verfahrensrecht, wird deswegen regelmäßig zurückgewiesen (EuGHE, C-309/02, 2004, I-11763 – Radlberger, Rn. 26; EuGHE, C-238/05, 2006, I-11125 – Asnef-Equifax, Rn. 14). Solange die Vorlage nicht vom Vorlagegericht zurückgenommen wurde, bleibt sie anhängig; dies gilt selbst dann, wenn die Vorlage von einem Rechtsmittelgericht beanstandet wurde (EuGH, C-210/06, 2008, I-9641 – Cartesio, Rn. 97).

Auch die Beurteilung der **Entscheidungserheblichkeit,** also der Frage, ob die Entscheidung des Ausgangsrechtsstreits von einem europarechtlichen Problem abhängt, obliegt dem nationalen Gericht, das insoweit über einen Beurteilungsspielraum verfügt (vgl. den Wortlaut „hält" in Art. 267 Abs. 2 AEUV). Dies gilt zum einen, weil die Frage der Entscheidungserheblichkeit eine Frage des nationalen Rechts ist. Zum anderen ist das nationale Gericht am besten in der Lage zu entscheiden, welche Rechtsfragen gelöst werden müssen, um den bei ihm anhängigen Rechtsstreit zu entscheiden. Im Grundsatz ist der EuGH deswegen an die Beurteilung der Entscheidungserheblichkeit durch das nationale Gericht gebunden (Ausnahmen s.u.). Es gilt eine **Vermutung der Entscheidungserheblichkeit** von Vorlagefragen (EuGHE, C-300/01, 2003, I-4899 – Salzmann, Rn. 28–31; EuGH, C-478/07, 2009, I-7721 – Budvar, Rn. 63).

3. Das Vorlagegericht entscheidet über das „Was" der Vorlage, d.h. den Inhalt der Vorlagefragen

Auch inhaltlich ist das Vorlagegericht nicht an die Formulierungsvorschläge der Parteien des Ausgangsrechtsstreits gebunden. Grundsätzlich bestimmt die vom nationalen Gericht formulierte Frage den Verfahrensgegenstand vor dem EuGH. Einem Vorbringen der Parteien, der Gerichtshof solle andere als die vorgelegten Fragen beantworten oder andere als die vom nationalen Gericht in Betracht gezogenen Ungültigkeitsgründe überprüfen, folgt der Gerichtshof deshalb regelmäßig nicht (vgl. z.B. EuGHE, C-305/05, 2007, I-5305 – Ordre des barreaux, Rn. 17ff.; EuGH, C-188/10 u. C-189/10, Urt. v. 22.6. 2010 – Melki u. Abdeli, Rn. 63).

4. Das Vorlagegericht entscheidet über das „Wann", also den Zeitpunkt der Vorlage

Der Zeitpunkt der Vorlage ist auf der Grundlage von Zweckmäßigkeitserwägungen zu wählen, die am besten vom nationalen Gericht vorgenommen werden können (EuGHE, C-470/03, 2007, I-2749 – A.G.M.-COS.MET, Rn. 45; EuGH, C-97/09, Urt. v. 26.10. 2010 – Schmelz, Rn. 30). Die Vorlage darf jedoch erst in einem Stadium des innerstaatlichen Verfahrens ergehen, in dem das Gericht in der Lage ist, den tatsächlichen und rechtlichen Rahmen des Problems hinreichend zu bestimmen und dem Gerichtshof darzulegen. Im Normalfall wird es daher im Interesse einer geordneten Rechtspflege liegen, erst nach streitiger Verhandlung vorzulegen.

Das Unionsrecht verbietet es, innerstaatliche Gerichte zur vorrangigen Vorlage an ihr nationales Verfassungsgericht zu verpflichten (EuGH, C-188/10 u. C-189/10, Urt. v. 22.6. 2010 – Melki u. Abdeli, Rn. 45). Wirft ein Fall sowohl europarechtliche Rechtsfragen als auch verfassungsrechtliche Rechtsfragen nach dem GG auf, so besteht keine feste Rangfolge zwischen dem Vorabentscheidungsersuchen nach Art. 267 AEUV und der Vorlage an das BVerfG im konkreten Normenkontrollverfahren nach

Art. 100 Abs. 1 GG (BVerfGE 116, 202 – Tariftreueerklärung). Eine konkrete Normenkontrolle durch das BVerfG wird sogar überflüssig, wenn sich – etwa anhand der EuGH-Rechtsprechung – erweist, dass das betreffende Gesetz mit dem Unionsrecht unvereinbar ist; denn ein solches Gesetz ist schon gar nicht entscheidungserheblich i. S. v. Art. 100 Abs. 1 GG (BVerfGE 85, 191 [203 ff.] = EuZW 1992, 320 = Hummer, S. 62 – Nachtarbeitsverbot für Frauen). Umgekehrt steht es den Fachgerichten frei, den EuGH selbst dann noch nach Art. 267 AEUV um Vorabentscheidung zu ersuchen, um die Vereinbarkeit eines Gesetzes mit dem Unionsrecht beurteilen zu können, wenn das BVerfG dieses Gesetz bereits für mit dem GG vereinbar erklärt hat (EuGH, a. a. O. – Melki u. Abdeli, Rn. 52 f.).

5. Das nationale Gericht entscheidet über das „Wie", also die Form der Vorlage

Art. 267 AEUV macht keine Vorgaben für die Form des Vorabentscheidungsersuchens (z. B. Beschluss oder Urteil); diese richtet sich nach den Verfahrensregeln des innerstaatlichen Rechts (EuGHE, 13/61, 1962, 99 [110] – De Geus; EuGHE, C-467/05, 2007, I-5557 – Dell'Orto, Rn. 36). Nach deutschem Recht ergeht ein zu begründender Beschluss, in dessen Tenor die Vorlagefrage zu formulieren ist. Ein Aussetzungsbeschluss nach § 148 ZPO ist unnötig und wäre jedenfalls nach § 252 ZPO anfechtbar.

Das Vorlagegericht muss durch die Formulierung seines Vorabentscheidungsersuchens im Wesentlichen dazu beizutragen, dass:
- allen nach Art. 23 der Satzung Beteiligten eine sinnvolle Stellungnahme ermöglicht wird,
- der Gerichtshof eine sachdienliche Antwort geben kann,
- das Vorabentscheidungsverfahren nicht zur Lösung hypothetischer Rechtsfragen oder fiktiver Rechtsstreitigkeiten missbraucht wird,
- der Gerichtshof sicher sein kann, seine Kompetenzen nicht zu überschreiten.

Der Gerichtshof regt deshalb in seinen unverbindlichen **Hinweisen zur Vorlage von Vorabentscheidungsersuchen** durch die nationalen Gerichte (ABl. 2009, C 297, S. 1; www.curia.europa.eu) an, dass die Vorlage den folgenden Anforderungen entspricht. **Inhaltlich** fordert der Gerichtshof
- eine Schilderung des Sachverhalts („tatsächlicher Rahmen"), der für das Verständnis der rechtlichen Bedeutung des Ausgangsfalls unerlässlich ist;
- eine Darstellung des anwendbaren nationalen Rechts („rechtlicher Rahmen"), wobei einschlägige nationale Rechtsvorschriften im Wortlaut mitzuteilen sind, da von den am Gerichtshof mit dem Fall befassten Juristen aus anderen Mitgliedstaaten nicht erwartet werden kann, dass sie die einschlägigen deutschen Gesetze im Einzelnen kennen und zur Hand haben;
- eine Darstellung der Gründe, die das Gericht zur Vorlage veranlasst haben (Entscheidungserheblichkeit);
- gegebenenfalls eine Darstellung des wesentlichen Vorbringens der Parteien und einschlägiger Meinungen in der Fachliteratur.

In **formeller** Hinsicht fordert der Gerichtshof,
- die Vorlage so klar, genau und – wegen der Übersetzung in inzwischen 20 Sprachen – so knapp wie möglich (aber auch so ausführlich wie nötig) zu formulieren; als Faustregel gilt, dass der Vorlagebeschluss (ohne Anhänge) den Umfang von 20 Seiten keinesfalls überschreiten sollte, da besonders lange Vorlagebeschlüsse neuerdings nicht mehr vollständig übersetzt werden, sondern lediglich in Form einer vom Gerichtshof erstellten Zusammenfassung;
- eine Kopie der Akten und sonstiger für das Verständnis des Rechtsstreits nötiger Unterlagen dem Gerichtshof vorzulegen; da diese jedoch grundsätzlich nicht in alle Amtssprachen übersetzt werden, muss bereits der Vorlagebeschluss selbst alle relevanten Informationen enthalten.

II. Die Rolle des Gerichtshofs

1. Vorgaben für den Gerichtshof

a) Eine Vorabentscheidung kann über den Ausgangsrechtsstreit hinaus erhebliche Auswirkungen haben, auch auf die Rechtsordnungen anderer Mitgliedstaaten. Deswegen sieht Art. 23 der Satzung ein Beteiligungsrecht aller Mitgliedstaaten und der Kommission als Vertreterin des Unionsinteresses vor; Gleiches gilt für die übrigen Organe, Einrichtungen und Stellen der Union, soweit deren Rechtsakte betroffen sind. Der Gerichtshof muss dafür sorgen, dass die **Rechte dieser Verfahrensbeteiligten gewahrt** werden, d. h. dass diese allein auf der Grundlage der ihnen mitgeteilten Vorlageentscheidung die Möglichkeit haben, sinnvoll zu den im jeweiligen Fall aufgeworfenen rechtlichen Problemen Stellung zu nehmen.

b) Entsprechend dem Geist seines Kooperationsverhältnisses mit dem nationalen Gericht muss der Gerichtshof alles versuchen, um eine **sachdienliche Antwort** auf die ihm vorgelegten Fragen zu geben, d. h. eine Antwort, die es dem Vorlagegericht ermöglicht, den Ausgangsrechtsstreit zu entscheiden und – im Sinne der Prozessökonomie – ein erneutes Vorabentscheidungsersuchen zu vermeiden.

c) Der Gerichtshof muss dafür Sorge tragen, dass das Vorabentscheidungsverfahren nicht von einer der Parteien oder vom Vorlagegericht dazu **missbraucht** wird, hypothetische Rechtsfragen oder fiktive Rechtstreitigkeiten ohne konkretes Rechtsschutzbedürfnis zu lösen.

d) Schließlich muss der Gerichtshof die **Grenzen seiner Zuständigkeit** beachten, darf also Unionsrecht nicht auf den konkreten Fall anwenden und nationales Recht weder auslegen noch anwenden.

2. Umformulierung der Vorlagefragen

In manchen Fällen würde eine Antwort allein auf die Vorlagefragen des nationalen Gerichts es diesem nicht erlauben, den Rechtsstreit sachgerecht zu entscheiden. In anderen Fällen würde die Antwort auf die gestellte Vorlagefrage zu Kompetenzüberschreitungen führen; dies ist z. B. der Fall, wenn direkt nach der Vereinbarkeit einer bestimmten nationalen Norm mit dem Unionsrecht gefragt wird. In solchen Fällen formuliert der Gerichtshof die Vorlagefragen um. Zu diesem Zweck arbeitet er aus der Vorlageentscheidung diejenigen Rechtsfragen des Unionsrechts heraus, die zur Lösung des Ausgangsrechtsstreits erforderlich sind. Wenn nötig, formuliert er Auslegungsfragen in andere Auslegungsfragen, Gültigkeitsfragen in Auslegungsfragen oder Auslegungsfragen in Gültigkeitsfragen um (vgl. zum Ganzen etwa EuGHE, C-210/04, 2006, I-2803 – FCE Bank, Rn. 21). Auch geht der EuGH in seiner Vorabentscheidung häufig auf die Auslegung anderer Bestimmungen des Unionsrechts als der vom vorlegenden Gericht genannten ein, wenn dies sachdienlich ist (z. B. EuGHE, C-241/89, 1990, I-4695 – SARPP, Rn. 8; EuGHE, C-152/03, 2006, I-1711, Ritter-Coulais, Rn. 29).

3. Feststellung der Unzulässigkeit von Vorlagefragen

Ist eine Vorlagefrage trotz wohlwollender Lektüre unzulässig und kann sie auch nicht in eine zulässige Frage umformuliert werden, so stellt der EuGH fest, dass er zu ihrer Beantwortung nicht zuständig oder die Vorlagefrage unzulässig ist. Dies kann, wenn alle vorgelegten Fragen offensichtlich unzulässig sind, gemäß Art. 92 VerfO durch Beschluss geschehen.

Soweit wie möglich versucht der Gerichtshof, eine Unzulässigkeitsentscheidung zu vermeiden, und bevorzugt die Umformulierung der Vorlagefragen als milderes Mittel. Angesichts der Fülle der Vorabentscheidungsersuchen und der Gefahr weitreichender Aussagen auf der Grundlage unzulänglicher Vorlagen kam es aber in den letzten Jahren immer wieder zu Entscheidungen, in denen Vorlagen insgesamt oder teilweise für unzulässig erklärt wurden oder sich der Gerichtshof für unzuständig erklärte. Diesbezüglich sind vier praxisrelevante Fallgruppen zu unterscheiden:

a) Unzulässig ist das Vorabentscheidungsersuchen, soweit das nationale Gericht dem EuGH **nicht alle Informationen** über den Sachverhalt und die einschlägigen Vorschriften des nationalen Rechts zur Verfügung stellt, die zum Erlass einer sachdienlichen Entscheidung notwendig sind (EuGHE, C-320/90, 1993, I-393 – Telemarsicabruzzo). Diese Fallgruppe gewinnt seit Beginn der 1990er Jahre an Bedeutung, auch wenn der EuGH weiterhin sehr großzügig bleibt.

Die vom vorlegenden Gericht zu übermittelnden Informationen zum tatsächlichen und rechtlichen Rahmen des Ausgangsverfahrens müssen umso detaillierter sein, je komplexer der Fall und je schwieriger die betroffene Rechtsmaterie ist. Besonders hohe Anforderungen gelten beispielsweise für wettbewerbsrechtliche Vorabentscheidungsersuchen auf dem Gebiet der Art. 101, 102 AEUV (vgl. EuGHE, C-134/03, 2005, I-1167 – Viacom Outdoor, Rn. 23–32; EuGHE, C-238/05, 2006, I-11125 – Asnef-Equifax, Rn. 23).

In Grenzfällen richtet der EuGH trotz der damit verbundenen weiteren Verfahrensverzögerung zum Teil **ergänzende Fragen** an die Verfahrensbeteiligten. Seit 1. 7. 2000 hat der EuGH auch die Möglichkeit, ergänzende Fragen an das vorlegende Gericht zu stellen (Art. 104 § 5 VerfO). Dieses Instrument kann allerdings nur der Klarstellung von Zweifelsfragen dienen. Vorlagen mit völlig unzureichender Darstellung des Sachverhalts oder des rechtlichen Rahmens bleiben unzulässig.

b) Unzulässig ist das Vorabentscheidungsersuchen ferner dann, wenn die vorgelegte Frage **offensichtlich nicht entscheidungserheblich** ist. Obwohl die Entscheidung über die Entscheidungserheblichkeit grundsätzlich dem nationalen Gericht obliegt und diesem insoweit ein Beurteilungsspielraum zukommt, muss der EuGH vermeiden, dass er seine Kompetenzen überschreitet oder zu hypothetischen oder allgemeinen Rechtsfragen ohne konkretes Rechtsschutzbedürfnis Stellung nimmt. Deshalb weist er Vorabentscheidungsersuchen in folgenden Fällen ausnahmsweise zurück:

- Zwischen der vorgelegten Frage und dem konkreten Gegenstand des Ausgangsrechtsstreits besteht **offensichtlich kein Zusammenhang** (Beispiel: Ein Richter fragt in einem x-beliebigen Rechtsstreit an, ob er trotz seiner zivilrechtlichen Haftung für Fehlentscheidungen unabhängig i. S. des Unionsrechts sei, EuGHE, C-286/88, 1990, I-191 – Falciola);

- im Ausgangsrechtsstreit ist **Unionsrecht offensichtlich nicht anwendbar,** da sich der Streit außerhalb des Anwendungsbereichs des Unionsrechts abspielt (EuGHE, C-299/95, 1997, I-2629 = Hummer, S. 449 – Kremzow; zur zeitlichen Unanwendbarkeit des Unionsrechts auf Sachverhalte vor dem Beitritt eines neuen Mitgliedstaats vgl. EuGHE, C-302/04, 2006, I-371 – Ynos, Rn. 34 ff.);
- jedenfalls ist nicht hinreichend ersichtlich, inwieweit **die zur Auslegung oder Überprüfung vorgelegte Vorschrift** des Unionsrechts im Ausgangsrechtsstreit zur Anwendung kommen soll (Beispiel: Ein Richter befragt den EuGH zur Auslegung der Dienstleistungsfreiheit, obgleich das bei ihm anhängige Verfahren eine italienische Apothekerin betrifft, die im Zentrum von Rom eine Apotheke betreibt und mit den dortigen Behörden über die geltenden Öffnungszeiten für Apotheken streitet – also eine Situation, in der auf den ersten Blick kein Zusammenhang zur grenzüberschreitenden Dienstleistungserbringung besteht; EuGH, C-393/08, Urt. v. 1.7. 2010 – Sbarigia; vgl. auch EuGHE, C-67/91, 1992, I-4785 – Asociación Española de Banca Privada, Rn. 26, EuGH, C-92/09, Urt. v. 9.11. 2010 – Schecke, Rn. 39–42);
- die vorgelegte Frage ist nicht für das vorlegende Gericht selbst, sondern **für ein anderes Gericht** desselben Rechtszugs entscheidungserheblich (EuGHE, 338/85, 1988, 2041 = Hummer S. 370 – Pardini), oder sie ist in einem anderen Rechtsstreit vor dem vorlegenden Gericht entscheidungserheblich;
- das vorlegende Gericht stellt eine **allgemeine und hypothetische Rechtsfrage,** mit der der Gerichtshof zur Abgabe eines Rechtsgutachtens bewegt werden soll (EuGHE, C-83/91, 1992, I-4871 – Meilicke; EuGHE, C-147/02, 2004, I-3101 – Alabaster, Rn. 54 f.); oder
- der Gegenstand des Ausgangsrechtsstreits hat sich erledigt (EuGHE, C-225/02, 2005, I-523 – García Blanco; dies gilt erstaunlicherweise auch dann, wenn vor dem nationalen Gericht noch über die Kosten zu entscheiden ist: EuGH, C-336/08, Beschl. v. 14.10. 2010 – Reinke).

c) Unzulässig ist das Vorabentscheidungsersuchen schließlich auch dann, wenn es auf einem **fiktiven und konstruierten Rechtsstreit** zurückgeht. Diese in der Literatur umstrittene Fallgruppe geht auf die beiden Foglia/Novello-Entscheidungen des Gerichtshofs zurück (EuGHE, 104/79, 1980, 745 und 244/80, 1981, 3085 = Hummer, S. 373, 374). Die Rechtssache Foglia/Novello zeichnete sich jedoch durch ein vergleichsweise außergewöhnliches Zusammentreffen mehrerer besonderer Umstände aus:

- die Parteien des Ausgangsrechtsstreits waren sich über das angestrebte Ergebnis sowohl des Ausgangsrechtsstreits als auch des Vorabentscheidungsverfahrens einig;
- der Rechtsstreit war absichtlich durch die Parteien mit Hilfe einer eigens zu diesem Zweck eingefügten Vertragsklausel herbeigeführt worden;
- aufgrund dieser Vertragsklausel wurde künstlich die Zuständigkeit der italienischen Gerichte begründet, über die Rechtmäßigkeit eines französischen Gesetzes zu entscheiden;
- von den eigentlich offen stehenden Rechtsbehelfen vor den französischen Gerichten war kein Gebrauch gemacht worden.

Aus späteren Urteilen ergibt sich allerdings, dass der EuGH bei der Annahme eines fiktiven oder konstruierten Rechtsstreits sehr zurückhaltend ist (EuGHE 267/86, 1988, 4769 – Van Eycke, Rn. 12; EuGHE, C-144/04, 2005, I-9981 – Mangold, Rn. 32 ff.). Die Zulässigkeit der Vorlage ist nicht bereits deshalb ausgeschlossen, weil Fragen in einem Musterprozess (EuGHE, C-200/91, 1994, I-4389 – Coloroll; C-524/04, 2007, I-2107, Test Claimants) oder in einem Rechtsstreit gestellt werden, bei dem sich die Parteien über die Beurteilung der europarechtlichen Frage bzw. über den Ausgang des Rechtsstreits einig sind (EuGHE, C-412/93, 1995, I-179 – Leclerc-Siplec). Auch kann grundsätzlich ein deutsches Gericht eine Auslegungsfrage nach der Vereinbarkeit des Rechts eines anderen Mitgliedstaats mit dem Unionsrecht stellen, wenn dies entscheidungserheblich ist (EuGHE, C-150/88, 1989, 3891 = Hummer, S. 374 – Eau de Cologne; deutsches Gericht fragt nach der Vertragskonformität italienischen Rechts).

d) Anders als in den drei vorgenannten Fallgruppen *bejaht* der EuGH seine Zuständigkeit zur Auslegung von Unionsrecht auch dann, wenn das Unionsrecht im konkreten Fall lediglich aufgrund einer (ausdrücklichen oder indirekten) **Verweisung im nationalen Recht** relevant wird, in dessen alleinigen Anwendungsbereich der Sachverhalt eigentlich fällt (st. Rspr. seit EuGHE, C-297/88 u.a., 1990, I-3763 – Dozodzi, Rn. 36; vgl. auch EuGHE, C-231/89, 1990, I-4003 – Gmurzynska-Bscher, Rn. 25; EuGHE, C-28/95, 1997, I-4161 – Leur-Bloem, Randnr. 25; EuGHE, C-306/99, 2003, I-1 – BIAO, Rn. 90).

Solche Fälle, in denen dem Unionsrecht auch außerhalb seines tatbestandlichen Anwendungsbereichs aufgrund einer Bezugnahme im nationalen Recht **überschießende Wirkung** zukommt, sind keineswegs selten und für die Praxis außerordentlich relevant. So orientiert sich etwa das Kartellrecht vieler Mitgliedstaaten inzwischen auch für rein innerstaatliche Sachverhalte an Art. 101, 102 AEUV (vgl. dazu EuGHE, C-217/05, 2006, I-11987 – Confederación Española de Empresarios de Estaciones de Servicio, Rn. 19 ff.; EuGHE, C-280/06, 2007, I-10893 – Ente Tabacchi Italiani, Rn. 21 ff.).

Im selben Sinne bejaht der EuGH in ständiger Rechtsprechung auch seine Zuständigkeit zur Beantwortung von Vorabentscheidungsersuchen aus dem Bereich der Grundfreiheiten, wenn es zwar im konkreten Einzelfall an einem grenzüberschreitenden Element fehlt (**rein innerstaatlicher Sachverhalt**), das jeweilige nationale Recht aber ein **Verbot der Inländerdiskriminierung** kennt (EuGHE, C-448/98, 2000, I-10663 – Guimont, Rn. 23; EuGHE, C-6/01, 2003, I-8621 – Anomar, Rn. 41; EuGHE, C-94/04 u. a., 2006, I-11421 – Cipolla, Rn. 30). Um festzustellen, ob eine nach innerstaatlichem Recht verbotene Inländerdiskriminierung vorliegt, kann es für das vorlegende Gericht notwendig sein, zu erfahren, wie ein vergleichbarer Fall mit grenzüberschreitendem Bezug unionsrechtlich zu beurteilen wäre; die europarechtliche Frage ist dann nicht rein hypothetischer Natur, sondern für die Entscheidung des Ausgangsrechtsstreits erheblich.

E. Verfahren vor dem EuGH

Das Verfahren vor dem Gerichtshof richtet sich nach Art. 23 der Satzung und Art. 103 ff. der Verfahrensordnung. Im Übrigen gelten über Art. 103 § 1 VerfO die allgemeinen Verfahrensvorschriften.

1. Allgemeines zum Verfahrensablauf

Das nationale Gericht übermittelt die Vorlageentscheidung und relevante Unterlagen unmittelbar an die Kanzlei des Gerichtshofs nach Luxemburg. Über jede Vorlage wird eine Mitteilung im Amtsblatt der EU veröffentlicht. Der Vorlagebeschluss wird in 20 andere Amtssprachen übersetzt. Der Kanzler stellt den Vorlagebeschluss den Parteien des Ausgangsrechtsstreits, den 27 Mitgliedstaaten der Union und der Kommission als Vertreterin des Unionsinteresses zu (Beteiligungsberechtigte nach Art. 23 Abs. 1 der Satzung; bei Fragen nach der Gültigkeit oder Auslegung von Handlungen anderer Organe, Einrichtungen oder Stellen der EU werden auch Letztere beteiligt). Binnen zwei Monaten nach Zustellung können diese jeweils einen Schriftsatz einreichen (Art. 23 Abs. 2 der Satzung). Im Gegensatz zu den Direktklagen (s. o. S. 128) gibt es im Vorabentscheidungsverfahren nicht die Möglichkeit einer schriftlichen Replik. An der mündlichen Verhandlung können auch Beteiligungsberechtigte teilnehmen, die sich nicht am schriftlichen Verfahren beteiligt haben. Der Gerichtshof kann auf die mündliche Verhandlung verzichten, falls keiner der Beteiligten in einer begründeten Stellungnahme beantragt, gehört zu werden (Art. 104 § 4 VerfO). Obwohl die Feststellung des Sachverhalts und des rechtlichen Rahmens grundsätzlich Sache des Vorlagegerichts ist, kann der Gerichtshof von den Parteien des Ausgangsrechtsstreits, den Mitgliedstaaten und den Organen der Union Auskünfte verlangen (Art. 24 der Satzung) und das nationale Gericht um Klarstellung von Zweifelsfragen ersuchen (Art. 104 § 5 VerfO). Die Vertretung der Parteien vor dem Gerichtshof richtet sich nach den Verfahrensvorschriften, die für das Gericht des Ausgangsrechtsstreits gelten (Art. 104 § 2 VerfO). Es besteht deshalb kein Anwaltszwang, falls im Ausgangsrechtsstreit kein Anwaltszwang besteht (beliebte Prüfungsfrage!).

Die Vorabentscheidung ergeht grundsätzlich durch **Urteil**, dem in der Regel begründete Schlussanträge des Generalanwalts vorausgehen. Nur wenn ein Fall keine neue Rechtsfrage aufwirft, kann von Schlussanträgen des Generalanwalts abgesehen werden (Art. 20 Abs. 5 der Satzung). In einigen Fällen entscheidet der EuGH durch **Beschluss** nach vorheriger Anhörung des Generalanwalts, namentlich

– wenn das Vorabentscheidungsersuchen offensichtlich unzulässig ist (Art. 92 i. V. m. Art. 103 § 1 VerfO) oder
– wenn das Vorabentscheidungsersuchen besonders einfach zu beantworten ist, weil die Frage bereits entschieden ist, die Antwort sich eindeutig aus der Rechtsprechung ergibt oder aber keinen Raum für vernünftige Zweifel lässt (Art. 104 § 3 VerfO).

Das Verfahren vor dem EuGH ist gerichtskostenfrei (Art. 72 VerfO). Die Auslagen der Mitgliedstaaten und der Organe, die Erklärungen abgegeben haben, sind nicht erstattungsfähig. Über die Kostentragungspflicht der Parteien entscheidet, da es sich um einen Zwischenstreit handelt, das Vorlagegericht im Ausgangsverfahren (Art. 104 § 6 VerfO).

2. Abwandlungen des Vorabentscheidungsverfahrens in besonders dringlichen Fällen

a) Beschleunigtes Verfahren. Bereits seit 1. 7. 2000 eröffnet Art. 104a VerfO dem Gerichtshof die Möglichkeit, über Vorabentscheidungsersuchen in einem beschleunigten Verfahren zu befinden. Das beschleunigte Verfahren hat Ausnahmecharakter und kommt in der Praxis nur selten zur Anwendung. Voraussetzung ist, dass das vorlegende Gericht ein solches Verfahren ausdrücklich beantragt und der Präsident des Gerichtshofs angesichts der ihm vorgetragenen Umstände des Einzelfalls von der besonderen Dringlichkeit des Falls ausgeht.

Wird ein Fall dem beschleunigten Verfahren unterworfen, so weist der Gerichtshof ihm absolute Priorität zu. Abweichend vom normalen Verfahrensablauf wird den Beteiligten im beschleunigten Verfahren überdies bereits mit der Zustellung der Vorlageentscheidung (Art. 23 der Satzung) ein Termin für die mündliche Verhandlung mitgeteilt. Die Frist für die Einreichung von Schriftsätzen wird gegenüber den normalerweise vorgesehenen zwei Monaten stark verkürzt, muss aber mindestens 15 Tage betragen. Der Generalanwalt stellt keine förmlichen Schlussanträge, sondern wird lediglich vom Gerichtshof angehört.

Gegenüber dem normalen Vorabentscheidungsverfahren kann die Anwendung des beschleunigten Verfahrens eine Verkürzung um rund ein Jahr bewirken, so dass eine Entscheidung des EuGH bereits nach vier bis fünf Monaten ergehen kann (vgl. etwa EuGH, C-127/08, 2008, I- 6241 – Metock).

b) Eilvorlageverfahren. Für Fälle, in denen sich selbst das beschleunigte Verfahren gemäß Art. 104a VerfO als zu langwierig erweisen könnte, ermöglicht Art. 104b VerfO seit 1. 3. 2008 eine noch weiter gehende Straffung in Form eines sog. Eilvorlageverfahrens. Der sachliche Anwendungsbereich dieses Verfahrens beschränkt sich allerdings auf Fragen zum Raum der Freiheit, der Sicherheit und des Rechts (Titel VI AEUV). Geschaffen wurde das Eilvorlageverfahren insbesondere mit Blick auf die steigende Zahl von Ehe- und Kindschaftssachen mit grenzüberschreitendem Bezug (vgl. dazu die sog. „Brüssel IIa"-Verordnung Nr. 2201/2003 und EuGH, C-195/08 PPU, 2008, I-5271 – Rinau) sowie auf Verfahren, die eine inhaftierte Person betreffen (vgl. dazu etwa den Rahmenbeschluss 2002/584 über den Europäischen Haftbefehl und EuGH, C-296/08 PPU, 2008, I-6307 – Santesteban Goicoechea); speziell für inhaftierte Personen ordnet übrigens auch Art. 267 Abs. 4 AEUV ausdrücklich an, dass der Gerichtshof „innerhalb kürzester Zeit" zu entscheiden hat.

Wie schon das beschleunigte Verfahren nach Art. 104a VerfO, so steht auch die Durchführung eines Eilvorlageverfahrens im Ermessen des Gerichtshofs; er kann sie auf Antrag des vorlegenden Gerichts oder ausnahmsweise auch von Amts wegen anordnen. Anders als beim beschleunigten Verfahren werden jedoch im Eilvorlageverfahren nicht mehr alle klassischen Verfahrensschritte des Vorabentscheidungsverfahrens durchgeführt: Das Recht zur schriftlichen Stellungnahme beschränkt sich auf die Parteien des Ausgangsrechtsstreits, die Kommission als Vertreterin des Unionsinteresses und den Mitgliedstaat, aus dem das Verfahren stammt; zudem können Gegenstand und Umfang der Schriftsätze Beschränkungen unterworfen werden, höchst ausnahmsweise kann das schriftliche Verfahren sogar insgesamt entfallen. Allen übrigen Beteiligten i. S. v. Art. 23 der Satzung, insbesondere den anderen Mitgliedstaaten, bleibt lediglich das Recht zur Teilnahme an der mündlichen Verhandlung. Der Generalanwalt stellt keine förmlichen Schlussanträge, sondern wird lediglich angehört. Insgesamt soll auf diese Weise eine Entscheidung des Gerichtshofs in sechs bis acht Wochen ermöglicht werden.

Innerhalb des Gerichtshofs wird im jährlichen Wechsel jeweils eine Kammer aus fünf Richtern mit der Bearbeitung von Eilvorlageverfahren betraut. Sie kann beschließen, den Fall einer Dreierkammer zu übertragen oder aber den Gerichtshof um die Zuweisung an einen größeren Spruchkörper, namentlich die Große Kammer oder das Plenum, ersuchen. Zur Vertiefung vgl. etwa Kokott/Dervisopoulos/Henze, EuGRZ 2008, 10 ff., und Naômé, Journal de droit européen 2009, 237 ff.

F. Wirkung der Vorabentscheidung

I. Wirkung für das Ausgangsverfahren

Für das vorlegende Gericht ist die Vorabentscheidung **bindend** (EuGHE, 52/76, 1977, 163 – Benedetti, Rn. 26). Gegebenenfalls muss das vorlegende Gericht auch von der Rechtsauffassung höherrangiger nationaler Gerichte abweichen, um dem Urteil des EuGH nachzukommen (EuGH, C-173/09, Urt. v. 5. 10. 2010 – Elchinov, Rn. 29, 30). Diese Bindungswirkung erstreckt sich auf das Ausgangsverfahren als solches, also auch auf die weiteren Gerichte, die gegebenenfalls in einem späteren Stadium mit dem Verfahren befasst sind (Berufung, Revision). Doch können diese Gerichte des Ausgangsverfahrens erneut vorlegen, wenn sie beim Verständnis oder der Anwendung des Urteils Schwierigkeiten haben. Dies gilt auch, wenn sie neue Rechtsfragen stellen bzw. dem Gerichtshof neue Gesichtspunkte unterbreiten wollen, die ihn veranlassen könnten, eine bereits gestellte Frage abweichend zu beantworten (vgl. z. B. BAG EuZW 1994, 574 – Paletta II). Die Gültigkeit des früheren Urteils kann jedoch schon wegen dessen Rechtskraft und Bindungswirkung mit einer erneuten Vorlage nicht in Zweifel gezogen werden (EuGHE, 69/85, 1986, 947 = Hummer, S. 376 – Wünsche III).

II. Wirkung für andere Verfahren

1. Vorabentscheidung über eine Auslegungsvorlage

Nicht vollständig geklärt ist die Frage, ob eine Vorabentscheidung zu einer Auslegungsfrage auch für andere Gerichte als die des Ausgangsverfahrens rechtsverbindlich ist (Wirkung *erga omnes*). Auf alle Fälle muss wegen Art. 267 Abs. 3 AEUV und der CILFIT-Rechtsprechung ein letztinstanzliches Gericht dem EuGH vorlegen, wenn es von dessen Auslegung des Unionsrechts abweichen will. Für eine echte *Erga-omnes*-Bindungswirkung sprechen darüber hinaus folgende Erwägungen:

- Zweck des Vorabentscheidungsverfahrens ist es, die **einheitliche Auslegung** des Unionsrechts in der gesamten Union herzustellen;
- gerade weil eine Auslegungsentscheidung *erga omnes* wirkt, gibt es **keine echten Parteien,** sondern nur Verfahrensbeteiligte; die Beteiligungsrechte der Kommission und der Mitgliedstaaten machen nur Sinn, wenn die Entscheidung auch für andere Gerichte als das Vorlagegericht Rechtswirkungen entfaltet;
- eine Auslegungsentscheidung des EuGH ist ein **Feststellungsurteil,** das keine neue Vorschrift schafft, sondern die Bedeutung einer bestehenden Vorschrift klärt, so wie diese seit ihrem Inkrafttreten zu verstehen war bzw. gewesen wäre; soweit diese Vorschrift rechtsverbindlich ist, fallen Bindungswirkung von Norm und Auslegung zusammen.

In der Praxis ist aufgrund dieser Erwägungen eine faktische Bindungswirkung anzunehmen. Jedenfalls können die bisherigen Urteile des EuGH als Präzedenzfälle herangezogen werden.

2. Vorabentscheidung über eine Gültigkeitsvorlage

a) Geht der EuGH in seiner Vorabentscheidung von der **Gültigkeit** eines Rechtsaktes aus, so hindert dies eine neue Vorlage nicht. Denn der EuGH hat, wie dem von ihm i. d. R. verwendeten Urteilstenor zu entnehmen ist, lediglich entschieden: „Die Prüfung der dem Gerichtshof vorgelegten Frage hat nichts ergeben, was die Gültigkeit des Rechtsakts beeinträchtigen könnte." Es können daher neue Gesichtspunkte, die für die Ungültigkeit sprechen, zur Prüfung vorgelegt werden. Kein nationales Gericht kann jedoch ohne Anrufung des EuGH die Ungültigkeit des Rechtsakts selbst feststellen (Urteil Foto-Frost, s. o. S. 141).

b) Erklärt der Gerichtshof einen Unionsrechtsakt für **ungültig,** so ist diese Entscheidung nach der Rechtsprechung für jedes Gericht und die nationalen Behörden „ein ausreichender Grund", ebenfalls von der Ungültigkeit der betroffenen Handlung auszugehen (EuGHE, 66/80, 1981, 1191 – International Chemical Corporation, Rn. 13). Wie diese *Erga-omnes*-Wirkung dogmatisch zu konstruieren ist, ist nicht vollständig geklärt. Jedenfalls hat nach der Rechtsprechung eine Ungültigkeitsentscheidung gemäß Art. 267 AEUV auch ansonsten praktisch die gleiche Wirkung wie eine Nichtigkeitsentscheidung nach Art. 263, 264, 266 AEUV: Die für ungültig erklärte Rechtshandlung darf von den Gerichten und Behörden nicht mehr angewandt werden, und das oder die Organe, die die für ungültig erklärte Handlung zu verantworten haben, müssen die erforderlichen Maßnahmen ergreifen, um die Folgen der Ungültigkeit zu beseitigen (Art. 266 Abs. 1 AEUV analog). Der Gerichtshof ist manchmal bereit, Teile einer für ungültig erklärten Handlung der EU-Organe vorläufig weitergelten zu lassen, bis rechtmäßige Ersatzmaßnahmen ergriffen werden können (Art. 264 Abs. 2 AEUV analog); hierbei kommt dem Gerichtshof ein weiter Beurteilungsspielraum zu, bei dessen Ausschöpfung er insbesondere auf die Rechtssicherheit und den Vertrauensschutz Rücksicht nimmt.

III. Zeitliche Wirkung der Vorabentscheidung

Vorabentscheidungen wirken im Grundsatz immer *ex tunc.* Eine **Auslegungsentscheidung** klärt die Bedeutung einer Norm, die dieser von Anfang an zukam. Deshalb haben die Gerichte und Behörden der Mitgliedstaaten auch auf Rechtsverhältnisse, die vor der Vorabentscheidung entstanden sind, die einschlägigen Vorschriften in der vom Gerichtshof gegebenen Auslegung anzuwenden (EuGHE, 309/85, 1988, 355 – Barra). Auch eine **Ungültigkeitsentscheidung** hat nach Auffassung des EuGH feststellenden Charakter und wirkt deshalb wie eine Nichtigkeitsentscheidung nach Art. 263, 264 AEUV zurück; doch kann der EuGH aus Gründen der Rechtssicherheit ausnahmsweise die Wirkung des für ungültig erklärten Rechtsakts aufrecht erhalten (vgl. soeben, oben II.2.b) bzw. die Wirkungen seines Auslegungsurteils für die Vergangenheit beschränken oder ganz ausschließen (EuGHE, 112/83, 1985, 719 – Mais, Rn. 15 ff.; EuGH, C-92/09, Urt. v. 9. 11. 2010 – Schecke, Rn. 93).

Bei Auslegungsvorlagen wird eine solche Beschränkung der Rückwirkung vor allem dann in Frage kommen, wenn sich aus der Auslegung des Unionsrechts die Unvereinbarkeit entgegenstehenden nationalen Rechts ergibt, der Mitgliedstaat aber gutgläubig von der Vereinbarkeit mit dem Unionsrecht ausgehen konnte und die Rückwirkung schwerwiegende Konsequenzen nach sich ziehen würde. Auch zum Schutz von in gutem Glauben begründeten Rechtsverhältnissen zwischen Privaten kann der Grundsatz der Rechtssicherheit eine Beschränkung der zeitlichen Wirkungen des Urteils erfordern (EuGHE, 43/75, 1976, 455 = Hummer, S. 452 – Defrenne, Rn. 72; vgl. zum Ganzen auch Kokott/Henze, NJW 2006, 177; Waldhoff, EuR 2006, 615).

Um Betroffenen nicht den Anreiz zu nehmen, sich vor nationalen Behörden und Gerichten auf das Unionsrecht zu berufen, erstreckt der EuGH die Beschränkung der Rückwirkung aber nicht auf die Personen, die zum Zeitpunkt der Vorabentscheidung bereits Klage erhoben oder einen vergleichbaren Rechtsbehelf (z.B. Widerspruch, Einspruch) eingelegt haben (vgl. z.B. EuGHE, 43/75, 1976, 455 – Defrenne II).

Die Beschränkung der Rückwirkung kann nur vom EuGH selbst ausgesprochen werden; sie muss im selben Urteil wie die Auslegungs- oder die Ungültigkeitsentscheidung enthalten sein (vgl. zuletzt EuGHE, C-292/04, 2007, I-1835 – Meilicke, Rn. 36 f.).

G. Andere Vorabentscheidungsverfahren und Verfahrensabwandlungen

Neben dem mit Abstand wichtigsten Vorabentscheidungsverfahren nach Art. 267 AEUV (ehemals Art. 177 EWGV bzw. Art. 234 EGV) gab es schon immer besondere Vorabentscheidungsverfahren, die auf anderen Rechtsgrundlagen beruhen und zum Teil anderen Regeln unterliegen. Zu nennen ist in erster Linie das Verfahren nach **Art. 150 EAGV** (vgl. zuletzt EuGH C-115/08, 2009, I-10265 – ČEZ).

In der Vergangenheit spielte auch das Vorabentscheidungsverfahren nach dem sog. **Luxemburger Protokoll** eine wichtige Rolle; Letzteres ermächtigt den Gerichtshof, das **EuGVÜ** auszulegen, also ein zwar auf Art. 293 EGV zurückgehendes, aber dennoch grundsätzlich neben dem Unionsrecht stehendes völkerrechtliches Abkommen zwischen den Mitgliedstaaten. Mit der 1999 begonnenen Ersetzung des EuGVÜ und vergleichbarer Abkommen auf dem Gebiet des Internationalen Privatrechts und des Internationalen Zivilprozessrechts durch Verordnungen der EU haben allerdings besondere Vorabentscheidungsverfahren wie jenes nach dem Luxemburger Protokoll ihre praktische Bedeutung weitgehend verloren.

Der **Vertrag von Amsterdam** führte im Zusammenhang mit der Schaffung des „Raums der Freiheit, der Sicherheit und des Rechts" in **Art. 68 EGV** für den Bereich des freien Personenverkehrs und in **Art. 35 EUV a.F.** für den Bereich der PJZS jeweils Sondervorschriften zum Vorabentscheidungsverfahren ein, durch die das klassische Vorabentscheidungsverfahren im Sinne von Art. 234 EGV auf neue Politikbereiche ausgedehnt wurde, allerdings in abgewandelter Form (EuGHE, C-105/03, 2005, I-5285 – Pupino, Rn. 19 u. 28; EuGHE, C-467/05, 2007, I-5557 – Dell'Orto, Rn. 34). Insbesondere war die Vorlageberechtigung nach Art. 68 EGV auf letztinstanzliche Gerichte beschränkt, jene nach Art. 35 EUV a.F. hing von einer – sonst nur aus dem Völkerrecht bekannten – Unterwerfungserklärung des jeweiligen Mitgliedstaats unter die Zuständigkeit des EuGH ab. Der Vertrag von Lissabon hat sowohl Art. 68 EGV als auch Art. 35 EUV a.F. ersatzlos aufgehoben, so dass nunmehr im „Raum der Freiheit, der Sicherheit und des Rechts" ohne Einschränkungen das allgemeine Vorabentscheidungsverfahren gemäß Art. 267 AEUV Anwendung findet. Da jedoch Art. 35 EUV a.F. für bereits bestehende Unionsrechtsakte – namentlich Rahmenbeschlüsse – aus dem Bereich der PJZS übergangsweise noch fortgilt, werden die aus ihm resultierenden Besonderheiten für das Vorabentscheidungsverfahren im Bereich der PJZS im Folgenden kurz illustriert.

Insbesondere: Das modifizierte Vorabentscheidungsverfahren nach Art. 35 Abs. 1–5 EUV a.F.

Art. 35 EUV a.F. enthält Regeln über ein modifiziertes Vorabentscheidungsverfahren, das speziell für die ehemalige „dritte Säule" des EU-Vertrags, also die PJZS in Titel VI EUV a.F., konzipiert wurde. Für Rechtsakte, die vor Inkrafttreten des Vertrags von Lissabon erlassen wurden, gilt Art. 35 EUV a.F. noch während einer fünfjährigen Übergangszeit fort (vgl. die Übergangsbestimmung in Art. 10 des Protokolls Nr. 36 zum Vertrag von Lissabon) und sperrt so lange noch die Anwendung der allgemeinen Regeln über das Vorabentscheidungsverfahren nach Art. 267 AEUV.

Der **Vorlagegegenstand** dieses Vorabentscheidungsverfahrens ist in Art. 35 Abs. 1 EUV a.F. enger definiert als im klassischen Vorabentscheidungsverfahren des Art. 267 AEUV. Er erstreckt sich nicht auf alle Handlungen der Organe im Bereich der PJZS, sondern lediglich auf solche, die dazu bestimmt sind, Rechtswirkungen gegenüber Dritten zu erzeugen (EuGH, C-354/04 P u. C-355/04 P, 2007, I-1579 u. I-1657, Gestoras pro Amnistía/Rat und Segi/Rat, jeweils Rn. 52 f.).

Gegenstand einer **Auslegungsvorlage** gemäß Art. 35 Abs.1 EUV a. F. können sein:

– Rahmenbeschlüsse nach Art. 34 Abs. 2 lit. b EUV a. F. (so erstmals in EuGHE, C-105/03, 2005, I-5285 – Pupino),
– Beschlüsse nach Art. 34 Abs. 2 lit. c EUV a. F.,
– Übereinkommen der Mitgliedstaaten gemäß Art. 34 Abs. 2 lit. d EUV a. F. (z. B. das alte Europol-Abkommen) und
– die zu diesen Übereinkommen gehörigen Durchführungsvorschriften.

Der zulässige Gegenstand einer **Gültigkeitsvorlage** nach Art. 35 Abs. 1 EUV a. F. ist fast identisch mit dem der Auslegungsvorlage (zu einer Vorlage betreffend die Gültigkeit eines Rahmenbeschlusses vgl. EuGHE, C-303/05, 2007, I-3633 – Advocaten voor de Wereld – „Europäischer Haftbefehl"). Lediglich die Gültigkeit von Übereinkommen im Bereich der PJZS kann in diesem besonderen Vorabentscheidungsverfahren nicht überprüft werden.

Bemerkenswert ist, dass dem EuGH im Anwendungsbereich des Art. 35 Abs. 1 EUV a. F. **keine Auslegungszuständigkeit** für das in Titel VI EUV a. F. enthaltene „Unionsprimärrecht" und für gemeinsame Standpunkte nach Art. 34 Abs. 2 lit. a EUV a. F. zugestanden wurde. Der EuGH ist aber nach Art. 46 lit. e und lit. b EUV a. F. in Verbindung mit Art. 35 EUV a. F. berechtigt, über die Grenzen seiner eigenen Zuständigkeit zu entscheiden und in diesem Zusammenhang indirekt Teilaspekte von Art. 35 EUV a. F. auszulegen. In diesem Sinne hat der Gerichtshof bereits präzisiert, dass Art. 35 Abs. 1 EUV a. F. angesichts der Funktion des Vorabentscheidungsverfahrens für die Wahrung des Rechts nicht eng ausgelegt werden kann. Das Vorabentscheidungsverfahren muss dementsprechend für alle Maßnahmen des Rates unabhängig von ihrer Rechtsnatur oder Form offen stehen, die **Rechtswirkungen gegenüber Dritten** erzeugen sollen; ein gemeinsamer Standpunkt, der aufgrund seines Inhalts eine Tragweite hätte, die über das Übliche hinausgeht (namentlich, *weil* er Rechtswirkungen gegenüber Dritten erzeugt), muss folglich dem Gerichtshof zur Prüfung vorgelegt werden können (Urteile Gestoras pro Amnistía/Rat und Segi/Rat, jeweils Rn. 53 f.).

Die **Vorlageberechtigung** der innerstaatlichen Gerichte ist abhängig von einer **Unterwerfungserklärung** des betreffenden Mitgliedstaats: Nach Art. 35 Abs. 2 und 3 EUV a. F. konnte ein Mitgliedstaat frei wählen, ob keines seiner Gerichte, nur letztinstanzliche oder alle seine Gerichte vorlageberechtigt sein sollen (beachte: für die Verfahren nach Abs. 6 und 7 war eine solche Unterwerfungserklärung nicht notwendig). Eine Widerrufsmöglichkeit ist nicht ausdrücklich vorgesehen. Abs. 3 sieht auch keine Vorlagepflicht für letztinstanzliche Gerichte vor. Nach der Erklärung Nr. 10 zur Schlussakte des Vertrags von Amsterdam konnte ein Mitgliedstaat jedoch letztinstanzliche Gerichte auf der Grundlage seines nationalen Rechts zur Vorlage verpflichten. Solche Wahlmöglichkeiten führen zu einem Vorabentscheidungsverfahren „*à la carte*" und sind der Einheit der Unionsrechtsordnung und der Gleichheit der Unionsbürger vor dem Recht abträglich.

In Deutschland sind nach dem sog. EuGH-Gesetz (BGBl. I 1998, 2035) alle Gerichte zur Vorlage berechtigt, letztinstanzliche Gerichte sind, wie nach Art. 267 AEUV, zur Vorlage verpflichtet (vgl. dazu etwa die auf Vorlage nach Art. 35 EUV a. F. ergangene Entscheidung zum unionsweiten Strafklageverbrauch „*ne bis in idem*" nach Art. 54 SDÜ: EuGHE, C-187/01, 2003, I-1345 – Gözütok u. Brügge; ferner zum Europäischen Haftbefehl EuGHE, C-66/08, 2008, I-6041 – Kozlowski).

9. Kapitel: Direktklageverfahren, inzidente Normenkontrolle und Rechtsmittelverfahren

A. Vertragsverletzungsverfahren

I. Allgemeines

Im Vertragsverletzungsverfahren (Aufsichts-, Verstoß- oder Infraktionsverfahren) nach Art. 258 und 259 AEUV beantragt die Kommission bzw. ein Mitgliedstaat beim Gerichtshof, festzustellen, dass ein (anderer) Mitgliedstaat gegen das Unionsrecht verstoßen hat. Das Verfahren nach Art. 258 AEUV, das von der Kommission eingeleitet wird, ist in der Praxis der Regelfall, wohingegen das Verfahren nach Art. 259 AEUV, in dem ein Mitgliedstaat gegen einen anderen vorgeht, wegen der gegenseitigen politischen Rücksichtnahme der Mitgliedstaaten äußerst selten ist (vgl. aber z. B. EuGHE, 141/78, 1979, 2923 – Frankreich/Vereinigtes Königreich; EuGHE, C-145/04, 2006, I-7917 – Spanien/Vereinigtes Königreich).

Stets handelt es sich um ein **objektives Verfahren**, in dem es allein um die Feststellung des jeweiligen Verstoßes geht. Die Umstände, die zu dem Verstoß geführt haben (z. B. Verschulden, Irrtum, verfassungsrechtliche Schwierigkeiten) und seine Auswirkungen (z. B. vernachlässigbarer Schaden) sind irrelevant (EuGHE, C-385/02, 2004, I-8121, Kommission/Italien, Rn. 40; EuGHE, C-111/03, 2005, I-8789 – Kommission/Schweden, Rn. 67). Im Unterschied zu entsprechenden völkerrechtlichen Verfahren handelt es sich um ein sehr effektives Rechtsdurchsetzungsverfahren, dessen Einleitung nicht vom Einverständnis des betroffenen Mitgliedstaats abhängt und das auch nicht auf dem Grundsatz der Gegenseitigkeit völkerrechtlicher Rechte und Pflichten beruht.

Das Vertragsverletzungsverfahren verfolgt den Zweck, einen gegen Unionsrecht verstoßenden Mitgliedstaat zu **veranlassen, die Verletzung abzustellen**. Die mit dem Verfahren verbundenen Effekte der Klarstellung der Rechtslage (z. B. für spätere Staatshaftungsklagen Einzelner) und der öffentlichen Anprangerung des Verstoßes sind Nebenwirkungen, nicht aber Ziel des Verfahrens.

Verwandte Verfahren finden sich in Art. 106 Abs. 3 AEUV (Kontrolle öffentlicher bzw. mit besonderen Rechten betrauter Unternehmen) und Art. 271 lit. a und d AEUV. In spezifischen Sachgebieten weichen die Art. 108 Abs. 2 UAbs. 2 (Beihilfenkontrolle), 114 Abs. 9 (Überwachung der Abweichung von Harmonisierungsmaßnahmen) und 348 Abs. 2 AEUV (militärische und Sicherheitsinteressen der Mitgliedstaaten) durch den Verzicht auf ein Vorverfahren vom normalen Verfahrensablauf ab.

Vor Inkrafttreten des Vertrags von Lissabon fand das Vertragsverletzungsverfahren nur in der „ersten Säule" der EU Anwendung, also im Geltungsbereich des seinerzeitigen EG-Vertrags. Mit dem Vertrag von Lissabon wurde es auch auf die **PJZS** ausgedehnt (für bestehende Rechtsakte aus dem Bereich der PJZS gilt allerdings eine fünfjährige Übergangsfrist, während der noch Art. 35 Abs. 7 EUV a. F. anwendbar ist; vgl. Art. 10 des Protokolls Nr. 36 zum Vertrag von Lissabon). Im Bereich der **GASP** findet das Vertragsverletzungsverfahren hingegen auch weiterhin keine Anwendung (Art. 24 Abs. 1 EUV, Art. 275 Abs. 1 AEUV). Im Rahmen der **Wirtschafts- und Währungsunion** schließt ferner Art. 126 Abs. 10 AEUV Vertragsverletzungsklagen im Zusammenhang mit Verfahren bei übermäßigen Defiziten aus.

II. Klageberechtigung

1. Klage der Kommission nach Art. 258 AEUV

Das Vertragsverletzungsverfahren nach Art. 258 AEUV ist das wichtigste Instrument der Kommission bei der Erfüllung ihrer Aufgabe als Hüterin der Verträge (Art. 17 Abs. 1 EUV). Dabei handelt sie von Amts wegen und im allgemeinen Interesse. In der Praxis wird sie jedoch vielfach durch Beschwerden Einzelner oder von Mitgliedstaaten oder Verbänden auf Verstöße aufmerksam gemacht.

Nach dem Wortlaut von Art. 258 AEUV („nach Auffassung", „kann") und nach ständiger Rechtsprechung verfügt die Kommission bei der Ausübung der ihr durch diese Vorschrift eingeräumten Klageberechtigung über ein **Ermessen** und kann deshalb von niemandem zur Einleitung eines Verfahrens gezwungen werden. Früher wurde dagegen teilweise vertreten, dass die Kommission wegen ihrer Rolle als Hüterin der Verträge zur Einleitung von Vertragsverletzungsverfahren verpflichtet sei.

Beachte: Reagiert die Kommission auf Beschwerden Einzelner nicht, ist eine **Untätigkeitsklage** schon wegen Art. 265 Abs. 3 AEUV unzulässig, da die Antragsteller nicht den Erlass eines bindenden Rechtsakts, sondern nur den einer Stellungnahme (begründete Stellungnahme nach Art. 258 Abs. 1 AEUV) verlangen (EuGHE, 247/87, 1989, 291 – Star Fruit; vgl. unten S. 172). In jedem Fall wäre eine solche Klage wegen des Ermessens der Kommission unbegründet. Eine **Nichtigkeitsklage** Einzelner gemäß Art. 263 Abs. 4 AEUV gegen ein Schreiben der Kommission, in dem eine Beschwerde wegen des Handelns eines Mitgliedstaats zurückgewiesen wird, ist ebenfalls unzulässig; ein solches Schreiben hat keine eigenständige Rechtswirkung, da Einzelne keinen Anspruch auf Einleitung eines Vertragsverletzungsverfahren haben (EuGHE, C-87/89, 1990, I-1981 – Sonito). Eine **Schadenersatzklage** Einzelner nach Art. 268, 340 Abs. 2 AEUV gegen die Kommission wegen Nichteinleitung eines Vertragsverletzungsverfahrens ist unbegründet, da die Kommission keine Amtspflicht zur Einleitung eines solchen Verfahrens trifft (EuGHE, C-72/90, 1990, I-2181 – Asia Motor France).

Das Klagerecht der Kommission nach Art. 258 AEUV ist grundsätzlich unbefristet (*argumentum e contrario* aus Art. 263 Abs. 6, 265 Abs. 2 AEUV). Insbesondere kann kein Mitgliedstaat, der seinen Vertragsverstoß nicht beseitigt, darauf vertrauen, dass die Kommission keine Klage erhebt (vgl. EuGHE, C-317/92, 1994, I-2039 – Kommission/Deutschland).

2. Klage eines anderen Mitgliedstaats nach Art. 259 AEUV

Bevor ein Mitgliedstaat Klage erhebt, muss er die Kommission mit der angeblichen Vertragsverletzung befassen (Art. 259 Abs. 2 AEUV). Die Kommission gibt den beteiligten Staaten die Gelegenheit zu schriftlicher und mündlicher Äußerung und erlässt dann eine mit Gründen versehene Stellungnahme (Abs. 3). Gibt die Kommission binnen drei Monaten nach Antragstellung keine Stellungnahme ab, kann der betroffene Mitgliedstaat direkt vor dem Gerichtshof klagen (Abs. 4).

III. Verfahrensablauf nach Art. 258 AEUV

Das Verfahren gliedert sich in drei Abschnitte,

– das Mahnschreiben der Kommission,
– die Versendung der begründeten Stellungnahme seitens der Kommission und
– die Feststellungsklage vor dem EuGH.

Die beiden erstgenannten Abschnitte bilden zusammen das **Vorverfahren.** Das Vorverfahren verfolgt vier Ziele, nämlich (a) dem Mitgliedstaat die Möglichkeit zu geben, den Vertragsverstoß frühzeitig auszuräumen, (b) dem Mitgliedstaat die notwendigen Angaben zur Vorbereitung seiner Verteidigung zu liefern und ihm rechtliches Gehör zu gewähren, (c) dem Mitgliedstaat und der Kommission die Möglichkeit zu geben, das Problem ohne Gerichtsverfahren und damit ohne Aufsehen einvernehmlich zu lösen, und (d) den Gegenstand des Rechtsstreits zwischen der Kommission und dem Mitgliedstaat zu klären und einzugrenzen.

Aus Art. 4 Abs. 3 EUV (ehemals Art. 5 EWGV bzw. Art. 10 EGV) folgt für den betroffenen Mitgliedstaat während des gesamten Vorverfahrens eine Kooperationspflicht, die auch eine Verpflichtung zur Übermittlung aller sachdienlichen Informationen einschließt (EuGHE, C-275/04, 2006, I-9883 – Kommission/Belgien, Rn. 82).

Grundsätzlich ist die Kommission im Vorverfahren an keine Fristen gebunden. Lediglich ein übermäßig langes Vorverfahren kann gegebenenfalls zu einer Verletzung der Verteidigungsrechte des betroffenen Mitgliedstaats führen, wofür allerdings dem Mitgliedstaat die Beweislast obliegt (EuGHE, C-207/97, 1999, I-275, Kommission/Belgien, Rn. 25).

1. Mahnschreiben

Kommt die Kommission zur Auffassung, ein Mitgliedstaat verstoße gegen die Verträge, so hat sie dem betroffenen Mitgliedstaat „Gelegenheit zur Äußerung zu geben" (Art. 258 Abs. 1 Hs. 2 AEUV). Dies geschieht in der Weise, dass die Kommission an den betreffenden Mitgliedstaat ein sog. Mahnschreiben richtet. Das Mahnschreiben enthält Dreierlei:

– die Mitteilung der Tatsachen, in denen die Kommission den Vertragsverstoß sieht,
– die Erklärung der Kommission, dass wegen dieser Tatsachen das Verletzungsverfahren eingeleitet wurde und
– die Aufforderung an den Mitgliedstaat, sich zu den erhobenen Vorwürfen innerhalb einer bestimmten Frist zu äußern.

Das Mahnschreiben muss den Gegenstand des Verfahrens in tatsächlicher und rechtlicher Hinsicht klar umreißen. Jede Erweiterung des Verfahrens in tatsächlicher oder rechtlicher Hinsicht bedarf eines zusätzlichen Mahnschreibens. Das erfordert der Gesichtspunkt des rechtlichen Gehörs. Auch die Erklärung der Verfahrenseinleitung und die Fristsetzung zur Äußerung ergeben sich aus der Notwendigkeit der Gewährung rechtlichen Gehörs. Üblicherweise fordert die Kommission am Schluss des Mahnschreibens den Mitgliedstaat darüber hinaus auf, den Vertragsverstoß innerhalb einer bestimmten Frist abzustellen und kündigt für den Fall, dass dies nicht geschieht, die Abgabe einer begründeten Stellungnahme an.

2. Begründete Stellungnahme

Die begründete Stellungnahme nach Art. 258 Abs. 1 Hs. 1 AEUV muss eine klare Darstellung der Tatsachen und Rechtsgründe enthalten, aufgrund derer die Kommission von einer Vertragsverletzung ausgeht. Weiterhin enthält sie gemäß Art. 258 Abs. 2 AEUV die (nochmalige) Aufforderung der Kommission an den Mitgliedstaat, die Vertragsverletzung innerhalb einer bestimmten Frist zu beseitigen. Die Art der Beseitigung wird normalerweise dem Mitgliedstaat überlassen. Meist genügt es der Kommission, dass der Mitgliedstaat sein vertragswidriges Verhalten beendet. Die Kommission kann aber auch die – vermeintlich unzureichende – Beseitigung der Vertragsverletzung mit Wirkung *ex tunc* zum Gegenstand des Verfahrens machen. Die begründete Stellungnahme ist wegen ihrer Unverbindlichkeit nach Art. 263 Abs. 1 AEUV nicht anfechtbar. Das Mahnschreiben und die begründete Stellungnahme legen zusammen den möglichen Streitgegenstand der Klage fest, wobei die begründete Stellungnahme ihrem Gegenstand nach nicht über das Mahnschreiben hinausgehen darf.

3. Die Feststellungsklage vor dem EuGH

Reagiert der Mitgliedstaat auf die begründete Stellungnahme nicht, nicht fristgemäß oder sonst nicht zur Zufriedenheit der Kommission, kann diese vor dem Gerichtshof die in Art. 258 Abs. 2 AEUV vorgesehene Klage erheben (auch **Aufsichtsklage** genannt). Aus Art. 260 Abs. 1 AEUV ergibt sich, dass es sich um eine Feststellungsklage handelt. Der Antrag der Kommission hat somit dahin gehend zu lauten, dass der EuGH feststellen möge, der beklagte Staat habe dadurch, dass er dies oder jenes getan (bzw. unterlassen) habe, gegen eine oder mehrere Bestimmungen des Unionsrechts verstoßen.

Beispiel: Es wird festgestellt, dass die Bundesrepublik Deutschland dadurch gegen ihre Verpflichtungen aus Art. 34 AEUV verstoßen hat, dass sie die Einfuhr und das Inverkehrbringen von solchen Fleischerzeugnissen aus anderen Mitgliedstaaten auf ihrem Hoheitsgebiet untersagt, die nicht den §§ 4, 5 der (deutschen) Fleisch-VO entsprechen (vgl. EuGHE, 274/87, 1989, 229 – Kommission/Deutschland).

In der Klage müssen die Klagegründe der Kommission genau bezeichnet sein (vgl. auch Art. 38 Abs. 1 lit. c VerfO). Die bloße Bezugnahme auf das Vorverfahren reicht nicht aus (EuGH EuZW 1992, 446).

IV. Zulässigkeit der Klage

1. Ordnungsgemäße Durchführung des Vorverfahrens

Ohne ordnungsgemäße Durchführung des Vorverfahrens ist die Klage unzulässig. Etwas anderes gilt nur, wenn der Vertrag selbst die Durchführung nicht vorsieht, wie dies in Art. 108 Abs. 2, 114 Abs. 9, und 348 Abs. 2 AEUV der Fall ist. Im Übrigen können die Parteien auch nicht einverständlich auf die Durchführung des Vorverfahrens verzichten. Denn die Gelegenheit zur Äußerung ist für den betroffenen Mitgliedstaat, selbst wenn er glaubt, von ihr keinen Gebrauch machen zu wollen, eine vom Vertrag gewollte wesentliche Garantie und die Beachtung dieser Garantie eine Voraussetzung für die Ordnungsgemäßheit des Vertragsverletzungsverfahrens (EuGHE, 31/69, 1970, 25 – Kommission/Italien).

2. Ordnungsgemäßer Streitgegenstand

Nur eine behauptete Verletzung des Unionsrechts kann im Vertragsverletzungsverfahren geltend gemacht werden, nicht hingegen eine Verletzung nationalen Rechts einschließlich der von den Mitgliedstaaten geschlossenen völkerrechtlichen Verträge (EuGH, C-132/09, Urt. v. 30.9.2010 – Kommission/Belgien).

Der Streitgegenstand der Klage und damit die Zulässigkeit der Anträge werden begrenzt durch den Streitgegenstand der begründeten Stellungnahme. Die Kommission kann ihre Vorwürfe in der Klage gegenüber denen in der begründeten Stellungnahme einschränken, nicht jedoch erweitern. Hat die Kommission eine solche Einschränkung in der Klageschrift vorgenommen, so kann sie später ihre Klage nicht mehr in zulässiger Weise erweitern (EuGHE, 298/86, 1988, 4343 – Kommission/Belgien). Aber schon der Umfang des Mahnschreibens ist für die Zulässigkeit der Klage bedeutsam. Werden die Vorwürfe des Mahnschreibens in der begründeten Stellungnahme in tatsächlicher oder rechtlicher Hinsicht erweitert, so ist dies ein Verfahrensfehler. Dieser wird nicht dadurch geheilt, dass sich der Mitgliedstaat zur begründeten Stellungnahme in vollem Umfang äußert. Vielmehr ist die Klage hinsichtlich der Erweiterung des Streitgegenstands als unzulässig abzuweisen, weil das Vorverfahren insoweit nicht ordnungsgemäß durchgeführt worden ist (EuGHE, 51/83, 1984, 2793 – Kommission/Italien). Es gilt also der Grundsatz, dass die begründete Stellungnahme in tatsächlicher und rechtlicher Hinsicht nicht über das erste Mahnschreiben und die Klage nicht über die begründete Stellungnahme hinausgehen dürfen. Unbeschadet dessen kann die Kommission im Laufe des Verfahrens ihre Vorwürfe präzisieren und verfeinern (EuGHE, C-441/02, 2006, I-3449 – Kommission/Deutschland, Rn. 61).

Merke: Der mögliche Streitgegenstand der Klage wird durch die begründete Stellungnahme bestimmt. Gehen die Klageanträge über diese hinaus, ist die Klage in diesem Umfang und aus diesem Grund unzulässig. Entspricht der Umfang der Klage dem in der begründeten Stellungnahme festgelegten Streitgegenstand, beinhaltet die Klage jedoch eine Erweiterung gegenüber dem ersten Mahnschreiben, ist die Klage insoweit wegen nicht ordnungsgemäßer Durchführung des Vorverfahrens unzulässig.

3. Rechtsschutzinteresse

Die Kommission braucht grundsätzlich kein Rechtsschutzinteresse nachzuweisen (st. Rspr., vgl. EuGHE, C-255/05, 2007, I-5767 – Kommission/Italien, Rn. 37). Es genügt ihr im Allgemeininteresse liegender Auftrag aus Art. 17 Abs. 1 EUV. Die Kommission muss jedoch, wie sich aus der Formulierung von Art. 258 Abs. 1 AEUV ergibt, vom Vorliegen eines Vertragsverstoßes überzeugt sein. Zweifel genügen nicht. Problematisch ist das Vorliegen des Rechtsschutzinteresses nur dann, wenn der Mitgliedstaat der begründeten Stellungnahme nachkommt und in dem dort geforderten Umfang die Vertragsverletzung beseitigt. Entscheidend ist der Zeitpunkt dieser Beseitigung:

Fall 1: Hat der Mitgliedstaat den gerügten Verstoß **innerhalb** der ihm in der begründeten Stellungnahme nach Art. 258 Abs. 2 AEUV gesetzten Frist vollständig und unstreitig ausgeräumt oder wirkt der Verstoß aus anderen Gründen nicht mehr fort, so ist die Klage unzulässig. Ihr fehlt das Rechtsschutzinteresse. Denn das Ziel des Verfahrens ist dann erreicht (EuGHE, C-508/03, 2006, I-3969 – Kommission/Großbritannien, Rn. 73 ff.; EuGHE, C-221/04, 2006, I-4515 – Kommission/Spanien, Rn. 22–26).

Fall 2: Erfolgt die Beseitigung zwar vor der letzten mündlichen Verhandlung (oder sogar noch vor Klageerhebung), aber **nach Ablauf** der in der begründeten Stellungnahme gesetzten Frist, so bleibt das Rechtsschutzinteresse bestehen. Der EuGH begründet dies damit, dass eine Verurteilung des Mitgliedstaats möglicherweise die Grundlage für dessen Haftung gegenüber einem Dritten (Privater, anderer Mitgliedstaat, die Union) bilden könnte, der wegen des Vertragsverstoßes einen Schaden erlitten hat (EuGHE, C-353/89, 1991, I-4069 – Kommission/Niederlande; EuGHE, C-168/03, 2004, I-8227 – Kommission/Spanien, Rn. 24).

V. Begründetheit

Die Klage ist begründet, wenn die von der Kommission behaupteten Tatsachen zutreffen und sich hieraus ein Verstoß des Mitgliedstaats gegen das Unionsrecht ergibt.

Bei diesen **Tatsachen** kann es sich um den Erlass oder die Aufrechterhaltung von unionsrechtswidrigen Gesetzen, Verordnungen, Verwaltungsrichtlinien oder auch um die bloße Praxis eines Mitgliedstaats, d.h. seiner Organe, Behörden oder Gerichte handeln (speziell zur unionsrechtswidrigen Verwaltungspraxis vgl. EuGHE, C-278/03, 2005, I-3747 – Kommission/Italien, Rn. 13, und EuGHE, C-287/03, 2005, I-3761 – Kommission/Belgien, Rn. 29; zu einer unionsrechtswidrigen nationalen Rechtsprechung vgl. EuGHE, C-129/00, 2003, I-14637 – Kommission/Italien, Rn. 29 f.). Es spielt keine Rolle, ob ein permanentes Verhalten, eine Einzelmaßnahme oder ein pflichtwidriges Unterlassen vorliegt.

Auch wenn ein nationales Gericht nach Auffassung der Kommission unter Verstoß gegen Art. 267 AEUV keine Vorabentscheidung des EuGH eingeholt hat, kann dies zur Einleitung eines Verletzungsverfahrens führen, wie dies wegen einer Entscheidung des BGH geschehen ist (vgl. Sack EuZW 1991, 246). Denn die Mitgliedstaaten sind der Union gegenüber für **jedes staatliche Fehlverhalten** in ihrem Hoheitsgebiet verantwortlich. Dies gilt auch für unabhängige Organe, wie z.B. Parlamente (EuGHE, 52/75, 1976, 277 – Kommission/Italien), Bundesländer, Gemeinden und Gerichte.

Das **Verhalten Privater** ist dem Staat grundsätzlich nicht zuzurechnen. Dies gilt jedoch dann nicht, wenn der Staat das Verhalten Privater (z.B. als Mehrheitsgesellschafter) maßgeblich bestimmt (vgl. EuGHE, 249/81, 1982, 4005 = Hummer, S. 425 – Buy Irish). Der Staat haftet außerdem wegen pflichtwidrigen Unterlassens, wenn sich seine Ordnungskräfte offenkundig und beharrlich weigern, ausreichende und geeignete Maßnahmen zu ergreifen, um von Privaten ausgehende Sachbeschädigungen oder Proteste zu verhindern, die den freien Warenverkehr mit Erzeugnissen aus anderen Mitgliedstaaten gefährden (EuGHE, C-265/95, 1997, I-6959 = Hummer, S. 176 – Kommission/Frankreich, Agrarblockaden). Im Einzelnen müssen hier aber stets die Binnenmarktziele der Verträge einerseits und die europarechtlich verbürgten Grundrechte Privater (insbesondere Meinungs- und Versammlungsfreiheit) andererseits gegeneinander abgewogen und zu einem gerechten Ausgleich gebracht werden (EuGHE, C-112/00, 2003, I-5659 – Schmidberger, Rn. 56 ff., 68 ff., Blockade der Brenner-Autobahn durch Demonstranten).

Der EuGH kann zur Feststellung eines Vertragsverstoßes insbesondere überprüfen, ob eine konkrete nationale Norm dem Unionsrecht widerspricht, was ihm im Rahmen von Vorabentscheidungsverfahren (Art. 267 AEUV) in dieser unmittelbaren Form verwehrt wäre (vgl. oben S. 133 f., 137). Allerdings darf der EuGH auch im Vertragsverletzungsverfahren das nationale Recht nicht auslegen. Vielmehr ist allein entscheidend, wie die innerstaatlichen Stellen eine nationale Norm tatsächlich verstehen und anwenden (EuGHE, C-233/00, 2003, I-6625 – Kommission/Frankreich, Rn. 84).

Prüfungsmaßstab für das Verhalten des Mitgliedstaats ist das gesamte Unionsrecht. Art. 258 AEUV, in dem nur von „den Verträgen" die Rede ist, ist weit auszulegen. Dies folgt aus Art. 17 Abs. 1 EUV, wonach die Kommission nicht nur für die Anwendung des primären, sondern auch des sekundären Unionsrechts Sorge zu tragen hat.

Die **Beweislast** für die behaupteten Tatsachen liegt bei der Kommission. Die Beweise hat sie selbst zu erheben und vorzulegen (EuGHE, 298/86, 1988, 4343 – Kommission/Belgien).

Vergeblich versuchen die Mitgliedstaaten immer wieder mit folgenden **Einwendungen,** die Abweisung der Klage zu erreichen:

- Unbeachtlich ist zunächst der Einwand, ein europarechtswidriges Gesetz brauche nicht geändert zu werden, weil es ohnehin **wegen des Vorrangs des Unionsrechts** nicht anzuwenden sei bzw. weil es tatsächlich gar nicht angewendet werde. Daran ist zwar richtig, dass sich der Einzelne auf unmittelbar anwendbares Unionsrecht berufen kann. Doch stellt dies nur eine Mindestgarantie dar und reicht nicht aus, um für sich allein die uneingeschränkte Anwendung des Unionsrechts zu gewährleisten (EuGHE 1991, I-621; EuGHE, C-46/93, 1996, I-1029 = Hummer, S. 283 – Brasserie du Pêcheur). Es bleiben Unklarheiten für den Bürger, der möglicherweise das Unionsrecht nicht kennt und sich auf das nationale Recht verlässt. Die Grundsätze der Rechtssicherheit, Rechtsklarheit und des Rechtsschutzes erfordern eindeutige Formulierungen der Rechtsnormen der Mitgliedstaaten (EuGHE, C-522/04, 2007, I-5701 – Kommission/Belgien, Rn. 70; EuGH, C-456/08, Urt. v. 28. 1. 2010 – Kommission/Irland, Rn. 61).
- Aus denselben Gründen kann ein Mitgliedstaat, dessen innerstaatliches Recht sich nicht im Einklang mit dem Unionsrecht befindet, einer Verurteilung nicht unter Berufung auf die Verpflichtung zur **unionsrechtskonformen Auslegung** und Anwendung seines Rechts entgehen (EuGHE, C-508/04, 2007, I-3787 – Kommission/Österreich, Rn. 78 f.).
- Ebenso wenig kann ein Mitgliedstaat erfolgreich einwenden, dass er aus **verfassungsrechtlichen Gründen** nicht in der Lage sei, den Vertragsverstoß abzustellen, etwa weil sein Parlament oder ein Bundesland die Verabschiedung eines entsprechenden Gesetzes ablehne oder verzögere. Generell kann sich nämlich ein Mitgliedstaat nicht auf Bestimmungen, Übungen oder Umstände seiner internen Rechtsordnung berufen, um zu rechtfertigen, dass z.B. eine Richtlinie nicht innerhalb der vorgeschriebenen Frist umgesetzt wurde (EuGHE, C-419/01, 2003, I-4947 – Kommission/Spanien, Rn. 22; EuGHE, C-433/02, 2003, I-12191 – Kommission/Belgien, Rn. 22).
- Einer Verurteilung durch den EuGH entgeht der Mitgliedstaat auch nicht durch den Hinweis, der Vertragsverstoß habe **keine nachteiligen Auswirkungen** gehabt oder beruhe auf einem **entschuldbaren Irrtum** der nationalen Stellen: Das Vertragsverletzungsverfahren ist rein objektiver Natur, so dass die Feststellung eines Vertragsverstoßes unabhängig von einem etwaigen Verschulden oder Schaden ist (EuGHE, C-233/00, 2003, I-6625 – Kommission/Frankreich, Rn. 62; EuGHE, C-385/02, 2004, I-8121 –Kommission/Italien, Rn. 40).
- Kein Mitgliedstaat kann eine Vertragsverletzung damit rechtfertigen, dass die Kommission oder einen anderen Mitgliedstaat der **gleiche Vorwurf** trifft. Im Gegensatz zum Völkerrecht stehen die unionsrechtlichen Pflichten nämlich *nicht in einem Gegenseitigkeitsverhältnis* (EuGHE, 52/75, 1976, 277 – Kommission/Italien; C-266/03, 2005, I-4805 – Kommission/Luxemburg, Rn. 35).
- Auch die nachträgliche Berufung auf **Schutzklauseln** (z.B. Art. 114 Abs. 4 bis 10 AEUV), die immer nur nach Ermächtigung bzw. Genehmigung seitens der Kommission angewendet werden dürfen, ändert nichts am Vorliegen eines Vertragsverstoßes.
- Ein Mitgliedstaat, der eine **Richtlinie** nicht umsetzt oder einem **bestandskräftigen Beschluss** in einem Einzelfall nicht nachkommt, kann nicht erfolgreich einwenden, die genannten Rechtsakte seien **rechtswidrig** (EuGHE, C-53/05, 2006, I-6215 – Kommission/Portugal, Rn. 30). Art. 277 AEUV ist schon seinem Wortlaut nach nicht anwendbar, da er nur von Rechtsakten mit allgemeiner Geltung (also insbesondere Verordnungen) spricht; der Mitgliedstaat hätte rechtzeitig Nichtigkeitsklage nach Art. 263 Abs. 2 AEUV erheben müssen (EuGHE, 226/87, 1988, 3611 – Kommission/Griechenland, Rn. 14). Hingegen darf sich ein Mitgliedstaat gemäß Art. 277 AEUV wegen des eindeutigen Wortlauts der Vorschrift („jede Partei") auf die **Rechtswidrigkeit einer Verordnung** berufen, gegen die er verstoßen hat, obwohl er sie als privilegiert Klageberechtigter zweifellos fristgerecht hätte anfechten können (EuGH, C-442/04, 2008, I-3517 – Spanien/Rat, Rn. 22; vgl. auch unten S. 179).
- Der Mitgliedstaat kann sich ferner nicht mit dem **Schutz des Vertrauens Privater** auf den unionsrechtswidrigen innerstaatlichen Rechtszustand verteidigen (EuGHE, C-169/95, 1997, I-135, Kommission/Spanien, Rn. 48).
- Ist gegen einen Mitgliedstaat ein bestandskräftiger Beschluss nach Art. 108 Abs. 2 UAbs. 1 AEUV ergangen, wonach er eine Beihilfe zurückzufordern hat, lässt der EuGH ausnahmsweise den Einwand des Mitgliedstaats gelten, es sei ihm **absolut unmöglich,** diesen Beschluss durchzuführen. In solchen Fällen muss der Mitgliedstaat jedoch nicht nur die absolute Unmöglichkeit der Rückforderung beweisen, sondern darüber hinaus auch, dass er seine Schwierigkeiten bei der Durchführung des Beschlusses der Kommission dargelegt hat und sich mit ihr ge-

mäß seiner Kooperationspflicht nach Art. 4 Abs. 3 EUV ernsthaft um Lösungen bemüht hat (EuGHE C-99/02, 2004, I-3353 – Kommission/Italien, Rn. 16).

Der Mitgliedstaat kann jedoch erfolgreich geltend machen, bei dem Unionsrechtsakt, gegen den er verstoßen haben soll, handle es sich um einen **Nicht-Akt** (EuGHE, C-177/06, 2007, I-7689 – Kommission/Spanien, Rn. 37). Einen solchen inexistenten Rechtsakt nimmt der EuGH jedoch aus Gründen der Rechtssicherheit auch bei offensichtlicher Rechtswidrigkeit nur in ganz außergewöhnlichen Fällen an (EuGHE, C-137/92, 1994, I-2555, EuZW 1994, 436 = Hummer, S. 442 – PVC-Kartell).

VI. Das Urteil des EuGH und seine Wirkung

1. Erstes Vertragsverletzungsurteil

Gibt der EuGH der Klage statt, so hat er im Tenor seines Urteils die Unionsrechtsverletzung des Mitgliedstaats festzustellen. Da der EuGH lediglich ein **Feststellungsurteil** erlassen darf, ist es ihm verwehrt, den Mitgliedstaat auch zur Beseitigung des Verstoßes zu verpflichten oder eine beanstandete nationale Maßnahme aufzuheben oder für rechtswidrig zu erklären.

Der Mitgliedstaat ist nach Art. 260 Abs. 1 AEUV verpflichtet, die Maßnahmen zu ergreifen, die sich aus dem Urteil des Gerichtshofs ergeben. Dem genügt er im Regelfall dadurch, dass er z.B. das beanstandete Gesetz mit Wirkung *ex nunc* aufhebt. Es ist dagegen strittig, ob er verpflichtet ist, alle Verstoßfolgen mit Wirkung *ex tunc* zu beseitigen. Auf jeden Fall können aber Einzelnen gegen den Mitgliedstaat Schadensersatzforderungen wegen des Vertragsverstoßes zustehen, falls es sich um einen hinreichend qualifizierten Verstoß handelt (vgl. oben S. 113 ff.).

2. Gegebenenfalls zweites Vertragsverletzungsurteil mit finanziellen Zwangsmitteln

Kommt der Mitgliedstaat seiner Verpflichtung zur Umsetzung des EuGH-Urteils nicht nach, so kann die Kommission erneut ein Vertragsverletzungsverfahren einleiten und dabei nicht nur die Feststellung des neuerlichen Vertragsverstoßes – dieses Mal in Form der **Nichtumsetzung des ersten Urteils** –, sondern auch die Verurteilung des betreffenden Mitgliedstaats zur Zahlung eines **Pauschalbetrags** oder eines **Zwangsgelds** beantragen (Art. 260 Abs. 2 AEUV). In mehreren Mitteilungen hat die Kommission ihre Praxis bei der Anwendung dieses Verfahrens präzisiert (vgl. zuletzt aus dem Jahr 2005 die Mitteilung SEK [2005] 1658). Die von der Kommission gemachten Ausführungen zur Berechnung von Pauschalbeträgen und Zwangsgeldern sind allerdings für den Gerichtshof unverbindlich (EuGHE, C-304/02, 2005, I-6263 – Kommission/Frankreich, Rn. 85). Er bestimmt nach freiem Ermessen darüber, ob und in welcher Höhe solche Maßnahmen angesichts der Umstände des Einzelfalls zu verhängen sind.

Im Jahr 2000 hat der Gerichtshof zum ersten Mal einen Mitgliedstaat (Griechenland) zur Zahlung eines Zwangsgeldes von 20 000 EUR pro Tag von der Verkündung des Urteils bis zu seiner Durchführung verurteilt (EuGHE, C-387/97, 2000, I-5047). Inzwischen ist das Verfahren einige weitere Male zum Einsatz gekommen, allerdings bleibt die Zahl der bisherigen Anwendungsfälle insgesamt vergleichsweise überschaubar. Soweit ersichtlich, hat keiner der verurteilten Mitgliedstaaten bislang seine Verpflichtung zur Zahlung des festgesetzten Pauschalbetrags oder Zwangsgelds angezweifelt. Damit stellte sich die Frage der Zwangsvollstreckung nicht. Eine solche könnte die Kommission nämlich nicht selbst betreiben. Vielmehr müsste der Mitgliedstaat nach Art. 280, 299 AEUV theoretisch gegen sich selbst vorgehen. Denkbar – und in der Praxis wahrscheinlicher – ist allerdings auch, dass die Kommission den Pauschalbetrag oder das Zwangsgeld gegen dem Mitgliedstaat zustehende Ansprüche auf Fördermittel aus den Strukturfonds u.ä. aufrechnet.

Weder beim Pauschalbetrag noch beim Zwangsgeld handelt es sich übrigens um „Strafen" für die Nichtbefolgung des ersten Vertragsverletzungsurteils. Beide Maßnahmen sollen vielmehr – entsprechend der allgemeinen Zielsetzung des Vertragsverletzungsverfahrens – einen säumigen Mitgliedstaat veranlassen, das erste Vertragsverletzungsurteil durchzuführen, und damit die wirksame Anwendung des Unionsrechts zu gewährleisten. Inzwischen hat der Gerichtshof auch klargestellt, dass Pauschalbetrag und Zwangsgeld keineswegs nur alternativ, sondern auch **kumulativ verhängt werden können** (EuGHE, C-304/02, 2005, I-6263 – Kommission/Frankreich, Rn. 80 ff., 98 ff.). Ferner darf ein Pauschalbetrag – wegen seiner „generalpräventiven" Wirkung – noch nachträglich verhängt werden, selbst wenn der Vertragsverstoß zwischenzeitlich abgestellt ist (EuGH, C-121/07, 2008, I-9159 – Kommission/Frankreich).

3. Verhängung von Zwangsmaßnahmen für Nichtumsetzung von Richtlinien schon im ersten Urteil

In Art. 260 Abs. 3 AEUV führt der Vertrag von Lissabon eine bedeutsame Neuerung für Fälle ein, in denen Mitgliedstaaten keine fristgerechten Maßnahmen zur Umsetzung einer im Gesetzgebungsverfahren (Art. 289 AEUV) erlassenen Richtlinie getroffen oder sie jedenfalls der Kommission nicht mitgeteilt haben. In solchen Fällen wird es der Kommission künftig möglich sein, bereits mit Erhebung ihrer ursprünglichen Vertragsverletzungsklage (Art. 258 AEUV) zugleich die Verurteilung des Mitgliedstaats zur Zahlung eines Pauschalbetrags oder Zwangsgelds zu beantragen. Sie ist dann also nicht mehr auf das sonst übliche zweistufige Verfahren mit einer ersten Klage nach Art. 258 AEUV und einer weiteren Klage nach Art. 260 Abs. 2 AEUV angewiesen. Damit wird die Schlagkraft des Vertragsverletzungsverfahrens gestärkt und ein Beitrag zu einer zügigeren Umsetzung von Richtlinien in nationales Recht geleistet. Hinsichtlich der festzusetzenden Zwangsmaßnahmen stärkt Art. 260 Abs. 3 AEUV die Rolle der Kommission insoweit, als hinsichtlich der Höhe des Pauschalbetrags oder Zwangsgeldes ihr Antrag die Obergrenze bildet; ansonsten bleibt es aber beim Ermessen des Gerichtshofs. Zu beachten ist im Übrigen, dass die Neuerung des Art. 260 Abs. 3 AEUV nur für die – regelmäßig besonders offenkundigen – **Nichtumsetzungsfälle** gilt (gänzliches Fehlen von Umsetzungsmaßnahmen), nicht hingegen für die deutlich umstritteneren sog. **Nonkonformitätsfälle**, in denen die Kommission die Unionsrechtswidrigkeit einer bereits erfolgten nationalen Umsetzungsmaßnahme rügt.

B. Die Nichtigkeitsklage

I. Allgemeines

Die Nichtigkeitsklage (auch Anfechtungs- oder Aufhebungsklage) nach Art. 263 AEUV erlaubt es den Unionsorganen, den Mitgliedstaaten sowie natürlichen und juristischen Personen, bindende, nach ihrer Ansicht rechtswidrige Unionsrechtsakte anzugreifen und vor den Unionsgerichten ihre Aufhebung („Nichtigerklärung") zu erwirken. Nach herrschender Ansicht ist die Nichtigkeitsklage eine **Gestaltungsklage**. Dafür spricht, dass eine solche Klage gegen einen sogenannten inexistenten Rechtsakt unzulässig ist (s. u.). Dies beruht darauf, dass im Normalfall das Urteil nach Art. 264 AEUV die Rechtswirkungen eines „nur" rechtswidrigen Rechtsakts in rechtsgestaltender (kassatorischer) Weise beseitigt.

Seit Inkrafttreten des **Vertrags von Nizza** ist für Nichtigkeitsklagen grundsätzlich das EuG sachlich zuständig (Art. 256 Abs. 1 AEUV). Nach Art. 51 der Satzung bleiben jedoch einige wenige Nichtigkeitsklagen von „verfassungsrechtlicher" Dimension dem Gerichtshof vorbehalten (vgl. o. S. 126). Außerdem kann die Zuständigkeit für die Nichtigkeitsklage in einigen Sachgebieten Fachgerichten übertragen werden (Art. 257 AEUV).

Wird eine Klageschrift, die an das sachlich zuständige Gericht (EuGH bzw. EuG) gerichtet ist, irrtümlich beim falschen Gericht eingereicht, wird sie sofort durch den jeweiligen Kanzler an das zuständige Gericht übermittelt (Art. 54 Abs. 1 Satzung). Eine Klage, die an das sachlich unzuständige Gericht gerichtet ist und dort auch eingereicht wird, wird nach Prüfung durch das angerufene Gereicht durch Beschluss an das zuständige Gericht verwiesen (Art. 54 Abs. 2 Satzung). Die Erhebung der Klage beim sachlich zuständigen Gericht ist deshalb keine Zulässigkeitsvoraussetzung; sie wahrt die Klagefrist.

Eine der Nichtigkeitsklage teilweise nachgebildete Klage im Bereich der PJZS war bislang in Art. 35 Abs. 6 EUV a. F. vorgesehen (vgl. dazu EuGHE, C-354/04 P u. C-355/04 P, 2007, I-1579 u. I-1657, Gestoras pro Amnistía/Rat und Segi/Rat, jeweils Rn. 55); mit Inkrafttreten des Vertrags von Lissabon wurde jedoch der Anwendungsbereich der allgemeinen Nichtigkeitsklage gemäß Art. 263 AEUV auch auf dieses Sachgebiet ausgedehnt. Allerdings gilt Art. 35 Abs. 6 EUV a. F. für bestehende Rechtsakte aus dem Bereich der PJZS, insbesondere für Rahmenbeschlüsse, noch während einer Übergangszeit von fünf Jahren fort (vgl. Art. 10 des Protokolls Nr. 36 zum Vertrag von Lissabon).

Im Bereich der GASP fand die Nichtigkeitsklage bislang überhaupt keine Anwendung (Art. 46 EUV a. F. e contrario); auch der Vertrag von Lissabon lässt eine Nichtigkeitsklage gegen Rechtsakte im Rahmen der GASP nur höchst ausnahmsweise zu, und zwar nach Maßgabe von Art. 275 Abs. 2 AEUV (Stichwort: Klagen von Terrorismusverdächtigen gegen die sie betreffenden restriktiven Maßnahmen).

II. Zulässigkeit

1. Beteiligtenfähigkeit

Aktiv beteiligtenfähig sind nach Art. 263 Abs. 2 und 3 AEUV zum einen die Mitgliedstaaten, zum anderen die Unionsorgane Parlament, Rat, Kommission, Rechnungshof und EZB, ferner – seit dem Vertrag von Lissabon – der Ausschuss der Regionen. Über diese institutionellen Kläger hinaus können gemäß Art. 263 Abs. 4 AEUV auch „natürliche und juristische Personen" vor den Unionsgerichten als Kläger auftreten; für sie wird häufig synonym der Begriff „Einzelne" verwendet.

Die deutschen Bundesländer sind nicht als Mitgliedstaaten nach Abs. 2, sondern als juristische Personen nach Abs. 4 beteiligtenfähig. Auch natürliche oder juristische Personen aus Drittstaaten können nach Abs. 4 klagen, da es auf die Staatsangehörigkeit nicht ankommt. Wer als juristische Person klagen kann, bestimmt sich nicht nach nationalem Recht, sondern nach Unionsrecht, das von einem weiten Begriffsverständnis ausgeht (z. B. Gewerkschaften).

Passiv beteiligtenfähig sind nach dem Wortlaut von Art. 263 Abs. 1 AEUV nur Parlament, Rat, Kommission, EZB und – seit dem Vertrag von Lissabon – auch der zum Unionsorgan aufgewertete Europäische Rat. Ferner können Nichtigkeitsklagen nach Art. 263 i. V. m. Art. 271 AEUV gegen die EIB gerichtet werden.

Nicht passiv beteiligtenfähig waren bislang nach dem Wortlaut von Art. 230 EGV der Rechnungshof, der Wirtschafts- und Sozialausschuss, der Ausschuss der Regionen und die von den Unionsorganen geschaffenen Einrichtungen. Durch den Vertrag von Lissabon wird jedoch nunmehr ausdrücklich klargestellt, dass die Unionsgerichte auch dazu berufen sind, die Rechtmäßigkeit der Handlungen der Einrichtungen oder sonstigen Stellen der Union zu überwachen (Art. 263 Abs. 1 Satz 2 AEUV). Mit dieser sehr allgemeinen Formulierung spiegelt sich erstmals im Vertragstext wider, was in der Rechtsprechung bereits seit langem anerkannt ist: Kein Organ und keine Einrichtung oder Stelle der EU kann beim Erlass von Handlungen mit Rechtswirkungen gegenüber Dritten der Rechtmäßigkeitskontrolle durch den Unionsrichter entzogen sein.

Ihren Ursprung nahm diese Entwicklung bereits vor mehr als 20 Jahren in Bezug auf das Parlament: Nach Art. 173 EWGV, einer Vorgängervorschrift zu Art. 263 AEUV, war das Parlament weder aktiv noch passiv beteiligtenfähig. Der EuGH hat ihm jedoch zur Wahrung des institutionellen Gleichgewichts (= Gleichgewicht zwischen den Organen) sowohl die aktive (EuGHE, C-70/88, 1990, I-2041 = Hummer, S. 261 – Tschernobyl I) als auch die passive Beteiligtenfähigkeit (EuGHE, 294/83, 1986, 1339 = Hummer, S. 255 – Les Verts) zuerkannt, was in der Folgezeit im Vertragswortlaut nachvollzogen wurde (vgl. heute Art. 263 Abs. 1 und 3 AEUV).

2. Die anfechtbaren Handlungen (zulässiger Klagegegenstand)

Gemäß Art. 263 Abs. 1 AEUV sind mit der Nichtigkeitsklage anfechtbar:

– Gesetzgebungsakte (vgl. dazu Art. 289 AEUV; sie entsprechen im Wesentlichen den bislang im Mitentscheidungsverfahren des Art. 251 EGV ergangenen „gemeinsamen Handlungen" von Parlament und Rat),
– Handlungen des Rates, der Kommission und der EZB, soweit es sich nicht um Empfehlungen oder Stellungnahmen handelt,
– Handlungen des Parlaments und des Europäischen Rates mit Rechtswirkung gegenüber Dritten,
– Handlungen der Einrichtungen oder sonstigen Stellen der Union mit Rechtswirkung gegenüber Dritten.

Damit hat der Vertrag von Lissabon den bislang (vgl. Art. 230 Abs. 1 EGV) deutlich restriktiver formulierten Katalog der anfechtbaren Akte im Sinne einer möglichst umfassenden Rechtmäßigkeitskontrolle der Handlungen der EU ausgeweitet. Lediglich die nach Art. 288 Abs. 5 AEUV unverbindlichen Empfehlungen und Stellungnahmen sind und bleiben dem Anwendungsbereich der Nichtigkeitsklage entzogen.

Dieses denkbar weite Verständnis des mit der Nichtigkeitsklage anfechtbaren Akts entspricht dem Auftrag der Unionsgerichte nach Art. 19 Abs. 1 Satz 2 EUV, die Wahrung des Rechts bei der Auslegung und Anwendung der Verträge zu sichern. Dem würde es widersprechen, die Nichtigkeitsklage etwa nur gegen die in Art. 288 AEUV genannten „typischen" Rechtsakte zuzulassen. Schon seit langem ist deshalb in der Rechtsprechung des Gerichtshofs anerkannt, dass die Nichtigkeitsklage gegen **alle Handlungen der Organe** zulässig ist, **die dazu bestimmt sind, Rechtswirkungen zu erzeugen, unabhängig von ihrer Rechtnatur oder Form** (st. Rspr. EuGHE, 22/70, 1971, S. 263 = Hummer, S. 345 – AETR; im selben Sinne – zu Art. 35 EUV a. F. – EuGH, C-354/04 P u. C-355/04 P, 2007, I-1579 u. I-1657, Gestoras pro Amnistía/Rat und Segi/Rat, jeweils Rn. 53–55). Dazu gehören seit dem Vertrag von Lissabon auch sog. restriktive Maßnahmen gegenüber Einzelnen im Rahmen der GASP (Art. 275 Abs. 2 AEUV, Stichwort: Listung von Terrorismusverdächtigen).

Da nur **Handlungen der Organe, Einrichtungen und Stellen der Union** anfechtbar sind, können z. B. Beschlüsse der im Rat vereinigten Vertreter der Mitgliedstaaten, primärrechtliche Vorschriften, Vorschriften in völkerrechtlichen Verträgen der Mitgliedstaaten untereinander sowie innerstaatliche Vorschriften oder Verwaltungsakte nicht Klagegegenstand sein.

Wirkt ein Unionsorgan mit einer nationalen Behörde zusammen, so ist genau zu prüfen, ob jenes Organ oder die nationale Behörde gegenüber dem Einzelnen einen rechtsverbindlichen Akt gesetzt hat. Hat die nationale Behörde einen Verwaltungsakt erlassen, ist dieser nur vor den nationalen Gerichten anfechtbar, auch wenn er lediglich den Beschluss eines EU-Organs gegenüber dem Mitgliedstaat vollzieht. Kommt es dann im Rahmen des nationalen Rechtsstreits auf die Gültigkeit eines Unionsrechtsakts an, so hat der EuGH diese nach Vorlage gemäß Art. 267 AEUV im Vorabentscheidungsverfahren zu überprüfen.

Nur **Handlungen, die dazu bestimmt sind, Rechtswirkungen zu erzeugen,** sind anfechtbar (mit Ausnahme der Handlungen des Rates, der Kommission und der EZB muss es sich sogar um **Rechtswirkungen gegenüber Dritten** handeln). Nicht anfechtbar sind deshalb z. B. Meinungsäußerungen, Rechtsauskünfte oder allgemeine Dienstanweisungen. Denn es handelt sich um unverbindliche Verlautbarungen. Falls Außenstehende einen innerbehördlichen Akt angreifen (z. B. Vorschriften in einer Geschäftsordnung), ist zunächst zu prüfen, ob der streitige Akt überhaupt die in Art. 263 Abs. 1 AEUV erwähnten Rechtswirkungen erzeugen soll. Ist dies der Fall, so muss in einem zweiten Schritt gegebenenfalls geprüft werden, ob er Außenwirkung (Rechtswirkungen gegenüber Dritten) haben soll. Es tauchen also ähnliche Probleme auf wie im deutschen Recht bei der Qualifizierung einer Maßnahme als Verwaltungsakt.

Falls Maßnahmen in einem mehrphasigen Verfahren ergehen (z. B. im Kartell-, Beihilfen-, Fusionskontroll- oder Antidumping-Recht), sind grundsätzlich nur **die das Verfahren abschließenden Maßnahmen** anfechtbar. Zwischenmaßnahmen, die eine abschließende Entscheidung nur vorbereiten, können dagegen nicht getrennt angefochten werden. Die ihnen etwa anhaftenden Rechtsmängel sind im Rahmen der Klage gegen die abschließende Maßnahme, deren Vorbereitung sie dienen, geltend zu machen. Etwas anderes gilt nur, soweit Handlungen im Rahmen des vorbereitenden Verfahrens selbst ein besonderes Verfahren abschließen, das sich vom Hauptsacheverfahren unterscheidet.

Beispiel: Die Einleitung eines Kartellverfahrens nach der Verordnung Nr. 1/2003 oder die förmliche Mitteilung der von der Kommission in Betracht gezogenen Beschwerdepunkte im Rahmen eines solchen Verfahrens sind als Vorbereitungshandlungen einer späteren abschließenden Entscheidung nicht selbständig anfechtbar (EuGHE, 60/81, 1981, 2639 – IBM). Dagegen kann eine Entscheidung der Kommission im Kartellverfahren, gewisse Dokumente nicht als vertraulich zu behandeln und sie Dritten zugänglich zu machen, von den betroffenen Unternehmen auch vor Abschluss des Kartellverfahrens angefochten werden. Eine solche Entscheidung ist nämlich von der das Kartellverfahren abschließenden Entscheidung unabhängig; außerdem würde eine Klage gegen die abschließende Entscheidung zu spät kommen und keinen ausreichenden Rechtsschutz mehr gewährleisten (EuGHE, 53/85, 1986, 1965 = Hummer, S. 864 – AKZO).

Nachfolgende bloß **bestätigende oder wiederholende Handlungen** sind ebenso wenig wie vorbereitende Akte anfechtbar, da sie keine eigenen Rechtswirkungen erzeugen. Von einer solchen bloßen Bestätigung einer früheren Entscheidung ist auszugehen, wenn der angefochtene Rechtsakt gegenüber der früheren Entscheidung kein neues Element enthält und seinem Erlass auch keine erneute Prüfung der Lage des Adressaten dieser früheren Entscheidung vorausgegangen ist. Sobald die Klagefrist gegen den ursprünglichen Akt verstrichen ist, kann der geregelte Sachverhalt auch bei wiederholenden Handlungen nicht mehr gerichtlich geprüft werden (EuGHE, C-299/05, 2007, I-8695 – Kommission/Parlament u. Rat, Rn. 29). Es tauchen ähnliche Probleme auf wie bei der aus dem deutschen Verwaltungsrecht bekannten „wiederholenden Verfügung".

Um zu bestimmen, ob eine Handlung anfechtbar ist, kommt es **nicht auf ihre Form, sondern nur auf ihren Inhalt** an. Anfechtbar sind daher Beschlüsse des Rates wie das ERASMUS-Programm, die zwar keinem der klassischen Typen von Rechtshandlungen zuzuordnen sind, aber unmittelbar Verpflichtungen erzeugen (EuGHE, 242/87, 1989, 1425 = Hummer, S. 238). Andererseits ist selbst eine mit dem Titel „Beschluss" (früher: „Entscheidung") überschriebene Rechtshandlung der Kommission ausnahmsweise kein zulässiger Klagegegenstand, wenn sie entgegen Art. 288 Abs. 4 AEUV nicht dazu bestimmt ist, Rechtswirkungen zu erzeugen, sondern beispielsweise nur die Ankündigung einer Entscheidung beinhaltet (EuGHE, 114/86, 1988, 5289 – Vereinigtes Königreich/Kommission).

Ist ein Rechtsakt mit einem derart schweren und offensichtlichen Fehler behaftet, dass er **rechtlich inexistent** ist (= Nichtakt), ist die Nichtigkeitsklage als unzulässig abzuweisen. Die Kosten sind allerdings dem Beklagten aufzuerlegen (EuGE, T-79/89, 1992, II-318 – BASF, Rn. 68 und Tenor). Die Schwere der Rechtsfolgen, die mit der Feststellung der Inexistenz eines Rechtsaktes der Unionsorgane verbunden ist, verlangt allerdings aus Gründen der Rechtssicherheit, dass dieser Ausspruch auf ganz außergewöhnliche Fälle beschränkt wird (vgl. EuGHE, C-13/92, 1994, I-2555 = Hummer, S. 442 – PVC-

Kartell; EuGHE, C-475/01, 2004, I-8923 – Griechischer Ouzo, Rn. 19, 20; vgl. auch Annacker EuZW 1995, 755).

Beachte: Die europarechtliche Dogmatik und Terminologie – einerseits „ungültige" Handlung in Art. 267 AEUV = „nichtige" oder „für nichtig erklärte" Handlung in Art. 263, 264, 266 AEUV, andererseits „rechtlich inexistente" Handlung – unterscheidet sich in diesem Bereich deutlich von der gewohnten Dogmatik und Terminologie des deutschen Verwaltungsrechts. In der Praxis nimmt der EuGH fast nie einen inexistenten Rechtsakt an.

3. Klageberechtigung

a) Privilegiert klageberechtigt sind nach Art. 263 Abs. 2 AEUV die **Mitgliedstaaten**, der **Rat**, die **Kommission** und seit dem Vertrag von Nizza auch das **Parlament**. Sie müssen keine besondere Klageberechtigung darlegen und brauchen insbesondere vom angefochtenen Akt in keiner Weise betroffen zu sein. Denn nicht nur die Kommission (Art. 17 Abs. 1 EUV), sondern auch Mitgliedstaaten, Rat und Parlament tragen eine institutionelle Verantwortung für die Wahrung des Unionsrechts. Ein Mitgliedstaat kann daher auch einen Rechtsakt anfechten, dem sein Vertreter im Rat zugestimmt hat oder der an einen anderen Mitgliedstaat oder an einen Einzelnen gerichtet ist und nur diesen betrifft.

Mit Inkrafttreten des Vertrags von Lissabon haben die Mitgliedstaaten überdies das Recht erhalten, im Namen ihrer **nationalen Parlamente** – in einer Art Prozessstandschaft – Nichtigkeitsklagen wegen des Verstoßes eines Gesetzgebungsakts i. S. v. Art. 289 Abs. 3 AEUV gegen das Subsidiaritätsprinzip zu erheben (**Subsidiaritätsklage**, vgl. Art. 8 Abs. 1 des Protokolls Nr. 2 zum Vertrag von Lissabon – „Subsidiaritätsprotokoll"; dazu im Einzelnen oben S. 89).

b) Teilprivilegiert klageberechtigt sind nach Art. 263 Abs. 3 AEUV der **Rechnungshof**, die **EZB** und seit dem Inkrafttreten des Vertrags von Lissabon auch der **Ausschuss der Regionen (EAdR)**. Sie können nicht wegen jeder behaupteten Rechtswidrigkeit eines Akts Klage erheben. Vielmehr muss die Klage auf die Wahrung ihrer Rechte abzielen. Gemeint sind hiermit ihre Befugnisse als Organe bzw. Einrichtungen der Union.

Beispiel: Die EZB kann einen Gesetzgebungsakt im Bereich der Währungspolitik mit dem Argument anfechten, sie sei nicht ordnungsgemäß nach Art. 127 Abs. 4 AEUV angehört worden. Würde sie daneben auch eine Verletzung des Eigentumsgrundrechts Einzelner rügen, wäre ihre Klage insoweit wegen Art. 263 Abs. 3 AEUV unzulässig.

Was speziell den **Ausschuss der Regionen** betrifft, so verleiht ihm der Vertrag von Lissabon neben der Klageberechtigung zur Wahrung seiner eigenen Rechte (insbesondere seiner Anhörungsrechte im Gesetzgebungsverfahren) auch das Recht, etwaige Verstöße gegen das Subsidiaritätsprinzip im Wege der Nichtigkeitsklage zu verfolgen (Art. 8 Abs. 2 des Subsidiaritätsprotokolls); dieses Recht steht dem EAdR in Bezug auf alle Gesetzgebungsakte zu, vor deren Erlass er anzuhören war (**Subsidiaritätsklage**).

c) Nicht privilegiert klageberechtigt sind hingegen **alle natürlichen und juristischen Personen**. Sie dürfen Nichtigkeitsklagen lediglich nach Maßgabe von Art. 263 Abs. 4 AEUV erheben, und zwar gegen

– die an sie gerichteten Handlungen,
– diejenigen Handlungen, die sie unmittelbar und individuell betreffen, sowie
– Rechtsakte mit Verordnungscharakter, die sie unmittelbar betreffen und keine Durchführungsmaßnahmen nach sich ziehen.

Die Regelung des Art. 263 Abs. 4 AEUV ist Ausdruck eines fundamentalen Spannungsverhältnisses zwischen zwei widerstreitenden Zielen im Rechtsschutzsystem der Verträge. Zum einen sollen **Popularklagen** ausgeschlossen werden, zum anderen soll Einzelnen **effektiver Rechtsschutz** gegen Rechtsakte der Europäischen Union gewährt werden, die sie in ihren Rechtspositionen und Interessen beeinträchtigen können. Die ursprüngliche Formulierung zur Klageberechtigung natürlicher und juristischer Personen in Art. 173 Abs. 2 EWGV (später fortgeführt als Art. 230 Abs. 4 EGV) war in ihrem Wortlaut verunglückt und wurde weithin als zu restriktiv empfunden. Im Zuge der Vorarbeiten zum Vertrag über eine Verfassung für Europa war deshalb die Reform dieser Klausel ein wichtiger Diskussionspunkt, was schließlich zu ihrer beabsichtigten Neufassung in Art. III-365 Abs. 4 EVV führte. In der nunmehr gemäß Art. 263 Abs. 4 AEUV geltenden Regelung wurde die Formulierung aus dem gescheiterten Verfassungsvertrag übernommen.

aa) Klagen natürlicher oder juristischer Personen gegen die an sie gerichteten Handlungen. Unproblematisch sind zunächst Klagen natürlicher und juristischer Personen gegen die „an sie gerichteten Handlungen" (Art. 263 Abs. 4 AEUV, 1. Alternative). Gemeint sind alle Rechtsakte – im Regelfall Beschlüsse i. S. v. Art. 288 Abs. 4 AEUV –, deren Adressat der jeweilige Kläger ist. So kann beispielsweise die Kommission als europäische Kartellbehörde in Wettbewerbsverfahren Geldbußen oder Zwangsgelder gegen Unternehmen verhängen (Art. 23 und 24 der Verordnung Nr. 1/2003) und im Rahmen der europäischen Fusionskontrolle Unternehmenszusammenschlüsse verbieten (Art. 8 Abs. 3 der Verordnung Nr. 139/2004). Gestützt auf die Ausnahmen vom Zugang der Öffentlichkeit zu den Dokumenten der europäischen Organe (Art. 15 Abs. 3 AEUV) können die EU-Institutionen Einzelnen die Einsichtnahme in bestimmte Dokumente verweigern, die sich in ihrem Gewahrsam befinden und vertraulichen Inhalts sind (Art. 4 der Verordnung Nr. 1049/2001). Rechtsstreitigkeiten über die Rechtmäßigkeit solcher und ähnlicher Beschlüsse kann deren Adressat ohne Weiteres im Wege der Nichtigkeitsklage vor das EuG tragen.

bb) Klagen natürlicher und juristischer Personen gegen Handlungen, die sie unmittelbar und individuell betreffen. Ist eine natürliche oder juristische Person hingegen nicht selbst Adressat einer Handlung eines Unionsorgans bzw. einer Unionsstelle oder -einrichtung, so kann sie diese Handlung nach Art. 263 Abs. 4 AEUV (2. Alternative) nur anfechten, wenn und soweit sie von ihr **unmittelbar und individuell betroffen** ist.

Die Frage, ob der Kläger unmittelbar und individuell betroffen ist, bildet in der Praxis und in Klausuren zu Art. 263 Abs. 4 AEUV erfahrungsgemäß ein Hauptproblem bei der Prüfung der Zulässigkeit. Die Fälle gehen i.d.R. dahin, dass der Kläger eine Richtlinie anficht und geltend macht, er sei von ihr unmittelbar und individuell betroffen. Ähnliche Fragen tauchen auf, wenn der Kläger einen Beschluss anficht, der an einen Dritten, etwa an einen Mitgliedstaat oder an einen Wettbewerber, adressiert ist.

Beachte: Das unmittelbare und individuelle Betroffensein wird des öfteren als *Klagebefugnis* bezeichnet. Dies ist insofern irreführend, als nach deutscher Rechtsvorstellung die Klagebefugnis (§ 42 Abs. 2 VwGO) die Geltendmachung der Verletzung subjektiver Rechte voraussetzt. Nach Unionsrecht ist dies nicht erforderlich. Die Beeinträchtigung von Interessen genügt. Andererseits muss der Kläger nach Art. 263 Abs. 4 AEUV für die Zulässigkeit der Klage nachweisen, dass er vom angefochtenen Rechtsakt tatsächlich unmittelbar und individuell betroffen ist. Im Rahmen der Klagebefugnis nach § 42 Abs. 2 VwGO reicht es hingegen aus, dass die Verletzung subjektiver Rechte möglich erscheint. Es ist daher zweckmäßig, den Begriff Klagebefugnis überhaupt nicht zu verwenden, sondern von *Klageberechtigung* zu sprechen. Auch die nach Art. 263 Abs. 1 AEUV privilegierten Kläger sollten nicht als privilegiert klagebefugt, sondern als privilegiert klageberechtigt bezeichnet werden. Wenn Sie den Begriff der Klagebefugnis – wie weitgehend üblich – dennoch gebrauchen, muss Ihnen der Unterschied zum deutschen Recht bewusst sein.

Im Einzelnen gilt Folgendes:

(1) Von einem Unionsrechtsakt ist der Kläger **unmittelbar betroffen**, wenn sich dieser ohne weiteren Durchführungsakt auf seine Interessen- oder Rechtslage auswirkt oder wenn die nationalen Behörden bei seiner Durchführung **keinerlei Ermessen** haben (st. Rspr., vgl. aus jüngerer Zeit EuGHE, C-125/06 P, 2008, I-1451 – Infront WM, Rn. 47). Gibt z.B. ein an einen Mitgliedstaat gerichteter **Beschluss** diesem auf, eine an ein bestimmtes Unternehmen gewährte Beihilfe zurückzufordern, so betrifft dieser Beschluss auch das Unternehmen unmittelbar (und individuell), weil der Mitgliedstaat hinsichtlich seiner Umsetzung kein Ermessen hat. Unmittelbares Betroffensein liegt auch dann vor, wenn dem Mitgliedstaat zwar theoretisch ein Ermessensspielraum verbleibt, jedoch bei Erlass des Beschlusses feststeht, dass die nationalen Stellen ihn in einer bestimmten Art und Weise anwenden und vollziehen werden (EuGHE, 11/82, 1985, 207 – Piraiki-Patraiki, Rn. 9).

Am Erfordernis der unmittelbaren Betroffenheit scheitern regelmäßig Klagen Einzelner gegen **Richtlinien** der EU. Denn selbst wenn die Pflicht der Mitgliedstaaten zur Umsetzung einer Richtlinie in ihr innerstaatliches Recht feststeht, bleibt ihnen doch hinsichtlich der Wahl der Form und der Mittel normalerweise ein – mehr oder weniger weites – Ermessen (Art. 288 Abs. 3 AEUV).

Auch im Fall von **Verordnungen** ist das Kriterium der unmittelbaren Betroffenheit sorgfältig zu prüfen. Zwar haben Verordnungen allgemeine und unmittelbare Geltung (Art. 288 Abs. 2 AEUV). Gleichwohl bedürfen ihre Bestimmungen in vielen Fällen noch der Konkretisierung in Durchführungsverordnungen (auf europäischer oder nationaler Ebene) oder der Anwendung auf den Einzelfall (durch Beschlüsse der EU-Organe bzw. durch nationale Verwaltungsakte); dies ist etwa bei der Auszahlung von Fördermitteln aus den EU-Strukturfonds der Fall. Besteht eine solche Umsetzungs- oder Konkretisierungsbedürftigkeit, so sind Einzelne jedenfalls von der (Grund-)Verordnung nicht im Sinne des Art. 263 Abs. 4 AEUV unmittelbar betroffen. Zu bejahen ist die unmittelbare Betroffenheit hingegen, wenn in einer Verordnungsbestimmung ein an die Wirtschaftsteilnehmer gerichtetes Gebot oder Verbot enthalten ist, z.B. die Untersagung der Verwendung von Fischfangnetzen bestimmter Maschengröße (EuGHE, C-263/02 P, 2004, I-3425 – Jégo-Quéré) oder das „Einfrieren" der Vermögenswerte von Terrorverdächtigen (EuGHE, C-402/05 P u.a., 2008, I-6351 – Kadi u.a., Rn. 241 ff.).

(2) **Individuell** betroffen ist eine natürliche oder juristische Person nach der sog. **Plaumann-Formel,** *wenn die fragliche Handlung sie wegen bestimmter persönlicher Eigenschaften oder wegen besonderer sie aus dem Kreis aller übrigen Personen heraushebender Umstände berührt und sie dadurch in ähnlicher Weise individualisiert wie einen Adressaten* (ständige Rechtsprechung seit EuGHE, 25/62, 1963, 213 = Hummer, S. 349 – Plaumann).

Der individuellen Betroffenheit ist besonderes Augenmerk zu schenken, wenn **Beschlüsse** angefochten werden, die nicht an den Kläger gerichtet sind. Dies ist beispielsweise bei Konkurrentenklagen auf dem Gebiet des EU-Wettbewerbsrechts der Fall. So kann ein Unternehmen gegen den Beschluss klagen, mit dem die Kommission eine mitgliedstaatliche Beihilfe zugunsten eines seiner Konkurrenten genehmigt hat, ebenso gegen den Beschluss, mit dem die Kommission die Fusion zweier seiner Wettbewerber freigegeben hat. Voraussetzung für eine hinreichende Individualisierung ist allerdings im Regelfall, dass der Kläger sich aktiv am Verwaltungsverfahren beteiligt hat und eine spürbare Beeinträchtigung seiner Marktstellung darlegen kann. Auch Beschlüsse der Kommission, die an Mitgliedstaaten adressiert sind, können Unternehmen gegebenenfalls anfechten. Gibt etwa die Kommission einem Mitgliedstaat auf, die einem bestimmten Unternehmen gewährte staatliche Beihilfe zurückzufordern, so ist eben dieses Unternehmen hinreichend individualisiert; wegen der drohenden Bestandskraft des Beschlusses der Kommission tut das Unternehmen übrigens auch gut daran, ihn fristgemäß vor dem Unionsrichter anzufechten (EuGHE, C-188/92, 1994, I-833 – TWD Textilwerke Deggendorf und oben S. 137 sowie unten S. 335).

Von **Verordnungen** und **Richtlinien** sind Einzelne im Normalfall nicht individuell betroffen. Denn Verordnungen enthalten im Regelfall Maßnahmen abstrakt-genereller Art, und Richtlinien zielen jedenfalls auf den Erlass solcher Maßnahmen durch die Mitgliedstaaten ab. Ausnahmsweise bejaht aber der EuGH das Vorliegen des individuellen Betroffenseins, wenn eine Verordnungsbestimmung sich ausschließlich auf einen abgeschlossenen, *ex ante* bestimmbaren Personenkreis auswirkt, der nicht nur gattungsmäßig, sondern durch persönliche Eigenschaften gekennzeichnet ist; dies ist z.B. der Fall, wenn eine Maßnahme nur für solche Personen gilt, die vor einem festgelegten, vor Erlass der Maßnahme liegenden Zeitpunkt eine bestimmte Formalität erfüllt haben (z.B. Antrag auf Erteilung einer Einfuhr- oder Ausfuhrlizenz).

Beispiel (vereinfacht nach EuGHE, 26/86, 1987, 941 – Deutz und Geldermann und EuGHE, C-309/89, 1994, I-1853 – Codorniu):

Eine Verordnung des Rates bestimmt Folgendes: „Sekthersteller, die nicht in der Champagne ansässig sind, dürfen auf den Etiketten ihrer Sektflaschen nicht darauf hinweisen, dass der Sekt nach der *méthode champenoise* hergestellt ist. Sekthersteller außerhalb der Champagne, die bis zum Erlass dieser Verordnung traditionell berechtigt waren, diesen Hinweis zu verwenden, dürfen dies weiterhin acht Jahre lang tun."

Die deutsche Firma Deutz und Geldermann erhebt gegen die **zeitliche Beschränkung der Ausnahmeregelung** Klage nach Art. 263 Abs. 4 AEUV. Sie will also erreichen, dass die Worte „acht Jahre lang" wegfallen. Die Firma ist von der zeitlichen Begrenzung der Ausnahmeregelung unmittelbar betroffen. Zweifelhaft ist jedoch, ob sie auch individuell betroffen ist. Der Kreis der von der Ausnahmeregelung betroffenen Wirtschaftteilnehmer kann sich nach Erlass der Verordnung nicht mehr erweitern. Auch kann unterstellt werden, dass der Kreis der Betroffenen tatsächlich bestimmbar ist. Dies genügt jedoch für sich allein nicht, um in der Ausnahmeregelung ein Bündel von Entscheidungen zu sehen, die an die Sekthersteller gerichtet sind, die bisher traditionell zur Verwendung des Hinweises berechtigt waren. Vielmehr hat die Ausnahmeregelung allgemeine Geltung, weil sie aufgrund eines objektiven Tatbestands auf die Klägerin anzuwenden ist. Denn der Adressatenkreis der Ausnahmebestimmung ist nach allgemeinen Merkmalen und damit gattungsmäßig bestimmt: alle Sekthersteller, die bisher traditionell zur Berufung auf die „méthode champenoise" berechtigt waren. Damit ist die Klägerin von der Verordnung nicht individuell betroffen.

Anders soll es nach der insoweit nicht immer kohärenten Rechtsprechung des Gerichtshofs sein, wenn die Klägerin das Markenzeichen „méthode champenoise" hätte eintragen lassen. Dann wäre sie aufgrund ihres intellektuellen Eigentumsrechts aus dem Kreis aller übrigen Wirtschaftteilnehmer herausgehoben (vgl. EuGH, C-309/89, 1994, I-1853 = Hummer, S. 350 – Codorniu; vgl. aus jüngerer Zeit EuGHE, C-125/06 P, 2008, I-1451 – Infront WM).

Auch im Fall des „Einfrierens" der Vermögenswerte von Terrorverdächtigen ist angesichts der namentlichen Nennung bestimmter Personen in der jeweiligen EU-Verordnung deren individuelle Betroffenheit zu bejahen (EuGHE, C-402/05 P u.a., 2008, I-6351 – Kadi u.a., Rn. 241 ff.)

cc) Klagen natürlicher und juristischer Personen gegen Rechtsakte mit Verordnungscharakter. Die vergleichsweise restriktive Handhabung der Voraussetzung des individuellen Betroffenseins durch die Rechtsprechung (Plaumann-Formel, vgl. soeben) hatte bis zum Inkrafttreten des Vertrags von Lissabon zur Folge, dass Einzelne **echte Verordnungen oder Richtlinien** nicht direkt vor dem Unionsrichter anfechten konnten (z.B. die Tabakwerbeverbotsrichtlinie, die Bananenmarktverordnung oder die von der EU eingeführten Höchstpreise für die Inanspruchnahme von Roamingdiensten mit Mobiltelefonen).

Mit Blick auf das Gebot des effektiven Rechtsschutzes erwies sich dies v. a. in solchen Fällen als unbefriedigend, in denen es für den Kläger schwierig oder gar unmöglich war, einen Rechtsstreit vor innerstaatlichen Gerichten anzustrengen, in dessen Rahmen der EuGH zur Gültigkeit der betreffenden Verordnung oder Richtlinie hätte befragt werden können (Art. 267 Abs. 1 lit. b AEUV). Das Problem trat insbesondere dann auf, wenn der streitige Unionsrechtsakt keiner nationalen Durchführung bedurfte und es in der nationalen Rechtsordnung auch keine vorbeugende Feststellungs- oder Unterlassungsklage gab. In solchen Fällen musste der Kläger es riskieren, gegen die unmittelbar wirkende Norm des Unionsrechts zu verstoßen und eine Sanktion zu provozieren, um dann vor nationalen Stellen inzident die Ungültigkeit dieser Norm einwenden zu können – etwa in einem Straf- oder Ordnungswidrigkeitsverfahren. Nicht selten wurde dies als Rechtsschutzlücke empfunden.

Die vielfach geübte Kritik an der Rechtsprechung des Gerichtshofs zur individuellen Betroffenheit (vgl. etwa die Schlussanträge des GA Jacobs in EuGHE, C-50/00 P, 2002, I-6677 – Unión de Pequeños Agricultores) hat auch die Arbeiten des Europäischen Konvents im Jahr 2003 beeinflusst und sich im Vertrag über eine Verfassung für Europa sowie im Vertrag von Lissabon niedergeschlagen. Es kam zu einer Ausweitung der Klageberechtigung natürlicher und juristischer Personen. Nach Art. 263 Abs. 4 AEUV (3. Alternative) ist es ihnen nunmehr erlaubt, mit der Nichtigkeitsklage nicht nur gegen die an sie gerichteten oder sie unmittelbar und individuell betreffenden Handlungen vorzugehen, sondern auch gegen Rechtsakte mit Verordnungscharakter, die sie unmittelbar betreffen und keine Durchführungsmaßnahmen nach sich ziehen. Das Erfordernis der individuellen Betroffenheit entfällt also in dieser Alternative des Art. 263 Abs. 4 AEUV ersatzlos, und es ist lediglich die unmittelbare Betroffenheit darzulegen.

Was allerdings ein **Rechtsakt mit Verordnungscharakter** ist, wird in den Verträgen an keiner Stelle näher definiert. In Anlehnung an die Definition der Verordnung (Art. 288 Abs. 2 AEUV) wird man darunter nur solche Handlungen fassen können, die auf „allgemeine Geltung" ausgerichtet sind. Beide Begriffe dürfen dennoch nicht gleichgesetzt werden. Das Konzept des Rechtsakts mit Verordnungscharakter ist weiter als das der Verordnung; es umfasst auch Handlungen, die zwar nicht in der Form einer Verordnung erlassen werden, gleichwohl aber abstrakt-genereller Natur sind.

In negativer Hinsicht ist der Begriff des Rechtsakts mit Verordnungscharakter von dem des **Gesetzgebungsakts** i. S. v. Art. 263 Abs. 1 i. V. m. Art. 289 Abs. 3 AEUV abzugrenzen. Die Neufassung der Klageberechtigung natürlicher und juristischer Personen entstammt nämlich dem Vertrag über eine Verfassung für Europa (Art. III-365 Abs. 4 EVV), der eine klare Unterscheidung und Hierarchisierung zwischen Gesetzgebungsakten und Rechtsakten ohne Gesetzescharakter vorsah, wobei Verordnungen ausschließlich der letzteren Kategorie zuzuordnen waren (Art. I-33 Abs. 1 EVV). Die Vorarbeiten des Europäischen Konvents deuten ebenfalls darauf hin, dass mit der letztlich gewählten Formulierung (Art. III-270 Abs. 4 EVV-E) bewusst nur Rechtsakte ohne Gesetzescharakter der erleichterten Anfechtungsmöglichkeit durch nicht privilegiert Klageberechtigte zugänglich gemacht werden sollten (vgl. Dokument CONV 636/03, Rn. 22). Nun trifft es zwar zu, dass es im Vertrag von Lissabon an einer ähnlich konsequenten Hierarchisierung der Rechtsakte fehlt; auch Gesetzgebungsakte können hier die Rechtsform der Verordnung annehmen, zudem ist die Unterscheidung zwischen Gesetzgebungsakten und Rechtsakten ohne Gesetzescharakter vorwiegend ein verfahrenstechnisches Problem (vgl. etwa Art. 290 Abs. 1, Art. 297 AEUV). Aus diesem Umstand allein wird man jedoch nicht schließen können, dass der Vertrag von Lissabon, der immerhin alles in allem eher hinter dem Verfassungsvertrag zurückbleiben wollte, gerade hinsichtlich der Klageberechtigung natürlicher und juristischer Personen über diesen hinausgeht. Vielmehr ist davon auszugehen, dass die Erweiterung der Klageberechtigung natürlicher und juristischer Personen durch Art. 263 Abs. 4 AEUV sich tatsächlich, wie im Verfassungsvertrag, nur auf Rechtsakte ohne Gesetzescharakter beschränkt und somit Gesetzgebungsakte i. S. v. Art. 263 Abs. 1 i. V. m. Art. 289 Abs. 3 AEUV von ihr nicht erfasst sind.

Zu beachten ist ferner, dass Rechtsakte mit Verordnungscharakter nur dann von natürlichen und juristischen Personen direkt vor dem EuG mit der Nichtigkeitsklage angefochten werden dürfen, wenn sie keiner (unionsrechtlichen oder innerstaatlichen) **Durchführungsmaßnahmen** bedürfen, etwa weil sie Ge- oder Verbote aufstellen, die unmittelbar dem Einzelnen gegenüber wirken. Vor allem auf Verordnungen i. S. v. Art. 288 Abs. 2 AEUV kann dies immer wieder einmal zutreffen. Soweit hingegen Rechtsakte noch einer Durchführungsmaßnahme bedürfen, z. B. durch die Kommission oder eine nationale Behörde, ist natürlichen und juristischen Personen auch weiterhin der direkte Rechtsweg vor die Unionsgerichte versperrt. Nicht zuletzt bleiben damit Richtlinien i. S. v. Art. 288 Abs. 3 AEUV aufgrund ihrer Umsetzungsbedürftigkeit der direkten Anfechtung durch natürliche und juristische Personen entzogen. Aber auch viele Verordnungen i. S. v. Art. 288 Abs. 2 AEUV bedürfen, wie bereits erwähnt, der

Umsetzung in Form von Durchführungsverordnungen oder Einzelfallentscheidungen. Um Rechtsschutz zu erlangen, muss der Einzelne dann weiterhin den jeweiligen Umsetzungsakt anfechten und kann nur inzident die Rechtswidrigkeit des in Frage stehenden EU-Rechtsakts mit Verordnungscharakter rügen, und zwar, je nach Fallgestaltung,

– in einem Verfahren vor den Unionsgerichten gemäß Art. 277 AEUV, wenn der Umsetzungsakt eines Unionsorgans erforderlich ist, oder

– in einem Verfahren vor den nationalen Gerichten, wenn der Umsetzungsakt – wie zumeist – von einer nationalen Stelle vorzunehmen ist; die nationalen Gerichte dürfen wegen des Foto-Frost Urteils nicht selbst die Ungültigkeit der betreffenden Handlung feststellen, könnten aber zu einer Gültigkeitsvorlage nach Art. 267 AEUV veranlasst sein.

In diesem Zusammenhang ist erneut auf die Pflicht der nationalen Gerichte hinzuweisen, das innerstaatliche Verfahrensrecht rechtsschutzfreundlich auszulegen und anzuwenden; in Art. 19 Abs. 1 UAbs. 2 EUV wird überdies seit den Lissabonner Reformen erstmals ein ausdrückliches Gebot an die Mitgliedstaaten aufgestellt, die erforderlichen Rechtsbehelfe zu schaffen, damit ein wirksamer Rechtsschutz in den vom Unionsrecht erfassten Bereichen gewährleistet ist.

Beispiele: An einem europaweiten Kartell beteiligte Autohersteller können im Rahmen von Nichtigkeitsklagen gemäß Art. 263 AEUV vor dem EuG gegen kartellrechtliche Bußgeldentscheidungen der Kommission im Wege der Inzidentrüge nach Art. 277 AEUV die Ungültigkeit der zugrunde liegenden Kartellverfahrensverordnung Nr. 1/2003 geltend machen. Tabakhersteller können vor den nationalen Gerichten die Ungültigkeit der Tabakwerbeverbotsrichtlinie in Klagen gegen nationale Durchführungsakte oder in einigen Mitgliedstaaten sogar über vorbeugende negative Feststellungsklagen geltend machen. Außerdem können sowohl die Autohersteller als auch die Tabakhersteller (parallel) Schadenersatzklagen gemäß Art. 268 AEUV gegen die Union vor dem EuG erheben.

Alles in allem führt somit auch der Vertrag von Lissabon mit Art. 263 Abs. 4 AEUV (3. Alternative) nur zu einer sehr begrenzten Ausdehnung der direkten Rechtsschutzmöglichkeiten für natürliche und juristische Personen vor den Unionsgerichten. Die erweiterte Klagemöglichkeit für Einzelne beschränkt sich in ihrem Anwendungsbereich auf untergesetzliche Akte und ähnelt – allerdings nur in diesem Punkt – der aus § 47 VwGO bekannten Regelung. In einem Fall, in dem eine gemeinsame Marktorganisation von Parlament und Rat im Bereich der Landwirtschaftspolitik Streitgegenstand ist, wäre die Zulässigkeit der Nichtigkeitsklage nach Art. 263 Abs. 4 AEUV wohl auch weiterhin zu verneinen (so in EuGHE, C-50/00 P, 2002, I-6677 – Unión de Pequeños Agricultores). Bildet hingegen lediglich eine Durchführungsverordnung der Kommission den Streitgegenstand (vgl. EuGHE, C-263/02 P, 2004, I-3425 – Jégo-Quéré), so ist die Klage eines Einzelnen nach Art. 263 Abs. 4 AEUV heute zulässig.

Klausurhinweis: Die Anfechtbarkeit von Maßnahmen allgemeiner Geltung im Unionsrecht und das Zusammenspiel zwischen Nichtigkeitsklage, Vorabentscheidungsverfahren, Inzidentrüge und Schadenersatzklage ist ein beliebtes Prüfungsthema.

4. Besonderheiten für Klagen gegen Einrichtungen und sonstige Stellen der EU

Klagen natürlicher und juristischer Personen gegen Handlungen der von der EU gegründeten Einrichtungen und sonstigen Stellen können besonderen Zulässigkeitsvoraussetzungen unterworfen werden. So sieht der Vertrag von Lissabon in Art. 263 Abs. 5 AEUV vor, dass in den jeweiligen Gründungsakten dieser Einrichtungen und Stellen „besondere Bedingungen und Einzelheiten für die Erhebung von Klagen" vorgesehen werden können. Zu denken ist hier insbesondere an **interne Widerspruchs- oder Beschwerdeverfahren**, die gegebenenfalls durchzuführen sind, bevor Klage zum EuG oder zu einem Fachgericht erhoben werden darf. Bereits jetzt ist dies etwa bei markenrechtlichen Streitigkeiten mit dem Harmonisierungsamt für den Binnenmarkt der Fall. Auch bei Europol, das seit dem Inkrafttreten des Vertrags von Lissabon erstmals vollständig der Gerichtsbarkeit von EuG und EuGH unterliegt, besteht ein interner Beschwerdeausschuss, dessen vorherige Anrufung über Art. 263 Abs. 5 AEUV zur Zulässigkeitsvoraussetzung für Klagen Einzelner gemacht werden kann.

Dass die Klagen natürlicher und juristischer Personen im Übrigen nur gegen Handlungen der Einrichtungen und sonstigen Stellen der EU zulässig sind, die eine Rechtswirkung gegenüber diesen Personen haben, versteht sich von selbst und könnte im Übrigen bereits aus Art. 263 Abs. 4 AEUV abgeleitet werden.

5. Klagefrist

Die Nichtigkeitsklage ist gemäß Art. 263 Abs. 6 AEUV **binnen zwei Monaten** zu erheben. Diese Frist beginnt „je nach Lage des Falles" mit der Bekanntgabe der Handlung, ihrer Mitteilung an den Kläger oder in Ermangelung einer Bekanntgabe oder Mitteilung mit dem Zeitpunkt, zu dem der Kläger von der Handlung Kenntnis erlangt hat. In allen drei Fällen verlängert sich die Frist um den üblichen pauschalen Entfernungszuschlag von zehn Tagen (Art. 81 § 2 VerfO-EuGH, Art. 102 § 2 VerfO-EuG).

Mit **Bekanntgabe** ist die **Veröffentlichung im Amtsblatt** gemeint. Nach Art. 297 Abs. 1 und 2 AEUV sind (a) alle Gesetzgebungsakte (Art. 289 AEUV), (b) die Verordnungen ohne Gesetzescharakter, (c) die an alle Mitgliedstaaten gerichteten Richtlinien und (d) Beschlüsse ohne bestimmten Adressaten im Amtsblatt der Europäischen Union zu veröffentlichen. Die Klagefrist zur Anfechtung der im Amtsblatt veröffentlichten Akte beginnt wegen Art. 81 § 1 VerfO-EuGH bzw. Art. 102 § 1 VerfO-EuG erst mit Ablauf des 14. Tages nach dem Erscheinen im Amtsblatt.

Mit der ebenfalls in Art. 263 Abs. 6 AEUV genannten **Mitteilung an den Kläger** ist die **individuelle Bekanntgabe** nach Art. 297 Abs. 2 UAbs. 3 AEUV gemeint. Nach dieser Norm werden die anderen Richtlinien und Beschlüsse (also jene, die nicht von UAbs. 2 erfasst sind) durch Bekanntgabe an diejenigen, für die sie bestimmt sind, wirksam.

Wird ein Rechtsakt weder im Amtsblatt veröffentlicht, noch dem Kläger individuell bekannt gegeben, beginnt die Klagefrist mit der umfassenden und genauen **Kenntnis** des Klägers vom Inhalt und der Begründung des Rechtsakts zu laufen. Hierum hat sich der Kläger allerdings binnen angemessener Frist zu bemühen. Erscheint beispielsweise im Amtsblatt ein Hinweis auf eine ergangene Entscheidung der Kommission in Wettbewerbssachen, so trifft interessierte Dritte die Obliegenheit, den Wortlaut der Entscheidung binnen angemessener Frist bei der Kommission anzufordern.

Die Erfahrung zeigt, dass selbst Parteien, die häufig vor dem EuGH auftreten, nicht davor gefeit sind, die Klagefrist zu versäumen (vgl. etwa EuGHE, C-406/01, 2002, I-4561 – Deutschland/EP und Rat). Bei Fristversäumung wegen Zufalls oder höherer Gewalt besteht allerdings die Möglichkeit der Wiedereinsetzung gemäß Art. 45 Abs. 2 der Satzung.

Nach Ablauf der Klagefrist wird ein Rechtsakt gegenüber demjenigen, der ihn hätte anfechten können, bestandskräftig. Eine erst danach erhobene Anfechtungsklage ist unzulässig. Um eine Umgehung der Bestandskraft zu verhindern, können solche Rechtsakte auch nicht mehr im Rahmen eines Vorabentscheidungsverfahrens auf ihre Gültigkeit hin überprüft werden; eine entsprechende Gültigkeitsvorlage wäre ebenfalls unzulässig (vgl. EuGHE, C-188/92, 1994, I-833 – Textilwerke Deggendorf).

6. Allgemeines Rechtsschutzinteresse

Die privilegierten Kläger brauchen gerade kein Rechtsschutzinteresse darzutun. Nicht privilegierte Kläger sind nach Art. 263 Abs. 4 AEUV ohnehin nur klageberechtigt, wenn sie unmittelbar und gegebenenfalls individuell betroffen sind. Sie haben dann meist auch ein Interesse an der Aufhebung des Akts. Allerdings kann der Kläger nicht die Aufhebung eines ihn begünstigenden Akts allein wegen dessen Begründung begehren. Allgemein fehlt es am Rechtsschutzinteresse, wenn die Nichtigerklärung des angefochtenen Rechtsakts dem Kläger **im Ergebnis keinen Vorteil (mehr) verschaffen kann**; dies ist beispielsweise der Fall, wenn ein angefochtener Beschluss der Kommission keinerlei Rechtswirkungen mehr entfaltet, weil er von der Kommission selbst zurückgenommen wurde oder wegen einer zwischenzeitlich ergangenen neuen Entscheidung gegenstandslos geworden ist. Das Rechtsschutzinteresse muss sowohl im Zeitpunkt der Klageerhebung als auch im Zeitpunkt der gerichtlichen Entscheidung bestehen (vgl. zum Ganzen etwa EuGHE, C-362/05 P, 2007, I-4333 – Wunenburger, Rn. 42, 43).

III. Begründetheit

Die Klage ist nur begründet, wenn mindestens einer der vier in Art. 263 Abs. 2 AEUV genannten Nichtigkeitsgründe vorliegt: Unzuständigkeit, Verletzung wesentlicher Formvorschriften, Verletzung der Verträge oder einer bei ihrer Durchführung anzuwendenden Rechtsnorm, Ermessensmissbrauch. Der angegriffene Rechtsakt muss also mit mindestens einem dieser Rechtsmängel behaftet sein. Die Mängel sind in der Klageschrift als Klagegründe geltend zu machen und darzulegen.

1. Unzuständigkeit

Hierunter fällt zunächst die **absolute Unzuständigkeit** bzw. fehlende Verbandskompetenz, die vorliegt, wenn die Regelungsmaterie nicht in die Zuständigkeit der Union fällt. Es geht also um die Kompetenzverteilung zwischen Union und Mitgliedstaaten. An dieser Stelle ist auch die Einhaltung des Subsidiaritätsprinzips zu prüfen (vgl. oben S. 81 ff., 87 f.). Nur in Ausnahmefällen wird ein Nicht-Akt und nicht nur ein anfechtbarer Akt vorliegen, da die Bestimmung der Zuständigkeit der Union oft schwierig ist. Handelt es sich aber tatsächlich um einen Nicht-Akt, ist die Klage unzulässig, wobei der Beklagte die

Kosten des Rechtsstreits trägt (vgl. oben S. 161 f.). Von **relativer Unzuständigkeit** bzw. fehlender Organkompetenz spricht man, wenn ein Organ im Zuständigkeitsbereich eines anderen tätig geworden ist. Gegen seine **sachliche Zuständigkeit** verstößt ein Organ, das eine Maßnahme erlässt, die in der einschlägigen Ermächtigungsnorm nicht vorgesehen ist (Beispiel: Der Rat erlässt eine auf Art. 115 AEUV gestützte Verordnung, obwohl ihm nach dieser Bestimmung nur Richtlinien als Handlungsform zur Verfügung stehen).

2. Verletzung wesentlicher Formvorschriften

Unter die Formvorschriften fallen die **Verfahrensregeln** beim Erlass von Rechtsakten (z. B. Gewährung rechtlichen Gehörs, Vorschriften über die Beteiligung des Parlaments, Geschäftsordnung des jeweiligen Organs, Mehrheitserfordernisse). Der EuGH bejaht das Vorliegen der Verletzung *wesentlicher* Formvorschriften immer dann, wenn das beschließende Organ bei Beachtung der verletzten Vorschriften dem Rechtsakt möglicherweise einen anderen Inhalt gegeben hätte. Die Rechtsprechung des EuGH stellt also nicht so sehr auf die Wesentlichkeit der *Formvorschrift* als auf die Wesentlichkeit des *Verstoßes* ab. Bei Fehlern in Bezug auf die Beteiligung des Parlaments kommt hinzu, dass dessen Mitwirkung am Rechtsetzungsverfahren für das von den Verträgen gewollte institutionelle Gleichgewicht wesentlich ist und ein grundlegendes demokratisches Prinzip widerspiegelt. Kein Formverstoß liegt hingegen vor, wenn das Parlament angehört wird, obwohl dies in der konkreten Ermächtigungsgrundlage nicht vorgeschrieben ist; denn zur – fakultativen – Anhörung des Parlaments ist der Rat immer berechtigt (EuGHE, 165/87, 1988, 5545 – Zollnomenklaturabkommen).

Einen wesentlichen Formverstoß stellt auch die Verletzung der **Begründungspflicht** des Art. 296 Abs. 2 AEUV dar, wonach Rechtsakte zu begründen sind. Sie ist sogar von Amts wegen zu prüfen (EuGHE, C-413/06 P, 2008, I-4951 – Bertelsmann & Sony/Impala, Rn. 174). Zweck der Begründungspflicht ist es, den Unionsgerichten die Rechtskontrolle, den Betroffenen die Wahrnehmung ihrer Rechte und den Mitgliedstaaten die Unterrichtung darüber zu ermöglichen, wie die Verträge von den Organen angewandt werden. Ist die Angabe der Ermächtigungsnorm unterblieben, stellt dies keinen wesentlichen Mangel dar, sofern sie sich anhand anderer Anhaltspunkte im Rechtsakt selbst bestimmen lässt. Bleibt die genaue Rechtsgrundlage jedoch unklar, stellt dies einen wesentlichen Formverstoß dar (EuGHE, 45/86, 1987, 1493 = Hummer, S. 231 – APS; EuGH, C-370/07, 2009, I-8917 – Kommission/Rat). Allgemeine Angaben, wie z. B. „gestützt auf den Vertrag", führen daher, wenn sich die genaue Rechtsgrundlage nicht ermitteln lässt, zur Aufhebung des Rechtsakts. Weiterhin muss in der Begründung auf die nach der Ermächtigungsnorm erforderlichen Vorschläge und Stellungnahmen Bezug genommen werden. Nicht nötig ist allerdings, dass deren Inhalt wiedergegeben oder erklärt wird, ob der Rechtsakt den in Bezug genommenen Vorschlägen und Stellungnahmen entspricht (EuGHE, C-62/88, 1990, I-1527 – Griechenland/Rat, „Tschernobyl"). Ist in dem angefochtenen Rechtsakt eine unzutreffende Ermächtigungsgrundlage angegeben, so ist danach zu unterscheiden, ob es sich lediglich um ein redaktionelles Versehen handelt oder ob tatsächlich die zitierte Rechtsgrundlage angewandt wurde; letzterenfalls ist die Rechtmäßigkeit des Rechtsakts unter dem Gesichtspunkt der Unzuständigkeit und der Vertragsverletzung zu prüfen.

3. Verletzung der Verträge oder einer bei ihrer Durchführung anzuwendenden Rechtsnorm

Bei diesem Nichtigkeitsgrund handelt es sich um einen Auffangtatbestand für alle Verstöße, die sich nicht unter einen der drei anderen Klagegründe subsumieren lassen. Prüfungsmaßstab ist ausschließlich Unionsrecht, das im Rang über dem angefochtenen Akt steht.

a) Primäres Unionsrecht. Prüfungsmaßstab sind zunächst die **Verträge** sowie die ihnen im Rang gleichstehenden **allgemeinen Rechtsgrundsätze** einschließlich der **Unionsgrundrechte**. Hervorzuheben ist in diesem Zusammenhang, dass die **Charta der Grundrechte** der EU durch den Vertrag von Lissabon den Status von verbindlichem Primärrecht erlangt hat und somit Maßstab der Rechtmäßigkeitskontrolle aller Handlungen der Unionsorgane sein kann (Art. 6 Abs. 1 EUV). Keinesfalls sind hingegen die nationalen Grundrechte Prüfungsmaßstab.

Klausurhinweis: Soweit sich der Kläger in der Klausur auf nationale Grundrechte beruft, ist klarzustellen, dass diese nicht Prüfungsmaßstab sind. Doch geben diese Rügen Anlass, die entsprechenden Unionsgrundrechte zu prüfen. Oft werden der unionsrechtliche Eigentumsschutz, die Berufsfreiheit, der Gleichheitssatz und der Grundsatz der Verhältnismäßigkeit zu behandeln sein. Vgl. im Einzelnen die Ausführungen im 12. Kapitel, S. 265 ff.

Weiterhin ist zu prüfen, ob der angefochtene Rechtsakt auf die **zutreffende Ermächtigungsgrundlage** gestützt wurde. Hierbei kommt es nicht darauf an, welche Rechtsgrundlage nach Überzeugung des Gesetzgebungsorgans zutrifft. Vielmehr muss sich im Rahmen des Zuständigkeitssystems der Union die

Wahl der Rechtsgrundlage auf objektive, gerichtlich nachprüfbare Umstände gründen. Zu diesen gehören Ziel und Inhalt eines Rechtsakts, die durch Auslegung zu ermitteln sind (EuGHE, C-300/89, 1991, I-2867 = Hummer, S. 243 – Titandioxid-RL; vgl. auch oben S. 82). Ist danach die falsche Rechtsgrundlage gewählt worden, führt dies zur Nichtigerklärung (Aufhebung) des angefochtenen Rechtsakts, wenn die zutreffende Rechtsgrundlage andere Regeln über die Willensbildung (z. B. qualifizierte Mehrheit/ Einstimmigkeit; Anhörung des Parlaments/Gesetzgebungsverfahren) enthält und sich die Wahl der unrichtigen Rechtsgrundlage somit auf den Inhalt des angefochtenen Rechtsakts auswirken konnte. Sind hingegen die verfahrensmäßigen Anforderungen der fälschlich herangezogenen und der richtigen Ermächtigungsgrundlage identisch, liegt lediglich ein formaler Fehler vor, der nicht zur Nichtigerklärung des Rechtsakts führt (EuGHE, 45/86, 1987, 1493 = Hummer, S. 231 – APS). Das Gleiche gilt, wenn der Rat den Rechtsakt in unzutreffender Weise zusätzlich auf eine weitere Ermächtigungsgrundlage stützt, sofern deren Verfahren miteinander kompatibel sind. Genügt z. B. zum Erlass eines Beschlusses Art. 166 AEUV, während der Rat diesen zusätzlich auf Art. 352 AEUV stützt, obwohl nicht wenigstens ein Regelungspunkt des Beschlusses diese Ermächtigungsgrundlage erfordert hätte, ist der Beschluss rechtswidrig (EuGHE, 242/87, 1989, 1425 = Hummer, S. 238 – ERASMUS). Denn wegen Art. 352 AEUV musste der Rat einstimmig beschließen. Möglicherweise hätte er dem Beschluss einen anderen Inhalt gegeben, wenn er sich darüber im Klaren gewesen wäre, dass gemäß Art. 166 AEUV die qualifizierte Mehrheit genügt und somit ein geringerer Bedarf an Kompromissen bestanden hätte.

Klausurhinweis: In der Klausur wie auch in der Praxis der Unionsorgane spielen Streitigkeiten über die richtige Rechtsgrundlage eine wichtige Rolle. Zur Wahl der zutreffenden Ermächtigungsgrundlage hat der Gerichtshof einige wenige Grundprinzipien entwickelt, deren Beherrschung vom Prüfling erwartet werden kann. Detailkenntnisse über die auf diesen Grundprinzipien aufbauende umfangreiche Einzelfallrechtsprechung zur Abgrenzung der verschiedenen Rechtsgrundlagen können dagegen nicht gefordert werden. Vgl. auch oben S. 82.

b) Völkerrechtliche Verträge. Die die Union bindenden internationalen Verträge sind wegen Art. 216 Abs. 2 AEUV grundsätzlich Prüfungsmaßstab für angefochtenes sekundäres Unionsrecht. In der Praxis zieht der EuGH jedoch völkerrechtliche Abkommen nur als Prüfungsmaßstab heran, soweit deren Bestimmungen unmittelbar anwendbar sind (EuGHE, 104/81, 1982, 3641 = Hummer, S. 432 – Kupferberg I; EuGHE, C-308/06, 2008, I-4057 – Intertanko, Rn. 45; EuGH, C-120/06 P, 2008, I-6513 – FIAMM, Rn. 110).

An der unmittelbaren Anwendbarkeit fehlt es nach Meinung des EuGH insbesondere beim WTO-Recht, das durch die Geschmeidigkeit seiner Bestimmungen gekennzeichnet sei; außerdem seien die einzelnen Regelungen nicht unbedingt und sei aus Gründen der Reziprozität zu berücksichtigen, dass WTO-Recht auch in den Rechtsordnungen der wichtigsten Handelspartner der EU (insbesondere USA und Japan) nicht direkt anwendbar sei. Deshalb prüft der EuGH nicht die Vereinbarkeit sekundären Unionsrechts mit WTO-Recht, und zwar selbst dann nicht, wenn ein Mitgliedstaat als privilegiert Klageberechtigter die Klage erhoben hat (s. bereits zum alten GATT EuGHE, C-280/93, 1994, I-4973 = Hummer, S. 559 – Bananenmarktordnung; zum neuen WTO-Recht EuGHE C-149/96, 1999, I-8395 – Portugal/Rat; EUGHE, C-120/06 P, 2008, I-6513 – FIAMM, Rn. 111; zur entsprechenden Problematik im Vorabentscheidungsverfahren EuGHE, C-377/02, 2005, I-1465 – Van Parys, Rn. 39).

Diese umstrittene Rechtsprechung zur fehlenden unmittelbaren Anwendbarkeit des Welthandelsrechts wird jedoch vom EuGH in zwei wichtigen Ausnahmefällen durchbrochen:

(1) Nach dem Urteil **Fediol** kann WTO-Recht gegenüber einer Unionshandlung (z. B. Beschluss) als Prüfungsmaßstab herangezogen werden, falls in der dieser Handlung zugrunde liegenden Unionsregelung (z. B. Verordnung) ausdrücklich auf Normen des WTO-Recht **verwiesen** wird (EuGHE, 70/87, 1989, 1781 = Hummer S. 558 – Fediol).

(2) Nach dem Urteil **Nakajima** kann eine Unionsverordnung außerdem dann an den Vorschriften des WTO-Rechts gemessen werden, wenn sie ausdrücklich **zur Erfüllung der sich aus dem WTO-Recht ergebenden Verpflichtungen erlassen** wurde (EuGHE, C-69/89, 1991, I-2069 = Hummer, S. 559 – Nakajima). In konkreten Fall ging es um die Vereinbarkeit von Vorschriften in der Antidumping-Grundverordnung der Union mit dem zum GATT gehörigen Antidumping-Kodex.

c) Sekundäres Unionsrecht. Auch sekundäres Unionsrecht ist Prüfungsmaßstab, soweit es im Rang höher steht als die angegriffene Rechtshandlung (Grundverordnung des Rates → Durchführungsverordnung der Kommission nach Art. 290 AEUV → Beschluss zur Entscheidung eines Einzelfalls).

d) Unverbindliche Handlungsformen. Bei Mitteilungen, Bekanntmachungen, Gemeinschaftsrahmen, Programmen und ähnlichen an sich unverbindlichen Handlungsformen (sog. *soft law*) kann es zu einer

Selbstbindung der Unionsorgane kommen. In diesen Fällen beruht die Nichtigerklärung genau genommen auf einem Verstoß gegen den dem Primärrecht zugehörigen allgemeinen Rechtsgrundsatz des Vertrauensschutzes bzw. gegen den allgemeinen Gleichbehandlungsgrundsatz.

e) Beurteilungsspielraum. Zu beachten ist, dass die EU-Organe bisweilen zur **Beurteilung komplexer wirtschaftlicher Sachverhalte** aufgerufen sind, beispielsweise im Rahmen von Marktanalysen, wie sie im Landwirtschaftsrecht, im Wettbewerbsrecht und im Antidumpingrecht regelmäßig durchgeführt werden. Diesbezüglich billigen die Unionsgerichte den Institutionen einen **Beurteilungsspielraum** zu (dasselbe gilt bei komplexen politischen und sozialen Erwägungen, EuGH, C-58/08, Urt. v. 8.6. 2010 – Vodafone, Rn. 52). Darin kommt zum Ausdruck, dass die Nichtigkeitsklage eine Rechtmäßigkeitskontrolle zum Gegenstand hat, die Unionsgerichte aber nicht ihre eigene Bewertung wirtschaftlicher Zusammenhänge an die Stelle der Einschätzung der dazu berufenen Unionsorgane setzen dürfen (Ausnahme: unbeschränkte Ermessensnachprüfung bei Zwangsmaßnahmen, Art. 261 AEUV). Besteht also ein Beurteilungsspielraum, so gilt Folgendes:

aa) Hinsichtlich der *inhaltlichen Richtigkeit* des angefochtenen Rechtsakts (z.B. wettbewerbsrechtliche Genehmigung oder Verbot einer Fusion durch die Kommission) beschränkt sich der Umfang der Prüfung durch das EuG auf die **Feststellung offensichtlicher Beurteilungsfehler**, die anzunehmen sind,

– wenn die zugrunde gelegten Tatsachen unrichtig sind (dazu gehört auch die etwaige Unzuverlässigkeit oder Inkohärenz von Beweismitteln),
– wenn nicht alle relevanten Tatsachen zugrunde gelegt wurden oder
– wenn die von der Kommission bzw. vom Rat gezogenen Schlussfolgerungen von den zugrunde gelegten Tatsachen nicht getragen werden (wenn also diese Schlussfolgerungen – z.B. Annahme der Gefahr einer marktbeherrschenden Stellung infolge eines Unternehmenszusammenschlusses – *nicht vertretbar* sind); der Umstand allein, dass auch andere Schlussfolgerungen möglich gewesen wären, berechtigt noch nicht zur Annahme eines offensichtlichen Beurteilungsfehlers.

Diese zum Wettbewerbsrecht entwickelte Formel (vgl. EuGHE, C-12/03 P, 2005, I-987 – TetraLaval, Rn. 39) wird in jüngerer Zeit auch auf anderen Gebieten angewandt (EuGHE, C-405/07 P, 2008, I-8301 – Niederlande/Kommission) und sollte nicht zuletzt auf die wichtigen Bereiche Landwirtschaft und Außenhandel übertragen werden (z.B. Festlegung von Interventionspreisen in der Landwirtschaft oder von Antidumpingzöllen im Rahmen der gemeinsamen Handelspolitik).

bb) Als Ausgleich für den aufgrund des Beurteilungsspielraums verminderten materiellrechtlichen Prüfungsmaßstab kommt den *Verfahrensgarantien* (Begründungspflicht, Verteidigungsrechte) besondere Bedeutung zu. Ihre Einhaltung ist eine Rechtsfrage, die in vollem Umfang von den Unionsgerichten geprüft werden kann (EuGHE, C-269/90, 1991, I-5469 – Technische Universität München, Rn. 14).

4. Ermessensmissbrauch

Dieser Nichtigkeitsgrund wird nur selten vorliegen. Der Gerichtshof definiert den „Ermessensmissbrauch" (Französisch: *détournement de pouvoir*, Englisch: *misuse of power*) anders als im deutschen Recht sehr eng. Gemeint ist die Vornahme einer Rechtshandlung durch ein Unionsorgan ausschließlich oder überwiegend zu anderen als den angegebenen Zwecken oder mit dem Ziel, ein Verfahren zu umgehen, das der Vertrag im konkreten Fall vorsieht (EuGHE, C-156/93, 1995, I-2019 – EP/Kommission). Ermessensmissbrauch liegt also nur vor, wenn das Organ mit Mitteln des Unionsrechts absichtlich rechtswidrige Ziele verfolgt. Mangels eines Eingeständnisses des Organs kann dies nur nachgewiesen werden, wenn aufgrund objektiver, schlüssiger und übereinstimmender Indizien anzunehmen ist, dass die Handlung zu anderen als den angegebenen Zwecken getroffen wurde.

Beachte: Liegt ein Ermessensfehler i.S. des deutschen Rechts vor, so ist dieser unter den Nichtigkeitsgrund der Verletzung der Verträge zu subsumieren.

IV. Inhalt und Wirkung des Urteils

Ist die Klage zulässig und begründet, erklärt der Gerichtshof nach Art. 264 Abs. 1 AEUV die angefochtene Handlung oder die angefochtene Einzelbestimmung einer Handlung, wenn es sich um abtrennbare Teile handelt, für nichtig. Das Urteil des EuGH wirkt *ex tunc* und *erga omnes*. Der Rechtsakt wird also so angesehen, als hätte er niemals existiert. Die Klage einer anderen Partei gegen denselben Rechtsakt wird gegenstandslos. Dies gilt jedoch nicht, wenn eine Partei Adressatin eines nur gleichlautenden oder ähnlichen Beschlusses war. Dieser wird bzw. bleibt bestandskräftig, ohne dass eine neue Klagefrist zu laufen beginnt.

Der EuGH kann nach Art. 264 Abs. 2 AEUV anordnen, dass die Wirkungen eines für nichtig erklärten Rechtsakts als – ganz oder teilweise – fortgeltend zu betrachten sind. Dadurch kann der Rechtssicherheit und dem Vertrauensschutz Rechnung getragen werden (vgl. EuGHE, 45/86, 1987, 1493 = Hummer, S. 231 – APS).

Nach Art. 266 AEUV hat das unterlegene Organ die sich aus dem Nichtigkeitsurteil ergebenden Maßnahmen zu ergreifen. Der EuGH kann deren Erlass nicht selbst anordnen, wenngleich er in den Urteilsgründen hierzu Ausführungen machen kann (vgl. die parallele Problematik bei Art. 260 AEUV). Welche Maßnahmen zu ergreifen sind, ist von Fall zu Fall verschieden. Insbesondere kann eine rechtmäßige Neuregelung veranlasst sein. Geschieht dies nicht, kommt die Erhebung einer Untätigkeitsklage nach Art. 265 AEUV in Betracht. Das Nichtigkeitsurteil kann auch Grundlage einer Schadensersatzklage nach Art. 268 AEUV sein. Dies stellt Art. 266 Abs. 2 AEUV ausdrücklich klar.

C. Die Untätigkeitsklage

I. Allgemeines

Die Untätigkeitsklage (Karenzklage) gemäß Art. 265 AEUV ist auf die Feststellung gerichtet, dass Parlament, Rat, Kommission oder EZB rechtswidrig untätig geblieben sind; seit Inkrafttreten des Vertrags von Lissabon kann auch eine Untätigkeit des Europäischen Rates sowie der Einrichtungen und sonstigen Stellen der Union festgestellt werden.

Die Bedeutung der Untätigkeitsklage erfasst man nur, wenn man ihren engen Zusammenhang mit der Nichtigkeitsklage nach Art. 263 AEUV, den Handlungspflichten des unterlegenen Organs nach Art. 266 AEUV und dem Umstand sieht, dass der Vertrag keine Verpflichtungsklage kennt: Die Untätigkeitsklage ist (nur) auf Feststellung einer rechtswidrigen Unterlassung gerichtet. Hat sie Erfolg, ist das Organ nach Art. 266 AEUV verpflichtet, zu handeln. Eine Untätigkeitsklage scheidet jedoch aus, wenn das Organ, sei es auch rechtswidrig, die beantragte Handlung abgelehnt oder anderweitig endgültig Stellung genommen hat. Dagegen ist grundsätzlich die Nichtigkeitsklage zu erheben; ist Letztere begründet, hat das Organ nunmehr die rechtmäßige Handlung vorzunehmen. Die Untätigkeitsklage ist somit gegenüber der Nichtigkeitsklage **subsidiär** und unzulässig, wenn der Kläger Nichtigkeitsklage erheben kann oder rechtzeitig hätte erheben können.

Für Klagen nach Art. 265 AEUV ist grundsätzlich das EuG sachlich zuständig (Art. 256 Abs. 1 AEUV). Abweichend davon ist für bestimmte Untätigkeitsklagen weiterhin der EuGH zuständig (Art. 51 der Satzung; vgl. dazu oben S. 126).

II. Zulässigkeit

1. Beteiligtenfähigkeit

a) Nach Art. 265 Abs. 1 AEUV sind das Parlament, der Europäische Rat, der Rat, die Kommission sowie die EZB **passiv** beteiligtenfähig. Ferner können die Einrichtungen und sonstigen Stellen der Union wegen Untätigkeit verklagt werden. Die Klage ist gegen das Organ zu richten, das den begehrten Rechtsakt unterlässt.

b) Aktiv beteiligtenfähig sind nach Art. 265 Abs. 1 AEUV die Mitgliedstaaten und „die anderen Organe der Union". Gemeint ist, dass jeweils die Organe aktiv parteifähig sind, denen die rechtswidrige Untätigkeit nicht zur Last gelegt wird. Dies sind die in Art. 13 Abs. 1 EUV genannten Organe, also auch der Rechnungshof. Nach Art. 265 Abs. 3 AEUV können überdies auch alle natürlichen und juristischen Personen Kläger sein. Der Gerichtshof selbst kann keine Klage erheben, obgleich er formell gesehen auch ein Organ der Union ist.

2. Klagegegenstand

a) Gemäß Art. 265 Abs. 1 AEUV ist Gegenstand der Klagen der Mitgliedstaaten und der Organe das Unterlassen eines **Beschlusses**. Strittig ist, ob damit wie in Art. 263 Abs. 1 AEUV nur verbindliche Rechtsakte gemeint sind. Dies wird zum Teil wegen der Parallelität zwischen Nichtigkeits- und Untätigkeitsklage bejaht. Die h. M. legt den Begriff Beschluss in Art. 265 Abs. 1 AEUV hingegen weit aus. Da bei Klagen natürlicher und juristischer Personen nach Art. 265 Abs. 3 AEUV unverbindliche Stellungnahmen und Empfehlungen als Klagegegenstand ausdrücklich ausgenommen seien, seien im Umkehrschluss auch unverbindliche Rechtsakte Klagegegenstand im Rahmen von Art. 265 Abs. 1 AEUV. Jedenfalls ist unter dem Begriff Beschluss nicht nur ein in allen Einzelheiten bestimmter Rechtsakt zu verstehen. Vielmehr erfasst Art. 265 Abs. 1 AEUV auch eine weniger deutlich umschriebene Untätigkeit. Beschlüsse i. S. dieser Vorschrift sind nach der Rechtsprechung alle Maßnahmen, deren Tragweite sich hinreichend bestimmen lässt, so dass sie konkretisiert werden und Gegenstand des Vollzugs nach Art. 266 AEUV sein können (EuGHE, 13/83, 1985, 1513 = Hummer, S. 354 – Verkehrspolitik). Hat das Organ bei Erlass der Maßnahme ein Ermessen, so berührt dies nicht die Zulässigkeit, sondern allenfalls die Begründetheit der Klage.

b) Klagegegenstand der Untätigkeitsklagen natürlicher und juristischer Personen können nach Art. 265 Abs. 3 AEUV nur Akte sein, die keine Empfehlung oder Stellungnahme darstellen. Hier muss also der Erlass eines **verbindlichen Rechtsakts** begehrt werden.

3. Klageberechtigung

a) Die Mitgliedstaaten und die Organe brauchen keine besondere Klageberechtigung nachzuweisen. Sie sind **privilegiert klageberechtigt.** Die EZB besaß früher eine solche Klagebefugnis nur „in ihrem Zuständigkeitsbereich" (Art. 232 Abs. 4 EGV); da sie aber mit Inkrafttreten des Vertrags von Lissabon zu einem vollwertigen Unionsorgan aufgewertet wurde, entfiel diese Beschränkung.

b) Natürliche und juristische Personen können nach Art. 265 Abs. 3 AEUV nur rügen, dass es ein Organ unterlassen habe, einen anderen Akt als eine Empfehlung oder Stellungnahme an sie zu richten. Daraus folgt zum einen, wie bereits erwähnt, dass Akte, die nicht verbindlich sind, nicht Gegenstand einer Untätigkeitsklage nach Art. 265 Abs. 3 AEUV sein können. Zum anderen wird auf diese Weise klargestellt, dass ein Einzelner nicht den Erlass einer Verordnung oder einer Richtlinie begehren kann, da diese nicht an Privatpersonen zu richten sind. Strittig ist, ob natürliche und juristische Personen in zulässiger Weise verlangen können, dass ein Akt, der sie **unmittelbar und individuell betreffen würde,** an einen Dritten zu richten sei. Teilweise wird eine solche Klage wegen des Wortlauts des Art. 265 Abs. 3 AEUV, in dem es heißt, der begehrte Akt sei „an sie", nämlich die Kläger, „zu richten", für unzulässig gehalten. Richtigerweise ist in solchen Fällen eine Klagemöglichkeit wegen der Parallelität zwischen Nichtigkeits- und Untätigkeitsklage und dem Erfordernis eines umfassenden Rechtsschutzes zu bejahen (so auch EuGHE, C-68/95, 1996, I-6065 – T.Port, Rn. 59). Es reicht also aus, dass der Kläger *von dem zu erlassenen Rechtsakt unmittelbar und individuell betroffen wäre,* wohingegen dessen Adressat z. B. ein Mitgliedstaat oder eine andere Person sein kann.

Beispiele:

a) Streng nach dem Wortlaut wäre die Klage eines Unternehmens gegen die Kommission wegen deren Untätigkeit gegenüber einer einem Wettbewerber gewährten staatlichen Beihilfe unzulässig, da Beihilfeentscheidungen der Kommission immer an den betreffenden Mitgliedstaat zu richten sind (s. u. S. 334). Das EuG hat eine solche Klage dennoch für zulässig erachtet, da der Kläger von dem zu erlassenden Rechtsakt unmittelbar und individuell betroffen gewesen wäre (EuG, T-95/96, 1998, II-3407 – Gestevision, Rn. 58 f.).

b) In Klausuren ist öfters zu prüfen, ob ein Einzelner die Kommission mit dem Ziel verklagen kann, gegen einen Mitgliedstaat ein Vertragsverletzungsverfahren nach Art. 258 AEUV einzuleiten. Solche Klagen sind jedoch unzulässig. Denn erstens können natürliche oder juristische Personen den EuGH nach Art. 265 Abs. 3 AEUV nur anrufen, um feststellen zu lassen, dass es ein Organ in rechtswidriger Weise unterlassen habe, Akte zu erlassen, die sie unmittelbar und individuell betreffen würden. Die im Verfahren nach Art. 258 AEUV von der Kommission zu erlassenden Akte sind jedoch ausschließlich an den jeweiligen Mitgliedstaat zu richten und betreffen Einzelne weder unmittelbar noch individuell. Zweitens ist die Klage unzulässig, weil nicht im Rahmen einer Untätigkeitsklage, sondern im Verfahren nach Art. 258 AEUV zu prüfen ist, ob ein Mitgliedstaat gegen den Vertrag verstoßen hat. Nur in diesem Verfahren ist sichergestellt, dass sich der betroffene Mitgliedstaat hinreichend verteidigen kann. Schließlich ist die Klage drittens auch deswegen unzulässig, weil die Kommission nicht verpflichtet ist, ein Verfahren nach Art. 258 AEUV einzuleiten. Sie verfügt vielmehr über ein Ermessen, das von vornherein ein Recht – und damit auch das Rechtsschutzinteresse – Einzelner ausschließt, eine Stellungnahme in einem bestimmten Sinn zu verlangen (vgl. EuGHE, 247/87, 1989, 291 – Star Fruit).

c) Weigert sich die Kommission gegenüber einem Einzelnen ausdrücklich, ein Vertragsverletzungsverfahren einzuleiten, ist hiergegen eine Nichtigkeitsklage aus den gleichen Gründen (Fehlen einer Handlung, die den Einzelnen unmittelbar und individuell betrifft; kein Anspruch auf fehlerfreien Ermessensgebrauch durch die Kommission) unzulässig (vgl. auch oben S. 162 ff.).

4. Das Vorverfahren

Untätigkeitsklagen sind nur zulässig, wenn vor Klageerhebung das Vorverfahren nach Art. 265 Abs. 2 AEUV ordnungsgemäß durchgeführt worden ist.

a) Aufforderungsschreiben des Klägers. Der Kläger muss das betreffende Organ auffordern, den begehrten Beschluss bzw. Akt zu erlassen. Dieser ist genau zu bezeichnen. Es muss weiter angegeben werden, aus welchen Gründen das Organ zu deren Erlass verpflichtet sein soll. Auch muss die spätere Klage in Aussicht gestellt werden. Das Aufforderungsschreiben dient der Festlegung des Streitgegenstands der Klage. Insoweit hat es eine ähnlich Funktion wie die begründete Stellungnahme nach Art. 258 AEUV. Die Klage darf in tatsächlicher und rechtlicher Hinsicht nicht über die Aufforderung zum Tätigwerden hinausgehen, da diese den Streitgegenstand bestimmt. Ansonsten ist die Klage insoweit unzulässig.

b) Fehlende Stellungnahme. Die Untätigkeitsklage ist nur zulässig, wenn das betreffende Organ binnen der im Vertrag vorgesehenen Frist von zwei Monaten keine Stellungnahme i. S. v. Art. 265 Abs. 2 AEUV abgibt. Hingegen ist die Klage unzulässig, wenn das Organ den begehrten Beschluss bzw. Akt erlässt, deren Erlass ablehnt, einen anderen als den begehrten Akt erlässt oder eine anderweitige Stellungnahme abgibt, die die Haltung des aufgeforderten Organs zum Ausdruck bringt. Es fehlt dann das allgemeine Rechtsschutzbedürfnis. Entsprechendes gilt (a) wenn das Organ die Stellungnahme zwar nach Ablauf der zweimonatigen Frist, aber vor Einreichung der Untätigkeitsklage abgibt und (b) wenn das Organ die Stellungnahme nach Klageerhebung, aber vor der letzten mündlichen Verhandlung abgibt. Insbesondere im letzteren Fall dürfte das beklagte Organ aber zur Tragung der Kosten zu verurteilen sein.

Hinhaltende Bescheide sind keine Stellungnahmen i. S. v. Art. 265 Abs. 2 AEUV. Gleiches gilt, wenn eine Dienststelle durch einen „Disclaimer" deutlich macht, dass die von ihr gegebene Auskunft oder Stellungnahme nicht das jeweilige Organ binden soll (EuG, T-3/02, 2002, II-1473 – Schlüsselverlag Moser/Kommission, Rn. 26).

Beachte: Eine „Stellungnahme" nach Art. 265 Abs. 2 AEUV ist zwar meist, aber nicht immer ein nach Art. 263 AEUV anfechtbarer Rechtsakt. Wenn die Kommission z. B. zur Vorlage eines Gesetzgebungsvorschlags aufgerufen wird und sie diesem Ansinnen nachkommt, kann der Vorschlag als bloß vorbereitender Akt nicht angefochten werden.

5. Fristen

Die an das jeweilige Organ gerichtete Aufforderung des Klägers zum Tätigwerden unterliegt nach Art. 265 AEUV keiner konkreten Frist. Der EuGH hat jedoch klargestellt, dass eine solche Aufforderung binnen angemessener Frist ab dem Zeitpunkt auszusprechen ist, zu dem die Untätigkeit des Organs erkennbar wird (EuGHE, 59/70, 1971, 639 – Niederlande/Kommission; EuGHE, C-170/02 P, 2003, I-9889 – Schlüsselverlag Moser/Kommission, Rn. 36).

Für seine Stellungnahme setzt Art. 265 Abs. 2 AEUV dem jeweiligen Organ eine Frist von zwei Monaten. Die Untätigkeitsklage ist ihrerseits binnen zwei Monaten nach Ablauf der Frist zur Stellungnahme zu erheben; diese Klagefrist verlängert sich wie üblich gemäß Art. 81 § 2 VerfO-EuGH, Art. 102 § 2 VerfO-EuG.

6. Anforderungen an die Klageschrift

Als Klagegrund ist in Art. 265 AEUV nur die Verletzung der Verträge genannt. Hierbei handelt es sich jedoch um einen allgemeinen Auffangtatbestand. Wie nach Art. 263 AEUV kann daher auch die Verletzung von Normen des Sekundärrechts gerügt werden. Der Antrag hat auf die Feststellung zu lauten, dass es das beklagte Organ unter Verletzung der Verträge bzw. einer konkreten Rechtsnorm des Unionsrechts unterlassen habe, einen bestimmten Beschluss zu fassen. Im Übrigen ergeben sich die Voraussetzungen für eine ordnungsgemäße Klageerhebung aus den allgemeinen Vorschriften, insbesondere Art. 21 der Satzung und Art. 38 VerfO-EuGH bzw. Art. 44 VerfO-EuG.

III. Begründetheit

Die Klage ist begründet, wenn das beklagte Organ aufgrund des Unionsrechts verpflichtet gewesen wäre, den begehrten Beschluss bzw. Akt zu erlassen. Keine Vertragsverletzung liegt vor, soweit dem beklagten Organ ein weiter Ermessens- oder Gestaltungsspielraum zukommt, wie dies bei der Verwirklichung der Verkehrspolitik, nicht jedoch bei der Sicherstellung der Dienstleistungsfreiheit auf dem Gebiet des internationalen Verkehrs der Fall ist (EuGHE, 13/83, 1985, 1513 = Hummer, S. 354 – Verkehrspolitik).

IV. Inhalt und Wirkung des Urteils

Ist die Klage begründet, stellt der EuGH fest, dass es das beklagte Organ unter Verletzung des Unionsrechts unterlassen hat, eine bestimmte Handlung vorzunehmen. Das Organ ist gemäß Art. 266 AEUV zum unverzüglichen Handeln verpflichtet.

D. Die Schadensersatzklage

I. Allgemeines

Gemäß Art. 268 AEUV sind die Unionsgerichte – in Abgrenzung zur Zuständigkeit der nationalen Gerichte – ausschließlich zuständig für Klagen gegen die Union wegen Schadensersatzansprüchen nach Art. 340 Abs. 2, 3 AEUV (vgl. auch Art. 41 Abs. 3 der Charta der Grundrechte der EU). Nach dieser Vorschrift ersetzt die Union im Bereich der **außervertraglichen** (= deliktischen) Haftung Schäden, die ihre Organe oder Bediensteten in Ausübung ihrer Amtstätigkeit verursacht haben.

Beachte: Für **vertragliche** Ansprüche sind mangels einer Art. 268 AEUV entsprechenden Vorschrift die nationalen Gerichte zuständig (Art. 274 AEUV), es sei denn, die Parteien haben die Zuständigkeit des EuGH gemäß Art. 272 AEUV in einer Schiedsklausel vereinbart. Die vertragliche Haftung der Union beurteilt sich gemäß Art. 340 Abs. 1 AEUV nach dem auf den jeweiligen Vertrag anzuwendenden Recht. Hierbei ist zunächst zu unterscheiden, ob es sich um einen öffentlich-rechtlichen oder um einen privatrechtlichen Vertrag handelt. Ob die notwendige Abgrenzung der beiden Vertragstypen nach Unionsrecht oder nach der *lex fori*, also nach nationalem Recht, erfolgt, ist genauso ungeklärt wie die Frage, ob auf einen öffentlich-rechtlichen Vertrag Unionsrecht oder nationales Recht anzuwenden ist (vgl. Bleckmann DVBl. 1981, 889/894). Handelt es sich um einen zivilrechtlichen Vertrag, bestimmt sich das anzuwendende Recht aus der Sicht eines – international zuständigen – deutschen Gerichts nach der sog. „Rom I-Verordnung" (Verordnung Nr. 593/2008 über das auf vertragliche Schuldverhältnisse anzuwendende Recht), hilfsweise nach deutschem IPR (Art. 27, 28 EGBGB). Die Union ist gemäß Art. 335 AEUV rechts- und parteifähig und kann – vertreten durch die Kommission – vor Gericht stehen wie eine juristische Person deutschen Rechts (§ 50 ZPO).

Für die außervertragliche Haftung ist die Amtshaftungsklage nach Art. 268, 340 Abs. 2 und 3 AEUV eine **eigenständige Klageart**, die der Klage nach § 839 BGB, Art. 34 GG ähnelt. Die Handlung, wegen der Schadensersatz begehrt wird, muss nicht zwingend zuvor nach Art. 263, 264 AEUV für nichtig erklärt worden sein. Damit wird insbesondere berücksichtigt, dass Private gemäß Art. 263 Abs. 4 AEUV nur bestimmte Rechtsakte mit Verordnungscharakter, keineswegs aber alle abstrakt-generellen europarechtlichen Regelungen direkt vor den Unionsgerichten anfechten können (vgl. dazu oben S. 162 ff.).

Seit Inkrafttreten des Vertrags von Lissabon erstreckt sich der Anwendungsbereich der Schadensersatzklage auch auf das Gebiet der PJZS. Zuvor fehlte es dort an einer entsprechenden Klageart (Art. 35 EUV a. F., vgl. dazu EuGHE, C-354/04 P u. C-355/04 P, 2007, I-1579 u. I-1657, Gestoras pro Amnistía/Rat und Segi/Rat, jeweils Rn. 46 f.). Was hingegen die GASP anbelangt, so ist dort eine Schadensersatzklage auch weiterhin nicht vorgesehen (vgl. Art. 24 Abs. 1 EUV, Art. 275 AEUV).

II. Zulässigkeit

1. Beteiligtenfähigkeit und sachliche Zuständigkeit

Die Schadensersatzklage nach Art. 268 AEUV können alle natürlichen oder juristischen Personen, also auch Mitgliedstaaten und ihre Untergliederungen (Bundesländer/Regionen, Gemeinden), erheben. Seit der jüngsten Reform der Zuständigkeitsverteilung zwischen den Unionsgerichten ist für sämtliche Schadensersatzklagen, einschließlich der von Mitgliedstaaten erhobenen, ausschließlich das EuG in erster Instanz sachlich zuständig (vgl. Art. 256 Abs. 1 AEUV i.V.m. Art. 51 der Satzung). In der Praxis werden allerdings Mitgliedstaaten in der Regel nur Anfechtungs- oder Unterlassungsklagen erheben (EuGHE 44/81, 1982, 1855 – Deutschland und BfA/Kommission).

Die Klage ist gegen die Union, vertreten durch das oder die Organe zu richten, denen der Kläger das rechtswidrige Verhalten zuordnet. Allerdings schadet es nicht, wenn die Klage direkt gegen das jeweilige Organ erhoben wird. EuG und EuGH deuten die Klage dann um.

2. Anforderungen an die Klageschrift

Der Inhalt der Klageschrift richtet sich nach Art. 21 der Satzung und Art. 44 VerfO-EuG. Der Kläger muss darlegen, dass ihm ein Organ oder Bediensteter der Union in Ausübung einer Amtstätigkeit einen Schaden zugefügt hat. Auch die Klage wegen legislativen Unrechts ist zulässig.

3. Verjährung

Der EuGH qualifiziert die in Art. 46 der Satzung geregelte Verjährungsfrist von fünf Jahren als Zulässigkeitsvoraussetzung, die aber nicht von Amts wegen zu prüfen ist (EuGHE, 20/88, 1989, 1553 – Roquette Frères). Nach der Rechtsprechung beginnt die Frist nicht schon mit dem schädigenden Ereignis, sondern erst, wenn sich der Schadenseintritt hinreichend konkretisiert hat (EuGHE, C-282/05 P, 2007, I-2941, Holcim/Kommission, Rn. 29). Außerdem ist die Vorschrift so auszulegen, dass dem Kläger noch eine angemessene Überlegungsfrist verbleiben muss, wenn er von dem schadensstiftenden Ereignis erst nach Ablauf der Frist erfahren hat (EuGHE, 145/83, 1985, 3539 – Adams).

Beispiel: Herr A, der für einen Schweizer Pharmakonzern arbeitete, gab der Kommission entscheidende Hinweise auf ein weltweit operierendes Pharmakartell. 1986 wird er deswegen in der Schweiz wegen „rechtswidriger Weitergabe von Geschäftsgeheimnissen" zu einer Gefängnisstrafe von 3 Jahren verurteilt. Erst 1995 erfährt er, dass seine Verurteilung auf einer Unachtsamkeit der Kommission beruhte, der es nicht gelang, die Identität ihres „Informanten" zu schützen. 1996 will er gegen die Union auf Schadenersatz klagen. An sich ist die Klage verjährt. Die Verjährungsfrist nach Art. 46 der Satzung beginnt jeweils mit Schadenseintritt, also an jedem seiner Tage im Gefängnis (Dauerschaden) zu laufen. Auch bezüglich seines letzten Tages im Gefängnis sind mehr als fünf Jahre vergangen (anders wäre es, wenn er 1993 Klage erhoben hätte; dann wären die Ansprüche bezüglich seiner letzten beiden Jahre im Gefängnis nicht verjährt). Aus allgemeinen Gerechtigkeitserwägungen muss der Kläger jedoch auch nach Verjährung gemäß Art. 46 der Satzung klagen können, wenn er, wie im vorliegenden Fall, erst nach Ablauf der maßgeblichen Frist vom schadensstiftenden Ereignis erfährt.

4. Rechtsschutzbedürfnis

Das Rechtsschutzbedürfnis fehlt, wenn der Kläger vorrangig andere Rechtsbehelfe ergreifen muss. Hierbei kann es sich sowohl um eine Nichtigkeits- oder Untätigkeitsklage nach Art. 263, 265 AEUV als auch um alternative nationale Klagemöglichkeiten handeln.

a) Verhältnis zur Nichtigkeits- und Untätigkeitsklage. Grundsätzlich steht der Zulässigkeit einer Schadensersatzklage *nicht* entgegen, dass eine unionsrechtliche Einzelfallentscheidung bestandskräftig geworden ist. Denn die Schadensersatzklage nach Art. 268 AEUV ist ein *selbständiger Rechtsbehelf mit eigenen Funktionen*. Sie unterscheidet sich von der Nichtigkeitsklage dadurch, dass sie nicht auf die Aufhebung einer bestimmten Maßnahme gerichtet ist, sondern auf Ersatz des von einem Organ verursachten Schadens (EuGHE, 175/84, 1986, 753 = Hummer, S. 338 – Krohn, Rn. 31).

Allerdings nimmt der EuGH einen Verfahrensmissbrauch an, wenn eine rechtzeitig erhobene Nichtigkeits- oder Untätigkeitsklage den Schadenseintritt verhindert hätte. Eine Schadensersatzklage ist demnach unzulässig, wenn sie auf Zahlung eines Betrages gerichtet ist, der genau dem Betrag einer Abgabe entspricht, die der Kläger aufgrund des Beschlusses eines Unionsorgans zahlen musste. Denn dann wird in Wirklichkeit mit der Schadensersatzklage die Aufhebung dieser Einzelfallentscheidung begehrt (Urteil Krohn, a.a.O., Rn. 32). Der Kläger kann also nicht „dulden und liquidieren", sondern muss durch Nichtigkeits- und Untätigkeitsklage soweit wie möglich zur Schadensvermeidung beitragen.

b) Verhältnis zu alternativen nationalen Rechtsbehelfen (z.B. Anfechtungsklage, Verpflichtungsklage, Folgenbeseitigung). Im Verhältnis zu alternativen nationalen Rechtsbehelfen gilt Ähnliches. Hätte der Kläger durch eine Anfechtungsklage vor den deutschen Gerichten in Verbindung mit einer etwaigen Gültigkeitsvorlage nach Art. 267 AEUV den Schadenseintritt verhindern können, ist seine Schadensersatzklage vor den Unionsgerichten rechtsmissbräuchlich. Es darf also kein nationaler Rechtsbehelf gegeben sein, der den Schadenseintritt verhindern würde. Der Geschädigte hat dann die nationalen Klagemöglichkeiten auszuschöpfen. Insoweit ist die Schadensersatzklage subsidiär (Urteil Krohn, a.a.O.).

Beispiel: Die Bundesanstalt für Landwirtschaft und Ernährung (BLE, ehemals BALM) erlässt, gestützt auf eine rechtswidrige EU-Verordnung, gegenüber einem Unternehmen einen Bescheid, wonach dieses eine Abgabe in Höhe von 1000 € zu bezahlen hat. Das Unternehmen kann diesen Bescheid vor dem Verwaltungsgericht anfechten. Dieses kann die Frage der Rechtswidrigkeit der Verordnung durch Einholung einer Vorabentscheidung nach Art. 267 AEUV klären lassen. Auch die Rückerstattung der bereits bezahlten 1000 € kann das Unternehmen in Form eines Folgenbeseitigungsanspruchs vor dem Verwaltungsgericht geltend machen. Eine Klage zum EuGH wäre deshalb vor Erschöpfung des nationalen Rechtswegs unzulässig und erst dann – möglicherweise – zulässig, wenn das letztinstanzliche Gericht entgegen Art. 268 Abs. 3 AEUV keine Vorabentscheidung über die Gültigkeit der Verordnung eingeholt hat.

Etwas anderes gilt jedoch dann, wenn Anfechtungs- oder Verpflichtungsklage vor dem nationalen Gericht nicht zur Schadensvermeidung oder zur Schadensbeseitigung führen können.

Beispiel: Die BLE verweigert auf Weisung der Kommission einem Unternehmen eine Einfuhrlizenz. Der daraus entstandene Schaden kann nicht dadurch wettgemacht werden, dass dem Unternehmen nach Jahren im Wege einer Verpflichtungsklage die Lizenz erteilt wird. Es kann daher in zulässiger Weise vor dem EuGH auf Schadensersatz klagen. Der Schaden ist in diesem Fall von der Kommission verursacht (vgl. EuGH, a.a.O.).

III. Begründetheit

Die Klage ist begründet, wenn der geltend gemachte Schadensersatzanspruch besteht. Die grundlegenden Voraussetzungen für diesen Anspruch sind bereits im Vertrag selbst genannt (Art. 340 Abs. 2 AEUV; vgl. auch Art. 41 Abs. 3 der Charta der Grundrechte der EU): Durch das Handeln eines EU-Organs oder eines EU-Bediensteten in Ausübung seiner Amtstätigkeit muss ein Schaden verursacht worden sein. Hinsichtlich der Einzelheiten wird jedoch auf die allgemeinen Rechtsgrundsätze verwiesen, die den Rechtsordnungen der Mitgliedstaaten gemeinsam sind. Aus diesen sind eigenständige unionsrechtliche Haftungsregeln zu entwickeln. Dabei kommt es auf ein wertendes Vorgehen an, bei dem die speziellen Vertragsziele und die Besonderheiten der Unionsstruktur zu berücksichtigen sind (GA Roemer EuGHE, 5/71, 1971, 975, 990 = Hummer, S. 328 – Schöppenstedt). Keineswegs muss ein Rechtsgrundsatz in allen Mitgliedstaaten oder auch nur in einer Mehrheit von ihnen anerkannt sein (GA Poiares Maduro, EuGHE, C-120/06 P – FIAMM, Rn. 55 f., GA' Kokott, EuGHE, C-550/07 P – Akzo, Rn. 92 ff.). Im Einzelnen stellen sich die Haftungsvoraussetzungen und Rechtsfolgen des Schadensersatzanspruchs wie folgt dar.

1. Haftungsvoraussetzungen

Die Voraussetzungen der außervertraglichen Haftung der Union sind nach ständiger Rechtsprechung (a) die Rechtswidrigkeit des dem Unionsorgan oder -bediensteten vorgeworfenen Verhaltens, (b) das tatsächliche Bestehen eines Schadens sowie (c) die Existenz eines Kausalzusammenhangs zwischen diesem Verhalten und dem geltend gemachten Schaden (EuGHE, C-243/05 P, 2006, I-10833 – Agraz, Rn. 26; EuGHE, C-47/07 P, 2008, I-9761 – Masdar, Rn. 49).

a) Rechtswidrigkeit. Das beanstandete Handeln des Organs (oder des Bediensteten) der Union muss rechtswidrig sein.

aa) Handeln in Ausübung der Amtstätigkeit. Wie sich bereits aus dem Wortlaut von Art. 340 Abs. 2 AEUV ergibt, müssen die Organe oder Bediensteten **in Ausübung ihrer Amtstätigkeit** gehandelt haben. Gemeint ist hoheitliches Handeln einschließlich der schlicht hoheitlichen Tätigkeit; das Handeln kann auch in einem Unterlassen bestehen (EuGH, C-120/06 P, 2008, I-6513 – FIAMM, Rn. 178). Keine hoheitliche Tätigkeit liegt etwa vor, wenn ein Bediensteter anlässlich einer Dienstreise mit einem privaten Fahrzeug einen Verkehrsunfall verursacht (EuGHE, 9/69 1969, 329 – Sayag).

Zur Amtstätigkeit gehört auch der Erlass von Richtlinien und Verordnungen durch die Organe. Die Union haftet somit grundsätzlich für ihr **legislatives Handeln**, obwohl nicht alle Mitgliedstaaten eine solche Haftung kennen. Wenn schon der Einzelne eine (echte) Verordnung zumeist nicht unmittelbar anfechten kann, soll er wenigstens den Ersatz eines etwaigen Schadens geltend machen können.

bb) Verstoß gegen eine (zumindest auch) individualschützende Norm. Die Rechtswidrigkeit des Verhaltens des Unionsorgans (oder -bediensteten) muss sich aus dem Verstoß gegen eine Norm ergeben, welche bezweckt, dem Einzelnen Rechte zu verleihen. Allerdings reicht es aus, dass die Norm in erster Linie Allgemeinbelangen wie dem freien Warenverkehr dient und nur im Reflex auch individuelle Interessen fördert (EuGHE, 5/66, 1967, 332/355 – Kampffmeyer). Im Bereich des Verwaltungshandelns hat das EuG beispielsweise eine Schadensersatzpflicht der Union angenommen, weil die Kommission einen Unternehmenszusammenschluss in rechtswidriger Weise verboten hatte (EuG, T-351/03, 2007, II-2237 – Schneider/Kommission). Rechtswidrig ist das Verwaltungshandeln auch im Fall der Verletzung einer dem Unionsorgan obliegenden Sorgfaltspflicht (EuGH, C-47/07 P, 2008, I-9761 – Masdar, Rn. 91). Im Bereich der Rechtsetzung kann sich die Rechtswidrigkeit des Verhaltens eines Organs auch aus dem Unterlassen einer Entschädigungsregelung für Härtefälle ergeben, wenn dadurch etwa das Eigentumsgrundrecht oder die Berufsfreiheit beeinträchtigt werden (EuGHE, C-120/06 P, 2008, I-6513 – FIAMM, Rn. 184).

Zu beachten ist, dass Verstöße gegen WTO-Recht keine Haftung für rechtswidriges Verhalten auslösen können, da der EuGH das WTO-Recht in ständiger Rechtsprechung nicht als Maßstab für die Prüfung der Rechtmäßigkeit des Handelns der Union anerkennt (Urteil FIAMM, a.a.O., Rn. 110 ff.; vgl. auch oben S. 169).

cc) Hinreichend qualifizierter Verstoß. Die frühere Rechtsprechung unterschied zwischen **legislativem und administrativem** Unrecht. Bei legislativem Unrecht genügte nicht jeder Verstoß gegen eine Norm, die den Kläger schützt. Vielmehr wurde die Haftung der Union für Rechtsvorschriften, deren Erlass wirtschaftspolitische Entscheidungen voraussetzt, nur durch eine hinreichend qualifizierte Verletzung höherrangigen Rechts ausgelöst (sog. „Schöppenstedt-Formel", EuGHE, 5/71, 1971, 975, Rn. 11).

Im Urteil Bergaderm (EuGHE, C-352/98, 2000, I-5291, Rn. 39 ff.) hat der EuGH diese Unterscheidung aufgegeben und wendet die Schöppenstedt-Formel nunmehr auf alle Fälle an; damit hat er seine Rechtsprechung zu Art. 340 AEUV der Rechtsprechung zur Haftung der Mitgliedstaaten (s. o. S. 113 ff.) angepasst. Die Union haftet also stets nur, wenn die Rechtsnorm, gegen die verstoßen worden ist, bezweckt, dem Einzelnen Rechte zu verleihen, und wenn der Verstoß **hinreichend qualifiziert** ist. Das entscheidende Kriterium für die Beurteilung der Frage, ob ein Verstoß gegen das Unionsrecht als hinreichend qualifiziert anzusehen ist, besteht darin, dass ein Unionsorgan die Grenzen, die seinem **Entscheidungsermessen** gesetzt sind, **offenkundig und erheblich überschritten** hat. Damit kommt es für die Haftung der Union nicht mehr primär darauf an, ob die angegriffene Maßnahme allgemeine Geltung hat oder einzelfallbezogen ist, sondern ob dem Urheber der Maßnahme ein weites Entscheidungsermessen zustand oder nicht. Folgende zwei Fälle sind diesbezüglich zu unterscheiden:

- Wenn das betreffende Organ nur über einen erheblich verringerten oder gar auf Null **reduzierten Gestaltungsspielraum** verfügt, kann auch bei legislativem Unrecht die bloße Verletzung des Unionsrechts ausreichen, um einen hinreichend qualifizierten Verstoß anzunehmen.
- Hat das Organ dagegen einen **weiten Gestaltungsspielraum** (dies ist bei legislativem Handeln wie z. B. beim Erlass der Tabakwerbeverbotsrichtlinie oder der Bananenmarktverordnung der Normalfall, trifft aber auch beim Erlass mancher Beschlüsse in Einzelfällen zu), so muss es die Grenzen dieses Spielraums offenkundig und erheblich überschritten haben. Es muss also ein eklatanter Verstoß gegen höherrangiges Unionsrecht vorliegen, so dass das Verhalten der Union an Willkür grenzt (EuGHE, C-120/06 P, 2008, I-6513 – FIAMM, Rn. 171 ff.). Auch die Komplexität der jeweiligen Materie wird insoweit zu berücksichtigen sein (EuGHE, C-282/05 P, 2007, I-2941, Holcim/Kommission, Rn. 50 ff.).

dd) Kein gesondertes Verschuldenserfordernis. Die Haftung nach Art. 340 Abs. 2 AEUV setzt **kein Verschulden** voraus. Dass ein Rechtsverstoß verschuldet oder unverschuldet war, kann jedoch, wie soeben erwähnt, indirekt bei der Frage Berücksichtigung finden, ob dieser Verstoß hinreichend qualifiziert ist.

b) Schaden. Der Schadenseintritt muss tatsächlich und sicher sein, wofür den Anspruchsteller die Beweislast trifft. Der Umstand allein, dass ein Unionsorgan auf einem bestimmten Gebiet über einen weiten Gestaltungs- oder Ermessensspielraum verfügt, schließt die Annahme eines Schadens keineswegs aus (EuGHE, C-243/05 P, 2006, I-10833 – Agraz, Rn. 27 ff.).

c) Kausalität. Zwischen dem Verhalten der Organe oder Bediensteten und dem Eintritt des Schadens muss ein **unmittelbarer Kausalzusammenhang** bestehen. Der EuGH vertritt eine Art weit gefasste Adäquanztheorie. Er definiert die Kausalität als unmittelbaren ursächlichen Zusammenhang, subsumiert aber unter den Begriff der Unmittelbarkeit auch Probleme, die deutschen Juristen als Fragen des Schutzbereichs einer Norm sowie des rechtmäßigen Alternativverhaltens bekannt sind (v. Bogdandy JuS 1990, 872).

Das Erfordernis des unmittelbaren Kausalzusammenhangs spielt auch dann eine Rolle, wenn ein Mitgliedstaat Unionsrecht im indirekten Vollzug durchzuführen hat. Das Organ hat dann den Schaden durch Setzung rechtswidrigen Unionsrechts unmittelbar verursacht, wenn dem Mitgliedstaat bei dessen Durchführung keine eigenständige Entscheidungsmöglichkeit verbleibt. Trifft jedoch die nationale Behörde eine Maßnahme, ohne hierzu aufgrund des Unionsrechts gezwungen zu sein, so ist die Kausalität zu verneinen. Die rechtswidrige Maßnahme ist dem Mitgliedstaat zuzurechnen (EuGHE, 175/84, 1986, 753 – Krohn).

Merke: Trifft eine nationale Behörde eine Maßnahme, zu der sie nicht aufgrund Unionsrechts gezwungen ist, hat die Union einen daraus entstehenden Schaden nicht verursacht. Eine Haftung der Union nach Art. 340 Abs. 2 AEUV scheidet also aus. Der Kläger muss einen nationalen Rechtsbehelf ergreifen. Umgekehrt muss er sich an die Union halten, wenn sich der Mitgliedstaat darauf beschränkt, eine möglicherweise rechtswidrige Verordnung, z. B. eine Embargomaßnahme oder das Einfrieren von Vermögenswerten von Terrorismusverdächtigen, zu vollziehen (vgl. BGH NJW 1994, 858 – Irak-Embargo).

2. Rechtsfolge: Schadensersatz

Der zu ersetzende Schaden wird ähnlich wie im deutschen Recht (§§ 249 ff. BGB) zu berechnen sein. Entgangener Gewinn kann davon ebenso erfasst sein wie ein etwaiger immaterieller Schaden (zu Letzterem vgl. EuGHE, 145/83, 1985, 3539 – Adams).

Bei der Höhe des zu ersetzenden Schadens ist ein etwaiges Mitverschulden (wie nach § 254 BGB) zu berücksichtigen. Ebenso trifft den Geschädigten eine Schadensminderungspflicht (EuGH, C-104/89, 1992, I-3061 – Mulder Rn. 33). Vorteilsausgleichungen sind vorzunehmen. Schließlich hat der Kläger Anspruch auf Verzugszinsen vom Tag der Verkündung des Urteils an (vgl. EuGH, a. a. O., Rn. 35).

3. Exkurs: Haftung auch für rechtmäßiges Verhalten?

Lange Zeit war unklar, ob die Union auch für das rechtmäßige Verhalten ihrer Organe und Bediensteten haftbar gemacht werden kann. Insbesondere das Urteil Dorsch Consult gab diesbezüglich zu Spekulationen Anlass, hatte sich doch der Gerichtshof darin zu den möglichen Voraussetzungen einer Haftung für rechtmäßiges Handeln geäußert und sie wie folgt definiert: (a) tatsächlicher Schadenseintritt, (b) ursächlicher Zusammenhang zwischen dem Schaden und dem in Frage stehenden Verhalten eines Unionsorgans, (c) außergewöhnlicher und besonderer Charakter des Schadens (EuGHE, C-237/98 P, 2000, I-4549, Rn. 19; zuvor bereits EuGHE 267/82, 1986, 1907 = Hummer, S. 412 – Développement; vgl. auch die Schlussanträge von GA Poiares Maduro in der Rs. FIAMM, C-120/06 P).

Inzwischen hat der Gerichtshof jedoch klargestellt, dass das Unionsrecht – anders als einige nationale Rechtsordnungen – bei seinem derzeitigen Entwicklungsstand **keine Haftung für rechtmäßiges Handeln** der Organe und Bediensteten der Union kennt (EuGH, C-120/06 P, 2008, I-6513 – FIAMM, Rn. 176). Wenngleich sich diese Feststellung ausdrücklich nur auf die **Rechtsetzung** bezieht, dürfte sie erst recht auch auf das Verwaltungshandeln übertragbar sein, mit dem die in Frage stehenden Rechtsakte umgesetzt werden. Aus der Erwähnung bestimmter Kriterien im Urteil Dorsch Consult kann also letztlich kein Rückschluss auf das tatsächliche Bestehen eines unionsrechtlichen Haftungsgrundsatzes in Bezug auf rechtmäßiges hoheitliches Handeln gezogen werden.

Die Skepsis des Gerichtshofs gegenüber einer Haftung für rechtmäßiges Handeln im Rahmen der Rechtsetzung scheint im Wesentlichen zwei Ursachen zu haben: Zum einen vermisst der EuGH eine hinreichende Konvergenz der nationalen Rechtsordnungen, aus der er einen unionsrechtlichen Haftungsgrundsatz herleiten könnte. Zum anderen soll der Handlungsspielraum der Unionsorgane bei der Rechtsetzung nicht durch Haftungsrisiken eingeengt werden.

IV. Die Durchsetzung sonstiger außervertraglicher Ansprüche

Wie inzwischen geklärt ist, ist die Klage nach Art. 268 AEUV nicht allein zur Durchsetzung von Amtshaftungsansprüchen gemäß Art. 340 Abs. 2, 3 AEUV zulässig. Aus dem Grundsatz des effektiven Rechtsschutzes folgt, dass mit dieser Klage auch sonstige außervertragliche Ansprüche gegen die Union geltend gemacht werden können, insbesondere Ansprüche aus **ungerechtfertigter Bereicherung** und aus **Geschäftsführung ohne Auftrag** (EuGH, C-47/07 P, 2008, I-9761 – Masdar, Rn. 47–50). Hinsichtlich der Begründetheit solcher Ansprüche ist wiederum auf die allgemeinen Rechtsgrundsätze zurückzugreifen, die den Rechtsordnungen der Mitgliedstaaten gemeinsam sind. Aus ihnen folgt beispielsweise, dass ein Bereicherungsanspruch kein rechtswidriges Handeln eines Unionsorgans voraussetzt. Vielmehr genügt es, dass die Union bereichert ist und der Anspruchsteller einen Verlust erlitten hat, ohne dass es dafür einen Rechtsgrund gäbe. Ein Rechtsgrund kann sich etwa aus einem wirksamen Vertrag ergeben (EuGH, C-47/07 P, 2008, I-9761 – Masdar, Rn. 44–46, 54 ff.).

Klausurhinweis: Solange der EuGH keine näheren Angaben zu den Voraussetzungen für Ansprüche aus ungerechtfertigter Bereicherung und aus Geschäftsführung ohne Auftrag herausarbeitet, ist es vertretbar, sich bei der Lösung europarechtlicher Fälle an den aus dem deutschen Zivilrecht bekannten Grundsätzen und Wertungen zu orientieren, wobei allerdings Formulierungen zu vermeiden sind, die auf eine „analoge" oder „entsprechende" Anwendung hindeuten.

E. Die inzidente Normenkontrolle

I. Voraussetzungen und Inhalt

Die inzidente Normenkontrolle (Einrede der Rechtswidrigkeit, Inzidentrüge) nach Art. 277 AEUV ist **keine eigene Klageart,** sondern ist nur im Rahmen eines nach anderen Vorschriften vor dem EuGH oder EuG anhängigen Verfahrens anwendbar (EuGHE, 31/62, 1962, 1027, 1042, Wöhrmann und Lütticke/Kommission).

Der typische Anwendungsfall des Art. 277 AEUV ist folgender: Die Kommission erlässt gestützt auf eine Verordnung einen Beschluss gegen einen Einzelnen. Dieser erhebt gegen den Beschluss Nichtigkeitsklage zum EuG gemäß Art. 263 Abs. 4 AEUV und macht gestützt auf Art. 277 AEUV geltend, der Beschluss sei für nichtig zu erklären, weil die ihm zugrunde liegende Verordnung aus den Nichtigkeitsgründen des Art. 263 Abs. 2 AEUV unanwendbar sei.

Beachte: Vor den nationalen Gerichten kann ein Kläger ebenfalls die Rechtswidrigkeit eines einem nationalen Verwaltungsakt zugrunde liegenden Unionsrechtsakts inzident geltend machen (z.B. im Landwirtschaftsrecht oder im Zollrecht). Das nationale Gericht kann bzw. muss den EuGH dann im Rahmen einer Gültigkeitsvorlage nach Art. 267 AEUV anrufen. Diese Möglichkeit der Inzidentrüge vor nationalen Gerichten folgt aus allgemeinen Rechtsgrundsätzen und nicht aus Art. 277 AEUV. Sie unterliegt deshalb auch grundsätzlich nicht den Tatbestandseinschränkungen dieser Norm. Nach der Rechtsprechung Textilwerke Deggendorf kann die Rechtmäßigkeit eines Unionsrechtsakts jedoch dann nicht mehr vor den nationalen Gerichten geltend gemacht werden, wenn der Kläger die fragliche Entscheidung sicher (zweifellos) nach Art. 263 AEUV vor dem EuG hätte anfechten können (vgl. S. 137 und S. 335).

Die inzidente Normenkontrolle soll in erster Linie den Rechtsschutz des Einzelnen ergänzen, der bestimmte Rechtsakte mangels Klageberechtigung gemäß Art. 263 Abs. 4 AEUV nicht anfechten kann. Seit dem Vertrag von Lissabon kann die Inzidentrüge gegen alle **Rechtsakte mit allgemeiner Geltung** erhoben werden (Art. 277 AEUV). Dabei handelt es sich – wie schon bislang (vgl. Art. 241 EGV) – hauptsächlich um **Verordnungen**. Aber auch **Beschlüsse** können ausnahmsweise erfasst sein, sofern sie einmal nicht zur Regelung eines Einzelfalls ergehen, sondern abstrakt-generellen Inhalts sind (in diesem Sinne schon die bisherige Rechtsprechung, vgl. EuGHE, 92/78, 1979, 777 – Simmenthal).

Da Art. 277 AEUV den Rechtsschutz Einzelner ergänzen soll, ist fraglich, ob auch **Mitgliedstaaten und Unionsorgane** die Inzidentrüge erheben können. Denn ihnen steht gegen alle Rechtsakte innerhalb der Frist des Art. 263 Abs. 6 AEUV als privilegiert Klageberechtigten stets die Nichtigkeitsklage offen. Dennoch bejaht die h. M. die Möglichkeit der Inzidentrüge auch für Mitgliedstaaten und Organe, was für diese in Vertragsverletzungsverfahren bzw. im Rahmen von Untätigkeitsklagen relevant werden kann. Denn der Wortlaut des Art. 277 AEUV „jede Partei" könne nicht einschränkend als „jede Partei außer den Mitgliedstaaten und Organen" gelesen werden (so nunmehr auch EuGHE, C-442/04, 2008, I-3517 – Spanien/Rat, Rn. 22). Außerdem werde die etwaige Rechtswidrigkeit einer Verordnung oft erst nach Ablauf der Klagefrist deutlich.

Hingegen kann sich kein Mitgliedstaat im Vertragsverletzungsverfahren darauf berufen, die **Richtlinie** oder der **Beschluss** zur Entscheidung eines Einzelfalls, denen er nicht nachkommt, sei gemäß Art. 277 AEUV unanwendbar. Denn diese Vorschrift bezieht sich nur auf Rechtsakte mit allgemeiner Geltung. Für eine erweiternde Auslegung besteht insoweit kein Anlass. Vielmehr können und müssen die Mitgliedstaaten die Richtlinie oder den Beschluss rechtzeitig gemäß Art. 263 AEUV anfechten und dürfen nicht zur Selbsthilfe greifen, indem sie deren Umsetzung verweigern (EuGHE, C-53/05, 2006, I-6215, Kommission/Portugal, Rn. 30; vgl. auch oben S. 157).

II. Wirkung einer erfolgreichen Inzidentrüge

Hat die Inzidentrüge Erfolg, stellt der EuGH in den Gründen seiner Entscheidung die Unanwendbarkeit der gerügten Verordnung fest. Das Urteil wirkt insoweit nur zwischen den Parteien und führt nicht etwa zur Nichtigerklärung des inzident gerügten Rechtsakts. Doch wird das Organ, das die Verordnung erlassen hat, diese von sich aus aufheben; dabei handelt es sich nicht notwendigerweise um das in der Hauptsache unterlegene Organ.

F. Rechtsmittelverfahren und Überprüfungsverfahren

Die Entscheidungen des EuG unterliegen einer rechtlichen Kontrolle durch den EuGH. Diese Kontrolle übt der Gerichtshof je nach Sachlage entweder im Rechtsmittelverfahren oder durch das so genannte Überprüfungsverfahren aus.

I. Das Rechtsmittelverfahren

Für alle Rechtsstreitigkeiten, die in Form von **Direktklagen** zum Gericht (EuG) gelangen, fungiert der Gerichtshof als Rechtsmittelinstanz. Zum einen handelt es sich dabei um Nichtigkeitsklagen nach Art. 263 AEUV und Untätigkeitsklagen nach Art. 265 AEUV, es sei denn, diese Klagen sind ausnahmsweise gemäß Art. 51 der Satzung dem Gerichtshof als erster und letzter Instanz vorbehalten. Zum anderen fallen in diese Kategorie alle Schadensersatzklagen nach Art. 268 AEUV sowie alle Klagen aufgrund von Schiedsklauseln nach Art. 272 AEUV. Nicht erfasst sind hingegen Vertragsverletzungsverfahren nach Art. 258–260 AEUV, weil diese in die ausschließliche Zuständigkeit des Gerichtshofs fallen (Umkehrschluss aus Art. 256 Abs. 1 AEUV). Sollte dem EuG einmal die Zuständigkeit für Vorabentscheidungsverfahren auf bestimmten Gebieten übertragen werden, so wären seine diesbezüglichen Urteile und Beschlüsse ebenfalls keinem Rechtsmittel-, sondern lediglich einem Überprüfungsverfahren zugänglich (Art. 256 Abs. 3 AEUV; vgl. dazu unten II.).

1. Zulässigkeit des Rechtsmittels

Die Zulässigkeit des Rechtsmittels ist in Art. 56–58 der Satzung sowie in Art. 110–113 VerfO-EuGH geregelt.

a) Gegenstand des Rechtsmittels (Art. 56 Abs. 1, 57 der Satzung): Das Rechtsmittel ist statthaft gegen die vom EuG erlassenen Endentscheidungen sowie gegen seine Entscheidungen über einen Teil des Streitgegenstands. Dem Rechtsmittel zugänglich sind ferner Entscheidungen des EuG über Zwischenstreite, die eine Einrede der Unzulässigkeit oder der Unzuständigkeit zum Gegenstand haben, sowie Beschlüsse, mit denen das EuG die Zulassung von Streithelfern ablehnt. Außerdem sind die Beschlüsse des Präsidenten des EuG im einstweiligen Rechtsschutz mit einem Rechtsmittel zum Präsidenten des EuGH anfechtbar. Hingegen können die Kostenentscheidung des EuG und die Kostenfestsetzung für sich allein genommen nicht mit dem Rechtsmittel angegriffen werden (Art. 58 Abs. 2 der Satzung).

b) Rechtsmittelberechtigung und Rechtsschutzinteresse: Das Rechtsmittel kann von jeder Partei – auch von Streithelfern – eingelegt werden, die mit ihren Anträgen in erster Instanz ganz oder teilweise unterlegen ist (Art. 56 Abs. 2 der Satzung). Insbesondere steht die Rechtsmittelberechtigung zum einen dem Kläger aus erster Instanz zu, dessen Klage vom EuG (ggf. teilweise) als unzulässig oder unbegründet abgewiesen worden ist, sowie seinen etwaigen Streithelfern. Rechtsmittelberechtigt ist zum anderen das beklagte Organ aus erster Instanz, das vom EuG (ggf. teilweise) „verurteilt" wurde, indem etwa sein angefochtener Rechtsakt aufgehoben, seine Untätigkeit festgestellt oder ihm eine Schadensersatzleistung auferlegt wurde. Darüber hinaus steht aber das Rechtsmittel auch dem beklagten Organ offen, das in einem bloßen Zwischenstreit über die Zulässigkeit der erstinstanzlichen Klage unterlegen war, mag es auch in der Sache voll obsiegt haben. Ein Rechtsmittel kann also beispielsweise von der Kommission eingelegt werden, wenn diese im erstinstanzlichen Verfahren die Einrede der Unzulässigkeit erhoben oder die Erledigung der Hauptsache geltend gemacht hatte, während das Gericht die gegen die Kommission gerichtete Klage lediglich als unbegründet abgewiesen hat (EuGHE, C-141/02 P, Slg. 2005, I-1283 – max.mobil, Rn. 50–51; EuGHE, C-362/05 P, 2007, I-4333 – Wunenburger, Rn. 37–40).

Zu beachten ist überdies, dass die Mitgliedstaaten und die Organe der Union **privilegiert rechtsmittelberechtigt** sind. Sie können also selbst dann gegen Urteile oder Beschlüsse des EuG vorgehen, wenn sie nicht als Kläger, Beklagte oder Streithelfer am erstinstanzlichen Verfahren beteiligt waren (Art. 56 Abs. 2, 3 der Satzung); ein besonderes Interesse am Ausgang des Rechtsstreits müssen sie nicht dartun (EuGHE, C-49/92 P, 1999, I-4125 – Anic, Rn. 171). Alle anderen Rechtsmittelführer benötigen hingegen zum Zeitpunkt der Einlegung ihres Rechtsmittels ein **Rechtsschutzinteresse**, das auch bis zur Entscheidung des Gerichtshofs fortdauern muss. Die Aufhebung des erstinstanzlichen Urteils oder Beschlusses muss dem Rechtsmittelführer also im Ergebnis noch einen Vorteil verschaffen können (EuGHE, C-19/93 P, 1995, I-3319 – Rendo, Rn. 13). Daran fehlt es beispielsweise, wenn der in erster Instanz angefochtene Beschluss der Kommission keinerlei Rechtswirkungen mehr entfaltet, weil er von der Kommission selbst zurückgenommen wurde oder wegen eines zwischenzeitlich ergangenen neuen Beschlusses gegenstandslos geworden ist (EuGHE, C-362/05 P, 2007, I-4333 – Wunenburger, Rn. 42 ff.; Schlussanträge von GA' Kokott in der Rs. Bertelsmann & Sony / Impala, C-413/06 P, Rn. 73 ff.).

c) Das Rechtsmittel ist auf Rechtsfragen beschränkt (Art. 256 Abs. 1 UAbs. 2 AEUV, Art. 58 Abs. 1 Satz 1 der Satzung). Der EuGH ist also im Rechtsmittelverfahren keine Berufungs-, sondern eine reine Revisionsinstanz. Dementsprechend ist die vom EuG vorgenommene Tatsachenfeststellung sowie seine Tatsachen- und Beweiswürdigung einer Überprüfung durch den EuGH nicht zugänglich. Anders ausgedrückt ist der EuGH im Rechtsmittelverfahren nicht dazu berufen, seine eigene Würdigung der Tatsachen und Beweismittel an die Stelle der Beurteilung des EuG zu setzen. Nach ständiger Rechtsprechung prüft der Gerichtshof jedoch, ob das Gericht Tatsachen oder Beweismittel *verfälscht* hat. Eine solche Verfälschung liegt vor, wenn die Würdigung des Gerichts offensichtlich unzutreffend war, was allein nach Aktenlage geprüft wird; der Rechtsmittelführer ist hierfür darlegungs- und beweispflichtig. Außerdem kann vor dem EuGH gerügt werden, die vom EuG verwendeten Beweise seien nicht ordungsgemäß erhoben worden. Zu den im Rechtsmittelverfahren überprüfbaren Rechtsfragen gehört ferner die rechtliche Qualifizierung von Tatsachen, d.h. die rechtlichen Schlussfolgerungen, die das Gericht aus den von ihm festgestellten Tatsachen gezogen hat. Eine Rechtsfrage ist es auch, ob das EuG überzogene Anforderungen an die Begründung einer Entscheidung der Kommission gestellt hat oder ob es sein eigenes erstinstanzliches Urteil ausreichend begründet hat (zum Ganzen: EuGHE, C-7/95 P, 1998, I-3111 – John Deere, Rn. 17–22; EuGHE, C-440/07 P, 2009, I-6413 – Kommission/Schneider Electric, Rn. 102–104, 191).

d) Anforderungen an die Rechtsmittelschrift (Art. 112, 113 VerfO-EuGH): Eine Unterscheidung zwischen Revisionseinlegung und Revisionsbegründung ist dem Rechtsmittelverfahren vor dem EuGH fremd. Bereits in der Rechtsmittelschrift müssen deshalb neben den Rechtsmittelanträgen auch die angegriffenen Teile des erstinstanzlichen Urteils oder Beschlusses sowie die Rechtsmittelgründe genau angegeben werden. Anträge sowie Angriffs- oder Verteidigungsmittel, die darauf hinauslaufen, den Gegenstand des erstinstanzlichen Rechtsstreits zu erweitern oder zu verändern, sind unzulässig.

Wichtig ist, dass nach der Rechtsprechung des EuGH ein pauschaler Verweis des Rechtsmittelführers auf sein Vorbringen aus erster Instanz ebenso wenig ausreicht wie die schlichte Wiederholung jenes Vorbringens. Zwar kann der Rechtsmittelführer selbstredend bei seiner in erster Instanz vertretenen Rechtsauffassung bleiben, er muss diese jedoch mit konkreten rechtlichen Kritikpunkten an der erstinstanzlichen Gerichtsentscheidung verknüpfen.

e) Die Rechtsmittelfrist beträgt zwei Monate ab Zustellung der angefochtenen Entscheidung (Art. 56 Abs. 1 Hs. 2 der Satzung) und wird gemäß Art. 81 § 2 VerfO-EuGH um einen pauschalen Entfernungszuschlag von zehn Tagen verlängert.

2. Begründetheit des Rechtsmittels

Begründet ist das Rechtsmittel, wenn zumindest einer der vom Rechtsmittelführer vorgebrachten **Rechtsmittelgründe** durchgreift. Die möglichen Rechtsmittelgründe sind in Art. 58 Abs. 1 Satz 2 VerfO/EuGH aufgelistet und ähneln den Nichtigkeitsgründen im Rahmen der Nichtigkeitsklage. Es handelt sich

- um die Unzuständigkeit des Gerichts,
- um Verfahrensfehler, durch die die Interessen des Rechtsmittelführers beeinträchtigt werden, und
- um die Verletzung des Unionsrechts durch das Gericht; letzterer Rechtsmittelgrund bildet einen Auffangtatbestand, so dass im Ergebnis die Möglichkeit einer umfassenden rechtlichen Überprüfung der erstinstanzlichen Entscheidung sichergestellt ist.

Der EuGH hebt Urteile und Beschlüsse des EuG nur dann auf, wenn etwaige Rechtsfehler sich auf den Tenor der erstinstanzlichen Entscheidung ausgewirkt haben. Erweist sich der Tenor aus anderen Gründen als den vom EuG genannten als rechtens, so wird das Rechtsmittel als unbegründet abgewiesen (EuGH, C-120/06 P, 2008, I-6513 – FIAMM, Rn. 187–189). Ein Rechtsmittelgrund, der selbst im Fall seiner Begründetheit von vornherein nicht zur Aufhebung des angefochtenen Urteils oder Beschlusses führen könnte, wird im Sprachgebrauch der Unionsgerichte als „wirkungslos" (Französisch: „inopérant") bezeichnet und führt zur Abweisung als unbegründet; dies kommt insbesondere dann vor, wenn der Rechtsmittelführer Teile der erstinstanzlichen Entscheidung angreift, in denen keine tragenden Gründe, sondern lediglich „obiter dicta" enthalten sind.

Wenngleich im Normalfall nur die vom Rechtsmittelführer gerügten Rechtsmittelgründe geprüft werden, kann der EuGH nach ständiger Rechtsprechung bestimmte Rechtsfehler auch von Amts wegen aufgreifen. Dazu gehören insbesondere die Zulässigkeitsvoraussetzungen der Klage, wie z.B. die Klageberechtigung des erstinstanzlichen Klägers, die Einhaltung der Klagefrist und das Rechtsschutzinteresse.

3. Verfahren vor dem Gerichtshof

Wie schon das erstinstanzliche Verfahren, besteht auch das Rechtsmittelverfahren aus einem schriftlichen und einem mündlichen Teil. Allerdings beschränkt sich der **schriftliche Verfahrensteil** hier im Regelfall auf den Austausch einer einzigen Runde Schriftsätze dergestalt, dass alle Verfahrensbeteiligten aus erster Instanz, die nicht selbst Rechtsmittelführer sind, binnen zwei Monaten eine Rechtsmittelbeantwortung einreichen können (Art. 115, 116 VerfO-EuGH). Replik und Duplik stellen den Ausnahmefall dar und bedürfen der Genehmigung durch den Präsidenten (Art. 117 § 1 VerfO-EuGH). In der Rechtsmittelbeantwortung kann freilich ein **Anschlussrechtsmittel** enthalten sein, auf das stets eine gesonderte Antwort möglich ist (Art. 117 § 2 VerfO-EuGH). Der Gerichtshof kann auch davon absehen, eine **mündliche Verhandlung** abzuhalten, es sei denn, eine Partei hat unter Angabe von triftigen Gründen eine solche Verhandlung beantragt (Art. 120 VerfO-EuGH). Insgesamt zeigt sich, dass das Rechtsmittel in einem strafferen Verfahren verhandelt wird als noch die erstinstanzliche Klage. Dies rechtfertigt sich dadurch, dass der Rechtsstreit bereits in erster Instanz umfassend aufgearbeitet wurde und sich nurmehr auf einzelne strittige Rechtsfragen beschränken soll.

Die vom EuG zugelassenen Streithelfer haben im Rechtsmittelverfahren den Status von „anderen Verfahrensbeteiligten", d.h. ihre Mitwirkung bedarf keiner erneuten Zulassung durch den EuGH. Der EuGH kann allerdings weitere Streithelfer zulassen, die in erster Instanz noch nicht beteiligt waren.

Verfahrenssprache des Rechtsmittelverfahrens ist in der Regel die Sprache, in der die angefochtene Entscheidung aus erster Instanz ergangen ist (Art. 110 VerfO-EuGH).

4. Entscheidung des Gerichtshofs

In der Regel entscheidet der Gerichtshof über das Rechtsmittel im Wege eines Urteils, dem Schlussanträge des Generalanwalts vorausgehen (Ausnahme: Artikel 20 Abs. 5 der Satzung). Ist jedoch das Rechtsmittel offensichtlich unzulässig oder offensichtlich unbegründet, so kann der Gerichtshof es jederzeit durch Beschluss zurückweisen, und zwar ohne vorherige mündliche Verhandlung und nach bloßer Anhörung des Generalanwalts (Art. 119 VerfO-EuGH). Letzteres kommt in der Praxis relativ häufig vor, weil eine Vielzahl von Rechtsmitteln in unzulässiger Weise die Tatsachen- und Beweiswürdigung des EuG hinterfragt oder sich darauf beschränkt, das Vorbringen der jeweiligen Partei aus erster Instanz pauschal wiederzugeben, ohne konkrete Kritikpunkte am erstinstanzlichen Urteil oder Beschluss vorzubringen.

Die Aufhebung der erstinstanzlichen Entscheidung erfolgt stets durch Urteil. Der Gerichtshof entscheidet in einem solchen Fall selbst über das Schicksal der erstinstanzlichen Klage, sofern der Rechtsstreit zur Entscheidung reif ist. Andernfalls verweist er den Fall zur erneuten Entscheidung an das Gericht erster Instanz zurück, welches dann an die rechtliche Beurteilung des EuGH gebunden ist. Zur Zurückverweisung kommt es insbesondere dann, wenn der Sachverhalt noch weiterer Aufklärung bedarf. Wird der Fall zurückverwiesen, so ist das EuG nicht verpflichtet, den Fall einem anderen Spruchkörper zuzuweisen als im ursprünglichen Verfahren (EuGH, C-341/06 P, 2008, I-4777 – Chronopost/Ufex, Rn. 57, 58).

Über die Kosten entscheidet der EuGH nur, wenn er das Rechtsmittel zurückweist oder wenn er die erstinstanzliche Entscheidung aufhebt und „durchentscheidet"; im Fall der Zurückverweisung bleibt die Kostenentscheidung vorbehalten.

Vgl. zum Ganzen Art. 61 Abs. 1 und 2 der Satzung und Art. 122 VerfO-EuGH.

5. Das Gericht (EuG) als Rechtsmittelinstanz

Für Fälle, in denen ein Fachgericht die erstinstanzliche Gerichtsbarkeit ausübt, fungiert nicht der EuGH, sondern das EuG die Rechtsmittelinstanz (Art. 256 Abs. 2 AEUV). Bislang gilt dies allein für beamtenrechtliche Streitigkeiten nach Art. 270 AEUV mit dem Gericht für den öffentlichen Dienst der EU als Fachgericht. Mit der etwaigen Schaffung weiterer Fachgerichte wird sich auch die Rechtsmittelzuständigkeit des EuG ausweiten.

Vgl. zum Ganzen Art. 9–13 des Anhangs der Satzung und Art. 137 ff. VerfO-EuG.

II. Das Überprüfungsverfahren

Neben dem Rechtsmittelverfahren ist das Überprüfungsverfahren ein weiteres Instrument, mit dem der EuGH seine rechtliche Kontrolle über Entscheidungen des EuG ausübt. Beide Verfahrenstypen sind streng auseinanderzuhalten. Während das Rechtsmittelverfahren auf einem ordentlichen Rechtsbehelf beruht und – jedenfalls auch – dem Individualrechtsschutz und der Einzelfallgerechtigkeit dient, wird das Überprüfungsverfahren nur höchst ausnahmsweise durchgeführt und dient ausschließlich der Wahrung der Rechtseinheit, letztlich also dem Allgemeininteresse. Deutliche Unterschiede bestehen im Übrigen auch hinsichtlich des Anwendungsbereichs und der Ausgestaltung der beiden Verfahren.

1. Anwendungsbereich des Überprüfungsverfahrens

Das Überprüfungsverfahren kennt gemäß Art. 256 AEUV zwei mögliche Anwendungsfälle.

Erstens können die Entscheidungen des EuG als Rechtsmittelgericht Gegenstand einer Überprüfung durch den EuGH sein (Art. 256 Abs. 2 UAbs. 2 AEUV). Derzeit ist eine solche Überprüfung allein für beamtenrechtliche Streitigkeiten von Belang, die beim Gericht für den öffentlichen Dienst als Fachgericht ihren Ausgang nehmen. Sollten künftig weitere Fachgerichte, etwa im Bereich des Markenrechts, geschaffen werden, würde sich der sachliche Anwendungsbereich des Überprüfungsverfahrens entsprechend erweitern.

Zweitens kann das Überprüfungsverfahren zur Anwendung kommen, wenn das EuG über ein Vorabentscheidungsersuchen entscheidet (Art. 256 Abs. 3 UAbs. 3 AEUV). Da aber dem EuG bislang keine Zuständigkeiten für Vorabentscheidungsersuchen übertragen worden sind, ist diese Spielart des Überprüfungsverfahrens – jedenfalls vorerst – ohne praktische Bedeutung.

2. Kriterium für die Einleitung des Überprüfungsverfahrens

Wie schon der Wortlaut von Art. 256 Abs. 2 und 3 AEUV zeigt („ausnahmsweise"), hat das Überprüfungsverfahren einen absoluten Ausnahmecharakter. Es kann nur dann zur Anwendung kommen, wenn die ernste Gefahr besteht, dass durch die Entscheidung des EuG die Einheit oder Kohärenz des Unionsrechts berührt wird. Aus diesem besonderen Charakter des Überprüfungsverfahrens folgt, dass der EuGH hier nicht als Superrevisionsinstanz agieren darf, sondern lediglich ausnahmsweise eingreifen wird, um die Rechtseinheit zu wahren. Dementsprechend kann nicht jeder Rechtsfehler in einer Rechtsmittel- oder Vorabentscheidung des EuG die Einleitung eines Überprüfungsverfahrens rechtfertigen. Vielmehr muss der vom EuG begangene Rechtsfehler so gravierend sein, dass er die Einheit und Kohärenz des Unionsrechts erschüttert.

Die Einheit bzw. Kohärenz des Unionsrechts dürfte insbesondere dann gefährdet sein, wenn das EuG bedeutsame Regeln des Primärrechts (Unionsgrundrechte, allgemeine Rechtsgrundsätze, Grundfreiheiten) oder wichtige verfahrensrechtliche Grundsätze fehlerhaft anwendet; denn dann ist zu befürchten, dass sich im konkreten Sachgebiet eine Sonderrechtsprechung herausbildet, die von derjenigen auf anderen Sachgebieten abweicht. Beispielsweise könnte es der EuGH kaum tolerieren, wenn das EuG an die Zulässigkeit von Rechtsmitteln oder Vorabentscheidungsersuchen im Zoll- oder Markenrecht andere Maßstäbe anlegt als er selbst auf anderen Rechtsgebieten. Gleiches gilt für die Handhabung der unionsrechtlichen Gleichbehandlungsgrundsätze und Diskriminierungsverbote. Aber auch die Auslegung und Anwendung relativ technischer Rechtsbegriffe und Vorschriften durch das EuG kann gravierende Auswirkungen auf andere Rechtsgebiete haben, wenn dort ähnliche oder gar gleich lautende Rechtsbegriffe und Vorschriften existieren. Nur am Rande sei bemerkt, dass eine Gefahr für die Einheit oder Kohärenz des Unionsrechts nicht erst dann entsteht, wenn das EuG von einer bestehenden EuGH-Rechtsprechung abweicht; auch die Herausbildung einer neuen, rechtlich unzutreffenden Rechtsprechung auf einem bestimmten Sachgebiet gilt es zu verhindern, da von ihr falsche Signale für die künftige Rechtsprechung in diesem oder in anderen Bereichen auszugehen drohen (vgl. zum Ganzen nunmehr auch EuGHE, C-197/09 RX, Urt. v. 17. 12. 2009 – M/EMEA, insbesondere Rn. 61–65, wo ein Urteil des EuG wegen Verletzung des Grundsatzes des kontradiktorischen Verfahrens überprüft und aufgehoben wurde).

3. Antragsberechtigung und Verfahrenseröffnung

Das Überprüfungsverfahren wird ausschließlich auf Vorschlag des Ersten Generalanwalts beim EuGH eingeleitet (Art. 62 Abs. 1 der Satzung). Entsprechend seiner institutionellen Stellung (vgl. Art. 252 Abs. 2 AEUV) entscheidet der Erste Generalanwalt in völliger Unparteilichkeit und Unabhängigkeit, ob er dem Gerichtshof in einem konkreten Fall eine Überprüfung vorschlägt oder nicht. Dafür steht ihm die relativ kurze Frist von nur einem Monat zur Verfügung (Art. 62 Abs. 2 Satz 1 der Satzung). Die Parteien des Ausgangsverfahrens haben ebenso wenig ein Antragsrecht wie die Mitgliedstaaten oder die Unionsorgane. An diesem fehlenden Antragsrecht zeigt sich besonders deutlich, dass das Überprüfungsverfahren allein der Wahrung der Rechtseinheit und damit dem Allgemeininteresse dient, nicht etwa der Gewährung von Individualrechtsschutz und der Herstellung von Einzelfallgerechtigkeit. Es war deshalb folgerichtig, die Antragsberechtigung einer neutralen Instanz zu übertragen.

Der Vorschlag des Ersten Generalanwalts bindet den Gerichtshof nicht. Vielmehr entscheidet dieser eigenverantwortlich binnen eines Monats per Beschluss über die Einleitung des Überprüfungsverfahrens (Art. 62 Abs. 2 Satz 2 der Satzung), und zwar allein nach Aktenlage und ohne jegliche Anhörung der Parteien des Ausgangsverfahrens. Im Fall der Einleitung des Überprüfungsverfahrens bezeichnet der EuGH in seinem Beschluss konkret die Fragen, die zu überprüfen sind (Art. 123d Abs. 3 VerfO-EuGH).

Bislang hat der Erste Generalanwalt in sechs Fällen die Überprüfung eines Urteils des EuG vorgeschlagen, der Gerichtshof hat allerdings nur in einem Fall dem Antrag Folge geleistet (EuGH, C-197/09 RX, Beschl. v. 24. 6. 2009 – M/EMEA) und in allen anderen die Einleitung des Überprüfungsverfahrens – erstaunlicherweise ohne jegliche Angabe von Gründen – abgelehnt (EuGH, C-216/08 RX, Beschl. v. 16. 4. 2008 – Combescot; C-21/09 RX, Beschl. v. 5. 2. 2009 – Genette; C-189/09 RX, Beschl. v. 5. 6. 2009 – Sanchez Ferriz; C-183/10 RX, Beschl. v. 5. 5. 2010 – Bianchi; C-478/10 RX, Beschl. v. 27. 10. 2010 – Marcuccio). Die Beschlussfassung über die Einleitung des Überprüfungsverfahrens hat der EuGH einem besonderen Spruchkörper übertragen, bestehend aus dem Präsidenten des Gerichtshofs und den Präsidenten der Kammern mit fünf Richtern (Art. 123b VerfO-EuGH).

4. Verfahren vor dem Gerichtshof und Überprüfungsentscheidung

Hat sich der Gerichtshof auf Vorschlag des Ersten Generalanwalts zur Überprüfung eines Urteils oder Beschlusses des EuG entschlossen, so kommt es zu einem Eilverfahren, das einem beschleunigten Vorabentscheidungsverfahren ähnelt. Die Parteien des Ausgangsverfahrens und die in Art. 23 der Satzung Genannten (d. h. v. a. alle Mitgliedstaaten und die Kommission) können binnen eines Monats schriftlich Stellung nehmen; die Durchführung einer mündlichen Verhandlung steht im freien Ermessen des EuGH. Im Übrigen bildet die Verfahrensakte des EuG, die dem EuGH zu übermitteln ist, die Entscheidungsgrundlage für die Überprüfung. Ob der Generalanwalt Schlussanträge stellt oder lediglich angehört wird, wird Fall für Fall festgelegt. Vgl. zum Ganzen Art. 62a der Satzung, Art. 123c-123e VerfO-EuGH.

In Bezug auf Rechtsmittelentscheidungen des EuG haben der Überprüfungsvorschlag und die Einleitung des Überprüfungsverfahrens zwar keine aufschiebende Wirkung, sie hindern jedoch den Eintritt der Rechtskraft. Der EuGH kann das überprüfte Urteil bzw. den überprüften Beschluss des EuG ganz oder teilweise aufheben und den Fall entweder selbst entscheiden oder an das EuG zurückverweisen (Art. 62b Abs. 1 der Satzung; vgl. dazu auch EuGHE, C-197/09 RX, Urt. v. 17. 12. 2009 – M/EMEA). In Vorabentscheidungsfällen hemmen der Überprüfungsvorschlag und die etwaige Einleitung des Überprüfungsverfahrens sogar die Wirksamkeit der Antworten des EuG auf die ihm vorgelegten Fragen für die Dauer des Überprüfungsverfahrens; der EuGH kann die vom EuG formulierten Antworten durch andere ersetzen (Art. 62b Abs. 2 der Satzung).

3. Teil: Auszüge aus dem materiellen Unionsrecht

Vorbemerkung

Es ist nicht Anspruch dieses Buches, einen umfassenden Überblick über das materielle Unionsrecht zu geben. Wenngleich ein solches Unterfangen sicherlich reizvoll wäre, würde es zwangsläufig den hier vorgegebenen Rahmen sprengen. Deshalb beschränkt sich die folgende Darstellung auf ausgewählte Aspekte des materiellen Unionsrechts, die für Ausbildung und Prüfung wichtig sind.

Ein besonderer Schwerpunkt wird dabei auf der **Rechtsstellung des Einzelnen im Unionsrecht** liegen, der erfahrungsgemäß für die juristische Ausbildung im Europarecht besondere Bedeutung zukommt. Diese Rechtsstellung des Einzelnen ergibt sich insbesondere aus einer Zusammenschau folgender Regelungsbereiche, die zusammen ein **System individualschützender Normen** bilden:

1. Die **Unionsbürgerschaft** bestimmt den grundlegenden Status der Bürgerinnen und Bürger in der Europäischen Union. In ihr sind eine Reihe wichtiger individueller Rechte der Staatsangehörigen der Mitgliedstaaten zusammengefasst. Sie werden im 10. Kapitel dargestellt.

2. Im Mittelpunkt der wirtschaftlichen Integration Europas stehen seit den Römischen Verträgen die **Grundfreiheiten des Binnenmarkts**, die den Bereichen freier Warenverkehr (Art. 28 und 34–37 AEUV), freier Personenverkehr (Arbeitnehmerfreizügigkeit Art. 45–48 AEUV, Niederlassungsfreiheit Art. 49–55 AEUV), freier Dienstleistungsverkehr (Art. 56–62 AEUV) und freier Kapital- und Zahlungsverkehr (Art. 63–66 AEUV) zuzuordnen sind. Sie werden ausführlich im 11. Kapitel behandelt. Abgerundet wird die Darstellung durch einen Blick auf das **Freizügigkeitsrecht der Unionsbürger** (Art. 21 Abs. 1 AEUV); diese neuartige Grundfreiheit, die keine wirtschaftliche Betätigung voraussetzt, ist zu den klassischen Binnenmarktfreiheiten hinzugetreten.

3. Stetig wachsender Bedeutung erfreuen sich innerhalb des Europarechts die **Unionsgrundrechte**. Ihnen wendet sich das 12. Kapitel zu, zusammen mit den **allgemeinen Rechtsgrundsätzen** des Unionsrechts.

4. Einen der allgemeinen Rechtsgrundsätze des Unionsrechts, nämlich den **Grundsatz der Gleichbehandlung**, greifen wir sodann im 13. Kapitel gesondert heraus. Die Verwirklichung der Gleichbehandlung aller Rechtsunterworfenen war von Beginn an eines der zentralen Anliegen der Europäischen Integration, wobei neben dem Allgemeinen Diskriminierungsverbot aus Gründen der Staatsangehörigkeit (Art. 18 Abs. 1 AEUV) dem Grundsatz der Gleichbehandlung von Männern und Frauen sowie einigen neuartigen Diskriminierungsverboten besondere Aufmerksamkeit gebührt.

Ergänzend wird dieser 3. Teil des Buches einen kurzen Einblick in die **Rechtsangleichung** zur Verwirklichung des Binnenmarkts (14. Kapitel), das **Europäische Wettbewerbsrecht** (15. Kapitel), den **Raum der Freiheit, der Sicherheit und des Rechts** (16. Kapitel) sowie die **Wirtschafts-, Währungs- und Handelspolitik** (17. Kapitel) geben. Entsprechend den Anforderungen an die juristische Ausbildung im Pflichtfach und Wahlfach Europarecht ist die Darstellung letzterer Materien aber streng auf die Grundzüge des jeweiligen Sachgebiets ausgerichtet und erhebt keinen Anspruch auf Vollständigkeit.

Auf andere wichtige Bereiche des materiellen Europarechts, wie etwa das Landwirtschaftsrecht, das Recht der Strukturfonds und die Umweltpolitik, geht die folgende Darstellung nicht näher ein, sind sie doch im Normalfall nicht Prüfungsgegenstand im Pflichtfach und im Wahlfach Europarecht. Sollte einmal z. B. eine landwirtschaftliche Verordnung in einer Examensklausur eine Rolle spielen, so dürfte dies lediglich den Einstieg in die Fallbearbeitung bilden; auf vertiefte Kenntnisse des Landwirtschaftsrechts wird es kaum ankommen, vielmehr dürften letztlich vertraute Materien wie das Verfahrensrecht, der Grundrechtsschutz u. ä. im Mittelpunkt stehen.

10. Kapitel: Die Unionsbürgerschaft

Die Unionsbürgerschaft wurde 1992/1993 durch den **Vertrag von Maastricht** mit dem Ziel der „Stärkung der Rechte und Interessen der Angehörigen der Mitgliedstaaten" eingeführt (ursprünglich Art. B EUV, später Art. 2 EUV a. F., heute Art. 9 EUV). Ihr ist ein eigener zweiter Teil im AEUV (Art. 18–25 AEUV) gewidmet.

Sinn und Zweck der Unionsbürgerschaft war es von Beginn an, den Bürgerinnen und Bürgern der Mitgliedstaaten die Europäische Einigung auch symbolisch näher zu bringen und sie stärker in den Integrationsprozess einzubeziehen („**Europa der Bürger**"). Besonders augenfällig ist dies seit dem Vertrag von Lissabon, der den Bürgerinnen und Bürgern ein Recht auf Teilnahme am demokratischen Leben der Union einräumt (Art. 10 Abs. 3, 11 Abs. 4 EUV) und ihnen „ein gleiches Maß an Aufmerksamkeit" seitens der Unionsorgane (Art. 9 Satz 1, 11 Abs. 1 EUV) verspricht. Außerdem beruht die demokratische Legitimation der EU nunmehr ausdrücklich (auch) auf den Unionsbürgerinnen und Unionsbürgern (Art. 10 Abs. 2 UAbs. 1, Art. 14 Abs. 2 EUV).

Die Unionsbürgerschaft ist heute eines der sichtbarsten Anzeichen dafür, dass sich die Europäische Union über das herkömmliche Betätigungsfeld der wirtschaftlichen Integration hinaus entwickelt hat.

A. Erwerb und Verlust der Unionsbürgerschaft

Die Unionsbürgerschaft zeichnet sich durch ein Verhältnis strenger **Akzessorietät** zur nationalen Staatsbürgerschaft aus. Unionsbürger ist deshalb (nur), wer Staatsangehöriger eines Mitgliedstaats ist. Außerdem tritt die Unionsbürgerschaft lediglich zur nationalen Staatsbürgerschaft hinzu, ohne diese zu ersetzen (Art. 9 Satz 2 und 3 EUV und Art. 20 Abs. 1 AEUV). Dies hat zur Konsequenz, dass der Erwerb der Staatsangehörigkeit eines Mitgliedstaats immer auch mit dem Erwerb der Unionsbürgerschaft einhergeht, ebenso wie der Verlust der nationalen Staatsangehörigkeit für den Einzelnen gleichbedeutend mit dem Verlust seiner Unionsbürgerschaft ist. Die einmal erworbene Unionsbürgerschaft verselbständigt sich nicht.

Wer welche Staatsangehörigkeit besitzt, beurteilt sich nach dem Recht des Staates, dessen Staatsangehörigkeit beansprucht wird. Vorfragen sind dabei unselbständig anzuknüpfen (vgl. Palandt/Thorn, BGB, 69. Aufl, vor Art. 3 EGBGB, Rn. 30).

Die Festlegung der Voraussetzungen für den Erwerb und den Verlust einer Staatsangehörigkeit fällt nach dem Völkerrecht in die **Zuständigkeit der Staaten**. Dementsprechend erkennt auch das Unionsrecht in diesem Bereich die Zuständigkeit der Mitgliedstaaten an (EuGHE, C-369/90, 1992, I-4239 – Micheletti, Rn. 10). Allerdings haben diese ihre Zuständigkeit – wie auch sonst – im Einklang mit dem Unionsrecht auszuüben, sofern dessen Anwendungsbereich eröffnet ist. Zu beachten ist insbesondere der unionsrechtliche Grundsatz der **Verhältnismäßigkeit** im Fall der Rücknahme einer einmal erfolgten Einbürgerung (EuGH, C-135/08, Urt. v. 2. 3. 2010 – Rottmann).

Beispiel (vereinfacht nach EuGH, a.a.O., Rottmann): R, der von Geburt an österreichischer Staatsangehöriger ist, wird von den Strafverfolgungsbehörden seines Heimatlandes wegen diverser Wirtschaftsdelikte mit Haftbefehl gesucht. Er setzt sich nach Deutschland ab, wo er einige Jahre später den Erwerb der deutschen Staatsangehörigkeit beantragt, dabei allerdings das gegen ihn laufende Strafverfahren verschweigt. Antragsgemäß wird ihm die deutsche Staatsangehörigkeit verliehen, was nach österreichischem Recht zum Verlust seiner österreichischen Staatsbürgerschaft führt. Später erfahren die zuständigen deutschen Behörden von der strafrechtlich relevanten Vergangenheit des Herrn R und nehmen nach § 48 VwVfG dessen Einbürgerung in Deutschland zurück. Da nach österreichischem Recht die ursprüngliche Staatsangehörigkeit von R nicht automatisch wieder auflebt, könnte die Rücknahme seine zumindest zeitweilige Staatenlosigkeit zur Folge haben. R beschreitet in Deutschland den Verwaltungsrechtsweg gegen den Rücknahmebescheid. Das BVerwG ersucht den EuGH um Vorabentscheidung in der Sache. Es fragt, ob das Unionsrecht dem mit der Rücknahme der Einbürgerung einhergehenden Verlust der Unionsbürgerschaft entgegensteht.

Lösung: (1) Es fällt in die Zuständigkeit der Mitgliedstaaten, die Voraussetzungen für den Erwerb und den Verlust der Staatsangehörigkeit im Einklang mit dem Völkerrecht zu bestimmen. Zwar haben diverse völkerrechtliche Abkommen die Vermeidung der Staatenlosigkeit zum Ziel, doch stehen sie der Rücknahme einer durch falsche Angaben erschlichenen Einbürgerung nicht entgegen.

(2) Allerdings ist zu beachten, dass der vorliegende Fall auch in den Anwendungsbereich des Unionsrechts fällt, weil R bei seinem Umzug nach Deutschland von seiner Freizügigkeit (Art. 21 Abs. 1, Art. 45 oder Art. 49 AEUV) Gebrauch machte. Damit sind die allgemeinen Rechtsgrundsätze des Unionsrechts zu beachten, insbesondere das Verhältnismäßigkeitsprinzip. Im Rahmen der Verhältnismäßigkeitsprüfung sind die möglichen Folgen zu berücksichtigen, die eine Rücknahme der Einbürgerung für den Betroffenen und gegebenenfalls für seine Familienangehörigen mit sich brächte, auch im Hinblick auf den Verlust der aus der Unionsbürgerschaft fließenden Rechte. Hierbei ist insbesondere zu prüfen, ob dieser Verlust gerechtfertigt ist, im Verhältnis zur Schwere des vom Betroffenen begangenen Verstoßes, zur seit der Einbürgerung verstrichenen Zeit und zur Möglichkeit für den Betroffenen, seine ursprüngliche Staatsangehörigkeit wiederzuerlangen. Verhältnismäßigkeitserwägungen können es u. a. erfordern, den Rücknahmebescheid nicht sofort wirksam werden zu lassen, sondern dem Betroffenen eine angemessene Übergangsfrist einzuräumen, innerhalb derer er seine ursprüngliche Staatsangehörigkeit wiedererlangen kann.

(3) Ist aber die Verhältnismäßigkeit gewahrt (was eine Frage des Einzelfalls ist), so verstößt es nicht gegen das Unionsrecht, wenn ein Mitgliedstaat die durch arglistige Täuschung erschliche Einbürgerung eines Ausländers rückgängig macht, selbst wenn der Betroffene dadurch die Unionsbürgerschaft verliert und zudem staatenlos wird.

B. Inhaltliche Ausgestaltung der Unionsbürgerschaft

I. Allgemeines

Nach ständiger Rechtsprechung des EuGH ist der Unionsbürgerstatus dazu bestimmt, **der grundlegende Status** der Angehörigen der Mitgliedstaaten zu sein (EuGHE, C-413/99, 2002, I-7091 – Baumbast, Rn. 82; EuGHE, C-148/02, 2003, I-11613 – García Avello, Rn. 22). In Anlehnung an den Begriff der nationalen Staatsbürgerschaft soll die Unionsbürgerschaft ein durch **Rechte, Pflichten und politische Partizipation** gekennzeichnetes Bindungsverhältnis zwischen der Union und ihren Bürgerinnen und Bürgern beschreiben. Der im Primärrecht angelegte Begriff der Unionsbürgerpflichten (Art. 20 Abs. 2 Satz 1 AEUV) ist allerdings bislang noch nicht mit Leben erfüllt worden (wesentlicher Unterschied zur nationalen Staatsbürgerschaft), wenn man einmal davon absieht, dass die EU seit jeher den Rechtsunterworfenen in bestimmten Politikbereichen unmittelbar wirkende Ge- oder Verbote auferlegt (primärrechtlich etwa die kartellrechtlichen Vorschriften der Art. 101, 102 AEUV; sekundärrechtlich z. B. zahlreiche Bestimmungen in landwirtschaftlichen Verordnungen).

II. Die Unionsbürgerrechte im Überblick

1. Recht auf Gleichbehandlung

Die Unionsbürgerschaft beinhaltet für jeden Unionsbürger ein **Recht auf Gleichbehandlung** unabhängig von seiner Staatsangehörigkeit (EuGHE, C-184/99, 2001, I-6193 – Grzelczyk, Rn. 31; EuGHE, C-524/06, 2008, I-9705 – Huber, Rn. 69). Im Verhältnis der Unionsbürger zu den Unionsorganen kommt dieses Recht seit dem Vertrag von Lissabon auch in Art. 9 Satz 1 EUV zum Ausdruck („ein gleiches Maß an Aufmerksamkeit"). Im Übrigen – insbesondere gegenüber nationalen Stellen – ist es aus dem allgemeinen Diskriminierungsverbot (Art. 18 Abs. 1 AEUV) herzuleiten.

Klausurhinweis: Der EuGH leitet den Anspruch der Unionsbürger auf Gleichbehandlung teils direkt aus dem Unionsbürgerstatus her, teils stützt er ihn auf das allgemeine Diskriminierungsverbot (Art. 18 AEUV). Vorzugswürdig erscheint letztere Herangehensweise. Sie hat den Vorteil, sich an einer bestehenden Rechtsvorschrift der Verträge zu orientieren, zumal diese seit dem Vertrag von Lissabon im selben Abschnitt wie die Unionsbürgerschaft verortet ist.

2. Freizügigkeitsrecht

Gemäß Art. 20 Abs. 2 lit. a und Art. 21 AEUV (vgl. auch Art. 45 Abs. 1 der Charta der Grundrechte der EU) genießt jeder Unionsbürger das Recht, sich im Hoheitsgebiet der Mitgliedstaaten **frei zu bewegen und aufzuhalten**, vorbehaltlich der im Primär- oder Sekundärrecht vorgesehenen Beschränkungen und Bedingungen. Dieses Freizügigkeitsrecht wird in der nunmehr gefestigten Rechtsprechung des EuGH als echte **Grundfreiheit** verstanden und soll deshalb im Zusammenhang mit den klassischen Grundfreiheiten näher dargestellt werden. Die Modalitäten seiner Inanspruchnahme werden in der Aufenthaltsrichtlinie 2004/38 sekundärrechtlich ausgestaltet; in Deutschland ist das FreizügG/EU einschlägig (vgl. unten S. 258 ff.).

3. Recht auf diplomatischen und konsularischen Schutz

Darüber hinaus hat jeder Unionsbürger in einem Drittstaat den Anspruch auf Gewährung diplomatischen und konsularischen Schutzes durch andere EU-Mitgliedstaaten, wenn sein Heimatstaat dort nicht vertreten ist (Art. 20 Abs. 2 lit. c und 23 AEUV; Art. 46 der Charta der Grundrechte der EU; vgl. ergänzend Art. 35 Abs. 3 EUV).

4. Politische Rechte

Schließlich steht den Unionsbürgern das Recht zu, **am demokratischen Leben in der Union teilzunehmen** (Art. 10 Abs. 3 Satz 1 EUV). Diese sehr allgemeine, fast schon wie ein Programmsatz anmutende Formulierung wird in zahlreichen Bestimmungen des Primärrechts konkretisiert. Danach genießt jeder Unionsbürger

- das Recht auf **öffentliche Bekanntgabe und Austausch seiner Ansichten** in allen Bereichen des Handelns der Union (Art. 11 Abs. 1 EUV – dies ist letztlich ein Teilausschnitt des Grundrechts auf Meinungsfreiheit, Art. 11 der Charta der Grundrechte der EU),
- das Recht, sich an einer **Europäischen Bürgerinitiative** zu beteiligen (Art. 11 Abs. 4 EUV, 24 Abs. 1 AEUV),
- das aktive und passive **Wahlrecht** bei **Kommunalwahlen** und **Europawahlen** im Wohnsitzstaat des Unionsbürgers, wobei für ihn dieselben Bedingungen gelten wie für die Staatsangehörigen des betreffenden Mitgliedstaats (Art. 20 Abs. 2 lit. b und Art. 22 AEUV; Art. 39 und 40 der Charta der Grundrechte der EU; aus der Rechtsprechung vgl. EuGHE, C-145/04, 2006, I-7917 – Spanien/Vereinigtes Königreich, Rn. 78; C-300/04, 2006, I-8055 – Eman und Sevinger, Rn. 61; EGMRE, 1999-I, Beschw.-Nr. 254833/94 = NJW 1999, 3107 – Matthews),
- das **Petitionsrecht** beim Europäischen Parlament (Art. 20 Abs. 2 lit. d, 24 Abs. 2 und 227 AEUV; Art. 44 der Charta der Grundrechte der EU),
- das Recht, sich an den **Europäischen Bürgerbeauftragten** zu wenden (Art. 20 Abs. 2 lit. d, 24 Abs. 3 und 228 AEUV; Art. 43 der Charta der Grundrechte der EU),
- das Recht, sich (schriftlich und in einer Amtssprache seiner Wahl) **an die Organe** und beratenden Einrichtungen der EU (vgl. Art. 13 EUV) **zu wenden** und eine **Antwort** in derselben Sprache **zu erhalten** (Art. 20 Abs. 2 lit. d und Art. 24 Abs. 4 AEUV; Art. 41 Abs. 4 der Charta der Grundrechte der EU), sowie
- das Recht auf **Zugang zu den Dokumenten** der Organe, Einrichtungen und sonstigen Stellen der Union (Art. 15 Abs. 3 AEUV; Art. 42 der Charta der Grundrechte der EU; vgl. dazu sogleich unten).

III. Insbesondere: Das Recht auf Zugang zu den Dokumenten der EU

Zu den politischen Rechten der Unionsbürger kann im weitesten Sinne auch ihr **Recht auf Zugang zu den Dokumenten** der Organe, Einrichtungen und sonstigen Stellen der Union gezählt werden (Art. 15 Abs. 3 AEUV). Dieses Recht hat zwischenzeitlich auch in Art. 42 der Charta der Grundrechte der EU Eingang gefunden. Bisweilen wird dafür der aus dem angelsächsischen Rechtskreis stammende Begriff „freedom of information" verwendet. Ausgehend vom **Transparenzgedanken**, auf dem die EU gemäß Art. 1 Abs. 2 EUV aufbaut, trägt das Dokumentenzugangsrecht maßgeblich zur Kontrolle der Arbeit der europäischen Einrichtungen durch die Öffentlichkeit bei (EuGHE, C-39/05 P, 2008, I-4723 – Schweden u. Turco/Rat, Rn. 34, 45, 46) und hat sich in der Praxis fest etabliert.

Aus Art. 15 Abs. 3 UAbs. 1 AEUV folgt ein **Individualanspruch** auf Zugang zu den Dokumenten aller Organe, Einrichtungen und sonstigen Stellen der EU. Gemäß UAbs. 2 wird dieser Anspruch in einer Verordnung, für deren Erlass das ordentliche Gesetzgebungsverfahren gilt, näher ausgestaltet. Bis auf Weiteres gilt die Verordnung Nr. 1049/2001 (ABl. L 145, S. 43), in der sowohl der Begriff des Dokuments als auch die Ausnahmen vom Zugangsrecht sowie das anwendbare Verfahren geregelt sind. Im Einklang mit dem Sinn und Zweck der Regelung, größtmögliche Transparenz herzustellen, ist das Recht auf Zugang zu Dokumenten weit zu verstehen, Ausnahmen von diesem Recht sind hingegen eng auszulegen (EuGHE, C-64/05 P, 2007, I-11389 – Schweden/Kommission, Rn. 66).

Der **Begriff des Dokuments** umfasst alle „Inhalte, unabhängig von der Form des Datenträgers (auf Papier oder in elektronischer Form, Ton-, Bild- oder audiovisuelles Material)", die im Zusammenhang mit den Politiken, Maßnahmen oder Entscheidungen im Zuständigkeitsbereich des jeweiligen Organs stehen (Art. 3 lit. a der Verordnung Nr. 1049/2001). Dazu gehören auch Dokumente, die zwar nicht von dem Organ selbst verfasst worden sind, sich aber in seinem Gewahrsam befinden, beispielsweise schriftliche Stellungnahmen nationaler Behörden, von Unternehmen oder von Verbänden, die Eingang in die Akten der Kommission oder des Rates gefunden haben (EuGHE, C-64/05 P, 2007, I-11389 – Schweden/Kommission).

Zugangsberechtigt sind alle natürlichen und juristischen Personen mit Wohnsitz bzw. Sitz innerhalb der Europäischen Union, also Journalisten ebenso wie Unternehmen, Rechtsanwälte, Lobbyisten, Umwelt- oder Verbraucherschützer, Studenten und sonstige Privatpersonen. Wichtig ist, dass das Zugangsrecht **unabhängig vom Nachweis eines irgendwie gearteten Interesses an der Einsichtnahme** gewährt wird. Dementsprechend bedürfen Anträge auf Zugang zu Dokumenten keiner Begründung (Art. 6 Abs. 1 Satz 2 der Verordnung Nr. 1049/2001).

Der Zugang zu einem Dokument darf nur aus den in Art. 4 der Verordnung Nr. 1049/2001 genannten Gründen verweigert werden. Zu den wichtigsten dort aufgezählten **Ausnahmen vom Dokumentenzugangsrecht** gehören:

- die „*Ordre-Public*-Klausel" (Art. 4 Abs. 1 lit. a): Schutz des öffentlichen Interesses im Hinblick auf die öffentliche Sicherheit, die Verteidigung und militärische Belange, die internationalen Beziehungen, die Finanz-, Währungs- oder Wirtschaftspolitik,
- der Schutz der Privatsphäre und der Integrität von Personen (Art. 4 Abs. 1 lit. b; vgl. dazu EuGH, C-28/08 P, Urt. v. 29. 6. 2010 – Bavarian Lager),
- der Schutz der geschäftlichen Interessen natürlicher und juristischer Personen (Art. 4 Abs. 2, erster Gedankenstrich),
- der Schutz von Gerichtsverfahren und Rechtsberatung (Art. 4 Abs. 2, zweiter Gedankenstrich),
- der Schutz von Inspektionen und Audittätigkeiten (Art. 4 Abs. 2, dritter Gedankenstrich; dazu gehören laut EuGH in der Regel die Verfahrensakten in Beihilfekontrollverfahren der Kommission: C-139/07 P, Urt. v. 29. 6. 2010 – Technische Glaswerke Ilmenau, Rn. 52 ff.; dies ist allerdings sehr strittig) und
- der Schutz des internen Entscheidungsprozesses der EU-Institutionen, sog. „space to think" (Art. 4 Abs. 3).

Das Vorliegen etwaiger Ausnahmegründe muss Dokument für Dokument konkret geprüft werden, was nicht selten einen erheblichen Verwaltungsaufwand verursacht. Allerdings ist es den Organen gestattet, in umfangreichen Akten bestimmte Kategorien von Dokumenten zu identifizieren und sodann die Ausnahmegründe Kategorie für Kategorie anzuwenden. Treffen auf ein Dokument die in Art. 4 Abs. 2 oder 3 der Verordnung Nr. 1049/2001 genannten Ausnahmegründe zu, so ist überdies im Einzelfall zu würdigen, ob nicht ein öffentliches Interesse (im Gegensatz zum bloßen Privatinteresse) an der Offenlegung besteht, das das Geheimhaltungsinteresse überwiegt (sog. **überwiegendes öffentliches Interesse**).

Stammen Dokumente in den Akten eines EU-Organs von Dritten oder von Mitgliedstaaten, so sind diese vor der Offenlegung zu konsultieren (Art. 4 Abs. 4 und 5 der Verordnung Nr. 1049/2001); ein Vetorecht besitzen sie jedoch nicht, vielmehr trägt das ersuchte Organ die Letztverantwortung für die korrekte Anwendung der Regeln über den Dokumentenzugang (EuGHE, C-64/05 P, 2007, I-11389 – Schweden/Kommission). Sofern nur in einzelnen Passagen eines Dokuments vertrauliche Informationen enthalten sind, müssen diese geschwärzt werden, wohingegen der Rest des Dokuments zugänglich zu machen ist („**teilweiser Zugang**", vgl. Art. 4 Abs. 6 der Verordnung Nr. 1049/2001).

Das **Verfahren des Zugangs zu Dokumenten** ist zweistufig ausgestaltet (Art. 6–8 der Verordnung Nr. 1049/2001): Auf den Antrag einer natürlichen oder juristischen Person hin hat das betreffende Organ 15 Arbeitstage Zeit, Zugang zu dem in Frage stehenden Dokument zu gewähren oder diesen unter Angabe von Gründen abzulehnen. Wird der **Erstantrag** ganz oder teilweise abgelehnt oder ergeht keine Entscheidung, so kann der Antragsteller einen Zweitantrag stellen (der ähnlich einem Widerspruch in der Regel von einer höherrangigen Stelle innerhalb des ersuchten Organs bearbeitet wird), für dessen Bearbeitung erneut eine Frist von 15 Arbeitstagen vorgesehen ist. Sofern auch der **Zweitantrag** nicht zur Zufriedenheit des Antragstellers beschieden wird, kann dieser Nichtigkeitsklage beim EuG erheben (Art. 263, 256 AEUV) oder eine außergerichtliche Beschwerde beim Europäischen Bürgerbeauftragten einlegen. Ein etwaiges Schweigen des Organs auf den Zweitantrag hin gilt als Ablehnung und kann ebenfalls angefochten werden. Erhebt der Antragsteller keine Nichtigkeitsklage, so wird die – ausdrückliche oder stillschweigende – Ablehnung des Organs bestandskräftig. Nichts hindert aber den Antragsteller, später einen **neuen Erstantrag auf Zugang** zu demselben Dokument zu stellen, den das betreffende Organ nach den dann geltenden zeitlichen und sachlichen Umständen erneut zu prüfen hat (Art. 4 Abs. 7 der Verordnung Nr. 1049/2001; vgl. auch EuGH, C-362/08 P, Urt. v. 26. 1. 2010 – Internationaler Hilfsfonds, Rn. 56, 57).

Im Sinne einer größtmöglichen Transparenz werden viele Dokumente der europäischen Institutionen heutzutage online im Internet zugänglich gemacht (vgl. etwa das öffentliche Dokumentenregister auf der Webseite des Rates, www.consilium.europa.eu). Ist dies der Fall, so kann sich das ersuchte Organ damit begnügen, den Antrag auf Dokumentenzugang mit einem bloßen Verweis auf die Fundstelle zu beantworten (Art. 10 Abs. 2 der Verordnung Nr. 1049/2001).

Beispiel (nach EuGHE, C-39/05 P, 2008, I-4723 – Schweden u. Turco/Rat): Herr T interessiert sich für die Innen- und Rechtspolitik der EU. Im Rat wird im ordentlichen Gesetzgebungsverfahren über einen Richtlinienvorschlag mit Mindestnormen für die Aufnahme von Asylbewerbern diskutiert; dazu liegt dem Rat auch ein Gutachten seines hausinternen juristischen Dienstes vor. Herr T verlangt Einsichtnahme in dieses juristische Gutachten. Der Zugang zu diesem Dokument wird ihm aber sowohl auf seinen Erstantrag als auch auf seinen Zweitantrag hin verweigert, weil es unter die Ausnahmekategorien der Rechtsberatung und des Schutzes des internen Entscheidungsfindungsprozesses des Rates falle (Art. 4 Abs. 2 und 3 der Verordnung Nr. 1049/2001). Eine dagegen gerichtete Nichtigkeitsklage von Herrn T hätte gute Erfolgsaussichten. EU-Institutionen dürfen nämlich als Ablehnungsgrund für den Zugang zu Dokumenten nicht nur allgemeine und unsubstantiierte Hinweise auf die Notwendigkeit der Unabhängigkeit ihres juristischen Dienstes und auf den Schutz ihrer Entscheidungsfindung vorbringen. Selbst wenn diese Ablehnungsgründe tatsächlich vorlägen, könnte in einem Fall wie dem vorliegenden ein überwiegendes Interesse der Öffentlichkeit an der Verbreitung des Dokuments bestehen, weil es sich auf ein Gesetzgebungsverfahren bezieht, in dem besonders hohe Transparenzanforderungen gelten (vgl. in diesem Sinne auch Art. 16 Abs. 8 EUV).

Beispiel (in Anlehnung an EuG, T-36/04, 2007, II-3201 – API/Kommission; EuGH, C-514/07 P, Schweden/API, Urt. v. 21. 9. 2010): Student S möchte im Rahmen der Forschung für seine Doktorarbeit die Schriftsätze einsehen, die in einem bedeutsamen Fall vor dem EuGH eingereicht wurden. An den EuGH selbst kann er sich hierfür nicht wenden, weil dieser im Rahmen seiner Rechtsprechungstätigkeit keinen Dokumentenzugang zu gewähren hat (Art. 15 Abs. 3 UAbs. 4 AEUV). Jedoch kann S bei der Kommission einen Antrag auf Dokumentenzugang stellen (Art. 15 Abs. 3 UAbs. 1 AEUV i.V.m. VO 1049/2001). Damit kann er nicht nur in den eigenen Schriftsatz der Kommission Einsicht nehmen, sondern womöglich auch in die Schriftsätze anderer Verfahrensbeteiligter, die der Kommission vorliegen. Unter Berufung auf die Ausnahme in Art. 4 Abs. 2, 2. Gedankenstrich, VO 1049/2001 kann die Kommission allerdings während eines laufenden Gerichtsverfahrens (grundsätzlich bis zum rechtskräftigen Urteil) die Einsichtnahme in Schriftsätze verweigern. Hinsichtlich der Herausgabe der Schriftsätze Dritter muss die Kommission überdies deren jeweilige Verfasser konsultieren (Art. 4 Abs. 4, 5 VO 1049/2001). S kann sich daneben auch an Verfahrensbeteiligte wenden, die keine EU-Einrichtungen sind; diese unterliegen zwar nicht der unionsrechtlichen Pflicht, Zugang zu ihren Schriftsätzen zu gewähren, es steht ihnen aber grundsätzlich frei, dies gleichwohl zu tun.

Das Recht auf Zugang zu Dokumenten gemäß Art. 15 Abs. 3 AEUV und Art. 42 der Charta der Grundrechte der EU i.V.m. der Verordnung Nr. 1049/2001 darf nicht mit dem herkömmlichen **Akteneinsichtsrecht** verwechselt werden (Art. 41 Abs. 2 lit. b der Charta der Grundrechte der EU), wie es beispielsweise in kartellrechtlichen Verfahren gewährt wird (Art. 27 Abs. 2 der Verordnung Nr. 1/2003). Während nämlich das Recht auf Zugang zu Dokumenten als politisches Jedermannsrecht ausgestaltet ist und der Transparenz dient, steht das Akteneinsichtsrecht nur bestimmten Beteiligten an Verwaltungsverfahren zu und ist dort Ausfluss ihrer Verteidigungsrechte. Beide Regelungen unterscheiden sich folglich sowohl in ihren Zielen als auch in ihrer Ausgestaltung und bestehen unabhängig nebeneinander. Allerdings ist in der Praxis darauf zu achten, dass die Ausnahmen vom Dokumentenzugangs- bzw. Akteneinsichtsrecht möglichst einheitlich ausgelegt und angewandt werden, weil es nicht angehen kann, dass Verfahrensbeteiligte geringere Einsichtnahmerechte haben als die allgemeine Öffentlichkeit.

Hinweis zur Vertiefung: Im deutschen Recht bestehen ähnliche Regelungen wie die der Verordnung Nr. 1049/2001 insbesondere im Informationsfreiheitsgesetz des Bundes (IFG) und in diversen Landesgesetzen. Spezielle Regelungen über die Informationsfreiheit enthält das Umweltinformationsgesetz (UIG), welches auf die europarechtlichen Vorgaben der Umweltinformationsrichtlinie (RL 2003/4/EG, ABl. 41, S. 26) zurückgeht.

IV. Fortentwicklung der Unionsbürgerschaft

Die Unionsbürgerschaft ist in den Verträgen als ein **auf Fortentwicklung ausgerichtetes Konzept** angelegt. Zu diesem Zweck erstattet die Kommission dem Europäischen Parlament und dem Rat alle drei Jahre Bericht, wobei sie der Fortentwicklung der Union Rechnung trägt (Art. 25 Abs. 1 AEUV). Auf der Grundlage eines solchen Berichts ermöglicht es Art. 25 Abs. 2 AEUV dem Rat, einstimmig in einem besonderen Gesetzgebungsverfahren nach Zustimmung des Europäischen Parlaments „Bestimmungen zu erlassen". Dabei können neue **Unionsbürgerrechte**, aber auch spezifische **Unionsbürgerpflichten** i.S.v. Art. 20 Abs. 2 Satz 1 AEUV eingeführt werden.

Das Verfahren zur Fortentwicklung der Unionsbürgerschaft zeigt aber zugleich, wie sensibel die Materie aus Sicht der Mitgliedstaaten weiterhin ist: Jeder Integrationsfortschritt, mit dem der Unionsbürgerstatus weiter aufgewertet wird, könnte im Sinne einer zunehmenden Annäherung der EU an einen Bundesstaat (miss)verstanden werden. Deshalb ist neben der einstimmigen Beschlussfassung im Rat die Zustimmung aller Mitgliedstaaten im Einklang mit ihren jeweiligen verfassungsrechtlichen Vorschriften erforderlich, d. h. es wird ein **besonderes Vertragsänderungsverfahren** durchgeführt. Für Deutschland bestimmt das Integrationsverantwortungsgesetz (§ 3 Abs. 2 i.V.m. Abs. 1 IntVG), dass ein Zustimmungsgesetz im Sinne von Art. 23 Abs. 1 GG erforderlich ist.

11. Kapitel: Die Grundfreiheiten

A. Überblick

I. Die fünf Grundfreiheiten der Verträge

Die Verträge enthalten fünf Grundfreiheiten: Dabei handelt es sich zunächst um die vier klassischen **Grundfreiheiten des Europäischen Binnenmarkts,** also den freien Warenverkehr (Warenverkehrsfreiheit, Art. 28–37 AEUV), die Freizügigkeit der Arbeitnehmer (Arbeitnehmerfreizügigkeit, Art. 45–55 AEUV), die Niederlassungsfreiheit (Art. 49–55 AEUV), den freien Dienstleistungsverkehr (Dienstleistungsfreiheit, Art. 56–62 AEUV) sowie den freien Kapital- und Zahlungsverkehr (Art. 63–66 AEUV). Außerhalb des Binnenmarktbereichs ist mit dem Vertrag von Maastricht das **Freizügigkeitsrecht der Unionsbürger** (Art. 21 Abs. 1 AEUV) als fünfte Grundfreiheit hinzu gekommen; im Unterschied zu den anderen Grundfreiheiten ist letzteres Freizügigkeitsrecht an keinerlei wirtschaftliche Betätigung des Unionsbürgers geknüpft.

Hinweis: Häufig wird vereinfachend davon gesprochen, das Europarecht garantierte „die **vier Freiheiten**", nämlich den „freien Verkehr von Waren, Personen, Dienstleistungen und Kapital" (so auch Art. 26 Abs. 2 AEUV). Bei dieser Umschreibung ist allerdings zu beachten, dass mit dem Schlagwort des „freien Personenverkehrs" in Wahrheit zwei oder gar drei verschiedene Freizügigkeitsbestimmungen zugleich gemeint sind, nämlich die Freizügigkeit der Arbeitnehmer, die Niederlassungsfreiheit der Selbständigen und gegebenenfalls das Freizügigkeitsrecht der Unionsbürger.

Ziel der klassischen Binnenmarktfreiheiten ist es, dass Produkte, die in einem Mitgliedstaat verkehrsfähig sind, auch in einem anderen Mitgliedstaat vermarktet werden können und dass ein Unionsbürger, der in einem Mitgliedstaat eine bestimmte wirtschaftliche Tätigkeit ausüben darf, hierzu auch in einem anderen Mitgliedstaat berechtigt ist. Zur Erreichung dieses Ziels erteilt Art. 26 Abs. 1 AEUV der Union den Auftrag, die unterschiedlichen Regelungen der Mitgliedstaaten für die Herstellung und Vermarktung von Waren und für die Ausübung wirtschaftlicher Tätigkeiten zu harmonisieren (dazu ist je nach Sachlage auf die verschiedenen im Vertrag enthaltenen Rechtsgrundlagen zurückzugreifen, insbesondere auf Art. 114 AEUV, vgl. dazu unten S. 302 ff.). Ist eine Harmonisierung erfolgt, haben die Mitgliedstaaten ihr Recht danach auszurichten. In Ermangelung einer Harmonisierung bleibt es hingegen Sache der Mitgliedstaaten, in ihrem Hoheitsgebiet die rechtlichen Bedingungen für die Verkehrsfähigkeit der Waren und die Aufnahme und Ausübung wirtschaftlicher Tätigkeiten zu schaffen; dabei müssen sie allerdings die Grundfreiheiten beachten.

Die **Abgrenzung** der sachlichen Anwendungsbereiche der jeweiligen Grundfreiheiten kann im Einzelfall schwierig sein. Grundsätzlich ist eine **Schwerpunktbetrachtung** vorzunehmen (z. B. EuGHE, C-20/03, 2005, I-4133 – Burmanjer, Rn. 34, 35; EuGHE, C-42/07, 2009, I-7633, EuZW 2009, 689 – Liga Portuguesa de Futebol, Rn. 47), nur ausnahmsweise werden zwei oder mehrere Grundfreiheiten parallel angewandt (EuGHE, C-157/05, 2007, I-4051 – Hölböck, Rn. 22–25; EuGHE, C-222/07, 2009, I-1407 – UTECA, Rn. 20 ff.). Das Freizügigkeitsrecht der Unionsbürger tritt allerdings stets als subsidiäres Auffangrecht hinter die spezielleren Freizügigkeitsbestimmungen des Binnenmarkts zurück (EuGHE, C-100/01, 2002, I-10981 – Oteiza Olazabal, Rn. 26; s. u. S. 258).

II. Die Dogmatik der Grundfreiheiten

Die Dogmatik der Grundfreiheiten hat sich im Lauf der Zeit immer weiter angenähert (vgl. zum Ganzen GA' Kokott, Schlussanträge in EuGHE, C-222/07, 2009, I-1407 – UTECA, Rn. 77, 88 und 89, m. w. N.).

1. Allgemein gilt, dass die Grundfreiheiten als grundlegende Bestimmungen der Verträge **weit auszulegen** und Ausnahmen bzw. Schranken eng zu verstehen sind. Die verwendeten **unionsrechtlichen Rechtsbegriffe** (z. B. „Arbeitnehmer", „öffentliche Sicherheit und Ordnung") sind autonom auszulegen.

2. Beim derzeitigen Stand kann überdies als gesichert angesehen werden, dass alle Grundfreiheiten ein sog. **Beschränkungsverbot** enthalten, das zumeist sogar in ihrem Wortlaut angelegt ist (vgl. Art. 34, 35, 49 Abs. 1, 56 Abs. 1 und 63 AEUV). Danach sind – vorbehaltlich einer Rechtfertigung – alle Maßnah-

men untersagt, die geeignet sind, die Inanspruchnahme der jeweiligen Grundfreiheit und die Ausübung der darin verbürgten Tätigkeiten durch die Angehörigen der Mitgliedstaaten *zu verbieten, zu behindern oder sie weniger attraktiv zu machen* (z. B. EuGHE, C-518/06, 2009, I-3491 – Kommission/Italien, „Kraftfahrzeug-Haftpflichtversicherung", Rn. 62; EuGHE, C-212/06, 2008, I-1683 – Flämische Pflegeversicherung, Rn. 45). Dies gilt auch dann, wenn solche Maßnahmen diskriminierungsfrei ausgestaltet sind, d. h., wenn sie unterschiedslos auf In- und Ausländer bzw. auf inländische und grenzüberschreitende Sachverhalte Anwendung finden. Grundsätzlich verbietet das Unionsrecht selbst Beschränkungen von Grundfreiheiten, die von geringfügiger Tragweite sind (EuGHE, C-233/09, Urt. v. 1. 7. 2010 – Dijkman). Um allerdings den Anwendungsbereich der Grundfreiheiten nicht ausufern zu lassen, hat die Rechtsprechung Formeln entwickelt, die es erlauben, Maßnahmen ohne spürbare Auswirkungen auf die Ausübung der jeweiligen Grundfreiheit vom Beschränkungsbegriff auszunehmen; man kann auch von einer Spürbarkeits- oder *De-minimis*-Schwelle sprechen, unterhalb derer keine unionsrechtliche Rechtfertigung nationaler Maßnahmen erforderlich ist:

- Im Rahmen aller Grundfreiheiten stellen Maßnahmen, deren Auswirkungen als *zu ungewiss und zu mittelbar* anzusehen sind, als dass sie den freien Produkt- oder Personenverkehr beeinträchtigen könnten, keine Beschränkungen dar (EuGHE, C-93/92, 1993, I-5009 = EuZW 1993, 743 – Motorradcenter, Rn. 12; EuGHE, C-190/98, 2000, I-493 = JZ 2001, 87 – Graf, Rn. 25; EuGHE, C-211/08, Urt. v. 15. 6. 2010 – Kommission/Spanien, Rn. 72).
- Im Bereich des freien Warenverkehrs stellen *vertriebsbezogene* (im Gegensatz zu *produktbezogenen*) Beschränkungen, die unterschiedslos gelten und sich nicht auf den Marktzugang auswirken, keine Maßnahmen gleicher Wirkung wie Einfuhrbeschränkungen dar (EuGHE, C-267/91, 1993, I-6097 = NJW 1994, 121 = Hummer, S. 599 – Keck u. Mithouard). Im selben Sinne lassen sich im Bereich der Freizügigkeitsrechte bloße *Berufsausübungsregeln* ohne Auswirkungen auf den Marktzugang von den *Marktzugangsbeschränkungen* unterscheiden (EuGHE, C-518/06, 2009, I-3491 – Kommission/ Italien, „Kraftfahrzeug-Haftpflichtversicherung", Rn. 63, 64).

3. Darüber hinaus gehört zum Kerngehalt einer jeden Grundfreiheit das Verbot der Diskriminierung aus Gründen der Staatsangehörigkeit bzw. des Herkunftslandes (**Diskriminierungsverbot**), welches sowohl **unmittelbare** (direkte, offene) als auch **mittelbare** (indirekte, versteckte) **Diskriminierungen** umfasst. Kehrseite dieses Diskriminierungsverbots ist für die Mitgliedstaaten eine Pflicht zur **Inländergleichbehandlung** von Ausländern, es sei denn, die unterschiedliche Behandlung von In- und Ausländern bzw. von inländischen und grenzüberschreitenden Sachverhalten wäre objektiv gerechtfertigt.

Beachte: Sog. **Inländerdiskriminierungen** (vgl. unten S. 285 f.) verbieten die Grundfreiheiten allerdings nicht!

4. Die Grenze zwischen unterschiedslosen Beschränkungen und mittelbaren Diskriminierungen ist fließend. Ihre Rechtfertigung wird in der Rechtsprechung im Wesentlichen nach den gleichen Kriterien beurteilt: So können mittelbar diskriminierende Maßnahmen bzw. unterschiedslos anwendbare Beschränkungen sowohl auf die geschriebenen Vorbehalte des Vertrages (Art. 36, 45 Abs. 3, 52, 65 AEUV) als auch auf sonstige **„zwingende Gründe des Allgemeininteresses"** (ungeschriebene Rechtfertigungsgründe bzw. tatbestandsimmanente Schranken der Grundfreiheiten) gestützt werden (z. B. Umweltschutz, Verbraucherschutz, Ausübung von Grundrechten). Unmittelbar diskriminierende Maßnahmen lassen sich hingegen nach h. M. nur anhand der geschriebenen Vorbehalte des Vertrages (Art. 36, 45 Abs. 3, 52, 65 AEUV) rechtfertigen; Letztere können unter dem Oberbegriff *„Ordre-public*-Vorbehalt" zusammengefasst werden.

Gleichviel, ob sich eine Maßnahme auf die geschriebenen Vorbehalte oder auf zwingende Gründe des Allgemeininteresses stützt, muss sie dem **Verhältnismäßigkeitsgrundsatz** und den allgemeinen Rechtsgrundsätzen, insbesondere den **Unionsgrundrechten**, genügen.

5. Ist eine die Grundfreiheit(en) beschränkende oder Ausländer diskriminierende Maßnahme nicht gerechtfertigt, so muss sie wegen **Vorrangs des Unionsrechts** unangewendet bleiben. Der Einzelne kann dies wegen der **unmittelbaren Wirkung** der Grundfreiheiten vor Gericht durchsetzen. Auf die Grundfreiheiten kann sich der Einzelne jedoch nur dann berufen, wenn der jeweilige Sachverhalt einen Bezug zum EU-Ausland hat (sog. **grenzüberschreitender Bezug**).

Klausurhinweis: Das Erfordernis eines grenzüberschreitenden Bezugs ist kein allgemeines Kennzeichen des Unionsrechts. Es gibt vielmehr auch unionsrechtliche Vorschriften, die unabhängig vom Bestehen oder Nichtbestehen eines grenzüberschreitenden Bezugs zur Anwendung kommen (z. B. das Gebot des gleichen Lohns für gleiche Arbeit in Art. 157 Abs. 1 AEUV). Im Sekundärrecht hängt es von der Ausgestaltung der jeweiligen Richtlinie oder Verordnung ab, ob ein grenzüberschreitender Bezug erforderlich ist; vielfach ist dies *nicht* der Fall, sondern es soll ganz allgemein eine einheitliche Regelung auf Unionsebene geschaffen oder das nationale Recht der Mitgliedstaaten harmonisiert werden (so z. B. bei der Richtlinie 1999/44/EG über den Verbrauchsgüterkauf, die auch auf Kaufverträge zwischen deutschen Verkäufern und deutschen Verbrauchern ohne grenzüberschreitenden Bezug Anwendung findet).

III. Unterschiede und Gemeinsamkeiten zwischen Grundfreiheiten und Grundrechten

Zum Teil werden die **Grundfreiheiten** in der Literatur zu den **Grundrechten** gezählt und auch als solche bezeichnet. In der Charta der Grundrechte der Europäischen Union finden sich neuerdings ebenfalls Ansätze dafür (vgl. etwa Art. 15 Abs. 2 und 45 Abs. 1 der Charta). Richtiger dürfte es dennoch sein, weiterhin terminologisch zu trennen und damit der Praxis des EuGH zu folgen, der die Grundfreiheiten fast nie als „Grundrechte" (Französisch: *droits fondamentaux*) bezeichnet. Wenngleich nämlich sowohl die Grundfreiheiten als auch die Grundrechte unmittelbar anwendbare Normen des Primärrechts darstellen und denselben Rang in der Normenhierarchie haben, entfalten sie ihren **Schutz in unterschiedlicher Weise.**

1. Adressaten der in den **Grundfreiheiten** enthaltenen Verbote sind in erster Linie die Mitgliedstaaten; dies folgt aus dem Gesamtzusammenhang der Verträge und dem Sinn und Zweck der Grundfreiheiten (Verwirklichung des Binnenmarkts und der Freizügigkeit der Unionsbürger). Die praktische Bedeutung der Grundfreiheiten liegt deshalb hauptsächlich in ihrer Einwirkung auf das nationale Recht: Sie hindern die Anwendung nationaler Vorschriften, die mit den Prinzipien des Europarechts unvereinbar sind.

Beispiel: Ein deutsches Gesetz bestimmt, dass als Studienreferendare nur Deutsche eingestellt werden dürfen. Eine Britin wird deshalb allein wegen ihrer fehlenden deutschen Staatsangehörigkeit abgewiesen. Eine solche staatliche Regelung verstößt gegen Art. 45 Abs. 2 und 3 AEUV, weshalb sie wegen des Vorrangs des Unionsrechts nicht anzuwenden ist (EuGHE, 66/85, 1986, 2121 = Hummer, S. 752 – Lawrie-Blum).

Zwar darf auch der Unionsgesetzgeber keine Maßnahmen erlassen, die dem Binnenmarktziel im Allgemeinen und den Grundfreiheiten im Besonderen widersprechen (EuGH, C-97/09, Urt. v. 26. 10. 2010 – Schmelz, Rn. 50, 58). Es liegt aber in der Natur der Sache, dass von dieser Seite Verstöße selten festzustellen sein werden, da die Unionsorgane im Gegensatz zu den Mitgliedstaaten kein Interesse an einer Behinderung innergemeinschaftlicher Wirtschaftstätigkeit und Freizügigkeit haben.

2. Die **Grundrechte** (Versammlungs- und Vereinigungsfreiheit, Meinungsfreiheit usw.) und die sonstigen allgemeinen Rechtsgrundsätze richten sich hingegen hauptsächlich an die Union. Sie dienen in erster Linie der Rechtmäßigkeitskontrolle von Handlungen der Unionsorgane gegenüber dem Einzelnen. Auf nationales Recht wirken sie nur in zweiter Linie ein, nämlich wenn innerstaatliche Stellen im Anwendungsbereich des Unionsrechts tätig werden (s. u. S. 272): Die Mitgliedstaaten müssen dann die Spielräume, die ihnen bei der Anwendung und Umsetzung des Unionsrechts zukommen, im Einklang mit den Unionsgrundrechten ausüben.

3. Gemeinsam ist Grundfreiheiten und Grundrechten, neben ihrer grundlegenden Bedeutung im System der Verträge, dass sie nach h. M. **im Regelfall keine horizontale Direktwirkung** im Rechtsverhältnis zwischen Privaten entfalten. In einigen Fällen hat der EuGH aber eine Bindung nichtstaatlicher Organisationen und von privaten Arbeitgebern an eine Grundfreiheit anerkannt (EuGHE, 36/74, 1974, 1405 = Hummer, S. 703 – Walrave & Koch; EuGHE, C-415/93, 1995, I-4921 = Hummer, S. 707 – Bosman; EuGHE, C-281/98, 2000, I-4139 = EuZW 2000, 468 – Angonese). Auch im Bereich der Unionsgrundrechte bzw. der allgemeinen Rechtsgrundsätze hat er – bislang allerdings nur vereinzelt – eine Direktwirkung zwischen Privaten angenommen (zu Art. 157 Abs. 1 AEUV vgl. EuGHE, 43/75, 1976, 455 = Hummer S. 452 – Defrenne II; zum Verbot der Altersdiskriminierung vgl. EuGHE, C-555/07, Urt. v. 19. 1. 2010, NJW 2010, 427 – Kücükdeveci, Rn. 51).

B. Der freie Warenverkehr

I. Allgemeines

Der freie Warenverkehr ist in Art. 28–37 AEUV geregelt. Danach ist nur der Warenverkehr *innerhalb der Union* frei. Gegenüber Drittstaaten gilt ein gemeinsamer Zolltarif (GZT) und eine gemeinsame (Außen-)Handelspolitik (Art. 206, 207 AEUV).

Die **Grundlagen des freien Warenverkehrs** sind folgende:

– Verbot der Erhebung von Zöllen und von Abgaben, die wie Zölle wirken, sowie die Existenz des GZT gegenüber Drittstaaten (= Zollunion, Art. 28, 30–32 AEUV),

– Verbot aller mengenmäßigen Einfuhr-, Durchfuhr- und Ausfuhrbeschränkungen und aller Maßnahmen, die wie diese wirken (Art. 34, 35 AEUV – Ausnahmen sind im Rahmen von Art. 36 AEUV zulässig),
– Pflicht zur Umformung der staatlichen Handelsmonopole (Art. 37 AEUV).

Diese Bestimmungen gelten **unmittelbar** (vgl. grundlegend dazu EuGHE, 26/62, 1963, 1 – van Gend & Loos). Staatliche Gesetze, die gegen die genannten Vorschriften verstoßen, kommen wegen deren Vorrang nicht zur Anwendung. Der Einzelne kann dies vor Gericht durchsetzen.

II. Sachlicher Anwendungsbereich

Der sachliche Anwendungsbereich des freien Warenverkehrs bestimmt sich, ebenso wie die Abgrenzung zu den übrigen Grundfreiheiten, über den Warenbegriff.

1. Warenbegriff

Waren sind bewegliche Sachen, die einen Geldwert haben und deshalb Gegenstand von Handelsgeschäften sein können (EuGHE, 7/68, 1968, 633 = Hummer, S. 442 – Kunstschätze, Rn. 7). Gesetzliche Zahlungsmittel (z. B. Silbermünzen) sind deswegen keine Waren i. S. v. Art. 28 ff. AEUV. Sie unterfallen vielmehr dem freien Kapital- und Zahlungsverkehr (Art. 63 ff. AEUV). Falschgeld ist keine Ware, da es nicht Gegenstand von Handelsgeschäften sein kann. Das Gleiche gilt von illegal eingeführten Betäubungsmitteln (vgl. Art. 212 Zollkodex). Dienstleistungen (Art. 57 AEUV) sind im Gegensatz zu Waren unsichtbar; bei ihnen geht es um die Vermittlung von Inhalten und Know-how. Abfall ist unstreitig Ware, wenn er wieder verwertbar ist und damit einen Handelswert besitzt. Ist der Abfall nicht wieder verwertbar, so steht an sich seine Entsorgung (Dienstleistung) im Vordergrund, für welche der Veräußerer zahlt. Der EuGH sieht jedoch Abfall, sei er wieder verwertbar oder nicht, als Ware an. Dies insbesondere wegen der praktischen Schwierigkeit, wieder verwertbaren und nicht wieder verwertbaren Müll zu unterscheiden (EuGHE, C-2/90, 1992, I-4431 = Hummer, S. 499 – Abfalltourismus). Die grenzüberschreitende Ausstrahlung von Rundfunk- und Fernsehsendungen unterliegt dem freien Dienstleistungsverkehr (EuGHE, C-222/07, 2009, I-1407 – UTECA), anders der Handel mit Filmkassetten, Tonträgern usw. Auch Gas und Strom sind Waren (vgl. EuGH, C-379/98, 2001, I-2099 = Hummer S. 703 – PreußenElektra, Rn. 68 ff.). Die Bereitstellung und Unterhaltung des Versorgungsnetzes aber stellt eine Dienstleistung i. S. v. Art. 57 AEUV dar. Software, die über das Internet verschickt wird, ist ebenfalls Dienstleistung und keine Ware. Das Gleiche gilt von Losen für eine Lotterie, da sie nur die Teilnahme an der Lotterie ermöglichen sollen, die ihrerseits zweifellos eine Dienstleistung ist (vgl. EuGHE, C-275/92, 1994, I-1039 = Hummer S. 211 – Schindler). Vgl. zum Ganzen auch unten S. 243 f.

2. Unionsware

Nach Art. 28 Abs. 2 AEUV nehmen am freien Warenverkehr nur solche Waren teil, die entweder aus den Mitgliedstaaten stammen oder die zwar ihren Ursprung in dritten Ländern haben, sich aber im freien Verkehr eines Mitgliedstaats befinden (= Unionswaren). Auf Nichtunionswaren ist hingegen der GZT anwendbar. Der Warenaustausch mit Drittstaaten ist Gegenstand der gemeinsamen Handelspolitik (Art. 206, 207 AEUV).

Unter welchen Voraussetzungen eine **Ware** ursprünglich **aus einem Mitgliedstaat** oder einem bestimmten Drittstaat stammt, ist in Übereinstimmung mit dem GATT (vgl. unten S. 353 f.) im Zollkodex (vgl. unten III. 1.) geregelt. Einschlägig sind Art. 4 Nr. 7 und 8, Art. 23 ff. Zollkodex. Danach liegt Unionsware (bislang: Gemeinschaftsware) vor, wenn sie in der Union aus dort gewonnenen Rohstoffen oder sonstiger Unionsware hergestellt worden ist. Im Übrigen ist nach Art. 24 Zollkodex eine Ware in dem Land hergestellt, in dem die letzte wesentliche und wirtschaftlich gerechtfertigte Be- oder Verarbeitung stattgefunden hat.

Waren aus Drittstaaten befinden sich **im freien Verkehr eines Mitgliedstaats,** wenn die Voraussetzungen des Art. 29 Abs. 1 AEUV vorliegen. Es müssen also die Einfuhrförmlichkeiten erfüllt und die vorgeschriebenen Zölle und Abgaben gleicher Wirkung erhoben sein. Liegen diese Voraussetzungen vor, so nimmt die betreffende Ware am freien Warenverkehr zwischen den Mitgliedstaaten teil. Sie ist einer Ware, die aus einem Mitgliedstaat stammt, endgültig und vollständig gleichgestellt (EuGHE, 41/76, 1976, 513 = Hummer, S. 444 – Donckerwolcke). Wird Unionsware aus der Union ausgeführt, verliert sie ihren Status als Unionsware. Der Nachweis, dass eine Ware Unionsware ist, ist mit bestimmten Dokumenten zu führen (vgl. dazu EuGHE, C-237/96, 1997, I-5103 – Amelynck).

3. Ausnahmen

Art. 28–37 AEUV sind nicht anzuwenden, soweit Sondervorschriften eingreifen. Solche bestehen für den Handel mit Kriegswaffen (Art. 346 Abs. 1 AEUV). Bei landwirtschaftlichen Erzeugnissen (Art. 38 Abs. 1 AEUV) kann die Anwendung der Art. 28 ff. AEUV durch eine gemeinsame Marktorganisation ausgeschlossen sein (vgl. Art. 38 Abs. 2, Art. 40 AEUV). Existiert eine solche Marktorganisation nicht, sind die Art. 28 ff. AEUV anwendbar.

III. Die Zollunion

Nach Art. 28 Abs. 1 AEUV umfasst die Europäische Union eine **Zollunion**. Dies bedeutet, dass im Handel zwischen den Mitgliedstaaten auf Waren keine Zölle und keine zollgleichen Abgaben erhoben werden dürfen und dass gegenüber Drittstaaten ein gemeinsamer Zolltarif (GZT) gilt.

Im Gegensatz zur Zollunion fehlt der **Freihandelszone** (Beispiel: EFTA) der gemeinsame Zolltarif gegenüber Nichtmitgliedstaaten. In ihr werden, wie in der Zollunion, keine Zölle und vergleichbaren Abgaben im Warenverkehr zwischen den Mitgliedstaaten erhoben, doch kann jeder Mitgliedstaat der Freihandelszone auf Waren aus Drittstaaten Zölle und Abgaben gleicher Wirkung nach eigenem Gutdünken festsetzen.

1. Der gemeinsame Zolltarif und der Zollkodex

Der **gemeinsame Zolltarif** ist erstmals im Jahr 1968 durch eine Verordnung festgesetzt worden, die etwa 3000 Tarifpositionen enthielt, denen verschieden hohe Zollsätze zugeordnet waren. Nunmehr gilt die Verordnung Nr. 2658/87 des Rates vom 23. 7. 1987 über die zolltarifliche und statistische Normenklatur sowie den gemeinsamen Zolltarif (ABl. 1987, L 256, S. 1). Sie enthält in ihrem Anhang I eine Warennomenklatur (mehr als 9000 Warenbezeichnungen), also ein Verzeichnis aller Waren. Dieses wird **kombinierte Nomenklatur** oder abgekürzt KN genannt, da mit ihr nicht nur zolltarifliche, sondern auch statistische Zwecke verfolgt werden. Jede Ware lässt sich einer Codenummer zuordnen, wobei es wiederum Unterpositionen gibt. Ihnen sind jeweils die vertragsmäßigen und gegebenenfalls (in Fußnoten) die autonomen Zollsätze, zumeist in Prozent des Warenwerts, zugeordnet. Gelegentlich wird der Zoll auch nach Gewicht, Größe oder Menge einer Ware erhoben. Autonom sind die von der Union einseitig festgesetzten Zollsätze, vertragsmäßig die, die auf Abkommen der Union mit Drittstaaten beruhen, wie sie v. a. im Rahmen des GATT (vgl. unten S. 353 f.) ausgehandelt werden. Der maßgebliche Warenwert (= Zollwert) ergibt sich aus Art. 28 ff. Zollkodex (vgl. unten 2.). Abgestellt wird auf den Transaktionswert. Dies ist der tatsächlich gezahlte oder zu zahlende Preis der Ware zuzüglich Kosten für Beförderung, Provisionen und Verpackung. Nomenklatur und Codierung beruhen auf dem internationalen Übereinkommen über das Harmonisierte System zur Bezeichnung und Codierung der Waren (vgl. im Einzelnen Grabitz Art. 26 EGV Rn. 13 ff.). Zur Veranschaulichung dient der folgende Auszug aus dem GZT:

KN-Code	Warenbezeichnung	Vertrags-mäßiger Zollsatz (%)	Besondere Maßein-heit
1	2	3	4
2403	Anderer verarbeiteter Tabak und andere verarbeitete Tabakersatzstoffe: „homogenisierter" oder „rekonstituierter" Tabak; Tabakauszüge und Tabaksoßen:		
2403 10	– Rauchtabak, auch teilweise oder ganz aus Tabakersatzstoffen:		
2403 10 10	– in unmittelbaren Umschließungen mit einem Gewicht des Inhalts von 500 g oder weniger	74,9	–
2403 10 90	– anderer	74,9	–
	– andere:		
2403 91 00	– „homogenisierter" od. „rekonstituierter" Tabak	16,6	–

KN-Code	Warenbezeichnung	Vertrags- mäßiger Zollsatz (%)	Besondere Maßein- heit
2403 99	– andere:		
2403 99 10	– Kautabak und Schnupftabak	41,6	–
2403 99 90	– andere	16,6	–

Nach Art. 12 der Verordnung Nr. 2658/87 veröffentlicht die Kommission jedes Jahr eine aktualisierte Fassung der Nomenklatur samt Zollsätzen, die alle Änderungen umfasst und jeweils für das folgende Jahr gilt (gegenwärtig die Verordnung Nr. 861/2010 der Kommission vom 5.10. 2010, ABl. L 284 S. 1).

Die autonomen und vertragsmäßigen Zollsätze können ebenso wie die Nomenklatur nach Art. 31 AEUV geändert werden. Doch kommt Art. 207 AEUV vorrangig dann zur Anwendung, wenn eine Änderung im Rahmen der Handelspolitik erfolgt (vgl. unten S. 353). Trotz ihres Wortlauts gelten die Art. 31 und 207 AEUV nicht nur für die Änderung (zu einer erstmaligen Festsetzung kommt es nicht mehr, da die KN praktisch bereits alle Waren auflistet) bzw. vorübergehende Aussetzung der Zollsätze, sondern auch für die Abänderung der Nomenklatur, da diese für die Erhebung von Zöllen unerlässlich ist. Art. 352 AEUV darf nicht (zusätzlich) herangezogen werden (vgl. EuGHE, 165/87,1988, 5545 – Zollnomenklaturabkommen, Rn. 8 f.).

Mit Wirkung vom 1.1. 1994 ist auch das übrige formelle und materielle Zollrecht weitgehend vereinheitlicht worden. Einschlägig ist der durch Verordnung Nr. 2913/92 des Rates vom 12.10. 1992 festgelegte **Zollkodex (ZK)** (ABl. 1992, L 302, S. 1, berichtigt im ABl. 1993 L 79, S. 84). Der ZK enthält Vorschriften zum Zollverfahren, wie die Rücknahme von Entscheidungen (entsprechend § 48 VwVfG), sowie über den Warenursprung, den Warenwert, die Entstehung der Zollschuld u. a. Ergänzt wird der Zollkodex durch die zu seiner Durchführung erlassene Verordnung Nr. 2454/93 der Kommission (ABl. 1993, L 253, S. 1).

Im Juni 2008 ist ein **modernisierter Zollkodex** in Kraft getreten (Verordnung Nr. 450/2008 des Europäischen Parlaments und des Rates, ABl. 2008, L 145, S. 1). Sein Ziel ist die Vereinfachung der Zollverfahren durch die Umstellung auf EDV, eine verstärkte Vergemeinschaftung und eine zentrale Zollabwicklung. Allerdings ist der Zeitpunkt der tatsächlichen Anwendung des modernisierten ZK noch nicht abzusehen, da bisher die erforderlichen Durchführungsvorschriften und IT-Systeme fehlen; als spätester Zeitpunkt ist der 24.6. 2013 vorgesehen.

Somit besteht nicht nur eine **Zolltarifunion** (GZT), sondern auch eine **Zollrechtsunion** (ZK). Anzuwenden sind GZT und ZK von den Zollbehörden der Mitgliedstaaten. Es handelt sich hierbei um einen Fall des indirekten Vollzugs des Unionsrechts durch die Mitgliedstaaten (vgl. oben S. 108 ff.). Auslegungsfragen sind, soweit ein (finanz-)gerichtliches Verfahren anhängig ist, nach Art. 267 AEUV vom EuGH zu klären.

2. Verbot von Zöllen und Abgaben gleicher Wirkung

Ausfuhrzölle und zollgleiche Abgaben sind seit dem 1.1. 1962 im Handel im Inneren der Union gemäß Art. 16 EWGV abgeschafft. **Einfuhrzölle** durften die Mitgliedstaaten gemäß Art. 13 Abs. 1 EWGV i.V. m. einer entsprechenden Entscheidung des Rates seit 1.7. 1968 nicht mehr erheben. Für zollgleiche Abgaben galt dies gemäß Art. 13 Abs. 2 EWGV seit dem Ende der Übergangszeit (31.12. 1969).

Neue Zölle und zollgleiche Abgaben dürfen die Mitgliedstaaten nicht mehr einführen. Dies ergibt sich jetzt aus Art. 30 AEUV, der allgemein Zölle und zollgleiche Abgaben zwischen den Mitgliedstaaten verbietet. Auch diese Vorschrift gilt unmittelbar (EuGHE, 26/62, 1963, 1 – van Gend & Loos). Führt ein Mitgliedstaat nunmehr Zölle oder zollgleiche Abgaben ein, so verstößt er damit gegen Art. 30 AEUV. Wegen Vorrangs dieser Vorschrift muss die Abgabe nicht bezahlt werden. Ihre Erhebung ist rechtswidrig. Eine dennoch bezahlte Abgabe ist nach Maßgabe der nationalen Vorschriften zurückzugewähren (vgl. S. 111).

3. Begriff und Abgrenzung der Zölle und zollgleichen Abgaben von den inländischen Abgaben nach Art. 110 AEUV

Unter **Zoll** i. S. v. Art. 30 AEUV ist eine Abgabe zu verstehen, die als Zoll bezeichnet wird und die bei der Ausfuhr oder der Einfuhr einer Ware vom Staat erhoben wird. Echte Zölle bezwecken, die eigene Industrie zu schützen. Finanzzölle sollen dagegen nur die Einnahmen des Staates mehren.

Bei der Definition der **zollgleichen Abgabe** stellt der EuGH auf ihre Wirkung ab. Diese sieht er in einer Behinderung des freien Warenverkehrs. Denn es werde der Preis der ein- oder ausgeführten Ware im Verhältnis zur einheimischen Ware künstlich erhöht. Deshalb gilt:

Jede einseitig auferlegte finanzielle Belastung, mit der Waren wegen des Überschreitens der Grenze belegt werden, ist unabhängig von ihrer Bezeichnung und der Art ihrer Erhebung, wenn sie kein Zoll im eigentlichen Sinne ist, eine Abgabe gleicher Wirkung im Sinne der Art. 28 und 30 AEUV, selbst wenn sie nicht zugunsten des Staates erhoben wird (EuGHE, C-293/02, 2005, I-9543 – Jersey Potatoes, Rn. 55; EuGHE, C-173/05, 2007, I-4917 – Gasfernleitungen).

Einseitig ist die Erhebung dann, wenn sie vom Mitgliedstaat im nationalen Interesse und nicht aufgrund des Unionsrechts vorgenommen wird. Auf die Bezeichnung der finanziellen Belastung und die Art ihrer Erhebung kommt es nicht an, ebenso wenig auf ihre – noch so geringe – Höhe (vgl. EuGHE, 340/87, 1989, 1483 = EuZW 1990, 98 – Grenzkontrollgebühren).

Die Erhebung von Abgaben zollgleicher Wirkung ist nicht nur beim Überschreiten der Grenzen zwischen Mitgliedstaaten verboten, sondern **auch beim Überschreiten innerstaatlicher Grenzen**, etwa zwischen dem französischen Mutterland und den französischen überseeischen Gebieten (EuGHE, C-363/93, 1994, I-3957 – Lancry, Rn. 32), zwischen Jersey und England (EuGHE, C-293/02, 2005, I-9543 – Jersey Potatoes, Rn. 62 ff.) oder zwischen der italienischen Gemeinde Carrara und anderen Orten innerhalb oder außerhalb Italiens (EuGHE, C-72/03, 2004, I-8027 – Carbonati Apuani, „Carrara-Marmor"). Die Zollunion verbietet die Erhebung jeglicher zollgleichen Abgaben bei Verbringung von Waren innerhalb der EU.

Die **Abgrenzung zollglcicher Abgaben nach Art. 30 AEUV von inländischen Abgaben nach Art. 110 AEUV** ist wichtig, weil zollgleiche Abgaben schlechthin verboten sind, während bei inländischen Abgaben lediglich untersagt ist, eingeführte Waren höher zu belasten als inländische. Ausgangspunkt der Abgrenzung ist, dass zollgleiche Abgaben einseitig der eingeführten Ware – und nur dieser – wegen des Grenzübertritts auferlegt werden, während inländische Abgaben i. S. v. Art. 110 AEUV zu einem Abgabensystem gehören, das sowohl eingeführte als auch einheimische Waren erfasst. Dabei gilt der **Grundsatz „Entweder – Oder"**. Eine Abgabe kann also nicht eine zollgleiche Abgabe und zugleich eine (diskriminierende) inländische Abgabe nach Art. 110 AEUV sein (EuGHE, C-393/04, 2006, I-5293 – Air Liquide Belgium, Rn. 50).

Es haben sich zwei Fallgruppen herausgebildet, nämlich die Erhebung von Gebühren sowie die Auferlegung finanzieller Belastungen, die nicht von einer Gegenleistung abhängig sind.

a) Erhebung von Gebühren beim Grenzübertritt einer Ware. Gebühren, die von den nationalen Behörden beim Grenzübertritt wegen einer Gegenleistung, z. B. einer tierärztlichen Kontrolle von Fleisch, erhoben werden, sind in der Regel verbotene zollgleiche Abgaben. Es gibt jedoch drei Ausnahmen (vgl. EuGHE, 46/76, 1977, 5 = Hummer, S. 446 – Bauhuis):

- Eine Gebühr ist dann keine zollgleiche Abgabe, wenn sie das angemessene Entgelt für einen tatsächlich geleisteten Dienst darstellt. Unter tatsächlich geleisteten Diensten versteht der EuGH nur solche, die dem Importeur einen individuellen, messbaren Vorteil bringen. Eine tierärztliche Kontrolle beinhaltet einen solchen individuellen Vorteil nicht. Denn sie liegt im Allgemeininteresse. Im Ergebnis liegen nur solche Dienste nicht im Allgemeininteresse, die freiwillig in Anspruch genommen werden. Dies ist z. B. dann der Fall, wenn die Zollverwaltung die eingeführte Ware auf Antrag des Importeurs in dessen Betrieb und nicht auf dem Zollamt steuerlich kontrolliert. Dann erspart sich der Importeur Transportkosten und Wartezeiten. Die Verwaltung kann ein kostendeckendes Entgelt fordern. Angemessen ist aber nur ein Entgelt, bei dessen Berechnung der Wert der geleisteten Dienste berücksichtigt wird. Die Erhebung eines Prozentsatzes vom Warenwert macht die Gebühr zur verbotenen Abgabe, da eine untaugliche Berechnungsmethode gewählt ist (EuGHE, 170/88, 1989, 2305 – Ford).
- Wird die Gebühr, ohne dass dem Importeur ein individueller Vorteil zukommt, aufgrund einer allgemeinen inländischen Gebührenregelung erhoben, die systematisch sämtliche inländischen und eingeführten Waren nach gleichen Kriterien erfasst, liegt eine erlaubte inländische Abgabe nach Art. 110 AEUV vor. Voraussetzung ist natürlich, dass die der Gebühr zugrunde liegende Kontrolle selbst

erlaubt ist und nicht etwa eine Maßnahme gleicher Wirkung wie eine Einfuhrbeschränkung nach Art. 34 AEUV darstellt.

- Schließlich kann es sein, dass das Unionsrecht, etwa durch eine Richtlinie, die Durchführung von Kontrollen harmonisiert hat, die der einzelne Mitgliedstaat auch selbst nach Art. 36 AEUV hätte vornehmen können. Für solche nach Unionsrecht vorgeschriebenen Kontrollen darf der einzelne Mitgliedstaat kostendeckende Gebühren erheben. Denn sie stellen lediglich einen Ausgleich für seine unionsrechtliche Verpflichtung dar.

b) Sonstige finanzielle Belastungen beim Grenzübertritt. Wird eine Abgabe nur auf eine eingeführte Ware erhoben, während gleichartige heimische Erzeugnisse abgabefrei bleiben, liegt eine zollgleiche Abgabe vor (Beispiel: ein Mitgliedstaat erhebt eine Abgabe auf eingeführtes Obst, heimisches Obst bleibt abgabefrei). Die diskriminierende und protektionistische Wirkung einer solchen Bestimmung liegt offen zutage. Erfasst die inländische Abgabenregelung aber nicht nur eingeführte, sondern auch gleichartige inländische Erzeugnisse, so handelt es sich um eine inländische Abgabe nach Art. 110 AEUV, die dann verboten ist, wenn sie die eingeführte Ware diskriminiert.

Eine zollgleiche Abgabe liegt aber auch dann vor, wenn zwar inländische Erzeugnisse gleichfalls belastet werden, die aus der Abgabe fließenden Mittel jedoch *vollständig* den heimischen Erzeugnissen zugutekommen. Denn eine solche sog. **parafiskalische Abgabe** trifft tatsächlich nur das ausländische Erzeugnis (EuGHE, C-347/95, 1997, I-4911 – UCAL, Rn. 22 ff.). Wird die Belastung der heimischen Erzeugnisse *nur zum Teil* ausgeglichen, liegt eine diskriminierende Abgabe nach Art. 110 AEUV vor, weil sie sich stärker auf das ausländische Erzeugnis als auf das inländische auswirkt (EuGHE, C-206/06, 2008, I-5497 – Essent Netwerk Noord). Im ersten Fall ist die Erhebung der gesamten Abgabe rechtswidrig, im zweiten Fall die Erhebung nur des überschießenden Betrags.

Existiert keine gleichartige inländische Ware, liegt nur dann keine verbotene zollgleiche Abgabe, sondern eine inländische i.S.v. Art. 110 AEUV vor, wenn die inländische Abgabenregelung die Erzeugnisgruppe systematisch nach objektiven Kriterien, unabhängig vom Ursprung der Erzeugnisse, erfasst (EuGHE, 193/85, 1987, 2085 = Hummer, S. 448 – Co-Frutta). Dies wurde problematisch, als Italien eine Verbrauchsteuer auf Bananen, nicht jedoch auf heimisches Obst einführte. Bananen werden in Italien praktisch nicht angebaut. Der EuGH hat diese Verbrauchsteuer – im Gegensatz zum Generalanwalt – nicht als zollgleiche Abgabe qualifiziert, weil er die italienische Abgabenregelung für Bananen als Teil des allgemeinen italienischen Abgabensystems angesehen hat (EuGH, a.a.O.): In Italien existierten 19 Verbrauchsteuern, die zur allgemeinen Finanzierung der Staatsausgaben erhoben würden und in deren System sich die Verbrauchsteuer für Bananen zwanglos einpasse.

Kommt man zum Ergebnis, dass keine zollgleiche Abgabe, sondern eine Abgabe i.S.v. Art. 110 AEUV vorliegt, ist zu prüfen, ob sie nach dieser Vorschrift erhoben werden darf.

c) Abgabe nach Art. 110 AEUV. Durch Art. 110 AEUV werden die Vorschriften über Zölle und zollgleiche Abgaben ergänzt. Die Bestimmung verbietet jede **diskriminierende** inländische Abgabenerhebung (Steuern, Gebühren) auf Waren aus *anderen Mitgliedstaaten*. Art. 110 AEUV soll die vollkommene Wettbewerbsneutralität der inländischen Besteuerung für einheimische und ausländische Erzeugnisse im Rahmen des freien Warenverkehrs sicherstellen (EuGHE, C-167/05, 2008, I-2127 – Kommission/Schweden).

Art. 110 AEUV gilt für Waren aus anderen Mitgliedstaaten, einschließlich der Erzeugnisse mit Ursprung in Drittländern, die sich in den Mitgliedstaaten im freien Verkehr befinden (EuGHE, C-284/96, 1997, I-7471 – Tabouillot). Art. 28 Abs. 2 AEUV ist anzuwenden, obwohl in Art. 110 AEUV nur von Waren aus anderen Mitgliedstaaten die Rede ist. Diese erweiternde Auslegung des Art. 110 AEUV rechtfertigt sich aus seinem Zweck, die Bestimmungen über den freien Warenverkehr zu ergänzen. Auf die Einfuhr einer Ware unmittelbar aus einem Drittstaat bleibt Art. 110 AEUV hingegen unanwendbar.

Art. 110 Abs. 1 und 2 AEUV regeln **zwei verschiedene Tatbestände,** wobei stets mit der Prüfung von Art. 110 Abs. 1 als der spezielleren Vorschrift zu beginnen ist.

aa) Nach **Art. 110 Abs. 1** AEUV dürfen auf Waren aus anderen Mitgliedstaaten keine höheren Abgaben erhoben werden als auf gleiche oder gleichartige inländische Erzeugnisse. Sind die auf ausländische Waren erhobenen Abgaben höher, so ist die Abgabenerhebung rechtswidrig. Die Rückforderung der bereits bezahlten Abgabe beurteilt sich nach nationalem Verfahrensrecht, da es sich um den innerstaatlichen Vollzug von Unionsrecht durch die Mitgliedstaaten handelt (vgl. oben S. 111).

Die Anwendung von Art. 110 Abs. 1 AEUV setzt voraus, dass im Inland eine gleiche oder gleichartige Ware vorhanden ist. Daher ist zu prüfen, ob die beiden Erzeugnisse in den Augen des Verbrauchers gleiche Eigenschaften (z. B. Alkoholgehalt, Wassergehalt) haben und denselben Bedürfnissen dienen (z. B. den Durst zu löschen). Es kommt hier ganz auf den Einzelfall an. Bananen und anderes Tafelobst (Äpfel, Birnen, Pfirsiche usw.) hat der EuGH nicht als gleichartig angesehen, da etwa Birnen im Gegensatz zu Bananen durstlöschende Eigenschaften hätten und Bananen besonders nahrhaft und energiereich seien (EuGHE, 184/85, 1987, 2013 = Hummer, S. 459 – Tafelobst).

Art. 110 AEUV verbietet den Mitgliedstaaten nicht, gleichartige Ware, wie z. B. Strom, aus ökologischen Gründen (Umweltschutz) je nach Erzeugungsart unterschiedlich zu besteuern.

Beispiel (EuGHE, C-213/96, 1998, I-1777 – Outokumpu): In Finnland wurde bei der Besteuerung von inländischem Strom nach seiner Herkunft differenziert: Auf Atomstrom fielen 2,4 penni/kWh an, auf Strom aus Wasserkraft 0,4 penni/kWh. Hätte Finnland dieselbe Steuerregelung auch auf importierten Strom angewandt, so wäre dies nach Art. 110 AEUV nicht zu beanstanden gewesen. Tatsächlich wurde jedoch eingeführter Strom pauschal mit 2,2 penni/kWh belastet. Eine solche Regelung ist diskriminierend i. S. v. Art. 110 AEUV, weil sie eingeführten und heimischen Atom- bzw. Wasserkraft-Strom nicht jeweils demselben Steuersatz unterwirft. Der EuGH ließ das Argument Finnlands nicht gelten, bei eingeführtem Strom sei dessen Quelle nicht erkennbar, weshalb er mit dem durchschnittlichen Steuersatz für im Inland erzeugten Strom belastet werden dürfe. Die praktischen Schwierigkeiten, die Herkunft des importierten Stroms festzustellen, rechtfertigten nicht die Erhebung eines Durchschnittssatzes. Dies sei jedenfalls dann anzunehmen, wenn dem Importeur verwehrt werde, die Herkunft seines Stroms nachzuweisen, um den Steuersatz zu erhalten, der für entsprechenden inländischen Strom gelte.

bb) Existiert im Inland keine gleichartige Ware, so ist **Art. 110 Abs. 2** AEUV zu prüfen. Art. 110 Abs. 2 soll jede Form einer mittelbaren steuerlichen Schutzpolitik bei Erzeugnissen verhindern, die zwar nicht gleichartig i. S. v. Art. 110 Abs. 1 sind, aber doch mit bestimmten einheimischen Waren, wenn auch nur teilweise, mittelbar oder potentiell in einem Wettbewerbsverhältnis stehen (EuGHE, C-167/05, 2008, I-2127 – Kommission/Schweden, Rn. 41). Die eingeführte Ware darf daher nicht höher belastet werden als ein inländisches Erzeugnis, mit der sie in einem – weiten – **Wettbewerbsverhältnis** steht, oder zu der, anders ausgedrückt, eine **Substitutionskonkurrenz** vorliegt. Um ein solches Wettbewerbsverhältnis festzustellen, ist zu fragen, ob die einzuführende Ware für den Verbraucher eine echte Alternative darstellt. Dies ist z. B. nach Ansicht des EuGH der Fall beim italienischen Obstverbraucher in Bezug auf Bananen (EuGHE, 193/85, 1987, 2085 = Hummer, S. 448 – Co-Frutta), beim Starkbiertrinker in Bezug auf billigen, leichten Wein (EuGHE, C-167/05, 2008, I-2127 – Kommission/Schweden, Rn. 43) sowie bei den unterschiedlichen Branntweinarten (EuGHE, 323/87, 1989, 2275 – Kommission/Italien). Die Besteuerung der eingeführten Ware ist daher nach Art. 110 Abs. 2 AEUV rechtswidrig, wenn sie höher ist als die der einheimischen Ware, mit der das Konkurrenzverhältnis besteht, **und** wenn sich der daraus ergebende Preisunterschied der Waren auf das Verbraucherverhalten auswirken kann. Besteht kein Wettbewerbsverhältnis mit einer einheimischen Ware, so kann eine Verbrauchsteuer frei erhoben werden (Beispiel: deutsche Kaffeesteuer bei Einfuhr aus Mitgliedstaaten; bei Einfuhr aus Drittstaaten ist Art. 110 AEUV ohnehin nicht anwendbar!).

Übersicht

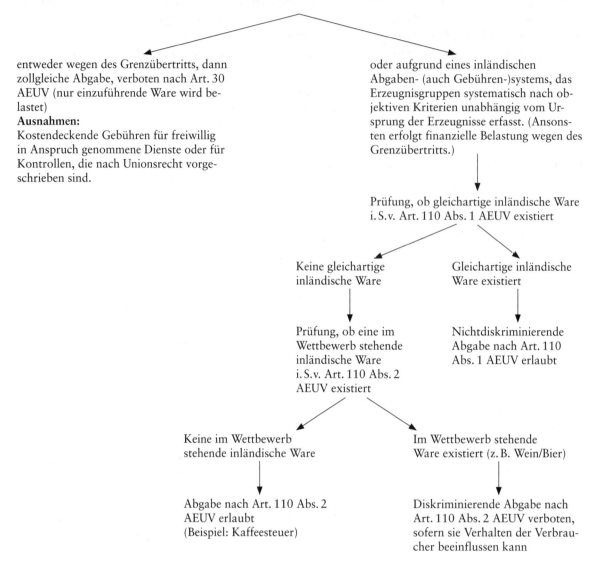

Eingeführte Ware i. S. v. Art. 28 Abs. 2 AEUV wird im Zusammenhang mit Grenzübertritt finanziell belastet,

entweder wegen des Grenzübertritts, dann zollgleiche Abgabe, verboten nach Art. 30 AEUV (nur einzuführende Ware wird belastet)
Ausnahmen:
Kostendeckende Gebühren für freiwillig in Anspruch genommene Dienste oder für Kontrollen, die nach Unionsrecht vorgeschrieben sind.

oder aufgrund eines inländischen Abgaben- (auch Gebühren-)systems, das Erzeugnisgruppen systematisch nach objektiven Kriterien unabhängig vom Ursprung der Erzeugnisse erfasst. (Ansonsten erfolgt finanzielle Belastung wegen des Grenzübertritts.)

Prüfung, ob gleichartige inländische Ware i. S. v. Art. 110 Abs. 1 AEUV existiert

Keine gleichartige inländische Ware

Gleichartige inländische Ware existiert

Prüfung, ob eine im Wettbewerb stehende inländische Ware i. S. v. Art. 110 Abs. 2 AEUV existiert

Nichtdiskriminierende Abgabe nach Art. 110 Abs. 1 AEUV erlaubt

Keine im Wettbewerb stehende inländische Ware

Im Wettbewerb stehende Ware existiert (z. B. Wein/Bier)

Abgabe nach Art. 110 Abs. 2 AEUV erlaubt (Beispiel: Kaffeesteuer)

Diskriminierende Abgabe nach Art. 110 Abs. 2 AEUV verboten, sofern sie Verhalten der Verbraucher beeinflussen kann

IV. Verbot mengenmäßiger Ein- und Ausfuhrbeschränkungen und von Maßnahmen gleicher Wirkung

Art. 34 und 35 AEUV verbieten mengenmäßige Einfuhr- und Ausfuhrbeschränkungen (**Kontingente**) sowie Maßnahmen gleicher Wirkung im Warenverkehr zwischen den Mitgliedstaaten (also Maßnahmen, die wie Ein- bzw. Ausfuhrbeschränkungen wirken).

Zölle, zollgleiche Abgaben sowie verbotene Abgaben nach Art. 110 AEUV wirken zwar ebenfalls wie mengenmäßige Beschränkungen i. S. v. Art. 30 AEUV, da sie den Handel innerhalb der Union behindern. Art. 30 AEUV sowie Art. 110 AEUV sind jedoch *leges speciales* zu Art. 34 ff. AEUV. Einfuhrbeeinträchtigungen fiskalischer Art fallen daher nicht unter Art. 34 ff. AEUV (EuGHE, 252/86, 1988, 1343 – Bergandi, Rn. 33). **Art. 34 ff. AEUV verbieten** vielmehr **nur nichttarifäre Handelshemmnisse.**

1. Vorrang von Sondervorschriften und Harmonisierungsmaßnahmen

Art. 34 ff. AEUV gelten nicht, wenn Sonderregelungen bestehen. Solche sind vorhanden für den Handel mit Kriegswaffen (vgl. Art. 346 AEUV). Auch im Rahmen der Gemeinsamen Agrarpolitik können, soweit Marktordnungen errichtet sind, Ausnahmen vom freien Warenverkehr gelten (vgl. Art. 38 Abs. 2 AEUV).

Regelt eine **Richtlinie nach Art. 114** AEUV die Herstellung und das Inverkehrbringen einer Ware, ist ein Verstoß der staatlichen Maßnahme hiergegen zu prüfen. Voraussetzung ist, dass die Richtlinie ihrerseits gültig ist und nicht gegen Art. 34 AEUV verstößt. Jedenfalls ist die Richtlinie im Lichte von und im Einklang mit Art. 34 AEUV auszulegen (vgl. EuGHE, C-315/92, 1994, I-317 – Clinique). Die Mitgliedstaaten müssen sich an die Vorgaben der Richtlinie halten. Richtlinienkonforme Regelungen verstoßen dann auch nicht gegen Art. 34 AEUV (vgl. EuGH, C-322/01, 2003, I-14887 = Hummer S. 468 – Doc Morris, Rn. 52 f.). Enthält die Richtlinie eine abschließende Regelung, dürfen die Mitgliedstaaten strengere Vorschriften nicht unter Berufung auf die Cassis-Rechtsprechung oder Art. 36 AEUV anwenden (EuGHE, C-5/94, 1996, I-2553, Rn. 18 ff. = Hummer S.104 – Hedley Lomas). Etwas anderes gilt nur, wenn die Richtlinie selbst eine Schutzklausel enthält (Art. 114 Abs. 10 AEUV) oder die Voraussetzungen eines nationalen Alleingangs nach Art. 114 Abs. 4 ff. AEUV vorliegen (vgl. unten S. 309 f.). Ist dies nicht der Fall, verstoßen die strengeren nationalen Vorschriften gegen Art. 34 AEUV. Zu beachten ist, dass Richtlinien ihrem Inhalt nach auch rein innerstaatliche Fälle regeln können (z.B. Gewährleistung beim Verbrauchsgüterkauf), während die Anwendung der Grundfreiheiten stets einen grenzüberschreitenden Bezug erfordert.

2. Verbot mengenmäßiger Einfuhrbeschränkungen

Art. 34 AEUV meint mit mengenmäßigen Einfuhrbeschränkungen staatliche Maßnahmen, die die Einfuhr einer Ware völlig verbieten oder nach Menge, Wert oder Zeitraum begrenzen. Eine **Diskriminierung** ist **nicht Wesensmerkmal** einer Einfuhrbeschränkung. Sie setzt aber voraus, dass die Beschränkung auf die Einfuhr zielt und damit einer Marktabschottung dient. Ergibt sich daher das Einfuhrverbot aus einem allgemeinen Verbot des Inverkehrbringens einer bestimmten Ware, liegt keine Einfuhrbeschränkung, sondern allenfalls eine Maßnahme gleicher Wirkung vor. Eine genaue Abgrenzung der Einfuhrbeschränkungen von den Maßnahmen gleicher Wirkung, die die Einfuhr zwar grundsätzlich zulassen, aber sie erschweren, verteuern, weniger attraktiv oder gar sinnlos machen, ist ohne praktische Bedeutung, da beide gleichermaßen verboten sind.

3. Verbot von Maßnahmen gleicher Wirkung wie mengenmäßige Einfuhrbeschränkungen

Mit diesem in Art. 34 AEUV angeordneten Verbot soll einem verdeckten Protektionismus der Mitgliedstaaten begegnet werden.

a) Die Dassonville-Formel. Der EuGH definiert seit dem Urteil Dassonville (EuGHE, 8/74, 1974, 837 = Hummer, S. 458) die Maßnahme gleicher Wirkung in ständiger Rechtsprechung wie folgt:

Maßnahme gleicher Wirkung ist jede Regelung der Mitgliedstaaten, die geeignet ist, den unionsinternen Handel unmittelbar oder mittelbar, tatsächlich oder potenziell zu behindern.

Es handelt sich bei dieser sog. Dassonville-Formel um eine weite Grundregel. Sie verbietet, eingeführte Ware zu diskriminieren, von ihr also, damit sie verkehrsfähig ist, bestimmte Eigenschaften zu fordern, die heimische Ware nicht erfüllen muss. Doch ist eine Diskriminierung nicht Wesensmerkmal einer Maßnahme gleicher Wirkung. Vielmehr kann eine staatliche Maßnahme auch dann eine einfuhrbeschränkende Wirkung haben, wenn sie für eingeführte und heimische Ware gleichermaßen (*unterschiedslos*) gilt, wie z.B. das Reinheitsgebot für Bier. **Art. 34 AEUV enthält also ein Diskriminierungs- und Beschränkungsverbot.**

Auch unterschiedslos geltende Regelungen, die die Herstellung einer Ware betreffen, wirken sich in der Regel vorteilhaft für die heimische Industrie aus, weil sie sich schon längst hierauf eingestellt hat. Der ausländische Produzent kann z.B. nicht das für seinen heimischen Markt produzierte Bier einführen, sondern muss erst seine Produktion anpassen, was mit besonderen Kosten verbunden ist. Dadurch wird die Einfuhr des ausländischen Erzeugnisses behindert und die einheimische Produktion protektioniert.

Es muss sich jedoch um die Regelung eines Mitgliedstaats, also um eine **staatliche Maßnahme** handeln. Diese wird in der Regel ein Gesetz sein, wie z.B. § 10 Biersteuergesetz a.F., wonach als Bier nur ein Getränk bezeichnet werden durfte, das nach dem deutschen Reinheitsgebot hergestellt war. Aber auch Verwaltungsvorschriften und selbst Verwaltungspraktiken oder Gerichtsurteile reichen aus (vgl. EuGHE, 21/84, 1985, 1355 = Hummer, S. 466 – Kommission/Frankreich).

Auch die Anwendung der Vorschriften über die gewerblichen Schutzrechte (Patente, Marken, Gebrauchsmuster usw.) sowie die Anwendung der §§ 3 ff. UWG, auf die sich Private berufen, können unstreitig zu staatlichen Maßnahmen gleicher Wirkung führen. Die Vorschriften sind deswegen unionsrechtskonform so auszulegen und anzuwenden, dass sie nicht gegen Art. 34 AEUV verstoßen (vgl. unten S. 211 f.). Erfolgt eine Behinderung des freien Warenverkehrs hingegen durch rein **private Absprachen,** liegt **kein Verstoß gegen Art. 34** AEUV vor. Dem freien Warenverkehr kommt somit, im Gegensatz zu den anderen Grundfreiheiten, **keine unmittelbare Drittwirkung** zu (vgl. Leible Anm. zu EuGH EuZW 2003, 23 [27]). Allerdings können private Absprachen nach Art. 101, 102 AEUV und, wenn deren Voraussetzungen nicht vorliegen, nach § 138 BGB i.V. m. Art. 34 AEUV (mittelbare Drittwirkung) nichtig sein. Damit ist nicht zu verwechseln, dass sich ein Privater gegenüber einem anderen Privaten sehr wohl auf Art. 34 AEUV berufen kann, damit eine *staatliche Vorschrift,* die gegen Art. 34 AEUV verstößt, nicht zur Anwendung kommt oder damit diese Vorschrift (z.B. § 3 UWG) im Einklang mit Art. 34 AEUV ausgelegt und angewandt wird.

Staatliches Verhalten und damit eine Maßnahme gleicher Wirkung liegt auch dann vor, wenn der Staat das Verhalten Privater entscheidend bestimmt und etwa in einer Kampagne dazu auffordert, heimische Produkte zu kaufen (EuGHE, 249/81, 1982, 4005 = Hummer, S. 462 – Buy Irish; ähnlich EuGH, C-325/00, 2002, I-9977 = EuZW 2003, 23 zur Vergabe des Gütezeichens „Markenqualität aus deutschen Landen"). Gegen dieses Verhalten des Staates kann die Kommission nach Art. 258 AEUV vorgehen, und Unternehmen können sich vor nationalen Gerichten dagegen auf Art. 34 AEUV berufen.

Darüber hinaus hat der EuGH **Art. 34** AEUV auch **auf staatliches Unterlassen angewendet:** Französische Bauern behinderten spanische Agrarimporte, indem sie die betreffenden Lastkraftwagen aufhielten, die Fahrer verprügelten und die Agrarprodukte vernichteten. Die französischen Behörden schritten nicht ein. Darin sah der EuGH eine verbotene Maßnahme gleicher Wirkung: Frankreich sei nach Art. 34 AEUV i. V. mit Art. 4 Abs. 3 EUV (allgemeine Loyalitätspflicht) zum Einschreiten verpflichtet, um das Funktionieren des freien Warenverkehrs wiederherzustellen. Es genüge nicht, die Betroffenen, wie von Frankreich veranlasst, voll zu entschädigen (EuGHE, C-265/95, 1997, S. I-6959 – Agrarblockaden = Hummer S. 106). Eine ähnliche Situation lag vor, als Umweltschützer die Brenner-Autobahn im Rahmen einer ordnungsgemäß angemeldeten Demonstration für mehrere Stunden blockierten und somit den freien Warenverkehr behinderten. Allerdings war in diesem Fall das Nichteinschreiten der österreichischen Behörden wegen des Grundrechts der Demonstranten auf Versammlungsfreiheit gerechtfertigt (vgl. EuGHE, C-112/00, 2003, I-5659 = Hummer S. 527 – Schmidberger).

Die staatliche Maßnahme muss weiterhin geeignet sein, den **zwischenstaatlichen Handel** zumindest potenziell zu **behindern.** Um dies festzustellen, ist zu fragen, ob ohne die inkriminierte Maßnahme eingeführte Ware – möglicherweise – reibungsloser verkauft werden könnte. Die Dassonville-Formel umfasst somit fast jede staatliche Maßnahme, deren Einfluss auf den Handel in der Union nicht völlig fern liegt, also z.B. auch Werbeverbote, Verkaufsverbote an Sonn- und Feiertagen, Preisregelungen oder das Erfordernis von Ursprungsangaben. Eine „zu ungewisse und zu mittelbare" Behinderung des Handels in der Union genügt hingegen nicht. Eine solche hat der EuGH in der vorvertraglichen Pflicht des Verkäufers eines Motorrads gesehen, das privat nach Deutschland importiert worden war, den Käufer darüber aufzuklären, dass die Vertragshändler wegen des Grauimports etwaige Garantieleistungen – rechtswidrig – nicht durchführen würden (EuGHE, C-93/92, 1993, I-5009 = EuZW 1993, 743 – Motorradcenter). Die Meinung, von der Aufklärungspflicht gehe eine mittelbare und potenzielle Behinderung aus – der EuGH sah die Behinderung in erster Linie im Verhalten der Vertragshändler – wäre wohl auch vertretbar gewesen. Jedenfalls ist eine staatliche Maßnahme dann zu ungewiss und zu mittelbar, wenn ihretwegen kein Kaufmann zögert, Waren an einen Kunden im Ausland zu verkaufen. Eine Ausfuhrbeschränkung (Art. 35 AEUV) liegt deswegen nicht in der Regelung, dass der Verkäufer gegen den Käufer wegen dessen Wohnsitz im Ausland bei Nichtzahlung des Kaufpreises einen größeren Aufwand treiben muss, um zu seinem Recht zu kommen (EuGHE, C-412/97, 1999, I-3845 – ED). Die ungeheure Vielzahl von möglichen Maßnahmen, die geeignet sind, den zwischenstaatlichen Handel zu behindern, lässt sich im Wesentlichen in drei Fallgruppen aufgliedern:

- Zunächst sind dies **die Maßnahmen, die den Grenzübertritt behindern.** Dazu gehören Grenzkontrollen jeder Art, da sie den freien Warenverkehr verzögern und Kosten verursachen. Nach Abschaffung der Warenkontrollen an den Binnengrenzen gilt dies auch für die jetzigen Warenkontrollen in den Betrieben (vgl. EuGHE, C-292/95, 1997, I-1905 – Deutsches Milchkontor). Hindernisse für den unionsinternen Handel gehen auch von der Notwendigkeit aus, Einfuhrlizenzen, selbst wenn es sich um reine Formalitäten handelt (EuGH, C-124/81, 1983, 203 = Hummer, S. 479 – H-Milch), sowie Ursprungszeugnisse oder gesundheitspolizeiliche Bescheinigungen vorzulegen. Letztere Anforderung wird allerdings oft nach Art. 36 AEUV (Gesundheitsschutz) gerechtfertigt sein. Verstößt der Importeur gegen zulässigerweise zu erfüllende Formalitäten, so stellen Strafen, die unverhältnismäßig sind, gleichwohl eine nicht zu rechtfertigende Maßnahme gleicher Wirkung dar.
- Weiter handelt es sich um **absatzbehindernde Maßnahmen.** Hierbei ist seit dem sog. Keck-Urteil vom 24. 11. 1993 (EuGHE, C-267/91, 1993, I-6097 = NJW 1994, 121 = Hummer, S. 599) **zu unterscheiden** zwischen **produktbezogenen** und **vertriebsbezogenen Beschränkungen.** Produktbezogene Beschränkungen sind nationale Regelungen, nach denen Waren bestimmte Voraussetzungen erfüllen müssen, wie hinsichtlich ihrer Bezeichnung, ihrer Form, ihrer Abmessungen, ihres Gewichts, ihrer Zusammensetzung, ihrer Aufmachung, ihrer Etikettierung oder ihrer Verpackung. Hierzu gehörte § 10 BierStG a. F., wonach ausländisches Bier, das nicht nach dem Reinheitsgebot gebraut war,

nicht unter dieser Bezeichnung, sondern etwa als alkoholhaltiges Reisgetränk hätte verkauft werden müssen. Diese produktbezogenen Beschränkungen behindern den Marktzugang, selbst wenn sie eingeführte und heimische Ware gleichermaßen betreffen. Hingegen behindern oder beschränken vertriebsbezogene Maßnahmen (Verkaufsmodalitäten) nach der Keck-Rechtsprechung, wenn sie eingeführte und heimische Ware rechtlich und faktisch gleichbehandeln, nicht (mehr) den Marktzugang. Solche Verbote bestimmter Verkaufsmodalitäten (z.B. das Verbot, Läden nach 20.00 Uhr offen zu halten) sind damit von vornherein keine Maßnahmen gleicher Wirkung i.S.v. Art. 34 AEUV (vgl. dazu sogleich unten b).

- Absatzbehindernd sind auch staatliche **Nutzungsverbote** oder **-beschränkungen.** So ist es in Italien verboten, mit einem Motorrad einen Anhänger im Straßenverkehr zu ziehen. In Schweden ist die Benutzung von Wassermotorrädern auf bestimmte Wasserstraßen beschränkt. Diese Verwendungsverbote und -beschränkungen fallen unter die Dassonville-Formel und sind Maßnahmen gleicher Wirkung, sofern sie die Benutzer der jeweiligen Ware daran hindern, von ihr sinnvoll Gebrauch zu machen. Die Keck-Rechtsprechung ist dann auf sie nicht anwendbar (vgl. EuGHE, C-110/05, 2009, I-519 = EuZW 2009, 173 – Kommission/Italien, Rn. 56 ff.; EuGH, C-142/05, 2009, I-4273 – Mickelsson u. Rooss, Rn. 26 ff.).

b) Die Keck-Rechtsprechung. Mit dem Keck-Urteil (EuGHE, C-267/91, 1993, I-6097 = NJW 1994, 121 = Hummer, S. 599) hat der EuGH die Dassonville-Formel eingeschränkt: In Frankreich ist es den Einzelhändlern verboten, Waren zu Verlustpreisen zu verkaufen (dies gilt jetzt auch in Deutschland: § 20 Abs. 4 Satz 2 GWB). Dadurch wird (auch) eingeführten Waren diese Absatzmöglichkeit vorenthalten. Das genannte Verbot stellt eine vertriebsbezogene Beschränkung des unionsinternen Handels dar. Der EuGH spricht insoweit von nationalen Bestimmungen, die *bestimmte Verkaufsmodalitäten* beschränken. Für solche Bestimmungen gilt seit dem Keck-Urteil in Abweichung von der Dassonville-Formel Folgendes:

Die Anwendung nationaler Bestimmungen, die bestimmte Verkaufsmodalitäten beschränken oder verbieten, auf Erzeugnisse aus anderen Mitgliedstaaten ist [im Gegensatz zur früheren Rechtsprechung!] nicht geeignet, den Handel zwischen den Mitgliedstaaten im Sinne des Urteils Dassonville unmittelbar oder mittelbar, tatsächlich oder potenziell zu behindern, sofern diese Bestimmungen für alle betroffenen Wirtschaftsteilnehmer gelten, die ihre Tätigkeit im Inland ausüben, und sofern sie den Absatz der inländischen Erzeugnisse und der Erzeugnisse aus anderen Mitgliedstaaten rechtlich wie tatsächlich in der gleichen Weise berühren.

Staatliche **Vertriebsverbote und -beschränkungen, die ausländische Waren weder offen** (rechtlich, formal) **noch versteckt** (tatsächlich, faktisch) **diskriminieren,** sondern eben für alle Wirtschaftsteilnehmer im Inland gelten und den Absatz inländischer und ausländischer Erzeugnisse in gleicher Weise (= materiell unterschiedslos) berühren, **fallen** somit **nicht in den Anwendungsbereich (Schutzbereich) des Art. 34 AEUV.** Diese Regelungen sind vielmehr von vornherein erlaubt. Eine Handelsbeschränkung i.S. der Dassonville-Formel liegt dann nicht vor. Beispiele hierfür sind das bereits erwähnte Verbot des Verkaufs zu Verlustpreisen, Werbeverbote für Apotheker (vgl. EuGHE, C-292/92, 1993, I-6787 = Hummer, S. 619 – Hünermund), Verkaufsverbote an Sonntagen, Ladenschlusszeiten (EuGHE, C-69/93, 1994, I-2355 = EuZW 1994, 434 – Punto Casa; EuGHE, C-401/92, 1994, I-2199 = EuZW 1994, 435 – Tankstation) sowie das griechische Verbot, verarbeitete Säuglingsmilch außerhalb von Apotheken zu verkaufen (EuGHE, C-391/92, 1995, I-1621 = EuZW 1995, 612 – Kommission/Griechenland).

Hinweis zur Vertiefung: Vor seiner Keck-Rechtsprechung hatte der EuGH die handelsbeschränkende Wirkung nationaler Ladenschlusszeiten noch bejaht. Er hat sie jedoch nicht an Art. 34 AEUV scheitern lassen, sondern sie aus sozialpolitischen Gründen als gerechtfertigt angesehen, da sie ein legitimes Ziel verfolgten (Begrenzung der Arbeitszeit für Arbeitnehmer) und hierzu auch im Sinne des Verhältnismäßigkeitsgrundsatzes erforderlich waren. Die neue Rechtsprechung führt daher im Ergebnis nicht zu großen Änderungen. Probleme macht, ob und gegebenenfalls wie die Keck-Rechtsprechung auf die übrigen Grundfreiheiten zu übertragen ist.

Eindeutig ist, dass die Keck-Rechtsprechung keine Anwendung findet, sondern der Schutzbereich des Art. 34 AEUV eröffnet ist, wenn ausländische Ware offen (rechtlich) diskriminiert wird. Dies ist etwa der Fall, wenn das Verbot einer Verkaufsmodalität, z.B. ein Werbeverbot, nur für bestimmte eingeführte Arzneimittel gilt. Es liegt dann eine Maßnahme gleicher Wirkung i.S.v. Art. 34 AEUV vor, die nur über Art. 36 AEUV gerechtfertigt werden kann (vgl. unten und EuGHE, C-320/92, 1994, I-5243 = Hummer, S. 611 – Ortscheit). Komplizierter wird es bei nationalen Werbebeschränkungen, die nicht rechtlich (= offen) diskriminieren. Sie fielen früher immer unter Art. 34 AEUV (vgl. EuGHE, C-322/68, 1990, I-667 = Hummer, S. 615 – INNO). Heute ist zu differenzieren:

Ist etwa eine bestimmte Werbung auf der Verpackung der Ware aufgedruckt (z. B. „+ 10 %" auf Mars-Riegeln), so betrifft dies die Ausstattung (Präsentation) der Ware. Das Verbot eines solchen Aufdrucks stellt eine produktbezogene Beschränkung dar (vgl. EuGHE, C-470/93, 1995, I-1923 = Hummer, S. 609 – Mars). Wird hingegen verboten, in Zeitschriften für ein bestimmtes Produkt zu werben, handelt es sich um die unterschiedslose Einschränkung einer Verkaufsmodalität, was nach „Keck" nicht unter Art. 34 AEUV fällt. Problematisch erscheinen allerdings Regelungen, die die Werbung für bestimmte Produkte (z. B. Tabak und Alkohol) vollständig und allgemein verbieten. Die Verbote mögen zwar unterschiedslos gelten, doch wird durch sie zumeist die einheimische, bereits etablierte Produktion tatsächlich begünstigt. Es handelt sich daher um **vertriebsbezogene Beschränkungen, die unter Art. 34 AEUV fallen, weil sie die Vermarktung ausländischer Erzeugnisse stärker behindern als die Vermarktung inländischer Erzeugnisse:** Die jeweilige Beschränkung gilt zwar *rechtlich* unterschiedslos für alle Produkte, doch berührt sie den Absatz der inländischen Erzeugnisse und der Erzeugnisse aus anderen Mitgliedstaaten *in tatsächlicher Hinsicht* nicht in gleicher Weise, sondern diskriminiert versteckt (vgl. EuGHE, C-34/95 – C-36/95, 1997, I-3843 = EuZW 1997, 654 – De Agostini, Rn. 43 f.; EuGHE, C-254/98, 2000, I-151 = EuZW 2000, 309 – TK-Heimdienst, Rn. 22 ff., mit Anm. Gundel; EuGHE, C-405/98, 2001, I-1795 = EuZW 2001, 251 – Gourmet, mit Anm. Leible. Vgl. im Übrigen die Kritik an der Keck-Rechtsprechung von GA Jacobs in EuGHE, C-412/93, 1995, I-179 – Leclerc, Schlussanträge Rn. 38 ff.).

Anwendbar ist Art. 34 AEUV auch für das Verbot des Versandhandels mit Medikamenten nach § 43 Abs. 1 AMG. Von dem Verbot sind die ausländischen Apotheken härter betroffen als die deutschen. Denn letztere können ihre Arzneimittel in ihren Apotheken in Deutschland verkaufen. Die außerhalb Deutschlands ansässigen Apotheken können hingegen wegen des Verbots des Versandhandels überhaupt keine Medikamente nach Deutschland verkaufen (EuGH, C-322/01, 2003, I-14887, Hummer, S. 468 – Doc Morris, Rn. 68 ff.).

In der Literatur wird vertreten, dass nationale Vertriebs- und Werberegelungen schon dann die Vermarktung ausländischer Ware stärker behindern als die Vermarktung inländischer Waren, wenn sie eine unionsweite Vermarktungskonzeption (sog. **Euro-Marketing**) beeinträchtigen und dadurch, wegen der erforderlichen Anpassung an die jeweiligen nationalen Regeln, besondere Kosten verursachen (vgl. Gundel Jura 2001, 79 und unten S. 234).

c) Cassis-Rechtsprechung. Den weiten Anwendungsbereich der Dassonville-Formel hatte der EuGH bereits 1979 in seiner Cassis-Rechtsprechung eingeschränkt. Der Name geht zurück auf den Ausgangsfall (EuGHE, 120/78, 1979, 649 = Hummer, S. 595 – Rewe-Zentral AG), der den französischen Fruchtsaftlikör „Cassis de Dijon" betraf. Seither fasst der EuGH seine Rechtsprechung immer wieder etwa in folgender Formel zusammen:

Liegt keine unionsrechtliche Regelung vor, ist es Sache der Mitgliedstaaten, alle die Herstellung und Vermarktung einer Ware betreffenden Vorschriften für ihr Hoheitsgebiet zu erlassen. Hemmnisse für den Binnenhandel der Union, die sich aus dem Unterschied der nationalen Rechtsvorschriften ergeben, müssen hingenommen werden, soweit solche nationalen Regelungen, die unterschiedslos für einheimische wie für eingeführte Erzeugnisse zu gelten haben, notwendig sind, um zwingenden Erfordernissen gerecht zu werden, u. a. solchen der Lauterkeit des Handelsverkehrs, des Verbraucherschutzes und des Umweltschutzes. Derartige Bestimmungen sind jedoch nur zulässig, wenn sie in einem angemessenen Verhältnis zum verfolgten Zweck stehen. Hat ein Mitgliedstaat die Wahl zwischen verschiedenen zur Erreichung desselben Ziels geeigneten Mitteln, hat er deshalb das Mittel zu wählen, das den freien Warenverkehr am wenigsten behindert (vgl. EuGHE, 178/84, 1987, 1227 = Hummer, S. 624 – Bier, Rn. 28; EuGHE, 302/86, 1988, 4607 = Hummer, S. 635 – Pfandflaschen, Rn. 6; EuGHE, C-470/93, 1995, I-1923 = Hummer, S. 609 – Mars, Rn. 15).

Diese Formel verwendete der EuGH bereits vor dem Keck-Urteil. Seither benutzt er gelegentlich eine andere Formel, die das Keck-Urteil berücksichtigt und das in Art. 34 AEUV enthaltene Verbot herausstellt, ohne inhaltlich von der herkömmlichen Aussage abzuweichen:

Hemmnisse für den freien Warenverkehr, die sich in Ermangelung einer Harmonisierung der Rechtsvorschriften daraus ergeben, dass Waren aus anderen Mitgliedstaaten, die dort rechtmäßig hergestellt und in den Verkehr gebracht worden sind, bestimmten Vorschriften entsprechen müssen (wie etwa hinsichtlich ihrer Bezeichnung, ihrer Form, ihren Abmessungen, ihres Gewichts, ihrer Zusammensetzung, ihrer Aufmachung, ihrer Etikettierung und ihrer Verpackung), stellen, selbst wenn diese Vorschriften unterschiedslos für alle Erzeugnisse gelten, nach Art. 34 AEUV verbotene Maßnahmen gleicher Wirkung dar, sofern sich die Anwendung dieser nationalen Vorschriften nicht durch einen Zweck rechtfertigen lässt, der im Allgemeininteresse liegt und der den Erfordernissen des freien Warenverkehrs vorgeht (vgl. EuGH Keck a. a. O. Rn. 15; EuGHE, C-322/01, 2003, I-14887 – Doc Morris, Rn. 67; EuGHE, C-244/06, 2008, I-505 – Dynamic Medien, Rn. 27).

Die **Cassis-Rechtsprechung** ist also nur anwendbar, **wenn Bezeichnung, Form usw.** der jeweiligen Ware **nicht unionsrechtlich abschließend geregelt** sind (z. B. durch eine Richtlinie). Ferner muss die staatliche Regelung, von der die Einfuhrbehinderung ausgeht, eingeführte und heimische Ware unterschiedslos betreffen. Dabei genügt es, dass eingeführte und heimische Erzeugnisse **formal unterschiedslos** behandelt werden. Mit anderen Worten: nach der Cassis-Rechtsprechung können auch nationale Regelungen gerechtfertigt werden, die zwar rechtlich unterschiedslos gelten, tatsächlich jedoch ausländische Erzeugnisse stärker benachteiligen als inländische und diese damit versteckt diskriminieren (Gundel Jura 2001, 79, 82; Lenaerts, S. 137). In der Praxis wird daher oft gar nicht geprüft, ob eine nur formale Gleichbehandlung (= versteckte Diskriminierung vorbehaltlich einer Rechtfertigung) oder eine materielle Gleichbehandlung vorliegt. **Offen diskriminierende Regelungen** sind hingegen **mit der Cassis-Rechtsprechung nicht zu rechtfertigen.** Dies sind Regelungen, die offen an die ausländische Herkunft der Waren anknüpfen und diese deswegen benachteiligen: Nationale Vorschriften, die Ursprungsangaben nur für eingeführte Waren verlangen, können deshalb von vornherein nicht aus Gründen des Verbraucherschutzes oder der Lauterkeit des Handelsverkehrs gerechtfertigt sein (EuGHE, 113/80, 1981, 1625 = Hummer, S. 459 – Irish Souvenirs).

Keine offene Diskriminierung soll wegen der Besonderheit des Falls vorliegen, wenn verboten wird, auf einheimischen Mülldeponien eingeführten Abfall aufzunehmen. Denn Umweltbeeinträchtigungen seien möglichst an ihrem Ursprung zu bekämpfen; ein Mülltourismus müsse vermieden werden (vgl. EuGHE, C-2/90, 1992, I-4431, Rn. 34 = Hummer, S. 639 – Abfalltourismus). Bisweilen wird dies als Sonderrechtsprechung im Umweltbereich angesehen; der EuGH habe dabei eines der Erfordernisse der Cassis-Rechtsprechung (die unterschiedslose Anwendung einer Maßnahme auf einheimische und ausländische Waren) letztlich hinwegdefiniert (vgl. GA Jacobs in EuGHE, C-379/98, 2001, I-2099 – Preußen-Elektra, Schlussanträge Rn. 225 ff.). Es lässt sich aber auch argumentieren, dass in Wirklichkeit gar keine Diskriminierung vorliegt, wenn sich einheimische und ausländische Erzeugnisse im Hinblick auf bestimmte, auch auf Unionsebene anerkannte umweltpolitische Prinzipien, wie etwa den Grundsatz der Bekämpfung von Umweltverschmutzungen an ihrem Ursprung, objektiv unterschieden (vgl. GA' Kokott in EuGH, C-169/08 – Sardegna, Schlussanträge Fn. 59); so besehen lässt sich die Umweltrechtsprechung mit der Cassis-Formel vereinbaren.

Hinweis zur Vertiefung: Teilweise wird vertreten, dass die zwingenden Gründe des Allgemeininteresses auch staatliche Regelungen zu rechtfertigen vermögen, die Waren aus Gründen ihrer ausländischen Herkunft offen diskriminieren (vgl. GA Jacobs in EuGHE, C-136/00, 2002, I-8147 – Danner, Schlussanträge Rn. 35 ff.; Heselhaus EuZW 2001, 645). Dies wird insbesondere damit begründet, dass die Unterscheidung zwischen direkt diskriminierenden und formal unterschiedslos geltenden Maßnahmen im Einzelfall sehr schwierig sein kann (vgl. GA Tesauro in EuGHE, C-120/95, 1998, I-1831 – Decker, Schlussanträge Rn. 46 ff.). Schlösse man sich dieser Ansicht an, so wäre immer allein die Frage zu prüfen, ob die Maßnahme ein Ziel des Allgemeininteresses in verhältnismäßiger Weise verfolgt und somit gerechtfertigt ist. Je gravierender die Maßnahme diskriminiert, desto strenger müsste sie am Verhältnismäßigkeitsgrundsatz gemessen werden. Entsprechendes würde insbesondere auch für die Dienstleistungsfreiheit gelten. Dem wird man jedoch nicht folgen können, solange der EuGH seine gegenteilige Meinung nicht in einer Grundsatzentscheidung ändert. Sachlich steht überdies entgegen, dass die ungeschriebenen Rechtfertigungsgründe der Cassis-Rechtsprechung, die eben nicht im Vertrag genannt sind und daher eine geringere Legitimationswirkung haben als die in Art. 36 AEUV genannten (Ausnahme: Umweltschutz, vgl. unten S. 207), nur Maßnahmen rechtfertigen können, die weniger einschneidend sind als offen diskriminierende Regelungen.

Weiter ist die staatliche Maßnahme am **Verhältnismäßigkeitsgrundsatz** zu messen, was sich u. a. aus dem Begriff „zwingende Erfordernisse" ergibt. Die staatlichen Regelungen müssen daher ein von der Cassis-Rechtsprechung anerkanntes, im Allgemeininteresse liegendes Ziel (Verbraucherschutz usw.) verfolgen. Sodann ist zu prüfen, ob die staatliche Maßnahme zur Erreichung dieses Ziels geeignet und erforderlich ist und ob das verfolgte Ziel hinreichend schwerwiegend im Verhältnis zur Beeinträchtigung der Grundfreiheit ist. Den Schwerpunkt der Prüfung legt der EuGH dabei regelmäßig auf die Frage der Erforderlichkeit: Der Mitgliedstaat muss zur Erreichung des Ziels das Mittel wählen, das (bei gleicher Eignung) den freien Warenverkehr am wenigsten behindert (vgl. unten S. 280).

Greift eines der zwingenden Erfordernisse ein, so handelt es sich bei der staatlichen Regelung um **keine Maßnahme gleicher Wirkung i. S. v. Art. 34 AEUV.** Deren Tatbestand ist dann nicht erfüllt. Die genannten zwingenden Erfordernisse sind also negative Tatbestandsmerkmale des Art. 34 AEUV oder, anders ausgedrückt, **immanente Schranken** dieser Bestimmung. Sie rechtfertigen die staatliche Regelung und schließen das Vorliegen einer Maßnahme gleicher Wirkung tatbestandlich aus (vgl. EuGHE, 113/80, 1981, 1625 Rn. 7 ff. = Hummer, S. 620 – Irische Souvenirs; Moench NJW 1987, 1109; Grabitz Art. 28 EGV Rn. 20). Allerdings spricht der EuGH bisweilen auch davon, dass zwingende Erfordernisse i. S. der Cassis-Rechtsprechung Handelsbeschränkungen „rechtfertigen" können (vgl. EuGHE, C-368/95, 1997, I-3689 Rn. 18 – Familiapress). Auch wird z. T. zwischen den geschriebenen Rechtfertigungsgründen nach Art. 36 AEUV und den ungeschriebenen Rechtfertigungsgründen nach der Cassis-Rechtsprechung unterschieden, und diese werden auch in der genannten Reihenfolge geprüft. Dies spricht nach Ansicht einiger Autoren dafür, auch die zwingenden Erfordernisse auf der Rechtfertigungsebene anzusiedeln, zumal die Anwendung des Verhältnismäßigkeitsgrundsatzes typisch für die Rechtfertigungsstufe ist (vgl. Ehlers Jura 2001, 482, 483). Nach dieser Meinung werden die nach der Dassonville-Formel tatbestandlich vorliegenden Maßnahmen gleicher Wirkung (und nicht nur die nationalen Regelungen) durch die zwingenden Erfordernisse i. S. der Cassis-Rechtsprechung gerechtfertigt (vgl. Zacker/Wernicke, S. 170). Nach einer weiteren in der Literatur vertretenen Ansicht sollten die Rechtfertigungsgründe der Cassis-Formel unter den Begriff der öffentlichen Ordnung und Sicherheit des Art. 36 AEUV subsumiert werden. Letzteres aber ist abzulehnen, weil Art. 36 AEUV eine eng auszulegende Ausnahmevorschrift ist. Richtigerweise sind die zwingenden Erfordernisse jedenfalls bei Art. 34 AEUV selbst zu verorten.

Die Cassis-Rechtsprechung erkennt u. a. folgende Ziele (**zwingende Erfordernisse** oder **zwingende Gründe des Allgemeininteresses**) an, die den Erfordernissen des freien Warenverkehrs vorgehen:

- Zur wirksamen **steuerlichen Kontrolle** können, wie bei inländischen Waren, Maßnahmen durchgeführt werden, um Steuern zu erheben und Steuerumgehungen zu verhindern. Diese Maßnahmen sind weitgehend harmonisiert. Dies gilt auch für die von den Wirtschaftsteilnehmern geforderten statistischen Angaben zum grenzüberschreitenden Warenverkehr (vgl. EuGHE, C-114/96, 1997, I-3641 – Kieffer).

- Beim **Verbraucherschutz** hält es der EuGH für legitim, Verbrauchererwartungen zu schützen, die sich aus einer langen Tradition nationaler Märkte entwickelt haben. So geht der deutsche Verbraucher davon aus, Bier sei nach dem Reinheitsgebot gebraut; der italienische Käufer erwartet Teigwaren aus Hartweizen und nicht aus Weichweizen. Doch dürfen die zwingenden Erfordernisse des Verbraucherschutzes von den Mitgliedstaaten nicht dazu missbraucht werden, nationale Verbrauchsgewohnheiten zu zementieren und so der inländischen Industrie Vorteile zu bewahren. Eine Vorschrift wie § 10 BierStG a. F., wonach Bier nur ist, was nach dem Reinheitsgebot gebraut ist, ist zwar geeignet, die Verbraucher in ihren Erwartungen und vor Täuschungen zu schützen. Sie ist jedoch nicht erforderlich. Vielmehr ist der Verbraucher ausreichend geschützt, wenn der Staat – als milderes Mittel – eine angemessene **Etikettierung** vorschreibt (vgl. EuGHE, 178/84, 1987, 1227 = Hummer, S. 624 – Bier, Rn. 30 ff.; EuGHE, 407/85, 1988, 4233 = Hummer, S. 63 – Pasta I; EuGH, C-51/94, EuZW 1996, 245 – Sauce béarnaise).

Die staatliche **Kennzeichnungsregelung** darf die eingeführte Ware nicht abqualifizieren. Ansonsten liegt in ihr eine Maßnahme gleicher Wirkung. Die Interessen der übrigen Hersteller sind dadurch gewahrt, dass sie bei der Etikettierung und Werbung für ihre Ware auf deren besondere Qualität („gebraut nach dem Reinheitsgebot von 1516") hinweisen können.

Die deutsche Rechtsprechung geht im Rahmen von § 3 UWG von einem flüchtigen Verbraucher aus; eine Irreführungsgefahr liegt danach bereits vor, wenn etwa 10 % der Verbraucher tatsächlich irregeführt werden. Der EuGH geht demgegenüber vom **Leitbild des mündigen, verständigen Verbrauchers** aus; er wägt einerseits die Gefahr einer Irreführung der Verbraucher und andererseits die Erfordernisse des freien Warenverkehrs gegeneinander ab. Im Anwendungsbereich des freien Warenverkehrs ist somit bei der Beurteilung, ob eine Bezeichnung, Marke oder Werbeaussage irreführend ist, auf die mutmaßliche Erwartung eines durchschnittlich informierten, aufmerksamen und verständigen Verbrauchers abzustellen (vgl. EuGHE, C-220/98, 2000, I-117 = EuZW 2000, 286 – Lifting, Rn. 27). Dieser „europäische" Verbraucher, der vor seiner Kaufentscheidung die Etikettierung und das Zutatenverzeichnis liest, weiß, dass wegen der allgemeinen Luftverschmutzung auch Marmelade, die als „naturrein" bezeichnet ist, notwendigerweise geringe Mengen von Schadstoffen enthält (EuGHE, C-465/98, 2000, I-2297 = EuZW 2000, 508 – Darbo, mit Anm. Seitz/Riemer); er wird nicht irregeführt. Die „europäische" Verbraucherin weiß, dass kosmetischen Artikeln nicht wegen ihrer Bezeichnung „Clinique" eine klinische Heilkraft zukommt und dass die Hautstraffungscreme „Lifting" nicht die Wirkung eines operativen Liftings hat (vgl. EuGHE, C-315/92, 1994, I-317 = EuZW 1994, 148 – Clinique; EuGHE, a. a. O. – Lifting). Festzuhalten ist, dass es beim Kriterium des **Verbraucherschutzes**

i. S. d. Cassis-Rechtsprechung um den Schutz des Verbrauchers vor Täuschung insbesondere über die Beschaffenheit und Herkunft einer Ware geht. Es geht also um den **Schutz der wirtschaftlichen Interessen** des Verbrauchers. Soll dem Verbraucher **Schutz vor gesundheitlichen Schäden** gewährt werden (wie z. B. in den BSE-Fällen), ist hingegen **Art. 36** AEUV (**Gesundheitsschutz**) einschlägig, für den ein strengerer Maßstab gilt und bei dem für den Schutzumfang natürlich nicht auf den verständigen Verbraucher abgestellt wird. Oft wird in beiden Fällen allgemein vom Verbraucherschutz gesprochen.

- Die Erfordernisse der **Lauterkeit des Handelsverkehrs** sind eng mit denen des Verbraucherschutzes verbunden. In der Regel wird ein Mitgliedstaat in diesem Zusammenhang geltend machen, seine Regelung sei erforderlich, weil verhindert werden müsse, dass ein ausländischer Mitbewerber einen Vorteil erlange, indem er eine qualitativ minderwertige Ware anbiete, von der der Verbraucher meine, sie entspreche den höheren inländischen Qualitätsanforderungen. Den Erfordernissen der Lauterkeit des Handelsverkehrs aber kann, wie dem Verbraucherschutz, durch eine angemessene Kennzeichnung genügt werden (EuGHE, C-51/94, 1995, I-3599 = EuZW 1996, 245 – Sauce béarnaise, Rn. 35 f.). § 17 der deutschen Weinverordnung, der Bocksbeutel-Flaschen nur fränkischen und badischen Weinen vorbehielt, stellte eine Maßnahme gleicher Wirkung i. S. v. Art. 34 AEUV dar, weil er die Einfuhr bestimmter Südtiroler Weine verhinderte, die in Italien herkömmlicher Weise in Bocksbeutel-Flaschen vermarktet werden. Der Verwechslungsgefahr (Verbraucherschutz, Lauterkeit des Handelsverkehrs) kann durch eine angemessene Etikettierung begegnet werden (EuGHE, 16/83, 1984, 1299 = Hummer, S. 644 – Prantl). **Dem Schutz der heimischen Wirtschaft** (Erzeuger, Arbeitnehmer, Produktion) vor der ausländischen Konkurrenz **kommt** im Rahmen des freien Warenverkehrs **keine rechtfertigende Wirkung zu.**

- Der EuGH sieht auch den **Umweltschutz** als zwingendes Erfordernis i. S. d. Cassis-Rechtsprechung an (EuGHE, 302/86, 1988, 4607 = Hummer, S. 635 – Pfandflaschen). Pfandflaschensysteme zum Schutz der Umwelt verstoßen daher nicht gegen Art. 34 AEUV, sofern der Verhältnismäßigkeitsgrundsatz gewahrt bleibt (zur europarechtswidrigen Ausgestaltung des deutschen Dosenpfandsystems nach der Verpackungsverordnung vgl. EuGHE, C-309/02, 2004, I-11763 – Radlberger).

Eine Handelsbeschränkung stellt das Stromeinspeisungsgesetz (jetzt: Erneuerbare-Energien-Gesetz) dar. Denn es verpflichtet die Energieversorgungsunternehmen, allen in Deutschland produzierten „Ökostrom" aus erneuerbaren Energiequellen, u. a. aus Windkraftanlagen, zu erhöhten Preisen abzunehmen. Deswegen importieren die Unternehmen – zumindest potenziell – weniger Strom aus anderen Mitgliedstaaten. Der EuGH hat die Regelung u. a. aus Gründen des Umweltschutzes als gerechtfertigt angesehen. Er verweist hierzu auf Art. 3 Abs. 3 UAbs. 1 EUV, Art. 11, 191 Abs. 2 AEUV, wonach Umweltbeeinträchtigungen an der Quelle zu bekämpfen sind (vgl. EuGH, C-379/98, 2001, I-2099 = EuZW 2001, 242 – PreußenElektra, Rn. 76, dazu Pünder Jura 2001, 591).

Hinweis zur Vertiefung: Tatsächlich dürfte eine Regelung wie das Stromeinspeisungsgesetz wohl als offen diskriminierend zu bezeichnen sein: Die Abnahmepflicht zu erhöhten Mindestpreisen besteht nur für in Deutschland und nicht etwa für im benachbarten Dänemark produzierten Ökostrom. Der EuGH hat nicht klargestellt, ob er künftig auch offen diskriminierende Maßnahmen durch zwingende Erfordernisse des Umweltschutzes als gerechtfertigt ansieht. Einzelne Urteile deuten in diese Richtung (vgl. insbes. EuGHE, C-389/96, 1998, I-4473 – Aher-Waggon). Wünschenswert wäre eine solche Rechtfertigungsmöglichkeit, da der Umweltschutz zwischenzeitlich eine Bedeutung erlangt hat, die jener der in Art. 36 AEUV genannten Schutzgüter in nichts nachsteht, insbesondere da Umweltschutz eine Querschnittsaufgabe der Union ist (Art. 3 Abs. 3 UAbs. 1 EUV, Art. 11 AEUV; vgl. auch GA Geelhoed in EuGHE, C-320/03, 2005, I-9871, Schlussanträge Rn. 99 ff.). Der EuGH scheint hingegen bislang allenfalls den Weg zu gehen, dass er hin und wieder den Umweltschutz unter den in Art. 36 AEUV aufgeführten Schutz der Gesundheit von Menschen und Tieren fallen lässt (EuGH, C-142/05, 2009, I-4273 – Mickelsson und Roos, Rn. 33).

- Der EuGH hat weiterhin die **Aufrechterhaltung der Medienvielfalt** als zwingendes Erfordernis i. S. d. Cassis-Rechtsprechung anerkannt (vgl. EuGHE, C-368/95, 1997, I-3689 – Familiapress = EuZW 1997, 470). Das österreichische UWG verbietet die Aufnahme von Preisausschreiben in Zeitschriften, damit nicht die großen (deutschen) Verlage die kleineren (österreichischen) Zeitschriften verdrängen, die sich solche Preisausschreiben nicht leisten können. Das Verbot dient der Erhaltung der Medienvielfalt. Diese trägt zur Wahrung der Meinungsfreiheit, einem Unionsgrundrecht, bei (Art. 11 Abs. 2 der Charta der Grundrechte der EU). Der **Schutz der Grundrechte** kann somit auch ein **zwingendes Erfordernis** sein (vgl. auch oben S. 274 zum Fall Schmidberger, in dem die Grundfreiheit aus Gründen der Versammlungsfreiheit beschränkt wird). Die österreichische Regelung ist jedoch unverhältnismäßig. Sie ist zum Schutz der Medienvielfalt nicht erforderlich. Es hätte genügt, Personen mit Wohnsitz in Österreich das Teilnahme- bzw. Gewinnrecht zu versagen.

● Die Wahrung des **finanziellen Gleichgewichts des Systems der sozialen Sicherheit** eines Mitgliedstaats stellt einen zwingenden Grund des Allgemeininteresses dar, der Beschränkungen des freien Warenverkehrs mit Arzneimitteln und Gesundheitsprodukten rechtfertigen kann. Gestützt auf diesen Grund können gesetzliche Krankenversicherungen z. B. die Erstattung von Kosten für Medikamente, die in ausländischen Apotheken erworben wurden, einschränken (EuGHE, C-322/01, 2003, I-14887 – Doc Morris, Rn. 122; vgl. auch EuGHE, C-120/95, 1998, 1831 – Decker, Rn. 39).

Die bisher anerkannten zwingenden Erfordernisse sind **nicht abschließend**. Wird ein neues Ziel geltend gemacht, so ist jedoch zu prüfen, ob sich dieses nicht unter ein bereits anerkanntes subsumieren lässt, wie z. B. das Ziel einer nationalen Qualitätspolitik unter den Verbraucherschutz (vgl. EuGHE, 274/87, 1989, 229 – Reinheitsgebot für Fleischerzeugnisse).

Der Mitgliedstaat hat grundsätzlich die **Beweislast,** dass seine Regelung zur Erreichung der vorgegebenen Ziele tatsächlich erforderlich ist. Dabei billigt der EuGH den innerstaatlichen Stellen regelmäßig einen gewissen **Beurteilungsspielraum** hinsichtlich des auf nationaler Ebene zu erreichenden **Schutzniveaus** zu, insbesondere beim Umweltschutz; dieses Schutzniveau muss nicht notwendigerweise mit dem in anderen Mitgliedstaaten übereinstimmen. Ist die aus einem anderen Mitgliedstaat eingeführte Ware dort rechtmäßig hergestellt und in Verkehr gebracht, so verstärkt dies allerdings die Vermutung, dass für das Einfuhrverbot kein rechtfertigender Grund vorliegt. Dabei handelt sich jedoch nicht um eine Voraussetzung für die Verkehrsfähigkeit der Ware im Einfuhrstaat. Die Cassis-Rechtsprechung gilt vielmehr auch für Waren, die aus Drittstaaten stammen und die Voraussetzungen der Art. 28 Abs. 2, Art. 29 AEUV erfüllen (Hiervon geht auch **§ 54 LFGB** aus. Diese Vorschrift setzt im Lebensmittelbereich die Grundsätze der Cassis-Rechtsprechung weitgehend um; vgl. aber EuGHE, C-51/94, 1995, I-3599 = EuZW 1996, 245 – Sauce béarnaise). Umgekehrt ist eine Ware, die in einem anderen Mitgliedstaat rechtmäßig hergestellt und in den Verkehr gebracht ist, nicht schon deswegen in allen anderen Mitgliedstaaten verkehrsfähig.

d) Inländerdiskriminierung. Zu beachten ist, dass Art. 34 AEUV für die heimische Produktion nicht gilt, da sich diese Vorschrift nur auf eingeführte Waren bezieht. Die deutschen Bierbrauer dürfen daher für den deutschen Markt kein Bier brauen, das nicht dem Reinheitsgebot entspricht. Auch Art. 18 AEUV kommt insoweit nicht zur Anwendung. Zwar sind deutsche Bierbrauer insoweit gegenüber ausländischen Herstellern benachteiligt. Doch handelt es sich um einen rein innerstaatlichen Sachverhalt, weshalb der Anwendungsbereich des Art. 34 AEUV nicht eröffnet ist. Es liegt somit ein Fall der nach Unionsrecht nicht verbotenen Inländerdiskriminierung vor, der im Rahmen von Art. 3 Abs. 1 GG und Art. 12 Abs. 1 GG zu lösen ist (vgl. dazu unten S. 285 f.).

4. Verbot mengenmäßiger Ausfuhrbeschränkungen und Maßnahmen gleicher Wirkung

Art. 35 AEUV verbietet mengenmäßige Ausfuhrbeschränkungen und Maßnahmen gleicher Wirkung. Die Vorschrift entspricht weitgehend Art. 34 AEUV. Eine Besonderheit besteht jedoch für die Definition der Maßnahmen, die wie Ausfuhrbeschränkungen wirken.

Würde die Dassonville-Formel im Rahmen von Art. 35 AEUV und Art. 34 AEUV gleichermaßen gelten, so wäre das frühere deutsche Nachtbackverbot eine Maßnahme gleicher Wirkung: Das Verbot galt zwar unterschiedslos für auszuführende und nicht auszuführende Backwaren, aber es hinderte doch den deutschen Bäcker aus Kehl, seine frischen Semmeln rechtzeitig zum Frühstück nach Straßburg zu liefern. Es wäre somit zu prüfen, ob das Nachtbackverbot im Rahmen der Cassis-Rechtsprechung oder nach Art. 36 AEUV gerechtfertigt ist. Der EuGH nimmt diese Prüfung nicht vor. Vielmehr qualifiziert er als Maßnahmen, die wie Ausfuhrbeschränkungen wirken, *nur solche nationalen Maßnahmen, die spezifische Beschränkungen der Ausfuhrströme bezwecken oder bewirken, so dass die nationale Produktion oder der nationale Markt einen besonderen Vorteil erlangt* (EuGHE, 15/79, 1979, 3409 – Groenveld, Rn. 7; EuGHE, 155/80, 1981, 1993 = Hummer S. 477 – Oebel, Rn. 15 f.; EuGHE, C-205/07, 2008, I-9947 = NJW 2009, 1579 – Gysbrechts, Rn. 40). Dies war aber beim Nachtbackverbot ersichtlich nicht der Fall.

Im Ergebnis bedeutet die Rechtsprechung des EuGH, dass eine staatliche Vorschrift bereits dann keine Maßnahme gleicher Wirkung i. S. v. Art. 35 AEUV darstellt, wenn sie unterschiedslos für auszuführende und nicht auszuführende Ware gilt und nicht bezweckt, die Handelsströme zwischen den Mitgliedstaaten zu regeln. Solche Regelungen fallen nicht in den Anwendungsbereich des Art. 35 AEUV. Der Grund hierfür liegt darin, dass sie dem einheimischen Markt keinen besonderen Vorteil verschaffen.

Eine Maßnahme gleicher Wirkung i. S. v. Art. 35 AEUV liegt aber dann vor, wenn die Regelung zwischen dem Absatz im heimischen Markt und der Ausfuhr unterscheidet und diese erschwert (z. B. durch besondere Ausfuhrformalitäten, Ausfuhrgenehmigungen nur für den Fall einer höherwertigen Verwendung als im Inland, EuGHE, C-203/96, 1998, I-4075 – Dusseldorp). Dann ist eine etwaige Rechtfertigung nach Art. 36 AEUV zu prüfen.

5. Rechtfertigungsgründe nach Art. 36 AEUV

Art. 36 AEUV enthält Rechtfertigungsgründe für alle staatlichen Maßnahmen, die den Handel zwischen den Mitgliedstaaten verbieten oder beschränken. Die Rechtfertigungsgründe sind als Ausnahmen vom freien Warenverkehr konzipiert. Deshalb trägt der Mitgliedstaat die Beweislast für das Vorliegen des Ausnahmetatbestands.

a) Allgemeine Auslegungsregeln. Die Vorschrift beinhaltet keinen Souveränitätsvorbehalt der Mitgliedstaaten. Diese können also nicht frei bestimmen, welcher Sachverhalt unter den Tatbestand der einzelnen Rechtfertigungsgründe fällt. Vielmehr handelt es sich um autonom auszulegende, **unionsrechtliche Begriffe**. Dabei kommt den Mitgliedstaaten, sofern keine Unionsregelung vorliegt, nur ein Beurteilungsspielraum hinsichtlich des jeweils zu erreichenden Schutzniveaus zu. Ob sich aber die Ausfüllung des jeweiligen Begriffs durch die nationalen Stellen in den unionsrechtlichen Grenzen hält, ist vom EuGH zu überprüfen. Weiterhin gilt, dass Art. 36 AEUV als Ausnahmevorschrift vom freien Warenverkehr **eng auszulegen** ist. Dazu gehört, dass die in Art. 36 genannten Rechtfertigungsgründe abschließend sind. Sie sind außerdem **nichtwirtschaftlicher Art**. Dies bedeutet, dass sich kein Mitgliedstaat auf Art. 36 Satz 1 zum Schutz seiner heimischen Wirtschaft und Arbeitsplätze oder zur Überwindung nationaler wirtschaftlicher Schwierigkeiten berufen kann.

Schließlich muss die staatliche Maßnahme zum Schutz der in Art. 36 Satz 1 AEUV genannten Rechtsgüter geeignet und insbesondere erforderlich sein. Sie darf weiter die Freiheit des Warenverkehrs nicht unangemessen beschränken. Die staatliche Maßnahme ist daher am **Verhältnismäßigkeitsgrundsatz** zu messen. Hierbei prüft der EuGH schwerpunktmäßig den Gesichtspunkt der Erforderlichkeit. Es muss die Maßnahme gewählt werden, die (bei gleicher Eignung) den freien Warenverkehr am wenigsten behindert.

b) Die einzelnen Rechtfertigungsgründe:

* Zum Schutz der **öffentlichen Sittlichkeit** kann die Einfuhr pornografischer Ware verboten werden (EuGHE, 34/79, 1979, 3795 = Hummer, S. 513 – Henn u. Darby), wegen Art. 36 Satz 2 AEUV aber nur dann, wenn auch der Absatz inländischer Pornografie verboten ist.

* Die **öffentliche Ordnung** ist der weiteste in Art. 36 AEUV gebrauchte Begriff. Er umfasst die übrigen Rechtfertigungsgründe. Die Gefährdung der öffentlichen Ordnung ist daher erst zu prüfen, wenn kein speziellerer Rechtfertigungsgrund eingreift. Zu beachten ist auch, dass der freie Warenverkehr als solcher nicht als Störung der öffentlichen Ordnung angesehen werden kann. Deshalb darf ein Mitgliedstaat die Einfuhr von ausländischem Wein nicht gemäß Art. 36 AEUV verbieten, wenn es z. B. wegen solcher Einfuhren zu Unruhen unter den heimischen Landwirten kommt. Vielmehr ist der Mitgliedstaat verpflichtet sicherzustellen, dass der freie Warenverkehr nicht durch Gewalttaten Dritter behindert wird (vgl. EuGHE, C-265/95, 1997, I-6959 – Agrarblockaden). Außer der Störung der öffentlichen Ordnung durch eine Gesetzesverletzung muss wie bei Art. 45 Abs. 3 AEUV (vgl. unten S. 225) eine **tatsächliche und hinreichend schwere Gefährdung** vorliegen, die ein **Grundinteresse der Gesellschaft berührt**. Eine Regelung kann nicht allein dadurch Bestandteil der öffentlichen Ordnung werden, dass ein Mitgliedstaat sie mit einer Strafandrohung versieht (EuGHE, 16/83, 1984, 1299 = Hummer, S. 509 – Prantl). Der Begriff der öffentlichen Ordnung ist somit erheblich enger zu verstehen als etwa der aus dem deutschen Polizei- und Ordnungsrecht bekannte.

* Die **öffentliche Sicherheit** umfasst sowohl die innere als auch die äußere Sicherheit; zu ihr gehört die Sicherung der Existenz des Staates. Eine Bedrohung für die öffentliche Sicherheit kann z. B. in einer Unterbrechung der Versorgung mit Erdöl liegen (EuGHE, 72/83, 1984, 2727 = Hummer, S. 512 – Campus Oil). Das Gleiche gilt für elektrischen Strom. Doch dürften nur eng begrenzte Maßnahmen zur Vorsorge für Krisenzeiten gerechtfertigt sein. Geht von einer Sache eine Gefahr aus, so ist in aller Regel eher der Gesundheitsschutz einschlägig.

* Zum **Schutz von Leben und Gesundheit** von Menschen, Tieren oder Pflanzen können technische Sicherheitsnormen gerechtfertigt sein. Dies gilt auch für Warenkontrollen. Doch ist hier insbesondere auf die Einhaltung des Verhältnismäßigkeitsgrundsatzes zu achten. Eine nationale Regelung ist daher nach Art. 36 AEUV nicht gerechtfertigt, wenn die Gesundheit genauso wirksam durch Maßnahmen geschützt werden kann, die den Handel innerhalb der Union weniger stark beeinträchtigen (Kriterium der Erforderlichkeit). **Gleichwertige Kontrollen im Herkunftsland sind zu berücksichtigen.** Eigene *Stichprobenkontrollen* bleiben jedoch zulässig, damit sich der Einfuhrstaat vergewissern kann, dass seine Normen tatsächlich eingehalten werden (vgl. EuGHE, C-105/94, 1997, I-2971 – Celestini).

Bei lebensmittelrechtlichen Vorschriften, die die Vermarktung verbieten, besteht regelmäßig Anlass zu prüfen, ob sie überhaupt geeignet sind, dem Gesundheitsschutz zu dienen (hoher Alkoholgehalt für Branntweine; hoher Nährwert in Lebensmitteln, obwohl der Verbraucher heute eine so große Auswahl an Lebensmitteln hat, dass ein geringer Nährwert nicht die menschliche Gesundheit gefährdet!). Werden Zusatzstoffe oder neuartige Nahrungsergänzungsmittel präventiv verboten, so ist aus Gründen der Verhältnismäßigkeit ein zügiges, transparentes und gerichtlicher Kontrolle unterliegendes staatliches Zulassungsverfahren bereitzuhalten, in dem der Staat die Beweislast für die Gefährlichkeit des Zusatzstoffes trägt (EuGHE, 178/84, 1987, 1227 = Hummer, S. 489 – Bier, Rn. 45; EuGH, C-333/08, Urt. v. 28. 1. 2010 – Positivliste, Rn. 81).

Bestehen auch bei Zugrundelegung neuester wissenschaftlicher Erkenntnisse Unsicherheiten hinsichtlich der Gesundheitsgefahren, die von einem Produkt ausgehen, so können die Mitgliedstaaten nach dem **Vorsorgeprinzip** Maßnahmen erlassen (EuGHE, C-95/01, 2004, I-1333 – Greenham u. Abel, Rn. 41 ff.).

Ganz allgemein berücksichtigt der EuGH bei der Prüfung der Rechtfertigung der nationalen Maßnahme, dass der Gesundheitsschutz den höchsten Rang unter den Schutzgütern einnimmt und dass es Sache der Mitgliedstaaten ist, im Rahmen ihres **Beurteilungsspielraums** zu bestimmen, auf welchem Niveau sie den Schutz der Gesundheit der Bevölkerung gewährleisten wollen und wie dieses Niveau erreicht werden soll (EuGHE, C-322/01, 2003, I-14887 = Hummer S. 468 – Doc Morris, Rn. 103). In neueren Entscheidungen trennt der EuGH bisweilen nicht mehr zwischen **Umwelt- und Gesundheitsschutz**, sondern prüft beide Schutzziele einheitlich (EuGH, C-142/05, 2009, I-4273 – Mickelsson und Roos, Rn. 33). Dann können auch offen diskriminierende Regelungen aus Gründen des Umweltschutzes gerechtfertigt sein. Dieses Ergebnis ist zu begrüßen. Doch bleiben dogmatische Bedenken, da der Umweltschutz jedenfalls nicht unmittelbar die Gesundheit schützt.

- Der **Schutz nationalen Kulturgutes** kann Ausfuhrbeschränkungen rechtfertigen, nicht jedoch die Erhebung von Ausfuhrabgaben (EuGHE, 7/68, 1968, 633 = Hummer, S. 517 – Kunstschätze). In Deutschland gilt das Gesetz zum Schutz deutschen Kulturgutes gegen Abwanderung, das u. a. einen Genehmigungsvorbehalt für die Ausfuhr eingetragener Kulturgüter vorsieht (§ 1 Abs. 4 KultgSchG).

- Zum **Schutz des gewerblichen und kommerziellen Eigentums** gehören alle gewerblichen Schutzrechte (Patente, Marken, Gebrauchsmuster, Geschmacksmuster) sowie nach der Rechtsprechung des EuGH auch das Urheberrecht und unter bestimmten Umständen der Schutz geografischer Herkunftsangaben. Zum gewerblichen und kommerziellen Eigentum genügen folgende Grundkenntnisse (vgl. auch Zacker/Wernicke, S. 178 ff.; Wichard ZEuP 2002, 23, 28 ff.):

Einerseits ist es mangels einer Unionsregelung zumeist noch Sache der Mitgliedstaaten, den Inhalt gewerblicher Schutzrechte gesetzlich festzulegen. Diese entfalten ihre Wirkung nur im Inland (Territorialitätsprinzip) und müssen für jeden Mitgliedstaat einzeln erworben werden. Dies gilt auch für das vom Europäischen Patentamt in München verliehene Europäische Patent, das nach seiner Erteilung in ein Bündel territorial beschränkter Patente zerfällt (vgl. Beier GRUR Int. 1989, 603). Die Schaffung eines Unionspatents, das EU-weit gilt, wird derzeit intensiv erörtert. Einheitsrecht besteht bereits z. B. auf dem Gebiet der Marken (sowohl Harmonisierung der nationalen Markenrechte als auch Schaffung einer Gemeinschaftsmarke, die vom Harmonisierungsamt in Alicante vergeben wird). Andererseits wird nach Art. 36, 345 AEUV der spezifische Bestand (= Wesensgehalt) dieser Schutzrechte auf Unionsebene garantiert. Wird also eine Ware unter Verletzung eines inländischen Schutzrechts eingeführt, so kann der rechtmäßige Schutzrechtsinhaber nach dem nationalen Recht die Unterlassung der Einfuhr vom Importeur verlangen. Insoweit sind die sich aus dem nationalen Schutzrecht ergebenden Einfuhrbeschränkungen gerechtfertigt (Art. 34, 36 AEUV). Art. 36 AEUV lässt aber Ausnahmen von freiem Warenverkehr nur insoweit zu, als diese Ausnahmen zur Wahrung der Rechte gerechtfertigt sind, die den **spezifischen Gegenstand** dieses Schutzrechts ausmachen. Über diesen hinaus dürfen die nationalen Rechtsordnungen Immaterialgüterrechte nicht schützen. Ansonsten wären die nationalen Vorschriften eine gegen Art. 36 Satz 2 AEUV verstoßende verschleierte Handelsbeschränkung. Eine solche läge vor, wenn der Inhaber eines nationalen gewerblichen Schutzrechts unter Berufung auf dieses Recht die Einfuhr oder den Vertrieb eines Erzeugnisses verhindern könnte, das in einem anderen Mitgliedstaat von ihm selbst oder mit seiner Zustimmung in den Verkehr gebracht worden ist. Dies würde entgegen Art. 34, 36 AEUV zur Abschottung der nationalen Märkte führen. Ein solcher überschießender Schutz eines nationalen Immaterialgüterrechts ist daher unionsrechtlich nicht anzuerkennen. Das Markenrecht dient eben nicht dazu, dem Markeninhaber die Möglichkeit zu geben, die nationalen Märkte abzuschotten und dadurch die Beibehaltung von Preisunterschieden zwischen den Mitgliedstaaten zu fördern. Damit gilt unionsrechtlich das so genannte **Erschöpfungsprinzip:** Mit dem erstmaligen Inverkehrbringen eines Produkts innerhalb der EU sind die an ihm haftenden Schutzrechte unionsweit erschöpft. Parallelimporte aus anderen *Mitgliedstaaten* können deshalb vom Schutzrechtsinhaber unter den genannten Voraussetzungen nicht verhindert werden, auch wenn er nach nationalem Recht hierzu in der Lage wäre (vgl. EuGHE, C-10/89, 1990, I-3711 = Hummer, S. 665 – Kaffee Hag II; vgl. jetzt § 24 MarkenG, der Art. 7 der RL 89/104 umsetzt). Im Verhältnis zu *Drittstaaten* gilt das Erschöpfungsprinzip jedoch nicht (keine weltweite Erschöpfung; EuGHE, C-355/96, 1998, I-4799 = EuZW 1998, 563 – Silhouette; BGH NJW 1996, 994 – Gefärbte Jeans).

c) Missbrauchsverbot. Art. 36 Satz 2 AEUV will verhindern, dass sich Mitgliedstaaten missbräuchlich auf die in Art. 36 Satz 1 AEUV geschützten Rechtsgüter berufen. Die von Art. 36 Satz 1 AEUV erfassten staatlichen Maßnahmen dürfen weder ein Mittel zur **willkürlichen Diskriminierung** noch eine **verschleierte Beschränkung des Handels** zwischen den Mitgliedstaaten darstellen. Beispielsweise könnte das Verbot der Werbung für Alkohol aus Gründen des Gesundheitsschutzes gerechtfertigt sein. Betrifft das Verbot jedoch nur ausländische Ware, so diskriminiert es willkürlich, weshalb es unzulässig ist (EuGHE, 152/78, 1980, 2299 – Kommission/Frankreich). Eine verschleierte Beschränkung des Handels ist gegeben, wenn ein Mitgliedstaat Rechtfertigungsgründe nach Art. 36 Satz 1 AEUV vorschiebt, in Wirklichkeit aber aus handels- oder wirtschaftspolitischen Gründen (Protektionismus) die Einfuhr aus anderen Mitgliedstaaten verhindern will.

Damit geht es in Art. 36 Satz 2 AEUV im Kern um die Einhaltung des Verhältnismäßigkeitsgrundsatzes (vgl. EuGHE, C-400/96, 1998, I-5121 Rn. 34 – Harpegnies; GA Jacobs Schlussanträge Rn. 82 in EuGHE, C-427/93, 1996, I-3514 – Bristol-Myers). Willkürliche Diskriminierungen sind unverhältnismäßig oder, anders gewendet: Staatliche Vorschriften, die die Verhältnismäßigkeitsprüfung nach Art. 36 Satz 1 AEUV bestehen, diskriminieren nicht willkürlich. Verschleierte Handelsbeschränkungen verfolgen gerade kein legitimes Ziel i. S. von Art. 36 Satz 1. Staatliche Maßnahmen, die gegen Art. 36 Satz 2 verstoßen, sind daher schon nach Art. 36 Satz 1 verboten. Art. 36 Satz 2 ist somit letztlich nur eine Auslegungshilfe bei der Beurteilung der Rechtfertigung nach Art. 36 Satz 1.

Klausurhinweis: Klausuren über Art. 34–36 AEUV werden oft in Unterlassungsklagen nach §§ 1, 3 UWG verpackt. Der Kläger behauptet in diesen Fällen, der Beklagte setze sich bewusst und planmäßig über eine gesetzliche Vorschrift – etwa die Fleischverordnung – hinweg, um sich einen Wettbewerbsvorteil zu verschaffen, weshalb er gemäß § 3, § 4 Nr. 11 UWG den Vertrieb der Ware zu unterlassen habe („Vorsprung durch Rechtsbruch"). In der Klausur ist dann zu prüfen, ob überhaupt ein solcher Rechtsbruch vorliegt oder ob nicht die gesetzliche Vorschrift, gegen die der Beklagte angeblich verstößt, wegen Vorrangs des Art. 34 AEUV unanwendbar ist.

Sofern der Kläger weiter geltend macht, der Beklagte mache irreführende Angaben i.S.v. § 5 UWG, ist zu beachten, dass diese Vorschrift unionsrechtskonform so auszulegen ist, dass sie nicht gegen Art. 34 AEUV verstößt. Ein Verhalten, das dem Beklagten wegen Art. 34 AEUV nicht verboten werden darf, kann keine Irreführung des Verbrauchers i.S.v. § 5 UWG sein (vgl. OLG Frankfurt EuZW 1992, 126; BGH EuZW 1994, 413 – Mozzarella; vgl. auch Leible EuZW 1998, 528).

Häufig wird in diesen Fällen auch die (Zusatz-)Frage angesprochen sein, ob eine Vorlage an den EuGH nach Art. 267 AEUV zu erfolgen hat.

Abschließendes Beispiel (nach EuGHE, C-244/06, 2008, I-505 – Dynamic Medien): A vertreibt im Internet im Wege des Versandhandels japanische Videokassetten, die von der britischen Jugendschutzbehörde für Zuschauer ab 15 Jahren freigegeben sind. In Deutschland sind die Videokassetten nicht auf ihre Jugendfreiheit geprüft und tragen demzufolge auch keine deutsche Alterskennzeichnung. B, eine Konkurrentin von A, klagt daraufhin beim zuständigen Landgericht gestützt auf § 8 i.V.m. § 3, § 4 Nr. 11 UWG auf Unterlassung des Vertriebs dieser Videokassetten; nach § 12 Abs. 3 JuSchG sei der Versandhandel von Bildträgern ohne Jugendfreigabe gesetzlich verboten. A beruft sich hingegen auf den freien Warenverkehr. Der um Vorabentscheidung ersuchte EuGH stellt unter Rückgriff auf die *Dassonville*-Formel fest, dass ein Verkaufsverbot wie das in § 12 JuSchG enthaltene eine Maßnahme gleicher Wirkung wie eine mengenmäßige Einfuhrbeschränkung darstellt (Art. 34 AEUV). Es handelt sich auch nicht um eine bloße Verkaufsmodalität im Sinne der *Keck*-Rechtsprechung. Denn der Zwang, in Deutschland ein gesondertes Prüfverfahren auf Jugendverträglichkeit durchzuführen, erschwert den Marktzugang. Die deutsche Regelung gilt jedoch unterschiedslos für inländische und ausländische Erzeugnisse und lässt sich deshalb anhand der tatbestandsimmanenten Schranken des freien Warenverkehrs i.S.d. Urteils *Cassis de Dijon* rechtfertigen. Als zwingendes Erfordernis des Allgemeininteresses ist der Kinder- und Jugendschutz anzusehen (vgl. dazu auch die diversen internationalen Rechtsinstrumente zum Schutz des Kindes sowie Art. 24 der Charta der Grundrechte der EU). Das Erfordernis, ein präventives Prüfverfahren durch die zuständige Landesbehörde zu durchlaufen, ist im Hinblick auf das verfolgte Jugendschutzziel geeignet, erforderlich und verhältnismäßig i. e. S. Im Rahmen der Verhältnismäßigkeitsprüfung ist zu berücksichtigen, dass den Mitgliedstaaten bei der Festlegung des Schutzniveaus des Jugendschutzes ein Beurteilungsspielraum verbleibt. Die in einem anderen Mitgliedstaat erfolgte Freigabe der

Videokassetten für Jugendliche ab 15 Jahren muss deshalb zwar in Deutschland berücksichtigt werden, schließt aber nicht aus, dass die zuständigen deutschen Stellen eine eigenständige Prüfung vornehmen, bei der ggf. strengere Maßstäbe zum Tragen kommen. Das Prüfverfahren muss allerdings leicht zugänglich sein, in angemessener Frist abgeschlossen werden und gerichtlich nachprüfbar sein. Ist dies der Fall, so liegt keine unrechtmäßige Beeinträchtigung des freien Warenverkehrs im Sinne von Art. 34 AEUV vor. Anders ausgedrückt steht dann Art. 34 AEUV einer Regelung wie der des deutschen JuSchG nicht entgegen, so dass diese im Rahmen von § 3, § 4 Nr. 11 UWG Berücksichtigung finden darf.

6. Prüfungsschema

Ware i. S. v. Art. 28 Abs. 2 AEUV wird importiert, beworben, vermarktet (grenzüberschreitend).

Keine *lex specialis* im Unionsrecht (wenn z. B. die Herstellung oder Vermarktung der Ware nach Art. 114 AEUV harmonisiert ist, ist zu prüfen, ob staatliche Maßnahme gegen RL verstößt. Unmittelbare Wirkung der RL? Bei abschließender Harmonisierung kann sich der Staat zur Rechtfertigung strengerer Vorschriften nicht auf die Cassis-Rechtsprechung oder Art. 36 AEUV berufen; Ausnahme: Art. 114 Abs. 4–10 AEUV = nationaler Alleingang)

Vorliegen einer staatlichen Maßnahme, die eine Einfuhrbeschränkung darstellt oder wie diese wirkt. Prüfung, ob Maßnahme gleicher Wirkung (MgW) vorliegt durch Anwendung der *Dassonville-Formel* (unmittelbare oder mittelbare, tatsächliche oder potenzielle Handelsbeschränkung)

Die staatliche Maßnahme gilt (formal) unterschiedslos für eingeführte und heimische Ware und ist produktbezogen oder nutzungsbeschränkend (wenn nur Beschränkung einer Verkaufsmodalität: MgW liegt nach Keck-Rspr. nicht vor, außer bei [faktischer] Diskriminierung)

Die staatliche Maßnahme verfolgt kein von der Cassis-Rspr. anerkanntes Ziel und/oder gilt nur für importierte Ware (d. h. diskriminierend).

Die staatliche Maßnahme verfolgt ein von der Cassis-Rspr. anerkanntes Ziel (z. B. Umweltschutz, Verbraucherschutz, Medienvielfalt).

Die Maßnahme ist nicht verhältnismäßig, weil sie:
a) ungeeignet oder
b) nicht erforderlich ist, um das Ziel zu erreichen (z. B. Etikettierungspflicht als milderes Mittel)
c) letztlich nicht angemessen ist angesichts des Interesses der Union am Warenverkehr

Die Maßnahme ist nicht gerechtfertigt nach Art. 36 AEUV, weil
a) sie kein in Art. 36 Satz 1 genanntes Ziel verfolgt oder
b) sie zwar ein in Art. 36 Satz 1 genanntes Ziel verfolgt, sie jedoch unverhältnismäßig ist.

Staatliche Maßnahme verstößt gegen Art. 34 AEUV; Gesetz ist wegen Vorrangs d. Art. 34 AEUV nicht anzuwenden.

Klausurhinweis: Ist die staatliche Regelung nach den ungeschriebenen Ausnahmen i. S. der Cassis-Rechtsprechung „gerechtfertigt" und verhältnismäßig, so liegt schon gar keine Maßnahme gleicher Wirkung vor. Erfolgt eine Rechtfertigung hingegen erst über die geschriebenen Ausnahmen gemäß Art. 36 AEUV, ist die staatliche Maßnahme gerechtfertigt, obwohl sie eine Maßnahme gleicher Wirkung darstellt. Eine Maßnahme gleicher Wirkung kann als solche also nur über Art. 36 AEUV gerechtfertigt werden. Entsprechend ist in der Klausur zu formulieren.

Allerdings kann man auch der Mindermeinung folgen, wonach die zwingenden Erfordernisse i. S. der Cassis-Rechtsprechung keine negativen Tatbestandsmerkmale des Art. 34 AEUV sind, sondern tatbestandlich vorliegende Maßnahmen gleicher Wirkung (und nicht nur die staatliche Regelung) rechtfertigen. Dann können auch die geschriebenen Rechtfertigungsgründe des Art. 36 AEUV vor den ungeschriebenen der Cassis-Rechtsprechung geprüft werden.

Der absoluten Mindermeinung, wonach die zwingenden Erfordernisse i. S. d. Cassis-Rechtsprechung auch offen diskriminierende Maßnahmen rechtfertigen können, sollten Sie sich in Prüfungsarbeiten nicht anschließen.

V. Die Pflicht zur Umgestaltung staatlicher Handelsmonopole

Monopole bilden in einer offenen Marktwirtschaft mit freiem Wettbewerb (Art. 119 AEUV) einen Fremdkörper (Calliess/Ruffert, Art. 31 EGV, Rn. 1). Gleichwohl gehen die Verträge nicht so weit, jegliche staatlichen Monopole zu verbieten; nur die missbräuchliche Ausnutzung der marktbeherrschenden Stellung von Unternehmen ist verboten (Art. 102 AEUV). Die in den Mitgliedstaaten noch bestehenden Monopole sind häufig historisch begründet. Heute dienen sie aber zumeist der Daseinsvorsorge (Art. 14 AEUV) oder der staatlichen Kontrolle über den An- und Verkauf von Erzeugnissen, die als sensibel eingestuft werden.

Beispiele: In Schweden besitzt das staatliche Unternehmen Systembolaget ein Einzelhandelsmonopol für den Verkauf von Wein, Starkbier und Spirituosen, und dem staatlichen Unternehmen Apoteket steht ein Einzelhandelsmonopol für den Vertrieb von Arzneimitteln zu. In Österreich besteht ein Einzelhandelsmonopol für Tabakwaren. Das deutsche Zündwarenmonopol, das 1930 im Zusammenhang mit einer Staatsanleihe des Deutschen Reichs geschaffen worden war, lief 1983 aus.

Auch wenn kein generelles Verbot staatlicher Handelsmonopole aus dem Unionsrecht folgt, beinhaltet der freie Warenverkehr doch immerhin die Pflicht der Mitgliedstaaten, ihre etwa bestehenden staatlichen Handelsmonopole **unionsrechtskonform auszugestalten** (Art. 37 AEUV). Dadurch sollen Beeinträchtigungen des freien Warenverkehrs innerhalb des Binnenmarkts verhindert und normale Wettbewerbsbedingungen gewährleistet werden (EuGHE, C-189/95, 1997, I-5909 – Franzén, Rn. 37, 39).

Im Einzelnen ist hier vieles umstritten. Für Ausbildungszwecke dürfte es genügen, sich folgende Kernelemente einzuprägen:

1. Art. 37 AEUV betrifft Einzelhandelsmonopole ebenso wie Ein- und Ausfuhrmonopole und Produktionsmonopole, bezieht sich aber nur auf den **Handel mit Waren**, nicht hingegen auf Dienstleistungen. Unerheblich ist, ob sich der Staat selbst ein Monopol vorbehält oder einen Privaten durch Hoheitsakt mit einem Ausschließlichkeitsrecht betraut (Art. 37 Abs. 1 UAbs. 2 AEUV).

2. Die Vorschrift ist **unmittelbar anwendbar** (EuGHE, 59/75, 1976, 91 – Manghera, Rn. 15 f.).

3. Aus Art. 37 Abs. 2 AEUV folgt ein **Verbot der Schaffung neuer staatlicher Handelsmonopole**, die geeignet sind, den unionsinternen Handel zu behindern. Hingegen besteht **keine Pflicht zur Abschaffung bestehender Handelsmonopole** (EuGHE, 59/75, 1976, 91 – Manghera, Rn. 5). Immerhin sind aber Letztere nach Art. 37 Abs. 1 UAbs. 1 AEUV so **umzugestalten**, dass jede Diskriminierung in den Versorgungs- und Absatzbedingungen zwischen den Angehörigen der Mitgliedstaaten ausgeschlossen ist. Das Monopolunternehmen muss also eine transparente und diskriminierungsfreie Einkaufs- und Verkaufspolitik betreiben, es muss sich bei der Werbung für die von ihm vertriebenen Produkte neutral verhalten, und es muss sein Verkaufsnetz so organisieren, dass eine angemessene Versorgung der Verbraucher sichergestellt ist (EuGHE, C-438/02, 2005, I-4551 – Hanner, Rn. 37–41).

4. Aufgrund seiner systematischen Stellung unterliegt Art. 37 AEUV nicht den **Rechtfertigungsmöglichkeiten** des Art. 36 AEUV. Erbringt allerdings das mit dem Monopol betraute Unternehmen Dienstleistungen von allgemeinem wirtschaftlichem Interesse, so erlaubt **Art. 106 Abs. 2 AEUV**, ihm auch solche Rechte zu übertragen, die ansonsten gegen Art. 37 AEUV verstoßen würden. Allerdings ist diese Rechtfertigungsmöglichkeit eng auszulegen und nur im Rahmen der Verhältnismäßigkeit anwendbar.

Beispiel: Schweden darf das Einzelhandelsmonopol seines staatlichen Apothekennetzwerks Apoteket beibehalten, wenn es dies im Rahmen seines Beurteilungsspielraums für erforderlich hält, um eine angemessene Versorgung und Beratung seiner Bevölkerung im Zusammenhang mit Arzneimitteln zu gewährleisten. Allerdings muss die Einkaufspolitik dieses Unternehmens transparent und diskriminierungsfrei sein (Art. 37 Abs. 1 AEUV). Eine diskriminierende Einkaufspolitik kann nicht durch den Gesundheitsschutz gerechtfertigt werden, da Art. 36 AEUV unanwendbar ist. Denkbar ist es freilich, anzunehmen, dass Apoteket mit der Erbringung von Dienstleistungen betraut ist, die im allgemeinen wirtschaftlichen Interesse liegen (Art. 106 Abs. 2 AEUV). Allerdings ist es zur Erfüllung einer solchen Aufgabe der Daseinsvorsorge nicht erforderlich, dass Apoteket zwischen seinen aktuellen oder potenziellen Zulieferern diskriminiert oder eine intransparente Einkaufspolitik betreibt (EuGHE, C-438/02, 2005, I-4551 – Hanner, Rn. 47 f.).

5. Bisweilen bereitet die **Abgrenzung** zwischen Art. 34 und 35 AEUV einerseits und Art. 37 AEUV andererseits Schwierigkeiten. Folgende Faustregel gilt: An Art. 37 Abs. 1 AEUV sind nur diejenigen staatlichen Regelungen zu messen, die sich spezifisch auf die Funktionsweise des Monopols beziehen. Hingegen sind Handelsregelungen für die in Frage stehende Ware, wenn sie sich von den Monopolvorschriften trennen lassen, nach Art. 34 und 35 AEUV zu beurteilen, mögen sie auch mit den Monopolvorschriften in engem Zusammenhang stehen (EuGHE, C-170/04, 2007, I-4071 – Rosengren, Rn. 17 ff.).

Beispiel (nach EuGHE, a. a. O. – Rosengren): Herr Rosengren, der in Schweden wohnhaft ist, bestellte über einen spanischen Versandhandel ohne Einschaltung eines Zwischenhändlers mehrere Kisten spanischen Weins. Von den schwedischen Zollbehörden wurde diese Warenlieferung beschlagnahmt, weil die Lieferung gegen das schwedische Alkoholgesetz verstoße. Dieses Gesetz sieht einerseits ein Einzelhandelsmonopol zugunsten des staatlichen Unternehmens Systembolaget vor, andererseits behält es den Import von Alkohol aus dem Ausland den Inhabern einer Großhandelslizenz vor. Schwedische Verbraucher, die ausländische alkoholische Erzeugnisse erwerben möchten, müssen dies über den Systembolag tun, der die Bestellungen für sie ausführt. Herr Rosengren geht gegen die Beschlagnahme seines Weins gerichtlich vor. Der um Vorabentscheidung ersuchte EuGH führt aus, dass das Verbot des Direktimports durch Verbraucher zwar im Zusammenhang mit der Errichtung des schwedischen Einzelhandelsmonopols für Alkohol steht, sich aber von diesem trennen lässt. Das Importverbot betrifft nicht das Bestehen des Einzelhandelsmonopols und die Ausübung der diesbezüglichen Ausschließlichkeitsrechte des Systembolag, die an Art. 37 AEUV zu messen wären, sondern die davon abtrennbare Einfuhrregelung, auf die allein Art. 34 AEUV Anwendung findet. Das Verbot des Direktimports ist eine Maßnahme gleicher Wirkung wie eine mengenmäßige Beschränkung i. S. d. Dassonville-Formel. Da es unmittelbar den Marktzugang ausländischer Erzeugnisse betrifft, findet die Keck-Rechtsprechung keine Anwendung. Eine Rechtfertigung nach der Rechtsprechung *Cassis de Dijon* scheidet ebenfalls aus, weil die Regelung spezifisch den Import betrifft und nicht unterschiedslos für in- und ausländische Produkte gilt. Auch eine Rechtfertigung nach Art. 36 AEUV ist nicht möglich. Zwar dient das schwedische Alkoholgesetz der Bekämpfung des Alkoholmissbrauchs und der allgemeinen Beschränkung des Alkoholkonsums, d. h. einem legitimen Ziel des Gesundheitsschutzes. Es ist jedoch nicht verhältnismäßig ausgestaltet, weil es die Nachfrage nur auf den staatlichen Monopolisten Systembolag umlenkt, ohne diesen zu einer mengenmäßigen Begrenzung der Abgabe von Alkohol zu verpflichten (ungeeignete Maßnahme zum Gesundheitsschutz). Was speziell den Schutz der Jugend vor den Gefahren des Alkohols betrifft, so geht das Importverbot über das Erforderliche hinaus, weil es unabhängig vom Alter des Verbrauchers gilt.

C. Die Arbeitnehmerfreizügigkeit

I. Überblick

Die Freizügigkeit der Arbeitnehmer (Art. 45–48 AEUV) dient neben der Niederlassungsfreiheit (Art. 49–55 AEUV) und bestimmten Aspekten des freien Dienstleistungsverkehrs (Einzelne überschreiten die Grenze, um Dienstleistungen zu erbringen oder zu empfangen, vgl. Art. 57 Abs. 3 AEUV) der Verwirklichung des freien Personenverkehrs der Unionsbürger. Die Freizügigkeitsrechte werden hierbei aber nur im Zusammenhang mit einer *wirtschaftlichen Tätigkeit* des Berechtigten gewährt.

Beachte: Im Gegensatz dazu gewährt Art. 21 Abs. 1 AEUV dem *nicht wirtschaftlich tätigen* Unionsbürger ein umfassendes subjektives Recht auf Freizügigkeit und Aufenthalt in einem anderen Mitgliedstaat. Letzteres Recht können die Mitgliedstaaten allerdings, wenn der Aufenthalt länger als drei Monate dauern soll, vom Nachweis ausreichender Existenzmittel und einer Krankenversicherung abhängig machen (vgl. auch unten S. 263).

Nach Art. 45 Abs. 2 und 3 AEUV umfasst das **Freizügigkeitsrecht** der ausländischen EU-Arbeitnehmer im Kern ihr **Aufenthaltsrecht** im Beschäftigungsstaat **und** ihren **Anspruch auf Gleichbehandlung** mit den inländischen Arbeitskräften in Bezug auf die Arbeitsbedingungen, einschließlich des Zugangs zu den Arbeitsstellen. Es bestehen jedoch **zwei Vorbehalte** (Ausnahmen): Erstens nimmt Art. 45 Abs. 4 AEUV die öffentliche Verwaltung aus dem Anwendungsbereich der Freizügigkeit aus. EU-Ausländer haben zu den Arbeitsstellen der öffentlichen Verwaltung nicht den gleichen Zugang wie Inländer. Zweitens erlaubt Art. 45 Abs. 3 AEUV den Mitgliedstaaten, ausländischen EU-Arbeitnehmern das Aufenthaltsrecht aus Gründen der öffentlichen Ordnung, Sicherheit oder Gesundheit zu verwehren oder es zu beenden. Art. 45 Abs. 4 AEUV enthält somit eine *Bereichsausnahme*, Art. 45 Abs. 3 *Rechtfertigungsgründe* für eine Ungleichbehandlung ausländischer EU-Arbeitnehmer. Im Bereich beider Vorschriften können EU-Ausländer wegen ihrer Staatsangehörigkeit offen diskriminiert werden.

Wie alle Grundfreiheiten wird die Arbeitnehmerfreizügigkeit weit ausgelegt und sowohl als **Diskriminierungsverbot** als auch als **Beschränkungsverbot** verstanden.

Art. 45 AEUV ist **unmittelbar anwendbar** (EuGHE, 41/74, 1974, 1337 = Hummer, S. 570 – van Duyn); die Vorschrift verleiht den Arbeitnehmern subjektive Rechte. Eine Ausnahme bildet lediglich Art. 45 Abs. 3 lit. d AEUV, weil Inhalt und Umfang des dort angesprochenen Verbleiberechts in einer Verordnung festgelegt werden sollten. Demgemäß hatte die Kommission die Verordnung Nr. 1251/70 erlassen. Diese wurde jedoch zum 30. 4. 2006 aufgehoben, weil die entsprechenden Rechte nunmehr in Art. 17 der Aufenthaltsrichtlinie 2004/38 enthalten sind.

Die in Art. 45 AEUV gewährten Rechte sind weitgehend durch sekundäres Unionsrecht konkretisiert, so dass regelmäßig dessen Anwendbarkeit vorrangig geprüft werden muss. Entgegenstehendes nationales Recht verstößt dann sowohl gegen das einschlägige Sekundärrecht als auch gegen Art. 45 AEUV, es sei denn, das sekundäre Recht verleiht ausnahmsweise Rechte, die über die in Art. 45 AEUV gewährten hinausgehen.

Das zur Konkretisierung des Art. 45 AEUV erlassene Sekundärrecht ist zumeist auf Art. 46 AEUV gestützt. Im Wesentlichen handelt es sich um folgende Verordnungen und Richtlinien:

- Verordnung Nr. 1612/68 (Sartorius II Nr. 180) über die Freizügigkeit der Arbeitnehmer in der Gemeinschaft (jetzt: Union). Sie regelt den Zugang zur Beschäftigung und konkretisiert das Gleichbehandlungsgebot. Sie dient, wie sich aus der für ihre Auslegung besonders wichtigen fünften Begründungserwägung ergibt, der Förderung der Mobilität der Wanderarbeitnehmer in der Union und der Integration der Wanderarbeitnehmer und ihrer Familien in das soziale Leben des Aufnahmestaates.
- Richtlinie 2004/38 (sog. Aufenthaltsrichtlinie, Sartorius II Nr. 177) über das Recht der Unionsbürger und ihrer Familienangehörigen, sich im Hoheitsgebiet der Mitgliedstaaten frei zu bewegen und aufzuhalten. Sie fasst frühere Richtlinien zusammen und konkretisiert den Begriff der öffentlichen Ordnung, Sicherheit und Gesundheit in Art. 45 Abs. 3 AEUV, aber auch den entsprechenden Begriff im Bereich der Niederlassungsfreiheit (Art. 52 Abs. 1 AEUV) und des freien Dienstleistungsverkehrs (Art. 52 Abs. 1, Art. 62 AEUV), definiert die Verbleiberechte der Arbeitnehmer (Art. 45 Abs. 3 lit. d AEUV) und Selbständigen und enthält Verfahrensgarantien. Die Richtlinie ist im FreizügG/EU (Sartorius I Nr. 560) umgesetzt.
- Verordnung Nr. 883/2004 (Sartorius II Nr. 185) zur Koordinierung der Systeme der sozialen Sicherheit der Arbeitnehmer und Selbständigen sowie ihrer Familienangehörigen. Sie ist, wie ihre Vorgängerregelung in der Verordnung Nr. 1408/71, auf Art. 46, 352 AEUV gestützt und konkretisiert das Gleichbehandlungsgebot für den Bereich der sozialen Sicherheit. Die Einzelheiten dieser Verordnung dürften aber wegen ihrer besonderen Schwierigkeiten nicht Examensgegenstand sein.

Ergänzende Bestimmungen zur Freizügigkeit der Arbeitnehmer enthält insbesondere Art. 157 AEUV, der den Grundsatz des gleichen Entgelts für Männer und Frauen sicherstellt. Diese Vorschrift gilt unmittelbar auch gegenüber privaten Arbeitgebern und erstreckt sich auch auf rein innerstaatliche Sachverhalte. Auf die Staatsangehörigkeit der Beteiligten kommt es bei ihr, anders als bei Art. 45 AEUV, nicht an (vgl. dazu und allgemeiner zum Grundsatz der Gleichbehandlung in Beschäftigung und Beruf unten S. 290 ff.).

II. Anwendungsbereich

1. Staatsangehörige der Mitgliedstaaten (Unionsbürger)

Unmittelbar Berechtigte des Rechts auf Freizügigkeit sind nur die Staatsangehörigen der Mitgliedstaaten (vgl. dazu oben S. 186). Übergangsregelungen bestehen derzeit noch für die acht mittel- und osteuropäischen Länder – nicht also für Malta und Zypern –, die der EU zum 1. 5. 2004 beigetreten sind, und für Bulgarien und Rumänien, die zum 1. 1. 2007 hinzu kamen. Danach können die Alt-Mitgliedstaaten die Arbeitnehmerfreizügigkeit (nicht die Niederlassungsfreiheit) der Staatsangehörigen der neuen Mitgliedstaaten bis zu sieben Jahre lang beschränken (sog. 2+3+2 Regelung). Als einzige alte Mitgliedstaaten haben Deutschland und Österreich diese Möglichkeit voll ausgeschöpft, so dass sich osteuropäische Arbeitnehmer dort erst ab 1. 5. 2011 auf die Arbeitnehmerfreizügigkeit berufen können, rumänische und bulgarische Arbeitnehmer gar erst ab 1. 1. 2014; vorher benötigen sie in der Regel noch eine Arbeitsgenehmigung.

2. Angehörige dritter Staaten

Wer nicht die Staatsangehörigkeit eines Mitgliedstaats besitzt, kann grundsätzlich nur **abgeleitete Rechte** als Familienangehöriger eines Unionsbürgers beanspruchen (Art. 2, 5, 6, 7, 9 der Richtlinie 2004/38; vgl. dazu unten S. 222 f.). Besonderheiten ergeben sich jedoch z. B. für türkische Staatsangehörige aus dem Assoziierungsabkommen der Union mit der Türkei, insbesondere aus dem Assoziationsratsbeschluss Nr. 1/80 (vgl. im Einzelnen Calliess/Ruffert Art. 39 EGV Rn. 28). Die Staatsangehörigen der EWR-Staaten (Island, Liechtenstein, Norwegen) sind nach Art. 10 ff. EWR-Abkommen (Sartorius II Nr. 310) freizügigkeitsberechtigt. Für Arbeitnehmer aus der Schweiz gelten die Vorschriften des bilateralen Freizügigkeitsabkommens EU-Schweiz. Sonstige Drittstaatsangehörige, die ein Recht auf Daueraufenthalt nach der Richtlinie 2003/109/EG erworben haben, genießen ebenfalls ein Recht auf Gleichbehandlung beim Zugang zur Erwerbstätigkeit und bei den Arbeitsbedingungen einschließlich des Arbeitsentgelts.

3. Arbeitnehmereigenschaft

Der Begriff **Arbeitnehmer** in Art. 45 AEUV ist in allen Mitgliedstaaten gleich auszulegen. Es handelt sich um einen **unionsrechtlichen Begriff.** Dies folgt aus dem Erfordernis der praktischen Wirksamkeit des Unionsrechts und seiner einheitlichen Anwendung in allen Mitgliedstaaten. Den Mitgliedstaaten darf es nicht erlaubt sein, den Begriff selbst zu definieren und damit nach Belieben bestimmte Personengruppen dem Schutz des Vertrags zu entziehen (EuGHE, 53/81, 1982, 1035 = Hummer, S. 536 – Levin).

§ 5 ArbGG sowie §§ 611–630 BGB, die als Arbeitnehmer nur Arbeiter und Angestellte nennen, Beamte aber zum Teil ausdrücklich ausnehmen, sind daher für die Auslegung des Art. 45 AEUV ohne Bedeutung. Die einzige unionsrechtliche Umschreibung des Begriffs findet sich in Art. 1 Abs. 1 der Verordnung Nr. 1612/68, in dem von einer Tätigkeit im Lohn- oder Gehaltsverhältnis die Rede ist.

Der **Arbeitnehmerbegriff** in Art. 45 AEUV ist weit auszulegen, da er den Anwendungsbereich einer Grundfreiheit festlegt (EuGHE, 66/85, 1986, 2121 = Hummer, S. 581 – Lawrie-Blum; EuGHE, C-337/97, 1999, I-3289 Rn. 13 – Meeusen). Abzustellen ist darauf, dass der Arbeitnehmer in einem Arbeitsverhältnis tätig ist. Dieses ist durch drei wesentliche Merkmale gekennzeichnet: Der Arbeitnehmer erbringt **Leistungen** von einem gewissen wirtschaftlichen Wert für einen anderen, untersteht hierbei dessen **Weisungen** und erhält als Gegenleistung eine **Vergütung.** Im Einzelnen gilt Folgendes:

- *Vergütung*
  Arbeitnehmer ist auch, wer nur eine Teilzeitarbeit ausübt, mit welcher er nicht seinen Lebensunterhalt bestreiten kann. Außer Betracht bleiben nur solche Tätigkeiten, die einen so geringen Umfang haben, dass sie sich als völlig untergeordnet und unwesentlich darstellen (EuGHE, 53/81, 1982, 1035 = Hummer, S. 699 – Levin). Wo die Grenze liegt, hat der EuGH nicht entschieden, doch dürfte sie deutlich unter dem in Deutschland versicherungsfreien Entgelt von monatlich 400 € und der entsprechend kurzen Arbeitszeit liegen. Praktikanten, die überhaupt kein Entgelt erhalten, dürften keine Arbeitnehmer sein. Keine Arbeitnehmer sind ferner Schüler und Studenten, es sei denn, sie üben eine nicht völlig unbedeutende Nebentätigkeit aus. Tun sie dies nicht, können sich wenigstens auf Art. 21 Abs. 1 AEUV berufen (vgl. unten S. 258).

- *Leistungen von gewissem wirtschaftlichem Wert*
  Auch Studien- und Rechtsreferendare erbringen Leistungen von gewissem wirtschaftlichem Wert für ihren Dienstherrn (zum Rechtsreferendariat vgl. EuGHE, C-109/04, 2005, I-2421 – Kranemann). Sie werden nicht nur ausgebildet, sondern erteilen Unterricht oder erarbeiten Entscheidungsentwürfe. Art. 45 AEUV erfasst alle Tätigkeitsbereiche, bei denen es sich um eine Teilnahme am Wirtschaftsleben i. S. v. Art. 3 Abs. 3 UAbs. 1 AEUV (ehemals Art. 2 EGV) handelt. Am Wirtschaftsleben nimmt teil, wer in einem Beschäftigungsverhältnis steht. Deshalb sind sowohl Beamte als auch die Angestellten von Kirchen oder karitativen Einrichtungen Arbeitnehmer i. S. v. Art. 45 AEUV. Denn sie erbringen für ihren Arbeitgeber gegen Entgelt Leistungen von wirtschaftlichem Wert. Unerheblich ist, ob der Arbeitgeber seinerseits am Wirtschaftsleben teilnimmt. Auch Sportler sind Arbeitnehmer, sofern sie gegen Entgelt bei ihrem Verein abhängig tätig sind (vgl. EuGHE, C-415/93, 1995, I-4921 = Hummer, S. 545 – Bosman, Rn. 73 ff.; EuGHE, C-519/04, 2006, I-6619 – Meca-Medina, Rn. 2 ff.).

- *Weisungsabhängigkeit*
  Dieses Merkmal dient zur Abgrenzung der Arbeitnehmer von den Selbständigen. Schwierigkeiten können hier nur bei leitenden Angestellten auftauchen. Sie sind jedoch entweder Arbeitnehmer oder Selbständige, die sich auf die Niederlassungsfreiheit nach Art. 49 ff. AEUV berufen können. Für die Arbeitnehmereigenschaft genügt jedenfalls, dass es sich um eine unselbständige Erwerbstätigkeit han-

delt (vgl. BayVGH NVwZ 1999, 903). Richter und Hochschullehrer sind daher ebenfalls Arbeitnehmer i. S. v. Art. 45 AEUV, selbst wenn sie gegenüber ihrem Dienstherrn weitgehend unabhängig sind.

Damit ist der unionsrechtliche Begriff des Arbeitsverhältnisses und des Arbeitnehmers definiert. Die Mitgliedstaaten sind nicht befugt, zusätzliche Erfordernisse aufzustellen.

Arbeitnehmer, die *freiwillig* aus einem Arbeitsverhältnis ausscheiden, verlieren ihre Arbeitnehmereigenschaft nicht, wenn sie ein *berufsqualifizierendes* Studium aufnehmen (vgl. EuGHE, 39/86, 1988, 3161 = Hummer, S. 564 – Lair, Rn. 29 ff.; Art. 7 Abs. 3 lit. d RL 2004/38).

Wird ein Arbeitnehmer nach mehr als einjähriger Beschäftigung unfreiwillig arbeitslos, entfällt seine Arbeitnehmereigenschaft erst, wenn er sich nicht mehr um Arbeit bemüht (vgl. Art. 7 Abs. 3 RL 2004/38; § 2 Abs. 3 FreizügG/EU).

4. Ausnahme der öffentlichen Verwaltung

Nach Art. 45 Abs. 4 AEUV findet die Freizügigkeit keine Anwendung auf die Beschäftigung in der öffentlichen Verwaltung der Mitgliedstaaten. Es handelt sich um eine Bereichsausnahme. Die Mitgliedstaaten dürfen daher im Bereich ihrer öffentlichen Verwaltung ausländische Bewerber wegen deren Staatsangehörigkeit zurückweisen (vgl. im Einzelnen unten S. 227 f.).

III. Gewährleistungsinhalt der Arbeitnehmerfreizügigkeit

Die Arbeitnehmerfreizügigkeit gewährleistet das Recht auf Einreise und Aufenthalt im Aufnahmestaat sowie das Recht auf Gleichbehandlung mit den Staatsangehörigen des Aufnahmestaates beim Zugang zu und bei der Ausübung einer abhängigen Beschäftigung (Art. 45 Abs. 2 und 3 AEUV). **In erster Linie** ist **Art. 45 AEUV** somit ein **Diskriminierungsverbot**. Darüber hinaus wendet der Gerichtshof Art. 45 AEUV aber auch auf unterschiedslos wirkende Maßnahmen an, die, ohne aus Gründen der Staatsangehörigkeit zu diskriminieren, den Zugang zum Arbeitsmarkt in einem anderen Mitgliedstaat behindern. Art. 45 AEUV ist somit **auch** ein **Beschränkungsverbot**.

1. Ausreise-, Einreise- und Aufenthaltsrecht

a) Die Arbeitnehmerfreizügigkeit umfasst wie die Niederlassungs- und Dienstleistungsfreiheit zwangsläufig das **Recht zur Ausreise** aus dem eigenen Heimatstaat (vgl. auch Art. 4 der Aufenthaltsrichtlinie 2004/38). Art. 45 AEUV verbietet den Mitgliedstaaten, die Ausreise ihrer eigenen Staatsangehörigen zu Zwecken der Arbeitsaufnahme in einem anderen Mitgliedstaat zu beschränken. Insbesondere darf ein Arbeitnehmer, der eine Stelle im Ausland annehmen will, nicht gegenüber seinen Kollegen, die im Inland bleiben, steuer- oder arbeitsrechtlich benachteiligt werden. Dabei handelt es sich um ein Beschränkungsverbot. Denn das Verbot bezieht sich eben nicht auf eine Diskriminierung aus Gründen der Staatsangehörigkeit, die Art. 45 AEUV in erster Linie verbietet, sondern auf eine Diskriminierung aus Gründen der Migration (vgl. dazu GA Fennely, Schlussanträge Rn. 21 in EuGHE, C-190/98, 2000, I-493 – Graf, und unten S. 220 f.).

b) Auch das **Einreiserecht** der Arbeit Suchenden und der Arbeitnehmer ist nicht ausdrücklich in Art. 45 Abs. 3 AEUV erwähnt, doch ergibt es sich zwangsläufig aus dieser Bestimmung. Es ist konkretisiert in der Aufenthaltsrichtlinie 2004/38 und umgesetzt im FreizügG/EU (Sartorius I Nr. 560).

Das Einreise- und Aufenthaltsrecht für Personen, die von der Niederlassungsfreiheit oder dem freien Dienstleistungsverkehr Gebrauch machen, ergibt sich aus Art. 49 ff., 56 ff. AEUV, das der nicht erwerbstätigen Unionsbürger aus Art. 21 Abs. 1 AEUV. Es wird jeweils in der Richtlinie 2004/38 konkretisiert. Auch insoweit ist die Umsetzung durch das FreizügG/EU erfolgt. §§ 2–4 dieses Gesetzes enthalten eine zutreffende Zusammenfassung der nach dem Unionsrecht zu Einreise und Aufenthalt berechtigten ausländischen Unionsbürger und ihrer Familienangehörigen.

Hinweis zur Vertiefung: Ausländer aus Drittstaaten, die nicht Familienangehörige von EU-Bürgern i. S. v. Art. 2 Nr. 2 der Richtlinie 2004/38 (§ 3 FreizügG/EU) sind, unterliegen in Deutschland nicht dem FreizügG/EU, sondern dem Aufenthaltsgesetz (Sartorius I 565); aus unionsrechtlicher Sicht sind dann u. a. die Richtlinie 2003/86/EG betreffend das Recht auf Familienzusammenführung und die Richtlinie 2003/109/EG betreffend die Rechtsstellung der langfristig aufenthaltsberechtigten Drittstaatsangehörigen (Daueraufenthaltsrecht) einschlägig.

Einziges formelles Erfordernis der Einreise der Arbeit Suchenden Unionsbürger sowie der Wanderarbeitnehmer und ihrer Familienangehörigen i. S. v. Art. 2 Nr. 2 der Richtlinie 2004/38 und § 3 FreizügG/EU ist – bei einem Aufenthalt bis zu drei Monaten – die Vorlage eines gültigen Personalausweises oder Reisepasses. Ob beim Grenzübertritt Personenkontrollen stattfinden, ist in der Union noch nicht einheitlich geregelt (vgl. dazu unten S. 339).

c) Das **Aufenthaltsrecht** der Arbeit Suchenden und der Wanderarbeitnehmer ergibt sich aus **Art. 45 Abs. 3 lit. b und c** AEUV. Gemäß § 5 Abs. 1 FreizügG/EU ist den berechtigten Unionsbürgern von Amts wegen unverzüglich eine *Bescheinigung über ihr Aufenthaltsrecht* auszustellen; ebenso erhalten gemäß § 5 Abs. 2 die freizügigkeitsberechtigten Familienangehörigen aus Drittstaaten eine *Aufenthaltskarte*. Beide Dokumente wirken, im Gegensatz zu den Aufenthaltstiteln für sonstige Ausländer (vgl. § 4 Abs. 1 AufenthG), nicht rechtsbegründend, sondern rein **deklaratorisch**. Denn das Aufenthaltsrecht von Unionsbürgern und ihren Familienangehörigen fließt unmittelbar aus dem Vertrag oder dem Sekundärrecht (EuGHE, 48/75, 1976, 497 = Hummer, S. 553 – Royer).

2. Das Recht auf diskriminierungsfreien Zugang zur Beschäftigung und auf diskriminierungsfreie Ausübung der Beschäftigung

Wie sich insbesondere aus Art. 45 Abs. 2 AEUV entnehmen lässt, beinhaltet die Arbeitnehmerfreizügigkeit ein **Verbot der Diskriminierung aufgrund der Staatsangehörigkeit**. Wanderarbeitnehmer haben nach Art. 45 Abs. 2 i.V.m Abs. 3 AEUV im Aufnahmestaat ein Recht auf diskriminierungsfreien Zugang zur Beschäftigung sowie auf diskriminierungsfreie Ausübung ihrer Beschäftigung.

a) Allgemeines. Verboten sind zunächst alle **unmittelbaren** (offenen, direkten, formalen) **Diskriminierungen**, also Vorschriften bzw. Maßnahmen, die offen bzw. unmittelbar auf die ausländische Staatsangehörigkeit eines Arbeitnehmers abstellen und damit eine Schlechterstellung im Vergleich zu den inländischen Arbeitnehmern verknüpfen. Sie können nur über Art. 45 Abs. 3 AEUV gerechtfertigt werden (vgl. dazu unten IV.1.).

Verboten sind aber auch **mittelbare** (versteckte, indirekte, tatsächliche) **Diskriminierungen**. Dies sind solche Beschränkungen, die zwar nicht offen an die Staatsangehörigkeit anknüpfen, jedoch durch die Anwendung anderer Unterscheidungsmerkmale tatsächlich zu dem gleichen Ergebnis führen. Eine Vorschrift des nationalen Rechts diskriminiert mittelbar, wenn sie sich ihrem Wesen nach eher auf EU-Ausländer auswirken kann und folglich die Gefahr besteht, dass diese besonders benachteiligt werden. Dies ist insbesondere der Fall, wenn die Regelung tatsächlich überwiegend Ausländer benachteiligt. Erforderlich ist dies jedoch nicht. Es genügt die *Gefahr*, dass sich die nationale Regelung besonders zum Nachteil der Freizügigkeitsberechtigten auswirkt (vgl. EuGHE, C-195/98, 2000, I-10 497 = EuZW 2001, 413 – Österr. Gewerkschaftsbund, Rn. 39 f.).

b) Einzelheiten. In Art. 45 Abs. 2 und 3 AEUV sind folgende Rechte verbürgt, die diskriminierungsfrei gewährt werden müssen:

aa) EU-Ausländer haben nach Art. 45 Abs. 3 lit. a und c AEUV **gleichen Zugang zum Arbeitsmarkt** wie Inländer. Dieses Recht ist in Art. 1–6 der Verordnung Nr. 1612/68 konkretisiert. Unionsbürger, die in einen anderen Mitgliedstaat einreisen, um dort Arbeit zu suchen, genießen jedoch Gleichbehandlung mit den Inländern nur in Bezug auf den Zugang zur Beschäftigung (EuGHE, 316/85, 1987, 2811 – Lebon, Rn. 26). Sie sind (noch) keine Arbeitnehmer und haben insbesondere keinen Anspruch auf die in Art. 7 Abs. 2 der Verordnung Nr. 1612/68 genannten sozialen Vergünstigungen (vgl. die Überschriften der Titel I und II des ersten Teils jener Verordnung; EuGHE, C-224/98, 2002, I-6191 = EuZW 2002, 635 – D'Hoop, Rn. 18 ff.; EuGHE, C-138/02, 2004, I-2703 = EuZW 2004, 507 – Collins).

Beispiel: Ein Italiener reist nach Deutschland ein, um hier einen Arbeitsplatz zu suchen. Er hat nach Art. 7 Abs. 2 der Verordnung Nr. 1612/68 keinen unionsrechtlichen Anspruch, Sozialhilfe wie ein Deutscher zu erhalten. Dem entspricht Art. 24 Abs. 2 der Richtlinie 2004/38. Hat er jedoch eine Stelle gefunden und reicht sein Arbeitsverdienst für ihn und seine Familie nicht aus, so hat er Anspruch auf Sozialhilfe oder Arbeitslosengeld II wie Inländer (vgl. dazu unten bb.).

Allerdings hat der EuGH im Urteil Martínez Sala (EuGHE, C-85/96, 1998, I-2691, Rn. 34) dem Unionsbürger, der sich in berechtigter Weise, sei es aufgrund nationalen Rechts, Unionsrechts oder internationaler Abkommen, in einem anderen Mitgliedstaat aufhält, ein Recht aus Art. 18, 21 AEUV auf diskriminierungsfreien Zugang zu beitragslosen Sozialleistungen zuerkannt. Der Anspruch besteht, bis der betreffende Mitgliedstaat aufenthaltsbeendende Maßnahmen ergreift (vgl. in diesem Sinne auch EuGHE, C-184/99, 2001, I-6193 – Grzelczyk und dazu Soria JZ 2002, 643; EuGHE, C-456/02, 2004, I-7573 – Trojani; vgl. auch unten S. 263 f.). Eine Ausnahme dürfte nur dann bestehen, wenn sich der Unionsbürger in der Absicht der Erschleichung von Sozialleistungen in einen anderen Mitgliedstaat begeben hat (Art. 35 der Richtlinie 2004/38; vgl. auch Borchardt NJW 2000, 2057).

Zum Zwecke der Arbeitssuche kann sich ein Unionsbürger nach Art. 6 der Richtlinie 2004/38 in einem anderen Mitgliedstaat zunächst drei Monate lang aufhalten. In der Zeit danach kann er gemäß Art. 14 Abs. 4 lit. b der Richtlinie 2004/38 nicht ausgewiesen werden, wenn er nachweist, dass seine Suche nach Arbeit begründete Aussicht auf Erfolg hat. Auf diese Voraussetzungen verzichtet das deutsche Recht. Es gewährt den Arbeit suchenden Unionsbürgern in §2 Abs. 2 Nr. 1 FreizügG/EU ein unbeschränktes Aufenthaltsrecht (vgl. im Einzelnen, auch für die sonstigen Unionsbürger und deren Familienangehörige, Strick NJW 2005, 2182).

bb) Art. 45 Abs. 3 lit. c AEUV legt i.V. m. Art. 45 Abs. 2 AEUV das Recht der EU-Ausländer fest, **eine abhängige Tätigkeit unter denselben Bedingungen wie ein inländischer Arbeitnehmer auszuüben.** Einer **Arbeitserlaubnis** bedarf es nicht. Vielmehr ist bei einer dreimonatigen Beschäftigung von Amts wegen eine (deklaratorische) Bescheinigung über das Aufenthaltsrecht auszustellen.

Die in Art. 45 Abs. 2 AEUV normierte **Gleichbehandlung in Bezug auf Beschäftigung, Entlohnung und sonstige Arbeitsbedingungen** wird in Art. 7–9 der Verordnung Nr. 1612/68 weiter konkretisiert. Wichtig sind die in Art. 7 Abs. 1 und 2 der Verordnung Nr. 1612/68 normierten Ansprüche auf Gleichstellung, die vom EuGH ausgesprochen weit ausgelegt werden.

- *Arbeits- und Beschäftigungsbedingungen.* Nach Art. 7 Abs. 1 der Verordnung Nr. 1612/68 sind z. B. die Bestimmungen des Entgeltfortzahlungs-, des Mutterschutz- und Jugendschutzgesetzes auf den Wanderarbeitnehmer ebenso anzuwenden wie auf Inländer. Das Gleiche gilt von freiwilligen Leistungen des (privaten) Arbeitgebers. Wird der Arbeitnehmer arbeitslos, hat er Anspruch auf Hilfe zur Wiedereingliederung wie ein Inländer. Auch die Nichtberücksichtigung von im EU-Ausland zurückgelegten Dienstzeiten eines Universitätsprofessors bei Berechnung seiner Dienstalterszulage verstößt gegen Art. 45 AEUV, Art. 7 Abs. 1 der Verordnung Nr. 1612/68 (EuGHE, C-224/01, 2003, I-10239 = Hummer S. 195 – Köbler).

Beispiel (nach EuGHE, 152/73, 1974, 153 = Hummer, S. 559 – Sotgiu, Rn. 11/12):

Ein Arbeitnehmer, dessen Familie im Ausland wohnt, erhält eine niedrigere Trennungsentschädigung als sein Kollege mit Familie im Inland. Von dieser benachteiligenden Regelung sind weit überwiegend Ausländer betroffen. Die unterschiedliche Behandlung lässt sich durch keinen sachlichen Grund rechtfertigen. Es handelt sich somit um eine nach Art. 45 Abs. 2 AEUV, Art. 7 Abs. 1 i.V. m. Abs. 4 der Verordnung Nr. 1612/68 verbotene Diskriminierung in Bezug auf die Arbeitsbedingungen, so dass der Ausländer Anspruch auf die dem Inländer gewährte Entschädigung hat.

- *Soziale Vergünstigungen.* Nach Art. 7 Abs. 2 der Verordnung Nr. 1612/68 hat der EU-Arbeitnehmer Anspruch auf dieselben sozialen Vergünstigungen wie sein inländischer Kollege. Die Abgrenzung zu Abs. 1 kann schwierig sein, braucht aber wegen derselben Rechtsfolgen nicht stets vorgenommen zu werden. Ein Fall des Abs. 2 liegt jedenfalls vor, wenn die Gewährung der Vergünstigung nicht unmittelbar an einen bestehenden Arbeitsvertrag anknüpft und sie deswegen nicht zu den Beschäftigungs- und Arbeitsbedingungen i. S. d. Abs. 1 gezählt werden kann, wie z. B. Fahrpreisermäßigungen der Eisenbahn für kinderreiche Familien (vgl. EuGHE, 32/75, 1975, 1085 = Hummer S. 560 – Cristini).
Nach der Definition des EuGH (EuGHE, 39/86, 1988, 3161 Rn. 21 = Hummer, S. 564 – Lair) gehören zu den *sozialen Vergünstigungen* i. S. v. Art. 7 Abs. 2 VO 1612/68 alle Vergünstigungen, die – ob sie an einen Arbeitsvertrag anknüpfen oder nicht – den inländischen Arbeitnehmern hauptsächlich wegen ihrer objektiven Arbeitnehmereigenschaft oder einfach wegen ihres Wohnorts im Inland gewährt werden und deren Ausdehnung auf EU-Arbeitnehmer geeignet erscheint, deren Mobilität innerhalb der Union zu erleichtern und ihre soziale Integration im Aufnahmestaat zu fördern (vgl. hierzu die 5. Begründungserwägung der Verordnung). Dies trifft zu auf alle Vorteile, die die berufliche Qualifikation und den sozialen Aufstieg des EU-Arbeitnehmers erleichtern (beispielsweise das BAFöG). Gleiches gilt z. B. für Maßnahmen zur Wiedereingliederung Behinderter, die Gewährung von „Babygeld" sowie für soziale Hilfen zugunsten der Familienangehörigen des EU-Arbeitnehmers i. S. v. Art. 2 der Richtlinie 2004/38. Selbst die Zulässigkeit der Aufnahme des Lebensgefährten in die Wohnung des Arbeitnehmers stellt eine soziale Vergünstigung dar. Ein Staat, der seinen eigenen Angehörigen ausländerrechtlich gestattet, ihren ausländischen Lebensgefährten bei sich aufzunehmen, muss dies auch einem EU-Arbeitnehmer erlauben (EuGHE, 59/85, 1986, 128 – Reed).
Keine sozialen Vergünstigungen i. S. v. Art. 7 Abs. 2 der Verordnung Nr. 1612/68 sind **Sozialleistungen**, die in den Anwendungsbereich der Verordnung Nr. 833/2004 (Sartorius II Nr. 185) fallen (bzw. ihrer Vorgängerregelung, der Verordnung Nr. 1408/71). Nach ihrem Art. 3 ist die VO 833/2004 anwendbar auf die Leistungen der gesetzlichen Kranken-, Unfall-, Renten- und Arbeitslosenversicherung. Inwieweit sie auch Sozialhilfeleistungen umfasst, ist im Einzelfall zu bestimmen (vgl. Art. 70 der VO). Doch sieht der EuGH die Gewährung von Sozialhilfe (auch) als soziale Vergünstigung i. S. v. Art. 7 Abs. 2 VO 1612/68 an (vgl. EuGHE, C-85/96, 1998, I-2691 Rn. 27 – Martinez Sala).

● *Steuerliche Vergünstigungen.* Nach Art. 7 Abs. 2 der Verordnung Nr. 1612/68 hat der EU-Arbeitnehmer auch Anspruch auf dieselben steuerlichen Vergünstigungen wie sein inländischer Kollege. Darunter sind z. B. die Eingruppierung in die richtige Lohnsteuerklasse, das Ehegattensplitting, etwaige Kinderfreibeträge und der Grundfreibetrag (steuerfreies Existenzminimum) zu verstehen. Manche Steuervorteile werden nur unbeschränkt Steuerpflichtigen gewährt, d. h. Personen, die ihren Wohnsitz im Inland haben (§ 1 Abs. 1 EStG). Dies kann, v. a. bei Grenzpendlern, zu einer (mittelbaren) Diskriminierung aufgrund der Staatsangehörigkeit führen, die gegen die Arbeitnehmerfreizügigkeit (Art. 45 Abs. 2 AEUV, Art. 7 Abs. 2 der Verordnung Nr. 1612/68) verstößt.

Beispiel (nach EuGHE, C-279/93, 1995, I-225 – Schumacker): Der Belgier Schumacker arbeitet in Deutschland, wohnt aber in seinem Heimatland, wo auch seine Ehefrau und seine Kinder leben. Herr Schumacker ist Alleinverdiener. Aufgrund seines ausländischen Wohnsitzes verweigert ihm das deutsche Finanzamt den Steuervorteil des Ehegattensplittings und behandelt ihn wie einen Ledigen, was zu einer deutlich höheren Steuerlast führt. Der vom BFH um Vorabentscheidung ersuchte EuGH stuft die an den Wohnsitz anknüpfende deutsche Regelung als mittelbare Diskriminierung aufgrund der Staatsangehörigkeit ein, die nach Art. 45 AEUV (seinerzeit Art. 48 EWGV) i. V. m. Art. 7 Abs. 2 VO 1612/68 verboten ist. Zwar befinden sich im Normalfall Gebietsansässige und Gebietsfremde steuerrechtlich nicht in der gleichen Situation, so dass sie grundsätzlich unterschiedlich behandelt werden dürfen. Anders ist es jedoch, wenn ein Wanderarbeitnehmer in seinem Wohnsitzstaat keine wesentlichen Einkünfte erzielt und praktisch die Gesamtheit der Familieneinkünfte im Beschäftigungsstaat erwirtschaftet wird. Dann befindet sich der Wanderarbeitnehmer objektiv gesehen in der gleichen Lage wie ein Gebietsansässiger und muss auch die gleichen steuerlichen Vergünstigungen erhalten. Im Wohnsitzstaat können die persönlichen Verhältnisse des Betroffenen (Familienstand, Steuervorteile für Verheiratete) nicht zur Geltung kommen, weil er dort nicht oder kaum steuerpflichtig ist (vgl. aus jüngerer Zeit auch EuGHE, C-169/03, 2004, I-6443 – Wallentin).

cc) Nach **Art. 7 Abs. 4** der Verordnung Nr. 1612/68 sind alle Bestimmungen in (privaten) Einzelarbeitsverträgen und Tarifverträgen **nichtig**, die ausländische Arbeitnehmer (offen oder versteckt) diskriminieren.

Beachte: Bei Art. 7 Abs. 4 der Verordnung Nr. 1612/68 handelt es sich – neben Art. 101 Abs. 2 AEUV – um eine der wenigen europarechtlichen Vorschriften, die die Nichtigkeit entgegenstehender privatrechtlicher Rechtsgeschäfte kraft Unionsrechts anordnet.

3. Art. 45 AEUV als allgemeines Beschränkungsverbot

Nach herkömmlicher Auffassung gewährleistete Art. 45 AEUV lediglich ein Diskriminierungsverbot (= Gebot der Inländerbehandlung im Aufnahmestaat). Spätestens seit dem **Urteil Bosman** (EuGHE, C-415/93, 1995, I-4921 = Hummer S. 545) ist man sich jedoch einig, dass die Arbeitnehmerfreizügigkeit darüber hinaus, wie die anderen Grundfreiheiten auch, ein **Beschränkungsverbot** enthält. Die Vorschrift verbietet also nicht nur jede unmittelbare oder mittelbare Diskriminierung aus Gründen der Staatsangehörigkeit. Vielmehr *steht Art. 45 AEUV jeder nationalen Maßnahme entgegen, die, auch wenn sie ohne Diskriminierung aus Gründen der Staatsangehörigkeit anwendbar ist, geeignet ist, die Ausübung der Freizügigkeit der Arbeitnehmer zu unterbinden, zu behindern oder weniger attraktiv zu machen* (EuGHE, C-212/06, 2008, I-1683 – Flämische Pflegeversicherung, Rn. 45).

Allgemeiner ausgedrückt *sollen sämtliche Vertragsbestimmungen über die Freizügigkeit den Unionsbürgern die Ausübung beruflicher Tätigkeiten aller Art im Unionsgebiet erleichtern und stehen Maßnahmen entgegen, die die Unionsbürger benachteiligen könnten, wenn sie eine Erwerbstätigkeit im Gebiet eines anderen Mitgliedstaats ausüben wollen* (EuGHE, a. a. O. – Bosman, Rn. 94; EuGHE, a. a. O. – Flämische Pflegeversicherung, Rn. 44; EuGHE, C-325/08, Urt. v. 16. 3. 2010 – Olympique Lyonnais, Rn. 33).

In vielen Fällen ist die Grenze zwischen einer mittelbaren (indirekten, versteckten) Diskriminierung von Wanderarbeitnehmern aufgrund ihrer Staatsangehörigkeit und einer unterschiedslosen Beschränkung der Freizügigkeit fließend (z. B. Regeln über die Anerkennung von ausländischer Berufserfahrung, Berufsqualifikationen und Diplomen; steuerrechtliche Regelungen, die an den Wohnsitz anknüpfen und etwa Grenzpendler benachteiligen können). Insbesondere im Bereich der sog. **Wegzugsbeschränkungen** zeigt sich aber deutlich, dass auch Maßnahmen ohne jeglichen diskriminierenden Charakter am Maßstab der Arbeitnehmerfreizügigkeit zu messen sind, wenn sie einen Arbeitnehmer bei der Ausübung seines Freizügigkeitsrechts behindern.

Beispiel: Der belgische Berufsfußballspieler Bosman wollte *nach Ablauf seines Vertrags* von seinem belgischen Verein RC Lüttich zum US Dünkirchen (Frankreich) überwechseln. Dies scheiterte jedoch an den international geltenden Transferregeln der beteiligten Fußballverbände, wonach der US Dünkirchen dem RC Lüttich eine stattliche

Ablösesumme hätte zahlen müssen. Bosman verklagte daraufhin den RC Lüttich auf Schadensersatz, wobei es darauf ankam, ob die genannten Transferregeln wegen Art. 45 AEUV hätten unangewendet bleiben, der RC Lüttich somit Bosman ohne Ablösesumme hätte freigeben müssen. Der EuGH, dem nach Art. 267 AEUV eine entsprechende Frage nach der Auslegung des Art. 45 AEUV (ehemals Art. 48 EWGV) gestellt worden war, legte zunächst dar, dass die Transferregeln ohne jede (versteckte) Diskriminierung aus Gründen der Staatsangehörigkeit galten (deshalb war Art. 7 Abs. 4 VO 1612/68 nicht einschlägig) und in ganz Europa ohne Unterschied anwendbar waren. Sie stellten aber eine Beeinträchtigung der in Art. 45 AEUV verankerten Freizügigkeit dar. Denn sie beschränkten unmittelbar den *Zugang* der Spieler zum Arbeitsmarkt in einem anderen Mitgliedstaat. Deshalb könne auch keine Parallele zur Keck-Rechtsprechung gezogen werden, nach der nichtdiskriminierende Verkaufsmodalitäten nicht in den Schutzbereich des Art. 34 AEUV fielen. Vielmehr seien die genannten Beeinträchtigungen grundsätzlich nach Art. 45 AEUV verboten. Anders verhielte es sich nur dann, wenn die genannten Regeln aus zwingenden Gründen des Allgemeininteresses gerechtfertigt wären (vgl. unten IV.2.). Dies sei jedoch hier nicht der Fall (vgl. EuGH a.a.O., insbes. Rn. 92 ff.; nicht zu verwechseln hiermit ist das Verbot der diskriminierenden Ausländerklauseln in Fußballmannschaften, vgl. EuGH, a.a.O., Rn. 116 ff.).

Jüngst hat der EuGH diese Rechtsprechung im Hinblick auf Nachwuchsspieler fortentwickelt. Auf dem Prüfstand stand eine Regelung des französischen Fußballverbands, die Nachwuchsspieler auch nach dem Abschluss ihrer Ausbildung an ihren jeweiligen Verein binden sollte. Deshalb war vorgesehen, dass der Nachwuchsspieler diesem Verein eine Entschädigung zu zahlen hatte, falls er seinen ersten Vertrag als Berufsfußballspieler bei einem anderen Verein als dem seiner Ausbildung abschließen wollte. Darin liegt eine Beschränkung der Arbeitnehmerfreizügigkeit (Art. 45 AEUV), weil es für Nachwuchsspieler weniger attraktiv wird, sich bei anderen Vereinen (auch bei ausländischen Vereinen) zu bewerben. Die Entschädigungsregelung kann aber zur Sicherung der Nachwuchsförderung gerechtfertigt sein, sofern sie einer Verhältnismäßigkeitsprüfung standhält (EuGHE, C-325/08, Urt. v. 16.3. 2010 – Olympique Lyonnais).

Beispiel: Ein privater Arbeitsvermittlungsdienst vermittelt einen deutschen Arbeitslosen in die Niederlande, wo er einen Arbeitsvertrag über eine sozialversicherungspflichtige Beschäftigung erhält. Die Bundesagentur für Arbeit lehnt es jedoch ab, den Vermittlungsgutschein i.S.v. § 421g Abs. 1 Satz 2 SGB III einzulösen, weil der Arbeitslose nicht in Deutschland in ein sozialversicherungspflichtiges Beschäftigungsverhältnis vermittelt worden sei. Eine solche Praxis, wonach nur die erfolgreiche Vermittlung Arbeitsloser – gleich welcher Staatsangehörigkeit – innerhalb Deutschlands, nicht jedoch ihre Vermittlung in andere EU-Mitgliedstaaten vergütet wird, stellt eine Beschränkung der Arbeitnehmerfreizügigkeit dar. Auf diese Beschränkung kann sich auch der private Arbeitsvermittlungsdienst berufen (EuGHE, C-208/05, 2007, I-181 – ITC).

Unter das **Beschränkungsverbot** des Art. 45 AEUV fallen also unterschiedslos geltende **Wegzugs-** bzw. **Marktzugangsbeschränkungen**. Sie sind verboten und kommen deswegen nicht zur Anwendung, es sei denn, sie wären aus zwingenden Gründen des Allgemeininteresses gerechtfertigt (vgl. dazu unten IV.2.).

Nicht diskriminierende Berufsausübungsregeln (z.B. Arbeitszeitregelungen, Lohnsteuerabzug) werden hingegen, ähnlich wie nach der Keck-Rechtsprechung die Verkaufsmodalitäten, **aus dem Anwendungsbereich** des Art. 45 AEUV **ausgeklammert**. Sie bedürfen nicht der Rechtfertigung durch Allgemeininteressen. Der ausländische Arbeitnehmer muss ihnen nachkommen wie Inländer auch. Das ist ihm auch ohne weiteres zuzumuten, da er sich auf Dauer in das Wirtschaftsleben des Aufnahmestaats integriert.

Keine Beschränkung liegt außerdem vor, wenn die staatliche Maßnahme von vornherein nicht geeignet ist, den Arbeitnehmer von der Inanspruchnahme seines Freizügigkeitsrechts abzuhalten, weil die beeinträchtigende Wirkung der staatlichen Maßnahme auf die Freizügigkeit *zu ungewiss oder zu indirekt* und damit eben (normativ) nicht kausal ist.

Beispiel: Nach österreichischem Recht erhält ein Arbeitnehmer keine Abfindung, wenn er selbst kündigt, anders, wenn der Arbeitgeber kündigt. Eine solche Regelung ist nicht geeignet, den Arbeitnehmer davon abzuhalten, selbst zu kündigen, um eine neue Arbeitsstelle im Ausland anzutreten (EuGHE, C-190/98, 2000, I-493 = JZ 2001, 87 – Graf).

Klausurhinweis: Im Detail ist die Reichweite des Beschränkungsverbots umstritten (vgl. Grabitz Art. 39 EGV, Rn. 164 ff.). Die Abgrenzung zwischen Marktzugangs- und Berufsausübungsregel kann im Einzelfall schwierig sein. Im Zweifel sollten Auswirkungen auf den Marktzugang bejaht und das Vorliegen einer reinen Berufsausübungsregel verneint werden.

4. Drittwirkung der Arbeitnehmerfreizügigkeit

Die Arbeitnehmerfreizügigkeit verpflichtet nicht nur die Mitgliedstaaten und die Union, sondern in gewissem Umfang auch Private (sog. Dritt- oder Privatwirkung). Bereits im Walrave-Urteil aus dem Jahr 1974 (EuGHE, 36/74, 1974, 1405 = Hummer, S. 539) hat der EuGH ausgesprochen, dass die Diskriminierungsverbote der Art. 18, 45 und 56 AEUV auch für **kollektive Regelungen von Sportverbänden** im Arbeits- und Dienstleistungsbereich gelten. Europarechtswidrig war daher die Regelung der Union Cycliste Internationale, wonach beim Steher-Rennen Schrittmacher und Radrennfahrer dieselbe Staatsangehörigkeit besitzen mussten. Im Bosman-Urteil hat der EuGH klargestellt, dass Sportverbände auch an das Beschränkungsverbot des Art. 45 AEUV gebunden sind (vgl. EuGHE, C-415/93, 1995, I-4921 = Hummer, S. 545 – Bosman, Rn. 82; vgl. auch EuGHE, C-51/96, 2000, I-2549 – Deliège, Rn. 47 ff.). Denn es müsse auch insoweit verhindert werden, dass (verbotene) staatliche Hindernisse durch Regelungen privater Vereinigungen ersetzt werden können. **Art. 7 Abs. 4 der Verordnung Nr. 1612/68** erklärt außerdem alle *diskriminierenden* Vorschriften in Tarif- und Einzelarbeitsverträgen für nichtig.

Noch einen Schritt weiter ging der EuGH im **Angonese-Urteil** (EuGHE, C-281/98, 2000, I-4139 = EuZW 2000, 468 mit Besprechung Streinz/Leible): Eine **private, kleinere Bank** in Bozen forderte von allen Stellensuchenden den Nachweis ihrer deutsch/italienischen Zweisprachigkeit. Die Regelung war in keinem Arbeits- oder Tarifvertrag enthalten, so dass Art. 7 Abs. 4 der Verordnung Nr. 1612/68 von vornherein nicht einschlägig war. Der Nachweis konnte nur in der Provinz Bozen erworben werden. Darin sah der EuGH eine versteckte Diskriminierung, da diese Regelung die Staatsangehörigen anderer Mitgliedstaaten, die eben nicht in Bozen wohnten, im Vergleich zu der in Bozen wohnenden mehrheitlich italienischen Bevölkerung benachteiligten. Denn die Nichtitaliener hätten es schwerer, sich den Nachweis zu besorgen. Diese Benachteiligung sei auch nicht durch sachliche Gründe gerechtfertigt, die nichts mit der Staatsangehörigkeit der betroffenen Personen zu tun hätten. Die **unmittelbare Drittwirkung des Diskriminierungsverbots des Art. 45** AEUV begründete der EuGH insbesondere **mit drei Argumenten:** i) Der Wortlaut stehe nicht entgegen; denn aus ihm ergebe sich nicht, dass sich das Diskriminierungsverbot allein an die Mitgliedstaaten richte. ii) Das Erfordernis der einheitlichen Anwendung des Unionsrechts in allen Mitgliedstaaten wäre unterlaufen, wenn nur die staatlichen Diskriminierungen verboten wären (was in einem Mitgliedstaat staatlich geregelt ist, kann im anderen Mitgliedstaat privatrechtlich geregelt sein). iii) Auch das Diskriminierungsverbot des Art. 157 AEUV richtet sich unmittelbar an Private. Wie weit das Urteil verallgemeinert werden kann, ist noch offen; bislang hat der EuGH es erst einmal wieder aufgegriffen (EuGHE, C-94/07, 2008, I-5939 – Raccanelli, m. Anm. Repasi EuZW 2008, 532).

Ungeklärt ist auch, welche **Rechtfertigungsgründe** (alle legitimen betrieblichen Interessen?) dem Arbeitgeber zur Seite stehen. Jedenfalls darf der Arbeitgeber diskriminierende Regelungen nicht anwenden. Die Arbeitnehmerfreizügigkeit wirkt somit unmittelbar als gesetzliches Verbot i. S. v. § 134 BGB. Ob der Arbeitgeber bei Verletzung des Diskriminierungsverbots nach § 823 Abs. 1 BGB (Persönlichkeitsrechtsverletzung) schadensersatzpflichtig ist, ist noch nicht restlos geklärt. Z. T. wird sogar vertreten, dass rein beschränkende vertragliche Regelungen wie das Verbot, nach Beendigung des Arbeitsverhältnisses innerhalb eines Jahres bei einem Konkurrenten im Ausland zu arbeiten, unmittelbar an Art. 45 AEUV zu messen seien (vgl. Koenig/Steiner NJW 2002, 3583, 3584). Man wird jedoch in diesem Fall eher § 138 BGB i. V. m. Art. 45 AEUV heranzuziehen und von einer bloß mittelbaren Drittwirkung der Grundfreiheit (bzw. rein innerstaatlich: Art. 12 GG) auszugehen haben (vgl. Palandt BGB 69. Aufl. § 242 Rn. 7, aber auch § 134 Rn. 3). **Kein Fall der Drittwirkung** ist es, wenn sich der Arbeitnehmer gegenüber seinem privaten Arbeitgeber auf Art. 45 AEUV beruft, um die Unanwendbarkeit *staatlicher* Vorschriften zu erreichen, die den Arbeitnehmer wegen seiner ausländischen Staatsangehörigkeit diskriminieren oder beschränken.

5. Rechte der Familienangehörigen des Wanderarbeitnehmers

a) Aufenthaltsrecht und Anspruch auf soziale Vergünstigungen. Einreise- und Aufenthaltsrecht der Familienangehörigen des Wanderarbeitnehmers, die diesen begleiten oder ihm nachziehen, ergeben sich aus Art. 6 Abs. 1 und Art. 7 Abs. 1 lit. d und a der Aufenthaltsrichtlinie 2004/38. Ein Recht zum Daueraufenthalt erwirbt jeder Unionsbürger, der sich fünf Jahre lang ununterbrochen rechtmäßig im Aufnahmemitgliedstaat aufgehalten hat (Art. 16 ff. RL 2004/38); dies gilt auch für Familienangehörigen aus Drittstaaten (Art. 16 Abs. 2 RL 2004/36). Nach Art. 24 RL 2004/36 haben Arbeitnehmer (nicht jedoch Arbeit Suchende) sowie Selbständige und ihre Familienangehörigen schon in den ersten drei Monaten im Aufnahmestaat Anspruch auf die sozialen Vergünstigungen (insbes. Sozialhilfe) i. S. v. Art. 7 Abs. 2 der Verordnung Nr. 1612/68.

b) Recht auf Ausübung einer Beschäftigung. Das Verbot der Diskriminierung aus Gründen der Staatsangehörigkeit in Art. 24 der Aufenthaltsrichtlinie 2004/38 erfordert, dass alle Unionsbürger, die sich aufgrund der Richtlinie in einem Mitgliedstaat aufhalten, dort das Recht haben, eine unselbständige oder selbständige Tätigkeit auszuüben. Die praktische Anwendbarkeit der Vorschrift beschränkt sich jedoch auf Familienangehörige aus Drittstaaten. Denn haben die Familienangehörigen die Staatsangehörigkeit eines Mitgliedstaates, so besitzen sie die bezeichneten Rechte bereits unmittelbar aus Art. 45 bzw. 49 AEUV.

c) Recht der Kinder auf Ausbildung. Das Recht der Kinder des Wanderarbeitnehmers auf Gleichbehandlung bei der Ausbildung ergibt sich aus Art. 12 der Verordnung Nr. 1612/68. Auf die Staatsangehörigkeit der Kinder kommt es nicht an. Der Staat, in dem der Wanderarbeitnehmer beschäftigt oder in dem er Verbleibeberechtigter (Art. 16, 17 RL 2004/38) ist, hat dessen Kinder vom Kindergarten bis zum Universitätsstudium in Bezug auf die Ausbildung (nicht nur Berufsausbildung) wie Inländer zu behandeln. Nach dem Wortlaut von Art. 12 VO 1612/68 haben die Kinder ein Recht auf Fortsetzung ihrer Ausbildung auch dann, wenn kein Elternteil mehr Wanderarbeitnehmer oder Verbleibeberechtigter im Aufnahmestaat ist. Wegen der praktischen Wirksamkeit dieses Rechts der Kinder hat dann auch der Elternteil, der das Sorgerecht über die Kinder tatsächlich ausübt, ein Aufenthaltsrecht, selbst wenn er kein Unionsbürger ist (EuGH, C-413/99, EuZW 2002, 761 – Rn. 54 ff., 69 ff. – Baumbast): Den Kindern von Wanderarbeitnehmern soll es ermöglicht werden, ihre Ausbildung unter bestmöglichen Bedingungen zu absolvieren. Übrigens gilt das abgeleitete Aufenthaltsrecht der Betreuungsperson auch unabhängig davon, ob diese über hinreichende Existenzmittel und einen Krankenversicherungsschutz verfügt (EuGH, C-310/08, Urt. v. 23. 2. 2010 – Ibrahim; EuGH, C-480/08, Urt. v. 23. 2. 2010 – Teixeira).

6. Verbleiberecht

Art. 45 Abs. 3 lit. d AEUV ist als einzige Bestimmung des Art. 45 AEUV nicht unmittelbar anwendbar. Das Verbleiberecht der Arbeitnehmer und ihrer Familienangehörigen war ursprünglich in der Verordnung Nr. 1251/70 geregelt. Diese wurde jedoch zum 30. 4. 2006 mit der Begründung aufgehoben, in Art. 17 der Aufenthaltsrichtlinie 2004/38 sei der wesentliche Inhalt der VO 1251/70 übernommen worden. Nach Art. 16 RL 2004/38 haben alle Unionsbürger und ihre Familienangehörigen ein Recht auf Daueraufenthalt im Aufnahmestaat, wenn sie sich dort rechtmäßig fünf Jahre ununterbrochen aufgehalten haben. Art. 17 der RL lässt Ausnahmen für Personen zu, die vor Ablauf der fünf Jahre im Aufnahmestaat aus dem Erwerbsleben ausgeschieden sind. Die dort kompliziert geregelten Einzelheiten umfassen auch die Familienangehörigen der aus dem Erwerbsleben ausgeschiedenen Personen. Die Verbleibeberechtigten und ihre Familienangehörigen (aus Drittstaaten) haben nach Art. 24 RL 2004/38 ebenfalls Anspruch auf Gleichbehandlung mit Inländern.

7. Inländerdiskriminierung

Der Einzelne kann sich auch seinem eigenen Staat gegenüber auf das Freizügigkeitsrecht berufen, wenn ein Bezug zu einem anderen Mitgliedstaat gegeben ist.

Auch ein Deutscher, der in Deutschland lebt und arbeitet, aber im EU-Ausland eine besondere Qualifikation (z. B. einen akademischen Grad) erworben hat, dessen Anerkennung er im Inland erstrebt, kann sich also auf die Arbeitnehmerfreizügigkeit berufen (vgl. EuGHE, C-19/92, 1993, I-1663 = Hummer, S. 550 – Kraus). Ebenso kann sich ein deutscher Arbeitnehmer, der in Deutschland seinen Beruf ausübt, aber im benachbarten Ausland seinen Wohnsitz genommen hat, gegenüber den deutschen Steuerbehörden auf die Arbeitnehmerfreizügigkeit berufen (so für deutsche Grenzpendler EuGHE, C-152/03, 2006, I-1711 – Ritter-Coulais).

Für die Anwendung von Art. 45 AEUV genügt es mit anderen Worten, dass ein Unionsbürger Arbeitnehmer ist und seine Situation durch ein grenzüberschreitendes Element gekennzeichnet ist.

Jeder Unionsbürger, der von seinem Recht auf Freizügigkeit der Arbeitnehmer Gebrauch gemacht und in einem anderen Mitgliedstaat als seinem Wohnsitzstaat eine Berufstätigkeit ausübt oder ausgeübt hat, fällt unabhängig von seinem Wohnort und seiner Staatsangehörigkeit in den Anwendungsbereich von Art. 45 AEUV (EuGHE, a. a. O. – Ritter-Coulais, Rn. 31; EuGHE, C-527/06, 2008, I-7735 – Renneberg, Rn. 36).

Fehlt hingegen jeglicher Bezug zum EU-Ausland, kann es zu einer Inländerdiskriminierung (umgekehrte Diskriminierung) kommen: Beim Ausländer verdrängt Art. 45 AEUV die seine Grundfreiheit beschränkende nationale Norm, während sich der Inländer auf Art. 45 AEUV (und Art. 18 AEUV) mangels Auslandsbezug nicht berufen kann; die seine Freiheit beschränkende Norm bleibt deshalb anwendbar.

Beispiel (nach EuGHE, 35/82, 1982, 3723 = Hummer, S. 189 – Morson):
Die surinamesische Staatsangehörige Morson will zu ihrer holländischen Tochter ziehen, die Arbeitnehmerin in den Niederlanden ist, niemals in einem anderen Mitgliedstaat gearbeitet hat und für den Unterhalt ihrer Mutter aufkommt. Morson beruft sich gegenüber dem niederländischen Staat, der ihr keine Aufenthaltserlaubnis erteilt, auf Art. 7 RL 2004/38 und Art. 21 AEUV. Wäre die Tochter nicht Holländerin, sondern Angehörige eines anderen

EU-Staates, wären die Niederlande nach Art. 7 Abs. 1 lit. a, d, Abs. 4 RL 2004/38 verpflichtet, die Aufenthaltserlaubnis zu erteilen. Weil aber aus niederländischer Sicht keinerlei Bezug zum EU-Ausland besteht, sondern ein rein innerstaatlicher Sachverhalt vorliegt, kommt nicht das Unionsrecht, sondern ausschließlich niederländisches Recht zur Anwendung. Danach aber konnte der Mutter der Aufenthalt in den Niederlanden versagt werden. Hätte die Tochter zunächst in einem anderen Mitgliedstaat gearbeitet, hätte sie hingegen mit ihrer Mutter nach Holland einreisen und dort bleiben können bzw. ihre Mutter im Wege des Familiennachzugs nachkommen lassen dürfen. Das Unionsrecht wäre anwendbar gewesen (vgl. EuGHE, C-370/90, 1992, I-4265 = Hummer, S. 197 – Singh; EuGHE, C-291/05, 2007, I-10719 – Eind; EuGHE, C-127/08, 2008, I-6241 – Metock).

Ob das Unionsrecht auch anwendbar gewesen wäre, wenn im obigen Beispiel die Tochter der Frau Morson neben ihrer niederländischen zusätzlich die deutsche Staatsangehörigkeit besessen hätte (**doppelte Staatsangehörigkeit**), ist nicht restlos geklärt (vgl. dazu die anhängige Rs. C-434/09 – McCarthy). In einer namensrechtlichen Frage hat der EuGH allerdings schon einmal entschieden, dass kein rein innerstaatlicher Sachverhalt vorliegt, wenn jemand die Staatsangehörigkeit seines Aufenthaltstaats und die eines weiteren Mitgliedstaats besitzt (EuGHE, C-148/02, 2003, I-11613 – García Avello, vgl. unten S. 260 f.; dabei spielte es keine Rolle, welche Staatsangehörigkeit die effektive [vgl. Art. 5 EGBGB] war).

Mangels Auslandsbezug ist das Unionsrecht und damit auch die Bosman-Rechtsprechung nicht anwendbar, wenn der Wechsel eines deutschen Fußballspielers vom Münchner zum Dortmunder Verein von der Zahlung einer Entschädigung abhängig gemacht wird. Doch sind die entsprechenden Regelungen in den Verbandssatzungen nach § 138 BGB i. V. m. Art. 12 GG nichtig (vgl. BGH NJW 1999, 3552). Erbrachte Zahlungen können daher nach § 812 Abs. 1 BGB zurückgefordert werden (BGH NJW 2000, 1028).

IV. Rechtfertigung von diskriminierenden oder beschränkenden Maßnahmen

Eingriffe in die Arbeitnehmerfreizügigkeit können entweder anhand der geschriebenen Rechtfertigungsgründe des Art. 45 Abs. 3 AEUV (sog. *Ordre-public*-Vorbehalt) oder – sofern sie nicht offen diskriminierend wirken – anhand zwingender Gründe des Allgemeininteresses gerechtfertigt werden.

1. Rechtfertigung aus Gründen der öffentlichen Ordnung, Sicherheit oder Gesundheit

Die Freizügigkeit der Arbeitnehmer unterliegt, ähnlich wie der freie Warenverkehr (Art. 36 AEUV), die Niederlassungsfreiheit (Art. 52 Abs. 1 AEUV) und der freie Dienstleistungsverkehr (Art. 62, 52 Abs. 1 AEUV), dem Vorbehalt der öffentlichen Ordnung, Sicherheit und Gesundheit gemäß Art. 45 Abs. 3 AEUV (*Ordre-public*-Vorbehalt). Im Anwendungsbereich dieser Klausel kann es gerechtfertigt sein, EU-Ausländer auch offen wegen ihrer Staatsangehörigkeit zu diskriminieren. Darüber hinaus können natürlich Regelungen, die, ohne offen zu diskriminieren, EU-Ausländer besonders belasten, nach Art. 45 Abs. 3 AEUV gerechtfertigt sein.

a) Reichweite der Klausel. Strittig ist bereits der Anwendungsbereich der Klausel. Nach h. M. bezieht sich der Vorbehalt schon seinem Wortlaut nach allein auf die in Art. 45 Abs. 3 AEUV gewährleisteten Rechte. Deshalb dürfte nur die Einreise und der Aufenthalt des Arbeitnehmers offen nach Art. 45 Abs. 3 AEUV beschränkt werden. Nach einer Mindermeinung können die Wanderarbeitnehmer – theoretisch – auch bei der Beschäftigung, Entlohnung und sonstigen Arbeitsbedingungen aus Gründen des ordre public *offen* diskriminiert werden. Doch wird die nationale Maßnahme in solchen Fällen regelmäßig unverhältnismäßig sein. Der Vorbehalt des **Art. 45 Abs. 3 AEUV soll** jedenfalls in erster Linie den Mitgliedstaaten **die Möglichkeit verschaffen**, Personen, wie z. B. **Kriminellen, die Einreise oder den Aufenthalt zu verwehren**, wenn ihre Einreise oder ihr Aufenthalt eine Gefahr für die öffentliche Sicherheit oder Ordnung darstellt (EuGHE 131/85, 1986, 1573 Rn. 17 – Gül). Insoweit sind auch offene Diskriminierungen gerechtfertigt, was sich daraus ergibt, dass die Mitgliedstaaten ihren eigenen Staatsangehörigen weder die Einreise verweigern, noch sie ausweisen dürfen (vgl. aber auch Art. 16 Abs. 2 GG; EuGHE, C-100/01, 2002, I-10981 – Oteiza Olazabal, Rn. 37 ff.).

b) Auslegung der Vorbehaltsklausel. Zunächst stellt sich wie bei Art. 36 AEUV die Frage, ob die in Art. 45 Abs. 3 AEUV bezeichneten **Begriffe der öffentlichen Ordnung, Sicherheit und Gesundheit** unionsrechtlicher Natur sind oder ob zu ihrer Auslegung auf das jeweilige nationale Recht verwiesen wird.

Nach der Rechtsprechung des EuGH handelt es sich wegen des Erfordernisses der einheitlichen Anwendung und der praktischen Wirksamkeit des Unionsrechts um **unionsrechtliche Begriffe**. Diese sind zudem **eng auszulegen**, da auf ihrer Grundlage eine Ausnahme vom Grundprinzip der Freizügigkeit gerechtfertigt wird (vgl. EuGHE, C-348/96, 1999, I-11 = EuZW 1999, 345 – Calfa, Rn. 23). Allerdings ist den Mitgliedstaaten bei der Anwendung von Art. 45 Abs. 3 AEUV ein Beurteilungsspielraum innerhalb der vom Unionsrecht gezogenen Grenzen zuzubilligen. Denn die Umstände, die möglicherweise eine Berufung auf die Vorbehaltsklausel rechtfertigen, können von Land zu Land verschieden sein und unterliegen dem zeitlichen Wandel (vgl. EuGHE, 41/74, 1974, 1337 = Hummer, S. 570 – van Duyn, Rn. 18/19).

Im Einzelnen sind die unionsrechtlichen Grenzen, die ein Mitgliedstaat einzuhalten hat, wenn er unter Berufung auf den Vorbehalt der öffentlichen Ordnung, Sicherheit und Gesundheit eine Maßnahme gegen einen freizügigkeitsberechtigten EU-Ausländer trifft, ausgehend von der früheren EuGH-Rechtsprechung in **Art. 27 ff. der Aufenthaltsrichtlinie 2004/38** konkretisiert (umgesetzt in § 6 FreizügG/EU).

Besonders gering sind danach die Möglichkeiten für die Behörden des Aufnahmestaats, einem Unionsbürger unter Berufung auf den **Schutz der öffentlichen Gesundheit** das Aufenthaltsrecht zu versagen. Schon nach Ablauf einer Frist von drei Monaten ab dem Zeitpunkt der Einreise stellen Krankheiten keinen Ausweisungsgrund mehr dar (Art. 29 der Aufenthaltsrichtlinie 2004/38, § 6 Abs. 1 Satz 3 FreizügG/EU).

Auf den **Vorbehalt der öffentlichen Ordnung oder Sicherheit i. S. v. Art. 45 Abs. 3** AEUV kann sich ein Mitgliedstaat nur berufen, wenn die Anwesenheit oder das Verhalten einer an sich freizügigkeitsberechtigten Person eine **tatsächliche und hinreichend schwerwiegende Gefährdung** darstellt, die ein **Grundinteresse der Gesellschaft berührt** (nunmehr auch in Art. 27 Abs. 2 UAbs. 2 der Richtlinie 2004/38 kodifiziert). Ein geringfügiger Gesetzesverstoß rechtfertigt daher, obwohl er nach nationalem Recht eine Störung der öffentlichen Ordnung darstellt, keine Ausweisung. Vielmehr wäre diese unverhältnismäßig.

Klausurhinweis: Die eng auszulegenden europarechtlichen Begriffe der öffentlichen Ordnung und Sicherheit unterscheiden sich grundlegend von den deutlich weiteren Konzepten, wie sie aus dem deutschen Polizei- und Ordnungsrecht geläufig sind. Nach deutschem Recht umfasst die öffentliche Ordnung bekanntlich die Gesamtheit der zum Teil ungeschriebenen Regeln für das Verhalten des Einzelnen in der Öffentlichkeit, deren Beachtung als unerlässliche Voraussetzung eines Gemeinschaftslebens angesehen wird. Unter öffentlicher Sicherheit ist die Unversehrtheit der Rechtsordnung und der grundlegenden Einrichtungen des Staates, sowie die Unversehrtheit von Gesundheit, Ehre, Freiheit, Eigentum und sonstiger Rechtsgüter der Bürger zu verstehen. Eine Gefahr für die öffentliche Ordnung und Sicherheit liegt vor, wenn eine Beeinträchtigung zu befürchten ist, eine Störung, wenn die Beeinträchtigung bereits eingetreten ist. Eine Störung zu beseitigen und schon die drohende Gefahr abzuwehren, ist staatliche Aufgabe.

In der Prostitution von Frauen, die als Serviererinnen in einem echten Arbeitsverhältnis standen, hat der EuGH keine hinreichend schwere Gefährdung der öffentlichen Ordnung gesehen, weil der betreffende Mitgliedstaat gegen eigene Staatsangehörige, die der Prostitution nachgingen, keine effektiven Maßnahmen zur Bekämpfung ihres Verhaltens ergriff (EuGHE, 115/81, 1982, 1665 = Hummer, S. 575 – Adoui). *Insoweit* spielt also auch der **Grundsatz der Inländergleichbehandlung** eine Rolle (gleichwohl ermächtigt Art. 45 Abs. 3 AEUV den Mitgliedstaat gerade zur Ausweisung eines EU-Ausländers, obwohl er diese Maßnahme bei einem eigenen Staatsangehörigen nicht ergreifen kann). Damit ist der EuGH von seinem früheren Urteil (EuGHE, 41/74, 1974, 1337 = Hummer, S. 570 – van Duyn) abgerückt, in dem er die Betätigung im Rahmen der Church of Scientology als Grund für eine Verweigerung der Einreise nach Großbritannien ausreichen ließ, obwohl dieser Mitgliedstaat die entsprechende Tätigkeit seiner eigenen Staatsangehörigen nicht bekämpfte. Die Geltung des Gleichbehandlungsgrundsatzes bestätigt die Entscheidung Rutili (EuGHE, 36/75, 1975, 1219 = Hummer, S. 572); in dieser hat der EuGH die territoriale Beschränkung einer Aufenthaltserlaubnis nur dann für zulässig erachtet, wenn sie verhältnismäßig ist und in vergleichbaren Fällen auch für Inländer angeordnet wird.

Schließlich ist der Vorbehalt des Art. 45 Abs. 3 AEUV im Lichte der **Unionsgrundrechte** auszulegen. Daraus folgt, dass eine staatliche Maßnahme, die unter Berufung auf Art. 45 Abs. 3 AEUV die Arbeitnehmerfreizügigkeit beschränkt, dann nicht gerechtfertigt ist, wenn sie gegen Unionsgrundrechte verstößt, beispielsweise gegen das Recht auf Familienleben (EuGHE, C-482/01, 2004, I-5257 – Orfanopoulos und Oliveri, Rn. 97 f.). Geht von dem Betroffenen eine Gefahr für die öffentliche Sicherheit und Ordnung aus, ist weiter zu prüfen, ob nicht eine Ausweisung angesichts der Dauer seines Aufenthalts im Inland, seines Alters, seines Gesundheitszustands, seiner familiären und wirtschaftlichen Verhältnisse und seiner Integration im Inland **unverhältnismäßig** ist (vgl. Erwägungsgrund 23 und Art. 28 Abs. 1 der Aufenthaltsrichtlinie 2004/38, § 6 Abs. 3 FreizügG/EU).

Klausurhinweis: Bei der Fallbearbeitung ist zunächst zu klären, ob es sich bei dem Betroffenen um einen Unionsbürger oder einen Familienangehörigen i. S. v. Art. 2 RL 2004/38 (aus einem Drittstaat) handelt und ob sich der Betroffene auf seine Arbeitnehmereigenschaft oder eine sonstige Berechtigung zur Freizügigkeit (Selbständiger, Dienstleistungserbringer, Freizügigkeitsberechtigung als Unionsbürger gemäß Art. 21 Abs. 1 AEUV) berufen kann. Dann ist zu prüfen, ob die Tatbestandsvoraussetzungen des § 6 FreizügG/EU, der richtlinienkonform auszulegen ist, vorliegen. Ist dies der Fall, so ist gemäß § 6 Abs. 1 FreizügG/EU eine Ermessensentscheidung über den Verlust des Einreise- und Aufenthaltsrecht zu treffen, wobei die Unionsgrundrechte und der Verhältnismäßigkeitsgrundsatz zu beachten sind.

2. Rechtfertigung von Beschränkungen aus zwingenden Gründen des Allgemeininteresses

Für mittelbare (versteckte, indirekte) Diskriminierungen aufgrund der Staatsangehörigkeit und unterschiedslos geltende Beschränkungen der Arbeitnehmerfreizügigkeit gelten über die geschriebene *Ordre-public*-Klausel des Art. 45 Abs. 3 AEUV hinaus auch **ungeschriebene Rechtfertigungsgründe** (ähnlich der Rechtsprechung *Cassis de Dijon* zum freien Warenverkehr). In der Rechtsprechung des EuGH wird dafür folgende Formel verwendet:

Eine Maßnahme, die die Freizügigkeit der Arbeitnehmer beeinträchtigt, ist nur dann zulässig, wenn mit ihr ein berechtigter, mit den Verträgen vereinbarer Zweck verfolgt wird und sie aus zwingenden Gründen des Allgemeininteresses gerechtfertigt ist. In einem derartigen Fall muss aber die Anwendung einer solchen Maßnahme auch geeignet sein, die Verwirklichung des in Rede stehenden Zwecks zu gewährleisten, und darf nicht über das hinausgehen, was zu seiner Erreichung erforderlich ist (EuGH, C-325/08, Urt. v. 16. 3. 2010 – Olympique Lyonnais, Rn. 38).

Die betreffende Maßnahme muss mit anderen Worten ein **legitimes Ziel** verfolgen (*zwingende Gründe des Allgemeininteresses*) und einer **Verhältnismäßigkeitsprüfung** standhalten. Bei mittelbaren Diskriminierungen wird bisweilen auch auf „objektive, von der Staatsangehörigkeit unabhängige Gründe" abgestellt (EuGHE, C-237/94, 1996, I-2617 – O'Flynn, Rn. 19), was aber nur eine sprachliche Nuance ohne inhaltlichen Unterschied darstellt.

Beispiel (nach EuGHE, C-350/96, 1998, I-2521 = EuZW 1998, 601 – Clean Car): Die Clean Car Ges.m.b.H. mit Sitz in Wien möchte einen Geschäftsführer mit Wohnsitz in Berlin bestellen. Nach § 39 Abs. 2 der österr. GewO muss der Geschäftsführer einer österr. Kapitalgesellschaft seinen Wohnsitz jedoch in Österreich haben. Clean Car meint, dass die Vorschrift wegen Verstoßes gegen Art. 45 Abs. 2 AEUV nicht anzuwenden ist.

Der Grundsatz der Gleichbehandlung verbietet nicht nur offene Diskriminierungen aufgrund der Staatsangehörigkeit, sondern auch alle versteckten Formen der Diskriminierung, die mit Hilfe der Anknüpfung an andere Merkmale als die Staatsangehörigkeit faktisch zum selben Ergebnis führen. § 39 Abs. 2 österr. GewO stellt nicht offen auf die Staatsangehörigkeit ab: Die Vorschrift verlangt nicht, dass die Geschäftsführer österr. Kapitalgesellschaften Österreicher sein müssen. Vielmehr verlangt sie, dass der Geschäftsführer in Österreich wohnt. Diese Voraussetzung wird regelmäßig von Österreichern erfüllt, aber zumeist nicht von den anderen Unionsbürgern. Damit kommt die Anknüpfung an den Wohnsitz tatsächlich zum gleichen Ergebnis wie die Anknüpfung an die Staatsangehörigkeit. Somit liegt eine mittelbare (versteckte, faktische) Diskriminierung aufgrund der Staatsangehörigkeit vor. Dies gilt nur dann nicht, wenn das Wohnsitzerfordernis ein legitimes im Allgemeininteresse liegendes Ziel verfolgt und verhältnismäßig ist. Ziel der Regelung ist u. a., sicherzustellen, dass der Geschäftsführer den Betrieb ordnungsgemäß führen kann. Dies ist ein legitimes Ziel (nicht legitim wären wirtschaftliche Gründe, z. B. die Abschirmung der heimischen Arbeitsplätze vor ausländischen Bewerbern). Die Regelung ist jedoch nicht geeignet, das gesteckte Ziel zu erreichen: Sie lässt einerseits zu, dass der Geschäftsführer in Österreich weit entfernt vom Betrieb wohnt, andererseits verbietet sie, dass er nahe beim Betrieb, aber über der Grenze im Ausland wohnt. Die Regelung ist somit unverhältnismäßig. Sie kommt wegen Vorrangs des Art. 45 AEUV nicht zur Anwendung. Das kann nicht nur der Arbeitnehmer, sondern auch der Arbeitgeber, der diesen einstellen will, vor Gericht durchsetzen (gerechtfertigt wäre hingegen aus Gründen des Allgemeininteresses eine Vorschrift, nach der ein Krankenhausarzt, um immer erreichbar zu sein, 50 km im Umkreis des Krankenhauses wohnen muss).

Beispiel (nach EuGHE, C-152/05, 2008, I-39 – Kommission/Deutschland „Eigenheimzulage"): In Deutschland konnten unbeschränkt Steuerpflichtige (d. h. Inländer bzw. „Gebietsansässige") bis Ende 2005 für von ihnen gekaufte oder gebaute und selbst genutzte Wohnimmobilien eine von den Finanzämtern vergebene staatliche Förderung beantragen, die sog. Eigenheimzulage. Eine der Voraussetzungen für die Förderung war allerdings, dass die betreffende Immobilie sich im Inland befand. Wegen dieser territorialen Beschränkung der Förderung erhob die Kommission Vertragsverletzungsklage gegen Deutschland (Art. 258 AEUV) und obsiegte vor dem EuGH. Der EuGH stellte u. a. einen Verstoß gegen die Arbeitnehmerfreizügigkeit (Art. 45 AEUV, ehemals Art. 39 EGV) fest. Im Einzelnen führte er dazu insbesondere Folgendes aus: Zwar bleiben die Mitgliedstaaten für die direkte Besteuerung zuständig, sie müssen sich bei Ausübung dieser Zuständigkeit jedoch an das Unionsrecht, insbesondere an die Grundfreiheiten halten. Bestimmungen, die einen Arbeitnehmer davon abhalten, seinen Herkunftsstaat zu verlassen, um von seinem Recht auf Freizügigkeit Gebrauch zu machen, stellen Beeinträchtigungen dieser Grundfreiheit dar, auch wenn sie unabhängig von der Staatsangehörigkeit der betroffenen Arbeitnehmer Anwendung finden. Die territoriale Beschränkung der Eigenheimzulage auf im Inland belegene Immobilien macht es für Arbeitnehmer weniger attraktiv, Wohneigentum im Ausland zu erwerben und so von ihrer Freizügigkeit (namentlich als Grenzpendler) Gebrauch zu machen. Diese Regelung lässt sich nicht anhand zwingender Erfordernisse des Allgemeininteresses rechtfertigen. Zwar ist die Förderung des Wohnungsbaus im Inland zur Sicherstellung einer angemessenen Versorgung der Bevölkerung mit Wohnraum ein legitimes Interesse der Raumordnungs- und Sozialpolitik.

Die Beschränkung der Förderung auf Inlandsobjekte geht jedoch über dasjenige hinaus, was zur Erreichung dieses Ziels erforderlich ist. Das Ziel, die Wohnungsnachfrage zu befriedigen, wird nämlich genauso erreicht, wenn ein deutscher Arbeitnehmer sich dafür entscheidet, seinen Wohnsitz in einem anderen Mitgliedstaat und nicht in Deutschland zu begründen. Wie der EuGH in einem späteren Urteil klargestellt hat, setzt eine unionsrechtskonforme Förderung des Wohnungsbaus im Inland voraus, dass die Fördermaßnahmen nicht pauschal für alle (auch luxuriöse) Objekte überall im Inland gewährt wird, sondern gezielt auf solche Regionen und solche Kategorien von Wohnungen ausgerichtet ist, in denen akuter Wohnraummangel herrscht (EuGH, C-35/08, 2009, I-9807 – Busley und Cibrian, Rn. 32).

V. Vorbehalt der öffentlichen Verwaltung

Nach Art. 45 Abs. 4 AEUV finden die Regeln über die Freizügigkeit keine Anwendung auf die Beschäftigung in der öffentlichen Verwaltung. Die EU-Ausländer können allein wegen ihrer Staatsangehörigkeit zurückgewiesen werden (vgl. zum Folgenden auch Fischer/Strempel Jura 1995, 357).

Klausurhinweis: Bevor in der Klausur untersucht wird, ob der Vorbehalt des Art. 45 Abs. 4 AEUV Anwendung findet, ist zu prüfen, ob die Stelle überhaupt mit einem Arbeitnehmer i. S. v. Art. 45 Abs. 1 AEUV zu besetzen ist, wozu wohlgemerkt auch Beamte gehören (vgl. oben S. 216).

1. Auslegung des Begriffs öffentliche Verwaltung

a) Der Begriff **öffentliche Verwaltung** in Art. 45 Abs. 4 AEUV ist in allen Mitgliedstaaten gleich auszulegen. Wegen des Erfordernisses der einheitlichen Anwendung und der praktischen Wirksamkeit des Europarechts handelt es sich um einen **unionsrechtlichen Begriff.** Deshalb verbietet sich eine institutionelle Sichtweise in dem Sinne, dass bereits dann eine Beschäftigung in der öffentlichen Verwaltung gemäß Art. 45 Abs. 4 AEUV vorliege, wenn es sich um einen öffentlich-rechtlichen Arbeitgeber handle. Vielmehr kommt es auf die Tätigkeiten an, die der Arbeitnehmer ausüben soll. Es gilt also eine **funktionelle Sichtweise.** Auf die rein formale Ausgestaltung des Arbeitsverhältnisses als privat- oder öffentlich-rechtlich kommt es genauso wenig an wie auf die Frage, ob die Stelle nach den nationalen Vorschriften mit einem Arbeiter, Angestellten oder Beamten zu besetzen ist (EuGHE, 152/73, 1974, 153 – Sotgiu, Rn. 5 f.). Denn sonst könnten die Mitgliedstaaten weitgehend nach Belieben bestimmen, welche Stellen unter die Ausnahmevorschrift fallen, was zu einer unterschiedlichen Reichweite der Arbeitnehmerfreizügigkeit führen würde.

b) Der Begriff öffentliche Verwaltung ist **eng auszulegen.** Denn es geht um eine Ausnahme vom Grundprinzip der Freizügigkeit und der Nichtdiskriminierung der Arbeitnehmer. Die Auslegung hat sich daher eng am Zweck des Vorbehalts zu orientieren. Dieser besteht darin, das berechtigte Interesse der Staaten zu schützen, Inländern solche Stellen vorzubehalten, die ein **besonderes Treueverhältnis zum Staat** und somit das Band der Staatsangehörigkeit erfordern (EuGHE, 149/79, 1982, 1845 Rn. 10 = Hummer, S. 578 – Öffentlicher Dienst; EuGHE, C-392/05, 2007, I-3505 – Alevizos, Rn. 69, 70). Die Stellen müssen typisch für die spezifische Tätigkeit der öffentlichen Verwaltung sein.

Nur solche Stellen sind daher von der Freizügigkeit ausgenommen, die eine unmittelbare oder mittelbare Teilnahme an der Ausübung hoheitlicher Befugnisse und an der Wahrnehmung solcher Aufgaben mit sich bringen, die auf die Wahrung der allgemeinen Belange des Staates oder anderer öffentlicher Körperschaften gerichtet sind.

Nach h. M. müssen beide Voraussetzungen kumulativ vorliegen (vgl. Callies/Ruffert Art. 39 EGV Rn. 107; Fischer/Strempel Jura 1995, 357[359]; a. A. Everling DVBl. 1990, 225 [228]).

Allerdings dürfte in der Ausübung hoheitlicher Befugnisse generell auch die Wahrnehmung allgemeiner Belange des Staates bzw. anderer öffentlich-rechtlicher Körperschaften liegen, so dass die zweite Voraussetzung gegeben ist, wenn die erste vorliegt. Umgekehrt wird man sagen können, dass die Wahrnehmung der allgemeinen Belange des Staates i. d. R. wenigstens mit der mittelbaren Ausübung hoheitlicher Befugnisse verbunden sein wird (Beispiel: interne Kontroll- und Beratungsfunktionen innerhalb der Verwaltung). Doch sind diese Fragen noch weitgehend ungeklärt.

c) Der Vorbehalt des Art. 45 Abs. 4 AEUV darf nur dann geltend gemacht werden, wenn die mit einer Arbeitsstelle verbundenen hoheitlichen Befugnisse **tatsächlich regelmäßig ausgeübt** werden und **nicht nur einen sehr geringen Teil der Tätigkeit** ausmachen. Zweifelhaft ist beispielsweise, ob der Kapitän eines Fischereischiffs in der sog. Kleinen Seeschifffahrt in nennenswertem Umfang hoheitliche Befugnisse auszuüben hat (EuGHE, C-47/02, 2003, I-10447 – Anker).

2. Anwendung des Vorbehalts

Eindeutig zum Bereich der öffentlichen Verwaltung zählen Stellen, deren Inhaber verbindliche Anordnungen erlassen oder Entscheidungen über Vergünstigungen treffen können (Polizei, Justiz, Steuerverwaltung, Streitkräfte, Sozialhilfeverwaltung). Auch der diplomatische Dienst wird nach allgemeiner Meinung vom Vorbehalt umfasst, weil es hier um die Vertretung des Staates nach außen geht, obwohl dabei die Ausübung hoheitlicher Befugnisse im eigentlichen Sinne weniger ausgeprägt ist.

Nicht zur öffentlichen Verwaltung zu rechnen sind Stellen in öffentlichen Unternehmen, mit denen sich der Staat erwerbswirtschaftlich betätigt (Banken, Versicherungen usw.). Darüber hinaus fällt der gesamte Bereich der staatlichen Daseinsvorsorge jedenfalls insoweit nicht unter den Vorbehalt, als untergeordnete Stellen zu besetzen sind (vgl. EuGHE, C-173/94, 1996, I-3265 – Kommission/Belgien, Rn. 17 ff.). Auch die Stellen für Studienreferendare und „einfache" Lehrer an staatlichen Schulen sind vom Vorbehalt ausgenommen (EuGHE, 66/85, 1986, 2121 = Hummer, S. 581 – Lawrie-Blum), da deren hoheitliche Tätigkeiten unwesentlich erscheinen. Dies gilt jedoch nicht für Schulleiter. Sie üben nicht nur gelegentlich Hoheitsgewalt aus. Im wissenschaftlichen und technischen Bereich können allein staatliche Leitungs- und Beratungsfunktionen als öffentliche Verwaltung i. S. v. Art. 45 Abs. 4 AEUV angesehen werden (EuGHE, 225/85, 1987, 2625 – CNR, Rn. 9). Deshalb ist die Stelle eines Hochschullehrers vom Vorbehalt nicht umfasst, wohl aber die des Rektors, Dekans und Institutsleiters. Denn Letztere wahren die allgemeinen Belange des Staates und nehmen damit mittelbar an der Ausübung hoheitlicher Befugnisse teil. Ob die gleichen Erwägungen ganz allgemein im Bereich der Daseinsvorsorge (Wasserwerk, Krankenhaus) gelten, erscheint zweifelhaft (bejahend Dörr EuZW 1990, 565 [570]; vgl. zum Ganzen die Mitteilung der Kommission „Leistungen der Daseinsvorsorge in Europa", ABl. 2001, C 17, S. 4).

Tatsächlich besteht eine erhebliche Grauzone. Denn es ist nicht klar, wann eine mittelbare Teilnahme an der Ausübung hoheitlicher Befugnisse gegeben ist (zu bejahen wohl für enge Berater und Mitarbeiter von Amtsträgern; zweifelhaft hingegen für Sekretärinnen). Eine differenzierte Betrachtungsweise ist etwa für Rechtsreferendare angebracht; jedenfalls, soweit sie bei nichtstaatlichen Stellen ausgebildet werden, findet Art. 45 Abs. 4 AEUV keine Anwendung (EuGHE, C-109/04, 2005, I-2421 – Kranemann, Rn. 20).

Klausurhinweis: In der Klausur ist zu prüfen, ob die Besetzung der fraglichen Stelle mit einem Inländer unbedingt erforderlich ist, weil sie ein besonderes Treueverhältnis ihres Inhabers zum Staat voraussetzt und sie somit unter die oben genannte Definition der vorbehaltenen Stellen zu subsumieren ist (Kurzformel: Von der Arbeitnehmerfreizügigkeit ausgenommen sind Stellen mit hoheitlichen Befugnissen und zur Wahrung staatlicher Belange).

3. Nationale Laufbahnvorschriften

Art. 45 Abs. 4 AEUV schließt nur den Zugang zur Beschäftigung aus. Ist der Wanderarbeitnehmer in der öffentlichen Verwaltung eines Mitgliedstaates beschäftigt, so hat er Anspruch auf Gleichbehandlung mit Inländern. Dies gilt aber nicht in Bezug auf laufbahnrechtliche Vorschriften, die eine Versetzung oder Beförderung auf Stellen vorsehen, die ihrerseits unter den Vorbehalt des Art. 45 Abs. 4 AEUV fallen. Denn insoweit ist eine Schlechterstellung des ausländischen Arbeitnehmers gerade wegen Art. 45 Abs. 4 AEUV unionsrechtlich zulässig. Unverhältnismäßig wäre es aber, einen Wanderarbeitnehmer wegen dieser laufbahnrechtlichen Vorschriften gar nicht erst auf eine vom Vorbehalt nicht umfasste Stelle in der öffentlichen Verwaltung eines Mitgliedstaates einzustellen, gleichsam im Vorgriff auf künftige Beförderungsentscheidungen (vgl. EuGHE, 149/79, 1982, 1845 = Hummer, S. 578 – Öffentlicher Dienst, Rn. 21/22).

4. Einstellung als Beamter

Fraglich ist, ob ein EU-Arbeitnehmer, dessen Einstellung in den öffentlichen Dienst Art. 45 Abs. 4 AEUV nicht entgegensteht, Anspruch auf Übernahme in das Beamtenverhältnis hat, wenn dies bei einem inländischen Stellenbewerber geschehen würde. Der EuGH (EuGHE, 307/84, 1986, 1725 – Krankenpflegepersonal) hat dies unter der Voraussetzung verneint, dass die Beschäftigung als Angestellter in Bezug auf Entlohnung und die sonstigen Arbeitsbedingungen in allen Punkten der Stellung eines Beamten entspricht. Ob eine solche Gleichstellung im deutschen Dienstrecht gegeben und überhaupt herstellbar ist, erscheint angesichts der unterschiedlichen Regelungen auf dem Gebiet des Kündigungsschutzes, der Krankenversicherung und der Altersversorgung höchst fraglich. Geht man von einer Schlechterstellung der Angestellten im deutschen öffentlichen Dienst aus, so kann jedenfalls nunmehr nach § 4 Abs. 1 Nr. 1 und Abs. 2 BRRG und § 7 Abs. 1 und Abs. 2 BBG ausdrücklich auch ein EU-Ausländer zum Beamten ernannt werden. Soweit landesrechtliche Vorschriften noch nicht angepasst sein sollten, setzt sich ihnen gegenüber Art. 45 AEUV wegen seines Vorrangs durch.

D. Die Niederlassungsfreiheit

I. Überblick

Die Niederlassungsfreiheit ist in den Art. 49 bis 55 AEUV geregelt. Diese haben weitgehend die gleiche Reichweite und Wirkung wie die Vorschriften über die Arbeitnehmerfreizügigkeit: Wer sich als Selbständiger in einem anderen Mitgliedstaat niederlässt, um eine Erwerbstätigkeit auszuüben, ist nach Art. 49 Abs. 2 AEUV (*lex specialis* zu Art. 18 Abs. 1 AEUV) wie ein Inländer zu behandeln. Art. 49 AEUV enthält somit ein **Diskriminierungsverbot**. Dieses gilt seit Ende der Übergangszeit (31. 12. 1969) **unmittelbar** (EuGHE, 2/74, 1974, 631 – Reyners). Staatliche Maßnahmen, die hiergegen verstoßen, sind unanwendbar. Der Einzelne kann sein Recht, wie ein Inländer behandelt zu werden, gerichtlich durchsetzen.

Seit dem **Urteil Gebhard** (EuGHE, C-55/94, 1995, I-4165 = Hummer, S. 589) ist überdies klar, dass Art. 49 AEUV, wie Art. 45 AEUV, auch der Anwendung nichtdiskriminierender nationaler Vorschriften entgegensteht, die die Ausübung der Niederlassungsfreiheit behindern oder weniger attraktiv machen. Art. 49 AEUV enthält also auch ein **Beschränkungsverbot**.

Offen diskriminierende Maßnahmen können nur durch die in Art. 52 AEUV genannten **Rechtfertigungsgründe**, versteckt diskriminierende Maßnahmen und unterschiedslos wirkende Beschränkungen auch durch sonstige Gründe im Allgemeininteresse gerechtfertigt werden.

II. Anwendungsbereich

1. Sachlicher Anwendungsbereich

Unter **Niederlassung** versteht Art. 49 AEUV die **Aufnahme und Ausübung selbständiger Erwerbstätigkeiten** in einem anderen Mitgliedstaat von einer festen Betriebsstätte aus. Ein Franzose kann sich also in Deutschland niederlassen und unter denselben Voraussetzungen wie ein Inländer eine handwerkliche, freiberufliche, kaufmännische oder sonstige Erwerbstätigkeit aufnehmen. Zu diesem Zweck kann er ein Unternehmen, insbesondere eine Gesellschaft, gründen und leiten. Immer muss es sich um eine **Teilnahme am Wirtschaftsleben** i. S. v. Art. 3 Abs. 3 UAbs. 1 AEUV (ehemals Art. 2 EGV) handeln, was weit auszulegen ist. Darunter fällt auch die Tätigkeit eines frei schaffenden Künstlers. Nicht zum Wirtschaftsleben gehören hingegen gemeinnützige Tätigkeiten und ebenso wenig solche, die nach innerstaatlichem Recht generell verboten sind, wie der Handel mit Drogen. Die Ausübung der Prostitution, die nicht verboten ist, ist eine Erwerbstätigkeit und gehört damit zum Wirtschaftsleben. Prostituierte können sich daher, wenn sie selbständig tätig sind, auf Art. 49 AEUV berufen (ansonsten auf Art. 45 bzw. auf Art. 56 AEUV, vgl. EuGHE, C-268/99, 2001, I-8615 – Jany, mit Anm. Huber EuZW 2002, 120; VGH Mannheim NVwZ 2000, 1070).

Wird die Tätigkeit in einem anderen Mitgliedstaat neu aufgenommen oder dorthin verlagert, spricht man von einer **primären Niederlassung**. Bleibt dagegen die Hauptniederlassung (Entscheidungszentrum) im Ursprungsland bestehen und werden im Aufnahmestaat lediglich Agenturen (Büros, Repräsentanzen), Zweigniederlassungen (Zweigstellen, Filialen) oder Tochtergesellschaften gegründet, handelt es sich um **sekundäre Niederlassungen**. Agenturen und Zweigniederlassungen, die nicht scharf voneinander abzugrenzen sind, sind *rechtlich unselbständig*, wohingegen Tochtergesellschaften gegenüber der Hauptniederlassung *rechtlich* (aber nicht wirtschaftlich) *selbständig* sind.

a) Abgrenzung zur Dienstleistungsfreiheit. Der Niedergelassene gliedert sich in das Wirtschaftsleben des Aufnahmestaats „in stabiler und kontinuierlicher Weise" ein (EuGHE, C-55/94, 1995, I-4165 = Hummer, S. 589 – Gebhard, Rn. 25), wenn auch gegebenenfalls nur durch die Errichtung einer Agentur. Der Dienstleistungserbringer wird hingegen in eigener Person lediglich **vorübergehend** (Art. 57 Abs. 3 AEUV) in einem anderen Mitgliedstaat tätig. Im Einzelfall kann es schwierig sein zu entscheiden, ob eine Niederlassung vorliegt oder ob es sich nur um die vorübergehende Tätigkeit eines ausländischen Dienstleistungserbringers handelt: Eine ausländische Versicherung ist im Inland niedergelassen, wenn sie eine unselbständige Agentur durch weisungsabhängige Arbeitnehmer unterhält und über diese Agentur kontinuierlich Geschäfte abschließt; bedient sie sich hingegen eines selbständigen Agenten, so ist grundsätzlich nur dieser im Inland niedergelassen (EuGHE, 205/84, 1986, 3755 – Versicherungen, Rn. 21; vgl. zur Abgrenzung der beiden Freiheiten auch unten S. 244).

b) Abgrenzung zur Arbeitnehmerfreizügigkeit. Der Arbeitnehmer ist im Gegensatz zum Niedergelassenen nicht selbständig, sondern in einem Unterordnungsverhältnis weisungsgebunden tätig (vgl. oben S. 216 f.).

c) Abgrenzung zum freien Kapitalverkehr. Die Niederlassung ist regelmäßig mit Zahlungs- und Kapital-bewegungen verbunden. Der Erwerb und das Halten von Unternehmensbeteiligungen, die dem Betreffenden einen beherrschenden Einfluss auf ein Unternehmen sichern (= sog. Direktinvestition), fällt (jedenfalls auch) unter die Niederlassungsfreiheit (vgl. EuGHE, C-251/98, 2000, I-2787 – Baars, Rn. 22; Genaueres zur Abgrenzung zur Kapitalverkehrsfreiheit nach Art. 63 ff. AEUV vgl. unten S. 254).

2. Persönlicher Anwendungsbereich

a) Natürliche Personen. Berechtigte der Niederlassungsfreiheit sind zunächst alle Staatsangehörigen der Mitgliedstaaten, unabhängig davon, ob sie in einem Mitgliedstaat ansässig sind (Art. 49 Abs. 1 Satz 1 AEUV). Sie können also auch von einem Drittstaat aus ihre *primäre Niederlassung* in jedem Mitgliedstaat begründen. Wollen diese natürlichen Personen jedoch eine sekundäre Niederlassung in Form von Agenturen oder Zweigstellen errichten (die Gründung von Tochtergesellschaften kommt für natürliche Personen nicht in Betracht), können sie diese unter Berufung auf das Unionsrecht nur gründen, wenn sie bereits in einem Mitgliedstaat ansässig sind (Art. 49 Abs. 1 Satz 2 AEUV). Dies ist dann der Fall, wenn sie ihre Hauptniederlassung, d. h. den Schwerpunkt ihrer wirtschaftlichen Betätigung, in einem Mitgliedstaat haben. Der Franzose also, der seine Hauptniederlassung in den USA hat, kann diese unter Berufung auf Art. 49 Abs. 1 Satz 1 in die Bundesrepublik verlegen. Nicht aber kann er seine Hauptniederlassung in den USA beibehalten und von dort aus nach Art. 49 Abs. 1 Satz 2 eine Zweigniederlassung in der Bundesrepublik einrichten. Vielmehr ist es dem nationalen Recht vorbehalten, die Gründung dieser Zweigniederlassung zu erlauben oder zu verbieten.

b) Gesellschaften. Nach Art. 54 AEUV sind juristische Personen und nicht rechtsfähige Vereinigungen, die wirtschaftliche Zwecke verfolgen, den natürlichen Personen gleichgestellt, sofern sie nach dem Recht eines Mitgliedstaats ordnungsgemäß gegründet sind und ihren satzungsmäßigen Sitz oder ihre Hauptverwaltung (= Entscheidungszentrum) oder Hauptniederlassung (= Geschäftsschwerpunkt, z. B. Produktionszentrum) innerhalb der Union haben. Nach der in Deutschland herrschenden Sitztheorie hat die Gesellschaft ihren tatsächlichen Sitz am Ort ihrer Hauptverwaltung; das dortige Recht bestimmt auch, ob sie ordnungsgemäß gegründet ist (vgl. unten S. 237 und Palandt/Thorn, BGB, 69. Aufl., Anhang zu Art. 12 EGBGB, Rn. 1 ff.). Wollen Gesellschaften sekundäre Niederlassungen innerhalb der Union gründen, müssen sie wie natürliche Personen in dieser ansässig sein (Art. 49 Abs. 1 Satz 2, Art. 54 AEUV). Diese Voraussetzung ist immer dann erfüllt, wenn sie ihre Hauptverwaltung oder ihre Hauptniederlassung in der Union haben.

Auf die Staatsangehörigkeit der Gesellschafter kommt es nicht an. Vielmehr ist entscheidend, dass die Gesellschaft die „Staatsangehörigkeit" des Staates ihres Sitzes hat. Eine in Deutschland ansässige Gesellschaft, die dann nach der Sitztheorie dort auch ihren Sitz hat und nach deutschem Recht gegründet ist, kann daher in Frankreich eine Zweigniederlassung gründen und leiten, auch wenn alle Gesellschafter und Mitglieder der Geschäftsführung ausschließlich die Staatsangehörigkeit eines Drittstaats haben (vgl. EuGHE, C-62/96, 1997, I-6725 – Kommission/Griechenland, Rn. 18).

3. Bereichsausnahme nach Art. 51 AEUV

Das Kapitel über die Niederlassungsfreiheit findet nach Art. 51 AEUV keine Anwendung auf Tätigkeiten, die dauernd oder zeitweise mit der Ausübung öffentlicher Gewalt verbunden sind. Die Vorschrift entspricht weitgehend Art. 45 Abs. 4 AEUV (vgl. dazu oben S. 227 f.).

Art. 51 AEUV ist als Ausnahmevorschrift eng auszulegen (vgl. auch unten S. 245). Zentrale Bedeutung kommt dem Begriff **öffentliche Gewalt** zu. Hierbei ist den einzelnen Mitgliedstaaten ein Beurteilungsspielraum einzuräumen. Diesem setzt jedoch das Unionsrecht Grenzen, damit die Niederlassungsfreiheit nicht durch einseitige Maßnahmen der Mitgliedstaaten ihrer Wirksamkeit beraubt wird (EuGHE, 2/74, 1974, 631 = Hummer, S. 585 – Reyners, Rn. 48–50). Die Einhaltung der Grenzen prüft der EuGH nach. Sie sind überschritten, wenn ein Mitgliedstaat z. B. die Tätigkeit eines Rechtsanwalts oder eines privaten Sicherheitsdienstes der Ausübung öffentlicher Gewalt zuordnet.

Zu beachten ist, dass Art. 51 AEUV nicht Berufe schlechthin, sondern nur **einzelne Tätigkeiten** von der Niederlassungsfreiheit ausnimmt. Es ist also festzustellen, welche konkreten Tätigkeiten der einschlägige Beruf mit sich bringt. Sodann ist zu prüfen, ob und welche Tätigkeit eine unmittelbare und spezifische Teilnahme an der Ausübung öffentlicher Gewalt einschließt (EuGHE, C-355/98, 2000, I-1221 – Kommission/Belgien, Rn. 25 = EuZW 2000, 344). Wird die Ausübung öffentlicher Gewalt für einen Teil der Tätigkeit eines bestimmten Berufes bejaht, ist weiter zu untersuchen, ob diese hoheitliche Tätigkeit von den übrigen – nicht hoheitlichen – Berufstätigkeiten abgetrennt werden kann. Ist dies der Fall, hat der EU-Ausländer Zugang zu dem betreffenden Beruf und darf ihn mit Ausnahme der herauslösbaren hoheitlichen Tätigkeiten ausüben (einem ausländischen Arzt könnte daher – als abgrenzbare hoheitliche Tätigkeit – verboten werden, Totenscheine auszustellen). Lässt sich die hoheitliche Tätigkeit nicht abtrennen, können die Mitgliedstaaten den gesamten Beruf ihren eigenen Angehörigen vorbehalten. Fraglich ist, ob diese Voraussetzungen für den Notarberuf zutreffen. Nach § 5 BNotO können nur Deutsche zum Notar bestellt werden. Zwar mag der Notar eine hoheitliche Tätigkeit ausüben, soweit er vollstreckbare Urkunden ausstellt. Doch bleibt zweifelhaft, ob deswegen der gesamte Beruf Deutschen vorbehalten werden kann. Die Kommission hat diesbezüglich Vertragsverletzungsverfahren gegen Deutschland und zahlreiche andere Mitgliedstaaten eingeleitet (Rs. C-54/08 u. a.; vgl. dazu Karpenstein/Liebach EuZW 2009, 161).

III. Gewährleistungsinhalt der Niederlassungsfreiheit

Wie alle Grundfreiheiten verbietet Art. 49 AEUV nicht nur bestimmte **Diskriminierungen aus Gründen der Staatsangehörigkeit,** sondern auch unterschiedslos anwendbare **Beschränkungen** der Niederlassungsfreiheit, es sei denn, sie wären gerechtfertigt. Selbst wenn dies in Art. 49 AEUV nicht ausdrücklich erwähnt ist, hat der Niederlassungswillige (ähnlich wie bei Art. 45 AEUV der Wanderarbeitnehmer) nicht zuletzt das Recht, sein eigenes Land zu verlassen, in den Aufnahmestaat einzureisen und sich dort aufzuhalten, um eine Erwerbstätigkeit auszuüben. Die Einzelheiten sind, wie bei der Arbeitnehmerfreizügigkeit, in der Aufenthaltsrichtlinie 2004/38 geregelt. Die Richtlinie ist in Deutschland durch das FreizügG/EU umgesetzt (vgl. oben S. 217). Im Übrigen dürfte die Verordnung Nr. 1612/68 im Bereich der Niederlassungsfreiheit analog anzuwenden sein.

1. Art. 49 AEUV als Diskriminierungsverbot

Art. 49 AEUV steht nicht nur allen nationalen Maßnahmen entgegen, die **unmittelbar** (offen, direkt) aus Gründen der Staatsangehörigkeit **diskriminieren** (z. B. das an Ausländer gerichtete Verbot, einen Sicherheitsdienst oder ein Bewachungsunternehmen zu leiten). Verboten sind vielmehr auch alle **mittelbaren** (indirekten, versteckten) **Diskriminierungen,** d. h. Maßnahmen, die sich ihrem Wesen nach eher auf Staatsangehörige anderer Mitgliedstaaten als auf inländische Staatsangehörige auswirken können und folglich die Gefahr in sich bergen, dass sie Ausländer besonders benachteiligen (EuGHE, C-570/07 u. C-571/07, Urt. v. 1. 6. 2010 – Blanco Perez, Rn. 118 ff.).

Beispiel (nach EuGH, a. a. O. – Blanco Perez, Rn. 118 ff.): In der spanischen Autonomen Gemeinschaft Asturien wird die Erlaubnis zur Führung einer Apotheke nach einem Punktesystem vergeben, bei dem die bisherige Berufserfahrung in jener Region besonders gewichtet und vorrangig berücksichtigt wird. Dies hat der EuGH als mittelbare Diskriminierung aufgrund der Staatsangehörigkeit angesehen, weil das Kriterium der Berufserfahrung in der betreffenden Region von Spaniern leichter erfüllt werden kann als von EU-Ausländern.

Beispiel (nach EuGHE, C-355/98, 2000, I-1221 – Kommission/Belgien, Rn. 31 ff.): Von Sicherheitsdiensten (Bewachungsunternehmen) wurde in Belgien u. a. verlangt, dass ihr Führungspersonal über einen Wohnsitz im Inland verfügt. Dadurch wurden ausländische Anbieter im Bewachungsgewerbe gegenüber inländischen benachteiligt.

Wird für eine bestimmte Tätigkeit die Beherrschung der **Sprache des Niederlassungsstaats** verlangt, so ist dies eine Regelung, die zwar nicht offen auf die Staatsangehörigkeit abstellt, jedoch ganz überwiegend Ausländer betrifft und benachteiligt. Je nach Einzelfall kann ein solches Spracherfordernis aus Gründen des Verbraucherschutzes gerechtfertigt sein (z. B. das Erfordernis der Kenntnis der deutschen Sprache für in Deutschland praktizierende Kassenzahnärzte, EuGHE, C-424/97, 2000, I-5123 = EuZW 2000, 733 – Haim, Rn. 56 ff.), es kann sich aber auch als unverhältnismäßig erweisen.

Beispiel (nach EuGHE, C-506/04, 2006, I-8613 – Wilson): Der britische Jurist Wilson, der in England schon einige Jahre als sog. *barrister* den Anwaltsberuf ausgeübt hat, möchte sich unter der Bezeichnung *barrister* in Luxemburg niederlassen und praktizieren. Die luxemburgische Anwaltskammer verweigert ihm die Eintragung in das Register der dort tätigen ausländischen Rechtsanwälte, weil er nicht seine Kenntnisse der luxemburgischen Sprache nachweist und sich auch weigert, einen Sprachtest abzulegen. Der um Vorabentscheidung ersuchte EuGH stellt klar, dass für die Ausübung des Anwaltsberufs *unter der ausländischen Berufsbezeichnung* (die Einzelheiten ergeben sich aus Art. 3 der RL 98/5, vgl. unten S. 239 f.) kein Nachweis von Sprachkenntnissen des Aufnahmestaates verlangt werden darf. Ein solches Spracherfordernis lässt sich auch nicht durch die Erfordernisse einer geordneten Rechtspflege oder des Verbraucherschutzes rechtfertigen. Der Verbraucher ist durch die ausländische Berufsbezeichnung vorgewarnt, dass es sich bei dem *barrister* nicht um jemanden handelt, der profunde Kenntnisse im luxemburgischen Recht vorweisen kann, vielmehr werden sich v. a. Mandanten um die Dienste des *barristers* bemühen, die der Rechtsberatung in grenzüberschreitenden Streitigkeiten, im englischen Recht oder im Europarecht bedürfen. Diesbezüglich wäre das Erfordernis des Nachweises luxemburgischer Sprachkenntnisse unverhältnismäßig und würde sich in Wahrheit als protektionistische Maßnahme zugunsten der einheimischen Anwaltschaft auswirken. Anders verhielte es sich womöglich, falls der britische Jurist in Luxemburg unter der dortigen Berufsbezeichnung *avocat* praktizieren wollte. Dann würde er den Anschein erwecken, luxemburgisches Recht zu kennen, und müsste sich den sprachlichen Anforderungen stellen wie jeder einheimische Rechtsanwalt auch.

Das Gebot der Inländergleichbehandlung in Art. 49 AEUV umfasst nicht nur die unmittelbare Aufnahme und Ausübung einer selbständigen Erwerbstätigkeit, sondern auch deren Ausübung im weitesten Sinne. So wollte der deutsche Kunstmaler Steinhauser, der in Biarritz ansässig war, an einer von der Stadtverwaltung veranstalteten Ausschreibung für die Vermietung von Ausstellungsräumen teilnehmen. Dies wurde ihm von der Stadt zu Unrecht und unter Verstoß gegen Art. 49 AEUV mit der Begründung verweigert, er sei nicht Franzose (EuGHE, 197/84, 1985, 1819 – Steinhauser). Es sind also auch alle **Diskriminierungen im Umfeld der eigentlichen Erwerbstätigkeit** verboten. Dies schließt sogar die **Freizeitbetätigung** ein: Der Niedergelassene kann (wie der Arbeitnehmer) z. B. die Registrierung seiner privaten Yacht im Aufnahmestaat unter den gleichen Bedingungen wie Inländer verlangen (vgl. EuGHE, C-334/94, 1996, I-1307 – Kommission/Frankreich, Rn. 21 f.).

2. Artikel 49 AEUV als allgemeines Beschränkungsverbot

In der Literatur war lange streitig, ob sich Art. 49 AEUV in einem Diskriminierungsverbot erschöpft oder auch ein Beschränkungsverbot enthält. Dabei wurde argumentiert, dass sich der Niederlassungswillige – im Gegensatz zum Dienstleistenden – voll in Wirtschaft und Gesellschaft eines anderen Mitgliedstaates integriere. Deshalb sei nicht einzusehen, weshalb für ihn weniger Beschränkungen gelten sollten als für den dort bereits tätigen Inländer (vgl. insbes. Everling DB 1990, 1853). Die endgültige Wende zum Beschränkungsverbot brachte das **Urteil Gebhard.**

Hintergrund zum Fall Gebhard (EuGHE 1995, C-55/94, I-4165 = Hummer, S. 589): Der deutsche Rechtsanwalt Gebhard führte in Italien die Bezeichnung *avvocato*, ohne die nach italienischem Recht erforderlichen Voraussetzungen zu erfüllen. Der EuGH stellte zunächst zur Niederlassungsfreiheit fest, dass jeder Angehörige eines Mitgliedstaats sich in einem anderen Mitgliedstaat niederlassen und dort jede Tätigkeit ausüben könne, deren Aufnahme an keine Regelung gebunden sei. Unterliege die Aufnahme oder Ausübung der Tätigkeit jedoch bestimmten Bedingungen, so müsse der Angehörige eines anderen Mitgliedstaates diese grundsätzlich erfüllen. Allerdings müssten die genannten Bedingungen durch zwingende Gründe des Allgemeininteresses gerechtfertigt sein (vgl. zur sog. „Gebhard-Formel" unten S. 235).

Heute ist in der Rechtsprechung und in der ganz h. M. anerkannt, dass die Niederlassungsfreiheit ein Beschränkungsverbot beinhaltet. Unter den **Begriff der Beschränkung** fasst der EuGH *alle Maßnahmen, die die Ausübung der Niederlassungsfreiheit verbieten, behindern oder weniger attraktiv machen* (EuGHE, C-518/06, 2009, I-3491 – Kommission/Italien „Kraftfahrzeug-Haftpflichtversicherung", Rn. 62). Dabei genügt bereits, dass eine Maßnahme *geeignet ist*, solche Auswirkungen zu erzeugen (EuGHE, C-311/08, Urt. v. 21. 1. 2010 – SGI, Rn. 50; EuGHE, C-171/07, C-172/07, 2009, I-4171 = EuZW 2009, 409 – Apothekerkammer, Rn. 22). Keine Beschränkungen sind nur solche staatlichen Maßnahmen, deren Auswirkungen auf die Niederlassungsfreiheit *zu ungewiss oder zu indirekt* sind, als dass sie diese wirklich beeinträchtigen würden (EuGHE, C-212/06, 2008, I-1683 – Flämische Pflegeversicherung, Rn. 51).

Meinungsunterschiede gibt es freilich noch zur genauen **Reichweite des Beschränkungsverbots.** Dabei wird in der Literatur – die Rechtsprechung des Gerichtshofs ist sehr einzelfallorientiert – bisweilen die Keck-Rechtsprechung aus dem Bereich des freien Warenverkehrs analog herangezogen (a. A. Schwarze Art. 43 EGV Rn. 56). Danach fallen nur materiell unterschiedslos geltende *Marktzugangsregelungen* unter das Beschränkungsverbot. Materiell unterschiedslos geltende *Berufsausübungsregeln* (z. B. Abführung von Mehrwertsteuer, Mindestlohn für die Beschäftigten, Höchstdauer der Arbeitszeit, Anzahl der Urlaubstage, Ladenschlusszeiten) erfüllen hingegen – im Gegensatz zu versteckt diskriminierenden – nicht den Tatbestand einer Beschränkung und sind somit von Art. 49 AEUV nicht erfasst (in diesem Sinne nunmehr auch EuGHE, C-442/02, 2004, I-8961 – CaixaBank France, Rn. 12; EuGH, a. a. O. – Kraftfahrzeug-Haftpflichtversicherung, Rn. 63, 64).

Beschränkungen der Niederlassungsfreiheit sind beispielsweise in folgenden **Fallgruppen** anzunehmen:

- **Wegzugsbeschränkungen:** Ein Mitgliedstaat erlegt einem eigenen Staatsangehörigen, der sein Land verlassen will, um sich in einem anderen Mitgliedstaat niederzulassen, eine besondere Belastung auf. Häufig sind diese Beschränkungen **steuerrechtlicher Art**, d. h. die Gründung einer Zweigniederlassung im EU-Ausland oder die vollständige Verlegung der Geschäftstätigkeiten in einen anderen Mitgliedstaat ist steuerlich gesehen weniger attraktiv als das Verbleiben im Inland.

  Beispiel: Belgien erhebt von einer dort niedergelassenen Gesellschaft Körperschaftsteuer auf Gewinnausschüttungen, die von einer Zweigniederlassung dieser Gesellschaft in Luxemburg stammen. Die Steuer wäre geringer, wenn die Zweigniederlassung in Belgien errichtet worden wäre. Die Gesellschaft wird **diskriminiert aus Gründen ihrer Migration**, nicht aus Gründen ihrer (belgischen) Staatsangehörigkeit. Sie wird schlechter als die „Daheimgebliebenen" behandelt. Im Sinne von Art. 49 AEUV handelt es sich damit um eine (rechtfertigungsbedürftige) Beschränkung (vgl. EuGHE, C-141/99, 2000, I-11619 – AMID, Rn. 21, 27; ähnlich EuGHE, C-360/06, 2008, I-7333 – Heinrich Bauer Verlag, Rn. 26).

Beispiel: Nach niederländischem Recht muss ein Unternehmer, der seine Geschäftstätigkeit ins Ausland verlagert, die latenten Wertsteigerungen der von ihm gehaltenen Gesellschaftsanteile (sog. „versteckte Reserven") versteuern (**Wegzugsbesteuerung**). Darin liegt eine Beschränkung der Niederlassungsfreiheit, weil es für den Betroffenen finanziell weniger attraktiv wird, ins Ausland zu ziehen. Diese Beschränkung kann allerdings gerechtfertigt sein (EuGHE, C-470/04, 2006, I-7409 – N, Rn. 34 ff.; vgl. auch EuGHE, C-9/02, 2004, I-2409 – De Lasteyrie du Saillant, Rn. 45 ff.).

- Umgekehrt kann es auch zu **Zuzugsbeschränkungen** bzw. zu **Problemen anlässlich der Rückkehr** aus dem Ausland kommen, etwa, wenn ein Mitgliedstaat (natürlichen oder juristischen) Personen „Steine in den Weg legt", die sich erstmals auf seinem Hoheitsgebiet niederlassen wollen oder nach einem Auslandsaufenthalt dorthin zurückkehren. Häufig stellen sich z. B. Probleme bei der **Anerkennung ausländischer Berufsqualifikationen und Diplome**.

Beispiel: Einer griechischen Rechtsanwältin, hier als Rechtsbeistand zugelassen, wurde die Zulassung zur deutschen Rechtsanwaltschaft mit der Begründung versagt, dass sie nicht die Befähigung zum Richteramt besitze (§ 4 BRAO a. F., § 5 DRiG; danach waren beide deutschen Staatsexamina erforderlich). Der EuGH entschied, Art. 49 AEUV sei dahin auszulegen, dass die deutschen Behörden die Gleichwertigkeit des griechischen Anwaltsdiploms mit der Zweiten Juristischen Staatsprüfung zu überprüfen und bei Gleichwertigkeit die Zulassung zu erteilen hätten. Dieses Ergebnis begründete der EuGH auch mit Art. 4 Abs. 3 EUV (ehemals Art. 5 EWGV, Art. 10 EGV, vgl. EuGHE, C-340/89, 1991, I–2357 = Hummer, S. 627 – Vlassopoulou). Zwischenzeitlich ist die Materie durch Richtlinien sekundärrechtlich geregelt (vgl. unten S. 239).

Zugegebenermaßen könnte man in Fällen der versagten Anerkennung ausländischer Qualifikationen und Diplome häufig auch an eine versteckte Diskriminierung denken, weil es für Ausländer ungleich schwerer ist als für Inländer, genau die im Inland erforderlichen Qualifikationen zu erwerben oder nachzuweisen. Dies ist jedoch nicht immer der Fall.

Beispiel: Einem Deutschen, der im Ausland einen akademischen Titel als Zusatzqualifikation erworben hat, wird bei dessen Rückkehr in die Bundesrepublik das Führen dieses Titels ohne vorherige Genehmigung verweigert. Dieses Verbot mit Genehmigungsvorbehalt stellt eine Beschränkung der Niederlassungsfreiheit dar. Es ist aber gerechtfertigt, sofern im Genehmigungsverfahren lediglich überprüft wird, ob der ausländische Titel ordnungsgemäß verliehen wurde (EuGHE, C-19/92, 1993, I-1663 = Hummer S. 550 – Kraus).

- In bestimmten Wirtschaftsbereichen (etwa im Gesundheitswesen) ist die Aufnahme und Ausübung einer selbständigen Tätigkeit bestimmten **Einschränkungen** unterworfen, manchmal bedarf sie gar einer **vorherigen Erlaubnis**. Mögen solche Regelungen auch unterschiedslos – ohne Diskriminierung aufgrund der Staatsangehörigkeit – gelten, so stellen sie doch Beschränkungen der Niederlassungsfreiheit dar, weil sie geeignet sind, die Ausübung dieser Freiheit zu behindern oder weniger attraktiv zu machen (EuGH, C-570/07 u. C-571/07, Urt. v. 1. 6. 2010 – Blanco Perez, Rn. 53, 54).

Beispiel: Nach spanischem Recht wird die Erteilung von Niederlassungserlaubnissen für Apotheken begrenzt; ausschlaggebend ist die Einwohnerzahl im jeweiligen Gebiet und die örtliche Entfernung von bereits bestehenden Apotheken (EuGH, C-570/07 u. C-571/07, Urt. v. 1. 6. 2010 – Blanco Perez). Nach deutschem Recht gilt gemäß § 1 Abs. 3 und § 7 ApoG u. a. ein Fremdbesitzverbot für Apotheken, d. h. nur freiberuflich tätige Apotheker (und nicht etwa Kapitalgesellschaften wie Doc Morris) dürfen Apotheken besitzen und leiten (EuGHE, C-171/07 u. C-172/07, 2009, I-4171 = EuZW 2009, 409 – Apothekerkammer, Rn. 22 ff.). Beide Regelungen hat der EuGH als Beschränkungen der Niederlassungsfreiheit angesehen, hielt sie aber für gerechtfertigt (vgl. unten S. 235). Deshalb kann es in Deutschland allenfalls lockere Kooperationen zwischen freiberuflich tätigen Apothekern und Konzernen wie Doc Morris geben, beispielsweise in Form von Franchise-Verträgen.

Beispiel: Nach französischem Recht war es einem deutschen Rechtsanwalt, der bereits eine Kanzlei in Deutschland betrieb, verwehrt, in Frankreich eine weitere Kanzlei eröffnen. Dieser Regelung lag das Leitbild zugrunde, dass jeder Rechtsanwalt nur eine Kanzlei betreiben darf. Der EuGH hat entschieden, dass dies gegen Art. 49 Abs. 1 Satz 2 AEUV verstößt und auch nicht aus Gründen des Allgemeininteresses, wonach ein Anwalt für seine Mandanten immer erreichbar sein muss, gerechtfertigt werden kann. Denn der heutige Stand des Verkehrs- und Fernmeldewesens ermögliche es, den Kontakt zu den Mandaten in geeigneter Weise sicherzustellen (EuGHE, 107/83, 1984, 2971 = Hummer S. 587 – Klopp).

- Staatliche **Eingriffe in die Vertragsfreiheit** von Unternehmen, beispielsweise durch die Verbraucherschutzgesetzgebung, werden im Normalfall als bloße Berufsausübungsregelungen anzusehen sein, die keine Beschränkung der Niederlassungsfreiheit darstellen. Es mag aber auch Fälle geben, in denen sich derartige Vorschriften so intensiv auf das Geschäftsmodell und die Wettbewerbsstrategie ausländischer Unternehmen auswirken können (Stichwort: Euro-Marketing), dass die Grenze zur Marktzugangsbeschränkung überschritten ist. Dann ist eine Beschränkung anzunehmen (so etwa im Bankgeschäft beim Verbot der Verzinsung von Girokonten, EuGHE, C-442/02, 2004, I-8961 – CaixaBank France, Rn. 12 ff., und im Versicherungsgeschäft beim Kontrahierungszwang für Kraftfahrzeug-Haftpflichtversicherungen, EuGHE, C-518/06, 2009, I-3491 – Kommission/Italien, Rn. 64 ff.). Allgemein wird man annehmen dürfen, dass das Verbot an einen Gewerbetreibenden, im Rahmen seines Gewerbes eine bestimmte Dienstleistung zu erbringen, seine gewerbliche Tätigkeit als solche betrifft; deswegen ist ein solches Verbot auch in der Regel als Marktzugangshindernis anzusehen und nicht als bloße Berufsausübungsregel (in diesem Sinne schon EuGHE C-108/96, 2001, I-837 – Mac Quen = EuZW 2001, 282 zum Verbot an Optiker, den Augeninnendruck ihrer Kunden zu messen).

3. Drittwirkung der Niederlassungsfreiheit

Art. 49 AEUV gilt in erster Linie gegenüber staatlichen Maßnahmen. Er ist aber auch von (den mächtigen) privaten Sport-, Wirtschafts- und Berufsvereinigungen zu beachten, sofern diese wie der Staat regelnd tätig werden. Den EU-Ausländern darf der Zugang zu einem privaten Berufsverband nicht versagt werden (vgl. EuGH, C-309/99, EuZW 2002, 172 – Wouters, Rn. 110).

Gegenüber den Kollektivmaßnahmen von Gewerkschaften (z. B. Streiks) kann sich ein Unternehmen ebenfalls auf die Niederlassungsfreiheit berufen (EuGHE, C-438/05, 2007, I-10779 = EuZW 2008, 246 – Viking, vgl. unten S. 236 f. und 274 f.).

Ob auch Private in Anlehnung an das Urteil Angonese (EuGHE, C-281/98, 2000, I-4139, vgl. oben S. 222) an das Diskriminierungsverbot des Art. 49 AEUV gebunden sind, etwa bei der Vergabe von Aufträgen, erscheint allerdings sehr zweifelhaft. Denn anders als der Arbeitnehmer gegenüber seinem Arbeitgeber befindet sich der Unternehmer gegenüber seinem Auftraggeber in aller Regel nicht in einer Position der strukturellen Unterlegenheit.

4. Inländerdiskriminierung

Eine Inländerdiskriminierung verbietet die Niederlassungsfreiheit nicht (vgl. dazu allgemein unten S. 285 f.). Inländerdiskriminierungen gibt es in Deutschland insbesondere im Bereich des Handwerks. Denn nach § 9 HandwO erhalten EU-Ausländer unter den erleichterten Voraussetzungen der Richtlinie 2005/36 über die Anerkennung von Berufsqualifikationen (früher Richtlinie 64/427) Zugang zu den Handwerksberufen (vgl. v. Wallenberg EuZW 1995, 396).

Das BVerfG (NVwZ 2001, 187) hat offen gelassen, ob die Anforderungen der Meisterprüfung für Deutsche wegen der geringeren Voraussetzungen für EU-Ausländer nach § 9 HandwO im Rahmen von Art. 12 GG gerechtfertigt sind. Ein Verstoß dürfte dann vorliegen, wenn die mit der Meisterprüfung verfolgten Ziele, nämlich den Leistungsstand und die Leistungsfähigkeit des Handwerks zu erhalten, wegen der Vielzahl hier tätiger „unterqualifizierter EU-Handwerker" nicht mehr erreicht werden könnte. In einer neueren Entscheidung hat sich das BVerfG (DVBl. 2006, 244) mit Blick auf die Präsenz von Handwerkern aus dem EU-Ausland auf dem deutschen Markt für eine großzügige Auslegung der Ausnahmen vom Meisterzwang ausgesprochen.

Zu beachten ist, dass sich auch ein Deutscher, der im EU-Ausland die entsprechenden Voraussetzungen erworben hat, auf das Unionsrecht (Niederlassungsfreiheit und Richtlinie 2005/36) berufen kann. Denn die eigenen Staatsangehörigen sind nicht von der Anwendung des Unionsrechts ausgeschlossen, wenn sie sich in einem anderen Mitgliedstaat aufgehalten haben, dort eine Qualifikation erworben haben und dann in ihren Heimatstaat zurückkehren: Ihre Situation ist dann der eines EU-Ausländers vergleichbar, der sich dort niederlassen will (vgl. EuGHE, 115/78, 1979, 399 = Hummer, S. 118 – Knoors; GA van Gerven, Schlussanträge Rn. 14 in EuGHE, C-19/92, 1993, I-1663 – Kraus; vgl. oben S. 233).

IV. Rechtfertigung von diskriminierenden oder beschränkenden Maßnahmen

Eingriffe in die Niederlassungsfreiheit können entweder anhand der geschriebenen Rechtfertigungsgründe (Art. 52 Abs. 1 AEUV, sog. *Ordre-public*-Vorbehalt) oder – sofern sie nicht offen diskriminierend wirken – anhand zwingender Gründe des Allgemeininteresses gerechtfertigt werden.

1. Rechtfertigung aus Gründen der öffentlichen Ordnung, Sicherheit oder Gesundheit

Nach **Art. 52 Abs. 1** AEUV ist das **Aufenthaltsrecht** von selbständig tätigen ausländischen Unionsbürgern aus Gründen der öffentlichen Ordnung, Sicherheit und Gesundheit **einschränkbar**. Die genannten Schutzgüter vermögen daher *insoweit* eine offene Diskriminierung aus Gründen der Staatsangehörigkeit zu rechtfertigen. Denn ihre eigenen Staatsangehörigen dürfen die Mitgliedstaaten weder ausweisen noch ihnen die Einreise verweigern. Darüber hinaus kann aber Art. 52 AEUV keine offene Diskriminierung aus Gründen der Staatsangehörigkeit rechtfertigen (vgl. Forsthoff EWS 2001, 59). Insbesondere darf die Berufsausübung nicht wegen der ausländischen Staatsangehörigkeit verboten werden. Im Übrigen ergeben sich die gleichen Probleme wie bei Art. 45 Abs. 3 AEUV (vgl. oben S. 224 f.).

Zum **Schutz der Gesundheit der Bevölkerung** und zur Aufrechterhaltung des finanziellen Gleichgewichts des jeweiligen nationalen Systems der sozialen Sicherheit (Krankenversicherung) können weitere (formal unterschiedslose) **Beschränkungen der Niederlassungsfreiheit** gerechtfertigt sein. Es handelt sich um ein besonders wichtiges Schutzgut. Den Mitgliedstaaten, deren Sache es ist, zu bestimmen, auf welchem Niveau der Schutz der Gesundheit der Bevölkerung gewährleistet werden soll, kommt bei der Einschätzung der Eignung der jeweiligen Schutzmaßnahme ein Beurteilungsspielraum zu.

Beispiel: Aus Gründen des Gesundheitsschutzes (Art. 52 Abs. 1 AEUV) hat der EuGH die deutsche Regelung als gerechtfertigt angesehen, wonach Personen, die keine Apotheker sind, der Besitz und der Betrieb von Apotheken verwehrt wird (sog. Fremdbesitzverbot, § 1 Abs. 3 und § 7 ApoG). Ein Unternehmen wie DocMorris darf also in Deutschland keine Apotheken betreiben, auch wenn es die Leitung der jeweiligen Apotheke einem angestellten Apotheker überlässt. Denn es bestehe die Gefahr, dass dieser – im Gegensatz zum selbständigen Apotheker – den Kunden unnötige Medikamente verkaufe, weil er sich dem Gewinnstreben des kommerziellen Betreibers nicht widersetzen könne. Bei freiberuflich tätigen Apothekern sei diese Gefahr geringer. Alles in allem hat der EuGH das Fremdbesitzverbot als geeignet und erforderlich angesehen, die Gesundheit der Bevölkerung zu fördern und einen Beitrag zur Erhaltung des immer teurer werdenden Sozialversicherungssystems zu leisten (EuGHE, C-171/07, C-172/07, 2009, I-4171 = EuZW 2009, 409 – Apothekerkammer).

Ebenso hat der EuGH es aus Gründen des Gesundheitsschutzes (Sicherstellung einer flächendeckenden, sicheren und qualitativ hochwertigen Versorgung der Bevölkerung mit Arzneimitteln) als gerechtfertigt angesehen, die Niederlassung von Apothekern von einer Bedarfsprüfung abhängig zu machen und sie örtlich zu beschränken (EuGH, C-570/07 u. C-571/07, Urt. v. 1. 6. 2010 – Blanco Perez).

Hinweis: Diese Entscheidungen sind nicht zu verwechseln mit dem Urteil Doc Morris (vgl. oben, S. 204, 208), in dem der EuGH im *Verbot des Versandhandels* nicht verschreibungspflichtiger Medikamente eine nicht gerechtfertigte Beschränkung der *Warenverkehrsfreiheit* gesehen hat.

2. Rechtfertigung von Beschränkungen aus zwingenden Gründen des Allgemeininteresses

Unmittelbare (offene, direkte) Diskriminierungen aufgrund der Staatsangehörigkeit können nur aus den in Art. 52 Abs. 1 AEUV genannten Gründen gerechtfertigt sein (vgl. soeben). Mittelbare (versteckte, indirekte) Diskriminierungen und materiell unterschiedslose Beschränkungen können hingegen auch aus sonstigen Gründen des Allgemeininteresses gerechtfertigt werden. In der jüngeren Rechtsprechung hat sich dafür folgende Formel eingebürgert:

Beschränkungen der Niederlassungsfreiheit, die ohne Diskriminierung aus Gründen der Staatsangehörigkeit gelten, können durch zwingende Gründe des Allgemeininteresses gerechtfertigt sein, sofern sie geeignet sind, die Erreichung des mit ihnen verfolgten Ziels zu gewährleisten, und nicht über das hinausgehen, was zur Erreichung dieses Ziels erforderlich ist

(EuGHE, C-171/07, C-172/07, 2009, I-4171 = EuZW 2009, 409 – Apothekerkammer, Rn. 25; EuGH, C-570/07 u. C-571/07, Urt. v. 1. 6. 2010 – Blanco Perez, Rn. 61).

Diese Formel geht zwar nicht wörtlich, aber doch inhaltlich auf das Urteil Gebhard (EuGHE 1995, C-55/94, I-4165 = Hummer, S. 589, s. oben S. 232) zurück und wird deshalb bisweilen auch als **Gebhard-Formel** bezeichnet.

Kurz gesagt muss also die betreffende Maßnahme ein **legitimes Ziel** verfolgen (*zwingende Gründe des Allgemeininteresses*) und einer **Verhältnismäßigkeitsprüfung** standhalten. Bei mittelbaren Diskriminierungen wird bisweilen auch auf eine „objektive Rechtfertigung" abgestellt (EuGH, a. a. O. – Blanco Perez, Rn. 119), was aber nur eine sprachliche Nuance ohne inhaltlichen Unterschied darstellt.

In Betracht kommen u. a. Gründe des Verbraucher- und Kundenschutzes, der Aufteilung der Besteuerungsrechte zwischen den Mitgliedstaaten, der steuerlichen Kontrolle, der Kulturpolitik u. a. Rein wirtschaftliche Gründe hingegen, die auf den Schutz der eigenen Staatsangehörigen zielen (Protektionismus), können, wie sonst auch, Eingriffe in die Grundfreiheit nicht rechtfertigen.

Dient die nationale Regelung einem legitimen Ziel des Allgemeininteresses, ist zu untersuchen, ob sie verhältnismäßig, also zur Erreichung des Ziels geeignet und erforderlich ist. Auch die Verhältnismäßigkeit im engeren Sinne ist – zumindest gedanklich – zu prüfen, selbst wenn der EuGH sie in der Regel mit keinem Wort erwähnt.

Geeignet ist eine staatliche Regelung nur dann, wenn sie das geltend gemachte Ziel *in kohärenter und systematischer Weise* verfolgt, also nicht in sich widersprüchlich ist (EuGHE, C-169/07, 2009, I-1721 – Hartlauer, Rn. 55). An der **Erforderlichkeit** fehlt es, wenn ein milderes, die Grundfreiheit weniger beschränkendes Mittel existiert, um den verfolgten Zweck (in gleich geeigneter Weise) zu erreichen. Dabei entscheidet jeder Mitgliedstaat nach eigenem Ermessen, ob das betreffende Rechtsgut überhaupt und auf welchem Niveau es gegebenenfalls geschützt werden soll. Die Erforderlichkeit fehlt also nicht deshalb, weil ein anderer Mitgliedstaat keinen oder einen geringeren Schutz für erforderlich hält (vgl. EuGHE, C-108/96, 2001, I-837 = EuZW 2001, 282 – Mac Quen, Rn. 33). Es kommt mit anderen Worten zu keinem „race to the bottom", bei dem sich europaweit das Schutzniveau zwangsläufig auf dem kleinsten gemeinsamen Nenner einpendeln müsste.

Oft unterscheidet der EuGH im Rahmen der Rechtfertigung eines Eingriffs in die Niederlassungsfreiheit nicht zwischen versteckten Diskriminierungen und materiell unterschiedslos geltenden Beschränkungen. Eine solche Unterscheidung ist insofern verzichtbar, als beide durch die gleichen Gründe (Allgemeininteressen) gerechtfertigt werden können. Doch sollte bei einer versteckten Diskriminierung, wenn also die fragliche Regelung Ausländer stärker betrifft, regelmäßig der Verhältnismäßigkeitsgrundsatz strenger geprüft werden.

Beispiel (nach EuGHE, C-108/96, 2001, I-837 – Mac Quen = EuZW 2001, 282):

Eine belgische Gesellschaft, die ihrerseits von einer britischen Gesellschaft, die im Vereinigten Königreich im optischen Bereich tätig ist, beherrscht wird (deshalb kein reiner Inlandsfall), erbringt in Belgien Optikerdienstleistungen. Dabei wirbt die belgische Gesellschaft in gleicher Weise wie die britische Gesellschaft, nämlich in wörtlicher Übersetzung, u. a. für Augeninnendruckmessungen, die in Belgien, nicht aber im Vereinigten Königreich, aus Gründen der Volksgesundheit Augenärzten vorbehalten sind. Die Verantwortlichen der belgischen Gesellschaft werden in Belgien strafrechtlich belangt. Sie machen geltend, die belgische Verbotsnorm sei unanwendbar, weil sie gegen Art. 54, 49 AEUV verstoße. Der EuGH stellt im Verfahren nach Art. 267 AEUV zunächst fest, dass die Tätigkeitsbereiche der Optiker und Augenärzte nicht unionsrechtlich durch Richtlinien geregelt sei. Deshalb seien die Mitgliedstaaten befugt, die Ausübung dieser Tätigkeiten zu regeln. Dabei müssten sie aber die Grundfreiheiten beachten. Nach Art. 49 Abs. 2 AEUV müsse ein Angehöriger eines anderen Mitgliedstaates, der diese Tätigkeit aufnehmen oder ausüben möchte, die Bedingungen dieser nationalen Regelungen zwar grundsätzlich erfüllen. Nationale Maßnahmen, die die Ausübung der Freiheiten behinderten oder weniger attraktiv machten, seien jedoch nur unter den vier Voraussetzungen der Gebhard-Formel zulässig (vgl. oben: staatliche Maßnahme muss unterschiedslos gelten, Allgemeininteressen verfolgen, hierzu geeignet und erforderlich sein). Stillschweigend geht der EuGH dann – zu Recht – davon aus, dass die belgische Maßnahme die Ausübung der Grundfreiheit behindere. Sodann stellt er fest, dass das belgische Verbot unabhängig von der Staatsangehörigkeit der Adressaten, also unterschiedslos, gelte. Der EuGH stellt aber nicht klar, ob die Maßnahme nur formal unterschiedslos gilt (also versteckt diskriminiert) oder materiell unterschiedslos anwendbar ist (also die britischen Optiker nicht härter trifft als die belgischen). An ein stärkeres Betroffensein der Briten könnte man deswegen denken, weil diese in ihrem sog. Euro-Marketing (vgl. oben S. 234) benachteiligt sind, da sie wegen des Verbots speziell für Belgien die Art ihrer Werbung ändern müssten. Die Unterscheidung ist jedoch nicht erforderlich, weil zum Schutz der Gesundheit der Bevölkerung (geschriebener Rechtfertigungsgrund nach Art. 52 AEUV) sowohl diskriminierende als auch unterschiedslos geltende nationale Maßnahmen gerechtfertigt sein können. Grundsätzlich bejaht der EuGH hier die Geeignetheit und Erforderlichkeit des Verbots zum Schutz der Volksgesundheit. Er überlässt dann aber die Prüfung der Verhältnismäßigkeit im Einzelnen dem nationalen Gericht. Das Gleiche gilt von der Frage, ob die belgische Strafrechtsnorm hinreichend bestimmt ist und damit den allgemeinen Rechtsgrundsätzen (hier den Erfordernissen der unionsrechtlichen Rechtssicherheit) entspricht. Denn nur eine solche Norm könnte die Niederlassungsfreiheit einschränken (vgl. auch BVerfG NJW 2000, 2736, das die gleiche Regelung in Deutschland zum Schutz der Gesundheit der Bevölkerung *nicht* für erforderlich gehalten hat und deswegen an Art. 12 GG scheitern ließ).

In letzter Zeit ist das **Verhältnis zwischen Grundfreiheiten und Grundrechten** in den Mittelpunkt des Interesses gerückt (vgl. dazu auch unten S. 274 f.). Anlass war der **Fall Viking** (EuGHE, C-438/05, 2007, I-10779 = EuZW 2008, 246):

Viking ist eine Gesellschaft finnischen Rechts, die unter anderem das Fährschiff Rosella auf dem Seeweg zwischen Tallinn (Estland) und Helsinki (Finnland) betreibt. Die Besatzung besteht aus Mitgliedern der finnischen Gewerkschaft FSU. Diese ist dem internationalen Gewerkschaftsverband IFT angeschlossen, dem 600 Gewerkschaften aus 140 Ländern angehören. Die tariflichen Löhne, die Viking der Besatzung der Rosella zahlt, sind höher als die Löhne, die die konkurrierenden estnischen Schifffahrtgesellschaften ihrer Besatzung nach Tarif zu zahlen haben. Viking will deshalb die Rosella künftig unter estnischer Flagge fahren lassen. Dies unterfällt der Niederlassungsfreiheit. Gegen diese Umflaggung gehen beide Gewerkschaften vor. Viking wird von der FSU bestreikt. Die Gewerkschaft will damit erreichen, dass Viking mit ihr einen Tarifvertrag abschließt, wonach Viking auch nach einer etwaigen Umflaggung die finnischen Löhne bezahlt. Die Umflaggung wäre dann sinnlos. Die IFT veranlasst die zuständige estnische Gewerkschaft, mit Viking nicht über einen Tarifvertrag zu verhandeln. Viking gibt daraufhin nach, klagt jedoch gegen die IFT und die FSU in London (UK) auf Feststellung, dass die Maßnahmen beider Gewerkschaften gegen Art. 49 AEUV verstoßen. Der EuGH entscheidet im Verfahren nach Art. 267 AEUV, dass kollektive Maßnahmen einer Gewerkschaft (Streik) dem Anwendungsbereich des Art. 49 AEUV nicht entzogen sind. Nach ständiger Rechtsprechung (EuGH, a.a.O, Rn. 40 ff.) müssten die Mitgliedstaaten die Grundfreiheiten auch in den Bereichen beachten, in denen die Union keine Zuständigkeit besitze (vgl. hier Art. 153 Abs. 5 AEUV). Die Art. 45, 49 und 56 AEUV gälten nicht nur für staatliche Maßnahmen, sondern auch für kollektive Regelungen Privater (EuGH, a.a.O., Rn. 33, 57; vgl. auch oben S. 234.). Ansonsten käme es, da die Mitgliedstaaten die Arbeitsbedingungen teils in Gesetzen, teils in Tarifverträgen geregelt hätten, zu Ungleichheiten. Das Streikrecht sei zwar ein unionsrechtlich anerkanntes Grundrecht. Deswegen sei es jedoch nicht dem Anwendungsbereich des Art. 49 AEUV entzogen. Streiks seien Beschränkungen der Niederlassungsfreiheit, da sie geeignet sind, die Ausübung der Freiheit zu behindern, oder, wie hier, zwecklos zu machen. Die Beschränkung könne jedoch gerechtfertigt sein. Der Streik habe nämlich den Schutz der Arbeitnehmer zum Ziel. Dies stelle einen zwingenden Grund des Allgemeininteresses dar, der eine Beschränkung grundsätzlich rechtfertigen könne. Allerdings solle das vorlegende Gericht prüfen, ob die Streikziele im vorliegenden Fall tatsächlich dem Schutz der Arbeitnehmer galten. Weiter solle es prüfen, ob der Streik zur Erreichung der Ziele geeignet und erforderlich gewesen sei. Der EuGH überlässt somit die Verhältnismäßigkeitsprüfung im vollen Umfang dem nationalen Gericht.

Im **Fall Laval** (EuGHE, C-341/05, 2007, I-11767 = NZA 2008, 159) hat der Gerichtshof diese Rechtsprechung im Wesentlichen bestätigt und auf den Bereich der Dienstleistungsfreiheit und der Arbeitnehmerentsenderichtlinie 96/71 (Sartorius II Nr. 181) übertragen.

V. Grenzüberschreitende Sitzverlegung einer rechtsfähigen Gesellschaft

Verlegt eine rechtsfähige Gesellschaft innerhalb der EU ihren Sitz von einem Mitgliedstaat in einen anderen, tauchen kollisions- und unionsrechtliche Probleme auf. Dabei ist zwischen dem Satzungssitz der Gesellschaft, der sich am Ort ihrer Registrierung befindet, und ihrem tatsächlichen Verwaltungssitz zu unterscheiden.

1. Kollisionsrechtliche Probleme

Ob eine Gesellschaft rechtsfähig ist, bestimmt das Gesellschaftsstatut (= Personalstatut der Gesellschaft). Welches Recht dies ist, ist im EGBGB nicht geregelt. In Deutschland herrscht die **Sitztheorie**. Man knüpft an das Recht am Sitz der Gesellschaft an, wobei unter Sitz nicht der satzungsmäßige, sondern der tatsächliche **Sitz der Hauptverwaltung** verstanden wird (Palandt/Thorn, BGB, 69. Aufl., Anhang zu Art. 12 EGBGB, Rn. 1 ff.). Dagegen wendet die **Gründungstheorie** das Recht des Staates an, in dem die Gesellschaft gegründet worden ist, sie ihren **Satzungssitz** hat und sie demgemäß registriert ist. Die Gründungstheorie wird vor allem im anglo-amerikanischen Rechtskreis, aber auch bei uns – mit zahlreichen Variationen – vertreten.

Die Rechtsfähigkeit einer französischen *société anonyme*, deren Hauptverwaltung in Frankreich liegt, beurteilt sich also aus deutscher Sicht nach der Sitztheorie und damit nach französischem Recht. Da sie nach diesem Recht rechts- und parteifähig ist, ist sie es auch bei uns, wenn sie hier Rechte erwirbt oder Klage erhebt, aber ihren Sitz in Frankreich beibehält.

Diese Anerkennung einer ausländischen juristischen Person als Rechtssubjekt im Inland muss unterschieden werden von der Frage, ob eine ausländische juristische Person ihren Verwaltungssitz unter Wahrung ihrer Rechtspersönlichkeit vom Ausland ins Inland verlegen kann. Dies ist nach der Sitztheorie zu verneinen. Mit der Verlegung des Verwaltungssitzes ins Inland wechselt das Gesellschaftsstatut. Ein Fortbestehen der Gesellschaft ist nur möglich, wenn dies das ursprüngliche Recht und das nunmehr geltende deutsche Recht zulassen. Jedenfalls nach deutschem Recht ist eine ausländische Kapitalgesellschaft nach der Verlegung ihres Verwaltungssitzes nicht mehr ordnungsgemäß gegründet. Es fehlt an der konstitutiven Eintragung ins Handelsregister (vgl. z.B. § 41 Abs. 1 AktG). Eine Eintragung der ausländischen Gesellschaft ist nicht möglich, da das deutsche Recht deren Rechtsform nicht kennt. Vielmehr ist eine Neugründung nach den Regeln des deutschen Rechts nötig (vgl. BGHZ 97, 269). Verlegt eine deutsche Gesellschaft ihren Sitz ins Ausland, führt dies zur Auflösung der Gesellschaft und zur Schlussbesteuerung nach §§ 11, 12 KStG.

Anders die Gründungstheorie: Wird nur der Verwaltungssitz verlegt, führt das zu keinem Statutenwechsel. Es bleibt das Recht anwendbar, nach dem die juristische Person gegründet ist. Deshalb wird sie auch nach der Verlegung ihres Verwaltungssitzes ins Inland als Rechtssubjekt anerkannt. Zum Statutenwechsel kommt es nur, wenn sie ihren Satzungssitz in einen anderen Mitgliedstaat verlegt.

In Deutschland herrscht die Sitztheorie, weil angeblich nur sie die Interessen der Gläubiger und Arbeitnehmer der Gesellschaft sicherstellt. Insbesondere solle das strengere deutsche Gesellschafts- und Mitbestimmungsrecht durch Gründung einer Gesellschaft im Ausland und Verlegung des Sitzes ins Inland nicht umgangen werden können.

2. Unionsrechtliche Probleme

Fraglich ist, ob die Sitztheorie mit Art. 49 AEUV vereinbar ist. Nach Art. 54 AEUV sind Gesellschaften den natürlichen Personen gleichgestellt. Diese aber können selbstverständlich ihre Niederlassung von einem Mitgliedstaat in den anderen verlegen. Dementsprechend wollte die englische Gesellschaft **Daily Mail** aus steuerlichen Gründen den Sitz der Geschäftsleitung von London in die Niederlande verlegen (satzungsmäßiger Sitz wäre London geblieben, im englischen Recht gilt die Gründungstheorie). Die britischen Behörden verweigerten jedoch die nach nationalem Recht erforderliche Genehmigung. Der EuGH kam im Vorabentscheidungsverfahren (EuGHE, 81/87, 1988, 5483 = Hummer, S. 592 – Daily Mail) zu dem Ergebnis, dass Art. 52 und 58 EWGV (jetzt Art. 49, 54 AEUV) beim damaligen Stand des Gemeinschaftsrechts nicht das Recht gewährten, den Sitz der Geschäftsleitung in einen anderen Mitgliedstaat zu verlegen: Das Problem der Sitzverlegung sei vom Vertrag gesehen, aber nicht geregelt worden. Vielmehr sei in Art. 220 UAbs. 3 EWGV (Art. 293 EGV) ausdrücklich vorgesehen gewesen, dass die Mitgliedstaaten Übereinkommen treffen, um sicherzustellen, dass Gesellschaften ihre Rechtspersönlichkeit bei Verlegung ihres Sitzes von einem Staat in einen anderen beibehalten könnten. Eine solche Übereinkunft sei noch nicht in Kraft. Somit verblieb es in Deutschland zunächst bei der Anwendung der Sitztheorie (zu den Haftungsproblemen, wenn eine Gesellschaft dennoch ihren Sitz ins Inland verlegt, vgl. Fischer IPRax 1991, 100; Walden EWS 2001, 256).

Zu neuen umfangreichen Spekulationen (mehr als 100 Aufsätze) über die Vereinbarkeit der Sitztheorie mit Art. 49, 54 AEUV führte das **Centros-Urteil** des EuGH (EuGHE, C-212/97, 1999, I-1459 = NJW 1999, 2027 = Hummer S. 594; bestätigt mit Urteil EuGHE, C-167/01, 2003, I-10155 = Hummer S. 599 – **Inspire Art**): Ein dänisches Ehepaar hatte in England ordnungsgemäß die dort eingetragene Centros Ltd. gegründet. Die Gesellschaft sollte nur in Dänemark tätig werden, weshalb die Gesellschaft dort die Eintragung einer Zweigniederlassung beantragte. Damit wollte sie den dänischen Vorschriften über die Kapitalausstattung einer GmbH entgehen und von den geringeren Anforderungen des englischen Rechts profitieren. Centros stützte sich auf Art. 49 Abs. 1, Art. 54 AEUV, die sie ausdrücklich berechtigten, eine Zweigniederlassung zu errichten. Der EuGH gab ihr Recht: Centros sei in England ordnungsgemäß gegründet, habe dort ihren Satzungssitz und könne daher in einem anderen Mitgliedstaat nach Art. 49, 54 AEUV eine Zweigniederlassung errichten. Die dänischen Vorschriften, die dies verhindern wollten, seien nicht durch zwingende Allgemeininteressen (Gebhard-Formel) gerechtfertigt und blieben deshalb unanwendbar. Ein Missbrauch liege nicht vor, da Centros nur die Rechte aus der Niederlassungsfreiheit geltend mache. Das **Centros-Urteil betrifft** somit **einen anderen Sachverhalt** (Errichtung einer Zweigstelle) **als die Daily Mail-Entscheidung**, in der es um die Verlegung des Verwaltungssitzes ging (vgl. dazu Steindorff JZ 1999, 1140).

Auch die Vorlage des VII. Zivilsenats des BGH in der Rechtssache **Überseering** (EuZW 2000, 412) hat keine abschließende Klärung gebracht: Die Überseering BV, eine niederländische Gesellschaft, machte vor den deutschen Gerichten Gewährleistungsansprüche gegen einen Werkunternehmer geltend. Vor Klageerhebung hatte sie ihren Verwaltungssitz von Holland, wo sie rechtmäßig gegründet war und wo sie nach wie vor ihren Satzungssitz hatte, nach Deutschland verlegt. Die Sitzverlegung wurde darin gesehen, dass zwei Deutsche, die in Deutschland ansässig waren und von hier aus die Gesellschaft leiteten, sämtliche Gesellschaftsanteile erworben hatten. Der BGH wollte die Abweisung der Klage als unzulässig bestätigen: Durch die Verlegung des Verwaltungssitzes nach Deutschland bestimme sich das Gesellschaftsstatut der Klägerin nicht mehr nach niederländischem, sondern nach deutschem Recht. Danach sei die Klägerin keine juristische Person: Eine BV gebe es im deutschen Recht nicht. Der holländischen BV entspreche die deutsche GmbH. Die Klägerin sei aber keine GmbH. Insoweit fehle es schon an der Eintragung ins Handelsregister. Folglich sei die Klägerin nicht rechtsfähig und damit auch nicht parteifähig nach § 50 Abs. 1 ZPO (ob die Klägerin als deutsche GbR oder OHG parteifähig ist, prüft der BGH allerdings nicht). In seinem Urteil (EuGHE, C-208/00, 2002, I-9919 = Hummer S. 598 – Überseering) hat der EuGH entschieden, dass die Anwendung der Sitztheorie (Erfordernis der Neugründung in Deutschland) die Überseering BV in einem Maße beschränke, das der Negation der Niederlassungsfreiheit gleichkomme. Zwar könne eine solche Beschränkung aus Gründen des Allgemeininteresses ausnahmsweise gerechtfertigt sein (vgl. die entsprechende Argumentation bei der Dienstleistungsfreiheit, unten S. 247). Im Hinblick auf die Ziele der Sitztheorie (Schutz der Gläubiger, der Minderheitsgesellschafter und der Arbeitnehmer) sei jedoch eine solche Negation der den Gesellschaften in Art. 49, 54 AEUV zuerkannten Freiheit unverhältnismäßig. Der BGH hat in seinem abschließenden Urteil die Rechtsfähigkeit der Überseering BV nach holländischem Recht, also nach der Gründungstheorie, beurteilt (NJW 2003, 1461). Danach aber ist die BV trotz der Sitzverlegung als solche rechtsfähig geblieben.

Man hatte weitgehend erwartet, dass der EuGH angesichts dieser neueren Urteile (Centros, Überseering, Inspire Art) nicht an seiner Entscheidung Daily Mail festhalten würde. Die neueren Urteile betreffen den Zuzug einer Kapitalgesellschaft, Daily Mail den Wegzug. Eine Gleichbehandlung hätte nahe gelegen. Der EuGH hat jedoch jüngst einer ungarischen Gesellschaft das Recht verwehrt, ihren Verwaltungssitz von Ungarn nach Italien zu verlegen und unter Berufung auf Art. 49, 54 AEUV – entgegen der in Ungarn herrschenden Sitztheorie – eine ungarische Gesellschaft zu bleiben. Insoweit hat der EuGH am Urtcil Daily Mail festgehalten, wonach die in Rede stehenden Probleme durch eine Harmonisierung gesellschaftsrechtlicher Vorschriften (vgl. Art. 50 Abs. 2 lit. g AEUV) und im Wege völkerrechtlicher Verträge zu lösen seien (EuGH, C-210/06, 2008, I-9641 = EuZW 2009, 75 – **Cartesio**).

Fazit: Im deutschen IPR ist also aus unionsrechtlichen Gründen nur bei den Zuzugsfällen die Gründungstheorie anzuwenden. Auch muss, damit die Gesellschaft hier „ankommt", im Wegzugsstaat die Gründungstheorie gelten. Ansonsten verbleibt es, insbesondere beim Zuzug von Gesellschaften aus Drittstaaten, bei der herrschenden Sitztheorie (vgl. Palandt/Thorn, BGB, 69. Aufl., Anhang zu Art. 12 EGBGB, Rn. 20 ff.).

VI. Harmonisierungsmaßnahmen

Diskriminierungen brauchen durch den Erlass von Richtlinien nicht mehr bekämpft zu werden. Denn insoweit wirkt Art. 49 Abs. 1 AEUV seit Ende der Übergangszeit (31. 12. 1969) unmittelbar (vgl. EuGHE, 2/74, 1974, 631 = Hummer, S. 585 – Reyners, Rn. 29–31). Die Mitgliedstaaten müssen allerdings solche diskriminierenden und deshalb unanwendbaren Vorschriften beseitigen, um nicht gegen den Vertrag zu verstoßen.

Mit dem Erlass von Richtlinien nach Art. 50, 53 AEUV werden hingegen Niederlassungshindernisse beseitigt, die sich aus der Unterschiedlichkeit nationaler Berufszugangs- und Berufsausübungsregeln ergeben, die jeweils in rechtmäßiger Weise die Ausübung der Niederlassungsfreiheit aus zwingenden Gründen des Allgemeininteresses (Kundenschutz usw.) behindern. Der Unionsgesetzgeber legt dann in der Richtlinie ein in der gesamten Union akzeptables Schutzniveau fest, wobei er über ein weites Ermessen verfügt (vgl. EuGHE, C-168/98, 2000, I-9131 = NJW 2001, 137 – Rechtsanwaltsrichtlinie, Rn. 32).

a) Nach Art. 53 Abs. 1 AEUV können Richtlinien für die **gegenseitige Anerkennung** von Diplomen, Prüfungszeugnissen und sonstigen Befähigungsnachweisen erlassen sowie die Rechts- und Verwaltungsvorschriften der Mitgliedstaaten über die Aufnahme und Ausübung selbständiger Tätigkeiten **harmonisiert** werden. Die anfangs erlassenen Richtlinien verfolgten einen **sektoriellen Ansatz** und betrafen entweder bestimmte Berufe (z. B. Ärzte, Zahnärzte, Architekten) oder bestimmte Wirtschaftszweige (Handel, Handwerk, Industrie und Landwirtschaft). Später ging man zu einem **horizontalen Ansatz** über. Grundlegend war in diesem Zusammenhang die Richtlinie 89/48 über eine allgemeine Regelung zur Anerkennung der Hochschuldiplome, die eine mindestens dreijährige Berufsausbildung abschließen (sie wurde ergänzt durch die Richtlinie 92/51). Wichtig war weiter die Richtlinie 1999/42, die einen allgemeinen Mechanismus zur Anerkennung von Befähigungsnachweisen für bestimmte Tätigkeiten im Handwerk, Handel und im Dienstleistungssektor einführte.

Nunmehr gilt die **Richtlinie 2005/36** des Europäischen Parlaments und des Rates über die **Anerkennung von Berufsqualifikationen** (Sartorius II 184). Sie umfasst grundsätzlich alle reglementierten Berufe. Die Anerkennung der Qualifikationen im Fall der Niederlassung ist in Titel III der Richtlinie geregelt. Sind die Anforderungen der Ausbildung zu einem bestimmten Beruf auf Unionsebene harmonisiert, erfolgt die Anerkennung automatisch. Ansonsten wird Berufserfahrung gefordert. In bestimmten Fällen (Art. 16 der RL) können die Mitgliedstaaten die Ablegung einer Eignungsprüfungen oder wahlweise die Absolvierung eines Anpassungslehrgangs (zum Begriff vgl. Art. 3 lit. g der RL) vorschreiben. In Art. 62 RL 2005/36 wurden zahlreiche Vorgänger-Richtlinien aufgehoben.

Nicht aufgehoben wurde jedoch die **RL 98/5** zur Erleichterung der ständigen **Ausübung des Rechtsanwaltsberufs** in einem anderen Mitgliedstaat als dem, in dem die Qualifikation erworben wurde (Sartorius II 182). Danach kann sich ein EU-Anwalt unter seiner ausländischen Berufsbezeichnung (also z. B. *avocat*) in Deutschland niederlassen. Nach dreijähriger Tätigkeit im deutschen Recht kann er die Zulassung zur (deutschen) Rechtsanwaltschaft beantragen und sich dann auch als „Rechtsanwalt" bezeichnen. Er kann aber auch sofort eine Eignungsprüfung (Art. 14 RL 2005/36) ablegen und so den vollen Status eines Rechtsanwalts erwerben. Die Richtlinien sind umgesetzt im Gesetz über die Tätigkeit europäischer Rechtsanwälte in Deutschland (EuRAG). Die hier besprochenen „**niedergelassenen europäischen Rechtsanwälte**" sind **zu unterscheiden** von den „dienstleistenden europäischen Rechtsanwälten", die nur vorübergehend in Deutschland unter Berufung auf ihre Dienstleistungsfreiheit tätig werden (vgl. unten S. 251).

Hinzuweisen ist ferner auf die **Richtlinie 2006/123** des Europäischen Parlaments und des Rates über Dienstleistungen im Binnenmarkt ("**Dienstleistungsrichtlinie**", nach dem damaligen Binnenmarktkommissar auch "Bolkestein-Richtlinie" genannt). Die Richtlinie gilt für Dienstleistungen, die von einem in einem Mitgliedstaat niedergelassenen Dienstleister angeboten werden. Sie betrifft damit sowohl die Niederlassungs- als auch die Dienstleistungsfreiheit. Doch sind zahlreiche Dienstleistungen vom Anwendungsbereich der Richtlinie ausgenommen (Art. 2 der RL z. B. Finanz- und Gesundheitsdienstleistungen, Glücksspiele; sie gilt aber z. B. für Unternehmensberatungen, Maklerdienste, Fremdenführer). Die Richtlinie besteht aus drei Bereichen: i) verfahrensrechtliche und organisatorische Vorschriften (Art. 5–8 und 22–28 der RL; Überprüfung des nationalen Rechts zum Zwecke der Vereinfachung; einheitlicher Ansprechpartner Art. 6 RL; §§ 71 a-e VwVfG); ii) Vorschriften zur Niederlassungsfreiheit der Dienstleister (Art. 9–15 der RL, z. B. dürfen Genehmigungen für niedergelassene Dienstleister nicht befristet sein); iii) Bestimmungen zur Dienstleistungsfreiheit (Art. 16–21 vgl. unten S. 252).

b) Zur Förderung der **Niederlassungsfreiheit von Gesellschaften** geht die Union auf zwei Wegen vor.

Zum einen wird das **Gesellschaftsrecht der Mitgliedstaaten** durch Richtlinien nach Art. 50 Abs. 2 lit. g AEUV **angeglichen** (zum gegenwärtigen Stand vgl. Callies/Ruffert, Art. 44 EGV Rn. 12).

Zum anderen wird, gestützt auf Art. 352 AEUV, **Einheitsrecht** geschaffen: Seit 1. 7. 1989 ist aufgrund der Verordnung Nr. 2137/85 die Errichtung einer Gesellschaft in der Rechtsform der **Europäischen Wirtschaftlichen Interessenvereinigung** (EWIV) möglich. Sie bildet allerdings lediglich einen Rahmen für die Zusammenarbeit selbständiger Unternehmer (auch freier Berufe) über Grenzen hinweg. Aufgrund des deutschen Ausführungsgesetzes gilt im Übrigen weitgehend das Recht der OHG. Nach langen Vorarbeiten ist ferner durch die Verordnung Nr. 2157/2001 das Statut für eine **Europäische Aktiengesellschaft**, *Societas Europaea* (SE), geschaffen worden. Damit steht erstmals eine Rechtsform in Deutschland zur Verfügung, die eine grenzüberschreitende Verschmelzung und Sitzverlegung zulässt. Mit Verordnung Nr. 1435/2003 kam schließlich die Rechtsform der **Europäischen Genossenschaft**, *Societas Cooperativa Europaea* (SCE), hinzu. Des weiteren ist vorgeschlagen, ein Statut für eine **Europäische Privatgesellschaft**, *Societas Privata Europaea* (SPE), zu schaffen (Vorschlag KOM [2008] 396 endg.).

VII. Prüfungsschema

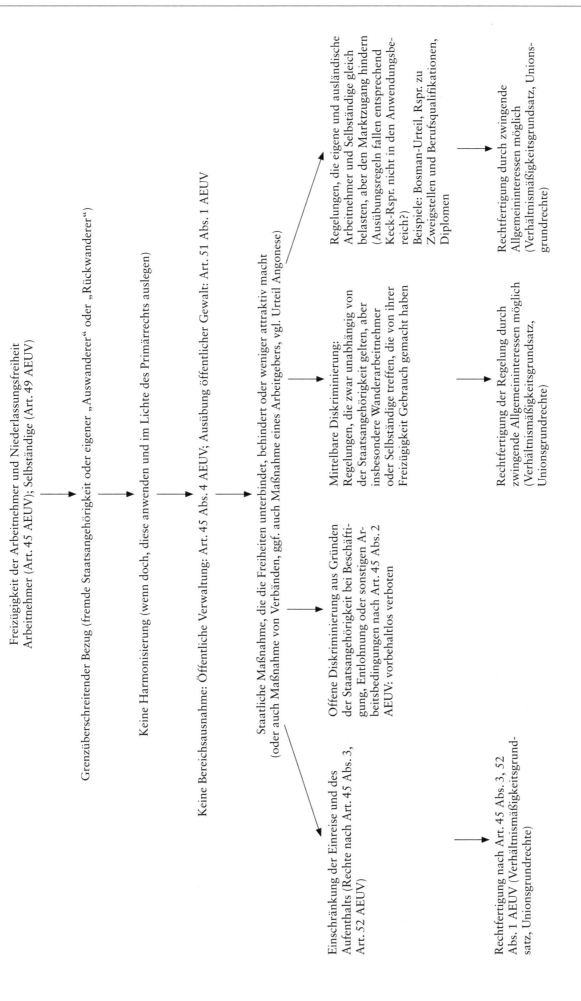

Freizügigkeit der Arbeitnehmer und Niederlassungsfreiheit Arbeitnehmer (Art. 45 AEUV); Selbständige (Art. 49 AEUV)

Grenzüberschreitender Bezug (fremde Staatsangehörigkeit oder eigener „Auswanderer" oder „Rückwanderer")

Keine Harmonisierung (wenn doch, diese anwenden und im Lichte des Primärrechts auslegen)

Keine Bereichsausnahme: Öffentliche Verwaltung: Art. 45 Abs. 4 AEUV; Ausübung öffentlicher Gewalt: Art. 51 Abs. 1 AEUV

Staatliche Maßnahme, die die Freiheiten unterbindet, behindert oder weniger attraktiv macht (oder auch Maßnahme von Verbänden, ggf. auch Maßnahme eines Arbeitgebers, vgl. Urteil Angonese)

Offene Diskriminierung aus Gründen der Staatsangehörigkeit bei Beschäftigung, Entlohnung oder sonstigen Arbeitsbedingungen nach Art. 45 Abs. 2 AEUV: vorbehaltlos verboten

Mittelbare Diskriminierung: Regelungen, die zwar unabhängig von der Staatsangehörigkeit gelten, aber insbesondere Wanderarbeitnehmer oder Selbständige treffen, die von ihrer Freizügigkeit Gebrauch gemacht haben

Regelungen, die eigene und ausländische Arbeitnehmer und Selbständige gleich belasten, aber den Marktzugang hindern (Ausübungsregeln fallen entsprechend Keck-Rspr. nicht in den Anwendungsbereich?)
Beispiele: Bosman-Urteil, Rspr. zu Zweigstellen und Berufsqualifikationen, Diplomen

Einschränkung der Einreise und des Aufenthalts (Rechte nach Art. 45 Abs. 3, Art. 52 AEUV)

Rechtfertigung nach Art. 45 Abs. 3, 52 Abs. 1 AEUV (Verhältnismäßigkeitsgrundsatz, Unionsgrundrechte)

Rechtfertigung der Regelung durch zwingende Allgemeininteressen möglich (Verhältnismäßigkeitsgrundsatz, Unionsgrundrechte)

Rechtfertigung durch zwingende Allgemeininteressen möglich (Verhältnismäßigkeitsgrundsatz, Unionsgrundrechte)

E. Der freie Dienstleistungsverkehr

I. Allgemeines

Die Dienstleistungsfreiheit (Art. 56–62 AEUV) wird oft fälschlicherweise als Anhängsel der Niederlassungsfreiheit behandelt. Richtig ist zwar, dass über Art. 62 AEUV auf den Dienstleistungsverkehr auch bestimmte Vorschriften über die Niederlassungsfreiheit Anwendung finden. Dennoch handelt es sich um selbständige Regelungsbereiche, die zudem wesentliche Unterschiede aufweisen. Insbesondere wurde in der Dienstleistungsfreiheit schon früh nicht nur ein Diskriminierungsverbot, sondern auch ein Beschränkungsverbot gesehen und somit eine Parallele zum freien Warenverkehr gezogen. Bei näherer Betrachtung stehen sich eher Dienstleistungsfreiheit und Warenverkehrsfreiheit in ihren wirtschaftlichen Funktionen nahe – in beiden Fällen geht es um den grenzüberschreitenden Vertrieb von Produkten (vgl. Hailbronner/Nachbaur EuZW 1992, 105) –, wohingegen die Niederlassungsfreiheit stärkere Parallelen zur Arbeitnehmerfreizügigkeit aufweist.

Wie alle anderen Grundfreiheiten auch, hat die Dienstleistungsfreiheit **unmittelbare Wirkung** (EuGHE, 33/74, 1974, 1299 – van Binsbergen).

II. Der persönliche Anwendungsbereich

Berechtigte der Dienstleistungsfreiheit sind die **Staatsangehörigen der Mitgliedstaaten,** die in der Union ansässig sind (Art. 56 Abs. 1 AEUV). Dabei kommt es nicht auf den Wohnsitz, sondern auf den Ort der wirtschaftlichen Niederlassung an. Der Einzelne kann sich auch gegenüber seinem eigenen Staat auf die Dienstleistungsfreiheit berufen (EuGHE, 292/88, 1988, 111 – Gullung). Voraussetzung ist jedoch, dass, wie bei allen Grundfreiheiten, Grenzen überschritten werden.

Beispiel: Ein deutscher Staatsangehöriger, der in Paris als *avocat* niedergelassen ist und von dort aus gelegentlich für seine Mandanten in Deutschland tätig wird, tritt im Rahmen seiner Dienstleistungsfreiheit vor dem LG München I auf.

Auch **Gesellschaften** können die Freiheit des Dienstleistungsverkehrs beanspruchen, wenn sie nach dem Recht eines Mitgliedstaates gegründet sind, außerdem ihren (auch nur satzungsmäßigen) Sitz oder ihre Hauptverwaltung oder ihre Hauptniederlassung in der Union haben (Art. 54, 62 AEUV) und zusätzlich im Unionsgebiet ansässig sind (Art. 56 Abs. 1, Art. 54, 62 AEUV). Letzteres ist immer schon dann der Fall, wenn sie ihre Hauptverwaltung oder ihre Hauptniederlassung in einem Mitgliedstaat haben. Unternehmen aus Drittstaaten, die in der Union lediglich unselbständige Agenturen oder Zweigniederlassungen unterhalten, sind regelmäßig nicht nach dem Recht eines Mitgliedstaats gegründet und können deshalb von diesen sekundären Niederlassungen aus nicht die aktive Dienstleistungsfreiheit beanspruchen. Auf die rechtlich selbständigen Tochtergesellschaften treffen hingegen die drei Voraussetzungen (Gründungsrecht, Sitz [oder Hauptverwaltung bzw. Hauptniederlassung] und Ansässigkeit) regelmäßig zu.

III. Der sachliche Anwendungsbereich

Die Grundfreiheit gilt für **Dienstleistungen.** Was unter diesem unionsrechtlichen Begriff zu verstehen ist, ist in Art. 57 AEUV definiert. Die Bestimmung nennt **selbständige Tätigkeiten,** nicht Berufe, und zählt beispielhaft die gewerbliche, kaufmännische, handwerkliche und freiberufliche Tätigkeit auf. Hierzu gehört auch die ärztliche Berufsausübung und somit beispielsweise der ärztliche Schwangerschaftsabbruch, sofern dieser am Ort der Vornahme legal ist (vgl. EuGHE 1991, C-159/90, I-4685 = Hummer, S. 329 – Irisches Abtreibungsverbot, Rn. 21). Die Tätigkeiten müssen i. d. R. **gegen Entgelt** erbracht werden. Weiterhin muss es zu einem **Überschreiten von Grenzen** kommen.

Klarzustellen ist, dass ein italienischer Rechtsanwalt, der in Deutschland niedergelassen ist, zwar einem hier ansässigen Mandanten gegenüber Dienstleistungen i. S. d. BGB erbringt. Er macht insoweit jedoch von seiner Niederlassungs-, nicht von seiner Dienstleistungsfreiheit Gebrauch. Ist er in Deutschland in einer Kanzlei angestellt, sind die Vorschriften über die Arbeitnehmerfreizügigkeit anzuwenden. Eine Dienstleistung i. S. v. Art. 57 AEUV liegt hingegen vor, wenn der Rechtsanwalt von der hiesigen Kanzlei aus grenzüberschreitend tätig wird. Der portugiesische Bauunternehmer, der, ohne in Deutschland niedergelassen zu sein, hier eine Brücke baut, ist Dienstleistungserbringer i. S. v. Art. 57 Abs. 1 AEUV; auch die von ihm mitgebrachten Arbeitnehmer sind keine Wanderarbeitnehmer, sondern werden lediglich im Rahmen der Dienstleistungserbringung eingesetzt (EuGHE, C-113/89, 1990, I-1417 = Hummer, S. 609 – Rush Portuguesa). Unerheblich ist, dass der Unternehmer i. S. d. BGB keinen Dienst-, sondern einen Werkvertrag mit seinem Vertragspartner geschlossen hat.

Nicht anzuwenden sind die **Art. 56 ff.** AEUV für **Dienstleistungen auf dem Gebiet des Verkehrs.** Dies ergibt sich aus Art. 58 Abs. 1, Art. 90 ff. AEUV. Abgesehen von besonderen primärrechtlichen Diskriminierungsverboten (Art. 92, 95 Abs. 1 AEUV) findet die Dienstleistungsfreiheit auf Verkehrsdienstleistungen also nur Anwendung, wenn und soweit der Rat den jeweiligen Sektor durch Verordnung liberalisiert hat. Diese verkehrsspezifische Besonderheit gilt für alle Verkehrsbereiche (Straßen-, Bahnverkehr usw.) und betrifft den Verkehr aus, nach oder durch einen Mitgliedstaat sowie die Zulassung eines Verkehrsunternehmens in einem Mitgliedstaat, in dem es nicht ansässig ist. Demgegenüber unterfallen Hilfstätigkeiten wie die eines Reisebüros, die Vermietung von Verkehrsmitteln oder die Lotsen-, Abfertigungs- und Wartungsdienste an See- und Flughäfen gemäß Art. 56, 57 AEUV unmittelbar der Dienstleistungsfreiheit (EuGH, C-169/08, 2009, I-10821 – Sardegna, Rn. 26, 27).

1. Das Überschreiten von Grenzen

Wesensmäßig zum Dienstleistungsbegriff i. S. v. Art. 57 AEUV gehört, dass Grenzen überschritten werden. Dies wird üblicherweise in drei Formen beschrieben:

- Der Dienstleistungserbringer begibt sich zum Leistungsempfänger in einen anderen Mitgliedstaat. Hiervon geht Art. 57 Abs. 3 AEUV aus. Kennzeichnend ist, dass sich der Dienstleistungserbringer vorübergehend in dem anderen Mitgliedstaat aufhält und sich dort nicht niederlässt (sonst Fall der Niederlassungsfreiheit). Insoweit spricht man von **aktiver** (oder positiver) **Dienstleistungsfreiheit** (auch **Dienstleistungserbringungsfreiheit** genannt).
- Der Leistungsempfänger begibt sich zum Leistungserbringer in einen anderen Mitgliedstaat. Dieser Fall ist in Art. 57 Abs. 3 AEUV nicht erwähnt. Er stellt jedoch die notwendige Ergänzung zu obigem Fall dar. Daraus folgt, dass Touristen (Leistungserbringer: Restaurants, Hotels, Museen usw.), Patienten (auch Frauen, die in einem anderen Mitgliedstaat einen dort legalen Schwangerschaftsabbruch vornehmen lassen) und Personen, die Studien- und Geschäftsreisen unternehmen, als Empfänger von Dienstleistungen anzusehen sind (für Touristen vgl. EuGHE, 286/82 u. 26/83, 1984, 377 = Hummer, S. 617 – Luisi und Carbone). Hierbei handelt es sich um die **passive** (oder negative) **Dienstleistungsfreiheit** (auch **Dienstleistungsempfangsfreiheit** genannt).
- Allein die Leistung überschreitet die Grenze: Leistungsempfänger und Leistungserbringer verbleiben in ihren jeweiligen Mitgliedstaaten. Dies ist der Fall bei Rundfunk- und Fernsehsendungen (EuGHE, C-429/02, 2004, I-6613 – Bacardi), der Übersendung von Bauplänen, dem Abschluss von Versicherungsverträgen u. ä. Soweit kein Missbrauch vorliegt, kann dies auch dauerhaft oder regelmäßig geschehen, wie es z. B. bei der Ausstrahlung von Fernsehsendungen der Fall ist. Man spricht von der **Korrespondenzdienstleistung** oder der **Produktverkehrsfreiheit.**

Diese Fallgestaltungen sind jedoch nicht abschließend. Ein weiteres Beispiel ist der deutsche Fremdenführer, der mit einer Reisegruppe von München nach Paris fährt, um dieser Notre Dame zu zeigen. Der EuGH (EuGHE, C-154/89, 1991, I-659 = Hummer, S. 602 – Fremdenführer) hat auch diese Tätigkeit problemlos als Dienstleistung i. S. v. Art. 56, 57 AEUV qualifiziert. Die Dienstleistungsfreiheit greift nämlich immer ein, wenn ein Leistungserbringer Dienstleistungen in einem anderen Mitgliedstaat als demjenigen anbietet oder erbringt, in dem er niedergelassen ist. Auf den Niederlassungsort des Empfängers kommt es nicht an (vgl. EuGHE, C-55/98, 1999, I-7641 – Vestergaard, Rn. 19).

2. Die erfassten Tätigkeiten

Die vom Dienstleistungsbegriff erfassten Tätigkeiten lassen sich am besten in ihrer Abgrenzung zu den übrigen Grundfreiheiten darstellen.

a) Abgrenzung zum freien Warenverkehr. Waren sind körperliche Gegenstände. Dienstleistungen hingegen sind unternehmerische Produkte, die im Gegensatz zu Waren unsichtbar sind. Im Dienstleistungsbereich werden Inhalte bzw. Know-how vermittelt. Der Plakatentwurf einer Werbeagentur ist deswegen Dienstleistung und nicht Ware. Denn im Vordergrund der Leistung steht die werbewirksame Idee der Werbeagentur, nicht das Plakat als solches. Entsprechendes gilt für das Gutachten eines Wirtschaftsprüfers, die Pläne eines Architekten und das von einem Informatiker für ein Unternehmen entwickelte Programm. Unsichtbar und damit Dienstleistung sind auch die Übertragungsrechte und die Ausstrahlung von Rundfunk- und Fernsehsendungen. Um Waren handelt es sich dagegen, wenn im Laden im Rahmen von Massengeschäften Musik auf Tonträgern, Filme auf Videokassetten und Computerprogramme auf Datenträgern verkauft werden. Elektrischer Strom ist zwar ebenfalls unsichtbar und nicht stapelfähig, jedoch sieht man ihn wie Gas und Öl als Ware an. Die grenzüberschreitende Beseitigung von Abfall ist stets Warenverkehr (vgl. EuGHE, C-2/90, 1992, I-4431 = Hummer, S. 499 – Abfalltourismus).

Dem freien Dienstleistungsverkehr kommt somit nicht – wie aus dem Wortlaut von Art. 57 AEUV geschlossen werden könnte – nur Lückenbüßerfunktion zu. Vielmehr kann er auch Elemente anderer Freiheiten, insbesondere des freien Warenverkehrs, überlagern und verdrängen. Es kommt auf den **Schwerpunkt der einheitlichen Leistung** an (Lieferung von körperlichen Gegenständen oder Vermittlung von Inhalten bzw. Know-how; vgl. EuGHE, C-20/03, 2005, I-4133 – Burmanjer, Rn. 34, 35). Werden z. B. Werbematerial und Lose an die potenziellen Teilnehmer einer entgeltlichen Lotterie versandt, so steht im Vordergrund die Abhaltung der Lotterie, bei der es sich um eine Dienstleistung handelt. Damit unterfällt auch die Versendung der Lose und der sonstigen Unterlagen dem Dienstleistungsrecht (vgl. EuGHE, C-275/92, 1994, I-1039 = Hummer, S. 613 – Schindler). Wenn die Verbindung zwischen den Elementen des Dienstleistungs- und Warenverkehrs nicht eng ist, kann es zu einer Aufspaltung eines Wirtschaftsvorgangs in Dienstleistungs- und Warenverkehr kommen (vgl. Hailbronner/Nachbaur EuZW 1992, 105 [107]). Lässt sich der Schwerpunkt einer einheitlichen Leistung nicht finden, tritt die Dienstleistungsfreiheit als **subsidiär** zurück (vgl. Wortlaut des Art. 57 Abs. 1 AEUV).

b) Abgrenzung zur Niederlassungsfreiheit. Im Rahmen der *aktiven* Dienstleistungsfreiheit dürfen *Dienste* nur *vorübergehend* im Ausland erbracht werden (anders bei der Korrespondenzdienstleistung, vgl. oben). Dabei ist jeder Einzelfall gesondert zu prüfen, ohne dass eine feste Zeitschranke besteht. Es kommt nicht nur auf die Dauer der Leistung, sondern auch auf ihre Häufigkeit, regelmäßige Wiederkehr oder Kontinuität an (vgl. EuGHE 1995, C-55/94, I-4165 = Hummer, S. 589 – Gebhard). Der Dienstleistungserbringer darf sich im Bestimmungsstaat mit der für die Erbringung der Leistung erforderlichen Infrastruktur (z. B. Anmietung eines Büros) ausstatten. Er darf sich aber nicht „**in stabiler und kontinuierlicher Weise**" (EuGH, a. a. O.) in die Wirtschaft des Aufnahmestaats eingliedern. Dies ist jedoch der Fall, wenn z. B. ein Bauunternehmer, der zur Errichtung eines bestimmten Bauvorhabens in einem anderen Mitgliedstaat tätig ist, dort ein Büro eröffnet, um weitere Aufträge anzunehmen. Das Gleiche gilt von einem Reisebüro, das auch nur für die Reisesaison für kurze Zeit eine Zweigstelle (vgl. Art. 49 Abs. 1 Satz 2 AEUV) in einem anderen Mitgliedstaat errichtet. In diesen Fällen ist Niederlassungsrecht anzuwenden.

Problematisch ist die Abgrenzung dann, wenn ein *Geschäftsbetrieb* ganz oder überwiegend *darauf ausgerichtet* ist, *Leistungen über die Grenze* in einen anderen Mitgliedstaat zu erbringen. Will sich ein Unternehmen damit die in Art. 56 AEUV garantierte Freiheit zunutze machen, um sich den Berufsregelungen des Staates zu entziehen, für dessen Gebiet seine Leistungen bestimmt sind, ist Niederlassungsrecht anzuwenden (EuGHE, 205/84, 1986, 3755 Rn. 22 – Versicherungen; EuGHE, C-23/93, 1994, I-4795 = Hummer S. 622 – TV 10); denn dann liegt ein **Missbrauch** der Dienstleistungsfreiheit vor.

Hat der Dienstleistungserbringer im Bestimmungsstaat eine Niederlassung, und sei es auch nur eine sekundäre Niederlassung, so ist Niederlassungsrecht anzuwenden (vgl. EuGHE, 205/84, 1986, 3755 – Versicherungen, Rn. 21). Ein Rechtsanwalt, der in Paris und München je eine Kanzlei unterhält, kann daher *unter Berufung auf seine Dienstleistungsfreiheit* vor keinem deutschen oder französischen Gericht auftreten. Vielmehr steht ihm diese Möglichkeit nur vor den Gerichten der übrigen Mitgliedstaaten offen. Hingegen kann die Vermietung einer Wohnung in Österreich durch die in Deutschland ansässige Eigentümerin eine Dienstleistung darstellen (EuGH, C-97/09, Urt. v. 26. 10. 2010 – Schmelz, Rn. 42).

c) Abgrenzung zur Arbeitnehmerfreizügigkeit. Die Dienstleistungsfreiheit setzt eine selbständige, die Arbeitnehmerfreizügigkeit eine abhängige Tätigkeit voraus. Doch kommt allein Dienstleistungsrecht zur Anwendung, wenn ein Unternehmer (z. B. ein Bauunternehmer) seine eigenen Arbeitnehmer zur Erbringung von Dienstleistungen in einen anderen Mitgliedstaat entsendet, da die Arbeitnehmer mit ihrer Entsendung von vornherein keinen Zutritt zum Arbeitsmarkt im anderen Mitgliedstaat haben möchten, sondern nach getaner Arbeit in ihren Herkunftsstaat zurückkehren wollen (vgl. EuGH, C-49/98, 2001, I-7831 = EuZW 2001, 759 – Finalarte, Rn. 21, 22).

3. Entgelt

Dienstleistungen i. S. v. Art. 57 AEUV sind nur solche Leistungen, die i. d. R. gegen Entgelt erbracht werden. Das Entgelt stellt die wirtschaftliche Gegenleistung für die erbrachte Leistung dar. Die zugrunde liegende Tätigkeit muss daher zum Wirtschaftsleben i. S. v. Art. 3 Abs. 3 UAbs. 1 AEUV (ehemals Art. 2 EGV) gehören. Hierunter fallen auch künstlerische Tätigkeiten, bei denen der wirtschaftliche Zweck nicht notwendigerweise im Vordergrund steht. Nicht dazu zählen kirchliche Veranstaltungen, die karitative Versorgung Mittelloser und die Teilnahme an Amateursportveranstaltungen (im Gegensatz zu Berufssportveranstaltungen). **Studenten und Schüler** an *öffentlichen Einrichtungen* sind nicht Dienstleistungsempfänger, da es sich beim staatlichen Unterricht nicht um eine Geschäftstätigkeit mit dem Ziel der Kostendeckung, sondern um die Erfüllung einer sozialpolitischen Aufgabe aus Steuermitteln handelt (EuGHE, C-109/92, 1993, I-6447 = Hummer, S. 639 – Wirth). Anders verhält es sich bei Privatschulen und -universitäten, denen die Studenten ein angemessenes Entgelt bezahlen (EuGHE, C-76/05, 2007, I-6849 – Schwarz).

Nicht nötig ist es, dass das Entgelt für die Dienstleistung von demjenigen bezahlt wird, dem sie zugute kommt. Dies kann im Bereich der grenzüberschreitenden Rundfunk- und Fernsehsendungen (vgl. EuGHE, 352/85, 1988, 2085 Rn. 16 = Hummer, S. 620 – Bond van Adverteerders), bei Sportveranstaltungen (EuGHE, C-51/96, 2000, I-2549 – Deliège, Rn. 56) oder bei der Dienstleistung eines Krankenhauses, das von der öffentlichen Krankenkasse und nicht vom beitragspflichtigen Patienten bezahlt wird (vgl. EuGH, C-157/99, 2001, I-5473 = EuZW 2001, 464 – Smits und Peerbooms, Rn. 57), der Fall sein.

IV. Bereichsausnahme

Art. 62 AEUV verweist auf Art. 51 AEUV (vgl. auch oben S. 230). Dies bedeutet, dass selbständige Tätigkeiten, die mit der Ausübung öffentlicher Gewalt verbunden sind, nicht unter die Dienstleistungsfreiheit fallen.

Die Mitgliedstaaten können somit diese Tätigkeiten ihren eigenen (selbständig erwerbstätigen) Angehörigen vorbehalten. Allerdings übt z. B. ein Bewachungsunternehmer keine öffentliche Gewalt aus. Ein Mitgliedstaat kann daher nicht schon wegen Art. 62, 51 AEUV und somit ohne Rücksicht auf Art. 56 ff. AEUV bzw. Art. 49 ff. AEUV vorschreiben, dass Bewachungs- oder Sicherheitsdienstleistungen nur von solchen Unternehmen angeboten werden dürfen, die ihre Niederlassung im Inland haben (vgl. EuGHE, C-355/98, 2000, I-1221 = EuZW 2000, 344 – Kommission/Belgien, Rn. 24).

Beispiel (EuGH, C-160/08, Urt. v. 29.4. 2010 – Krankentransporte, Rn. 75 ff.): Auf Beschwerden ausländischer Unternehmer hin erhob die Kommission Vertragsverletzungsklage gegen Deutschland, weil in einigen Bundesländern öffentliche Aufträge über Krankentransporte nicht entsprechend dem europäischen Vergaberecht (Richtlinie 2004/18) öffentlich ausgeschrieben worden seien. Jene Regeln finden aber nur Anwendung, sofern die betroffenen Dienstleistungen nicht unter die Bereichsausnahme der öffentlichen Gewalt gemäß Art. 51 i.V. m. Art. 62 AEUV fallen. Der EuGH hat Art. 51 AEUV nicht für einschlägig gehalten. Dafür waren folgende Erwägungen maßgeblich:

– Die Bereichsausnahme ist so **eng auszulegen**, dass sich ihre Tragweite auf das beschränkt, was zur Wahrung der geschützten Interessen unbedingt erforderlich ist.
– Die Bereichsausnahme fußt auf **unionsrechtlichen Begriffen**, so dass ihre Grenzen unionsrechtlicher Kontrolle unterliegen. Dass eine Leistung z. B. im Rahmen öffentlich-rechtlicher Verträge erbracht wird, ist folglich unerheblich.
– Die aus Art. 51 AEUV folgende Ausnahmeregelung muss sich auf Tätigkeiten beschränken, die als solche **unmittelbar und spezifisch mit der Ausübung öffentlicher Gewalt verbunden** sind.
– Die Teilhabe an der Ausübung öffentlicher Gewalt setzt eine **hinreichend qualifizierte Ausübung von Sonderrechten, Hoheitsprivilegien oder Zwangsbefugnissen** voraus.

Der bloße Umstand, dass mit Krankentransporten im öffentlichen Interesse lebenswichtige Dienstleistungen erbracht werden, wobei auch Vorrechte in Anspruch genommen werden dürfen (Blaulicht und Martinshorn im Straßenverkehr), berechtigt noch nicht zu der Schlussfolgerung, dass öffentliche Gewalt ausgeübt wird. Die Leistungserbringer sind nämlich, anders als Polizei und Justizbehörden, nicht mit hoheitlichen Zwangsbefugnissen ausgestattet.

Keine Bereichsausnahme liegt außerdem vor, wenn eine Dienstleistung mit einem Bereich zusammenhängt, der nicht in die Zuständigkeit der Union fällt, wie dies etwa für den Bereich der direkten Steuern, der Bildungssysteme und der Systeme der sozialen Sicherheit zutrifft. Die Mitgliedstaaten haben dann bei der Wahrnehmung ihrer Zuständigkeit, also z. B. der Ausgestaltung ihrer Systeme der sozialen Sicherheit und ihrer Bildungssysteme, die Grundfreiheiten zu beachten (EuGHE, C-372/04, 2006, I-4325 – Watts, Rn. 92; EuGHE, C-76/05, 2007, I-6849 – Schwarz, Rn. 69, 70; diese Rechtsprechung stellt auch nach Meinung des BVerfG NJW 2001, 2323 keinen „ausbrechenden Rechtsakt" dar).

V. Folgen einer (fehlenden) Harmonisierung

Sind die Voraussetzungen der in Rede stehenden speziellen Dienstleistungstätigkeit **abschließend harmonisiert**, so ist die nationale Maßnahme (Vorschrift), die der Wahrnehmung der Grundfreiheit entgegensteht, nur an der Harmonisierungsmaßnahme zu messen (vgl. EuGHE, C-451/99, 2002, I-3193 = EuZW 2002, 444 – Cura Anlagen, Rn. 53 ff.), vorausgesetzt, diese ist mit höherrangigem Recht vereinbar. Dabei ist ein zur Harmonisierung ergangener Sekundärrechtsakt im Lichte des Primärrechts, insbesondere also im Einklang mit Art. 56 ff. AEUV, auszulegen. Auch seine Gültigkeit ist hieran zu messen (dazu räumt der EuGH der Union bei der Definition des Allgemeininteresses bisweilen einen größeren Spielraum ein als den Mitgliedstaaten). Ob eine Harmonisierung, in der Regel also eine Richtlinie, abschließend ist, ist ebenfalls durch ihre Auslegung festzustellen. Ist keine (vollständige) Harmonisierung erfolgt, so bleiben die Mitgliedstaaten (insoweit) zuständig, die Bedingungen für die Aufnahme und Ausübung der in Art. 57 AEUV genannten Tätigkeiten festzulegen. Hierbei müssen sie allerdings wiederum die Grundfreiheiten beachten (vgl. dazu EuGHE, C-58/98, 2000, I-7919 = EuZW 2000, 763 – Corsten, Rn. 28 ff.; Entsprechendes gilt auch bei allen anderen Grundfreiheiten; vgl. EuGHE, C-324/99, 2001, I-9897 – DaimlerChrysler, Rn. 32; EuGHE, C-463/01, 2004, I-11705 = Hummer S. 502 – Kommission/Deutschland, Rn. 36 ff.).

VI. Gewährleistungsinhalt der Dienstleistungsfreiheit

Nach ständiger Rechtsprechung verbietet Artikel 56 AEUV nicht nur (unmittelbare oder mittelbare) Diskriminierungen aufgrund der Staatsangehörigkeit, sondern auch alle Beschränkungen des freien Dienstleistungsverkehrs, selbst wenn diese unterschiedslos für inländische und ausländische Dienstleistende bzw. für inländische und ausländische Dienstleistungsempfänger gelten (EuGH, C-42/07, 2009, I-7633, EuZW 2009, 689 – Liga Portuguesa de Futebol, Rn. 51).

1. Art. 56 AEUV als Diskriminierungsverbot

Zu unterscheiden ist zunächst, ob die staatliche Maßnahme (zur Drittwirkung vgl. unten S. 249) die Dienstleister oder die Dienstleistungsempfänger wegen ihrer ausländischen Staatsangehörigkeit oder die Dienstleistungen wegen ihrer Herkunft aus einem anderen Mitgliedstaat benachteiligt. Weiter ist zu prüfen, ob eine **unmittelbare** (direkte, offene) oder eine **mittelbare** (indirekte, versteckte) **Diskriminierung** vorliegt. Dies ist wichtig, weil eine unmittelbare Diskriminierung, wie bei den anderen Grundfreiheiten, nur aus den geschriebenen Rechtfertigungsgründen, hier also aus den in Art. 52, 62 AEUV aufgezählten Gründen, gerechtfertigt werden kann (EuGHE, C-451/03, 2006, I-2941 – Servizi Ausiliari Dottori Commercialisti, Rn. 36), während mittelbare Diskriminierungen und unterschiedslos geltende Beschränkungen auch aus sonstigen Gründen des Allgemeininteresses gerechtfertigt werden können (ungeschriebene Rechtfertigungsgründe).

Unmittelbar diskriminieren nur solche Vorschriften, die für EU-Ausländer oder für Dienstleistungen aus anderen Mitgliedstaaten ausdrücklich eine ungünstigere Regelung vorsehen als für Inländer. Eine direkte Diskriminierung aus Gründen der Staatsangehörigkeit eines Dienstleistungsempfängers liegt z. B. vor, wenn ein ausländischer Tourist in einem öffentlichen Museum einen höheren Eintrittspreis zahlen muss als ein Einheimischer (EuGHE, C-388/01, 2003, I-721 – Kommission/Italien). Eine offene Diskriminierung des Dienstleistungserbringers liegt weiter vor, wenn bestimmte Tätigkeiten gänzlich Inländern vorbehalten werden, so dass diese auch nicht grenzüberschreitend von EU-Ausländern erbracht werden können (eine entsprechende nationale Vorschrift verstößt ggf. auch gegen die Niederlassungsfreiheit).

Eine **mittelbare Diskriminierung** aus Gründen der Staatsangehörigkeit kommt hingegen in Betracht, wenn die Behinderung der Dienstleistungsfreiheit an den Wohnsitz des Dienstleistungsempfängers (oder auch des Dienstleisters) im Ausland geknüpft wird (EuGH, C-97/09, Urt. v. 26. 10. 2010 – Schmelz, Rn. 48).

Beispiel: Einem österreichischen Unternehmer in Bregenz am Bodensee wird behördlich verboten, Bootsanlegeplätze an Personen mit Wohnsitz im Ausland zu vermieten. Dieses Verbot ist eine mittelbare Diskriminierung i. S. v. Art. 56 AEUV, denn es wird nicht an die Staatsangehörigkeit der (möglichen) Dienstleistungsempfänger bzw. Dienstleistungserbringer angeknüpft, sondern an deren Wohnsitz. Das Verbot gilt daher formal unterschiedslos, auch wenn von ihm hauptsächlich Ausländer und nur die wenigen im Ausland lebenden Österreicher betroffen sind. Es könnte aus raumplanerischen Gründen gerechtfertigt sein (missverständlich insoweit EuGHE, C-224/97, 1999, I-2517, Rn. 16 – Ciola; vgl. dazu Gundel EuR 1999, 781).

Als unterschiedslos anwendbar (aber möglicherweise doch versteckt diskriminierend) werden Maßnahmen angesehen, die für alle Personen gelten sollen, die im betreffenden Mitgliedstaat eine bestimmte Tätigkeit ausüben. Dies gilt auch dann, wenn ein Mitgliedstaat zur Ausübung der Tätigkeit eine **Niederlassung im Inland** fordert. Zwar könnte in diesen Fällen an eine offene Diskriminierung wegen des Ursprungs der Dienstleistung in einem anderen Mitgliedstaat gedacht werden, zumal der Dienstleistende gerade *per definitionem* keine Niederlassung im Inland hat. Dies wird jedoch vom EuGH, der die Rechtfertigung des genannten Erfordernisses (Niederlassung im Inland) durch Allgemeininteressen zulässt, nicht angenommen (vgl. EuGHE, C-222/95, 1997, I-3899 – Parodi, Rn. 31).

Nicht geklärt ist außerdem die Frage, unter welchen Voraussetzungen eine **Gesellschaft wegen ihrer „Staatsangehörigkeit" als offen diskriminiert** anzusehen ist. An sich ist bei Gesellschaften, die im Gegensatz zu natürlichen Personen keine Staatsangehörigkeit i.e.S. besitzen, auf deren Sitz abzustellen, um sie einem Mitgliedstaat rechtlich zuzuordnen (vgl. EuGHE, C-311/97, 1999, I-2651 – Royal Bank of Scotland, Rn. 23, 32). Nähme man bei Gesellschaften aber immer eine offene Diskriminierung an, wenn sie wegen ihres ausländischen Sitzes schlechter behandelt werden als Gesellschaften mit Sitz im Inland, so wäre dies nicht im Einklang mit der Rechtsprechung des EuGH, wonach bei natürlichen Personen Unterscheidungen nach dem Wohnsitz oder der Niederlassung nur als mittelbare Diskriminierungen zu qualifizieren sind. Jedenfalls liegt nur eine mittelbare Diskriminierung vor, wenn die nationale Vorschrift die Zulässigkeit der beabsichtigten Dienstleistung vom Vorhandensein einer (Zweig-) Niederlassung im Inland abhängig macht. Eine unmittelbare Diskriminierung – und damit deren auf Art. 52, 62 AEUV reduzierte Rechtfertigungsmöglichkeit – ist daher wohl nur anzunehmen, wenn die nationale Maßnahme ausdrücklich eine *ausländische Gesellschaft* schlechter stellt und dies etwa auch dann gelten soll, wenn die ausländische Gesellschaft eine unselbständige Zweigniederlassung im Inland unterhält (so aber etwa die finnische Regelung in EuGHE, C-136/00, 2002, I-8147 – Danner, Schlussanträge GA Jacobs Rn. 31).

2. Art. 56 AEUV als allgemeines Beschränkungsverbot

Spätestens seit dem Urteil Säger (EuGHE, C-76/90, 1991, I-4221) ist klar, dass Art. 56 AEUV neben (unmittelbaren und mittelbaren) **Diskriminierungen** aufgrund der Staatsangehörigkeit auch alle **Beschränkungen** des freien Dienstleistungsverkehrs verbietet. Wie schon im Rahmen der Niederlassungsfreiheit sind als Beschränkungen *alle Maßnahmen* anzusehen, *die die Ausübung des freien Dienstleistungsverkehrs verbieten, behindern oder weniger attraktiv machen* (EuGHE, C-518/06, 2009, I-3491 – Kommission/Italien „Kraftfahrzeug-Haftpflichtversicherung", Rn. 62). Dabei genügt bereits, dass eine Maßnahme *geeignet ist*, solche Auswirkungen zu erzeugen (EuGH, C-42/07, 2009, I-7633, EuZW 2009, 689 – Liga Portuguesa de Futebol, Rn. 51; EuGH, C-97/09, Urt. v. 26. 10. 2010 – Schmelz, Rn. 47). Keine Beschränkungen sind nur solche staatlichen Maßnahmen, deren Auswirkungen auf die Dienstleistungsfreiheit *zu ungewiss oder zu indirekt* sind, als dass sie diese wirklich beeinträchtigen würden (EuGHE, C-211/08, Urt. v. 15. 6. 2010 – Kommission/Spanien, Rn. 72).

Allerdings dürften materiell unterschiedslos geltende „Ausübungsregelungen" in Anlehnung an die Keck-Rechtsprechung nicht in den Schutzbereich des Art. 56 AEUV fallen, weil sie die Ausübung der Freiheit nicht wirklich behindern. Unscharf bleibt jedoch auch hier die Abgrenzung der bloßen Ausübungsregelungen von den Marktzugangsregelungen (vgl. dazu im Einzelnen oben S. 232, zur Niederlassungsfreiheit).

Bei der Fallbearbeitung ist weiter zu beachten, dass die Dienstleistungsfreiheit sowohl zugunsten des Dienstleistungserbringers (**aktive Dienstleistungsfreiheit**) als auch zugunsten des Dienstleistungsempfängers gilt (**passive Dienstleistungsfreiheit**). Zahlreiche nationale Maßnahmen können sich unter beiden Blickwinkeln als Beschränkungen darstellen. Wird etwa dem Online-Sportwettenveranstalter Bwin mit Sitz in Gibraltar durch deutsche Gesetze verboten, in Deutschland per Internet Sportwetten anzubieten, so wird dadurch sowohl die aktive Dienstleistungsfreiheit Bwins als auch die passive Dienstleistungsfreiheit der in Deutschland wohnenden Unionsbürger beschränkt (vgl. EuGH, a.a.O. – Liga Portuguesa de Futebol, Rn. 51; ähnlich EuGH, C-169/08, 2009, I-10821 – Sardegna).

Beschränkungen des freien Dienstleistungsverkehrs können sowohl vom Aufnahmestaat als auch vom Herkunftsstaat des Dienstleistungserbringers ausgehen.

a) Bei den **Maßnahmen des Aufnahmestaats** handelt es sich zumeist um Vorschriften, die unterschiedslos für einheimische und ausländische Dienstleistungserbringer gelten und die den ausländischen Dienstleistungserbringer materiell (tatsächlich, faktisch) nicht stärker belasten als seinen inländischen Konkurrenten. Die Abgrenzung zur versteckten Diskriminierung ist aber nicht trennscharf und wie im Rahmen des freien Warenverkehrs wegen der gleichen Rechtfertigungsgründe auch nicht erforderlich.

Wichtig ist, dass nach der Rechtsprechung des EuGH ein Mitgliedstaat die Erbringung von grenzüberschreitenden Dienstleistungen in seinem Hoheitsgebiet nicht von der Einhaltung aller Voraussetzungen abhängig machen darf, die für eine Niederlassung gelten. Ansonsten wäre den Bestimmungen des Vertrags, deren Ziel es gerade ist, die Dienstleistungsfreiheit zu gewährleisten und den Binnenmarkt zu vollenden, auch wenn die Bedingungen einer wirtschaftlichen Tätigkeit in den einzelnen Mitgliedstaaten mangels Harmonisierung unterschiedlich geregelt sind, jede praktische Wirksamkeit genommen. Vielmehr soll ein Dienstleister, der im Staat seiner Niederlassung seine Leistungen rechtmäßig erbringt, dies auch grenzüberschreitend tun können. Dies führt dazu, dass der dienstleistende Ausländer weniger Voraussetzungen erfüllen muss als der niedergelassene Inländer, der die gleichen Leistungen erbringt. Im Übrigen wäre eine vollständige Gleichbehandlung inländischer und ausländischer Dienstleistungserbringer wohl eine versteckte Diskriminierung, eben weil der EU-Ausländer die Voraussetzung seines Heimatlands erfüllt, aber die des Aufnahmestaats (z.B. Meisterbrief, Eintragung in die Handwerksrolle) nur unter besonderen Schwierigkeiten erfüllen könnte.

Materiell unterschiedslose **Berufsausübungsregelungen**, die den **Marktzugang** des Dienstleisters nicht hindern (z.B. Sonntagsarbeitsverbote; Pflicht eines Anwalts, vor Gericht eine Robe zu tragen), dürften allerdings wie die unterschiedslosen Verkaufsmodalitäten im Sinne der Keck-Rechtsprechung nicht in den Anwendungsbereich (Schutzbereich) der Art. 56, 57 AEUV fallen. Diese Regeln müssen dann auch keiner Rechtfertigungsprüfung unterzogen werden.

b) Maßnahmen des Herkunftsstaats. Besonderheiten bestehen, wenn die Dienstleistungen nicht, wie oben, unter dem Blickwinkel des „Imports", sondern unter dem des „Exports" gesehen werden. Es geht dann um die Rechtmäßigkeit der Beschränkungen durch den Niederlassungsstaat des Dienstleistenden. Zweifellos sind wie in Art. 35 AEUV diskriminierende Maßnahmen verboten: Die nationale Regelung darf die Leistung von Diensten zwischen Mitgliedstaaten im Ergebnis gegenüber der Leistung von Diensten im Inneren eines Mitgliedstaates nicht erschweren (vgl. EuGHE C-158/96, 1998, I-1931 = EuZW 1998, 345 – Kohll, Rn. 33). Fraglich aber bleibt, ob auch nichtdiskriminierende Beschränkungen des „Ausfuhrstaats" unter Art. 56 AEUV fallen. Dies hat der EuGH in folgendem Fall bejaht (EuGHE, C-384/93, 1995, I-1141 = Hummer S. 611 – Alpine Investments):

Die in den Niederlanden ansässige Firma **Alpine Investments** vermittelt u.a. Warenterminngeschäfte. Ihr wird von den holländischen Behörden verboten, potenzielle Kunden ohne deren vorherige Zustimmung zum Zweck der Geschäftsanbahnung (Werbung) anzurufen (sog. *cold calling*). Dieses Verbot gilt unterschiedslos, sei es, dass die potenziellen Kunden in Holland oder im EU-Ausland ansässig sind. Es bezweckt deren Schutz sowie die Wahrung des guten Rufs der holländischen Finanzplätze. Nicht aber dient es dazu, dem holländischen Markt einen Vorteil gegenüber ausländischen Dienstleistungserbringern zu verschaffen. Die Ähnlichkeit zu der Situation, die in Art. 35 AEUV geregelt ist, und zur Keck-Rechtsprechung ist augenfällig: Unter Art. 35 AEUV fallen nach der Rechtsprechung des EuGH nur Exportbeschränkungen, die spezifische Beschränkungen der Ausfuhrströme bezwecken oder bewirken und damit unterschiedliche Bedingungen für den Binnenhandel eines Mitgliedstaats und seinen Außenhandel schaffen, so dass die nationale Produktion oder der nationale Markt des betroffenen Mitgliedstaats einen besonderen Vorteil erlangen (vgl. oben S. 208). Um eine derartige Exportbeschränkung handelt es sich hier nicht. Es liegt vielmehr das unterschiedslose Verbot einer Verkaufsmodalität vor, das jedenfalls nicht in den Anwendungsbereich des Art. 35 AEUV fiele.

Der Gerichtshof zieht jedoch im Bereich der Dienstleistungsfreiheit keine Parallele zu Art. 35 AEUV und zur Keck-Rechtsprechung. Der Grund dürfte darin liegen, dass das Verbot vom „Exportstaat" ausgeht und im Verhältnis zum „Importstaat" eine **Marktzugangsbeschränkung** schafft, die dort innerstaatlich möglicherweise gar nicht gilt. Der EuGH lässt das Verbot also in den Anwendungsbereich des Art. 56 AEUV fallen. Das Verbot *rechtfertigt* der EuGH dann allerdings mit dem Schutz des guten Rufs der holländischen Finanzplätze (im selben Sinne EuGHE, C-405/98, 2001, I-1795 – Gourmet, Rn. 35 ff., für das unterschiedslose Verbot von Werbung für Alkohol in schwedischen Zeitschriften aus Gründen des Gesundheitsschutzes).

c) Seit geraumer Zeit prüft der EuGH Eingriffe in den freien Dienstleistungsverkehr fast nur noch unter Rückgriff auf das Beschränkungsverbot in Art. 56 AEUV. Dies ist auch gerechtfertigt, weil schon der Wortlaut von Art. 56 AEUV ausdrücklich am Begriff der Beschränkung anknüpft und die Grenze zwischen mittelbarer Diskriminierung und unterschiedslos geltender Beschränkung fließend ist.

Beispiel (nach EuGHE, C-158/96, 1998, I-1931 – Kohll):

Der Luxemburger Kohll möchte für seine Tochter eine Zahnregulierung in Trier vornehmen lassen. Nach den Vorschriften seiner staatlichen luxemburgischen Krankenversicherung werden die Kosten einer im Ausland durchgeführten Behandlung aber nur erstattet, wenn diese vorher genehmigt worden ist. Die Versicherung versagt die Genehmigung mit der Begründung, die Behandlung sei nicht dringend und könne auch in Luxemburg vorgenommen werden. Herr Kohll macht geltend, die Genehmigungspflicht verstoße gegen Art. 56, 57 AEUV.

Eine unmittelbare Diskriminierung aus Gründen der Staatsangehörigkeit ist nicht anzunehmen: Der Zahnarzt wird nicht offen wegen seiner deutschen Staatsangehörigkeit diskriminiert, vielmehr wird auf seine Niederlassung in Deutschland abgestellt, was allenfalls zu einer versteckten Diskriminierung führt. Was Herrn Kohll anbelangt, so wird er im Vergleich zu den anderen Versicherten nicht wegen seiner (luxemburgischen) Staatsangehörigkeit diskriminiert, sondern, weil er eine Dienstleistung im Ausland bezieht. Klar ist aber, dass sowohl der Zahnarzt (Dienstleistender) als auch Herr Kohll (Dienstleistungsempfänger) durch die nationale Regelung in der Ausübung ihrer Dienstleistungsfreiheit *beschränkt* werden. Wie fließend die Grenze zwischen mittelbarer Diskriminierung und Beschränkung in einem solchen Fall sein kann, zeigt sich an der vom EuGH in diesem und ähnlichen Fällen geprägten Formel:

Nach der Rechtsprechung des Gerichtshofs verstößt jede nationale Regelung gegen Art. 56 AEUV, die die Leistung von Diensten zwischen Mitgliedstaaten im Ergebnis gegenüber der Leistung von Diensten im Inneren eines Mitgliedstaats erschwert.

Diese Formel gilt natürlich nur vorbehaltlich einer Rechtfertigung (vgl. dazu sogleich, VII.1.).

3. Drittwirkung der Dienstleistungsfreiheit

Die Vorschriften über die Dienstleistungsfreiheit verpflichten in erster Linie die Mitgliedstaaten. Bei kollektiven Regelungen im Arbeits- und Dienstleistungsrecht, insbesondere durch mächtige Sportverbände, sind die Art. 56, 57 AEUV auch im privaten Bereich anwendbar, da ansonsten die Dienstleistungsfreiheit unterlaufen werden könnte (EuGHE, 36/74, 1974, 1405 = Hummer, S. 539 – Walrave; EuGHE, C-51/96, 2000, I-2549 = EuZW 2000, 371 – Deliège, Rn. 47). Gegenüber Streik- und Blockademaßnahmen einer Gewerkschaft kann sich der betroffene Unternehmer ebenfalls auf die Dienstleistungsfreiheit berufen (EuGHE, C-341/05, 2007, I-11767 = NZA 2008, 159 – Laval). Ungeklärt ist, ob Art. 56 AEUV auf individuelle Vereinbarungen unmittelbar anzuwenden ist oder lediglich mittelbar eine Ausstrahlungswirkung hat (vgl. oben S. 193, 222 und 234).

VII. Rechtfertigung von diskriminierenden oder beschränkenden Maßnahmen

Eingriffe in den freien Dienstleistungsverkehr können entweder anhand der geschriebenen Rechtfertigungsgründe (Art. 52 Abs. 1 i.V.m. Art. 62 AEUV, sog. *Ordre-public*-Vorbehalt) oder – sofern sie nicht offen diskriminierend wirken – anhand zwingender Gründe des Allgemeininteresses gerechtfertigt werden.

1. Rechtfertigung aus Gründen der öffentlichen Ordnung, Sicherheit oder Gesundheit

Nach Art. 52 Abs. 1 i.V.m. Art. 62 AEUV kann einem ausländischen Dienstleistungserbringer oder -empfänger aus Gründen der öffentlichen Ordnung, Sicherheit oder Gesundheit i.V.m. Art. 27 ff. der Aufenthaltsrichtlinie 2004/38 (Sartorius II Nr. 177) und §§ 6, 7 FreizügG/EU Einreise und Aufenthalt in Deutschland untersagt werden. Art. 52 AEUV entspricht daher dem Vorbehalt der öffentlichen Ordnung, Sicherheit und Gesundheit in Art. 45 Abs. 3 AEUV (*Ordre-public*-Vorbehalt, vgl. oben S. 224). In diesen Fällen ist auch eine offene Diskriminierung aus Gründen der Staatsangehörigkeit bei Wahrung der Verhältnismäßigkeit und der Unionsgrundrechte gerechtfertigt. Gegenüber Dienstleistungserbringern und -empfängern hat Art. 52 AEUV somit ausländerrechtliche Bedeutung, weil er zum Verlust des Rechts auf Einreise und Aufenthalt führen kann.

Dass auch sonst bei der Auslegung und Anwendung des *Ordre-public*-Vorbehalts grundrechtliche Wertungen zu berücksichtigen sind, zeigt folgendes

Beispiel (EuGH, C-36/02, 2004, I-9609 – Omega = Hummer, S. 316): Die deutsche Gesellschaft Omega veranstaltet im Rahmen eines Franchisevertrags mit einer britischen Gesellschaft Spiele, bei denen mit Laserpistolen auf Menschen geschossen und deren Tod simuliert wird. Diese Spiele werden von der zuständigen deutschen Behörde verboten. Das Verbot beschränkt die Dienstleistungsfreiheit (die betreffende Spielvariante wurde von der britischen Gesellschaft durch Franchising vermarktet; Art. 56 AEUV schützt auch den Dienstleistungsempfänger, also Omega). Die Beschränkung ist jedoch aus Gründen der öffentlichen Ordnung gerechtfertigt. Die Veranstaltung der Spiele mit simulierten Tötungshandlungen verstößt nach der in Deutschland vorherrschenden öffentlichen Meinung gegen grundlegende Wertvorstellungen, nämlich gegen die Menschenwürde (Art. 1 Abs. 1 GG). Insoweit kommt jedem Mitgliedstaat, da die Anschauungen von Land zu Land unterschiedlich sind, ein Beurteilungsspielraum zu. Die Veranstaltung stellt daher eine Gefahr für die öffentliche Ordnung dar, wobei ein Grundinteresse der Gesellschaft berührt wird. Auf welchem Niveau ein Mitgliedstaat die Menschenwürde schützen will, ist ihm überlassen. Das Verbot der in Rede stehenden Spiele ist zum Schutz der Menschenwürde geeignet und geht nicht über das hinaus, was zur Erreichung des Ziels erforderlich ist (vgl. auch ergänzend unten S. 275 f.; zum Spannungsverhältnis zwischen Grundfreiheiten und Grundrechten vgl. unten S. 274 f.).

Auch Diskriminierungen oder Beschränkungen aus Gründen der ausländischen Herkunft einer Dienstleistung können gemäß Art. 52 Abs. 1 i.V.m. Art. 62 AEUV gerechtfertigt sein, insbesondere zum **Schutz der öffentlichen Gesundheit**. In Bezug auf die Erbringung und Inanspruchnahme von Dienstleistungen im Gesundheitssektor, für die bisweilen auch das Schlagwort „**Freizügigkeit der Patienten**" geprägt wird, hat sich in den letzten Jahren eine fein ausdifferenzierte Rechtsprechung entwickelt.

Beispiel: Im Fall Kohll (s. oben S. 248), in dem eine luxemburgische gesetzliche Krankenversicherung die Übernahme der Kosten für eine zahnärztliche Behandlung in Deutschland abgelehnt hatte, prüfte der EuGH, ob dies aus Gründen der **öffentlichen Gesundheit** gerechtfertigt sei. Damit eng verbunden ist ein anderer Gemeinwohlbelang, nämlich die **Erhaltung der Funktionsfähigkeit und des finanziellen Gleichgewichts des Gesundheitssystems** des jeweiligen Mitgliedstaats. Der EuGH hielt jedoch eine Pflicht zur vorherigen Genehmigung durch die Krankenkasse bei ambulanten Heilbehandlungen nicht für erforderlich. Hintergrund dürfte sein, dass keine Anhaltspunkte für eine Gefährdung der Funktionsfähigkeit und des finanziellen Gleichgewichts des luxemburgischen Gesundheitssystems durch „Patiententourismus" vorlagen, zumal die Luxemburger Krankenversicherung ausländische Zahnärzte (höchstens) zu den für luxemburgische Ärzte geltenden Gebühren bezahlen muss.

Hingegen hat es der EuGH als gerechtfertigt angesehen, dass die Mitgliedstaaten den freien Dienstleistungsverkehr im Bereich der *klinischen* Versorgung einschränken, soweit dies zur Aufrechterhaltung der Versorgung der eigenen Bevölkerung durch ein funktionierendes Gesundheitssystem und somit aus Gründen des Gesundheitsschutzes i.S.v. Art. 52 AEUV erforderlich ist. Die Mitgliedstaaten können danach die Kostenerstattung von der vorherigen Genehmigung einer Behandlung in einer ausländischen Klinik abhängig machen, sofern der Verhältnismäßigkeitsgrundsatz gewahrt ist (eine entsprechende Behandlung im Inland muss unter zumutbaren Bedingungen, v.a. ohne überlange Wartezeiten, möglich sein; vgl. EuGHE, C-157/99, 2001, I-5473 = EuZW 2001, 464 – Smits u. Peerbooms, Rn. 72 ff.; EuGHE, C-372/04, 2006, I-4325 – Watts; EuGH, Rs. C-173/09 – Elchinov; für nicht geplante Krankenhausaufenthalte anlässlich von Auslandsreisen vgl. EuGH, C-211/08, Urt. v. 15. 6. 2010 – Kommission/Spanien).

Unterschiedslos anwendbare Vorschriften mit gesundheitspolitischem Ziel, wie etwa ein Verbot der Fernsehwerbung für alkoholische Getränke, können ebenfalls aufgrund von Art. 52 Abs. 1 i.V.m. Art. 62 AEUV gerechtfertigt sein (EuGHE, C-262/02, 2004, I-6569 – Kommission/Frankreich; EuGHE, C-429/02, 2004, I-6613 – Bacardi).

2. Rechtfertigung von Beschränkungen aus zwingenden Gründen des Allgemeininteresses

Unmittelbare (offene, direkte) Diskriminierungen aufgrund der Staatsangehörigkeit können nur aus den in Art. 52 Abs. 1 i.V.m. Art. 62 AEUV genannten Gründen gerechtfertigt sein (vgl. soeben; EuGHE, C-451/03, 2006, I-2941 – Servizi Ausiliari Dottori Commercialisti, Rn. 36). Mittelbare (versteckte, indirekte) Diskriminierungen und materiell unterschiedslose Beschränkungen können hingegen auch gerechtfertigt werden, *sofern sie zwingenden Gründen des Allgemeininteresses entsprechen, geeignet sind, die Erreichung des verfolgten Ziels zu gewährleisten, und nicht über das hinausgehen, was zur Erreichung dieses Ziels erforderlich ist* (EuGHE, C-518/06, 2009, I-3491 – Kommission/Italien, „Kraftfahrzeug-Haftpflichtversicherung", Rn. 72). Im Einzelnen gilt Folgendes:

● Die nationalen Vorschriften müssen **zwingende Erfordernisse des Allgemeininteresses** verfolgen, wie z.B. den Gläubigerschutz, den Schutz des Dienstleistungsempfängers, der Arbeitnehmer und Verbraucher oder die Funktionsfähigkeit der Rechtspflege (vgl. EuGHE, C-353/89, 1991, I-4069, EuZW 1992, 56 – Kommission/Niederlande, Rn. 18 m. N.). Auch ganz allgemeine Anliegen der Sozialpolitik und der Betrugsbekämpfung können legitimerweise verfolgt werden (z.B. Bekämpfung der Spielsucht, EuGHE, C-275/92, 1994, I-1039 Rn. 57 ff. = Hummer, S. 613 – Schindler). Es muss sich jedoch – wie bei allen Binnenmarktfreiheiten – um **nicht wirtschaftliche Ziele** handeln.

Beispiel: Kein legitimes Allgemeininteresse stellt daher der Schutz der deutschen Bauwirtschaft und die Sicherung der Arbeitsplätze deutscher Arbeitnehmer gegen ausländische Bauunternehmer dar, die in Deutschland unter Einsatz ihrer ausländischen Arbeitnehmer Dienstleistungen erbringen. Zwar verbietet das Unionsrecht grundsätzlich nicht, dass der Aufnahmestaat bestimmte arbeits- und sozialrechtliche Bestimmungen zum Schutz der betroffenen Arbeitnehmer auch für ausländische dienstleistende Betriebe für verbindlich erklärt (vgl. EuGHE, C-164/99, 2002, I-787 = EuZW 2002, 245 – Portugaia Construções; vgl. unten S. 252). An das im Aufnahmestaat geltende Lohnniveau muss sich der ausländische Dienstleister jedoch nur halten, sofern es auf für allgemeinverbindlich erklärten Tarifverträgen oder auf gesetzlichen Mindestlöhnen beruht (EuGHE, C-346/06, 2008, I-1989 – Rüffert). Einzelheiten ergeben sich aus der sog. **Entsenderichtlinie** (RL 96/71/EG).

Beispiel: Eine Regelung der Anwaltshonorare wie die italienische, wonach stets ein Mindesthonorar vorgeschrieben ist, kann aus Gründen des Verbraucherschutzes und der geordneten Rechtspflege gerechtfertigt sein (EuGHE, C-94/04, 2006, I-11421 – Cipolla). Ob das Gleiche auch für eine zwingende Begrenzung der Anwaltshonorare nach oben gilt, ist noch nicht geklärt (EuGH, Rs. C-565/08 – Kommission/Italien).

● Weiterhin muss der **Verhältnismäßigkeitsgrundsatz** gewahrt sein. Die **Regelung** muss also zur Verfolgung des Allgemeininteresses **geeignet, erforderlich** und – vom EuGH selten überprüft – angesichts des Unionsinteresses am freien Dienstleistungsverkehr auch angemessen sein (EuGHE, C-154/89, 1991, I-669 = Hummer, S. 602 – Fremdenführer). Eine nationale Regelung ist nur dann geeignet, das geltend gemachte Ziel (z.B. beim Glücksspiel: Schutz der Glücksspieler vor Spielsucht oder vor Betrug durch die Anbieter) zu erreichen, wenn sie dieses Ziel **in kohärenter und systematischer Weise** verfolgt (vgl. EuGH, C-42/07, 2009, I-7633, EuZW 2009, 689 – Liga Portuguesa de Futebol, Rn. 61; EuGH, C-169/08, 2009, I-10821 – Sardegna, Rn. 42).

Nicht kohärent ist es beispielsweise, wenn ausländischen Anbietern von Glücksspielen oder Sportwetten zum Schutz vor Spielsucht Beschränkungen auferlegt werden, während der staatliche Lotteriebetreiber des Aufnahmestaats eine expansive Geschäftspolitik mit aggressiver Werbung verfolgt, um neue Kunden zu gewinnen.

Mangelnde Erforderlichkeit ist nicht schon dadurch dargetan, dass ein anderer Mitgliedstaat keinen Schutz oder nur einen weniger intensiven Schutz für erforderlich hält. Ansonsten wäre in Europa das jeweils geringste Schutzniveau („kleinster gemeinsamer Nenner") verbindlich. Ob und auf welchem Niveau die Allgemeininteressen geschützt werden, entscheidet vielmehr jeder Mitgliedstaat selbst im Rahmen seines Beurteilungsspielraums. Überprüft wird im Rahmen der Erforderlichkeit nur, ob der Mitgliedstaat das Mittel zur Erreichung des Ziels eingesetzt hat, das die Grundfreiheit am wenigsten beeinträchtigt (EuGH a. a. O. – Liga Portuguesa de Futebol, Rn. 58 f.).

• Die Allgemeininteressen dürfen nicht bereits durch Rechtsvorschriften gewahrt sein, denen der Leistungserbringer in dem Staat unterliegt, in dem er ansässig ist. Der Bestimmungsstaat muss z. B. Kontrollen und Überprüfungen, die der Niederlassungsstaat bereits vorgenommen hat, soweit sie gleichwertig sind, berücksichtigen und darf sie nicht einfach wiederholen (EuGHE, 205/84, 1986, 3755 = Hummer, S. 622 – Versicherungen, Rn. 47). Diese Grundsätze gelten auch für Diplome und sonstige Befähigungsnachweise.

• Außerdem darf ein Mitgliedstaat die Erbringung von Dienstleistungen i. S. v. Art. 57 AEUV nicht von allen Voraussetzungen abhängig machen, die – berechtigterweise – für die Niederlassung gefordert werden können. Deshalb verstößt es gegen Art. 56 AEUV, wenn sich ausländische Handwerker vor Aufnahme ihrer vorübergehenden Tätigkeit in einem anderen Mitgliedstaat erst in einem langwierigen und kostspieligen Verfahren, wie es für Niedergelassene vorgesehen ist, in die Handwerksrolle eintragen lassen müssen, so dass zuviel Vorlaufzeit benötigt wird und v. a. bei kleineren Vorhaben kein Gewinn mehr zu erwirtschaften ist (vgl. EuGHE, C-58/98, 2000, I-7919 = EuZW 2000, 763 – Corsten, Rn. 43 ff.; jetzt im Sinne des Urteils in Art. 6 der BerufsqualifikationsRL 2005/36, Sartorius II Nr. 184, geregelt).

Allerdings kann die Verfolgung berechtigter Allgemeininteressen durch den Bestimmungsstaat – jedenfalls theoretisch – so weit führen, dass eine Niederlassung des Dienstleistungserbringers gefordert wird, was dann *de facto* zur Negation der Dienstleistungsfreiheit führt (EuGH a. a. O. – Versicherungen, Rn. 52). Denn der Dienstleistende ohne Niederlassung im Inland kann dieses Erfordernis nicht erfüllen. Für die Zulässigkeit einer solchen Anforderung muss daher der Mitgliedstaat nachweisen, dass das Erfordernis einer Niederlassung zur Erreichung des Ziels unerlässlich ist. Dies wird man nur höchst ausnahmsweise annehmen dürfen.

Erfüllen die nationalen Vorschriften die genannten Anforderungen an eine Rechtfertigung nicht, kommen sie wegen Vorrangs der Art. 56, 57 AEUV nicht zur Anwendung.

VIII. Harmonisierungsmaßnahmen

Nach Art. 53, 62 AEUV werden durch den Erlass von Richtlinien die nationalen Rechts- und Verwaltungsvorschriften angeglichen, die im Allgemeininteresse liegen und die – ohne Harmonisierung – den freien Dienstleistungsverkehr in gerechtfertigter Weise beschränkten.

Zu nennen ist insbesondere die Richtlinie 77/249 des Rates zur Erleichterung der tatsächlichen Ausübung des freien Dienstleistungsverkehrs der Rechtsanwälte. Diese ist in Deutschland erst 1990 durch das Rechtsanwaltsdienstleistungsgesetz (RADG) ordnungsgemäß umgesetzt worden, nachdem ein Vertragsverletzungsverfahren gegen Deutschland stattgefunden hatte (vgl. EuGHE, 427/85, 1988, 1123 = Hummer, S. 603 – Gouvernantenklausel). Die Vorschriften des RADG sind nunmehr in den §§ 25 ff. des Gesetzes über die **Tätigkeit europäischer Rechtsanwälte in Deutschland** (EuRAG) enthalten. Dieses Gesetz implementiert die Richtlinie 98/5/EG zur Erleichterung der ständigen Ausübung des Rechtsanwaltsberufs in einem anderen Mitgliedstaat als dem, in dem die Qualifikation erworben wurde (vgl. hierzu auch EuGH, C-168/98, 2000, I-9131 = EuZW 2000, 751 – Luxemburg/EP und Rat; BGH EuZW 2009, 430). Zu unterscheiden ist der **„niedergelassene europäische Rechtsanwalt"** (vgl. § 2 Abs. 1 EuRAG und oben S. 239), der von seinem Recht aus Art. 49 AEUV Gebrauch macht (vgl. hierzu Lach NJW 2000, 1609), vom **„dienstleistenden europäischen Rechtsanwalt"** (vgl. § 25 Abs. 1 EuRAG), der gemäß Art. 56 ff. AEUV vorübergehend in Deutschland tätig wird, in einem anderen Mitgliedstaat zugelassen ist und die Staatsangehörigkeit eines Mitgliedstaats besitzt. Der dienstleistende europäische Rechtsanwalt kann unter seiner ausländischen Berufsbezeichnung (*avocat, solicitor* usw.) vor den deutschen Gerichten auftreten und auch bei einem Landgericht Klage einreichen. Er hat jedoch das *Einvernehmen* mit einem postulationsfähigen (§ 78 ZPO) in Deutschland niedergelassenen Rechtsanwalt spätestens bei seiner ersten Handlung dem Gericht gegenüber schriftlich nachzuweisen (§ 29 EuRAG).

Wichtig ist, dass der EU-Anwalt auch im Anwaltsprozess (§ 78 ZPO) selbst Prozessbevollmächtigter ist und nicht der deutsche Rechtanwalt, in dessen Einvernehmen er handelt.

Weiter ist die **Richtlinie 2005/36 über die Anerkennung von Berufsqualifikationen** zu nennen. Sie enthält in ihren Art. 5–9 spezifische Bestimmungen zur Dienstleistungsfreiheit (vgl. oben S. 239).

Wichtig ist ferner die „**Dienstleistungsrichtlinie**" 2006/123. Allerdings gilt sie nach ihrem Art. 2 für zahlreiche Dienstleistungen nicht (vgl. dazu oben S. 240). In ihren Anwendungsbereich fallen jedoch Unternehmensberatungen, Rechtsberatungen, Maklerdienste, Konstruktionsdienstleistungen, Fremdenverkehr u. a. (vgl. Hatje NJW 2007, 2357, 2358). Herzstück der Dienstleistungsrichtlinie ist ihr Art. 16. Danach gilt zwar nicht das Herkunftslandprinzip, das es jedem Dienstleister, der im Mitgliedstaat seiner Niederlassung rechtmäßig Dienste erbringt, erlaubt hätte, dies ohne Rücksicht auf die Regelungen des Bestimmungslands in der ganzen Union zu tun. Doch dürfen die Regelungen des Bestimmungslandes die Erbringung der Dienstleistung nur mehr aus Gründen der öffentlichen Ordnung, Sicherheit, Gesundheit oder des Schutzes der Umwelt beschränken. Die Regelungen müssen außerdem diskriminierungsfrei und verhältnismäßig sein (vgl. Lemor/Haake EuZW 2009, 65).

IX. Prüfungsschema

Dienstleistung i. S. v. Art. 56, 57 AEUV wird (grenzüberschreitend!) innerhalb der Union von Angehörigem eines Mitgliedstaates erbracht (für Gesellschaften gelten Art. 54, 62 AEUV).

Keine Ausübung öffentlicher Gewalt (Art. 51, 62 AEUV: Bereichsausnahme).

Keine abschließende unionsrechtliche Harmonisierung der speziellen Dienstleistungstätigkeit. (Wenn doch, ist zu prüfen, ob nationale Regelung der Harmonisierungsmaßnahme entspricht; dabei ist RL im Lichte von Art. 56 AEUV auslegen; unmittelbare Wirkung der Richtlinie?)

Vorliegen einer nationalen Maßnahme, die geeignet ist, die Dienstleistung zu unterbinden, zu behindern oder weniger attraktiv zu machen.

Maßnahme diskriminiert offen aus Gründen der Staatsangehörigkeit oder der Herkunft der Dienstleistung aus einem anderen MS	Maßnahme gilt formal unterschiedslos, benachteiligt aber in erster Linie Ausländer, z. B. Spracherfordernis, Niederlassung im Inland	Maßnahme gilt unterschiedslos für alle im MS erbrachten und empfangenen Dienstleistungen, ohne Ausländer faktisch zu benachteiligen.
	Nur dann keine (versteckte) Diskriminierung, wenn Maßnahme aus zwingenden Gründen des Allgemeininteresses erforderlich (Verhältnismäßigkeit)	Prüfung, ob Maßnahme überhaupt unter Art. 56 AEUV fällt (entsprechend Keck: bloße Ausübungsregelung oder Zugangsbeschränkung?)
Rechtfertigung nur über Art. 62, 52 AEUV zulässig (+ Verhältnismäßigkeit)		Jedenfalls Zugangsbeschränkung nur gerechtfertigt, wenn aus zwingenden Gründen des Allgemeininteresses gerechtfertigt (Verhältnismäßigkeit)

MS darf Dienstleistung nicht von der Einhaltung aller Voraussetzungen abhängig machen, die für Niederlassung gelten (*effet utile*!)

Wie erwähnt, unterscheidet der EuGH oft nicht zwischen mittelbar diskriminierenden und unterschiedslos geltenden Regelungen, was wegen der gleichen Rechtfertigungsgründe auch nicht erforderlich ist (vgl. dazu die Gebhard-Formel oben S. 235). Nur eine Mindermeinung vertritt, dass die zwingenden Gründe des Allgemeininteresses alle Beschränkungen (also auch offene Diskriminierungen) rechtfertigen können, wobei dann der Verhältnismäßigkeitsgrundsatz umso strenger anzuwenden ist, je stärker die staatliche Maßnahme diskriminiert.

F. Der freie Kapital- und Zahlungsverkehr

Der freie Kapital- und Zahlungsverkehr ist in Art. 63–66 AEUV geregelt. Art. 63 AEUV ist **unmittelbar anwendbar**, und zwar **auch im Verhältnis zu Drittstaaten**, da die Vorschrift ein eindeutiges und unbedingtes Verbot enthält (EuGHE, C-101/05, 2007, I-11531 – A, Rn. 21–27).

I. Der freie Kapitalverkehr

1. Einleitung

Ursprünglich sahen die Verträge keine vollständige Liberalisierung des Kapitalverkehrs vor (EuGHE, C-360/06, 2008, I-7333 – Bauer Verlag, Rn. 43). Zur Beseitigung der Beschränkungen des Kapitalverkehrs waren die Mitgliedstaaten nur verpflichtet, „soweit es für das Funktionieren des Gemeinsamen Marktes notwendig ist" (Art. 67 Abs. 1 EWGV). Diese zögerliche Haltung erklärt sich insbesondere daraus, dass es seinerzeit noch keine nennenswerte Koordinierung der nationalen Wirtschafts- und Währungspolitiken innerhalb der damaligen Gemeinschaft gab (EuGHE, 203/80, 1981, 2595 – Casati, Rn. 9–13). Inzwischen hat sich das Umfeld grundlegend verändert. Die Weltwirtschaft ist globalisiert, und mit dem Vertrag von Maastricht wurden unionsintern enorme Fortschritte auf dem Gebiet der Wirtschafts- und Währungspolitik erzielt (Art. 104 ff. AEUV). Die Wirtschaftspolitik der Mitgliedstaaten wird stärker koordiniert als früher, und im Rahmen der Währungsunion wurde für nunmehr 16 Mitgliedstaaten (ab 1. 1. 2011: 17 Mitgliedstaaten) der Euro als Gemeinschaftswährung eingeführt. Zur Verwirklichung der ersten Stufe der Währungsunion gehörte nicht zuletzt die vollständige Liberalisierung des Kapitalverkehrs mit Wirkung vom 1. 7. 1990; sie erfolgte zunächst sekundärrechtlich (Richtlinie 88/361/EWG, ABl. 1988, L 178, S. 5) und wurde zum 1. 1. 1994 auch primärrechtlich in Art. 73a EGV (nunmehr Art. 63 AEUV) verankert.

Nach einem anfänglichen Schattendasein hat die Kapitalverkehrsfreiheit inzwischen in der Rechtsprechung des EuGH einen wichtigen Stellenwert erlangt, insbesondere in steuerrechtlichen Fallgestaltungen.

2. Anwendungsbereich

a) Auf die Kapitalverkehrsfreiheit können sich **alle natürlichen und juristischen Personen** ohne Rücksicht auf ihre Staatsangehörigkeit berufen. Denn Art. 63 Abs. 1 AEUV liberalisiert den Kapitalverkehr sowohl **zwischen den Mitgliedstaaten** als auch **gegenüber Drittstaaten**. Unter diesem geografischen Gesichtspunkt unterscheidet sich die Kapitalverkehrsfreiheit also deutlich von den anderen Grundfreiheiten, die sich allein auf die Liberalisierung des unionsinternen Produkt- und Personenverkehrs beschränken (EuGHE, C-452/04, 2006, I-9521 – Fidium Finanz; EuGHE, C-157/05, 2007, I-4051 – Hölböck; vgl. auch Germelmann EuZW 2008, 596).

b) Der **Begriff des Kapitalverkehrs** wird in den Verträgen nicht näher definiert. Er ist weit auszulegen, da sich über ihn der sachliche Anwendungsbereich einer der grundlegenden Vorschriften des Unionsrechts bestimmt. Allgemein kann unter den Kapitalverkehr jede über die Grenzen eines Mitgliedstaats hinweg stattfindende Übertragung von Geld- oder Sachkapital gefasst werden, die nicht im Zusammenhang mit einer Warenlieferung oder Dienstleistung steht, also nicht unter den freien Zahlungsverkehr fällt (GA' Kokott, Schlussanträge in EuGHE, C-265/04, 2006, I-923 – Bouanich, Rn. 26). Es wäre zu eng, den Kapitalverkehr nur auf Investitionen (Direktinvestitionen in Unternehmen oder Portfolioinvestitionen zur Kapitalanlage) zu verengen.

Zur Konkretisierung des Begriffs Kapitalverkehr greift der EuGH in ständiger Rechtsprechung auf die sog. „**Nomenklatur für den Kapitalverkehr**" zurück, die im Anhang zur Richtlinie 88/361 abgedruckt ist. Wenngleich diese Nomenklatur keine erschöpfende Aufzählung aller möglichen Transaktionen enthalten kann, hat sie doch Hinweischarakter für die Definition des Begriffs Kapitalverkehr (EuGHE, C-222/97, 1999, I-1661 – Trummer und Mayer, Rn. 21). Danach gehören zum Kapitalverkehr insbesondere:

– Direktinvestitionen in Unternehmen,
– Immobilieninvestitionen,
– Geschäfte mit Wertpapieren,
– Kontokorrent- und Termingeschäfte mit Finanzinstituten,
– Kreditgeschäfte, Darlehen, Bürgschaften, Garantien, Pfandrechte, sowie
– Schenkungen, Stiftungen, Erbschaften und Vermächtnisse.

Es versteht sich von selbst, dass die Kapitalverkehrsfreiheit nicht nur die eigentliche Kapitalanlage, sondern auch deren Liquidierung, die Rückzahlung und Repatriierung des angelegten Kapitals, sowie etwaige Dividenden- und Zinszahlungen umfasst.

c) Häufig bereitet die genaue **Abgrenzung des sachlichen Anwendungsbereichs** der Kapitalverkehrsfreiheit im Verhältnis zu anderen Grundfreiheiten in der Praxis Schwierigkeiten. Insbesondere mit der Niederlassungsfreiheit, aber auch mit der Dienstleistungsfreiheit, kann es Überschneidungen geben. In der nicht immer einheitlichen Rechtsprechung wird die Abgrenzung zumeist anhand einer **Schwerpunktbetrachtung** mit Blick auf den **Gegenstand** der in Frage stehenden mitgliedstaatlichen Maßnahme vorgenommen (EuGH, C-311/08, Urt. v. 21.1. 2010 – SGI, Rn. 25). Dafür lassen sich folgende Faustregeln herausarbeiten:

● Der Erwerb von Unternehmensanteilen, die *bestimmenden Einfluss* auf die Geschäftsleitung eines Unternehmens verschaffen, fällt in den Anwendungsbereich der **Niederlassungsfreiheit** (sog. **Direktinvestition**; EuGHE, C-196/04, 2006, I-7995 – Cadbury Schweppes, Rn. 31, 32; EuGHE, C-282/07, 2008, I-10767 – Truck Center, Rn. 24 ff.); etwaige Beschränkungen in diesem Bereich wirken sich zwar zwangsläufig auch auf den freien Kapitalverkehr aus, rechtfertigen aber keine gesonderte Prüfung letzterer Grundfreiheit (EuGHE, C-414/06, 2008, I-3601 – Lidl Belgium, Rn. 16).

● Kommen hingegen den Anteilseignern eines Unternehmens lediglich die im Gesellschaftsrecht üblichen Minderheitenrechte zu (sog. **Portfolioinvestitionen**, Unternehmensbeteiligungen unterhalb der Schwelle für eine Sperrminorität oder gar Kontrolle), so findet allein die Kapitalverkehrsfreiheit Anwendung (z.B. EuGHE, C-319/02, 2004, I-7477 – Manninen; EuGHE, C-292/04, 2007, I-1835 – Meilicke).

● Steht eine nationale Regelung auf dem Prüfstand (etwa im Steuerrecht), die sowohl bei bestimmendem Einfluss auf ein Unternehmen als auch bei reinen Portfolioinvestitionen zur Anwendung kommen kann, so sind Niederlassungsfreiheit und Kapitalverkehrsfreiheit **ausnahmsweise nebeneinander anwendbar** (EuGHE, C-157/05, 2007, I-4051 – Hölböck, Rn. 22–25), wobei für die Beschränkung beider Grundfreiheiten dieselben Maßstäbe gelten müssen (vgl. einerseits Art. 65 Abs. 2 AEUV und andererseits Art. 49 Abs. 2 AEUV: „Vorbehaltlich…").

● Im Zusammenhang mit der Regulierung von Finanzdienstleistungen kann sich ergeben, dass schwerpunktmäßig die Dienstleistungsfreiheit betroffen ist. Dahinter tritt dann der freie Kapitalverkehr zurück. Die richtige Einordnung eines Vorgangs als Dienstleistungserbringung oder Kapitalverkehr ist vor allem im Verhältnis zu Drittstaaten von großer Bedeutung, weil dort zwar der freie Kapitalverkehr Anwendung finden kann, nicht aber die Dienstleistungsfreiheit (EuGHE, C-452/04, 2006, I-9521 – Fidium Finanz) und übrigens auch nicht die Niederlassungsfreiheit (EuGHE, C-157/05, 2007, I-4051 – Hölböck, Rn. 28).

Wird Geld als Gegenleistung zur Bezahlung einer Ware oder Dienstleistung transferiert, handelt es sich nicht um Kapital-, sondern um **Zahlungsverkehr** i.S.v. Art. 63 Abs. 2 AEUV (vgl. EuGHE 286/82 u. 26/83, 1984, 377 Rn. 20 ff. = Hummer, S. 617 – Luisi und Carbone, Rn. 21–23). Werden hingegen nicht mehr gültige Zahlungsmittel (Silbermünzen) transferiert, fällt dies unter den freien **Warenverkehr**.

Der **Erwerb von Wohneigentum** durch Unionsbürger, die eine der Personenverkehrsfreiheiten in Anspruch nehmen, unterfällt als Annex der jeweils betroffenen Grundfreiheit (Art. 21, 45 oder 49 AEUV, vgl. Art. 9 Abs. 1 der Verordnung Nr. 1612/68). Entsprechendes gilt, wenn der Erwerb eines Grundstücks durch den Betrieb eines Unternehmens aus einem anderen Mitgliedstaat bedingt ist, das sich im Aufnahmestaat niederlässt. Im Übrigen unterfällt der Erwerb von Grundstücken (z.B. Zweitwohnungen) aber der Kapitalverkehrsfreiheit (vgl. auch EuGHE, C-515/99, 2002, I-2157 – Reisch = EuZW 2002, 249).

3. Gewährleistungsinhalt der Kapitalverkehrsfreiheit

Wie schon der Wortlaut von Art. 63 Abs. 1 AEUV zeigt, ist die Kapitalverkehrsfreiheit als **Beschränkungsverbot** ausgestaltet. Das Unionsrecht verbietet – vorbehaltlich einer etwaigen Rechtfertigung – alle Beschränkungen des Kapitalverkehrs zwischen den Mitgliedstaaten sowie im Verhältnis zu Drittstaa-

ten. Dabei ist der Beschränkungsbegriff ebenso zu verstehen wie im Rahmen der anderen Grundfreiheiten, d.h. verboten ist alles, was den grenzüberschreitenden Kapitalverkehr unterbinden, erschweren
oder weniger attraktiv machen kann (EuGHE, C-194/06, 2008, I-3747 – Orange European Smallcup
Fund, Rn. 73, 74; EuGH, C-182/08, 2009, I-8591 – Glaxo Wellcome, Rn. 57, 58). Dazu gehören sowohl staatliche Maßnahmen, die geeignet sind, Gebietsfremde von Investitionen im Inland abzuhalten,
als auch solche, die geeignet sind, Gebietsansässige von Investitionen im Ausland abzuhalten (EuGH,
C-370/05, 2007, I-1129 – Festersen, Rn. 24). Auch Regelungen, die geeignet sind, den Wert einer Erb-
schaft zu verringern, sieht der EuGH als Beschränkungen des freien Kapitalverkehrs an (vgl. etwa
EuGHE, C-513/03, 2006, I-1957 – Van Hilten-Van der Heijden, Rn. 44, zur Erbschaftsteuer).

Beispiele für Beschränkungen des Kapitalverkehrs:
- Verbote, etwa im Zusammenhang mit Maßnahmen zum Kampf gegen Geldwäsche und organisiertes Verbrechen;
- Genehmigungserfordernisse, Verwaltungsformalitäten (EuGHE, C-54/99, 2000, I-1335 – Scientology, Rn. 14);
- Vorrechte der öffentlichen Hand in strategisch bedeutsamen Privatunternehmen (sog. „**golden shares**"; vgl. etwa
  EuGHE, C-483/99, 2002, I-4781 – Kommission/Frankreich, Rn. 38 ff.);
- Ungünstigere Besteuerung des grenzüberschreitenden Kapitalverkehrs im Vergleich zum innerstaatlichen (vgl.
  statt vieler EuGHE, C-265/04, 2006, I-923 – Bouanich, Rn. 32 ff.). So kann sich der Kauf ausländischer Aktien
  als unattraktiv entpuppen, wenn der Aktionär in seinem Heimatstaat mit den vom ausländischen Unternehmen
  ausgeschütteten Dividenden einer höheren Steuerlast unterliegt, als es bei Dividenden von inländischen Unternehmen der Fall wäre (EuGHE, C-319/02, 2004, I-7477 – Manninen, Rn. 20 ff.). Umgekehrt kann ein Mitgliedstaat ausländische Investoren dadurch abschrecken, dass er Dividendenausschüttungen an Gebietsfremde
  ungünstiger besteuert als Dividendenausschüttungen an Gebietsansässige (EuGHE, C-379/05, 2007, I-9569 –
  Amurta, Rn. 27, 28; zu einem vergleichbaren Problem im EWR-Kontext vgl. EFTA-GH, E-1/04, 2004, 15 –
  Fokus-Bank).

Obwohl der Wortlaut von Art. 63 Abs. 1 AEUV dies nicht ausdrücklich erwähnt, umfasst die Kapitalverkehrsfreiheit selbstverständlich auch ein **Diskriminierungsverbot**. Wie ein Blick auf Art. 65 Abs. 1
lit. a AEUV zeigt, fällt die unterschiedliche Behandlung von Finanzmarktteilnehmern je nach Staatsangehörigkeit, Wohnort oder Kapitalanlageort in den Anwendungsbereich der Kapitalverkehrsfreiheit
und ist – vorbehaltlich einer Rechtfertigung – verboten (vgl. etwa EuGHE, C-367/98, 2002, I-4731 –
Kommission/Portugal, Rn. 44). Dieses Diskriminierungsverbot ist beispielsweise von Belang, wenn ausländischen Investoren bestimmte Genehmigungserfordernisse auferlegt werden, die für Inländer nicht
gelten, oder wenn das Steuerrecht eines Mitgliedstaats – wie so häufig – zwischen inländischen und
grenzüberschreitenden Kapitalverkehrsvorgängen bzw. zwischen Gebietsansässigen und Gebietsfremden unterscheidet.

Hinweis zur Vertiefung: Grundsätzlich ist es sachgerecht, im Steuerrecht zwischen Gebietsansässigen und Gebietsfremden zu unterscheiden, weil diese sich im Normalfall tatsächlich in unterschiedlichen Situationen befinden
(EuGHE, C-279/93, 1995, I-225 – Schumacker, Rn. 31); dann liegt schon keine verbotene Ungleichbehandlung
i.S.v. Art. 63 Abs. 1 AEUV vor. Allerdings ist dies stets im Einzelfall zu verifizieren. Sofern sich Gebietsansässige
und Gebietsfremde im Hinblick auf die konkrete Regelung in vergleichbaren Situationen befinden, müssen sie
auch gleich behandelt werden, es sei denn, eine unterschiedliche Behandlung wäre ausnahmsweise aus zwingenden Gründen des Allgemeininteresses gerechtfertigt (EuGHE, C-234/01, 2003, I-5933 – Gerritse, Rn. 53; EuGH,
C-169/08, 2009, I-10821 – Sardegna, Rn. 34 ff., 40 ff.).

4. Rechtfertigung von diskriminierenden oder beschränkenden Maßnahmen

Auch auf der Rechtfertigungsebene lehnt sich die Dogmatik der Kapitalverkehrsfreiheit eng an jene der
anderen Grundfreiheiten an: Beschränkungen des Kapitalverkehrs können zum einen aus den in Art. 65
Abs. 1 AEUV genannten Gründen und zum anderen aus zwingenden Gründen des Allgemeininteres-
ses gerechtfertigt sein, sofern die Verhältnismäßigkeit gewahrt ist (EuGHE, C-112/05, 2007, I-8995 –
Kommission/Deutschland „VW-Gesetz", Rn. 72; EuGH, C-171/08, Urt. v. 8.7. 2010 – Kommission/
Portugal).

a) Die geschriebenen Rechtfertigungsgründe des Art. 65 Abs. 1 AEUV. Folgende geschriebene Rechtfer-
tigungsgründe für Beschränkungen des freien Kapitalverkehrs sind in Art. 65 Abs. 1 AEUV vorgesehen:
- Anwendung steuerrechtlicher Vorschriften und Kontrollen,
- Maßnahmen der Aufsicht über Finanzinstitute,
- Meldeverfahren für den Kapitalverkehr zwecks statistischer Information,
- Maßnahmen aus Gründen der öffentlichen Ordnung und Sicherheit („Ordre-public-Vorbehalt").

Hinzu kommt die nach Art. 75 i.V.m. Art. 215 Abs. 2 AEUV bestehende Möglichkeit des Einfrierens
der Vermögenswerte von Terrorverdächtigen (vgl. z.B. EuGHE, C-117/06, 2007, I-8361 – Möllendorf;

siehe auch unten S. 345) sowie die nach Art. 215 Abs. 1 AEUV bestehende Möglichkeit des Wirtschaftsembargos gegen Drittländer. Außerdem können gemäß Art. 66 AEUV die Kapitalbewegungen nach oder aus Drittländern unter außergewöhnlichen Umständen beschränkt werden, sofern dies unbedingt erforderlich ist, um das Funktionieren der Wirtschafts- und Währungsunion zu gewährleisten.

Von besonderer praktischer Bedeutung ist insbesondere der **Vorbehalt zugunsten des Steuerrechts der Mitgliedstaaten** (Art. 65 Abs. 1 lit. a und b AEUV). Die Zuständigkeit für die Besteuerung von Kapitalverkehrsvorgängen liegt zwar unzweifelhaft bei den Mitgliedstaaten, doch müssen diese bei der Ausübung ihrer Zuständigkeit die Grundfreiheiten beachten (EuGHE, C-319/02, 2004, I-7477 – Manninen, Rn. 19). Da die direkten Steuern bis heute mit ganz wenigen Ausnahmen keiner unionsrechtlichen Harmonisierung unterliegen, bleibt es den Mitgliedstaaten überlassen, ihre Steuerhoheiten untereinander gerecht aufzuteilen, was durch einseitige Regelungen in den nationalen Steuergesetzen oder aber durch Doppelbesteuerungsabkommen geschehen kann. Das Europarecht steht Regelungen nicht entgegen, die der ausgewogenen **Aufteilung der Steuerhoheiten** zwischen den Mitgliedstaaten dienen (sowohl der *Wohnsitz* als auch der *Anlageort* sind allgemein anerkannte Anknüpfungsmerkmale für eine Besteuerung) oder zur **Verhinderung von Steuerflucht oder -umgehung** erforderlich sind (EuGHE, C-231/05, 2007, I-6373 – Oy AA, Rn. 60). Außerdem hat der EuGH in engen Grenzen Regelungen als rechtens anerkannt, die der Wahrung der **Kohärenz eines nationalen Steuersystems** dienen, allerdings nur, soweit ein konkreter Steuervorteil in unmittelbarem Zusammenhang mit einer steuerlichen Belastung steht, so dass beide gleichsam zwei Seiten derselben Medaille darstellen (EuGHE, C-204/90, 1992, I-249 – Bachmann; EuGHE, C-418/07, 2008, I-8947 – Papillon, Rn. 43 ff.).

Keine besonderen Probleme bereitet der „**Ordre-public-Vorbehalt**", der ebenso auszulegen ist wie im Rahmen der anderen Grundfreiheiten: Die öffentliche Ordnung und Sicherheit können als Rechtfertigungsgründe nur geltend gemacht werden, wenn eine *tatsächliche und hinreichend schwere Gefährdung* vorliegt, die ein *Grundinteresse der Gesellschaft* berührt (EuGHE, C-54/99, 2000, I-1335 – Scientology, Rn. 17).

Alle in Art. 65 Abs. 1 AEUV genannten Rechtfertigungsgründe erlauben gezielte Eingriffe in den grenzüberschreitenden Kapitalverkehr und damit letztlich auch Ungleichbehandlungen, was sich besonders deutlich in der Formulierung von Art. 65 Abs. 1 lit. a AEUV zeigt („unterschiedlich behandeln"). Als Ausnahmen vom freien Kapitalverkehr sind sie jedoch **eng auszulegen** (EuGH, C-182/08, 2009, I-8591 – Glaxo Wellcome, Rn. 65 f.). Außerdem ist zu beachten, dass der Rückgriff auf Art. 65 Abs. 1 AEUV seinerseits Einschränkungen unterliegt, die sich aus Abs. 3 dieser Vorschrift ergeben. Danach sind **willkürliche Diskriminierungen** und **verschleierte Beschränkungen** des freien Kapitalverkehrs verboten, was an die entsprechende Formulierung beim freien Warenverkehr erinnert (Art. 36 Satz 2 AEUV; vgl. dazu oben S. 211). Anders ausgedrückt ist nicht jede steuerrechtliche oder sonstige in Art. 65 Abs. 1 AEUV erwähnte Maßnahme ohne weiteres europarechtskonform. Vielmehr ist, wie auch sonst üblich, zwischen erlaubten Ungleichbehandlungen und verbotenen Diskriminierungen zu unterscheiden. Letztlich kommt es also darauf an, dass die jeweils ergriffene Maßnahme ein legitimes Ziel verfolgt und einer **Verhältnismäßigkeitsprüfung** standhält (EuGHE, C-319/02, 2004, I-7477 – Manninen, Rn. 29).

Hinweis: Der Grundsatz der Verhältnismäßigkeit ist im Wortlaut des Art. 65 AEUV, sowohl im ersten als auch im dritten Absatz, mit Formulierungen wie „die unerlässlichen Maßnahmen", „die ... gerechtfertigt sind", „willkürlich" und „verschleiert" angedeutet.

Zu beachten ist, dass im **Kapitalverkehr mit Drittstaaten** u.U. einschneidendere Maßnahmen gerechtfertigt sind als im Kapitalverkehr zwischen Mitgliedstaaten, insbesondere Maßnahmen zur Verhinderung von Steuerflucht oder -umgehung. Dies hängt damit zusammen, dass unionsintern ein System der Verwaltungszusammenarbeit zwischen den Steuerbehörden der Mitgliedstaaten eingerichtet wurde, welches in bestimmtem Umfang einen Informationsaustausch ermöglicht, wohingegen im Verhältnis zu Drittstaaten in der Regel keine ähnlich wirksame Zusammenarbeit besteht (EuGHE, C-101/05, 2007, I-11531 – A; zur Frage, ob im Verhältnis zu Drittstaaten ein Gegenseitigkeitsvorbehalt möglich ist, vgl. EuGH, Rs. C-436/08 – Haribo).

Überdies ist es sowohl den Mitgliedstaaten als auch der EU gestattet, bestimmte Beschränkungen des Kapitalverkehrs mit Drittstaaten, die am 31. 12. 1993 bestanden, aufrechtzuerhalten (Art. 64 Abs. 1 AEUV, sog. „**grandfather clause**").

b) Die Rechtfertigung von Beschränkungen aus zwingenden Gründen des Allgemeininteresses. Über die in Art. 65 Abs. 1 AEUV erwähnten geschriebenen Rechtfertigungsgründe hinaus sind Beschränkungen des freien Kapitalverkehrs aus zwingenden Gründen des Allgemeininteresses zulässig.

Anerkannt ist beispielsweise das Recht der Mitgliedstaaten, den Erwerb von Zweitwohnungen **aus raumplanerischen Gründen** Beschränkungen zu unterwerfen (EuGHE, C-515/99, 2002, I-2157 = EuZW 2002, 249 – Reisch, Rn. 34). **Steuerliche Anreize für den Wohnungsbau im Inland** können ebenfalls gerechtfertigt sein, allerdings dürfen sie nicht pauschal zwischen inländischen und ausländischen Objekten unterscheiden, sondern müssen gezielt auf solche inländischen Gebiete ausgerichtet sein, in denen Wohnungsmangel herrscht oder bestimmte sozialpolitische Ziele verfolgt werden sollen (EuGHE, C-35/08, 2009, I-9807 – Busley, Rn. 32; vgl. auch oben S. 226 zur Eigenheimzulage).

Auch ist es aus Sicht des Europarechts nicht gänzlich ausgeschlossen, dass sich die öffentliche Hand in **strategisch bedeutsamen Privatunternehmen** bestimmte Vorrechte sichert. Diese Vorrechte, die häufig unter dem englischen Begriff *golden shares* („goldene Aktien") zusammengefasst werden, beziehen sich zumeist auf ehemals staatliche und inzwischen privatisierte Unternehmen und können beispielsweise der Versorgungssicherheit im Energiesektor dienen. Neben bestimmten Privilegien des Staates als Aktionär der betroffenen Unternehmen (z. B. bei der Stimmrechtsausübung) können die Vorrechte der öffentlichen Hand auch die Gestalt eines Widerspruchsrechts bei strategisch wichtigen Unternehmensentscheidungen oder eines Kontrollrechts beim Kauf und Verkauf von Unternehmensbeteiligungen annehmen (EuGHE, C-503/99, 2002, I-4809 – Kommission/Belgien).

Beschränkungen des Kapitalverkehrs, die sich auf zwingende Gründe des Allgemeininteresses stützen, müssen jedoch **nichtdiskriminierend ausgestaltet** sein und dem Grundsatz der **Verhältnismäßigkeit** genügen. An dieser Anforderung scheiterten zahlreiche mitgliedstaatliche Maßnahmen, mit denen der Gerichtshof in seiner bisherigen Rechtsprechung befasst war. So darf der freie Kapitalverkehr nicht aus rein protektionistischen („wirtschaftlichen") Gründen beschränkt werden, etwa um zu verhindern, dass bestimmte Unternehmen unter ausländische Kontrolle geraten. Auch das Erfordernis einer vorherigen Genehmigung von Investitionen wird in vielen Fällen unverhältnismäßig sein, weil ein schlichtes Anzeigeerfordernis als milderes Mittel zur Verfügung stünde. Eine einzuholende Genehmigung muss überdies nach transparenten und hinreichend konkreten Kriterien sowie in einem raschen, gerichtlich nachprüfbaren Verfahren erteilt bzw. verweigert werden. Mit diesen Anforderungen verträgt es sich grundsätzlich nicht, der zuständigen Genehmigungsbehörde weite Ermessensspielräume vorzubehalten, weil dies das Verfahren intransparent macht und willkürliche Entscheidungen befürchten lässt, die auf sachfremde (protektionistische) Erwägungen gestützt sind (EuGHE, C-483/99, 2002, I-4781 – Kommission/Frankreich, Rn. 50, 51; vgl. auch EuGHE, C-171/08, Urt. v. 8. 7. 2010 – Kommission/Portugal, Rn. 77).

Beispiel (EuGH, C-112/05, 2007, I-8995 – VW-Gesetz):

Das VW-Gesetz a. F. begrenzte das Stimmrecht jedes Aktionärs auf maximal 20 % des Grundkapitals. Dem Bund und dem Land Niedersachsen stand außerdem ein Entsenderecht für je zwei Mitglieder in den Aufsichtsrat der Volkswagen AG zu, solange ihnen Aktien der Gesellschaft gehören. Beschlüsse der Hauptversammlung der VW-AG bedürfen einer Mehrheit von mehr als 80 % des Grundkapitals, wenn nach dem Aktiengesetz eine Mehrheit von mindestens 75 % erforderlich wäre. Die Kommission hat in diesen Bestimmungen einen Verstoß gegen die Kapitalverkehrsfreiheit und die Niederlassungsfreiheit gesehen und deswegen ein Vertragsverletzungsverfahren gegen Deutschland eingeleitet.

Hinsichtlich des behaupteten Verstoßes gegen die Niederlassungsfreiheit hat der EuGH die Klage aus prozessualen Gründen abgewiesen. Die Kommission habe in der Klageschrift nicht substantiiert eine Verletzung der Niederlassungsfreiheit vorgetragen. Hingegen hat der EuGH eine Verletzung der Kapitalverkehrsfreiheit bejaht. Das VW-Gesetz sei offensichtlich eine *staatliche Maßnahme*, auch wenn es eine privatrechtliche Vereinbarung wiedergeben sollte (gesetzliche Absicherung von Satzungsbestimmungen der VW-AG). Eine *Beschränkung* liege vor, weil durch die Begrenzung des Stimmrechts potenzielle Direktinvestoren aus anderen Mitgliedstaaten abgeschreckt würden. Sie könnten nämlich keinen entscheidenden Einfluss auf die Geschäftsleitung erwerben, eben weil sie einerseits nicht mehr als 20 % Stimmrecht auf das Grundkapital erhielten und weil andererseits zu einer entscheidenden Einflussnahme über 80 % der Stimmen erforderlich sei. Auch das Recht des Bundes und des Landes, zwei Aufsichtsratsmitglieder zu entsenden, erschwere es Direktinvestoren, die Kontrolle über VW auszuüben, und stelle deswegen eine Beschränkung dar. Die genannten Regelungen könnten zwar *aus den in Art. 65 AEUV genannten Gründen oder aus zwingenden Gründen des Allgemeininteresses gerechtfertigt sein*, etwa zum Schutz der Interessen der Arbeitnehmer oder der Minderheitsaktionäre. Im vorliegenden Fall habe die Bundesrepublik jedoch nicht darlegen können, dass die besagten Vorrechte der öffentlichen Akteure geeignet seien, solchen Zielen zu dienen.

II. Der freie Zahlungsverkehr

Art. 63 Abs. 2 AEUV liberalisiert den **Zahlungsverkehr.** Hierbei handelt es sich um eine unerlässliche Ergänzung des freien Waren-, Personen- und Dienstleistungsverkehrs. Der freie Zahlungsverkehr dient der Bezahlung von Waren, Dienstleistungen, der Überweisung der Löhne der Wanderarbeitnehmer in ihr Heimatland sowie der Überweisung von Dividenden, Mieten usw. (vgl. EuGHE 286/82 u.

26/83, 1984, 377 = Hummer, S. 617 – Luisi und Carbone, Rn. 21–23). Hinsichtlich des Vorliegens von Beschränkungen und deren Rechtfertigung gilt grundsätzlich das Gleiche wie beim freien Kapitalverkehr.

G. Das Freizügigkeitsrecht der Unionsbürger

I. Überblick

Im Zuge der Einführung der Unionsbürgerschaft durch den Vertrag von Maastricht wurde den klassischen Grundfreiheiten (freier Warenverkehr, Arbeitnehmerfreizügigkeit, Niederlassungsfreiheit, Dienstleistungsfreiheit sowie freier Kapital- und Zahlungsverkehr) eine **neue, eigenständige Grundfreiheit** hinzugefügt: das Freizügigkeitsrecht der Unionsbürger (Art. 20 Abs. 2 lit. a i.V.m. Art. 21 Abs. 1 AEUV). Mit diesem Recht, das inzwischen auch Eingang in die Charta der Grundrechte der Europäischen Union gefunden hat (vgl. dort Art. 45 Abs. 1), wurde der freie Personenverkehr innerhalb der Europäischen Union erstmals auch auf **Personen erstreckt, die keiner wirtschaftlichen Betätigung nachgehen.**

In der Praxis gehört dieses Freizügigkeitsrecht zu den wichtigsten mit dem Unionsbürgerstatus verbundenen Errungenschaften. Überdies ist es eines der sichtbarsten Anzeichen dafür, dass sich der europäische Integrationsprozess über den rein wirtschaftlichen Bereich (Binnenmarkt) hinaus entwickelt hat. In der jüngeren Rechtsprechung des EuGH kommt dem Freizügigkeitsrecht der Unionsbürger ein herausragender Stellenwert zu.

Klausurhinweis: Der Vollständigkeit halber sollten im Examen zumindest eingangs neben Art. 21 Abs. 1 AEUV auch Art. 20 Abs. 2 lit. a AEUV und Art. 45 Abs. 1 der Charta der Grundrechte erwähnt werden. Im weiteren Verlauf der Fallbearbeitung ist es aber aus Vereinfachungsgründen gerechtfertigt, allein Art. 21 Abs. 1 AEUV als maßgebliche Norm heranzuziehen, es sei denn, spezifische Hinweise in der Aufgabenstellung würden ein gesondertes Eingehen auf die beiden anderen Bestimmungen erforderlich machen.

Die v.a. in der Anfangsphase nach Inkrafttreten des Vertrags von Maastricht diskutierte Streitfrage, ob Art. 8a Abs. 1 EGV (als eine der Vorgängerregelungen zu Art. 21 Abs. 1 AEUV) Unionsbürgern ein vor Gericht einklagbares, individuelles Recht gewährt, hat sich erledigt. In seiner inzwischen gefestigten Rechtsprechung hat der EuGH dem Freizügigkeitsrecht der Unionsbürger, ebenso wie allen anderen Grundfreiheiten, **unmittelbare Wirkung** zuerkannt (st. Rspr. seit EuGHE C-413/99, 2002, I-7091 – Baumbast, Rn. 84–86, 94). Die Formulierung in Art. 21 Abs. 1 AEUV, wonach das Freizügigkeitsrecht nur „vorbehaltlich der in den Verträgen und in den Durchführungsvorschriften vorgesehenen Beschränkungen und Bedingungen" gilt, spricht nicht gegen die unmittelbare Anwendbarkeit der Vorschrift. Vielmehr deuten sich in diesem Satzteil lediglich die Schranken des Freizügigkeitsrechts an, wie sie auch bei anderen Grundfreiheiten bestehen (vgl. etwa Art. 45 Abs. 3 AEUV).

II. Anwendungsbereich

1. Subsidiarität gegenüber anderen Grundfreiheiten

Nach ständiger Rechtsprechung tritt das Freizügigkeitsrecht der Unionsbürger gegenüber den klassischen Grundfreiheiten, die speziellere Freizügigkeitsrechte enthalten, zurück (st. Rspr. seit EuGHE, C-100/01, 2002, I-10981 – Oteiza Olazabal, Rn. 26). Es handelt sich mit anderen Worten um einen **subsidiären Auffangtatbestand**, der nur zur Anwendung kommt, soweit der Anwendungsbereich anderer Grundfreiheiten nicht eröffnet ist. Damit verengt sich das Wirkungsfeld von Art. 21 Abs. 1 AEUV auf Sachverhalte, in denen sich Unionsbürger **ohne Zusammenhang zu einer wirtschaftlichen Tätigkeit** in einem anderen Mitgliedstaat als dem ihrer Staatsangehörigkeit bewegen oder aufhalten.

In der Praxis stellt sich Art. 21 Abs. 1 AEUV vor allem als Freizügigkeitsrecht von Unionsbürgern dar, die keiner Erwerbstätigkeit nachgehen („**Privatiers**") oder die sich bereits im **Ruhestand** befinden (EuGHE, C-520/04, 2006, I-10685 – Turpeinen). Auch **Schüler** (EuGHE, C-76/05, 2007, I-6849 – Schwarz, Rn. 90) und **Studenten** (EuGHE, C-73/08, Urt. v. 13. 4. 2010 – Bressol), die sich zu Ausbildungszwecken in einen anderen Mitgliedstaat begeben, können sich auf diese Vorschrift berufen.

Bei *vorübergehenden* Auslandsaufenthalten ist allerdings stets vorrangig zu prüfen, ob die betreffenden Personen nicht als Dienstleistungsempfänger unterwegs sind. Dies ist etwa bei Touristen in der Regel der Fall, weil deren Auslandsaufenthalt in engem Zusammenhang mit der Inanspruchnahme wirtschaftlicher Leistungen steht (EuGHE, 186/87, 1989, 195 – Cowan; vgl. oben S. 243). Auch für Unionsbürger, die sich nur zu Ausbildungszwecken und nur während der Unterrichtsperioden ins Ausland begeben, ist die Dienstleistungsfreiheit vorrangig, sofern sich die jeweilige Schule oder Universität im Wesentlichen aus privaten Mitteln finanziert (insbesondere im Fall des Besuchs von Privatschulen und -universitäten gegen Schulgeld oder Studiengebühren; vgl. EuGHE, C-76/05, 2007, I-6849 – Schwarz). Rentner oder Privatiers können als Dienstleistungsempfänger zu qualifizieren sein, wenn sie sich nur zu einer vorübergehenden medizinischen Behandlung ins Ausland begeben haben.

Hingegen ist nicht die Dienstleistungsfreiheit, sondern die Freizügigkeit der Unionsbürger einschlägig, wenn eine nicht wirtschaftlich aktive Person **dauerhaft im EU-Ausland wohnt** und anlässlich dieses Auslandsaufenthalts z.B. im Aufnahmemitgliedstaat medizinisch behandelt oder betreut wird (EuGHE, C-200/02, 2004, I-9925 – Zhu und Chen, Rn. 22).

2. Persönlicher Anwendungsbereich

a) Das in Art. 21 Abs. 1 AEUV verbürgte Freizügigkeitsrecht steht jedem **Unionsbürger** zu. Unionsbürger ist, wer die Staatsangehörigkeit eines Mitgliedstaats besitzt (Art. 9 Satz 2 EUV, Art. 20 Abs. 1 Satz 2 AEUV; zum Erwerb und Verlust der Unionsbürgerschaft vgl. oben S. 186).

b) Sekundärrechtlich wurde dieses Freizügigkeitsrecht auch auf die **Familienangehörigen** von Unionsbürgern ausgedehnt, selbst wenn sie Drittstaatler sind, also nicht die Staatsangehörigkeit eines Mitgliedstaats haben. Die Aufenthaltsrichtlinie 2004/38 (Sartorius II Nr. 177, in Deutschland umgesetzt durch das FreizügG/EU) gewährt diesen Familienangehörigen zunächst ein vom Unionsbürger abgeleitetes Aufenthaltsrecht (Art. 6 Abs. 2, 7 Abs. 2 der Richtlinie), das sich aber nach fünfjähriger ununterbrochener rechtmäßiger Aufenthaltsdauer zu einem Daueraufenthaltsrecht verselbständigt (Art. 16 Abs. 2 der Richtlinie). Die Einbeziehung der Familienangehörigen der Unionsbürger in das Aufenthaltsrecht ist übrigens kein Selbstzweck, sondern dient dem Schutz des Grundrechts des Unionsbürgers auf **Familienleben** (Art. 7 der Charta der Grundrechte, Art. 8 EMRK) und trägt wesentlich dazu bei, dass der Unionsbürger sein eigenes, originäres Freizügigkeitsrecht wirksam ausüben kann.

c) Der persönliche Anwendungsbereich des Freizügigkeitsrechts ist unabhängig davon, ob der Unionsbürger aus eigener Kraft in der Lage ist, seine Ein- und Ausreise sowie seinen Aufenthalt im Aufnahmemitgliedstaat zu gestalten. Auch **pflegebedürftige Personen** und sogar **Kleinkinder** können sich auf Art. 21 Abs. 1 AEUV berufen. Mehr noch, einer **Betreuungsperson** des Unionsbürgers (z.B. dem die Personensorge wahrnehmenden Elternteil) steht ein **abgeleitetes Recht** zu, sich mit dem Unionsbürger im Aufnahmemitgliedstaat zu bewegen und aufzuhalten. Dadurch soll es dem Unionsbürger ermöglicht werden, sein eigenes, **originäres Freizügigkeitsrecht** effektiv in Anspruch zu nehmen. Unerheblich ist dabei, ob die **Betreuungsperson** selbst Unionsbürger oder Drittstaatsangehöriger ist (EuGHE C-413/99, 2002, I-7091 – Baumbast; EuGHE, C-200/02, 2004, I-9925 – Zhu und Chen, Rn. 20, 45, 46).

d) Auf das Freizügigkeitsrecht können sich Unionsbürger **auch gegenüber ihrem Herkunftsland** berufen, sofern der jeweilige Sachverhalt einen grenzüberschreitenden Bezug aufweist (EuGHE, C-11/06, 2007, I-9161 – Morgan und Bucher). Dafür sind insbesondere folgende drei Fallkonstellationen denkbar, die aber keinen Anspruch auf Vollständigkeit erheben:

- Der Unionsbürger möchte in einen anderen Mitgliedstaat reisen oder sich dort niederlassen und sieht sich beim Verlassen seines Herkunftslandes Beschränkungen ausgesetzt (Kategorie der sog. **Wegzugsbeschränkungen**; EuGHE, C-33/07, 2008, I-5157 – Jipa).
- Der Unionsbürger hat sich in der Vergangenheit in einem anderen Mitgliedstaat aufgehalten oder war dort niedergelassen und erfährt bei bzw. nach der Rückkehr in sein Herkunftsland dort gewisse Nachteile (Kategorie der sog. **Rückzugsbeschränkungen** bzw. **Probleme anlässlich oder nach der Rückkehr**; vgl. EuGHE, C-224/98, 2002, I-6191 – D'Hoop).
- Während seines Aufenthalts in einem anderen Mitgliedstaat entstehen im Verhältnis des Unionsbürgers zu seinem Herkunftsland Probleme, die mit der Inanspruchnahme des Freizügigkeitsrechts zusammenhängen, beispielsweise im Hinblick auf soziale Leistungen des Herkunftslandes oder dessen Steuerrecht (Kategorie der **sonstigen grenzüberschreitenden Probleme**; vgl. EuGHE, C-520/04, 2006, I-10685 – Turpeinen).

3. Sachlicher Anwendungsbereich

Der sachliche Anwendungsbereich des Freizügigkeitsrechts ist eröffnet, wenn ein Unionsbürger von seinem Recht Gebrauch macht oder Gebrauch gemacht hat, sich in einem anderen Mitgliedstaat als seinem Heimatstaat frei zu bewegen und aufzuhalten.

Diese Ausübung des Freizügigkeitsrechts ist eine notwendige, aber auch eine hinreichende Voraussetzung dafür, dass sich Unionsbürger auf Art. 21 Abs. 1 AEUV berufen können. Darin kommt die Natur des Freizügigkeitsrechts als **Grundfreiheit** zum Ausdruck, die **über alle Sachgebiete hinweg** zur Anwendung kommt und, wie andere Grundfreiheiten auch, nicht auf einzelne Materien beschränkt ist. Es ist mit anderen Worten nicht erforderlich, dass der jeweilige Sachverhalt auch im Übrigen in den sachlichen Anwendungsbereich des Unionsrechts fällt oder gar eine Materie betrifft, für die die Union eine Gesetzgebungszuständigkeit besitzt. Art. 21 Abs. 1 AEUV kennt **keine Bereichsausnahmen** (vgl. ausführlich zum Ganzen GA' Kokott, Schlussanträge zu EuGHE, C-192/05, 2006, I-10451 – Tas-Hagen, Rn. 34 ff.).

Beispiele:

- Für die direkte Besteuerung von natürlichen Personen sind beim derzeitigen Stand des Unionsrechts die Mitgliedstaaten zuständig und bestehen auch keine unionsrechtlichen Harmonisierungsmaßnahmen. Dessen ungeachtet kann sich eine finnische Rentnerin, die in einem südlichen Mitgliedstaat der EU ihren Alterswohnsitz begründet hat, gegenüber ihrem Heimatstaat auf Art. 21 Abs. 1 AEUV berufen, um ungerechtfertigte steuerliche Nachteile zu vermeiden, die das finnische Recht an ihren ausländischen Wohnsitz knüpft (EuGHE, C-520/04, 2006, I-10685 – Turpeinen; ähnlich EuGHE, C-403/03, 2005, I-6421 – Schempp).
- Im Bildungsbereich sind zwar weiterhin die Mitgliedstaaten für die Organisation ihres Bildungssystems und für die Festlegung der Lerninhalte ausschließlich zuständig (Art. 165 Abs. 1, 166 Abs. 1 AEUV). Sie müssen jedoch bei der Ausübung ihrer Zuständigkeiten das Unionsrecht einhalten, insbesondere den Grundsatz der Freizügigkeit der Unionsbürger und das Diskriminierungsverbot (Art. 18 Abs. 1 i. V. m. Art. 21 Abs. 1 AEUV; EuGHE, C-73/08, Urt. v. 13. 4. 2010 – Bressol, Rn. 28–29).
- Welche(n) Namen eine Person führen darf, richtet sich nach nationalem Recht. Gleichwohl können Unionsbürger unter Berufung auf Art. 21 Abs. 1 AEUV erwirken, dass ihnen gegenüber keine nationalen Vorschriften zur Anwendung kommen, nach denen sie faktisch zur Änderung ihres Namens gezwungen wären, den sie gemäß den Vorschriften eines anderen Mitgliedstaats rechtmäßig tragen (EuGHE, C-148/02, 2003, I-11613 – García Avello; EuGHE, C-353/06, 2008, I-7639 – Grunkin und Paul; vgl. ergänzend Rs. C-208/09 – Sayn-Wittgenstein).
- Die sozialen Leistungen für zivile Kriegsopfer sind als solche nicht Gegenstand einer unionsrechtlichen Regelung. In den Niederlanden wurde der Bezug solcher Leistungen an das Bestehen eines Wohnsitzes im Inland geknüpft. Verbringt ein niederländischer Staatsangehöriger, der als Kriegsopfer anerkannt ist, seinen Lebensabend in Spanien, so kann er sich gegenüber seinem Heimatstaat auf Art. 21 Abs. 1 AEUV berufen. Die niederländischen Behörden können ihm das Wohnsitzkriterium also nur entgegenhalten, soweit es einer Rechtfertigung am Maßstab dieser Grundfreiheit standhält (EuGHE, C-192/05, 2006, I-10451 – Tas-Hagen; vgl. auch Schlussanträge GA' Kokott Rn. 27 ff.).

Einer Ausübung des Freizügigkeitsrechts ist es gleichzustellen, wenn ein Unionsbürger bereits in einem anderen Mitgliedstaat als dem seiner Staatsangehörigkeit geboren wurde und sich **von Geburt an dort aufhält** (EuGHE, C-148/02, 2003, I-11613 – García Avello; EuGHE, C-200/02, 2004, I-9925 – Zhu und Chen, Rn. 18, 19).

Einen irgendwie gearteten **grenzüberschreitenden Bezug** muss der Sachverhalt allerdings aufweisen, ansonsten ist Art. 21 Abs. 1 AEUV nicht anwendbar. Denn die Unionsbürgerschaft bezweckt nicht, den sachlichen Anwendungsbereich der Verträge auf rein innerstaatliche Sachverhalte auszudehnen, die keinerlei Bezug zum Unionsrecht aufweisen (EuGHE, C-64/96, 1997, I-3171 – Uecker und Jacquet, Rn. 23).

III. Gewährleistungsinhalt des Freizügigkeitsrechts

Gemäß Art. 21 Abs. 1 AEUV hat jeder Unionsbürger „das Recht, sich im Hoheitsgebiet der Mitgliedstaaten ... frei zu bewegen und aufzuhalten".

1. Ausreise-, Einreise- und Aufenthaltsrecht

Ähnlich wie die Arbeitnehmerfreizügigkeit (Art. 45 AEUV, vgl. oben S. 217) umfasst das in Art. 21 Abs. 1 AEUV niedergelegte Freizügigkeitsrecht der Unionsbürger folgende Einzelrechte:

- ein **Ausreiserecht** aus dem Herkunftsmitgliedstaat (EuGHE, C-33/07, 2008, I-5157 – Jipa),
- ein **Einreiserecht** in den Aufnahmemitgliedstaat und
- ein **Aufenthaltsrecht** im Aufnahmemitgliedstaat

(vgl. auch Art. 4 ff. der Aufenthaltsrichtlinie 2004/38 und § 2 Abs. 1 FreizügG/EU).

Mit diesen Rechten geht selbstverständlich das Recht des Unionsbürgers einher, im Zuge der Ausübung seiner Freizügigkeit einen neuen Wohnsitz zu begründen und zu diesem Zweck Wohnungen anzumieten oder zu kaufen bzw. zu verkaufen (in diesem Sinne EuGHE, C-345/05, 2006, I-10633 – Kommission/Portugal).

2. Beschränkungsverbot

In der Rechtsprechung des EuGH wird das Freizügigkeitsrecht der Unionsbürger, wie die anderen Grundfreiheiten auch, als **Beschränkungsverbot** verstanden, d.h. Art. 21 Abs. 1 AEUV verbietet alle Maßnahmen des Herkunfts- oder Aufnahmemitgliedstaats, die geeignet sind, den Unionsbürger von der Ausübung seines Freizügigkeitsrechts abzuhalten (EuGHE, C-11/06, 2007, I-9161 – Morgan und Bucher, Rn. 25, 30; EuGHE, C-353/06, 2008, I-7639 – Grunkin und Paul, Rn. 19–21; EuGHE, C-544/07, 2009, I-3389 – Rüffler, Rn. 65, 73).

Von diesem Beschränkungsverbot sind übrigens keineswegs nur solche Maßnahmen erfasst, die einen spezifischen Bezug zur Ausübung des Freizügigkeitsrechts haben, also etwa konkrete Behinderungen bei der Ausreise, der Einreise oder der Wohnsitznahme. Art. 21 Abs. 1 AEUV ist als **Ausdruck des grundlegenden Status**, der sich mit der Unionsbürgerschaft für die Angehörigen der Mitgliedstaaten verbindet, **nicht eng auszulegen**. So hat der EuGH in den Schutzbereich dieser Vorschrift (bzw. der inhaltsgleichen Vorgängerregelungen in Art. 8a Abs. 1 EGV, später Art. 18 Abs. 1 EGV) auch Sachverhalte einbezogen, die mit der eigentlichen Ausreise, Einreise oder Wohnsitznahme in keinem besonders engen Zusammenhang stehen, so etwa:

- die steuerliche Behandlung von grenzüberschreitenden Sachverhalten (EuGHE, C-520/04, 2006, I-10685 – Turpeinen; ähnlich EuGHE, C-403/03, 2005, I-6421 – Schempp; zur in Deutschland zu gewährenden steuerlichen Anerkennung von Schulgeld für ausländischen Schulbesuch EuGHE, C-76/05, 2007, I-6849 – Schwarz),
- die Bestimmung des pfändbaren Teils des Einkommens eines im Ausland lebenden Unionsbürgers in seinem Herkunftsmitgliedstaat (EuGHE, C-224/02, 2004, I-5763 – Pusa),
- Fragen des Namensrechts (EuGHE, C-148/02, 2003, I-11613 – García Avello; EuGHE, C-353/06, 2008, I-7639 – Grunkin und Paul),
- eine Ermäßigung für Behinderte bei der Autobahnmaut (EuGH, C-103/08, 2009, I-9117 – Gottwald),
- den Hochschulzugang ausländischer Studenten (EuGHE, C-147/03, 2005, I-5969 – Kommission/Österreich; EuGHE, C-73/08, Urt. v. 13.4. 2010 – Bressol),
- den gegen den Herkunftsmitgliedstaat gerichteten Anspruch auf Sozialleistungen für zivile Kriegsopfer (EuGHE, C-192/05, 2006, I-10451 – Tas-Hagen),
- die Frage, ob und unter welchen Voraussetzungen der Unionsbürger im Aufnahmemitgliedstaat Leistungen der Sozialhilfe in Anspruch nehmen kann (EuGHE, C-184/99, 2001, I-6193 – Grzelczyk; EuGHE, C-209/03, 2005, I-2119 – Bidar; EuGHE, C-11/06, 2007, I-9161 – Morgan und Bucher, Rn. 25, 30).

Beispiel (nach EuGHE, C-353/06, 2008, I-7639 – Grunkin und Paul): Herr Grunkin und Frau Paul, zwei deutsche Staatsangehörige, waren miteinander ohne gemeinsamen Ehenamen verheiratet und lebten in Dänemark, als ihr Sohn Leonhard Matthias zur Welt kam, der kraft Geburt ebenfalls die deutsche Staatsangehörigkeit erwarb und mit seinen Eltern zunächst einige Jahre in Dänemark lebte. In seiner dänischen Namensurkunde wurde für Leonhard Matthias als Nachname der Doppelname Grunkin-Paul eingetragen. Den Antrag der Eltern, diesen Doppelnamen auch in das deutsche Familienbuch einzutragen, lehnten die deutschen Behörden unter Verweis auf Art. 10 EGBGB i.V.m. § 1617 Abs. 1, Abs. 2 Satz 4 BGB ab, weil ein solcher Doppelname nach deutschem Recht unzulässig sei. Das mit dem Fall befasste Amtsgericht Flensburg hatte jedoch Zweifel, ob man einen Unionsbürger zwingen kann, in verschiedenen Mitgliedstaaten unterschiedliche Namen zu tragen, und rief nach Art. 267 AEUV den EuGH an. Der EuGH entschied, dass der Fall in den Anwendungsbereich von Art. 21 AEUV (seinerzeit: Art. 18 EGV) fiel, weil Leonhard Matthias als Deutscher in Dänemark geboren wurde und dort auch eine Zeitlang lebte. Eine Diskriminierung aufgrund der Staatsangehörigkeit (Art. 18 AEUV) war nicht festzustellen, da die deutschen Behörden auf Leonhard Matthias das deutsche Namensrecht anwenden wollten, ihn also genauso behandeln wollten wie alle anderen Deutschen auch. Jedoch stellt eine Regelung wie Art. 10 EGBGB eine Beschränkung der Freizügigkeit der Unionsbürger (Art. 21 AEUV) dar, denn die Verpflichtung eines Unionsbürgers, im Mitgliedstaat seiner Staatsangehörigkeit einen anderen Nachnamen zu führen als im Mitgliedstaat seiner Geburt und seines (ggf. früheren) Wohnsitzes, benachteiligt diesen Bürger wegen der Ausübung seiner Freizügigkeit. Unterschiedliche Familiennamen ein und derselben Person können für diese zu beruflichen und privaten Nachteilen führen, weil womöglich Dokumente nicht anerkannt werden und die Identität der Person im Zweifel steht. Der EuGH wörtlich: „Das Kind wird jedes Mal, wenn es die Grenze zwischen Dänemark und Deutschland überquert, einen anderen Namen führen". Diese schwerwiegende Beeinträchtigung sah der EuGH nicht durch objektive Gründe als gerechtfertigt an, etwa zur Wahrung der Namenseinheit innerhalb einer Familie. Art. 10 EGBGB und § 1617 BGB müssen deshalb europarechtskonform ausgelegt und so angewendet werden, dass das Kind einen Doppelnamen als Nachnamen erhalten kann bzw. der in Dänemark schon erteilte Nachname anerkannt wird. [N.B. Der EuGH setzte sich nicht mit der Frage auseinander, ob die dänischen Behörden ihr innerstaatliches Namensrecht zutreffend angewandt hatten, als sie den Doppelnamen Grunkin-Paul eintrugen. Die Beurteilung einer solchen Frage des innerstaatlichen Rechts ist auch nicht seine Aufgabe im Vorabentscheidungsverfahren.]

3. Diskriminierungsverbot

Über das eigentliche Freizügigkeitsrecht hinaus genießen die Unionsbürger im Anwendungsbereich der Verträge auch **Diskriminierungsschutz**. Aus der **Unionsbürgerschaft** als **grundlegendem Status** der

Angehörigen der Mitgliedstaaten folgt nämlich, „dass denjenigen unter ihnen, die sich in der gleichen Situation befinden, unabhängig von ihrer Staatsangehörigkeit und unbeschadet der insoweit ausdrücklich vorgesehenen Ausnahmen Anspruch auf die gleiche rechtliche Behandlung" gegeben werden muss (st. Rspr., vgl. EuGHE, C-184/99, 2001, I-6193 – Grzelczyk, Rn. 31; EuGHE, C-524/06, 2008, I-9705 – Huber, Rn. 69).

Da aber im Wortlaut von Art. 21 Abs. 1 AEUV, anders als in den sonstigen Grundfreiheiten, kein explizites Recht auf Gleichbehandlung bzw. Nichtdiskriminierung angelegt ist, wird der Diskriminierungsschutz in der Praxis aus Art. 18 Abs. 1 AEUV i.V.m. Art. 21 Abs. 1 AEUV hergeleitet, d.h. unter **Rückgriff auf das allgemeine Diskriminierungsverbot** (Letzteres ist ebenfalls im Zweiten Teil des AEUV enthalten, der mit „Nichtdiskriminierung und Unionsbürgerschaft" überschrieben ist).

Das Zusammenspiel beider Vorschriften funktioniert dergestalt, dass der **Anwendungsbereich der Verträge**, auf den es im Rahmen des Art. 18 Abs. 1 AEUV ankommt, immer schon dann als eröffnet gilt, wenn ein Unionsbürger von seinem Freizügigkeitsrecht nach Art. 21 Abs. 1 AEUV Gebrauch gemacht hat. Anders ausgedrückt reicht der Umstand, dass ein Unionsbürger sich rechtmäßig in einem anderen Mitgliedstaat als dem seiner Staatsangehörigkeit aufhält oder aufgehalten hat, als **Anknüpfungspunkt** für die Anwendung des allgemeinen Diskriminierungsverbots aus. Die bloße Ausübung des Freizügigkeitsrechts der Unionsbürger begründet einen grenzüberschreitenden, von den Verträgen erfassten Sachverhalt.

Auf der Grundlage von Art. 18 Abs. 1 AEUV i.V.m. Art. 21 Abs. 1 AEUV hat der EuGH beispielsweise **Ausländerquoten für den Hochschulzugang** als im Grundsatz unzulässig angesehen, weil sie zu einer Diskriminierung der Studierenden aufgrund ihrer Staatsangehörigkeit führen (EuGHE, C-73/08, Urt. v. 13.4. 2010 – Bressol). Gleiches gilt im Regelfall für alle sonstigen Beschränkungen des Hochschulzugangs, die nur Ausländern und nicht Inländern auferlegt werden (EuGHE, C-147/03, 2005, I-5969 – Kommission/Österreich). Allerdings dürfen Inländer beim Hochschulzugang insoweit bevorzugt werden, als dies erforderlich ist, um z.B. im Gesundheitswesen des betreffenden Mitgliedstaats einer drohenden Unterversorgung mit Ärzten vorzubeugen (EuGHE, a.a.O., Bressol). Das Erfordernis einer hinreichenden Kenntnis der Unterrichtssprache dürfte ebenfalls sachlich gerechtfertigt sein.

Hinweis zur Vertiefung: Speziellere Diskriminierungsverbote, die in der Fallbearbeitung vorrangig vor dem allgemeinen Diskriminierungsverbot nach Art. 18 Abs. 1 AEUV zu prüfen wären, enthalten

– Art. 9 Satz 1 EUV, wonach den Unionsbürgern *seitens der Unionsorgane* ein gleiches Maß an Aufmerksamkeit gebührt, und
– Art. 24 der Aufenthaltsrichtlinie 2004/38, wonach Unionsbürger *und ihre Familienangehörigen* (selbst wenn Letztere Drittstaatsangehörige sind), *die sich bereits rechtmäßig im Hoheitsgebiet des Aufnahmemitgliedstaats aufhalten*, einen Anspruch auf Gleichbehandlung mit den Staatsangehörigen des Aufnahmemitgliedstaats haben (EuGHE, C-73/08, Urt. v. 13.4. 2010 – Bressol, Rn. 34ff.).

Generell endet der mit der Unionsbürgerschaft einhergehende Diskriminierungsschutz dort, wo kein unionsrechtlicher Sachverhalt (grenzüberschreitender oder sonst vom Unionsrecht erfasster Sachverhalt) besteht. Einen Schutz vor **Inländerdiskriminierung** bei rein innerstaatlichen Sachverhalten bietet die Unionsbürgerschaft nämlich ebenso wenig wie das sonstige Unionsrecht (st. Rspr. seit EuGHE, C-64/96, 1997, I-3171 – Uecker und Jacquet, Rn. 23).

IV. Rechtfertigung diskriminierender oder beschränkender Maßnahmen

Das Freizügigkeitsrecht der Unionsbürger gilt gemäß Art. 21 Abs. 1 AEUV nur „vorbehaltlich der in den Verträgen und in den Durchführungsvorschriften vorgesehenen Beschränkungen und Bedingungen". Diese Formulierung deutet darauf hin, dass für die Rechtfertigung diskriminierender oder beschränkender Maßnahmen im Anwendungsbereich von Art. 21 AEUV dieselben Grundsätze gelten sollen wie im Rahmen der anderen Grundfreiheiten des freien Personenverkehrs. Dies macht auch Sinn, wenn man Art. 21 AEUV als Freizügigkeitsrecht versteht, das die anderen Grundfreiheiten ergänzt.

Zum einen kommt somit der klassische **Ordre-public-Vorbehalt** (Beschränkungen aus Gründen der öffentlichen Ordnung, Sicherheit und Gesundheit) als Rechtfertigungsgrund in Betracht; insoweit hat der Unionsgesetzgeber die in Art. 21 Abs. 1 AEUV vorausgesetzten „Beschränkungen und Bedingungen" des Freizügigkeitsrechts in der Aufenthaltsrichtlinie 2004/38 konkretisiert (s. unten 1.). Zum anderen können Beschränkungen des Freizügigkeitsrechts aber auch aus **zwingenden Gründen des Allgemeininteresses** (der EuGH spricht bisweilen auch von **objektiven Erwägungen**) gerechtfertigt sein. Diesbezüglich hat sich die Rechtsprechung vor allem mit dem legitimen Interesse der Mitgliedstaaten an einer Schonung ihrer öffentlichen Haushalte und Sozialkassen befasst (s. unten 2.). Es ist aber nicht ausgeschlossen, dass auch andere Gründe des Allgemeininteresses zur Rechtfertigung von Beschränkungen des Freizügigkeitsrechts herangezogen werden (vgl. etwa EuGHE, C-353/06, 2008, I-7639 – Grunkin und Paul, Rn. 29 ff.).

1. Beschränkungen aus Gründen der öffentlichen Ordnung, Sicherheit und Gesundheit

Wie alle anderen Grundfreiheiten kann auch das Freizügigkeitsrecht der Unionsbürger von den Mitgliedstaaten aus Gründen der öffentlichen Ordnung, Sicherheit und Gesundheit („**Ordre-public-Vorbehalt**") beschränkt werden. Dabei gelten die gleichen Maßstäbe, wie sie bereits im Zusammenhang mit der Arbeitnehmerfreizügigkeit erörtert wurden (zu den Einzelheiten vgl. oben S. 224 f.). Die Begriffe der öffentlichen Ordnung, Sicherheit und Gesundheit sind eng auszulegende Ausnahmetatbestände. Sie werden in Art. 27 ff. der Aufenthaltsrichtlinie 2004/38 (in Deutschland § 6 Abs. 1, 2 FreizügG/EU) konkretisiert, wo auch Verfahrensgarantien vorgesehen sind (vgl. etwa EuGHE, C-33/07, 2008, I-5157 – Jipa, zu Beschränkungen der Ausreise eines Unionsbürgers aus seinem Heimatland). Ferner ist im Rahmen einer umfassenden Abwägung aller Umstände des Einzelfalls (vgl. § 6 Abs. 3 FreizügG/EU) der Grundsatz der Verhältnismäßigkeit (EuGHE, C-456/02, 2004, I-7573 – Trojani, Rn. 34) zu beachten. Insgesamt liegen damit die Hürden für aufenthaltsbeendende Maßnahmen generell sehr hoch. Besonders hoch liegen sie für Personen, die nach fünfjährigem ununterbrochenem rechtmäßigem Aufenthalt ein sog. **Recht auf Daueraufenthalt** erworben haben; sie dürfen lediglich aus schwerwiegenden Gründen der öffentlichen Ordnung oder Sicherheit ausgewiesen werden (Art. 28 i. V. m. 16 der Aufenthaltsrichtlinie 2004/38, § 6 Abs. 4 FreizügG/EU). Schon nach Ablauf einer Frist von drei Monaten ab dem Zeitpunkt der Einreise stellen Krankheiten keinen Ausweisungsgrund mehr dar (Art. 29 der Aufenthaltsrichtlinie 2004/38, § 6 Abs. 1 Satz 3 FreizügG/EU).

2. Schonung der öffentlichen Haushalte und Sozialkassen

Ein besonderes Anliegen der Mitgliedstaaten ist seit der Einführung der Unionsbürgerschaft die Vermeidung von „Sozialtourismus", also von Wanderungsbewegungen innerhalb der Union, bei denen die Staatsangehörigen eines Mitgliedstaats sich in einem anderen Mitgliedstaat niederlassen und dort der Allgemeinheit zur Last fallen. Sowohl in der Rechtsprechung als auch im Sekundärrecht ist die Schonung der öffentlichen Haushalte und Sozialkassen der Mitgliedstaaten als legitimes Interesse anerkannt, das die Festlegung von Bedingungen und Beschränkungen für die Freizügigkeit von Unionsbürgern rechtfertigen kann. Dem trägt auch die Aufenthaltsrichtlinie 2004/38 Rechnung, indem sie vorsieht, dass wirtschaftlich nicht aktive Unionsbürger (also gerade jene, die sich auf Art. 21 Abs. 1 AEUV berufen können) für sich und ihre Familienangehörigen nur dann ein mehr als dreimonatiges Aufenthaltsrecht im Aufnahmemitgliedstaat beanspruchen können, wenn sie **wirtschaftlich unabhängig** sind, d. h. sie müssen für sich und ihre Familienangehörigen

– über **hinreichende Existenzmittel** verfügen, so dass sie während ihres Aufenthalts keine Sozialhilfeleistungen des Aufnahmemitgliedstaats in Anspruch nehmen müssen, und
– über einen **umfassenden Krankenversicherungsschutz** im Aufnahmemitgliedstaat verfügen

(vgl. insbesondere Art. 7 Abs. 2 lit. b und c der Aufenthaltsrichtlinie 2004/38 und § 4 FreizügG/EU).

Zu beachten ist, dass der Betroffene die notwendigen Existenzmittel und den Krankenversicherungsschutz nicht notwendigerweise aus eigener Kraft aufbringen muss. Es genügt, dass er tatsächlich über die damit einhergehende **wirtschaftliche Unabhängigkeit „verfügt"**. Dies bedeutet, dass auch ein Kleinkind diese Voraussetzungen erfüllen kann, wenn es vermögend ist oder seine Eltern ihm Unterhalt gewähren. Gleiches gilt für Personen, die von ihrem Ehegatten oder Lebenspartner tatsächlich unterhalten werden (EuGHE, C-200/02, 2004, I-9925 – Zhu und Chen, Rn. 28 ff.; EuGHE, C-408/03, 2006, I-2647 – Kommission/Belgien, Rn. 40 ff.).

Allerdings verlangt das Unionsrecht den Mitgliedstaaten **ein gewisses Maß an finanzieller Solidarität** gegenüber Unionsbürgern und ihren Familienangehörigen ab. Das bedeutet konkret, dass Unionsbürgern und ihren Familienangehörigen im Aufnahmemitgliedstaat nicht jede **Inanspruchnahme von Sozialhilfeleistungen** verweigert werden darf, sondern nur eine solche, die **unangemessen** ist; auch darf die Inanspruchnahme von Sozialhilfeleistungen nicht automatisch zur Ausweisung führen (Art. 14 Abs. 1, 3 der Aufenthaltsrichtlinie 2004/38). In dieser Regelung kommt letztlich der Grundsatz der Verhältnismäßigkeit zum Ausdruck, wie er schon vor Erlass der Richtlinie 2004/38 vom EuGH in seiner Rechtsprechung betont worden war (vgl. dazu grundlegend EuGHE, C-184/99, 2001, I-6193 – Grzelczyk). Insbesondere wer vorübergehend unverschuldet in Not gerät, darf für einen Übergangszeitraum auf die Unterstützung des Aufnahmemitgliedstaats zurückgreifen. Bestehen hingegen klare Anhaltspunkte für einen **Missbrauch**, so kann die Unterstützung verweigert werden, denn kein Mitgliedstaat muss den Missbrauch der aus dem Unionsrecht fließenden Rechtspositionen dulden (Art. 35 der Aufenthaltsrichtlinie 2004/38).

Eine besonders große finanzielle Solidarität wird den Mitgliedstaaten gegenüber Unionsbürgern und ihren Familienangehörigen abverlangt, die nach fünfjährigem ununterbrochenem rechtmäßigem Aufenthalt im Aufnahmemitgliedstaat ein **Recht auf Daueraufenthalt** erworben haben: Ab diesem Zeitpunkt wird nämlich deren Aufenthaltsrecht vom Vorliegen hinreichender Existenzmittel und eines umfassenden Krankenversicherungsschutzes abgekoppelt (Art. 16 Abs. 1 Satz 2 der Aufenthaltsrichtlinie 2004/38, § 4a FreizügG/EU). Die Betroffenen gelten dann als so weitgehend in die Gesellschaft des Aufnahmemitgliedstaats integriert, dass sie auch im Hinblick auf die soziale Absicherung Inländern gleichgestellt werden. Sie haben ebenso wie die Angehörigen des Aufnahmemitgliedstaats im Bedarfsfall **Anspruch auf die gesetzlich vorgesehenen Sozialhilfeleistungen** (Umkehrschluss aus Art. 24 Abs. 2 der Aufenthaltsrichtlinie 2004/38).

Ebenso folgt aus Art. 24 Abs. 2 der Aufenthaltsrichtlinie 2004/38, dass Studierende spätestens mit dem Erwerb eines **Rechts auf Daueraufenthalt** Anspruch auf die gleichen **Studienbeihilfen und Stipendien** haben, die der Aufnahmemitgliedstaat seinen eigenen Staatsangehörigen in vergleichbarer Lage gewährt (ähnlich schon zur Rechtslage vor Anwendung der Richtlinie 2004/38: EuGHE, C-209/03, 2005, I-2119 – Bidar; EuGHE, C-158/07, 2008, I-8507 – Förster).

Selbstverständlich bleibt es den Mitgliedstaaten unbenommen, das Aufenthaltsrecht von Unionsbürgern und ihren Zugang zu Sozialleistungen großzügiger zu handhaben, als dies unionsrechtlich vorgeschrieben ist (Art. 37 der Aufenthaltsrichtlinie 2004/38; ähnlich bereits EuGHE, C-456/02, 2004, I-7573 – Trojani, Rn. 36 ff.).

Hinweis zur Vertiefung: Bei **wirtschaftlich aktiven Unionsbürgern** (also Wanderarbeitnehmer und Selbständige) macht die Aufenthaltsrichtlinie hinreichende Existenzmittel und einen umfassenden Krankenversicherungsschutz *nicht* zur Voraussetzung für deren Aufenthaltsrecht (Art. 7 Abs. 1 lit. a, Art. 14 Abs. 4 und Art. 24 der Richtlinie 2004/38). Es wird vermutet, dass dieser Personenkreis aufgrund seiner Erwerbstätigkeit im Regelfall über eine hinreichende wirtschaftliche Unabhängigkeit verfügt. Ob dies im Einzelfall tatsächlich so ist, lässt der Unionsgesetzgeber dahingestellt. Damit werden letztlich erwerbstätige Unionsbürger gegenüber nicht erwerbstätigen im Hinblick auf das Aufenthaltsrecht **privilegiert.**

12. Kapitel: Unionsgrundrechte und allgemeine Rechtsgrundsätze

A. Die Entwicklung des Grundrechtsschutzes in der Europäischen Union

Die EU ist eine mit weitreichenden Hoheitsrechten ausgestattete **supranationale Organisation**, die dem Einzelnen nicht nur Rechte einräumen, sondern auch Verpflichtungen und sogar Sanktionen auferlegen kann. Deshalb bedarf es auf Unionsebene eines angemessenen Grundrechtsschutzes.

Der **Vertrag von Paris** (EGKS-Vertrag) und die **Römischen Verträge** (EWG- und EAG-Vertrag) enthielten jedoch keinen konkreten Hinweis auf individuelle Grundrechte und erst recht keinen geschriebenen Grundrechtekatalog. Dies erklärt sich insbesondere aus dem funktionalistischen Ansatz der Gründungsverträge. Die damaligen Europäischen Gemeinschaften sollten in erster Linie die Integration der Volkswirtschaften der Mitgliedstaaten bewirken. Deshalb standen für die Verfasser der Verträge nicht die Rechte der Gemeinschaftsbürger, sondern die Pflichten der Mitgliedstaaten bei der Schaffung des Gemeinsamen Marktes im Vordergrund. Außerdem war bei der Abfassung der Verträge vielleicht noch nicht in vollem Ausmaß abzusehen, dass Einzelne eines Tages auch vor Maßnahmen der Gemeinschaftsorgane (heute: Unionsorgane) geschützt werden müssten. Überdies wäre es angesichts der Unterschiede in den Verfassungstraditionen der Mitgliedstaaten vermutlich nicht einfach gewesen, sich von Beginn an auf einen einheitlichen Grundrechtekatalog zu einigen.

Der EuGH hat jedoch in seiner **Rechtsprechung** – ausgehend von dem ihm durch Art. 19 Abs. 1 Satz 2 EUV (ehemals Art. 164 EWGV bzw. Art. 220 EGV) zugewiesenen Auftrag, die Wahrung des „Rechts" und nicht nur der Verträge zu sichern – seit Ende der 1960er Jahre **Grundrechte als allgemeine Rechtsgrundsätze des Unionsrechts** anerkannt (vgl. grundlegend dazu die Urteile EuGHE, 29/69, 1969, 419 = Hummer, S. 415 – Stauder; EuGHE, 11/70, 1970, 1125 = Hummer, S. 79 – Internationale Handelsgesellschaft; EuGHE, 4/73, 1974, 491 = Hummer S. 417 – Nold). Als allgemeine Rechtsgrundsätze sind die Grundrechte Bestandteil des ungeschriebenen Primärrechts und somit Maßstab für die Gültigkeit von Sekundärrecht sowie für die Auslegung von Primär- und Sekundärrecht (vgl. z.B. EuGHE, C-260/89, 1991, I-2951 = Hummer, S. 893 – ERT; EuGHE, C-60/00, 2002, I-6279 – Carpenter). Im Verhältnis zum übrigen Primärrecht stehen sie aber auf derselben Stufe der Normenhierarchie.

Durch die Entwicklung eines eigenständigen Grundrechtsschutzes auf europäischer Ebene gelang es dem EuGH einerseits, den – insbesondere vom deutschen Bundesverfassungsgericht und vom italienischen Verfassungsgerichtshof eingeforderten – angemessenen Grundrechtsschutz gegenüber Hoheitsakten der Europäischen Union (seinerzeit: Gemeinschaften) zu gewährleisten, andererseits aber gleichzeitig die **Einheit der Unionsrechtsordnung** zu wahren, die durch die Anwendung voneinander abweichender nationaler Grundrechtsstandards stark gefährdet worden wäre.

Die Gemeinschaftsorgane Parlament, Rat und Kommission schlossen sich der Rechtsprechung des EuGH an und unterstrichen 1977 in einer Gemeinsamen Erklärung „die vorrangige Bedeutung, die sie der Achtung der Grundrechte beimessen" (ABl. 1977, C 103, S. 1). Die Erklärung war allerdings rechtlich unverbindlich und enthielt keinen Grundrechtekatalog, sondern lediglich einen Verweis auf die EMRK. Am 12.4. 1989 verabschiedete das Europäische Parlament dann eine „Erklärung der Grundrechte und Grundfreiheiten" (ABl. 1989, C 120, S. 51; EuGRZ 1989, 204ff.), die zwar einen Katalog von Einzelbestimmungen enthielt, ihrer Form nach aber wiederum nur eine politische Entschließung ohne Rechtsverbindlichkeit darstellte.

Mit zunehmendem Fortgang der Europäischen Integration wurde der Umstand, dass der Grundrechtsschutz auf Unionsebene letztlich nur auf der Rechtsprechung beruhte, als unbefriedigend empfunden. Vor allem für die Bürgerinnen und Bürger war der ihnen zustehende Grundrechtsschutz wenig „sichtbar".

Deshalb wurden in der Folgezeit **Bekenntnisse zum Grundrechtsschutz** auch in die Verträge aufgenommen. Zunächst kam es 1986 zu einer ausdrücklichen Anerkennung der Rechtsprechung des Gerichtshofs, allerdings vorerst nur in der unverbindlichen Präambel der Einheitlichen Europäischen Akte. Mit dem Vertrag von Maastricht wurde der Grundrechtsschutz dann an prominenter Stelle im EU-Vertrag selbst erwähnt („Die Union achtet die Grundrechte...""), wobei die Rolle der EMRK besonders hervorgehoben wurde (Art. F Abs. 2 EUV bzw. Art. 6 Abs. 1 und 2 EUV a.F., heute Art. 6 Abs. 3 EUV).

Seit dem Vertrag von Amsterdam besteht mit Art. 7 EUV außerdem ein „**Sanktionsverfahren**", das es der Union ermöglicht, gegen Mitgliedstaaten vorzugehen, die den europäischen Grundrechtsstandard schwerwiegend missachten; die möglichen Maßnahmen gehen bis hin zur Suspendierung von Mitgliedschaftsrechten. Auch im Rahmen der Beitrittskriterien für neue Mitgliedstaaten ist die Achtung der Grundrechte seither verbindlich verankert (Art. 49 i.V.m. Art. 2 EUV).

Ein bedeutsamer Schritt hin zu einem „sichtbaren" Grundrechtsschutz wurde schließlich mit der **Charta der Grundrechte** der Europäischen Union getan, die im Jahr 2000 feierlich verkündet und mit dem Vertrag von Lissabon zum 1. 12. 2009 in den Rang von verbindlichem Primärrecht erhoben wurde (Art. 6 Abs. 1 EUV). Heute hat also die Europäische Union einen **echten Grundrechtekatalog**, der auch einige rechtsstaatliche und sozialstaatliche Grundsätze einschließt.

Seit 2007 existiert außerdem eine **Europäische Grundrechteagentur** (www.fra.europa.eu) mit Sitz in Wien, die eine berichtende und beratende Funktion hat, aber keine individuellen Grundrechtsbeschwerden entgegennehmen darf; in ihr ist die frühere Europäische Stelle zur Beobachtung von Rassismus und Fremdenfeindlichkeit aufgegangen.

Die voraussichtlich letzte große Etappe der derzeitigen Entwicklung des Grundrechtsschutzes in der Europäischen Union dürfte der geplante **Beitritt der Union zur EMRK** sein (vgl. Art. 6 Abs. 2 EUV).

B. Die Quellen des Grundrechtsschutzes auf EU-Ebene

Der Vertrag von Lissabon sieht insgesamt drei Quellen für den Grundrechtsschutz auf EU-Ebene vor:
– die Charta der Grundrechte der EU (Art. 6 Abs. 1 EUV),
– die Europäische Konvention zum Schutze der Menschenrechte und Grundfreiheiten (EMRK, Art. 6 Abs. 2 EUV) und
– die allgemeinen Rechtsgrundsätze des Unionsrechts (Art. 6 Abs. 3 EUV).

Die folgende Darstellung beginnt mit der zuletzt genannten Quelle, weil sie historisch gesehen die älteste ist.

Hinweis: Die EMRK spielt im Rahmen aller drei Grundrechtsquellen eine Rolle. Im Rahmen von Art. 6 Abs. 2 EUV ist sie unmittelbar relevant, im Rahmen von Art. 6 Abs. 1 und 3 EUV wird sie mit zur Auslegung herangezogen.

I. Der Grundrechtsschutz als Teil der allgemeinen Rechtsgrundsätze des Unionsrechts

Traditionell hat der EuGH den Schutz der Grundrechte in Ermangelung eines geschriebenen Grundrechtekatalogs als **Teil der allgemeinen Rechtsgrundsätze** des Unionsrechts angesehen. Zur Ermittlung des Inhalts dieses Grundrechtsschutzes schöpft er auch heute noch aus drei **Erkenntnisquellen** (nicht: Rechtsquellen).

Erstens stützt sich der EuGH auf einige **primärrechtliche Grundsätze**, die direkt oder indirekt bereits in den **Gründungsverträgen** enthalten waren. Dabei handelt es sich z. B. um die Wettbewerbsfreiheit und die allgemeine Handlungsfreiheit. Gleiches gilt für den allgemeinen Gleichbehandlungsgrundsatz, der in diversen ausdrücklich in den Verträgen niedergelegten Diskriminierungsverboten spezifische Ausprägungen gefunden hat.

Zweitens lässt sich der EuGH von den **gemeinsamen Verfassungsüberlieferungen der Mitgliedstaaten** inspirieren. Auf Unionsebene kann keine Maßnahme als rechtens anerkannt werden, die unvereinbar mit den von den Verfassungen der Mitgliedstaaten anerkannten und geschützten Rechten ist (vgl. EuGHE, 4/73, 1974, 491 = Hummer, S. 417 – Nold). Was den Verfassungsüberlieferungen der Mitgliedstaaten entspricht, ist im Wege einer **wertenden Rechtsvergleichung** zu ermitteln. Der EuGH geht dabei weder vom Grundsatz des kleinsten gemeinsamen Nenners, noch von einem Maximalstandard aus. Vielmehr wählt er dasjenige Recht als Ausgangspunkt, das ihm für die Zwecke des Unionsrechts jeweils am besten geeignet erscheint. So hat er z. B. das Verhältnismäßigkeitsprinzip aus dem deutschen Recht und den Grundsatz der ordnungsgemäßen Verwaltung aus dem belgischen und niederländischen Recht entnommen. Falls ein solcher aus nationalem Verfassungsrecht entwickelter allgemeiner Rechtsgrundsatz in der Unionsrechtsordnung anerkannt wird, ist sein Inhalt jedoch wegen der Eigenständigkeit der Unionsrechtsordnung nicht notwendigerweise mit dem nationalen „Original" deckungsgleich. Z. B. wird der Verhältnismäßigkeitsgrundsatz im Rahmen der deutschen Grundrechte nur als Schranken-Schranke geprüft, während ein Verstoß gegen diesen Grundsatz im Unionsrecht nach französischer Tradition als selbständiger Nichtigkeitsgrund gerügt werden kann.

Drittens sind die **internationalen Verträge über den Schutz der Menschenrechte** zu berücksichtigen, die die Mitgliedstaaten abgeschlossen haben. Hier ist in erster Linie die **Europäische Menschenrechtskonvention** (EMRK) einschließlich ihrer Zusatzprotokolle (Sartorius II Nr. 130) zu nennen. Zwar ist die Union der EMRK noch nicht beigetreten (vgl. dazu sogleich, unten S. 271). Die EMRK ist für die Union daher derzeit nicht unmittelbar verbindlich. Dennoch kommt der von allen Mitgliedstaaten ratifizierten EMRK nach der Rechtsprechung des Gerichtshofs als Erkenntnisquelle „besondere Bedeutung" zu, was auch durch den Vertrag von Maastricht unterstrichen wurde (Art. F Abs. 2 EUV bzw. Art. 6 Abs. 2 EUV a. F.). In früheren Entscheidungen hat der EuGH der EMRK nur „Hinweise" entnommen, in jüngeren Urteilen spricht er vermehrt davon, dass die EMRK „zu berücksichtigen" sei, oder nimmt sogar ausdrücklich Bezug auf die Rechtsprechung des Europäischen Gerichtshofs für Menschenrechte in Straßburg (vgl. EuGHE, C-74/95 u. C-129/95, 1996, I-6609 – X; EuGHE, C-368/95, 1997, I-3689 – Familiapress; EuGHE, C-540/03, 2006, I-5769, Parlament/Rat „Familienzusammenführung", Rn. 54, 55). Die Bedeutung der **Europäischen Sozialcharta** hat der EuGH z. B. im Urteil Defrenne III (EuGHE, 149/77, 1978, 1365 = Hummer, S. 457) anerkannt. Ihre praktische Bedeutung im Rahmen der Grundrechte ist jedoch geringer als die der EMRK. Gleiches gilt auch für den im Rahmen der Vereinten Nationen existierenden **Internationalen Pakt über bürgerliche und politische Rechte**, dem der EuGH in seiner Grundrechterechtsprechung ebenfalls „Rechnung trägt" (vgl. etwa EuGHE, 374/87, 1989, 3283 – Orkem, Rn. 31; EuGHE, C-540/03, 2006, I-5769 – Parlament/Rat, Rn. 37; EuGHE, C-244/06, 2008, I-505 – Dynamic Medien, Rn. 39).

Dass die Grundrechte auch nach Inkrafttreten des Vertrags von Lissabon weiterhin in den allgemeinen Rechtsgrundsätzen des Unionsrechts verankert sind, bekräftigt **Art. 6 Abs. 3 EUV**. Wie ihre Vorgängerregelungen aus den Verträgen von Maastricht und Amsterdam hebt zwar diese Vorschrift allein die EMRK und die gemeinsamen Verfassungsüberlieferungen der Mitgliedstaaten als Erkenntnisquellen hervor. Dies hat jedoch den EuGH schon bislang nicht daran gehindert, sich im Bedarfsfall auf andere Erkenntnisquellen, insbesondere auf diverse internationale Menschenrechtsabkommen, zu stützen (vgl. etwa EuGHE, C-244/06, 2008, I-505 – Dynamic Medien, Rn. 39).

II. Die Charta der Grundrechte der Europäischen Union

Spätestens seit dem Inkrafttreten des Vertrags von Lissabon ist für den Grundrechtsschutz auf Unionsebene **in erster Linie** die Charta der Grundrechte der EU **maßgeblich** (Art. 6 Abs. 1 EUV). Dies bedeutet nicht, dass die traditionelle Methode, den Grundrechtsschutz als Teil der allgemeinen Rechtsgrundsätze anzusehen (vgl. soeben, I.), obsolet geworden wäre. Sie bleibt ebenfalls erhalten (vgl. Art. 6 Abs. 3 EUV), dürfte aber nunmehr in den Schatten der Grundrechtecharta treten und diese allenfalls ergänzen (vgl. in diesem Sinne z. B. EuGH, C-92/09, Urt. v. 9. 11. 2010 – Schecke).

Klausurhinweis: In der Fallbearbeitung empfiehlt es sich nunmehr, in erster Linie die Vorschriften der Charta der Grundrechte heranzuziehen. Zu Beginn der Grundrechtsprüfung kann aber ergänzend darauf hingewiesen werden, dass der Grundrechtsschutz weiterhin auch Teil der allgemeinen Rechtsgrundsätze des Unionsrechts ist (Art. 6 Abs. 3 EUV), beispielsweise wie folgt: „Gemäß Art. 7 der Charta der Grundrechte der EU hat jede Person das Recht auf Achtung ihres Privat- und Familienlebens. Ein vergleichbarer Grundrechtsschutz ist nach der Rechtsprechung des EuGH auch als Teil der allgemeinen Rechtsgrundsätze des Unionsrechts anerkannt; als Erkenntnisquelle für letzteren Schutz kann insbesondere Art. 8 der EMRK dienen, welche zwar die EU mangels eigener Mitgliedschaft derzeit noch nicht bindet, aber von allen EU-Mitgliedstaaten ratifiziert wurde." Die weitere Fallbearbeitung kommt dann mit Art. 7 der Charta aus.

1. Entstehungsgeschichte der Charta

Gemäß den vom Europäischen Rat auf seinen Tagungen in Köln (3./4. 6. 1999) und Tampere (16. 10. 1999) angenommenen Schlussfolgerungen hat ein aus 62 Mitgliedern bestehender sog. **Konvent** unter dem Vorsitz des ehemaligen deutschen Bundespräsidenten Roman Herzog im Jahr 2000 den Text der Grundrechtecharta ausgearbeitet. Nachdem der Europäische Rat von Biarritz im Oktober 2000 diesen Text gebilligt hatte, wurde die Charta anlässlich des Gipfels in Nizza am 7. 12. 2000 vom Europäischen Parlament, dem Rat und der Kommission unterzeichnet und **feierlich verkündet**. In Nizza wurde allerdings kein Beschluss über die Rechtsverbindlichkeit der Charta gefasst. Nach der Erklärung Nr. 23 zum Vertrag von Nizza sollte es bei der Debatte über die Zukunft der Union sowie bei der für 2004 geplanten neuen Regierungskonferenz unter anderem um den Status der Grundrechtecharta gehen. In der 2001 verabschiedeten Erklärung von Laeken zur Zukunft der Europäischen Union wurde später die zusätzliche Frage aufgeworfen, ob die Grundrechtecharta in die Verträge aufgenommen werden solle.

2. Rechtsnatur und Rang der Charta

In ihrer ursprünglichen, im Jahr 2000 verkündeten Form (ABl. 2000, C 364, S. 1) **fehlte es der Charta an Rechtsverbindlichkeit**. Die Charta als solche war damit zunächst nicht Teil des Primärrechts, sondern lediglich eine zusätzliche Erkenntnisquelle für den Grundrechtsschutz, wie er als Teil der allgemeinen Rechtsgrundsätze auf Unionsebene zu achten war (vgl. dazu oben I.). In diesem Sinne zitierte der EuGH die Charta nach anfänglichem Zögern in einigen Urteilen, zunächst in einem Fall, in dem eine Richtlinie in ihrer Präambel ausdrücklich auf die Charta verwiesen hatte (EuGHE, C-540/03, 2006, I-5769 – Parlament/Rat, „Familienzusammenführung", Rn. 38), später auch in Fällen, in denen keine solche Bezugnahmen vorlagen (EuGHE, C-432/05, 2007, I-2271 – Unibet, Rn. 37).

Zusätzlich durfte angenommen werden, dass die Unionsorgane Parlament, Rat und Kommission durch die feierliche Verkündung der Charta anlässlich des Europäischen Rats von Nizza eine **Selbstbindung** eingegangen waren, so dass sie sich bei ihrer Tätigkeit an den Vorschriften der Charta messen lassen mussten (ähnlich wie nach dem aus dem deutschen Recht bekannten Grundsatz der Selbstbindung der Verwaltung). Dies führte beispielsweise dazu, dass in den Präambeln verschiedener Sekundärrechtsakte (Richtlinien, Verordnungen) auf die Charta Bezug genommen wurde. In der Rechtsprechung spielte eine kraft Selbstbindung ausgelöste „mittelbare Rechtsverbindlichkeit" der Charta allerdings, soweit ersichtlich, keine Rolle.

Letztlich war die fehlende (oder allenfalls mittelbare) Rechtsverbindlichkeit aber kein befriedigender Zustand. Die Charta war mit dem Makel behaftet, ein „zahnloser Tiger" zu sein. Deshalb kristallisierte sich in den Arbeiten des Europäischen Konvents (Verfassungskonvent) heraus, dass die Charta der vollen Rechtsverbindlichkeit bedurfte. Im **Vertrag über eine Verfassung für Europa** war denn auch vorgesehen, die Charta der Grundrechte samt ihrer Präambel an prominenter Stelle in das Primärrecht aufzunehmen (Zweiter Teil des Verfassungsvertrags, Art. II-61 bis II-114 EVV).

Nach dem Scheitern des Verfassungsvertrags führte der weniger ambitionierte Ansatz eines Reformvertrags schließlich im Vertrag von Lissabon dazu, dass die Charta nicht im Wortlaut in die Verträge aufgenommen wurde. Im Rahmen der Bestimmungen über die Werte der Union wird lediglich **in Art. 6 Abs. 1 EUV auf die Charta Bezug genommen**. Mit den Worten „Die Union erkennt die Rechte, Freiheiten und Grundsätze an, die in der Charta ... niedergelegt sind", wird ihre **Rechtsverbindlichkeit** angeordnet, ferner wird klargestellt, dass **Charta und Verträge rechtlich gleichrangig** sind. Gleichzeitig wurde die Charta, mit einigen redaktionellen Änderungen und kleineren Ergänzungen (vgl. insbesondere Art. 52 Abs. 4–7), am 12.12.2007 in Straßburg neu verkündet (ABl. 2007, C 303, S. 1; zu den Änderungen vgl. im Einzelnen Streinz/Ohler/Herrmann, Der Vertrag von Lissabon zur Reform der EU, S. 97). Ob die fehlende Eingliederung in die Vertragstexte der **Sichtbarkeit und Symbolkraft** der Charta einen Abbruch tut oder sie im Gegenteil noch verstärkt, bleibt abzuwarten.

Rechtlich gesehen wurde jedenfalls im Vertrag von Lissabon das gleiche Ergebnis erzielt, das schon mit dem Verfassungsvertrag beabsichtigt war: Die Union verfügt seither über einen **geschriebenen, rechtlich verbindlichen und mit Verfassungsrang ausgestatteten Grundrechtekatalog**, auf den sich der Einzelne vor Gericht berufen kann. Im Fall Schecke hat der EuGH erstmals unter Bezugnahme auf die Charta einen Unionsrechtsakt (Verordnung) für ungültig erklärt (EuGH, C-92/09, Urt. v. 9.11.2010).

Da die Charta und die Verträge gemäß Art. 6 Abs. 1 HS. 2 EUV „rechtlich gleichrangig" sind, können die Grundrechte und sonstigen Grundsätze der Charta **keinen Vorrang gegenüber dem sonstigen Primärrecht** beanspruchen, insbesondere nicht gegenüber den Grundfreiheiten des Binnenmarkts, ebenso wenig wie umgekehrt die Grundfreiheiten den Grundrechten vorgehen können. Im Gegenteil hat die Charta wesentliche Teile der Grundfreiheiten sogar rezipiert (Art. 15 Abs. 2, 45 Abs. 1 der Charta). Es muss also im Konfliktfall im Sinne der praktischen Konkordanz ein **gerechter Ausgleich zwischen widerstreitenden Rechten und Grundsätzen** gefunden werden (eine vergleichbare Problematik existiert bekanntlich auch im deutschen Verfassungsrecht).

3. Inhalt der Charta

a) Zwischen Kodifikation und Innovation. Hauptzweck der Charta der Grundreche war es, den **Schutz der Grundrechte zu stärken**, indem sie in einer Charta **sichtbar gemacht** werden (4. Erwägungsgrund der Präambel der Charta).

Inhaltlich **orientiert sich** die Charta in wesentlichen Teilen **an bestehenden Grundrechtsinstrumenten**, die v.a. im Rahmen des Europarats und der EU existieren. Zu nennen sind insbesondere die EMRK und die Europäische Sozialcharta, ferner die (rechtlich unverbindliche) Gemeinschaftscharta der Sozialen Grundrechte der Arbeitnehmer. Außerdem kodifiziert die Charta Rechtsprechung des EuGH und des EGMR, beispielsweise im Bereich der Verfahrensgrundrechte (vgl. auch 5. Erwägungsgrund ihrer Präambel).

Vereinzelt geht die Charta aber deutlich über eine bloße Rezeption des unionsinternen „status quo" hinaus.

– So enthält sie beispielsweise ein Verbot des reproduktiven Klonens von Menschen (Art. 3 Abs. 2 lit. d der Charta), dessen Pendant in einer Konvention des Europarats noch nicht von allen Mitgliedstaaten ratifiziert ist (u. a. nicht von Deutschland und Österreich).
– Art. 21 Abs. 1 der Charta enthält eine sehr umfassende, in dieser Form im Unionsrecht noch nicht dagewesene Auflistung von persönlichen Eigenschaften, wegen derer eine Diskriminierung verboten ist.
– Das Recht auf eine gute Verwaltung (Art. 41 der Charta) war zwar in seinen einzelnen Ausprägungen schon bisher bekannt, neu ist allerdings die sichtbare Zusammenfassung und Aufwertung zu einem Grundrecht.
– Sofern man die verschiedenen sozialen Bestimmungen in Titel IV der Charta („Solidarität") als individuell einklagbare Grundrechte und nicht nur als Programmsätze versteht (Letzteres ist höchst umstritten), könnte die Charta auch hier über den bislang geltenden Integrationsstand hinausgehen. Jedenfalls verleiht die Charta diesen Vorschriften ein nicht unerhebliches Gewicht.

Vor diesem Hintergrund ist es zumindest zweifelhaft, wenn im Protokoll Nr. 30 über die Anwendung der Charta auf Polen und das Vereinigte Königreich behauptet wird, die Charta schaffe keine neuen Rechte oder Grundsätze (6. Erwägungsgrund).

b) Auslegung der Bestimmungen der Charta. Art. 52 der Charta enthält einige verbindliche Leitlinien hinsichtlich der „Tragweite und Auslegung" der in ihr enthaltenen Rechte und Grundsätze.

Ausgangspunkt für das Verständnis und die Auslegung der Bestimmungen der Charta der Grundrechte sind die **Erläuterungen**, die der Grundrechtekonvent anlässlich der Verabschiedung der Charta verfasst hat (ABl. 2007, C 303, S. 17). Diese Erläuterungen selbst beanspruchen zwar keine Rechtsverbindlichkeit, Art. 52 Abs. 7 der Charta i. d. F. von 2007 und Art. 6 Abs. 1 UAbs. 3 EUV schreiben aber ausdrücklich vor, dass sie „gebührend zu berücksichtigen" sind. Die Erläuterungen geben insbesondere Auskunft über die Herkunft der einzelnen Chartabestimmungen, z. B. lässt sich anhand der Erläuterungen nachvollziehen, ob und inwieweit sich der Grundrechtekonvent bei Abfassung der Charta an der EMRK oder an anderen Grundrechtsinstrumenten orientiert hat. Auch auf Sekundärrecht der EU und auf die Rechtsprechung des EuGH wird bisweilen in den Erläuterungen Bezug genommen.

Ganz allgemein kann bei der Auslegung der in der Charta enthaltenen Grundrechte und Prinzipien in den meisten Fällen auf der **bisherigen Rechtsprechung des EuGH** zum Grundrechtsschutz aufgebaut werden. Dies gilt umso mehr, als Art. 53 der Charta es ausdrücklich verbietet, hinter dem bisherigen Niveau des Grundrechtsschutzes zurückzubleiben, wie es sich aus dem Unionsrecht und den völkerrechtlichen Bindungen der Union und der Mitgliedstaaten sowie aus den gemeinsamen Verfassungsüberlieferungen ergibt. Es darf also zu **keinem Rückschritt** hinter das bereits Erreichte kommen (**Verschlechterungsverbot**).

Sind Chartabestimmungen der EMRK nachgebildet, so sind sie dergestalt auszulegen und anzuwenden, dass sie nicht hinter der EMRK – selbstverständlich in ihrer jeweiligen Auslegung durch den EGMR – zurückbleiben (Art. 52 Abs. 3 Satz 1 der Charta, sog. **Homogenitätsklausel**). Dies schließt freilich nicht aus, dass das Unionsrecht einen weitergehenden Grundrechtsschutz gewährt als die EMRK (Art. 52 Abs. 3 Satz 2 der Charta). Allgemein wird man deshalb sagen dürfen, dass die **EMRK** und die **EGMR-Rechtsprechung** den **Mindeststandard** für den im Unionsrecht zu gewährleistenden Grundrechtsschutz bilden.

Derzeit ist noch nicht abschließend geklärt, ob alle Bestimmungen der Charta wirklich Individualgrundrechte bzw. grundrechtsgleiche Rechte beinhalten. In Art. 52 Abs. 5 wird angedeutet, dass einzelne Chartabestimmungen nur **den Charakter von „Grundsätzen"** ohne unmittelbare Wirkung haben sollen. Insbesondere einige der im Titel IV der Charta („Solidarität") enthaltenen Bestimmungen dürften eher **Programmsätze** als Grundrechte im engen Sinne beinhalten (vgl. insbesondere Art. 29, 34–37 der Charta). Liegt ein bloßer Programmsatz vor – was im Einzelfall durch Auslegung zu ermitteln ist –, so folgen aus ihm zwar keine einklagbaren Rechte, seine Vorgaben sind aber bei der Auslegung und Anwendung von sonstigem Unionsrecht, insbesondere von Richtlinien und Verordnungen, zu berücksichtigen.

c) Keine Kompetenzerweiterung. Großer Aufwand wurde bei der Abfassung der Charta und des Vertrags von Lissabon darauf verwendet, klarzustellen, dass die in der Charta enthaltenen Grundrechte und Prinzipien zu keiner Kompetenzerweiterung der EU führen. So heißt es in Art. 51 Abs. 2 der Charta: „Diese Charta dehnt den Geltungsbereich des Unionsrechts nicht über die Zuständigkeiten der Union hinaus aus und begründet weder neue Zuständigkeiten noch neue Aufgaben für die Union, noch ändert sie die in den Verträgen festgelegten Zuständigkeiten und Aufgaben". Ähnliches formuliert Art. 6 Abs. 1 UAbs. 2 EUV. In Art. 51 Abs. 1 der Charta wird überdies auf das Subsidiaritätsprinzip Bezug genommen.

Ferner stellt Art. 52 Abs. 2 der Charta klar, dass die Ausübung der durch die Charta anerkannten Rechte, „die in den Verträgen geregelt sind", im Rahmen der **in den Verträgen festgelegten Bedingungen und Grenzen** erfolgt. Damit sind diejenigen Chartabestimmungen gemeint, die Bestimmungen des EUV und des AEUV rezipieren, beispielsweise die Art. 15 Abs. 2 und 45 Abs. 1 der Charta (sie entsprechen einigen Grundfreiheiten des AEUV) und die Bestimmungen über die Bürgerrechte (sie entsprechen den Bestimmungen über die Unionsbürgerschaft).

4. Zusatzprotokoll für Polen und das Vereinigte Königreich, politischer Kompromiss mit Tschechien

Während Deutschland stets zu den Befürwortern eines starken und sichtbaren Grundrechtsschutzes auf Unionsbebene gezählt hat, standen und stehen einige andere Mitgliedstaaten dieser Entwicklung skeptisch bis ablehnend gegenüber. Anlässlich der Regierungskonferenz über den Vertrag von Lissabon sprachen sich v. a. Polen und das Vereinigte Königreich anfangs vehement gegen eine Verbindlicherklärung der Charta aus. Der letztlich gefundene Kompromiss sieht vor, dass die Charta zwar verbindliche Rechtskraft erlangt, aber auf Kosten der Rechtseinheit in Europa: Polen und das Vereinigte Königreich haben für sich ein **Zusatzprotokoll** (Protokoll Nr. 30) erreicht, das bisweilen irreführenderweise als „Opt-out-Lösung" bezeichnet wird, in Wahrheit aber „bestimmte Aspekte der Anwendung der Charta" auf diese beiden Mitgliedstaaten klären soll (8. Erwägungsgrund) und dort zu einer eingeschränkten Rechtsverbindlichkeit der Charta führen wird.

In Art. 1 Abs. 1 des Protokolls wird bekräftigt, dass die Charta zu **keiner Ausweitung der Befugnisse** des EuGH oder der britischen bzw. polnischen Gerichte führe, die Grundrechtswidrigkeit nationaler Maßnahmen festzustellen. Man wird diese Klausel so verstehen müssen, dass die Charta keine neuen Rechte oder Grundsätze gegenüber diesen beiden Mitgliedstaaten schafft (6. Erwägungsgrund des Protokolls), wohingegen Polen und das Vereinigte Königreich sehr wohl an den grundrechtlichen *acquis communautaire* gebunden bleiben, also an das, was schon vor dem Vertrag von Lissabon an Grundrechtsstandard im Unionsrecht anerkannt war (7. und 12. Erwägungsgrund des Protokolls).

Art. 1 Abs. 2 des Protokolls stellt klar, dass aus Titel IV der Charta („Solidarität") keine in Polen oder dem Vereinigten Königreich einklagbaren **sozialen Grundrechte** fließen, es sei denn, sie wären ohnehin im nationalen Recht vorgesehen. In ähnlicher Weise sieht Art. 2 des Protokolls allgemeiner vor, dass Chartabestimmungen, die auf das nationale Recht verweisen, in den beiden Mitgliedstaaten nur in dem Maße anwendbar sind, wie ihr jeweiliges nationales Recht die entsprechenden Grundrechte anerkennt (dies sind z. B. Art. 9, Art. 10 Abs. 2 und Art. 14 Abs. 3 und einige Vorschriften aus Titel IV der Charta).

Die Gründe für diese polnische und britische Sonderrolle sind vielschichtig. Das Vereinigte Königreich ist traditionell integrationsskeptisch und überdies darauf bedacht, der Erweiterung der Individualrechte im sozialen Bereich einen Riegel vorzuschieben (vgl. die ablehnende Haltung dieses Mitgliedstaats gegenüber dem Protokoll zur Sozialpolitik anlässlich des Vertrags von Maastricht). Polen dürfte es eher ein Anliegen gewesen sein, bestimmte „traditionelle" Vorstellungen vom Familienleben und vom Zusammenleben in der Gesellschaft gegen vermeintlich zu fortschrittliche europäische Einflüsse abzuschirmen.

Buchstäblich „in letzter Minute" forderte gegen Ende des Ratifizierungsprozesses zum Vertrag von Lissabon auch der tschechische Staatspräsident eine Ausnahmeregelung („Fußnote") für sein Land. Dahinter stand die Besorgnis, die sog. **Beneš-Dekrete** (mit denen u. a. Enteignungen und Vertreibungen zulasten von Sudetendeutschen in Verbindung gebracht werden) könnten unter Berufung auf die Grundrechtecharta in Frage gestellt werden, und die Betroffenen könnten Rückgabe- oder Entschädigungsforderungen erheben. Die schwedische Ratspräsidentschaft stellte daraufhin klar, dass die Grundrechtecharta keine Rückwirkung entfalte. In einem politischen Kompromiss wurde ferner im Europäischen Rat von Brüssel (Oktober 2009) in Aussicht gestellt, anlässlich der nächsten Vertragsänderung den Anwendungsbereich der für Polen und das Vereinigte Königreich geltenden Sonderbestimmungen durch ein neues Zusatzprotokoll auf Tschechien auszudehnen.

Ob alle diese (rechtlichen bzw. politischen) Sondervereinbarungen in der Praxis die gewünschte oder befürchtete Wirkung entfalten können, wird man abwarten müssen. Auf jeden Fall bleiben Polen, Tschechien und das Vereinigte Königreich verpflichtet, den Grundrechtsschutz zu gewährleisten, der dem Unionsrecht unabhängig von der Charta als Teil der allgemeinen Rechtsgrundsätze immanent ist (vgl. dazu oben I.). Im Hinblick auf die Rechtseinheit in der EU und das Bestreben, allen Unionsbürgern in der gesamten Union „sichtbar" die gleichen Rechte und Pflichten zu gewährleisten, senden die besagten Sondervereinbarungen jedenfalls ein bedauerliches Signal aus.

III. Die Europäische Konvention zum Schutze der Menschenrechte und Grundfreiheiten (EMRK)

1. Die Rechtslage unabhängig von einem Beitritt der EU zur EMRK

Derzeit sind zwar alle Mitgliedstaaten der EU, nicht aber die EU selbst Mitglied der EMRK. Dies bedeutet, dass die EU als solche aus völkerrechtlicher Sicht nicht an die EMRK-Grundrechte und an die Rechtsprechung des EGMR gebunden ist. Gleichwohl darf die **Bedeutung für das Unionsrecht**, die der EMRK in ihrer Auslegung durch den EGMR zukommt, nicht vernachlässigt werden. Zum einen spielt die EMRK seit jeher eine zentrale Rolle als **Erkenntnisquelle** für den auf Unionsebene gewährleisteten Grundrechtsschutz, wie er zu den allgemeinen Rechtsgrundsätzen des Unionsrechts gehört (Art. 6 Abs. 3 EUV, vgl. oben I.). Zum anderen sind zahlreiche Bestimmungen der **Charta der Grundrechte der EU** der EMRK nachgebildet und müssen folglich gemäß Art. 52 Abs. 3 der Charta im Einklang mit der EMRK ausgelegt und angewendet werden (vgl. oben II.). Diese **Doppelfunktion der EMRK** im Unionsrecht ist unabhängig von einem künftigen Beitritt der EU zur EMRK und wird auch über diesen Beitritt hinaus fortdauern.

Hinweis zur Vertiefung: Vereinzelt versuchen natürliche Personen oder Unternehmen, die EU-Mitgliedstaaten einzeln oder kollektiv vor dem EGMR wegen vermeintlicher Verletzung der EMRK durch Rechtsakte des Unionsrechts zu verklagen. Nach Ansicht des EGMR dürfen sich die Mitgliedstaaten ihren Verpflichtungen aus der EMRK nicht durch Übertragung von Hoheitsrechten auf die EU entziehen. Demgemäß beansprucht der EGMR eine grundsätzliche Prüfungszuständigkeit für Unionsrecht am Maßstab der EMRK. Im Bereich des sekundären Unionsrechts (z. B. Richtlinien) übt der EGMR jedoch – insoweit dem BVerfG ähnlich – nur eine eingeschränkte Kontrolle aus, solange der EuGH einen adäquaten Grundrechtsschutz garantiert (vgl. EGMRE, 2005-VI, Beschw.-Nr. 45036/98 = NJW 2006, 197 – **Bosphorus Airways**). Im Bereich des Primärrechts hingegen scheint er eine weniger begrenzte Kontrolle ausüben zu wollen: In der Rs. **Matthews** (EGMRE, 1999-I, Beschw.-Nr. 254833/94 = NJW 1999, 3107) hat 1999 der EGMR das Vereinigte Königreich verurteilt, weil den Einwohnern von Gibraltar in der Akte zur Einführung allgemeiner unmittelbarer Wahlen der Abgeordneten des Europäischen Parlaments (Sartorius II, Nr. 262) und damit in einer durch alle Mitgliedstaaten vereinbarten Bestimmung des Unionsprimärrechts das Wahlrecht zum Europäischen Parlament vorenthalten wurde. Er hat seine Zuständigkeit u. a. damit begründet, dass der EuGH Unionsprimärrecht nicht überprüfen und beanstanden kann (vgl. Breuer, JZ 2003, 433).

2. Der geplante Beitritt der EU zur EMRK

Ein Beitritt der EU zur EMRK wurde unionsintern mehrfach von der Kommission und vom Europäischen Parlament gefordert. Auf einen vom Rat gestellten **Gutachtenantrag** (vgl. jetzt Art. 218 Abs. 11 AEUV) hin hat der Gerichtshof jedoch 1996 festgestellt (EuGHE 1996, I-1763 = Hummer, S. 211 – Gutachten 2/94), dass die damalige Gemeinschaft nicht über die Zuständigkeit für einen solchen Beitritt verfügte: Keine Bestimmung des EGV verleihe den Gemeinschaftsorganen die Befugnis, auf dem Gebiet der Menschenrechte Vorschriften zu erlassen oder völkerrechtliche Verträge zu schließen. Ein Beitritt zur EMRK wäre außerdem von „verfassungsrechtlicher Dimension" und würde deshalb über die Grenzen dessen hinausgehen, was die Vertragsergänzungsklausel des Art. 235 E(W)GV (heute Art. 352 AEUV) erlaube. Damit komme ein Beitritt nur nach einer Vertragsänderung in Frage.

Erst mit dem Vertrag von Lissabon (Art. 6 Abs. 2 EUV), der sich insoweit am gescheiterten Verfassungsvertrag orientiert (Art. I-9 Abs. 2 EVV), wurde schließlich die **unionsinterne Rechtsgrundlage** für den Beitritt zur EMRK geschaffen. Sie ist zugleich als **Verfassungsauftrag** ausgestaltet: die Union „tritt bei".

Die EMRK musste sich ihrerseits erst für einen Beitritt der EU öffnen. Ursprünglich war nämlich die Mitgliedschaft einer internationalen Organisation in der EMRK überhaupt nicht vorgesehen. Durch das kürzlich in Kraft getretene **14. Zusatzprotokoll zur EMRK** hat der Europarat diese Hürde aus dem Weg geräumt (vgl. den neuen Art. 59 Abs. 2 EMRK).

Im Rahmen des sog. Stockholmer Programms (ABl. 2010, C 115, S. 8) hat sich der Europäische Rat im Dezember 2009 für einen „raschen" Beitritt der EU zur EMRK ausgesprochen. Daraufhin hat die Kommission dem Rat im März 2010 eine Empfehlung für die Einleitung von Beitrittsverhandlungen vorgelegt. Im Juni 2010 hat der Rat die Kommission zur Aufnahme von Verhandlungen ermächtigt und ihr hierfür Verhandlungsrichtlinien i. S. v. Art. 218 Abs. 2 AEUV erteilt.

Der Beitritt wird einer völkerrechtlichen Übereinkunft (**Beitrittsvertrag**) zwischen der EU und den Vertragsstaaten des Europarats bedürfen. Gemäß Art. 218 Abs. 8 UAbs. 2 i. V. m. Abs. 6 lit. a Ziff. ii) AEUV hat darüber unionsintern der Rat einstimmig nach Zustimmung des Europäischen Parlaments zu beschließen; ferner bedarf dieser Beschluss der Ratifizierung durch die EU-Mitgliedstaaten. Gegenstand eines solchen Beitrittsvertrags werden die **Modalitäten der Mitgliedschaft der EU** in der EMRK sein, insbesondere, ob und inwieweit der EGMR Handlungen der Unionsorgane – nicht zuletzt des EuGH – kontrollieren darf (vgl. dazu auch das Protokoll Nr. 8 zum EUV i. d. F. d. Vertrags von Lissabon, in dem lediglich von einer „etwaigen Beteiligung" an den „Kontrollgremien" der EMRK die Rede ist und die „besonderen Merkmale" der EU sowie des Unionsrechts betont werden; vgl. ferner Erklärung Nr. 2 zum Vertrag von Lissabon). Überdies dürfte sich die Frage stellen, ob die EU künftig einen eigenen Richter am EGMR stellen kann.

Vor allem in einer Anfangsphase dürfte der Beitritt der EU zur EMRK nicht ohne Reibungen vonstatten gehen. Gewöhnungsbedürftig wird aus EU-Perspektive sein, dass womöglich ein weiterer Gerichtshof „über dem EuGH steht" und dass die EU sich gegebenenfalls der Kontrolle von EGMR-Richtern unterwerfen muss, die aus Drittstaaten stammen. Gerade diese „externe Kontrolle" der EU-Organe durch eine Einrichtung außerhalb des institutionellen Rahmens der EU macht aber letztlich den qualitativen Fortschritt aus, der vom EMRK-Beitritt der EU erwartet wird. Abgesehen davon kann die Union kaum von allen ihren Mitgliedstaaten und v.a. von ihren Beitrittskandidaten fordern, sich der gerichtlichen Kontrolle durch den EGMR zu unterwerfen, andererseits aber für ihr eigenes Handeln einen Sonderstatus beanspruchen. Schließlich ist ein Beitritt der EU zur EMRK die beste Lösung, um Divergenzen zwischen den beiden Systemen zum Schutz der Grundrechte zu vermeiden und eine harmonische Entwicklung der Rechtsprechung der beiden Gerichtshöfe zu sichern. Der Schutz der Grundrechte in der EU wird dadurch weiter gestärkt, wenn auch zugegebenermaßen verfahrensmäßig verkompliziert werden (siehe zum Ganzen Europäischer Konvent, Diskussionspapier vom 18.6. 2002, CONV 116/02, und das Reflexionspapier des EuGH vom 5.5. 2010, im Internet abrufbar unter http://curia.europa.eu).

Sobald die EU der EMRK beigetreten ist, wird die EMRK als internationales Übereinkommen **integraler Bestandteil des Unionsrechts** werden (EuGHE, 181/73, 1974, 129 – Haegeman; EuGH, C-386/08 Urt. v. 25.2. 2010, EuZW 2010, 264 – Brita, Rn. 39) und einen „**Zwischenrang**" zwischen dem Unionsprimärrecht und dem sonstigen Sekundärrecht (Richtlinien, Verordnungen, etc.) einnehmen. Sie wird dann nicht nur für die Organe der Union, sondern auch für die Mitgliedstaaten *kraft Unionsrechts verbindlich* sein (Art. 216 Abs. 2 AEUV). Speziell für Deutschland wird dies zur Konsequenz haben, dass die EMRK nicht nur – wie bislang – den Rang eines einfachen Bundesgesetzes einnehmen wird (aufgrund der eigenen Beteiligung der Bundesrepublik an der EMRK), sondern kraft Unionsrechts (sofern dessen Anwendungsbereich eröffnet ist) **Vorrang vor nationalem Recht** genießen wird.

C. Die Funktionsweise der Unionsgrundrechte

I. Grundrechtsverpflichtete

1. Hauptzielrichtung der Unionsgrundrechte ist der Schutz des Einzelnen gegen Grundrechtsverletzungen durch die mit Hoheitsrechten ausgestattete EU. Grundrechtsverpflichtet sind also **in erster Linie die Unionsorgane** sowie die sonstigen Einrichtungen und Stellen der EU. Die Rechtmäßigkeit ihrer Handlungen ist am Maßstab der Unionsgrundrechte zu messen (*Unionsgrundrechte als Legalitätsmaßstab*), und die von ihnen erlassenen Rechtsakte sind im Einklang mit den Unionsgrundrechten auszulegen (*grundrechtskonforme Auslegung*).

2. Darüber hinaus sind aber **auch die Mitgliedstaaten** gemäß Art. 51 Abs. 1 der Charta der Grundrechte i.V.m. Art. 6 Abs. 1 EUV „bei der Durchführung des Rechts der Union" an die Unionsgrundrechte gebunden. Unter Zugrundelegung der bisherigen Rechtsprechung des EuGH bedeutet dies, dass die Mitgliedstaaten Unionsgrundrechte immer dann zu beachten haben, wenn sie **im Anwendungsbereich des Unionsrechts** tätig werden. Sicherlich sind damit in erster Linie Fälle gemeint, in denen nationale Stellen Rechtsakte des Unionsrechts, insbesondere Richtlinien, in nationales Recht umsetzen. Es würde jedoch zu kurz greifen, Unionsgrundrechte immer nur auf das konkret zur Umsetzung von Unionsrecht zielende Handeln der Mitgliedstaaten anzuwenden. Erfasst sind auch Fälle, in denen ein Sachverhalt unabhängig vom Bestehen oder Nichtbestehen eines nationalen Umsetzungsakts in den Anwendungsbereich des Unionsrechts fällt, beispielsweise in jenen der Grundfreiheiten der Verträge (grenzüberschreitende Sachverhalte) oder einer vom betreffenden Mitgliedstaat nicht umgesetzten Richtlinie. Auf **rein innerstaatliche Sachverhalte ohne Unionsrechtsbezug** sind die Unionsgrundrechte hingegen nicht anwendbar (EuGHE, C-299/95, I-2629 – Kremzow; EuGHE, C-427/06, 2008, I-7245 – Bartsch; vgl. auch Art. 51 Abs. 2 der Charta der Grundrechte).

In der Praxis bieten v.a. folgende Fallgestaltungen Anknüpfungspunkte für eine Bindung der Mitgliedstaaten an die Unionsgrundrechte:

- der verwaltungsmäßige **Vollzug von Unionsrecht** durch nationale Stellen (EuGHE, 5/88, 1989, 2609 RdNr. 19 = Hummer, S. 448 – Wachauf; EuGHE, C-349/07, 2008, I-10369 – Sopropé, Rn. 36–38);

- **Richtlinien der Union** (EuGHE, C-81/05, 2006, I-7569 – Cordero Alonso Rn. 35–42; EuGH, C-317/08, Urt. v. 18.3. 2010 – Alassini, Rn. 61 ff.); dies gilt auch in Bezug auf die Nutzung von Umsetzungsspielräumen, die eine Richtlinie den Mitgliedstaaten belässt (EuGHE, C-540/03, 2006, I-5769, Parlament/Rat „Familienzusammenführung", Rn. 62, 71);
- die **Beschränkung von Grundfreiheiten** durch nationale Stellen; dann sind die vertraglichen Rechtfertigungsmöglichkeiten, also z. B. Art. 36, 45 Abs. 3, 51, 52 und 65 AEUV sowie die sog. zwingenden Erfordernisse des Allgemeininteresses, im Einklang mit den Unionsgrundrechten auszulegen und anzuwenden (vgl. EuGHE, C-260/89, 1991, I-2925 = Hummer, S. 893 – ERT; EuGHE, C-368/95, 1997, I-3689 – Familiapress, Rn. 24 ff.);
- die **Geltendmachung unionsrechtlicher Rechtspositionen vor nationalen Gerichten**: dabei ist v. a. der Grundsatz des effektiven gerichtlichen Rechtsschutzes zu beachten (Art. 47 Abs. 1 der Charta der Grundrechte; vgl. auch Art. 19 Abs. 1 UAbs. 2 EUV).

3. Höchst umstritten ist, ob die Unionsgrundrechte (und allgemeine Rechtsgrundsätze des Unionsrechts) auch **im Verhältnis zwischen Privaten** unmittelbar wirken. Allgemein anerkannt ist eine solche **horizontale Direktwirkung** bislang nur im Hinblick auf den Grundsatz des gleichen Entgelts für Männer und Frauen bei gleicher oder gleichwertiger Arbeit (Art. 157 Abs. 1 AEUV; dazu grundlegend EuGHE, 43/75, 1976, 455 = Hummer S. 452 – Defrenne II). Jüngst hat der EuGH sie überdies dem Verbot der Altersdiskriminierung als allgemeinem Rechtsgrundsatz des Unionsrechts (vgl. auch Art. 21 Abs. 1 der Charta der Grundrechte) zubilligt: Der EuGH sieht nationale Gerichte als verpflichtet an, in arbeitsrechtlichen Streitigkeiten zwischen Privaten nationales Zivil- bzw. Arbeitsrecht unangewendet zu lassen, das dem Verbot der Altersdiskriminierung entgegensteht (EuGHE, C-144/04, 2005, I-9981 – Mangold; EuGH, C-555/07, Urt. v. 19.1. 2010, NJW 2010, 427 – Kücükdeveci). Vgl. ausführlich zum Ganzen unten S. 296 ff.

Klausurhinweis: Noch erscheint die neuere Rechtsprechung des EuGH nicht hinreichend gefestigt, als dass man allgemein von einer horizontalen Direktwirkung aller Unionsgrundrechte und aller allgemeinen Rechtsgrundsätze des Unionsrechts ausgehen dürfte. Ob der EuGH seine Rechtsprechung aus den Urteilen Mangold und Kücükdeveci auf andere Bereiche als das Arbeitsrecht und auf andere Fragen als das Arbeitsentgelt nach Art. 157 Abs. 1 AEUV und die Altersdiskriminierung übertragen wird, bleibt abzuwarten. In der Fallbearbeitung dürfte es vorerst jedenfalls weiterhin gut vertretbar sein, die Problematik der horizontalen Direktwirkung zu diskutieren, sie aber im Ergebnis unter Verweis auf die Definition der Grundrechtsverpflichteten in Art. 51 Abs. 1 der Charta der Grundrechte abzulehnen, v. a. in Fällen, die nichts mit Art. 157 Abs. 1 AEUV oder Altersdiskriminierung zu tun haben.

II. Schutzbereich, Schranken und Schranken-Schranken

Ausgangspunkt für die Bestimmung des **Schutzbereichs** eines Unionsgrundrechts sollte die Charta der Grundrechte sein. Aufgrund ihrer zentralen Stellung im Unionsrecht und ihrer Schutzfunktion für den Einzelnen werden die Unionsgrundrechte im Allgemeinen **weit auszulegen** sein. Bei Zweifelsfragen hinsichtlich des Gewährleistungsinhalts eines Unionsgrundrechts können Sie ähnlich argumentieren, wie sie dies bei der Arbeit mit deutschen Grundrechten nach dem GG tun würden.

Unionsgrundrechte sind allerdings **nicht schrankenlos**, sondern müssen nach ständiger Rechtsprechung des EuGH im Hinblick auf ihre **gesellschaftliche Funktion** gesehen werden (EuGHE, 4/73, 1974, 491 = Hummer, S. 417 – Nold; EuGH, C-379/08, Urt. v. 9.3. 2010 – ERG, Rn. 80). Die Charta der Grundrechte bestimmt in Art. 52 Abs. 1, dass jede Einschränkung der Ausübung der in ihr anerkannten Rechte und Freiheiten gesetzlich vorgesehen sein muss (**Gesetzesvorbehalt**), wobei auch Richtlinien oder Verordnungen als „Gesetze" anzusehen sind (EuGH, C-92/09, Urt. v. 9.11. 2010 – Schecke, Rn. 66).

Als **Schranken-Schranken** der Grundrechte sind der **Verhältnismäßigkeitsgrundsatz** und die **Wesensgehaltsgarantie** anerkannt (zum Wesensgehalt vgl. auch Art. 52 Abs. 1 der Charta der Grundrechte). Die Union darf also, wenn sie in den Schutzbereich eines Grundrechts eingreift und damit dessen Gebrauch durch Setzung sekundären Unionsrechts Schranken zieht, weder den Verhältnismäßigkeitsgrundsatz verletzen noch den Wesensgehalt des Grundrechts antasten (EuGHE, 265/87, 1989, 2237 = Hummer, S. 423 – Schräder, Rn. 21; ebenso für die Mitgliedstaaten EuGH, C-379/08, Urt. v. 9.3. 2010 – ERG, Rn. 80).

Bei der Prüfung der Verhältnismäßigkeit (vgl. dazu unten S. 280) ist zu beachten, dass die betreffende Maßnahme zur Erreichung eines legitimen Ziels des Gemeinwohls geeignet und erforderlich sein muss und dass die auferlegten Belastungen in angemessenem Verhältnis zu dem angestrebten Ziel stehen müssen. Insoweit gilt also Entsprechendes wie im deutschen Recht. Zum Wesensgehalt von Unionsgrundrechten hat sich der EuGH noch nicht näher geäußert. Unklar ist, ob ein unantastbarer „Kern" der Grundrechte besteht, oder ob ihr Wesensgehalt immer schon dann verletzt ist, wenn sie unverhältnismäßig beschränkt werden. Der EuGH scheint letzterer Auffassung zuzuneigen (vgl. EuGHE, 44/79, 1979, 3727 = Hummer, S. 419, Rn. 23 – Hauer; Pernice NJW 1990, 2409/2416).

Der im Bereich der Schranken-Schranken im deutschen Verfassungsrecht noch genannte Bestimmtheitsgrundsatz ist vom EuGH als neben den Unionsgrundrechten stehender eigenständiger allgemeiner Rechtsgrundsatz anerkannt, an dem unionsrechtliche Rechtsakte separat gemessen werden können (s. u. S. 280 f.).

Klausurhinweis: Haben Sie in der Klausur zu überprüfen, ob ein unionsrechtlicher Rechtsakt den Grundrechten entspricht, so empfiehlt es sich, zunächst deutlich herausstellen, dass Prüfungsmaßstab allein das Unionsrecht ist. Bei der Bestimmung des Schutzbereichs orientieren Sie sich jetzt am besten an der Charta der Grundrechte i.V.m. Art. 6 Abs. 1 EUV. Dann weisen Sie darauf hin, dass die Unionsgrundrechte nicht schrankenlos gelten, sondern im Hinblick auf ihre gesellschaftliche Funktion gesehen werden müssen und von der Union zur Verfolgung legitimer europäischer Gemeinwohlinteressen beschränkt werden können, sofern Gesetzesvorbehalt, Verhältnismäßigkeitsgrundsatz und die Wesensgehaltsgarantie gewahrt sind. Bei der Prüfung des Verhältnismäßigkeitsgrundsatzes und der Feststellung der verfolgten Ziele kann eine intensive Befassung mit den Begründungserwägungen des im Streit befindlichen Rechtsaktes hilfreich sein. Eine „schulmäßige" Grundrechtsprüfung findet sich z.B. im Urteil Schecke (EuGH, C-92/09, Urt. v. 9.11.2010).

III. Das Spannungsverhältnis zwischen Grundfreiheiten und Grundrechten

Ein stetig wiederkehrendes Thema im Unionsrecht ist das Spannungsverhältnis zwischen den Grundfreiheiten des Binnenmarkts und den Grundrechten, deren Schutz auf Unionsebene gewährleistet wird. In jüngerer Vergangenheit wurde dies in der Öffentlichkeit v.a. im Hinblick auf die sozialen Grundrechte kontrovers diskutiert, bisweilen mit der zugespitzten Formulierung „Wie sozial ist Europa?". Da sowohl die Grundfreiheiten als auch die Grundrechte verbindliches Primärrecht darstellen und denselben Rang genießen (Art. 6 Abs. 1 EUV), müssen etwaige Konflikte dergestalt gelöst werden, dass die widerstreitenden Interessen und Rechtsprinzipien zu einem möglichst schonenden Ausgleich gebracht werden (**praktische Konkordanz**). Die Problematik kann aus dreierlei Blickwinkeln betrachtet werden:

1. Grundrechte als Rechtfertigungsgründe für die Beschränkung von Grundfreiheiten

Die Ausübung von Grundfreiheiten kann unter Berufung auf die Unionsgrundrechte beschränkt werden.

Beispiele:

- Nach spanischem Recht werden Fernsehsender verpflichtet, einen bestimmten Prozentsatz ihrer Einnahmen für die Finanzierung von Filmen bereitzustellen, deren Originalsprache eine der Amtssprachen Spaniens ist. Darin liegt, wie der EuGH anerkannt hat, u.a. eine Beschränkung der passiven Dienstleistungsfreiheit spanischer Fernsehsender (Art. 56 AEUV): Ihnen wird es erschwert, Übertragungsrechte für ausländische Filme zu erwerben, da diese in der Regel in anderen Sprachen gedreht sind. Die Beschränkung ist jedoch zum Schutz der kulturellen und sprachlichen Vielfalt (vgl. u.a. Art. 22 der Charta der Grundrechte) gerechtfertigt, der als zwingender Grund des Allgemeininteresses anzuerkennen ist (EuGH, C-222/07, 2009, I-1407 – UTECA).
- Das Grundrecht der Versammlungsfreiheit (Art. 12 der Charta der Grundrechte, Art. 11 EMRK) rechtfertigt als zwingender Grund des Allgemeininteresses eine zeitweilige Beeinträchtigung der Grundfreiheiten, wie sie beispielsweise aus Behinderungen des Straßenverkehrs durch Demonstranten folgt. Zu Recht haben sich deshalb die österreichischen Behörden dafür entschieden, nicht gegen eine Demonstration einzuschreiten, durch die es zu einer mehrstündigen Blockade der Brenner-Autobahn kam, einer der wichtigsten Verkehrsadern für den Transitverkehr durch Österreich (EuGHE, C-112/00, 2003, I-5659 = Hummer S. 527 – Schmidberger).

2. Grundfreiheiten als Rechtfertigungsgründe für die Beschränkung von Grundrechten

Umgekehrt kann die Inanspruchnahme von Grundrechten unter Berufung auf die Grundfreiheiten des Binnenmarkts beschränkt werden.

Beispiele zur Beschränkung des Rechts von Gewerkschaften auf Kollektivverhandlungen und Kollektivmaßnahmen (Art. 28 der Charta der Grundrechte):

- Das lettische Unternehmen Laval hat einen öffentlichen Bauauftrag in Schweden gewonnen, den es durch Entsendung seiner in Lettland angestellten und sozialversicherten Bauarbeiter ausführen will. Das Unternehmen wird jedoch von den schwedischen Gewerkschaften mit einer Blockade überzogen, aufgrund derer es sich keinen Zutritt zur Baustelle in Schweden verschaffen kann. Die schwedischen Gewerkschaften wollen erreichen, dass Laval mit ihnen einen Tarifvertrag zu den in Schweden üblichen Bedingungen schließt. Laval darf sich gegenüber diesen Gewerkschaften vor Gericht auf seine Dienstleistungsfreiheit (Art. 56 AEUV) berufen. Die Blockademaßnahmen sind nicht legitim, weil die Forderungen der schwedischen Gewerkschaften den Grundsätzen des freien Dienstleistungsverkehrs im Allgemeinen und denen der EU-Entsenderichtlinie (RL 96/71/EG) im Besonderen widersprechen (vereinfacht nach EuGHE, C-341/05, 2007, I-11767 – Laval; vgl. zu diesem Fall auch oben S. 249).

- Die finnische Reederei „Viking" betreibt ein Fährschiff, das auf dem Seeweg zwischen Finnland und Estland eingesetzt wird. Sie sieht sich dabei erheblichem Wettbewerbsdruck der estnischen Konkurrenz ausgesetzt, die der Belegschaft ihrer Schiffe deutlich geringere Löhne zahlt. Als Reaktion beschließt die finnische Reederei, ihr Fährschiff „umzuflaggen", d.h. es in einem anderen Mitgliedstaat mit niedrigerem Lohnniveau registrieren zu lassen. Dafür wird sie in Finnland von einer Gewerkschaft bestreikt. Die Reederei kann die Gewerkschaft unter Berufung auf ihre Niederlassungsfreiheit (Art. 49 AEUV) auf Unterlassung der Streikmaßnahmen verklagen (EuGHE, C-438/05, 2007, I-10799 – Viking). Allerdings wird sie mit ihrer Klage nur Erfolg haben, soweit die Streikmaßnahmen nicht zur Verfolgung legitimer Ziele wie etwa des Arbeitnehmerschutzes gerechtfertigt sind. Es kommt also letztlich auf die Verhältnismäßigkeit des Streiks an (vgl. ausführlich zu diesem Fall oben S. 236 f.).

Das deutsche Schrifttum kritisiert, dass der EuGH in den Urteilen Viking und Laval primär von den Grundfreiheiten ausgehe und sich nicht um eine praktische Konkordanz zwischen Grundfreiheit und Grundrecht bemüht habe (vgl. ErfK/Wißmann, 10. Aufl. vor EG Rn. 6 ff.; dagegen von Danwitz EuZA 2010, 6, der zu Recht darauf hinweist, das sich die Kritik zu sehr an der deutschen Methodik und Dogmatik orientiert und dass der Leitsatz des Urteils Viking „ins Deutsche übersetzt" lauten würde: Grundfreiheiten und Kollektivautonomie genießen … gleichrangigen Schutz … und sind aufgrund der Umstände des Einzelfalls nach dem Prinzip der praktischen Konkordanz zu einem verhältnismäßigen Ausgleich zu bringen).

3. Grundrechte als Schranken-Schranken bei der Beschränkung von Grundfreiheiten

Schließlich spielen Grundrechte auch als Schranken-Schranken bei der Beschränkung von Grundfreiheiten eine Rolle, d.h. sie setzen den Mitgliedstaaten bei der Inanspruchnahme von Ausnahmetatbeständen und zwingenden Gründen des Allgemeininteresses Grenzen.

Beispiel: Der griechische Staatsangehörige O, der mit seiner deutschen Ehefrau und den gemeinsamen Kindern in Deutschland wohnt, ist drogenabhängig und hat mehrfach schwere Straftaten begangen, für die er auch Gefängnisstrafen verbüßt hat. Eine von ihm angetretene Drogentherapie hat er ohne triftigen Grund abgebrochen. Ob die zuständige Ausländerbehörde nach § 6 Abs. 1 FreizügG/EU den Verlust seines Aufenthaltsrechts in Deutschland feststellen darf, weil von ihm eine schwerwiegende Gefahr für die öffentliche Sicherheit und Ordnung ausgeht, hängt von allen Umständen des Einzelfalls ab. Dabei sind u.a. auch die familiären Bindungen von O in Deutschland zu berücksichtigen (Art. 28 der Aufenthaltsrichtlinie 2004/38, § 6 Abs. 3 FreizügG/EU). Dem Grundrecht von O auf Schutz seines Familienlebens kommt insoweit eine zentrale Bedeutung zu (Art. 7 der Charta der Grundrechte, Art. 8 EMRK), die gebührend zu berücksichtigen ist (EuGHE, C-482/01, 2004, I-5257 – Orfanopoulos, Rn. 97 f.).

D. Einzelne Unionsgrundrechte

Der folgende Überblick über die Unionsgrundrechte orientiert sich im Wesentlichen am Aufbau der Charta der Grundrechte der EU. Ohne Anspruch auf Vollständigkeit zu erheben, wurden vor allem Grundrechte ausgewählt, zu denen bereits Rechtsprechung des EuGH existiert. Jene Rechtsprechung bezieht sich zwar in den allermeisten Fällen noch auf die Rechtslage vor der Charta, es ist jedoch davon auszugehen, dass der EuGH auf ihr aufbauen wird, wenn er in künftigen Fällen Bestimmungen der Charta auslegt und anwendet (in diesem Sinne auch das Verschlechterungsverbot in Art. 53 der Charta).

Hinweis: Es empfiehlt sich, die Charta der Grundrechte einmal im Wortlaut durchzulesen. Sie werden feststellen, dass der in der Charta niedergelegte Grundrechtsschutz bisweilen mit deutlich ausführlicheren und detaillierteren Formulierungen abgefasst ist, als dies etwa im deutschen Grundgesetz der Fall ist. Manches, das aus dem Grundgesetz erst im Wege der Auslegung hergeleitet werden kann (z.B. das Recht auf informationelle Selbstbestimmung bzw. Datenschutz), ist in der Charta ausdrücklich geregelt.

I. Würde des Menschen

1. Ähnlich wie im deutschen Grundgesetz bekräftigt Art. 1 der Charta der Grundrechte an prominenter Stelle: „Die Würde des Menschen ist unantastbar. Sie ist zu achten und zu schützen." Der EuGH hat anerkannt, dass nationale Stellen unter Berufung auf den Schutz der Menschenwürde Grundfreiheiten beschränken können; dabei steht den Mitgliedstaaten hinsichtlich des angestrebten Schutzniveaus – ähnlich wie beim Gesundheitsschutz üblich – ein Einschätzungs- und Beurteilungsspielraum zu (EuGHE, C-36/02, 2004, I-9609 – Omega, „Laserdrome").

Beispiel: Unter Berufung auf den Schutz der Menschenwürde dürfen nationale Stellen die Veranstaltung von sog. „Tötungsspielen" unterbinden (EuGH, a. a. O. – Omega; vgl. auch oben S. 249). Dabei hat der EuGH anerkannt, dass der Grundsatz der Menschenwürde, wie er im nationalen Verfassungsrecht (Art. 1 Abs. 1 GG) verankert ist, über den Umweg des „Ordre-public-Vorbehalts" zu einer Einschränkung der Dienstleistungsfreiheit (Art. 56 AEUV) führen kann. Aus dogmatischer Sicht (Vorrang des Unionsrechts, einheitliche Auslegung und Anwendung des Unionsrechts) wäre es freilich vorzuziehen gewesen, die Schranken der Grundfreiheit im Lichte des europarechtlichen Schutzes der Menschenwürde (Art. 1 der Charta der Grundrechte) zu handhaben und dabei den Mitgliedstaaten einen Einschätzungs- und Beurteilungsspielraum zu belassen, den sie im Einklang mit ihrem nationalen Verfassungsrecht (in Deutschland Art. 1 Abs. 1 GG) ausüben können.

2. Lesenswert sind außerdem die Bestimmungen in Art. 3 Abs. 2 der Charta der Grundrechte, in denen bestimmte ethische Grundsätze für Medizin und Biologie aufgestellt werden, u. a. das Verbot des reproduktiven Klonens von Menschen. Aus den Erläuterungen zu Art. 3 ergibt sich, dass andere Formen des Klonens weder verboten noch gestattet werden. Es handelt sich also lediglich um einen unionsrechtlichen Mindeststandard.

II. Freiheitsrechte

1. Unter den unionsrechtlich garantierten Freiheitsrechten kommt der **Achtung des Privat- und Familienlebens** (Art. 7 der Charta der Grundrechte, entspricht Art. 8 EMRK) herausragende Bedeutung zu.

a) In ständiger Rechtsprechung begründet der EuGH u. a. unter Berufung auf das **Recht auf Familienleben**, dass die Freizügigkeitsrechte von Unionsbürgern weit auszulegen sind und insbesondere das Recht beinhalten, sich von Familienangehörigen begleiten zu lassen, gleichviel, ob diese selbst Unionsbürger oder aber Drittstaatsangehörige sind und ob sie in der Union über ein eigenes Aufenthaltsrecht verfügen oder nicht (vgl. auch EuGHE, C-413/99, 2002, I-7091 – Baumbast; EuGH, C-60/00, 2002, I-6279 – Carpenter; EuGHE, C-127/08, 2008, I-6241 – Metock; EuGH, C-480/08, Urt. v. 23. 2. 2010 – Teixeira).

b) Auch der Begriff des **Privatlebens** in Art. 7 der Charta ist denkbar weit auszulegen. In Anlehnung an die EGMR-Rechtsprechung zu Art. 8 EMRK schließt der Schutz der Privatsphäre die **Unverletzlichkeit der Wohnung** ein, auch den Schutz der Geschäftsräume von Unternehmen (EuGHE, C-94/00, 2002, I-9011 – Roquette Frères), was v. a. bei Durchsuchungsmaßnahmen der Kommission in ihrer Eigenschaft als europäischer Kartellbehörde eine Rolle spielt. Allerdings können hinsichtlich der Intensität des Schutzes Abstufungen vorzunehmen sein, je nach dem, ob es sich um den Kern der Privatsphäre eines Individuums handelt oder um die Geschäftstätigkeit einer juristischen Person (EGMRE 1992, Serie A Nr. 251-B = EuGRZ 1993, 65 – Niemietz, Rn. 29, 31).

2. Gemäß Art. 8 der Charta der Grundrechte gewährleistet das Unionsrecht außerdem den **Datenschutz** („Schutz personenbezogener Daten").

Beispiele:

- Das Unionsrecht (Art. 44a der Verordnung Nr. 1290/2005) schrieb vor, dass die Empfänger von Fördermitteln aus der EU-Landwirtschaftspolitik namentlich und unter Angabe der empfangenen Geldbeträge zu veröffentlichen sind. Der EuGH hat diese Bestimmung als Verstoß gegen das Grundrecht auf Datenschutz für ungültig erklärt (EuGH, C-92/09, Urt. v. 9. 11. 2010 – Schecke).
- Das Recht der Öffentlichkeit auf Zugang zu den Dokumenten der EU-Organe (Art. 15 Abs. 3 AEUV) muss zu einem gerechten Ausgleich mit dem Recht des Einzelnen auf Datenschutz gebracht werden (Art. 4 Abs. 1 lit. b der Verordnung Nr. 1049/2001; vgl. dazu EuGH, C-28/08 P, Urt. v. 29. 6. 2010 – Bavarian Lager).
- In seiner älteren Rechtsprechung hat der EuGH einmal entschieden, dass eine namentliche Identifizierung von Sozialhilfeempfängern, die – aufgrund eines Programms der EU verbilligte – Butter unter Vorlage eines Berechtigungsscheins im Laden kaufen, europarechtlich nicht geboten sei (EuGHE, 29/69, 1969, 419 = Hummer, S. 343 – Stauder).

3. Von grundlegender Bedeutung ist weiterhin die **Freiheit der Meinungsäußerung**, die in Art. 11 der Charta der Grundrechte zusammen mit der **Informationsfreiheit** gewährleistet wird (dies entspricht Art. 10 EMRK). Art. 11 Abs. 2 der Charta schreibt außerdem vor: „Die Freiheit der Medien und ihre Pluralität werden geachtet."

Beispiele:

- In den Rs. Connolly (EuGHE, C-274/99 P, 2001, I-1611) und Cwik (EuGHE, C-340/00 P, 2001, I-10269, Rn. 19) ging es jeweils um die Meinungsfreiheit von Beamten der EU-Organe. Aus der diesbezüglichen Rechtsprechung des EuGH ergibt sich, dass EU-Beamte ein Recht auf Meinungsäußerung zu ihrer Arbeit haben, welches durchaus auch Kritik und das Vertreten von Minderheitsmeinungen einschließt; die Grenze liegt aber dort, wo eine schwerwiegende Beeinträchtigung des Unionsinteresses zu befürchten ist (so etwa im Fall von Herrn

Connolly, der in einem Buch unter dem Titel „The rotten heart of Europe" in polemischer Weise mit der Arbeit der Europäischen Kommission im Bereich der Währungspolitik abgerechnet hatte).

- In Irland sind Schwangerschaftsabbrüche grundsätzlich verboten. Bis 1992 war bereits die Weitergabe von Informationen über ausländische Abtreibungskliniken verboten und mit Strafe bedroht. Dennoch informierten irische Studenten über solche Kliniken. Im Strafverfahren gegen sie beriefen sie sich auf europäische Grundrechte, speziell auf die Meinungsfreiheit nach Art. 10 EMRK. Im Vorabentscheidungsverfahren stellte der EuGH zunächst fest, dass es sich bei einer in einem Mitgliedstaat legal durchgeführten Abtreibung um eine Dienstleistung i. S. von Art. 56, 57 AEUV handle. Allerdings sei das Unionsrecht hier nicht anwendbar, weil die Studenten keinerlei Kontakt zu den ausländischen Kliniken hätten. Sie nähmen daher keine Grundfreiheit in Anspruch. Deswegen könnten auch die Unionsgrundrechte nicht zur Anwendung kommen (EuGHE, C-159/90, 1991, I-4685 = Hummer S. 448 – Society for the Protection of Unborn Children). Anders wäre es wohl, wenn die Studenten im Auftrag der ausländischen Kliniken gehandelt hätten. Dann hätten sie sich, auch ihrem eigenen Staat gegenüber, auf die Dienstleistungsfreiheit der Kliniken, für die sie tätig werden, berufen können. Es genügt hierzu, dass die Studenten bereits im Rahmen der Anbahnung der Dienstleistung tätig werden (EuGHE, C-275/92, 1994, I-1039 = Hummer, S. 791 – Schindler). Allerdings kann Irland die Dienstleistungsfreiheit gemäß Art. 52, 62 AEUV aus Gründen der öffentlichen Ordnung und Sicherheit einschränken. Deshalb darf etwa eine intensive Werbung für ausländische Abtreibungskliniken verboten werden. Das Verbot der Weitergabe jedweder Information greift aber in unverhältnismäßiger Weise in das Grundrecht der Informationsfreiheit ein (vgl. EGMR NJW 1993, 773 zu Art. 10 EMRK). Ein absolutes Verbotsgesetz wie das seinerzeit in Irland geltende kann daher nicht nach Art. 52, 62 AEUV die Einschränkung der Dienstleistungsfreiheit rechtfertigen und ist wegen Vorrangs der Art. 56, 57 AEUV nicht anzuwenden (vgl. auch EGMR NJW 1993, 773; Ruffert EuGRZ 1995, 518; Trautwein JuS 1995, 908).

4. Auch die **Versammlungs- und Vereinigungsfreiheit** (Art. 12 der Charta der Grundrechte, Art. 11 EMRK) spielt in der EuGH-Rechtsprechung immer wieder eine Rolle. So hat es der EuGH, wie bereits erwähnt, akzeptiert, dass die österreichischen Behörden eine Demonstration nicht untersagten, die zu einer mehrstündigen totalen Blockade der Brenner-Autobahn führte. Das Grundrecht der Versammlungsfreiheit rechtfertigte eine zeitweise Beschränkung der Grundfreiheiten, die mit der Autobahnblockade einherging (EuGHE, C-112/00, 2003, I-5659 = Hummer S. 527 – Schmidberger).

5. Das **Recht auf Bildung** (Art. 14 der Charta der Grundrechte) kann u. a. im Zusammenhang mit der Freizügigkeit von Unionsbürgern und ihren Familienangehörigen eine wichtige Rolle spielen. Es beeinflusst die Auslegung und Anwendung aufenthaltsrechtlicher Bestimmungen dahingehend, dass den Kindern von Unionsbürgern im Aufnahmemitgliedstaat nicht nur der eigentliche Besuch von Schulen und Universitäten, sondern auch das dafür notwendige Aufenthaltsrecht zu gewähren ist. Mehr noch, ein Elternteil, der selbst Drittstaatsangehöriger ist, aber die Personensorge für die Kinder wahrnimmt, darf mit ihnen im Aufenthaltsmitgliedstaat verbleiben, um ihnen die Fortsetzung ihrer Ausbildung nicht praktisch unmöglich zu machen (**abgeleitetes Aufenthaltsrecht**, vgl. EuGHE, C-413/99, 2002, I-7091 – Baumbast), selbst wenn dafür Sozialhilfe in Anspruch genommen werden muss (EuGH, C-310/08, Urt. v. 23. 2. 2010 – Ibrahim; EuGH, C-480/08, Urt. v. 23. 2. 2010 – Teixeira); vgl. dazu Art. 12 Abs. 3 der Aufenthaltsrichtlinie 2004/38 und Art. 12 der Verordnung Nr. 1612/68, sowie § 3 Abs. 4 FreizügG/EU.

6. In Art. 15 Abs. 1 der Charta der Grundrechte ist die **Berufsfreiheit** geschützt. Dieses Grundrecht besteht, wie im Grundgesetz, unabhängig vom Eigentumsschutz. Die EuGH-Rechtsprechung, in der die Berufsfreiheit bisweilen zusammen mit der Eigentumsgarantie geprüft wurde, ohne eine klare Abgrenzung vorzunehmen (vgl. EuGHE, 44/79, 1979, 3727 = Hummer, S. 419 – Hauer), dürfte angesichts der eindeutigen Trennung in der Charta obsolet sein. Im Zusammenhang mit der Berufsfreiheit ist erfahrungsgemäß besonders sorgfältig zu erörtern, ob überhaupt ein Eingriff in den Schutzbereich vorliegt. Bejahendenfalls ist auf die Verhältnismäßigkeitsprüfung besondere Sorgfalt zu verwenden.

Klausurhinweis: Wenngleich Sie eine direkte Bezugnahme auf Denkkategorien des deutschen Verfassungsrechts, wie z. B. den „Eingriff mit objektiv berufsregelnder Tendenz" und die „Stufentheorie", vermeiden sollten, können Sie sich das zu Art. 12 GG Erlernte auch im Hinblick auf die europarechtliche Berufsfreiheit zu Nutze machen.

Zur Berufsfreiheit gehört übrigens gemäß Art. 15 Abs. 1 der Charta der Grundrechte auch das **Recht, zu arbeiten** (vgl. GA' Kokott, Schlussanträge in Rs. C-499/08 – Andersen, Rn. 69). Wichtig ist, dass es sich dabei nicht um ein „Recht auf Arbeit" handelt (vgl. die kleine, aber feine Nuance in der Formulierung), sondern lediglich um eine besondere Ausprägung der Berufsfreiheit.

In Art. 15 Abs. 2 der Charta der Grundrechte werden die Arbeitnehmerfreizügigkeit, die Niederlassungsfreiheit und die Dienstleistungsfreiheit rezipiert. Für ihre Ausübung gelten jedoch gemäß Art. 52 Abs. 2 der Charta die im AEUV festgelegten Bedingungen und Grenzen, so dass die Charta hier keinen erkennbaren praktischen Mehrwert bringt und es genügen dürfte, Beschränkungen dieser Grundfreiheiten allein nach den Vorschriften des AEUV zu prüfen.

7. Zum **Eigentumsrecht** enthält Art. 17 der Charta der Grundrechte eine vergleichsweise ausführliche Definition des Schutzbereichs. Das Eigentum spielt in der Rechtsprechung des EuGH immer wieder eine Rolle. In Übereinstimmung mit dem deutschen Recht sind bloße *Erwerbschancen* ebenso wie *Marktanteile* vom Grundrechtsschutz nicht umfasst (EuGHE, 4/73, 1974, 491 = Hummer, S. 417 – Nold; EuGHE, C-120/06 P, 2008, I-6513 – FIAMM, Rn. 185; vgl. auch Nettesheim EuZW 1995, 106). In der EMRK ist das Eigentum in Art. 1 des Ersten Zusatzprotokolls vom 20. 3. 1952 geschützt.

Merke: Art. 345 AEUV, wonach die Eigentumsordnung in den Mitgliedstaaten unberührt bleibt, enthält kein individuelles Grundrecht.

8. Die **unternehmerische Freiheit** (Art. 16 der Charta der Grundrechte) entspricht der in Art. 2 Abs. 1 GG mit enthaltenen *Wirtschaftsfreiheit*. Sie ist Beschränkungen unterworfen, die durch die von der Union verfolgten, im Allgemeininteresse liegenden Ziele gerechtfertigt sind, sofern das Wesen dieses Rechts nicht beeinträchtigt wird (EuGHE, 240/83, 1985, 531 – Altöl, Rn. 12). Da der EuGH im Rahmen von Art. 263, 267 AEUV Unionsrechtsakte unmittelbar an den Rechtsstaatsprinzipien misst (vgl. etwa zum Verhältnismäßigkeitsgrundsatz EuGHE, 181/84, 1985, 2889 – E.D.&F. Man [Sugar]), hat die allgemeine Handlungsfreiheit im Unionsrecht nicht die Bedeutung, die ihr in der Rechtsprechung des BVerfG zukommt.

Mit der unternehmerischen Freiheit untrennbar verbunden ist die **Vertragsfreiheit**, die im Unionsrecht ebenfalls anerkannt ist, und zwar sowohl in Form der Freiheit, Verträge zu schließen (*positive Vertragsfreiheit*), als auch in Form der Freiheit, keine Verträge zu schließen (*negative Vertragsfreiheit*; vgl. GA' Kokott, Schlussanträge in Rs. C-441/07 P – Kommission/Alrosa, Rn. 225 ff.).

III. Gleichheitsrechte

In Art. 20 und 21 der Charta der Grundrechte, die in engem Zusammenhang zueinander stehen, kommen der **allgemeine Grundsatz der Gleichbehandlung** und die im Unionsrecht anerkannten **Diskriminierungsverbote** zum Ausdruck. Zu den Einzelheiten vgl. unten das 13. Kapitel, das sich speziell jener Materie widmet.

An dieser Stelle sei lediglich hervorgehoben, dass die Aufzählung von Diskriminierungstatbeständen aufgrund bestimmter **persönlicher Eigenschaften** in Art. 21 Abs. 1 der Charta trotz ihres sehr umfassenden Charakters *nicht abschließend* ist, wie die einleitende Verwendung des Begriffs „insbesondere" verdeutlicht.

Ergänzend zum Diskriminierungsverbot des Art. 21 enthalten die Bestimmungen der Art. 23, 25 und 26 der Charta Vorschriften zur **Gleichstellung benachteiligter Personengruppen** (das unterrepräsentierte Geschlecht, Rechte älterer Menschen, Integration von Menschen mit einer Behinderung; vgl. auch Art. 3 Abs. 3 UAbs. 2 EUV), außerdem wird der kulturellen, religiösen und sprachlichen Vielfalt (Art. 22 der Charta; vgl. auch Art. 3 Abs. 3 UAbs. 4 EUV) sowie den Rechten des Kindes (Art. 24 der Charta; vgl. auch Art. 3 Abs. 3 UAbs. 2 EUV) besondere Aufmerksamkeit geschenkt.

IV. Solidarität

Der mit „Solidarität" überschriebene Titel IV der Charta der Grundrechte enthält zahlreiche Bestimmungen mit sozialem Inhalt („**soziale Grundrechte**"). Wie bereits erwähnt, ist es bislang ungeklärt, ob alle in Art. 27–38 der Charta enthaltenen Bestimmungen tatsächlich **Individualgrundrechte** gewähren (sicher scheint dies für die Koalitionsfreiheit in Art. 28 zu sein), oder ob es sich zumindest bei einigen von ihnen eher um **Programmsätze** handelt. Der Ursprung vieler dieser Bestimmungen in der Europäischen Sozialcharta und in der Gemeinschaftscharta der Sozialen Grundrechte der Arbeitnehmer (vgl. die Erläuterungen zur Charta der Grundrechte) mag dahin gedeutet werden, dass es sich eher um Programmsätze handeln könnte. Dafür spricht auch Art. 52 Abs. 5 der Charta, der voraussetzt, dass einige ihrer Bestimmungen lediglich den Charakter von „Grundsätzen" ohne unmittelbare Wirkung haben.

Auf jeden Fall kommt aber den sozialen Bestimmungen der Charta eine nicht zu vernachlässigende Bedeutung bei der Auslegung von sekundärem Unionsrecht zu, v. a. im arbeitsrechtlichen Bereich. Der EuGH hat sich schon bislang in seiner Rechtsprechung zur Auslegung mehrerer arbeitsrechtlicher Richtlinien auf die Europäische Sozialcharta und die Gemeinschaftscharta der Sozialen Grundrechte der Arbeitnehmer gestützt (vgl. etwa EuGHE, C-268/06, 2008, I-2483 – Impact, Rn. 112–114); es ist zu erwarten, dass er künftig auch Titel IV der Charta der Grundrechte im selben Sinne fruchtbar macht.

V. Bürgerrechte

Die unter dem Titel V „Bürgerrechte" zusammengefassten Vorschriften der Charta der Grundrechte sind im Wesentlichen inhaltsgleich mit den Rechten, die den Unionsbürgern im EUV und im AEUV im Rahmen der Unionsbürgerschaft gewährt werden (s. o. S. 187 f.). Gemäß Art. 52 Abs. 2 der Charta kommt es deshalb hinsichtlich der Ausübung dieser Rechte auf die Vorschriften des EUV und des AEUV an.

Hinzu kommt das **Recht auf eine gute Verwaltung** (Art. 41 der Charta), dessen Bedeutung beim verwaltungsmäßigen Vollzug des Unionsrechts nicht zu unterschätzen ist. So waren die Unionsgerichte in ihrer Rechtsprechung z. B. zum Wettbewerbsrecht schon bisher in zahlreichen Fällen mit der Frage der angemessenen Dauer des Verwaltungsverfahrens (Art. 41 Abs. 1 der Charta), mit dem Anspruch auf rechtliches Gehör (Art. 41 Abs. 2 lit. a), mit dem Recht auf Akteneinsicht (Art. 41 Abs. 2 lit. b der Charta) und mit der Begründungspflicht (Art. 41 Abs. 2 lit. c der Charta, vgl. auch Art. 296 Abs. 2 AEUV) befasst.

VI. Justizielle Rechte

Auch die unter dem Titel VI „Justizielle Rechte" zusammengefassten Vorschriften der Charta der Grundrechte sind im Wesentlichen bereits aus der bisherigen Rechtsprechung des EuGH bekannt. Sie gleichen im Übrigen den in Art. 6 und 13 EMRK verankerten Grundrechten.

Hervorzuheben ist zum einen das **Recht auf einen wirksamen Rechtsbehelf**, auch Recht auf **effektiven gerichtlichen Rechtsschutz** genannt (Art. 47 Abs. 1 der Charta), das v. a. zur Auslegung der Vorschriften über das Rechtsschutzsystem in EUV und AEUV heranzuziehen sein wird (Art. 19 EUV, Art. 251 ff. AEUV). Über Art. 19 Abs. 1 UAbs. 2 EUV und Art. 51 Abs. 1 Satz 1 der Charta ist es auch für die nationale Gerichtsbarkeit von Bedeutung, soweit vor innerstaatlichen Gerichten aus dem Unionsrecht fließende Rechte eingeklagt werden sollen.

Wichtig ist zum anderen, dass sich in diesem Titel der Charta zahlreiche **Verfahrensgrundrechte aus dem Bereich des Strafrechts** finden. Diese spielen nicht nur für die immer bedeutender werdende polizeiliche und justizielle Zusammenarbeit in Strafrechtssachen eine Rolle (Art. 81–89 AEUV), sondern auch im „Verwaltungsstrafrecht", wie es z. B. in Wettbewerbsverfahren (für das EU-Kartellrecht vgl. Art. 23 der Verordnung Nr. 1/2003, für die EU-Fusionskontrolle vgl. Art. 14 der Verordnung Nr. 139/2004) sowie in den Bereichen Landwirtschaft und Strukturfonds immer wieder vorkommt.

In seiner Rechtsprechung aus der Zeit vor der Charta hat sich der EuGH u. a. mit folgenden Verfahrensgrundrechten schon einmal befasst:

– Recht auf effektiven Rechtsschutz (EuGHE, 222/84, 1986, 1651 = Hummer, S. 440 – Johnston),
– Unschuldsvermutung (EuGHE, C-199/92, 1999, I-4287 – Hüls, Rn. 149 ff.),
– Gesetzmäßigkeit der Strafen („*nullum crimen, nulla poena sine lege*", EuGHE, C-303/05, 2007, I-3633 – Advocaten voor de Wereld, Rn. 49).
– Grundsatz der rückwirkenden Anwendung des milderen Strafgesetzes (EuGHE, C-387/02, 2005, I-3565 – Berlusconi u. a., Rn. 68),
– Grundsatz „*ne bis in idem*" (EuGHE, C-238/99, 2002, I-8375 – LVM, Rn. 59–62) und
– Schutz der Kommunikation zwischen einem Rechtsanwalt und seinem Mandanten, auch „Anwaltsgeheimnis" genannt (EuGHE, 155/79, 1982, 1575 – AM&S; vgl. jüngst EuGH, C-550/07 P, Urt. v. 14. 9. 2010 – Akzo): dieser Schutz steht externen Rechtsanwälten zu, nicht jedoch Unternehmensjuristen und Syndikusanwälten.

E. Rechtsstaatliche Grundsätze im Unionsrecht

Neben den im Unionsrecht anerkannten Grundrechten, wie sie heute v. a. in der Charta der Grundrechte zum Ausdruck kommen, hat der EuGH aus den Verfassungsüberlieferungen der Mitgliedstaaten eine Anzahl allgemeiner Grundsätze mit rechtsstaatlichem Inhalt entwickelt. Diese Rechtsstaatsprinzipien sind wie die Grundrechte Bestandteil der allgemeinen Rechtsgrundsätze, an die sowohl die Unionsorgane als auch – im Anwendungsbereich des Unionsrechts – nationale Stellen gebunden sind (EuGHE, C-345/06, Urt. v. 10. 3. 2009 – Heinrich, Rn. 45; EuGH, C-201/08, 2009, I-8343 – Plantanol, Rn. 43).

Beachte: Vor den Unionsgerichten muss im Gegensatz zum deutschen Verwaltungsprozessrecht keine Verletzung eines subjektiv-öffentlichen Rechts geltend gemacht werden (s. o. S. 163). Der Kläger kann sich deshalb darauf beschränken, die Verletzung objektiven Rechts (z. B. des Bestimmtheitsgebots) zu rügen. In der Praxis der Unionsgerichte spielen dementsprechend objektiv-rechtliche Rechtsstaatsprinzipien eine mindestens ebenso wichtige Rolle wie die Unionsgrundrechte.

I. Der Grundsatz der Verhältnismäßigkeit

Dem Grundsatz der Verhältnismäßigkeit kommt im Unionsrecht eine überragende Bedeutung zu. Es handelt sich um einen ungeschriebenen allgemeinen Rechtsgrundsatz auf der Ebene des Primärrechts, der nicht mit dem besonderen, kompetenzrechtlichen Verhältnismäßigkeitsgrundsatz des Art. 5 Abs. 4 EUV verwechselt werden darf (vgl. dazu oben S. 88).

Inhaltlich entspricht er dem aus dem deutschen Recht bekannten Verhältnismäßigkeitsgrundsatz: Handlungen der Unionsorgane (und ebenso Handlungen nationaler Stellen im Anwendungsbereich des Unionsrechts) dürfen nicht die Grenzen dessen überschreiten, was zur Erreichung der mit der fraglichen Regelung verfolgten legitimen Ziele geeignet und erforderlich ist, wobei dann, wenn mehrere geeignete Maßnahmen zur Auswahl stehen, die am wenigsten belastende anzuwenden ist und die verursachten Nachteile nicht außer Verhältnis zu den angestrebten Zielen stehen dürfen (EuGHE, 265/87, 1989, 2237 – Schräder, Rn. 21; EuGHE, C-96/03, 2005, I-1895 – Tempelman, Rn. 47). Es ist also eine **dreistufige Prüfung** durchzuführen, bei der die Geeignetheit einer Maßnahme, ihre Erforderlichkeit und ihre Verhältnismäßigkeit im engeren Sinne zu beurteilen sind.

Hinsichtlich der **Geeignetheit** von Maßnahmen zur Erreichung eines verfolgten legitimen Ziels genießen die Unionsorgane, soweit sie rechtsetzend tätig sind, eine **Einschätzungsprärogative**, wie sie auch aus dem deutschen Verfassungsrecht nicht unbekannt ist (vgl. etwa EuGH, C-58/08, Urt. v. 8. 6. 2010 – Vodafone, Rn. 52 ff. m.w.N.). Ähnlich verhält es sich, wenn Unionsorgane (z.B. der Rat bei der Verhängung von Antidumping-Zöllen oder die Kommission in Wettbewerbsverfahren) mit der Beurteilung komplexer wirtschaftlicher Zusammenhänge befasst sind; dann gesteht ihnen der EuGH einen **Beurteilungsspielraum** zu (vgl. oben S. 170). Auch den Mitgliedstaaten billigt der EuGH häufig einen solchen Beurteilungsspielraum zu, insbesondere im Rahmen der Rechtfertigung von Beschränkungen der Grundfreiheiten, z.B. wenn es gilt, das jeweils angestrebte Gesundheitsschutzniveau zu bestimmen.

Neuerdings befasst sich der EuGH im Rahmen der Geeignetheitsprüfung besonders mit der Frage, ob die in Rede stehende Maßnahme in sich kohärent ist (**Kohärenzgebot**); er sieht eine Regelung nur dann als geeignet an, die Erreichung des geltend gemachten legitimen Ziels zu gewährleisten, *wenn sie tatsächlich dem Anliegen gerecht wird, es in kohärenter und systematischer Weise zu erreichen* (EuGH, C-169/07, Urt. v. 10. 3. 2009 – Hartlauer, Rn. 55; EuGHE, C-171/07, C-172/07, 2009, I-4171 = EuZW 2009, 409 – Apothekerkammer, Rn. 42; EuGH, C-169/08, 2009, I-10821 – Sardegna, Rn. 42).

Das Schwergewicht der Verhältnismäßigkeitsprüfung legt der EuGH aber regelmäßig auf die **Erforderlichkeit**, d.h. er untersucht, ob unter mehreren gleich geeigneten Mitteln das mildeste gewählt wurde. Auch hier wird dem Unionsgesetzgeber ein gewisser Beurteilungsspielraum eingeräumt (EuGH, C-58/08, Urt. v. 8. 6. 2010 – Vodafone, Rn. 52 ff. m.w.N.).

Die Erörterung der **Verhältnismäßigkeit im engeren Sinne** hat hingegen in der EuGH-Rechtsprechung nur geringe Bedeutung (seltene Beispiele: EuGH, C-317/08, Urt. v. 18. 3. 2010 – Alassini, Rn. 65 a. E.; EuGHE, C-58/08, Urt. v. 8. 6. 2010 – Vodafone, Rn. 69), häufig wird dieser Gesichtspunkt in den Urteilen überhaupt nicht angesprochen. Bei vordergründiger Betrachtung erweckt dies bisweilen den (unzutreffenden) Eindruck, der EuGH würde nur einen zweistufigen Verhältnismäßigkeitsmaßstab anwenden.

Klausurhinweis: Der Begriff der **Angemessenheit** wird in Richtlinien (z.B. in der Antidiskriminierungsrichtlinie 2000/78) und auch in EuGH-Urteilen zumeist als Synonym für die Geeignetheit von Maßnahmen verwendet und nicht so sehr zur Umschreibung der Verhältnismäßigkeit im engeren Sinne. Um etwaigen Missverständnissen von vornherein vorzubeugen, ist es empfehlenswert, auf den Begriff der Angemessenheit gänzlich zu verzichten.

Zur Vertiefung vgl. etwa Koch, O., Der Grundsatz der Verhältnismäßigkeit in der Rechtsprechung des Gerichtshofs der Europäischen Gemeinschaften, Berlin 2003.

II. Der Grundsatz der Rechtssicherheit

Der Grundsatz der Rechtssicherheit, der zu den grundlegenden Prinzipien des Unionsrechts gehört (EuGHE, C-110/03, 2005, I-2801 – Belgien/Kommission, Rn. 30), hat, ähnlich wie im deutschen Recht, mehrere Facetten.

Zunächst wird aus ihm der **Bestimmtheitsgrundsatz** hergeleitet: Sowohl die Regelungen des Unionsrechts als auch das im Anwendungsbereich des Unionsrechts ergehende nationale Recht müssen klar und deutlich sein, damit der Einzelne seine Rechte und Pflichten erkennen kann (EuGHE, C-308/06, 2008, I-4057 – Intertanko, Rn. 69; EuGH, C-201/08, 2009, I-8343 – Plantanol, Rn. 46).

Aus dem Grundsatz der Rechtssicherheit wird überdies das unionsrechtliche **Rückwirkungsverbot** hergeleitet. Es verbietet, den Beginn der Geltungsdauer eines Rechtsakts auf einen Zeitpunkt vor dessen Veröffentlichung zu legen (*echte Rückwirkung*); dies kann nur ausnahmsweise anders sein, wenn das angestrebte Ziel es verlangt und das berechtigte Vertrauen der Betroffenen gebührend berücksichtigt wird (EuGHE, 98/78, 1979, 69 – Racke, Rn. 20). Was die Anwendung neuen Rechts auf bereits laufende, aber noch nicht abgeschlossene Fälle anbelangt (*unechte Rückwirkung*), so ist zu unterscheiden: Neue Verfahrensregeln sind grundsätzlich sofort anwendbar, wohingegen neue materiellrechtliche Vorschriften im Normalfall nur auf künftige Sachverhalte bzw. auf die künftigen Wirkungen von unter altem Recht entstandenen Sachverhalten angewandt werden (EuGHE, 212/80, 1981, 2735 – Salumi, Rn. 9; EuGH, C-226/08, Urt. v. 12. 1. 2010 – Stadt Papenburg, Rn. 46). Besonders strenge Anforderungen fließen aus dem Bestimmtheitsgebot und dem Rückwirkungsverbot naturgemäß für den strafrechtlichen und strafrechtsähnlichen Bereich (Verwaltungsstrafrecht).

Des Weiteren nennt der EuGH den Grundsatz der Rechtssicherheit häufig in einem Atemzug mit dem **Vertrauensschutz**. Auf ihn kann sich jeder berufen, bei dem ein Unionsorgan oder eine nationale Behörde begründete Erwartungen geweckt hat. Allerdings ist dazu in der Regel erforderlich, dass eine zuständige Stelle dem Einzelnen konkrete Zusicherungen gemacht hat; Vertrauensschutz wird nicht gewährt, wenn eine Rechtsänderung möglich oder gar absehbar war (EuGHE, C-37/02, 2004, I-6911 – Di Lenardo, Rn. 70; EuGHE, C-182/03, 2006, I-5479 – Forum 182, Rn. 147; EuGH, C-201/08, 2009, I-8343 – Plantanol, Rn. 53). Vertrauen, das sich auf – eigenes oder fremdes – unionsrechtswidriges Verhalten stützt, ist ebenfalls nicht schutzwürdig (EuGHE, 5/82, 1982, 4601 – Maizena, Rn. 22; EuGHE, C-65/02 P, 2005, I-6773 – ThyssenKrupp, Rn. 41).

Ausfluss des Grundsatzes der Rechtssicherheit ist schließlich auch die Anerkennung der **Bestandskraft von Verwaltungsentscheidungen** (EuGHE, C-453/00, 2004, I-837 – Kühne & Heitz, Rn. 24; EuGHE, C-392/04, 2006, I-8559 – i-21 Germany und Arcor, Rn. 52; EuGHE, C-2/06, 2008, I-411 – Kempter, Rn. 37; vgl. dazu ausführlich oben S. 112) und der **Rechtskraft von gerichtlichen Entscheidungen** (EuGHE, C-126/97, 1999, I-3055 – EcoSwiss, Rn. 46; EuGHE, C-224/01, 2003, I-10239 – Köbler, Rn. 38).

III. Die *reformatio in peius*

Das Unionsrecht kennt kein allgemeines Verbot der *reformatio in peius*. Im EU-Kartellrecht und in der EU-Fusionskontrolle wird den Unionsgerichten sogar ausdrücklich die Befugnis eingeräumt, von der Kommission verhängte Geldbußen oder Zwangsgelder zu verschärfen (Art. 31 der Verordnung Nr. 1/2003 und Art. 16 der Verordnung Nr. 139/2004); vgl. auch Art. 261 AEUV.

Sofern aber in einem Rechtsstreit vor innerstaatlichen Gerichten ein Verbot der *reformatio in peius* nach nationalem Recht besteht, zwingt das Unionsrecht nicht zu seiner Durchbrechung (EuGHE, C-455/06, 2008, I-8763 – Heemskerk und Schaap, Rn. 46, 47).

IV. Das Missbrauchsverbot

Allgemein anerkannt ist, dass niemand sich missbräuchlich auf Rechtsvorschriften des Unionsrechts berufen darf. Wichtig ist aber, dass die bloße Inanspruchnahme von Rechten, die das Unionsrecht gewährt – beispielsweise die Ausübung der Grundfreiheiten des Binnenmarkts – für sich genommen noch nicht den Verdacht eines Missbrauchs begründet. Als missbräuchlich können hingegen künstliche Verhaltensweisen angesehen werden, für die es keine wirtschaftliche Erklärung gibt und die in Wahrheit nur der Erreichung eines illegitimen Ziels dienen, etwa der Steuerumgehung (EuGHE, C-212/97, 1999, I-1459 – Centros, Rn. 24; EuGHE, C-196/04, 2006, I-7995 – Cadbury Schweppes, Rn. 36, 37, 55).

Einen Sonderaspekt des Missbrauchsverbots regelt Art. 54 der Charta der Grundrechte: Danach gewähren die Unionsgrundrechte nicht das Recht, Tätigkeiten auszuüben oder Handlungen vorzunehmen, die darauf abzielen, die in der Charta anerkannten Rechte und Freiheiten abzuschaffen oder sie stärker als vorgesehen einzuschränken. Diese Spezialregelung erinnert entfernt an Art. 18 GG, ist aber deutlich weniger weitgehend.

13. Kapitel: Der Grundsatz der Gleichbehandlung

A. Überblick

Das geschriebene Unionsrecht enthält auf primärrechtlicher Ebene zahlreiche **Gleichbehandlungsgebote** bzw. **Diskriminierungsverbote**, namentlich in Art. 9 Satz 1 EUV sowie in Art. 18 Abs. 1, 37 Abs. 1, 40 Abs. 2 UAbs. 2, 45 Abs. 2, 49 Abs. 2 a. E., 55, 57 a. E., 65 Abs. 3, 92, 95, 101 Abs. 1 lit. d, 102 Abs. 2 lit. c, 110 und 157 Abs. 1 AEUV. Hinzu kommen in der Charta der Grundrechte der Europäischen Union die Art. 20, 21 und 23.

Alle diese Vorschriften sind spezifische Ausformungen des **allgemeinen Grundsatzes der Gleichbehandlung**, der zu den ungeschriebenen allgemeinen Rechtsgrundsätzen des Unionsrechts gehört (EuGHE, 117/76, 1977, 1753 – Ruckdeschel, Rn. 7; EuGHE, C-300/04, 2006, I-8055 – Eman und Sevinger, Rn. 57) und damit den Charakter eines Unionsgrundrechts hat (vgl. jetzt auch Art. 20 der Charta der Grundrechte der EU).

Daneben enthalten die Verträge zum einen **Querschnittsklauseln** (Art. 2 und Art. 3 Abs. 3 UAbs. 2 EUV; Art. 8 und 10 AEUV), die die Union bei der Festlegung und Durchführung ihrer Politik zur Bekämpfung von Diskriminierungen verpflichten, und zum anderen einige **Rechtsgrundlagen** für den Erlass von spezifischen Maßnahmen des Sekundärrechts zur Diskriminierungsbekämpfung (z. B. in Art. 18 Abs. 2, 19, 157 Abs. 3 AEUV). Die Diskriminierungsverbote der Verträge müssen deshalb oft in Verbindung mit den sie ergänzenden oder konkretisierenden Rechtsakten des Unionssekundärrechts geprüft werden (vgl. insbesondere die sog. „Gleichbehandlungsrichtlinien" bzw. „Antidiskriminierungsrichtlinien" 2000/78, 2000/43, 2004/113 und 2006/54, die in Deutschland u. a. durch das Allgemeine Gleichbehandlungsgesetz – AGG – umgesetzt wurden).

Die oben aufgelisteten Gleichbehandlungsgebote bzw. Diskriminierungsverbote

- wirken in **unterschiedlichen Sachbereichen:** z. B. gelten Art. 40 Abs. 2 UAbs. 2, Art. 92 und Art. 95 AEUV nur in den jeweiligen Politikbereichen Landwirtschaft bzw. Verkehr, wohingegen Art. 18 Abs. 1 und Art. 157 Abs. 1 AEUV, ebenso wie alle Grundfreiheiten (Art. 45 Abs. 2, 49 Abs. 2 a. E., 55, 57 a. E. und 65 Abs. 3 AEUV), sachgebietsübergreifend wirken;
- haben **unterschiedliche Adressaten:** Art. 9 Satz 1 EUV richtet sich nur an die Unionsorgane, Art. 18 Abs. 1 AEUV hauptsächlich an die Mitgliedstaaten, Art. 157 Abs. 1 AEUV – in seiner Auslegung durch die ständige Rechtsprechung – sowohl an die Mitgliedstaaten als auch an private Arbeitgeber und Art. 101 und 102 AEUV an (private und öffentliche) Unternehmen;
- betreffen **Ungleichbehandlungen aus unterschiedlichen Gründen:** z. B. haben Art. 18 Abs. 1 AEUV und Art. 21 Abs. 2 der Charta der Grundrechte Diskriminierungen aus Gründen der Staatsangehörigkeit zum Gegenstand, Art. 21 Abs. 1 der Charta der Grundrechte solche wegen bestimmter persönlicher Eigenschaften (*insbesondere* Geschlecht, Rasse, Hautfarbe, ethnische oder soziale Herkunft, genetische Merkmale, Sprache, Religion, Weltanschauung, politische oder sonstige Anschauung, Zugehörigkeit zu einer nationalen Minderheit, Vermögen, Geburt, Behinderung, Alter, sexuelle Ausrichtung) und Art. 157 AEUV sowie Art. 23 der Charta der Grundrechte Diskriminierungen aufgrund des Geschlechts.

In terminologischer Hinsicht gilt, dass die Begriffe **Gleichbehandlung** und **Nichtdiskriminierung** (bzw. **Diskriminierungsverbot**) in aller Regel – sowohl in der Unionsgesetzgebung als auch in der EuGH-Rechtsprechung – synonym verwendet werden. Zu beachten ist aber, dass manche Primär- bzw. Sekundärrechtsvorschriften über ein bloßes Diskriminierungsverbot hinaus auch Maßnahmen zur positiven **Gleichstellung** benachteiligter Personengruppen fordern oder jedenfalls zulassen (z. B. Art. 157 Abs. 4 AEUV; Art. 23 Abs. 2 und Art. 26 der Charta der Grundrechte).

Die folgende Darstellung beschränkt sich nach einigen Erläuterungen zur Funktionsweise des Grundsatzes der Gleichbehandlung (s. u. Abschnitt B) auf die zurzeit praktisch wichtigsten Verbote der Diskriminierung aus Gründen der Staatsangehörigkeit (s. u. Abschnitt C) und wegen bestimmter persönlicher Eigenschaften (s. u. Abschnitt D). Die in den Grundfreiheiten des Binnenmarkts mit enthaltenen besonderen Diskriminierungsverbote wurden bereits im dortigen Zusammenhang (vgl. oben, 11. Kapitel) erörtert.

B. Die Funktionsweise des Grundsatzes der Gleichbehandlung

Alle unionsrechtlichen Gleichbehandlungsgebote, gleichviel ob es sich um den (ungeschriebenen) allgemeinen Gleichbehandlungsgrundsatz oder um (geschriebene) besondere Ausprägungen dieses Grundsatzes in den Verträgen, in der Charta der Grundrechte bzw. im Unionssekundärrecht handelt, werfen im Hinblick auf ihre praktische Anwendung dieselben Fragen auf.

I. Gewährleistungsinhalt

Nach dem unionsrechtlichen Grundsatz der Gleichbehandlung bzw. der Nichtdiskriminierung *dürfen vergleichbare Sachverhalte nicht unterschiedlich und unterschiedliche Sachverhalte nicht gleich behandelt werden, es sei denn, dass eine solche Behandlung objektiv gerechtfertigt ist* (EuGHE, 117/76, 1977, 1753 – Ruckdeschel; EuGHE, C-127/07, 2008, I-9895 – Arcelor, Rn. 23).

Hinter dieser Formel verbirgt sich eine dreistufige Prüfung, die mit der Feststellung der Vergleichbarkeit oder Unterschiedlichkeit der Sachverhalte beginnt und mit der Rechtfertigungsprüfung endet.

1. Vergleichbarkeit der Sachverhalte

In einem ersten Schritt ist die Vergleichbarkeit (oder Unterschiedlichkeit) der Sachverhalte festzustellen. Dabei kommt es u.a. auf Ziel und Zweck der Maßnahme, die eine Unterscheidung einführt, an. Außerdem sind die Grundsätze und Ziele des Regelungsbereichs zu berücksichtigen, dem die in Rede stehende Maßnahme unterfällt (EuGHE, C-127/07, 2008, I-9895 – Arcelor, Rn. 26). Verfolgt eine Maßnahme z.B. ein umweltpolitisches Ziel, so ist die Vergleichbarkeit oder Unterschiedlichkeit der Sachverhalte im Hinblick auf eben dieses Ziel zu beurteilen.

Beispiele:

- Die italienische Region Sardinien erhob von Luxusjachten, die in ihren Häfen oder vor ihrer Küste festmachten, eine umweltpolitisch motivierte Sonderabgabe. Allerdings waren Eigentümer von Luxusjachten, die ihren steuerlichen Wohnsitz auf Sardinien hatten, von der Abgabe ausgenommen; nur auswärtige Bootseigner mussten also die Abgabe entrichten. Im Hinblick auf das umweltpolitische Ziel einer solchen Abgabe befinden sich jedoch gebietsfremde und gebietsansässige Bootseigner in einer vergleichbaren Situation: Die von ihnen betriebenen Boote verschmutzen die Küstengewässer Sardiniens und belasten das ökologische Gleichgewicht dort unabhängig von der Herkunft ihres Eigentümers (EuGH, C-169/08, 2009, I-10821 – Sardegna, Rn. 44).
- Ob sich verheiratete Arbeitnehmer und in eingetragener Partnerschaft lebende Arbeitnehmer im Hinblick auf bestimmte Vergünstigungen in einer vergleichbaren Situation befinden, hängt vom jeweiligen Sachgebiet ab. Es kommt darauf an, ob das nationale Recht auf dem jeweiligen Sachgebiet die Gleichstellung zwischen Ehe und eingetragener Lebenspartnerschaft bereits vollzogen hat oder nicht (EuGHE, C-267/06, 2008, I-1757 – Maruko).

2. Ungleichbehandlung

In einem zweiten Schritt ist zu prüfen, ob eine Ungleichbehandlung vorliegt (bzw. eine Gleichbehandlung im Fall von unterschiedlichen Sachverhalten). Steht ein besonderes Diskriminierungsverbot inmitten, so muss die Ungleichbehandlung im Hinblick auf das jeweils untersagte Differenzierungskriterium erfolgt sein, d.h. eine Ungleichbehandlung aus Gründen der Staatsangehörigkeit im Rahmen von Art. 18 Abs. 1 AEUV oder der Grundfreiheiten des Binnenmarkts, eine Ungleichbehandlung wegen des Geschlechts im Rahmen von Art. 157 AEUV u.s.w. Im Anwendungsbereich des allgemeinen Gleichbehandlungsgrundsatzes kommt jegliche Art von Ungleichbehandlung in Betracht.

Erfasst werden nicht nur unmittelbare, sondern auch mittelbare Ungleichbehandlungen. Eine **unmittelbare** (offene, direkte) **Ungleichbehandlung** liegt vor, wenn die streitige Maßnahme ausdrücklich an das verbotene Differenzierungskriterium – Staatsangehörigkeit, Geschlecht, Alter u.s.w. – anknüpft oder jedenfalls untrennbar mit ihm verbunden ist, wohingegen eine **mittelbare** (versteckte, indirekte) **Ungleichbehandlung** anzunehmen ist, wenn scheinbar neutrale Differenzierungskriterien zum Einsatz kommen, die sich aber tatsächlich besonders zulasten einer bestimmten Personengruppe auswirken.

Beispiele:

- Nimmt eine scheinbar neutral formulierte Bestimmung auf die Schwangerschaft Bezug, so liegt eine unmittelbare Ungleichbehandlung aufgrund des Geschlechts vor, weil nur Frauen schwanger sein können.
- Wird an eine bestimmte Berufserfahrung oder an die Dauer der Betriebszugehörigkeit angeknüpft, so kann dies je nach Sachlage mittelbar eine Ungleichbehandlung wegen des Alters beinhalten.
- Macht eine gesetzliche oder tarifvertragliche Regelung die Gewährung oder Nichtgewährung bestimmter Vergünstigungen davon abhängig, dass ein Arbeitnehmer Altersrente beziehen kann, so ist zu unterscheiden: Eine mittelbare Ungleichbehandlung aufgrund des Alters ist anzunehmen, wenn der Bezug von Altersrente lediglich

von einer bestimmten Anzahl von Beitragsjahren oder dem Verstreichen einer Wartezeit abhängt. Eine unmittelbare Ungleichbehandlung wegen des Alters liegt hingegen vor, wenn der Bezug von Altersrente auch an das Erreichen eines Mindestrentenalters geknüpft ist; dann ist nämlich die Formulierung „ein Arbeitnehmer, der Altersrente beziehen kann" gleichbedeutend mit „ein Arbeitnehmer, der ein bestimmtes Lebensalter [das Mindestrentenalter] erreicht hat" (EuGH, C-499/08, Urt. v. 12. 10. 2010 – Andersen, Rn. 23 f.).

- Wird nach dem Wohnsitz oder der Muttersprache differenziert, so wirkt sich dies häufig sehr viel stärker zulasten von Ausländern als von Inländern aus; darin kann eine mittelbare Ungleichbehandlung aufgrund der Staatsangehörigkeit liegen.

- Werden Teilzeitbeschäftigten bestimmte Vergünstigungen vorenthalten, so kann dies eine mittelbare Ungleichbehandlung wegen des Geschlechts darstellen, wenn sich unter den Teilzeitbeschäftigten deutlich mehr Frauen als Männer befinden (oder umgekehrt).

Bisweilen wird schon die Ungleichbehandlung als solche als **Diskriminierung im materiellen Sinne** (schlechterstellende Differenzierung) bezeichnet (z. B. EuGHE, 13/63, 1963,165 – Italien/Kommission = Hummer S. 182; ähnlich Art. 2 der Richtlinie 2000/78 und Art. 2 der Richtlinie 2006/54).

3. Rechtfertigung der Ungleichbehandlung

In einem dritten Schritt ist zu erörtern, ob eine etwaige Ungleichbehandlung (materielle Diskriminierung) **sachlich** (bzw. **objektiv**) **gerechtfertigt** ist. Denn zu einer verbotenen Diskriminierung führen nur Ungleichbehandlungen, die nicht gerechtfertigt sind. Selbstverständlich scheiden als Rechtfertigungsgründe grundsätzlich diejenigen Gesichtspunkte aus, die das Unionsrecht als Differenzierungskriterien verbietet, namentlich die in Art. 21 der Charta der Grundrechte genannten.

Liegen sachliche Gründe (legitime Ziele) vor, die geeignet sind, die jeweilige Ungleichbehandlung zu rechtfertigen, so bleibt zu prüfen, ob die konkret vorgenommene Differenzierung in einem angemessenen Verhältnis zu den rechtfertigenden Umständen steht. Die streitige Maßnahme muss mit anderen Worten einer **Verhältnismäßigkeitsprüfung** standhalten (EuGHE, C-73/08, Urt. v. 13. 4. 2010 – Bressol, Rn. 48). Dabei können die Anforderungen je nach Intensität der Diskriminierung durchaus unterschiedlich sein: Den strengsten Maßstab wird man sicherlich an die Rechtfertigung einer unmittelbaren Diskriminierung anlegen müssen (sofern diese überhaupt zu rechtfertigen ist).

Klausurhinweis: In der Praxis des EuGH kommt es oft nicht zu einer gesonderten Rechtfertigungsprüfung, da das Vorliegen sachlicher Differenzierungsgründe bereits bei der Vergleichbarkeit der Sachverhalte berücksichtigt wird und diese Vergleichbarkeit ausschließt. In der Klausur sollte dennoch versucht werden, so weit wie möglich in den soeben genannten drei Schritten vorzugehen, damit möglichst alle Probleme angesprochen werden können.

II. Unmittelbare Wirkung

1. Vertikale Direktwirkung

Alle unionsrechtlichen Gleichbehandlungsgebote und Diskriminierungsverbote sind dergestalt unmittelbar anwendbar, dass der Einzelne sich je nach Sachlage gegenüber den **Unionsorganen** oder gegenüber **nationalen Stellen** auf sie berufen kann (gegenüber nationalen Stellen freilich nur, sofern der Anwendungsbereich des Unionsrechts eröffnet ist, vgl. oben S. 272).

Zwar ist im Wortlaut der einschlägigen Bestimmungen des Unionsrechts bisweilen von einem „Grundsatz" die Rede, außerdem können bestimmte Ungleichbehandlungen gerechtfertigt werden, ferner ergreift der Gesetzgeber auf manchen Gebieten spezifische Maßnahmen zur Umsetzung von Gleichbehandlungsgeboten und zur Bekämpfung von bestehenden Ungleichbehandlungen (insbesondere Ungleichbehandlungen wegen des Geschlechts). All dies spricht jedoch nicht gegen eine unmittelbare Wirkung der unionsrechtlichen Gleichbehandlungsgebote und Diskriminierungsverbote (in diesem Sinne EuGHE, 43/75, 1976, 455 = Hummer, S. 452 – Defrenne II; EuGHE, C-268/06, 2008, I-2483 – Impact, Rn. 59 ff.).

2. Horizontale Direktwirkung

Einer differenzierten Betrachtung bedarf die Frage, ob die verschiedenen unionsrechtlichen Gleichbehandlungsgebote und Diskriminierungsverbote auch **unmittelbar zwischen Privaten** wirken (horizontale Direktwirkung):

a) Sofern ein Gleichbehandlungsgebot oder Diskriminierungsverbot lediglich in einer **Richtlinie** verankert ist, kommt eine direkte Anwendung zwischen Privaten *nicht* in Betracht (s. o. S. 61). An dieser eisernen Regel hat der EuGH in ständiger Rechtsprechung bis in die jüngste Zeit hinein festgehalten (EuGH, C-555/07, Urt. v. 19. 1. 2010, NJW 2010, 427 – Kücükdeveci, Rn. 46).

b) Höchst umstritten ist hingegen, ob die im (geschriebenen oder ungeschriebenen) **Primärrecht** verankerten Gleichbehandlungsgebote und Diskriminierungsverbote im Verhältnis zwischen Privaten unmittelbar anwendbar sein können. Grundsätzlich ist dies abzulehnen, weil im Verhältnis zwischen Privaten vom Grundsatz der **Privatautonomie** auszugehen ist. Gleichwohl ist die unmittelbare Anwendung von Primärrechtsbestimmungen zwischen Privaten in folgenden Fällen inzwischen anerkannt:

- wenn der **Grundsatz des gleichen Entgelts** für Männer und Frauen (Art. 157 Abs. 1 AEUV) betroffen ist (EuGHE, 43/75, 1976, 455 = Hummer S. 452 – Defrenne II, s. u. S. 68, vgl. dazu unten S. 292 f.);
- wenn ein Gleichbehandlungsgebot oder Diskriminierungsverbot gegenüber **Einrichtungen** geltend gemacht wird, die **ähnlich dem Staat** regelnd tätig werden können, etwa Sportverbände (EuGHE, 36/74, 1974, 1405 – Walrave und Koch, Rn. 17 f.; EuGHE, 1995, I-4921 – Bosman, Rn. 83), Berufsorganisationen sowie die Arbeitgeberverbände und Gewerkschaften im Rahmen ihrer Kollektivverhandlungen bzw. Kollektivmaßnahmen (EuGHE, C-341/05, 2007, I-11767 – Laval; EuGHE, C-438/05, 2007, I-10799 – Viking);
- im **Wettbewerbsrecht**, vgl. Art. 101 Abs. 1 lit. d AEUV und 102 Abs. 2 lit. c AEUV (Diskriminierung von Handelspartnern im Rahmen von Unternehmensvereinbarungen oder durch einseitige Maßnahmen marktbeherrschender Unternehmen).

Umstrittener sind einige Fälle, in denen der EuGH abseits von Art. 157 AEUV – freilich ohne nähere Begründung – eine unmittelbare Wirkung primärrechtlich verankerter Diskriminierungsverbote zwischen einem Arbeitnehmer und seinem privaten Arbeitgeber im **Individualarbeitsverhältnis** angenommen hat:

- unmittelbare Anwendung des Verbots der Diskriminierung aus Gründen der Staatsangehörigkeit nach Art. 45 Abs. 2 AEUV (EuGHE, C-281/98, 2000, I-4139 – Angonese, Rn. 36; EuGHE, C-94/07, 2008, I-5939 – Raccanelli, m. Anm. Repasi EuZW 2008, 532);
- unmittelbare Anwendung des Verbots der Altersdiskriminierung, wie es im Unionsrecht als allgemeiner Rechtsgrundsatz verankert ist (EuGHE, C-144/04, 2006, I-9981 – Mangold, Rn. 77; EuGH, C-555/07, Urt. v. 19. 1. 2010, NJW 2010, 427 – Kücükdeveci, Rn. 51); Gleiches dürfte heute für das in Art. 21 Abs. 1 der Charta der Grundrechte niedergelegte Verbot der Altersdiskriminierung gelten.

Von einer generellen Bejahung der horizontalen Direktwirkung unionsrechtlicher Gleichbehandlungsgebote oder Diskriminierungsverbote kann aber, jedenfalls beim jetzigen Stand der Rechtsprechung, keine Rede sein. Möglicherweise lassen sich jedoch die zuletzt genannten Beispiele dahingehend deuten, dass der EuGH **im Arbeitsrecht** zur horizontalen Direktwirkung primärrechtlicher Diskriminierungsverbote tendiert. Dahinter mag die Erwägung stehen, dass sich das Arbeitsverhältnis durch eine strukturelle Unterlegenheit des Arbeitnehmers gegenüber seinem Arbeitgeber auszeichnet, in der der Arbeitnehmer besonders schutzbedürftig ist, so dass eine Einschränkung der Privatautonomie gerechtfertigt sein kann. Ähnliche Erwägungen lassen sich freilich auch auf anderen Rechtsgebieten (beispielsweise im Bereich des Verbraucherschutzes, vgl. EuGHE, C-240/98, 2000, I-4941– Océano Group, Rn. 25; EuGH, C-484/08, Urt. v. 3. 6. 2010 – Caja de Ahorros, Rn. 27) anstellen. Eine Prognose über die mittel- und langfristige Entwicklung dieser Rechtsprechung ist schwierig.

III. Anspruch des Benachteiligten auf Gewährung des vorenthaltenen Vorteils

Wird eine Diskriminierung festgestellt, so bestehen in der Regel unterschiedliche Möglichkeiten, einen unionsrechtskonformen Zustand herzustellen: Eine Vergünstigung, die bislang nur einer bestimmten Personengruppe gewährt wurde, kann auf alle Betroffenen ausgedehnt werden oder aber für alle Betroffenen abgeschafft werden; sie kann auch vollständig durch eine diskriminierungsfreie Neuregelung ersetzt werden.

Solange aber derartige Maßnahmen nicht ergriffen worden sind, kann der Gleichbehandlungsgrundsatz nur dadruch gewahrt werden, dass die Vergünstigungen, die die Mitglieder der begünstigten Gruppe erhalten, auf die Mitglieder der benachteiligten Gruppe erstreckt werden (EuGHE, C-231/06, 2007, I-5149 – Jonkman, Rn. 39). Der Diskriminierte hat also bis zu einer etwaigen Neuregelung der Materie durch den zuständigen Normgeber **Anspruch auf Gewährung des Vorteils**, der ihm vorenthalten wurde.

IV. Kein unionsrechtliches Verbot der Inländerdiskriminierung

In Fällen, in denen ein (rein innerstaatlicher) Sachverhalt nicht in den Anwendungsbereich des Unionsrechts fällt, kann es im Ergebnis zu einer sog. „**Inländerdiskriminierung**" kommen (auch **umgekehrte Diskriminierung** genannt), d. h. zu einer Schlechterstellung von Inländern im Verhältnis zu Ausländern bzw. von rein inländischen Sachverhalten im Vergleich zu grenzüberschreitenden. Die unionsrechtlichen Gleichbehandlungsgrundsätze und Diskriminierungsverbote – jedenfalls die in den Grundfreiheiten enthaltenen – bieten keine Handhabe gegen eine solche Inländerdiskriminierung. Nach ganz h. M. und ständiger Rechtsprechung des EuGH gibt es deshalb **kein europarechtliches Verbot der Inländerdiskriminierung** (EuGHE, C-212/06, 2008, I-1683 – Communauté française, Rn. 33). Ob in Zukunft aus der Unionsbürgerschaft ein allgemeines Verbot der Inländerdiskriminierung hergeleitet wird, bleibt abzuwarten (in diesem Sinne u. a. Borchardt, Rn. 250, 1103; vgl. auch Borchardt NJW 2000, 2057 [2059]; Schlussanträge GA' Sharpston zu EuGH, C-34/09 – Ruiz Zambrano, Rn. 123 ff.). Bis auf Weiteres kann die Lösung des Problems der Inländerdiskriminierung aber allenfalls aus der Bindung der Mitgliedstaaten an die EMRK folgen (EuGHE, C-127/08, 2008, I-6241 – Metock, Rn. 79) oder aus dem nationalen Verfassungsrecht (vgl. Schilling JZ 1994, 8; Grabitz vor Art. 39–55 EGV, Rn. 42 ff.).

So verstößt etwa nach österreichischem Verfassungsrecht die Inländerdiskriminierung gegen den nationalen Gleichbehandlungsgrundsatz. Der Inländer hat dort Anspruch auf Gleichbehandlung mit dem EU-Ausländer. Dies führt dazu, dass die österreichischen Gerichte in zulässiger Weise auch reine Inlandsfälle nach Art. 267 AEUV dem EuGH mit der Frage vorlegen, wie das Europarecht auszulegen ist, um im Anschluss im Rahmen ihres nationalen Gleichbehandlungsgrundsatzes die notwendigen Schlussfolgerungen ziehen zu können (vgl. EuGH, C-515/99, 2002, I-2157 = EuZW 2002, 249 – Reisch, Rn. 24 ff.).

Nach deutschem Verfassungsrecht ist hingegen **Art. 3 Abs. 1 GG** im Fall einer Inländerdiskriminierung nicht verletzt. Dessen Anwendbarkeit würde nämlich voraussetzen, dass die Ungleichbehandlung auf ein und denselben Hoheitsträger zurückgeht, was aber nach h. M. nicht der Fall ist, wenn man einen vom Unionsrecht erfassten Sachverhalt mit einem rein innerstaatlichen Sachverhalt vergleicht. Die Rechtslage bei der Inländerdiskriminierung erinnert also an die innerdeutsche, nach der verschiedene deutsche Bundesländer die gleiche Materie durch Landesgesetze unterschiedlich regeln, was ebenfalls keinen Verstoß gegen Art. 3 GG darstellt.

Zu prüfen bleibt aber stets, ob eine Inländer diskriminierende Regelung nicht andere Grundrechte des GG verletzt. Insbesondere wird eine Berufszugangs- oder Berufsausübungsregelung, die allein Inländer trifft, am Maßstab der **Berufsfreiheit (Art. 12 Abs. 1 GG)** zu messen sein. Sie kann sich als unverhältnismäßig erweisen (in diesem Sinne etwa BVerfG DVBl. 2006, 244, das sich mit Blick auf die Präsenz von Handwerkern aus dem EU-Ausland auf dem deutschen Markt für eine großzügige Auslegung der Ausnahmen vom Meisterzwang aussprach; ähnlich BVerwGE 123, 82, 85 ff., wo mit Blick auf Art. 12 Abs. 1 GG eine großzügige Auslegung der Ausnahmen vom deutschen Reinheitsgebot für Bier angemahnt wird).

Hinweis zur Terminologie: Der Begriff der Inländerdiskriminierung, der sich für diese Problematik eingebürgert hat, kann zu Missverständnissen Anlass geben. Zum einen kann der Eindruck entstehen, dass das Unionsrecht die Ungleichbehandlung verursacht. Da das Unionsrecht aber auf den innerstaatlichen Sachverhalt gar nicht anwendbar ist, kann es eine Ungleichbehandlung weder verursachen noch verbieten. Zum anderen suggeriert der Begriff fälschlicherweise, dass sich Inländer generell nicht auf unionsrechtliche Diskriminierungsverbote berufen könnten. Soweit jedoch der Anwendungsbereich einer unionsrechtlichen Regelung eröffnet ist, kann sich ein Inländer auch gegenüber seinem Heimatstaat auf diese berufen; beispielsweise kann er seinem Heimatstaat die Regelungen der Grundfreiheiten entgegenhalten, sofern er von seinem Freizügigkeitsrecht Gebrauch gemacht hat. Gleichwohl empfiehlt es sich, den Begriff der Inländerdiskriminierung im hier erörterten Zusammenhang zu verwenden, so wie dies der ganz h. M. entspricht.

C. Das allgemeine Verbot der Diskriminierung aus Gründen der Staatsangehörigkeit

Unbeschadet besonderer Bestimmungen verbietet Art. 18 Abs. 1 AEUV im Anwendungsbereich der Verträge jede Diskriminierung aus Gründen der Staatsangehörigkeit und stellt damit den **Grundsatz der Inländerbehandlung** auf.

Klausurhinweis: Eine Vorschrift mit gleichem Wortlaut wie Art. 18 Abs. 1 AEUV findet sich in Art. 21 Abs. 2 der Charta der Grundrechte der EU. Wegen Art. 52 Abs. 2 der Charta erfolgt die Ausübung jenes Grundrechts aber „im Rahmen der in den Verträgen festgelegten Bedingungen und Grenzen" (vgl. auch die Erläuterungen zu Art. 21 der Charta). Deshalb empfiehlt es sich, in der Fallbearbeitung Art. 18 Abs. 1 AEUV in den Vordergrund zu stellen und Art. 21 Abs. 2 der Charta allenfalls eingangs mitzuerwähnen, es sei denn, die Aufgabenstellung gibt Anlass zu intensiverer Erörterung der Chartabestimmung.

I. Subsidiarität gegenüber besonderen Diskriminierungsverboten

Art. 18 Abs. 1 AEUV gilt nur vorbehaltlich besonderer Bestimmungen der Verträge. Damit sind insbesondere die in Art. 45, 49 und 56 f. AEUV geregelten **Grundfreiheiten** gemeint, die speziellere Diskriminierungsverbote aus Gründen der Staatsangehörigkeit enthalten. Ist eine nationale Regelung mit den Grundfreiheiten vereinbar, liegt auch kein Verstoß gegen Art. 18 Abs. 1 AEUV vor (EuGHE, 90/76, 1977, 1091 = Hummer, S. 189 – Van Ameyde). In der Fallbearbeitung ist Art. 18 AEUV deshalb nach den Grundfreiheiten zu prüfen und als **subsidiäre Auffangnorm** zu behandeln. Soweit *leges speciales* anwendbar sind, erübrigt sich der Rückgriff auf Art. 18 AEUV (EuGH, C-91/08, Urt. v. 13. 4. 2010 – Wall, Rn. 32).

II. Anwendungsbereich der Verträge

Art. 18 Abs. 1 AEUV verbietet Diskriminierungen aus Gründen der Staatsangehörigkeit nur im Anwendungsbereich der Verträge. Es muss deshalb in jedem Einzelfall ermittelt werden, ob der zu prüfende Sachverhalt wegen fehlender Berührungspunkte mit dem Unionsrecht allein dem nationalen Recht unterliegt, also ein sog. **rein innerstaatlicher Sachverhalt** vorliegt, oder ob er aufgrund eines Bezugs zu unionsrechtlichen Bestimmungen (auch) dem Unionsrecht unterliegt und damit in den **Anwendungsbereich der Verträge** fällt. Nur dann kann sich der Einzelne auf dieses Diskriminierungsverbot berufen.

In den Anwendungsbereich der Verträge im Sinne von Art. 18 Abs. 1 AEUV fallen sowohl Sachverhalte in Bereichen mit Rechtsetzungskompetenzen der EU als auch Sachverhalte in Bereichen ohne solche Kompetenzen, die aber gleichwohl unionsrechtlich (nämlich auf der Ebene des Primärrechts) geregelt sind. Die Mitgliedstaaten müssen auch auf Gebieten, die in die nationale Regelungszuständigkeit fallen (z. B. weite Teile des Zivilprozessrechts, des Steuerrechts und des Strafrechts), bei unionsrechtlichem Bezug die Vorgaben des Unionsrechts (z. B. die Grundfreiheiten, Grundrechte, Diskriminierungsverbote) beachten. Der Anwendungsbereich der Verträge ist damit weiter als der Zuständigkeitsbereich der Union zum Erlass von Rechtsakten; er ist auch dann eröffnet, wenn ein Sachverhalt von einer unmittelbar wirkenden primärrechtlichen Bestimmung des Unionsrechts erfasst wird. Die Situation ist insoweit ähnlich wie im deutschen Verfassungsrecht: Die Länder haben z. B. die Gesetzgebungszuständigkeit im Polizeirecht, müssen jedoch bei der Ausübung dieser Zuständigkeit die Ge- und Verbote des bundesweit Geltung beanspruchenden Grundgesetzes (insbesondere der Grundrechte des GG) beachten.

Da sich das Europarecht laufend weiterentwickelt, ändert sich parallel dazu auch jeweils der „Anwendungsbereich der Verträge" im Sinne von Art. 18 Abs. 1 AEUV. Deshalb kann man anhand der Entwicklung der Rechtsprechung zu diesem unbestimmten Rechtsbegriff gut nachvollziehen, wie weit die europäische Integration jeweils fortgeschritten ist.

Beispiel: Ursprünglich beschäftigte sich das Europarecht mit natürlichen Personen im Wesentlichen dann, wenn sie sich als „Produktionsfaktoren" am Wirtschaftsleben beteiligten, z. B. als Arbeitnehmer (Arbeitnehmerfreizügigkeit) oder Selbständige (Niederlassungsfreiheit, Dienstleistungsfreiheit). Deshalb stellte sich in den 1980er Jahren öfters die Frage, inwieweit Studenten bzw. Auszubildende in den Anwendungsbereich der Verträge fielen und sich damit auf das Diskriminierungsverbot des Art. 18 Abs. 1 AEUV bzw. seiner Vorgängerbestimmungen berufen konnten. Seit der Einführung der Unionsbürgerschaft, die auch nicht wirtschaftlich aktiven Personen ein allgemeines Freizügigkeitsrecht gewährt (Art. 21 Abs. 1 AEUV), stellt sich dieses Problem nicht mehr. Vielmehr hat die Rechtsprechung nun klargestellt, dass sich Unionsbürger in allen Fallkonstellationen, die sachlich mit dem Unionsrecht Berührungspunkte aufweisen, und sei es nur aufgrund der Inanspruchnahme des allgemeinen Freizügigkeitsrechts, auf das Diskriminierungsverbot des Art. 18 Abs. 1 EUV berufen können (vgl. oben S. 261 f.).

Die Schwierigkeiten bei der Auslegung des Begriffs „Anwendungsbereich der Verträge" können am besten an Hand einiger Beispiele aus der Rechtsprechung des EuGH verdeutlicht werden. In den Anwendungsbereich der Verträge fallen danach:

- staatliche Studiengebühren und Beschränkungen beim Hochschulzugang, da einerseits Bezüge zu der unter Art. 166 AEUV fallenden Berufsausbildung (EuGHE, 293/83, 1985, 593 = Hummer, S. 815 – Gravier) und andererseits zu dem in Art. 21 Abs. 1 AEUV enthaltenen Freizügigkeitsrecht der Studenten bestehen (EuGHE, C-76/05, 2007, I-6849 – Schwarz; EuGH, C-73/08, Urt. v. 13. 4. 2010 – Bressol);
- eine staatliche Entschädigung zur Wiedergutmachung des Schadens, der Opfern von Gewalttaten zugefügt wurde, wenn es sich bei dem Opfer um einen Touristen und damit um einen Dienstleistungsempfänger aus einem anderen Mitgliedstaat handelt (EuGHE, 186/87, 1989, 195 = Hummer, S. 798 – Cowan);
- das Urheberrecht wegen seiner Auswirkungen auf den unionsinternen Austausch von Gütern und Dienstleistungen (EuGHE, C-92/92, 1993, I-5145 = Hummer, S. 185 – Phil Collins);
- eine staatliche Vorschrift über die Leistung einer Prozesskostensicherheit in Zivilprozessen, falls die Klage im Zusammenhang mit der Ausübung einer durch das Unionsrecht geschützten Grundfreiheit steht (EuGHE, C-323/95, 1997, I-1721 = Hummer, S. 187 – Hayes) oder den Gesellschafterschutz dienende Bestimmungen betrifft, die wegen Art. 50 Abs. 2 lit. g AEUV in den Anwendungsbereich des Unionsrechts fallen (EuGHE, C-122/96, 1997, I-5325 = Hummer, S. 187 – Saldanha);

- Ansprüche auf Erziehungsgeld nach dem Bundeserziehungsgeldgesetz (heute: Bundeselterngeld- und Elternzeitgesetz) und auf Studienbeihilfen nach dem BAFöG (EuGHE, C-85/96, 1998, I-2691 – Martinez Sala; EuGHE, C-11/06, 2007, I-9161 – Morgan und Bucher);
- ein Anspruch auf Zahlung des belgischen „Minimex" (einer der deutschen Sozialhilfe vergleichbaren beitragsunabhängigen Sozialhilfeleistung zur Bestreitung des Lebensunterhalts), soweit er von einem Studenten geltend gemacht wird, der Unionsbürger ist und der sich nach Art. 21 AEUV rechtmäßig im Gebiet des Aufnahmemitgliedstaats aufhält (EuGHE, C-184/99, 2001, I-6193 – Grzelczyk);
- die anwendbare Verfahrenssprache in Strafprozessen in Südtirol gegen einen österreichischen Lastwagenfahrer und gegen einen deutschen Touristen, die als aktuelle oder potenzielle Dienstleistungsempfänger nach Art. 56 AEUV bzw. als Unionsbürger nach Art. 21 Abs. 1 AEUV in den Anwendungsbereich der Verträge fallen (EuGHE, C-274/96, 1998, I-7637 – Bickel und Franz).

Außerhalb des Anwendungsbereichs der Verträge liegen dagegen die folgenden vom EuGH als rein innerstaatlich qualifizierten Sachverhalte:

- die Verhängung von Strafsanktionen durch einen Mitgliedstaat aufgrund von in seinem Hoheitsgebiet begangenen Straftaten, auch wenn sie das Freizügigkeitsrecht des Betroffenen innerhalb der EU einschränken oder aufheben (EuGHE, 175/78, 1979, 1129 = Hummer S. 193 – Saunders);
- die Einreise und der Aufenthalt von Drittstaatlern, die Familienmitglieder eines Wanderarbeitnehmers sind, in den Heimatstaat dieses Arbeitnehmers, wenn der Arbeitnehmer niemals von seinem Freizügigkeitsrecht innerhalb der EU Gebrauch gemacht hat (EuGHE, 35/82, 1982, 3723 = Hummer S. 189 – Morson); dass in einer solchen Fallkonstellation ein inländischer Arbeitnehmer im Ergebnis schlechter stehen kann als ein Arbeitnehmer aus einem anderen Mitgliedstaat (der von seinem Freizügigkeitsrecht Gebrauch gemacht hat), ist kein Problem des Unionsrechts, sondern nach nationalem Recht einschließlich der Bindung der Mitgliedstaaten an die EMRK zu lösen (EuGHE, C-127/08, 2008, I-6241 – Metock, Rn. 79; mehr zur Inländerdiskriminierung s. o. S. 285 f.);
- die Weigerung der deutschen Behörden, einen deutschen Staatsangehörigen, der immer in Deutschland gelebt und gewohnt hat, auf Grund deutscher Rechtsvorschriften („Radikalenerlass") zu einer bestimmten Berufsausbildung (Referendardienst für Lehrer) zuzulassen; dass der Betroffene damit im Ergebnis auch daran gehindert wird, sich später um Lehrerstellen an Schulen in anderen Mitgliedstaaten zu bewerben, stellt keinen hinreichend engen Bezug zum Unionsrecht her, da es sich insoweit um rein hypothetische Aussichten handelt (EuGHE, 180/83, 1984, 2539 = Hummer S. 194 – Moser).

III. Verbotsinhalt, Adressaten und Begünstigte

1. Verbotsinhalt

Art. 18 Abs. 1 AEUV verbietet im Anwendungsbereich der Verträge „jede Diskriminierung aus Gründen der Staatsangehörigkeit". Wie bereits erwähnt, liegt eine Diskriminierung dann vor, wenn gleich gelagerte Sachverhalte ungleich oder verschieden gelagerte Sachverhalte gleich behandelt werden, es sei denn, eine solche Behandlung wäre durch objektive Umstände gerechtfertigt (EuGHE, C-29/95, 1997, I-300 = Hummer S. 184 – Pastoors).

Beispiel: Da gegenüber gebietsfremden Personen ergangene Urteile in Verkehrsstrafsachen nur schwerer und unter höheren Kosten vollstreckt werden können als Urteile gegenüber gebietsansässigen Personen, ist eine unterschiedliche Behandlung gebietsansässiger und gebietsfremder Verkehrssünder (z. B. Verpflichtung Gebietsfremder zur Leistung eines Geldbetrags als Sicherheit) grundsätzlich objektiv gerechtfertigt. Die differenzierende Behandlung darf aber nicht so ausgestaltet sein, dass gebietsfremden Betroffenen aus ihr erhebliche Nachteile gegenüber gebietsansässigen Betroffenen entstehen oder dass Ersteren praktisch die Möglichkeit gerichtlichen Rechtsschutzes genommen wird (vgl. EuGHE – Pastoors, a. a. O.).

Art. 18 Abs. 1 AEUV verbietet zunächst die sog. **unmittelbare** (direkte, offene) **Diskriminierung** aus Gründen der Staatsangehörigkeit. Eine solche liegt vor, wenn die zu prüfende Regelung offen an die Staatsangehörigkeit anknüpft und EU-Ausländer gerade wegen ihrer Staatsangehörigkeit schlechter stellt. Eine unmittelbare Ungleichbehandlung aus Gründen der Staatsangehörigkeit wird nur selten objektiv gerechtfertigt sein. Teilweise wird auch vertreten, dass Art. 18 Abs. 1 AEUV bezüglich unmittelbarer Diskriminierungen ein absolutes Verbot enthält. Daneben verbietet Art. 18 Abs. 1 AEUV die sog. **mittelbare** (indirekte, versteckte) **Diskriminierung** aus Gründen der Staatsangehörigkeit. Eine solche liegt dann vor, wenn eine nachteilige Regelung nicht ausdrücklich an die Ausländereigenschaft anknüpft, sondern auf solche Umstände abstellt, die typischerweise („ihrem Wesen nach") eher auf Ausländer zutreffen, so dass die Gefahr einer Benachteiligung von Ausländern besteht (EuGH, C-73/08, Urt. v. 13. 4. 2010 – Bressol, Rn. 41–46), wie z. B. eine Regelung, die auf den Wohnsitz im Inland/Ausland oder auf die Muttersprache abstellt. Falls eine mittelbare Ungleichbehandlung festgestellt wird, ist genauer zu prüfen, ob die benachteiligende Regelung nicht ein legitimes Ziel verfolgt und verhältnismäßig ist.

2. Verbotsadressaten

Das Diskriminierungsverbot des Art. 18 Abs. 1 AEUV haben in erster Linie die **Mitgliedstaaten** (Gesetzgeber, Verwaltung, Gerichte) zu beachten. Aber auch die **Unionsorgane** müssen Art. 18 Abs. 1 AEUV berücksichtigen, obwohl hier ein Verstoß sehr viel unwahrscheinlicher ist. Zur horizontalen Direktwirkung im Rechtsverhältnis zwischen Privaten vgl. oben S. 284 f.

3. Begünstigte

Begünstigte des allgemeinen Diskriminierungsverbots nach Art. 18 Abs. 1 AEUV sind die **Staatsangehörigen der Mitgliedstaaten**. Hierzu gehören auch juristische Personen i. S. von Art. 54 AEUV. Denn zum einen sind die in der englischen und französischen Fassung gebrauchten Begriffe „nationality" und „nationalité" insoweit eindeutig. Zum anderen spricht Art. 199 Nr. 4 AEUV sogar im deutschen Text von der Staatsangehörigkeit juristischer Personen. Natürliche oder juristische Personen aus Drittstaaten können sich dagegen nicht auf Art. 18 Abs. 1 AEUV berufen (wohl aber ggf. auf den allgemeinen Grundsatz der Gleichbehandlung).

Eine inländische natürliche oder juristische Person kann sich auch **gegenüber ihrem Heimatstaat** auf Art. 18 Abs. 1 AEUV berufen. Doch ist in diesen Fällen besonders genau zu prüfen, ob der Bezug zu unionsrechtlichen Bestimmungen ausreicht, um den Anwendungsbereich der Verträge zu eröffnen. Der EuGH hat z. B. entschieden:

- Ein Niederländer, der in Belgien die berufliche Qualifikation eines Klempners erworben hat, kann sich bei der Rückkehr in die Niederlande auf die Niederlassungsfreiheit berufen, da er sich gegenüber seinem Herkunftsland in einer Lage befindet, die mit derjenigen aller anderen Personen, die in den Genuss der Grundfreiheiten kommen, vergleichbar ist (EuGHE, 115/78, 1979, 399 = Hummer, S. 193 – Knoors).
- Eine Deutsche, die zunächst in Deutschland gearbeitet hat und die später durch Heirat die italienische Staatsbürgerschaft erworben hat, kann sich gegenüber den italienischen Behörden, die ihre in Deutschland erworbene Berufserfahrung nicht anerkennen wollen, auf Art. 18 Abs. 1 und 45 AEUV berufen; es handelt sich nicht um einen rein inneritalienischen Sachverhalt, da jeder Unionsbürger, der von seinem Recht auf Freizügigkeit Gebrauch gemacht hat und in einem anderen Mitgliedstaat eine Beruftätigkeit ausgeübt hat, unabhängig von seinem Wohnort und seiner Staatsangehörigkeit in den Anwendungsbereich der Verträge fällt (EuGHE, C-419/92, 1994, I-505 = Hummer, S. 196 – Scholz).
- Ein Unionsbürger, der die spanische und die belgische Staatsangehörigkeit hat und von Geburt an immer in Belgien gelebt hat, kann sich den belgischen Behörden gegenüber auf Art. 18 Abs. 1 i.V.m. Art. 21 Abs. 1 AEUV berufen, um zu erreichen, dass sein Nachname in Belgien so eingetragen wird, wie er sich nach spanischem Recht und nach spanischer Tradition ergibt (Doppelname, zusammengesetzt aus einem Teil des Namens des Vaters und der Mutter; EuGHE, C-148/02, 2003, I-11613 – García Avello).

IV. Wirkung des Diskriminierungsverbots

Art. 18 Abs. 1 AEUV ist unmittelbar anwendbar und geht entgegenstehendem nationalem Recht vor. Liegt eine nach dieser Vorschrift verbotene Diskriminierung vor, hat der Diskriminierte grundsätzlich Anspruch auf die Leistung, die dem Bessergestellten gewährt wird (EuGHE, 186/87, 1989, 195 = Hummer, S. 798 – Cowan; vgl. auch oben S. 285). Die diskriminierende Vorschrift kommt nicht zur Anwendung.

Zusammenfassendes Beispiel (vereinfacht nach EuGHE, C-224/98, 2002, I-6191, EuZW 2002, 635 – D'Hoop):

Die Klägerin, eine belgische Staatsangehörige, schloss 1995 ihre Schulausbildung in Deutschland mit dem Abitur ab. Anschließend studierte sie bis 2001 in Belgien. Da sie nicht sofort Arbeit fand, beantragte sie bei den belgischen Behörden die Zahlung von sog. Überbrückungsgeld, einer Sozialleistung bei Arbeitslosigkeit, die nach belgischem Recht Studienabgängern auf der Suche nach ihrer ersten Beschäftigung gewährt wird. Die Behörden lehnten die beantragte Zahlung nur deshalb ab, weil die Klägerin ihre Schulausbildung nicht, wie von der einschlägigen belgischen Regelung gefordert, an einer belgischen Schule abgeschlossen hatte. Das vorlegende Beschwerdegericht fragt, ob eine solche Regelung mit Art. 45 AEUV und Art. 7 der Verordnung Nr. 1612/68 vereinbar ist.

1) Art. 45 AEUV bzw. die VO 1612/68 sind nicht einschlägig. Zwar ist das Überbrückungsgeld eine soziale Vergünstigung i. S. v. Art. 7 Abs. 2 der VO 1612/68. Im Hinblick auf eine nationale Regelung, die die Arbeitslosenversicherung betrifft, sind die Regeln über die Arbeitnehmerfreizügigkeit jedoch nur auf eine Person anwendbar, die durch die Ausübung einer tatsächlichen und echten Tätigkeit bereits Zugang zum Arbeitsmarkt gefunden hat. Außerdem sind die Eltern der Klägerin während der gesamten Zeit ihrer höheren Schulbildung in Deutschland in Belgien geblieben, haben also ihrerseits nicht den Status von Wanderarbeitnehmern. Die Klägerin kann sich damit weder aus eigenem Recht noch als Familienangehörige aus einem von ihren Eltern abgeleiteten Recht auf die Vergünstigungen für Wanderarbeitnehmer berufen.

2) Die streitige Regelung verstößt jedoch gegen Art. 18 Abs. 1 AEUV i.V.m. Art. 20 und 21 AEUV.

(a) Um dem Vorlagegericht eine sachdienliche Antwort auf seine Vorlagefrage zu geben (prozessökonomische Vermeidung eines zweiten Vorabentscheidungsverfahrens), ist die Vereinbarkeit einer Regelung wie der im Ausgangsverfahren streitigen auch mit Art. 18 Abs. 1 AEUV i.V.m. den Regeln über die Unionsbürgerschaft in Art. 20 und 21 AEUV zu prüfen.

(b) Eine spezielleres Diskriminierungsverbot als Art. 18 Abs. 1 AEUV greift nicht ein (s. o.).

(c) Der Anwendungsbereich der Verträge ist eröffnet. In den Geltungsbereich des Unionrechts fallen nämlich Situationen, in denen es um die Ausübung der europarechtlich garantierten Grundfreiheiten geht, zu denen auch das allgemeine Freizügigkeitsrecht der Unionsbürger nach Art. 21 Abs. 1 AEUV zählt. Die Klägerin ist als Belgierin Unionsbürgerin (Art. 20 Abs. 1 AEUV) und kann sich als solche auch gegenüber ihrem Heimatstaat auf ihr Freizügigkeitsrecht berufen. Unionsbürger könnten von der Ausübung ihrer Freizügigkeit abgehalten werden, wenn ihnen bei der Rückkehr in ihr Herkunftsland Nachteile entstünden. Das gilt besonders im Bereich der Bildung. Zu den Zielen der Tätigkeit der Union gehört nämlich gemäß Art. 165 Abs. 1, 2 AEUV ein Beitrag zu einer qualitativ hochstehenden allgemeinen und beruflichen Bildung, insbesondere durch Förderung der Mobilität von Lernenden und Lehrenden.

(d) Die nationale Regelung differenziert zwar nicht offen aufgrund der Staatsangehörigkeit. Durch die Anknüpfung an den Ort, an dem die Schulausbildung abgeschlossen wurde, benachteiligt sie jedoch *de facto* wesentlich mehr Ausländer als Inländer, so dass eine versteckte Diskriminierung aus Gründen der Staatsangehörigkeit vorliegt.

(e) Diese Ungleichbehandlung ist nicht objektiv gerechtfertigt. Da das Überbrückungsgeld den Übergang von der Ausbildung zum Arbeitsmarkt erleichtern soll, ist es zwar ein legitimes Anliegen des nationalen Gesetzgebers, sich eines tatsächlichen Zusammenhangs zwischen denjenigen, die eine solche Sozialleistung beantragen, und dem nationalen Arbeitsmarkt vergewissern zu wollen (Integrationserfordernis, legitimes Ziel der Vermeidung des Missbrauchs des belgischen Sozialsystems). Ausschließlich auf den Ort der Erlangung des Schulabgangszeugnisses abzustellen, ist jedoch zu allgemein und einseitig. Ein solches Kriterium misst nämlich einem Gesichtspunkt unangemessen hohe Bedeutung bei, der nicht zwangsläufig für den tatsächlichen und effektiven Grad der Verbundenheit des Antragstellers mit dem nationalen Arbeitsmarkt aussagekräftig ist, und schließt jeden anderen repräsentativen Gesichtspunkt aus (Verstoß gegen den Grundsatz der Verhältnismäßigkeit).

(f) Die belgische Antragstellerin kann sich gegenüber ihrem Heimatstaat Belgien auf das Diskriminierungsverbot des Art. 18 Abs. 1 AEUV berufen, da sie sich Belgien gegenüber in einer Lage befindet, die mit derjenigen aller anderen Personen, die ihr Recht auf Freizügigkeit ausgeübt und ihre Schulausbildung in einem anderen Mitgliedstaat absolviert haben, vergleichbar ist.

[**Hinweis:** Man könnte auch argumentieren, dass Frau D'Hoop nicht wegen ihrer (belgischen) Staatsangehörigkeit diskriminiert wird, sondern weil sie ihre Freizügigkeit ausgeübt hat. Sie wird im Vergleich zu den „Daheimgebliebenen" benachteiligt. Wenn man dieser Argumentation folgt, betrachtet man letztlich Art. 21 Abs. 1 AEUV, ähnlich wie die anderen Grundfreiheiten, als ein Beschränkungsverbot; vgl. dazu oben S. 259 und 261].

D. Verbot der Diskriminierung wegen bestimmter persönlicher Eigenschaften

Als besondere Ausprägung des Grundsatzes der Gleichbehandlung verbietet das Unionsrecht verschiedene Arten der Diskriminierung aufgrund bestimmter persönlicher Eigenschaften. Sie sind heute in Art. 21 Abs. 1 der Charta der Grundrechte der EU zusammengefasst und betreffen *insbesondere* Diskriminierungen aufgrund des Geschlechts, der Rasse, der Hautfarbe, der ethnischen oder sozialen Herkunft, der genetischen Merkmale, der Sprache, der Religion oder der Weltanschauung, der politischen oder sonstigen Anschauung, der Zugehörigkeit zu einer nationalen Minderheit, des Vermögens, der Geburt, einer Behinderung, des Alters oder der sexuellen Ausrichtung.

I. Entwicklung des Diskriminierungsschutzes wegen persönlicher Eigenschaften

Betrachtet man die historische Entwicklung des Diskriminierungsschutzes wegen persönlicher Eigenschaften im Europarecht, so ist zwischen der Diskriminierung aufgrund des Geschlechts und jener aufgrund anderer Faktoren zu unterscheiden.

Traditionell befasst sich das Unionsrecht mit der **Gleichbehandlung von Männern und Frauen**. Schon in den Römischen Verträgen war dieser Grundsatz mit dem damaligen Art. 119 EWGV (heute Art. 157 AEUV) verankert, der Männern und Frauen ein Recht auf gleiches Entgelt bei gleicher Arbeit gewährte. Im Laufe der Zeit wurde der europarechtliche Schutz vor Diskriminierungen aufgrund des Geschlechts beständig ausgebaut. Zu diesem Zweck wurden zahlreiche Richtlinien erlassen, die der Gleichbehandlung von Männern und Frauen zunächst im Arbeitsleben und später in bestimmtem Umfang auch außerhalb des Arbeitslebens zum Durchbruch verhelfen sollten.

Der unionsrechtliche Schutz vor **Diskriminierung wegen anderer persönlicher Eigenschaften** als des Geschlechts, beispielsweise wegen des Alters, der Rasse, einer Behinderung oder der sexuellen Ausrichtung, ist hingegen neueren Datums. Seine Entwicklung begann mit dem Vertrag von Amsterdam, der in Art. 13 EGV (nunmehr Art. 19 AEUV) solche „neuartigen" Diskriminierungstatbestände erstmals in den Verträgen erwähnte. Seinerzeit wurde zwar noch kein primärrechtliches Diskriminierungsverbot eingeführt, wohl aber eine Rechtsgrundlage für den Erlass von Sekundärrecht auf diesem Gebiet geschaffen. Ab dem Jahr 2000 wurde dann in diesem Bereich schrittweise jene Entwicklung nachvollzogen, die hinsichtlich der Diskriminierung aufgrund des Geschlechts bereits stattgefunden hatte: Es wurden Richtlinien zur Verwirklichung des Gleichbehandlungsgrundsatzes geschaffen, schwerpunktmäßig im Bereich des Arbeitslebens und in geringerem Umfang auch außerhalb des Arbeitslebens. Die Rechtsprechung des EuGH in diesem Bereich orientiert sich an den zur Geschlechterdiskriminierung entwickelten Lösungsansätzen, etwa bei der Auslegung des – denkbar weiten – Begriffs des Arbeitsentgelts (EuGHE, C-267/06, 2008, I-1757 – Maruko; EuGH, C-147/08 – Römer).

Mit Art. 21 Abs. 1 der **Charta der Grundrechte** der Europäischen Union fand schließlich das Verbot von Diskriminierungen aufgrund persönlicher Eigenschaften – seien es das Geschlecht oder andere Faktoren – seine vollwertige primärrechtliche Verankerung. Außerdem verpflichtet eine Querschnittsklausel in Art. 10 AEUV die Union zur Bekämpfung von Diskriminierungen bei der Festlegung und Durchführung ihrer Politik.

II. Das Verbot der Diskriminierung wegen des Geschlechts

1. Überblick

Das unionsrechtliche Verbot der Diskriminierung wegen des Geschlechts ist heute in Art. 21 Abs. 1 i.V.m. Art. 23 der Charta der Grundrechte der EU verankert und hat somit den Rang eines Unionsgrundrechts. Näher ausgestaltet wird dieses Diskriminierungsverbot sodann zum einen in **Art. 157 Abs. 1 AEUV** (Grundsatz des gleichen Entgelts für gleiche oder gleichwertige Arbeit) und zum anderen in verschiedenen Richtlinien, die der Unionsgesetzgeber im Laufe der Zeit zur Bekämpfung bestehender Ungleichbehandlungen erlassen hat. Die wichtigsten derzeit geltenden Richtlinien sind nachfolgend aufgeführt:

	RL dient der **Verwirklichung des Grundsatzes der Gleichbehandlung** bzgl. …
Richtlinie 2006/54/EG (ABl. L 204, S. 23, Sartorius II Nr. 195), gestützt auf Art. 157 Abs. 3 AEUV, löst die Richtlinie 76/207/EWG ab.	**Beschäftigung und Beruf:** <ul><li>Entgelt (in Ergänzung zu Art. 157 Abs. 1 AEUV)</li><li>Betriebliche Systeme der sozialen Sicherheit (in Abgrenzung zur RL 79/7)</li><li>Zugang zur Beschäftigung, Berufsberatung, Berufsbildung, beruflicher Aufstieg, Arbeitsbedingungen (für Selbständige gilt die Richtlinie 2010/41/EU)</li></ul>
Richtlinie 2004/113/EG (ABl. L 373, S. 37), gestützt auf Art. 13 EGV (Art. 19 AEUV)	Zugang zu und **Versorgung mit Gütern und Dienstleistungen**, die der Öffentlichkeit zur Verfügung stehen (darunter dürften z.B. Wohnraum, Hotels, Gaststätten, Versicherungen, Vergnügungsveranstaltungen und Leistungen der Daseinsvorsorge fallen)
Richtlinie 79/7/EWG (ABl. L 6, S. 24), gestützt auf Art. 235 EWGV (352 AEUV)	**Gesetzliche Systeme der sozialen Sicherheit** (in Abgrenzung zur RL 2006/54) bzgl. Krankheit, Invalidität, Alter, Arbeitsunfälle, Berufskrankheiten, Arbeitslosigkeit
Richtlinie 92/85/EWG (ABl. L 348, S. 1), gestützt auf Art. 118a EWGV (153 AEUV)	Besonderer **Schutz von Schwangeren** (Mutterschutz, etc.)

Zu beachten ist, dass die Vorschriften des Art. 157 Abs. 1 AEUV und des einschlägigen Sekundärrechts zur Gleichbehandlung von Männern und Frauen – im Gegensatz zu Art. 18 Abs. 1 AEUV – auch bei **rein innerstaatlichen Sachverhalten** Anwendung finden. Auf die Staatsangehörigkeit der Beteiligten kommt es in Gleichberechtigungsfällen nicht an.

Verboten ist nach Art. 157 Abs. 1 AEUV und den sekundärrechtlichen Diskriminierungsverboten sowohl die **unmittelbare** als auch die **mittelbare Diskriminierung** aufgrund des Geschlechts (vgl. z.B. die Definition der unmittelbaren bzw. mittelbaren Diskriminierung in Art. 2 Abs. 1 lit. a, b der Richtlinie

2006/54, in Deutschland umgesetzt durch § 3 Abs. 1–2 AGG). Überdies werden die **auf das Geschlecht bezogene Belästigung**, die **sexuelle Belästigung** einer Person und die **Anweisung zur Diskriminierung** als Diskriminierung aufgrund des Geschlechts behandelt (z. B. Art. 2 Abs. 1 lit. c, d i.V.m. Abs. 2 lit. a, b der Richtlinie 2006/54, § 3 Abs. 3–5 AGG).

Eine **unmittelbare Ungleichbehandlung** aufgrund des Geschlechts lässt sich nur in sehr engen Grenzen rechtfertigen (beim Arbeitsentgelt ist dies kaum vorstellbar, bei den Arbeitsbedingungen hingegen schon, siehe z. B. den von der Rechtsprechung hingenommenen Ausschluss von Frauen von der Arbeit in Spezialeinheiten der Streitkräfte, EuGHE, C-273/97, 1999, I-7403 – Sirdar). Hingegen ist die **mittelbare Ungleichbehandlung** immer schon dann zulässig, wenn sie „durch ein rechtmäßiges Ziel sachlich gerechtfertigt" ist (Art. 2 Abs. 1 lit. b der Richtlinie 2006/54). Stets muss aber der Grundsatz der **Verhältnismäßigkeit** gewahrt sein (EuGHE, 222/84, 1986, 1651 = Hummer, S. 440 – Johnston, Rn. 38).

Art. 157 AEUV und das erwähnte Sekundärrecht sind nur auf die Diskriminierung **aus Gründen des Geschlechts** anwendbar. Eine Diskriminierung aus Gründen der sexuellen Ausrichtung (Homosexualität) stellt es hingegen dar, wenn ein Arbeitgeber sich weigert, einem Arbeitnehmer bestimmte Vergünstigungen für seinen gleichgeschlechtlichen Lebenspartner zu gewähren, die andere Arbeitnehmer für ihre Ehepartner bzw. verschiedengeschlechtlichen nichtehelichen Lebenspartner erhalten; letztere Diskriminierung wird nicht vom Verbot des Art. 157 Abs. 1 AEUV erfasst (EuGHE, C-249/96, 1998, I-621 = Hummer, S. 452 – Grant), sondern von der Richtlinie 2000/78 (vgl. dazu unten S. 296 ff.). Dagegen kann sich ein Transsexueller, der wegen einer beabsichtigten Geschlechtsumwandlung entlassen wird, auf das in der Richtlinie 2006/54 enthaltene Diskriminierungsverbot berufen, da eine solche Diskriminierung zwar nicht ausschließlich, aber doch hauptsächlich auf dem Geschlecht des betroffenen Arbeitnehmers beruht (EuGHE, C-13/94, 1996, I-2143 = Hummer, S. 451 – P/S).

Abgesehen von den spezifischen unionsrechtlichen Vorschriften zum Schutz vor Diskriminierungen aufgrund des Geschlechts ist hervorzuheben, dass die Gleichheit von Frauen und Männern ganz allgemein einer der **grundlegenden Werte** ist, auf denen die Europäische Union aufbaut (Art. 2 EUV). Dementsprechend gehört die Gleichstellung von Frauen und Männern zu den Zielen der EU, deren Verwirklichung als **Querschnittsaufgabe** bei sämtlichen Tätigkeiten der Organe, Einrichtungen und sonstigen Stellen der EU zu berücksichtigen ist (Art. 3 Abs. 3 UAbs. 2 EUV, Art. 10 AEUV).

2. Der Grundsatz des gleichen Entgelts

Art. 157 Abs. 1 AEUV (ehemals Art. 119 Abs. 1 EWGV, später Art. 141 Abs. 1 EGV) stellt seit Inkrafttreten der Römischen Verträge den **Grundsatz des gleichen Entgelts für Männer und Frauen** bei gleicher (und inzwischen auch bei gleichwertiger) Arbeit auf. Auf Betreiben Frankreichs verfolgte diese Vorschrift erstens das wirtschaftliche Ziel, die Wettbewerbsgleichheit für Unternehmen in Mitgliedstaaten, in denen die Entgeltgleichheit weitgehend verwirklicht war, gegenüber denen in weniger fortgeschrittenen Mitgliedstaaten sicherzustellen. Darüber hinaus lag ihr aber von Beginn an auch ein soziales Ziel zugrunde, nämlich das der Verbesserung der Lebens- und Beschäftigungsbedingungen der Arbeitnehmer, insbesondere der Arbeitnehmerinnen.

Im Grundsatzurteil **Defrenne II** (EuGHE, 43/75, 1976, 455 = Hummer, S. 452) hat der EuGH Art. 157 AEUV (genauer gesagt dessen Vorgängerregelung in Art. 119 EWGV) wie folgt ausgelegt:

- Dem Grundsatz des gleichen Entgelts für gleiche Arbeit kommt **unmittelbare Wirkung** zu; das Wort „Grundsatz" macht die Vorschrift nicht unbestimmt, sondern hebt nur ihren grundlegenden Charakter hervor.
- Die Vorschrift verpflichtet nicht nur die Union und die Mitgliedstaaten, sondern, da sie zwingenden Charakter hat, auch alle privaten Arbeitgeber, ohne dass es darauf ankäme, ob die diskriminierende Regelung in einem Tarifvertrag oder einem individuellen Arbeitsvertrag liegt; Art. 157 Abs. 1 AEUV entfaltet somit im Gegensatz zu fast allen anderen Vorschriften der Verträge und im Gegensatz zu Richtlinien **horizontale Direktwirkung**.
- Die Lohndiskriminierung ist grundsätzlich dadurch zu beseitigen, dass der Arbeitgeber den höheren Lohn (nach-) zu bezahlen hat, da die Vorschrift ja die *Verbesserung* der Lebens- und Beschäftigungsbedingungen bezweckt.

Der **Begriff des Entgelts** ist weit auszulegen. In Art. 157 Abs. 2 AEUV (vgl. auch Art. 2 Abs. 1 lit. e der Richtlinie 2006/54) ist er etwas umständlich definiert. Nach der griffigeren Formel der Rechtsprechung umfasst er *alle gegenwärtigen oder künftigen in bar oder in Sachleistungen gewährten Vergütungen, vorausgesetzt dass sie der Arbeitgeber dem Arbeitnehmer wenigstens mittelbar aufgrund des Dienstverhältnisses gewährt* (EuGHE, 12/81, 1982, 359 – Garland). Unerheblich ist, ob das Entgelt während des Arbeitsverhältnisses oder nach seiner Beendigung (als „aufgeschobenes Entgelt"), auf vertraglicher oder auf gesetzlicher Grundlage gezahlt wird. Zahlungen anlässlich der Beendigung des Arbeitsverhältnisses (EuGHE, C-167/97, 1999, I-688 – Seymour-Smith und Perez, Rn. 28; EuGHE, C-19/02, 2004, I-11491 – Hlozek) fallen deshalb ebenso unter den Begriff des Entgelts wie Leistungen der betrieblichen Altersversorgung (EuGHE, C-262/88, 1990, I-1889 – Barber). Nicht erfasst sind hingegen Leistungen der gesetzlichen Sozialversicherung, weil diese nicht aufgrund des Arbeitsverhältnisses gewährt werden, mögen sie auch (teilweise) durch Beiträge des Arbeitgebers mitfinanziert sein; für sie gilt allein die Richtlinie 79/7. Ebenso wenig ist Art. 157 AEUV auf die sonstigen Arbeitsbedingungen anwendbar, selbst wenn sie indirekt erhebliche finanzielle Auswirkungen haben.

Beispiele: Unter den Begriff des Arbeitsentgelts hat der EuGH etwa die Entgeltfortzahlung im Krankheitsfall (EuGHE, 171/88, 1989, 2743 – Rinner-Kühn = Hummer S. 459, Rn. 7), Gratifikationen (EuGHE, C-333/97, 1999, I-7243 – Lewen), die deutsche Beamtenversorgung (EuGHE, C-4/02 u. C-5/02, 2003, I-12575 – Schönheit und Becker) und die vom Arbeitgeber gezahlten lohnabhängigen Geldleistungen im Zusammenhang mit dem Mutterschaftsurlaub (EuGHE, C-147/02, 2004, I-3101 – Alabaster) gefasst. Art. 157 AEUV verbietet es, Arbeitnehmer eines Geschlechts wegen solcher und ähnlicher Entgeltbestandteile schlechter zu behandeln als die des anderen Geschlechts. Eine mittelbare Diskriminierung kann insbesondere darin liegen, dass **Teilzeitbeschäftigte** im Hinblick auf einen bestimmten Entgeltbestandteil gegenüber Vollzeitbeschäftigten benachteiligt werden, vorausgesetzt, unter den Teilzeitkräften befinden sich überwiegend Angehörige eines Geschlechts (häufig sind dies Frauen), während dies bei Vollzeitkräften anders ist (vgl. EuGHE, a. a. O. – Rinner-Kühn).

Zur Feststellung, ob verschiedene Arbeitnehmergruppen eine **gleichwertige Arbeit** ausüben, müssen u. a. auch die Art der Aufgaben, die der jeweiligen Gruppe übertragen werden können, die an die Ausübung der Tätigkeit geknüpften Ausbildungserfordernisse und die Arbeitsbedingungen berücksichtigt werden. Als Psychotherapeuten beschäftigte Psychologen und Ärzte üben daher nicht die gleiche Tätigkeit aus (EuGHE, C-309/97, 1999, I-2865 – Wiener Gebietskrankenkasse). In der Rechtssache Murphy hat der EuGH außerdem entschieden, dass Art. 157 Abs. 1 AEUV über seinen Wortlaut hinaus *a fortiori* auch dann gilt, wenn ein niedrigeres Entgelt für höherwertige Arbeit gezahlt wird (EuGHE, 157/86, 1988, 673 = Hummer, S. 458). Zu beachten ist jedoch, dass die Vorschrift nicht eingreift, falls für eine Arbeit von nur geringfügig niedrigerem Wert ein erheblich niedrigeres Entgelt gezahlt wird.

Klausurhinweis: Aufgrund der horizontalen Direktwirkung von Art. 157 Abs. 1 AEUV (s. o.) kommt den sekundärrechtlichen Bestimmungen über die Nichtdiskriminierung im Hinblick auf das Arbeitsentgelt (Art. 4, 14 lit. c der Richtlinie 2006/54) kaum praktische Bedeutung zu.

3. Der Grundsatz der Gleichbehandlung im Hinblick auf die sonstigen Arbeitsbedingungen

Der sachliche Anwendungsbereich des in Art. 157 Abs. 1 AEUV enthaltenen Diskriminierungsverbots beschränkt sich, wie bereits erwähnt, auf Leistungen, die sich unter den Begriff des Arbeitsentgelts subsumieren lassen (EuGHE, 149/77, 1978, 1365 = Hummer, S. 457 – Defrenne III). Für die sonstigen Aspekte der Gleichbehandlung von Männern und Frauen in Beschäftigung und Beruf gilt deshalb allein das sekundärrechtliche Diskriminierungsverbot gemäß Art. 14 der Richtlinie 2006/54 (§ 7 i. V. m. § 1, § 2 Abs. 1 Nrn. 1–4 AGG); dies ist selbst dann der Fall, wenn Arbeitsbedingungen mittelbar finanzielle Auswirkungen haben (z. B. Altersgrenze von 40 Jahren, die lediglich für weibliche Flugbegleiter gilt, EuGHE, a. a. O. – Defrenne III; z. B. Anzahl der bezahlten Urlaubstage). Die Abgrenzung zwischen dem sachlichen Anwendungsbereich von Art. 157 Abs. 1 und jenem der sekundärrechtlichen Regelungen in der Richtlinie 2006/54 ist praktisch bedeutsam, da nach ganz h. M. nur Art. 157 Abs. 1 horizontale Direktwirkung entfaltet, während sich ein Betroffener auf die Richtlinienbestimmungen nur gegenüber dem Staat oder öffentlichen Einrichtungen berufen kann (s. oben S. 60 f.).

Hinweis: Nicht auszuschließen ist freilich, dass der EuGH seine – höchst umstrittene – Rechtsprechung zur Altersdiskriminierung auch auf die Diskriminierung wegen des Geschlechts übertragen wird. Danach ist der Grundsatz der Nichtdiskriminierung als allgemeiner Rechtsgrundsatz bzw. Unionsgrundrecht primärrechtlich verankert (vgl. auch Art. 21 Abs. 1, Art. 23 der Charta der Grundrechte), während die einschlägigen Richtlinien ihn nur konkretisieren. Geht man diesen Weg, so schließt sich die Frage an, ob das primärrechtliche Verbot der Diskriminierung aufgrund des Geschlechts horizontale Direktwirkung entfaltet, was der EuGH hinsichtlich der Altersdiskriminierung bejaht hat (EuGHE, C-144/04, 2006, I-9981 – Mangold, Rn. 77; EuGH, C-555/07, Urt. v. 19. 1. 2010, NJW 2010, 427 – Kücükdeveci, Rn. 51).

a) Der sachliche Anwendungsbereich des Grundsatzes der Gleichbehandlung in Beschäftigung und Beruf gemäß der Richtlinie 2006/54 ist denkbar weit: Er umfasst sämtliche **Arbeitsbedingungen** (einschließlich der **Entlassungsbedingungen**), den **Zugang zur Beschäftigung**, den Zugang zur **Berufsbildung** und den **beruflichen Aufstieg**.

Beispiel (nach EuGHE, C-285/98, 2000, I-69 – Kreil):

Nach Art. 12 a Abs. 4 GG a. F. durften Frauen „auf keinen Fall Dienst mit der Waffe leisten". Gemäß den einschlägigen Vorschriften des Soldatengesetzes und der Soldatenlaufbahnverordnung konnten Frauen deshalb nur in Laufbahnen des Sanitäts- und Militärmusikdienstes eingestellt werden. Auf der Grundlage dieser Bestimmungen wurde die Bewerbung von Frau K (ausgebildete Elektronikerin) für den freiwilligen Dienst in der Bundeswehr mit dem Verwendungswunsch Instandsetzung/Elektronik abgelehnt. Gegen diese Ablehnung konnte Frau K sich auf das Verbot der **Diskriminierung beim Zugang zur Beschäftigung** gemäß Art. 14 lit. a der Richtlinie 2006/54 (damals: Richtlinie 76/207) berufen. Zwar ist die interne Organisation der Streitkräfte Sache der Mitgliedstaaten. Daraus folgt jedoch nicht, dass dieser Bereich vollständig dem Anwendungsbereich des Europarechts entzogen wäre. Die Verträge sehen nämlich nur einige eng auszulegende Ausnahmen aus Gründen der öffentlichen Sicherheit vor (Art. 36, 45, 52, 65, 246 und 247 AEUV); diese betreffen jedoch nicht die Sozialvorschriften, zu denen der Grundsatz der Gleichbehandlung von Männern und Frauen gehört. Aus ihnen lässt sich deshalb keine allgemeine Bereichsausnahme ableiten.

Demgegenüber hat der EuGH es abgelehnt, auch die in Deutschland für Männer geltende Wehrpflicht am besagten europarechtlichen Diskriminierungsverbot zu messen. Entscheidungen der Mitgliedstaaten hinsichtlich der militärischen Organisation, die die Verteidigung ihres Hoheitsgebiets oder ihrer unabdingbaren Interessen zum Ziel haben, fallen laut EuGH nicht unter das Europarecht. Die Entscheidung Deutschlands dafür, seine Verteidigung teilweise mit einer Wehrpflicht zu sichern, sei Ausdruck einer solchen Entscheidung hinsichtlich der militärischen Organisation, auf die das Europarecht demzufolge nicht anwendbar sei (EuGHE, C-186/01, 2003, I-2479 – Dory).

Beispiel (nach EuGHE, C-506/06, 2008, I-1017 – Mayr): Frau M, die als Kellnerin in einem Café arbeitet, möchte sich den Wunsch erfüllen, ein Kind zur Welt zu bringen. Zu diesem Zweck unterzieht sie sich im Rahmen des Versuchs einer künstlichen Befruchtung einer Hormonbehandlung. Davon erzählt sie auch ihren Kolleginnen am Arbeitsplatz und ihrem Arbeitgeber. Als der Zeitpunkt des operativen Eingriffs näher rückt, wird sie von ihrem behandelnden Arzt krank geschrieben. Während ihres Krankheitsurlaubs spricht ihr Arbeitgeber die Kündigung des Arbeitsverhältnisses aus. Einige Tage nach Erhalt dieser Kündigung werden Frau M zwei bereits zuvor *in vitro* befruchtete Eizellen in ihre Gebärmutter eingesetzt. Daraufhin erhebt Frau M Kündigungsschutzklage gegen ihren Arbeitgeber. Der um Vorabentscheidung ersuchte EuGH stellt klar, dass Frau M sich nicht auf den besonderen Kündigungsschutz als Schwangere nach Art. 10 der Richtlinie 92/85 („Schwangeren-Richtlinie") berufen kann, weil sie bei Erhalt ihrer Kündigung noch nicht schwanger war: Ihre Eizellen mögen zwar zu diesem Zeitpunkt bereits gleichsam „auf Vorrat" *in vitro* befruchtet gewesen sein, in ihre Gebärmutter waren sie aber noch nicht eingesetzt. Allerdings darf Frau M sich auf Art. 14 lit. c der Richtlinie 2006/54 berufen (Verbot der **Diskriminierung in Bezug auf die Entlassungsbedingungen**), wenn sich erweist, dass ihr Arbeitgeber ihr hauptsächlich wegen ihrer Bemühungen um eine künstliche Befruchtung – sozusagen im Vorgriff auf ihre bevorstehende Schwangerschaft – gekündigt hat.

Beispiel: In den gesetzlichen Sozialversicherungssystemen mancher Mitgliedstaaten gilt noch ein unterschiedliches Renteneintrittsalter für Männer und Frauen. Dies wird europarechtlich für eine Übergangszeit toleriert (Art. 7 Abs. 1 lit. a der RL 79/7). Private Arbeitgeber dürfen aber nicht unbegrenzt an diesen Unterschied im Renteneintrittsalter anknüpfen. So stellt es beispielsweise eine verbotene **Diskriminierung in Bezug auf die Entlassungsbedingungen** dar, wenn ein Arbeitgeber im Rahmen seiner Pensionierungspolitik regelmäßig Frauen mit 60 Jahren und Männer mit 65 Jahren in den Ruhestand versetzt, weil sie dann einen Rentenanspruch haben (EuGHE, 152/84, 1986, 723 – Marshall). Zwar mag es im Hinblick auf das Verbot der Altersdiskriminierung (RL 2000/78) gerechtfertigt sein, Arbeitnehmer bei Erreichen des für sie geltenden Renteneintrittsalters aus beschäftigungspolitischen Gründen „zwangsweise zu pensionieren", um Platz für jüngere Arbeitnehmer zu machen (EuGHE, C-411/05, 2007, I-8531 – Palacios de la Villa). Eine solche beschäftigungspolitische Maßnahme darf aber nicht auf dem Rücken der Arbeitnehmer eines Geschlechts ausgetragen werden, beispielsweise, indem Frauen fünf Jahre früher ihren Arbeitsplatz räumen müssen als Männer (GA' Kokott, Schlussanträge in EuGH, C-356/09 – Kleist).

b) Keine Diskriminierung aufgrund des Geschlechts liegt vor, wenn Männer und Frauen sich nicht in einer vergleichbaren Situation befinden, namentlich dann, wenn **das Geschlecht unabdingbare Voraussetzung** für eine bestimmte Tätigkeit ist. Dies wird man freilich nur höchst ausnahmsweise annehmen dürfen. Keinesfalls dürfen traditionelle Rollenbilder dabei den Ausschlag geben. So ist es beispielsweise zweifelhaft, ob der Beruf der Hebamme aus heutiger Sicht zwingend von einer Frau ausgeübt werden muss. Allerdings hat der EuGH anerkannt, dass die Tätigkeit in speziellen Kampfeinheiten der Streitkräfte (Royal Marines) Männern vorbehalten werden kann (EuGHE, C-273/97, 1999, I-7403 – Sirdar).

c) Gemäß ihrem **Art. 28 Abs. 1** steht die Richtlinie 2006/54 Vorschriften zum **Schutz der Frau**, insbesondere bei Schwangerschaft und Mutterschaft, nicht entgegen. Diese Vorschrift, die auch unmittelbare Ungleichbehandlungen aufgrund des Geschlechts erlaubt, soll zum einen die körperliche Verfassung der Frau und zum anderen die besondere Beziehung zwischen Mutter und Kind schützen. Ein allgemeines Nachtarbeitsverbot für Frauen verstößt allerdings gegen den Gleichbehandlungsgrundsatz, wenn es kein vergleichbares Verbot der Nachtarbeit von Männern gibt: Es ist nicht ersichtlich, dass – außer im

Fall einer tatsächlich bestehenden Schwangerschaft oder Mutterschaft – die Gefahren, denen Frauen durch Nachtarbeit ausgesetzt sind, sich allgemein von denen unterscheiden, denen auch Männer ausgesetzt sind (EuGHE, 345/89, 1991, I-4047 = Hummer, S. 467 – Stoeckel). Aus demselben Grund kann Frauen nicht unter Verweis auf ihre vermeintlich höhere Schutzbedürftigkeit pauschal der Zugang zum bewaffneten Dienst in den Streitkräften verwehrt werden (vgl. dazu EuGHE, C-285/98, 2000, I-69 – Kreil).

d) Nach Art. 157 Abs. 4 AEUV und Art. 3 der Richtlinie 2006/54 steht das Unionsrecht **positiven Maßnahmen zur Gewährleistung der vollen Gleichstellung** von Männern und Frauen im Arbeitsleben (sog. „affirmative action") nicht entgegen. Solche Maßnahmen können von der allgemeinen Förderung der Chancengleichheit bis hin zu spezifischen Vergünstigungen zugunsten des unterrepräsentierten Geschlechts gehen, beispielsweise **Quotenregelungen.** Auch insoweit ist also eine unmittelbare Ungleichbehandlung aufgrund des Geschlechts erlaubt. Freilich müssen die jeweiligen Maßnahmen im Einzelfall einer **Verhältnismäßigkeitsprüfung** standhalten.

Ursprünglich war die Rechtsprechung des EuGH zu *„Affirmative-action-Maßnahmen"* sehr restriktiv. Im Urteil Kalanke (EuGHE, C-450/93, 1995, I-3051 = Hummer, S. 468) beanstandete der EuGH das Bremer Gleichstellungsgesetz: Herr K und Frau G, beide gleich qualifiziert, bewarben sich bei der Stadt Bremen um den Posten eines Leiters beim Gartenbauamt. Frauen waren auf dieser Ebene unterrepräsentiert. Nach dem Bremer Gleichstellungsgesetz hätte die Stelle damit automatisch an Frau G fallen müssen (gleiche Qualifizierung, Frauen unterrepräsentiert), wogegen sich Herr K vor den deutschen Arbeitsgerichten wehrte. Auf Vorlage des BAG entschied der EuGH, dass Art. 2 Abs. 4 der RL 76/207 (heute Art. 3 der RL 2006/54) als Ausnahme vom Individualrecht auf Gleichbehandlung eng auszulegen sei. Die Vorschrift stehe deshalb einer absoluten und unbedingten Bevorzugung von Frauen, wie sie vom Bremer Gleichstellungsgesetz vorgenommen werde, entgegen. Die Bremer Regelung setze außerdem – indem sie darauf abziele, dass in allen Vergütungsgruppen und auf allen Funktionsebenen einer Dienststelle mindestens ebenso viele Frauen wie Männer vertreten sind – an die Stelle der in Art. 2 Abs. 4 der RL 76/207 (heute Art. 3 der RL 2006/54) vorgesehenen Chancengleichheit das Ergebnis, zu dem allein die Verwirklichung einer solchen Chancengleichheit führen könne.

Nachdem diese Entscheidung von vielen Seiten als zu restriktiv kritisiert worden war, wurde durch den Vertrag von Amsterdam der neue Art. 157 Abs. 4 AEUV (seinerzeit Art. 141 Abs. 4 EGV) eingeführt. Noch vor Inkrafttreten dieser Vorschrift erging dann das Urteil Marschall (EuGHE, C-409/95, 1997, I-6363 = Hummer, S. 470), in dem der EuGH eine dem Bremer Gleichstellungsgesetz ähnelnde nordrheinwestfälische Regelung mit dem Europarecht für vereinbar erklärte. Der EuGH sah den entscheidenden Unterschied darin, dass die Regelung in NRW auf Grundlage einer sog. Öffnungsklausel dem Mann in jedem Einzelfall garantiere, dass seine Bewerbung Gegenstand einer objektiven Beurteilung sei. In Härtefällen verbleibe so dem Mann eine Chance.

Seither (vgl. z. B. EuGHE, C-158/97, 2000, I-1875 – Badeck; EuGHE, C-476/99, 2002, I-2891 – Lommers) scheint der EuGH auch weiterhin an Maßnahmen der spezifischen Frauenförderung einen großzügigeren Maßstab als noch in der Rechtssache Kalanke anzulegen. Z. B. wurde eine Regelung, nach der Frauen in Ausbildungsberufen, in denen Frauen unterrepräsentiert sind und in denen nicht ausschließlich der Staat ausbildet, mindestens die Hälfte der Ausbildungsplätze erhalten müssen, als mit der Richtlinie vereinbar angesehen.

4. Der Grundsatz der Gleichbehandlung im Hinblick auf Güter und Dienstleistungen

Mit der Richtlinie 2004/113 wurde – auf der Grundlage von Art. 19 AEUV – der europarechtliche Schutz der Unionsbürger vor Diskriminierungen wegen des Geschlechts auf Lebenssachverhalte **außerhalb der klassischen Bereiche Beschäftigung und Beruf** ausgedehnt. Dieser Schritt war politisch umstritten, weil die mit ihm einhergehenden Beschränkungen der Privatautonomie anfangs auf vermeintlich geringere Akzeptanz zu stoßen schienen als im Arbeitsrecht.

Der Gleichbehandlungsgrundsatz der Richtlinie 2004/113 gilt ausweislich ihres Art. 3 Abs. 1 für die Bereitstellung von **Gütern** und **Dienstleistungen,** die der Öffentlichkeit zur Verfügung stehen. Unerheblich ist, ob die Bereitstellung solcher Güter und Dienstleistungen durch öffentliche Stellen (z. B. die Gemeinden) oder durch Private (z. B. Vermieter) erfolgt. Die Begriffe Güter und Dienstleistungen sind denkbar weit zu verstehen, wobei auf die Begriffsbestimmungen zurückgegriffen werden kann, die im Zusammenhang mit dem freien Warenverkehr und der Dienstleistungsfreiheit entwickelt wurden (11. Erwägungsgrund der Richtlinie).

Beispiele: Von der Richtlinie 2004/113 erfasst sind u. a. Wohnraum, Hotels, Gaststätten, Vergnügungsveranstaltungen, Leistungen der Daseinsvorsorge, Versicherungen und Finanzdienstleistungen. Ausdrücklich ausgenommen sind hingegen nach Art. 3 Abs. 3 der Richtlinie der Bereich Bildung sowie der Inhalt von Medien und Werbung.

Hinweis: Das im deutschen Recht eingeführte Verbot der Benachteiligung wegen des Geschlechts im Zivilrechtsverkehr beschränkt sich im Wesentlichen auf „Massengeschäfte" (§ 19 Abs. 1 Nr. 1 AGG). Ob angesichts dieser Einschränkung die Richtlinie 2004/113 korrekt umgesetzt ist, ist noch nicht abschließend geklärt.

Verboten ist, wie üblich, jede **unmittelbare und mittelbare Diskriminierung** aufgrund des Geschlechts (Art. 4 Abs. 1 RL 2004/113). Eine unterschiedliche Behandlung von Männern und Frauen ist nur dann erlaubt, wenn es **durch ein legitimes Ziel gerechtfertigt** ist, die Güter und Dienstleistungen ausschließlich oder vorwiegend für die Angehörigen eines Geschlechts bereitzustellen, und die **Verhältnismäßigkeit** gewahrt ist (Art. 4 Abs. 5 RL 2004/113).

Der Gleichbehandlungsgrundsatz muss freilich zu einem gerechten Ausgleich mit anderen Schutzgütern gebracht werden (vgl. 3. Erwägungsgrund der RL). Ausdrücklich ausgenommen sind deshalb vom Diskriminierungsverbot der Richtlinie 2004/113 die Transaktionen im Bereich des **Privat- und Familienlebens**. Außerdem nimmt die Richtlinie den Diskriminierungsschutz dort zurück, wo es z. B. um die Bereitstellung von Wohnraum in der Privatwohnung des Vermieters, um die Mitgliedschaft in geschlechtsspezifischen Vereinen und um Sportveranstaltungen geht, bei denen ausschließlich die Mitglieder eines Geschlechts zugelassen sind; ferner müssen Einrichtungen nicht notwendig stets zur gemeinsamen Nutzung durch beide Geschlechter bereitgestellt werden – man denke etwa an Schwimm- und Saunabäder (vgl. den 16. und 17. Erwägungsgrund der Richtlinie, § 19 Abs. 5 AGG). Solche und ähnliche Ausnahmen sind jedoch, wie stets im Europarecht, eng auszulegen und müssen einer Verhältnismäßigkeitsprüfung standhalten.

Eine besondere Einschränkungsmöglichkeit gilt schließlich für **Versicherungsverträge** (z. B. Krankenversicherung, Lebensversicherung, Kfz-Haftpflichtversicherung) und verwandte Finanzdienstleistungen: Sofern versicherungsmathematische Daten ergeben, dass das Geschlecht ein bestimmender Faktor für das jeweils abzusichernde Risiko ist, dürfen bei Prämien und Leistungen – im Rahmen der Verhältnismäßigkeit – für Männer und Frauen unterschiedliche Regeln zugelassen werden (vgl. dazu EuGH, Rs. C-236/09 – Test Achats). Die Kosten im Zusammenhang mit Schwangerschaft und Mutterschaft sind aber von dieser Regelung ausdrücklich ausgenommen und müssen somit auf alle Versicherten umgelegt werden (Art. 5 der Richtlinie 2004/113, § 20 Abs. 2 AGG).

III. Das Verbot der Diskriminierung wegen anderer persönlicher Eigenschaften

1. Allgemeines

Zur Verwirklichung der Gleichbehandlung auf anderen Gebieten als dem des Geschlechts sind bislang zwei EU-Richtlinien ergangen, die in Deutschland u. a. im Allgemeinen Gleichbehandlungsgesetz (AGG) umgesetzt wuden. Die erste dieser Richtlinien (RL 2000/43), die sich allein auf die Diskriminierung wegen der Rasse und der ethnischen Herkunft bezieht, betrifft neben Beschäftigung und Beruf auch die aus der Richtlinie 2004/113 bekannten Bereiche der öffentlich bereitgestellten Güter und Dienstleistungen. Die zweite Richtlinie (RL 2000/78) betrifft eine Reihe anderer wichtiger Diskriminierungsmerkmale, beschränkt sich aber nach ihrem sachlichen Anwendungsbereich vorerst auf Beschäftigung und Beruf.

	Richtlinie 2000/43/EG (ABl. 2000, L 180, S. 22)	**Richtlinie 2000/78/EG** (ABl. 2000, L 303, S. 16)
Verbotene Diskriminierungsmerkmale	• Rasse • Ethnische Herkunft	• Religion, Weltanschauung • Behinderung • Alter • Sexuelle Ausrichtung
Erfasste Lebensbereiche	• Beschäftigung und Beruf • Soziale Sicherheit • Soziale Vergünstigungen • Bildung • Zugang zu und Versorgung mit Gütern und Dienstleistungen, die der Öffentlichkeit zur Verfügung stehen, einschl. Wohnraum (N.B. darunter dürften auch z. B. Hotels, Gaststätten, Versicherungen, Vergnügungsveranstaltungen und Leistungen der Daseinsvorsorge fallen)	• (nur) Beschäftigung und Beruf *Zur Ausdehnung auf die anderen links genannten Lebensbereiche vgl. Kommissionsvorschlag KOM(2008) 426 endg.* *(Das deutsche Recht geht in § 19 AGG über die derzeitigen europarechtlichen Verpflichtungen gemäß der Richtlinie 2000/78 hinaus.)*

Im Zusammenhang mit der Altersdiskriminierung hat der EuGH klargestellt, dass das unionsrechtliche Verbot der Altersdiskriminierung sich als solches nicht aus der Richtlinie 2000/78 ergebe, sondern aus dem Primärrecht (allgemeiner Rechtsgrundsatz, künftig wohl Art. 21 Abs. 1 der Charta der Grundrechte). Das **primärrechtlich verankerte Diskriminierungsverbot** wird **durch die Richtlinie** lediglich **konkretisiert** (EuGH, C-555/07, Urt. v. 19. 1. 2010, NJW 2010, 427 – Kücükdeveci, Rn. 20, 21). Diese grundlegende Weichenstellung dürfte über den Bereich der Altersdiskriminierung hinaus für alle in der Richtlinie 2000/78 verbotenen Differenzierungsmerkmale gelten (so auch GA Jääskinen, Schlussanträge in EuGH, C-147/08 – Römer) und im Übrigen auch auf die Richtlinie 2000/43 übertragbar sein. Praktisch bedeutsam ist diese gedankliche Konstruktion, wenn es gilt, die unmittelbare Wirkung von Diskriminierungsverboten in horizontalen Rechtsverhältnissen zwischen Privaten zu bejahen, die für Richtlinien kategorisch ausgeschlossen wird, für Primärrecht hingegen nicht (s. o. S. 284 f.).

Klausurhinweis: Detaillierte Kenntnisse der einschlägigen EU-Richtlinien können im Examen sicher nicht vorausgesetzt werden. In der Fallbearbeitung wird es eher darauf ankommen, dass Sie sorgfältig mit dem Wortlaut der beiden Richtlinien 2000/43 und 2000/78 einschließlich der Erwägungsgründe in ihren Präambeln arbeiten und deren unterschiedlichen Anwendungsbereich nicht verwechseln. Schließlich muss Ihnen das grundlegende Zusammenspiel zwischen Primärrecht und Sekundärrecht (Herleitung des Diskriminierungsverbots aus allgemeinem Rechtsgrundsatz bzw. aus Art. 21 Abs. 1 der Charta der Grundrechte, bloße Konkretisierung durch die jeweilige Richtlinie) geläufig sein!

Beachten Sie ferner zum deutschen Recht **§ 19 AGG**, der in Bezug auf Religion, Behinderung, Alter und sexuelle Ausrichtung über die Anforderungen der Richtlinie 2000/78 hinausgeht (Benachteiligungsverbot auch außerhalb von Beschäftigung und Beruf bei sog. Massengeschäften und bei Versicherungsverträgen).

2. Die einzelnen Diskriminierungsverbote

a) Die Altersdiskriminierung in Beschäftigung und Beruf. Einen herausragenden Stellenwert unter den in Art. 21 der Charta der Grundrechte genannten Diskriminierungsverboten nimmt derzeit das Verbot der Altersdiskriminierung ein. Es hat in den letzten Jahren zu einer regen Rechtsprechungstätigkeit des EuGH Anlass gegeben.

Die Möglichkeiten, eine **mittelbare Ungleichbehandlung** aufgrund des Alters zu rechtfertigen, sind in Art. 2 Abs. 2 lit. b Ziff. i) der Richtlinie 2000/78 (§ 3 Abs. 2 AGG) sehr allgemein gefasst („durch ein rechtmäßiges Ziel sachlich gerechtfertigt"), wohingegen eine **unmittelbare Ungleichbehandlung** aufgrund des Alters lediglich unter drei Gesichtspunkten gerechtfertigt werden kann (Art. 2 Abs. 2 lit. a der Richtlinie 2000/78, § 3 Abs. 1 Satz 1 und §§ 8, 10 AGG):

- aufgrund des „**Ordre-public-Vorbehalts**" (öffentliche Sicherheit, Ordnung, Gesundheit, Verhütung von Straftaten, Schutz der Rechte und Freiheiten anderer) in Art. 2 Abs. 5 der Richtlinie 2000/78,
- aufgrund **spezifischer beruflicher Anforderungen** im Sinne von Art. 4 Abs. 1 der Richtlinie 2000/78 und
- aus **sozialpolitischen Erwägungen** im Sinne von Art. 6 Abs. 1 der Richtlinie 2000/78.

Beachte: Alle in Art. 6 Abs. 1 der Richtlinie 2000/78 als legitim bezeichneten Ziele sind als Ziele sozialpolitischer Art zu verstehen (EuGHE, C-388/07, 2009, I-1569 – Age Concern England, Rn. 46, 49, 52; Schlussanträge GA' Kokott in EuGH, C-499/08 – Andersen, Rn. 31).

Vor allem bei gesundheits- oder sozialpolitischen Erwägungen kommt dem nationalen Gesetzgeber bzw. den Tarifparteien ein weiter **Einschätzungs- und Beurteilungsspielraum** zu. Nichtsdestoweniger müssen die ergriffenen Maßnahmen dem Grundsatz der Verhältnismäßigkeit genügen (EuGHE, C-411/05, 2007, I-8531 – Palacios de la Villa, Rn. 67, 68).

Nachfolgend werden einige Beispielsfälle zur Problematik der Altersdiskriminierung dargestellt.

aa) Altershöchstgrenzen für die Einstellung von Arbeitnehmern oder Beamten:

Beispiel (nach EuGHE, C-229/08, Urt. v. 12. 1. 2010 – Wolf): In Hessen werden Beamte des mittleren Dienstes in den Berufsfeuerwehren nur bis zum vollendeten 30. Lebensjahr eingestellt. Diese unmittelbare Ungleichbehandlung aufgrund des Alters ist gerechtfertigt, um die Einsatzbereitschaft und das ordnungsgemäße Funktionieren einer Berufsfeuerwehr zu gewährleisten. Denn den hohen körperlichen Anforderungen bei der Brandbekämpfung sind die Beschäftigten mit zunehmendem Lebensalter immer weniger gewachsen. Durch ein Einstellungshöchstalter kann sichergestellt werden, dass jeder Feuerwehrmann die körperlich anstrengende Tätigkeit, die seinem Berufsbild entspricht, statistisch gesehen über einen möglichst langen Zeitraum erfüllen kann. Das Alter ist in diesem Fall also eine wesentliche berufliche Anforderung i. S. v. Art. 4 Abs. 1 der Richtlinie 2000/78 (vgl. auch § 10 Nr. 3 AGG).

bb) Altershöchstgrenzen, die automatisch zur Beendigung der Beschäftigung führen. Altersgrenzen, nach deren Erreichen die Berufsausübung nicht mehr fortgesetzt werden darf, können unter bestimmten Umständen aufgrund der *Ordre-public*-Klausel gerechtfertigt sein, etwa zum **Schutz der öffentlichen Gesundheit** (Art. 2 Abs. 5 der Richtlinie 2000/78).

Beispiel (nach EuGH, C-341/08, Urt. v. 12.1. 2010 – Petersen, Rn. 52, 62): Für Vertragszahnärzte der gesetzlichen Krankenkassen bestimmte § 95 Abs. 7 Satz 3 SGB V in der bis 2008 geltenden Fassung das Erlöschen ihrer Kassenarztzulassung mit Erreichen des 68. Lebensjahrs. Der um Vorabentscheidung ersuchte EuGH ließ erkennen, dass eine solche Altersgrenze grundsätzlich u. a. zum Schutz der Gesundheit der Patienten nach Art. 2 Abs. 5 der Richtlinie 2000/78 gerechtfertigt sein kann. Im Rahmen der diesbezüglich anzustellenden gesundheitspolitischen Erwägungen genießt der betreffende Mitgliedstaat ein weites Ermessen; dabei können sowohl die körperliche Befähigung des Zahnarztes, seinen Beruf ordnungsgemäß auszuüben, als auch das finanzielle Gleichgewicht des Gesundheitssystems und die Versorgungssicherheit eine Rolle spielen. Allerdings muss die nationale Regelung kohärent sein, sonst kann sie nicht als geeignet angesehen werden, das gesundheitspolitische Ziel zu erreichen. An der notwendigen Kohärenz fehlt es aus Sicht des EuGH einer zum Schutz der Patienten erlassenen Altershöchstgrenze, deren Anwendungsbereich nur auf Vertragszahnärzte der gesetzlichen Krankenkassen beschränkt ist und privat abrechnende Ärzte nicht erfasst.

Auch **aus beschäftigungspolitischen Gründen** kann eine zwangsweise Versetzung von Arbeitnehmern in den Ruhestand, z. B. mit Vollendung des 65. Lebensjahrs, gerechtfertigt sein (Art. 6 Abs. 1 der Richtlinie 2000/78, § 10 Nr. 5 AGG). So hat der EuGH eine spanische Regelung gebilligt, nach der mit Erreichen des normalen Rentenalters das Beschäftigungsverhältnis automatisch endete (EuGHE, C-411/05, 2007, I-8531 – Palacios de la Villa; vgl. außerdem zur deutschen Rechtslage EuGH, C-45/09, Urt. v. 12.10. 2010 – Rosenbladt). Der Grundsatz der Verhältnismäßigkeit gebietet es allerdings, Zwangsverrentungsregeln und verwandte Bestimmungen so auszugestalten, dass es zu keiner krassen Benachteiligung von Arbeitnehmern kommt. In diesem Zusammenhang kann es ggf. einen Unterschied machen, wie hoch die vom Arbeitnehmer zu erwartende Rente sein wird, ob er bereits seine volle Rentenanwartschaft erworben hat oder aber mit erheblichen Rentenabschlägen in Frührente geschickt wird (EuGH, C-499/08, Urt. v. 12.10. 2010 – Andersen). Außerdem muss eine Politik der Zwangsverrentung den Grundsatz der Gleichbehandlung von Männern und Frauen wahren und darf sich nicht einseitig zulasten der Arbeitnehmer eines Geschlechts auswirken (GA' Kokott, Schlussanträge in EuGH, C-356/09 – Kleist).

cc) Altersbedingte Unterschiede bei Kündigung und Befristung von Arbeitsverhältnissen. Besonders kritisch sieht der EuGH im Arbeitsrecht Sonderregelungen im Zusammenhang mit der Kündigung und Befristung von Arbeitsverträgen, die pauschal an das Lebensalter anknüpfen.

Beispiel (EuGH, C-555/07, Urt. v. 19.1. 2010, NJW 2010, 427 – Kücükdeveci): Frau K wurde im Alter von 18 Jahren als Reinigungskraft eingestellt. Zehn Jahre später kündigte ihr Arbeitgeber das Arbeitsverhältnis unter Einhaltung einer einmonatigen Kündigungsfrist gemäß § 622 Abs. 2 Nr. 1 BGB. Frau K erhob Kündigungsschutzklage, mit der sie u. a. die Anwendung einer viermonatigen Kündigungsfrist nach § 622 Abs. 2 Nr. 4 BGB verlangte. Streitentscheidend war, ob bei der Berechnung ihrer Kündigungsfrist Beschäftigungszeiten vor Vollendung des 25. Lebensjahrs zu berücksichtigen waren oder nicht (§ 622 Abs. 2 Satz 2 BGB).

Der um Vorabentscheidung (Art. 267 AEUV) ersuchte EuGH stellt eingangs fest, dass das unionsrechtliche Verbot der Altersdiskriminierung den Rang eines allgemeinen Rechtsgrundsatzes des Unionsrechts genießt und in der Richtlinie 2000/78 lediglich konkretisiert wird. Die streitige BGB-Vorschrift stellt eine Entlassungsbedingung i. S. v. Art. 3 Abs. 1 lit. c der Richtlinie (§ 2 Abs. 1 Nr. 2 AGG) dar. Die Nichtberücksichtigung der vor dem 25. Lebensjahr zurückgelegten Beschäftigungszeiträume ist eine unmittelbare Ungleichbehandlung aufgrund des Alters (Art. 2 Abs. 2 lit. a i. V. m. Art. 1 der Richtlinie, § 7 i. V. m. § 1 AGG). Diese ist nicht nach Art. 6 der Richtlinie 2000/78 (§ 10 Nr. 1 AGG) gerechtfertigt. Zwar verfügen die Mitgliedstaaten über einen weiten Ermessensspielraum hinsichtlich der Ausgestaltung ihrer Arbeits- und Sozialpolitik, doch müssen sie den Verhältnismäßigkeitsgrundsatz wahren. Ziel von § 622 Abs. 2 Satz 2 BGB ist es, größere personalwirtschaftliche Flexibilität für Arbeitgeber zu schaffen und dem Umstand Rechnung zu tragen, dass jüngere Arbeitnehmer regelmäßig flexibler sind und schneller wieder eine neue Arbeit finden. Zur Erreichung dieses Ziels ist es nach Ansicht des EuGH kein geeignetes Mittel, pauschal die vor dem 25. Lebensjahr zurückgelegte Beschäftigungszeit unberücksichtigt zu lassen, denn dabei wird nicht in Rechnung gestellt, wie alt (und damit wie flexibel) die betroffenen Arbeitnehmer *zum Zeitpunkt ihrer Kündigung* tatsächlich sind. Außerdem wirkt sich die Regelung zulasten der Arbeitnehmer aus, die nach kurzer Ausbildung relativ früh berufstätig geworden sind.

Beispiel (vereinfacht nach EuGHE, C-144/04, 2005, I-9981 – Mangold): Der 56-jährige M erhielt 2003 von einer Münchner Anwaltskanzlei einen befristeten Arbeitsvertrag. Die Befristung stützte sich auf den damaligen § 14 Abs. 3 Satz 4 TzBfG, der den Abschluss befristeter Arbeitsverträge ohne sachlichen Grund immer schon dann erlaubte, wenn der Arbeitnehmer älter als 52 Jahre war. Auf eine Befristungskontrollklage des M hin (§ 17 TzBfG) wurde der EuGH vom ArbG München um Vorabentscheidung (Art. 267 AEUV) ersucht. Nach Ansicht des EuGH ist zwar die berufliche Eingliederung älterer Arbeitnehmer ein legitimes beschäftigungspolitisches Ziel, das auch den Abschluss befristeter Arbeitsverhältnisse rechtfertigen kann. Jedoch darf die Befristungsmöglichkeit nicht pauschal an das Lebensalter der Arbeitnehmer geknüpft werden, vielmehr muss dabei auch auf die Arbeitsmarktsituation und auf die persönliche Lage des Einzelnen Rücksicht genommen werden (Wie lange war er vorher arbeitslos? Wie gut oder wie schlecht ist er vermittelbar?).

Hinweis: Bemerkenswert ist, dass der EuGH in den beiden zuletzt genannten Fällen (Urteile Mangold und Kücükdeveci) dem nationalen Gericht jeweils aufgegeben hat, dem Verbot der Altersdiskriminierung entgegenstehendes nationales Recht erforderlichenfalls unangewendet zu lassen; damit ist er hier von der – höchst umstrittenen – horizontalen Direktwirkung des Verbots der Altersdiskriminierung im Gewand eines unionsprimärrechtlichen allgemeinen Rechtsgrundsatzes bzw. Grundrechts ausgegangen (vgl. dazu oben S. 272 f.). Außerdem wurde v. a. der Fall Mangold im Hinblick auf mögliche horizontale Direktwirkungen von Richtlinien im Rechtsverhältnis zwischen Privaten kontrovers diskutiert (vgl. dazu oben S. 62 f.). Das BVerfG hat keinen Anlass gesehen, diesbezüglich einen „ausbrechenden Rechtsakt" anzunehmen (BVerfG EuZW 2010, 828 – Honeywell).

dd) Gestaffelte Entgeltsysteme. Vergütungssysteme, in denen die **Höhe des Arbeitsentgelts** je nach Dienstalter bzw. Betriebszugehörigkeit gestaffelt ist, dienen im Regelfall dazu, die unterschiedliche Berufserfahrung der Mitarbeiter zu honorieren; dementsprechend dürften sie schon mangels Vergleichbarkeit der Sachverhalte nicht als diskriminierend anzusehen sein (in diesem Sinne EuGHE, C-17/05, 2006, I-9583 – Cadman, Urteil ergangen zu Art. 157 AEUV). Ähnliches dürfte für Regelungen gelten, die das berufliche Fortkommen (Beförderungen etc.) zumindest teilweise an das Dienstalter oder die Dauer der Betriebszugehörigkeit knüpfen. Eine endgültige Klärung dieser Fragen steht aber noch aus (vgl. EuGH, anhängige Rs. C-297/10 – Hennigs).

ee) Kündigungsschutz. Auch bei der Kündigung von Arbeitsverhältnissen kann es zu Diskriminierungen wegen des Alters kommen. Dass das AGG nach seinem § 2 Abs. 4 auf Kündigungen nicht anwendbar sein soll, entbindet nicht von einer richtlinienkonformen Auslegung und Anwendung der einschlägigen zivilrechtlichen Vorschriften (BGB) und der Kündigungsschutzbestimmungen (insbesondere des § 1 Abs. 3 KSchG, wo das Lebensalter als eines der Kriterien der Sozialauswahl genannt wird).

b) Sonstige Diskriminierungstatbestände. Andere unionsrechtliche Diskriminierungsverbote aufgrund persönlicher Eigenschaften haben den EuGH bislang nur sporadisch beschäftigt.

aa) Das Verbot der **Diskriminierung aufgrund der Rasse oder der ethnischen Herkunft** im Sinne der Richtlinie 2000/43 (umgesetzt in § 7 i.V.m § 1 AGG sowie in § 19 AGG) ist denkbar weit zu verstehen. Es kann z.B. auch öffentliche Äußerungen von Arbeitgebern umfassen, die fremdenfeindliche Züge aufweisen.

Beispiel (nach EuGHE, C-54/07, 2008, I-5187 – Feryn): Der belgische Handwerksmeister F gibt ein Zeitungsinterview, in dem er mit seiner Meinung über Ausländer nicht hinter dem Berg hält: Sein Betrieb habe zwar offene Stellen, er wolle aber keine Menschen fremder Herkunft beschäftigen, da seine Kunden Bedenken hätten, diesen Personen für die Dauer von Handwerksarbeiten Zugang zu ihren Privatwohnungen zu gewähren. „Die Kunden wollen keine Marokkaner." Ein Verein für Chancengleichheit und die Bekämpfung des Rassismus verklagt F daraufhin auf Unterlassung derartiger Äußerungen. F verteidigt sich mit dem Einwand, er habe nur eine öffentliche Äußerung getätigt, ohne konkrete Bewerber im Einstellungsverfahren zu diskriminieren; deshalb sei niemand zu Schaden gekommen. Der um Vorabentscheidung ersuchte EuGH stellt klar, dass die öffentliche Äußerung eines Arbeitgebers, er werde keine Arbeitnehmer einer bestimmten ethnischen Herkunft oder Rasse einstellen, eine unmittelbare Diskriminierung bei der Einstellung begründet. Das Fehlen eines konkreten „Opfers" spricht nicht gegen eine Diskriminierung. Denn solche Äußerungen tragen zu einem ausländerfeindlichen Klima bei und widersprechen dem Ziel der Richtlinie 2000/43, günstigere Bedingungen für die Entstehung eines Arbeitsmarkts zu schaffen, der die soziale Integration fördert. Die Äußerungen sind geeignet, Interessenten ernsthaft davon abhalten, Bewerbungen einzureichen, und können somit letztlich ihren Zugang zum Arbeitsmarkt behindern.

Beispiel aus der deutschen Rechtsprechung zur Diskriminierung aufgrund der Rasse bei der Wohnungssuche: Schmerzensgeld von 2500 € nach §§ 19, 21 Abs. 2 AGG für die Bezeichnung von Mietinteressenten als „Neger" (OLG Köln NJW 2010, 1676).

bb) Das Verbot der **Diskriminierung** in Beschäftigung und Beruf **aufgrund einer Behinderung** erstreckt sich nicht nur auf eine Behinderung des betroffenen Arbeitnehmers, sondern auch auf die etwaige Behinderung eines seiner Familienangehörigen (vgl. den Wortlaut der Richtlinie 2000/78: verboten ist Diskriminierung wegen „einer" Behinderung, d. h. nicht notwendigerweise wegen „seiner" Behinderung).

Beispiel (nach EuGHE, C-303/06, 2008, I-5603 – Coleman): Frau C, die als Sekretärin in einer großen Anwaltskanzlei arbeitet, sieht sich dort einem intensiven Mobbing seitens ihrer Kollegen und ihres Chefs ausgesetzt. Hintergrund ist der Umstand, dass Frau C immer wieder entschuldigt von der Arbeit ferngeblieben ist, weil sie sich um ihren schwerbehinderten Sohn kümmern musste. Schließlich stimmt sie einer einvernehmlichen Aufhebung ihres Arbeitsvertrags zu, widerruft diese Zustimmung aber später unter Hinweis darauf, sie habe sich nur aufgrund des feindlichen Klimas, das ihr am Arbeitsplatz wegen der Betreuung ihres behinderten Kindes entgegengeschlagen sei, zur Unterzeichnung des Vertrags hinreißen lassen. Der um Vorabentscheidung ersuchte EuGH stellt klar, dass das Verbot der unmittelbaren Diskriminierung wegen einer Behinderung i. S. d. Richtlinie 2000/78 nicht auf Personen beschränkt ist, die selbst behindert sind. Erfährt ein Arbeitnehmer, der selbst nicht behindert ist, durch seinen Arbeitgeber eine weniger günstige Behandlung, als sie ein anderer Arbeitnehmer in einer vergleichbaren Situation erfährt, erfahren hat oder erfahren würde, und ist nachgewiesen, dass die Benachteiligung des Arbeitnehmers wegen der Behinderung seines Kindes erfolgt ist, für das er die erforderlichen Pflegeleistungen erbringt, so verstößt eine solche Behandlung gegen das Verbot der unmittelbaren Diskriminierung in Art. 2 Abs. 2 lit. a der Richtlinie 2000/78.

Von der Diskriminierung wegen einer Behinderung ist allerdings die („bloße") **Diskriminierung wegen Krankheit** abzugrenzen, die nicht Gegenstand der Richtlinie 2000/78 ist. Es verstößt also nicht gegen die Antidiskriminierungsgesetzgebung der EU, einen Arbeitnehmer wegen längerer krankheitsbedingter Fehlzeiten zu entlassen (EuGHE, C-13/05, 2006, I-6467 – Chacón Navas). Anders mag es sein, wenn die Krankheit im Zusammenhang mit seiner Behinderung steht.

cc) Das Verbot der **Diskriminierung** in Beschäftigung und Beruf **wegen der sexuellen Ausrichtung** kann in zahlreichen Spielarten relevant werden. Unzweifelhaft ist es z. B. kraft Unionsrechts nach der Richtlinie 2000/78 (vgl. dazu § 7 i. V. m. §§ 1, 2 AGG) verboten, Bewerber um Arbeitsstellen wegen ihrer sexuellen Ausrichtung abzuweisen oder bereits eingestellte Arbeitnehmer im Hinblick auf die Beschäftigungsbedingungen und das berufliche Fortkommen wegen ihrer sexuellen Ausrichtung zu benachteiligen. Besondere Probleme können sich allerdings dort stellen, wo Arbeitnehmer, die in einer eingetragenen Lebenspartnerschaft nach dem deutschen LPartG leben, die Gleichstellung mit verheirateten Arbeitnehmern verlangen. Eine solche Gleichstellung verlangt das Unionsrecht nach Ansicht des Gerichtshofs (EuGHE, C-267/06, 2008, I-1757 – Maruko) nur, soweit sich die Lebenspartner in einer vergleichbaren Situation befinden wie Ehegatten. Dies setzt voraus, dass nach dem jeweiligen nationalen Recht eine normative Vergleichbarkeit zwischen Ehe und Lebenspartnerschaft besteht, was je nach Sachgebiet unterschiedlich zu beurteilen sein kann. So ist etwa in Deutschland auf vielen Gebieten die Gleichstellung bereits vollzogen, v. a. im Steuerrecht fehlt es aber bislang an einer vollständigen Gleichstellung.

Beispiel (nach EuGHE, a. a. O., Maruko): Herr M lebte in eingetragener Lebenspartnerschaft mit Herrn K, der als Kostümbildner bei einem staatlichen Theater tätig war und in dieser Eigenschaft bei der Versorgungsanstalt der deutschen Bühnen (VddB) rentenversichert war. Die VddB ist ein auf der Tarifordnung der deutschen Theater von 1937 beruhendes berufsständisches Pflichtversorgungssystem. Dieses System sieht u. a. eine Altersrente für Theaterschaffende und eine Witwenrente für deren überlebende Ehepartner vor. Nach dem Tod von K beantragt M bei der VddB eine Witwerrente. Diese wird ihm jedoch mit der Begründung verweigert, er sei mit K nicht verheiratet gewesen; eingetragene Lebenspartner seien nicht anspruchsberechtigt. M klagt vor dem VG München, das den EuGH um Vorabentscheidung ersucht. Unter Bezugnahme auf seine ständige Rechtsprechung zu Art. 157 AEUV stellt der EuGH zunächst klar, dass eine Rente aus einem berufsständischen Pflichtversorgungssystem wie der VddB als Betriebsrente und damit als Entgelt i. S. d. Richtlinie 2000/78 anzusehen ist; es handelt sich nicht um ein – vom Anwendungsbereich der Richtlinie ausgenommenes – gesetzliches Sozialversicherungssystem. Damit darf hinsichtlich der Auszahlung der Witwerrente nicht wegen der sexuellen Ausrichtung diskriminiert werden. Voraussetzung für den Diskriminierungsschutz ist allerdings, dass sich Ehepartner und Lebenspartner in einer vergleichbaren Lage befinden, d. h. die eingetragene Lebenspartnerschaft muss nach nationalem Recht in Bezug auf die Hinterbliebenenversorgung der Ehe gleichgestellt sein. Dies hat das VG München (Urteil vom 30. 12. 2008, M 12 K 08.1484) unter Hinweis auf die Unterhaltsersatzfunktion der Hinterbliebenenversorgung bejaht und im Ausgangsrechtsstreit dem Klagebegehren des M stattgegeben. Zur Diskriminierung aufgrund der sexuellen Ausrichtung bei der Berechnung der Altersrente eines Angestellten im öffentlichen Dienst vgl. EuGH, C-147/08 – Römer (Zusatzversorgung nach dem hamburgischen Ruhegeldgesetz).

Hinweis: In beamtenrechtlichen Fällen haben die beiden Senate des BVerfG zur Problematik der Gleichstellung von Ehe und eingetragener Lebenspartnerschaft unterschiedliche Signale ausgesendet (vgl. einerseits BVerfG NJW 2008, 2325 [2 BvR 1830/06], andererseits BVerfG NJW 2010, 1439 [1 BvR 1164/07] und NJW 2010, 2783 [1 BvR 611/07]; vgl. zum Ganzen Wiemann, NJW 2010, 1427).

IV. Rechtsschutz, Beweislast und Sanktionen

Um die praktische Durchsetzung der europarechtlichen Diskriminierungsverbote sicherzustellen, verpflichtet das Unionsrecht die Mitgliedstaaten, dem Einzelnen **effektiven Rechtsschutz** zu gewähren (Art. 19 Abs. 1 UAbs. 2 EUV, Art. 47 Abs. 1 der Charta der Grundrechte, Art. 7 der Richtlinie 2000/43, Art. 9 der Richtlinie 2000/78, Art. 8 der Richtlinie 2004/113 und Art. 17 der Richtlinie 2006/54; in Deutschland § 21 AGG).

Außerdem sehen die einschlägigen Richtlinien jeweils Vorschriften zur **Beweislastverteilung** vor. Danach obliegt es demjenigen, der sich durch eine Verletzung des Gleichbehandlungsgrundsatzes für beschwert hält, vor Gericht Tatsachen glaubhaft zu machen, die das Vorliegen einer unmittelbaren oder mittelbaren Diskriminierung vermuten lassen. Ist dies der Fall, so obliegt dem Beklagten die Darlegungs- und Beweislast, dass es zu keiner Verletzung des Gleichbehandlungsgrundsatzes gekommen ist (Art. 8 der Richtlinie 2000/43, Art. 10 der Richtlinie 2000/78, Art. 9 der Richtlinie 2004/113 und Art. 19 der Richtlinie 2006/54; in Deutschland vgl. § 22 AGG). Speziell um festzustellen, ob eine mittelbare Diskriminierung vorliegt, ist in der Praxis vorab zu prüfen, ob sich aus verfügbaren statistischen Daten ergibt, dass sich die fragliche Regelung wesentlich stärker auf die Angehörigen der benachteiligten Personengruppe auswirkt (z. B. im Wesentlichen auf Frauen, auf ältere Arbeitnehmer, auf Personen einer bestimmten sexuellen Orientierung etc.).

Schließlich müssen im nationalen Recht, wie auch sonst üblich, **wirksame, verhältnismäßige und abschreckende Sanktionen** für Verstöße gegen die unionsrechtlichen Diskriminierungsverbote verhängt werden (Art. 15 der Richtlinie 2000/43, Art. 17 der Richtlinie 2000/78, Art. 14 der Richtlinie 2004/113 und Art. 25 der Richtlinie 2006/54; vgl. auch oben S. 116 f.). Zwar verlangt das Unionsrecht nicht, dass der diskriminierten Person ein Anspruch auf Abschluss des von ihr begehrten Vertrags eingeräumt wird (Arbeitsvertrag, Mietvertrag etc.). Statt dessen können auch z. B. Schadensersatz-, Entschädigungs- oder Unterlassungsansprüche vorgesehen werden (vgl. §§ 14, 15, 21 AGG). Eine Beschränkung auf lediglich symbolische Schadensersatzleistungen oder auf das negative Interesse (z. B. Portoersatz für eine Bewerbung) wäre aber nicht europarechtskonform (EuGHE, 14/83, 1984, 1891 = Hummer, S. 459 – von Colson und Kamann; EuGHE, C-180/95, 1997, I-2195 = Hummer, S. 464 – Draehmpaehl, ergangen zum ehemaligen § 611 a BGB).

In den Grenzen der Grundsätze der Effektivität und der Äquivalenz (s. o. S. 108 f., 112) darf das innerstaatliche Recht Diskriminierungsopfern für die Geltendmachung ihrer Ansprüche Ausschlussfristen setzen. Die in Deutschland geltende Zweimonatsfrist (§ 15 Abs. 4 und § 21 Abs. 5 AGG) hat der EuGH nicht beanstandet (EuGH, C-246/09, Urt. v. 8. 7. 2010 – Bulicke, auf Vorlage des LAG Hamburg).

14. Kapitel: Die Rechtsangleichung

A. Allgemeines

Die Grundfreiheiten allein können den Binnenmarkt (Art. 3 Abs. 3 Satz 1 EUV, Art. 26 AEUV) nicht verwirklichen. Nötig ist darüber hinaus die Beseitigung von Hindernissen, die in rechtmäßiger Weise die Ausübung der Grundfreiheiten aus zwingenden Gründen des Allgemeininteresses (z. B. Cassis-Rechtsprechung) oder aus den geschriebenen Rechtfertigungsgründen des Vertrages (z. B. Art. 36, 52 AEUV) einschränken (vgl. etwa EuGHE, C-233/94, 1997, I-2405 – Einlagensicherungssysteme, Rn. 16 f.). Der Unionsgesetzgeber legt dann – i.d.R. in einer Richtlinie – ein in der gesamten Union akzeptiertes Schutzniveau fest. Dabei darf er zwar die Grundfreiheiten nicht unverhältnismäßig einschränken (EuGH, C-97/09, Urt. v. 26.10. 2010 – Schmelz, Rn. 50, 58), verfügt jedoch über ein weites Ermessen. Kompetenznorm für diese Angleichung (Harmonisierung, Koordinierung) der innerstaatlichen Rechtsvorschriften zur Verwirklichung des Binnenmarkts ist allerdings nicht Art. 26 AEUV, der lediglich das Binnenmarktziel festschreibt. Vielmehr erfolgt eine generelle Kompetenzzuweisung in Art. 114–118 AEUV sowie in speziellen Angleichungsvorschriften, die sich jeweils auf sachlich begrenzte Materien beziehen. Zu beachten hat die Union hierbei das Kriterium der Verhältnismäßigkeit nach Art. 5 Abs. 4 EUV sowie den Subsidiaritätsgrundsatz nach Art. 5 Abs. 3 EUV i.V.m. Art. 4 Abs. 2 lit. a AEUV (geteilte Zuständigkeit für den Binnenmarkt). Die Rechtsangleichung ist nicht Selbstzweck, sondern Mittel zum Zweck der Integration.

B. Gegenstand, Methoden und Wirkung der Rechtsangleichung

1. Gegenstand der Angleichung sind die Rechts- und Verwaltungsvorschriften der Mitgliedstaaten. Hierunter fallen auch das Gewohnheitsrecht und ungeschriebene Rechtssätze. Das Gebiet der Rechtsangleichung wird hingegen verlassen, wenn durch eine Verordnung mitgliedstaatliches Recht nicht nur verdrängt, sondern zusätzlich Unionsrecht geschaffen wird, das neben das nationale Recht tritt. Das ist z. B. der Fall bei der Verordnung Nr. 2157/2001, durch die das Statut der Europäischen Aktiengesellschaft (*Societas Europaea*, SE) geschaffen wurde; diese Gesellschaftsform tritt neben die bereits bestehenden nationalen Formen, ohne dass diese verdrängt würden. Die Verordnung ist daher zu Recht auf Art. 352 AEUV (ehemals Art. 308 EGV) und nicht auf Art. 114 AEUV gestützt worden.

2. Die Unionsorgane verfügen grundsätzlich über **zwei Instrumente der Rechtsangleichung**, wobei es im Einzelfall auf die jeweils einschlägige Ermächtigungsnorm ankommt:

- Durch **Verordnungen** kann einheitliches, unmittelbar anwendbares Unionsrecht geschaffen werden („Einheitsrecht"), das in seinem Anwendungsbereich entgegenstehendem nationalem Recht vorgeht (z. B. die EuGVVO, s.u. S. 340, oder die Verordnung über Roaming-Gebühren, s.u. S. 308).
- Durch **Richtlinien** können die Mitgliedstaaten verpflichtet werden, ihre nationalen Rechtsordnungen so anzupassen, dass die auftretenden Funktionsstörungen (z. B. die nach der Cassis-Rechtsprechung oder Art. 36 AEUV zulässigen Beschränkungen des freien Warenverkehrs) beseitigt oder verringert werden.

Regelmäßig sieht der Vertrag den Erlass von Richtlinien vor. Diese werden gemäß Art. 5 Abs. 4 EUV, Art. 296 Abs. 1 AEUV (mangels Erforderlichkeit einer Verordnung) in der Regel auch dann zu wählen sein, wenn die Union aufgrund der einschlägigen Ermächtigungsnorm (z. B. Art. 50 Abs. 2 lit. g, 113, 114, 352 AEUV) eigentlich eine Verordnung erlassen könnte.

3. Im Einzelnen besteht eine Vielfalt von Angleichungsmethoden:

a) Denkbar ist zunächst, dass sich der Unionsgesetzgeber im Wege der **Mindestharmonisierung** auf die Festlegung **gemeinsamer Mindeststandards** beschränkt. Diese Form der Harmonisierung findet sich häufig im Bereich des Arbeitsrechts und des Umweltrechts sowie bisweilen beim Verbraucherschutz, also in nicht produktbezogenen Bereichen. Neuerdings kommt sie auch im Strafrecht zum Einsatz.

Die **Koordinierung** der Rechtsvorschriften der Mitgliedstaaten ist im Kern nichts anderes als eine Mindestharmonisierung:

- Art. 50 Abs. 2 lit. g AEUV ermächtigt die Union zur Koordinierung bestimmter Aspekte des Gesellschaftsrechts der Mitgliedstaaten.
- Die gesetzlichen Systeme der sozialen Sicherheit der Mitgliedstaaten sind durch die Verordnung Nr. 883/2004 (ehemals Verordnung Nr. 1408/71) koordiniert, d. h. die Sozialversicherungssysteme als solche werden nicht vereinheitlicht, es wird aber den Versicherten v. a. der Wechsel von einem nationalen System in das andere erleichtert, beispielsweise durch die Berücksichtigung und Zusammenrechnung von Versicherungszeiten.

Exkurs: Mit der rechtlich verbindlichen Harmonisierung oder Koordinierung von Rechtsvorschriften im Wege einer Richtlinie oder Verordnung darf nicht die sog. **Offene Koordinierungsmethode** verwechselt werden, die v. a. im Bereich der Wirtschafts- und Beschäftigungspolitik zum Einsatz kommt. Bei der offenen Koordinierung werden keine verbindlichen Rechtsakte erlassen, sondern lediglich politische Ziele vorgegeben, zumeist in Form von Empfehlungen oder Leitlinien. Die Mitgliedstaaten sind zwar gehalten, solche Empfehlungen oder Leitlinien „zu berücksichtigen" (Art. 148 Abs. 2 AEUV, ähnlich Art. 121 AEUV), ihre Einhaltung kann aber nicht rechtlich durchgesetzt, sondern nur im Wege einer ständigen Beobachtung („Monitoring") anhand bestimmter Indikatoren („benchmarks") regelmäßig bewertet werden. In der Wirtschaftspolitik können Mitgliedstaaten außerdem verwarnt werden (Art. 121 Abs. 4 Satz 1 AEUV).

b) Das Gegenstück zur Mindestharmonisierung bildet die **Totalharmonisierung (Vollharmonisierung),** bei der z. B. alle Einzelheiten der Herstellung und Vermarktung einer Ware aus der jeweiligen Verordnung oder Richtlinie zu entnehmen sind. Die Ausarbeitung solcher detaillierter Rechtsakte ist umständlich und langwierig, weshalb in neuerer Zeit von dieser Methode vielfach Abstand genommen wird. Gleichwohl wird auch weiterhin in manchen Bereichen auf die Methode der Totalharmonisierung zurückgegriffen (z. B. in der Richtlinie 2005/29 über unlautere Geschäftspraktiken). Die Mitgliedstaaten können dann keine strengeren Regeln, als in der Richtlinie vorgesehen, beibehalten oder einführen.

Eine Totalharmonisierung strebt die Kommission nunmehr auch mit ihrem Vorhaben einer allgemeinen Verbraucherschutzrichtlinie an. So hat sie am 8. 10. 2008 vorgeschlagen, die vier bestehenden Verbrauchervertrags-Richtlinien 85/577 über Haustürgeschäfte, 97/7 über Fernabsatzgeschäfte, 99/44 über den Verbrauchsgüterkauf und 93/13 über missbräuchliche Vertragsklauseln in Verbraucherverträgen zu einem einzigen Rechtsinstrument zusammenzuführen und voll zu harmonisieren (vgl. Kommissionsvorschlag KOM[2008] 614 endg. für eine Richtlinie über Rechte der Verbraucher).

Die Vollharmonisierung hat gegenüber der Mindestharmonisierung den Vorteil, dass sie zu keiner Rechtszersplitterung führt: Die Mitgliedstaaten können nämlich bei einer Vollharmonisierung keine Vorschriften erlassen, die von der Richtlinie abweichen. Die Verbraucher wissen, dass sie beim Bezug von Waren in einem anderen Mitgliedstaat die gleichen Rechte haben wie zu Hause. Sie sind daher eher geneigt, die Vorteile des Binnenmarkts – größeres Angebot, niedrigere Preise – zu nutzen. Der Unternehmer hat den Vorteil, dass eine Vollharmonisierung eine für ihn kostspielige Zersplitterung des Verbraucherrechts von vornherein verhindert (vgl. aber Micklitz/Reich EuZW 2009, 279).

c) Eine Beschleunigung des Rechtsetzungsverfahrens bringt bisweilen die sog. **optionelle Harmonisierung,** die neben die nationale Regelung tritt: Nationale Stellen dürfen zwar auf ihrem Hoheitsgebiet z. B. die Herstellung und das Inverkehrbringen einer Ware frei regeln, müssen aber die Einfuhr solcher Produkte zulassen, die den unionsrechtlichen Bedingungen entsprechen. Die Mitgliedstaaten können also in Bezug auf eingeführte Waren nationale Schutzvorschriften, die strenger sind als die der Richtlinie, nicht nach der Cassis-Rechtsprechung oder Art. 36 AEUV rechtfertigen (begrenzte Ausnahme: Art. 114 Abs. 4 und 5 AEUV, vgl. unten S. 309 f.). Regelmäßig wird dabei die Richtlinie Fragen der technischen Sicherheit oder des Verbraucherschutzes nicht nur für ein Produkt, sondern für eine ganze Kategorie von Waren regeln (sog. **horizontale Harmonisierung**).

d) Nach der sog. **Neuen Konzeption** auf dem Gebiet der **technischen Harmonisierung** und der Normung beschränkt sich die Union zum Zweck der Arbeitserleichterung bei der Rechtsangleichung auf die Festlegung der grundlegenden Erfordernisse der Produktsicherheit, während wegen der Einzelheiten in der Richtlinie auf die Regelungen privater Normierungsgremien verwiesen wird (vgl. Ehricke EuZW 2002, 746).

4. Ergeht zur Harmonisierung eine **Richtlinie,** so sind die Mitgliedstaaten nach Art. 288 Abs. 3 AEUV und Art. 4 Abs. 3 EUV zu deren Umsetzung verpflichtet. Sind sie dieser Pflicht nachgekommen, entfaltet die Richtlinie eine **Sperrwirkung:** Die Mitgliedstaaten sind nicht mehr befugt, ihr nationales Recht entgegen den Vorgaben der Richtlinie zu ändern. Tun sie es trotzdem, so sind die neuen Vorschriften unanwendbar, sofern die Richtlinie unmittelbare Wirkung hat (vgl. EuGHE, C-10/97 bis 22/97, 1998, I-6307 – IN.CO.GE'90, Rn. 21).

5. Ein wichtiges Instrument zur **präventiven Verhütung von Handelshemmnissen** ist die Richtlinie 98/34 (ABl. 1998, L 204, S. 37). Nach ihr müssen die Mitgliedstaaten der Kommission den geplanten Erlass neuer Vorschriften auf dem Gebiet der Normen und technischen Vorschriften mitteilen. Der Richtlinie kommt nach den Urteilen CIA und Unilever unmittelbare Wirkung auch zwischen Privaten zu (vgl. dazu oben S. 61 f.): Nationale Vorschriften sind unanwendbar, soweit bei deren Erlass das in der Richtlinie vorgeschriebene Verfahren nicht eingehalten wurde.

C. Verhältnis der Harmonisierungsvorschriften zueinander

Die wohl bekannteste Ermächtigungsgrundlage für Harmonisierungsmaßnahmen ist Art. 114 AEUV, der der Verwirklichung der Ziele des Binnenmarkts (Art. 26 AEUV) dient. Allerdings wird Art. 114 AEUV von einer Reihe speziellerer Ermächtigungsnormen verdrängt. Liegen deren Voraussetzungen vor, ist i. S. v. Art. 114 Abs. 1 Satz 1 AEUV „etwas anderes bestimmt", so dass Art. 114 AEUV nicht anzuwenden ist, ohne dass es darauf ankommt, ob die spezielle Harmonisierungsmaßnahme der Errichtung des Binnenmarkts dient. Hierbei handelt es sich insbesondere um folgende Bestimmungen:

Im Bereich der **Arbeitnehmerfreizügigkeit** gilt Art. 46 AEUV. Im **Niederlassungsrecht** bestimmt sich die Harmonisierung nach Art. 50, 52 und 53 AEUV, die über Art. 62 AEUV auch für den **Dienstleistungsverkehr** anzuwenden sind. Art. 64 und 66 AEUV gelten für den **Kapital- und Zahlungsverkehr**. Art. 91, 100 AEUV gelten für den Verkehr, Art. 113 AEUV für die indirekten Steuern (insbesondere Mehrwertsteuer) und Art. 207 AEUV für die Außenhandelspolitik. Für das Gebiet der Landwirtschaft gilt allein Art. 43 AEUV. Zur Verwirklichung des **Raums der Freiheit, der Sicherheit und des Rechts** sehen insbesondere die Art. 77 Abs. 2, 78 Abs. 2, 79 Abs. 2, 81 Abs. 2 und 3, 82, 83 sowie 87 Abs. 2 und 3 AEUV Ermächtigungsgrundlagen für die Harmonisierung der nationalen Rechtsvorschriften vor (vgl. dazu unten S. 338 ff.).

Schwierigkeiten treten bisweilen bei der Abgrenzung der Anwendungsbereiche der Art. 114 und 115 AEUV untereinander sowie gegenüber **Art. 191, 192 Abs. 1 und 2 AEUV (Umweltschutz)** auf. Diese Abgrenzung hat auch praktische Bedeutung. Denn nach Art. 114 AEUV entscheiden Parlament und Rat im ordentlichen Gesetzgebungsverfahren (Art. 294 AEUV). Im Rahmen von Art. 115 AEUV beschließt der Rat hingegen einstimmig in einem besonderen Gesetzgebungsverfahren; das Parlament wird nur angehört. Nach Art. 191 Abs. 1 AEUV entscheiden zwar Parlament und Rat im ordentlichen Gesetzgebungsverfahren, ausnahmsweise beschließt der Rat jedoch gemäß Art. 192 Abs. 2 AEUV in den dort genannten Gebieten einstimmig gemäß einem besonderen Gesetzgebungsverfahren. Die Wahl der falschen Rechtsgrundlage kann daher zur Nichtigerklärung des Rechtsakts führen (vgl. oben S. 82, 169).

Kann eine Harmonisierungsmaßnahme nicht auf diese speziellen Vorschriften gestützt werden, kommt die Anwendung des Art. 114 AEUV in Betracht, der seinerseits die speziellere Norm zu **Art. 115 AEUV** (vgl. in Art. 115 „unbeschadet des Art. 114") und **Art. 352 AEUV** (seinem Wortlaut nach immer subsidiär) darstellt.

D. Harmonisierung nach Art. 114 AEUV

Art. 114 AEUV ist durch die EEA als Art. 100 a EWGV (später Art. 95 EGV) in den Vertrag eingefügt worden. Die Vorschrift sieht, wie erwähnt, ein anderes Rechtsetzungsverfahren als Art. 115 AEUV vor. Überdies können das Parlament und der Rat nicht nur Richtlinien, sondern auch Verordnungen erlassen (vgl. den Wortlaut „Maßnahmen"). Doch dürfen die Mitgliedstaaten unter den Voraussetzungen des Art. 114 Abs. 4 und 5 AEUV auch auf eingeführte Produkte nationale Bestimmungen anwenden, die strenger sind als in der Harmonisierungsmaßnahme vorgesehen. Diese Möglichkeit war der politische Preis für die Einführung der Mehrheitsentscheidung in Art. 114 AEUV. Im Anwendungsbereich des Art. 115 AEUV gibt es einen solchen **nationalen Alleingang** nicht. Allerdings kann die Angleichungs-Richtlinie selbst eine entsprechende Schutzklausel enthalten oder von vornherein nur Mindeststandards (= Minimalharmonisierung) festlegen.

I. Anwendungsbereich des Art. 114 Abs. 1 AEUV

1. Allgemeines

Auf Art. 114 AEUV sind solche Harmonisierungsmaßnahmen zu stützen, die die Errichtung und das Funktionieren des Binnenmarkts (Art. 26 AEUV) zum Gegenstand haben. Der Anwendungsbereich des Art. 114 Abs. 1 AEUV ist damit nicht sachlich, sondern funktional begrenzt (**zielgerichtete Ermächtigungsgrundlage**). Zum Binnenmarkt gehören die Beseitigung der Hindernisse für den freien Waren-, Personen-, Dienstleistungs- und Kapitalverkehr zwischen den Mitgliedstaaten sowie die Beseitigung von spürbaren Wettbewerbsverfälschungen (vgl. EuGHE, C-376/98, 2000, I-8419 = Hummer S. 143 – Tabak I). Jedoch ist Art. 114 AEUV nach seinem Abs. 1 Satz 1 gegenüber den oben genannten spezielleren Vorschriften **subsidiär**. Nach Art. 114 Abs. 2 ist Art. 114 Abs. 1 weiterhin **unanwendbar** im Fall der Harmonisierung von Bestimmungen über

- **Steuern** (anwendbar: Art. 115 AEUV, soweit nicht schon Art. 113 AEUV als Spezialvorschrift nach Art. 114 Abs. 1 AEUV einschlägig ist),
- **Freizügigkeit** (anwendbar: Art. 352 AEUV, soweit nicht ohnehin schon Art. 46, 50, 52, 53, 21 Abs. 2 und 3 sowie Art. 77 AEUV als Spezialvorschriften i.S.v. Art. 114 Abs. 1 AEUV einschlägig sind) und
- **Rechte und Interessen der Arbeitnehmer** (Mitbestimmungs-, Betriebsverfassungs-, Tarif-, Arbeitskampfrecht; Arbeitsentgelt; Gleichstellung von Männern und Frauen im Arbeitsleben; anwendbar sind hier: Art. 48, 153, 157, 352 AEUV; Art. 153 Abs. 5 AEUV nimmt aber seinerseits das Arbeitsentgelt, das Koalitionsrecht, das Streikrecht und das Aussperrungsrecht von einer Harmonisierung aus).

All dies führt im Ergebnis dazu, dass **Art. 114 AEUV schwerpunktmäßig im Bereich des freien Warenverkehrs** zur Anwendung kommt, um die nationalen Vorschriften zu harmonisieren, die (als Maßnahme gleicher Wirkung) den Handel innerhalb der Union in gerechtfertigter Weise (Cassis-Rechtsprechung, Art. 36 AEUV) erschweren. Denn insoweit existiert keine speziellere Harmonisierungsvorschrift. Der freie Warenverkehr ist Teil des Binnenmarkts. Die Anwendbarkeit des Art. 114 AEUV ist nach seinem Abs. 2 auch nicht ausgeschlossen. Nach Art. 114 AEUV sind also solche nationalen Regelungen zu harmonisieren, die die Herstellung, Beschaffenheit, Verwendung und Vermarktung einer Ware betreffen und die zum Schutz zwingender Erfordernisse oder der in Art. 36 AEUV genannten Rechtsgüter gerechtfertigt sind, weshalb sie ohne Harmonisierung den Handel innerhalb der Union in gerechtfertigter Weise behindern würden (Vorschriften, die nach Art. 34, 35 AEUV verboten sind, müssen nicht harmonisiert werden, da sie ohnehin unanwendbar sind und abgeschafft werden müssen). **Über Art. 114 AEUV können** damit **Wettbewerbsverzerrungen beseitigt werden**, die sich regelmäßig aus den unterschiedlichen, den freien Warenverkehr behindernden Normen der Mitgliedstaaten ergeben. Dem entspricht das Ziel, den Wettbewerb im Binnenmarkt vor Verfälschungen zu schützen (vgl. Protokoll Nr. 27).

2. Abgrenzung zu Art. 115 AEUV (direkte Steuern)

Für **Art. 115 AEUV** verbleiben nur diejenigen Bereiche, die vom Anwendungsbereich des Art. 114 AEUV nach dessen Abs. 2 ausgenommen sind und für die keine besonderen Zuständigkeitsnormen bestehen. Dies ist insbesondere der Bereich der **direkten Steuern** (z. B. Einkommensteuer, Körperschaftsteuer). Unterschiedliche mitgliedstaatliche Körperschaftsteuerregelungen beeinflussen die Standortwahl und das Investitionsverhalten der Unternehmen. Sie können die Wettbewerbsbedingungen verfälschen und sich, wie von Art. 115 AEUV vorausgesetzt, unmittelbar auf das Funktionieren des Binnenmarkts auswirken. Bei der Frage, ob eine unmittelbare Auswirkung auf das Funktionieren des Binnenmarkts besteht, hat der Rat einen weiten Einschätzungsspielraum. Wird diese Voraussetzung gleichwohl verneint, kommt Art. 352 AEUV als Rechtsgrundlage in Betracht.

3. Abgrenzung zu Art. 192 AEUV (Umwelt)

Zur Abgrenzung der Art. 114 und 192 AEUV (damals Art. 100 a und 130 s E(W)GV) hat der EuGH bereits mehrfach Stellung genommen (vgl. etwa EuGHE, C-300/89, 1991, I-2867 = Hummer, S. 153 – Titandioxid; EuGHE, C-155/91, 1993, I-939 = EuZW 1993, 290 – Abfall-RL; EuGHE, C-187/93, 1994, I-2857 – Abfall-VO).

Danach ist zunächst – wie stets – durch Auslegung des betreffenden Rechtsakts festzustellen, welche Zwecke mit ihm verfolgt werden. Werden in erster Linie Ziele des Umweltschutzes verfolgt und solche des freien Warenverkehrs (Beseitigung von Handelshemmnissen und Wettbewerbsverzerrungen) nur nebenbei, ist Art. 192 AEUV die richtige Rechtsgrundlage (vgl. EuGHE, C-155/91, 1993, I-939 = EuZW 1993, 290 – Abfall-RL). Entsprechendes gilt im umgekehrten Fall. Es ist somit eine **Schwerpunktbe-**

trachtung anzustellen, wobei noch ins Gewicht fällt, dass nach Art. 11 AEUV (**Querschnittsklausel**) und Art. 114 Abs. 3 AEUV bei der Verwirklichung des Binnenmarkts Ziele des Umweltschutzes mit zu verfolgen sind. Die Harmonisierung produktbezogener Vorschriften (z. B. Abgaswerte für Kraftfahrzeuge) fällt gewöhnlich als Beseitigung von Hemmnissen für den freien Warenverkehr schwerpunktmäßig unter Art. 114 AEUV. Dies gilt auch für die umweltgerechte Gestaltung („Ökodesign") energiebetriebener Produkte, z. B. von Haushaltslampen. Durch die unterschiedlichen Rechts- und Verwaltungsvorschriften der Mitgliedstaaten kann es zu Handelshemmnissen kommen, etwa weil in einem Mitgliedstaat nur Energiesparlampen verkehrsfähig sind, in anderen auch herkömmliche Glühbirnen. Die Harmonisierung der nationalen Vorschriften ist das einzige Mittel, solche Handelshemmnisse zu beseitigen. Beispielhaft für Art. 192 AEUV (ehemals Art. 175 EGV bzw. Art. 130s EGV) als Ermächtigungsgrundlage sind zu nennen: die UVP-Richtlinie 85/377 (in Deutschland umgesetzt durch das UVP-Gesetz, Sartorius I Nr. 295), sowie die Verordnung Nr. 1836/93 über das Öko-Audit-System. Ansonsten sind gestützt auf die Umweltvorschriften des Vertrages Maßnahmen auf dem Gebiet des Gewässerschutzes, der Luftreinhaltung und des Abfallrechts ergangen (vgl. im Übrigen Calliess/Ruffert Art. 175 EGV, Rn. 3 ff.).

Problematisch wird es, wenn beide Ziele (Binnenmarkt und Umweltschutz) gleichermaßen verfolgt werden. Nach der Rechtsprechung des EuGH wäre der Rechtsakt dann an sich auf beide Ermächtigungsgrundlagen zu stützen (EuGHE, 165/87, 1988, 5545 – Nomenklaturabkommen, Rn. 11; vgl. auch oben S. 82). Dies ist im Hinblick auf Art. 192 Abs. 1 AEUV und Art. 114 Abs. 1 AEUV insofern zunächst unproblematisch, als beide Vorschriften inzwischen das ordentliche Gesetzgebungsverfahren vorsehen. Allerdings würde sich dann ein etwaiger nationaler Alleingang kumulativ nach Art. 114 Abs. 4 bzw. 5 AEUV und Art. 193 AEUV richten, was zu Schwierigkeiten führen kann. Regelmäßig wird jedoch schon die Schwerpunktbetrachtung zu einem eindeutigen Ergebnis führen.

4. Abgrenzung zu Art. 153 AEUV (Arbeit und Soziales)

Die Abgrenzung zwischen Art. 153 AEUV und Art. 114 AEUV wird ebenso nach dem Schwerpunkt der Maßnahmen vorzunehmen sein. Dient daher eine Richtlinie primär der Verbesserung der Arbeitsumwelt, der Arbeitsbedingungen usw. (vgl. Art. 153 Abs. 1 AEUV) oder der sozialen Sicherheit (Art. 153 Abs. 3 AEUV), so ist Art. 153 AEUV anzuwenden. Der Begriff Arbeitsumwelt ist dabei weit auszulegen. Er beschränkt sich nicht nur auf den technischen Schutz des Arbeitnehmers am Arbeitsplatz, sondern betrifft z. B. auch den Schutz durch Arbeitszeitregelungen (vgl. EuGHE, C-84/94, 1996, I-5755 – Arbeitszeit-RL). Hingegen ist Art. 114 AEUV anwendbar, wenn es in erster Linie um die Sicherheit eines Produkts geht, daneben aber auch die Sicherheit und Gesundheit der mit der Produktion beschäftigten Arbeitskräfte betroffen ist. Die Anwendung von Art. 114 Abs. 1 AEUV ist dann nicht etwa durch Art. 114 Abs. 2 AEUV ausgeschlossen, was sich aus der Erwähnung der Arbeitsumwelt in Art. 114 Abs. 4 und 5 AEUV ergibt.

5. Abgrenzung zu Art. 116 AEUV (Wettbewerbsverzerrungen)

Handelt es sich um die Beseitigung von Wettbewerbsverzerrungen, so ist an sich Art. 116 AEUV einschlägig. Diese Vorschrift ist jedoch bisher praktisch nicht angewandt worden. Dies liegt u. a. daran, dass es nicht gelungen ist, den Begriff Wettbewerbsverzerrung zu definieren. Das Merkmal der Wettbewerbsverzerrung mag als Qualifizierung der Wettbewerbsverfälschung verstanden werden, beide Ausdücke können aber auch synonym gebraucht werden. Bisher wurde auch bei Vorliegen einer Wettbewerbsverzerrung immer Art. 114 AEUV angewandt.

II. Inhaltliche Anforderungen an Harmonisierungsmaßnahmen nach Art. 114 AEUV

Auf Art. 114 AEUV kann nur eine **Harmonisierungsmaßnahme** gestützt werden, die den Binnenmarkt fördert. Dies ergibt sich aus Art. 114 Abs. 1 AEUV. Die fragliche Maßnahme **muss bezwecken, Hemmnisse für den Binnenmarkt, deren zukünftiges Auftreten zumindest wahrscheinlich ist, zu beseitigen.**

Beispiele: Das Verbot, mit Aschenbechern zu handeln, die eine Tabakwerbeaufdruck haben, fördert nicht den Binnenmarkt. Auch das „Verbot" der herkömmlichen Haushaltslampe durch die Verordnung Nr. 244/2009 scheint an sich nicht den Binnenmarkt zu fördern. Doch wird die konventionelle Glühlampe als solche nicht verboten. Vielmehr werden lediglich strenge Anforderungen an die Energieeffizienz aller Haushaltslampen gestellt, um ihre Verkehrsfähigkeit im Binnenmarkt sicherzustellen; dabei bleibt die „normale" Glühlampe auf der Strecke.

Art. 114 AEUV gewährt **keine allgemeine Kompetenz zur Regelung des Binnenmarkts.** Eine solche allumfassende Kompetenz wäre mit Art. 5 Abs. 1 EUV (Grundsatz der begrenzten Einzelermächtigung) unvereinbar. Außerdem könnte der Gerichtshof den Unionsgesetzgeber entgegen Art. 19 EUV nicht mehr wirksam kontrollieren, da jedweder Rechtsakt im Zusammenhang mit dem Binnenmarkt auf

Art. 114 AEUV (bzw. die spezielleren Vorschriften) gestützt werden könnte. Aus den gleichen Gründen müssen die *Wettbewerbsverzerrungen*, auf deren Beseitigung die Harmonisierungsmaßnahme zielt, *spürbar* sein (vgl. EuGHE, C-376/98, 2000, I-8419 = Hummer S. 143 – Tabak I, Rn. 83, 84, 106, 107).

Gemäß Art. 114 Abs. 3 AEUV hat die **Harmonisierung auf einem hohen Gesundheits- und Verbraucherschutzniveau** stattfinden. Deshalb dürfen auch Richtlinien, bei denen der Gesundheits- oder Verbraucherschutz ein erhebliche Rolle spielt, auf Art. 114 AEUV gestützt werden, vorausgesetzt, sie dienen der Beseitigung von (zumindest wahrscheinlichen) Handelshemmnissen oder (spürbaren) Wettbewerbsverzerrungen. Dem steht nicht das Harmonisierungsverbot des Art. 168 Abs. 5 AEUV (vgl. auch Art. 2 Abs. 5 UAbs. 1 AEUV) entgegen. Vielmehr ist der Gesundheitsschutz nach Art. 168 Abs. 1 AEUV Bestandteil der übrigen Politiken der Union. Es handelt sich um eine sog. **Querschnittsklausel** (vgl. zum Verbraucherschutz Art. 169 Abs. 2 und 3 AEUV; EuGH, a.a.O. – Tabak I, Rn. 88). Entsprechendes gilt für die übrigen in Art. 114 Abs. 3 AEUV genannten Schutzgüter (zum Umweltschutz vgl. unten S. 309; soweit in Art. 114 Abs. 3 AEUV von Sicherheit die Rede ist, dürfte die Produktsicherheit gemeint sein).

Die Anforderungen an eine Harmonisierung nach Art. 114 AEUV lassen sich anschaulich an den beiden Urteilen des EuGH zum Tabakwerbeverbot sowie an seinem Urteil zu den Roaming-Gebühren verdeutlichen.

a) Erstes Tabakwerbeverbot: Parlament und Rat haben gestützt auf Art. 114, 53 Abs. 1 Satz 2 und 62 AEUV (ehemals Art. 95, 47 Abs. 2 und 55 EGV) die Richtlinie 98/43 zur Angleichung der Vorschriften der Mitgliedstaaten über Werbung und Sponsoring für Tabakerzeugnisse erlassen. Nach den Erwägungsgründen der Richtlinie galten in den Mitgliedstaaten unterschiedliche Vorschriften über Werbung und Sponsoring für Tabakerzeugnisse. Dadurch könne es zu Hemmnissen für den freien Verkehr von Waren, die der Werbung dienten (z.B. Aschenbecher mit Werbeaufdruck sowie so genannte Diversifikationsprodukte, z.B. Camel-Boots), und entsprechenden Dienstleistungen (z.B. Erstellung von Kinowerbespots) kommen. Die unterschiedlichen Vorschriften könnten auch zu Wettbewerbsverzerrungen führen. Diese Hemmnisse und Wettbewerbsverzerrungen müssten beseitigt werden. Dabei gelte ein hohes Gesundheitsschutzniveau (Art. 114 Abs. 3 AEUV). Die Angleichung der Rechtsvorschriften und damit die Beseitigung der Hemmnisse und Verzerrungen erfolgte dann im verfügenden Teil der Richtlinie in der Weise, dass Werbung und Sponsoring für Tabakerzeugnisse verboten wurden (Ausnahme nach Art. 3 Abs. 5 der RL im Wesentlichen nur: Werbung an den Tabakverkaufsstellen).

Deutschland klagte auf Nichtigerklärung der Richtlinie (Art. 263 AEUV). Insbesondere rügte die Bundesrepublik die Unzuständigkeit (fehlende Verbandskompetenz, Art. 5 Abs. 1 EUV) der Union zum Erlass der Richtlinie. Art. 95, 47 Abs. 2 und 55 EGV (jetzt Art. 114, 53 Abs. 1 und 62 AEUV) seien keine ausreichende Rechtsgrundlage. Die Richtlinie diene in Wahrheit dem Gesundheitsschutz. Gemäß Art. 152 Abs. 4 lit. c EGV (jetzt Art. 168 Abs. 5 AEUV) sei aber jegliche Harmonisierung zum Schutz und zur Verbesserung der menschlichen Gesundheit ausgeschlossen.

Nach der Rechtsprechung des EuGH sind Art. 114 AEUV sowie Art. 53 Abs. 1 i.V.m. Art. 62 AEUV (Letztere als Spezialvorschriften i.S.v. Art. 114 Abs. 1 in Bezug auf die Dienstleistungsfreiheit) gleich auszulegen (EuGHE, C-376/98, 2000, I-8419 = Hummer S. 143 – Tabak I, Rn. 87). Sind die Voraussetzungen dieser Vorschriften erfüllt, steht einer Harmonisierung nicht entgegen, dass dem Gesundheitsschutz eine maßgebende Rolle zukommt. Auf Art. 114 bzw. Art. 53, 62 AEUV kann aber nur eine Harmonisierungsmaßnahme gestützt werden, die tatsächlich zur Beseitigung von Hemmnissen für den freien Waren- bzw. Dienstleistungsverkehr oder von Wettbewerbsverzerrungen beiträgt.

Dies war bei der in Rede stehenden Tabakwerbeverbots-Richtlinie teilweise nicht der Fall: Der grenzüberschreitende Handel mit Werbeträgern sowie die Erbringung entsprechender Dienstleistungen lässt sich nicht dadurch fördern, dass die Verwendung der entsprechenden Werbeprodukte (Aschenbecher, Davidoff-Parfüm, Kinospots) in der Union einheitlich verboten wird. Vielmehr kommt dann der Handel mit ihnen zum Erliegen. Etwas anderes gilt jedoch nach Ansicht des EuGH im Bereich der Werbung in Zeitschriften für Tabakerzeugnisse. Zwar gebe es insoweit noch keine Hemmnisse des freien Warenverkehrs, sei doch in den Mitgliedstaaten, in denen die Tabakwerbung in Zeitschriften untersagt sei, die Einfuhr ausländischer Zeitschriften mit Tabakwerbung zulässig. Dies könne sich jedoch wegen des allgemeinen Gesundheitsbewusstseins ändern. Wahrscheinlich würden in Zukunft Hemmnisse für den freien Verkehr entstehen und bestimmte Mitgliedstaaten die Einfuhr von Printmedien mit Tabakwerbung verbieten. Ein Verbot der Tabakwerbung würde dann den freien Warenverkehr mit Presseerzeugnissen fördern. Das Verbot könne daher jetzt schon, da Hemmnisse wahrscheinlich auftreten werden, auf Art. 114 AEUV gestützt werden (vgl. EuGH a.a.O. – Tabak I, Rn. 117).

Im Bereich der sonstigen Tabakwerbung hielt der EuGH das Vorliegen *spürbarer* Wettbewerbsverzerrungen hingegen nicht für erwiesen. Geringfügige Wettbewerbsverzerrungen könnten auf der Grundlage von Art. 114, 53, 62 AEUV nicht beseitigt werden. Eine andere Auslegung dieser Vorschriften wäre nicht in Einklang mit dem Prinzip der begrenzten Einzelermächtigung (Art. 5 Abs. 1, 2 EUV), weil unterschiedliche nationale Regelungen regelmäßig geringfügige Wettbewerbsverzerrungen mit sich bringen und somit die Kompetenz des Unionsgesetzgebers unbegrenzt wäre. Solche geringfügigen Verzerrungen bestehen im vorliegenden Fall darin, dass Werbeagenturen und Hersteller von Werbeartikeln in Mitgliedstaaten mit großzügiger Regelung für Tabakwerbung gegenüber den entsprechenden Unternehmen in Mitgliedstaaten mit restriktiver Regelung begünstigt sind.

Eine spürbare Wettbewerbsverzerrung liegt jedoch nach Ansicht des EuGH darin, dass in einigen Mitgliedstaaten das Tabaksponsoring von (Sport-)Veranstaltungen erlaubt ist, in anderen nicht. Dies führe zur Verlagerung von Veranstaltungen (Formel 1), was sich auf die Wettbewerbsbedingungen der beteiligten Unternehmen in erheblichem Umfang auswirke. Das Tabaksponsoring könne daher (wie das Tabakwerbeverbot in Zeitschriften) auf der Grundlage von Art. 114 AEUV verboten werden (vgl. EuGH a.a.O. – Tabak I, Rn. 117; GA Fenelly Schlussanträge a.a.O., Rn. 105, 115).

Der EuGH hat die Richtlinie jedoch insgesamt für nichtig erklärt (Art. 264 AEUV), weil er glaubte, mit einer Teilnichtigerklärung (Aufrechterhaltung, soweit Zeitschriftenwerbung und Sponsoring betroffen) in die Zuständigkeit des Unionsgesetzgebers einzugreifen, dessen Sache es sei, zu entscheiden, ob allein diese Verbote aufrechterhalten werden (EuGH a.a.O. – Tabak I, Rn. 117).

b) Zweites Tabakwerbeverbot: Der Unionsgesetzgeber hat daraufhin die wiederum auf Art. 114, 53 und 62 AEUV (seinerzeit Art. 95, 47 Abs. 2 und 55 EGV) gestützte **zweite Tabakwerbeverbots-Richtlinie** (RL 2003/33) erlassen. Die neue Richtlinie verbietet die Tabakwerbung in Printmedien, im Rundfunk, Internet und über Mobiltelefone. Nicht mehr verboten ist hingegen die Tabakwerbung auf Kinoleinwänden, Aschenbechern und mit Diversifikationsprodukten (z. B. Camel-Boots). Eine Nichtigkeitsklage Deutschlands gegen diese neue Richtlinie hat der EuGH abgewiesen (C-380/03, 2006, I-11573 = EuZW 2007, 46 – **Tabak II**, m. Anm. Stein). Der Handel mit Presseerzeugnissen zwischen den Mitgliedstaaten sei relativ bedeutend. Auch sei bereits in einigen Mitgliedstaaten die Werbung für Tabakerzeugnisse verboten (z. B. konnte es sein, dass eine Zeitschrift mit Tabakwerbung in einem anderen Mitgliedstaat nicht verkauft werden durfte). Dadurch werde der freie Warenverkehr eingeschränkt. Die Richtlinie bezwecke durch das Werbeverbot, diese Hemmnisse des freien Warenverkehrs zu beseitigen. Damit lägen die Voraussetzungen für die Heranziehung der Ermächtigungsnormen (Art. 114, 53 Abs. 1, 62 AEUV, seinerzeit Art. 95, 47 Abs. 2, 55 EGV) vor. Somit könne die Richtlinie auf diese Vorschriften gestützt werden. Daraus folge, dass der Unionsgesetzgeber durch den Rückgriff auf diese Ermächtigungsnormen nicht gegen Art. 168 Abs. 5 AEUV (Art. 152 Abs. 4 lit. c EGV) verstoßen habe. Auch eine Verletzung des Verhältnismäßigkeitsgrundsatzes liege nicht vor. Dem Unionsgesetzgeber komme in dem vorliegenden Bereich ein weites Ermessen zu, in dem von ihm politische, wirtschaftliche und soziale Entscheidungen verlangt würden und in dem er komplexe Beurteilungen vorzunehmen habe. Eine in diesem Bereich erlassene Maßnahme könne nur dann rechtswidrig sein, wenn sie zur Erreichung des angestrebten Ziels (Beseitigung von Handelshemmnissen) offensichtlich ungeeignet sei. Dies aber sei nicht der Fall. Da ein hohes Gesundheitsschutzniveau zu gewährleisten sei (Art. 114 Abs. 3 AEUV), gehe das Verbot der Tabakwerbung in dem getroffenen Umfang nicht über das erforderliche Maß hinaus.

c) Roaming-Gebühren: Mit Verordnung Nr. 717/2007 („Roaming-Verordnung") haben Parlament und Rat, gestützt auf Art. 114 AEUV (seinerzeit Art. 95 EGV), eine Preisobergrenze für die Entgelte bei der Inanspruchnahme von Roamingdiensten innerhalb des Binnenmarkts festgelegt. Danach durften die Roaminggebühren für Endkunden bei der Benutzung von Mobiltelefonen im europäischen Ausland anfangs 0,49 € pro Minute bei allen abgehenden Anrufen und 0,24 € pro Minute bei allen ankommenden Anrufen nicht übersteigen (inzwischen wurden diese Preisobergrenzen durch eine Verordnung jüngeren Datums nochmals abgesenkt). Neben einer einheitlichen Rechtslage für die Mobilfunkanbieter nützt die Regelung den Unionsbürgern, die in andere Mitgliedstaaten reisen, indem sie sie vor überhöhten Telefonrechnungen schützt. Mehrere britische Telefongesellschaften klagten jedoch vor dem englischen High Court of Justice gegen nationale Ausführungsbestimmungen zur Roaming-Verordnung. Daraufhin ersuchte der High Court den EuGH gemäß Art. 267 AEUV um Vorabentscheidung zur Gültigkeit der Roaming-Verordnung, und zwar im Hinblick auf die Wahl von Art. 95 EGV (jetzt Art. 114 AEUV) als Rechtsgrundlage sowie im Hinblick auf die Grundsätze der Subsidiarität und der Verhältnismäßigkeit. In seinem Urteil Vodafone (EuGH, C-58/08, Urt. v. 8.6. 2010) hat der EuGH die Roaming-Verordnung für rechtmäßig erachtet und ihre Gültigkeit bestätigt.

Was zunächst die Wahl der Rechtsgrundlage betrifft, so wurde die Roaming-Verordnung zu Recht auf Art. 95 EGV (jetzt Art. 114 AEUV) gestützt. Der EuGH wiederholt hier im Wesentlichen seine aus den Urteilen Tabak I und Tabak II bekannte Rechtsprechung (EuGH, a.a.O. – Vodafone, Rn. 32–36), wonach eine Harmonisierung zur Vermeidung der Entstehung von Handelshemmnissen zulässig ist. Im konkreten Fall sah sich der Unionsgesetzgeber einer Situation gegenüber, in der er annehmen durfte, dass auf nationaler Ebene unterschiedliche gesetzliche Höchstgrenzen für Roaming-Gebühren eingeführt würden. Um die zu befürchtenden Wettbewerbsverzerrungen im Binnenmarkt zu vermeiden, war ein Tätigwerden des Unionsgesetzgebers gerechtfertigt. Auch war es im Hinblick auf den Verhältnismäßigkeitsgrundsatz gerechtfertigt, konkrete Preisobergrenzen für die Roaming-Gebühren der Endkunden festzulegen; eine bloße Deckelung der Großhandelspreise, die zwischen den Telekommunikationsunternehmen in Rechnung gestellt werden, hätte im Hinblick auf das angestrebte hohe Verbraucherschutzniveau nicht die gleiche Wirkung gehabt, weil nicht sichergestellt gewesen wäre, dass Preissenkungen tatsächlich an die Endkunden weitergegeben würden. Um den Mobilfunkbetreibern einen einheitlichen und kohärenten Rechtsrahmen zu bieten, war es auch unter Subsidiaritätsgesichtspunkten gerechtfertigt, eine unionsweit einheitliche Regelung zu treffen. Dass mit der Regelung auch der Verbraucherschutz erheblich gestärkt wird, steht im Einklang mit Art. 114 Abs. 3 AEUV.

III. Nationaler Alleingang eines Mitgliedstaats

Gemäß Art. 114 Abs. 4 und 5 AEUV kann ein Mitgliedstaat unter bestimmten Voraussetzungen trotz einer erfolgten Harmonisierung nach Art. 114 Abs. 1 AEUV *strengere nationale Vorschriften* anwenden (*Opting-out*-Klausel). Maßnahmen nach Art. 114 Abs. 1 AEUV haben also in diesen Fällen im Gegensatz zu Richtlinien nach Art. 115 AEUV keine generelle Sperrwirkung (Ähnliches, aber weit weniger Kompliziertes, gilt nach Art. 193 AEUV im Rahmen des Umweltschutzes und nach Art. 153 Abs. 4 AEUV beim Schutz der Arbeitnehmer). Die Möglichkeit eines nationalen Alleingangs nach Art. 114 Abs. 4 ff. AEUV ist der Ausgleich dafür, dass Art. 114 AEUV nicht das Einstimmigkeitsprinzip übernommen hat, wie es im Rahmen von Art. 115 AEUV vorgesehen ist.

Nach **Art. 114 Abs. 4 AEUV** kann ein Mitgliedstaat trotz einer Harmonisierungsmaßnahme i.S.v. Abs. 1 (oder einer darauf beruhenden Durchführungsmaßnahme der Kommission i.S.v. Art. 290 AEUV) eine **strengere nationale Schutzmaßnahme beibehalten.** Die nationale Schutzmaßnahme muss durch Art. 36 AEUV oder durch zwingende Erfordernisse der Arbeitsumwelt (vgl. dazu Art. 153 Abs. 1 AEUV) oder des Umweltschutzes gerechtfertigt sein. Die anderen Schutzgüter der Cassis-Rechtsprechung können hingegen die Beibehaltung *nicht* rechtfertigen. Dies gilt insbesondere auch für den Schutz des Verbrauchers vor Irreführung. Soll die nationale Vorschrift hingegen die Gesundheit des Verbrauchers schützen (was oft ebenfalls als Verbraucherschutz bezeichnet wird), ist der in Art. 36 AEUV genannte Gesundheitsschutz angesprochen. Der Begriff „beibehalten" setzt voraus, dass die nationale Vorschrift spätestens zum Zeitpunkt des Ablaufs der Umsetzungsfrist bereits galt. Auf das Abstimmungsverhalten des Mitgliedstaats im Rat kommt es nicht an. Er soll nicht gezwungen sein, gegen die Maßnahme zu stimmen und so möglicherweise ihr Scheitern herbeizuführen, nur weil er selbst ein höheres Schutzniveau als in der Maßnahme vorgesehen für erforderlich hält.

Nach **Art. 114 Abs. 5 AEUV** kann ein Mitgliedstaat eine auf neue wissenschaftliche Erkenntnisse gestützte, **strengere** nationale **Vorschrift** zum Schutz der Umwelt oder der Arbeitsumwelt (und nur zu diesen beiden Zwecken) **einführen.**

Nach **Art. 114 Abs. 6 AEUV** stehen Beibehaltung und Einführung der nationalen schutzverstärkenden Vorschrift unter dem **Vorbehalt der Genehmigung** durch die Kommission. Behält also ein Mitgliedstaat eine nationale Schutzvorschrift über den Ablauf der Umsetzungsfrist einer Richtlinie hinaus bei (bis zum Ablauf der Frist darf er das ohnehin), so begeht er einen Vertragsverstoß. Außerdem wirkt die Richtlinie unmittelbar, wenn sie unbedingt und hinreichend genau ist, so dass die nationale Schutzvorschrift gegebenenfalls nicht anwendbar ist. Entsprechendes gilt bei der Einführung einer strengeren nationalen Vorschrift nach Ablauf der Umsetzungsfrist (Sperrwirkung der Richtlinie, vgl. oben S. 303). Strengere nationale Schutzvorschriften dürfen daher von den Mitgliedstaaten nach Ablauf der Umsetzungsfrist einer Richtlinie erst in Kraft gesetzt bzw. nur beibehalten werden, wenn sie die Kommission genehmigt hat (EuGHE, C-319/97, 1999, I-3143 – Kortas). Die Mitgliedstaaten haben der Kommission zum Zwecke der Genehmigung die beizubehaltenden oder einzuführenden Vorschriften und die Gründe für die Beibehaltung oder Einführung frühzeitig mitzuteilen. Die Kommission untersucht dann, ob die Voraussetzungen der Absätze 4 und 5 vorliegen. Ferner muss sie nach Abs. 6 prüfen, ob die fragliche staatliche Maßnahme nicht ein Mittel zur willkürlichen Diskriminierung und (richtig: oder) eine verschleierte Beschränkung des Handels zwischen Mitgliedstaaten darstellt oder das Funktionieren des Binnenmarkts (übermäßig) behindert. Die beiden ersten Voraussetzungen entsprechen Art. 36 Satz 2 AEUV (vgl. oben S. 211). Es ist also die Verhältnismäßigkeit der nationalen Vorschrift zu prüfen. Das

Ausscheren eines Mitgliedstaats behindert wohl immer das Funktionieren des Binnenmarkts. Nur eine unverhältnismäßige Behinderung dürfte daher zur Ablehnung der Genehmigung durch die Kommission führen.

Billigt die Kommission die einzelstaatliche Bestimmung, so ist dies ein nach Art. 296 Abs. 2 AEUV zu begründender Beschluss, den die anderen Mitgliedstaaten gemäß Art. 263 AEUV anfechten können (EuGHE, C-41/93, 1994, I-1829 = Hummer, S. 141 – PCP). Die Gültigkeit des Beschlusses kann auch im Verfahren nach Art. 267 AEUV überprüft werden. Der Beschluss hat konstitutive Wirkung: Der betreffende Mitgliedstaat darf seine Vorschrift nunmehr anwenden. Die Richtlinie wirkt insoweit nicht mehr unmittelbar. Lässt die Kommission die ihr zur Entscheidung eingeräumte Frist von sechs Monaten ungenutzt verstreichen, so gilt dies als Zustimmung (Genehmigungsfiktion, Art. 114 Abs. 6 UAbs. 2 AEUV). **Lehnt die Kommission die Genehmigung ab,** so ist dies ebenfalls ein anfechtbarer Beschluss, gegen den der betroffene Mitgliedstaat gerichtlich vorgehen kann (EuGHE, C-405/07 P, 2008, I-8301 – Niederlande/Kommission). Die Ablehnung hat keine konstitutive Wirkung. Der Mitgliedstaat war ja schon vor der Ablehnung nicht berechtigt, seine nationale Bestimmung anzuwenden.

Nach **Art. 114 Abs. 9 AEUV** kann eine Vertragsverletzungsklage (Art. 258 bzw. 259 AEUV) ohne Durchführung eines Vorverfahrens gegen einen Mitgliedstaat erhoben werden, der nationale Bestimmungen ohne die erforderliche Genehmigung beibehalten oder in Kraft gesetzt hat.

Nach **Art. 114 Abs. 10** AEUV kann die Harmonisierungsmaßnahme selbst bereits mit einer Schutzklausel für alle Mitgliedstaaten versehen werden, damit diese aus den in Art. 36 AEUV genannten Gründen (also nicht aus Gründen des Umweltschutzes und der Arbeitsumwelt, die in Art. 114 AEUV selbst genannt sind) vorläufige Maßnahmen treffen können. Bei Missbrauch gilt das beschleunigte Klageverfahren nach Art. 114 Abs. 9 AEUV.

15. Kapitel: Grundzüge des Europäischen Wettbewerbsrechts

A. Einleitung

Zu den grundlegenden Zielen der Europäischen Union gehört die Errichtung eines Binnenmarkts (Art. 3 Abs. 3 Satz 1 EUV). Dabei ist die Union dem **Grundsatz einer offenen Marktwirtschaft mit freiem Wettbewerb** verpflichtet (Art. 119 Abs. 1 AEUV). Nur wenn der Wettbewerb innerhalb der EU vor Verzerrungen ("Verfälschungen") geschützt wird, kann der Binnenmarkt funktionieren und seine Vorteile für Unternehmen und Verbraucher voll entfalten.

Nicht alle denkbaren Wettbewerbsverzerrungen lassen sich über die Grundfreiheiten des Binnenmarkts in den Griff bekommen. Insbesondere auf Unternehmen sind die Grundfreiheiten bekanntlich nur in Ausnahmefällen anwendbar (vgl. oben S. 193). Ergänzend zu den Grundfreiheiten sieht deshalb das Unionsrecht eine Reihe von **Wettbewerbsregeln** vor, die für das Funktionieren des Binnenmarkts erforderlich sind und zu deren Festlegung die EU eine ausschließliche Zuständigkeit genießt (Art. 3 Abs. 1 lit. b AEUV). Diese Wettbewerbsregeln sind die Spielregeln, an denen sich sowohl Unternehmen als auch die öffentliche Hand (vgl. Art. 106 Abs. 1, 107, 108 AEUV) im Binnenmarkt zu orientieren haben. Neben den Grundfreiheiten stellen sie seit jeher eines der Kernelemente des materiellen Europarechts dar und haben einen zentralen Stellenwert im System der Verträge.

Früher sah **Art. 3 Abs. 1 lit. g EGV** auch ausdrücklich die Schaffung eines Systems vor, das den Wettbewerb innerhalb des Binnenmarkts vor Verfälschungen schützt. Diese Vorschrift findet sich nach den Lissabonner Reformen nicht mehr in den Verträgen. Angesichts dessen wurde die Besorgnis geäußert, der Schutz des Wettbewerbs werde fortan einen geringeren Stellenwert genießen, was mittelfristig zu einer Aufweichung der Wettbewerbsvorschriften und damit zu einer Schwächung des Binnenmarkts führen könnte. Es bleibt abzuwarten, ob sich diese Besorgnis bewahrheitet. Tatsache ist, dass die materiellrechtlichen und verfahrensrechtlichen Bestimmungen des europäischen Wettbewerbsrechts durch den Vertrag von Lissabon keine wesentlichen Änderungen erfahren haben. Außerdem ist und bleibt der Grundsatz der offenen Marktwirtschaft mit freiem Wettbewerb (Art. 119 Abs. 1 AEUV) auf die gesamte Tätigkeit der Mitgliedstaaten und der Union i. S. v. Art. 3 EUV anwendbar. Überdies verleiht das Protokoll über den Binnenmarkt und den Wettbewerb (Protokoll Nr. 27) in seiner Präambel der Überzeugung der Mitgliedstaaten Ausdruck, *dass der Binnenmarkt, wie er in Art. 3 EUV beschrieben wird, ein System umfasst, das den Wettbewerb vor Verfälschungen schützt.*

Im Wesentlichen setzt sich dieses System aus drei Bestandteilen zusammen, die zusammen das **Europäische Wettbewerbsrecht** bilden:

* Verbot wettbewerbswidriger Verhaltensweisen (Art. 101 AEUV) und Verbot des Missbrauchs marktbeherrschender Stellungen (Art. 102 AEUV), im deutschen Sprachgebrauch auch zusammenfassend als „EU-Kartellrecht" bezeichnet (Englisch: *„EU antitrust rules"*),
* Europäische **Fusionskontrolle** (gemäß EG-Fusionskontrollverordnung = Verordnung Nr. 139/2004) sowie
* Europäisches **Beihilfenrecht** (Art. 107, 108 AEUV).

Diese Regelungsbereiche betreffen private und öffentliche Unternehmen gleichermaßen (**Grundsatz der Gleichbehandlung privater und öffentlicher Unternehmen**, Art. 106 Abs. 1 AEUV).

Sowohl bei der Ausgestaltung der europäischen Wettbewerbspolitik als auch bei der konkreten Anwendung der Wettbewerbsregeln auf den Einzelfall kommt der **Kommission** eine zentrale Rolle zu. Sie übt die **Funktion der europäischen Wettbewerbsbehörde** aus und verfügt über weitreichende Befugnisse, die bis hin zur Verhängung von Geldbußen und Zwangsgeldern gegen Unternehmen reichen. Je nach Materie ist die Kommission ausschließlich zuständig (so etwa im Bereich der Beihilfenaufsicht und der europäischen Fusionskontrolle) oder teilt sich die Zuständigkeit mit den nationalen Kartellbehörden (so im Bereich der Art. 101, 102 AEUV). Daneben ist auch der Einzelne aufgerufen, zum sog. *private enforcement* des europäischen Wettbewerbsrechts beizutragen, indem er sich z. B. als Konkurrent oder geschädigter Verbraucher vor den zuständigen nationalen Gerichten auf die unmittelbar anwendbaren Vorschriften des Unionsrechts beruft, etwa im Rahmen von Unterlassungs- oder Schadensersatzansprüchen (EuGHE, C-453/99, 2001, I-6297 – Courage; EuGHE, C-295/04 bis C-298/04, 2006, I-6619 –

Manfredi; vgl. dazu oben S. 115 f.); zum *private enforcement* hat die Kommission 2005 ein Grünbuch und 2008 ein Weißbuch herausgebracht.

Grundsätzlich gilt das Europäische Wettbewerbsrecht **für alle Wirtschaftsbereiche**. In der Landwirtschaft besteht allerdings die Besonderheit, dass die Wettbewerbsregeln nur insoweit Anwendung finden, als der Rat dies bestimmt (Art. 42 AEUV). Aus den Verordnungen Nr. 1184/2006 und Nr. 1234/2007 (dort Art. 175–182) ergibt sich jedoch, dass auch in der **Landwirtschaft** die Anwendung des Wettbewerbsrechts den Regelfall darstellt. Freilich können die Wettbewerbsregeln sich dort nur in dem Maße entfalten, wie die gemeinsamen Marktorganisationen überhaupt einen Spielraum für freien Wettbewerb lassen.

Zur Auslegung und Anwendung der verschiedenen unionsrechtlichen Wettbewerbsregeln hat die Kommission eine Fülle von **Mitteilungen, Bekanntmachungen und Leitlinien** veröffentlicht (allesamt abrufbar unter http://ec.europa.eu/competition/). Diese Dokumente sind zwar nicht rechtsverbindlich (sog. „*soft law*"), bieten aber gleichwohl für Unternehmen und Rechtsanwender wertvolle Hinweise zum Verständnis des europäischen Wettbewerbsrechts. Zudem sind solche Veröffentlichungen Ausdruck der geltenden Verwaltungspraxis der Kommission, so dass eine **Selbstbindung der Verwaltung** eintreten kann (EuGHE, C-382/99, 2002, I-5163 – Niederlande/Kommission, Rn. 24; EuG, T-114/02, 2002, II-1279 – BaByLiss, Rn. 143).

Eine umfassende und detaillierte Darstellung des europäischen Wettbewerbsrechts würde den Rahmen des vorliegenden Buches sprengen. Sie ist auch nicht erforderlich, weil Detailkenntnisse des Wettbewerbsrechts im Normalfall weder Gegenstand des Pflichtfachs Europarecht noch des Wahlfachs Europarecht sind. Deshalb beschränken sich die folgenden Ausführungen auf einen Kurzüberblick über das EU-Kartellrecht (vgl. sogleich, unten B.) und die Europäische Fusionskontrolle (vgl. unten C.); etwas mehr Raum wird aufgrund der zahlreichen Schnittstellen zum nationalen Verwaltungsverfahrens- und Verwaltungsprozessrecht dem Beihilfenrecht geschenkt (vgl. unten D.).

B. Das EU-Kartellrecht

I. Einführung

Das EU-Kartellrecht basiert im Kern auf zwei primärrechtlichen Vorschriften, die sich speziell an Unternehmen richten und dementsprechend **unmittelbare Wirkung** auch im horizontalen Rechtsverhältnis zwischen Privaten entfalten (EuGHE, 127/73, 1974, 51 – BRT/SABAM). Es handelt sich zum einen um das **Verbot wettbewerbswidriger Verhaltensweisen** (Art. 101 AEUV, umgangssprachlich auch „Kartellverbot" genannt) und zum anderen um das **Verbot der missbräuchlichen Ausnutzung einer marktbeherrschenden Stellung** (Art. 102 AEUV). Hinzu kommt Art. 106 Abs. 1 AEUV, der die Mitgliedstaaten verpflichtet, auch in Bezug auf **öffentliche Unternehmen** und auf mit besonderen Vorrechten ausgestattete Privatunternehmen die Wettbewerbsregeln des AEUV zu beachten.

Wichtig ist, dass nach ständiger Rechtsprechung sowohl Art. 101 AEUV als auch Art. 102 AEUV nicht nur dem Schutz einzelner Unternehmen (beispielsweise Wettbewerber) oder der Verbraucher dienen, sondern die **Struktur der Märkte** und damit den **Wettbewerb als Institution schützen** (EuGHE, C-8/08, 2009, I-4529 – T-Mobile, Rn. 38; EuGHE, C-95/04 P, 2007, I-2331 – British Airways, Rn. 66, 106; EuGH, C-280/08 P, Urt. v. 14. 10. 2010 – Deutsche Telekom, Rn. 176), was wiederum mittelbar den Verbrauchern und der Allgemeinheit zugute kommt, beispielsweise durch geringere Preise, ein breiteres Angebot, höhere Produktqualität und mehr Innovation. Darin kommt eine **ordoliberale Grundkonzeption** des Europäischen Wettbewerbsrechts zum Ausdruck, die sich von der im angelsächsischen Raum herrschenden Auffassung unterscheidet. Im Hintergrund der europäischen Konzeption, die in ihren Anfängen stark vom deutschen Bundeskartellamt beeinflusst war, steht die Überzeugung, dass Wettbewerb nur in einem rechtlichen Rahmen mit klaren Spielregeln funktioniert. Neuerdings berücksichtigt die Kommission aber verstärkt die konkreten wirtschaftlichen Auswirkungen von Verhaltensweisen auf dem Markt und richtet v. a. ihre Prioritäten bei der Durchsetzung des EU-Kartellrechts danach aus (sog. „*more economic approach*").

II. Gemeinsame Voraussetzungen von Art. 101 Abs. 1 und Art. 102 Abs. 1 AEUV

Einige Grundkonzepte sind Art. 101 Abs. 1 und Art. 102 Abs. 1 AEUV gemeinsam.

1. Der Unternehmensbegriff

Die Adressaten der Wettbewerbsregeln des EU-Kartellrechts sind **Unternehmen**. Der Unternehmensbegriff wird damit zu einem zentralen Element des europäischen Wettbewerbsrechts. Es handelt sich um einen unionsrechtlichen Begriff, der autonom auszulegen ist. Als Unternehmen im wettbewerbsrechtlichen Sinne versteht der EuGH in ständiger Rechtsprechung *jede eine wirtschaftliche Tätigkeit ausübende Einheit, unabhängig von ihrer Rechtsform und der Art ihrer Finanzierung* (EuGHE, C-41/90, 1991, I-1979 – Höfner und Elser, Randnr. 21).

Wirtschaftliche Tätigkeit ist *jede Tätigkeit, die darin besteht, Güter oder Dienstleistungen auf einem Markt anzubieten*, auch wenn keine Gewinnerzielungsabsicht besteht. Davon abzugrenzen ist die **Ausübung hoheitlicher Befugnisse**, die nicht zum Wirtschaftsverkehr gehört. Soweit also ein Unternehmen (z. B. als Beliehener) hoheitliche Befugnisse ausübt, ist es nicht als Unternehmen im Sinne des EU-Wettbewerbsrechts anzusehen (EuGHE, C-49/07, 2008, I-4863 – MOTOE, Rn. 21 ff.).

Merke: Auch der Sport ist Teil des Wirtschaftslebens, soweit er Gegenstand von Geschäften ist, also „vermarktet" wird (vgl. EuGH, a.a.O. – MOTOE).

Sowohl natürliche als auch juristische Personen sind Unternehmen, wenn sie sich wirtschaftlich betätigen. Entscheidend ist, dass sie **unabhängig auf dem Markt agieren** und ihr Wettbewerbsverhalten **autonom** bestimmen können. Daran kann es beispielsweise fehlen, wenn eine Gesellschaft in eine Konzernstruktur eingebunden ist und somit die Weisungen ihrer Muttergesellschaft befolgen muss; in der Regel ist dann der gesamte Konzern als wirtschaftliche Einheit und somit – trotz des Bestehens mehrerer Gesellschaften im Rechtssinne – als *ein Unternehmen* im Sinne des Wettbewerbsrechts anzusehen. Was sich innerhalb des Konzerns abspielt, unterliegt nicht dem Wettbewerbsrecht („**Konzernprivileg**").

Im Verhältnis zwischen einem Handelsvertreter und seinem Geschäftsherrn ist zu unterscheiden: Handelt es sich um einen echten (unabhängigen) **Handelsvertreter**, so unterliegen jedenfalls die Rahmenbedingungen seiner Tätigkeit dem Wettbewerbsrecht, insbesondere sind etwaige Ausschließlichkeitsklauseln an Art. 101 Abs. 1 und 3 AEUV zu messen. Handelt es sich hingegen um einen unechten Handelsvertreter, also einen Absatzmittler, der nicht selbst das wirtschaftliche Risiko seiner Tätigkeit trägt, so findet auf sein Innenverhältnis zum Geschäftsherrn das Wettbewerbsrecht keine Anwendung (EuGHE, C-217/05, 2006, I-11987 – CEPSA).

Die deutschen gesetzlichen Krankenversicherungen hat der EuGH aufgrund ihrer vorwiegend sozialen Aufgabe nicht als Unternehmen angesehen, obwohl sie eigentlich als Käufer, z.B. auf dem Markt für medizinische Produkte, tätig sein können (EuGHE, C-264/01, 2004, I-2493 – AOK Bundesverband).

2. Die Zwischenstaatlichkeitsklausel

Gemeinsam ist Art. 101 und 102 AEUV ferner, dass sie nur zur Anwendung kommen, wenn eine Verhaltensweise geeignet ist (oder dazu führen kann), den Handel zwischen Mitgliedstaaten zu beeinträchtigen (nicht notwendigerweise den Handel zwischen „den" bzw. zwischen „allen" Mitgliedstaaten!). Diese sog. **Zwischenstaatlichkeitsklausel** dient der Abgrenzung des sachlichen Anwendungsbereichs des EU-Kartellrechts vom Anwendungsbereich der nationalen Kartellgesetze (in Deutschland: GWB).

a) Ausgehend von der bisherigen EuGH-Rechtsprechung zur Auslegung der Zwischenstaatlichkeitsklausel hat die Kommission Leitlinien zum Begriff der Beeinträchtigung des zwischenstaatlichen Handels veröffentlicht (ABl. 2004, C 101, S. 81). Die Klausel ist weit auszulegen. Sie ist immer schon dann erfüllt, *wenn sich aufgrund einer Gesamtheit objektiver rechtlicher und tatsächlicher Umstände mit hinreichender Wahrscheinlichkeit voraussehen lässt, dass das in Frage stehende Verhalten unmittelbar oder mittelbar, tatsächlich oder potenziell den Handel zwischen Mitgliedstaaten in einer Weise beeinflussen kann, die der Verwirklichung der Ziele eines einheitlichen zwischenstaatlichen Marktes* (eines Binnenmarkts) *nachteilig sein kann* (EuGHE, C-49/07, 2008, I-4863 – MOTOE, Rn. 39). Augenfällig ist die Parallele zur ebenfalls sehr weiten Dassonville-Formel, wie sie aus der Rechtsprechung zur Warenverkehrsfreiheit bekannt ist (vgl. oben S. 201).

Auch Vereinbarungen zwischen Unternehmen, die in demselben Mitgliedstaat ansässig sind, können sich auf den Handel zwischen Mitgliedstaaten auswirken, insbesondere wenn sie eine Marktabschottungstendenz aufweisen.

Hinweis zur Vertiefung: Selbst Vereinbarungen zwischen Unternehmen aus Drittstaaten (z. B. US-amerikanische Unternehmen) können Auswirkungen auf den Handel zwischen Mitgliedstaaten haben. Sofern Auswirkungen auf den EU-Binnenmarkt bestehen, kann die Kommission also auch solche Unternehmen wegen Verstößen gegen das europäische Kartellrecht mit Geldbußen belegen (problematisch kann dann allenfalls die Vollstreckung der Geldbuße sein). Völkerrechtlich gilt diesbezüglich das **Territorialitätsprinzip** in der besonderen Spielart der **Auswirkungstheorie** (Englisch: *„effects doctrine"*, vgl. grundlegend dazu EuGHE, 89/85, 1988, 5193 – Zellstoff).

b) Ist eine Verhaltensweise *nicht* geeignet, den Handel zwischen Mitgliedstaaten zu beeinträchtigen, so kann sie nur nach nationalem Kartellrecht beurteilt werden. Fällt sie hingegen sowohl in den Anwendungsbereich des nationalen Kartellrechts als auch in den Anwendungsbereich des EU-Kartellrechts, so können beide parallel zur Anwendung kommen (grundlegend dazu EuGHE, 14/68, 1969, 1 – Walt Wilhelm), genauer gesagt ist eine parallele Anwendung durch die nationalen Wettbewerbsbehörden und Gerichte sogar verpflichtend. Einzelheiten hierzu, insbesondere zur vorrangigen Berücksichtigung der Wertungen des EU-Kartellrechts, ergeben sich aus Art. 3 der Verordnung Nr. 1/2003.

3. Die Bestimmung des relevanten Marktes

Für die wettbewerbsrechtliche Beurteilung einer Verhaltensweise ist die korrekte Abgrenzung des relevanten Marktes entscheidend. In Bezug auf diesen Markt werden die Marktanteile der betroffenen Unternehmen berechnet, und auf diesem Markt wird der Wettbewerb untersucht (z. B. Art und Zahl der Marktteilnehmer, bestehender und potenzieller Wettbewerb, Konkurrenzverhältnisse, etwaige Beeinflussung des Wettbewerbs durch die inkriminierte Verhaltensweise, etwaige Marktabschottungstendenzen).

Zu unterscheiden ist zwischen dem **sachlich relevanten Markt** (Produktmarkt: alle Erzeugnisse, die zueinander im Wettbewerb stehen) und dem **räumlich relevanten Markt** (geografische Ausdehnung des Marktes, auf dem Wettbewerb stattfindet bzw. stattfinden könnte: weltweiter Markt, EU- oder EWR-weiter Markt, nationaler Markt, regionaler Markt). Wichtige praktische Hinweise ergeben sich aus der Bekanntmachung der Kommission über die Definition des relevanten Marktes (ABl. 1997, C 372, S. 5).

III. Das Verbot wettbewerbswidriger Verhaltensweisen gemäß Art. 101 AEUV

1. Kollusion zwischen Marktteilnehmern

Drei Arten von **Verhaltensweisen** sind Gegenstand des „Kartellverbots" in **Art. 101 Abs. 1 AEUV**:
– Vereinbarungen zwischen Unternehmen,
– Beschlüsse von Unternehmensvereinigungen und
– aufeinander abgestimmte Verhaltensweisen (von Unternehmen).

Alle drei Begriffe beschreiben letztlich **Formen der Kollusion zwischen Marktteilnehmern** im Hinblick auf ihr Marktverhalten, die sich lediglich hinsichtlich ihrer Intensität und ihrer Ausdrucksformen unterscheiden (EuGHE C-8/08, 2009, I-4529 – T-Mobile, Rn. 23). Die Grenze zwischen ihnen ist fließend. Einseitige Verhaltensweisen sind aber nicht von Art. 101 Abs. 1 AEUV erfasst; sie können allenfalls unter Art. 102 AEUV fallen, wenn das betreffende Unternehmen marktbeherrschend ist.

2. Zwischenstaatlichkeitsklausel und Wettbewerbswidrigkeit

Unionsrechtlich verboten sind kollusive Verhaltensweisen freilich nur unter zwei zusätzlichen Bedingungen: Sie müssen
– geeignet sein, den Handel zwischen Mitgliedstaaten zu beeinträchtigen (sog. **Zwischenstaatlichkeitsklausel**, vgl. dazu oben S. 313), und
– **wettbewerbswidrig** sein, d. h. eine Verhinderung, Einschränkung oder Verfälschung des Wettbewerbs innerhalb des Binnenmarkts **bezwecken** oder **bewirken**.

Zur Wettbewerbswidrigkeit ist Folgendes anzumerken:

a) Wichtig ist die Unterscheidung zwischen „bezweckter" und „bewirkter" Wettbewerbsverfälschung i. S. v. Art. 101 Abs. 1 AEUV. Nur im letzteren Fall müssen konkrete **wettbewerbswidrige Auswirkungen** einer kollusiven Verhaltensweise auf den Markt nachgewiesen werden. Im ersteren Fall geht es hingegen um Verhaltensweisen, die schon ihrem Gegenstand nach aufgrund bestehender Erfahrungen das Potenzial haben, negative Auswirkungen auf den Wettbewerb zu entfalten, beispielsweise Preisabsprachen; für sie muss deshalb auch kein Nachweis wettbewerbswidriger Auswirkungen im konkreten Einzelfall geführt werden, etwa ein tatsächlicher Anstieg der Verbraucherpreise über das normale Niveau hinaus. Man kann das Verbot der „bezweckten Wettbewerbsverfälschung" mit den aus dem Strafrecht bekannten Gefährdungsdelikten vergleichen (GA' Kokott, Schlussanträge zu EuGHE, C-8/08, 2009, I-4529 – T-Mobile, Rn. 46, 47). Am Verbot der „bezweckten Wettbewerbsverfälschung" zeigt sich, dass das europäische Wettbewerbsrecht, wie schon einleitend erwähnt, die Marktstruktur und somit den Wettbewerb als Institution schützt.

b) **Regelbeispiele** für wettbewerbswidrige Verhaltensweisen sind in Art. 101 Abs. 1 lit. a-e AEUV enthalten; diese Aufzählung ist aber, wie der Wortlaut „insbesondere" deutlich macht, nicht abschließend.

Verboten sind sowohl **horizontale Wettbewerbsbeschränkungen** (d. h. Vereinbarungen zwischen aktuellen oder potenziellen Wettbewerbern, also Unternehmen, die auf derselben Marktstufe tätig sind) als auch **vertikale Wettbewerbsbeschränkungen** (d. h. Vereinbarungen zwischen Unternehmen, die auf verschiedenen Marktstufen tätig sind, z. B. zwischen einem Automobilhersteller und seinen Zulieferern oder zwischen einem Automobilhersteller und seinen Vertragshändlern).

Die augenfälligste Wettbewerbsbeschränkung ist sicherlich das **Kartell** i. e. S. (im Englischen häufig auch als *„hard-core cartel"* bezeichnet), d. h. eine Preisabsprache unter Wettbewerbern oder die Aufteilung von Märkten zwischen ihnen (z. B. territorial, so dass jedes Unternehmen nur in bestimmten Regionen tätig wird und nicht in die „Reviere" der anderen vorstößt). Aber auch ein **Austausch sensibler Geschäftsdaten** unter Wettbewerbern (z. B. wer wann wo und in welchem Umfang die Preise erhöht oder senkt) kann den Grundstein für eine wettbewerbswidrige Verhaltensweise legen, beispielsweise für ein abgestimmtes Marktauftreten (EuGHE, C-8/08, 2009, I-4529 – T-Mobile).

c) Die Wettbewerbsbeschränkung muss **spürbar** sein. Es gilt also eine *De-minimis*-Schwelle, die die Kommission in ihrer sog. **Bagatell-Bekanntmachung** (ABl. 2001, C 368, S. 13) durch Marktanteilsgrenzen zu konkretisieren versucht. Danach gelten Verhaltensweisen nicht als von Art. 101 Abs. 1 AEUV erfasst, wenn die beteiligten Unternehmen gemeinsam nicht mehr als 10 % Marktanteil (bei Vereinbarungen zwischen Wettbewerbern) bzw. nicht mehr als 15 % Marktanteil (bei Vereinbarungen zwischen Nichtwettbewerbern) erzielen. So genannte Kernbeschränkungen (insbesondere Preisabsprachen und die Aufteilung von Märkten) sind aber auch unterhalb dieser Marktanteilsschwellen verboten.

d) Ist eine Vereinbarung Teil einer Vielzahl gleichartiger Verträge, so ist deren **kumulative Auswirkung** auf den Wettbewerb (und auf den Handel zwischen Mitgliedstaaten) in ihrer Gesamtheit zu würdigen (sog. **Bündeltheorie**). Beispielsweise kann eine Brauerei mit den von ihr versorgten Gastwirten langfristige Bierlieferungsverträge mit Alleinbezugsvereinbarungen geschlossen haben, von denen jeder einzelne nicht besonders ins Gewicht fallen mag, die aber in ihrer Gesamtheit erhebliche Marktabschottungswirkungen erzeugen können (EuGHE, C-234/89, 1991, I-935 – Delimitis).

3. Freistellung nach Art. 101 Abs. 3 AEUV

Nicht alle Vereinbarungen, Absprachen oder abgestimmten Verhaltensweisen zwischen Unternehmen sind jedoch wettbewerbswidrig. Im Gegenteil kann ein anerkennenswertes wirtschaftliches Interesse an ihnen bestehen. Beispielsweise kann es legitim sein, dass ein Markenhersteller hochwertiger Kosmetikprodukte ein selektives Vertriebssystem aufbaut, so dass seine Ware nur in bestimmten Geschäften unter Einhaltung der mit den Vertragshändlern vereinbarten Qualitätsstandards verkauft (und nicht etwa bei einem Discounter „verramscht") wird. Ebenso kann es sinnvoll sein, dass Unternehmen sich auf gemeinsame Forschungs- und Entwicklungstätigkeiten einigen, etwa dann, wenn für jedes einzelne von ihnen der Aufwand ansonsten nicht finanzierbar wäre.

Solche legitimen Interessen erkennt auch **Art. 101 Abs. 3 AEUV** an, indem er eine **Freistellung vom Kartellverbot** vorsieht, wenn Unternehmensvereinbarungen, Beschlüsse oder Verhaltensweisen

- zur Verbesserung der Warenerzeugung oder -verteilung oder zur Förderung des technischen oder wirtschaftlichen Fortschritts beitragen,
- die Verbraucher angemessen beteiligen (etwa durch bessere Produkte, ein breiteres Angebot und/oder niedrigere Preise),
- einer Verhältnismäßigkeitsprüfung standhalten (also nur solche Wettbewerbsbeschränkungen mit sich bringen, die unerlässlich sind) und
- nicht den Wettbewerb für einen wesentlichen Teil der betreffenden Waren ausschalten.

Letztlich kommt es also darauf an, ob die Nachteile einer Vereinbarung o. ä. für den Wettbewerb von den Vorteilen aufgewogen werden. Näheres ergibt sich aus den von der Kommission veröffentlichten Leitlinien (ABl. 2004, C 101, S. 8).

Die Freistellung vom Kartellverbot gemäß Art. 101 Abs. 3 AEUV (ehemals Art. 85 Abs. 3 EWGV bzw. Art. 81 Abs. 3 EGV) musste früher bei der Kommission beantragt werden, die nach der Verordnung Nr. 17 eine ausschließliche Zuständigkeit für die Erteilung solcher Genehmigungen hatte. Seit dem 1. 5. 2004 gilt jedoch mit der Verordnung Nr. 1/2003 ein neues System, in dem Art. 101 Abs. 3 AEUV als **Legalausnahme** verstanden wird, so dass seine **Freistellungswirkung** unmittelbar – „kraft Gesetzes" – eintritt; die Kommission erteilt jetzt keine Einzelfreistellungen mehr.

Weiterhin möglich ist es aber, dass die Kommission im Wege der Verordnung bestimmte Kategorien von Unternehmensvereinbarungen vom Kartellverbot freistellt. Solche **Gruppenfreistellungsverordnun-**

gen, die einer Ermächtigungsverordnung des Rates bedürfen (Art. 105 Abs. 3 AEUV), bestehen insbesondere für:

– vertikale Vereinbarungen und Verhaltensweisen im Automobilsektor (Verordnung Nr. 461/2010),
– sonstige vertikale Vereinbarungen (Verordnung Nr. 330/2010),
– Spezialisierungsvereinbarungen (Verordnung Nr. 2658/2000) und
– Vereinbarungen über Forschung und Entwicklung (Verordnung Nr. 2659/2000).

Sie werden jeweils durch ausführliche **Leitlinien der Kommission** erläutert.

Es fällt in die Verantwortung der betroffenen Unternehmen und ihrer Rechtsberater, zu prüfen, ob eine von ihnen praktizierte Verhaltensweise bzw. eine von ihnen geplante oder bereits getroffene Absprache überhaupt vom Kartellverbot des Art. 101 Abs. 1 AEUV erfasst wird. Ebenso haben die Marktteilnehmer im Wege der **eigenverantwortlichen Selbsteinschätzung** zu würdigen, ob sie die tatbestandlichen Voraussetzungen einer Gruppenfreistellung erfüllen (diese ergeben sich aus der jeweiligen Verordnung) oder – hilfsweise – ob sie sich auf eine „Einzelfreistellung" berufen können (die Voraussetzungen dafür folgen unmittelbar aus Art. 101 Abs. 3 AEUV).

4. Rechtsfolgen eines Verstoßes gegen das Kartellverbot

Unterfällt eine Vereinbarung oder ein Beschluss dem Kartellverbot des Art. 101 Abs. 1 AEUV, ohne dass eine Freistellung nach Art. 101 Abs. 3 AEUV eingreift, so ist die Vereinbarung bzw. der Beschluss **kraft Unionsrechts nichtig** (Art. 101 Abs. 2 AEUV) und kann auch zu **Schadensersatzforderungen** von Dritten führen (§ 823 Abs. 2 BGB!), beispielsweise von Verbrauchern, die überhöhte Preise zahlen mussten (vgl. dazu oben S. 115 f.). Die Kommission kann eine **Geldbuße** verhängen (vgl. unten S. 319). Ferner sind die §§ 33–34a GWB zu beachten. Auch § 134 BGB und § 138 BGB können einschlägig sein.

IV. Das Verbot des Missbrauchs einer marktbeherrschenden Stellung gemäß Art. 102 AEUV

Als zweiten Pfeiler des EU-Kartellrechts enthält Art. 102 AEUV ein eigenständiges Verbot der missbräuchlichen Ausnutzung einer marktbeherrschenden Stellung auf dem Binnenmarkt oder einem wesentlichen Teil desselben, soweit dies dazu führen kann, den Handel zwischen Mitgliedstaaten zu beeinträchtigen.

1. Marktbeherrschende Stellung

Als **marktbeherrschende Stellung** versteht man *die wirtschaftliche Machtstellung eines Unternehmens, die dieses in die Lage versetzt, die Aufrechterhaltung eines wirksamen Wettbewerbs auf dem relevanten Markt zu verhindern, indem sie ihm die Möglichkeit verschafft, sich seinen Wettbewerbern, seinen Abnehmern und letztlich den Verbrauchern gegenüber in nennenswertem Umfang unabhängig zu verhalten* (EuGHE, 27/76, 1978, 207 – United Brands, Rn. 65; EuGHE, 85/76, 1979, 461 – Hoffmann-LaRoche, Rn. 38). Kennzeichnend für die Marktbeherrschung sind also letztlich zwei Elemente: das betreffende Unternehmen ist erstens so stark, dass es keinem nennenswerten Wettbewerbsdruck ausgesetzt ist und sich somit unabhängig verhalten kann, und es ist zweitens in der Lage, wirksamen Wettbewerb auf dem relevanten Markt zu verhindern.

Wie sich schon dem Wortlaut von Art. 102 Abs. 1 AEUV entnehmen lässt, kann eine marktbeherrschende Stellung in zwei unterschiedlichen Formen auftreten:

● Bei der **Einzelmarktbeherrschung** ist ein Unternehmen allein marktbeherrschend (es handelt sich dann um einen Monopolisten oder um das mit Abstand größte und stärkste Unternehmen auf einem Markt).

● Bei der **kollektiven Marktbeherrschung** nehmen mehrere Unternehmen gemeinsam die marktbeherrschende Stellung ein (sog. Oligopol).

Einzelmarktbeherrschung ist umso leichter nachzuweisen, je größer der Marktanteil des betreffenden Unternehmens ist. Aber auch bei Marktanteilen von weniger als 50 % kann Einzelmarktbeherrschung vorliegen, v.a. wenn die weiteren Anbieter auf dem Markt deutlich kleiner und schwächer sind. Was die kollektive Marktbeherrschung anbelangt, so setzt sie nicht notwendigerweise eine Kartellabsprache zwischen den beteiligten Unternehmen voraus. Es genügt schon, dass innerhalb eines stabilen Oligopols kein wirksamer Binnenwettbewerb stattfindet und es deshalb für keines der beteiligten Unternehmen wirtschaftlich Sinn macht, in einen aktiven Wettbewerb zu den anderen zu treten. Dies äußert sich in der Regel in einem bewussten (nicht notwendigerweise kollusiven) Parallelverhalten der Betroffenen auf dem Markt. Zumeist setzt die Feststellung einer kollektiven marktbeherrschenden Stellung eine komplexe Untersuchung der Marktverhältnisse voraus (EuGHE, C-395/96 P, 2000, I-1365 – Compagnie maritime belge, Rn. 35 ff.).

Wie sich aus dem Wortlaut von Art. 102 AEUV ergibt, genügt es, wenn die beherrschende Stellung auf einem **wesentlichen Teil des Binnenmarkts** besteht. Schon das Territorium eines Mitgliedstaats ist in aller Regel ein solcher wesentlicher Teil, sogar auf einzelne deutsche Bundesländer kann dies zutreffen (EuGHE, C-49/07, 2008, I-4863 – MOTOE, Rn. 35; EuGHE, C-475/99, 2001, I-8089 – Ambulanz Glöckner, Rn. 38).

2. Missbräuchliches Ausnutzen

Art. 102 AEUV verbietet nicht die (durch internes Wachstum eines Unternehmens erlangte) marktbeherrschende Stellung als solche, sondern nur deren **missbräuchliches Ausnutzen**, also ein bestimmtes Marktverhalten. Missbrauch ist anzunehmen, wenn ein Unternehmen von seiner Vormachtstellung auf dem Markt in einer Weise Gebrauch macht, die geeignet ist, den Wettbewerb auf diesem Markt zu schwächen (insbesondere durch Benachteiligung anderer Marktteilnehmer – Wettbewerber, Zulieferer, Kunden, Endverbraucher –), ohne dass es dafür einen **sachlichen Grund** (*legitime geschäftliche Erwägungen*) gäbe (EuGHE, C-95/04 P, 2007, I-2331 – British Airways, Rn. 69, 84 ff.). Es ist also eine – im Einzelfall nicht immer leichte – Abgrenzung vorzunehmen zwischen der Wahrung legitimer geschäftlicher Interessen des Marktbeherrschers (dazu gehört insbesondere ein legitimer Leistungswettbewerb auf dem Markt) und einem „unfairen" Verhalten, das letztlich nur dazu dient, die eigene Vormachtstellung auf Kosten und zum Nachteil anderer zu verteidigen und ggf. auszubauen. In diesem Zusammenhang ist zu berücksichtigen, dass auf dem betreffenden Markt gerade wegen der Anwesenheit des oder der marktbeherrschenden Unternehmen der Wettbewerb ohnehin bereits geschwächt ist; deshalb obliegt dem oder den Marktbeherrschern eine besondere Verantwortung für die Aufrechterhaltung des noch verbleibenden Wettbewerbs (EuGHE, 322/81, 1983, 3461 – Michelin, Rn. 57, 70). Letztlich sind einem marktbeherrschenden Unternehmen Verhaltensweisen verboten, die anderen (nicht marktbeherrschenden) Unternehmen womöglich erlaubt wären. Die Privatautonomie des marktbeherrschenden Unternehmens ist dementsprechend eingeschränkt.

Regelbeispiele für die missbräuchliche Ausnutzung einer marktbeherrschenden Stellung nennt Art. 102 Abs. 2 lit. a-d AEUV. Wie schon bei Art. 101 Abs. 1 AEUV macht auch hier der Wortlaut „insbesondere" deutlich, dass es sich um keine abschließende Aufzählung handelt.

Von ihren wirtschaftlichen Auswirkungen her lassen sich die diversen Formen des Missbrauchs v. a. zwei großen Themenkreisen zuordnen: **Ausbeutungsmissbrauch** kann in der Form des Preismissbrauchs (z. B. stark überhöhte Preise) und in der Form des Konditionenmissbrauchs auftreten (unbillige Vertrags- bzw. Geschäftsbedingungen). **Behinderungsmissbrauch** ist ein Oberbegriff für Praktiken, mit denen u. a. der Markteintritt neuer Anbieter verhindert oder die bestehenden Konkurrenten vom Markt verdrängt werden sollen. Es genügt, dass das Verhalten des marktbeherrschenden Unternehmens *geeignet* ist, solche Wirkungen zu erzeugen (EuGH, C-280/08 P, Urt. v. 14. 10. 2010 – Deutsche Telekom, Rn. 177, 253). Dies kann etwa dadurch bewerkstelligt werden, dass das marktbeherrschende Unternehmen seine Kunden durch ein ausgeklügeltes System von Treuerabatten an sich bindet (EuGHE, C-95/04 P, 2007, I-2331 – British Airways) oder seine Produkte vorübergehend zu Kampfpreisen auf den Markt bringt (Verlustpreisunterbietung). Zunehmend spielt auch das missbräuchliche Ausnutzen von geistigen Eigentumsrechten und Schutzrechten zur Verhinderung des Markteintritts oder des Erstarkens von Wettbewerbern eine wichtige Rolle (EuGHE, C-481/01, 2004, I-5039 – IMS Health; EuG, T-201/04, 2007, II-3601 – Microsoft).

Beispiel (nach EuG, a.a.O. – Microsoft): Der Software-Gigant Microsoft wurde von der Kommission wegen Missbrauchs seiner marktbeherrschenden Stellung nach Art. 82 EGV (nunmehr Art. 102 AEUV) verfolgt. Vereinfacht gesagt ging es darum, dass Microsoft es den Verbrauchern erschwerte, sein Betriebssystem Windows mit Software der Konkurrenz zu kombinieren. Der erste Missbrauchsvorwurf betraf die Weigerung Microsofts, die Interoperabilität seiner eigenen Programme mit denen der Konkurrenz zu gewährleisten (dafür bedurfte es der Offenlegung der sog. Schnittstellen in den Programmen), was eine missbräuchliche Berufung auf die Urheberrechte Microsofts an der von ihm entwickelten Software darstellte. Der zweite Missbrauch bestand darin, dass Microsoft die Bereitstellung seines Windows-Betriebssystems vom gleichzeitigen Erwerb des hauseigenen Windows Media Player abhängig machte; darin sah die Kommission ein missbräuchliches Kopplungsgeschäft. Für diese Missbräuche wurde Microsoft mit einer Geldbuße von knapp 500 Mio. € belegt (vgl. Art. 23 Abs. 2 VO 1/2003). Außerdem wurde Microsoft verpflichtet, seine Programmschnittstellen offenzulegen (vgl. Art. 7 Abs. 1 Satz 2 VO 1/2003). Die von Microsoft erhobene Nichtigkeitsklage wies das EuG als unbegründet ab. Mangels Rechtsmittel ist das Urteil rechtskräftig geworden.

In einer **Mitteilung** hat die Kommission Anfang 2009 ihre Prioritäten bei der Anwendung von Art. 102 AEUV (ehemals Art. 82 EGV) auf Fälle von Behinderungsmissbrauch durch marktbeherrschende Unternehmen veröffentlicht (ABl. 2009, C 45, S. 7).

3. Rechtsfolgen

Der Missbrauch einer marktbeherrschenden Stellung ist durch Art. 102 AEUV „kraft Gesetzes" verboten. Er kann von der Kommission durch eine **Geldbuße** geahndet werden (vgl. unten S. 319) und von Unternehmen oder Verbrauchern vor nationalen Gerichten zur Begründung von **Schadensersatzansprüchen** (§ 823 Abs. 2 BGB!) ins Feld geführt werden. Ferner sind die §§ 33–34a GWB zu beachten. Auch § 134 BGB und § 138 BGB können einschlägig sein.

V. Das europäische Kartellverfahrensrecht

1. Kartellrechtsdurchsetzung auf Unionsebene und auf nationaler Ebene

Die behördliche **Durchsetzung** des EU-Kartellrechts erfolgt **teils zentral, teils dezentral**. Die Zuständigkeit für die Anwendung des EU-Kartellrechts ist zwischen der Kommission (direkter Vollzug) und den nationalen Kartellbehörden (indirekter Vollzug) geteilt. Sowohl die Kommission als auch das Bundeskartellamt können also Art. 101 und 102 AEUV anwenden.

Zur Koordinierung der Arbeit zwischen Kommission und nationalen Kartellbehörden, nicht zuletzt zur sachgerechten Aufteilung der zu bearbeitenden Fälle, wurde ein **Netzwerk** der Europäischen Wettbewerbsbehörden gegründet (vgl. auch die diesbezügliche Bekanntmachung der Kommission, ABl. 2004, C 101, S. 43). Die beteiligten Kartellbehörden leisten sich gegenseitig **Amtshilfe** bei der Sachverhaltsermittlung und können auch vertrauliche Informationen untereinander austauschen (Art. 11, 12, 22 VO 1/2003 und Erwägungsgründe 15–18).

Wird eine nationale Kartellbehörde aktiv, so ist sie verpflichtet, ihr nationales Wettbewerbsrecht (in Deutschland: das GWB) und das EU-Kartellrecht (soweit dessen Anwendungsbereich eröffnet ist) **parallel anzuwenden** (Art. 3 Abs. 1 der Verordnung Nr. 1/2003). Auf diese Weise soll eine kohärente Rechtsanwendung und eine Beachtung der Vorgaben des EU-Kartellrechts befördert werden. Leitet die Kommission selbst ein Verfahren ein, so verlieren die nationalen Kartellbehörden ihre Zuständigkeit zur Anwendung des EU-Kartellrechts (Art. 11 Abs. 6 VO 1/2003).

Für die Anwendung von Art. 101 und 102 AEUV durch nationale Behörden gelten die nationalen Verfahrensvorschriften (die in Deutschland im GWB enthalten sind), zuzüglich einiger Anforderungen, die sich unmittelbar aus der Verordnung Nr. 1/2003 ergeben (insbesondere aus deren Art. 3 und 5). Für die Anwendung von Art. 101 und 102 AEUV durch die Kommission gilt hingegen allein die Verordnung Nr. 1/2003.

2. Das Verfahren bei der Kommission

a) Die Kommission kann sich aus eigener Initiative, aufgrund einer Beschwerde oder auf die Selbstanzeige (Geständnis) eines Unternehmens hin entschließen, ein Verfahren zur Ahndung einer Zuwiderhandlung gegen Art. 101 oder 102 AEUV zu eröffnen.

Hinweis zur Vertiefung: Geständnisse und die Zusammenarbeit von Kartellbeteiligten mit der Kommission werden durch eine **Kronzeugenregelung** attraktiv gemacht, deren Inanspruchnahme zu einer Bußgeldreduzierung oder sogar zum gänzlichen Bußgelderlass führen kann (Mitteilung der Kommission über den Erlass und die Ermäßigung von Geldbußen in Kartellsachen, ABl. 2006, C 298, S. 17).

b) Zur Aufklärung des Sachverhalts verfügt die Kommission über weit reichende **Ermittlungsbefugnisse**: Sie kann Auskunftsverlangen an die betroffenen Unternehmen und andere Marktteilnehmer (Kunden, Zulieferer, Wettbewerber) richten und Personen mündlich befragen (Art. 18, 19 VO 1/2003). Besonders wichtig für die Aufklärung von Kartellen ist ferner die Befugnis der Kommission, Hausdurchsuchungen (sog. **Nachprüfungen**, Art. 20, 21 VO 1/2003) durchzuführen.

Hinweis zur Vertiefung: Die Nachprüfungen werden auf der Grundlage einer Entscheidung des zuständigen Kommissars durchgeführt. Durchsuchungen von Unternehmensräumlichkeiten bedürfen nach Unionsrecht keiner richterlichen Anordnung. Wenn Widerstand geleistet wird, sind die nationalen Behörden verpflichtet, die Kommission aktiv zu unterstützen und den Widerstand ggf. mit Hilfe der Polizei zu brechen; nur in diesem Zusammenhang kann, je nach Mitgliedstaat, die Anordnung eines nationalen Richters nötig werden. Der nationale Richter darf aber nur die Verhältnismäßigkeit der Zwangsmaßnahmen prüfen, nicht hingegen die Recht- und Zweckmäßigkeit der Durchsuchung als solcher hinterfragen; Letzteres bleibt dem EuG im Verfahren über eine etwaige Nichtigkeitsklage vorbehalten (Art. 20 Abs. 6–8 VO 1/2003). Im Fall der Durchsuchung von Privatwohnungen ist zwar zwingend die vorherige Genehmigung des nationalen Gerichts einzuholen, jedoch unterliegt der Prüfungsumfang des nationalen Gerichts den gleichen Beschränkungen wie bei Unternehmensräumlichkeiten (Art. 21 Abs. 3 VO 1/2003).

c) Bei allen Verfahrenshandlungen hat die Kommission den **Grundsatz der guten Verwaltung** (Art. 41 der Charta der Grundrechte der EU) zu beachten sowie die **Grundrechte** aller Beteiligten, insbesondere die **Verteidigungsrechte** der betroffenen Unternehmen, zu wahren (Art. 48 Abs. 2 der Charta der Grundrechte der EU). Daraus ergeben sich insbesondere folgende Konsequenzen für das Kartellverfahren:

- Es gilt die Unschuldsvermutung (EuGHE, C-199/92, 1999, I-4287 – Hüls, Rn. 149 ff.).
- Niemand darf gezwungen werden, sich im Kartellverfahren selbst zu belasten (EuGHE, 374/87, 1989, 3283 – Orkem; EuG, T-112/98, 2001, II-729 – Mannesmannröhren-Werke).
- Geschäftsgeheimnisse und andere vertrauliche Informationen sind zu schützen (Art. 28 Abs. 2 VO 1/2003, Art. 339 AEUV).
- Die Kommission muss die betroffenen Unternehmen zu den von ihr erhobenen Vorwürfen anhören und ihnen Gelegenheit zur Stellungnahme geben; dies geschieht in der Praxis durch eine schriftliche sog. Mitteilung der Beschwerdepunkte, der im Regelfall eine mündliche Anhörung folgt (Art. 27 Abs. 1 VO 1/2003).
- Zur Vorbereitung ihrer Verteidigung haben die betroffenen Unternehmen ein Recht auf Akteneinsicht (Art. 27 Abs. 2 VO 1/2003; vgl. auch die diesbezügliche Mitteilung der Kommission, ABl. 2005, C 325, S. 7).
- Die Kommission darf ihrer Entscheidung keine Vorwürfe zugrunde legen, zu denen die betroffenen Unternehmen nicht angehört wurden. Außerdem darf sie sich in ihrer Entscheidung auf keine Beweismittel stützen, die die betroffenen Unternehmen nicht zuvor einsehen konnten.
- Die Entscheidung der Kommission ist ordnungsgemäß zu begründen (Art. 296 Abs. 2 AEUV).
- Zwar bestehen keine Fristen für das Verwaltungsverfahren. Zur Wahrung der Verteidigungsmöglichkeiten der betroffenen Unternehmen gilt aber der Grundsatz, dass das Verwaltungsverfahren nicht übermäßig lang sein darf (EuGHE, C-105/04 P, 2006, I-8725 – Niederländisches Elektrokartell).
- Die von der Kommission gewonnenen Erkenntnisse dürfen nur für die Zwecke des betreffenden Kartellverfahrens verwertet werden (Verwertungsverbot für andere Verfahren, Art. 28 Abs. 1 VO 1/2003).

d) Kommt die Kommission am Ende des Verwaltungsverfahrens zu dem Schluss, dass eine Zuwiderhandlung gegen Art. 101 oder Art. 102 AEUV vorliegt, so stellt sie dies in einer **Entscheidung** (Beschluss i. S. v. Art. 288 Abs. 4 AEUV) fest und verpflichtet die betroffenen Unternehmen, den Verstoß abzustellen; sie kann ihnen auch konkrete **Abhilfemaßnahmen** aufgeben (Art. 7 VO 1/2003). Ferner kann sie **einstweilige Maßnahmen** erlassen (Art. 8 VO 1/2003). Außerdem kann die Kommission den betroffenen Unternehmen **Geldbußen** und **Zwangsgelder** auferlegen (Art. 23, 24 VO 1/2003). Vor allem die von der Kommission verhängten Geldbußen haben in den letzten Jahren beträchtliche Summen erreicht; sie können bis zu 10 % des weltweiten Gesamtumsatzes eines Unternehmens ausmachen (zur genauen Berechnungsmethode vgl. die Leitlinien der Kommission, ABl. 2006, C 210, S. 2).

Kooperieren die betroffenen Unternehmen mit der Kommission, so kann diese in geeigneten Fällen statt einer förmlichen Entscheidung auch freiwillige **Verpflichtungszusagen** der Unternehmen annehmen und durch Beschluss für verbindlich erklären (Art. 9 VO 1/2003; vgl. dazu EuGHE, C-441/07 P, Urt. v. 29. 6. 2010 – Alrosa). Dadurch kann der Verfahrensablauf erheblich verkürzt und vereinfacht werden. Von Geldbußen und Zwangsgeldern wird in solchen Fällen abgesehen.

e) Die Mitgliedstaaten werden über einen **Beratenden Ausschuss** für Kartell- und Monopolfragen in das Verfahren eingebunden (Art. 14 VO 1/2003).

C. Die europäische Fusionskontrolle

I. Einführung

Zusammenschlüsse (umgangssprachlich zumeist ganz allgemein als „Fusionen" bezeichnet) sind für Unternehmen ein wichtiges Mittel, um sich neue Märkte zu erschließen und im internationalen Wettbewerb zu bestehen. Das Unionsrecht steht ihnen deshalb grundsätzlich positiv gegenüber. Zusammenschlüsse können aber auch Wettbewerbsverzerrungen im Binnenmarkt verursachen. Kauft beispielsweise ein Unternehmen einen seiner Konkurrenten auf oder fusioniert mit ihm, so besteht die Gefahr, dass es durch diesen Zusammenschluss zu mächtig wird und deshalb der Wettbewerb auf den betreffenden Märkten zum Nachteil der Verbraucher und letztlich zum Nachteil der Allgemeinheit geschwächt wird. Die Schaffung und Aufrechterhaltung eines Binnenmarkts mit unverfälschtem Wettbewerb verlangt deshalb nach einer Fusionskontrolle auf europäischer Ebene.

Anders als der EGKS-Vertrag sah aber der E(W)G-Vertrag keine ausdrücklichen Bestimmungen über die Fusionskontrolle vor. Auch der AEUV enthält bis heute keine spezifische Rechtsgrundlage dazu.

Hinweis zur Vertiefung: Ein bloßer Rückgriff auf Art. 101, 102 AEUV (ehemals Art. 85, 86 EWGV) wäre nicht zufriedenstellend: Art. 101 greift nur ein, wenn die beteiligten Unternehmen unabhängig bleiben. Art. 102 setzt voraus, dass eines der Unternehmen bereits vor der Fusion marktbeherrschend war und diese Position lediglich verstärkt. Zudem werden beide Vorschriften nur als Rechtsgrundlage für ein repressives Handeln angewandt.

Nach mehreren Anläufen und langjährigen Verhandlungen einigte man sich deshalb 1989 darauf, auf sekundärrechtlicher Ebene (gestützt u. a. auf den heutigen Art. 352 AEUV) eine europäische Fusionskontrolle einzurichten. Dazu wurde die **Fusionskontrollverordnung (FkVO)** geschaffen, die 1990 in Kraft trat (ehemals Verordnung Nr. 4064/89, heute Verordnung Nr. 139/2004).

Dass Art. 352 AEUV auch in Zukunft als Rechtsgrundlage u. a. für die Fusionskontrolle herangezogen werden kann, stellt das Protokoll Nr. 27 über den Binnenmarkt und den Wettbewerb klar.

Die FkVO beruht auf einer **klaren Zuständigkeitsverteilung** zwischen der Kommission als europäischer Wettbewerbsbehörde und den nationalen Wettbewerbsbehörden (EuGHE, C-42/01, 2004, I-6079 – Portugal/Kommission, Rn. 50). Dabei gilt das **Prinzip der doppelten Ausschließlichkeit:** Ein Zusammenschlussvorhaben, das in den Anwendungsbereich der FkVO fällt, wird ausschließlich nach Maßgabe der FkVO beurteilt (Abgrenzung der anwendbaren Rechtsvorschriften, Art. 21 Abs. 1 FkVO), wofür ausschließlich die Kommission zuständig ist (Abgrenzung der Verwaltungszuständigkeiten, unmittelbarer Vollzug, Art. 21 Abs. 2 FkVO). Der Kommission als europäischer Wettbewerbsbehörde ist damit eine Schlüsselrolle in der europäischen Fusionskontrolle zugewachsen. Fast alle europaweit (und weltweit) bedeutenden Fusionen unterliegen seither ihrer Kontrolle. Den nationalen Wettbewerbsbehörden, z. B. dem Bundeskartellamt, verbleibt die Zuständigkeit zur Kontrolle kleinerer Fusionen und von Fusionen, die sich schwerpunktmäßig auf die Märkte im jeweiligen Mitgliedstaat auswirken.

Die FkVO ist aber auch für die auf dem Binnenmarkt tätigen Unternehmen von großer Bedeutung: Durch die zentralisierte Vornahme der Fusionskontrolle bei der Kommission bleibt ihnen die lästige und aufwändige Mehrfachanmeldung ihres Vorhabens bei zahlreichen nationalen Wettbewerbsbehörden erspart (die Notwendigkeit einer Anmeldung in Drittstaaten, z. B. in den USA, bleibt freilich unverändert bestehen). Innerhalb des Binnenmarkts dient die Kommission als **einheitliche Anlaufstelle** (Englisch: *„one-stop shop"*), bei der in einem vergleichsweise straffen Verfahren innerhalb kurzer Fristen **Rechtssicherheit** erlangt werden kann. Zudem unterwirft die FkVO alle auf dem Binnenmarkt tätigen Unternehmen den **gleichen wettbewerbsrechtlichen Rahmenbedingungen** für Fusionen (Englisch: *„level playing field"*).

II. Anwendungsbereich und Zuständigkeitsabgrenzung

Der europäischen Fusionskontrolle unterliegen **Zusammenschlüsse von unionsweiter Bedeutung** („gemeinschaftsweite Bedeutung" nach altem Sprachgebrauch, vgl. dazu Art. 1 Abs. 1 FkVO und zu den Einzelheiten die Konsolidierte Mitteilung der Kommission zu Zuständigkeitsfragen, ABl. 2009, C 43, S. 10).

Als **Zusammenschluss** definiert Art. 3 FkVO die dauerhafte Veränderung der **Kontrolle** an Unternehmen; diese kann nicht nur durch eine Fusion im Rechtssinne eintreten, sondern auch durch Erwerb von Gesellschaftsanteilen oder Vermögenswerten, durch Vertrag oder auf sonstige Weise. Auch der Erwerb einer Minderheitsbeteiligung kann, wenn er z. B. mit Vetorechten verbunden ist, zum Erwerb der (gemeinsamen) Kontrolle über ein Unternehmen führen.

Unionsweite Bedeutung hat ein Zusammenschluss dann, wenn die beteiligten Unternehmen hinsichtlich ihres weltweiten und ihres unionsweiten Gesamtumsatzes bestimmte Schwellenwerte erreichen (Art. 1 Abs. 2 und Abs. 3 FkVO). Unterhalb dieser Schwellenwerte fällt der Zusammenschluss in die Zuständigkeit der nationalen Wettbewerbsbehörden. Auch ein Zusammenschluss, der die **Umsatzschwellenwerte** überschreitet, fällt nach der sog. Zwei-Drittel-Regel in die nationale Zuständigkeit, wenn die beteiligten Unternehmen jeweils mehr als zwei Drittel ihres unionsweiten Gesamtumsatzes in ein und demselben Mitgliedstaat erzielen.

Die Umsätze der beteiligten Unternehmen dienen somit als **Aufgreifkriterien** für die Prüfung eines Zusammenschlussvorhabens durch die Kommission. Freilich sind Umsatzschwellenwerte nur ein sehr grober Indikator für die wirtschaftliche Bedeutung eines Unternehmenszusammenschlusses und für seine voraussichtlichen Auswirkungen auf den Binnenmarkt. Deshalb sieht die FkVO in ihren Art. 4 Abs. 4 und 5, Art. 9 und Art. 22 ein System von **Verweisungsvorschriften** vor, das es ermöglicht, Zusammenschlüsse unterhalb der Umsatzschwellenwerte an die Kommission zu verweisen und Zusammenschlüsse oberhalb dieser Schwellenwerte an die nationalen Wettbewerbsbehörden. Dadurch wird von Fall zu Fall eine Feinsteuerung der Zuständigkeitsverteilung zwischen der Kommission und den Mitgliedstaaten für die Fusionskontrolle erreicht (zu Einzelheiten vgl. die Mitteilung der Kommission über die Verweisung von Fusionssachen, ABl. 2005, C 56, S. 2; vgl. auch Böge WuW 2004, 138 [139 ff.]).

III. Materieller Prüfungsmaßstab

Zusammenschlüsse von unionsweiter Bedeutung werden von der Kommission auf ihre **Vereinbarkeit mit dem Binnenmarkt** (nach früherem Sprachgebrauch: „Vereinbarkeit mit dem Gemeinsamen Markt") überprüft (Art. 2 Abs. 1 FkVO). Dabei gilt:

- Zusammenschlüsse, durch die wirksamer Wettbewerb im Binnenmarkt oder in einem wesentlichen Teil desselben nicht erheblich behindert würde, insbesondere durch Begründung oder Verstärkung einer beherrschenden Stellung, sind für mit dem Binnenmarkt vereinbar zu erklären, also zu genehmigen (Art. 2 Abs. 2 FkVO).
- Zusammenschlüsse, durch die wirksamer Wettbewerb im Binnenmarkt oder in einem wesentlichen Teil desselben erheblich behindert würde, insbesondere durch Begründung oder Verstärkung einer beherrschenden Stellung, sind für mit dem Binnenmarkt unvereinbar zu erklären, also zu untersagen (Art. 2 Abs. 3 FkVO).

Es handelt sich um einen **symmetrischen Test**: Die Beweisanforderungen an eine Genehmigungsentscheidung sind grundsätzlich dieselben wie die an eine Verbotsentscheidung (EuGHE, C-413/06 P, 2008, I-4951 – Bertelsmann & Sony/Impala). Das **Eingriffskriterium** wird allein über die **erhebliche Behinderung wirksamen Wettbewerbs** definiert. Als Regelbeispiel für eine solche Wettbewerbsbehinderung legt die FkVO die Begründung oder Verstärkung einer marktbeherrschenden Stellung auf dem Binnenmarkt oder einem wesentlichen Teil davon fest.

Hinweis zur Vertiefung: In der ursprünglichen Fassung der FkVO war die Begründung oder Verstärkung einer marktbeherrschenden Stellung auf dem Gemeinsamen Markt oder einem wesentlichen Teil desselben das alleinige Eingriffskriterium, die erhebliche Behinderung wirksamen Wettbewerbs hatte in der Praxis keine eigenständige Bedeutung. Im Lauf der Zeit entstanden aber Zweifel, ob mit einem **reinen Marktbeherrschungstest** alle potenziell wettbewerbsschädlichen Fusionsvorgänge in den Griff zu bekommen waren. Deshalb wurde der materielle Test mit der Neufassung der Verordnung Nr. 139/2004 zum 1. 5. 2004 umformuliert. Das entscheidende Kriterium stellt seither **die erhebliche Behinderung wirksamen Wettbewerbs** dar. Damit nähert sich der europäische Test dem US-amerikanischen an, der auf ein „*substantial lessening of competition*" abstellt.

Ihrer Beurteilung hat die Kommission eine Vielzahl von Faktoren zugrunde zu legen, die in Art. 2 Abs. 1 FkVO zusammenfassend aufgeführt sind und in den Erwägungsgründen 23 ff. der FkVO sowie in Leitlinien der Kommission näher erläutert werden (Leitlinien zur Bewertung horizontaler Zusammenschlüsse, ABl. 2004, C 31, S. 5; Leitlinien zur Bewertung nichthorizontaler Zusammenschlüsse, ABl. 2008, C 265, S. 6). Wichtig ist, dass es sich um eine rein **wettbewerbsrechtliche Beurteilung** handelt, bei der aber die grundlegenden Ziele der EU mit zu berücksichtigen sind (23. Erwägungsgrund der FkVO i. V. m. Art. 2 und 3 EUV n. F. [Art. 2 EUV a. F., Art. 2 EGV a. F.]; zu den 2004 eingeführten Neuerungen vgl. Böge, WuW 2004, 138 [143 ff.]).

IV. Verfahren

Die europäische Fusionskontrolle stützt sich auf ein **System der obligatorischen präventiven Kontrolle** von Unternehmensfusionen innerhalb äußerst **kurzer Fristen** (Art. 4 und 10 FkVO). Zusammenschlussvorhaben von unionsweiter Bedeutung sind bei der Kommission unter Verwendung eines Formblatts (sog. **Formblatt CO) anzumelden** (Art. 4 FkVO). Auf diese Weise erlangen die beteiligten Unternehmen innerhalb eines überschaubaren Zeitrahmens **Rechtssicherheit** für die von ihnen geplanten strukturellen Veränderungen. Darin unterscheidet sich das System der Fusionskontrolle grundlegend vom Kartellverfahrensrecht, in dem seit 1. 5. 2004 keine Anmeldungen und keine Einzelfreistellungen mehr erfolgen (vgl. oben S. 315).

Dem eigentlichen Fusionskontrollverfahren gehen in der Regel **informelle Kontakte** zwischen den Zusammenschlussbeteiligten und der Generaldirektion Wettbewerb voraus, bei denen vorab ausgelotet wird, welche Informationen die Fusionsanmeldung zu enthalten hat und wann die Anmeldung sinnvollerweise zu erfolgen hat. Auf jeden Fall muss die Anmeldung eingereicht werden, bevor der Zusammenschluss vollzogen wird. Es gilt ein bußgeldbewehrtes **Vollzugsverbot** bis zur Genehmigung durch die Kommission (sog. **Suspensiveffekt**, Art. 7 Abs. 1, Art. 14 Abs. 2 lit. a, b FkVO). Die zivilrechtliche Wirksamkeit von vorzeitig abgeschlossenen Rechtsgeschäften hängt von der Genehmigung des Zusammenschlusses durch die Kommission ab; es tritt also ein **Schwebezustand** ein, wie er aus § 108 Abs. 1 BGB bekannt ist.

Die förmliche Fusionsanmeldung setzt schließlich ein Verfahren in Gang, das sich, ähnlich wie das Beihilfekontrollverfahren (s. unten S. 330 ff.), in **zwei Abschnitte** gegliedert:

In einem **Vorverfahren** (sog. **Phase I**), das 25 Arbeitstage (mit Verlängerungsmöglichkeit auf 35 Arbeitstage) dauert, wird summarisch geprüft, ob die angemeldete Transaktion einen Zusammenschluss von unionsweiter Bedeutung darstellt und ob Bedenken hinsichtlich seiner Vereinbarkeit mit dem Binnenmarkt bestehen. Das Vorverfahren kann durch drei Arten von Beschlüssen abgeschlossen werden:

– die Feststellung, dass die angemeldete Transaktion nicht in den Anwendungsbereich der FkVO fällt (Art. 6 Abs. 1 lit. a FkVO),
– die Genehmigung des Zusammenschlusses mangels ernsthafter Bedenken an seiner Vereinbarkeit mit dem Binnenmarkt („Entscheidung, keine Einwände zu erheben", Art. 6 Abs. 1 lit. b FkVO) oder
– die Feststellung, dass der Zusammenschluss Anlass zu ernsthaften Bedenken an seiner Vereinbarkeit mit dem Binnenmarkt gibt („Entscheidung, das [förmliche] Verfahren einzuleiten", Art. 6 Abs. 1 lit. c FkVO).

Bestehen ernsthafte Bedenken, so schließt sich ein **förmliches Prüfverfahren** (sog. **Phase II**) an, in dem der Zusammenschluss einer eingehenden Prüfung unterzogen wird. Am Ende des förmlichen Verfahrens, das 90 Arbeitstage (mit Verlängerungsmöglichkeit auf bis zu 105 Arbeitstage) dauert, können wiederum drei Arten von Beschlüssen stehen:

– die Genehmigung ohne Bedingungen oder Auflagen (Vereinbarkeitserklärung, Art. 8 Abs. 1 FkVO),
– die Genehmigung unter Bedingungen und Auflagen (bedingte Vereinbarkeitserklärung, Art. 8 Abs. 2 FkVO) oder
– die Untersagung des Zusammenschlusses (Unvereinbarkeitserklärung, Art. 8 Abs. 3 FkVO).

Wenngleich Untersagungsfälle aufgrund ihrer Medienwirksamkeit naturgemäß die größte Beachtung finden, kamen sie in der Geschichte der europäischen Fusionskontrolle bislang äußerst selten vor. Zumeist wird eine Genehmigung schon am Ende des Vorverfahrens, also nach vier bis sechs Wochen, erteilt.

Sowohl in der ersten als auch in der zweiten Verfahrensphase kann ein Zusammenschluss unter **Bedingungen und Auflagen** genehmigt werden (Art. 6 Abs. 2, Art. 8 Abs. 2 FkVO). Diese stützen sich auf – zumeist mit der Kommission intensiv verhandelte – freiwillige Zusagen der beteiligten Unternehmen zur Ausräumung von Wettbewerbsproblemen und zur Abwendung einer möglichen Untersagung des Zusammenschlusses (sog. Abhilfemaßnahmen). In aller Regel geht es um **strukturelle Zusagen**, z. B. die Veräußerung von Unternehmensteilen und Geschäftsbereichen, in denen es sonst aufgrund von Überschneidungen zwischen den Zusammenschlussbeteiligten zu übermäßig hohen Marktanteilen gekommen wäre.

Hat die Kommission einen bereits vollzogenen Zusammenschluss verboten, so kann sie dessen **Entflechtung** anordnen (Art. 8 Abs. 4 FkVO). Sie kann auch **einstweilige Maßnahmen** anordnen, um wirksamen Wettbewerb wiederherzustellen oder aufrecht zu erhalten (Art. 8 Abs. 5 FkVO).

Fasst die Kommission die in der FkVO vorgesehenen Beschlüsse über die Einleitung des förmlichen Prüfverfahrens, die Genehmigung oder das Verbot eines Zusammenschlussvorhabens nicht fristgerecht, so tritt eine **Genehmigungsfiktion** ein: Der angemeldete Zusammenschluss gilt als mit dem Binnenmarkt vereinbar (Art. 10 Abs. 6 FkVO).

Die **Ermittlungsbefugnisse** der Kommission im Fusionskontrollverfahren (Art. 11–13 FkVO) sind denen im Kartellverfahren im Wesentlichen vergleichbar (vgl. oben S. 318). Da es aber bei der Fusionskontrolle in der Regel nicht um ein repressives, sondern um ein präventives Verwaltungshandeln geht (Ausnahme: ein Zusammenschluss wurde illegal – ohne vorherige Genehmigung – vollzogen), liegt der Schwerpunkt auf der **Kooperation** zwischen der Kommission und den beteiligten Unternehmen. Dementsprechend stützt sich die Kommission im Wesentlichen auf die Informationen, die ihr in der Fusionsanmeldung und in den Antworten der Marktteilnehmer auf Auskunftsersuchen mitgeteilt werden, wohingegen Hausdurchsuchungen (Nachprüfungen) praktisch keine Rolle spielen, ebenso wenig Geldbußen und Zwangsgelder.

Es gelten im Wesentlichen die gleichen **Verfahrensgarantien** wie im Kartellverfahren (vgl. oben S. 319). Insbesondere sind die Verteidigungsrechte der beteiligten Unternehmen zu wahren. Im förmlichen Prüfverfahren sind die Parteien schriftlich (durch eine Mitteilung der Beschwerdepunkte) und ggf. mündlich anzuhören, und es ist Akteneinsicht zu gewähren (Art. 18 FkVO).

Die Mitgliedstaaten werden während des gesamten Verfahrens unterrichtet und sind überdies in einem **Beratenden Ausschuss** vertreten, der vor abschließenden Entscheidungen in der zweiten Verfahrensphase anzuhören ist (Art. 19 FkVO).

Zu den 2004 eingeführten Neuerungen im Fusionskontrollverfahren vgl. Dittert, WuW 2004, 148 ff.

D. Das europäische Beihilfenrecht

I. Überblick

Die Zulässigkeit staatlicher Beihilfen und die Aufsicht über staatliche Beihilfen sind in Art. 107–109 AEUV geregelt. Staatliche Beihilfen für bestimmte Unternehmen oder Wirtschaftszweige führen normalerweise zu einer Diskriminierung zwischen Beihilfeempfängern und Nichtbeihilfeempfängern und verfälschen den Wettbewerb. Art. 107 Abs. 1 AEUV stellt deswegen zunächst den **Grundsatz der Unvereinbarkeit** von staatlichen Beihilfen mit dem Binnenmarkt auf. Beihilfen können jedoch manchmal für das Funktionieren des Binnenmarkts unschädlich, nützlich oder sogar notwendig sein (z. B. die Beihilfen an Banken in der Finanzmarktkrise zur Verhinderung erheblicher Störungen des Wirtschaftslebens durch Zusammenbrüche von Kreditinstituten). Deshalb enthält Art. 107 Abs. 1 AEUV **kein absolutes Beihilfenverbot:** Nach Art. 107 Abs. 2 bestehen **Legalausnahmen** vom Unvereinbarkeitsgrundsatz und nach Art. 107 Abs. 3 kann die Kommission im Rahmen eines weiten Entscheidungsermessens **Beihilfen,** die die dort genannten Bedingungen erfüllen, **für mit dem Binnenmarkt vereinbar erklären.** Der Schwerpunkt der folgenden Darstellung liegt auf *neuen* Beihilfen, was auch der Praxis entspricht.

Das **Verfahren,** in dem die Zulässigkeit staatlicher Beihilfen geprüft wird, ist grundlegend in Art. 108 AEUV geregelt. Demnach unterliegen **neue staatliche Beihilfen** grundsätzlich einer präventiven *Ex-ante*-Kontrolle durch die Kommission. Die Eckpfeiler dieser Kontrolle sind die **Anmeldepflicht** gemäß Art. 108 Abs. 3 Satz 1 AEUV, nach der die Mitgliedstaaten ihre Beihilfevorhaben zur Genehmigung vorlegen müssen, und das **Durchführungsverbot (Stillhalteverpflichtung)** gemäß Art. 108 Abs. 3 Satz 3 AEUV, nach dem die Mitgliedstaaten ihre Beihilfevorhaben nicht vor Genehmigung durch die Kommission verwirklichen dürfen. Nach Art. 109 AEUV kann der Rat „**Durchführungsvorschriften**" erlassen. Auf dieser Rechtsgrundlage hat er 1999 die Verordnung Nr. 659/1999 (ABl. 1999, L 83, S. 1, Sartorius II, Nr. 173) erlassen, die das in Art. 108 AEUV geregelte Beihilfenaufsichtsverfahren im Einzelnen ausgestaltet.

Angesichts des weiten Ermessens der Kommission nach Art. 107 Abs. 3 AEUV und der Verfahrensvorschriften in Art. 108 AEUV kommt **Art. 107 Abs. 2 und 3** AEUV nach der Rechtsprechung des EuGH **keine unmittelbare Wirkung** zu. Einzelne Unternehmen (z. B. Konkurrenten) können sich also vor den deutschen Gerichten nicht auf die Unvereinbarkeit einer Beihilfe mit dem Vertrag berufen, bevor nicht die Kommission diese Unvereinbarkeit festgestellt hat (EuGHE, 78/76, 1977, 595 – Steinike und Weinlig). Im Gegensatz dazu ist das Durchführungsverbot in **Art. 108 Abs. 3 Satz 3 AEUV unmittelbar anwendbar.** Das Durchführungsverbot betrifft jede neue Beihilfemaßnahme, die ohne vorherige Anmeldung oder, im Fall einer Anmeldung, vor Erlass der abschließenden Entscheidung der Kommission durchgeführt wird. Eine unter Verstoß gegen das Durchführungsverbot gewährte Beihilfe ist rechtswidrig. Dies gilt auch dann, wenn sie nach Art. 107 Abs. 2 und 3 AEUV für mit dem Binnenmarkt vereinbar erklärt werden könnte.

Wegen der grundlegenden **Unterscheidung zwischen** der **Unvereinbarkeit** einer Beihilfe mit dem Binnenmarkt nach Art. 107 AEUV und der (formellen) **Rechtswidrigkeit** ihrer Vergabe nach Art. 108 Abs. 3 Satz 3 AEUV fallen den nationalen Gerichten und der Kommission im Rahmen der Beihilfenaufsicht unterschiedliche Rollen zu. Die **Kommission,** die die Befugnis zur materiellrechtlichen Prüfung der Vereinbarkeit hat, kann (immer nur gegenüber dem Mitgliedstaat) die endgültige Rückforderung einer Beihilfe nicht allein mit der Begründung anordnen, dass die Beihilfe nicht ordnungsgemäß angemeldet wurde. Sie muss vielmehr immer in eine materielle Vereinbarkeitsprüfung eintreten und darf die Rückforderung nur anordnen, wenn sie nach Prüfung feststellt, dass die Beihilfe mit dem Binnenmarkt unvereinbar ist. Wenn dagegen die **deutschen Gerichte** die Konsequenzen aus einer Verletzung des *Durchführungsverbots* zu ziehen haben, können sie sich nicht zur Vereinbarkeit der Beihilfe mit dem Binnenmarkt äußern, da für die Beurteilung dieser Frage ausschließlich die Kommission zuständig ist. Sie müssen aber dennoch einen wirksamen Schutz Einzelner (z. B. von Konkurrenten) gegen die Auswirkungen der rechtswidrigen Durchführung der Beihilfe sicherstellen können. Deshalb obliegt es ihnen, (1) die Ungültigkeit der unter Verstoß gegen das Durchführungsverbot erlassenen Maßnahmen festzustellen, (2) die Erstattung der Beihilfe anzuordnen und/oder (3) Maßnahmen des einstweiligen Rechtsschutzes zu treffen. Erlässt die Kommission nach Erlass eines Urteils durch die nationalen Gerichte eine abschließende Entscheidung, in der die Beihilfen für mit dem Binnenmarkt vereinbar erklärt werden, hat dies nicht die rückwirkende Heilung der unter Verstoß gegen das Verbot des Art. 108 Abs. 3 Satz 3 ergangenen und deshalb rechtswidrigen Durchführungsakte zur Folge. Jede andere Auslegung würde die Missachtung des Durchführungsverbots durch den betreffenden Mitgliedstaat begünstigen (EuGHE, C-354/90, 1991, I-5505 = Hummer, S. 924 – FNCEPA; EuGHE, C-199/06, 2008, I-469 – CELF).

Hinweis: Jüngst wurde die Rolle der einzelstaatlichen Gerichte bei der Durchsetzung des Beihilfenrechts in einer Bekanntmachung der Kommission ausführlich erläutert (ABl. 2009, C 85, S. 1).

II. Die Tatbestandsvoraussetzungen des Beihilfeverbots nach Art. 107 Abs. 1 AEUV

Die Anmeldepflicht und das Durchführungsverbot in Art. 108 Abs. 3 AEUV gelten nur für solche Maßnahmen (Beihilfen), die den Tatbestand des Art. 107 Abs. 1 AEUV erfüllen. **Nur Beihilfen müssen angemeldet werden!** Wegen der unmittelbaren Wirkung des Durchführungsverbots sind die Tatbestandsvoraussetzungen von Art. 107 Abs. 1 AEUV von erheblicher Praxis- und Klausurrelevanz. Abgesehen von der Herkunft (staatliche oder aus staatlichen Mitteln gewährte Beihilfen) und der Wirkung (Wettbewerbsverfälschung durch Begünstigung bestimmter Unternehmen oder Produktionszweige, Handelsbeeinträchtigung) enthält Art. 107 Abs. 1 AEUV keine Hinweise auf die **Definition des Beihilfebegriffs** und keine Liste verbotener Maßnahmen. Die Entwicklung klarerer Konturen des Beihilfebegriffs blieb daher der Rechtsprechung der Unionsgerichte vorbehalten. Im Einzelnen sind folgende Tatbestandsvoraussetzungen zu prüfen.

1. Unentgeltlich gewährter wirtschaftlicher Vorteil gleich welcher Art

Nach ständiger Rechtsprechung muss es sich bei Beihilfen zunächst um **wirtschaftliche Vorteile** („Begünstigung") handeln, die der Staat Unternehmen oder Wirtschaftszweigen **ohne marktgerechte Gegenleistung,** also unentgeltlich oder für ein zu niedriges Entgelt, gewährt.

Beihilfen können sowohl in **positiven Zuweisungen** von Mitteln an ein Unternehmen als auch in der **Befreiung von Lasten,** die das Unternehmen normalerweise tragen müsste, bestehen (EuGHE, 17/57, 1961, 3 – De Gezamenlijke Steenkolenmijnen in Limburg). Unter den Beihilfebegriff können deshalb auch Steuerbefreiungen oder die Stundung von Sozialabgaben fallen. Die Form, in der der Vorteil gewährt wird, und das vom Staat verfolgte Ziel sind völlig gleichgültig. Denn Art. 107 Abs. 1 AEUV bezieht sich ausdrücklich auf Beihilfen „gleich welcher Art". Der Beihilfebegriff ist deshalb weit auszulegen.

Beihilfen i. S. d. Unionsrechts können z. B. aus klassischen Subventionen (verlorener Zuschuss), zinslosen oder zinsgünstigen Darlehen, Zinsvergünstigungen, Bürgschaften zu Vorzugsbedingungen, Vergünstigungen bei Steuern oder sonstigen Abgaben, Vergünstigungen bei öffentlichen Dienstleistungen oder der Vergabe öffentlicher Aufträge, Lieferung von Gütern oder Dienstleistungen zu Vorzugsbedingungen (z. B. Verkauf eines Baugrundstücks unter Marktwert, unentgeltliche Erbringung von Dienstleistungen) oder sogar Kapitalzuführungen zu für einen Privatinvestor unannehmbaren Bedingungen bestehen.

Zur letzten Fallgruppe ist zu bemerken, dass der Staat wegen der Neutralität der Verträge nach **Art. 345 AEUV** als solcher durchaus als Investor mit Gewinnerzielungsabsicht am Wirtschaftsleben teilnehmen darf (z. B. als Aktionär einer Bank oder einer Brauerei). Wegen Art. 106 Abs. 1 AEUV gelten die Beihilferegeln der Art. 107 ff. AEUV jedoch sowohl für öffentliche als auch für private Unternehmen. Deswegen muss in jedem Einzelfall geprüft werden, ob eine Kapitalzuführung, ein Verlustausgleich oder ein Gewinnverzicht der öffentlichen Hand als Beihilfe oder als das Verhalten eines „normalen" Investors zu bewerten ist. Nach ständiger Rechtsprechung ist zur Unterscheidung das Kriterium des **marktwirtschaftlich handelnden Privatinvestors** (sog. *Private Investor Test*) heranzuziehen (vgl. z. B. EuGHE 323/82, 1984, 3809 – Intermills). Der Gerichthof hat allerdings in diesem Zusammenhang präzisiert, dass die Mitgliedstaaten weniger an einer kurzfristigen als an einer längerfristigen Rentabilität ihrer Investitionen interessiert sind. Ihr Verhalten als öffentliche Investoren muss deshalb mit dem von Holdinggesellschaften oder privaten Unternehmensgruppen verglichen werden, deren Rentabilitätsdenken auf längere Sicht angelegt ist (EuGHE, C-305/89, 1991, I-1603 – Alfa Romeo).

Beihilfen können nicht nur direkt, sondern **auch indirekt, z. B.** vermittelt über private Dritte, geleistet werden. Dies folgt bereits implizit aus Artikel 107 Absatz 2 lit. a AEUV, der Beihilfen an einzelne Verbraucher betrifft, durch die in Wirklichkeit aber der Konsum von Waren bestimmter Unternehmen oder Produktionszweige gefördert werden kann. Die Möglichkeit der indirekten Beihilfegewährung wurde in einem Deutschland betreffenden Fall bestätigt. Nach Ansicht des EuGH stellte eine Einkommensteuervergünstigung nach dem EStG für Investoren, die Anteile an ostdeutschen Gesellschaften erwarben, zwar keine staatliche Beihilfe an die Investoren dar, da sie unterschiedslos auf alle Wirtschaftsteilnehmer anwendbar war (s. sogleich); mit dieser Maßnahme wurde jedoch den in den neuen Bundesländern ansässigen Unternehmen mittelbar ein wirtschaftlicher Vorteil – nämlich erleichterter Zugang zu Kapital für Investitionen – und damit eine Beihilfe i. S. v. Art. 107 Abs. 1 AEUV gewährt (EuGHE, C-156/98, 2000, I-6857 – Deutschland/Kommission).

2. Begünstigung bestimmter Unternehmen oder Produktionszweige (Selektivität der Beihilfe)

Eine Maßnahme fällt nicht unter Art. 107 Abs. 1 AEUV, wenn sie nicht **bestimmte Unternehmen oder Produktionszweige** begünstigt.

Deshalb gilt Art. 107 Abs. 1 AEUV nur für die Wirtschaftssubventionierung, d. h. die **Begünstigung von Unternehmen,** nicht aber für Maßnahmen, die in erster Linie Verbraucher oder z. B. karitative Organisationen begünstigen. Wegen Art. 106 Abs. 1 AEUV fallen Beihilfen an öffentliche Unternehmen ebenfalls unter den Beihilfebegriff. Der Begriff Produktionszweig ist weit i. S. v. Branche oder Sektor auszulegen und umfasst auch Dienstleistungsbranchen.

Außerdem muss die Maßnahme *bestimmte* Unternehmen oder *bestimmte* Produktionszweige begünstigen. Es muss ich also um eine selektiv wirkende Maßnahme handeln, die das zwischen den Beihilfeempfängern und ihren Wettbewerbern bestehende Marktgleichgewicht beeinträchtigt. **Der selektive Charakter** (d. h. **ihre Selektivität oder Spezifizität**) unterscheidet die staatliche Beihilfe von den sog. allgemeinen staatlichen Maßnahmen, die zugunsten aller Unternehmen eines Mitgliedstaats wirken. Darunter fallen z. B. allgemeine Maßnahmen der Arbeitsmarktpolitik, allgemeine Steuerregelungen oder Infrastrukturmaßnahmen, die allen Unternehmen gleichermaßen zugute kommen. Allgemeine Maßnahmen fallen nicht unter Art. 107 AEUV, können jedoch anderen Vertragsvorschriften wie z. B. Art. 116 AEUV unterliegen. Die Unterscheidung zwischen selektiv wirkenden Beihilfen für bestimmte Unternehmen und Produktionszweige einerseits und allgemeinen Maßnahmen andererseits bereitet in der Praxis insbesondere bei steuerrechtlichen Maßnahmen erhebliche Schwierigkeiten.

3. Staatliche oder aus staatlichen Mitteln gewährte Beihilfe

a) Finanzierung aus staatlichen Mitteln. Die Formulierung **staatliche oder aus staatlichen Mitteln gewährte Beihilfen** in Art. 107 Abs. 1 AEUV kann auf zweierlei Weise gelesen werden. Die Kommission vertrat von jeher die Auffassung, dass Art. 107 Abs. 1 AEUV wegen der alternativen Formulierung auf zwei verschiedene Fallgestaltungen Anwendung findet, nämlich sowohl auf aus staatlichen Mitteln gewährten Beihilfen als auch auf staatliche Beihilfen, die nicht aus staatlichen Mitteln finanziert werden. Nach dieser weiten Auslegung von Art. 107 Abs. 1 AEUV wäre jede Maßnahme, die bestimmten Unternehmen wirtschaftliche Vorteile verschafft und auf einem dem Staat zuzurechnenden Verhalten beruht, unabhängig davon, ob sie zu einer finanziellen Belastung des Staates führt, eine staatliche Beihilfe. Die fragliche Formulierung in Art. 107 Abs. 1 AEUV kann jedoch auch in dem Sinne verstanden werden, dass die Unterscheidung zwischen staatlichen Beihilfen und aus staatlichen Mitteln gewährten Beihilfen lediglich dazu dient, in den Beihilfebegriff nicht nur unmittelbar vom Staat gewährte Beihilfen, sondern auch solche Beihilfen einzubeziehen, die mittelbar durch vom Staat benannte oder errichtete öffentliche oder private Einrichtungen gewährt werden. Nach dieser zweiten, engeren Auslegung muss die fragliche Maßnahme in allen Fällen auf Kosten des Staates erfolgen; eine Finanzierung aus öffentlichen Mitteln ist grundlegende Voraussetzung des Begriffs der staatlichen Beihilfe.

In der inzwischen gefestigten Rechtsprechung hat sich die zweite, restriktivere Auslegung durchgesetzt, so dass nur **Vorteile, die unmittelbar oder mittelbar aus staatlichen Mitteln** gewährt werden, als Beihilfen im Sinne von Art. 107 Abs. 1 AEUV anzusehen sind (EuGHE, C-72/91, 1993, I-887 = Hummer, S. 701 – Sloman Neptun). Deswegen sind nach der Rechtsprechung z. B. folgende Maßnahmen *keine* staatlichen Beihilfen:

- eine staatliche Regelung zur Festsetzung eines Mindestpreises für den Einzelhandelsverkauf von Genever (EuGHE, 82/77, 1978, 25 – Van Tiggele),
- staatliche Vorschriften zur Aufteilung von Zollkontingenten für die Einfuhr von Fleisch unter inländischen Marktteilnehmern; denn der finanzielle Vorteil, den die Marktteilnehmer aus ihrer Beteiligung an dem nationalen Zollkontingent ziehen, wird nicht aus staatlichen, sondern aus Unionsmitteln gewährt, da die nicht erho-

bene Zollabschöpfung zu den Unionsmitteln gehört (EuGHE, 213/81, 1982, 3583 – Norddeutsches Vieh- und Fleischkontor);

- eine staatliche Vorschrift wie § 23 Abs. 1 KSchG, nach der Kündigungsschutzvorschriften nicht auf bestimmte Kleinbetriebe anwendbar sind, da deren Begünstigung eben nicht aus staatlichen Mitteln gewährt wird (EuGHE, C-189/91, 1993, I-6185 – Kirsammer-Hack),
- Vorschriften des deutschen Gesetzes über erneuerbare Energien, wonach Energieversorger Strom aus Windkraft zu Preisen über dem Marktwert abnehmen müssen (EuGH, C-379/98, 2001, I-2099 = Hummer S. 703 – Preussen Elektra),
- eine spanische Regelung, wonach Fernsehsender mindestens 5 % ihrer Betriebseinnahmen zur Finanzierung von europäischen Filmen bereitzustellen haben, wovon wiederum 60 % auf Filme in spanischer Sprache entfallen müssen (EuGHE, C-222/07, 2009, I-1407 – UTECA).

Aufgrund dieser Rechtsprechung stellt sich in vielen Fällen die Folgefrage, wann **staatliche Mittel** verwendet werden. Dazu gehören zunächst von staatlichen oder halbstaatlichen Stellen erhobene Abgaben gleich welcher Art, auch wenn es sich um parafiskalische Abgaben handelt (Beispiel: Rundfunkgebühr). Außerdem müssen sich staatliche Mittel im Sinne von Art. 107 Abs. 1 AEUV nicht zwangsläufig im Vermögen staatlicher Stellen befinden; es ist sogar möglich, dass sie sich von Anfang an in den Händen der begünstigten Unternehmen befunden haben. Das ist regelmäßig dann der Fall, wenn der Staat eine Beihilfe gewährt, indem er auf Einnahmen (z. B. Steuereinnahmen) verzichtet. All diesen Fällen ist jedoch gemeinsam, dass der Staat in irgendeiner Form die Kontrolle über die fraglichen Mittel ausübt. Bei den parafiskalischen Abgaben gehen die Mittel in das Vermögen des Staates über, bevor er sie an die begünstigten Unternehmen auszahlt. Im Fall des Verzichts auf Einnahmen begibt sich der Staat eines Betrages, auf den er an sich Anspruch hätte. Nach der Rechtsprechung des Gerichtshofs erfasst Art. 107 Abs. 1 AEUV deshalb alle Geldmittel, auf die die Behörden tatsächlich zur Unterstützung von Unternehmen zurückgreifen können, ohne dass es dafür eine Rolle spielt, ob diese Mittel auf Dauer zum Vermögen des Staates gehören. Auch wenn die aus der fraglichen Maßnahme resultierenden Beträge nicht auf Dauer dem Staat gehören, genügt folglich der Umstand, dass sie ständig **unter staatlicher Kontrolle** und somit den zuständigen nationalen Behörden **zur Verfügung** stehen, damit sie als staatliche Mittel qualifiziert werden können (EuGHE, C-83/98, 2000, I-3271 – Ladbroke Racing).

b) Zurechenbarkeit an den Staat. Nach ständiger Rechtsprechung kann eine bestimmte Maßnahme nur dann als staatliche Beihilfe betrachtet werden, wenn sie dem **Verhalten des betroffenen Mitgliedstaats zuzurechnen** ist. Wie bereits ausgeführt, scheint der Wortlaut von Art. 107 Abs. 1 AEUV auf den ersten Blick zwischen staatlichen Beihilfen und aus staatlichen Mitteln gewährten Beihilfen zu unterscheiden. Es ist mittlerweile jedoch gefestigte Rechtsprechung, dass auch „staatliche Beihilfen" aus staatlichen Mitteln gewährt werden müssen (s. soeben). Umgekehrt bedeutet dies, dass, wenn Beihilfen „aus staatlichen Mitteln" gewährt werden, die Maßnahme ebenfalls dem betroffenen Mitgliedstaat zuzurechnen sein muss. Dafür spricht auch die Überschrift „Staatliche Beihilfen" über Art. 107 AEUV.

Die **Zurechenbarkeit** ist u. a. dann **problematisch, wenn Beihilfen indirekt über öffentliche Unternehmen** gewährt werden. Hierzu hat der EuGH (EuGHE, C-482/99, 2002, I-4397 – Stardust Marine) folgende Grundsätze aufgestellt:

(1) Einerseits kann eine Maßnahme nicht allein deswegen dem Staat zugerechnet werden, weil sie von einem öffentlichen Unternehmen getroffen wurde. Auch wenn der Staat in der Lage ist, einen beherrschenden Einfluss auf die Tätigkeiten eines solchen Unternehmens auszuüben, kann nicht ohne weiteres vermutet werden, dass dieser Einfluss in einem konkreten Fall tatsächlich ausgeübt wird. Es muss daher in jedem Einzelfall geprüft werden, ob die Behörden in irgendeiner Weise am Erlass dieser Maßnahme beteiligt waren.

(2) Um andererseits eine Umgehung der Beihilfevorschriften durch die indirekte Gewährung von Beihilfen über öffentliche Unternehmen zu vermeiden, kann die Zurechenbarkeit einer Beihilfemaßnahme eines öffentlichen Unternehmens an den Staat aus einem Bündel von Indizien abgeleitet werden. Als Indizien können herangezogen werden:

   - das Maß der Eingliederung des Unternehmens in die Strukturen der öffentlichen Verwaltung,
   - die Art seiner Tätigkeit und deren Ausübung auf dem Markt unter normalen Bedingungen des Wettbewerbs mit privaten Wirtschaftsteilnehmern,
   - der Rechtsstatus des Unternehmens, ob es also dem öffentlichen Recht oder dem allgemeinen Gesellschaftsrecht unterliegt,
   - die Intensität der behördlichen Aufsicht über die Unternehmensführung,
   - Umfang, Inhalt oder Bedingungen der gewährten Maßnahme oder
   - jedes andere Indiz, das im konkreten Fall auf eine Beteiligung der Behörden oder auf die Unwahrscheinlichkeit einer fehlenden Beteiligung am Erlass einer Maßnahme hinweist.

4. Wettbewerbsverfälschung und Beeinträchtigung des Handels zwischen Mitgliedstaaten

Weitere Tatbestandsvoraussetzungen des Art. 107 Abs. 1 AEUV sind, dass die Beihilfe den **Wettbewerb verfälscht oder zu verfälschen droht** und dass sie den **Handel zwischen Mitgliedstaaten beeinträchtigt** (ähnlich wie bei Art. 101, 102 AEUV). Eine Wettbewerbsverfälschung liegt vor bzw. droht, wenn die Maßnahme die Marktposition des begünstigten Unternehmens gegenüber seinen Konkurrenten im Binnenmarkt verstärkt oder für die Wettbewerber der Zugang zu dem vom begünstigten Unternehmen bedienten Marktsegment erschwert wird. Eine Beeinträchtigung des Handels (Warenaustausch und Dienstleistungsverkehr) zwischen Mitgliedstaaten liegt vor, wenn eine staatliche Beihilfe die Stellung eines Unternehmens gegenüber anderen Wettbewerbern im Handel innerhalb der Union verstärkt, also immer dann, wenn begünstigte und nicht begünstigte Unternehmen im Wettbewerb miteinander stehen (EuGHE, 730/79, 1980, 2671 = Hummer, S. 717 – Philip Morris). Angesichts der Parallelen zwischen beiden Tatbestandsmerkmalen werden sie vom EuGH häufig zusammen geprüft.

Wegen fehlender Handelsbeeinträchtigung unterliegen dem Unvereinbarkeitsprinzip des Art. 107 Abs. 1 AEUV nicht Beihilfen zugunsten von Unternehmen, für deren Waren oder Dienstleistungen kein nennenswerter Handel innerhalb der Union, sondern lediglich ein **lokaler Markt** besteht (z.B. Taxidienstleistungen, Betrieb eines kleineren örtlichen Freibads).

Ansonsten geht aus der Praxis des Gerichtshofs hervor, dass die beiden Erfordernisse einer Auswirkung auf den Handel zwischen Mitgliedstaaten und einer Wettbewerbsverfälschung relativ leicht erfüllt sind. So schließt weder der verhältnismäßig geringe Umfang einer Beihilfe noch die verhältnismäßig geringe Größe des begünstigten Unternehmens von vornherein die Möglichkeit einer Beeinträchtigung des Handels zwischen Mitgliedstaaten aus (EuGHE, C-142/87, 1990, I-959 – Tubemeuse).

Beispiel: Ein deutscher Schraubenhersteller erhält eine staatliche Zuwendung von 210 000 €; deswegen kann er billiger produzieren als seine Konkurrenten (= Wettbewerbsverfälschung); dadurch könnten mehr Schrauben exportiert und weniger importiert werden (= Beeinträchtigung des Handels zwischen Mitgliedstaaten).

Der Gerichtshof hat es bis jetzt auch abgelehnt, eine Schwelle festzulegen, unterhalb derer der Handel zwischen den Mitgliedstaaten nicht beeinträchtigt ist. Deshalb war es lange Zeit umstritten, ob die Wettbewerbsverfälschung oder Handelsbeeinträchtigung eine gewisse Mindestintensität erreichen muss, damit der Anwendungsbereich von Art. 107 Abs. 1 AEUV eröffnet ist. Inzwischen hat der Rat die Kommission zum Erlass einer *De-minimis*-Regelung ermächtigt (vgl. Art. 108 Abs. 4 AEUV i.V.m. Art. 2 der VO Nr. 994/98, ABl. 1998, L 142, S. 1, Sartorius II, Nr. 172). Hiervon hat die Kommission zuletzt in der Verordnung Nr. 1998/2006 Gebrauch gemacht. Danach gelten Beihilfen für ein bestimmtes Unternehmen, die einen Gesamtbetrag von **200 000 €**, bezogen auf einen Zeitraum von drei Steuerjahren, nicht übersteigen, als Maßnahmen, die nicht alle Tatbestandsmerkmale des Art. 107 Abs. 1 AEUV erfüllen und damit nicht der Anmeldepflicht nach Art. 108 Abs. 3 Satz 1 AEUV unterliegen.

5. Das Sonderproblem der Finanzierung von Leistungen der Daseinsvorsorge

Umstritten ist die rechtliche Einordnung von Leistungen, die die Mitgliedstaaten Unternehmen zur Finanzierung der Erbringung von Leistungen der Daseinsvorsorge gewähren. Die Streitfrage betrifft die Finanzierung von öffentlichen Dienstleistungen u. a. im Rundfunk-, Post-, Telekommunikations-, Transport-, Energieversorgungs-, Wasserversorgungs- und Abfallentsorgungsbereich. Die Finanzierung von Dienstleistungen von allgemeinem wirtschaftlichem Interesse durch einen Mitgliedstaat kann verschiedene Formen annehmen, z. B. die der Zahlung einer Vergütung für diese Leistungen aufgrund eines Vertrags über die Erbringung von Dienstleistungen in öffentlichem Auftrag, der Zahlung jährlicher Zuschüsse, einer steuerlichen Vorzugsbehandlung oder niedrigerer Sozialabgaben.

Nach den Art. **107 Abs. 1** und **106 Abs. 2** AEUV gibt es grundsätzlich zwei Möglichkeiten der rechtlichen Einordnung staatlicher Finanzierungsmaßnahmen von Dienstleistungen von allgemeinem wirtschaftlichem Interesse. Nach dem ersten Ansatz – den man als **Rechtfertigungslösung** oder Beihilfenansatz bezeichnen kann – stellt die einem Unternehmen für die Wahrnehmung von Gemeinwohlverpflichtungen gewährte staatliche Finanzierung immer eine staatliche Beihilfe im Sinne von Artikel 107 Abs. 1 AEUV dar, die jedoch nach Artikel 106 Abs. 2 gerechtfertigt sein kann, wenn die Voraussetzungen dieser Ausnahmevorschrift erfüllt sind und insbesondere die Finanzierung verhältnismäßig ist. Immer aber gelten Anmeldepflicht und Durchführungsverbot nach Art. 108 Abs. 3 AEUV. Nach dem zweiten Ansatz – den man als **Tatbestandslösung** oder Ausgleichsansatz bezeichnen kann – stellt die staatliche Finanzierung von Dienstleistungen von allgemeinem wirtschaftlichem Interesse eine staatliche Beihilfe im Sinne von Artikel 107 Abs. 1 AEUV nur dar, wenn und soweit der wirtschaftliche Vorteil, der hierdurch gewährt wird, entweder über eine angemessene Vergütung für die Erbringung der

Dienstleistungen oder über die zusätzlichen Kosten dieser Erbringung hinausgeht. Nur dann bestehen Anmeldepflicht und Durchführungsverbot nach Art. 108 Abs. 3 AEUV (vgl. zum Streitstand GA Jacobs, Schlussanträge in EuGHE, C-126/01, 2003, I-13769 – GEMO).

Der EuGH hat sich im Urteil **Altmark Trans** (EuGHE, C-280/00, 2003, I-7747, Rn. 88 ff.) im Wesentlichen für die Tatbestandslösung entschieden. Eine staatliche Maßnahme fällt danach nicht unter Art. 107 Abs. 1 AEUV, soweit sie Leistungen ausgleicht, die ein Unternehmer zur Erfüllung gemeinwirtschaftlicher Verpflichtungen erbracht hat. Die staatliche Leistung ist dann nicht als Beihilfe zu qualifizieren, so dass keine Anmeldung zu erfolgen hat. Doch müssen vier Voraussetzungen vorliegen (sog. Altmark-Kriterien):

- Erstens muss das begünstigte Unternehmen tatsächlich mit der Erfüllung gemeinwirtschaftlicher Verpflichtungen betraut sein; diese müssen klar definiert sein.
- Zweitens sind die Parameter, anhand derer der Ausgleich berechnet wird, zuvor objektiv und transparent aufzustellen.
- Drittens darf der Ausgleich nicht über die Deckung der Kosten für die Erfüllung der gemeinwirtschaftlichen Verpflichtung hinausgehen. Dabei ist jedoch auch ein angemessener Gewinn des Unternehmens anzusetzen.
- Viertens muss die Höhe des Ausgleichs entweder in einem transparenten, nicht diskriminierenden Vergabeverfahren bestimmt werden oder auf Grundlage einer Analyse der Kosten, die ein durchschnittliches, gut geführtes und ausgerüstetes Unternehmen bei der Erfüllung der betreffenden Verpflichtung hätte.

III. Die Ausnahmen vom Beihilfeverbot

Wie bereits erwähnt, enthält Art. 107 Abs. 1 AEUV **kein absolutes Beihilfeverbot.** Art. 107 Abs. 2 und 3 AEUV sehen nämlich Ausnahmen vom Unvereinbarkeitsprinzip vor, d.h. Fälle, in denen bestimmte Arten von Beihilfen als mit dem Binnenmarkt vereinbar angesehen werden (Abs. 2) oder für vereinbar erklärt werden können (Abs. 3). Gegenüber der allgemeinen Regel der Unvereinbarkeit bilden Art. 107 Abs. 2 und 3 AEUV Ausnahmen, die restriktiv auszulegen und nicht analogiefähig sind. Die Ausnahmeregelungen sind der Grund für das in Art. 108 AEUV niedergelegte Verfahren der Beihilfenkontrolle: Die Mitgliedstaaten müssen ihre Beihilfevorhaben anmelden, bevor sie sie ausführen, und die fragliche Beihilfe darf erst nach Abschluss des Verfahrens gewährt werden, in dessen Verlauf die Kommission prüft, ob das Vorhaben auf der Grundlage von Art. 107 Abs. 2 AEUV rechtens ist oder nach Art. 107 Abs. 3 AEUV genehmigt werden kann.

1. Legalausnahmen gemäß Art. 107 Abs. 2 AEUV

Die Legalausnahme des Art. 107 Abs. 2 AEUV besagt, dass Beihilfen, die die dort genannten Voraussetzungen erfüllen, auf jeden Fall mit dem Binnenmarkt vereinbar sind. Die Vorschrift befreit jedoch nach dem klaren Wortlaut von Art. 108 Abs. 3 AEUV nicht von der Anmeldepflicht und dem Durchführungsverbot nach Art. 108 Abs. 3 AEUV. Es bleibt also letztlich doch der Kommission vorbehalten zu prüfen, ob die betreffenden Beihilfen tatsächlich in den Anwendungsbereich von Art. 107 Abs. 2 AEUV fallen. Doch kommt der **Kommission** hier **kein Ermessen** zu: Liegt ein in Art. 107 Abs. 2 AEUV beschriebener Tatbestand vor, so ist die besagte Beihilfe kraft Gesetzes mit dem Binnenmarkt vereinbar.

An erster Stelle nennt Art. 107 Abs. 2 AEUV in lit. a **Beihilfen sozialer Art** an einzelne Verbraucher, wenn sie ohne Diskriminierung nach der Herkunft der Waren gewährt werden. Darunter fallen z.B. Steuerbefreiungen, die ein Mitgliedstaat den Käufern von Kraftfahrzeugen mit einem Katalysator unabhängig von der Automarke einräumt. Diese Voraussetzungen treffen auch auf die „Abwrackprämie" zu, die für den Kauf eines Neuwagens bei gleichzeitiger Verschrottung des Altfahrzeugs gewährt wird. Bei der zweiten Kategorie von mit dem Binnenmarkt vereinbaren Beihilfen (Art. 107 Abs. 2 lit. b AEUV) handelt es sich um Beihilfen zur Beseitigung von Schäden, die durch Naturkatastrophen oder sonstige **außergewöhnliche Ereignisse** entstehen (z.B. wirtschaftliche Folgen des Golfkriegs). Art. 107 Abs. 2 lit. c AEUV schließlich umfasst Beihilfen für die Wirtschaft bestimmter, durch die **Teilung Deutschlands** betroffener Gebiete, soweit sie zum Ausgleich der durch die Teilung verursachten wirtschaftlichen Nachteile erforderlich sind.

Nach 1990 vertrat die Kommission die Ansicht, dieser letzte für Deutschland wichtige Tatbestand des Art. 107 Abs. 2 AEUV sei durch die Wiedervereinigung obsolet geworden. Dagegen wurden im deutschen Schrifttum folgende Argumente angeführt: Viele der wirtschaftlichen Folgen der Teilung bestehen trotz der Wiedervereinigung fort; der Wortlaut der Vorschrift stellt nicht auf eine weiter bestehende Teilung ab; die Regelung wurde in der Novellierung des EG-Vertrags durch den Vertrag von Maastricht beibehalten, obwohl die deutsche Wiedervereinigung zu diesem Zeitpunkt bereits vollzogen war. Der Gerichtshof gab im Ergebnis zwar im Wesentlichen der Kommission Recht, argumentierte jedoch differenzierter (EuGHE, C-156/98, 2000, 6857):

a) Nach der Herstellung der Einheit Deutschlands wurde Art. 107 Abs. 2 lit. c AEUV weder durch den Vertrag von Maastricht noch durch den Vertrag von Amsterdam aufgehoben. Angesichts der objektiven Geltung der Vorschriften des Unionsrechts, deren Beachtung und praktische Wirksamkeit sicherzustellen sind, besteht deshalb keine Vermutung, dass diese Bestimmung seit der Herstellung der Einheit Deutschlands gegenstandslos geworden ist.

b) Da es sich jedoch bei der fraglichen Vorschrift um eine Ausnahme vom allgemeinen Grundsatz der Unvereinbarkeit staatlicher Beihilfen mit dem Binnenmarkt handelt, ist sie eng auszulegen. Außerdem sind nicht nur der Wortlaut der Vorschrift, sondern auch ihr Zweck und der Kontext zu berücksichtigen.

c) Vor diesem Hintergrund ausgelegt, gilt Art. 107 Abs. 2 lit. c AEUV zwar bestimmungsgemäß nach der Herstellung der deutschen Einheit auch für die neuen Bundesländer, jedoch nur unter den gleichen Voraussetzungen, wie sie für die Zeit vor der Herstellung der staatlichen Einheit in den alten Ländern galten. Insoweit bezieht sich der Ausdruck Teilung Deutschlands historisch auf die Ziehung der Trennungslinie zwischen den Besatzungszonen im Jahr 1948. Daher sind durch die Teilung verursachte wirtschaftliche Nachteile nur diejenigen wirtschaftlichen Nachteile, die durch die Isolierung aufgrund der Errichtung dieser physischen Grenze – beispielsweise durch die Unterbrechung der Verkehrswege oder den Verlust der Absatzgebiete aufgrund des Abbruchs der Handelsbeziehungen zwischen den beiden Teilen Deutschlands – in bestimmten Gebieten Deutschlands entstanden sind. Dagegen erlaubt die fragliche Bestimmung nicht, den wirtschaftlichen Rückstand der neuen Bundesländer durch Beihilfen vollständig auszugleichen, da eine solche Auslegung sowohl den Ausnahmecharakter der Vorschrift als auch ihren Zusammenhang und Zweck verkennen würde. Die wirtschaftliche Benachteiligung, unter der die neuen Bundesländer allgemein leiden, ist nämlich nicht durch die räumliche Teilung Deutschlands im Sinne der Vorschrift verursacht worden. Die unterschiedliche Entwicklung der alten und der neuen Bundesländer beruht auf anderen Gründen als der sich aus der Teilung Deutschlands ergebenden geografischen Trennung, namentlich auf den unterschiedlichen politisch-wirtschaftlichen Systemen, die in den beiden Teilen Deutschlands nach dem zweiten Weltkrieg errichtet wurden.

Nach dem Vertrag von Lissabon kann nunmehr der Rat die entsprechende Vorschrift ab Ende 2014 auslaufen lassen.

2. Ermessensausnahmen gemäß Art. 107 Abs. 3 AEUV

Die in **Art. 107 Abs. 3** AEUV vorgesehenen Ausnahmen gelten nicht unmittelbar, sondern räumen der Kommission ein weites **Entscheidungsermessen** ein, um festzustellen, ob eine Beihilfe für eine der in dieser Norm aufgezählten Ausnahmen in Frage kommt und auf dieser Grundlage für mit dem Binnenmarkt vereinbar erklärt werden kann. Dabei muss die Kommission die Auswirkungen der Beihilfe nicht aus nationaler, sondern aus Sicht der Union beurteilen, um sicherzustellen, dass Beihilfen in wirksamer Weise tatsächlich bestehende wirtschaftliche und/oder soziale Schwierigkeiten aus dem Weg räumen und nicht lediglich diese Schwierigkeiten von einem Mitgliedstaat auf den anderen übertragen. Um nach Art. 107 Abs. 3 AEUV genehmigungsfähig zu sein, müssen Beihilfen grundsätzlich

(1) **wirksam** sein, d.h. sie müssen den begünstigten Unternehmen gestatten, seine wirtschaftlichen Schwierigkeiten endgültig zu überwinden,

(2) **verhältnismäßig** sein, d.h., dass sich die Beihilfen sowohl von ihrer Art als auch von ihrer Dauer her auf die unbedingt notwendigen Maßnahmen beschränken,

(3) dem Grundsatz der **Gegenleistung** genügen, d.h. die begünstigten Unternehmen müssen sich an der Lösung ihrer Schwierigkeiten, insbesondere durch manchmal schmerzhafte Umstrukturierungs- oder Finanzierungsbemühungen, beteiligen.

Bei den nach Art. 107 Abs. 3 lit. a AEUV genehmigungsfähigen Beihilfen handelt es sich um Beihilfen zur Förderung der wirtschaftlichen Entwicklung von Gebieten, in denen die Lebenshaltung außergewöhnlich niedrig ist oder eine erhebliche Unterbeschäftigung herrscht, ferner sind bestimmte überseeische Gebiete erfasst. Art. 107 Abs. 3 lit. b AEUV betrifft Beihilfen zur Förderung wichtiger Vorhaben von gemeinsamem europäischem Interesse oder zur Behebung einer beträchtlichen Störung im Wirtschaftsleben eines Mitgliedstaats. Art. 107 Abs. 3 lit. c AEUV zielt auf Beihilfen zur Förderung der Entwicklung gewisser Wirtschaftszweige oder Wirtschaftsgebiete. Der aufgrund des Maastrichter Vertrags hinzugekommene Art. 107 Abs. 3 lit. d AEUV betrifft Beihilfen zur Förderung der Kultur und der Erhaltung des kulturellen Erbes. Art. 107 Abs. 3 lit. e AEUV schließlich erlaubt dem Rat, auf Vorschlag der Kommission sonstige Arten von Beihilfen zu bestimmen, die mit dem Binnenmarkt vereinbar sind. Die in lit. a und c genannten Beihilfearten nehmen in der Praxis bei weitem den wichtigsten Stellenwert ein. Um Rechtssicherheit, Transparenz und Gleichbehandlung zu garantieren, hat die Kommission **Kriterien für ihre Ermessensentscheidungen** insbesondere nach Art. 107 Abs. 3 lit. a und c AEUV durch zahlreiche Verordnungen, Richtlinien, Mitteilungen, sog. Gemeinschaftsrahmen, Leitlinien oder Schreiben der Kommission an die Mitgliedstaaten bekannt gemacht. Da in der Examensprüfung Kenntnisse dieser für die Verwaltungspraxis bedeutsamen Regelwerke nicht gefordert werden können, wird hier auf eine Darstellung verzichtet. Detaillierte und aktuelle Informationen zu diesem Thema können auf der Internetseite der Generaldirektion Wettbewerb der Kommission unter http://ec.europa.eu/competition/ abgerufen werden.

IV. Die Beihilfenaufsicht durch die Kommission

1. Allgemeines

Art. 108 AEUV enthält die grundlegenden Verfahrensvorschriften für die Anwendung der in Art. 107 AEUV enthaltenen materiellen Beihilferegeln. Parteien der verschiedenen Verfahren der Beihilfenkontrolle sind lediglich der die Beihilfe gewährende **Mitgliedstaat** und auf Unionsseite normalerweise die **Kommission** (nur ganz ausnahmsweise der Rat nach Art. 108 Abs. 2 UAbs. 2 AEUV). Die Genehmigungs- oder Untersagungsentscheidungen der Kommission sind immer nur an den Beihilfe gewährenden Mitgliedstaat gerichtet. Dies gilt auch für etwaige Rückforderungsanordnungen. Andere Mitgliedstaaten, die Beihilfe empfangenden Unternehmen, Wettbewerber und sogar Beihilfe gewährende regionale Gebietskörperschaften wie die deutschen Bundesländer haben nur Anhörungsrechte als **Beteiligte** nach Art. 108 Abs. 2 UAbs. 1 AEUV.

Da bei Vertragsschluss im Jahr 1957 **bestehende Beihilferegelungen** das vermeintlich größere Problem darstellten, regelt **Art. 108 Abs. 1 und 2** AEUV zunächst die Aufsicht über bestehende Beihilfen. Bestehende Beihilfen sind im Wesentlichen Beihilfen, die bereits vor Inkrafttreten des Vertrags oder eines Beitrittsabkommens bestanden, und Beihilfen, die von der Kommission oder vom Rat in irgendeiner Form genehmigt wurden. Bestehende Beihilfen brauchen der Kommission nicht angezeigt zu werden. Nach Abs. 1 überprüft die Kommission bestehende Beihilferegelungen fortlaufend in Zusammenarbeit mit den Mitgliedstaaten. Im Rahmen dieser Überprüfung schlägt die Kommission diesen die zweckdienlichen Maßnahmen vor, die die fortschreitende Entwicklung und das Funktionieren des Binnenmarkts erfordern. Stimmt der Mitgliedstaat den zweckdienlichen Maßnahmen nicht zu, wird die zweite förmliche Stufe des Verfahrens nach Abs. 2 eingeleitet. Zunächst setzt die Kommission den Beteiligten (z. B. Wettbewerbern, anderen Mitgliedstaaten) eine Frist zur Äußerung. Stellt sie danach immer noch fest, dass eine Beihilfe mit Art. 107 AEUV unvereinbar ist oder dass sie missbräuchlich angewandt wird, so entscheidet sie, dass der betreffende Staat die Beihilfe binnen einer von ihr bestimmten Frist aufzuheben oder umzugestalten hat. Kommt der betreffende Staat dieser Entscheidung nicht oder nicht rechtzeitig nach, kann die Kommission oder jeder andere Mitgliedstaat beim Gerichtshof eine Vertragsverletzungsklage erheben, ohne vorher das nach Art. 258 und 259 AEUV normalerweise notwendige Vorverfahren durchführen zu müssen.

In Praxis und Klausur liegt jedoch der **Schwerpunkt** der Beihilfenkontrolle eindeutig bei der in **Art. 108 Abs. 3** AEUV geregelten **Aufsicht über neue Beihilfen**, d. h. über neu eingeführte Beihilfen oder Maßnahmen, die bestehende Beihilfen umgestalten. Für diese Maßnahmen sieht Abs. 3 eine präventive Kontrolle vor: Wegen der Anmeldepflicht gemäß Art. 108 Abs. 3 Satz 1 AEUV muss die Kommission von jeder beabsichtigten Einführung oder Umgestaltung von Beihilfen so rechtzeitig unterrichtet werden, dass sie sich dazu äußern kann. Wenn sie der Auffassung ist, dass ein Vorhaben mit Art. 107 AEUV unvereinbar ist, leitet sie nach Art. 108 Abs. 3 Satz 2 AEUV unverzüglich die zweite Stufe des Verfahrens, nämlich das in Art. 108 Abs. 2 AEUV vorgesehene förmliche Prüfverfahren ein (wegen dieser Verweisung bildet das förmliche Prüfverfahren in Art. 108 Abs. 2 AEUV die zweite Stufe sowohl des Verfahrens bei bestehenden Beihilfen als auch des Verfahrens bei neuen Beihilfen). Aufgrund des Durchführungsverbots nach Art. 108 Abs. 3 Satz 3 AEUV darf der betreffende Mitgliedstaat in keinem Fall die beabsichtigte Maßnahme durchführen, bevor die Kommission eine abschließende Entscheidung erlassen hat. Jede Beihilfe, die ohne vorherige Genehmigung der Kommission durchgeführt wird, ist eine (formell) rechtswidrige Beihilfe.

Nachdem lange Zeit die Entwicklung des Beihilfeverfahrensrechts der Praxis des Gerichtshofs und der Kommission überlassen war, sind seine Einzelheiten nunmehr praktisch vollständig sekundärrechtlich geregelt.

Zum einen ermächtigt Art. 108 Abs. 4 AEUV die Kommission, durch sog. **Gruppenfreistellungsverordnungen** bestimmte Kategorien von Beihilfen unter bestimmten Bedingungen für mit dem Binnenmarkt vereinbar zu erklären und sie damit von der vorherigen Anmeldepflicht nach Art. 108 Abs. 3 Satz 1 AEUV auszunehmen (solche Verordnungen bedürfen außerdem einer Ermächtigungsverordnung des Rates). Derzeit gilt die **Allgemeine Gruppenfreistellungsverordnung** aus dem Jahr 2008 (Verordnung Nr. 800/2008, ABl. 2008, L 214, S. 3) sowie eine besondere **Gruppenfreistellungsverordnung für *De-minimis*-Beihilfen** (Verordnung Nr. 1998/2006, ABl. 2006, L 379, S. 5). Erfüllt eine Beihilfe die Bedingungen einer solchen Gruppenfreistellungsverordnung, muss sie nicht vor ihrer Durchführung angemeldet werden.

Zum anderen ist das Verfahren der Beihilfenaufsicht, das in seinen Grundzügen auf Art. 108 AEUV beruht, nunmehr im Einzelnen in der **Verfahrensverordnung** geregelt (Verordnung Nr. 659/1999, ABl. 1999, L 83, S. 1, Sartorius II, Nr. 173), welche im Wesentlichen die frühere Praxis der Kommission einschließlich der dazu ergangenen Rechtsprechung der Unionsgerichte kodifiziert, aber auch einige umstrittene Fragen geklärt und Neuerungen eingeführt hat.

Die **Verfahrensverordnung** (VVO) definiert in Art. 1 zunächst die zentralen Begriffe des Beihilfenrechts. Im Hauptteil der Verordnung werden die vier unterschiedlichen Verfahren für angemeldete Beihilfen (Art. 2–9), rechtswidrige Beihilfen (Art. 10–15), die missbräuchliche Anwendung von Beihilfen (Art. 16) und bestehende Beihilfen (Art. 17–19) geregelt. Es folgen Bestimmungen über die Rechte beteiligter Dritter (Art. 20), die Überwachung der Einhaltung der Beihilfevorschriften (Art. 21–23) und gemeinsame Vorschriften u. a. über den Entscheidungsempfänger (Art. 25) und die Veröffentlichung von Entscheidungen (Art. 26). Im Folgenden sollen die in der Praxis wichtigsten Verfahren für angemeldete neue Beihilfen und für rechtswidrige neue Beihilfen, wie sie in der VVO geregelt sind, vorgestellt werden.

Ergänzt wird die Verfahrensverordnung durch eine **Durchführungsverordnung der Kommission** (Verordnung Nr. 794/2004), die Details zur Anmeldung von Beihilfen (u. a. Anmeldeformulare) sowie zur Verzinsung zurückzufordernder Beihilfen enthält.

2. Das Verfahren für angemeldete neue Beihilfen

a) Anmeldung. Soweit in Gruppenfreistellungsverordnungen nichts anderes vorgesehen ist, sind die Mitgliedstaaten verpflichtet, der Kommission ihre Vorhaben zur Gewährung neuer Beihilfen vor deren Durchführung mitzuteilen (Art. 2 Abs. 1 VVO). Die Anmeldung muss im Namen des die Beihilfe gewährenden Mitgliedstaats und nicht etwa der ausführenden Behörden oder Gebietskörperschaften erfolgen, da Letztere nicht Partei des Beihilfeverfahrens sind.

Anzumeldende **Beihilfen** sind nach der Legaldefinition des Art. 1 VVO nur Maßnahmen, die alle Tatbestandsvoraussetzungen des Art. 107 Abs. 1 AEUV erfüllen. **Neue Beihilfen** sind nach der Legaldefinition des Art. 1 VVO alle Beihilfen, die keine bestehenden Beihilfen sind, einschließlich der Änderungen bestehender Beihilfen. Der Mitgliedstaat hat die Möglichkeit, Beihilfen als Beihilferegelungen oder als Einzelbeihilfen anzumelden. **Beihilferegelungen** sind Regelungen (z. B. in Steuergesetzen), wonach Unternehmen, die in einer allgemeinen und abstrakten Weise definiert werden, ohne weitere Durchführungsmaßnahmen Einzelbeihilfen gewährt werden können, bzw. Regelungen, wonach einem oder mehreren Unternehmen nicht an ein bestimmtes Vorhaben gebundene Beihilfen für unbestimmte Zeit und/oder in unbestimmter Höhe gewährt werden können. Nach der Rechtsprechung sind nach der Genehmigung einer Beihilferegelung die auf dieser Regelung beruhenden Beihilfegewährungen nicht mehr anmeldepflichtig, es sei denn, die Kommission hat in ihrer Entscheidung einen entsprechenden Genehmigungsvorbehalt ausgesprochen (EuGHE, 166/86, 1988, 6473 – Irish Cement). **Einzelbeihilfen** sind demgegenüber Beihilfen, die nicht aufgrund einer Beihilferegelung gewährt werden, sowie einzelne anmeldungspflichtige Zuwendungen aufgrund einer Beihilferegelung.

Die **Form der Anmeldung** ergibt sich aus der Durchführungsverordnung der Kommission (Verordnung Nr. 794/2004). Es ist ein Standardformular zu verwenden. Ziel ist nach Art. 2 Abs. 2 VVO in jedem Fall die **vollständige Anmeldung,** d. h. eine Anmeldung, die alle sachdienlichen Auskünfte enthält, damit die Kommission die vorläufige Prüfung nach Art. 4 VVO (s. sogleich) abschließen kann. Ist die Anmeldung nach Auffassung der Kommission unvollständig, fordert die Kommission unter Fristsetzung ergänzende Auskünfte an (Art. 5 Abs. 1 VVO). Wenn der Mitgliedstaat das Auskunftsersuchen innerhalb der festgesetzten Frist nicht oder nur unvollständig beantwortet, ergeht ein Erinnerungsschreiben (Art. 5 Abs. 2 VVO). Werden die angeforderten Auskünfte auch dann nicht vorgelegt, so gilt die Anmeldung als zurückgezogen, es sei denn, dass die Frist im gegenseitigen Einvernehmen verlängert wurde oder dass der Mitgliedstaat in einer begründeten Erklärung mitteilt, dass er die Anmeldung als vollständig betrachtet, weil die angeforderten Informationen nicht verfügbar oder bereits übermittelt sind (Art. 5 Abs. 3 VVO).

b) Vorverfahren. Ist die Anmeldung – nötigenfalls nach Auskunftsersuchen – vollständig oder ist eine Erklärung nach Art. 5 Abs. 3 VVO eingegangen, so muss die Kommission **innerhalb von zwei Monaten** (Art. 4 Abs. 5 VVO) **nach summarischer Prüfung** des Vorhabens einen der folgenden Beschlüsse fassen:

- die angemeldete Maßnahme stellt **keine Beihilfe** i. S. v. Art. 107 Abs. 1 AEUV dar (Art. 4 Abs. 2 VVO);
- die angemeldete Maßnahme stellt zwar eine Beihilfe nach Art. 107 Abs. 1 AEUV dar, ist jedoch nach Art. 107 Abs. 2 oder 3 AEUV mit dem Binnenmarkt **vereinbar** (Art. 4 Abs. 3 VVO, „Entscheidung, keine Einwände zu erheben");
- wenn Anlass zu Bedenken hinsichtlich der Beihilfeneigenschaft der angemeldeten Maßnahme oder ihrer Vereinbarkeit mit dem Binnenmarkt besteht, ist das **förmliche Prüfverfahren** nach Art. 108 Abs. 2 AEUV zu eröffnen (Art. 4 Abs. 4 VVO, „Entscheidung über die Eröffnung des förmlichen Prüfverfahrens").

Im Rahmen des vorläufigen Prüfverfahrens ist die Prüfung somit auf die zwei Fragen zu beschränken, ob das angemeldete Vorhaben eine Beihilfe nach Art. 107 Abs. 1 AEUV ist und ob es Anlass zu Bedenken hinsichtlich seiner Vereinbarkeit mit dem Binnenmarkt gibt. In dieser ersten Stufe des Aufsichtsverfahrens ist die Kommission nicht verpflichtet, Beteiligten Gelegenheit zur Stellungnahme zu geben, da eine solche Verpflichtung die vorläufige Prüfung unnötig komplizieren würde und die Beteiligten im späteren förmlichen Prüfverfahren Gelegenheit zur Stellungnahme haben.

Wenn die Kommission innerhalb der zwei Monate keine Entscheidung getroffen hat, kann der betreffende Mitgliedstaat der Kommission mitteilen, dass er die angemeldete Maßnahme durchzuführen beabsichtigt. Ab Erhalt dieser Benachrichtigung kann die Kommission innerhalb von 15 Arbeitstagen noch eine Entscheidung nach Art. 4 VVO treffen (Widerspruchsrecht). Macht die Kommission von ihrem Widerspruchsrecht nicht Gebrauch, darf die Beihilfe gewährt werden; sie gilt dann als bestehende Beihilfe (Fiktion des Art. 4 Abs. 6 VVO).

c) Förmliches Prüfverfahren. Wenn Bedenken hinsichtlich der Beihilfeneigenschaft der angemeldeten Maßnahme oder ihrer Vereinbarkeit mit dem Binnenmarkt bestehen, muss die Kommission die zweite Verfahrensstufe, d. h. ein förmliches Prüfverfahren, einleiten. Die Entscheidung über die Eröffnung des förmlichen Prüfverfahrens wird vollständig in der Verfahrenssprache zusammen mit einer aussagekräftigen Zusammenfassung in den anderen Amtssprachen im Amtsblatt veröffentlicht (Art. 26 Abs. 2 VVO). Der betreffende Mitgliedstaat und die anderen Beteiligten, d. h. gegebenenfalls die die Beihilfe gewährende öffentliche Stelle (Land, Gemeinde, Behörde), alle übrigen Mitgliedstaaten und alle tatsächlich oder möglicherweise durch die Beihilfe begünstigten oder benachteiligten Unternehmen (z. B. Wettbewerber des begünstigten Unternehmens, Unternehmensverbände) und andere Betroffene (z. B. Verbraucher, Arbeitnehmer) werden im Amtsblatt zu einer Stellungnahme innerhalb einer bestimmten Frist aufgefordert (Art. 6 Abs. 1 VVO). Die eingegangenen Stellungnahmen der Beteiligten teilt die Kommission dem Mitgliedstaat mit und gibt ihm Gelegenheit zur Äußerung (Art. 6 Abs. 2 VVO).

Das förmliche Prüfverfahren soll möglichst innerhalb von 18 Monaten durch förmliche Entscheidung der Kommission abgeschlossen werden (Art. 7 Abs. 6 VVO). Nach Ablauf dieser nicht bindenden Frist kann der betreffende Mitgliedstaat verlangen, dass die Kommission innerhalb von zwei Monaten entscheidet (Art. 7 Abs. 7 VVO). Diese neu eingeführte Regelung soll der Verfahrensbeschleunigung dienen.

Das förmliche Prüfverfahren wird abgeschlossen durch

- eine Entscheidung, dass die angemeldete Maßnahme **keine Beihilfe** darstellt (Art. 7 Abs. 2 VVO);
- eine **Positiventscheidung,** dass die angemeldete Maßnahme mit dem Binnenmarkt vereinbar ist (Art. 7 Abs. 3 VVO);
- eine mit **Bedingungen und Auflagen** verbundene Entscheidung (Art. 7 Abs. 4 VVO); oder
- eine **Negativentscheidung,** dass die angemeldete Beihilfe mit dem Binnenmarkt unvereinbar ist (Art. 7 Abs. 5 VVO).

Die das Verfahren abschließende Entscheidung stellt immer einen Beschluss i. S. v. Art. 288 Abs. 4 AEUV dar. Sie ist zu begründen (Art. 296 Abs. 2 AEUV), an den betreffenden Mitgliedstaat zu richten (Art. 25 VVO), den anderen Mitgliedstaaten und Verfahrensbeteiligten bekannt zu geben (Art. 20 VVO) und im Amtsblatt zu veröffentlichen (Art. 26 Abs. 3 VVO).

3. Rechtsschutz vor den Unionsgerichten gegen Beschlüsse der Kommission

a) Anfechtbarkeit. Förmliche Entscheidungen am **Ende des förmlichen Prüfverfahrens** sind unproblematisch anfechtbare Rechtsakte im Sinne von Art. 263 AEUV.

Entscheidungen am **Ende des Vorverfahrens** nach Art. 4 Abs. 2 VVO (keine Beihilfe) und Art. 4 Abs. 3 VVO (keine Einwände) schließen das Verfahren ab und sind deshalb nach Art. 263 AEUV ebenfalls anfechtbare Rechtshandlungen. Dasselbe dürfte für „Entscheidungen" nach Art. 4 Abs. 6 VVO gelten, da die Genehmigungsfiktion durch bewusstes Verstreichenlassen der 15-Tage-Frist seitens der Kommission herbeigeführt wird. Problematisch ist die Anfechtbarkeit der Entscheidung nach Art. 4 Abs. 4 VVO, das förmliche Prüfverfahren zu eröffnen. Gegen die Anfechtbarkeit wird teilweise angeführt, dass es sich bei einer solchen Entscheidung um eine bloße verfahrensleitende und vorbereitende Maßnahme handelt, deren Rechtswidrigkeit im Rahmen einer Klage gegen die endgültige Entscheidung nach Abschluss des förmliche Prüfverfahrens kontrolliert werden könne. Der Gerichtshof hat jedoch entschieden, dass auch gegen die Entscheidung über die Eröffnung des förmlichen Prüfverfahrens jedenfalls dann geklagt werden kann, wenn die Kommission in der Entscheidung eine in Durchführung begriffene Beihilfe als neue Beihilfe einstuft (EuGHE, C-400/99, 2001, I-7303 – Italien/Kommission). Er begründet dies im Wesentlichen wie folgt:

- Beschließt die Kommission, das förmliche Prüfverfahren nach Art. 108 Abs. 2 AEUV über eine Maßnahme einzuleiten, die sie als neue Beihilfe einstuft, während der betreffende Mitgliedstaat die Auffassung vertritt, es handle sich um eine bestehende Beihilfe, so erzeugt die Wahl der Kommission insbesondere hinsichtlich des Durchführungsverbots nach Art. 108 Abs. 3 Satz 3 AEUV eigenständige Rechtswirkungen. Eine Entscheidung, das förmliche Prüfverfahren einzuleiten, hat nämlich unterschiedliche Wirkungen, je nachdem, ob es sich bei der behandelten Beihilfe um eine neue oder eine bestehende Beihilfe handelt. Während der Mitgliedstaat im ersten Fall daran gehindert ist, das der Kommission unterbreitete Beihilfevorhaben durchzuführen, gilt ein solches Verbot bei einer bereits bestehenden Beihilfe nicht.
- Zudem impliziert der Umstand, dass die Kommission eine Beihilfe als neu erachtet, dass sie nicht beabsichtigt, die Beihilfe im Rahmen der fortlaufenden Überprüfung bestehender Beihilferegelungen gemäß den Art. 108 Abs. 1 AEUV und Art. 17 bis 19 VVO zu prüfen. Das bedeutet, dass sie dem betreffenden Mitgliedstaat keine zweckdienlichen Maßnahmen zur Anpassung der Beihilfe an die fortschreitende Entwicklung und das Funktionieren des Binnenmarkts vorschlägt, wie sie in diesen Vorschriften vor der Einleitung des Verfahrens vorgesehen sind, und dass ihrer Ansicht nach die Beihilfe unter Missachtung des Durchführungsverbots, das für neue Beihilfen aus Art. 108 Abs. 3 Satz 3 AEUV folgt, rechtswidrig durchgeführt würde.
- Schließlich ändert eine solche Entscheidung, über eine in der Durchführung begriffene und als neue Beihilfe eingestufte Maßnahme das Verfahren nach Art. 108 Abs. 2 AEUV einzuleiten, die Einschätzung der formellen Rechtmäßigkeit der Beihilfe sowie die Rechtslage der beihilfebegünstigten Unternehmen. Während der Mitgliedstaat, die beihilfebegünstigten Unternehmen und die anderen Wirtschaftsbeteiligten bis zum Erlass einer solchen Entscheidung davon ausgehen können, dass die Maßnahme ordnungsgemäß als bestehende Beihilfe durchgeführt wird, bestehen nach der Kommissionsentscheidung, das Verfahren zu eröffnen, zumindest erhebliche Zweifel an der Rechtmäßigkeit dieser Maßnahme, die den Mitgliedstaat veranlassen müssen, die Zahlung auszusetzen. Denn die Einleitung des Verfahrens nach Art. 108 Abs. 2 AEUV schließt es aus, dass eine sofortige Entscheidung ergeht, mit der die Vereinbarkeit mit dem Binnenmarkt festgestellt würde und die es ermöglichen würde, die Durchführung der Maßnahme ordnungsgemäß fortzusetzen. Eine solche Entscheidung könnte auch vor einem nationalen Gericht geltend gemacht werden, das aufgerufen ist, alle Konsequenzen aus dem Verstoß gegen Art. 108 Abs. 3 Satz 3 AEUV zu ziehen. Außerdem kann sie die von der Maßnahme begünstigten Unternehmen veranlassen, auf jeden Fall neue Zahlungen zurückzuweisen oder Rückstellungen vorzunehmen, die für eine etwaige spätere Rückzahlung erforderlich sind. Auch die Geschäftskreise werden in ihren Beziehungen zu den Beihilfeempfängern deren geschwächte Rechts- und Finanzlage berücksichtigen.

b) Klageberechtigung. Der betroffene Mitgliedstaat und die anderen Mitgliedstaaten sind nach Art. 263 Abs. 2 AEUV privilegiert klageberechtigt und müssen kein Rechtsschutzinteresse nachweisen. Der betroffene Mitgliedstaat kann auch eine Entscheidung anfechten, in der eine von ihm gewährte Beihilfe für mit dem Binnenmarkt vereinbar erklärt wird, falls er der Ansicht ist, die Maßnahme sei gar keine Beihilfe.

Alle anderen Beteiligten, also auch das die Beihilfe empfangende Unternehmen oder eine die Beihilfe gewährende Gebietskörperschaft wie z. B. ein deutsches Bundesland, müssen nach Art. 263 Abs. 4 AEUV nachweisen, dass sie durch die angefochtene Entscheidung unmittelbar und individuell betroffen sind. Dazu haben die Unionsgerichte u. a. folgende Grundsätze entwickelt:

- Eine Nichtigkeitsklage des **Beihilfeempfängers** gegen die das Verfahren **abschließenden** Negativentscheidungen und mit Bedingungen oder Auflagen versehene Entscheidungen ist bei **Einzelbeihilfen** unstreitig **zulässig**; zweifelhaft und in jedem Einzelfall gesondert zu prüfen ist dagegen die Klageberechtigung eines potenziellen Beihilfeempfängers **bei Beihilferegelungen**;
- **Wettbewerbern** kommt ein Klagerecht gegen die das Verfahren **abschließenden** Entscheidungen dann zu, wenn sie sich aktiv am Prüfverfahren vor der Kommission beteiligt haben und die Beihilfe erheblich ihre Marktstellung beeinträchtigt (EuGHE, 169/84, 1986, 391 – Cofaz; EuGHE, C-525/04 P, 2007, I-9947 – Spanien/Lenzing).
- Eine Nichtigkeitsklage des **Beihilfeempfängers** gegen die Entscheidung der Kommission, ein förmliches Prüfverfahren wegen einer als neu eingestuften Beihilfe **einzuleiten**, dürfte zulässig sein, da der Beihilfeempfänger wegen des Durchführungsverbots unmittelbar und individuell betroffen ist;
- Die Nichtigkeitsklage eines **Wettbewerbers** gegen die das Verfahren am **Ende der ersten Stufe** abschließende Entscheidung (keine Beihilfe, keine Einwände) ist zulässig, wenn der Kläger dartun kann, dass ihm als Beteiligtem die Verfahrensgarantien des Art. 108 Abs. 2 AEUV eigentlich zukommen würden, er durch die Gewährung

der Beihilfe in seinen Interessen verletzt sein kann und der Abschluss des Verfahrens im Rahmen der vorläufigen Prüfung seine Mitwirkungsrechte im Verfahren verletzt (EuGHE, 198/91, 1993, I-2487 – Cook; EuGHE, C-225/91, 1993, I-3203 – Matra; EuGHE, C-367/95, 1998, I-1719 – Sytraval). Der Kläger kann dann argumentieren, die Kommission habe ihm durch die Verfahrensbeendigung nach der bloß summarischen Vorprüfungsphase seine Verfahrensrechte vorenthalten, die ihm im förmlichen Prüfverfahren zustünden.

4. Verfahren bei rechtswidrigen Beihilfen

a) Die Prüfung rechtswidriger Beihilfen. Formell rechtswidrige Beihilfen sind neue Beihilfen, die unter Verstoß gegen das Durchführungsverbot des Art. 108 Abs. 3 AEUV, also ohne Anmeldung bzw. nach Anmeldung, aber vor einer abschließenden Entscheidung der Kommission, eingeführt werden. Nach dem **Boussac-Urteil** des EuGH kann die Kommission die endgültige Rückabwicklung formell rechtswidriger Beihilfen nur dann anordnen, wenn die fraglichen Maßnahmen auch materiell mit dem Binnenmarkt unvereinbar sind (EuGHE, C-310/87, 1990, I-307 = Hummer, S. 721 – Boussac). Das heißt aber nicht, dass der Kommission gegenüber formell rechtswidrigen Beihilfen die Hände gebunden wären. Nach Art. 10 VVO muss die Kommission alle Informationen gleich welcher Herkunft (z.B. Beschwerden von Wettbewerbern des begünstigten Unternehmens) über angeblich rechtswidrige Beihilfen unverzüglich prüfen und gegebenenfalls den betreffenden Mitgliedstaat um Auskunft ersuchen. Bestehen für die Kommission in Anbetracht der vorliegenden Informationen keine ausreichenden Gründe, eine möglicherweise rechtswidrige Beihilfe zu vermuten, unterrichtet sie den Beschwerdeführer (Art. 20 Abs. 2 VVO; gegen die so mitgeteilte Entscheidung steht dem Beschwerdeführer der Rechtsweg zu den Unionsgerichten offen: EuGHE, C-521/06 P, 2008, I-5829 – Athinaïki Techniki). Andernfalls führt die Kommission das Verfahren weiter wie bei angemeldeten Beihilfen (vorläufige Prüfung und förmliches Prüfverfahren), allerdings ohne an Fristen gebunden zu sein (Art. 13 Abs. 2 VVO).

Im Übrigen kann die Kommission bei der Prüfung formell rechtswidriger Beihilfen, je nach Bedarf und unabhängig von der Eröffnung eines förmlichen Prüfverfahrens, nach Art. 10 und 11 VVO drei verschiedene Arten von **Anordnungen** treffen:

(1) Nach Art. 10 Abs. 3 VVO kann die Kommission einen nicht kooperierenden Mitgliedstaat durch Entscheidung zur **Auskunftserteilung** verpflichten (sog. „Anordnung zur Auskunftserteilung").

(2) Nach Art. 11 Abs. 1 VVO kann sie außerdem die **Aussetzung** aller rechtswidrigen Beihilfen anordnen, bis sie eine Entscheidung über die Vereinbarkeit der Beihilfe getroffen hat.

(3) Schließlich kann sie in gravierenden Fällen gemäß Art. 11 Abs. 2 VVO eine **vorläufige Rückforderungsanordnung** erlassen, mit der dem Mitgliedstaat aufgegeben wird, alle rechtswidrigen Beihilfen einstweilig zurückzufordern, bis die Kommission eine Entscheidung über ihre Vereinbarkeit mit dem Binnenmarkt erlassen hat. Um eine einstweilige Rückforderungsanordnung zu erlassen, (i) dürfen hinsichtlich des Beihilfecharakters der Maßnahme keinerlei Zweifel bestehen, (ii) muss ein Tätigwerden dringend geboten sein und (iii) muss ein erheblicher und nicht wieder gut zu machender Schaden für einen Konkurrenten ernsthaft zu befürchten sein.

Kommt der Mitgliedstaat einer Anordnung zur Auskunftserteilung nicht nach, wird die Entscheidung der Kommission auf der Grundlage der verfügbaren Informationen erlassen (Art. 13 VVO). Bei Nichtbefolgung einer Aussetzungs- oder Rückforderungsanordnung kann die Kommission unmittelbar Vertragsverletzungsklage vor dem Gerichtshof erheben (Art. 12 VVO).

Klausurhinweis: Die Anordnung zur Auskunftserteilung gemäß Art. 10 Abs. 3 VVO ist eine Verfahrenshandlung, die gegenüber der endgültigen Entscheidung der Kommission einen rein vorbereitenden Charakter hat. Deswegen handelt es sich nach Ansicht des EuG nicht um einen nach Art. 263 AEUV anfechtbaren Akt (EuG, T-571/08, Beschl. v. 14.7. 2010 – Deutschland/Kommission [„Deutsche Post"]). Anders dürfte es sich mit der Aussetzungsanordnung und der vorläufigen Rückforderungsanordnung gemäß Art. 11 VVO verhalten, weil diese unmittelbare Folgen für die Möglichkeit des Mitgliedstaats haben, die gewährte Beihilfe beizubehalten.

b) Die Rückforderung rechtswidriger Beihilfen. Im Hinblick auf Beihilfen, die nicht nur formell rechtswidrig sind (Verstoß gegen das Durchführungsverbot), sondern auch nach Art. 107 Abs. 2 und 3 AEUV materiell mit dem Binnenmarkt unvereinbar sind, **muss** die Kommission nun nach Art. 14 Abs. 1 VVO in ihrer Negativentscheidung zugleich die Rückforderung der Beihilfe vom Empfänger anordnen (sog. **Rückforderungsentscheidung**). Die Entscheidung ergeht ausschließlich gegenüber dem Mitgliedstaat. Nach derselben Vorschrift darf die Kommission die Rückforderung jedoch nicht anordnen, wenn dies gegen einen allgemeinen Grundsatz des Unionsrechts verstoßen würde (z.B. Vertrauensschutz).

Die Unvereinbarkeits- und Rückforderungsentscheidung der Kommission ist ein nach Art. 263 AEUV anfechtbarer Rechtsakt, der nach Ablauf der Zweimonatsfrist des Art. 263 Abs. 6 AEUV grundsätzlich in Bestandskraft erwächst. Nach dem Grundsatzurteil in der Rechtssache **Textilwerke Deggendorf** kann sich ein Beihilfeempfänger deswegen vor den deutschen Gerichten nicht auf die Rechtswidrigkeit einer an Deutschland gerichteten Rückforderungsentscheidung der Kommission nach Art. 108 Abs. 2 AEUV berufen, wenn er über diese Entscheidung schriftlich in Kenntnis gesetzt wurde und eine Klage nach Art. 263 Abs. 4 AEUV vor dem EuG nicht oder nicht rechtzeitig erhoben hat (EuGHE, C-188/92, 1994, I-833 = Hummer S. 211 – TWD). Falls es also das Beihilfe empfangende Unternehmen versäumt, rechtzeitig die Entscheidung der Kommission vor dem EuG anzufechten, kann es im anschließenden nationalen Verwaltungsverfahren nicht mehr vorbringen, dass die Unvereinbarkeits- bzw. Rückforderungsentscheidung der Kommission rechtswidrig sei. Auch ein Vorabentscheidungsersuchen zur Prüfung der Gültigkeit der Kommissionsentscheidung wäre unzulässig, weil dadurch die Bestandskraft der Entscheidung umgangen würde (vgl. oben S. 137). Dem Beihilfe empfangenden Unternehmen bleibt allenfalls das Argument der Unmöglichkeit der Rückabwicklung. Voraussetzung für die Präklusionswirkung ist allerdings, dass das betroffene Unternehmen auch tatsächlich in der Lage war, die Kommissionsentscheidung anzufechten. Dazu muss das Unternehmen erstens von der Existenz der Entscheidung, die ja an den Mitgliedstaat gerichtet ist, in Kenntnis gesetzt worden sein und zweitens als unmittelbar und individuell Betroffener nach Art. 263 Abs. 4 AEUV ohne Zweifel klageberechtigt gewesen sein.

Nach Erlass der Kommissionsentscheidung muss der betroffene Mitgliedstaat die Beihilfe nach Art. 14 Abs. 3 VVO **unverzüglich zurückfordern**. Teilweise wird vertreten, dass den Mitgliedstaat schon vor dem Erlass einer solchen Entscheidung wegen Art. 4 Abs. 3 EUV eine Rückforderungspflicht trifft. Die Rückabwicklung erfolgt **nach den Verfahren des betreffenden Mitgliedstaats** (Art. 14 Abs. 3 VVO). Damit bestätigt die Verfahrensverordnung lediglich den allgemeinen Grundsatz der Verfahrensautonomie der Mitgliedstaaten. In Deutschland richtet sich die Rückabwicklung bei einer Beihilfegewährung durch Verwaltungsakt normalerweise nach §§ 48, 49 a VwVfG oder den entsprechenden Vorschriften der Länder (s. oben S. 109 ff.).

Gerade im Beihilfenbereich birgt der Rückgriff auf die nationalen Rechtsordnungen die Gefahr der uneinheitlichen und praktisch nicht sehr effektiven Durchsetzung des Unionsrechts. Normalerweise zeigen weder der betreffende Mitgliedstaat noch das die Beihilfe empfangende Unternehmen großes Interesse an einer schnellen und effektiven Rückabwicklung. Deswegen musste der Gerichtshof auf der Grundlage des Äquivalenzgrundsatzes und des Effektivitätsgrundsatzes (s. oben S. 108 f.) in seiner Rechtsprechung immer wieder Vorgaben für das nationale Verwaltungsverfahren machen. Der neue Art. 14 Abs. 3 VVO formuliert diese Vorgaben positiv: Die Verfahren des betreffenden Mitgliedstaats müssen **die sofortige und tatsächliche Vollstreckung** der Kommissionsentscheidung ermöglichen.

Beispiel: Das Spannungsverhältnis zwischen nationalem Verfahrensrecht und den Vorgaben des Unionsrechts wurde besonders in der Rs. Alcan (EuGHE, C-24/95, 1997, I-1591 = Hummer, S. 727) deutlich. Darin entschied der EuGH im Wesentlichen, dass bezüglich der Rücknahme rechtswidriger Beihilfe gewährender Verwaltungsakte die in § 48 VwVfG enthaltenen Mechanismen des **Vertrauensschutzes** bei der Rückforderung unionsrechtswidriger Beihilfen nicht oder nur in abgeschwächter Form zur Anwendung kommen können. Der EuGH begründete dies damit, dass ein beihilfebegünstigtes Unternehmen auf die Ordnungsmäßigkeit einer Beihilfe grundsätzlich nur dann vertrauen darf, wenn diese unter Einhaltung des in Art. 108 AEUV vorgesehenen Verfahrens gewährt wurde. Einem sorgfältigen Gewerbetreibenden sei es nämlich regelmäßig möglich, sich zu vergewissern, dass dieses Verfahren eingehalten wurde. Daneben beruht diese Rechtsprechung darauf, dass die Kommission bereits bei ihrer Entscheidung, die Rückforderung anzuordnen, den unionsrechtlichen Grundsatz des Vertrauensschutzes berücksichtigen muss und sowohl der Mitgliedstaat als auch das betroffene Unternehmen die Möglichkeit haben, die Kommissionsentscheidung auch unter diesem Gesichtspunkt vor den Unionsgerichten anzufechten (vgl. oben S. 333).

Um der Rückabwicklungspflicht zu entgehen, berufen sich die Mitgliedstaaten oft auf die **Unmöglichkeit** der Rückforderung. Im Prinzip hat der EuGH zwar anerkannt, dass die Rückabwicklungspflicht bei absoluter Unmöglichkeit entfällt. In seiner Spruchpraxis hat er diese Rechtfertigung aber im Ergebnis fast nie akzeptiert. Insbesondere besteht der EuGH darauf, dass der betroffene Mitgliedstaat mit der Kommission nach Art. 4 Abs. 3 EUV loyal zusammenarbeitet, um die Schwierigkeiten der Rückabwicklung unter voller Beachtung der Bestimmungen der Verträge zu überwinden. Wie bei allen Vertragsverletzungen (s. oben S. 157) kann sich der Mitgliedstaat in keinem Fall auf Bestimmungen oder Übungen seiner nationalen Rechtsordnung berufen (z.B. Autonomie der Länder), um eine Unmöglichkeit der Rückforderung darzulegen. Nach Art. 14 Abs. 2 VVO umfasst die zurückzufordernde Beihilfe auch **Zinsen** (zur Berechnung der Zinsen vgl. Art. 9 ff. der Durchführungsverordnung Nr. 729/2004 der Kommission). Um den Mitgliedstaaten Rechtssicherheit zu gewähren, gelten nach Art. 15 VVO die Befugnisse der Kommission zur Rückforderung rechtswidriger Beihilfen nur für eine **Frist von 10 Jahren,** die mit der Beihilfegewährung zu laufen beginnt. Die Frist wird durch Verfahrenshandlungen der Kommission oder des betreffenden Mitgliedstaats unterbrochen und durch Verfahren vor den Unionsgerichten „ausgesetzt" (gehemmt). Beihilfen, für die diese Frist abgelaufen ist, gelten als bestehende Beihilfen.

V. Der Rechtsschutz Einzelner vor nationalen Gerichten (insbesondere: Konkurrentenklagen)

Wie oben bereits erläutert, entfaltet allein das **Durchführungsverbot** des Art. 108 Abs. 3 Satz 3 AEUV in den Rechtsordnungen der Mitgliedstaaten **unmittelbare Wirkung**. Dagegen können sich Einzelne (z. B. Konkurrenten) vor den deutschen Gerichten nicht auf die Unvereinbarkeit einer Beihilfe gemäß Art. 107 Abs. 2 und 3 AEUV berufen. Wegen der grundlegenden Unterscheidung zwischen der formellen Rechtswidrigkeit einer Beihilfe und ihrer materiellen Unvereinbarkeit mit dem Vertrag haben die Kommission und die nationalen Gerichte verschiedene Rollen.

Die **Kommission** ist die mit der Beihilfenpolitik und der fortlaufenden Kontrolle von Beihilfen betraute und im Unionsinteresse handelnde zentrale Verwaltungsbehörde. Die Durchführung der Vereinbarkeitsprüfung nach Art. 107 Abs. 3 AEUV ist wegen der schwierigen Abwägungsfragen und des weiten Entscheidungsermessens allein der Kommission vorbehalten. Nach dem Boussac-Urteil (EuGHE, C-301/87, 1990, I-307 = Hummer S. 721) muss die Kommission die Vereinbarkeit der Beihilfe mit dem Binnenmarkt selbst dann prüfen, wenn der Mitgliedstaat das Durchführungsverbot nach Art. 108 Abs. 3 Satz 3 AEUV verletzt.

Die **deutschen Gerichte** sind dagegen – auf Veranlassung von Konkurrenten oder anderen durch eine Beihilfe beeinträchtigten Dritten – für den Schutz von Rechten und die Durchsetzung von Pflichten, nicht aber für Beihilfenpolitik zuständig. Sie sind dazu aufgerufen, die Einhaltung der verfahrensrechtlichen Pflichten der Mitgliedstaaten zu überwachen, dürfen aber nicht über die materielle Rechtmäßigkeit von Beihilfen entscheiden.

Hinweis: Eine umfassende Darstellung der Rolle der einzelstaatlichen Gerichte bei der Durchsetzung des Beihilfenrechts findet sich in der diesbezüglichen Bekanntmachung der Kommission (ABl. 2009, C 85, S. 1).

Ein von einer rechtswidrigen Beihilfe betroffener Konkurrent kann wahlweise eine **Konkurrentenklage** vor den deutschen Gerichten erheben, eine **Beschwerde** bei der Kommission einlegen oder beide Möglichkeiten kombinieren. Über eine Konkurrentenklage vor den deutschen Gerichten kann der Konkurrent insbesondere schnell einstweiligen Rechtsschutz erhalten (§§ 80 a, 123 VwGO), im Fall eines Erfolgs in der Hauptsache seine Anwalts- und Gerichtskosten ersetzt bekommen und die Grundlage für eine anschließende Staatshaftungsklage nach § 839 BGB oder nach Unionsrecht schaffen. Eine Beschwerde bei der Kommission empfiehlt sich dagegen immer dann, wenn die Beweislage dünn ist, da die Kommission als Verwaltungsbehörde über umfangreiche Ermittlungsbefugnisse verfügt.

Falls Beihilfen auf Grundlage eines **Verwaltungsakts** gewährt werden, kann der Konkurrent grundsätzlich Widerspruch einlegen und gegebenenfalls Anfechtungsklage nach der VwGO erheben. Seine nach § 42 Abs. 2 VwGO erforderliche Klagebefugnis ergibt sich aus dem drittschützenden Durchführungsverbot des Art. 108 Abs. 3 Satz 3 AEUV. Die deutsche Schutznormtheorie ist nicht streng anzuwenden (vgl. oben S. 113 und Lampert EWS 2001, 357, 362 f.). Aufgrund des Suspensiveffekts von Widerspruch und Anfechtungsklage kann der Konkurrent zunächst die Auszahlung der Subvention verhindern. Zudem kommt § 50 VwVfG zur Anwendung, so dass eine Aufhebung des Bescheids nach §§ 48 ff. VwVfG uneingeschränkt möglich bleibt. Außerdem kann er auch die Rückzahlung der Beihilfe nach § 113 Abs. 1 Satz 2 VwGO erreichen (Lampert EWS 2001, 357). Ist die **Beihilfe durch Vertrag** und unter Verstoß gegen Art. 108 Abs. 3 AEUV gewährt worden, so ist der Vertrag nach § 134 BGB nichtig. Art. 108 Abs. 3 Satz 3 AEUV ist ein Verbotsgesetz i. S. d. § 134 BGB (vgl. BGH, XI ZR 5/03, EuZW 2004, 252; vgl. auch Pechstein EuZW 1998, 495, der die Unwirksamkeit des Vertrags unmittelbar aus Art. 108 Abs. 3 Satz 3 AEUV ableitet).

Die **Begründetheit** einer **Konkurrentenklage** dürfte ohne allzu große Schwierigkeiten zu bejahen sein, falls die Kommission bereits eine mit einer Rückforderungsentscheidung verbundene **Negativentscheidung** getroffen hat. Die nationalen Gerichte sind nach Art. 288 Abs. 4 AEUV an einen solchen Beschluss gebunden und dürfen nach der Foto-Frost-Rechtsprechung des Gerichtshofs nicht ohne Gültigkeitsvorlage nach Art. 267 AEUV von der Rechtswidrigkeit des Kommissionsbeschlusses ausgehen (s. oben S. 141).

Falls die Kommission in einer vorangehenden abschließenden Entscheidung die Beihilfe für mit dem gemeinsamen Markt **vereinbar erklärt** hat, darf das nationale Gericht der Konkurrentenklage nicht mehr stattgeben. Der Kläger sollte dann die Hauptsache für erledigt erklären, um noch eine für ihn günstige

Kostenentscheidung zu erreichen (§ 161 Abs. 2 VwGO). Ergeht erst nach Erlass eines Urteils durch das nationale Gericht eine abschließende Vereinbarkeitsentscheidung der Kommission, hat dies nicht die Heilung der unter Verstoß gegen das Durchführungsverbot ergangenen und deshalb rechtswidrigen Durchführungsakte zur Folge, da jede andere Auslegung die Missachtung des Durchführungsverbotes durch den betreffenden Mitgliedstaat begünstigen würde (EuGHE, C-354/90, 1991, I-5505 = Hummer, S. 924 – FNCEPA; EuGHE, C-199/06, 2008, I-469 – CELF).

Liegt (noch) **keine abschließende Kommissionsentscheidung** vor, so muss das nationale Gericht selbst prüfen, ob der betreffende Mitgliedstaat gegen das Durchführungsverbot des Art. 108 Abs. 3 Satz 3 AEUV verstoßen hat. Dazu muss es zunächst ermitteln, ob überhaupt eine **Beihilfe** im Sinne von Art. 107 Abs. 1 AEUV vorliegt. Dabei hat es die umfangreiche Rechtsprechung der Unionsgerichte zum Beihilfenbegriff zu berücksichtigen (s. o.). Ferner muss es ermitteln, ob es sich um eine (formell) **rechtswidrige** Beihilfe handelt, d. h. um eine neue Beihilfe, die unter Verstoß gegen das Durchführungsverbot des Art. 108 Abs. 3 Satz 3 AEUV eingeführt wurde. Folgendes ist berücksichtigen:

- Das **Anmeldegebot** und das **Durchführungsverbot** in Art. 108 Abs. 3 AEUV gelten nur für **neue Beihilfen,** d. h. Beihilfen, die keine bestehenden Beihilfen sind. Bestehende Beihilfen sind nach Art. 1 VVO im Wesentlichen (a) solche, die vor Inkrafttreten des Vertrags im betreffenden Mitgliedstaat eingeführt wurden und nach dessen Inkrafttreten noch anwendbar sind, (b) genehmigte Beihilfen, also Beihilfen, die von der Kommission oder vom Rat ausdrücklich genehmigt wurden, und (c) Beihilfen, die wegen der Untätigkeit der Kommission nach Ablauf der sog. „Lorenzfrist" nach Art. 4 Abs. 6 VVO als bestehende Beihilfen gelten.
- Ein **Verstoß gegen das Durchführungsverbot** liegt vor, falls eine Beihilfe ohne vorherige Anmeldung oder nach Anmeldung, aber vor einer abschließenden Genehmigungsentscheidung der Kommission, eingeführt wird. Falls keine Anmeldung vorgeschrieben ist (z. B. Einzelmaßnahmen, die unter eine Gruppenfreistellungsverordnung fallen oder auf einer genehmigten Beihilferegelung beruhen), liegt auch kein Verstoß gegen das Durchführungsverbot vor.

Hat das nationale Gericht bei der Prüfung dieser oft schwierigen Fragen rechtliche Zweifel, so kann bzw. muss es den Gerichtshof gemäß Art. 267 Abs. 2 bzw. 3 AEUV um Vorabentscheidung ersuchen. Darüber hinaus kann es die Kommission um Rat fragen (vgl. die Bekanntmachung der Kommission über die Durchsetzung des Beihilfenrechts durch die einzelstaatlichen Gerichte, ABl. 2009, C 85, S. 1). Allerdings sind Konkurrentenklagen in der Praxis selten (vgl. zu den praktischen Schwierigkeiten bei Schadenersatzklagen Soltész EuZW 2001, 202, 206; Bartosch EuZW 2005, 396).

16. Kapitel: Der Raum der Freiheit, der Sicherheit und des Rechts

I. Allgemeines

Zu den grundlegenden Zielen der Europäischen Union gehört gemäß Art. 3 Abs. 2 EUV **ein Raum der Freiheit, der Sicherheit und des Rechts ohne Binnengrenzen, in dem der freie Personenverkehr gewährleistet ist.** Dieses Projekt geht auf den Vertrag von Amsterdam zurück. Im Kern beruht es auf der Überlegung, dass der Binnenmarkt und der freie Personenverkehr in Europa bestmöglich verwirklicht werden können, wenn sie durch geeignete Maßnahmen auf dem Gebiet der Justiz- und Innenpolitik ergänzt werden:

- Zur Verwirklichung der Freizügigkeit sollen **keine Personenkontrollen an den Binnengrenzen** der EU mehr stattfinden (Art. 67 Abs. 2 AEUV). Um aber die Migrationsströme von Drittstaatsangehörigen beherrschen zu können, sind umso wirksamere **Kontrollen an den Außengrenzen** der EU sowie gemeinsame Regeln in den Bereichen **Visa, Asyl und Einwanderung** erforderlich (Art. 3 Abs. 2 EUV, Art. 77 ff. AEUV).

- Offene Binnengrenzen in der EU bergen Risiken für die innere Sicherheit, insbesondere im Hinblick auf grenzüberschreitende Straftaten und das organisierte Verbrechen. Deshalb sind gemeinsame Standards bei der **Verbrechensbekämpfung und in der Strafrechtspflege** sowie eine verstärkte **polizeiliche Zusammenarbeit** erforderlich (Art. 67 Abs. 3, 82 ff., 87 ff. AEUV). Gleichzeitig darf aber der **Grundrechtsschutz** der Bürger nicht vernachlässigt werden; außerdem sind die verschiedenen **Rechtstraditionen** der Mitgliedstaaten zu achten (Art. 67 Abs. 1 AEUV).

- Freizügigkeit hat nicht nur eine wirtschaftliche Dimension. Lässt sich ein Unionsbürger mit seinen Angehörigen im Ausland nieder, so kann es dort etwa zu familiären Problemen kommen (dies kann z. B. Fragen der Zuständigkeit und des anwendbaren Rechts in Ehe- und Kindschaftsstreitigkeiten oder erbrechtliche Fragen aufwerfen). Je verlässlicher die **rechtlichen Rahmenbedingungen** hierfür sind, desto leichter und attraktiver wird die Inanspruchnahme der Freizügigkeit. Ähnliches gilt übrigens auch im Zusammenhang mit der klassischen wirtschaftlichen Betätigung: Wer im Ausland Geschäfte macht, muss darauf vertrauen können, dass er mit vertretbarem Aufwand Forderungen gerichtlich geltend machen und Gerichtsentscheidungen vollstrecken lassen kann. Wirksamer **Zugang zum Recht** erleichtert die Inanspruchnahme der Grundfreiheiten der Verträge und macht sie attraktiver. Dafür ist eine **justizielle Zusammenarbeit in Zivilsachen** erforderlich, die auch Regelungen über die Bestimmung des anwendbaren materiellen Rechts einschließen kann (Art. 67 Abs. 4, Art. 81 AEUV).

Unter dem Dach des „Raums der Freiheit, der Sicherheit und des Rechts" wird somit eine europäische Justiz- und Innenpolitik initiiert. Ansätze hierzu waren bereits im Vertrag von Maastricht in der intergouvernemental organisierten dritten Säule der EU unter dem Titel „Zusammenarbeit in den Bereichen Justiz und Inneres" zu finden. Der Vertrag von Amsterdam überführte die Teilbereiche justizielle Zusammenarbeit in Zivilsachen sowie Visa, Asyl und Einwanderung in die erste Säule (in den damaligen EG-Vertrag), so dass sie vergemeinschaftet wurden (Art. 61 ff. EGV). Die polizeiliche und justizielle Zusammenarbeit in Strafsachen verblieb dagegen noch im Rahmen der dritten Säule. Der Vertrag von Lissabon fasst nunmehr alle Bereiche der Justiz- und Innenpolitik unter dem Titel „Raum der Freiheit, der Sicherheit und des Rechts" in den Art. 67 ff. AEUV zusammen und vergemeinschaftet auch die letzten Bestandteile der ehemaligen dritten Säule der EU.

Das erste mehrjährige Arbeitsprogramm der EU-Institutionen zur Verwirklichung des Raums der Freiheit, der Sicherheit und des Rechts ging auf die Schlussfolgerungen des Europäischen Rates von **Tampere** (1999) zurück. Es folgte das **Haager Programm** (2004). Mit dem **Stockholmer Programm** ist nun ein neues umfangreiches Arbeitsprogramm für die Jahre 2010 bis 2015 aufgelegt worden (ABl. 2010, C 115, S. 1).

Das Vereinigte Königreich, Irland und Dänemark beteiligen sich nur in eingeschränktem Umfang an der Schaffung des Raums der Freiheit, der Sicherheit und des Rechts sowie an den diesbezüglichen Rechtsetzungsverfahren (sog. *Opt-in*-Lösung, vgl. die Protokolle Nr. 20–22 zum EUV und AEUV).

II. Die Politik im Bereich Grenzkontrollen, Asyl und Einwanderung

Ein Kernelement des zu verwirklichenden Raums der Freiheit, der Sicherheit und des Rechts ist die Gewährleistung des freien Personenverkehrs ohne Personenkontrollen an den Binnengrenzen der EU. Der **Abbau der Personenkontrollen an den Binnengrenzen** hat u.a. mit geeigneten Maßnahmen in Bezug auf die Kontrollen an den Außengrenzen, die Asyl- und Einwanderungspolitik einher zu gehen (Art. 3 Abs. 2 EUV, Art. 67 Abs. 2 AEUV).

1. Grenzkontrollen

Ob beim **Grenzübertritt zwischen Mitgliedstaaten** Personenkontrollen stattfinden, ist in der Union derzeit noch nicht einheitlich geregelt. Aus Art. 26 und Art. 67 Abs. 1, 2 AEUV kann nicht abgeleitet werden, dass die Mitgliedstaaten automatisch verpflichtet wären, die Personenkontrollen an ihren Binnengrenzen abzuschaffen (vgl. EuGHE, C-378/97, 1999, I-6207 – Wijsenbeek, Rn. 40).

Doch dürfen jedenfalls im sog. „**Schengen-Raum**", dem inzwischen alle Mitgliedstaaten außer dem Vereinigten Königreich und Irland angehören, nach Art. 20 des „Schengener Grenzkodex" die Binnengrenzen grundsätzlich ohne Personenkontrollen überschritten werden, und zwar unabhängig von der Staatsangehörigkeit (Verordnung Nr. 562/2006, ABl. 2006, L 105, S. 1; Sartorius II Nr. 290; die Verordnung mit dem Grenzkodex ist an die Stelle der Art. 2 bis 8 des Schengener Durchführungs-Übereinkommens [SDÜ] getreten, welche sie mit Wirkung vom 13. 10. 2006 aufgehoben hat).

Hintergrund: Im Schengener Übereinkommen haben sich einzelne EU-Mitgliedstaaten (Deutschland, Frankreich und die Benelux-Länder) schon 1985 auf den Abbau der Kontrollen an ihren Binnengrenzen verständigt. Dieses Vorhaben wurde zunächst völlig außerhalb des institutionellen Rahmens der EG/EU verwirklicht. Erst mit dem Vertrag von Amsterdam wurde der sog. *Schengen-acquis* in den Rahmen der Verträge (damals EU-Vertrag und EG-Vertrag) einbezogen. Seither wird er auf der Grundlage der Vorschriften über den Raum der Freiheit, der Sicherheit und des Rechts fortentwickelt. Das Vereinigte Königreich und Irland nehmen aber weiterhin nicht teil. Vielmehr wird das Schengen-Recht im Rahmen einer verstärkten Zusammenarbeit verwirklicht, die allerdings nicht nach Art. 20 EUV, sondern unmittelbar durch eine primärrechtliche Bestimmung in Art. 1 des sog. Schengen-Protokolls (Protokoll Nr. 13 zum Vertrag von Lissabon) begründet wurde. Zum Schengen-Raum gehören heute auch Norwegen, Island, die Schweiz und Liechtenstein, mit denen gesonderte Abkommen geschlossen wurden.

Auch im Schengen-Raum können freilich vorübergehend aus Gründen der öffentlichen Ordnung Kontrollen durchgeführt werden, z. B. um zu verhindern, dass es bei Großveranstaltungen zu Ausschreitungen durch Hooligans kommt (deren passive Dienstleistungsfreiheit kann durch Art. 52, 65 AEUV eingeschränkt werden).

Personenkontrollen in Grenznähe sind innerhalb des Schengen-Raums nach Art. 67 AEUV und Art. 20, 21 des Schengener Grenzkodex zwar nicht gänzlich untersagt; sie müssen aber in einer Weise konzipiert sein und durchgeführt werden, die sich eindeutig von systematischen Grenzkontrollen unterscheidet (EuGH, C-188/10 u. C-189/10, Urt. v. 22. 6. 2010 – Melki u. Abdeli, Rn. 63–75). Dies bedeutet nicht notwendigerweise, dass verdachtsunabhängige Personenkontrollen in Grenznähe, wie sie etwa in § 22 Abs. 1a und § 23 Abs. 1 Nr. 3 BPolG sowie in manchen Landespolizeigesetzen vorgesehen sind (sog. **Schleierfahndung**), europarechtswidrig wären. Die einschlägigen Befugnisnormen der deutschen Polizeigesetze müssen aber im Einklang mit den unionsrechtlichen Vorgaben ausgelegt und angewandt werden. Insbesondere dürfen solche Kontrollen nur Stichprobencharakter haben und dürfen sich nicht in ihren Auswirkungen als Maßnahmen gleicher Wirkung wie Grenzkontrollen darstellen.

Zu den **Personenkontrollen an den Außengrenzen** des Schengen-Raums, die nach einheitlichen und strengen Standards durchgeführt werden, vgl. Art. 4 ff. des Schengener Grenzkodex.

Was die Einreise und den Aufenthalt von Drittstaatsangehörigen anbelangt, so gilt in der EU eine einheitliche Liste der Drittländer, für deren Staatsangehörige eine **Visumpflicht** gilt, und der Drittländer, deren Staatsangehörige von der Visumpflicht befreit sind (Verordnung Nr. 539/2001, ABl. 2001, L 81, S. 1). Außerdem besteht ein einheitlicher **Visakodex** der EU, der die Voraussetzungen und das Verfahren für die Erteilung von Visa regelt (Verordnung Nr. 810/2009, ABl. 2009, L 243, S. 1).

2. Asyl- und Flüchtlingspolitik

Gemäß Art. 78 AEUV entwickelt die Union eine **gemeinsame Politik im Bereich Asyl, subsidiärer Schutz und vorübergehender Schutz für Drittstaatsangehörige**. Nach welchen Kriterien die Mitgliedstaaten für die Prüfung eines von einem Drittstaatsangehörigen gestellten Asylantrags zuständig sind, regelt die Verordnung Nr. 343/2003 (Sartorius II Nr. 285). Die Richtlinie 2004/83/EG enthält Mindestnormen für die Anerkennung und den Status von Drittstaatsangehörigen oder Staatenlosen als Flüchtlinge oder als Personen, die anderweitig internationalen Schutz benötigen, und über den Inhalt des zu gewährenden Schutzes (sog. Qualifikationsrichtlinie). Die Umsetzung dieser Richtlinie hat insbesondere zu einer Änderung des § 60 AufenthG beim subsidiären Schutz geführt. Personen mit Anspruch auf subsidiären Schutz sind Drittstaatsangehörige, die nicht als Asylberechtigte anerkannt werden können, denen jedoch bei Rückkehr in ihr Heimatland ein ernsthafter Schaden droht (vgl. BVerwG NVwZ 2010, 196; zum Erlöschen des Flüchtlingsstatus vgl. EuGH, C-175/08, Urt. v. 2. 3. 2010 – Abdulla).

3. Einwanderungspolitik

Mit einer **gemeinsamen Einwanderungspolitik** (Art. 79 AEUV) sollen die Migrationsströme wirksam gesteuert sowie die illegale Einwanderung und der Menschenhandel bekämpft werden. In diesem Rahmen sind insbesondere folgende Maßnahmen getroffen worden:

- Richtlinie 2003/86/EG betreffend das Recht auf **Familienzusammenführung** (gemäß dieser Richtlinie können rechtmäßig in der EU lebende Drittstaatsangehörige, auch wenn sie nicht mit Unionsbürgern verheiratet sind, unter bestimmten Voraussetzungen ihre Familienangehörigen aus Drittstaaten in den Aufnahmemitgliedstaat nachziehen lassen; vgl. dazu EuGHE, C-540/03, 2006, I-5769 – Parlament/ Rat)
- Richtlinie 2003/109/EG betreffend die Rechtsstellung der **langfristig aufenthaltsberechtigten Drittstaatsangehörigen** (gemäß dieser Richtlinie können Drittstaatsangehörige, auch wenn sie nicht Familienangehörige von Unionsbürgern sind, unter bestimmten Voraussetzungen ein Daueraufenthaltsrecht in der EU erwerben, das ihnen auch ein Recht auf Zugang zur Erwerbstätigkeit eröffnet).

III. Die justizielle Zusammenarbeit in Zivilsachen

Nach Art. 67 Abs. 4 AEUV erleichtert die Union den **Zugang zum Recht,** insbesondere durch den **Grundsatz der gegenseitigen Anerkennung** gerichtlicher und außergerichtlicher Entscheidungen in Zivilsachen. Hinzu kommen europarechtliche Vorschriften über die internationale **Gerichtszuständigkeit** und sogar **Einheitsvorschriften zur Bestimmung des anwendbaren materiellen Rechts.** Das diesbezügliche Sekundärrecht, das nicht zuletzt auch dem Funktionieren des Binnenmarkts dient und die Freizügigkeit der Unionsbürger erleichtert, stammt derzeit zum Großteil noch aus der Zeit vor Inkrafttreten des Vertrags von Lissabon (vgl. Art. 61 lit. c, 65, 67 EGV); künftig wird es nach Art. 81 AEUV erlassen.

1. Gerichtszuständigkeit, gegenseitige Anerkennung und Vollstreckung, Verfahren

Ursprünglich galt auf diesem Gebiet das Brüsseler Übereinkommen über die gerichtliche Zuständigkeit und die Vollstreckung gerichtlicher Entscheidungen in Zivil- und Handelssachen (**EuGVÜ**), das die Mitgliedstaaten noch auf Grundlage des Art. 220 EWGV (Art. 293 EGV) geschlossen hatten. Mit Wirkung vom 1. 3. 2002 ist das EuGVÜ durch die nunmehr geltende Verordnung Nr. 44/2001 über die gerichtliche Zuständigkeit und die Anerkennung und Vollstreckung von Entscheidungen in Zivil- und Handelssachen (**EuGVVO**) ersetzt worden, die man auch als „**Brüssel I-Verordnung**" bezeichnet.

Demgegenüber betraf die sog. „**Brüssel II-Verordnung**" (Verordnung Nr. 1347/2000) die Zuständigkeit der Gerichte und die wechselseitige Anerkennung ihrer Entscheidungen in Ehe- und Kindschaftssachen. Diese Verordnung ist aber bald wegen ihrer inhaltlichen Mängel abgelöst worden durch die sog. „**Brüssel IIa-Verordnung**" (Verordnung Nr. 2201/2003) über die Zuständigkeit und die Anerkennung und Vollstreckung von Entscheidungen in Ehesachen und in Verfahren betreffend die elterliche Verantwortung.

Mit der Verordnung Nr. 4/2009 sind außerdem Regelungen über die Zuständigkeit, die Anerkennung und Vollstreckung von Entscheidungen und die Zusammenarbeit in **Unterhaltssachen** (sog. **Rom VI-Verordnung**) hinzugekommen.

Bedeutsam ist weiter die Verordnung Nr. 1896/2006 zur Einführung eines **europäischen Mahnverfahrens.** Diese Verordnung gilt für fällige, bezifferte Geldforderungen, die nicht unbestritten sein müssen, in grenzüberschreitenden Rechtssachen. Mindestens eine Partei muss daher ihren Wohnsitz oder gewöhnlichen Aufenthalt in einem anderen Mitgliedstaat als dem des befassten Gerichts haben (Art. 3 Abs. 1 VO 1896/2006). Die internationale Zuständigkeit des Gerichts zum Erlass des „**Europäischen Zahlungsbefehls**" ergibt sich aus der Verordnung Nr. 44/2001 (EuGVVO bzw. Brüssel I-Verordnung). In Deutschland bestimmt § 1087 ZPO, dass für den Erlass des Europäischen Zahlungsbefehls allein das Amtsgericht Berlin-Wedding örtlich zuständig ist. Die örtlich zuständigen Gerichte in den anderen Mitgliedstaaten können, wie die erforderlichen Formblätter und weitere Informationen, über die Website der Kommission zum Europäischen Gerichtsatlas in Zivilsachen abgerufen werden (http://ec.europa.eu./justice-home/judicialatlascivil/).

Abgesehen vom europäischen Mahnverfahren hat der Rat auch einen europäischen **Vollstreckungstitel für unbestrittene Forderungen** (Verordnung Nr. 805/2004) und ein harmonisiertes europäisches **Verfahrensrecht** für Streitigkeiten über **geringfügige Forderungen** (Verordnung Nr. 861/2007) eingeführt.

Für die **grenzüberschreitende Zustellung** gerichtlicher und außergerichtlicher Schriftstücke in Zivil- und Handelssachen gilt die Verordnung Nr. 1393/2007.

Schließlich verdient die **Europäische Beweisverordnung** (Verordnung Nr. 1206/2001, „EuBVO") Erwähnung, die die Zusammenarbeit der Gerichte der Mitgliedstaaten auf dem Gebiet der Beweisaufnahme in Zivil- und Handelssachen regelt (nicht zu verwechseln mit dem im Strafrecht geltenden Rahmenbeschluss über die Europäische Beweisanordnung, vgl. unten S. 342).

2. Vorschriften über die Bestimmung des anwendbaren materiellen Rechts

In jüngster Zeit wurden auf dem Gebiet der justiziellen Zusammenarbeit in Zivilsachen auch unionsrechtliche **Einheitsvorschriften über die Bestimmung des anwendbaren materiellen Rechts** erlassen. Das IPR der Mitgliedstaaten wird auf diese Weise sehr weitgehend verdrängt. Bislang sind folgende Regelungen ergangen:

– die Verordnung Nr. 593/2008 über das auf **vertragliche Schuldverhältnisse** anwendbare Recht (sog. **Rom I-Verordnung**),
– die Verordnung Nr. 864/2007 über das auf **außervertragliche Schuldverhältnisse** anwendbare Recht (sog. **Rom II-Verordnung**) sowie
– die Verordnung Nr. 4/2009 über die Zuständigkeit, das anwendbare Recht, die Anerkennung und Vollstreckung von Entscheidungen und die Zusammenarbeit in **Unterhaltssachen** (sog. **Rom VI-Verordnung**).

In der Diskussion sind außerdem u. a.:

– eine Verordnung über das anwendbare Recht bei **Ehescheidung und Trennung** („Rom III", vgl. Kommissionsvorschlag KOM[2010] 105 endg.); bei der Verabschiedung dieser Verordnung soll erstmals das Verfahren der verstärkten Zusammenarbeit (Art. 20 EUV, vgl. auch oben S. 90 f.) zur Anwendung kommen (vgl. Beschluss 2010/405/EU des Rates);
– die Schaffung von Kollisionsnormen im **ehelichen Güterrecht** („Rom IV", vgl. Grünbuch KOM[2006] 400 endg. der Kommission);
– eine Verordnung, mit der das auf **Erbsachen mit Auslandsbezug** anwendbare Recht bestimmt werden soll (nebst Zuständigkeits- und Vollstreckungsfragen einschließlich der Schaffung eines europäischen Nachlasszeugnisses) („**Rom V**", Kommissionsvorschlag KOM[2009] 154 endg.).

3. Rechtsetzungsverfahren

Nach dem Vertrag von Lissabon werden alle Maßnahmen der Union (Verordnungen, Richtlinien) mit Ausnahme der familienrechtlichen Maßnahmen (Art. 81 Abs. 3 AEUV) im ordentlichen Gesetzgebungsverfahren erlassen (Art. 81 Abs. 2 AEUV). Bei Anwendung der Brückenklausel in Art. 81 Abs. 3 UAbs. 2 AEUV (Übergang zum ordentlichen Gesetzgebungsverfahren) ist für den deutschen Vertreter im Rat § 4 Abs. 2 IntVG zu beachten, wonach innerstaatlich ein Zustimmungsgesetz i. S. v. Art. 23 Abs. 1 GG erforderlich ist.

4. Sonstiges

Abgesehen von der Schaffung von Sekundärrecht hat sich die EU unter dem Schlagwort „Zugang zum Recht" auch eine bessere Information der Unionsbürger und Praktiker zum Ziel gesetzt. Zu diesem Zweck wurde z. B. 2010 das **Europäische Justizportal „E-Justice"** (http://e-justice.europa.eu) eröffnet, ein Internetportal, das in 22 Amtssprachen der EU Informationen über die Justizsysteme und -verfahren aller Mitgliedstaaten bereithält.

IV. Die justizielle Zusammenarbeit in Strafsachen

Das Strafrecht führte lange Zeit im europäischen Einigungsprozess ein Schattendasein. Neuerdings ist jedoch eine verstärkte Tendenz zur **Europäisierung des Strafrechts** zu erkennen (skeptisch dazu Beukelmann, NJW 2010, 2081). Auf diese Weise soll v. a. die Bekämpfung grenzüberschreitender Kriminalität im Raum der Freiheit, der Sicherheit und des Rechts verbessert werden.

Der Vertrag von Lissabon vergemeinschaftet die justizielle Zusammenarbeit in Strafsachen (Art. 82 ff. AEUV), die bislang noch intergouvernemental ausgestaltet war (ehemalige dritte Säule der EU). Wie bei der justiziellen Zusammenarbeit in Zivilsachen geht es hier in erster Linie um die gegenseitige Anerkennung gerichtlicher Urteile und Entscheidungen (Art. 82 Abs. 1 AEUV), daneben aber auch um Mindeststandards für das materielle Strafrecht der Mitgliedstaaten. Eine Besonderheit liegt darin, dass es sich beim Strafrecht, sehr viel mehr als beim Zivilrecht, um einen außerordentlich sensiblen Grundrechtsbereich handelt, weshalb hier angemessene Vorkehrungen für den Schutz des Individuums zu treffen sind. Außerdem zählt das BVerfG jedenfalls Teile der Strafrechtsordnung zur nationalen Identität der Mitgliedstaaten (BVerfGE 123, 267 = NJW 2009, 2267, Absatz-Nrn. 249, 253), was die Achtung der verschiedenen Rechtstraditionen der Mitgliedstaaten und eine Beteiligung der nationalen Parlamente an Integrationsfortschritten auf diesem Gebiet in besonderem Maße erforderlich macht (vgl. auch Art. 12 lit. c EUV, Art. 67 Abs. 1 und Art. 69 AEUV).

1. Gegenseitige Anerkennung und prozessuale Mindestvorschriften

Die Union verfügt inzwischen auf dem Gebiet der justiziellen Zusammenarbeit in Strafsachen über eine weitgehende Gesetzgebungskompetenz. Insbesondere können Maßnahmen (Verordnungen und Richtlinien) zur **Anerkennung von gerichtlichen Entscheidungen** (Art. 82 Abs. 1 UAbs. 2 lit. a AEUV) und Richtlinien zur Festlegung von **prozessualen Mindestvorschriften** zur Erleichterung der gegenseitigen Anerkennung sowie der sonstigen Zusammenarbeit in Strafsachen mit grenzüberschreitender Dimension erlassen werden (Art. 82 Abs. 2 AEUV).

a) Bislang sind – noch auf der Grundlage von Art. 34 Abs. 2 lit. b EUV a. F. – u. a. folgende Maßnahmen ergangen:

- der Rahmenbeschluss 2002/584/JI über den Europäischen Haftbefehl (umgesetzt in §§ 78 ff. IRG),
- der Rahmenbeschluss 2008/978/JI über die Europäische Beweisanordnung,
- der Rahmenbeschluss 2005/214/JI über die gegenseitige Anerkennung von Geldstrafen und Geldbußen (der nicht zuletzt die grenzüberschreitende Vollstreckung von Geldbußen für Straßenverkehrsverstöße erleichtern wird) und
- der Rahmenbeschluss 2001/220/JI über die Stellung des Opfers im Strafverfahren.

Derzeit fehlt es noch an einer umfassenden Regelung zu den Beschuldigtenrechten, gemeinsame Standards sind aber auch auf diesem Gebiet geplant. So hat die Kommission beispielsweise am 20. 7. 2010 eine Richtlinie vorgeschlagen, die harmonisieren soll, wie die Beschuldigten in Strafverfahren über ihre Rechte belehrt werden (KOM[2010] 392 endg.). Außerdem existiert bereits eine Richtlinie über das Recht auf Dolmetschleistungen und Übersetzungen im Strafverfahren (RL 2010/64/EU).

b) Besondere Erwähnung verdient schließlich der **Grundsatz „ne bis in idem"** (Art. 50 der Charta der Grundrechte). Er dient neben dem Schutz des Einzelnen auch der „**Vermeidung von Kompetenzkonflikten**" bei der Strafrechtspflege (Art. 82 Abs. 1 UAbs. 2 lit. b AEUV) und ist in Art. 54 des Schengener Durchführungsübereinkommens (SDÜ, Sartorius II Nr. 280) wie folgt präzisiert:

„Wer durch eine Vertragspartei rechtskräftig abgeurteilt worden ist, darf durch eine andere Vertragspartei wegen derselben Tat nicht verfolgt werden, vorausgesetzt, dass im Fall einer Verurteilung die Sanktion bereits vollstreckt worden ist, gerade vollstreckt wird oder nach dem Recht des Urteilsstaats nicht mehr vollstreckt werden kann."

In der Rechtsprechung des EuGH hat der Grundsatz *„ne bis in idem"* schon mehrfach eine Rolle gespielt (vgl. etwa EuGHE, C-187/01, 2003, I-1345 – Gözütok u. Brügge; EuGHE, C-436/04, 2006, I-2333 – Van Esbroeck; EuGHE, C-367/05, 2007, I-6619 = NJW 2007, 3416 – Kraaijenbrik; zur Beachtung von „ne bis in idem" in anderen Rechtsgebieten vgl. oben S. 279). Wenngleich es sich um einen unionsrechtlichen Begriff handelt (EuGH, C-261/09, Urt. v. 16. 11. 2010 – Mantello), können bei der Auslegung dieses Grundsatzes (insbesondere bezüglich bei der Bestimmung des prozessualen Tatbegriffs – also des „idem" – und des Strafklageverbrauchs) die aus dem deutschen Strafprozessrecht bekannten Denkansätze fruchtbar gemacht werden.

Beispiel: Der Deutsche Klaus Bourquain diente in der französischen Fremdenlegion in Algerien. Am 4. 5. 1960 desertierte er, wobei er einen anderen Fremdenlegionär, ebenfalls ein Deutscher, erschoss, der ihn an der Flucht hindern wollte. Bourquain wurde deswegen von den französischen Gerichten wegen Desertion und vorsätzlicher Tötung in Abwesenheit zum Tode verurteilt. Die Strafe konnte jedoch nicht vollstreckt werden: Bourquain war in der DDR untergetaucht. Außerdem wurden in Frankreich alle im Zusammenhang mit dem Algerien-Krieg begangenen Strafen amnestiert. Bourquain tauchte jedoch Ende 2001 in Regensburg wieder auf und wurde von der dortigen Staatsanwaltschaft wegen Mordes zum Landgericht Regensburg angeklagt. Der EuGH entschied auf Vorlage des

Landgerichts nach Art. 35 EUV a. F., dass gemäß Art. 54 SDÜ die Strafklage verbraucht sei, auch wenn das französische Urteil niemals vollstreckt werden konnte (EuGHE, C-297/07, 2008, I-9425 = EuZW 2009, 119; vgl. auch EuGHE, C-367/05, 2007, I-6619 = NJW 2007, 3416 – Kraaijenbrik).

Beispiel (nach EuGHE, C-436/04, 2006, I-2333 – Van Esbroeck): Der Belgier Van Esbroeck wird in Norwegen festgenommen, als er versucht, dort mit illegalen Drogen einzureisen. Für diese Tat verbüßt er in Norwegen eine Gefängnisstrafe wegen unerlaubter Einfuhr von Betäubungsmitteln. Nach seiner Rückkehr in sein Heimatland wird er dort ebenfalls angeklagt und verurteilt, dieses Mal wegen der seinerzeitigen Ausfuhr der betreffenden Betäubungsmittel aus Belgien. Der um Vorabentscheidung ersuchte EuGH stellt fest, dass das maßgebliche Kriterium für die Anwendung des Grundsatzes *„ne bis in idem"* gemäß Art. 54 SDÜ die Identität der materiellen Tat ist. Darunter ist das Vorhandensein eines Komplexes konkreter, unlösbar miteinander verbundener Umstände zu verstehen. Die Ausfuhr von Betäubungsmitteln aus einem Mitgliedstaat und ihre Einfuhr in einen anderen Mitgliedstaat erfüllt die Voraussetzungen des einheitlichen Tatbegriffs i. S. v. Art. 54 SDÜ, so dass es zu einem Strafklageverbrauch kam. Die Vorschrift des Art. 54 SDÜ findet auch räumlich Anwendung, weil Norwegen zum Schengen-Raum gehört.

2. Materiellrechtliche Mindeststandards

Über das Verfahrensrecht hinaus können auch **materiellrechtliche Mindeststandards** zu Straftaten und Strafen im Bereich besonders schwerer Kriminalität festgelegt werden, die eine grenzüberschreitende Dimension haben (Art. 83 Abs. 1 AEUV). Nach Art. 83 Abs. 1 UAbs. 2 AEUV sind Kriminalitätsbereiche mit grenzüberschreitender Dimension: Terrorismus, Menschenhandel, sexuelle Ausbeutung von Frauen und Kindern, illegaler Drogenhandel, illegaler Waffenhandel, Geldwäsche, Korruption, Fälschung von Zahlungsmitteln, Computerkriminalität und organisierte Kriminalität. Gemäß Art. 83 Abs. 1 UAbs. 3 AEUV kann der Rat einstimmig mit Zustimmung des Europäischen Parlaments einen Beschluss erlassen, in dem andere Kriminalitätsbereiche in die Gesetzgebungskompetenz der Union einbezogen werden. Bislang sind – noch auf der Grundlage von Art. 34 Abs. 2 lit. b EUV a. F. – u. a. folgende Maßnahmen ergangen:

– der Rahmenbeschluss 2002/629/JI zur Bekämpfung des Menschenhandels,
– der Rahmenbeschluss 2004/757/JI zur Festlegung von Mindestvorschriften über die Tatbestandsmerkmale strafbarer Handlungen und die Strafe im Bereich des illegalen Drogenhandels,
– der Rahmenbeschluss 2008/913/JI zur strafrechtlichen Bekämpfung bestimmter Ausdrucksformen von Rassismus und Fremdenfeindlichkeit und
– der Rahmenbeschluss 2002/475/JI zur Terrorismusbekämpfung (mit Mindestanforderungen an die Strafbarkeit terroristischer Straftaten in den Rechtsordnungen der Mitgliedstaaten).

3. Strafrechtliche Annexkompetenz des Unionsgesetzgebers

Außerdem erlaubt Art. 83 Abs. 2 AEUV den Erlass von Mindestvorschriften zur Angleichung der Strafrechtsbestimmungen, wenn sie für die wirksame Durchführung der Politik der Union in einem bereits harmonisierten Bereich unerlässlich sind. Damit erlangt die Union nun auch ausdrücklich eine **Annexkompetenz** zum Erlass von Regelungen mit Strafrechtsbezug in vergemeinschafteten Politikbereichen wie Umwelt (vgl. die Richtlinie 2008/99/EG über den strafrechtlichen Schutz der Umwelt), Verkehr und Wettbewerb. Letztlich kodifiziert die Vorschrift aber nur, was der EuGH bereits zuvor in seiner Rechtsprechung anerkannt hatte (EuGHE, C-176/03, 2005, I-7879 – Umweltstrafrecht; EuGHE, C-440/05, 2007, I-9097 – Meeresverschmutzung).

Beachte: Das BVerfG fordert in seinem Urteil zum Vertrag von Lissabon (BVerfGE 123, 267 = NJW 2009, 2267, Absatz-Nr. 361 f.) aus verfassungsrechtlichen Gründen eine enge Auslegung von Art. 83 Abs. 2 AEUV; ansonsten wäre das deutsche Zustimmungsgesetz zum Vertrag von Lissabon nicht mehr verfassungskonform.

4. Koordinierung der Zusammenarbeit der Strafverfolgungsbehörden

Im Jahr 2002 wurde zur besseren Koordinierung der Zusammenarbeit der nationalen Strafverfolgungsbehörden eine in Den Haag angesiedelte Europäische Einheit für justizielle Zusammenarbeit („**Eurojust**", www.eurojust.europa.eu) geschaffen (ursprünglich durch Beschluss 2002/187/JI, heute gilt der Beschluss 2009/426/JI). Eurojust befasst sich mit der Ermittlung und Verfolgung schwerer grenzüberschreitender und organisierter Kriminalität, wenn zwei oder mehr Mitgliedstaaten betroffen sind oder die Verfolgung auf gemeinsamer Grundlage erforderlich ist (Art. 85 Abs. 1 AEUV). Dabei kann Eurojust auch ermächtigt werden, selbst strafrechtliche Ermittlungsmaßnahmen einzuleiten und diese zu koordinieren. In der Zuständigkeit der nationalen Justizbehörden verbleibt aber die Vornahme förmlicher Prozesshandlungen (Art. 85 Abs. 2 AEUV).

Mit dem Vertrag von Lissabon wurde ferner die Rechtsgrundlage für die Einrichtung einer **Europäischen Staatsanwaltschaft** geschaffen (Art. 86 Abs. 1 AEUV). Deren Aufgabenkreis wird sich vorerst auf die Bekämpfung von Straftaten zum Nachteil der finanziellen Interessen der Union beschränken (also v. a. Subventionsbetrug zulasten des Unionshaushalts), kann aber vom Europäischen Rat einstimmig mit Zustimmung des Europäischen Parlaments auf die Bekämpfung schwerer Kriminalität mit grenzüberschreitender Dimension erweitert werden (Art. 86 Abs. 1, 4 AEUV). Anders als Eurojust kann die Europäische Staatsanwaltschaft auch selbst förmliche Prozesshandlungen vornehmen.

5. Rechtsetzungsverfahren

Beim **Rechtsetzungsverfahren** hat die Vergemeinschaftung der justiziellen Zusammenarbeit in Strafsachen durch den Vertrag von Lissabon einen Übergang zum ordentlichen Gesetzgebungsverfahren bewirkt, was zur Folge hat, dass das EP nunmehr mitentscheidet und die Beschlussfassung im Rat mit qualifizierter Mehrheit erfolgt. Allerdings bestehen zwei Besonderheiten: Erstens verfügt die Kommission über kein Initiativmonopol, vielmehr kann auch ein Viertel der Mitgliedstaaten Rechtsetzungsvorschläge machen (Art. 76 AEUV). Zweitens enthalten Art. 82 Abs. 3 und Art. 83 Abs. 3 AEUV jeweils einen „**Notbremsemechanismus**" (vgl. dazu im Einzelnen oben S. 33 f.): Ein Mitglied des Rates, das der Auffassung ist, dass der entsprechende Entwurf der Richtlinie „grundlegende Aspekte seiner Strafrechtsordnung berühren würde", kann beantragen, dass der Europäische Rat als Schiedsrichter angerufen und somit das ordentliche Gesetzgebungsverfahren ausgesetzt wird. Kommt im Europäischen Rat keine Einigung zustande, so wird das Gesetzgebungsverfahren nicht fortgesetzt. Zählen aber mindestens neun Mitgliedstaaten zu den verbleibenden Befürwortern des Richtlinienentwurfs, so können diese ihn unter erleichterten Umständen im Wege der verstärkten Zusammenarbeit weiter verfolgen (Art 20 EUV, Art. 326 ff. AEUV). Nach § 9 IntVG muss der deutsche Vertreter im Rat in den Fällen des Art. 82 Abs. 3 UAbs. 1 Satz 1 AEUV den Notbremsemechanismus aktivieren, wenn der Bundestag ihn hierzu durch einen Beschluss angewiesen hat; das Gleiche gilt für einen Beschluss des Bundesrats, wenn im Schwerpunkt Gebiete der Gesetzgebungszuständigkeit der Länder betroffen sind (vgl. auch BVerfGE 123, 267 = NJW 2009, 2267 – Lissabon, Absatz-Nr. 365).

6. Übergangsvorschrift für Rahmenbeschlüsse

Viele der bestehenden Rechtsakte auf dem Gebiet der justiziellen Zusammenarbeit in Strafsachen stammen noch aus der Zeit vor den Lissabonner Reformen und sind deshalb in der **Rechtsform des Rahmenbeschlusses** ergangen (Art. 34 Abs. 2 lit. b EUV a. F.), die seit dem 1. 12. 2009 nicht mehr zur Verfügung steht. An der Gültigkeit jener Rechtsakte, die Richtlinien ähneln, aber keiner unmittelbaren Anwendung zugänglich sind, hat sich durch das Inkrafttreten des Vertrags von Lissabon nichts geändert. Während einer **fünfjährigen Übergangszeit** (also bis zum 30. 11. 2014) verbleibt es für diese nach „altem Recht" erlassenen Rechtsakte, sofern sie nicht geändert werden, bei einer eingeschränkten Zuständigkeit des EuGH (Art. 10 des Protokolls über die Übergangsbestimmungen – Protokoll Nr. 36 zum Vertrag von Lissabon – i. V. m. Art. 35 EUV a. F., vgl. oben S. 120, 123, 151 f., 153, 159).

V. Die polizeiliche Zusammenarbeit

Art. 87 ff. AEUV regeln die polizeiliche Zusammenarbeit zwischen den Behörden der Mitgliedstaaten. Damit die Abschaffung der Kontrollen an den Binnengrenzen im Raum der Freiheit, der Sicherheit und des Rechts nicht mit einem Verlust an Sicherheit einhergeht, ist eine solche polizeiliche Zusammenarbeit unerlässlich. An ihr ist neben der Polizei u. a. auch der Zoll beteiligt (Art. 87 Abs. 1 AEUV). In erster Linie geht es bei dieser Zusammenarbeit um Informationsbeschaffung und Informationsaustausch (Art. 87 Abs. 2 AEUV), wofür eine elektronische Fahndungskartei, das sog. **Schengener Informationssystem** (SIS) eingerichtet wurde. Daneben wird aber auch eine operative Zusammenarbeit bei der Vorbeugung und Verfolgung von Straftaten ins Auge gefasst (Art. 87 Abs. 3 AEUV). Eine besondere Herausforderung wird es sein, im Rahmen der polizeilichen Zusammenarbeit der EU einen angemessenen Grundrechtsschutz, nicht zuletzt im Bereich der Datenerhebung und -verarbeitung, sicherzustellen.

Eine wichtige Rolle im Rahmen der polizeilichen Zusammenarbeit spielt das Europäische Polizeiamt (**Europol**, www.europol.europa.eu) mit Sitz in Den Haag. Es wurde schon weit vor Inkrafttreten des Vertrags von Lissabon durch ein Übereinkommen der Mitgliedstaaten aus dem Jahr 1995 (ABl. 1995, C 316, S. 2) eingerichtet. Zwischenzeitlich ist das Europol-Übereinkommen ersetzt worden durch den Beschluss 2009/371/JI des Rates vom 6. 4. 2009 zur Errichtung des Europäischen Polizeiamts (Sartorius II Nr. 300). Europol ist, wie sich aus Art. 88 AEUV ergibt, eine Einrichtung der Union, deren Aufgabe es ist, die Tätigkeit der Polizeibehörden und anderer Strafverfolgungsbehörden sowie deren Zusammenarbeit untereinander zu unterstützen und zu verbessern. Seine Zuständigkeit beschränkt sich auf schwere Kriminalität, Terrorismus und andere Kriminalitätsformen, die ein gemeinsames Interesse der EU verletzen.

Die einzelnen Bediensteten von Europol genießen zwar persönliche Immunität (Art. 51 des Beschlusses vom 6.4. 2009 i.V.m. Protokoll Nr. 7 zum Vertrag von Lissabon). Gegen Maßnahmen von Europol kann jedoch sehr wohl vor den Unionsgerichten Rechtsschutz erlangt werden (Art. 263 Abs. 1 Satz 2 und Art. 267 Abs. 1 lit. b AEUV). Allerdings ist darauf zu achten, ob eine Maßnahme von Europol oder eine Maßnahme einer mitgliedstaatlichen Behörde vorliegt. Hat eine mitgliedstaatliche Behörde gehandelt, so sind allein die nationalen Gerichte zuständig.

Das **Rechtsetzungsverfahren** im Bereich der polizeilichen Zusammenarbeit ist demjenigen in der justiziellen Zusammenarbeit in Strafsachen nachgebildet (vgl. soeben, S. 344): I.d.R. findet das ordentliche Gesetzgebungsverfahren mit qualifizierter Mehrheit im Rat und Mitentscheidung des Europäischen Parlaments Anwendung, allerdings ohne Initiativmonopol der Kommission. Außerdem kennt auch Art. 87 Abs. 3 AEUV einen Notbremsemechanismus.

Wichtig ist schließlich, dass nach Art. 276 AEUV der EuGH – beispielsweise im Vertragsverletzungsverfahren – nicht zuständig ist, Maßnahmen der Strafverfolgungsbehörden eines Mitgliedstaats oder die Wahrnehmung der Zuständigkeit der Mitgliedstaaten für die Aufrechterhaltung der öffentlichen Ordnung und den Schutz der inneren Sicherheit (Art. 72 AEUV) auf ihre Gültigkeit oder Verhältnismäßigkeit zu überprüfen (vgl. dazu im Einzelnen oben S. 120 f.).

VI. Insbesondere: die Terrorismusbekämpfung

In den letzten Jahren hat die Bekämpfung des internationalen Terrorismus in der EU einen bedeutenden Stellenwert eingenommen. Im Zusammenhang mit der Schaffung des Raums der Freiheit, der Sicherheit und des Rechts kann die Terrorismusbekämpfung unter zahlreichen Gesichtspunkten relevant werden, vor allem im Rahmen der justiziellen Zusammenarbeit in Strafsachen und im Rahmen der polizeilichen Zusammenarbeit. Sie spielt aber auch beim auswärtigen Handeln der EU eine nicht zu unterschätzende Rolle. Insbesondere die folgenden Aspekte sind erwähnenswert.

1. Auf der Ebene des materiellen Strafrechts hat die EU einen Rahmenbeschluss erlassen (Rahmenbeschluss 2002/475/JI zur Terrorismusbekämpfung), der **Mindestanforderungen für die Strafbarkeit** terroristischer Straftaten in den Rechtsordnungen der Mitgliedstaaten vorgibt.

2. Außerdem legt die EU regelmäßig aktualisierte **Listen mit den Namen von Terrorverdächtigen** fest. Da diese Listen normalerweise im Rahmen der GASP im Wege eines gemeinsamen Standpunkts erstellt werden, ist Art. 29 EUV die Rechtsgrundlage (sollte einmal kein außenpolitischer Bezug bestehen, könnte auch an Art. 87, 88 AEUV gedacht werden). Zumeist geht die Listung von Personen oder Organisationen (z.B. von Osama bin Laden und dem Al-Qaida-Netzwerk) mit dem **Einfrieren** ihrer **Vermögenswerte** (Art. 75 AEUV) und ggf. mit sonstigen „restriktiven Maßnahmen" (Art. 215 Abs. 2 AEUV) einher. Die Maßnahmen werden teils autonom, teils in Umsetzung von Resolutionen des Sicherheitsrats der Vereinten Nationen getroffen. Da sie in der Regel auf vertrauliche Geheimdienstinformationen gestützt sind, stellen sich rechtsstaatliche Probleme und Fragen des Grundrechtsschutzes (z.B. rechtliches Gehör, effektiver Rechtsschutz, Eigentumsgarantie). Schon vor dem Vertrag von Lissabon hat der EuGH eine ordnungsgemäße – wenn auch ggf. nachträgliche – Anhörung der Betroffenen sowie effektiven Rechtsschutz eingefordert (vgl. insbesondere EuGHE, C-402/05 P, 2008, I-6351 – Kadi); inzwischen ist dies auch im Primärrecht ausdrücklich vorgesehen (vgl. Art. 75 Abs. 3 AEUV für im Rahmen der Justiz- und Innenpolitik getroffene Maßnahmen und Art. 215 Abs. 3, Art. 275 Abs. 2 AEUV für im Rahmen des auswärtigen Handelns der EU getroffene Maßnahmen).

Klausurhinweis: Aufgrund des Zusammenspiels verschiedener Rechtsprobleme und Teilbereiche des Europarechts eignet sich die Thematik hervorragend für Examensarbeiten. In der Fallbearbeitung kann v.a. das **Einfrieren von Vermögenswerten von Terrorverdächtigen** in den unterschiedlichsten Zusammenhängen eine Rolle spielen.

Beispiele: (1) Im Rahmen der Übereignung eines Grundstücks darf die Eintragung des Erwerbers ins Grundbuch nicht erfolgen, falls seine Vermögenswerte durch eine Verordnung der EU eingefroren wurden, mag auch die Auflassung noch vor der Aufnahme des Käufers in die entsprechende Liste erfolgt sein (EuGHE, C-117/06, 2007, I-8361 – Möllendorf). (2) Da Terrorverdächtigen weder direkt noch indirekt wirtschaftliche Ressourcen zur Verfügung gestellt werden dürfen, kann ihre Listung auch Auswirkungen auf die wirtschaftliche Handlungsfähigkeit ihrer Familienangehörigen haben. Der EuGH hat aber klargestellt, dass der Ehefrau eines Terrorverdächtigen nicht allein deshalb Sozialhilfeleistungen verweigert werden dürfen, weil sie mit dem Betroffenen zusammen lebt und ihm somit im Rahmen der häuslichen Gemeinschaft die mit Sozialhilfe bezahlten Waren und Dienstleistungen zugute kommen (EuGH, C-340/08, Urt. v. 29. 4. 2010 – M).

3. Schließlich kann die EU im Rahmen der **polizeilichen Zusammenarbeit mit Drittstaaten** nach Art. 216 i.V.m. Art. 87, 88 AEUV völkerrechtliche Übereinkommen abschließen. Beispielsweise hat sie 2010 das sog. **SWIFT-Abkommen** mit den USA geschlossen (ABl. 2010, L 195, S. 5), in dem den US-amerikanischen Behörden unter bestimmten Bedingungen erlaubt wird, zur Terrorabwehr Daten über internationale Banküberweisungen („Zahlungsverkehrsdaten") von Unionsangehörigen abzufragen (vgl. auch oben S. 104).

17. Kapitel: Die Wirtschafts-, Währungs- und Handelspolitik

A. Überblick

Die Wirtschafts- und Währungspolitik ist in Art. 119–144 AEUV geregelt. Die beiden Politikbereiche sind durch die Errichtung der Wirtschafts- und Währungsunion (vgl. Art. 3 Abs. 4 EUV, Art. 119 AEUV) eng miteinander verknüpft. Die **Wirtschaftspolitik** (Art. 120–126 AEUV), also die hoheitliche Steuerung der Wirtschaftsabläufe, z. B. durch die Steuerpolitik, ist in der **Zuständigkeit der Mitgliedstaaten** verblieben. Da sie jedoch nach Art. 121 Abs. 1 AEUV eine Angelegenheit von gemeinsamem Interesse ist, haben die Mitgliedstaaten nach Art. 120 AEUV ihre Wirtschaftspolitik an den vom Rat nach Art. 121 Abs. 2 AEUV vorgegebenen Grundsätzen auszurichten, was von der Kommission und dem Rat nach Art. 121 Abs. 3 und 4 AEUV überwacht wird. Außerdem sind alle Mitgliedstaaten verpflichtet, übermäßige Haushaltsdefizite zu vermeiden (Art. 126 AEUV). Verstöße können zu Sanktionen führen (vgl. Art. 126 Abs. 11 AEUV). Überwachung und Sanktionierung sind im so genannten Stabilitäts- und Wachstumspakt durch Verordnungen sekundärrechtlich präzisiert.

Die **Währungspolitik** (Art. 127–133 AEUV) umfasst alle Maßnahmen zur Beeinflussung des inneren und äußeren Geldwerts (Kaufkraft und Wechselkurs). Für die Mitgliedstaaten, deren Währung der Euro ist, fällt die Währungspolitik in die ausschließliche Zuständigkeit der Union (Art. 3 Abs. 1 lit. c AEUV). Zuständig sind in erster Linie die EZB und das ESZB, wobei das ESZB aus der EZB und den nationalen Zentralbanken besteht (Art. 129 Abs. 1 AEUV; Aufgaben: Art. 105 Abs. 2 AEUV). Vorrangiges Ziel ist die Gewährleistung der **Preisstabilität** (vgl. Art. 127 Abs. 1 AEUV, auch zu den weiteren Grundsätzen der Wirtschafts- und Währungspolitik).

Die Handelsbeziehungen zu Drittstaaten sind Gegenstand der gemeinsamen **Handelspolitik** (Art. 206–207 AEUV). Die Union verfügt hier über eine eigenständige, ausschließliche Kompetenz (Art. 3 Abs. 1 lit. g AEUV). Im Gegensatz zum Bereich der Wirtschaftspolitik werden nicht lediglich die Handelspolitiken der Mitgliedstaaten koordiniert. Vielmehr ist die Handelspolitik eine **Politik der Union**. Für den Handel zwischen den Mitgliedstaaten (innergemeinschaftlicher Handel) gelten hingegen die Regeln des freien Warenverkehrs (Art. 28 ff. AEUV) und die übrigen Grundfreiheiten des Binnenmarkts.

Merke:
- **Wirtschaftspolitik:** Koordinierung der nationalen Politiken, Überwachung durch die Union, Verhängung von Sanktionen bei übermäßigem Haushaltsdefizit.
- **Währungspolitik:** Unionsaufgabe hinsichtlich der Mitgliedstaaten, deren gemeinsame Währung der Euro ist.
- **Handelspolitik:** ausschließliche Kompetenz der Union für Handelsbeziehungen zu Drittstaaten und internationalen Organisationen.
- **Handelsbeziehungen der Mitgliedstaaten untereinander:** Regeln des Binnenmarkts (Art. 26 ff. AEUV).

B. Die Wirtschaftspolitik

Alle Mitgliedstaaten sind nach den Vorschriften der Art. 120–126 AEUV verpflichtet, ihre Wirtschaftspolitiken zu koordinieren und als **Angelegenheit von gemeinsamem Interesse** zu betrachten. Nach Art. 119, 120 AEUV folgen sie dabei dem **Grundsatz einer offenen Marktwirtschaft mit freiem Wettbewerb**. Außerdem sind die Zielvorgaben des Art. 3 Abs. 3 Satz 2 EUV zu beachten (nachhaltige Entwicklung, ausgewogenes Wirtschaftswachstum, Preisstabilität, Wettbewerbsfähigkeit, soziale Marktwirtschaft, Vollbeschäftigung, sozialer Fortschritt, Umweltschutz, wissenschaftlicher und technischer Fortschritt).

Wirtschaftspolitik ist die hoheitliche Steuerung von Wirtschaftsabläufen. Hierzu stehen dem Staat zahlreiche Instrumente zur Verfügung (z. B. Steuerpolitik, Investitionsanreize). Der Begriff Wirtschaftspolitik i. S. v. Art. 120 AEUV ist im Hinblick auf die zu verfolgenden Ziele an sich weit zu verstehen (ausgenommen ist allerdings die Währungspolitik, was sich aus Art. 119 Abs. 2 AEUV ergibt). Zahlreiche im Vertrag genannten Politikbereiche haben überdies wirtschaftspolitische Bezüge, wie die Sozial-, Landwirtschafts-, Verkehrs-, Wettbewerbs- und Beschäftigungspolitik. In der Literatur wird daher z. T. unter Wirtschaftspolitik i. S. v. Art. 119 AEUV nur die „Restgröße" nach Abzug dieser Sonderregeln verstanden. Andere meinen, dass in Art. 120 AEUV jedenfalls die allgemeine Wirtschaftspolitik mit makro-ökonomischer Wirkung angesprochen ist. Lediglich Maßnahmen, die spezifisch auf einzelne Sektoren abzielten, seien ausgeschlossen (vgl. Schwarze Art. 98 EGV Rn. 5).

Der **ECOFIN-Rat** (Rat in der Zusammensetzung der Wirtschafts- und Finanzminister) hat gemäß Art. 121 Abs. 2 AEUV **Empfehlungen** für die Grundzüge der einzelstaatlichen und gemeinsamen Wirtschaftspolitiken zu erstellen (vgl. Empfehlung 2010/410/EU, ABl. 2010, L 191, S. 28). An diesen Empfehlungen haben die Mitgliedstaaten, die entsprechend der Verordnung Nr. 1466/97 alljährlich Stabilitätsprogramme vorzulegen haben, ihre Wirtschaftspolitiken nach Art. 120 AEUV auszurichten. Darüber hinaus unterliegen nach Art. 121 Abs. 3 und 4 AEUV die wirtschaftlichen Entwicklungen in den Mitgliedstaaten einem **multilateralen Überwachungsverfahren**, um die Koordinierung der Wirtschaftspolitiken und die dauerhafte Konvergenz (d. h. Annäherung) der Wirtschaftsleistungen der Mitgliedstaaten zu gewährleisten. Das Verfahren der multilateralen Überwachung ist durch die auf Art. 121 Abs. 6 AEUV gestützte Verordnung Nr. 1466/97 über den Ausbau der haushaltspolitischen Überwachung und der Überwachung und Koordinierung der Wirtschaftspolitiken (ABl. 1997, L 209, S. 1) um ein **Frühwarnsystem** (Versendung „Blauer Briefe") ergänzt worden, um einen Mitgliedstaat frühzeitig zu warnen, wenn in seinen öffentlichen Haushalten ein übermäßiges Defizit zu entstehen droht. Nach Art. 126 Abs. 1 AEUV sind die Mitgliedstaaten verpflichtet, **übermäßige öffentliche Defizite** (in Deutschland: Defizite von Bund, Ländern, Gemeinden und Sozialversicherungsträgern insgesamt) zu vermeiden. Die in diesem Zusammenhang nach Art. 126 Abs. 2 AEUV einzuhaltenden Referenzwerte sind in Art. 1 des so genannten Defizitprotokolls (Protokoll Nr. 12) wie folgt präzisiert:

– Das öffentliche Defizit (jährliche Nettoneuverschuldung) darf 3 % des BIP nicht übersteigen.
– Der öffentliche Schuldenstand (Gesamtverschuldung) darf 60 % des BIP nicht übersteigen.

Hält ein Mitgliedstaat, der an der dritten Stufe der Wirtschafts- und Währungsunion teilnimmt – also ein Mitgliedstaat, der den Euro eingeführt hat –, diese Werte nicht ein, kann der Rat im sog. **Defizitverfahren** nach Art. 126 Abs. 9 und 11 AEUV i. V. m. der Verordnung Nr. 1467/97 über die Beschleunigung und Klärung des Verfahrens bei einem übermäßigen Defizit (ABl. 1997, L 209, S. 6) gegen ihn **Sanktionen** verhängen. Diese bestehen insbesondere in einer zinslosen Einlage, die der Mitgliedstaat bei der Union zu leisten hat und die in eine Geldbuße umgewandelt werden kann. Die genannten Verordnungen Nr. 1466/97 und Nr. 1467/97 bilden zusammen mit der Entschließung des Europäischen Rates vom 17. 6. 1997 (ABl. 1997, C 236, S. 1) den **Stabilitäts- und Wachstumspakt**. Dieser zielt auf eine gesunde öffentliche Finanzlage ab. Damit sollen Preisstabilität und ein starkes, nachhaltiges Wachstum, das der Schaffung von Arbeitsplätzen förderlich ist, erreicht werden. Allerdings war die Wirksamkeit des Stabilitätspakts von Anfang an umstritten. So erscheint es wenig sinnvoll, einen Mitgliedstaat, der kurz vor dem finanziellen Zusammenbruch steht, zu einer zinslosen Einlage bei der EU zu verpflichten und ihm eine Geldbuße aufzuerlegen. Außerdem wurde die Abschreckungswirkung, die von dem Pakt ursprünglich ausgegangen sein mag, von Anfang an erschüttert. In Deutschland und Frankreich überschritt nämlich in den Jahren 2002 bis 2004 das Haushaltsdefizit deutlich die Obergrenze von 3 % des BIP. Doch kam es nicht zu den vertraglich vorgesehenen Sanktionen gegen diese beiden Mitgliedstaaten. Vielmehr wurde die Verordnung Nr. 1466/97 aufgeweicht (vgl. auch EuGHE, C-27/04, 2004, I-6649 – Kommission/Rat „Stabilitätspakt").

C. Die Währungsunion

I. Die historische Entwicklung: vom Werner-Plan bis zur Einführung des Euro

Nach dem Ende der Übergangszeit Anfang 1970 fassten der Rat und die Mitgliedstaaten aufgrund des sogenannten **Werner-Plans** eine Entschließung zur Errichtung einer Wirtschafts- und Währungsunion, die sich in drei Stufen bis 1980 vollziehen sollte. 1972 kam es allerdings lediglich zur Einrichtung eines Europäischen Wechselkursverbunds (sog. **Währungsschlange**). Danach waren Änderungen der Wechselkurse zwischen den Währungen der Mitgliedstaaten nur in bestimmten Bandbreiten erlaubt. 1979 wurde das **Europäische Währungssystem (EWS)** eingeführt. Es umfasste neben der Einführung einer **Europäischen Rechnungseinheit** (*European Currency Unit* = ECU) als fester Bezugsgröße zu den unterschiedlichen Währungen eine verstärkte Koordinierung der Außenwährungspolitik der Mitgliedstaaten. Das EWS beruhte auf Verordnungen, die auf Art. 235 EWGV (heute Art. 352 AEUV) gestützt waren. Kernelemente des EWS waren die ECU und auf sie bezogene feste Leitkurse der Währungen der

Mitgliedstaaten einschließlich festgelegter Bandbreiten, innerhalb derer die Wechselkurse schwanken konnten.

Das **EWS** stellte die **erste Stufe** auf dem Weg **zur Wirtschafts- und Währungsunion** (WWU) dar. Die **zweite Stufe** begann am 1. 1. 1994 mit der Gründung des **Europäischen Währungsinstituts** (EWI) mit Sitz in Frankfurt a. M. Dessen Aufgabe war die Vorbereitung der **dritten Stufe** der WWU, die am 1. 1. 1999 mit der unwiderruflichen Festlegung der Wechselkurse der am Euro beteiligten Mitgliedstaaten begann. Aus dem EWI ist am 1. 6. 1998 die **Europäische Zentralbank** (EZB) hervorgegangen (vgl. Art. 282 AEUV). Schon mit dem Beginn der dritten Stufe wurde die einheitliche Währung, der Euro, als Buchgeld eingeführt. Am 1. 1. 2002 wurde der Euro dann schließlich zum allgemeinen Zahlungsmittel, d. h. es wurden auch Euro-Geldscheine und -Münzen ausgegeben (vgl. zum Ganzen Kilb EuZW 2002, 5; Schorkopf NJW 2001, 3734).

Hinweis zur Vertiefung: Die Einführung des Euro war **keine Währungsreform**, sondern eine **bloße Währungsumstellung** (vgl. Borchardt Rn. 860). Es wurde lediglich eine Umrechnung zu einem marktgerechten Wechselkurs vorgenommen, ohne dass es dabei zur Abwertung oder Entwertung von Forderungen oder Verbindlichkeiten gekommen wäre.

II. Die Bedingungen für eine Teilnahme an der Währungsunion

Die Auswahl der an der einheitlichen Währung teilnehmenden Mitgliedstaaten erfolgte anhand von vier sog. **Konvergenzkriterien**, die durch ein Protokoll konkretisiert werden (vgl. Art. 140 AEUV und Protokoll Nr. 13 über die Konvergenzkriterien):

- hoher Grad an Preisstabilität (ersichtlich aus der Inflationsrate),
- auf Dauer tragbare Finanzlage der öffentlichen Hand, d. h. kein übermäßiges Haushaltsdefizit (jährliche Nettoneuverschuldung nicht über 3 % des BIP und Gesamtschuldenstand nicht über 60 % des BIP),
- Wechselkursstabilität (Teilnahme am EWS II ohne Abwertung gegenüber dem Euro – ehemals ECU – seit mindestens zwei Jahren),
- Dauerhaftigkeit der Konvergenz (ablesbar am langfristigen Zinsniveau).

Diese Kriterien (auch Maastricht-Kriterien genannt) sind auch weiterhin von Bedeutung, da sie die **Eintrittskriterien** für jene Mitgliedstaaten sind, die noch nicht an der dritten Stufe der WWU teilnehmen.

Hinweis zur Vertiefung: Speziell zum Kriterium der Finanzlage der öffentlichen Hand ist anzumerken, dass es ausreicht, wenn die Gesamtverschuldung hinreichend rückläufig ist und sich dem Referenzwert von 60 % des BIP rasch genug nähert. Was die jährliche Nettoneuverschuldung betrifft, so sind ausnahmsweise und vorübergehende Überschreitungen des Referenzwerts von 3 % des BIP nicht schädlich, sofern die Verschuldung in der Nähe des Referenzwerts bleibt (vgl. Art. 126 Abs. 2 AEUV).

Insgesamt zielt die WWU darauf ab, eine **stabile Währung bei gesunden öffentlichen Finanzen** zu schaffen, wobei fünf Eckpunkte zu nennen sind:

- Errichtung der EZB mit völliger Unabhängigkeit,
- dadurch Sicherung der Preisstabilität als vorrangiges Ziel,
- dauerhafte Konvergenz als Voraussetzung für die Einführung des Euro in einem Mitgliedstaat,
- Zwang der Mitgliedstaaten zur dauerhaften Haushaltsdisziplin,
- Alleinhaftung eines jeden Mitgliedstaats für seine Verbindlichkeiten (Art. 125 AEUV: *„No-bailout-Klausel"*).

Derzeit nehmen 16 Mitgliedstaaten an der Währungsunion teil, ab 1. 1. 2011 werden es durch die Aufnahme Estlands 17 sein.

Das **Vereinigte Königreich** und **Dänemark** haben sich ausbedungen, dauerhaft der Währungsunion fernzubleiben. Für sie gilt gemäß den Protokollen Nr. 15 und 16 zum EUV und AEUV eine *Opt-in-Regelung*, d. h. sie müssen den Euro nur einführen, wenn sie dies ausdrücklich beantragen. Alle anderen Mitgliedstaaten sind grundsätzlich verpflichtet, an der Währungsunion mitzuwirken und den Euro als Gemeinschaftswährung einzuführen, sobald sie die Konvergenzkriterien erfüllen. In der Praxis zeigt allerdings das Beispiel Schwedens, wo sich die Bevölkerung 2003 in einer Volksbefragung gegen die Einführung des Euro ausgesprochen hat, dass ohne einen entsprechenden politischen Willen eine Teilnahme an der Währungsunion undenkbar ist. Schweden behilft sich damit, dass es bewusst nicht am EWS teilnimmt und damit eines der Konvergenzkriterien dauerhaft nicht erfüllen kann.

III. Die Währungspolitik

Die Mitgliedstaaten, deren Währung *nicht* der Euro ist (sog. Mitgliedstaaten mit Ausnahmeregelung, vgl. Art. 139 Abs. 1 AEUV), behalten – vorläufig – ihre Zuständigkeiten im Währungsbereich (Art. 282 Abs. 4 Satz 2 AEUV). Hingegen fällt die Währungspolitik der Mitgliedstaaten, deren Währung der Euro ist (sog. **Euro-Gruppe**), nach Art. 3 Abs. 1 lit. c AEUV in die ausschließliche Zuständigkeit der Union.

Für die **rechtlichen Rahmenbedingungen** der Währungsunion sind in erster Linie Parlament und Rat zuständig. Sie erlassen nach Art. 133 AEUV im ordentlichen Gesetzgebungsverfahren und nach Anhörung der EZB die Maßnahmen, die für die Verwendung des Euro als einheitlicher Währung erforderlich sind. Von großer praktischer Bedeutung sind außerdem die regelmäßigen **Treffen der Wirtschafts- und Finanzminister der Euro-Gruppe** (vgl. Art. 137 AEUV und Protokoll Nr. 14 über die Euro-Gruppe), die sich eine stärkere Koordinierung der Wirtschaftspolitik der Mitgliedstaaten der Euro-Zone zum Ziel gesetzt hat. Wenngleich es sich dabei nur um informelle Ministertreffen handelt (bindende Beschlüsse kann nur der ECOFIN-Rat unter Beteiligung aller 27 Mitgliedstaaten fassen), kommt ihnen ein großes politisches Gewicht zu; äußerlich sichtbar wird dies durch die Wahl eines gemeinsamen Vorsitzenden für die Zeit von zweieinhalb Jahren (zum ersten Vorsitzenden wurde der Luxemburger Jean-Claude Juncker gewählt). Normalerweise gehen die informellen Treffen der Euro-Gruppe den Treffen aller Minister im ECOFIN-Rat unmittelbar voraus.

Die **Währungspolitik** im eigentlichen Sinne wird von der EZB und den nationalen Zentralbanken, deren Währung der Euro ist, betrieben. **Die Europäische Zentralbank** ist Organ der Union (Art. 13 EUV), sie ist unabhängig (Art. 130 AEUV) und besitzt Rechtspersönlichkeit (Art. 282 Abs. 3 AEUV). Zusammen mit den nationalen Zentralbanken bildet die EZB das **Europäische System der Zentralbanken** (ESZB). Das ESZB, das keine Rechtspersönlichkeit besitzt, wird nach Art. 282 Abs. 2 AEUV von den Beschlussorganen der EZB geleitet. Dies sind der EZB-Rat und das Direktorium der EZB (vgl. im Einzelnen Art. 10 und 11 ESZB/EZB-Satzung, Protokoll Nr. 4). Nach Art. 127 Abs. 2 AEUV gehört zu den grundlegenden Aufgaben des ESZB u. a. die Festlegung und Ausführung der **Geldpolitik der Union** (Maßnahmen zur Steuerung des Geldumlaufs sowie der Geld- und Kreditversorgung der Wirtschaft durch Festlegung der Zinssätze und Beeinflussung der Liquidität der Banken, Teil der Währungspolitik).

Die EZB und die nationalen Zentralbanken der Mitgliedstaaten, die den Euro eingeführt haben, werden auch als **Eurosystem** bezeichnet (vgl. Art. 282 AEUV). Die anderen nationalen Zentralbanken sind zwar Mitglieder des ESZB; sie sind jedoch am Entscheidungsprozess hinsichtlich der einheitlichen Geldpolitik für das Euro-Währungsgebiet und der Umsetzung der getroffenen Entscheidungen nicht beteiligt und behalten ihre nationalen währungspolitischen Befugnisse (Art. 42 ESZB/EZB-Satzung).

Vorrangiges Ziel des Eurosystems ist die Gewährleistung der Preisstabilität (Art. 282 AEUV). Das BVerfG bezeichnet das Eurosystem im Maastricht-Urteil daher auch als **Stabilitätsgemeinschaft** (BVerfGE 89, 155 = NJW 1993, 3047 = Hummer, S. 114, Absatz-Nr. 64).

IV. Die Griechenland-Krise und ihre Folgen

Auch wenn der Außenwert des Euro gegenüber anderen bedeutenden Währungen, insbesondere dem US-Dollar, naturgemäß Schwankungen unterlag, war der Binnenwert des Euro seit seinem Bestehen vergleichsweise stabil.

2009/2010 ist allerdings eine Krise (sog. **Griechenland-Krise**) eingetreten, die strukturelle Schwächen der Währungsunion offenbart hat. Griechenland musste sein Haushaltsdefizit und seinen Verschuldungsstand mehrfach noch oben korrigieren. Der dadurch an den Finanzmärkten eingetretene Vertrauensverlust bewirkte, dass Griechenland zahlungsunfähig geworden wäre, wenn nicht die Mitgliedstaaten der Euro-Gruppe diesem Land Kredite zugesagt hätten (sog. **Griechenland-Hilfe**). Im Nachhinein stellte sich heraus, dass Griechenland bereits bei seiner Aufnahme in die Euro-Gruppe 2001 vermutlich die Konvergenzkriterien nicht erfüllt und darüber mit mangelhaften Statistiken hinweggetäuscht hatte. Aber auch die im Stabilitätspakt vorgesehene Kontrolle war im Rückblick nicht erfolgreich. Nicht zuletzt im Sog der Griechenland-Krise sind Irland, Portugal und Spanien 2010 ebenfalls unter Druck geraten.

Um die Währungsunion vor dem Zerfall zu retten und weitere Spekulationen an den Finanzmärkten abzuwehren, wurde schließlich ein riesiger **Rettungsschirm** von 750 Milliarden Euro aufgespannt, der drei Komponenten hat:

● Erstens erließ der Rat am 11.5. 2010, gestützt auf Art. 122 Abs. 2 AEUV, die Verordnung Nr. 407/2010 zur Einführung eines **Europäischen Finanzstabilisierungsmechanismus** (EFSM). Danach kann ein Mitgliedstaat, der wie Griechenland von gravierenden wirtschaftlichen oder finanziellen Störungen betroffen oder ernstlich bedroht ist, einen finanziellen Beitrag der Union in Form eines Darlehens oder einer Kreditlinie erhalten, wofür bis zu 60 Mrd. Euro in Aussicht gestellt sind.

- Zweitens wurde eine **Europäische Finanzstabilisierungsfazilität** (EFSF) ins Leben gerufen. Sie beruht auf einer intergouvernementalen Vereinbarung der Mitgliedstaaten der Euro-Zone, wonach sie in Not geratenen Euro-Staaten Kredite im Umfang von bis zu 440 Mrd. Euro zur Verfügung stellen können. Wohl um nicht in Konflikt mit der *No-bailout*-Klausel des Art. 125 AEUV zu geraten, wurde zur Verwirklichung dieses Teils des Rettungsschirms eine **Zweckgesellschaft** („special purpose vehicle") gegründet. Sie soll, ausgestattet mit Garantien der beteiligten Staaten, die erforderlichen Transaktionen vornehmen, insbesondere Gelder beschaffen und nötigenfalls Kredite vergeben (deutscher Haftungsanteil: bis zu 148 Mrd. Euro).
- Drittens soll der **Internationale Währungsfonds** (IWF) im Bedarfsfall ein Kreditvolumen von bis zu 250 Mrd. Euro bereitstellen.

Alle Kredite sollen unter strengen Auflagen vergeben werden, die sich an den vom IWF praktizierten Auflagen orientieren. Als erster Mitgliedstaat hat Irland im November 2010 den Rettungsschirm in Anspruch genommen.

Abseits vom eigentlichen Rettungsschirm hat die EZB am 10. 5. 2010 bekannt gegeben, dass sie **Anleihen** hoch verschuldeter Mitgliedstaaten auch direkt **aufkaufen** werde.

Über die **Vereinbarkeit** all dieser Maßnahmen **mit den geltenden Vertragsbestimmungen** gehen die Meinungen auseinander (vgl. zum Ganzen Knopp, NJW 2010, 1777; Frenz/Ehlenz, EWS 2010, 65; Kube/Reimer, NJW 2010, 1911; Herrmann, EuZW 2010, 413, 645). Insbesondere wird darüber diskutiert, ob Art. 122 Abs. 2 AEUV als Rechtsgrundlage für den Finanzstabilisierungsmechanismus herhalten kann, da die Vorschrift auf Naturkatastrophen und auf außergewöhnliche Ereignisse zugeschnitten ist, die sich der Kontrolle des jeweils betroffenen Mitgliedstaats entziehen. Außerdem wird erörtert, ob die *No-bailout*-Klausel (Art. 125 AEUV) freiwilligen Finanzhilfen unter den Mitgliedstaaten (Finanzstabilisierungsfazilität) und ggf. auch Finanzhilfen seitens der EU (Finanzstabilisierungsmechanismus) entgegensteht. Der Aufkauf von Staatsanleihen hoch verschuldeter Mitgliedstaaten durch die EZB könnte im Hinblick auf Art. 123 AEUV (Verbot der monetären Finanzierung von öffentlichen Defiziten) auf Bedenken stoßen.

Gegen die deutsche Beteiligung an der Griechenland-Hilfe und am Euro-Rettungsschirm sind derzeit Verfassungsbeschwerden beim BVerfG anhängig (Az. 2 BvR 987/10; 2 BvR 1099/10). Anträge auf einstweiligen Rechtsschutz hat das BVerfG mit Beschlüssen vom 7. 5. und vom 9. 6. 2010 abgewiesen (BVerfG NJW 2010, 1586 und 2418). Zur Begründung hat es auf die Einschätzungsprärogative der Bundesregierung in außenpolitischen Fragen verwiesen und ausgeführt, dass ein erheblicher Vertrauensverlust an den Märkten entstehen könne, wenn Deutschland sich auch nur vorübergehend aus den Hilfsmaßnahmen zurückziehe.

Ausblick: Um ähnliche Krisen in der Zukunft zu vermeiden, wollen u. a. Frankreich und Deutschland eine stärkere Überwachung der Haushaltspolitiken der Mitgliedstaaten durch eine Verschärfung des Stabilitätspakts und durch Etablierung einer „europäischen Wirtschaftsregierung" erreichen. Allerdings bleibt abzuwarten, was sich hinter dem Begriff „Wirtschaftsregierung" genau verbergen wird, hat doch die EU nach dem derzeit geltenden Primärrecht nur begrenzte Zuständigkeiten zur Koordinierung der Wirtschaftspolitiken der Mitgliedstaaten. Auch die in Deutschland bisweilen diskutierte Idee, Mitgliedstaaten aus der Euro-Zone wieder auszuschließen, wenn sie sich nicht an die „Spielregeln" halten, oder ihnen das Stimmrecht im Rat zu entziehen, dürfte ohne eine Vertragsänderung nur schwer zu verwirklichen sein.

D. Die Gemeinsame Handelspolitik

I. Regelungsbereich und Unionskompetenz

Die in Art. 206–207 AEUV geregelte gemeinsame Handelspolitik (GHP) bildet gemäß Art. 207 Abs. 1 eine gemeinsame Politik nach einheitlichen Grundsätzen. Als notwendiges Gegenstück zur Errichtung des Binnenmarkts umfasst sie die Handelsbeziehungen zu dritten Staaten. Sie wird nach Art. 207 Abs. 1 Satz 2 im Rahmen der Grundsätze und Ziele des auswärtigen Handelns der Union gestaltet. Diese sind gemäß Art. 205 AEUV i.V.m. Art. 21 EUV u. a. : weltweite Stärkung der Demokratie, der Rechtsstaatlichkeit und Achtung der Grundrechte. Art. 206 AEUV nennt als weitere Ziele die harmonische Entwicklung des Welthandels, die Beseitigung der Beschränkungen im Handelsverkehr und bei den ausländischen Direktinvestitionen (zum Begriff vgl. oben S. 254) sowie den Abbau der Zollschranken und anderer (= nichttarifärer) Schranken. Freilich stellt Art. 206 AEUV lediglich eine politische Absichtserklärung dar. Einzelne und Drittstaaten können sich somit nicht auf diese Vorschrift berufen, die mangels hinreichender Bestimmtheit und angesichts ihres programmatischen Charakters nicht unmittelbar gilt.

Art. 3 Abs. 1 lit. e AEUV ordnet die GHP der ausschließlichen Kompetenz der Union zu. Dem entsprach schon bislang die Rechtsprechung des EuGH zu den Vorgängervorschriften (EuGHE, Gutachten 1/75, 1975, 1355 = Hummer, S. 371 – Lokale Kosten; EuGHE, Gutachten 1/78, 1979, 2871 = Hummer, S. 368 – Internationales Naturkautschuk-Übereinkommen). Nur die Union kann also in diesem Bereich tätig werden oder die Mitgliedstaaten dazu ermächtigen (vgl. oben S. 86, 101). Die Kompetenz der Union ist nicht von ihrem Tätigwerden abhängig, sondern allein durch den Ablauf der Übergangszeit bestimmt (EuGHE, 3/76, 1976, 1279 = Hummer, S. 383 – Kramer; EuGHE, 804/79, 1981, 1045 = Hummer, S. 148 – Seefischerei-Erhaltungsmaßnahmen).

Bilaterale Abkommen der Mitgliedstaaten, die bereits vor dem Inkrafttreten des EWGV (1.1. 1958) bzw. dem Beitritt eines Mitgliedstaats bestanden, insbesondere Handels-, Schifffahrts- oder Freundschaftsabkommen, werden durch die Verträge nicht berührt, müssen jedoch gemäß Art. 351 AEUV in Einklang mit der Unionspolitik gebracht werden. In der Praxis wird die Fortführung derartiger Abkommen von der Kommission nach einer Prüfung formell genehmigt.

Abkommen mit Drittstaaten oder internationalen Organisationen können neben handelspolitischen Aspekten auch andere Politikbereiche erfassen. Dabei berühren sie oft Rechtsmaterien, für die der Union durch die Verträge keine oder keine ausschließliche Kompetenz zugewiesen wurde. Sie müssen dann ggf. als **gemischte Abkommen** geschlossen werden, deren Vertragspartner neben dem jeweiligen Drittstaat bzw. der internationalen Organisation sowohl die Union als auch alle ihre Mitgliedstaaten sind (vgl. oben S. 102). Diese gemischten Abkommen sind dann von der Union und jedem Mitgliedstaat zu ratifizieren (z. B. Abschluss des WTO-Übereinkommens oder von Kooperations- und Partnerschaftsabkommen).

II. Anwendungsbereich der gemeinsamen Handelspolitik

Der Begriff der Handelspolitik ist in Art. 207 AEUV nicht erschöpfend definiert; die in seinem Abs. 1 genannten Bereiche sind nicht abschließend („insbesondere"). Strittig war, ob Art. 133 EGV (Vorläufer von Art. 207), als Gegenstück zum (innergemeinschaftlichen) freien Warenverkehr, nur den Austausch von Waren mit Drittstaaten oder aber den gesamten Bereich bilateraler Wirtschaftsbeziehungen umfasste, wobei die Gefahr einer Allzuständigkeit der damaligen Gemeinschaft für den Bereich der Außenbeziehungen befürchtet wurde. So lehnte es die h. M. ab, den Kapitalverkehr und die Personenfreizügigkeit im Verhältnis zu Drittstaaten in den Bereich der Handelspolitik einzubeziehen. Denn diese Bereiche stellen als einseitiger Transfer von Personen bzw. Kapital im Gegensatz zum Warenaustausch keinen Handel im klassischen Sinne dar. Nach dem Gutachten des EuGH zum WTO-Übereinkommen (EuGHE 1994, I-5267 = Hummer, S. 387 – Gutachten 1/94, Rn. 43 ff.; vgl. auch Hilf EuZW 1995, 7) fiel von den verschiedenen Arten der Dienstleistung nur die Korrespondenzdienstleistung, die dadurch gekennzeichnet ist, dass nur die Dienstleistung (nicht aber deren Erbringer oder Empfänger) die Grenze überschreitet, wegen ihr Ähnlichkeit zum Warenverkehr unter die gemeinsame Handelspolitik.

Nachdem bereits die Verträge von Amsterdam und Nizza die handelspolitische Zuständigkeit der damaligen Gemeinschaft erweitert haben (vgl. Herrmann EuZW 2001, 269 und Krenzler/Pitschas EuR 2001, 442), erstreckt sich nunmehr die ausschließliche Zuständigkeit der Union nach Art. 207 AEUV ausdrücklich auch auf den Handel mit Dienstleistungen, die Handelsaspekte des geistigen Eigentums und die ausländischen Direktinvestitionen. Dies hat zur Folge, dass die Mitgliedstaaten wegen des Vorrangs des Unionsrechts auf den genannten Gebieten keine völkerrechtlichen Abkommen mehr schließen können. Unter Hinzuziehung der Kompetenzen im Wettbewerbsrecht ist die Union damit ausschließlich zuständig für alle gegenwärtigen Regelungsbereiche des WTO-Rechts (vgl. BVerfGE 123, 267 = NJW 2009, 2267 – Lissabon, Absatz-Nr. 372; Streinz/Ohler/Herrmann, Der Vertrag von Lissabon zur Reform der EU, S. 127 f.). Damit entfällt insoweit auch die Möglichkeit von gemischten Abkommen, bei denen das Abkommen sowohl von der Union als auch von den MS zu schließen und zu ratifizieren wäre. Dies hat u. a. zur Folge, dass die mitgliedstaatlichen Parlamente beim Abschluss von Handelsabkommen nicht (mehr) beteiligt sind (vgl. Art. 59 Abs. 2 GG).

Trotz der ausschließlichen Kompetenz der Union im Bereich der Handelspolitik verbleibt den Mitgliedstaaten die **Notstandsklausel** des Art. 347 AEUV. Sie müssen, jedenfalls wenn sie in einen Krieg oder internationale Spannungen verwickelt sind, an Embargos der Union nicht teilnehmen; andererseits können sie gegebenenfalls selbständig schärfere Sanktionen verhängen. Eine weitere Sonderregelung trifft Art. 346 Abs. 1 lit. b AEUV, der die Zuständigkeit für den Handel mit Waffen, Kriegsmaterial und Munition bei den Mitgliedstaaten belässt. Die Ausfuhr sogenannter *Dual-use*-Güter (Waren, die nicht nur für zivile, sondern auch für militärische Zwecke verwendet werden können, z. B. Hochleistungscomputer oder Chemikalien, mit denen sich auch Giftgas herstellen lässt) fällt jedoch unter die gemeinsame Handelspolitik und unterliegt unionsweit einer „Gemeinschaftsregelung" (Verordnung Nr. 428/2009).

Für bestimmte Bereiche, die nur teilweise handelspolitische Aspekte berühren, gelten Sondervorschriften, z.B. für die **Verkehrsdienstleistungen** (Art. 207 Abs. 5 i.V.m. Art. 90 ff., 216 Abs. 1 AEUV). In anderen Bereichen besteht eine zwischen Union und Mitgliedstaaten geteilte Kompetenz parallelen Charakters, wie z.B. im Bereich Forschung und Raumfahrt (Art. 186 i.V.m Art. 4 Abs. 3 AEUV), im Kulturbereich (Art. 167 Abs. 3 i.V.m. Art. 6 lit. c AEUV) sowie in den Bereichen Entwicklungszusammenarbeit und humanitäre Hilfe (Art. 209 Abs. 2, 212 Abs. 3, 214 Abs. 4 i.V.m. Art. 4 Abs. 4 AEUV).

III. Tätigwerden der Union

Die Union wird im Bereich der Handelspolitik einseitig (autonom) oder vertraglich tätig.

1. Autonome Rechtsetzung

Einseitig (autonom) kann die Union gemäß Art. 207 Abs. 2 AEUV durch das EP und den Rat im **ordentlichen Gesetzgebungsverfahren** Maßnahmen (i.d.R. Verordnungen) erlassen, mit denen der Rahmen für die Umsetzung der GHP bestimmt wird. Das **Parlament**, das vor den Lissabonner Reformen keinerlei Mitwirkungsrechte in der Handelspolitik hatte und vom Rat nur freiwillig angehört wurde (fakultative Anhörung), hat also nunmehr ein volles Mitentscheidungsrecht, während die Rolle der Kommission entsprechend geschwächt wurde.

Zum wichtigsten Instrument der autonomen Handelspolitik zählen der Gemeinsame Zolltarif – soweit er einseitig festgelegte Zölle enthält – sowie handelspolitische Schutzmaßnahmen, z.B. Antidumping- oder Antisubventionsmaßnahmen (den Rahmen für den Erlass von Schutzmaßnahmen definieren jeweils Grundverordnungen des Rates – in Zukunft: des Parlaments und des Rates –, die Verhängung konkreter Antidumping-Zölle erfolgt mittels Durchführungsverordnung des Rates). Handelspolitische Schutzmaßnahmen sind trotz der in Art. 205 AEUV enthaltenen Verpflichtung zum Abbau von Beschränkungen im internationalen Handelsverkehr nicht verboten, sondern stellen gemäß Art. 207 Abs. 1 AEUV ausdrücklich Instrumente der gemeinsamen Handelspolitik dar.

Beschlüsse zur Gewährung von Zollvergünstigungen im Rahmen des Allgemeinen Präferenzsystems (APS) werden von der Union ebenfalls einseitig gewährt.

2. Abschluss von Handelsabkommen

Im Rahmen ihrer Vertragsschließungskompetenz (vgl. oben S. 98 f.) kann die Union handelspolitische Abkommen mit einzelnen (bilateral) oder mehreren Drittstaaten (multilateral) und mit internationalen Organisationen schließen. Die Verhandlungen werden nach Art. 207 Abs. 3 AEUV aufgrund einer Ratsermächtigung von der Kommission (nicht vom Hohen Vertreter!) geführt, die dabei von einem Sonderausschuss des Rates überwacht wird. Nach dem Verhandlungsabschluss legt die Kommission dem Rat den ausgehandelten Vertragsentwurf vor. Das weitere Vertragsschlussverfahren richtet sich nach Art. 218 Abs. 5 und 6 AEUV. Der Rat genehmigt die ihm vorgelegten Abkommen, i.d.R. in Form eines Beschlusses. Dabei beschließt der Rat mit qualifizierter Mehrheit (Art. 207 Abs. 4 UAbs. 1 AEUV), in den politisch sensiblen Bereichen Kultur, Audiovisuelles, Soziales, Bildung und Gesundheit jedoch einstimmig (Art. 207 Abs. 4 UAbs. 2 und 3 AEUV). Umstritten ist, welche Beteiligungsrechte dem Parlament zustehen (vgl. dazu oben S. 104).

Die Union (ehemals: Gemeinschaft) hat eine schier unüberschaubare Zahl von bilateralen und multilateralen Abkommen mit Drittstaaten auf dem Gebiet der Handelspolitik geschlossen. Das zweifellos wichtigste Übereinkommen ist jedoch das zur Gründung der **Welthandelsorganisation** (World Trade Organization – **WTO**, ABl. 1994, L 336, S. 1). Dabei handelt es sich um eine internationale Organisation mit Sitz in Genf (www.wto.org). Sie ruht auf den drei Säulen **GATT** 1994 (General Agreement on Tariffs and Trade – Allgemeines Zoll- und Handelsabkommen), **GATS** (General Agreement on Trade in Services – Allgemeines Übereinkommen über den Handel mit Dienstleistungen) und **TRIPS** (Agreement on Trade-Related Aspects of Intellectual Property Rights – Übereinkommen über handelsbezogene Aspekte der Rechte des geistigen Eigentums). Hinzu kommt das **Streitbeilegungs-Abkommen,** das darauf abzielt, die WTO-Mitgliedstaaten zu verpflichten, WTO-widriges Verhalten zu beseitigen.

Das **GATT** 1994 betrifft – wie schon das GATT 1947, von dem es sich nur rechtlich unterscheidet und das immer ein Provisorium geblieben war – den **Warenaustausch.** Die drei wesentlichen Grundsätze und Ziele des GATT neben dem generellen Abbau der Zölle lauten:

- **Meistbegünstigung:** Alle Vorteile (z. B. niedrigere Zölle, Einfuhrabgaben oder Vergünstigungen beim Einfuhrverfahren), die der Ware eines Vertragsstaates gewährt werden, müssen grundsätzlich auch den gleichartigen Waren aus den anderen Vertragsstaaten gewährt werden. Allerdings lässt Art. XXIV GATT Ausnahmen für die Mitgliedstaaten einer Zollunion (wie der EU) oder einer Freihandelszone (z. B. EFTA oder NAFTA) zu, die untereinander günstigere Regeln anwenden dürfen als gegenüber anderen WTO-Mitgliedern.
- **Verbot mengenmäßiger Einfuhrbeschränkungen:** Die einheimische Produktion darf grundsätzlich nur durch Zölle, nicht durch Kontingente oder Einfuhrbewilligungen geschützt werden. Ausnahmen bestehen jedoch etwa zum Schutz der inländischen Versorgung mit Lebensmitteln und der inländischen Landwirtschaft sowie z. B. im Textil- und Bekleidungsbereich.
- **Diskriminierungsverbot** (Inländerbehandlung): Alle Waren, die aus den Vertragsstaaten eingeführt werden, müssen hinsichtlich Besteuerung und sonstiger Maßnahmen wie gleichartige inländische Waren behandelt werden.

Das **GATS** umfasst **Dienstleistungen** aus dem Sektor der Banken und Versicherungen, des Tourismus, des Beratungswesens, der Bauwirtschaft u. a. Es überträgt die wesentlichen Grundsätze des GATT auf seinen Bereich, erlaubt den Mitgliedstaaten aber, für die verschiedenen Arten von Dienstleistungen im Einzelnen festzulegen, unter welchen Bedingungen sie Unternehmen aus anderen WTO-Vertragsstaaten Marktzugang gewähren (sog. spezifische Verpflichtungen, Art. XVI und XVII GATS). Auch das **TRIPS** wendet die GATT-Grundsätze wie Meistbegünstigung und Inländerbehandlung im **Bereich des geistigen Eigentums** analog an.

Neben der Union sind auch die EU-Mitgliedstaaten Vertragspartei der WTO. Der Abschluss des WTO-Übereinkommens als gemischtes Abkommen war, wie bereits erwähnt, erforderlich, weil die Außenhandelskompetenz der damaligen Gemeinschaft (Art. 113 EWGV) noch nicht alle Materien des WTO-Rechts abdeckte (vgl. oben). Seit dem Inkrafttreten des Vertrags von Lissabon ist jedoch die Union gemäß Art. 207 AEUV für alle gegenwärtigen Bereiche des WTO-Rechts zuständig. Die Stimmrechte der EU-Mitgliedstaaten innerhalb der WTO werden allein von der EU wahrgenommen, die auch allein die Verhandlungen führt. Die Mitgliedstaaten sind z. B. von den globalen Verhandlungen über neue oder geänderte Übereinkommen im Rahmen der erweiterten gemeinsamen Handelspolitik – den so genannten Welthandelsrunden (zurzeit läuft die sog. Doha-Runde) – ausgeschlossen, es sei denn, es würde dort über Verkehrsdienstleistungen (Art. 207 Abs. 5 AEUV) oder sonstige Materien verhandelt, die noch außerhalb des Anwendungsbereichs der ausschließlichen Unionszuständigkeit liegen.

Der jüngste Kompetenzzuwachs der EU im Bereich der gemeinsamen Handelspolitik hat die Frage aufgeworfen, ob die Mitgliedstaaten noch Vertragsparteien der WTO bleiben können. Nach Ansicht des BVerfG kann der Vertrag von Lissabon die Mitgliedstaaten aber nicht zur Aufgabe ihres Mitgliedsstatus in der WTO zwingen (BVerfGE 123, 267 = NJW 2009, 2267 – Lissabon, Absatz-Nr. 375). Künftige Welthandelsrunden könnten Materien betreffen, für die die Mitgliedstaaten zuständig bleiben (Beispiel: Investitionsschutzverträge, die auch Regeln über Portfolioinvestitionen enthalten, die in Art. 207 AEUV nicht genannt sind). Es bestehe daher nicht die Gefahr, dass es zu einer unzulässigen Einschränkung der vom Grundgesetz geschützten Staatlichkeit Deutschlands und des Prinzips der Volkssouveränität durch einen Verlust der Handlungsfähigkeit in nicht unwesentlichen Teilbereichen des internationalen Staatenverkehrs komme.

Handelsabkommen sind verbindlich für die Organe der Union und die Mitgliedstaaten (Art. 216 Abs. 2 AEUV). Sie sind **integrale (wesentliche) Bestandteile** der Unionsrechtsordnung. Einzelne können sich zwar grundsätzlich auf unbedingte und hinreichend genaue Bestimmungen solcher Abkommen berufen (EuGHE, 104/81, 1982, 3641 = Hummer, S. 396 – Kupferberg); die **unmittelbare Wirkung** des WTO-Rechts verneint der EuGH jedoch in ständiger Rechtsprechung (vgl. dazu oben S. 64, 169). Einzelne können sich lediglich im Rahmen der Verordnung Nr. 3286/94 (sog. „Trade Barriers Regulation") an die Kommission wenden und eine Untersuchung von etwaigem WTO-widrigem Verhalten von *Drittstaaten* verlangen.

Sachverzeichnis